中国机械工业年鉴系列

2018 中国机械工业集团年鉴

CHINA NATIONAL MACHINERY INDUSTRY CORPORATION YEARBOOK

《中国机械工业集团年鉴2018》设置重要文献、集团公司发展概况、子公司发展概况、规章制度选编、荣誉汇编、重大经营项目汇编、大事记、附录和国机集团形象展示等栏目，集中反映了2017年国机集团的发展情况，详细记录了国机集团及其主要子公司的战略布局、生产发展、产品产量、市场销售、科技成果及新产品、标准与质量、基本建设和技术改造，以及国机集团、各子公司及员工个人所获得的荣誉等情况。

《中国机械工业集团年鉴》主要读者对象为政府决策机构、机械工业相关企业决策者，从事市场分析、企业规划的中高层管理人员以及国内外投资机构、贸易公司、银行、证券、咨询服务部门和科研单位的机电项目管理人员等。

图书在版编目（CIP）数据

中国机械工业集团年鉴．2018/中国机械工业集团有限公司编．--北京：机械工业出版社，2019.1

（中国机械工业年鉴系列）

ISBN 978-7-111-61597-2

Ⅰ．①中… Ⅱ．①中… Ⅲ．①机械工业－工业企业－中国－2018－年鉴 Ⅳ．①F426.4-54

中国版本图书馆CIP数据核字(2018)第280828号

机械工业出版社（北京市西城区百万庄大街22号 邮政编码 100037）

责任编辑：赵 敏

编　　辑：万鲁信 朱彩绵 肖春华

责任校对：李 伟

美术编辑：刘 青

北京宝昌彩色印刷有限公司印制

2018年12月第1版第1次印刷

210mm×285mm•32.25印张•30插页•890千字

定价：480.00元

凡购买此书，如有缺页、倒页、脱页，由本社发行部调换

购书热线电话（010）68326643、88379812

封面无机械工业出版社专用防伪标均为盗版

编辑说明

一、《中国机械工业集团年鉴》(以下简称《国机集团年鉴》）创刊于2010年，由中国机械工业集团有限公司(简称国机集团)主管、主办，《国机集团年鉴》编委会编纂，机械工业出版社编辑出版。

二、《国机集团年鉴》是一部全面记载国机集团改革与发展的大型资料性、工具性年刊。《国机集团年鉴》2018版主要记载上年国机集团在新常态下的改革、创新和发展情况。

三、《国机集团年鉴》坚持面向市场、面向读者，提供准确、翔实的数据、信息和资料，忠实地反映国机集团和国机人上年度取得的新发展、新进步、新成就和新风貌。

四、《国机集团年鉴》2018版内容设置重要文献、集团公司发展概况、子公司发展概况、规章制度选编、荣誉汇编、重大经营项目汇编、大事记、附录和国机集团形象展示九个部分，数据截至2017年12月31日。

五、本年鉴在编纂过程中得到了国机集团总部各职能管理部门和子公司的大力支持和帮助，在此深表谢意。

六、未经中国机械工业集团年鉴编辑部的书面许可，本书内容不允许以任何形式转载。

七、由于水平有限，难免出现错误及疏漏，敬请批评指正。

中国机械工业集团年鉴编辑部

2018年11月

40
改
1978–2018
四十载风云激荡
看前路气象万千
C919

革开放

SINOMACH

改革开放展宏图

实业兴国报初心

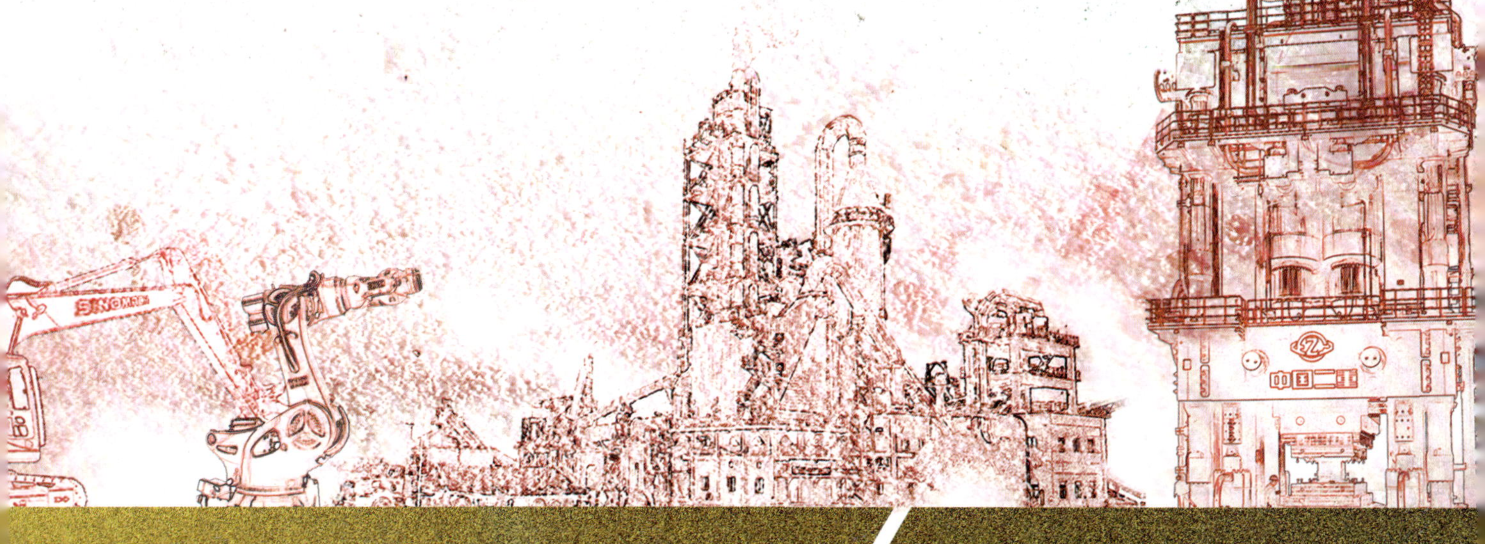

领导工作掠影

2017 年 1 月 23 日，任洪斌董事长看望慰问“国机精神楷模”黄锡璆。

2017 年 4 月 28 日，任洪斌董事长参加中国振兴实业峰会。

2017 年 9 月 14 日，任洪斌董事长陪同王勇国务委员参加“中央企业贯彻落实新发展理念、深入实施创新驱动发展战略、大力推动双创工作成就展”开幕式。

2017 年 12 月 28 日，任洪斌董事长到中国福马机械集团有限公司所属苏福马公司调研。

2017 年 1 月 22 日，石柯书记看望慰问老党员。

2017 年 5 月 15 日，石柯书记会见江西省省长刘奇。

2017年6月5日，石柯书记一行前往白俄罗斯的斯维特拉戈尔斯克市的40万t纸浆厂调研。

2017年8月10日，石柯书记到合肥通用机械研究院调研。

2017 年 2 月 23 日，徐建总经理在重庆材料研究院有限公司调研。

2017 年 5 月 14 日，徐建总经理到中国农机院黑龙江农垦调研。

2017 年 6 月 15 日，徐建总经理到天津电气科学研究院有限公司调研。

2017 年 6 月 21 日，徐建总经理参加央企湘企国际合作恳谈会暨战略合作签约仪式并接受媒体采访。

2017 年 3 月 6 ~ 7 日，孙德润副总经理到桂林电器科学研究院有限公司调研。

2017 年 3 月 9 日，孙德润副总经理到中国重型机械研究院股份公司调研。

2017 年 2 月 22 日，曾祥东副总经理到成都工具研究所有限公司调研。

2017 年 9 月 20 日，曾祥东副总经理出席第十四届中国（北京）国际工程机械展览会。

2017 年 8 月 2 日，骆家駹总会计师到沈阳仪表科学研究院有限公司调研。

2017 年 8 月 9 日，骆家駹总会计师到中国一拖集团有限公司调研。

2017 年 4 月 13 日，谢彪副总经理会见白俄罗斯昂可多控股集团董事局主席沙古金亚历山大。

2017 年 8 月 25 日，谢彪副总经理对厄瓜多尔项目进行安全检查。

2017年3月16日，丁宏祥副总经理到中国汽车工业工程有限公司调研。

2017年7月21日，丁宏祥副总经理参加2017第2届广州国际新能源汽车展览会。

2017 年 3 月 9 日，纪委书记王克伟到桂林电器科学研究院有限公司调研。

2017 年 4 月 18 ～ 22 日，纪委书记王克伟到白俄罗斯别列佐夫 400MW 联合循环电站项目现场调研。

2017 年 9 月 20 日，刘敬桢副总经理出席第七届中国一东盟（柳州）汽车工业博览会开幕式。

2017 年 9 月 30 日，刘敬桢副总经理出席第二届中国 ppp 论坛并发表演讲。

中国机械工业集团年鉴编辑工作人员

主　　编：宋　欣　中国机械工业集团有限公司党委副书记

执行主编：从　容　中国机械工业集团有限公司党委工作部部长

执行副主编：周　龙　中国机械工业集团有限公司党委工作部企业文化处处长

编　　辑：刘　维　于雪娟　楼明慧　魏晨光

撰　稿　人（按姓氏音序）：

白　桦　蔡　玲　陈玉珊　程思榕　丁　珺　董　杰
杜　彬　段　婷　房　正　费文倩　贾文辉　李　丹
李晶晶　李　婷　李　伟　李晓晴　李　阳　刘　凯
刘　维　刘钰辰　刘　跃　楼明慧　马婧尧　马千里
乔忠义　邱　溪　全啸林　宋燕舞　宋　晔　苏文凤
苏晓秋　孙东方　孙玉峰　王东善　王鹏妍　王巍娜
王　信　王　旭　王旭萌　魏晨光　杨　晨　杨玲玲
杨　雪　于雪娟　岳　恒　詹晓红　张鹏程　张秋娜
张　韧　赵国君　赵明芝　周　斌　朱　琳

目 录

第一篇 重要文献

第二篇 集团公司发展概况

第三篇 子公司发展概况

第四篇　规章制度选编

第五篇　荣誉汇编

第六篇　重大经营项目汇编

第七篇　大事记

第八篇　附　录

第九篇 国机集团形象展示

CONTENTS

Chapter I. Important Literatures

Chapter II. Development Overview of SINOMACH

Chapter III. Development Overview of Subsidiaries

Chapter IV. Selections of Rules and Regulations

Chapter V. Honors

Chapter VI. Key Projects

Chapter VII. Chronicle of Events

Chapter VIII. Appendices

Chapter Ⅸ. SINOMACH Image Display

第一篇

重要文献

深入贯彻十九大精神 着力推动高质量发展 努力建设世界一流企业

——在国机集团2018年工作会议上的讲话

任洪斌

（2018年1月20日）

这次会议的主要任务是，坚持以习近平新时代中国特色社会主义思想为指导，认真贯彻落实党的十九大精神和中央经济工作会议、中央纪委二次全会、中央企业负责人会议精神，总结2017年和近五年工作，分析把握新形势新要求，部署2018年及今后一个时期的工作，动员广大干部职工着力推动集团高质量发展，不断向具有全球竞争力的世界一流企业迈进。下面，我讲四个方面内容。

一、锐意进取，开拓创新，集团改革发展迈上新台阶

刚刚过去的2017年，是集团走过20年、继续新征程的第一年。一年来，我们坚决贯彻落实党中央、国务院及国资委各项决策部署，认真研判形势，坚持稳中求进，全面深化改革，奋力攻坚克难，推动集团生产经营和党的建设各项工作取得显著成绩。集团全年实现营业收入2 861亿元、利润总额112.1亿元，上交税费146.2亿元，分别比上年增长34.5%、29.3%、53%，创历史新高，全面完成国资委考核目标任务。

党的十八大以来的五年，是集团发展进程中不平凡的五年，是深入推进有质量发展的关键五年。五年来，集团全面贯彻落实党的十八大和十八届历次全会精神，准确把握经济发展新常态，深入贯彻落实新发展理念，着力推进“五个国机”建设，积极履行中央企业政治责任、经济责任和社会责任，为国家经济社会发展做出了积极贡献。五年来的奋力拼搏、开拓进取，推动集团实现了跨越式发展，取得了历史性进步，呈现出前所未有的新面貌，为打造具有全球竞争力的世界一流企业奠定了坚实基础。

（一）综合实力大幅提升

五年来，集团坚持稳中求进工作总基调，积极推动从高速增长阶段转向高质量发展阶段，不断巩固提升综合实力和竞争优势。

1. 规模效益稳中有进

截至2017年年底，集团资产总额3 815.7亿元，比2012年底增长95%；2013—2017年累计实现营业收入12 081亿元，比上一个五年增长59%；剔除因重大重组转入非正常亏损因素，累计实现利润总额448.5亿元，比上一个五年增长42%；上交税费544亿元，比上一个五年增长42%。利润总额历史性突破百亿元大关，跻身利润过百亿央企行列，大幅实现了国有资产的保值增值。

2. 质量明显提高

坚持质量第一、效益优先，深入开展质量提升活动，生产制造企业产品质量显著改善，一批产品质量和技术达到国内领先、国际先进水平；大力实施节能减排、降本增效，集团毛利率、全员劳动生产率水平稳步提升，可比口径能源消耗及排放指标呈下降趋势，实现了更加优质高效的发展。

3. 实力显著增强

创新成果产出和推广应用提升了产品的技术水平，推动了集团创新发展，带动了行业技术进步。五年来，集团累计科技投入243.5亿元，其中研发投入153.1亿元；获省部级以上各类成果奖项1 679项，其中国家技术发明一等奖1项、二等奖3项，国家科技进步一等奖1项、二等奖12项；获授权专利6 724项，其中发明专利1 958项，授权发明专利数量年均增长25.8%；完成制/修订国际、国家和行业标准3 646项。

4. 水平不断提升

积极开展管理提升活动，加强战略管理，不断完善战略管控体系，顺应市场竞争态势变化，培育和强化集团竞争优势；加强人力资源开发管理，拥有以两院院士、“千人计划”“万人计划”专家等为代表的国家级专家上千名，各类专业技术人员5万多人，为集团各项事业发展提供有力的智力支持和人才保障；加强财务管理，拓宽融资渠道，提高资金使用效率，降低资金成本；加强信息化管理，信息化引领企业创新发展的作用不断增强，为企业转型升级和提质增效发挥了积极作用；扎实推进安全生产工作，进一步履行社会责任，加强企业文化与品牌建设，取得积极成效。

5. 带动作用持续扩大

集团充分发挥大企业优势，担当大企业责任，带动其他所有制企业和中小企业共同发展。所属装备制造企业以外协配套为纽带，与民营企业、中小企业结成供应链体系，形成了以自身发展带动配套企业发展，以自身产品升级带动配套企业质量、技术、管理升级的良性互动局面；所属工贸公司以海外市场为平台，积极带动国内设备、产品、技术出口和劳务输出，促进中资企业集群式“走出去”；所属生产企业和科研院所发挥自身产业和技术优势，与超过10万家中小企业开展“四技”（技术开发、技术转让、技术咨询、技术服务）合作，累计合作项目金额近300亿元，带动中小企业创造效益近千亿元。

（二）布局结构明显优化

五年来，集团坚持战略引领，推进结构调整，优化资源配置，持续向价值链的中高端攀升，实现转型升级发展。

1. 业务结构更加完善

根据集团战略目标，聚焦“装备制造业、现代制造服务业”两大领域，有序推进主业结构调整。在保持工程承包、贸易与服务业务快速发展的同时，发展壮大装备研发与制造业务，着力围绕主业培育金融与投资业务，实现从“三大主业”并举到制造、工程、贸易、资本“四轮驱动”发展的业务格局，实现业务互补协同、多元化经营、多业态发展，为集团打造具有全球竞争力的综合性装备工业跨国集团奠定了基础。

2. 资产结构更加优化

坚持“有进有退”“有所为有所不为”，大力实施内外资源整合。以补充短缺资源、完善产业链为目标，积极开展外部重组并购，五年来先后重组了3家中央和地方企业，完成21项并购，涉及资产总额1 167亿元，进一步壮大了集团规模实力；以打造主业板块、实现专业化经营为目标，大力实施内部重组，五年来推进21项内部重组，涉及资产总额1 680亿元，推动资金、技术、人才等各类资源向优势企业、优势业务、优秀经营者集中，打造了具有较强系统集成能力和综合竞争优势的业务板块。以精干主业为目标，对三级以下企业进行整顿清理，大量减少了四级以下企业，既收窄了管理幅度又缩短了管理链条，提高了管理效率。五年来的重组整合，使集团业务链条更加完善，布局结构更加合理，资产质量得到改善，协同作用更好发挥，核心竞争能力进一步增强。

3. 市场结构更加合理

积极拓展市场空间，不断优化市场布局，主动融入国家经济外交大格局，对接“一带一路”倡议，实施“再造海外新国机”战略。在深耕传统亚非拉市场的同时，努力拓展欧美等发达国家市场；通过技术、产品、服务的不断创新和升级，推动产品和服务向高端转型，努力占领高端市场；在同一市场进行深度挖掘，有效拓展了新的业务领域。五年来，集团涉外业务收入占总体收入比重超过60%，2017年境外企业利润首次超过10亿元，利用两个市场、两种资源的能力进一步增强，国际化经营水平进一步提高。

（三）改革取得重大突破

五年来，集团积极稳妥推进全面深化改革，在重要领域和关键环节实施一系列重要改革举措，取得突破性进展，为未来发展提供了强大动力。

1. 特色现代国企制度逐步完善

集团董事会建设日臻完善，运转规范高效，得到上级有关部门的充分肯定，荣获国家级企业管理现代化创新成果一等奖。所属企业公司制改制基本完成，并以建立派出外部董监事制度为重点，不断健全完善公司治理机制，形成股东会、董事会、监事会和经理层各司其职、各负其责、协调运转、有效制衡的公司法人治理结构。逐步落实所属企业董事会职权，积极稳妥扩大投资决策权限，推进试点企业董事会选聘经理层副职工作，促进了企业法人治理结构有效运作。五年来，集团逐步建立完善中国特色现代国有企业制度，为长远健康发展奠定了坚实的体制机制基础。

2. 国有资本功能进一步放大

集团积极推进股权多元化改革，通过股份制改造、上市等途径稳妥发展混合所有制经济，使集团资本结构实现了重大调整，超过 70% 的资产实现了混合所有制经营，57% 的资产进入上市公司，用有限的国有资本融合、带动了大量的社会资本，扩大了国有资本的控制力、影响力和带动力。积极探索混合所有制企业员工持股改革，以机制转变激发内在活力。中国电器院在央企系统率先完成混合所有制及员工持股改革，约 30% 的骨干员工参与持股，创央企新高，具有典型意义。

3. 供给侧结构性改革深入推进

集团以推进供给侧结构性改革为主线，以提高质量效益和核心竞争力为中心，努力推动布局优化和结构调整，取得重要成果。2013 年与中国二重联合重组后，集团通过深化供给侧结构性改革，实施债务重组、主动退市、人员分流、业务协同、长线产品开发等一系列改革举措，使中国二重于 2016 年胜利实现扭亏为盈，2017 年扭亏成果进一步巩固，成为中央企业推进供给侧结构性改革的典型案例。

4. 各项制度改革取得实效

五年来，集团持续深化劳动、人事、分配制度改革，健全内部管理人员能上能下、员工能进能出、收入能增能减的长效机制，增强了企业活力和竞争力。集团总部围绕“小总部、大实体”战略定位，实行大部制改革，建立职能部门、事业部与企业联动配合机制；继续实施全员竞聘上岗，实现竞争性选拔上岗常态化。加强所属企业领导班子任期制管理，加大公开招聘和交流任职力度，促进优秀人才脱颖而出；探索采取期权股权和分红权激励手段，强化对关键岗位的经营管理者、核心技术人员和业务骨干的激励约束，探索推进混合所有制企业员工持股改革，形成资本持有者和劳动者的利益共同体。

（四）党的建设不断加强

五年来，集团认真落实全面从严治党要求，坚持履行管党治党责任，全面推动党的各项建设，为企业改革发展提供了坚强的思想、政治和组织保证。

1. 思想政治建设全面深化

集团领导班子率先垂范，带头深入学习习近平新时代中国特色社会主义思想，牢固树立“四个意识”，坚决维护以习近平同志为核心的党中央权威和集中统一领导，切实将思想行动统一到中央决策部署上来。

2. 党建工作责任有效落实

将党建总体要求纳入各级企业章程，推动党的领导与公司治理有机统一，抓好从严治党的顶层设计。完善管党治党制度体系，把党委研究讨论作为重大事项决策的前置程序，充分发挥党组织把方向、管大局、保落实的重要作用。结合集团领导班子成员重点联系企业制度，对经营、党建工作同步开展调研指导和督促检查，不断强化各级党员领导干部的党建意识和责任。

3. 廉政建设扎实推进

建立健全党风廉政建设主体责任、监督责任

等实施意见，采取多种方式加强警示教育，加大力度查处违法违纪违规案件。接受中央专项巡视和国家审计署审计监督，针对巡视和审计意见，认真抓好整改，推动作风进一步转变。全面开展内部巡视巡察工作，坚持“发现问题、形成震慑，推动改革、促进发展”不动摇，充分彰显了巡视利剑作用。

（五）职工生活更加美好

五年来，集团深入贯彻以人民为中心的发展思想，自觉践行“企业发展不仅要依靠人，更是为了人”的理念，积极推进“幸福国机”建设，致力于让员工体面工作、尊严生活，共享改革发展成果。

集团把带领全体员工创造美好生活作为重要奋斗目标，通过实实在在的发展，使广大员工享有更多的获得感、幸福感和安全感。五年来，集团员工人均年收入从 7.4 万元增长到 9.8 万元，使 16 万个家庭、逾百万员工家属生活水平得到提高和改善。

集团秉持“幸福国机”不止于国机人的理念，把消除贫困、改善民生、打赢脱贫攻坚战作为重要使命，助力贫困地区和贫困群众如期进入全面小康社会。五年来，集团向中央企业扶贫开发基金和 4 个国家级定点帮扶县及地方安排的 18 个县乡村，累计投入扶贫资金超过 3.8 亿元，带动大量贫困人口走向脱贫致富之路。

回顾党的十八大以来的工作，成绩显著，成果丰硕。五年来，集团始终保持国资委业绩考核 A 级，始终位居中国机械工业百强首位和世界 500 强中游，继续在各项社会排名中名列前茅。集团综合实力和竞争优势不断提升，社会影响力和辐射带动力不断增强，为国家经济社会发展和民生改善做出了积极贡献。成绩的取得，离不开党中央、国务院及国资委的正确领导，离不开社会各界的有力支持，离不开广大干部职工的辛勤劳动。在此，我代表国机集团领导班子向大家表示衷心的感谢和诚挚的敬意！

在充分肯定成绩的同时，我们也要清醒地看到存在的问题和不足。主要表现在：一是结构调整不到位，产品结构、产业结构、资产结构等需要进一步调整，新业务培育还没有形成新的增长支撑。二是改革仍不到位，部分企业扭亏脱困任务依然艰巨，有的企业发展受体制机制的束缚还比较大。三是风险防范不到位，出现了一些投资未达预期、产品或工程质量不符合要求等情况。四是有的企业职工生活水平提高不到位，与地区或行业相比偏低，收入不平衡，没有较好分享到改革发展带来的红利。对这些问题，我们要继续采取有效措施，切实加以解决。

二、审时度势，未雨绸缪，准确把握发展新形势

准确研判形势是做好工作的重要前提。习近平总书记在党的十九大报告中指出：“当前，国内外形势正在发生深刻复杂变化，我国发展仍处于重要战略机遇期，前景十分光明，挑战也十分严峻。”中央对经济形势作出了科学判断，为我们把握形势指明了方向。我们要从国际、国内、行业等多个维度加强对形势的分析研判，做到心中有数，牢牢把握工作主动权。

（一）世界经济短期企稳向好，中期仍面临诸多挑战

当前，世界经济进入复苏通道，国际货币基金组织两次上调 2018 年世界经济增长预期。美国经济保持稳步回升，接近其潜在增长率；欧元区、日本经济继续复苏，但步伐将相对放缓。新兴市场和发展中国家经济总体向好，印度经济稳中趋缓，俄罗斯、巴西摆脱负增长。全球宽松货币政策刺激效应的释放，消费者和投资者信心的改善，特别是我国供给侧结构性改革外溢效应等，共同推动世界经济回暖。

然而中期来看，世界经济仍面临诸多复杂挑战。受劳动生产率增速低迷、全球债务规模持续攀升、新动能缺乏等结构性因素的掣肘，世界经济将继续波动徘徊。美国政府大幅减税政策可能引发主要国家减税竞赛和资金争夺。主要发达国家推行货币政策正常化，全球宏观政策拐点出现。经济困境导致西方国家政治极化现象突出，分离主义、民粹主义进一步抬头，贸易保护主义升级。

以朝核危机为代表的地缘冲突以及中东地区恐怖主义等非传统安全问题短期难以消除。政治、经济、社会领域可能继续出现黑天鹅、灰犀牛事件，突发性风险始终存在。

（二）中国经济稳中有进，高质量发展机遇与挑战并存

面对经济新常态，我国加快调整经济结构，实施更加积极的财政政策，工业生产增长较快，经济增长新动力不断积聚，国民经济呈现运行平稳、结构优化、动能转换、质量效益提升的态势。展望未来经济，新一轮对外开放以及“一带一路”建设的积极推进将稳定和激发我国的外部需求，相关新兴市场所蕴含的发展机会，将依托国际产能合作和区域一体化催生内生动力，也为海外工程承包市场开拓提供机遇。国内居民收入稳步增长，消费者预期稳定，消费新业态高速发展，消费质量不断提升。全球货物进口增长势头强劲，制造业增速上升，有利于出口贸易与装备制造业继续回升。这些因素共同构建了经济持续增长的基础支撑。

同时，我们也要看到，发达国家实施积极的产业政策进一步促使资本和制造业回流，且随着发达国家制造业复苏，将形成新的国际市场供给，加剧国际市场竞争。国内产业升级形成的经济发展新动能短期内尚不能完全抵消因结构调整而带来的负面影响。国内劳动力供给逐年下滑，全要素生产率增速持续低位运行。诸多制约经济发展的因素短期难有改观。

（三）机械工业行业走势趋稳，发展隐忧依然存在

我国经济坚持稳中求进工作总基调，供给侧结构性改革不断深化，以及《中国制造 2025》各项工作深入推进，产业政策红利及其带动作用持续释放，为机械工业发展提供了良好的政策环境，转型升级取得积极成效，产业结构、供给结构不断优化，经济运行继续保持稳中向好的态势。现代制造服务业发展势头强劲，两化融合进程加速。智能制造不断向传统制造业渗透，成为全球制造业结构调整的共同趋势，将迎来更大发展。纺织机械行业增速回升明显，有望继续保持增长。工程机械行业强势复苏，2017 年增速虽可能回落，但仍将延续高增长态势。

然而，稳中之忧依然存在。从机械工业发展的情况看，总体供大于求的局面没有改变，固定资产投资在低位徘徊的状况没有改变，出口存在很大的不确定性。全行业仍然存在发展不平衡不充分的问题，仍处在转型升级爬坡过坎的攻坚期。集团相关产品行业面临形势亦不容乐观，随着 2018 年车辆购置税优惠政策全面退出，预计汽车行业增速放缓；新能源汽车、智能驾驶技术日趋成熟，汽车行业产业结构将迎来重大变革。农机装备行业虽然总体保持平稳，但增速下降，且仍存在高端不足、低端过剩、核心技术缺失、产品质量亟待提升的问题，企业微利经营，行业进入了深度转型调整期。受国家实施“去产能”“去杠杆”宏观调控政策影响，重型机械长期服务的钢铁、煤炭等行业进入收缩调整期，重型机械行业面临着由满足增量需求向存量和增量需求并重转变，给企业的生产经营、长远规划带来冲击。专家预计机械行业 2018 年有望相对平稳，但增速将略低于上年。

综合分析发展形势，集团既有许多有利条件和积极因素，也面临不少风险和挑战。为此，我们既要坚持信心、保持定力，又要迎难而上、积极作为。在错综复杂的形势下，要登高望远、居安思危，勇于变革、勇于创新，做到趋利避害、顺势而为，坚持用发展的办法解决前进中的问题，坚决防止订单突发性锐减、收入断崖式下跌、经营状况大起大落，不断推进企业行稳致远，实现高质量发展。

三、稳中求进，真抓实干，开创集团改革发展新局面

2018 年是全面贯彻党的十九大精神的开局之年，是改革开放 40 周年，也是集团改革发展和党建工作乘势而上开创新局面的重要一年。党的十九大和中央经济工作会议指出，中国特色社会主义进入了新时代，我国经济发展也进入了新时代，我国经济已由高速增长阶段转向高质量发

展阶段；需要着力建设现代化经济体系，促进国有资产保值增值，推动国有资本做强做优做大，深化国有企业改革，培育具有全球竞争力的世界一流企业。中央对国家发展、经济建设、企业发展做出了一系列新部署新要求，为集团改革发展指明了方向。集团近年来一直推进“有质量的增长”，体现了集团遵循发展规律、走在时代前列的战略洞察和科学把握，与中央的部署要求高度契合。走进新时代，面向新未来，我们一定要恪守职责，勤勉工作，结合企业实际，创造性贯彻落实中央新部署新要求，在推动高质量发展道路上阔步前进。

2018 年集团工作总的思路和要求：全面深入学习贯彻党的十九大和中央经济工作会议、中央企业负责人会议精神，以习近平新时代中国特色社会主义思想为指导，坚持稳中求进工作总基调，坚持新发展理念，按照高质量发展的要求，以深化供给侧结构性改革为主线，全面推进创新发展，全面深化企业改革，全面加强党的建设，以永不懈怠的精神状态和一往无前的奋斗姿态，推进集团发展的质量变革、效率变革、动力变革，全力完成全年目标任务，为建设具有全球竞争力的世界一流企业做出新贡献。

2018 年生产经营主要目标任务：企业效益实现稳定增长，利润总额力争同比增长 8%、努力达到 10%，国有资本保值增值率、回报率进一步提升，企业流动资产周转率进一步提高，资产负债率进一步下降。围绕 2018 年目标任务，需要重点抓好以下几方面工作。

（一）坚持深化改革，推动企业高质量发展

坚持深化改革是破解企业深层次发展难题的关键。集团要以历史的耐心和时代的决心，以供给侧结构性改革为主线，进一步推动重要领域和关键环节取得突破性进展，争当改革尖兵。

1. 着力完善现代企业制度

进一步建立有效制衡的公司治理结构和灵活高效的市场化经营机制，切实落实董事会职权，推进经理层任期制和契约化管理；不断深化企业内部三项制度改革，在人才使用上要打破论资排辈，不拘一格大胆使用各方面优秀人才，在人才激励上要打破平均主义，加大对关键骨干人才的激励力度，让想干事、能干事、干成事的人才在物质上得到应有回报、精神上得到有效激励，最大限度调动各类人才积极性、主动性、创造性；造就一批对党忠诚、勇于创新、治企有方、兴企有为、清正廉洁的优秀企业家。

需要指出的是，要珍惜集团总部机构改革的成果，更好打造学习型、创新型、价值型总部。集团上下要积极支持模拟事业部这一新生事物；事业部要深化规律认识，深入开展调研，发现和打造融合价值、增量价值、整体价值，为所属企业提供专业化支持和服务。

2. 着力稳妥推进混合所有制改革

集团推进混合所有制改革，需要进一步解放思想、主动作为。一是推进上市公司进行“二次混改”，鼓励上市公司通过定向增发方式引入战略投资者，完善国有控股公司治理结构，提升集团上市公司价值。二是扩大三级企业进行混合所有制改革试点，积极争取机会，让更多企业进入试点名单。三是持续探索推进重点二级企业混合所有制改革，激发企业发展活力，增强企业发展动力。

3. 着力抓好供给侧结构性改革

落实中央经济工作会议“破立降”要求，针对企业发展面临的结构性问题，坚持质量第一、效益优先，深化供给侧结构性改革，优化要素配置，调整生产结构，提高供给质量和效率。

一是优化调整传统产业。结合所在行业特点和自身实际，改造提升传统支柱产业，推动产业链条向关键环节和高附加值环节延伸。积极推动互联网、大数据、人工智能与传统产业的深度融合，提升传统产业的数字化、信息化、智能化水平。加大对细分市场的研究，鼓励企业提升通用产品的个性化解决能力，积极开发满足用户特定需求的专用产品和服务。

二是发现培育新兴产业。结合产业政策和行业发展趋势，发挥集团产业优势，聚焦智能制造、大健康、新材料、清洁能源、大数据、“互联网

+服务”等重点领域，以更开阔的思维促进合资合作，培育新的增长点。积极发展科技与制造服务业，围绕国家经济发展导向和社会热点需求，开辟科技服务市场化运作的新路径、新模式。

三是扎实推进瘦身健体。加快清理处置低效、无效及不良资产，通过兼并重组、债务重组乃至破产清算等方式，对资不抵债、扭亏无望的“僵尸企业”实行市场出清，切实提高企业市场竞争能力。到2018年5月底，集团累计减少法人户数要达到177户，保证压减完成比例达到18%，最长管理层级为4级；到2018年年底，累计减少法人户数要达到187户，保证压减完成比例达到19%。加快从不具发展优势的非主营业务、缺乏竞争力的领域及一般产业的低端环节退出。对与主业无互补性、协同性的低效业务和资产，加大清理退出力度。

（二）优化调整布局结构，提高国有资本配置效率

从完善产业链、提升竞争力入手，通过外部重组和内部资源整合相结合，持续推动资源向优势业务、优势企业和优秀经营者流动与集中，有计划地退出产能过剩行业和不具备优势的产业。

1.积极推动外部资源重组

把握中央企业战略性重组的历史性机遇，以全面深化改革为契机，结合集团发展战略和业务布局结构，积极推动与集团主业相关、优势互补、具备条件的中央企业实施战略联盟和战略性重组，进一步统筹内外部资源，集中优势资源，加快在产业链的关键环节和高端环节进行布局。继续加强与优秀地方国企、民营企业、外资企业、境外企业的沟通合作，通过兼并收购、合资合作、产业培育等多种途径，加快集团进军先进制造业的步伐。以重组整合为契机，深化企业内部改革和机制创新，加快业务、管理、技术、人才、市场资源、企业文化的全面整合融合，放大重组效能。

2.积极加强内部资源整合

持续深入整合内部资源，打造优势业务和优势企业。继续以集团核心上市公司为平台，加强内部资源的梳理整合，择优吸纳外部优质资源，打造代表国机综合实力的资本平台；抓好上市公司治理，不断提升价值创造能力，强化信息披露，坚持规范运作，争做优秀的上市公司，不断增强市场认同、提振投资信心；鼓励所属企业采取市场化机制推进资源优化配置，加快培养细分行业领军型企业，并择机对接资本市场，打造新的专业化上市平台。

（三）实施创新驱动，着力构建集团发展新动能

党的十九大报告指出，“创新是引领发展的第一动力，是建设现代化经济体系的战略支撑。”创新不仅仅是国家和行业转型升级的内生动力，更是企业实现可持续发展的自我需求。集团要继续深入推进“发现行动”，更新思维观念，以更加开阔的视野和更加开放的态度，形成持续的探索发现机制，加快推进以科技创新为核心的全面创新，构建以创新为主要引领和支撑的发展模式。

1.强化科技创新能力建设，打造行业创新高地

大力提升集团层面科技创新战略决策能力，加强科技创新顶层设计，突出集团发展意志，强化自上而下的战略引导。积极参与国际科技合作，融入全球创新网络，积极承担国家重大战略科研任务和关键共性技术攻关任务，积极参与北京、上海科技创新中心建设。加大市场化科技创新活动强度，优化研发投入结构，提高以市场需求为牵引的自主性投入比重，支撑技术产品持续升级、产品结构持续优化、质量效率效益持续改善，推动集团市场竞争力、品牌影响力提升。不断完善高层次人才集聚机制，着力优化人才梯队结构，打造一支层次结构分明、年龄结构合理、专业结构配套的具有国际水平的科技人才队伍。

2.加快技术进步，促进产业转型升级

深入落实制造强国战略和《中国制造2025》，以智能制造为着力点，加快发展先进制造业，落实好国务院增强制造业核心竞争力三年行动和新一轮技术改造升级工程。深入推进“互联网+”，提升信息化水平，建设“数字化企业”

“智慧企业”，发挥互联网、大数据等对制造业的促进带动作用，推动制造业向数字化、网络化、智能化、绿色化转变，产业链由中低端向中高端延伸。灵活运用自主研发、合作开发、引进吸收、并购重组等方式，面向人工智能、互联网+、大数据、云服务等新兴领域，推进前瞻性、原创性、颠覆性关键技术研发、集成以及装备研制与应用。

3. 推动管理与模式创新，破除制度藩篱和机制束缚

积极推进企业分类管理、股权期权激励、分红激励等管理措施，注重事业留人、待遇留人、情感留人有机结合，激发科研人员积极性与创造性，助力科技创新与成果转化。搭建开放式科技创新平台，加强与外部企业、高校、科研机构的交流对接；发挥集团科技资源和产业平台优势，继续推进“双创”工作，探索内外融通发展新模式。培养创新思想和担当精神，激发干事创业的激情与活力，集团即将出台《国机集团关于建立容错纠错机制、鼓励担当作为干事创业的若干意见》，努力营造“鼓励创新，宽容失败”的浓厚氛围，让改革创新者心无旁骛，撸起袖子加油干。积极倡导创新创造精神、企业家精神、工匠精神，树立尊重劳动、尊重知识、尊重人才、尊重创造的良好风尚。

（四）推动再造海外新国机，培育国际竞争合作新优势

习近平总书记在十九大报告中强调，要以“一带一路”建设为重点，坚持“引进来”和“走出去”并重，遵循共商共建共享原则，加强创新能力开放合作。集团要抓住历史机遇，积极主动走出去，优化全球布局，打造国际品牌。

1. 积极参与“一带一路”建设，加快海外市场布局

深耕“一带一路”沿线市场，有针对性地选择沿线重要战略支点作为切入口，以点带面，逐步形成横跨亚、欧、非“三极”的布局体系。综合利用工程、贸易、投资、园区建设、技术合作等优势，提高对外投资合作水平，推动国际产能和装备制造合作，扩大高档次、高附加值产品出口。加快“农业走出去”步伐，扩大在非洲、南美洲、大洋洲、东南亚地区的投资合作。

2. 积极推动资源共享，实现国际化经营转型升级

积极探索推进 EPC+、PPP、海外园区建设，加大力度通过非实体经营方式组织开展重点项目。以产业为纽带，通过信息共享、平台开放、业务协同、联合共建、资本融合等手段，深化与集团内外部企业间多维度的互利合作，不断拓宽合作范围与领域，联合出海，抱团发展。加强海外分支机构管理，有效发挥和放大集团海外营销网络的整体功效，不断提升业务协同水平。

3. 适时开展海外投资并购，推动集团产业链向高端迈进

充分利用国际国内“两种资源、两个市场”，不断寻求具有发展潜力的境外优质企业，适时开展海外并购，加快推进国际化进程，优化战略布局，完善产业链条。围绕主业适时开展以获取境外先进技术、高端人才、战略资源、品牌渠道为目的的兼并收购和股权合作，稳妥开展装备制造业、国际工程、贸易与服务等领域的海外直接投资。

（五）加强重点领域风险防控，确保不发生重大风险

集团生产经营还不同程度地存在风险隐患，2017 年国家审计署在对集团开展审计中指出了集团运营中的一些风险点，提醒我们一定要坚持底线思维、采取过硬措施，继续强化企业内部控制体系的整体性、有效性，强化流程管控刚性约束，及时防范、有效化解各类重大风险。

1. 严控债务风险

持续做好负债规模和资产负债率双重管控，力争集团带息负债占负债总额的比例进一步降低、平均资产负债率稳中有降，2020 年至少下降 2 个百分点。持续提升直接融资特别是股权融资比重，积极稳妥推进市场化法治化债转股。

2. 严控投资风险

严格落实投资项目负面清单管理要求，严禁超越自身承受能力的投资行为。严禁开展单纯追求做大规模、不具备经济性的 PPP 项目，稳妥

处置存量PPP项目风险。集团金融业务必须紧紧围绕实业、服务主业有序开展，严禁脱离主业单纯做大金融业务，严禁融资性贸易和“空转”贸易，坚持发现一起查处一起。

3. 严控国际化经营风险

加强海外项目的可行性研究，强化风险评估。严控境外投资、法律诉讼、廉洁等风险，加强汇兑风险防范，确保境外资产安全可控、有效运营。密切关注地缘政治局势变化，做好境外安全事件和突发事件的应急处置预案，切实保护好海外员工和资产安全。

（六）坚持发展成果共享，着力提升员工幸福指数

习近平总书记在党的十九大报告中指出，“让改革发展成果更多更公平惠及全体人民”。集团要将以人为本的价值主张转化为关爱员工的实际行动，和员工共同成长，建设幸福国机。

1. 保障员工权益，构建和谐劳动关系

严格遵守国家及项目运营所在地的相关法律法规和有关国际公约规定，奉行平等、非歧视的劳动用工政策，公平对待不同国籍、种族、宗教信仰、性别、年龄的员工，坚持多元、平等雇佣，反对强迫劳动，保护员工隐私。进一步健全落实职工代表大会制度和厂务公开制度，保障员工的知情权、参与权、表达权和监督权，推动企业和谐健康发展。顺应职工期盼，关注群众呼声，努力让每一名职工安心工作、体面生活，在实现经济效益持续增长的同时，实现职工收入稳步提高，共享企业改革发展成果，增强获得感幸福感。进一步完善按要素分配的体制机制，促进收入分配更合理有序，引导和鼓励广大干部职工用奋斗创造更加幸福美好的生活。

2. 关注员工成长，激发干事创业热情

加大员工培养培训力度，增强员工本领，提高素质能力；完善激励约束机制，调动员工积极性和创造性；重视个人价值，尊重员工贡献，增强员工的获得感与成就感；弘扬创业精神，引导员工保持艰苦奋斗的优良作风和锐意进取的高昂斗志，创造更美好未来。特别要关注青年员工职业发展，大胆启用优秀青年，最大限度地发挥青年人的创新意识和工作干劲，培养有理想、有能力、有担当的国机新一代。

3. 关爱员工生活，营造温暖舒适环境

秉持“员工利益无小事”的态度，重视人文关怀，从员工最关心、最直接、最现实的问题入手，坚决维护员工的合理诉求。关爱弱势群体，进一步发挥好爱心基金的作用，做好对弱势群体的生活帮扶与救助。强化服务意识，抓好离退休职工生活待遇的落实，妥善解决老同志的生活困难。大力开展形式多样的文体活动，努力营造健康、舒适、和谐的工作氛围，使员工真切感受到企业温暖。

四、修身律己，落实责任，切实把握新时代新要求

明者因时而变，知者随事而制。实现集团新发展，要紧扣中国特色社会主义新时代的新要求，坚决维护以习近平同志为核心的党中央权威和集中统一领导，在推动企业发展实践中敢于担当、真抓实干、攻坚克难，把各项工作落到实处。

（一）深入贯彻十九大精神，推动高质量发展

先进思想是照亮征途的灯塔。深入学习贯彻党的十九大精神是当前和今后一个时期的首要政治任务。集团要实现高质量发展，就必须以习近平新时代中国特色社会主义思想为指导，深刻理解和精准把握党的十九大精神，结合实际扎扎实实贯彻党的十九大决策部署。要在全集团形成浓厚的学习氛围，读原著、学原文、悟原理，增强贯彻落实的主动性坚定性，切实贯彻新发展理念，坚持高质量发展，振兴实体经济，推动企业做强做优做大，努力在建设制造强国、科技强国、贸易强国、质量强国中发挥更大作用。

（二）坚持问题导向，解决制约企业健康发展短板

问题是实践的起点、创新的起点，抓住问题就能抓住企业改革发展的“牛鼻子”。要以问题导向提出新战略新举措、完善新体制新机制、满足新需求新意愿，以“越是艰险越向前”的英雄

气概和“狭路相逢勇者胜”的斗争精神，坚定不移抓牢抓实，切实发现问题，“风起于青萍之末”，任何问题的萌芽都有迹可循，躲避“灰犀牛”，要做到“上医治未病”；清醒正视问题，对待问题要客观、审慎，不回避、不轻视、不压控，力戒讳疾忌医，避免“千里之堤，溃于蚁穴”；彻底解决问题，有了问题既不能束手无策、坐以待毙，也不能不以为然、放任自流，要找准主要矛盾，果断解决。

（三）全面增强本领，不断提高能力和水平

集团发展面临着内外环境的深刻变化，对我们的本领提出许多新要求，既要有带着队伍向前冲的一腔热血，更要有带着队伍抓住机遇、躲避暗流的智慧和眼光。要遵照习近平总书记的要求，强化学习本领，以逆流而上的危机感，在百舸争流中勇夺先锋；强化改革创新本领，打造创新型企业，在改革发展中取得新成绩；强化依法治企本领，自觉遵法守法用法，规范运营、规避风险；强化群众工作本领，心中有群众、脚下有力量，以职工为中心、为职工谋幸福；强化狠抓落实本领，从严从实、求深求细，做到领导实、责任实、保障实、监督实；强化驾驭风险本领，勇敢面对、实事求是、因势利导，化危机为生机。

（四）注重工作策略和方法，更好推动工作落实见效

“得其法者事半功倍，不得法者事倍功半”。要锤炼战略思维、历史思维、辩证思维、创新思维、底线思维，把握发展趋势，增强工作的原则性、预见性、创造性，提高驾驭复杂局面、处理复杂问题的能力，争取最好结果。力戒急于求成，平衡好稳和进，做到稳中有进。越是身处顺境，越是要居安思危，保持头脑清醒；越是关键时期，越要保持战略定力，避免投机冒进，既要有“欲上青天揽明月”的雄心，更要有“九层之台，起于垒土”的耐心。统筹好顶层设计和基层首创，重视调查研究和政策分析，确保顶层设计不脱离实际，基层首创能发挥作用。勤于总结，善于举一反三，对重点工作经常开展“回头看”，确保工作落实到位。

（五）扎实改进作风，勤勤恳恳干事创业

进一步加强党风廉政建设和反腐败工作，巩固拓展贯彻落实中央八项规定精神成果，驰而不息纠正“四风”，强化不敢腐的震慑、扎实不能腐的笼子、增强不想腐的自觉。领导干部要带头转变作风，增强群众感情、严格约束自己，形成“头雁”效应，坚决反对特权思想和特权现象，坚决反对形式主义、官僚主义，力戒表态多调门高、行动少落实差，切实以钉钉子精神把中央及国资委决策部署和集团改革发展各项具体工作抓紧抓实、抓出成效。在全集团大兴务实之风，树立正确的事业观和政绩观；大兴廉洁之风，兢兢业业干事，清清白白做人，“俯仰无愧天地”；大兴勤俭之风，弘扬艰苦朴素的优良传统，富日子要当穷日子过，更要切忌未富先骄。深化政治巡视，深入开展巡察，让严管与厚爱结合，抓早抓小、防微杜渐，惩前毖后、治病救人。

最后，我再次重点强调安全稳定工作。各企业一定要牢固树立安全发展观念，坚守安全红线，严格落实安全生产责任，严防重特大安全事故发生。抓好信访维稳工作，防止不稳定事件发生。倡导勤俭文明过节新风尚，广大干部职工要遵守廉洁自律各项规定，度过一个风清气正、欢乐祥和的新春佳节。

同志们，习近平总书记 2018 年 1 月 5 日在学习贯彻党的十九大精神研讨班开班式上指出：“时代是出卷人，我们是答卷人，人民是阅卷人。”新时代承担新使命，新征程呼唤新作为。让我们在习近平新时代中国特色社会主义思想指引下，不忘初心、牢记使命，勤奋工作、开拓创新，在努力建设具有全球竞争力的世界一流企业，在全面建成小康社会、实现中华民族伟大复兴的新征程中建功立业，向党和人民交上一份满意的答卷！

在国机集团 2018 年工作会议上的总结讲话

石　柯

（2018 年 1 月 21 日）

这次会议认真贯彻落实党中央及国资委有关精神，全面部署集团 2018 年工作，大家统一了思想、明确了思路、提振了信心。会议开出了新气象、新局面、新成效。下面，我讲三点意见。

（一）这次会议内容丰富、特点鲜明，是团结的大会、胜利的大会

1. 会议内容丰富

任洪斌董事长作了重要讲话，总结集团在 2017 年以及过去 5 年取得的成绩，指出集团发展存在四个“不到位”，明确集团 2018 年工作思路要求和目标任务，强调集团要在推动高质量发展道路上阔步前进；徐建总经理在工作报告中全面系统地回顾了过去一年的工作，部署了 2018 年八项重点工作，要求密切关注宏观环境，科学研判，抓住机遇，迎接挑战；雷光华书记对集团党风廉政建设和反腐败工作进行了总结和部署，要求一刻不停歇地推动全面从严治党向纵深发展，持之以恒正风肃纪，深入推进反腐败斗争；我在党委工作报告中总结了 2017 年集团党建工作所取得的成绩，对照党的十九大提出的新要求，系统梳理当前集团党建工作存在的主要问题，提出今年要强化措施、狠抓落实，奋力开创集团党建工作新局面。监事会熊维平主席应邀出席会议并发表重要讲话，肯定了集团成绩，勉励集团要当好建设制造强国的排头兵，也客观指出集团发展中存在的一些问题，要求加强和改进集团管控体系等。各位领导的讲话都有非常强的指导意义，我们要认真学习领会，切实贯彻落实。

会议进行了分组讨论，刚才，各组召集人汇报了分组讨论情况。围绕本次会议，大家深入探讨，对集团各方面工作提出了很多有价值的意见和建议，总部各职能部门和事业部要充分重视、抓紧研究，能解决的尽快解决。会议期间，集团与所属企业签署了经营目标责任书，表彰了先进单位。

集团发展离不开每一位员工的努力与奋斗。为了表彰那些在工作中默默奉献、在关键时刻勇于担当、在艰难环境中长期坚守的国机人，集团党委发起并组织了首届“感动国机十大人物”评选活动。我们为这十位同志举行了颁奖仪式，他们是国机精神的代表。广大干部职工要以十大人物为榜样，学习他们的奋斗精神，在本职岗位上建功立业。

2. 会议特点鲜明

会议主要呈现四个特点。

第一个特点，主题突出，意义重大。这次会议紧紧围绕“深入贯彻党的十九大精神，着力推动高质量发展，努力建设世界一流企业”这一主题，对集团 2018 年及今后一段时期的工作谋篇布局，是集团新时代谋求新发展迈出的“第一步”，对集团未来发展具有重要意义。

第二个特点，目标明确，任务具体。会议提出，2018 年集团利润总额力争同比增长 8%、努力达到 10%，国有资本保值增值率、回报率进一步提升，企业流动资产周转率进一步提高，资产负债率进一步下降。实现这一目标，集团要在深化改革、调整布局、创新驱动、再造海外新国机、风险防控、提升员工幸福指数等多方面发力。集团上下要齐心协力落实举措、完成任务，顺利实现全年目标。

第三个特点，会风务实，精简高效。这次会议时间短、任务重、议程多，但安排紧凑、井然有序，取得了丰硕的成果。会议讲话和报告都是“干货”，不唱高调、不落俗套、不务虚功，并且指导性强；小组讨论主题突出、气氛热烈，碰撞出很多具有启发性、建设性的思想火花；颁奖环节简单、隆重，充分表达了集团对先进单位、先进人物的认可和敬意。会议充分体现了集团务实、精简、高效的办会原则，是集团优良作风的集中展示，值得肯定。

第四个特点，凝聚共识，提振士气。面对新形势、新挑战，如何更好地推进企业改革发展，很多人还存在着困惑和疑虑。这次会议，分析了集团内外部形势，理清了发展思路，明确了目标任务，为干好工作指明了方向、提供了遵循、开阔了思路。任洪斌董事长在讲话中特别强调要努力营造“鼓励创新，宽容失败”的浓厚氛围，培养创新思想和担当精神。集团关于建立容错纠错机制的有关文件即将颁布实施，我们要为负责者负责，为担当者担当，为干事者撑腰，大家撸起袖子加油干！

（二）让我们贯彻落实好中央及国资委决策部署，履行国有企业使命责任

一是提高政治站位。作为中央直接管理的国有重要骨干企业，我们除了承担经济责任，还要承担政治责任和社会责任。充分认识国有企业在新时代中国特色社会主义中的重要地位和作用，充分认识集团在建设制造强国、科技强国，振兴机械行业中的使命和责任，把思想和行动统一到党的十九大精神上来，统一到中央经济工作会的部署上来，以习近平新时代中国特色社会主义经济思想为指引，落实主体责任，确保令行禁止，以干事创业的实际行动完成好 2018 年各项工作任务。推进党和国家重大决策部署的贯彻落实，保证国资委党委各项工作要求的贯彻执行，保证集团党委改革发展目标的落实到位。不允许搞上有政策、下有对策，不能另搞一套，选择性执行。

二是加强政治建设。党的十九大提出，中国特色社会主义进入新时代，必须毫不动摇坚持和完善党的领导，毫不动摇把党建设得更加坚强有力。推进党的建设伟大工程，需要一支坚强有力的高素质党员干部队伍。要切实把政治建设摆在首位，牢固树立“四个意识”，严明政治纪律和政治规矩，严肃党内政治生活；强化管党治党责任，将党要管党、全面从严治党落到实处；夯实基层基础，健全基本组织，加强基本队伍，落实基本制度，不断推动基层党组织工作整体提升；突出理想信念教育，开展好“不忘初心、牢记使命”主题教育。

三是建设世界一流企业。习近平总书记在党的十九大报告中指出，要深化国有企业改革，发展混合所有制经济，培育具有全球竞争力的世界一流企业。这一表述深刻回答了新时代“建设什么样的国有企业、怎样建设国有企业”的重大问题，为新时代全面深化国有企业改革提供了思想遵循和理论引领。

成为世界一流企业，是国机集团的长远战略目标。一流企业要有一流的治理体系、一流的创新能力、一流的人才队伍和一流的管理能力。我们要进一步建立有效制衡的公司治理结构和灵活高效的市场化经营机制，切实落实董事会职权；进一步更新思维观念，形成持续的探索发现机制，构建以创新为主要引领和支撑的发展模式；进一步加强人才队伍建设，发挥人才创新创造活力；进一步对标一流企业，找差距、补短板、强弱项，建立管理改善和管理创新长效机制。

四是弘扬企业家精神。企业家是经济活动中的重要主体，弘扬优秀的企业家精神，才能激发企业家的活力，助力经济焕发新动能。习近平总书记在十九大报告中把“企业家精神”和“工匠精神”放在重要地位加以强调，前不久，中共中央、国务院印发了《关于营造企业家健康成长环境弘扬优秀企业家精神更好发挥企业家作用的意见》，这些对企业家队伍来说是极大的鼓舞和鞭策。

集团需要进一步激发和保护企业家精神，旗帜鲜明地为那些敢于担当、踏实做事、不谋私利的干部撑腰鼓劲，更好地发挥企业家的作用。引

导、教育干部把党的意志、国家战略和企业发展统一起来，在小我服从大我中找准定位；必须把“三严三实”等党的优良传统贯彻到日常工作中，做到干净、忠诚、担当；必须在新常态下练就破解市场经济难题的能力，在改革发展中敢闯、敢试、敢为天下先，真正培育形成新时代中国特色社会主义旗帜下的企业家精神。

五是发展实体经济。以制造业为主体的实体经济是国民经济的命脉，也是国家综合实力和竞争力的重要体现。习近平总书记2017年年底在徐工集团调研时指出：“我们这么大一个国家，不能走单一发展、脱实向虚的路子，必须把握住实体经济，走工业强国的道路，把制造业搞上去。”作为聚焦发展装备制造业和现代制造服务业的国有重要骨干企业，集团要坚持发展实体经济的战略定力，增强发展信心，在深化改革、坚守实业发展的过程中，坚定不移地做强做优做大。

要牢固树立和贯彻落实新发展理念，以科技创新带动全面创新，以全面创新引领全面发展，要加快突破关键核心技术，加快培育高附加值尖端产品，加快向产业链价值链高端迈进，在新一轮产业革命中占据有利地位。尤其是要立足主业，坚持以智能制造为主攻方向，加快推进制造业数字化、网络化、智能化转型，重塑产业链、供应链、价值链，让传统产业焕发新的生机。

第三，让我们紧紧围绕高质量发展，切实抓好会议精神的贯彻落实

习近平总书记在徐工集团调研时强调指出，我国经济由高速增长转向高质量发展，这是必须迈过的坎，每个产业、每个企业都要朝着这个方向坚定往前走。全力推动国有企业实现高质量发展，为建设社会主义现代化强国做出新贡献，是中央及国资委对包括集团在内的中央企业的明确要求。集团要充分做好贯彻落实，开创高质量发展新局面。

关于抓落实，习近平总书记多次强调“一分部署，九分落实”，深刻指出“抓落实是党的政治路线、思想路线、群众路线的根本要求，也是衡量领导干部党性和政绩观的重要标志，体现能力素质”。下一步，我们要在狠抓落实上下功夫，按照任务分工，逐个分解、落实、推进，坚决反对形式主义、官僚主义，力戒只喊口号、不见行动，切实以钉钉子精神把会议部署安排的各项具体工作抓紧抓实、抓出成效。

一是围绕责任抓落实。集团上下必须树立勇于担当的责任意识，以强烈的责任心，以“夙夜在公”的态度，真抓实干，锐意进取，把生产经营责任、党建责任、安全责任、廉洁责任等一一落实到位；要形成责任具体、任务到人、环环相扣的“责任链”“机制墙”，明确责任主体，鲜明责任担当，从制度上保证人人负责、人人尽责，不断推动力量向抓落实倾斜、工作向抓落实发力；要严格以“不落实之事”倒查“不落实之人”、追责“不作为之人”，避免抓落实流于口号和形式。

二是围绕措施抓落实。要做好任务细化分解，把集团制定的各项总体举措坚决落到实处，绝不能推三阻四；紧密围绕集团2018年工作目标任务，围绕中心、突出重点、因地制宜制订措施，切忌“东一榔头西一棒槌”；与时俱进、勇于创新，重视基层首创；落实牵头领导和责任主体，建立工作台账，明确完成时限，提出刚性要求，完善考核导向机制，加大督查落实力度，确保事事不落空、件件有结果。

三是围绕质量抓落实。“质量第一”是我国一以贯之的质量发展理念，也是经济新常态下贯彻落实供给侧结构性改革的具体要求。党的十九大报告强调要着力推动“质量强国”，进一步体现了党对质量工作的高度重视。质量不仅是强国之策，也是兴企之道。集团各级企业要继续把质量当作企业的生命线，强化“质量第一”的意识，大力实施质量发展战略，深入开展质量提升行动，广泛开展质量宣传教育活动，强化过程控制和执纪问责，不断提高产品质量、工程质量和服务质量，提升市场竞争优势，塑造集团质量品牌形象。

四是围绕问题抓落实。秉持问题意识、坚持问题导向，是集团的优良作风，也是集团改革发展不断进步的法宝。在这次会议上，熊维平主席、任洪斌董事长、徐建总经理都在讲话中指出了集

团发展中存在的问题和不足，刚才各小组召集人在发言中也提出了存在的不足。这些问题制约着集团的改革发展。对于这些问题，既要深挖根源、找准症结，把原因找准确、找全面、找到位；也要精准施策、对症下药，治标更要治本，有针对性地从制度机制上堵漏洞、补短板；更要督促检查、自我加压，着力推进问题整改。在落实集团各项工作任务中，力求思想更深化、措施更深入、行动更有效。

五是围绕幸福感抓落实。建设“幸福国机”是集团始终不变的初心。长期以来，集团深入贯彻以人民为中心的发展思想，推进成果共享，员工收入不断提升；积极投身扶贫工作，带动大量贫困人口脱贫致富。“坚持发展成果共享”是今年的重点工作之一。我们要将以人为本的价值主张转化为关爱员工、关爱社会的实际行动，通过艰苦奋斗取得更好业绩，不断提高广大干部职工生活水平，更好履行社会责任，带动利益相关者走向幸福生活。

凡是过去，皆为序章。新时代履行新使命，新时代呼唤新作为。让我们以习近平新时代中国特色社会主义思想为指导，以时不我待、只争朝夕的紧迫感，策马扬鞭，奋力前行，为把集团建设成具有全球竞争力的世界一流企业，为全面建成小康社会、实现“两个一百年”奋斗目标做出更大贡献！

适应新时代 聚焦新目标 落实新部署 努力推动国机集团高质量发展

——在国机集团2018年工作会议上的报告

徐 建

（2018年1月20日）

刚才任洪斌董事长作了重要讲话，对集团2017年和近五年的工作给予了充分肯定，对2018年的重点工作进行了部署和动员。我们要认真学习理解，深入贯彻落实。根据会议安排，我向大会作2018年工作报告。

一、2017年工作总结

2017年，党的十九大胜利召开，描绘了决胜全面建成小康社会、夺取新时代中国特色社会主义伟大胜利的宏伟蓝图；对国有企业的发展也提出了新愿景、新要求。国机集团深入贯彻党的十九大及中央经济工作会议，中央企业、地方国资委负责人会议精神，在党中央的坚强领导下，认真落实国务院国资委的要求，按照董事会和党委的决策部署，圆满完成了全年各项目标任务。

（一）经营业绩再创历史新高

2017年，国机集团坚持稳中求进的工作总基调，把握经济发展新常态，加强市场形势研判，多措并举，抢抓机遇，生产经营主要指标再创历史新高。2017年，集团圆满完成国资委和董事会考核目标，实现营业收入2 412亿元；实现利润总额85.5亿元，消化历史遗留问题减利10.5亿元，实际实现利润96亿元，完成国资委考核目标的179.1%，完成董事会考核目标的113%、争取目标的109.1%；实现EVA32.1亿元，完成国资委和董事会考核目标的4.2倍。集团（含恒天）实现营业收入2 881.7亿元，比上年增长34.56%；实现利润总额112.1亿元，比上年增长29.3%，首次突破百亿利润大关。

1. 市场开拓稳步推进

2017年，集团新签合同额457.1亿美元，同比增长4.1%，保持了稳中有进的发展态势。

（1）海外业务拓展成效明显。CMEC签署阿根廷贝尔格拉诺铁路一期项目补充协议、委内瑞拉原油早期处理改扩建项目、莫桑比克铁路项目、巴基斯坦吉航联合循环电站项目等多个新项目，新签合同额总计超过77亿美元，创历史新高；中工国际签署芬兰生物炼化厂项目，合同金额8亿欧元；苏美达为土耳其智能化光伏组件工厂提供全套解决方案，实现品牌授权、管理和技术输出；国机汽车成功开拓了阿斯顿·马丁和英菲尼迪两个新品牌的批售业务；国机重工新签埃及政府农业工程项目，合同金额超过4亿美元；中国重机签署尼泊尔蓝塘水电站项目，建成后将成为亚洲最高水头水电站；中国建设参建的俄罗斯亚马尔LNG项目正式投产，是中俄油气领域首个上、中、下游一体化全产业链合作项目；中国福马斩获乌克兰OMIS6英尺连续压机项目，首次试水海外；中汽工程先后承接奔驰公司南非BDC系统总包、俄罗斯总装车间输送设备总包、上汽泰国工厂EPC等多个项目，合同金额总计约9亿元；中国中元援老挝玛霍索综合医院项目，是中国目前对外无偿援助建设的规模最大、投资最大的医院建设项目。

（2）国内市场开拓有序开展。中国浦发承接新疆庆华煤制气二期工程总包项目，合同金额107亿元，进入现代煤化工领域；中国建设新签深圳文化艺术中心项目，在公共与民用建筑领域取得突破；中国海航全年新签水工项目近20个，涉及合同金额约30亿元；中机国际开发伊朗德黑兰车展、香港车展、广州机床展等12个自办展会及1个行业高峰论坛；合肥通用院全年中标市政环保水处理及提标改造项目，合同金额超过5亿元；中国联合签订首个EPC超高层建筑项目，拓展了新的业务领域；恒天集团细纱机长车和涤纶短纤直纺设备市场占有率分别达到80%和63%。

2. 国际化经营深入开展

按照任洪斌董事长“再造海外新国机”战略部署，集团深入推进国际化经营，2017年境外企业利润首次突破10亿元。完善制度体系和平台建设，出台《国机集团关于国际化经营工作的指导意见》，加快搭建统一的国际业务信息化平台，加强对境外投资、海外合作和海外机构的管理。提升集团品牌国际影响力，积极参与世界经济论坛、博鳌亚洲论坛、B20、“一带一路”国际合作高峰论坛等国际组织活动。深度融入“一带一路”建设，重点关注国际产能和装备制造合作，推动产品、技术、标准、服务“走出去”。加强本土化管理，海外机构数量和当地雇员人数大幅度增长。推进海外园区建设，截至2017年年底，中白工业园已有23家企业正式入园，30家企业签订了入园意向协议，协议投资总额6.97亿美元。审慎开展海外并购，中汽工程并购的德国轻量化汽车零部件生产企业FINOBA，持续盈利、经营向好。

3. 模式创新取得进展

CMEC取得津巴布韦维多利亚瀑布城开发权，尝试通过控制稀缺资源开发一级园区；中国建设积极探索PPP合作模式，中标多个国内项目；苏美达、中国一拖、轴研科技、中国机床加大传统业务与信息技术融合力度，形成线上线下有效互补、以大数据资产为核心能力的信息服务体系；中国中元在设计领域拓展医养理念，打造集医疗、康复、养老为一体的新型建筑模式；天津电气院将老所区打造成集众创空间、创新协同、孵化育成、产业承接为一体的专业化创新园；中国电器院以特许经营方式“走出去”，与埃及合作伙伴共建检测实验室，为客户量身定制机器人成套智能生产系统解决方案；桂林电科院采用“融资租赁”模式助力薄膜装备业务签署新合同。

4. 新产业新业务逐步培育

在推动传统产业和产品优势不断扩大的基础上，积极培育战略性新兴产业。国机汽车新能源汽车项目正式启动，欧洲研发中心揭牌，标志着集团正式进军新能源乘用车制造领域，目前赣州基地四大车间主体厂房完成，车型研发有序开展，营销计划和品牌方案初步确定；恒天集团合作开发的新能源汽车产品 REDS 成功完成洛杉矶全球新车发布；中国电器院、桂林电科院、沈阳仪表院、中汽工程在新能源汽车检测、电池、智能元器件以及工厂工程等相关领域不断发力；中国自控成为海陆风电项目实施全过程解决方案服务商；苏美达积极打造轨道交通核心零部件板块，成为"复兴号"关键零部件供应商，产品跟随中车集团成功进入海外市场；天津电气院在节能环保方面加大投资力度，开发拥有自主技术的污水处理系统；合肥通用院以通用机械为对象，开展基于特征参量大数据分析的远程智能监测与运行维护技术研究及示范应用；国机资本投资国内外高科技企业，在获得投资收益的同时为集团积累信息安全和智能制造产业资源。

5. 降本增效效果显著

集团采取有效措施加强成本费用管控。结合年度预算、决算和经济运行分析工作，督促所属企业加强与先进企业对标，挖掘成本潜力，提升主业盈利能力。2017 年，集团成本费用占营业收入比重为 97.1%，优于国资委考核目标，销售费用、管理费用增幅均大幅低于营业收入增幅。

加大"两金"清理和考核力度。对"两金"压控情况实施动态监控，努力降存量、控增量。2017 年，集团存量应收账款累计下降 263 亿元，压降比例为 65%，应收账款增幅低于营业收入增幅；存量存货累计下降 266 亿元，非正常存货累计下降 7.3 亿元，压降比例分别为 64% 和 26%，全面完成国资委"两金"考核指标。

6. 质量工作不断改善

集团大力实施质量发展战略，通过推进质量提升行动计划、开展"质量月""国机质量奖"评选和"质量管理知识竞赛"等多种方式，将质量管理贯穿到生产服务全过程。建立健全管理体系，完成体系管理文件换版，对 75 项程序文件和管理手册进行全面修订。产品与服务质量获得社会广泛认可，合肥通用院获得第三届中国质量奖提名奖。企业资质进一步完善，中国中元、中国联合跻身全过程工程咨询试点单位。

（二）中国二重迈向有质量发展

中国二重在实现 3 年改革脱困目标基础上，精准施策、持续发力，逐步迈入可持续有质量发展新阶段。

1. 国机重装平台搭建基本完成

经过集团与国资委、中国证监会、地方政府以及各方股东历时一年半的反复沟通协调，在中国二重、中国重机、中国重型院的密切配合下，以二重重装为平台、科工贸一体化的高端重型装备板块——国机重装平台的搭建基本完成，先后获得国资委、中国证监会的核准。目前，国机重装平台内部结构调整与资源重组有序推进，运行准备基本就绪，一个国家级高端重型装备旗舰平台即将扬帆起航。

2. 新体制机制持续优化

中国二重持续加大改革力度，进一步提升企业运行效率。一方面，推进薪酬制度改革。按照"以岗定薪、岗变薪变、按绩取酬、多劳多得"的理念，构建更具激励性的薪酬体系。新体系自实施以来，极大程度调动起员工工作热情，员工获得感进一步增强。另一方面，推进内部资源整合，打造全新机制、全新理念、全新模式的外贸平台 —— 国机重装成都重型机械有限公司，管理层和员工全部面向社会公开招聘，引起强烈反响，初步形成了以点带面的改革示范效应。

3. 长线产品开发成为新的增长点

中国二重围绕传统领域，不断推进产品转型升级以巩固优势、引领高端；针对新兴领域，加强合资合作和产品研发，力求高起点进入。2017 年，中国二重实现长线产品新增订货 10 亿元，新签新型 40MN 智能化热模锻压力机和 60 万 t 粉煤热解回转反应炉合同，长线产品开发逐步转化为经济效益。联合研发的 200kW 飞轮储能装置样机测试达到设计要求，产品市场前景可观。同时，积极落实军民融合战略，首次承担军用核动力大锻件科研项目，大力推进新概念武器研发，着力打造国际知名航空模锻件制造基地。

4.产品竞争力不断提升

质量管理方面，中国二重将2017年定为“质量年”，继续将质量提升列为“一号工程”，通过加强体系建设，强化过程控制，严格执纪问责，实施质量专项提升项目等措施，全年责任废品损失率继续控制在0.16%的行业较低水平。成本管理方面，通过精益成本核算、合同评审和后评价、关键环节降本增效等措施，产品综合边利率接近20%，剔除大宗材料价格上升因素实际降本达1.35亿元。认真落实任洪斌董事长关于采购“约法三章”的要求，应招标项目全部实施招标程序。交货期管理方面，持续转变观念，落实合同主体责任，加强监管协调，全年合同完成率为95.63%，较上年提高2.18个百分点。辽阳石化4台容器项目，比合同交货期提前了33天，以实际行动兑现了向用户的承诺。

（三）与恒天集团重组及资源融合初见成效

2017年，恒天集团正式整体并入国机集团，成为国机大家庭一员，圆满完成年度目标和稳增长任务，纺机主业实现盈利，新能源汽车业务取得重大进展。国机集团坚决贯彻落实国资委要求，着力做好与恒天集团重组及资源融合工作，充分发挥协同效用。集团总部层面，组织各职能部门和事业部与恒天集团开展对接，就恒天集团的发展转型、深化改革、战略实施路径以及双方的资源对接和协同模式等进行深入探讨和交流，并协调引导恒天集团相关企业与集团二级企业进行业务对接与市场协同。所属企业层面，中国建设、中国海航、中国联合、苏美达等均与恒天集团召开对接交流会落实项目合作；中机国际与恒天重工达成战略合作，共同开拓汽车出口海外市场；蓝科高新与恒天集团共同开拓巴基斯坦石油钻采和炼油化工市场，初见成效；国机财务为恒天集团制订资金集中管理解决方案提供支持。

（四）企业改革全面提速

1.深化改革顶层设计不断完善

制订实施《国机集团全面深化改革总体方案》。《国机集团全面深化改革总体方案》确立了深化改革指导思想，提出七大重点任务，是集团未来深化改革的纲领性文件。在此基础上，相继出台《全面深化改革实施方案及推进计划》《全面深化改革工作督导暂行办法》，形成了从方案到落实再到督导的管理闭环。

企业功能界定与分类工作层层推进。根据国资委相关要求，围绕增强国有经济活力、放大国有资本功能、实现国有资产保值增值的目标，集团以企业功能界定和分类管理为深化改革抓手。首先，依据国资委要求，对全级次千余家所属企业按照商业一类、商业二类、公益类进行了功能界定和分类。其次，依据战略属性与功能定位的不同，将所属二级企业进一步细分为经济支柱类核心企业、技术创新类核心企业、智能制造类核心企业、平台类企业、普通企业五类，为实现分类管理、充分发挥不同企业类型的功能优势奠定基础。

2.公司制改革基本完成

按照国资委提出的2017年基本完成中央企业公司制改革的总体要求，组织召开改制工作会议，指出改制中需把握的核心要点，形成部门有效协作、上下联动的工作机制。目前，除个别因特殊原因或政策限制无法改制的企业外，集团目标范围内各级次58家全民所有制企业全面完成公司制改革，建立了现代企业制度，优化了法人治理结构，完善了市场化经营机制。此外，未纳入公司制改革范围的18家全民所有制企业正在加快实施清理。

3.混合所有制和员工持股改革不断深入

中国电器院混合所有制及员工持股改革工作已于2017年5月底全面完成，成为中央企业率先完成员工持股改革的试点企业。目前，中国电器院正稳步推进董事会建设和三项制度改革，在业务模式和激励约束机制上形成系统的改革思路。集团为支持中国电器院管理创新，对中国电器院董事会在投资决策与薪酬管理等方面进行适度授权，为集团进一步探索混合所有制及员工持股改革工作积累经验、奠定基础。哈尔滨电站设备成套所获得黑龙江省地方员工持股改革试点名额，目前正加快推进引入战略投资者等各项工作。此外，相关上市公司的二次混改工作也在积极推进。

4. 历史遗留问题加快解决

在“三供一业”分离移交方面，集团加强对所属企业指导，先后组织重点地区企业与地方相关部门开展业务对接。2017 年，“三供一业”分离移交工作完成总体进度的83%，涉及资金9.5 亿元，获得国资委“三供一业”国有资本经营预算资金 9 844 万元。在消防机构分类处理方面，中国一拖积极加强与地方政府沟通，撤销消防机构，15 名职工得到妥善安置。在社区移交方面，中国二重等企业以较低成本完成了 9 个社区移交工作，仅中国二重每年可为企业减少约 1 200 万元的费用支出。在棚户区改造方面，8 家所属企业获得国资委棚户区改造配套设施建设预算资金 2 550 万元。

5.“瘦身健体”考核目标按期完成

一是管理层级逐步压缩。严格按照国资委要求推进压减工作，压减存量和控制增量双向联动，传导压减压力。集团有关部门先后到苏美达、中国浦发、中国一拖等部分重点企业现场调研，督促加快压减进度。2017 年 6 月，集团压减工作达到国资委第一年度考核标准，获得考核满分。截至 2017 年年底，集团存量法人数量累计压减 106 户，压减比例为 10.8%；净压减 48 户，压减比例为 4.9%。

二是处僵治困不断推进。加强组织保障，将任务指标分解到经理层每位成员，完成情况纳入经理层业绩考核，所属企业完成情况与企业负责人薪酬挂钩。建立审批绿色通道，对涉及僵困企业处置治理的审批事项优先审批，合规简化审批流程，切实提高审批效率。2017 年，集团累计下拨“中央企业处置僵尸企业补助资金”2.47 亿元，有效缓解了僵尸企业职工分流资金压力。集团 50 户僵困企业累计安置职工 11 617 人，总体安置比例达到 91%，超过国资委确定的主体完成标准 80% 的要求。完成 10 户企业的退出，相比 2015 年减亏 1.2 亿元；其余 40 户存续企业同比减亏 13.5 亿元，相比 2015 年减亏 8 亿元。国机重工 11 户僵困企业中，10 户利润总额实现减亏，7 户减亏超过 50%，企业亏损面下降 18.5 个百分点。

三是扭亏减亏取得实效。集团把处僵治困和扭亏减亏工作紧密结合，成立了以任洪斌董事长为组长的亏损企业治理工作领导小组。系统性研究制订专项考核办法，将亏损企业治理纳入业绩考核范围，加大奖惩力度。截至 2017 年年底，集团整体亏损面 21.7%，同比下降 25%；亏损企业亏损额同比下降 40%。济南铸锻所扭亏脱困新运营平台得以设立，部分业务及员工有序转移。

6. 集团总部组织发展与流程体系持续优化

为确保组织机构改革后总部架构有效运作，先后开展总部组织变革群策群力、事业部运行沙盘推演、协同机制与流程体系优化三次工作坊。进一步明确总部各职能部门、事业部职能定位，完善岗位说明书，确定事业部板块划分方案，促进集团内部横向协同高效、纵向管理顺畅。调研国内外优秀企业管理实践，对集团模拟事业部发展演进进行探索性研究，促进组织健康运行。

（五）创新驱动蹄疾步稳

1.“发现行动”深入开展

在新一轮科技革命和产业革命兴起的新形势下，集团大力贯彻落实任洪斌董事长关于“发现行动”的战略部署，组织召开院所长头脑风暴会，形成重要会议成果，努力营造适合“发现”的企业氛围；以“发现行动”为契机，组织相关企业开展技术对接，努力推动新兴产业培育；开展“发现行动”2045 加速器项目对接活动，围绕两轮电动车、金属激光 3D 打印、机械外骨骼、数字液压传动、碳化硅器件、微小卫星等项目进行交流磋商，部分达成合作意向。所属企业积极践行“发现行动”，中机六院建立智能工厂建设新模式，推进工程建设项目全生命周期数字化应用；国机智能将自主研发的智能工厂制造运行系统，应用于独立承建的智能配网成套开关设备数字化工厂项目。

2. 科技工作不断加强

继续加大科技投入，2017 年全年科技投入为 51.2 亿元，同比增长 2.8%。设立国机集团科学技术委员会，成立智能工厂和新材料领域产业技术协同创新联盟，进一步完善了创新体系。推进技术开发专项的组织实施，确定了集团 7 个重大科技专项和 10 项重点研发项目，组织集团内外企业开展联合攻关。组织中国农机院、中国一拖等 7 家单位联合开展“作业机械精准控制北斗应用示范工程”项目的策划与可行性论证，并获得军委装备发展部和国资委的联合批复立项，成为首个依托中央企业的北斗应用示范工程项目。围绕智能制造，组织 11 家所属企业协同开展国机集团智能工厂标准体系研究，推进出台智能工厂整体解决方案。新增国家项目 90 余项、国拨科研经费 4.9 亿元，争取重大技术装备进口免税超过 1.17 亿元，首台套保险项目获补助金额近千万元。积极推进集团科技子网站建设，为实现集团科技资源的展示与共享和资金与技术的对接奠定了基础。进一步推动国家平台建设，苏美达国家级工业设计中心、合肥通用院“高端流体机械设备与压力容器服务型制造示范平台”、国机智能“工业摩擦润滑技术国家地方联合工程研究中心（广州）”和国家机器人创新中心、轴研科技“高性能轴承数字化设计示范型国际科技合作基地”等 5 个平台获批建设。

3. 科技创新再结硕果

2017 年，集团获得省部级和全国行业性以上各类优秀成果奖 265 项，其中科学技术奖 97 项，勘察设计咨询奖 168 项；申请专利 1 656 项，其中发明专利 697 项；申请授权专利 1 342 项，其中发明专利 561 项。主持或参加标准制修订 619 项，其中国家标准 281 项。集团负责、中国联合参与的“工业建筑抗震关键技术研究与应用”、合肥通用院负责完成的“重型压力容器轻量化设计制造关键技术及工程应用”、成都工具所参与的“高效切削刀具设计、制备与应用”3 个项目获得国家科技进步奖二等奖；中国一拖参与的“复杂铸件无模复合成形制造方法与装备”项目获得国家技术发明奖二等奖；国机智能“基于油液在线监测的机械装备智能润滑诊断维护系统”等 4 个项目在中央企业熠星“双创”大赛中获奖；中国重型院承担的国家科技重大专项“3 000kN/7 500kN · m 大型锻造操作机”课题成果应用于世界上最大全液压锻造操作机；中装集团合作开发的万米级海底地震仪使我国成为首个成功获取万米级海洋人工地震剖面的国家。

参加国资委举办的中央企业创新成就展，集中展示集团“十八大”以来取得的重大科技创新成果。展出了“八万吨模锻压机”“万吨级航空铝合金厚板张力拉伸机”“无人驾驶拖拉机”“农业全程机械化云服务平台”“全数字纺纱系统”等 11 件模型和实物展品。国务委员王勇参观了集团展台，对集团在装备制造领域做出重要贡献给予高度肯定。

4. 军民融合加速推进

军工科研生产保持上升势头，实现收入 15.1 亿元，同比增长 12%。中标大飞机、关键材料进口替代专项等 10 项军品配套科研项目，年度中标科研经费首次突破亿元大关。军工基础能力进一步加强，4 项国防固定资产建设项目竣工验收，重材院获批关键材料国产化研制保障建设项目 1 项，建设经费 5 966 万元。中国二重大型航空模锻件研制团队入选“2017 年度国防科技工业十大创新人物（团队）”；沈阳仪表院黄乃宁、轴研科技李文超两位同志被人社部等五部委授予“长征五号运载火箭首次飞行任务突出贡献者”称号。

（六）资本运营步伐加快

1. 外部重组不断拓展

聚焦高端制造，一方面，继续推动与关联度高、协同性好的中央企业、优质地方企业的战略性重组和资本合作；另一方面，探索与世界领先企业开展深层次合作的新模式。一是顺利完成与恒天集团的重组，进一步拓展集团的业务领域和市场空间，积极推进业务对接和全面融合，为做强做大做优国机集团奠定了基础；二是继续争取与西电集团等产业匹配度高的中央企业实施重组，研究提出重组相关方案；三是组织推进CMEC、中国二重等所属企业结合自身实际，尝试对浙江水电院、西核公司等业务互补性好的国有企业实施重组，完善产业链条；四是加强与国际领先企业的合作，与美国GE就燃气轮机业务领域的深度合作进行多次沟通，加快探索双方合作路径及业务发展模式。

2. 内部整合持续深入

除整合资源打造国机重装平台以外，集团2017年还完成了国机精工产业平台的整合工作，实现轴研科技与原国机精工的重组，使原国机精工资产实现了证券化，目前配套融资5.5亿元的募集工作已经完成。经过多年融合，CMEC对中国电工的并购重组也顺利实现，履行了集团在CMEC上市时关于同业竞争问题的承诺。

在集团推动核心业务板块整合的同时，部分所属企业加快内部资源调整，推进布局结构优化。国机重工开展以常州基地为核心的内部资源整合工作，加快调整挖掘机业务布局；合肥通用院所属上市公司——国机通用机械股份公司着力推进存量塑料管材业务的瘦身调整；国机智能通过内部资产重组收购方式，实施汽车检测相关业务的整合；中国浦发对所属中国能源进行股权优化调整，缩短管理链条，强化业务管控。

3. 资本运作积极推进

在市场化资本运作方面，积极推动发展前景好、成长速度快的企业登陆资本市场，形成以上市公司为旗舰的业务板块发展格局，同时，不断推动优质资源向上市公司集中，提高资源配置效率。中机国际完成了股份制改造，启动了主板IPO上市辅导，并积极推进局部资产调整等前期工作。长春机械院完成股份制改造，股转系统正式受理挂牌申请，预计将于春节前完成新三板挂牌。

4. 产业投资健康有序开展

有序开展对集团产业发展具有重要意义、促进企业转型升级的投资项目，支持国机汽车、国机智能、CMEC、中工国际等企业，加快在新能源汽车、智能制造等战略性新兴产业领域投资，以及在EPC+投资等方面开展有益的尝试。2017年，集团共推进实施各类投资项目203项，涉及投资总额113亿元。其中，国机汽车联合集团内部企业、技术团队、民营企业共同投资25亿元建设的新能源汽车项目，达产后预计可年产新能源汽车10万辆，实现销售收入超过80亿元。

（七）风险管控能力全面加强

1. 严格控制投资风险

2017年，集团对投资管理办法进行了大幅度调整和优化，出台了投资项目负面清单，加强对所属企业境内外投资的管控力度。在投资项目审批中严格执行“三重一大”决策程序，组织召开投审会11次，审查重大项目20余项。加强投资项目后评价力度，扩大企业自查自评范围，并选取三磨所和重材院的重大投资项目开展独立后评价。继续推行投资主体责任制，与所属企业签署重大投资项目目标考核责任书，落实投资风险管控责任。积极跟进新能源汽车等重大项目执行情况，及时发现和解决投资实施过程中的风险和问题。

2. 坚决防范财务风险

通过现场检查、资金流监控等手段加强对高风险业务的审查力度，严禁企业从事与主业不相关的高风险业务；加强融资性贸易管理，开展多层级融资性贸易业务风险排查；严格控制风险较高的银行担保，强化担保业务后续跟踪及检查。

3. 着力加强海外工程风险管理

逐步建立海外工程业务全覆盖的风险管理制度体系，先后出台《国机集团海外法律风险管理制度》《国机集团海外工程项目安全生产管理制度》《国机集团海外项目分包风险管理办法》等多项制度。加强海外业务现场风险督查力度，将风险督查前置，全年对CMEC塞尔维亚科斯托拉茨电站、中工国际白俄罗斯40万t纸浆厂等11个重大海外工程项目进行了现场专项风险检查，排查出风险问题32项，建议整改21项。强化工程项目分包管理，对分包管理提出明确要求和指导意见，引导企业规避项目执行风险。

4. 切实防范法律风险

围绕《国机集团五年（2015—2019 年）法治工作实施方案》，重点完善法律风险防范机制建设。加强事前法律风险审查，为工程项目、融资并购、资产处置等重大决策事项提供法律意见。着力推动所属企业合同、制度、章程、重大决策的法律审查制度化、流程化、信息化。通过提供法律咨询、参与案情讨论、跟踪案件进展、联系推荐律师等多种方式，指导、协助所属企业有效解决法律纠纷案件，降低法律风险。

5. 深入开展审计监督

2017 年共组织实施 534 个审计项目，审计资产 3 408 亿元，并提出审计建议，其中集团总部组织实施 30 个主要审计项目，审计资产 1 567 亿元，基本做到对国内外主要单位、重要海外 EPC 项目、重大投资、重要资产、重要经营管理活动的审计全覆盖。配合国家审计署圆满完成任期审计工作；协助国资委开展融资性贸易业务风险排查及专项审计调查；配合监事会对重要所属企业、海外工程承包项目开展监督检查，为外部监督作用的充分发挥提供有力保障。

（八）企业管理水平再上台阶

1. 战略管理持续加强

加强战略引领作用，制订并颁布实施《国机集团 2017—2019 年发展规划》，启动集团国际化经营战略编制工作，各业务板块战略的编制有序开展。有效推进战略执行，分解落实集团高管人员年度重点工作任务，推动集团战略目标和年度工作会议部署的有效落实。加强战略管控和审核，完成对中国建设等 13 家企业“十三五”规划的初步审核和批复工作。强化战略评估，形成《国机集团 2016 年战略评估报告》，对战略目标完成情况进行了总结和偏差分析。完善战略管理制度体系，修订《国机集团发展战略和规划管理办法》等基础性制度。拓展新的战略合作，对外签署了 11 份战略合作协议，另有 7 份战略协议计划签署，拓展了与地方政府、金融机构、央企集团、高等院校等组织机构间的合作。

2. 人力资源管理进一步优化

扎实开展所属企业领导班子建设，不断完善干部选拔任用工作程序，积极推进授权企业董事会选聘经理层副职试点工作，促进法人治理结构有效运作。积极响应党中央关于“精准扶贫”“对口支援”等重大战略部署，精心选派素质过硬、专业对口、能力突出的干部到扶贫县及西部艰苦地区挂职锻炼。加强干部监督，坚持严管与厚爱并重，结合集团内部巡视，对干部的选拔任用、个人有关事项等进行严格的监督管理。推动落实国机集团人才队伍建设规划，开展集团第四批首席专家和首席技师的选聘，进行“青年干部”“青年高潜”人才等多层次人才的选拔推荐，开展后备干部选拔培养，做好人才储备，努力打造一支高素质的干部人才队伍，为集团发展提供坚强的人才保障。

3. 财务管理不断强化

集团资金管控能力不断增强，资金集中度达到 68.6%，国机汽车、中国一拖、中国电器院、中国中元、国机资产、中装集团、国机资本、中机六院等企业资金集中度保持在 70% 以上，在财务公司进行结算的户数较去年增加 68 家，已覆盖所有二级成员企业。融资能力整体提升，与银行“总对总”合作逐年深化，授信规模超过 3 300 亿元，为经营发展提供有力的资金保障。全面预算管理持续深化，管理流程和制度不断优化，预算目标与业绩目标有效融合，引导业务结构优化的作用逐步显现。产权管理体系更加完善，产权登记实现信息化、网络化，产权登记数据完整率和准确率分别达到 98% 和 97%。

4. 信息化管理水平有效提升

继续强化信息化基础设施建设，推进集团云计算平台建设，提升集团在网络、数据中心、硬件资源等基础设施方面的综合服务能力。完成集团全球协同办公平台（一期）、全球网站群项目（二期）建设，规范集团通用信息系统设计标准、建设标准和运维管理标准，提升重要信息系统的建设水平、管理水平和安全防护水平。贯彻落实中央网信办、公安部网络安全工作部署，完成党的十九大等重要活动网络安全重点保障任务。开展《网络安全法》培训、网络安全应急演练，持续提升集团网络安全与信息化安全保障能力。

5. 安全环保工作扎实开展

安全环保工作态势平稳，2017 年集团未发生重大及以上生产安全及环保事故。一是强化安全风险分级管控，发布国机集团 2017 年度重大危险源清单，加大重大风险督查力度，对 17 家所属企业的 29 个生产作业现场开展安全生产监督检查；二是加强安全生产宣传、教育和检查，稳步推进安全文化建设；三是确保安全投入有效实施，对 27 家机械制造、建筑施工等领域企业开展安全生产费用提取和使用情况调查统计；四是环保工作扎实开展，能耗和排放指标呈持续下降态势。合肥通用院牵头开展了替代制冷剂技术的研究，并将成果在行业进行示范应用和产业化推广，获得联合国、世界银行和环保部表彰。

2017 年，集团保持了良好发展态势，列“世界 500 强企业”第 334 位、“全球最大 250 家国际工程承包商”第 31 位、“国际工程设计咨询企业 225 强”第 64 位、“中国企业 500 强”第 72 位、“中国机械工业百强”首位，连续 9 年获得国资委中央企业业绩考核 A 级。在此，我代表经营班子，向各级领导、向各企业负责同志及广大员工表示衷心的感谢！

同志们，虽然从总体看，集团 2017 年全面完成了国资委和董事会下达的考核目标，主要工作有序推进，但我们必须清醒地认识到，经营发展中还面临一系列问题和严峻挑战，阻碍着集团的持续健康发展。特别是任洪斌董事长在刚才的讲话中提到的问题，要引起我们的高度重视。一是改革的深度和广度仍需不断拓展。企业市场化经营机制仍不够健全，公司法人治理结构有待进一步完善。二是传统业务结构调整和转型升级步伐缓慢。新业务的培育缺乏必要的前沿研究和资源积累，市场拓展乏力，规模不大，还无法成为企业发展的重要支柱。三是有些企业战略执行乏力。企业在制定战略规划过程中对行业环境分析不透，对市场趋势研判不准，在执行中过程监控缺失，责权利不清晰，激励机制不健全，导致战略目标无法实现。四是风险防控需要持续加强。在 2017 年度的审计监督检查中，发现部分企业存在以下情况：重大投资项目未经集团审批开工建设，或投资未达到预期收益；违规对参股企业和集团外企业提供担保；没有按财务制度计提减值准备，导致财务数据失真等。这些问题我们必须在以后的工作中，切实采取措施加以解决。

二、2018 年工作部署

2018 年是全面贯彻落实党的十九大精神的开局之年，是改革开放 40 周年，是决胜全面建成小康社会、实施“十三五”规划承上启下的关键一年。纵观国内外环境，积极因素与不确定因素并存。

从国际看，一方面，全球经济开启新一轮复苏和增长周期，经济增速稳健并加快，亚洲新兴市场经济将继续引领全球经济增长，中国仍是世界经济增长的发动机，“一带一路”倡议得到国际社会广泛响应；大宗商品价格上涨，国际贸易增速提高；世界经济总体处于两次技术革命之间的发展平台期，全球新旧动能转换加快。另一方面，影响全球经济回升的不稳定因素依然存在，主要体现在逆全球化思潮继续发展并发挥作用；全球主要国家可能开始退出量化宽松货币政策，资本紧缩可能导致金融风险；地缘政治局势的日益紧张带来政策风险；经济发达国家、发展中国家纷纷提出制造业优先发展战略，这种高端回流、中低端分流的产业发展形势对我国形成了双重挤压。

从国内看，党的十九大的胜利召开，对中国特色社会主义道路的伟大实践进行了全面的历史回顾和清晰的远景展望，拉开了新时代的历史大幕。我国经济已由高速增长阶段转向高质量发展阶段，正处在转变发展方式、优化经济结构、转换增长动力的攻关期。供给侧结构性改革不断深化，新兴动能快速成长，新型工业化、信息化进入以水平提升为主线的发展时期，产业结构更加“轻盈”与“智慧”。然而，我们仍要清醒地意识到，去产能调结构的任务依然艰巨，大量僵尸企业、高污染企业严重阻碍了经济发展，国企改革走向深水区，以互联网金融为代表的金融风险逐渐集中和暴露，制造业高端不足、低端过剩的结构性矛盾尚未根本解决，发展不平衡不充分的问题依然存在。

总体来看，集团面临的经营形势错综复杂，我们要密切关注宏观环境，科学研判，抓住机遇，迎接挑战，以斗志昂扬的精神面貌为2018年开好局。

根据集团董事会的部署安排，2018年集团经理层考核指标为：原国机集团利润总额确保目标85亿元，争取目标88亿元；恒天集团利润总额确保目标28亿元，争取目标28.6亿元。根据中央企业负责人会议上国资委的部署要求，2018年中央企业利润总额力争同比增长8%、努力达到10%。也就是说，国机集团2018年利润总额要力争达到121.3亿元，才能落实好国资委的战略要求。

结合国内外环境变化和集团自身发展状况，2018年集团经营工作的总体思路：全面深入学习贯彻党的十九大和中央经济工作会议、中央企业负责人会议精神，以习近平新时代中国特色社会主义思想为指导，坚持稳中求进工作总基调，坚持新发展理念，按照高质量发展的要求，以深化供给侧结构性改革为主线，全面推进创新发展，全面深化企业改革，全面加强党的建设，以永不懈怠的精神状态和一往无前的奋斗姿态，推进集团发展的质量变革、效率变革、动力变革，全力完成全年目标任务，为建设具有全球竞争力的世界一流企业做出新贡献。为此，我们要重点抓好以下工作：

（一）多措并举，保证生产经营实现稳中求进

1. 加大市场开发力度

要始终把市场开拓放在重要位置，进一步明确方位、找准定位，敏锐捕捉市场变化带来的新机遇，处理好市场开发与风险防范之间的关系，保证大项目合同的落地生效。一是要加强形势研判抢抓市场机遇。加强对全局性、周期性、规律性趋势的预研预判，准确把握新形势对集团生产经营带来的新变化、提出的新要求，及时调整应对举措，坚决防止订单突发性锐减、收入断崖式下跌，经营状况大起大落，全力确保经营平稳运行、稳中有进。二是坚持把产品和服务质量作为企业赖以生存的根基，努力提高产品的适应性、稳定性、可靠性，提高服务的完善性、系统性、时效性，以高端产品和服务引领市场，全面提升客户满意度，增强客户黏性。三是加快海外市场拓展步伐，进一步落实“一带一路”建设聚焦重点区域、重点产品、重点客户，保证传统市场份额稳步增长，新兴市场有序开发。四是加强国内国际战略合作，充分发挥各方优势，联合开发，实现互利共赢、共同发展。五是注重战略性新兴产业相关业务的市场开拓。要以市场和客户需求为导向，加速新兴产业科技成果落地和产业化，形成新的利润增长点；要打通研发、制造、营销环节，加快产品的商品化进程，将产品的收益与研发人员绩效挂钩，建立高效的营销和技术研发激励机制。

2. 加快“走出去”步伐

积极推进“一带一路”建设，抓紧制订国际化经营战略，努力推进“再造海外新国机”建设，优化全球布局，打造国际品牌。要以工业园区和物流园区为载体，打造深化国际产能和装备制造合作新平台，实现对外投资和促进国内装备、服务、技术标准全方位“走出去”有机结合起来；要加强海外机构管理，统筹布局，甄选部分运营稳健、实力强、声誉好的海外机构作为集团层面业务对接平台；要整合海外管理信息系统，完善国际化经营数据统计；要充分运营好现有海外资源，让这些资源发挥更大的作用、产生更好的效益；要积极探索收购发达国家工程、设计类企业资源的路径与方法，努力进军海外市场；要加强境外企业本土化管理，注重结合当地国情、文化和制度要求，建立健全各项本土化管理制度，在开展好经营活动的同时履行好国际社会责任。

3. 加强质量管理

以“一杜绝两降低三强化”为主线，深入贯

彻实施质量提升行动计划。加强重点工程和重大设备的质量安全监管，以科学规范的管理促进质量提升。围绕改进质量技术、提升质量水平，广泛开展学习先进质量管理方法的活动。在质量提升中推进质量品牌建设，把市场竞争的重心由低价胜出转移到提升质量溢价与品牌效应上来。持续推进标准战略实施，积极参与国际性、国家级高水平标准的研究与制订，提升集团核心竞争力。

4. 深化内部协同

各事业部要进一步加强业务管理，充分发挥集团业务面广、产业链全的综合优势，强化横向与纵向内部协同，抱团作战，提高整体竞争力。一方面，加强业务板块内部企业间协同合作。组织板块企业开展产业研究、市场研判，共同应对市场挑战；以业务对接会、经验交流会或创新研讨会等形式扩展板块内部沟通渠道；健全内部合作机制，事业部要发挥推动作用，推进板块内企业互利共赢。另一方面，提升业务板块间企业协同水平。整合内部资源，充分利用各板块企业在品牌、营销渠道、科技研发、系统集成等方面的优势，打造集团主业领域的系统集成解决方案能力，避免恶性竞争、重复建设，努力实现优质资源共享，不断提升集团整体实力。

要深化内部协同工作，一是事业部要集中资源加强对业务的专业化管理。尽早明确年度重点工作任务，围绕重点工作为所属企业提供专业化服务，完善履行各项工作职能，实现“闭环管理”。二是事业部要打造高效灵活的协作机制，丰富事业部过渡优化阶段的成果，为事业部 2019 年进入成熟运营阶段打下良好的基础。三是各职能部门要为事业部业务发展和业务协同提供有力支撑。要遵循“业务发展优先”原则，支持各事业部以“重点工作制”和“项目制”模式运行，提高事业部战略推进、新兴业务培育开发、业务协同、资源共享等能力。

（二）持续发力，推进中国二重巩固成果再奋进

一是加强内部改革调整，推进国机重装管控运行方案平稳落地。从人员、业务、文化等多个层面加强重组单位之间的融合，促进优势互补及协同效应的发挥，将国机重装做强做优做大，实现集团重型装备制造板块持续健康发展。

二是持续提升产品竞争力，强化经营主体责任，奋力拼抢订单。在巩固“质量年”成果的基础上，全面构建适应母子公司和面向市场化方向的质量管理体系，进一步推进质量管理和控制重心下移，千方百计稳质量。着力解决重点单位、关键工序成本高的问题，在设备、工艺等方面深挖潜力。提升营销团队整体能力和素质，真正做到弯下腰来抓市场。充分抓住国家推进“一带一路”建设、国际产能和装备制造合作机遇，争取海外市场开拓能够有突破性进展。

三是坚定产品转型升级路径和方向，努力培育新的增长点。一方面，传统优势领域向高端化、智能化发展；另一方面，高起点进入煤化工、物理储能、新概念武器等新领域。在追求经济效益的同时，致力于填补国内空白、引领行业高端，真正将企业发展融入《中国制造 2025》、军民融合发展等国家战略中去。

（三）协同创新，推进恒天集团资源重组与改革发展

做好与恒天集团的协同融合，助力恒天集团改革发展，是集团的使命和责任，也是对国资委和恒天集团的庄严承诺。2018 年，集团要在深化国有企业改革相关政策的总体框架下，以恒天集团为平台，积极探索央企重组新模式，推动恒天集团成为充分市场化运作的国有企业混合所有制改革试点，探索多元经济成分并存条件下国有企业产融结合的新途径，使恒天集团成为产融结合的实施平台。为此，要做好以下几项工作：一是继续加强与集团的业务协同和资源联动，构建沟通顺畅、上下互动、管控有效的业务运行体系，实现互助互赢，共同发展；二是加快完成恒天集团清产核资工作，真实反映资产价值，妥善处理历史遗留问题，夯实资产质量，完善管理制度，为科学评价国有资产保值增值提供依据；三是推动恒天集团关联业务资源的重组调整，加快资源优化配置，使恒天集团加快构建竞争优势突出、

特色鲜明的相关专业化板块；四是适时启动混合所有制改革工作，以市场化为导向，以切实提升发展质量、激发内生动力为目的，制订好混改方案，确保方案科学全面并具有可操作性。

（四）深化改革，有效激发发展活力

1. 进一步建立健全企业分类标准和考核体系

《国机集团关于对所属企业实施分类管理的通知》对所属二级企业进一步细化分类的情况进行了说明，明确了集团未来对各类别企业的关注点和考核指标将有所侧重。总部相关部门应尽快出台有关管理标准、绩效考核等政策，各所属二级企业应根据自身性质、战略定位和指标情况自愿申请。集团将通过分类管理、分类考核，引导所属企业充分发挥功能优势，切实提升国有资本活力和竞争力。

2. 稳妥推进混合所有制和员工持股改革

按照党的十九大报告精神和国务院关于推进混合所有制改革的要求，一方面，积极开展混合所有制改革实践。明确集团混合所有制改革总体方向，提出指导意见，引导企业规范推进相关工作；同时，针对混合所有制企业的公司治理与机制改革积极探索创新，积累管理经验，构建监管有效、放权到位、充分激发企业混合所有制体制下经营活力的、新的母子公司管理关系。另一方面，推进员工持股改革实践。及时掌握国资委相关政策动向，为启动第二批员工持股改革试点做好准备工作；以中国电器院员工持股改革为契机，及时总结经验教训，积极推进混合所有制员工持股的配套改革工作，摸清所属企业开展员工持股改革的诉求；继续推进哈尔滨电站设备成套所员工持股试点改革。

3. 持续开展“瘦身健体”相关工作

进一步推进压缩层级、僵困企业治理等专项工作，分解目标任务，层层落实责任，及时通报工作进展，对于在“瘦身健体”工作中表现突出的单位和个人给予鼓励。建立部门间协同推进的工作机制，充分发挥合力，落实压减指标，统筹实施 88 户僵困企业处置治理工作。截至 2018 年 5 月底，集团累计减少法人户数要达到 177 户，保证压减完成比例达到 18%，最长管理层级为 4 级；至 2018 年年底，累计减少法人户数要达到 187 户，保证压减完成比例达到 19%。

4. 打好解决历史遗留问题攻坚战

根据国务院的统一部署，“三供一业”分离移交、剥离国有企业办社会职能相关协议要在 2018 年 2 月底前签订，2018 年相关工作必须无条件全面完成。为此，要强化组织领导，各所属企业一把手要作为工作责任人，尽快确定各分项社会职能剥离的工作方案，抓紧组织实施，确保按期完成任务目标；资金使用要经得起审计检查和历史检验，确保分离移交项目按计划实施。此外，退休人员社会化管理要有序展开。集团退休人员多，工作任务重，各级所属企业要密切跟踪国家和各级地方政府出台的相关政策，总体筹划，确保工作稳步有序开展。

（五）创新驱动，持续提升发展动力

1. 加强科技研发

积极承担国家重大战略科研任务，努力牵头承担更多重要关键共性技术攻关任务，充分发挥中央企业在技术创新中的引领带动作用。加大科技投入力度，切实发挥集团技术开发经费的引导作用，探索设立装备制造与研发转型升级产业基金，建立多渠道投入机制。努力打造国家高水平研发平台，密切关注“国家科技创新基地优化整合方案”的实施，积极推进北斗导航示范工程项目组织实施。围绕集团“十三五”重点技术集成专项以及重大战略性新兴产业，大力开展优势领域整体解决方案研究与重大项目协同攻关，推进重点项目实施，带动集团产业技术升级。做好项目凝练，专项检查重点项目，抓好在执行项目的跟踪管理工作，进一步落实责任制，确保重点项目顺利实施。

2. 培育战略性新兴产业

要将资源更多投向战略性新兴产业，深入落实制造强国战略和《中国制造 2025》，加快发展先进制造业，落实好国务院增强制造业核心竞争力三年行动和新一轮技术改造升级工程。集团上下要全面大力开展“发现行动”，重点加强对新技术新产品、新模式新路径、新市场新商机的探索和发现，打造机械工业领跑者形象。要瞄准国际前沿，加强市场洞察，聚焦智能制造、大健康、新材料、清洁能源、大数据、“互联网＋服务”等重点领域，推动产业链升级，继续跟踪金属增材制造相关技术、全固态动力电池、含水层储能技术、康养医疗装备等方向的研发合作，积极开展“互联网＋安全”、氢能利用、地下管廊工程整体智能化系统解决方案、智能管道检测机器人等技术研究，提升片区开发、新型城镇化、美丽乡村、海绵城市、地下综合管廊等领域的设计咨询能力。

3. 创新业务模式

要进一步探索“互联网＋”条件下的创新路径与模式。在生产服务方面，推动传统制造和贸易业务与信息产业融合，提升研发、生产、管理和服务的智能化信息化水平，为客户提供深层次的增值服务；在渠道建设方面，尝试开展跨境电子商务，助力国机制造产品“走出去”，为企业发展提供资源和平台支撑。要充分发挥全产业链优势。整合集团在融资、设计、建设、运营、服务等方面的优势，推进 EPC+、产业园区建设、PPP 等新模式的发展，努力建设“投融资＋建设实施＋运营维护一体化”的发展模式。

（六）整合资源，不断优化资源配置

1. 加强外部资源重组

积极响应中央号召，把握当前中央企业战略性重组的历史性机遇，结合集团发展战略和业务布局结构调整规划，积极推动与集团主业相关、优势互补、具备条件的中央企业实施战略性重组，集中优势资源加快在产业链的关键环节和高端位势进行布局。继续加强与优秀地方国企，优势行业民营、外资企业和优质境外企业的资源合作，借助集团的市场和产业优势，通过外部并购、合资合作、产业培育等多种途径，加快集团进军相关战略性新兴产业领域的步伐。以重组整合为契机，深化集团内部改革和机制创新，加快业务、管理、技术、人才、市场资源、企业文化的全面整合融合，放大重组效能。

2. 推动内部资源整合

一方面，继续以集团现有核心企业、上市公司为平台，加强内部资源梳理整合，做强做优各主业板块整合平台，择优吸纳外部优质资源，着力打造国机农装等代表国机综合实力的产业整合平台；另一方面，鼓励所属企业采取市场化机制推进资源优化配置，打造新的专业化平台，加快培养细分行业领军型企业。

3. 推进优质企业上市和再融资

一是加快推进国机重装回归主板市场的相关工作，争取成为退市后首家重新上市的企业范本；二是着力推动中机国际 A 股 IPO 的相关工作，妥善解决潜在同业竞争问题，制订发行方案，确定募集资金投向，力争尽快向监管部门申报；三是完成中机试验装备（原长春机械院）新三板挂牌的目标，促进集团内外部相关业务资源整合，使企业在试验装备等领域继续保持行业领先地位。

（七）严控风险，为企业发展保驾护航

防范化解重大风险是国有企业打赢三大攻坚战的重中之重，要坚持底线思维，全面梳理排查风险隐患，采取过硬措施，着力将风险消灭在萌芽状态。

1. 严控投资风险

规范投资决策程序和管理规定，严格遵守“三重一大”决策制度，严格落实投资项目负面清单管理要求，严禁超越自身承受能力的投资行为。确保投资方向与企业发展战略有效契合，从严控制非主业投资。将 PPP 项目纳入企业年度投资计划管理，严禁开展单纯追求做大规模、不具备经济性的或资金量大的 PPP 项目，稳妥处置存量 PPP 项目风险。深入了解境外投资所在国家和地区外资准入、国家安全审查、反垄断审查等程序、规则及标准，确保境外投资的合规运作。继续推行投资主体责任制，加强投资项目的过程监管、考核和责任追究。

2. 严控财务风险

集团要进一步加大“两金”压降力度，从加强合同签订、强化对客户资信审核、禁止融资性贸易业务、提升产品质量、追收款项、加强供应链和供应商管理等多个维度，系统整合管控，确保“两金”增幅低于收入增幅。要严控各类债务风险，持续做好负债规模和资产负债率双重管控，力争带息负债占负债总额比例进一步降低，资产负债率稳中有降。要严控金融业务，严禁脱离主业单纯做大金融业务，严禁融资性贸易和“空转”贸易，坚持发现一起查处一起。

3. 严控国际化经营风险

集团要加快建立海外EPC工程项目风险系统数据库，组织案例分析，及时总结经验教训，通过开展项目现场检查、督促落实整改措施、监控出险项目等手段，及时止损，提升海外项目风险管控整体水平。要密切关注地缘政治局势变化，做好境外安全事件和突发事件的应急处置预案，切实保护好海外员工和资产安全。

4. 严控法律风险

要加强法务管理相关工作，树立合规经营意识，坚决防范法律风险。一是继续加强法律支持与服务力度，对重大诉讼案件全程跟踪指导，对投资、并购、重组等特大事项持续关注。二是通过强化培训力度、开展系统内外管理对标推动法律人才队伍建设，提升法律人员职业素养和法律管理实务水平。三是落实法治工作专项检查意见，重点强化事中法律风险监管，努力打造和完善事前、事中、事后的全链条式法律风险防范机制。

5. 强化审计稽查

加大对集团海外工程及投资项目的审计力度，开展融资性贸易业务专项审计，扩大任期审计范围，切实帮助企业提升管理水平和风险防范能力。提升对派驻二级企业监事会的服务水平，强化对二级企业内审机构的指导督促，充分发挥派驻监事会及二级企业内审机构对所属企业的实时监督促进作用。继续做好与国家审计署的沟通、协调和汇报工作，配合集团监事会做好专项审计。针对审计中指出的问题，要高度重视，切实落实整改举措，杜绝再次发生。

（八）深化管理，夯实企业发展基础

1. 发挥战略引领作用

要科学编制战略规划，根据内外部环境变化和经营实际，适时对企业战略规划进行滚动调整；在深入调研与分析的基础上对集团“再造海外新国机”的蓝图进行科学规划，全面完成集团国际化战略的编制；事业部要加快完成相关业务板块战略的编制。要全面落实战略规划，根据集团总体规划的滚动调整及时对自身战略进行评估调整，以“十三五”战略规划的中期评估为抓手，科学评估战略执行落实情况，以及子战略对总体战略目标的支撑能力，确保战略目标与时俱进，战略措施切实落地。推进战略合作协议落地，提升战略合作协议的信息化管理水平，为企业市场拓展提供支持，加强战略合作协议的后续跟进工作。完善战略管理制度，提升战略管理制度与集团新的组织机构的匹配度，发挥好职能部门、事业部、子公司等各个层面在战略管理中的作用。

2. 提升人力资源管理

进一步加强所属企业领导班子建设，将国有企业党的建设工作会议精神融入领导班子考核评价及领导干部选拔任用、培养交流、日常监督等工作中，不断完善“双向进入、交叉任职”领导体制。进一步做好干部监督工作，认真执行凡提必核，从严干部监督管理。进一步加大收入分配改革力度，优化完善薪酬管理制度体系，推进分类分级管理，激发广大干部职工干事创业积极性。进一步加强人才队伍建设，以“十百千”人才工程，80、90英才工程，国际化人才工程等为切入点，扩充不同类型、层次人才队伍规模，逐步明晰人才发展的通道，为集团发展奠定坚实的人才基础。进一步加强总部管理，持续跟踪总部部门运行情况，评估部门组织效能并适时优化，提升总部组织机构与集团战略的匹配性，不断提高总部运行效率。

3. 深化财务管理

提升财务管理对经营决策的支撑能力，从财务数据发现问题、找出原因。强化预算管理，真正实现各类预算统筹安排，促改革、增效益。提高对资金和成本的管控能力，利用财务公司等平台加快内部资金融通，进一步提高资金集中度；要牢固树立成本效益原则，将成本管理的责任和压力传递到各作业环节和岗位，确保集团平均百元收入负担的成本费用同比下降，营业成本增幅低于营业收入增幅。优化经营考核和对标管理能力，总部要结合对所属企业功能界定和分类工作，制订差异化的业绩考核政策，所属企业要加强对标分析，揭短板、提绩效，切实发挥业绩考核导向作用。持续改进财务基础工作，严格执行企业会计准则及集团会计核算办法，做好财务信息化升迁工作。

4. 做好信息化建设工作

一是持续推进集团数据中心、网络系统和云计算平台的建设，增强集团信息化基础设施的协同共享和再配置能力，提高信息化服务的决策效率和市场响应速度。二是持续推进集团全球协同办公平台、全球网站群和统一邮件系统的建设，增强通用信息系统的规范化、标准化和集约化应用，提高集团重要应用的数据管理和综合保障水平。三是持续推进集团网络安全管理，进一步健全网络安全管理体系，落实国家关键信息基础设施保护、等级保护要求，增强网络安全监测和动态感知，提升网络安全应急保障能力。

5. 强化安全环保工作

一是全面加强全员安全生产责任制工作，层层落实责任，组织开展安全生产责任落实专项检查。二是进一步加强对施工分包单位的监督管理，将分包单位纳入企业安全生产管理体系。三是深化安全生产标准化工作，生产制造企业要深入推进安全生产班组标准化建设和岗位标准化建设，工程承包企业要全面开展工程项目施工现场安全生产标准化建设。四是进一步强化重大危险源的管控力度，存在重大危险源的企业要严格按照要求制订专项方案、控制措施和应急预案，健全安全监测监控体系，严防重特大安全事故和重大污染事件。五是继续加强安全生产和节能减排宣传、教育和培训，建设安全、节能文化。

同志们，党的十九大已经为我们描绘出宏伟的发展蓝图，适应新时代、聚焦新目标、落实新部署，我们的责任重大，任务艰巨。让我们更加紧密地团结在以习近平同志为核心的党中央周围，坚定信念，团结拼搏，勇于创新，脚踏实地，奋力完成全年目标任务，努力推动国机集团实现高质量发展！

第二篇

集团公司发展概况

经济运行概况

【发展综述】

2017 年是国机集团走过 20 年、继续新征程的第一年。这一年，面对复杂严峻的国内外环境和艰巨繁重的改革发展稳定任务，国机集团坚决贯彻落实党中央、国务院及国资委各项决策部署，认真研判形势，坚持稳中求进，全面深化改革，奋力攻坚克难，推动集团生产经营和党的建设各项工作取得显著成绩。

2017 年，国机集团全年实现营业收入 2 881.7 亿元，利润总额 112.1 亿元，上交税费 146.2 亿元，分别比上年增长 34.56%、29.3% 和 53%，创历史新高，全面完成国务院国资委考核目标任务。国机集团连续第十年保持国务院国资委中央企业业绩考核 A 级，并蝉联“中国机械工业百强”首位，位居“世界 500 强企业”第 256 位，较 2016 年跃升 78 位。

【主要指标】

2017 年，国机集团坚持稳中求进的工作总基调，把握经济发展新常态，加强市场形势研判，多措并举，全年实现利润总额 112.1 亿元，首次突破百亿利润大关。2017 年国机集团主要经济指标见表 1。

表 1　2017 年国机集团主要经济指标

项目	2016 年	2017 年	比上年增长（%）
资产总额（亿元）	2 720.20	3 815.70	40.27
所有者权益（亿元）	863.60	1 225.90	41.95
营业总收入（亿元）	2 141.60	2 881.70	34.56
利润总额（亿元）	86.70	112.10	29.30
净利润（亿元）	60.50	81.40	34.55
归属母公司所有者的净利润（亿元）	33.40	31.90	-4.49
科技支出投入（亿元）	49.80	62.00	24.50
利税总额（亿元）	182.20	242.70	33.21
应交税金总额（亿元）	110.50	121.40	9.86
全员劳动生产率（万元 / 人）	26.20	23.60	-9.92
净资产收益率（%）	7.30	4.70	-35.62
总资产报酬率（%）	4.10	4.10	0.00
国有资本保值增值率（%）	105.20	103.70	-1.43
经济增加值（亿元）	43.60	36.10	-17.20

【主要领导变化】

2017 年国机集团领导情况见表 2。2017 年国机集团二级子公司名录见表 3。

表 2　2017 年国机集团领导情况

姓名	职务
任洪斌	董事长、党委副书记
石　柯	党委书记、副董事长
徐　建	董事、总经理、党委副书记
孙德润	党委常委、副总经理（2017 年 12 月退休）
曾祥东	党委常委、副总经理、装备制造事业部总经理
白绍桐	党委常委、副总经理（2017 年 12 月任职）
骆家駹	党委常委、总会计师、金融投资事业部总经理
谢　彪	党委常委、副总经理（2017 年 12 月调离）
丁宏祥	党委常委、副总经理、贸易服务事业部总经理
王克伟	党委常委、纪委书记（2017 年 6 月退休）
刘敬桢	党委常委、副总经理、工程承包事业部总经理
雷光华	党委常委、纪委书记（2017 年 9 月任职）
陈学东	总工程师、科研院所事业部总经理
王　强	总法律顾问
苏维珂	职工董事、工会主席（2017 年 3 月离职）
刘祖晴	总经济师、职工董事、工会主席（2017 年 4 月任职）
王锡岩	纪委副书记
孙　淼	董事会秘书

表 3　2017 年国机集团二级子公司名录

序号	企业名称	序号	企业名称
1	中国机械设备工程股份有限公司	20	中国一拖集团有限公司
2	中工国际工程股份有限公司	21	苏美达股份有限公司
3	中国福马机械集团有限公司	22	中国浦发机械工业股份有限公司
4	中国海洋航空集团有限公司	23	中国联合工程有限公司
5	中国地质装备集团有限公司	24	中国汽车工业工程有限公司
6	中国机械工业建设集团有限公司	25	机械工业第六设计研究院有限公司
7	中国机床销售与技术服务有限公司	26	沈阳仪表科学研究院有限公司
8	中国重型机械有限公司	27	合肥通用机械研究院
9	中国自控系统工程有限公司	28	甘肃蓝科石化高新装备股份有限公司
10	中国国机重工集团有限公司	29	洛阳轴研科技股份有限公司
11	国机财务有限责任公司	30	天津电气科学研究院有限公司
12	国机汽车股份有限公司	31	中国电器科学研究院有限公司
13	中国机械国际合作股份有限公司	32	国机智能科技有限公司
14	国机资产管理有限公司	33	济南铸造锻压机械研究所有限公司
15	国机资本控股有限公司	34	重庆材料研究院有限公司
16	中国农业机械化科学研究院	35	中国重型机械研究院股份公司
17	中国中元国际工程有限公司	36	桂林电器科学研究院有限公司
18	国机集团科学技术研究院有限公司	37	中国恒天集团有限公司
19	中国第二重型机械集团有限公司		

董事会运行情况

2017 年，国机集团董事会坚决贯彻落实党中央、国务院及国资委决策部署，坚持规范高效运行，审慎科学决策，加强战略引领，推动改革创新，强化风险防控，推动国机集团改革发展各项工作取得显著成绩，实现持续健康发展和国有资产保值增值。

【机构设置】

2017 年，国机集团董事会成员 8 人。其中，外部董事 4 人（京外董事 1 人），非外部董事 4 人（含职工董事 1 人），分别为董事长任洪斌，副董事长、党委书记石柯，董事、总经理徐建，外部董事张来亮、吴晓根、高福来、盛世英，职工董事刘祖晴。

国机集团董事会下设常务委员会、提名委员会、薪酬与考核委员会、审计与风险管理委员会 4 个专门委员会。其中，薪酬与考核委员会、审计与风险管理委员会全部由外部董事组成；提名委员会外部董事占多数，由党委书记担任主任；常务委员会延续了第一届董事会上外部董事关于党委书记和总经理进入常务委员会以提高工作效率的提议，由两名外部董事和三名非外部董事组成。同时，为了确保外部董事意见在常务委员会得到充分尊重，经请示国资委同意，国机集团董事会常务委员会议事规则规定：在出现外部董事意见一致，而因委员占少数意见不能被采纳的特殊情况，常务委员会的决议将以外部董事的意见为准。

【制度建设】

国机集团根据《中华人民共和国公司法》等法律法规和国资委一系列指导文件，不断健全完善公司治理各项制度和运行规则，形成包括公司章程、董事会工作制度等 8 个治理文件以及分类授权、决议落实、议案管理、高管考核等配套文件的制度体系，全面系统规范董事会的议事规则、运行流程和决策程序，为董事会规范运行、科学决策提供了制度保证。

2017 年，国机集团认真落实国资委党委关于加快推进中央企业党建工作总体要求纳入公司章程的工作要求，对公司章程再次进行了修订，进一步明确和落实党组织在公司法人治理结构中的法定地位、工作机制、组织设置、履职依据和范围等，使党组织发挥作用组织化、制度化、具体化。

【日常运行】

2017 年，国机集团共召开董事会会议 11 次，审议议案 49 项，听取各类汇报 7 项；召开董事会各专门委员会会议 8 次（其中，薪酬与考核委员会 5 次、审计与风险管理委员会 3 次），共听取和审议议题 15 项。此外，授权董事长审批事项 6 项。从会议情况来看，董事会审议讨论的议案涉及机构人事、重组改制、投资融资、基本制度、战略规划、风险内控等事项，充分体现了董事会议大事、把方向、控风险的职责要求。

1. 坚持规范高效运行，科学决策重大事项 2017 年，国机集团董事会严格按照公司章程和相关治理文件规范运行，在实践中持续优化决策程序，增强议事决策效果，完善董事会科学决策机制。

（1）坚持审慎科学决策。在董事会会议上，董事长注重引导和发挥各位董事的积极性，在确保各位董事充分发表意见、全体董事无异议的前提下，组织对议案进行表决。外部董事勤勉敬业，认真履职，本着对出资人负责的态度，独立客观发表意见，完善决策方案，防范经营风险，确保董事会科学决策。党委书记充分反映党组织意见，确保党的路线、方针、政策在董事会决策中得到贯彻落实。总经理全面了解掌握决策事项具体信息，充分反映经理层意见，为董事会科学决策提供有力支撑。职工董事关注维护职工群众合法权益。

（2）发挥专门委员会作用。董事会各专门委员会切实履行职责，围绕高管考核、风险防范等方面做了大量工作，为董事会科学决策及相关专项工作提供了有力支撑。非委员外部董事列席专门委员会会议成为工作常态，既有利于外部董事更好地熟悉国机集团各方面工作情况，又能够促进相互之间的意见沟通和工作交流，充分吸收各位外部董事的经验和智慧。

（3）提升董事会组织服务水平。加大对董事会议案的审查力度，确保议案文件要件齐全、格式规范、程序严谨、信息充分完整，切实提高董事会议案质量。针对部分复杂、重大的议题，在正式上会前组织召开董事会专题汇报会，组织协调所属企业提前向董事介绍背景情况，解答疑问，提高董事会决策效率和科学性。

2. 突出量化指标，强化高管考核监督 2017年，为加强高管考核的针对性和有效性，国机集团董事会结合企业改革发展实际，坚持市场化原则开展契约化管理，在原有绩效合约考核内容的基础上，加大量化考核指标，有针对性地对处僵治困、压减层级、“两金”清理和扭亏减亏等集团年度重点工作任务设定了定量考核目标，并对相关重组整合等重点任务设置时间节点目标，引导经理层加快推进各项重点工作任务，不断提升企业发展质量，为完成国机集团全年经营目标任务起到积极作用。

同时，国机集团董事会严格按照有关制度要求，结合企业实际情况，组织专门会议听取高管人员季度、年度工作情况述职，加强董事会对经理层工作的过程监督和指导支持，充分发挥考核评价与工作督导的联动作用。

3. 坚持问题导向，扎实开展调研活动 2017年，国机集团董事会调研组共开展3次调研。在累计12个工作日的调研中，涉及五省10市，听取6家二级企业工作汇报，深入12家三级以下企业及两家合作企业考察调研。调研活动行程紧凑、衔接有序、内容丰富，取得良好效果。

在调研内容上，国机集团董事会坚持问题导向、有的放矢。在调研准备阶段，结合企业近3年主要经营数据、年度财务决算批复意见和审计报告中提出的重点关注问题，以及董事会关注的“两金”清理、压减层级、处僵治困、扭亏减亏和诉讼、担保等重要风险事项，有针对性地准备调研材料，使董事们能够提前了解企业有关情况。调研过程中，董事们就企业发展中存在的问题和风险，与企业经营者进行深入交流，详细了解情况，给予工作指导。2017年，国机集团董事会特别针对苏美达船舶、光伏业务以及国机智骏新能源汽车项目等提出多项指导意见。

在调研方式上，国机集团董事会调研组还积极关注重要三级子企业的生产经营情况，深入生产车间和项目一线，详细询问企业产品研发、市场开拓、成本管控等具体问题，掌握第一手信息，切实了解企业实际情况。同时，注意收集基层企业对集团的建议要求，推动集团采纳或协调解决。

4. 认真做好董事会决议落实跟踪检查 2017年，国机集团对董事会所有议案进行全面细致梳理，针对执行过程中发生重大变化、执行进度出现拖期的议案，深入了解议案实际执行情况、发生变化的原因、可能存在的风险以及已采取的具体措施，并积极关注下一步执行方案，确保董事会决议得到有效落实。

5. 积极推进所属企业规范董事会建设

（1）加快推进所属企业董事会建设。2017年，按照国资委关于中央企业公司制改制的工作部署，国机集团加快推进所属企业公司制改革，推动企业建立规范董事会，形成股东会、董事会、监事会和经理层各司其职、各负其责、协调运转、有效制衡的公司法人治理结构。截至2017年年底，国机集团基本完成所属企业公司制改制任务，并按要求建立规范董事会。

（2）继续健全完善向所属企业派出外部董监事制度。通过派出外部董监事依法行使股东权利，在参与企业重大决策中贯彻集团战略意图，加强对企业运行的监督，防止内部人控制。同时，加强对派出外部董监事的考核评价与日常管理，形成以日常管理为基础、年度述职与任期综合考评相结合的工作机制，有效推动外部董监事恪尽职守、履职尽责。

（3）完善授权经营体系，逐步落实所属企业董事会职权。按照提高效率与有效管控相结合的原则，建立了自董事会、经理层到所属企业各个层级的逐级授权经营体系，积极支持所属企业董事会依法行使权利。2017 年，国机集团董事会结合工作实际，适当放宽国机资本董事会投资业务决策权限。同时，适应中国电器院混合所有制改革需要，适当放宽了中国电器院董事会的投资业务决策权限。

【决策效果】

1. 大力推动集团改革发展 2017 年，国机集团董事会认真贯彻落实中央和国资委关于全面深化国企改革的工作部署，以及国企改革“1+N”文件体系精神，结合国机集团实际，大力推动重点领域和关键环节的改革发展，努力提升国有资本效率、增强企业发展活力。董事会审议通过“国机集团所属企业功能界定与分类工作方案”，按层级对所属企业开展功能界定与分类，为下一步分类改革发展、差异化考核、分类监管打好基础。加快推动中国电器院混合所有制改革和员工持股试点工作，要求注重试点示范效应，及时总结改革的经验教训，加快形成可复制、可推广的模式和经验，为进一步规范和推广员工持股改革工作做好准备。

董事会认真落实中央深化供给侧结构性改革工作部署，积极发挥自身科学决策作用，在对企业发展战略、重大项目投资、企业重组改制、重大融资担保等议案的审议过程中，认真分析研判经济走势、行业形势和企业发展实际，不断推动企业去产能、去库存、去杠杆、降成本、补短板，引导企业转变发展方式，提升发展质量。2017 年，在董事会与集团党委、经理层的共同努力下，国机集团继续保持了健康稳定增长的发展态势。

2. 充分发挥战略引领作用 国机集团董事会高度重视发展战略研究，不断强化战略引领作用。在 2016 年审议通过集团“十三五”发展规划的基础上，2017 年董事会加强对所属企业战略规划的审查与指导，对国机重工等 5 家重要子企业的发展规划进行了深入的质询审核，在确保所属企业的战略规划与集团总体战略保持协同一致和相互支撑的同时，有力推动集团战略规划的落地实施。

为适应集团改革发展需要，2017 年董事会审议通过修订后的《中国机械工业集团有限公司战略管理办法》。新办法结合集团实际对集团战略进行了更细致明晰的分类，对管理和决策机构进行了分层，实行层类匹配；加大对战略编制、实施效果的管控和评估力度，为战略管理的科学化、规范化提供制度保障。

在调研工作中，着重围绕董事会重点关注的重大项目、重要风险和战略层面重点问题展开，突出董事会战略引领作用。在与调研企业交流中，各位董事从国机集团整体战略出发，对企业优化结构、转型升级、创新发展作出指导、提出要求，督促企业从集团整体战略的高度以及企业长远发展的角度，谋划未来发展的思路和举措，防止小富即安、改革滞后，错失发展战略机遇期。

3. 持续增强风险防控能力 国机集团董事会认真贯彻落实国资委有关管理要求，扎实开展年度全面风险管理及内控评价工作。董事会高度关注集团所属企业可能发生和已发生的风险事项，加强日常调研，关注处理进展，持续增强风险防控能力，有效防范和化解企业经营风险。

在新能源汽车项目执行过程中，国机集团董事会持续关注项目执行情况及风险控制情况。2017 年 10 月组织专题调研，听取有关项目进展情况的汇报，参观了解新车型研发情况，前往项目生产基地深入了解基地建设情况，并和当地政府进行沟通，协调推进项目平稳实施。同时，督促企业落实监事会关于项目风险的提示函要求，做好相关风险处置应对工作。

国机集团董事会审计与风险管理委员会持续关注中国电工、中国浦发和中装集团有关重要风险事项处置进展情况，专门召开会议听取相关后续进展情况汇报，并对下一步的工作提出要求。董事会通过加强对风险事项的监督指导，督促整改落实，有效降低风险事项损失。

董事会对风险管控工作的高度重视和持续关注，为国机集团防范风险、减少和避免日常经营工作中的风险损失起到了有效的事先防范、事中控制的作用。

主业经营

【经济运行情况】

2017 年，在严峻的外部形势下，国机集团深入贯彻中央经济工作会议、中央企业与地方国资委负责人会议精神，落实董事会决策部署，努力践行创新、协调、绿色、开放、共享五大发展理念，始终坚持稳中求进总基调，把握经济发展新常态，加强市场形势研判，多措并举，抢抓机遇，生产经营主要指标再创历史新高。实现营业收入 2 881.7 亿元，比上年增长 34.6%；利润总额创历史新高，经济增加值（EVA）全面超额完成国务院国资委全年考核目标和董事会争取目标。

一、主要指标

2017 年国机集团各项主要经营指标完成情况见表 1。

2017 年国机集团的各项主要排名情况见表 2。

2017 年国机集团新签合同额和合同成交额见表 3、表 4。

表 1　2017 年国机集团各项主要经营指标完成情况

序号	指标名称	金额	同比增长（%）
1	营业收入（亿元）	2 881.70	34.60
2	利润总额（亿元）	112.10	29.30
3	经济增加值（亿元）	36.10	-17.20
4	进出口总额（亿美元）	118.00	15.30
	其中：出口额（亿美元）	75.20	10.70
	进口额（亿美元）	42.80	23.00
5	新签合同额（亿美元）	457.10	4.10
6	合同成交额（亿美元）	392.50	-3.10

表 2　2017 年国机集团的各项主要排名情况

评选单位	国际工程新闻记录	国际工程新闻记录	中国对外经济贸易统计学会	中国企业联合会	中国机械工业联合会	世界财富 500 强
评比项目名称	ENR 全球 250 家最大国际工程承包企业	ENR 全球 225 强国际工程设计咨询企业	中国对外贸易企业 500 强	中国企业 500 强	中国机械工业百强	美国《财富》杂志
名次	25	64	20	61	1	256

表 3　2017 年国机集团新签合同额

业务类别	2016 年（万美元）	2017 年（万美元）	同比增长（%）
工程成套	2 103 599	1 882 746	-10.50
设计咨询	115 858	112 061	-3.28
进出口贸易	673 750	819 323	21.61
国内贸易	1 301 600	1 518 016	16.63
研发生产	194 575	238 645	22.65
合计	4 389 382	4 570 791	4.13

表 4　2017 年国机集团合同成交额

业务类别	2016 年（万美元）	2017 年（万美元）	同比增长（%）
工程成套	1 571 760	1 138 681	-27.55
设计咨询	111 088	120 623	8.58
出口贸易	719 338	808 619	12.41
国内贸易	1 411 168	1 630 090	15.51
研发生产	237 536	226 405	-4.69
合 计	4 050 890	3 924 418	-3.12

二、主业及构成

国机集团有装备研发与制造、工程承包、贸易与服务、金融与投资四大主业，涉及机械、能源、交通、汽车、轻工、船舶、冶金、建筑、电子、环保、航空航天等国民经济重要产业，为全球 170 多个国家和地区提供专业化服务。国机集团的经营特点是规模大、覆盖面广、研发能力强，在众多的领域具有影响力，如所属中国二重的重型设备加工能力、中国一拖的大中型拖拉机产品、中国农机院的农牧机械研发能力、以 CMEC 和中工国际为代表的国外承包工程业务、国机汽车的汽车贸易服务、苏美达集团的机电产品贸易等，均在业界屈指可数。该集团所属众多科研院所更是站在行业领域技术研发、技术标准的制高点，起着引领行业技术发展的重要作用。

（一）装备研发与制造

1. 发展概述　2017 年，面对错综复杂的国内外形势，国机集团装备制造板块积极贯彻落实国务院国资委、国机集团的各项要求和战略部署，主动适应发展新常态，不断加大装备制造板块的业务协同、海外市场拓展、新兴业务的培育与开发等方面的工作力度，深入推进供给侧结构性改革、扩大有效供给，推进转型升级、提质增效，实现利润总额大幅提升，总体经营平稳有序。

2. 经营情况　据财务统计，剔除消化历史遗留问题的原因，截至 2017 年 12 月底，国机集团装备制造板块实现营业收入 208.34 亿元，同比下降 11.15%；实现利润总额 6.35 亿元，同比增长 21.43%，超额完成年度考核目标；实现经济增加值 -5 754 万元，同比减少 9 969 万元，同比下滑 236.51%。在营业收入同比小幅下滑的情况下，装备制造板块企业不断深化供给侧改革，加大扭亏减亏力度，实现利润总额同比较大幅度增长，整体运行平稳。2017 年度国机集团装备制造板块主要经营指标完成情况见表 5。

表 5　2017 年度装备制造板块主要经营指标完成情况　（单位：万元）

序号	指标名称	2016 年	2017 年	同比增长 (%)	年度考核值
1	营业收入	2 344 786	2 083 394	-11.15	
2	利润总额	52 335	63 549	21.43	21 100
3	经济增加值	4 215	-5 754	-236.51	

3. 装备制造企业变化情况　按照国务院国资委《关于中国二重万航公司国有股权无偿划转有关问题的批复》的要求，万航公司 49% 的股权已由国机集团划转至航空工业，新万航公司结构治理正式运行。股权划转后，中国二重持有万航公司 51% 股权，航空工业持股 49%。

4. 重点工作

（1）进一步规范装备制造业务板块的统筹管理，明确板块定位和发展方向。为贯彻落实集团的发展战略，做好装备制造业务板块的行业研究、战略管理与执行、项目推进和协调等工作，实现装备制造业务板块的有质量增长，结合集团装备制造板块企业的发展现状，制订了《中国机械工业集团有限公司装备制造业务暂行管理办法》并发布实施。同时，为进一步加强战略引领，明确业务发展定位及方向，编制完成《国机制造 2025》。

（2）大力推进与恒天集团的业务对接，实现与国机集团装备制造板块的深度融合。根据恒天集团的装备制造业务特点，结合国机集团制造板块实际，制订具有针对性的对接方案，从集团层面和板块企业两个层面进行业务融合。集团层面，多次赴恒天集团总部座谈交流，建立沟通机制；以制定《国机制造 2025》和《国机集团装备制造业务三年（2018—2020）发展规划》为契机，主动组织恒天集团参与研讨，引导恒天集团的装备制造业务与国机集团装备制造业务协同发展。板块企业层面，组织国机重工开展与恒天集团所属恒天重工、恒天九五重工、恒天汽车等企业进行多次互访，双方在工程机械发动机、商用车海外市场推广、工程机械配套以及出口方面达成多项共识，具体合作进入实质阶段。

（3）不断强化国际化战略和业务布局，加快走出去步伐。认真研究分析海外市场和竞争对手的发展变化，不断加强与国际知名企业的学习交流和业务合作，扩大国际产能合作，2017 年 8 月份组织国机集团所属 7 家企业赴古巴分别与古巴建设部、古巴冶金工业集团、古巴糖业集团进行业务洽谈，就冶金设备、农业装备、工程机械、光伏发电等领域的产品出口贸易、工程总承包以及金融服务等方面的合作进行了深入探讨，与古巴冶金工业集团签订合作意向书，积极推动国机集团所属装备制造企业不断提升国际市场份额；11 月份组织装备制造企业前往德国西门子公司、汉诺威国际农机展、凯斯纽荷兰公司进行业务交流与合作，在调研工业 4.0 工厂过程中实地考察了“数字化双胞胎”的具体应用，针对数字化如何提升企业竞争能力进行了深入探讨，了解了国际农机、林机行业的发展趋势，进一步明确了与国外先进企业在产品、技术方面的差距，为今后企业的转型升级、信息化水平的提升、强化管理等方面指明了方向。

（4）着力加快培育新兴业务，尽快形成新的利润增长点。围绕“做好新兴业务的研讨和培育，推动新产品、新技术、新模式在板块企业中的应用”这一重点任务，先后组织装备制造板块企业开展了对新能源汽车和环卫环保业务的研究与培育。不断创新业务合作模式，聚焦新能源改装车（如新能源物流车、垃圾清扫车）等新品研发、探讨新能源汽车零部件检测业务的合作开展，组织中国一拖、中国福马与扬州亚星汽车开展新能源汽车业务对接合作，林海集团与扬州亚星商用车公司围绕共同开发新能源汽车业务签订了战略合作协议，为林海股份创造进入汽车新领域的契机；深入分析环境业务，组织国机重工、中装集团积极对接地方政府、金融机构、工程总承包企业，搭建合作平台，努力获取国家开发银行支持，构建国机集团环境业务产业链，国机重工与张家口市签订生物质热电联供项目合作意向协议，中装集团与重庆环卫三所合资组建公司报集团审批。

5. 装备制造行业发展趋势

（1）机械工业经济运行形势。2017 年，机械工业经济运行稳中向好，发展活力有所增强。①增加值保持较高增速。2017 年，机械工业增加值增速延续了上年持续高于全国工业和制造业的态势，增速始终保持在 10% 以上；全年机械工业增加值同比增长 10.7%，分别高于同期全国工业和制造业 4.1 和 3.5 个百分点，高于机械工业上年同期 1.1 个百分点。②经济效益明显改善。2017 年，机械工业实现主营业务收入 24.54 万亿元，同比增长 9.47%，高于上年同期 2.03 个百分点；实现利润总额 1.71 万亿元，同比增长 10.74%，高于上年同期 5.2 个百分点。机械工业主要效益指标实现较快增长，但与全国工业比较，主营业务收入及利润增速分别低于同期全国工业 1.61 和 10.3 个百分点。从盈利能力看，2017 年，机械工业主营业务收入利润率为 6.98%，比上年提高 0.08 个百分点，高于同期全国工业 0.52 个百分点；每百元资产实现的主营业务收入为 109.89 元，比上年提高 0.42 元，高于同期全国工业 1.5 元，机械企业的盈利能力在增强。③产品产量增长面扩大。重点监测的机械工业 64 种主要产品中，产量实现同比增长的产品有 47 种，占比 73.4%，产品产量增长面较上年扩大 9.3 个百分点；产量同比下降的产品有 17 种，占比 26.6%。产量实现增长的产品有以下特点：一是与基础设施建设及城镇化建设密切相关的挖掘机、装载机、压实机械等工程机械类产品实现大幅增长，其中挖掘机产量增速超过 70%。二是前两年需求疲软的投资类产品出现恢复性增长，如矿山设备、冶金设备、金属轧制设备、机床等产品增速为 5% ～ 10%。三是与消费市场密切相关的产品如汽车、摩托车等产品保持增长的态势。四是与物流运输产业相关度较大的载货汽车、集装箱、叉车、输送机械等产量明显增长。

产量下降的产品主要是拖拉机、收割机等农机产品和发电设备。

（2）重型机械行业。随着供给侧结构性改革的推进，第三产业国内生产总值份额从2015年开始超过50%，工业份额则持续下降。钢铁、煤炭和火电等过剩或落后产能持续压减，导致投资增速较低，全年第二产业投资增长3.2%，其中制造业投资增长4.8%，均低于历史水平，给以投资类产品为主的传统企业带来巨大挑战。但同时，与民生消费相关产品、绿色环保产品、产业升级相关产品、工程拉动产品等有较明显增长。全年经济有所复苏，但总体就整个经营环境来说，仍然存在过剩产能依然突出、高端产品供给不足、民间投资意愿不高、实体经济过度金融化等不稳定因素，受钢铁等大宗价格回升影响，重机行业整体发展平稳，收入、利润、产量均有较大回升。

（3）农业机械行业。从制约行业发展因素看，一是受国家种植结构调整，主粮、棉花等价格持续低迷，农民购买力不足，农机更新需求大幅下降。同时，拖拉机、收获机等保有量大，作业收益下降，用户购机意愿降低。二是由于“国Ⅲ”切换，带来2015年下半年、2016年上半年市场形成两次国Ⅱ机的需求透支。2016年11月30日前，大量国Ⅱ产品集中录入补贴系统；11月30日后，办理2016年透支补贴的拖拉机就达7.8万台，造成2017年大量国Ⅱ社会库存需要消化，并且2017年农补资金优先补贴国Ⅱ产品，进一步加大国Ⅲ产品的推广难度。国Ⅲ产品稳定性、售后服务能力等存在不确定性，加重终端观望情绪，市场需求动力不足。三是2017年补贴资金总额下降，单台补贴额度下调，部分省份补贴向深松整地、高效植保、免耕播种、残膜回收等作业机具，占用拖拉机、收获机等常规产品资金；部分地区资金总量包干使用，超支不补； 2016年，出现大量农贷违约现象，导致农贷收紧等因素共同影响，抑制拖拉机、收获机产品终端市场需求。

从区域和产品需求上看，水田作业区用户购买能力相对较强，其农机市场表现优于旱田区域。在产品需求上，大型轮式拖拉机受补贴政策引导及深松深翻、秸秆还田项目拉动，功率向140马力(1马力=735.5W)以上延伸势头强劲，中型轮式拖拉机需求也呈现梯度上延态势。据行业统计显示，2017年，在大中型轮式拖拉机行业整体下滑25.1%的情况，140马力以上大型轮式拖拉机销量2.43万台，同比增长112.1%。小麦收获机继续向大喂入量方向发展，7kg/s以上谷物收获机销量2.78万台，同比增长9%，其中8kg/s以上谷物收获机销量6 102台，同比增长2.9倍，其中7kg/s纵轴流及逐稿器产品销量734台，同比增长2.4倍，产品向纵轴流技术发展趋势明显。

从竞争态势方面看，在整体市场需求下降的外部环境下，农机行业结构性产能过剩矛盾仍然突出，低端产能过剩、高端制造不足。进入大型轮式拖拉机行业企业数量不断增多，尤其是部分二三线品牌企业以“小底盘套大动力”方式获取产品补贴优势，以及低价倾销等手段抢占市场，使行业集中度呈现下降势态。大型轮式拖拉机行业前3家销量合计市场占有率53.6%，同比下降9.2个百分点。中型轮式拖拉机行业前3家企业市场占有率51%，同比降低2.7个百分点，行业集中度出现分散态势，价格竞争成为中型轮式拖拉机主要的竞争手段，市场竞争环境更加严峻。同时，行业主要企业采取价格政策、融资政策、推广活动等促销手段，效果并不显著，大多数市场用户以观望、徘徊为主，主要竞争企业纷纷扩大信用额度和铺货的力度，使社会库存普遍增大，库存消化缓慢，资金风险加大，经营运行质量下滑。

（4）工程机械行业。工程机械是与国家政策和基础建设密切相关的行业。2017年，中国工程机械行业受基建投资、PPP项目、产业改造升级等因素的影响，在历经5年“寒冬期”后迎来了恢复性增长；在“一带一路”建设有效推动下，工程机械海外出口同比相对增长。在以挖掘机、装载机、叉车等主要产品为代表的高增长下，行业企稳回升，形势一片大好。2017年，工程机械行业主要企业营业收入同比增长近20%；其中9种主要工程机械产品销量同比增长46.4%，挖掘机全年销量成功突破14

万台，同比增速达 99.5%；装载机年销量破 9.5 万台，同比增长 45%；叉车更是创造了历史最高销售量纪录。

（5）林业机械与动力机械行业。2017 年，动力机械板块行业竞争均非常激烈，竞争者数量众多，产品同质化竞争严重，受替代品冲击大，用户议价能力均较强，新进入行业者门槛也不高。随着原材料的上涨、排放的升级，行业面临巨大的成本压力。人造板机械板块多层刨花板线方面，山东临沂地区民营企业以低价竞争策略抢占了山东临沂热点地区区域市场份额。国家环保政策对行业的发展有一定的限制作用。砂锯线方面受欧元汇率大幅下滑影响，与进口产品价格差距进一步缩小。双幅面密度板多层线价格竞争惨烈，受连续压机冲击影响加大，此块市场份额已有被连续压机所替代趋势。

（6）地质勘探行业。2017 年，国家固体矿地勘任务未有增长，钻探设备及钻采工具市场仍未明显回暖；分析仪器属于环保行业，近两年一直保持比较稳定的增长，海底探测仪器作为国家支持项目在市场占有优势地位。作为地勘装备行业的国有企业，虽然具有研发和质量优势，但与民营企业相比，在营销模式和激励机制以及消化原材料成本上有一定差距。从国内形势看，京津冀一体化及加强民生生态环境保护和地质灾害治理等发展战略的提出，将持续增加对地矿资源环境装备的需求。从行业动态看，对地勘行业提出了绿色发展的要求；在找矿主业和工勘施工、水工环地质、多目标地球化学及海洋地质等领域，对产品结构调整和业务转型升级提供了新的机遇。

（二）工程承包

1. 发展概况 2017 年，国机集团工程承包业务实现营业收入 584.7 亿元，同比增加 28.3 亿元，增长 5.1%，占该集团整体营业收入的比重为 20.3%。毛利率 17.3%，同比提高 2.6 个百分点，毛利增加 19.5 亿元，主业盈利能力进一步增强。全年实现利润总额 41.1 亿元，同比减少 14.2 亿元，降幅 25.8%，主要是受汇率波动影响，企业年底所持外币资产折算产生的汇兑损失同比增加 27.9 亿元。

截至 2017 年年底，国机集团在手执行工程成套（含船舶）及设计咨询项目 13 725 个，合同金额 575.39 亿美元。其中境外项目 729 个，合同总金额 416.69 亿美元。2017 年国机集团在手执行对外工程承包项目情况见表 6。

表 6 2017 国机集团在手执行对外工程承包项目情况

合同金额	＞1 000 万美元	＞5 000 万美元	＞1 亿美元
项目数量（个）	552	173	92
合同总金额（亿美元）	501.2	415.6	359.7
其中：境外项目（个）	220	121	79
境外项目合同金额（亿美元）	397.1	371.3	339.8

2. 主要工程领域 业务规模稳步增长，大项目推动“一带一路”建设走深走实。主要工程领域未发生重大变化，依然集中在电力、交通、房建等行业。其中电力行业仍为国机集团传统工程项目的优势行业。

3. 主要区域和国别市场 从项目所处国别地区看，拉美市场减少，东南亚、南亚份额增加，非洲、中亚等市场稳步开展，其中合同金额较大的国家有塞尔维亚、白俄罗斯、阿根廷、伊拉克、安哥拉、喀麦隆和科特迪瓦等。

4. 非实体经营 非实体经营新签约加纳 Sekondi-Takoradi 供水改扩建项目，合同金额约 3.21 亿美元。在手执行项目 7 个，合同金额 25.78 亿美元，整体受控，其中印尼 AWAR-AWAR 燃煤电站项目拿到 FAC，整体交付。

（三）贸易与服务

1. 整体情况 贸易服务（含汽车、展览）业务是国机集团核心业务之一，呈现出全面、持续、良好发展的局面。2017 年，国机集团在中国进出口 500 强企业排名中名列第 20 位，进出口总额117.4亿美元，其中出口70亿美元、进口47.4亿美元，是中国机电产品出口、国外先进技术和产品引进的骨干企业，是中国机械工业最大的进出口贸易企业。

2. 业务特点 国机集团贸易服务板块业务包括贸易业务、汽车业务、展览业务三个主要子板块。其中：贸易业务市场已经分布在世界近200个国家和地区，在海外共设立了234家成员企业及海外分支机构，将市场调研、技术研发、仓储物流、售后服务等功能前移至海外公司，实现从“跨国贸易”向“跨国经营”转变，业务领域主要包括技术设备进口、大宗商品贸易、机电产品和纺织服装产品的研发生产与贸易等。

汽车业务经过多年发展，逐步形成了完整的链条，汽车贸易和汽车工程均已成为所在行业和领域的一支重要力量，在全国尤其是在行业内具有较大影响力。汽车贸易涵盖进口汽车批售服务业务、汽车零售服务业务、汽车后市场服务业务、汽车金融服务业务、汽车及零部件出口贸易服务业务、汽车综合创新业务。在汽车工程领域，拥有工程设计综合甲级、勘察、咨询、监理、制造、施工、环评等26项最高级别资质证书，工程设计、汽车装备供货、EPC设计建设一体化业务已经成为汽车行业的第一品牌，总装、涂装等专业达到国际一流企业水平，近年来在全国市场占有率第一。

3. 主要经济指标 2017年1—12月，国机集团5家贸易服务板块企业主要经济指标实现了较快增长，多项指标增幅超预期，全年累计实现营业收入1 327.3亿元，同比增长23.3%；累计实现利润27.2亿元，同比增长6.7%。2017年贸易服务板块企业主要经济指标见表7。

表7 2017年贸易服务板块企业主要经济指标

公司名称	营业收入（万元）		利润总额（万元）	
	金额	同比增长（%）	金额	同比增长（%）
苏美达集团	7 347 267	49.5	139 383	-3.8
国机汽车	5 040 124	-1.1	88 502	17.0
中汽工程	742 679	33.8	34 347	12.0
中机国际	111 808	10.2	4 623	5.7
中国机床	30 999	-68.7	5 326	扭亏
板块企业合计	13 272 877	23.3	272 181	6.7

4. 重点工作

（1）赣州新能源汽车项目推进顺利。2017年，赣州新能源汽车项目按可研制定的时间节点如期完成各项工作，进展顺利。主要体现在：①在生产基地建设方面，基建工作和制造工程整体进度满足计划要求。2017年11月29日，赣州生产基地四大车间完成主体厂房封顶，距离开工建设仅历时半年。②车型研发工作有序开展，完成首台样车造型工程，模拟样车工作进行动力经济性、NVH等关键性能摸底试验，各专业利用内外部资源进行零部件DV试验验证。③在市场工作方面，提前进行销售布局，完成营销计划的编制和修订，完成1+N网络方案，初步确定品牌方案。④管理标准化体系、采购、信息化、人力资源、企业文化建设等工作有序推进。

（2）中机国际推进IPO工作，加大会展平台建设力度。一是顺利完成中机国际股份制改造。中机国际取得国资委批复，于2017年9月30日召开股份公司成立大会，顺利完成股份制改造。二是相关机构完成对中机国际的申报预审和资产盘点，指导中机国际启动IPO相关文件的准备工作。三是推动国机集团会展平台建设，中机国际在稳固现有展会业务的基础上加快与跨国展览巨头的合作，大力开展自主品牌展会建设，加快推进市场的战略布局。2017年与国际展览巨头达成多项合作，大幅提升了中机国际战略合作空间，年内新增12个自办展。四是重点展会取得丰硕成果，汽车整车展稳中有进，机械装备制造展开拓创新，汽车零部件展精耕细作，展会面积、经营收入均有较大提升，围绕《中国制造 2025》和“一带一路”建设，境外展览开拓力度加大。

（3）完成《国机集团贸易服务业务（含汽车、展览）2018—2020 年发展规划》，升级和优化未来三年目标和战略。板块发展规划重点突出，方向明确，内容翔实，具有以下特点：一是全面贯彻“五大发展理念”；二是根据国机集团整体发展战略要求，立足贸易服务业务发展现状和优势，提出升级版的战略；三是对板块业务进行合理定位，提出打造世界一流贸易服务企业；四是制定了清晰明确的板块发展目标，提出板块营业收入达到 1 700 亿元的营业目标，还制定了转型升级、结构调整、国际化经营等整体发展目标，指出重点任务和保障措施，描绘出 2018—2020 年明确的板块业务发展路径；五是板块各企业制定了各自发展目标。

【经营管理】

2017 年，国机集团坚持稳中求进的工作总基调，把握经济发展新常态，加强市场形势研判，多措并举，抢抓机遇，生产经营主要指标再创历史新高。2017 年，实现营业收入 2 881.7 亿元，同比增长 34.6%；新签合同金额 457.1 亿元，同比增长 4.1%；考核利润总额完成 112.1 亿元，完成国资委目标 167.5%；考核 EVA35.6 亿元，较好地完成考核目标，实现了国有资产的保值增值。

1. 国资委对国机集团的考核 2017 年，国机集团面对严峻的经营环境，不断增强整体实力，社会影响力持续提升，连续十年荣获国务院国资委中央企业业绩考核 A 级企业，并继续蝉联中国机械工业百强首位；位列 2017 年“全球 250 家最大国际工程承包商”第 25 位；位列 2017 年“国际工程设计企业 225 强”第 64 位；2017 年，再次入选世界 500 强，列第 256 位。

2. 国机集团对所属企业的考核 按照国机集团《全资、控股企业主要负责人经营业绩考核暂行办法》和《“经营管理指标”考核实施细则》的规定和要求，依据企业 2017 年度财务决算和相关指标完成情况，在相关部门的配合下，资产财务部对所属企业 2017 年度经营业绩考核完成情况进行了核算，并将相关核算结果下发所属企业进行核对及确认，在核算完成后，按照集团相关工作流程和规定，将核定结果提交人力资源部。

【国际化经营】

2017 年，国机集团进出口总额 118 亿美元（含恒天集团），其中进口 42.8 亿美元、出口 75.2 亿美元。进出口总额前 5 名的国家分别是美国、英国、德国、日本和巴基斯坦。

截至 2017 年年底，在手执行工程成套（含船舶）及设计咨询项目 13 725 个，合同金额 575.39 亿美元；其中，境外项目 729 个，合同总金额 416.69 亿美元。合同额按洲分布占比情况为：亚洲 37%、非洲 30%、拉丁美洲 25%、欧洲 7%、南美洲 1%。合同额最多的 4 个国家分别是委内瑞拉、白俄罗斯、安哥拉和阿根廷。

【安全生产】

2017 年，国机集团全面完成年度安全生产各项工作任务，未发生生产安全亡人事故和环境污染事故，未发生产生不良影响的境外安全突发事件，国机集团安全风险和环境风险总体处于受控状态。

1. 贯彻落实国家安全生产工作部署，落实安全责任 一是传达落实国务院安委会、国资委和国家安全监管总局等上级部门的 33 个文件精神和要求，组织部署开展相关工作，上报国机集团安全工作总结及报告 26 个。二是召开国机集团年度安全生产工作会议，部署 2017 年安全生产重点工作任务，组织所属企业制订年度安全生产工作计划。三是组织涉及机械制造、建筑施工、危化品生产与贮存、交通运输、武器装备研制与试验的 27 家所属企业，开展安全生产费用提取和使用情况的调查、数据收集和汇总上报。四是公布国家级安全生产不良记录“黑名单”和 2017 年国机分包单位安全生产不良记录“黑名单”，加大对分包单位的监管力度。五是为了确保党的十九大顺利召开，组织所属企业每日零安全事故事件报告并上报国资委。六是为预防境外安全突发事件，组织召开国机集团安全生产专题会议，通报委内瑞拉安全形势，编发安全生产专题会议纪要。针对巴基斯坦、委内瑞拉等国家安全形势，6 次发布境外安全预警通知。七是组织国机集团注册安全工程师的恢复注册，完成第一批80多人的注册安全工程师初始注册、延续注册、变更注册、重新注册材料审核工作。八是多次向国资委汇报重大安全生产风险情况，避免了国资委降级国机集团安全生产监管类别，降低了国资委对国机集团年度经营业绩考核的风险。九是修订国机集团2018年度“安全生产责任书”，组织所属企业签订2018年度“安全生产责任书”，并逐级落实安全生产责任。十是逐级统计、汇总编制国机集团“2017年所属企业境外在建工程项目统计表”“2017年所属企业境内在建工程项目统计表”，加强在建工程项目的动态管理。

2. 加大对所属企业安全生产管理力度，安全生产管理能力不断加强 2017年，国机集团所属各企业认真学习贯彻党中央、国务院关于安全生产的指示精神坚持“安全第一、积极预防、综合治理”的安全生产方针，积极开展安全管理工作。2017年，各企业开展各项安全生产专项检查3 202次，排查安全生产隐患35 064项，完成隐患整改34 909项，隐患整改率99.56%。各企业开展安全事故突发事件演练1 680次，参加应急演练48 785人次。建立各类应急预案2 584个。2017年，国机集团获得OHSAS18000职业安全健康管理体系认证的企业125家，获得ISO14001环境管理体系认证的企业111家，获得安全生产标准达标认证的企业132家。各企业安全生产管理力度明显加大。

3. 规范安全管理，完善国机安全制度和应急预案 编制发布国机集团《境外工程安全生产管理有关规定》，进一步规范境外工程安全生产管理，强化和量化境外工程重大危险源安全管控、分包方安全生产监督管理、安全生产培训、生产安全事故责任追究等方面的工作。修订完善国机集团“生产安全事故及境外突发事件综合应急预案”及“境外安全突发事件专项应急预案”。

4. 组织开展危险源辨识评价，强化安全风险分级管控 组织所属企业对工作场所和生产作业过程的危险因素开展全面辨识和评价，针对17家所属企业存在发生较大及以上生产安全事故的重大危险因素，发布国机集团2017年度重大危险源清单，将其纳入国机集团监控范围进行重点监管，要求相关企业按照集团《重大危险源监督管理办法》的规定进行分级管控，逐一落实重大危险源的安全管理和监管责任，由所属企业领导带队定期进行监督检查，集团总部组织突击检查、抽查、互查等监督检查，严防发生重大安全事故。

5. 加大安全生产监督检查力度，排查治理安全隐患 2017年，国机集团总部13次组织检查组，对17家所属企业的30个生产制造现场、总承包项目现场、工程作业船舶等开展安全生产监督检查，下发13份整改通知，提出71项安全隐患的整改意见和建议；7次部署开展安全生产大检查，并组织所属企业安全生产大检查回头看、开展电缆质量安全专项排查、电气火灾综合治理、重大质量安全隐患排查治理、特种设备和消防安全等专项活动，部署汛期防汛减灾工作，确保安全度汛；组织开展的安全生产互查活动，共检查8家生产制造企业现场和6个工程总承包项目，发现并整改78项安全隐患，提出100多项安全工作改进建议。为党的十九大胜利召开营造稳定的安全生产环境，精心组织、部署开展了为期3个月的安全生产大检查，共检查出各类安全隐患7 600多项，整改完成率99.5%。

6. 加强安全生产宣传、教育和培训，夯实安全生产基础 组织14家企业召开“国机集团总承包项目安全生产管理研讨会”，交流境外公共安全管理、分包方安全监管和总承包项目安全体系建设的工作经验，印发《工程项目施工人员安全指导手册》等学习交流材料。组织召开“国机集团安全生产管理人员培训暨经验交流会”，邀请专家讲解安全生产理论知识、项目安全管理实务案例，邀请中工国际和苏美达集团就境外雇员及境外劳务人员就安全管理方面知识进行经验交流讲座，参观施工作业现场和生产制造现场，共64人参加培训交流。

以“全面落实企业安全生产主体责任”为主题，组织开展国机集团2017年“安全生产月”和“安全生产万里行”活动。活动期间，组织403人观看2017年安全生产月活动主题宣传片《安全生产的行动纲领》，组织所属企业开展“安康杯”竞赛、“青年安全示范岗”“五好文明家庭”“平安校园”“道路运输平安年”“职业病防治法宣传周”等安全宣教活动，组织开展“6·16”企业安全生产主体责任宣传咨询日、“安全宣誓”等宣教活动。在中国安全生产协会组织的2015—2016年度安全管理标准化示范班组创建活动中，国机集团荣获优秀组织单位称号；济南铸锻所开卷线班和国机重工常林股份金工二班荣获全国百强示范班组称号，两位班组长荣获优秀班组长称号。

7. 完成对所属企业安全生产责任目标考评 制订2017年度所属企业安全生产责任目标考核方案，编发2017年度安全生产自查报告模板，审阅所属企业“2017年度安全生产责任目标完成情况自查报告”及证实材料，按照国机集团《安全生产责任目标考核办法》，统计汇总36家所属企业2017年度生产安全事故情况、新增职业病情况和安全生产信息报送情况，完成对所属企业年度安全生产责任目标完成情况进行综合考核和预评审。通过年度考评，全面了解所属企业安全管理状况和经营业务变化，发现企业安全工作亮点、创新点，查找安全生产工作中的问题与不足，促进经验分享、问题解决和工作改进。

【节能减排】

1. 组织调整节能减排组织机构，修订节能减排管理制度 组织完成国机集团节能减排领导小组和节能减排办公室等组织机构、工作职责和组成人员的调整。修订发布国机集团《节能减排监督管理办法》《节能减排统计监测规定》和《节能减排工作考核规定》。组织所属企业建立健全节能减排组织管理体系和管理制度，进一步完善全集团节能减排的组织机构和管理制度。

2. 对节能减排重点企业调研摸底，组织开展“十三五”规划期节能减排相关工作 根据国机集团《节能减排工作考核规定》要求，组织所属企业对2016年度节能减排目标完成情况及管理工作开展自检自评，完成对所属企业节能减排的年度考评工作。组织所属企业制订“十三五”规划期节能减排工作方案，确定企业“十三五”规划期年度完成目标建议值。

3. 组织开展节能宣传周及全国低碳日活动 围绕“节能有我　绿色共享”和“工业低碳发展”的活动主题，于2017年6月11—17日组织开展了国机集团“2017年节能宣传周及低碳日”活动，宣传国家“十三五”节能减排总体要求和目标及集团所属企业节能减排优秀成果等内容。面向广大职工开展“节能环保随手拍”活动，普及节能环保知识，提高节能减排意识。

4. 落实国家节能减排工作部署，组织完成相关工作任务 一是组织所属企业开展京津冀及周边地区大气污染防治及北京市“清煤降氮”工作的排查，向国资委上报相关工作情况。二是组织所属企业2016年建成运行的有关节能减排项目，将中国中元“绿色建筑核心技术研究与应用”、合肥通用院“大型储罐罐底油泥清洗与回收成套设备研发”等27个节能减排工作先进案例向国资委汇总上报。三是向国家发展改革委推荐合肥通用院“大型制冷机组性能测试系统节能技术”3项技术列入《国家重点节能低碳技术推广目录》。四是按照要求向国资委报送年度及季度节能减排工作总结和统计报表。

【其他重要管理制度及重大事项或举措经营管理】

一是将“处僵治困”作为亏损企业治理的核心和重点，加强组织，统筹推进，圆满完成国资委阶段性任务目标。二是加强组织领导，国机集团成立了以董事长任洪斌为组长的亏损企业治理工作领导小组，组织召开瘦身健体专题会议，对重点工作进行再动员、再部署。三是系统研究制订了专项考核办法，将亏损企业治理、处僵治困和级次压减3项工作完成情况纳入集团业绩考核范围。四是定期通报工作进展情况，加人相关企业的现场调研和检查监督，保证瘦身健体工作的有序推进。截至2017年年底，国机集团所属亏损企业共287户，同比减少83户，亏损额52.9亿元，同比减少4.9亿元，亏损额和亏损面分别下降8.5%和24.1%，亏损额、亏损面扩大问题得到有效遏制。亏损企业治理工作取得阶段性效果。

科技发展

【发展情况】

2017年，党的十九大胜利召开，描绘了决胜全面建成小康社会、夺取新时代中国特色社会主义伟大胜利的宏伟蓝图。国机集团深入落实党中央、国务院关于加快实施创新驱动发展战略、加快国家创新体系建设的决策部署，贯彻新发展理念，召开“发现行动”院所长头脑风暴会，积极参加国资委、工信部等组织的“双创”展，以“强化上下协同、牵引技术研发、服务提质增效”为工作重心，扎实开展科技创新工作，集团科技创新工作取得了良好业绩和显著成效。

2017年，国机集团获得省部级和全国行业性以上各类优秀成果奖360项，其中科学技术奖135项（含国家技术发明二等奖1项，国家科技进步二等奖3项），勘察设计咨询奖168项。申请专利1 990项，其中发明专利790项；授权专利1 542项，其中发明专利621项。登记软件著作权246项。主持或参加标准制修订739项，其中国际标准15项、国家标准274项。截至2017年年底，国机集团累计拥有专利11 713项，其中发明专利2 897项；获得省部级（全国行业性成果奖）以上各类成果7 572项，其中，国家科学技术奖185项。

国机集团负责、中国联合参与的“工业建筑抗震关键技术研究与应用”，合肥通用院负责完成的“重型压力容器轻量化设计制造关键技术及工程应用”，成都工具所参与的“高效切削刀具设计、制备与应用”3个项目获得国家科技进步二等奖；中国一拖集团有限公司参与的“复杂铸件无模复合成型制造方法与装备”项目获得国家技术发明奖二等奖；国机智能“基于油液在线监测的机械装备智能润滑诊断维护系统”等4个项目在中央企业熠星“双创”大赛中获奖；中国重型院承担的国家科技重大专项“3 000kN/7 500kN·m大型锻造操作机”课题成果应用于世界上最大全液压锻造操作机；中装集团合作开发的万米级海底地震仪使我国成为首个成功获取万米级海洋人工地震剖面的国家。

【科研成果】

2017年国机集团科研成果产出情况见表1。

表1 2017年国机集团科研成果产出情况

序号	成果名称	数量（项）
1	获得省部级以上各类成果奖	360
	其中：国家科学技术奖	4
	科学技术奖(含国家科技进步奖)	135
	勘察设计咨询类奖	168
	其他	57
2	申请专利数量	1 990
	其中：发明专利数量	790
3	授权专利数量	1 542
	其中：发明专利数量	621
4	制修订标准数量	715
	其中：国际、国家标准数量	289
5	发表论文数量	2 457
6	软件著作权登记数量	246

【有关政策、规划的制修订】

按国机集团统一部署，结合国机集团总部组织机构调整以及近年来各办法运行的实际情况，对《中国机械工业集团有限公司科技管理办法》《中国机械工业集团有限公司知识产权管理办法》《中国机械工业集团有限公司科学技术成果鉴定管理办法》《中国二重长线产品研发项目管理暂行办法》《院所支持中国二重技术提升和科技成果产业化研发经费专项补助暂行办法》5 项管理办法进行了修订；新制订了《中国机械工业集团有限公司国家项目管理办法（暂行）》和《中国机械工业集团有限公司国家科技计划项目专项经费管理规定》。

1. 修订《中国机械工业集团有限公司科技管理办法》 科技管理办法是国机集团开展科技创新工作的总纲领。为进一步推动国机集团科技进步，加速科技创新步伐，适应国机集团新的治理结构和形势要求，结合几年来国机集团的发展、科技业务不断拓展、制度运行过程中遇到的实际问题等情况，国机集团研究制订了《中国机械工业集团有限公司科技管理办法》，办法从规划与政策研究、科研项目（计划）、科研平台、知识产权、成果与奖励、技术标准、交流与合作、成果转化、基础管理 9 个方面对相关工作内容进行了明确与规范，强化了科技服务的内容，增加了服务要求，规范和加强集团科技项目服务与管理，强化了科技基础管理。

2. 制订《中国机械工业集团有限公司国家项目管理办法（暂行）》 按照年度工作安排，结合国机集团总部机构调整以及《中国机械工业集团有限公司科技管理办法》的修订，为更加突出国家项目管理的重要性和规范性，将原《中国机械工业集团有限公司科技管理办法》中的项目管理内容以单独的办法制度予以明确，制订了《中国机械工业集团有限公司国家项目管理办法（暂行）》。该办法共七章三十四条，对国家项目的申报、立项、实施、跟踪检查、验收等项目管理工作做出了全面规范。

3. 制订《中国机械工业集团有限公司国家科技计划项目专项经费管理规定》 按照年度工作安排，结合国机集团近年来承担国家科技计划项目的情况，为进一步加强和规范集团承担的国家科技计划项目专项经费管理，制订《中国机械工业集团有限公司国家科技计划项目专项经费管理规定》。该规定对国机集团承担的国家科技计划项目的预算科目、经费使用与管理、结余经费处理、经费调整等作出了规定。

【科技创新体系及平台建设】

2017 年，国机集团共申请省部级以上科研与服务平台 34 家，其中国家级平台 11 家。在国家级科技创新平台建设方面，2017 年有新的突破。合肥通用机械研究院“高端流体机械设备与压力容器服务型制造示范平台”、苏美达国家级工业设计中心、国机智能“工业摩擦润滑技术国家地方联合工程研究中心（广州）”和国家机器人创新中心、轴研科技“高性能轴承数字化设计示范型国际科技合作基地”等 5 个平台获批建设。截至 2017 年年底，国机集团拥有国家工程技术研究中心 7 家、国家工程研究中心 4 家、企业国家重点试验室 6 家、国家工程实验室 6 家、国家企业技术中心 16 家、国家级技术创新联盟 7 家、国际合作基地 5 家、博士后工作站 20 家、国家生产力促进中心 6 家、国家级质检中心 24 家、全国标准化委员会 61 家（其中分会 15 家）。国机集团国家级科研及服务平台数量超过 160 家，标志着集团在相关技术领域处于科技创新优势地位，将在推动行业的技术进步、探索构建产学研合作的长效机制、带动中小企业创新发展、提升产业核心竞争力等方面发挥更大的作用。

在推进省部级研发及科技服务平台建设方面，中国一拖集团有限公司“河南省智能农机创新中心”、中国地质装备集团有限公司“江苏省地质勘探工具工程技术研究中心”、中国联合工程有限公司“陕西省能源环境与建筑节能工程技术研究中心”、机械工业第六设计研究院有限公司“河南省智能工厂系统集成创新中心”等 26 家省部级科研平台获批建设，涉及智能制造、工程建筑、检测服务、节能环保等诸多领域，进一步夯实了技术创新与产业发展基础。

2017 年新获批的省部级以上科技创新及服务平台见表 2。

表 2　2017 年新获批的省部级以上科技创新及服务平台

序号	新批准的科技平台名称	单位名称
国家工程研究中心		
1	工业摩擦润滑国家地方联合工程研究中心	国机智能科技有限公司
国际科技合作基地		
2	高性能轴承数字化设计示范型国际科技合作基地	洛阳轴研科技股份有限公司
国家级工业设计中心		
3	国家级工业设计中心	苏美达股份有限公司
国家质量监督检验中心		
4	国家智能汽车零部件质量监督检验中心	中国电器科学研究院有限公司
服务型制造示范平台		
5	高端流体机械设备与压力容器服务型制造示范平台	合肥通用机械研究院
省部级科研及服务平台		
6	河南省智能农机创新中心	中国一拖集团有限公司
7	江苏省地质勘探工具工程技术研究中心	中国地质装备集团有限公司
8	浙江省重点企业设计院	中国联合工程有限公司
9	浙江省省级工业设计中心	中国联合工程有限公司
10	陕西省能源环境与建筑节能工程技术研究中心	中国联合工程有限公司
11	河南省制造业大数据应用产业技术研究院	机械工业第六设计研究院有限公司
12	河南省智能工厂系统集成创新中心	机械工业第六设计研究院有限公司
13	辽宁省沈阳仪表科学研究院工程技术研究中心	沈阳仪表科学研究院有限公司
14	安徽省技术转移服务机构	合肥通用机械研究院
15	上海石油化工换热设备工程技术研究中心	甘肃蓝科石化高新装备股份有限公司
16	河南省轴承创新中心	洛阳轴研科技股份有限公司
17	河南省精密机床轴承工程技术研究中心	洛阳轴研科技股份有限公司
18	河南省制造业创新中心	洛阳轴研科技股份有限公司
19	四川省粉末冶金工程技术研究中心	洛阳轴研科技股份有限公司
20	天津市企业技术中心	天津电气科学研究院有限公司
21	国家工信部智能制造系统解决方案供应商	中国电器科学研究院有限公司
22	广东省企业技术中心	中国电器科学研究院有限公司
23	广东省电热组件工程技术研究中心	中国电器科学研究院有限公司
24	广东省智能工厂工程技术研究中心	国机智能科技有限公司
25	广东省机器人系统集成与液压工程技术研究中心	国机智能科技有限公司
26	广东省工业机器人及核心零部件工程技术研究中心	国机智能科技有限公司
27	广西薄膜成型装备工业设计中心	桂林电器科学研究院有限公司
28	广西高价值专利培育示范中心	桂林电器科学研究院有限公司
29	全国专利文献服务网点	桂林电器科学研究院有限公司
30	湖北省精准农业工程技术研究中心	中工国际工程股份有限公司
31	四川省汽车起重机钢结构件工程实验室	中国国机重工集团有限公司

【科技投入】

通过充分利用国家支持自主创新方面的有关税收优惠政策、国机集团技术开发专项经费引导、争取国家项目与资金支持等多种有效途径，2017 年度国机集团科技投入达到 62.02 亿元，占该集团主营业务收入（2 881.74 亿元）的比例为 2.15%，其中科技型企业科技投入达到 24.26 亿元，占其主营业务收入的 7.27%；集团研发投入达到 36.52 亿元，占该集团主营业务收入的比例为 1.27%，其中科技型企业研发投入达到 15.90 亿元，占其主营业务收入的 4.77%。2017 年国机集团科技投入情况见表 3。

表 3　2017 年国机集团科技投入情况

板块企业	科技投入（万元）	科技投入占比（%）	研发投入（万元）	研发投入占比（%）
科研院所	242 556.03	7.27	158 994.02	4.77
装备企业	186 509.43	2.80	146 619.68	2.20
工贸企业	191 151.37	1.00	59 578.55	0.31

【重大事件和重要工作】

1. 国机集团获得 4 项国家科学技术奖　2017 年度，国机集团负责、中国联合参与的“工业建筑抗震关键技术研究与应用”、合肥通用院负责完成的“重型压力容器轻量化设计制造关键技术及工程应用”、成都工具所参与的“高效切削刀具设计、制备与应用”3 个项目获得国家科技进步二等奖；中国一拖集团有限公司参与的“复杂铸件无模复合成形制造方法与装备”项目获得国家技术发明奖二等奖。

（1）工业建筑抗震关键技术研究与应用。项目属于工业建筑抗震领域，对工业建筑抗震理论、设计方法、性能评价及提升等技术进行了深入研究，创立了工业建筑基于动态多目标的冗余度抗震理论，提出了基于工业建筑特征的抗震设计方法，建立了在役工业建筑抗震性能评价和提升技术，攻克了工业建筑抗震理论、设计方法和性能提升的关键技术难题，形成国家及行业标准 10 部，获专利授权 7 件，发表论文百余篇，出版专著 8 部。项目成果的应用有效提高了我国工业建筑抗震技术水平，提升了工程抗震能力，完成了如宝钢湛江钢铁基地、新疆八一钢厂、二重集团（镇江）等工业建筑的抗震设计，以及武钢、宝钢、齐鲁石化等大型厂区的工业建筑抗震性能评价及提升等。该项目组完成了各类工业建筑抗震关键技术应用上千项，近三年可统计经济效益 23 亿元，保障了工业建筑安全及工业生产有效运行。

（2）重型压力容器轻量化设计制造关键技术及工程应用。项目在国家“863”计划课题、国家国际科技合作项目、科技部院所基金项目、合肥市自主创新和消化吸收再创新项目等支持下，由合肥通用机械研究院牵头完成。项目面向国家重大工程建设需求，突破“调强度、创设计、控制造”技术瓶颈，解决了材料许用强度调整、高强钢性能调控、传热流动与强度刚度协同设计、应变强化工艺控制等技术难题，建立了重型压力容器轻量化设计制造共性技术方法，研制出轻量化大型加钒钢加氢反应器、超大型丁辛醇换热器、奥氏体不锈钢深冷容器等重大装备。成果在国内设计制造单位及用户企业广泛应用，为突破我国设计制造能力瓶颈、提高产品国际竞争力发挥了关键作用，有力推动了我国压力容器绿色制造技术进步，取得了突出的经济和社会效益。

（3）高效切削刀具设计、制备与应用。项目由上海交通大学牵头，成都工具研究所有限公司参与，针对高效切削刀具国产化过程中面临的挑战，构建了刀具形性协同设计技术体系；突破刀具材料－结构－性能一体化协同制备关键技术，发明形性可控的微纳复合金刚石涂层刀具制备新技术；提出复杂型线高速钢刀具高效精密成形新方法；发明重载高效切削超硬刀具刃口成形新技术。开发出的金刚石涂层刀具、复杂型线高速钢刀具和超硬刀具等系列化产品与高效切削应用数据库系统，在高端装备制造业中规模化应用。其中，金刚石涂层技术填补了国内空白，在国内已建立自主知识产权的金刚石涂层刀具生产线，研制出系列化金刚石涂层刀具，为首架C919客机顺利下线做出了贡献；批量应用于成飞多机型和航天一院型号产品研制，保障了重大装备研制技术安全。复杂型线高速钢组合拉刀为国内首台套，国家重点新产品，主要性能指标优于国际同类产品。开发的系列组合拉刀和轮槽铣刀打破了国外垄断，为我国三大汽轮机厂重点新产品研制提供了刀具技术。研究成果对促进我国刀具行业科技进步作用显著，促进了高端制造业可持续发展。

（4）复杂铸件无模复合成形制造方法与装备。项目改变传统模具翻砂造型，大幅度缩短流程，高效制造出高品质铸件，提高复杂铸件制造精度，推动铸造技术发展。经10年创新研究和上万小时成形试验，项目组发明了砂型／芯柔性挤压及切削／打印一体化复合成形工艺方法、复合铸型及型砂材料配方、砂型柔性挤压成形机、无模铸造精密成形机、砂型／芯与铸件在线检测系统等7类15种关键装备及控制软件系统，创建了数字化无模铸造岛，建成了年产60万台发动机缸盖数字化铸造车间；突破了高质量复杂铸件铸型一体化设计、成形过程自适应性、多工艺工序匹配的无模成形装备等三大技术难题；实现了铸钢／铁、铝／镁／钛合金等铸件的高质量制造。与传统铸造比，时间缩短50%～80%，成本降低30%～50%，精度提高2～3个等级，减重10%～20%。

2. 组织召开“发现行动”院所长头脑风暴会　2017年4月25—26日，国机集团召开“发现行动”院所长头脑风暴会，拉开了国机集团“发现行动”的帷幕。会议在五方面引起共鸣：一是国机集团在新的历史时机，要通过发现取得新突破，培育新优势。二是要充分利用国机集团综合资源优势，打造代表国机集团品牌形象、技术水平的智能工厂、数字化车间的示范项目，为市场推广打好基础。三是要适时建立国机集团“发现行动”产业孵化基地和“发现行动”基金，培育新产业、新业态。四是要充分发挥集团平台优势，加强科研院所跨领域、跨学科的协同研发，寻求新的突破。五是要建立有利于发现的机制，培育创新创造文化，鼓励发现，宽容失败，满腔热情地为人才提供支持、做好服务。

3. 国家项目的申报、管理和重大项目的实施工作

（1）国家资金补助项目的申报工作。积极争取与承担各类国家项目，2017年度累计获批国家项目80项，新增国拨资金3.98亿元。其中集团组织申报的8个项目获批，争取国家资金10 164万元。

（2）编制国机集团2017年科技项目综合计划。2017年度，国机集团所属企业执行的国家项目、省市项目、集团重点项目以及企业自立项目共计788项，项目总投入181.83亿元，其中专项资金24.90亿元。其中国家重点项目（包括国家重点建设及产业化项目、国家自然科学基金项目、国家科技重大专项项目、国家重点研发计划项目等）共计250项，累计总投入56.10亿元，其中国家专项资金13.05亿元。国机集团科技发展基金项目26项，总投入4.54亿元，其中集团支持0.36亿元。国机集团技术开发专项经费项目20项，总投入8.37亿元，其中集团支持1.39亿元。中国二重长线产品项目25项，总投入8.26亿元，其中国家专项资金4.65亿元。省市项目162项，总投入72.19亿元，其中财政资金7.20亿元。企业自立项目305项，总投入22.02亿元。

（3）国家项目管理工作。按照国家项目主管部门要求，加大推进项目实施进程，做好项目实施过程中的梳理和调整，大批重大项目稳步推进，取得良好成效。2017年先后完成85项国家项目的验收，其中由集团组织验收的21项，为项目交付使用、发挥效益、规范运营，提供了保障。

4. 科技非实体工作　积极组织申报国家重点研发计划项目。结合国机集团“科技非实体”的工作部署，充分发挥集团平台作用，组织集团内外优势单位形成申报团队，申报的“农机装备制造过程质量检测技术研究”“农机变量作业技术与装置研究”“多功能田间管理作业技术装备研发”“农田提质工程技术与装备研发”4个项目获立项，争取到国拨资金9 164万元。

5. 国机集团技术开发专项经费（科技发展基金）工作

（1）继续做好基金项目管理。在国机集团拟对“三金”进行整合的情况下，科技发展基金已于2014年停止立项审批。针对2014年之前已批准且正在执行和已验收并处于考核期的项目，继续加大管理力度，做好项目执行管理和推广应用考核。2017年度共完成90个项目的执行考核。

（2）技术开发专项经费工作。按照工作安排，结合国机集团“技术开发专项经费管理办法”的实施，2017年度组织了首次技术开发专项经费项目申报与评审工作。共受理项目30项，其中重大技术专项11项、重点研发项目16项、平台专项3项。经评审，确定立项20项，其中重大技术专项7项、重点研发项目10项、平台专项3项，集团共支持经费1.39亿元。

6. 推进中国二重长线产品研发相关工作 2017年，中国二重在继17个延续的长线产品研发项目后，提出9个长线产品研发项目的立项申请，涉及核电装备、环保装备、石化装备、生物质装备、电力装备和军民融合装备领域，计划投入经费2.18亿元，申请集团专项经费支持约1.3亿元。截至2017年年底，在国机集团立项实施的中国二重长线产品项目数量已达26个，项目的实施将对中国二重在“十三五”期间实现产品结构调整及培育业务新模式提供重要支撑。

7. 开展科技奖励工作 完成2017年“中国机械工业集团科学技术奖”的评审与奖励工作。根据《中国机械工业集团科学技术奖励办法》，2017年度共奖励项目22项，其中一等奖3项、二等奖7项、三等奖12项，奖励个人200余人。2017年度中国机械工业集团科学技术奖获奖项目见表4。

表4 2017年度中国机械工业集团科学技术奖获奖项目

一等奖项目（3项）

序号	项目名称	完成单位	主要完成人
1	LG-730-HLS伺服控制两辊冷轧管机	中国重型机械研究院股份公司、浙江久立特材科技股份有限公司、西安交通大学、燕山大学、中钢集团西安重机有限公司	成海宝、阎雪峰、王长城、展京乐、张杰、赵铁勇、李军、郭琳、纪松山、李靖祥、杜凤山、李英、李为、杨鹏、李小荣
2	印尼TANJUNG AWARAWAR 2×350MW电厂项目	中国联合工程公司	尤孝方、余权、乔峰、王营梁、陈永辉、李金勇、徐良斌、林捷、杨贵盛、谷孟涛、桑晟、陈翔、方斌东、李军、林庆高
3	C1402系列履带拖拉机	中国一拖集团有限公司、第一拖拉机股份有限公司、洛阳拖拉机研究所有限公司	杨东山、师宏亮、王学军、靳润生、王义平、史金钟、黄佩军、陈凤涛、王新一、李文娟、王志超、王艳萍、李素敏、黄维靖、张曙彩

二等奖项目（7项）

序号	项目名称	完成单位	主要完成人
1	新型天然工质压缩机及测试系统的研发	合肥通用机械研究院、珠海格力电器股份有限公司、合肥通用环境控制技术有限责任公司、福建雪人股份有限公司	昝世超、樊海彬、宋有强、周俊海、林汝捷、伍文轩、许敬德、魏昇、葛坦、王汝金
2	棉花种子精加工关键技术	中国农业机械化科学研究院、新疆惠远种业股份有限公司、石河子开发区天佐种子机械有限责任公司	苑严伟、刘雪峰、王国峰、张俊宁、周利明、徐丽、赵博、吴海华、董鑫、刘阳春
3	长城汽车有限公司徐水二期总装非标输送系统	中国汽车工业工程有限公司、机械工业第四设计研究院有限公司、长城汽车股份有限公司	陈有权、李正校、庞洛明、董彬、黄海涛、张海康、贾建安、王松虎、贾云涛、张文涛

（续）

二等奖项目（7 项）			
序号	项目名称	完成单位	主要完成人
4	铜冶炼高效风机产品开发与管网优化匹配节能技术	合肥通用机械研究院、合肥通用环境控制技术有限责任公司	胡四兵、陈启明、饶杰、于跃平、常超、朱晓农、刘广兵、赵以奎、钱勇、黄文俊
5	大型及超大型智能化、多功能摊铺机研制与开发	中国农业机械化科学研究院、北京天顺长城液压科技有限公司	杨安、何峥、陈坤、郭锐、杨一男、冷冰、崔宝辉、任健、陈伟、黄彬
6	太原锅炉集团有限公司搬迁技改建设大型循环流化床锅炉制造基地项目	机械工业第六设计研究院有限公司	田贵捷、杨昀、王仲焕、唐成、刘勇、李永富、魏丽、王喆、张桂生、魏奇峰
7	3 300+2 850mm“1+4”铝板带热连轧机工程成套设备研制	中国第二重型机械集团公司、北京科技大学工程技术研究院、广西柳州银海铝业股份有限公司	胡毅、张顺宁、向健康、罗涛、陈雨来、蒲小松、葛鲜玉、许磊、谢贻、刘晓梅

三等奖项目（12 项）			
序号	项目名称	完成单位	主要完成人
1	兰石集团装备制造工业园兰石重装炼化项目	中国联合工程公司	李敬、蔡建平、苏斯君、王利敏、王建红
2	高效精密小直径 CBN 内圆磨砂轮关键技术研究及应用	郑州磨料磨具磨削研究所有限公司	杨威、王帅、王志起、鲁涛、闫宁
3	LPG 地下洞库操作竖井施工技术	中国机械工业机械工程有限公司	韩立春、姚长江、杨保成、唐书伟、杜世民
4	长城汽车新技术中心	中国汽车工业工程有限公司、机械工业第四设计研究院有限公司	黄志峰、吴彦华、陈延红、韩风雷、史亚珍
5	日产 330m^3 普通刨花板生产线	苏州苏福马机械有限公司	刘光新、薛建利、李金永、范新强、周文涛
6	东方红 -YT4B4-24 柴油机	中国一拖集团有限公司、洛阳拖拉机研究所有限公司、一拖（洛阳）柴油机有限公司	焦天民、陈泰岭、鲍建军、黄新芳、席瑞生
7	“一带一路”国家家用制冷产品成套技术研究与应用	中国电器科学研究院有限公司广州擎天实业有限公司、广州擎天电器工业有限公司、广州擎天材料科技有限公司、威凯检测技术有限公司	余和青、陶友季、王玲、谢浩江、谢从虎
8	航天 4 000K 超高温气体冷却器研制	甘肃蓝科石化高新装备股份有限公司、中国空气动力研究与发展中心	张延丰、王海波、赵国栋、张鹰、罗杰
9	航天用系列高性能金属波纹管关键技术及产品	沈阳仪表科学研究院有限公司	黄乃宁、宋林红、丰艳春、张文良、王涛
10	基于 PARMS 溅射工艺的高性能光学薄膜滤光器件	沈阳仪表科学研究院有限公司	赵帅锋、吕少波、王瑞生、任少鹏、高鹏
11	高性能轴承材料研发及产业化	重庆材料研究院有限公司	何曲波、万红、刘海定、王东哲、黄国平
12	空间长寿命轴承用多孔聚酰亚胺材料研制	洛阳轴研科技股份有限公司	王子君、孙小波、楚婷婷、葛世军、王枫

2017 年度推荐“高品质大口径无缝管冷轧装备核心技术创新及应用”为 2018 年度国家科技进步奖候选项目。

8. 扎实推进知识产权工作

（1）编制国机集团《“十三五”知识产权规划》。围绕重点工作，以点带面，持续推进以专利为重点的知识产权工作。编制规划，做好顶层设计和指标分解。按照重点工作安排，完成国机集团《“十三五”知识产权规划》的编制，并于 2017 年年初发布。规划对国内外形势，国机集团科技发展面临的形势和问题，特别是对世界知识产权发展存在的突出问题进行深入分析，提出国机集团“十三五”期间发展思路、目标、重点工作和举措，并对专利作为国机集团重要指标进行了分解，明确了各个企业年度目标和五年目标，为国机集团“十三五”期间知识产权发展提供了指引。

（2）国机集团专利及软件著作权奖励工作。依据《中国机械工业集团有限公司知识产权管理办法》规定，国机集团对所属单位的授权专利和软件著作权实行一次性奖励支持。自该项支持措施实行以来，国机集团申请专利由 2007 年的 338 项增长到 2017 年的 1 990 项，授权专利由 2007 年的 205 项增长到 2017 年的 1 542 项，授权发明专利由 2007 年的 33 项增长到 2017 年的 621 项，授权发明专利年平均增长 24%。国机集团申请专利、授权专利以及软件著作权登记数量得到快速增长，该项支持措施对国机集团知识产权工作发挥了积极引导和促进作用。2017 年度国机集团及所属 32 家单位共获得授权专利 1 542 项，其中发明专利 621 项，实用新型专利 863 项，外观设计 58 项；登记软件著作权 246 项。2017 年度所属单位授权专利和软件著作权奖励情况见表 5。

表 5　2017 年度所属单位授权专利和软件著作权奖励情况（以授权发明专利数量排序）

序号	单位名称	授权专利与软件著作权数量（项）				
		发明专利	实用新型	外观设计	软件著作权	合计
1	中国重型机械研究院股份公司	112	86	0	2	200
2	洛阳轴研科技股份有限公司	77	60	0	3	140
3	中国恒天集团有限公司	74	120	2	60	256
4	合肥通用机械研究院	54	7	0	8	69
5	中国农业机械化科学研究院	30	31	0	0	61
6	中国一拖集团有限公司	27	115	13	8	163
7	重庆材料研究院有限公司	26	6	0	0	32
8	中国电器科学研究院有限公司	25	19	10	10	64
9	中国联合工程有限公司	18	84	0	7	109
10	天津电气科学研究院有限公司	17	30	1	4	52
11	沈阳仪表科学研究院有限公司	16	12	0	0	28
12	中国汽车工业工程有限公司	15	44	0	3	62
13	中国中元国际工程有限公司	15	23	0	5	43
14	江苏苏美达集团有限公司	14	32	6	0	52
15	中国国机重工集团有限公司	12	16	7	2	37
16	桂林电器科学研究院有限公司	12	5	0	0	17
17	国机智能科技有限公司	11	19	10	25	65
18	国机重型装备集团股份有限公司	10	15	0	0	25
19	中国第二重型机械集团有限公司	10	2	0	0	12

（续）

序号	单位名称	授权专利与软件著作权数量（项）				
		发明专利	实用新型	外观设计	软件著作权	合计
20	中国福马机械集团有限公司	9	12	0	3	24
21	中国地质装备集团有限公司	8	19	3	11	41
22	中国机械设备工程股份有限公司	7	20	0	20	47
23	中工国际工程股份有限公司	7	13	0	23	43
24	甘肃蓝科石化高新装备股份有限公司	6	36	0	1	43
25	济南铸造锻压机械研究所有限公司	3	8	2	0	13
26	中国海洋航空集团有限公司	2	1	0	0	3
27	机械工业第六设计研究院有限公司	1	15	4	40	60
28	中国机械工业集团有限公司	1	3	0	2	6
29	国机集团科学技术研究院有限公司	1	0	0	0	1
30	国机汽车股份有限公司	1	0	0	0	1
31	中国机械工业建设集团有限公司	0	8	0	0	8
32	中国自控系统工程有限公司	0	0	0	8	8
33	中国浦发机械工业股份有限公司	0	2	0	1	3
总计		621	863	58	246	1 788

9. 落实重大技术装备财税补贴政策 继续用好国家重大技术装备进口税收政策，组织中国一拖、国机重工、现代农装等单位认真编制政策落实情况，并提出2017年的免税需求，经工信部、财政部、海关总署、税务总局等四部委联合审批，2017年度共获得2 000万元免税额度。

落实首（台）套重大技术装备保险补贴政策。组织核电主管道和波动管、反应堆主冷却剂管道和波动管、58in（1in=0.025 4m）大型热磨制浆系统、EXY168MN热模锻压力机生产线等4套装备的保费补贴，获得补贴981万元。

【新产品开发】

2017年，国机集团新产品开发经费支出14.52亿元；开展新产品开发13 293项，完成新产品新技术835项；新产品销售收入137.2亿元，其中出口为41.39亿元。在技术转让方面，2017年技术转让收入为1.81亿元，其中专利转让与授权收入102万元。

【质量与资质工作】

（一）资质管理

1. 中汽工程获批工程设计综合甲级资质 获批该资质将进一步增强国机集团在工程建设领域的整体竞争力，对国机集团占领高端市场、扩大市场份额提供了更广阔的发展空间和更高的资质平台，也有利于提升国机集团社会美誉度和影响力。

在全国勘察设计企业中，获得工程设计综合甲级资质的单位只有75家，国机集团已有4家企业（中国中元、中国联合、中机六院、中汽工程）获得这一全国工程设计类最高资质。

2. 所属企业一批工程建设企业资质获得核准通过

（1）中机国际工程设计研究院有限责任公司、中联西北工程设计研究院有限公司申报的市政（燃气工程、轨道交通工程除外）行业甲级成功获批。

（2）机械工业第六设计研究院有限公司申报的工程设计综合资质甲级顺利延续。

（3）住建部发布关于开展全过程工程咨询试点工作的通知，40家试点单位中，国机集团所属中国中元、中国联合、京兴国际3家单位入选。

（4）中工国际控股子公司中工武大设计研究有限公司获批市政行业（道路工程）专业设计

甲级资质。

3. 完成 2017 年两批工程咨询单位资格非资格变更 组织印发《关于启动 2017 年工程咨询单位资格非资格变更申报的通知》，指导所属企业凡是涉及申请变更不涉及资格内容的事项完成相应变更申请，中国中元、中汽工程、中机十院、中机四院、中国空分 5 家所属企业工程咨询资质非资格变更获发展改革委审批通过。

4. 开拓民航工程设计市场 印发《国机集团关于做好民航工程设计相关资质申报工作的通知》，组织所属企业申报民航工程设计相关资质。

5. 做好国机集团各类资质的政策衔接和申报引导

（1）起草并印发《国机集团关于做好工程咨询单位资格认定行政许可取消后有关工作衔接的通知》。

（2）起草并印发《关于转发 < 关于做好对外承包工程资格审批取消后有关政策衔接工作的通知 > 的通知》。

（3）起草关于转发《工程咨询行业管理办法》的通知，印发所属企业组织落实，指导所属企业做好资质衔接和资信评价工作。

（4）起草并转发《住房城乡建设部办公厅关于进一步推进勘察设计资质资格电子化管理工作的通知》的通知，指导所属企业合理筹划工程项目信息补录工作，为所属企业未来的资质申报和维护奠定基础。

（5）加大集团高级别资质申报审查力度，确保资质申报通过率，特起草《关于加强集团高级别企业资质申报审查力度的方案》，进一步为所属企业获批高等级资质做好管理服务工作。

（二）质量管理

1. 组织启动为期 3 年的质量提升行动计划 制定为期 3 年的国机质量提升行动计划。将“一杜绝两降低三强化”作为质量提升行动的主线，“坚决杜绝重大质量事故，通过科学方法降低质量成本，降低质量风险，不断强化质量意识，强化质量技术创新，强化质量管理创新”，充分发挥企业主体作用，通过上下联动、内外联合，把质量打造成为国机集团新的竞争优势。组织印发《国机集团关于深入开展质量提升行动的通知》，要求各所属企业深入贯彻落实中共中央、国务院精神，坚持质量第一的价值导向，大力提高产品质量、工程质量、服务质量，有效防范质量安全事故和风险，增加有效供给，降低质量成本。

2. 组织 2016 年度“国机质量奖”表彰奖励活动，启动 2017 年度“国机质量奖”申报评选 在国机集团 2017 年工作会上，为第一拖拉机股份有限公司等 9 个项目颁发 2016 年度“国机质量奖”项目奖，授予 4 名同志“国机质量奖”个人奖。

启动 2017 年度质量奖评选工作。授予中国福马江苏林海动力机械集团有限公司、中国电器科学研究院有限公司、江苏苏美达轻纺国际贸易有限公司“国机质量奖”企业奖，授予“800MN 大型模锻压机”“柬埔寨达岱河水电站 BOT 项目”“承压设备失效分析与预防控制技术”等 11 个项目“国机质量奖”项目奖。

3. 组织开展 2017 年“质量月”活动 组织开展了以“增强质量意识，践行工匠精神”为主题的“质量月”活动。通过形式多样、各具特色的质量提升活动，进一步大力实施质量发展战略，在集团上下牢固树立质量第一的强烈意识，引导所属企业广泛开展学习先进质量技术、管理方法的活动，推动形成重视质量、追求卓越的良好氛围。部分企业质量月活动的优秀经验和做法在《国机集团报》进行了整版宣传报道。在“质量月”活动结束后，质量处组织形成活动总结报告，报送国家质量检验检疫总局。

4. 所属企业 378 项国际、国家、行业标准获得国机资助 国机集团所属 28 家所属企业提交了 2017 年标准资助资金申请，经审查 378 项标准获批。其中，编制国际标准 1 项、国家标准 138 项、行业标准 239 项。所属企业为主编单位的标准 228 项，属于新制定的标准 236 项。在履行相关审批手续后，集团与 28 家所属企业签订了“标准制修订及推广应用项目合同”，相应款项已经拨付所属企业。

5. 6 项部级工程建设工法正式发布 2017 年，国机集团组织开展了 2015—2016 年度国机工程建设工法评定工作。最终批准中国三安建设集团有限公司等单位申报的“物流分拣输送系统施工工法”等6项工法为2015—2016年度国机集团工程建设省（部）级工法。

6. 组织所属企业参加中央企业全面质量管理知识竞赛 2017年，国资委印发《关于组织开展中央企业全面质量管理知识竞赛的通知》。国机集团共计有1万名干部职工参与了网上竞赛，并取得良好成绩。

7. 制修订质量工作相关管理办法 2017年，国机集团对《中国机械工业集团有限公司标准制修订工作资助实施办法》《中国机械工业集团有限公司国机质量奖管理办法》进行了相应修订，制订了《国机集团关于加强质量成本管理的指导意见》，并印发所属企业组织实施。

8. 组织落实中央企业质量管理情况调查 2017年，国机集团按照国资委要求，组织在重点所属企业中组织落实中央企业质量管理情况调查，编制质量管理现状调查表及调研专项报告，并提交国资委。

（三）国机集团总部体系运行管理工作

1. 国机集团总部2017版管理体系文件正式颁布实施 新版质量、环境管理体系标准相继正式发布，为加强和完善国机集团各项管理体系，确保总部对外工程总承包及对全资、控股公司管理工作科学有效，组织体系管理办公室推进集团总部管理体系文件换版工作，组织总部各部门参加培训、研讨和编写答疑，完成75项程序文件和管理手册的修订工作，并正式发布实施。

2. 国机集团总部通过质量、环境、职业健康安全管理体系三体系换版审核认证 2017年，经中国船级社认证公司审核认证，国机集团总部升级为新版质量、环境管理体系证书。国机集团总部的管理成熟度水平和风险管控能力得到了审核组的高度评价。

中国船级社质量认证公司对国机集团总部非实体项目——喀麦隆雅温得市萨纳加饮用水处理厂及其配套工程项目进行质量管理体系认证外部监督审核。经审核，工程符合国际质量认证ISO9001标准的要求，认证审核予以通过。

3. 国机集团总部通过社会责任管理体系2次外部监督审核 2017年，SGS通标标准技术服务有限公司2次对国机集团总部进行“SA8000社会责任”管理体系监督审核。审核结论认为，国机集团总部社会责任管理体系在审核范围内符合审核准则并得到实施，具备防止不合格项的产生、满足顾客要求与相关法律法规的能力，并且得到持续改进，是适宜和有效的。

4. 组织完成国机集团总部2017年度服务满意度调查 体系管理办公室组织开展国机集团总部2017年服务满意度调查工作。调查共收回有效调查表44份，总有效项数为2 464项，经测算，国机集团总部2017年服务满意度为89.54分。

5. 国机集团总部组织召开2017年管理评审会议 体系管理办公室在会上作了国机集团总部“2016—2017年度管理体系运行报告”。

6. 国机集团总部完成“四标一体化”内审 组织总部内审员进行了关于内控体系和新版环境管理体系内审员取证的培训，并在培训期间讨论了2017年内审的主要内容，整理出内审检查表，组织内审员对集团所有部门进行了内审、内控联合检查。内部审核中提出了5个共性问题和针对部门的9项改进建议，并得到各部门确认。

7. 加强所属企业管理体系认证工作指导 组织起草《关于做好ISO 9001及ISO 14001转版认证的通知》，要求各所属企业未完成转版审核的获证企业，结合再认证审核或监督认证审核，尽快策划安排新版标准转换计划。

（四）其他主要工作

（1）结合国机集团具体情况及所属企业反馈建议，通过函件向国家发展改革委反馈“工程咨询单位资格认定和管理办法（征求意见稿）”相关意见，并参加政策座谈会。

（2）组织相关工程建设类企业研究新版《施工总承包企业特级资质标准（征求意见稿）》，形成具体意见反馈住建部。

（3）参加国资委组织的“一带一路”建设中质量品牌工作专题座谈会，并针对国资委《推进中央企业质量品牌提升行动计划的方案》反馈意见。

（4）组织推荐中国建设“奇瑞捷豹路虎汽车有限公司年产 13 万辆乘用车项目——冲焊、涂装、发动机车间综合安装工程”参加中国安装协会组织的 2017—2018 年度中国安装工程优质奖（中国安装之星）评选，并最终成功获得该奖项。

（5）组织推荐 6 名同志参加第四届全国优秀设备监理师评选，最终 5 名同志当选。

（6）组织完成中国中元、中国重机、合肥通用院等所属企业 38 名设备监理师注册管理工作。

（7）作为中国设备监理协会副理事长单位，配合协会完成相关协会管理工作，出席中国设备监理协会第三届常务理事会暨工程咨询监理国际合作论坛，参加中国设备监理协会组织的质量提升行动研讨会。

（8）作为中国工程咨询协会副会长单位，出席协会常务理事会议。

（9）组织完成工程建设标准化协会机械分会 2016 年工作总结。

【科研院所板块】

1.2017 年发展概述 2017 年，科研院所板块积极落实国机集团年度重点任务部署，立足自身技术优势，不断加大市场开拓力度，拓展业务范围；提升管理水平，优化产业运营；强化创新能力，促进成果产出。全年累计实现营业收入 241.6 亿元，同比增长 5.5%；实现利润总额 9.68 亿元，同比大幅增长 199.6%，整体经营状况明显改善。其中，12 家研究院所实现营业收入 129.2 亿元，同比增长 2.5%；实现利润总额 3.57 亿元，较 2016 年的 -2.89 亿元大幅增长 6.46 亿元，成功实现总体扭亏为盈。3 家设计院实现营业收入 112.4 亿元，同比增长 9.2%；实现利润总额 6.11 亿元，与 2016 年基本持平。科研院所板块全年科技投入 20.28 亿元，占全集团的 32.7%；累计获得省部级以上成果奖励 263 项，占全集团的 73.1%，获国家科学技术奖 3 项；获得授权专利 694 项，占全集团的 45.0%，其中发明专利 312 项，占全集团的 50.2%；制修订国际、国家、行业等各级标准 536 项，占全集团的 73.0%；发表科技论文 1 621 篇，占全集团的 66.0%。

2. 技术市场开拓情况 科研院所板块各企业积极发挥技术创新能力及优势，立足用户与市场需求，结合国家战略、产业政策导向，大力推进市场开拓与业务培育，取得较好成绩，支撑了企业平稳运营与发展。

（1）依托技术优势，加强成果推广和市场开发。中国中元所属北起院承接新疆丝绸之路滑雪场脱挂索道项目，结束了新疆境内没有滑雪脱挂索道的历史。重材院研发的高性能 718 合金锻件应用于中海油服自主研发的钻井工具“贪吃蛇系统”，该系统曾被央视给予特别报道。中机六院利用 BIM 技术成功开发郑州市民活动中心和洛阳地铁一号线工程项目，进一步彰显了公司 BIM 技术的市场竞争力。中国联合以超高层建筑领域设计技术优势带动 EPC 工程总承包，中标安顺投资大厦项目，拓展了新的业务领域。沈阳仪表院获得苏通 GIL 综合管廊工程项目样品试制合同，进入目前世界上电压等级最高、输送容量最大、技术水平最高的超长距离 GIL 创新工程项目。济南铸锻所开发出中国第一台有效切割宽度 6m 的地轨激光切割机并实现供货。

（2）对接国家政策，加强节能环保领域业务拓展。合肥通用院利用多专业综合优势，积极跟踪、参与污水处理、水厂改造迁建、供水管网工程、防洪工程、排涝泵站等市政环保水处理项目，取得良好业绩。中机六院获得平舆县城市河流水污染综合整治项目二期工程设计施工总承包合同，该项目是平舆的重大民生工程，也是公司市政行业具有开拓性意义的重点项目。中国中元承接北京新机场地源热泵设计合同，该项目供热面积达 200 万 m^2，是全国首屈一指的绿色可再生能源项目。

（3）坚持军民融合，进一步巩固与拓展军工市场。沈阳仪表院为“长征七号”等火箭发动机配套多层波纹管柔性连接零部组件产品，并获得中国运载火箭技术研究院颁发的“中国载人航天工程重要贡献”牌匾，进一步巩固了航天领域重点配套单位的地位。重材院自主研发的特种车辆发动机舱灭火报警系统及特种传感器在兵器部及核电行业推广获得突破，实现订货销售。天津电气院承接中航发贵阳发动机设计研究所卧式超温超转试验器项目，为国内首套总包发动机测试系统，打破了国外垄断；

所承接的东安发动机 F18 试车台电气系统，整体技术达到国内先进水平。

（4）发力海外市场，培育国际化经营能力。中国中元签订援老挝玛霍索综合医院项目设计管理合同。该项目是中国目前对外无偿援助建设的规模最大、投资最大的医院建设项目，受到两国元首的高度重视，习近平总书记和老挝国家主席亲自参加了项目奠基仪式。中机六院承接援喀麦隆国民议会大楼项目设计管理合同，该项目是我国对非“十大合作计划”的重要项目，对公司援外业务的拓展具有重要促进作用。沈阳仪表院依托光学器件研发优势，与国际领先企业开展全方位技术开发与配套合作，成功获得飞利浦美国分公司数字反光镜系列产品供货合同。桂林电科院开发乌兹别克斯坦 6.7m 双向拉伸聚丙烯薄膜生产线项目，实现薄膜成套装备海外市场重大突破。

3. 业务经营模式创新情况

（1）加大科技服务业发展力度。轴研科技通过华天科技产服融合项目打造“产品 + 服务”模式，在提供砂轮配方优化设计方案的同时，参与客户产品全生命周期管理，对后续业务开发有示范和指导意义。天津电器院立足自身专业技术与业务产品，对原有办公区进行改造，打造以研发支持、科技服务、产业协同为功能，集众创空间、创新协同、孵化育成、产业承接为一体的专业化创新园。

（2）创新运用市场经营模式。中国农机院试验机装备业务由商务型销售转为技术型销售，上线“钉钉”管理软件，全面提升销售团队技术能力和综合素质。中国电器院利用“威凯”平台优势，尝试以特许经营方式走出去，与埃及合作伙伴在当地共建检测实验室，以较少投资推动公司认证认可技术、实验室管理技术、检测装备“走出去”。

（3）推动金融与产业相结合。桂林电科院积极尝试采用“融资租赁”等金融手段，助力薄膜装备业务开展，成功签订合同总额达 6 900 万元的特种薄膜设备生产线设计加工合同。重材院探索贵金属租赁经营业务，以高于融资成本的租金消化资金成本，打造租赁 - 销售产品循环，实现产品增值，创新贵金属经营模式。

4.2017 年度主要工作完成情况

（1）完成科研院所板块发展规划研究。按照国机集团年度重点工作安排，2017 年启动了《科研院所板块 2018—2020 年发展规划》研究工作，并以较高质量编制完成。该规划是国机集团首个针对子板块的总体性战略规划，明确提出了科研院所的战略定位，部署了未来三年的主要任务与重点工作，是指引院所板块未来发展方向、发展模式、发展路径的行动指南。

（2）开展科研院所差异化考核方案研究。在深入研究国家政策，多方走访相关央企，广泛进行内外部调研的基础上，以“引导院所加大研发投入、强化创新能力、促进成果产出、提升行业影响、支撑集团发展”为目标，完成了国机集团院所差异化考核体系设计，同时进行了多样本数据测算，确保考核体系的科学性、合理性和完备性，为国机集团全面深化改革工作提供决策参考。

（3）落实国机集团“发现行动”战略。

1）跟踪研究新技术发展情况。联合装备制造板块，组织相关科研院所、制造企业与华科大张海鸥教授团队、北航王华明院士团队，就金属 3D 打印的产业应用进行交流，探讨在技术、产业、资本等各层面合作的可行性；针对合肥工大精密铸锻技术进行实地考察，并形成相关专题报告。相关研究工作，为国机集团所属企业的技术引进决策提供了有价值的参考。

2）搭建新技术发现与交流平台。与科技服务机构 2045 加速器合作，先后成功举办了“发现行动”项目对接会和“发现行动”论坛，组织了两轮电动车、金属激光 3D 打印、机械外骨骼、数字液压传动、碳化硅器件、微小卫星、智能喷涂机器人、高精度 RV 减速器、工业大数据、混合现实及智慧工厂等近 20 项外部创新创业项目与国机集团所属企业进行交流对接，并邀请行业知名专家分享全球前沿科技趋势、先进商业模式等，吸引了各板块企业 100 余人参加。同时，利用国机集团网站、微信公众号、《国机集团报》等媒体进行广泛宣传，进一步提升影响力，使得国机集团“发现行动”战略更加深入人心。交流对接活动取得积极成果，多家企业针对意向项目开展了进一步的考察交流，其中，中国一拖与中科煜宸公司已就激光 3D 打印修复锻造模具形成实质性技术合作，正在积极推进联合共建激光 3D 打印实验室。

3）推动新技术引进与合作。积极开展含水层储能地热利用技术的引进与合作，依托和组织设计院专业团队，对技术进行深度分析与评价，并前往襄阳、上海、西安实地考察了 4 个示范项目。针对丰台区科技园能源站项目的联合实施已获业主方确认；福建漳州双鱼岛区域供能项目、南京前途汽车制造基地能源系统项目、雄安新区宣武医院分院能源系统项目的联合开发，已与该技术持有方达成具体合作意向。

（4)组织科研院所与工程承包企业开展协同。推动板块间协同，实现共赢发展。根据国机集团工贸企业加快自身业务结构调整与转型升级的实际需求，结合科研院所技术储备丰富、研发能力强的优势，积极组织科研院所与 CMEC 协同开展技术研发与成果转化工作，探索科研院所与其他板块企业协同、支撑集团主业发展新模式。经过需求对接、项目论证、技术评审、投资决策等一系列环节，CMEC 与重材院、合肥通用院最终在高铁制动盘产业技术开发、压力容器特殊合金焊材国产化研制 2 个项目上形成实质合作。其中，高铁制动盘项目经过一段时间的联合攻关，已实现阶段性突破，CMEC 所属中设装备公司与全球最大的高铁制动系统制造商德国克诺尔公司签订了供货合同，未来三年将按照 8 000 片 / 年的规模进行持续供货。随着后续技术突破，还可能进一步扩大供货规模。

（5）中央企业熠星“双创”大赛取得良好成绩。中央企业熠星大赛是国务委员王勇主抓，国务院国资委主办的级别最高、影响力最大的“双创”赛事。作为国机集团参赛工作牵头部门，科研院所事业部遴选推荐了 19 个参赛项目，并全程跟踪组织协调。经激烈角逐，共有 7 个项目入围决赛，最终获得一等奖、二等奖、三等奖、优秀奖各 1 项，有效激发了所属企业及其团队、个人的创新热情，较好地展示了国机集团的创新活力与精神风貌。

（6）参与中央企业工业互联网课题研究。国贸委针对中央企业层面跨行业、跨领域的工业互联网平台开展专项研究，将国机集团列为重点联系企业并纳入课题组，科研院所事业部作为具体执行部门负责参与并承担课题研究任务，为国机集团在国资委层面争取工业互联网平台布局的话语权和主动权奠定了良好开端。

（7）编制雄安新区项目合作框架建议。为发挥国机集团的技术优势与综合实力，更好地支持雄安新区建设，按照国机集团工作部署，深入梳理了所属企业相关技术和能力，结合集团实际情况，编制了《国机集团支持雄安新区建设项目合作框架建议》，为下一步国机集团与雄安新区高层对接提供了基础支撑。

（8）板块市场培育与业务开发。为发挥科研院所技术研发优势，加快科技成果转化与推广应用，组织板块企业与火箭军装备研究院进行技术与业务对接，积极培育新市场，在武器可靠性、武器装备智能维保系统、高强合金等方向形成了初步合作意向。

资本运营

【外部重组】

充分利用国机集团在机械行业的综合优势，加强与国务院国资委及地方政府的沟通联系，进一步吸纳中央企业及优秀地方国企加入国机集团，完善集团业务布局，优化产业链条。

1. 与恒天集团重组基本完成 2017 年 6 月，国机集团与恒天集团的重组获得国务院国资委的批准；9 月，取得中国证监会、香港证监会关于豁免国机集团要约收购恒天集团所属境内外上市公司义务的批复意见；11 月初，正式向商务部递交经营者集中申报材料。

2. 上海工锅所重组工作顺利完成 2017 年 7 月，国机集团无偿划入上海工业锅炉研究所事项获得国资委批复同意。随后，完成有关工商产权变更登记，并将该所委托蓝科高新管理。

3. 继续推进西电集团等央企的重组工作 就重组西电集团事项再次书面请示国资委，等待国资委研究意见。

4. 稳步开展南京汽轮电机集团、上海电缆所重组并购工作 先后组织完成对南京汽轮电机集团、上海电缆所的尽职调查工作，研究起草了重组并购初步方案，并与两家企业管理层就重组和股权合作事宜进行多次沟通。

5. 积极推进与通用电气业务合作 基于与南京汽轮电机集团重组事宜，与通用电气探索燃气轮机领域的技术业务合作。

6. 协调推进所属企业并购重组项目 组织开展中航发所属锦西化工、中国航天所属长江动力集团等重组项目的前期论证工作，配合 CMEC、国机智能等所属企业开展重组浙江水电院、并购泰国橡胶公司和瑞士联合磨床集团项目的前期论证工作。

【内部重组】

1. 继续推进国机重装平台搭建工作 在 2016 年工作基础上，继续推进以二重重装为平台，与中国重机、中国重型院的重组整合工作。通过资源整合，加快搭建国机集团重型装备领域集研发、制造、工贸资源于一体的业务平台——国机重装。

2. 扎实推进 CMEC 与中国电工重组工作 把握 2017 年这一重组窗口期，在推动完成中国电工低效无效资产剥离及哈成套所划出的基础上，组织推进 CMEC 采用现金方式收购中国电工全部股权，年内已完成内部审批手续。

3. 着力推进轴研科技与国机精工重组工作 2017 年，完成轴研科技与国机精工重组项目的国资委评估备案、方案批复等手续。通过组织协调所属企业及中介机构努力解决资产瑕疵、落实权属文件、阜阳轴承破产等问题，并克服证券监管政策变动带来的不利影响，于 2017 年 10 月上旬获得证监会核准文件，并在 11 月末完成国机精工整体注入轴研科技的各项工作。

4. 认真做好中国中元与北起院重组收尾及合肥院重组中通公司启动工作 配合整体税务筹划安排，完善中国中元与北起院重组前注册资本调整事项，并开展合肥院重组中通公司涉及的部分小股权划转、所属企业风险管理事项等重组准备工作。

5. 协同推进所属企业核心业务整合工作 先后推动国机重工常州基地相关资源整合工作、合肥通用院所属国机通用存量塑料管材业务的瘦身调整、中国浦发所属中国能源股权结构调整、国机智能的汽车检测业务及苏州地区业务的整合等，促进所属企业进一步优化布局结构。

【上市工作】

1. 长春机械院股份制改造，完成新三板挂牌申请 2017 年，长春机械院股改工作重新启动。8 月份，长春机械院股改方案获得国资委批准，并完成股份公司设立。11 月底，股转系统正式受理中机试验装备股份有限公司（原长春机械院）挂牌申请。

2. 完成中机国际股份制改造，推进主板 IPO 前期工作 完成中机国际尽职调查和审计、评估工作，妥善解决中机国际所属企业资产瑕疵及职工持股问题。2017 年 9 月末，中机国际股改方案获得国资委批准，同期完成股份公司设立工作。

3. 积极推进所属国机汽车发行可转换债券项目 国机集团结合所属企业自身发展和资金需求，协助国机汽车利用上市平台启动可转换债券发行工作，开展直接融资。这项工作做为国机集团上市公司融资方式新的尝试，已组织所属企业多次赴国资委专题汇报，为工作的顺利推进奠定基础。

4. 处理林海股份终止重大资产重组后续事宜 林海股份重大资产重组项目因故被迫终止后，国机集团积极协调中国福马和中介机构就终止理由进行分析论证，妥善回复监管机构的质疑，尽可能降低重大资产重组项目终止带来的负面影响。

【投资工作】

1. 严格投资项目审核与备案 2017 年，国机集团完成审批及备案投资项目共 199 项，涉及投资总金额 114.86 亿元，其中集团审批项目共 26

项，投资总金额 58.22 亿元；集团备案投资项目 173 项，投资总金额 56.64 亿元。2017 年，国机集团（含恒天集团）实际完成投资总额为 169.08 亿元，完成年初计划的 33.03%。其中固定资产投资完成 57.25 亿元，比上年同期减少 3.86 亿元，完成年初计划的 25.41%；长期股权投资完成 111.83 亿元，比上年同期减少 14 亿元，完成年初计划的 39.02%。在投资总额中，境内投资为 156.24 亿元，境外投资为 12.84 亿元；按照业务板块分，机械装备研发与制造企业完成投资 59.6 亿元，比上年同期增长 200%；工程承包企业完成投资 16.82 亿元，比上年同期下降 45%；贸易与服务企业完成投资 49.29 亿元，比上年同期下降 49%；金融与投资企业完成投资 43.37 亿元，比上年同期增长 13%。2017 年国机集团投资行业分布见表 1。

表 1　2017 年国机集团投资行业分布

业务类型	代码	类别名称	2016 年投资额（亿元）	2017 年投资额（亿元）	同比增长（%）
主业	C181	机织服装制造		1.200 0	
	C264	涂料、油墨、颜料及类似产品制造	1.036	0.302 0	-70.8
	C291	橡胶制品业		0.820 0	
	C292	塑料零件及其他塑料制品制造		1.970 0	
	C309	石墨及其他非金属矿物质制品制造		1.790 0	
	C313	钢压延加工		6.120 0	
	C325	有色金属压延加工业	0.3	0.330 0	10.0
	C345	轴承、齿轮和传动部件制造	0	2.260 0	
	C348	通用零部件制造	0	0.200 0	
	C351	采矿、冶金、建筑专用设备制造		4.540 0	
	C352	化工木材非金属加工专用设备制造		0.500 0	
	C353	食品、饮料、烟草及饲料生产专用设备制造		0.570 0	
	C355	纺织、服装和皮革加工专用设备制造		8.000 0	
	C356	电子电工机械专用设备制造	1.629 3	6.755 0	314.6
	C357	农林牧渔专用机械制造	6.74	6.050 0	-10.2
	C359	其他专用设备制造业	0.73	0.900 0	23.3
	C361	汽车整车制造		17.410 0	
	C367	汽车零部件及配件制造	0.27	2.460 0	811.1
	C371	铁路运输设备制造	0.25	0.000 0	-100.0
	C373	船舶及相关装备制造		4.100 0	
	C383	其他电工器材制造	0.938 5	0.614 5	-34.5
	C384	电池制造		4.992 5	
	C396	服务性机器人		0.700 0	
	C401	通用仪器仪表制造		0.036 0	
	D441	电力生产		4.400 0	
	D442	电力供应	7.66	6.320 0	-17.5
	E462	污水处理及再生利用		1.000 0	
	E470	房屋建筑业		0.460 0	
	E471	住宅房屋建筑		0.470 0	
	E479	房屋建筑业	0.229 4	0.192 3	-16.2
	E481	铁路、道路、隧道和桥梁工程建筑	0.12	0.000 0	-100.0
	E484	工矿工程建筑		5.700 0	
	E487	电力工程施工	0.001	0.004 0	300.0
	F516	矿产品、建材及化工产品批发		0.150 0	

（续）

业务类型	代码	类别名称	2016 年投资额（亿元）	2017 年投资额（亿元）	同比增长（%）
主业	F517	机械设备、五金产品及电子产品的批发		0.018 0	
	F518	贸易经纪与代理		1.030 0	
	F526	零售	3.289	3.122 0	-5.1
	G582	运输代理业	0.36	0.000 0	-100.0
	G599	其他仓储业	1.19	0.460 0	-61.3
	I654	数据处理和存贮服务		0.100 0	
	J662	货币银行服务		0.249 0	
	J663	非货币银行服务	0.62	19.578 0	3 057.7
	J673	非公开募集证券投资基金		1.550 0	
	J679	其他资本市场服务	1.30	0.000 2	-100.0
	J695	金融资产管理		7.500 0	
	K704	自有房地产经营活动	2.45	0.400 0	-83.7
	L711	汽车租赁		12.350 0	
	L728	会议、展览及相关服务	0.077	0.022 0	-71.4
	M729	科学研究和技术服务业		2.020 0	
	M732	工程和技术研究和试验发展	1.48	0.720 0	-51.4
	M745	质检技术服务		0.080 0	
	M746	专业技术服务业	0.005 1	0.002 6	-50.0
	M748	机械设备、五金产品及电子产品的批发	8.06	5.070 0	-37.1
	M749	工业与专业设计及其他专业技术服务		0.970 0	
	N761	水利管理业	0.047	0.566 0	1 104.3
	N772	环境治理业	4.60	1.190 0	-74.1
非主业	C274	中成药生产		0.080 0	
	C501	建筑装饰和装修业	0.06	0.350 0	483.3
	J691	金融信托与管理服务		17.700 0	
	K702	物业管理		0.1	
	K704	房地产租赁	0.2	0.200 0	
	N786	游览景区管理		1.530 0	
	S903	休闲观光活动		0.800 0	
合计				169.07	

2017 年，在严峻的经济形势下，国机集团密切关注企业内外部环境的变化，指导企业把握投资节奏，适时调整投资方案。优先保证对集团及所属企业发展具有重要意义的重大投资项目投入，优先实施对企业优化业务结构、促进转型升级具有重要影响的投资项目，推进所属企业产业布局向产业链高端发展。从严审查非主业投资、海外并购以及 PPP 项目投资，防止给所属企业未来发展造成较大风险，如国机汽车联合中机国际、中国电器院、国机资本及技术团队、民营企业共同投资建设的新能源汽车项目；中机建设投资建设的安庆大观海绵街区 PPP 项目等。

同时，针对部分项目存在市场前景不明、潜在风险大或后续投入资金难以落实等问题，所属企业主动或与集团沟通后，调减投资规模或终止执行，如苏美达股份参与大洋船厂并购重组项目，中工国际投资参与吉首水利 PPP 项目等。

2. 完善投资制度与体系建设 为进一步完善投资管理体系，国机集团结合自身机构调整情况，开展了《国机集团投资审查委员会管理办法》的修订工作。同时，结合国务院国资委的要求，制订并下发了“国机集团所属企业投资项目负面清单”，进一步加强对所属企业境内外投资的管控力度，确保投资风险可控。

结合近年来国机集团所属企业发展实际及深化国资国企改革的新要求，启动了《国机集团非上市企业投资管理办法》和《国机集团及所属企业控股上市公司投资管理办法》的修订工作，进行了较大幅度的调整和优化。

针对国机集团所属企业改革发展新动向，继续探索对运行状况较好、内控机制健全的所属企业董事会开展授权，先后完成对国机资本、中国电器院董事会的投资决策授权。

3. 进一步推行投资主体责任制，签署重大投资项目目标考核责任书 通过与所属企业法人代表或主要负责人签署项目目标责任书方式，加强对所属企业重大投资项目的监督和考核，落实投资项目管控责任。2017 年，国机集团持续推进该项工作，做到重大投资项目全覆盖。项目责任书中，明确投资项目达产后，预计营业收入与利润等相关考核指标，进一步量化落实考核责任，在签订项目责任书的过程中，企业主动对投资项目盈利预测进行重新测算，促使投资项目经济预测指标更趋于理性和实际。

4. 持续推进投资项目后评价工作 根据国资委和国机集团领导对投资项目事后监管的总体要求，2017 年，国机集团继续开展部分重大投资项目后评价工作，扩大企业自查自评项目范围。经集团领导批准，选取了三磨所国家超硬材料及制品工程技术研究中心产业化基地建设项目和重材院功能材料产业化基地建设项目开展独立后评价，并聘请中国中元、中国联合两家单位作为第三方咨询机构开展后评价工作。国机集团将对后评价的结果进行总结，通过不同类型项目的对比分析，总结经验、吸取教训、举一反三，加强对今后同类投资项目的风险规避，保障企业持续健康发展。

【改革工作】

1. 全力推进全民所有制企业改制工作 在 2017 年上半年完成中汽零、天工院改制的基础上，根据国务院关于中央企业公司制改制工作的总体部署，按照 2017 年年底前基本完成改制工作的目标要求，快速形成了部门间有效协作、上下联动的工作机制，全面推进国机集团全民所有制改革工作。到 2017 年年底，已完成 54 户企业（不含恒天集团）改制实施方案的审批工作，拟处置的 20 余户全民所有制企业正在加快清理中。通过公司制改制，为国机集团所属企业建立现代企业制度、优化法人治理结构奠定了基础。

2. 稳步开展混合所有制及员工持股改革试点工作 2017 年，国机集团积极探索，扎实推动混合所有制改革工作。按照《中国机械工业集团有限公司全面深化改革总体方案》的总体部署，国机集团加强顶层设计，推动与集团业务整合相结合的混合所有制改革工作。2017 年年底，国机集团成立了混合所有制及员工持股改革课题研究小组。截至 2017 年年底，国机集团所属企业中混合所有制企业共 602 户。

中央企业员工持股改革试点企业——中国电器科学研究院有限公司混合所有制及员工持股改革工作于 2017 年 5 月底全面完成。

2017 年，国机集团所属三级企业哈尔滨电站设备成套设计研究所有限公司获得黑龙江省员工持股改革试点名额，并制订哈成套所合所有制及员工持股改革初步方案，启动了审计评估工作。

3. 有序推动解决历史遗留问题

（1）大力推进“三供一业”分离移交工作。按照国资委对“三供一业”分离移交工作的总体部署，在2017年年初印发了“国机集团‘三供一业’分离移交工作方案”，加强对所属企业“三供一业”分离移交工作的指导，推动所属企业强化与地方政府接轨，加强与接收单位对接，加快分离移交协议签订。截至 2017 年年底，依照国资委的统计标准，国机集团“三供一业”分离移交工作约完成总体进度的 73%，涉及资金 9.5 亿元。水电气热的分离移交工作完成总体进度的 85%，其中供气移交已完成总体进度的 99%；物业移交难度较大，完成总体进度的 15%。2017 年，国机集团获得国资委“三供一业”国有资本经营预算资金 9 844 万元，缓解了部分企业的资金压力。

（2）全面完成消防机构分类处理工作。按照《国资委、公安部、财政部关于国有企业办消防机构分类处理的指导意见》要求，中国一拖集团有限公司积极加强与地方政府的沟通，精心策划，稳步实施，全面完成了消防机构撤销工作，

15 名职工得到了妥善安置。至此，国机集团消防机构分类处理工作全面完成。

（3）社区移交工作取得重要进展。中国二重完成 12 个生活区移交，涉及 284 栋、13 643 户社区管理职能、生活区市政公用基础设施维护管理工作；同时，退休及解除劳动合同人员管理、中国二重家委会党组织关系等一并移交地方相关部门管理。移交后，每年企业可减少费用支出 1 190 万元，极大减轻了企业负担，为企业加快建立市场化经营机制创造了更好条件。

（4）继续推进所属企业棚户区改造。继续跟踪所属企业棚户区改造工作情况，组织对重探厂棚改平台公司方案进行深入论证，通过积极争取，获得 2017 年国有资本经营预算支持资金 2 550 万元。

【其他专项工作】

1. 积极配合参与审计署审计工作 根据国机集团总体工作部署，围绕投资、改革、重组、资产处置等事项，做好审计署审计配合支持工作。期间，对近 10 年约 1 500 项投资项目进行统计，对 20 余个重大投资项目、部分内部资源整合项目、中国二重改革脱困、厂办大集体及“三供一业”改革、低效无效资产处置等事项的决策流程和实施结果提供详细资料，并进行解答。

2. 组织开展中国二重改革脱困经验总结 通过收集、整理历史档案文件、视频图片等，形成规范化的时长 4 小时的演示讲稿及 5.5 万余字的背景资料，为更好地宣传总结中国二重改革脱困经验奠定了基础。

3. 配合开展所属企业服务支撑工作 配合国机集团所属 CMEC 做好直接融资前的国际评级工作，组织该集团总部相关部门提供支撑文件及补充文件，与评级中介机构进行反复沟通，提高中介机构对 CMEC 资信能力的认可度；组织做好国家发展改革委境内外 PPP 项目案例及专家评选工作，使中白工业园项目顺利进入国家发展改革委案例库，并作为典型案例在国家发展改革委组织的论坛会议上作经验交流。

综合管理

【战略管理】

1. 抓好国机集团年度工作规划的分解落实 按照国机集团发展规划要求，结合 2017 年国机集团工作会部署，根据新形势、新任务，分解落实国机集团高管人员年度重点工作任务，做到目标任务分解既立足当前、兼顾长远，又重点突出、统领全局。

2. 科学制定国机集团相关战略规划 编制完成《国机集团 2017—2019 年发展规划》。根据国资委要求，以国机集团“十三五”规划为总体指导和框架，在上一期三年滚动规划的基础上，将国机集团领导提出的新精神、新要求、新举措融入其中，并对 2017 年的目标、任务、计划进行了滚动修订。同时，在《国机集团报》开辟“战略快问快答”栏目，以问答体的形式，对战略规划相关内容进行阐释说明。

有序开展国际化经营战略相关工作。完成国际化经营战略咨询机构招标工作，确定北大纵横管理咨询集团为该项目合作单位，开展前期资料研究，启动首次海外调研，并组织对所属企业高管以及战略、经营等相关部门负责人的访谈工作，年内完成访谈 20 多人次。

3. 强化战略评估和审核 为进一步加强战略管控、强化战略执行，提升国机集团战略审核与评估工作的科学性、有效性，完成国机集团《发展战略和规划管理办法》《战略合作事务管理规定》两个战略管理基础性制度的修订工作。根据制度，对 2016 年集团战略执行情况进行了评估，形成《国机集团 2016 年战略评估报告》。

同时，为积极督促所属企业做好“十三五”战略规划编制，按照战略管理办法，全年完成对中国建设、中国联合等13家企业“十三五”规划的初步审核和批复工作。组织中汽工程、国机重工等5家企业，配合部门接受国机集团董事会对其战略规划的质询审核，并及时根据董事会意见对各企业战略进行了批复，保证工作时效。

4. 搭建国机集团战略合作信息发布平台 完成国机集团对外战略合作信息发布平台搭建，并于2017年12月底上线运行。通过该平台，将国机集团战略合作协议全部电子化，在该集团系统范围内进行发布，方便所属企业查询和利用相关信息，开拓市场，扩大合作。

5. 拓展新的战略合作 2017年，国机集团共计签署11份对外战略合作协议，起草并计划签署7份战略协议。在签署战略合作协议的基础上，梳理相关合作意向，推进所属企业与黑龙江省、海南省、青岛市、中国航发等开展合作，并形成战略合作框架下的一些具体项目协议。

【信息化】

1. 持续深化信息系统建设和应用

（1）深化信息集成管理平台应用，适应国机集团大部制改革要求，优化整合信息集成管理平台功能，充分发挥信息化平台固化管理要求、优化管理流程的作用，新建和升级战略协议管理系统、科技项目评审系统、境外机构管理系统、投资管理系统、法律事务管理系统和安全生产管理系统。

（2）加强基于互联网通用系统的管理。完成国机集团网站群二期项目175个站点建设，进一步提升国机集团网站建设的技术、视觉、安全管理水平；落实公安部关于国有企业互联网电子邮件专项整治工作要求，启动国机集团统一电子邮件系统设计和建设工作，切实保障互联网邮件系统运行安全和数据安全。

（3）加强国机集团全球协同办公平台建设，完成覆盖集团三级企业的协同办公云平台的设计和建设；启动国机集团档案信息管理系统和党建信息管理系统建设。

2. 加强信息化基础设施建设 一是升级北京数据中心电力系统，实现国机集团数据中心空调系统、不间断电源系统双路供电，降低因大厦电力检修、设备检修造成的系统风险；二是持续推进国机集团专网系统和视频会议系统建设，开通恒天集团专网系统、视频会议系统，启动中工国际、中国重机分会场建设。

3. 加强网络与信息安全保障能力建设 一是开展《网络安全法》普法培训，落实企业网络安全责任制，积极推进重要信息系统网络安全等级保护工作，加强重要信息系统基础设施防护，保障国机集团重要信息系统安全稳定运行。二是建立国机集团网络与信息安全信息通报工作机制，实现所属二级企业信息通报全覆盖，完成国家网信办、公安部下达的信息通报工作，以及国机集团系统网络安全事件应急处置和上报工作。国机集团获得2017年度国家网络与信息安全信息通报先进单位和先进个人表彰。三是做好全国两会、党的十九大等重要活动期间网络安全重保工作，确保国机集团网络安全零事件。四是加强网络安全人才队伍建设，切实提升国机集团网络安全综合防护能力。组队参加国家网络与信息安全信息通报中心举办的2017中央企业网络安全技术大赛和安全方案评选，获得优秀方案奖。

4. 加强软件资产保护工作 健全软件资产保护工作体系，组织开展办公软件、操作系统软件集采工作，降低企业软件采购成本，规避企业软件知识产权诉讼风险；持续开展软件应用管理培训，提升软件资产使用价值。

【人力资源管理】

2017年，国机集团严格按照中组部、国资委等上级单位的相关规定和工作要求，紧紧围绕集团战略发展需要和深化改革的内在需求，在党的十九大精神指引下，不断完善干部选拔任用程序，深化干部交流，优化薪酬激励体系，强化干部监督，通过激发人才队伍活力，挖掘人力资本潜力，努力打造高素质人才队伍，为集团改革发展提供了重要的人才保障和智力支持。

1. 完善干部选用程序，加强领导班子建设 按计划有序推进所属企业行政领导班子换届、党组织换届及有关考核工作。工作中，认真贯彻落实党的十九大和全国国有企业党的建设工作会议精神，将习近平总书记对国有企业领导人员提出的“20字”要求融入领导班子考核评价及领导干部选拔任用、培养交流等日常监督管理工作中。同时，按照中央关于选人用人工作的新精神，不断完善干部选拔任用工作程序，突出政治标准，加强政治把关和廉洁把关，严格深入考察，坚持征求纪检意见，特别对拟提拔人选严格执行“凡提四必”、廉洁背书制度，确保把忠诚干净担当的干部选配到领导岗位上来，积极营造“干事、创业、守规矩”的氛围。2017年，共组织完成所属企业行政领导班子换届5家、党组织换届7家，开展届中考核1家、专项考核2家。同时，围绕国机集团改革发展及时调整优化所属企业领导班子，2017年任免干部196人次，其中任职139人次，免职57人次，提任干部6人（退出班子11人）。截至2017年年底，列入国机集团干部管理序列的领导干部281人，其中所属企业干部258人，集团总部干部23人。注重加强对所属企业领导班子的动态管理，根据企业发展和领导班子建设实际，及时调整优化领导班子结构，充实班子力量，特别是按照集团干部一盘棋的思想，2017年重点加强所属企业领导干部交流，在增强领导班子战斗力的同时，有力促进企业之间的协同发展。

2. 推进全面深化改革，激发企业内生动力 围绕国机集团全面深化改革的总体部署和要求，结合所属企业股份制改造、混合所有制改革及公司制改制等改革工作，及时为企业选优配强党政领导班子，探索授权企业董事会决定工资总额和主要负责人薪酬，为企业深化改革提供坚强组织保障。同时，结合所属企业行政领导班子换届等工作，不断推进授权企业董事会选聘经理层副职试点工作，进一步严格任前沟通、任后备案等程序，2017年授权所属企业董事会选聘经理层副职16人次，其中任职12人次，免职4人次，提任干部5人，有效促进企业法人治理结构运作，激发企业发展活力。

在加强总部管理方面，持续推进国机集团总部改革。在2016年确定总部机构改革方案的基础上，通过开展工作坊，分步有序推进总部组织发展与流程体系优化：明确定位与工作原则，进行沙盘推演，明晰事业部与职能部门的职责边界，划分事业部板块企业，构建协同机制，动态评估机构运行并适时调整。

3. 深化干部人才交流，着力后备选拔培养

（1）持续推进国机集团和中央国家机关、地方政府以及集团内部干部人才交流。积极响应党中央关于“精准扶贫”“对口支援”等重大战略部署，精心选派素质过硬、专业对口、能力突出的干部人才到扶贫县及西部艰苦地区开展工作。2017年选派2名干部分别到国务院国资委和河南省工信委挂职锻炼，选派1名干部参加第18批博士服务团，并做好到村第一书记继任人选更换工作。同时，深化干部交流工作实效，加强对交流干部日常工作生活的关心，2017年下半年分别对援藏干部、博士服务团成员进行了考核及慰问，为促进干部扎根当地、为地方经济发展做出更大贡献发挥了积极作用。此外，还加强集团总部和所属企业人才交流，组织所属企业推荐优秀人才到总部锻炼，有效加强了总部与所属企业的沟通了解。2017年，提供挂职交流岗位共15个（职能部门岗位12个、事业部岗位2个、中白工业园区开发股份有限公司北京代表处岗位1个），最终确定交流人员13人，来自所属12家企业。

（2）持续推进后备干部选拔培养。结合企业改革发展和干部梯队建设，组织所属企业选拔推荐2017—2018年度后备干部307名（平均年龄43.8岁），加强后备干部储备。加强政策引导，通过将企业助理级干部纳入备案管理，加大授权企业董事会选聘经理层工作力度，不断补充优秀年轻干部进入所属企业领导班子。同时，有计划有组织地加强后备干部锻炼培养，分别选派48名后备干部参加国机集团2017年中青年干部行动学习研修班，选派32名后备干部参加国机集团赴台湾“台塑‘合理化’管理理论与实践研讨班”，提升后备干部的综合素质与能力，为企业长期可持续发展提供了重要的后备干部人才保障。

4. 发挥考核导向作用，优化完善薪酬体系

（1）与办公厅配合完成董事会对经理层2016年工作的考核和2017年高管绩效合约的签订。在原有绩效合约考核内容基础上，加大量化考核指标权重，将处僵治困、压缩管理层级、“两金”清理指标分解落实到各位高管的考核指标中，有效推动相关工作任务的落实。在对所属企业领导干部考核中，突出对各类信息的综合研判和系统分析。通过任期经济责任审计、年度经营业绩考核、签订年度经营目标责任书等方式，确保所属企业领导班子的运行质量。同时，在年度先进单位、单项奖评选中，综合考虑企业年度经营业绩考核、任期考核得分，集团年度重点工作推进度等各种因素，不断提升评选结果的科学性和公认度。总部部门考核突出战略导向，注重与高管考核指标和年度重点工作任务的有效对接，充分体现了任务导向、降低成本、提质增效的核心要求。同时，加大总部员工绩效考核和试用期考核力度。

（2）强化考核的同时注重激励，进一步完善薪酬体系。集团高管薪酬管理方面，面对政策要求的新变化，在综合考虑高管考核结果的运用、薪酬办法的延续性、高管之间薪酬变动趋势的一致性，以及合理拉开差距等因素后，测算不同的薪酬方案，并提出建议（方案最终获国机集团董事会和国资委的认可），确保集团高管薪酬的平稳过渡。设定所属企业主要负责人薪酬封底线，以保护企业负责人干事创业的积极性。总部员工薪酬管理方面，针对原办法中主管级员工薪酬上限设计原则与其他级别员工不一致的问题，重新设计主管级员工薪酬上限及调整机制。

此外，在规范国机集团及所属企业企业年金管理工作方面，不断提高年金管理的规范性和主动性。对企业年金运作进行全面梳理，并形成了企业年金管理大事记。建立完善与管理人定期沟通机制，畅通集团系统年金工作人员的沟通渠道，开展企业年金信息系统建设工作，不断提高工作效率。同时，强化对各个管理人的监督和考核评价，本着为职工负责的态度抓好投资业绩管理。

5. 坚持严管厚爱并重，持续加强干部监督 2017 年，国机集团认真贯彻落实领导干部报告个人有关事项“两项法规”，组织完成 290 名领导干部个人有关事项填报汇总工作。在此基础上，认真开展随机抽查和重点抽查，全年报送个人有关事项核查 176 人次，并按规定做好抽查结果的比对核实和相应处理，有效落实从严管理、从严监督干部的要求，切实维护报告制度的严肃性和权威性。同时，组织所属企业开展“一报告两评议”工作，加强对干部选拔任用工作的监督管理（集团和二级企业选人用人工作满意度及基本满意度之和分别为 99.03% 和 97.8%）。此外，结合国机集团内部巡视工作，加强对所属企业选人用人工作的检查，做到选人用人检查与巡视工作总体部署、统一开展、同步推进、同时反馈、一并整改，进一步匡正企业选人用人风气。

6. 推动人才培训开发，创新激发人才活力

（1）深入实施人才强企战略，按照国机集团人才队伍建设规划，不断加强人才队伍建设。落实国家重大人才工程和人才工作重点任务，做好“千人计划”专家、百千万人才工程国家级人选、中国青年科技奖候选人推荐工作，选聘国机集团第四批首席专家 6 名、第四批首席技师 8 名，同时选拔青年干部、青年高潜人才 119 名，进一步完善人才队伍，有力支撑集团重点业务的发展。积极做好职称评审、调干进京、接收应届高校毕业生、解决夫妻分居、接收安置军转干部等工作，注重政策引导，不断改善人才结构。

（2）持续加强干部人才培训与培养。坚持境内境外相结合、线上线下相结合、理论实践相结合，除各专业领域培训外，2017 年先后从集团层面组织了 8 期领导干部培训班，培训学员 282 人次。培训注重创新与实践，在国家行政学院举办的中青年干部行动学习研修班中，引入行动学习、结构化研讨等培训方式，重点研究并解决了企业在生产经营管理中的实际问题，取得较好效果。培训更为注重提高学员的政治素质、理论水平、创新能力以及国际化视野。同时，不断加大在线学习力度，2017 年组织所属企业 7 747 人次参加在线学习，同时开发 34 门内部在线课程。通过形式多样、内容丰富的培训，不断加强国机集团干部人才队伍建设。

【财务管理】

1. 夯实基础管理，提升财务信息质量 通过采取深化标杆管理、推动会计核算标准化、强化财务信息质量考评、加强信息管理过程控制等措施，整体信息质量不断提高。通过召开年度财务工作会，明确要求全体财务人员坚守底线思维，严格财经纪律，确保财务信息真实可靠；向所属企业逐户下达年度决算批复，提出整改意见，强化闭环管理，持续督促企业落实整改有关问题，规范业务操作流程，完善规章制度，强化内部控制的有效性，切实推动各企业提升经营管理水平。通过加强内部交流学习、加大业务培训，提高基层财务人员业务水平。通过持续完善优化经营和财务系统，信息发布效率大幅提升，为决策提供及时有效的支撑。

2. 提高资金整体营运效率，严控资金风险 一是深化资金集中管理工作，提高资金运营效率。全年可归集资金集中度达到 68.6%，上市公司可归集资金额度同比提高 66%。二是持续强化债务风险管控，全面落实降杠杆、减负债工作要求。2017 年年底，资产负债率为 67.8%，同比继续下降 0.5 个百分点。个别企业存在的资金风险，已通过合理控制贷款规模、严控资金流向、加强日常监督、拓宽融资渠道等形式，化解资金风险。

【审计稽查】

2017 年，国机集团审计工作紧密围绕集团经营战略发展工作中心，以风险为导向，以内部控制为主线，充分利用审计工作中心人力资源，有效发挥内部审计的监督与服务职能，不断促进企业提高经营管理水平和风险管控能力。

1. 配合审计署开展任期审计工作 自 2017 年 3 月 20 日起，国家审计署开展了长达 4 个月的对国机集团董事长任洪斌 2007—2017 年 4 月的任期经济责任审计项目，对国机集团执行党和国家的方针政策、执行国家发展战略、执行党和国家法令法规、企业经营效益、企业重大兼并重组、履行社会责任、海外投资、企业遵纪守法、廉政勤政、“三重一大”、风险管理、人才培训、海外发展战略等方面进行全过程、全方位、全覆盖、无死角审计。为配合国家审计署工作，国机集团成立审计工作配合组，并组织子公司审计工作联系小组，配合工作安排周密，组织有条不紊，效果显著，为审计署工作提供了有力的支持和保证。

2. 配合国资委开展融资性贸易业务排查及审计调查工作 印发《国机集团关于进一步排查中央企业融资性贸易业务风险的通知》（国机审〔2017〕403 号）和《国机集团关于做好融资性贸易业务风险排查统计工作的补充通知》（国机审〔2017〕445 号），严禁所属企业开展融资性贸易业务，严禁开展虽无融资性质、但缺乏实物流或现金流、脱离贸易实质的“空转”“走单”等虚假贸易业务，并在全集团范围内组织融资性贸易业务以及“空转”“走单”类贸易业务风险排查工作。

国资委融资性贸易专项审计调查工作组到国机集团开展融资性贸易专项审计调查，对国机集团所属企业融资性贸易业务基本情况、落实国资委要求排查清理情况、风险敞口处置情况、责任追究情况等开展专项审计调查。审计处协调专人配合国资委工作，要求所属企业成立审计配合工作组，组织协调被抽查单位提供资料并配合国资委审计工作组工作；梳理集团融资性贸易历年制度文件、落实国资委要求及工作开展情况，提供给国资委；组织国资委专项审计工作组到恒天集团、中设石化、中国浦发、中汽进出口等单位的进点工作。

3. 不断拓展任期审计的广度和深度，发挥审计的监督和增值功能 内部审计紧扣企业重点领域和关键环节、重大经营决策、“三重一大”事项，对国机财务、中国自控、中国二重、国机重工、蓝科高新、合肥通用院、北起院、中国海航、国机汽车、中国建设、重材院和中设集团 12 家企业董事会、经理层依法依规履职、任期内完成的经营指标情况、国有资产保值增值情况、重要资产、重大投融资事项、重大经营管理活动、内部控制建设情况等方面进行了审计，共审计资产 868 亿元，提出审计意见 75 条，有效发挥了审计的监督和增值功能。

4. 坚持风险导向审计，重点排查境外工程承包项目风险 对境外国有资产的审计，主要采取在境内查阅、审核有关资料和询问有关人员的方式，在境外项目现场核查和审计取证的方式对所属企业境外工程承包项目进行审计，重点关注项目执行、财务收支、资金管理、项目成本预算执行等情况。2017 年，国机集团对中工国际埃塞俄比亚糖厂项目、中国电工博茨瓦纳燃煤电站项目、中国海航巴基斯坦卡拉奇 K-2/K-3 核电站取排水工程 EPC 项目、中国建设白俄罗斯吉利汽车生产线项目、中设集团塞尔维亚 KOSTOLAC-B 电站一期项目、中国重机塔吉克斯坦塔铝冰晶石氟化铝工厂和硫酸工厂项目共 6 个项目进行专项审计， 涵盖了国机集团从事海外工程承包业务的绝大多数单位，共审计境外国有资产 144.22 亿元，提出审计建议 26 条。

5. 坚持全过程规范性审计，促进基本建设项目投资目标的实现 2017 年，国机集团实施基本建设项目审计 7 项。重点对工程造价、招标选定施工单位和材料设备供应商等环节进行审计监督，促使企业降低建设成本。从报批开始，事前、事中、事后全过程审计监督，将风险控制关口前移，尽可能从源头减少、控制建设成本，防止项目建设过程中存在的舞弊问题。

6. 持续跟踪检查督促加快审计意见整改落实，确保审计成效 坚持审计“回头看”，对审计结果整改情况进行持续的跟踪检查，着力完善审计发现问题限期整改落实机制，确保审计工作见成效。2017 年，国机集团督促相关所属企业对 2016 年下达的 15 个项目的审计意见进行整改落实，采取督促所属企业加大管控力度、现场检查整改落实情况等措施，确保被审计单位改善经营管理、制度建设的薄弱环节，有效防范风险，避免造成重大经济损失。

7. 加强国机集团所属企业监事会管理工作，充分发挥监事会的监督作用

（1）召开述职交流会。召开了 2017 年国机集团外部监事述职交流会，集团外派监事参加会议并述职，交流了在工作中的经验和体会，并针对下一步如何做好监事会工作、如何改进对外派监事的管理提出了意见和建议。

（2）举办外派监事培训。组织对集团外派监事履职相关的业务培训，邀请国有重点大型企业监事会相关人员讲解国资委监事会监管的实践经验和体会等。

【法律管理】

2017 年，国机集团坚持推动落实法治建设五年规划，强化法律风险防范机制，有序推动“法治国机”建设。

1. 法律审查

（1）日常法律事务工作。审查合同 173 份，审核授权书 33 份，处理工作联系单事务 21 项，出具尽职调查报告 1 份；参与国机集团内审、内控联合检查工作。

（2）2017 年，为重大决策提供法律意见并出具法律意见书 14 份。就工程承包项目向工程承包事业部出具中国成套“安哥拉卡宾达基础设施建设二期项目合同”法律意见书 1 份。对担保、融资、股改项目向资产财务部出具法律意见书 6 份，包括中工国际“俄罗斯阿穆尔天然气加工厂项目”集团担保事宜、中国重型“老挝国家电力公司南俄水电站项目”集团担保事宜、农机院挂牌转让中机投资股权事宜等。就投资、重组、并购项目向战略投资部出具法律意见书 7 份，包括中工国际吉首市小型农田水利、中小型水库建设 PPP 项目、中地装重庆探矿机械厂棚改项目、常林股份所属船舶公司投资设立境外单船子公司租购散货船项目、苏美达集团与北京银行合资设立有限合伙企业开展募投电站项目、国机智能参与投资并购德国 FFT 项目等。

各所属企业法律部门也积极参与各项重大复杂法律审查并取得良好成绩。中国机械设备工程股份有限公司 2017 年再次入围汤森路透亚洲法律评论 ALB“2017 年度最佳国有企业公司法务”大奖。

2. 制度修订 2017 年，国机集团法律管理工作相关制度全部修订，包括《法律工作管理办法》《外聘律师管理办法》《法律纠纷案件管理办法》等 6 项管理制度；并新拟订《国机集团涉外工程项目法律风险管理指引》，指导所属企业建立健全涉外工程项目法律风险管理体系，防控涉外法律风险。

3. 商标注册管理 根据所属企业申请，分别办理了“国机精工”“国机智能”“国机智骏”“中机国际”“国际会展”“国机进口平行车”等“国机”系商标的注册申请 100 余件，提交海外商标使用声明 4 件；修订《中国机械工业集团有限公司商标管理办法》，并联合党委工作部修订《中国机械工业集团有限公司商标许可管理暂行办法》，对部门职责进行明确；向公司领导提交“审计与法律风控部关于加强‘国机’商标、字号、域名管理的请示”，拟对“国机”商标按照“谁申请、谁使用、谁负责”原则进行规范管理。

4. 案件管理

（1）菲铁仲裁案和解结案。2017 年 10 月，国机集团与菲律宾北铁公司就菲律宾北吕宋铁路项目仲裁案达成和解协议。菲律宾北吕宋铁路项目仲裁案耗时 6 年，期间一波三折，和解协议的签订最大限度地保护了国机集团利益，为国机集团首个独立签订并执行的重大国际工程承包项目画上了较为圆满的句号。

（2）吴光焘诉国机集团劳动争议案取得胜诉裁定。通过收集证据、整理证据清单，撰写答辩状、代理词，参加开庭质证及庭审辩论等工作，在吴光焘诉国机集团劳动争议案中得到海淀法院的胜诉裁定。

（3）受中国二重委托，代理二重股份诉腾龙芳烃买卖合同争议仲裁案。最终，二重股份与厦门腾龙芳烃（漳州）有限公司就本案达成和解。

（4）督办所属企业重大案件。就中国建设所属深圳中机副楼查封案听取汇报，协助提供证据材料和法律文书。经国机集团多次致函，深圳中院受理了尘封长达近 20 年的深圳中机股权和副楼争议案，使得案件有了最终解决的希望；协助农机院就京尚薯业诉农机院买卖合同纠纷一案向河北省高级人民法院出具公函；为重材院联系并推荐天津当地律师；为中国二重发明专利侵权案联系北京律师；前往重庆听取中国联合中机中联嘉陵项目工程项目结算纠纷案汇报，与企业人员沟通交流案情并提供法律意见；两次前往中国浦发调研案件最新进展，中国浦发顺利完成了对被告名下购置房产的续封，并按既定计划开展对被告刑事犯罪涉嫌赃款的追赃工作；跟踪中装集团张探公司保兑仓案进展情况并向公司领导提交书面报告；中国联合哥伦比亚 G3 项目 EPC 总承包合同仲裁案于 2017 年 12 月 5 日取得波哥大商会仲裁庭的胜诉裁决，有望从项目业主手中收回近 4 000 万美元的款项等。

（5）加强案件信息化管理。2017 年，国机集团所属企业共上报案件 90 起，其中标的金额 1 000 万元以上重大案件 30 起。国机集团对法律信息管理平台进行升级，增加了法律案件进展填报模块，使所属企业上报案件内容更加详细。扩展信息搜索功能，使得案件信息统计更加便捷，有助于全面把握集团整体法律纠纷情况“大数据”，整体把控风险、精准定位管理重点。

5. 法治建设检查

（1）根据国资委要求，印发《国机集团企业主要负责人履行推进法治建设第一责任人职责规定》，明确国机集团主要负责人发挥依法治企重要组织者、推动者和实践者的职责，强化法治国机建设的统一领导，并要求各所属企业参照执行。

（2）对所属企业落实《国机集团五年（2015—2019 年）法治工作实施方案》情况进行专项检查。以企业自查与集团抽查相结合、调查问卷与现场抽查相结合的方式，检查重点内容为所属企业的规章制度、重大合同、章程及重大决策的法律审查情况。共完成 37 家二级企业调查问卷检查和 12 家企业的现场抽查，调查问卷检查率 100%、企业现场抽查率 33%，下发专项检查意见 12 份，提出改进建议 30 条，总结管理经验 23 条，范围覆盖国机集团全资及控股的所有二级企业。在专项检查中，国机集团审计与法律风控部从接受专项抽查的企业中抽调法律人员组成检查小组开展交叉互查，促进各所属企业间法律人员经验交流、相互学习和提高。

6. 法制宣传培训

（1）开展题材丰富的法律专题培训。依托“国资委法治讲堂”和“国机集团法律讲堂”两大培训平台，组织多次、多领域的法律专题培训，通过加大培训力度提升法律人员职业素养。国机集团各级所属企业根据本企业特点开展法律培训，如参加投资、兼并收购、再融资等专业领域的法律培训；为配合公司开发新的业务模式，进行“海外 PPP 项目法律事务和风险管理”专题培训等。

（2）利用新媒体进行法制宣传。通过“国机法律集结号”微信群，发布最新法律法规，转发各类法律文章，讨论各类法律议题；就不同项目和案件建立各类微信工作群，使业务、财务、法务人员在同一群中交流工作，接受咨询、分享经验。

【风险管理】

2017 年，国机集团加强对所属企业风险管理的统一领导和监督指导，要求各企业在抓生产经营的同时，强化对业务投资经营管理的监督和风险防范工作。国机集团各级企业十分重视自身风险管理的体系建设和风险管理工作，累计开展风险检查 665 次，检查企业项目 1 556 家，发现各种隐患 1 506 次，完成整改 1 448 项，整改完成率 96%。

1. 加强对海外现场风险督查，从源头上控制风险 为加强海外项目的风险监控，组织相关人员，深入海外工程项目现场，对项目风险管控情况进行现场检查。2017 年，对以下项目进行了境外风险现场检查工作，主要包括：中工国际白俄罗斯 40 万吨纸浆厂项目，中国建设白俄罗斯吉利汽车生产线项目、白俄罗斯明斯克金融商务办公综合体项目，CMEC 塞尔维亚科斯托拉茨电站一、二期项目，中国海航巴基斯坦 K2/K3 核电站取水口项目，中国重机塔铝项目等。重点从项目管控制度的建立及执行情况、组织机构管理、分包风险管理、劳务纠纷风险、法律风险、项目执行风险、项目质量风险、工期风险、设备材料采购风险、项目成本、费用控制风险、项目汇兑风险、收汇风险、项目实现的预期利润情况及项目投保情况等多方面进行检查。2017 年，共查出上述项目风险问题 85 项，建议整改 59 项。

2. 采取措施，严控融资性贸易业务风险 2017 年，国机集团发布《关于严禁企业从事融资性贸易业务的通知》（国机风控〔2017〕123 号），继续对融资性贸易保持高压态势，并将其纳入风险检查、审计监督的日常工作中来。针对融资性贸易业务风险，国机集团检查督促所属企业贯彻落实“三重一大”决策制度，加强内控机制建设，梳理管理制度和工作流程，严格把控前期项目考评、合同评审、物流管理、库存管理、应收账款催收等环节的风险。对所属企业拟开展的融资性贸易业务以及“空转”“走单”类贸易业务，进行风险预警；对已开展的业务，下发风险提示函，建议采取加快资金收回、控制货权、增加抵押或质押等担保举措，落实责任到人、纳入考核、终止业务等措施，降低风险敞口规模。

3. 开展重点风险检查，提高管控水平 以风险为导向，选择重点企业、重点项目进行现场检查。2017 年，国机集团对合肥通用机械研究院，国机汽车所属的 16 家 4S 店，中海航下属海南榆海公司、中洋公司、中海总局海南分公司及上海汽车租赁公司等多家企业开展调研检查。对发现的苗头性、倾向性的重大风险，下发风险提示函，建议企业及时采取措施、防范风险，减少损失。针对国机集团工程分包及制造板块工作中存在的重要风险问题，制定了《国机集团关于加强海外工程项目分包管理有关事项的通知》和《国机集团关于加强装备制造板块企业业务风险防范管理指导意见》。

4. 修订制度，加强管控体系建设 为加强国机集团风险管理水平，2017 年对《中国机械工业集团有限公司全面风险管理办法》、《中国机械工业集团有限公司内部控制管理办法》及《中国机械工业集团有限公司内部控制评价暂行办法》等相关制度进行修订。

5. 以风险为导向，开展内部控制评价 为防范经营风险，增强管理水平，规范运作，促进企业可持续发展，根据国家有关法律法规的规定和要求，对国机集团 2016 年 12 月 31 日（内部控制评价报告基准日）的内部控制有效性进行了评价。纳入评价范围的企业资产总额占国机集团 2016 年 12 月 31 日合并资产总额的 85% 以上，纳入评价范围的收入总额占国机集团 2016 年合并收入总额的 80% 以上。各企业内部控制不存在重大缺陷，发现控制非重大缺陷共 406 项，其中：重要缺陷 22 项、一般缺陷 384 项。已督促企业进行全面整改。

【品牌管理与建设】

1. 编制国机集团品牌战略规划（2018—2020） 2017 年，重点编制了《国机集团品牌战略规划（2018—2020）》，这是在国机集团成立 20 年时间节点上的重要战略规划。在继承国机集团前两版品牌规划的基础上，新版规划遵循中央企业品牌建设要求和趋势，紧密结合国机集团发展实际，以集团战略目标为指引，明确了国机品牌建设的中长期目标和方向，确立了国机品牌建设在定位、核心价值、品牌架构、传播推广、品牌管理等方面的核心战略，以全方位培育和提升国机品牌价值。

2. 完善商标管理办法 2017年7月，国机集团对原《国机商标许可使用管理暂行办法》（国机法〔2010〕742号）进行了修订，并正式下发《中国机械工业集团有限公司国机商标许可使用管理暂行办法》（国机党工〔2017〕9号）。国机商标是国机集团企业品牌的法律载体，国机商标的注册和许可使用应当服务于国机集团发展战略和品牌规划。该办法对国机商标的许可和使用进行了规范，有助于保护国机集团的品牌形象和无形资产价值。

3. 荣获国资委第一届中央企业品牌故事大赛“最佳组织企业”奖 2017年，国机集团积极组织所属企业参加国资委“2017年中央企业品牌故事大赛”，并荣获“最佳组织企业”奖。集团所属CMEC组稿的《品牌深入民心，从电开始——记忆CMEC打造责任品牌》获大赛文学类三等奖。这是对国机集团及所属企业多年来以品质建品牌、以责任树口碑的肯定和褒奖。

【履行社会责任】

1. 编制国机集团社会责任报告（2016）中英文版 2017年10月，国机集团对外发布第七份社会责任报告，并荣获“金蜜蜂2017优秀企业社会责任报告·长青奖”。报告坚持以国机集团“合力同行 创新共赢”的核心价值观为统领，紧密围绕“建设价值国机、创新国机、绿色国机、责任国机和幸福国机，成为世界一流的综合性装备工业企业”的企业愿景，继续采用“五个国机”的主体架构，报告的过程性、实质性、完整性和可读性全面提升。

报告注重体现国机集团积极服务国家重大战略的实践和进展。以“深入推进精准扶贫，探索形成国机模式”为责任专题，集中展示了国机集团在贯彻落实党和国家精准扶贫战略部署方面所做的不懈努力和巨大贡献；设置“筑梦‘一带一路’”章节，着重展示了国机集团主动服务国家“一带一路”倡议的主动担当精神和辉煌成就。报告对标最新的联合国可持续发展目标（SDGs），接轨国际社会可持续发展的最新趋势，充分彰显了国机集团致力于贡献全球可持续发展的履责理念、实践和成效。

2. 海外履责案例收录于《中央企业社会责任蓝皮书（2017）》 2017年，国机集团参加国资委与中国社会科学院共同主办的关于《中央企业社会责任蓝皮书（2017）》暨“中央企业海外社会责任研究”的研究课题。《蓝皮书》是国务院国资委和社科院共同发布的第一本中央企业社会责任蓝皮书。国机集团海外履责案例“光明的使者 友谊的丰碑”收录于《蓝皮书》中的“海外履责篇”。该案例主要介绍了CMEC承建的白俄罗斯别列佐夫400MW联合循环电站项目为当地经济、社会发展和人民生活品质的提升提供的支持，不仅带动了中国装备制造业和技术服务“走出去”，对落实“一带一路”倡议也具有重要示范意义。

3. 热心支持社会公益事业 国机集团在保持自身持续健康发展的同时，积极履行社会责任，热心支持公益事业，在改善国内外就业环境、抢险救灾、农村支援、教育支援、社会福利等诸多领域进行捐资捐物，实现企业与社会的和谐发展。据不完全统计，2017年累计对外捐赠金额2 000多万元。其中，集团携CMEC等所属企业，向“大爱无国界”国际义卖活动捐赠110万元；通过设立奖学金、教育基金、捐物等方式进行教育捐助金额1 000多万元；海外捐赠200多万元。

【宣传工作】

1.《国机集团报》出版发行工作 2017年，组织编辑出版《国机集团报》22期，200个版，折合标准期数25期，超额完成年初设定的考核任务量。同时，重启数字报更新工作。

2017年，《国机集团报》在编辑团队、运营环境等方面都存在新情况、面临新挑战。重点思考并解决的问题是：在新媒体时代，传统的纸质媒体如何坚守阵地、发挥优势、焕发活力，同新媒体携手并进、互相扩声，扩大集团报道宣传面，提升集团宣传质量和水平。

基于此，《国机集团报》在编辑运营中，紧密围绕集团主业，积极呼应社会热点，同集团官方微信、网站有效互动，在经营好日常报道和常规栏目的基础上，着力加强策划，强化深度报道，探索版面优化，打造精品稿件和版面，努力实现报纸内容有突破、风格有创新、品质有提升。

（1）认真做好常规新闻报道，不漏报，不少报，不迟报，确保集团新闻动态更新、发布及时，覆盖到位。2017年，《国机集团报》对国机集团领导、集团总部、所属企业的相关报道全面、丰富、深入、重点突出，涵盖经营、科技、党建、人才建设等方面，展现了国机集团全年发展情况，体现了国机集团发展脉络，是富有参考价值的文献资料。

（2）与时俱进求创新，用心打造新专栏。一是积极响应中央和国资委宣传要求，在党的十九大召开前，开设“砥砺奋进新国企”专栏，报道国机集团及所属企业在各领域取得的成绩，为十九大召开营造良好的舆论氛围。二是跟进集团重点工作，开设“发现行动”专栏，报道国机集团科技新成就。三是同集团微信互动，开设“丹棱留声机”专栏，在传统媒体传递新媒体声音。四是配合相关部门宣传需求，开设“战略快问快答”专栏。

（3）着力强化深度报道，全力打磨精品文章。在新媒体时代，纸质媒体要焕发活力，关键在于扬“深度”之长、避“时效”之短，把动态报道交给新媒体，报纸专注做好深度报道。2017年，《国机集团报》加强策划意识，精心策划选题，打磨出系列精品深度报道，大幅提升了报纸的专业品质；加强人物专访，对国机集团两位全国工程勘察设计大师进行报道；加强对重要活动的纪实性报道，对扶贫调研等进行了生动报道。

（4）紧贴集团重点、呼应社会热点、把握关键时点，精心制作特刊和专题版面。2017年共推出10期专刊、15期策划性专题。特刊主要围绕集团重点工作和关键节点展开，其中重头戏是20周年特刊，全画幅展现了国机集团砥砺奋进20年取得的辉煌成就；工作会特刊、发现行动特刊、恒天重组特刊、扶贫特刊，对国机集团专项工作进行了全面、深入、细致的报道和解读；五四青年节特刊、七一特刊、落实十九大精神特刊，展现了国机集团在党建、人才建设等工作上的新进展、新成绩。

专题的覆盖面更广，更加灵活，更加注重结合社会热点宣传集团重点工作和成绩。比如，在达沃斯论坛后，推出“达沃斯论坛的央企声音”；在全国两会期间，推出“国机人大代表有话说”；雄安新区甫一设立，即推出“共谋千年大计，雄安新区建设央企齐发力”；在“一带一路”高峰论坛期间，推出“携手推进‘一带一路’建设”，以5个版面对集团“一带一路”建设成果进行全方位报道；在国产大飞机试飞成功后，迅速推出“C919腾飞背后的‘国机力量’”。

此外，在特定节点，配合该集团相关部门宣传需求，推出了“新春慰问”“贯彻落实工作会议精神专题”“集团朋友圈：一大波新人齐亮相”等专题，形式灵活，内容扎实，满足了各部门宣传需求。

特刊和专题的推出，扩大了报纸宣传面，提高了报纸社会化程度，也使报纸的分量更加丰厚。

（5）增设副刊版面，打造精神家园。副刊是企业文化建设的重要平台，是广大员工展现才艺、倾吐心声的家园，有利于凝聚人心、振奋精神。因此，《国机集团报》在容量有限的背景下，尽力开设副刊版面，2017年试行推出1期，受到读者欢迎。

（6）积极服务所属企业宣传工作，满足所属企业宣传需求。面对所属企业的宣传需求，编辑团队充分发扬服务精神，全力帮助所属企业编辑、提升稿件，为CMEC、机械工业勘察设计研究院、国机智能等企业“量身定制”了版面。

（7）打造评论团队，加强评论写作。在1—11月，编辑出版的21期中，共有评论员文章9篇，丹棱时评2篇。评论主要由编辑团队完成，编辑评论写作水平大幅度提升。

（8）不断探索版面优化，打造读图时代的精致报纸。一是提升编辑的版面意识，稿件的撰写、编辑与版面设计相结合。二是提高美编水平。报纸排版注重严肃与活泼相结合，大胆用图，图片数量、图片占据版幅均有突破。强化制图和图解工作，尤其是在特刊和专题中，图解成为版面主体，视觉清新、内容全面、重点突出、逻辑清晰，备受读者欢迎。

2. 对外宣传工作 2017年，国机集团对外宣传工作紧扣热点大事和集团重点工作，进一步加大对外宣传力度，在媒体沟通、媒体合作、重点专题宣传等方面有所突破，与媒体保持良好合作关系，使其成为集团品牌形象的推介者。

（1）强化媒体联络，形成定期拜访、交流机制，在重大活动前后，与重点媒体进行充分沟通，与人民日报、中央电视台、求是杂志、学习时报等权威媒体加强沟通，及时通报企业发展情况，询问媒体报道诉求，并主动提供素材。特别是在党的十九大期间，国机集团声音在《人民日报》《光明日报》《经济日报》等9家主流媒体得到广泛传播。

（2）组织策划重大报道。自主策划集团成立二十周年、“一带一路国际合作高端论坛”“党的十九大”3项大型宣传报道活动，参与国资委组织的国企带头人等大型报道活动，持续开展了日常动态新闻报道、深度专题采访报道、品牌传播等宣传活动。主流媒体和网站累计发稿1 504篇，各类品牌和形象宣传16次。其中，在《求是》《经济日报》《学习与研究》等权威媒体发布专稿4篇，内容涉及党建、扶贫、集团发展理念等；任洪斌董事长两次参与中央电视台重要栏目录制，为集团的发展营造了良好的舆论环境。

（3）做好媒体报道服务工作。配合完成中央电视台“远方的家”纪录片摄制团队对国机集团中白工业园、柬埔寨达岱水电站、德国汽车设计中心等项目的拍摄采访组织配合工作；完成焦点访谈“两学一做”特别节目视频材料提供工作；参与制作中央电视台大型纪录片《辉煌中国》。

3. 舆情管理工作 2017年，国机集团舆情整体平稳，没有重大负面舆情。主要开展以下工作：

（1）做好日常监测，把握舆论动态和趋势；如有重大负面舆情，第一时间通报，做到处置负面舆情不打无准备之仗。

（2）强化关键时点监测。在“一带一路”高峰论坛和党的十九大期间，加强监测工作，每日双报告，并在监测期结束后提交专报。

（3）按时完成4期季度报告，研判舆情趋势，为决策提供参考。

（4）积极协助所属企业处置负面舆情。

4. 集团官方微信运营 2017年，在微信公众号运营马太效应凸显的背景下，国机集团微信公众号通过加强组织策划、综合运用多种传播方式，微信运营三大指标总订阅粉丝数、阅读量、单日阅读都取得较大提高。微信发布397条次，粉丝数同比增长40%，阅读量增加5万人次。最高单篇阅读人数达1.68万人次，单日最高人数打开2.94万次。在传播影响方面，实现34个省、自治区、直辖市、特别行政区及台湾地区全覆盖，海外用户占比增长到21.71%，国际影响力进一步增强。在排名情况方面，据中国新媒体大数据权威平台清博指数的统计，前几年国机集团在中国企业500强新媒体指数平均排名列第141位，2017年排名上升至第117位。

（1）打造核心文化品牌“丹棱留声机”。2017年3月，以声音为载体的企业文化传播品牌“丹棱留声机”启动，秉承“用你的声音，讲述身边的故事”理念，讲述国机故事，树立身边榜样，弘扬正能量。全年发布77期，总点击量超过7万人次。同时实现了线上传播和线下巡回演讲紧密互动、同频共振，极大地扩大了传播影响力。

留声机的主题每月都有策划，多角度、全方位展现员工风采，增强了国机大家庭的归属感和凝聚力。很多人物和故事引起了广泛共鸣，给人留下了深刻印象。其中，“七一”建党节期间，任洪斌董事长以普通党员身份参与了“我的入党初心”节目录制，在集团引发强烈反响，燃起了很多国机人的家国情怀。

为扩大“丹棱留声机”影响力，国机集团加强对外传播并开发周边产品。通过制作留声机宣传海报，实现了二级子公司全覆盖张贴，重点三级公司有效覆盖；通过进驻喜马拉雅等APP平台，扩大了在互联网上的影响力；通过定制刻有“丹棱留声机”和集团logo的留声机形状音乐盒，让无形的声音有了有形的承载。

（2）引入新技术实现“多媒体立体传播”。一是紧跟社会热点和重要节点，制作适合微信传播的海报30余幅，包括“国机集团在‘一带一路’九宫格”等海报，掀起传播热潮；国机电灯泡形象在微信的持续出现、强化，成为国机新媒体代言人，通过“接地气”的拟人化表达，拉近与读者的距离，荣获国资委央企动漫传播“优秀奖”；以20周年为契机，通过整理相关资料素材，实地考察，拍摄制作了三期思想统一、风格轻松、受众喜闻乐见的动画视频；创新采用闪屏广告模式，通过高频画面转换将国机集团各业务领域、发展观念等重要信息传播开来，微信内页面浏览量达9 529人次，其他平台相关传播达7 000余次。

（3）打造名片栏目“国机购物节”。截至2017年，国机“购物节”已开办三年。2017年的购物节以衣食用行进行区分，连续4天每天推出几款商品。参与人数近6万人次，每日发布商品基本都在2小时内售罄，苏美达的轻纺用品、CMEC进口食品和生活用品、国机汽车的零售整车等，共售出商品价值约23万元，其中国机汽车售出准新车2辆。

为履行企业社会责任，2017年购物节还专门链接国机集团扶贫点电商，通过流量引流、舆论引导等运营手段，全力支持打赢脱贫攻坚战。

5. 网站建设和信息发布

（1）做好网站新闻采写，增强正面宣传作用。2017年，国机集团网站新闻数量、质量和及时性均实现提升。

从稿件数量上看，国机集团内网、外网及手机网共编辑发布各类新闻信息3 156篇，字数超过150万字，其中集团要闻1 176篇，同比增长6%。

从稿件及时性来看，强化截稿日制度，集团要闻24小时内上线，企业动态每日更新和每周三天批量更新综合进行。工作日日均发布量13.2条次。

从稿件质量看，在基础要求上对内容和形式进行突破，每篇稿件都进行修改优化，提升了质量，突出了重点。同时，进一步固化信息发布审核流程，落实信息来源责任制，杜绝重大纰漏，错漏情况基本保持在千分之二以下。

（2）做好网站改版与维护，提高网站综合传播能力。一是进行网站小范围改版。在集团外网首页增设了金融与投资主业文图展示；增设国资动态栏目；外网的新闻栏目标题分别改为集团要闻和企业动态。改版后的各栏目定位更清晰准确，更能吸引公众对应阅读。二是强化了专题深度报道，配合时政热点和集团大事，先后策划制作了“一带一路上的国机集团”“深入贯彻党的十九大精神”等6个专题网站，配合集团党政经营重大专题事项进行重点宣传，持续提升宣传效果和影响力。2017年，网站工作日日均点击量超过13.8万次，同比增长206%，全年点击量超过3 200万次。三是及时更新维护中文网站数十个子栏目内容。英文网发布108篇要闻；俄法西小语种网站完成版面设计，2018年上线运行。

6. 英文杂志编辑出版 2017年，国机集团英文杂志《SINOMACH TODAY》完成4期、共计8万余字的策划编辑工作，有五大突破：

（1）在重点内容方面，把握时事热点和集团亮点，主动进行议题设置，制作了“20周年、参与‘一带一路’、金砖国家影响力、海外企业社会责任”等一批提升海外影响力的专题。

（2）在栏目设置方面，根据国机集团“走出去”情况，增设制造与服务栏目，将装备制造和贸易服务业务纳入海外传播中。

（3）在翻译和校对方面，由编辑部先进行审校，再由企业文化处审校，层层把关，基本实现零差错。

（4）在通讯员队伍建设方面，延续特约记者制和编前会制度，新加入中国中元、恒天集团、中国一拖等企业通讯员，实现了更广范围的海外业务定制化报道。

（5）在渠道发行方面，拓展常规渠道，在央企创新成就展上进行了发放，取阅量100%，赢得了较广关注和好评。

党建工作

【党组织基本情况】

截至2017年12月31日，国机集团共有党组织2 285个，其中党委187个、党总支137个、党支部1 961个；共有党员53 279人，其中在岗党员32 638人、离退休党员18 625人、女性党员12 791人。

【贯彻落实全面从严治党要求】

全面从严治党是2017年国机集团党建工作的鲜明主题，国机集团各级党组织深入贯彻落实中央历次全会和全国国有企业党建工作会议精神，紧紧围绕全面从严治党要求，着力解决党的领导、党的建设弱化、淡化、虚化、边缘化问题。

1. 贯彻中央有关精神，统筹推进党建工作 国机集团党委紧紧围绕中央决策部署和全国国有企业党建工作会议精神，谋划安排集团管党治党各项工作。年初，组织召开国机集团党的建设工作会议，对全年党建工作重点任务进行整体研究部署；年中，结合半年工作会，及时梳理总结阶段性工作，围绕管党治党责任要求，对党建重点工作进行再动员再部署；年底，开展党建工作述职评议，总结检查基层党建工作履职情况，集团党建工作与业务工作同部署、同考核的工作布局初步形成。

2. 推动党建述职评议，落实党建工作责任 国机集团党委不断强化各级党员领导干部的党建意识和责任，持续推动所属企业党委书记年终述职评议工作。通过党建述职、提问点评、现场测评等形式，开展对党委书记的工作考核。建立了各级企业党委委员每年向党委会报告履行党建工作责任情况的工作机制。年底时，由国机集团党委常委向常委会报告履行“一岗双责”、推动党建工作情况。各所属企业党委班子成员也要向所在党委专题汇报党建工作履职情况。目前正在运用信息化平台，逐步建立党建工作日常考核评价系统，将各企业党委开展党建工作的规定内容和标准要求形成工作指导书和考核标准，动态跟踪工作进展情况。

3. 建立党建制度框架，构建管党治党体系 结合中央和国资委的要求，国机集团将党委职责权限和运行保障纳入公司章程，并区分二级企业、三级企业、境外企业等不同情况，对所属企业公司章程进行及时调整修订，将党建工作总体要求和议事程序纳入章程，实现党的领导与公司治理结构有机统一。重新印发、修订制度7个，同时，积极推动各级企业健全党建制度，制定适合本企业实际的配套规章，将各级企业党建工作、党建要求、决策程序纳入制度体系框架。国机集团管党治党的制度体系初步形成。

4. 开展专项督促检查，夯实党建基础工作 为落实全面从严治党要求、加强党建基础工作，国机集团党委持续开展党建工作专项检查。由集团党委牵头，党委工作部、党委组织部、纪检监察部共同参与，对部分所属企业党建工作进行调研督导检查，通过访谈党委书记、专职副书记和党工部长、与支部书记座谈、调阅基础文件资料、党建数据统计、意见沟通反馈等形式，了解各项党建工作落实情况，发现总结所属企业在基层党建工作中的做法经验，查找分析存在的突出问题，研究提出改进工作的思路举措，以检查推落实，以督导促整改，逐级负责、整体联动的党建工作机制初步形成。

【全力以赴做好党的十九大有关工作】

1. 认真做好选举有关工作 根据中央和国资委党委部署，严格按照自下而上、上下结合、反复酝酿、逐级遴选的办法，组织在京企业党组织认真做好十九大代表推荐提名和中央企业系统党代表会议代表选举工作，基层党组织推荐参与率达100%，党员推荐参与率达98.5%。深入发动各级党组织，切实做好维护和谐稳定各项工作，为党的十九大的胜利召开努力创造良好环境。

2. 认真贯彻落实学习宣传贯彻党的十九大精神情况 党的十九大胜利召开后，国机集团把学习宣传贯彻党的十九大精神作为首要政治任务，迅速掀起学习贯彻的热潮，以习近平总书记讲话精神为指引，自觉把全体党员干部职工的思想和行动统一到中央精神上来。

（1）第一时间传达部署。2017 年 10 月 26 日，国机集团党委召开全系统学习传达党的十九大精神视频会，就集团各级企业学习、宣传、贯彻党的十九大精神有关工作进行专题部署。

11 月 25 日，国机集团党委印发《关于认真学习贯彻党的十九大精神的通知》，对集团各级企业和党员干部认真学习领会十九大精神、广泛开展各项学习活动进行了要求和部署。在国资委党委关于认真学习宣传贯彻党的十九大精神意见下发后，国机集团党委又结合企业实际，印发了《关于进一步学习宣传贯彻党的十九大精神的通知》，对学习宣传贯彻党的十九大精神进行再动员再部署。

（2）领导班子专题学习研讨。10 月 26 日，国机集团安排理论中心组学习，领导班子专题学习研讨党的十九大精神，班子成员围绕会议主题，结合企业工作，逐一交流学习体会。大家一致认为，要将十九大报告作出的新部署、新要求转化为谋划发展的正确思路，转化为抓好党建的具体举措，转化为推动工作的强大动力，以习近平新时代中国特色社会主义思想为指引，积极推动集团发展。

（3）党员干部学习培训全覆盖。国机集团确保十九大精神专题学习全覆盖，10 月 26 日，集团党委召开全系统学习传达党的十九大精神视频会；10 月 27 日、11 月 7 日，借助国资委党的十九大精神传达学习会、专题报告会的平台，组织中层管理人员、所属企业领导班子开展视频学习；11 月 21—25 日，组织开展所属企业党委书记十九大精神专题培训班；11 月下旬至 12 月初，安排基层党组织书记十九大精神示范培训班，140 余名基层党组织书记参加学习；集团总部党员干部分两批进行集中轮训。

在国机集团党委的统一部署和示范带动下，各级企业以理论学习中心组的形式，组织领导班子十九大精神的学习研讨；开展中层以上干部和基层党组织书记集中轮训；安排各党支部的专题研讨交流。通过多形式、分层次、全覆盖的全员学习培训，把广大党员干部职工的思想统一到党的十九大精神上来，把力量凝聚到党的十九大确定的各项任务上来。

（4）深入宣传多渠道。国机集团党委创新宣传方式和平台载体，充分利用报刊、网站、微信、广播、宣传栏、丹棱留声机等舆论阵地，出版了学习十九大精神专刊，开辟了学习活动专栏，广泛开展宣讲活动，积极宣传集团学习贯彻党的十九大精神情况，充分展示集团各级党组织和广大党员贯彻落实党的十九大精神的新实践、新成效、新风貌，营造持续学习宣传贯彻十九大精神的良好氛围。

（5）发挥班子示范作用。按照国资委的要求，国机集团积极推动领导干部当好宣传家，带头宣传。集团领导班子成员除参加中心组学习、各类学习报告会外，还分别以普通党员的身份参加了所在支部的十九大精神学习研讨活动。由集团三位主要负责人带头，班子成员纷纷在支部学习时、到企业调研时讲党课，以实际行动带动广大党员干部职工的学习。

（6）将学习贯彻融入经常。国机集团将学习宣传贯彻党的十九大精神与推进“两学一做”学习教育常态化制度化结合起来，推动学习活动融入日常、深入党员。集团党委组织了知识竞赛，将党的十九大精神、党章党规、习近平总书记系列重要讲话精神、“两学一做”学习教育常态化制度化有关要求、企业党建制度规则纳入竞赛范围。经过各企业内部初赛选拔，来自 35 家二级企业 140 名选手参加了决赛阶段的比拼，在集团范围内迅速掀起学习宣传贯彻党的十九大精神的热潮。

（7）将十九大精神落实到抓党建、促发展的实际行动上。十九大报告提出，要“深化国有企业改革，培育具有全球竞争力的世界一流企业”。国机集团坚决贯彻落实十九大精神，对 1 000 余家全级次所属企业进行了功能界定与分类，充分发挥不同企业类型的功能和优势，为进一步深化改革、做强做优做大国机集团奠定基础。

按照十九大报告提出的“要以‘一带一路’建设为重点，坚持引进来和走出去并重……加快培育国际经济合作和竞争新优势”，国机集团结合“海外再造新国机”的战略设想，抓紧启动“国机集团国际化经营战略”的编制工作，加大海外市场布局力度，提升国际化经营水平和全球资源配置能力，为实现“成为具有国际竞争力的世界一流综合性装备工业企业”的宏伟目标奠定基础。

【深入推进“两学一做”学习教育常态化制度化】

国机集团党委将深入推进“两学一做”学习教育常态化制度化作为集团党建的一项重要任务，把学习教育与党建工作各项部署结合起来，加强领导，精心组织，扎实推进。

1. 以各级党委为标杆，示范引领全系统学习教育 国机集团党委两次召开党委常委会，传达学习推进“两学一做”学习教育常态化制度化工作座谈会精神，专题研究集团推进学习教育常态化制度化实施方案，从制订年度计划、组织开展“三会”、讲好党课、开展主题党日活动、创新组织生活载体等五个方面对加强基层党组织学习教育、强化党内政治生活作出安排部署。各所属企业党委成立了本单位工作机构，制订推进计划，党员干部率先垂范，带头参与所在支部学习研讨活动。

2. 以党支部为基本单位，融入“三会一课”基本制度 在学习教育过程中，要求各级党组织严格规范党内组织生活，落实党的组织生活制度，将学习教育的内容和要求纳入“三会一课”组织形式中，突出思想政治教育的功能。

3. 以党务工作者队伍为推动力量，创新活动载体 先后举办4期基层党组织书记示范班，交流基层经验，推广典型案例，起到了统一思想、丰富做法、整体提升的效果。各所属企业普遍运用新技术、新媒体，探索微党课、微课堂、手机党课等载体形式，不断拓展学习教育的途径和载体，打造支部学习和组织生活的品牌。

4. 以品牌活动为工作亮点，营造学习教育整体氛围 国机集团党委组织举办了“两学一做”学习教育常态化制度化知识竞赛，开设“两学一做”学习教育常态化制度化专刊，展示各级企业学习教育的进展成效，为集团学习教育常态化制度化营造良好环境。

5. 以问题为导向，抓好整改提高 国机集团党委及各级党组织在学习教育常态化制度化中坚持在深“学”、实“做”、严“改”上下功夫，充分发挥党支部战斗堡垒作用和党员先锋模范作用，通过党员提、组织找等形式，梳理和查找全面从严治党和基层组织建设中存在的各种问题，切实提出整改措施和办法，不断增强党组织的凝聚力、向心力、创造力。

【加强基本制度建设】

国机集团始终重视制度管党，不断建立健全党内各项制度，不断细化完善党内工作程序，尽可能让党建各项工作有规可依、有章可循。

1. 构建国机集团党建制度体系 2017年，对党建制度机制进行系统梳理，围绕从严治党主线，制订了《国机集团贯彻落实全面从严治党要求的实施意见》；针对各级党委职责任务，出台了《国机集团党建责任制实施意见》《国机集团各级党委党建责任清单》；规范党内政治生活，重新修订了《党员领导干部民主生活会若干规定》《党委理论学习中心组学习实施意见》；为推进党建专项工作，建立健全“国机集团党委会议制度”《加强海外党建工作的若干规定》《国机集团党委关于党费收缴、使用和管理的实施细则》《国机集团领导班子成员党建工作联系点工作方案》等工作规章，国机集团管党治党制度体系初步形成。对近30年来中央、国资委和集团关于企业党建工作的制度规定进行了系统整理，汇编成册提供给所属企业，促进所属企业提高党建工作规范化、制度化水平。

2. 推动集团党建制度贯彻执行 针对党内政治生活各项制度，国机集团强化了对所属企业民主生活会和理论学习中心组学习的检查和指导，将所属企业的中心组学习和民主生活会纳入统一管理框架，有效提高会议成效。针对“三会一课”等基本制度，国机集团党委制订了《总部党支部工作细则》手册，将“三会一课”、组织生活会、民主生活会、民主评议党员等制度进行细化分解并提供给各所属企业，推动所属企业修订形成适合本企业特点的支部工作规则。国机集团党委为全集团2 000多个基层党组织统一配发了基层党组织党内生活记录本，要求各级基层党组织将党内会议和活动集中记录、存档管理，为进一步规范基层党组织政治生活提供支撑保证。针对党建工作基层联系点制度，国机集团党委结合“国机集团各级党委党建责任清单”，每年对班子成员到联系点开展调研、推动党建情况进行定期检查。国机集团党委还通过党建工作专项检查，定期了解所属企业党建制度建设情况，进一步推动集团党建制度在基层落地生根。

3. 开展基层党建课题研讨 启动党建工作协作组计划，将所属企业根据行业、地域分为 4 个协作组，围绕贯彻落实党建责任制、提高党的组织生活质量、基层党组织党建工作考核等课题，定期沟通信息，共同研究探索，研究成果、制度成果在集团范围内共享，不断提高基层党建工作整体水平。

【加强基本队伍建设】

1. 加强党员教育培训工作 国机集团党委严格贯彻落实国资委《2014—2018 年全国党员教育培训工作规划的实施意见》要求，通过召开国机集团党建工作会、党务干部培训班专题部署，印发教育培训相关文件等形式，对各级企业党员教育培训工作明确提出工作要求；组织开展经验交流，及时发现基层党员教育培训好方法、好经验，以集团党建工作会经验介绍、培训班交流发言等方式，在所属企业范围内进行宣传推广；不断创新学习载体，开通在线学习平台，开通党政类课程 192 门，向集团全系统开放，供全体党员 24 小时在线学习，参与学习 11 400 人次；开展示范培训，举办基层党支部书记培训班、党委书记培训班、党务干部培训班、党员集中轮训班；定期进行监督检查，对所属企业开展党员教育培训进行检查指导、督促落实，逐步形成有部署、有示范、有载体、有检查的工作流程。

2. 严格规范党员发展工作 国机集团党委严格贯彻《关于加强新形势下发展党员和党员管理工作的意见》和《中国共产党发展党员工作细则》，按照“控制总量、优化结构、提高质量、发挥作用”的总要求，认真做好党员发展工作。贯彻落实上级精神，抓好发展党员工作部署。研究制订“国机集团 2017 年在京所属企业发展党员计划”，作为发展党员工作的指导性意见，对各企业发展党员名额予以合理化分配，对党员发展计划的执行落实及相关工作进行整体部署。优化培训考察方式，提高新党员质量。通过党建基层基础工作座谈会等形式，对在京企业党委（党总支）进行专项工作辅导和培训交流；认真梳理总结所属企业实施发展对象成熟度考核办法等方面的经验做法，在所属企业间进行交流推广。通过开展党章党史辅导报告、集团领导主题党课等培训，以及革命传统教育等，为新党员奠定坚实的思想基础。严格程序，规范发展党员工作流程。国机集团党委向在京所属企业和基层党支部全面配发“中国共产党发展党员工作流程图”，结合实际印发“发展党员工作规范作业指导书”，进一步规范发展党员工作。强化督查指导，实行结果考核。将发展党员作为党建工作检查的重要内容，通过企业自查和现场检查，全面了解企业党员发展情况，查找存在问题，促进整改落实，确保实现发展党员总量可控、质量可保、程序规范。

3. 及时处置违纪违法党员 2017 年，集团进行党纪政纪处分 24 人。涉及集团管理的 2 名违纪违法干部，均按程序进行了处置。

4. 完善党员基本信息管理台账 国机集团党委认真贯彻中组部《关于开展党组织和党员基本信息采集工作的通知》精神和国资委党委工作要求，建立了党员信息管理台账，确保采集信息全覆盖、党员信息真实、采集信息不外漏。在此基础上，积极推动党建管理平台建设。

【强化组织建设】

坚持“四同步”“四对接”，推动所属企业随着业务发展动态调整组织设置，使党的组织和党的工作“无死角、全覆盖”。根据国机集团海外业务较多的特点，重点推动境外强基工程，对境外机构、境外党员、境外组织进行全面梳理，坚持境外业务规模大、驻地固定、党员人数多的单位单独设置党组织，业务规模较小、党员人数较少的不同单位成立联合党支部，同一企业分布相近的机构设置区域联合党组织三个原则，实现党的组织同步建设、党的活动同步开展、党的要求同步落实。

【加强党支部建设】

国机集团党委积极探索创新，发挥党支部的创造力、凝聚力、战斗力，重点抓好支部带头人队伍、支部活动平台载体、支部工作基础保障、考核评价四项建设。以支部带头人队伍建设为抓手，提升支部工作科学化、规范化水平。注意选好配强党支部书记，建立党支部书记培训机制，以集团党委定期示范培训和所属企业自主培训相结合，开展基层党支部书记轮训工作。2017 年组织 4 期基层党组织书记示范培训，为所属企业自主开展集中轮训工作提供参照和条件。以支部主题党日为平台，不断丰富平台载体。从制度机制层面明确规定基层党支部每年至少开展 1 次主题党日活动；由集团总部带头，每月最后一个周五作为党员学习活动日。将主题党日活动与“三会一课”、支部联学联建、服务群众等活动有机结合，同时开展到红色教育基地、爱国主义教育基地、廉政教育基地的专题教育。以制度机制为保障，建设支部基础工程。《国机集团贯彻落实全面从严治党要求的实施意见》对支部职责任务作出专门规定；支部工作细则对“三会一课”等制度进行具体规范；集团党委统一印制基层党组织党内生活记录本，发放至集团每一个基层党组织，确保基层党组织工作的规范开展。

【落实党建工作力量和经费保障】

国机集团党委在制订《国机集团党建工作责任制实施意见》时，明确规定按照不低于在岗职工人数 1% 的比例配备专职党务干部，按照不低于上年度职工工资总额 1% 的比例落实党建工作经费。在 2017 年半年工作会上，国机集团党委书记进行专题部署，提出明确要求。此后，国机集团印发了关于党建工作经费的文件，开展各所属企业党建工作经费预算安排专项统计。国机集团各级企业 2018 年党建工作经费预算安排均达到上年度职工工资总额 1%，为党建工作开展提供了有效保障。

【规范党费的收缴、使用和管理】

按照中央关于党费使用管理的新要求，及时调整修订党费制度规定，进一步规范细化党费收缴标准、使用范围和管理规定，确保党费用在最需要的地方。

【扎实推进党建工作重点任务】

1. 推动党建工作落实落地 2017 年 7 月，召开半年工作会议，总结梳理半年党建工作进展，对重点任务、关键工作进行再动员再部署。年中，开展党建工作专项检查，派出检查督导组分赴所属企业，就党建日常工作情况、重点任务完成情况、基础保障情况，以及党风廉政建设情况进行全面检查，查找存在问题，提出整改意见。年底，开展所属企业党委书记述职评议考核，全面总结年度工作，检查党建工作成效。通过年初布置、年中检查、年末考核，建立起国机集团推动党建工作落实的完整体系。

2. 强化党建工作责任体系 2017 年，召开 7 次集团党委常委会，专项研究审议党建工作。制订了“国机集团党建工作责任制实施意见”，并结合各级党组织实际，积极推动落实。在国机集团 OA 系统设立党委常委党建履职专栏，让班子成员完成一项、填写一项，纵向能检查，横向有比较，推动集团班子带头履行党建责任，发挥示范带动作用。积极推动集团和所属企业党委班子成员党建工作述职、党委书记党建述职评议考核、基层党组织负责人述职评议等三项工作，以述职评议为平台，强化党建责任，各级党员领导干部关注党建、思考党建、抓好党建的工作格局初步形成。

3. 持续推动全国国企党建工作会议重点任务落实 围绕中组部、国资委党委制定的 30 项重点任务和国资委党委明确的 23 项重点工作，由国机集团党委牵头，各部门参与，共同对重点任务和重点工作分解细化，提出了“国机集团贯彻落实全国国有企业党的建设工作会议精神重点任务实施方案”，涉及 4 个方面 81 项具体措施，针对每一项措施明确工作目标、完成时限和责任部门。通过定期梳理、专项检查等形式，跟踪了解各级企业贯彻会议精神、推进实施方案情况，着力从组织、队伍和制度等方面解决问题。

【坚持中心组学习，强化理论武装】

国机集团党委把学习贯彻十九大精神和十八届六中全会、全国国企党建工作会议精神作为全年重点任务，以党委理论学习中心组学习和党委会议为主要载体，突出抓好各级领导班子和党员干部学习教育，用中央精神武装头脑、指导实践、推动工作。国机集团党委在已有制度的基础上，根据中央的新规则新要求，制订完善“党委理论学习中心组学习实施意见”，进一步充实学习内容，严格学习规则，强化学习要求。积极推动集团党委理论学习中心组学习，年初制定学习计划，对全年理论学习工作进行安排，年中根据中央新的学习要求，及时调整学习内容，推动各类学习要求落实。2017 年，共组织中心组学习 5 次，召开党委常委会传达学习中央和国资委重要会议文件精神 9 次。国机集团党委还严格按照中心组学习制度，推动所属企业党委中心组学习，年初汇总掌握学习计划，年中开展专题调研检查，年底集中总结分析，进一步加强和改进了所属企业党委中心组学习。

【党内年报数据统计工作】

2017 年，填报 2016 年党内统计年报工作历时一个半月，高效优质地完成 36 张报表、900 多项指标、近 1 万个统计数据的填报工作。此外，完成春节慰问老党员和困难党员工作以及党内统计、党费汇集公示上缴、党员手续接转等日常党务工作。

【纪检监察】

1. 认真学习贯彻党的十九大精神，切实把思想和行动统一到十九大精神上来 一是举办国机集团所属企业党委书记和总部党员培训班，召开党委书记座谈会、国机集团纪委委员会议、地区片会等开展专题学习研讨，所属企业认真组织学习研讨并结合实际贯彻十九大精神。二是国机集团总部和各所属企业根据十九大提出的新思想、新理念、新举措，结合发展环境变化和业务模式调整，研究制订符合自身实际的措施，切实把十九大精神落实到全面从严治党的实践中，落实到企业改革发展的奋斗中，落实到建设“五个国机”（价值国机、创新国机、绿色国机、责任国机、幸福国机）的行动中。

2. 明确责任清单，推动“监督责任”落实

（1）纪委切实落实党风廉政建设监督责任。一是开展海外项目监督检查工作。国机集团纪委书记带队，开展对 3 个海外项目的监督检查，重点检查驻外代表处和项目现场工作人员落实党风廉政建设责任、整治“四风”等情况，提出整改要求。二是开展公务用车改革情况专项检查。组织所属企业开展公务用车改革自查，并抽查部分企业公务用车改革情况，指出存在的问题，提出改进要求。三是开展招标招聘监督工作。对国机集团总部 15 个总额超过 2 800 万元项目的开标、评标环节进行监督，参加总部员工招聘笔试、面试、计分环节的监督工作。督促所属企业纪检监察机构加强对项目招标的监督，如中国二重纪委持续加强对采购业务的监督检查，有效遏制一些突出问题的回潮和反弹。2016 年监督检查工作的成效得到持续巩固，采购业务管理和监督工作不断规范，2017 年降本 1.1 亿元。四是开展应急响应测试工作。为提高国机集团应急响应能力，更好应对突发事件，分三次测试员工在工作日下班后、双休日与节假日期间对于集团工作的应急响应情况，总体响应情况良好。五是开展扶贫领域监督检查。抽调精干力量，分别对对口帮扶的河南省固始县和四川省广元市朝天区帮扶资金使用情况进行专项检查，重点检查扶贫资金政策落实、资金使用过程中的漏洞和违纪违规违法问题，确保帮扶资金取得实实在在的效果。六是开展清理农民工欠薪自查自纠工作。严查违规违法拖欠农民工工资行为，进一步推进“幸福国机”建设，积极履行央企的社会责任，切实保障农民工劳动报酬权益，维护社会公平正义，促进社会和谐稳定。七是开展党风廉政建设责任制落实情况检查。国机集团纪委在组织所属企业自查自纠的基础上，对部分企业开展抽查，肯定成绩，指出问题，督促整改提高。

（2）把好干部选拔任用的政治关、廉洁关。注重干部选拔任用酝酿和考察程序，明确纪委书记参与重要干部选拔任用过程，党委工作部门和纪检监察部门派工作人员参与干部考察，实行干部选拔工作纪实制度、个人有关事项报告“凡提必核”等。干部聘用方案在提交党委常委会讨论前征求纪委意见，对拟提任干部人选一律予以公示，防止带病提拔和选人用人不正之风。2017 年，国机集团纪委向党委组织部回复“党风廉政情况”函 39 件 84 人次。

3. 持续落实中央八项规定精神，坚决整治“四风” 一是加强日常提醒监督。坚持每个重要节假日前发通知强调、每月初发短信提醒，驰而不息，久久为功。利用各类会议，及时传达党中央、中央纪委关于党风廉政建设的最新精神，对领导干部常要求、常提醒，督促领导干部严格执行履职待遇和业务支出有关规定，严格工作生活自律，严禁违规公款吃喝、违规配备使用公务用车、违规公款国内旅游、违规公款出国（境）旅游等，经常抓、抓经常，释放执纪必严的强烈信号。二是持续强化作风建设。加强对重要节点落实中央八项规定精神情况监督检查，五一、端午期间，组织成立集团纪委检查组，采取全面普查和典型抽查相结合的方式，赴部分所属企业开展落实情况专项抽查，督促企业坚持不懈地抓好落实工作。根据中央纪委要求，组织开展对违规公款购买消费高档白酒问题的集中排查整治工作，在自查自纠中，对发现的违规购买高档白酒问题责成有关单位予以整改，严肃处理。各企业纪检监察机构加强对落实中央八项规定精神和纠正“四风”情况的监督检查，对顶风违纪者严查严处。全年查处10起违反中央八项规定精神的案件，处理24人。

4. 保持惩治腐败高压态势，充分发挥不敢腐的震慑作用

（1）认真办理信访举报，严格处置问题线索。按照“件件有着落，事事有回音”的要求和处置标准，及时处置问题线索，对处置过程和结果进行跟踪和督办。2017年，收到信访举报件248件，其中，初次举报143件；处置问题线索120件，处置235次，拟立案13件，初步核实96件，谈话函询21件，了结105件。

（2）严肃执纪问责，在严管中体现厚爱。是严肃查办案件。由集团纪委立案的案件，严格按照规定程序，深入调查核实；对所属企业立案的案件，给予认真指导、严格把关；同时，积极协助上级纪委、司法机关、兄弟单位等案件调查。2017年立案17件，处分24人。二是加大问责力度。严格落实“一案双查”，不仅严肃处理当事人，也问责相关领导人员。三是做好澄清保护工作。在查办案件过程中，注重把握“三个区分开来”，对51名经查被反映问题不属实、查无实据、受到诬告陷害以及被恶意诽谤的领导干部，及时通过适当方式为其澄清和正名，消除负面影响，为担当者担当、为负责者负责，营造干事创业的良好环境，体现党组织对干部的真心爱护。

（3）注重运用监督执纪“四种形态”，着力抓早抓小。高度重视抓早抓小、防微杜渐，着力在“常”“长”二字上下功夫，注重运用监督执纪“四种形态”，尤其在用好“第一种形态”上下功夫，通过谈话提醒、批评教育，努力将问题解决在萌芽和初始状态，全年“第一种形态”占比达80%，集团及所属企业党委书记、纪委书记约谈下属单位负责人2 000多人次，不断压实“两个责任”和“一岗双责”。

5. 建立健全制度，进一步完善不能腐败的体制机制 一是加强制度建设。根据国机集团总部组织机构优化调整变化，以及党建、党风廉政建设和反腐败工作新形势新任务新要求，修订完善、新增党建和党风廉政建设相关制度20个，进一步加强内部监督体系建设。二是成立大监督平台。国机集团党委成立党风廉政建设和反腐败工作领导小组，下设监督协调组，由相关部门组成，构建“各负其责、信息共享、重点协调、联动推进、手段互补、综合监督”的工作运行机制，提升发现问题和解决问题的能力，提高监督效能。

6. 加强思想政治建设，构筑不想腐的思想堤坝 举办纪念“七一”党史专题辅导报告会，邀请中央党校党史专家授课，进一步提高国机集团总部党员干部学习党的知识、加强党性修养、做合格党员的意识和自觉性。开展“两学一做”学习教育常态化制度化知识竞赛，全面学习党建知识，增强党性意识和廉洁意识。利用各种学习培训机会对党员干部进行党规党纪教育培训，辅导学习《中国共产党党内监督条例》《中国共产党问责条例》《中国共产党纪律检查机关监督执纪工作规则》等党内法规文件，教育引导广大党员加强党性锻炼，发扬优良作风，守住纪律底线。

7. 扎实开展内部巡视，有效发挥监督作用 狠抓巡视组织建设、制度建设和队伍建设，完成两轮8家所属企业党组织巡视。巡视组牢固树立“有重大问题应当发现而没有发现就是失职，发现问题没有如实汇报就是渎职”的观念，坚持发现问题、形成震慑，推动改革、促进发展，突出问题导向，紧盯重点人、重点事和重点问题，访谈400多人，查阅文件档案4 500多份，受理来信来访43份，让被巡视企业进行了一次比较全面的政治体检。

8. 加强纪检监察干部队伍建设，不断提升履职能力 一是选好用好企业纪委书记。国机集团纪委会同党委组织部，对所属企业 7 名纪委书记进行提名和考察。二是加强纪检监察干部队伍建设。国机集团总部和所属企业根据党风廉政建设和反腐败形势任务要求，调整组织机构，充实纪检监察人员，增强纪检监察力量；举办国机集团纪检监察业务培训班、派员参加中国纪检监察学院培训等，100 多人次参加纪检监察业务培训，提高了监督执纪能力。

【共青团和青联工作】

截至 2017 年 12 月，国机集团共有 35 岁以下青年 37 969 人，团员 13 593 人，团组织 953 个，专、兼职团干部 1 854 人。集团青联委员 87 名。

2017 年，国机集团团委在集团党委和中央企业团工委的领导下，以习近平新时代中国特色社会主义思想和党的十九大精神为指导，紧紧围绕“服务企业、服务青年”的工作主线，引导青年筑牢思想根基，组织青年岗位建功，服务青年成长成才，在坚定信仰、培育文化、汇聚力量等方面发挥团组织的作用，顺利完成了全年工作任务。

1. 强化青年思想引领 开展习近平新时代中国特色社会主义思想和党的十九大精神学习活动；协办中央企业“习近平七年知青岁月”青年读书会，国资委党委书记郝鹏同志与 53 名青年代表座谈，国机集团推选的中国二重青年代表在会上畅谈读后感，受到与会领导及代表的一致好评；举办“书香丹棱 书话青春”国机集团庆祝“五四”青年节暨青年读书会启动活动及《习近平的七年知青岁月》读书分享会；组织开展“学习十九大精神，践行新发展理念”青联主题学习活动等，进一步强化理想信念教育，坚定青年听党话跟党走的决心和信心。

2. 推进青年岗位创新 围绕国机集团开展的“发现行动”，举办了“发现行动 · 青年先行”活动，不断挖掘青年的创新潜力；积极参加由中央企业团工委、中央企业青年联合会联合主办的“航天科工杯”创新奖评选活动，国机集团团委推荐了 7 个项目，其中 1 个项目荣获银奖，2 个项目荣获优秀奖，充分展示了国机青年的“双创”实力。

3. 加强青年员工人文关怀 开展“我心中的奇妙世界”职工子女绘画展示活动、庆“六一”国机自有青少年服饰品牌线上促销活动、“缘来有你 桃花缘记”在京企业青年联谊活动，提升员工的获得感、归属感、幸福感，打造和谐国机的文化氛围。

4. 大力弘扬志愿精神 3 月，组织开展了“与雷锋同行”学雷锋志愿服务月活动，组织青年志愿者参与“国机与您　风雨同行”公益雨伞派发活动，引导青年践行志愿服务精神，完善自我、服务他人、奉献社会，在履行央企社会责任的同时彰显国机青年的良好形象。

5. 加强团的自身建设 4 月中旬，举办了团干部培训班，对所属企业 57 名团干部代表进行培训，提高团干部的履职尽责能力；2017 年，共对 10 家所属企业团委换届进行指导，进一步夯实团组织基础。挖掘青年榜样，3 名优秀青年获得全国级表彰；国机集团团委对 126 名个人、76 个集体进行了表彰奖励，以评选促提升，营造比学赶超的良好氛围。

6. 加强舆论阵地建设 借助国机集团公众号、丹棱留声机等线上平台，扩大典型经验、重要活动的覆盖面；协助出版《国机集团报》（五四特刊），弘扬五四精神，宣传先进典范；改进《国机集团青年通讯》版面，全年共编发 10 期，营造良好的宣传氛围。

【统战、精神文明建设及军转干部、防范邪教工作】

1. 加强与统战代表人士的沟通联系 年初，召开国机集团出席全国两会代表座谈会，集团党委常委与全国两会代表亲切座谈。

2. 发挥集团侨联的桥梁纽带作用 4 月，在京召开京津委员工作会议，学习传达侨联工作培训班有关精神，总结交流侨联组织工作情况，听取意见建议，并对下一步国机集团侨联工作计划进行了研讨。

3. 积极为统战人士搭建平台，为其参政议政、为国机发声提供支持 会同组织干部部门，协助中央或国资委统战部门，开展对统战代表人士的考察测评、意见征求等材料的组织工作。

4. 坚持对统战代表人士的走访联系和慰问关怀制度 通过重大节日期间的走访联系、对生病住院的干部及家属的探视看望，帮助解决具体困难，传递集团关怀。

5. 以评促建，推动集团精神文明创建活动深入开展 中工国际、中国二重和苏美达集团3家企业成功申报全国文明单位；中工国际和国机汽车获得首都文明单位标兵荣誉称号。

6. 关注军转干部工作 组织开展迎“八一”主题活动，走访慰问困难军转干部代表。定期开展军转干部数据年度统计工作，对国机集团国防教育、双拥工作和军转干部解困稳定等工作情况进行总结梳理。

7. 加强舆情监督和重点防控 为全力保障党的十九大顺利召开，根据国资委610办公室有关会议精神，加强宣传防控，对重点企业、重点人员进行重点关注，通过多种形式开展工作部署和隐患排查，切实维护企业良好生产经营秩序，并将相关情况进行总结上报。

【老干部管理工作】

1. 夯实基础管理 开展2017年度离退休干部年报统计，截至2017年年底，国机集团共有离休干部925人，退休干部27 020人。其中在京4 723人，党员11 971人。根据中组部办公厅进一步加强和改进离退休干部的工作部署，在国机集团总部和所属企业开展老干部工作自查，及时发现和解决老干部工作中的薄弱环节，进一步健全工作责任制。

2. 落实老干部待遇 认真贯彻落实中组部、财政部等关于离休干部护理标准的要求，在经济下行、企业离退休人员费用负担过重的形势下，积极向财政部申请离休干部医药费补助，共有34家困难企业申请600余万元补助资金。为减轻企业费用负担，为60余名离休干部办理补贴补助资金拨付工作，确保困难企业离休干部医药费和津补贴及时发放。同时做好老同志待遇信访督办工作。

3. 注重思想引领 在全系统老干部中开展“畅谈十八大以来变化，展望十九大胜利召开”正能量活动，通过在所属企业开展座谈交流、走访调研、征文等活动，在国机集团总部开展“畅谈十八大 展望十九大”在线答题活动，切实把老干部的思想和行动统一到中央的科学判断与决策部署上来。丰富老干部的政治文化生活，为各企业离退休党支部订阅《学习参考》。

4. 强化精准服务，聚焦并积极解决老同志关心、与其切身利益相关的问题 协助办理医疗证、定点医院变更等工作。做好国机集团总部新增退休人员的服务衔接工作，积极优化流程、简化手续为老同志提供便利，开展医药费报销、体检组织、护照管理、生日节日祝福等工作，全力为他们提供周到细致的服务。

5. 加强制度和组织建设 根据国机集团总部实际修订总部退休人员管理办法，并建立探望总部生病退休职工工作制度。重视退休党支部建设，做好退休党员的个人信息采集登记、学习资料的发放以及党费收缴等工作。

【工会工作】

2017年，国机集团工会在国机集团党委和上级工会的正确领导下，以习近平新时代特色社会主义思想为指导，认真学习贯彻党的十九大和中央群团工作会议精神，按照国机集团党委和上级工会的要求，紧密围绕企业中心工作和发展战略，充分发挥桥梁纽带作用，切实维护职工合法权益，全面提升职工素质，积极推进和谐国机、幸福国机建设，不断探索新形势下工会工作的新路子，各项工作取得了积极进展。

1. 学习贯彻中央精神方面 深刻领会党的十九大精神的深刻内涵，把思想和行动统一到十九大精神上来。举办工会干部学习班，要求工会干部深刻领会党的十九大的精神实质，进一步增强新形势下做好工会工作的责任感和使命感；邀请十九大代表，以亲身感受对党的十九大精神进行宣讲；各级工会组织通过基层宣讲、专题讨论、媒体传播等不同形式带动干部职工学习贯彻党的十九大精神。

落实中央党的群团工作会议精神，全面开展“基础调研年”活动。国机集团工会分四路组成调研小组，对20余家所属企业进行调研，摸清所属各企业工会在自身建设、民主管理、维权帮扶、文体活动等方面的基本情况，发现工作中存在的问题和不足，找到解决问题的措施和办法。

2. 规范工会组织建设 国机集团工会指导所属企业推进工会组织建设。2017年，国机集团工会先后研究批复中国建设等11家二级企业工会完成换届选举工作，同时，对各单位推进工会组织建设给予了及时必要的指导和支持。

3. 构建和谐劳动关系，依法维护职工权益方面 国机集团工会将维护职工合法权益作为工会工作的基本任务，国机集团所属各单位认真履行职责，在争议调解、民主管理、帮扶救助、服务体系建设等方面均取得新的进展。坚持职工代表大会制度，对重大事项和涉及职工群众切身利益的事情都能够经职代会审议。坚持厂务公开制度，所属各单位重大决策公开、生产经营管理的重要内容公开、涉及职工切身利益的重大事项公开、领导班子建设和党风廉政建设情况公开。畅通职工诉求渠道，让“有困难找工会”变成真实的帮扶案例，让职工随时感到工会就在身边。

4. 加强工会干部自身队伍和职工队伍建设

（1）全面加强工会干部队伍建设。针对工会干部兼职化越来越普遍的现象，在德阳举办工会干部培训班，从政治素质和业务能力上对工会干部进行培训。

（2）组织开展“工会工作先进集体和优秀工会工作者”评选活动，并在国机集团工会主席会上对 10 家工会工作先进集体和 20 位优秀工会工作者进行表彰。进一步激励广大工会干部在新时代有新担当、新作为。

（3）继续将国机集团班组长培训班与送培训下基层相结合。2017 年 7 月和 9 月，分别在郑州和德阳举办两期“优秀班组长培训班”，共计 138 人参加，首次扩大培训范围，吸收“国机首席技能大师”和“国机技能大师”参加，取得良好的培训效果。

（4）深入开展群众性劳动竞赛和技术比武活动。国机集团工会首次组织参加了“第二届全国工业机器人技术应用技能大赛”，并荣获“优秀组织奖”。

5. 职工关爱帮扶 组织爱心基金收缴及申报、发放。2017 年完成了“国机爱心日”职工捐款的收缴工作，共收到职工捐款 452.71 万元，并完成 2017 年爱心基金的发放工作。2017 年，经国机集团爱心基金管委会审议，共向 649 名所属企业职工（或职工子女）发放爱心基金 326.2 万元，其中助学金 47.6 万元，患病救助金 125 万元，职工帮困帮扶金 153.6 万元。每年两次的爱心基金申报及发放，较大程度上缓解或解决了部分困难职工家庭在资金方面的迫切需求，对切实保障职工利益发挥了积极作用。

国机集团工会高度重视女工工作，继续贯彻落实《女职工劳动保护特别规定》，坚持以女职工需求为导向，切实解决女职工最关心的问题。对女工委员进行培训，在“三八”妇女节举办“丹棱留声机，庆‘三八’巾帼风采”专场，组织女性健康知识系列讲座和女职工座谈会。各级工会组织继续在女职工中开展“比素质、比贡献，争创巾帼示范岗、争当巾帼岗位明星”活动，女工工作有声有色、精彩纷呈。

6. 职工文体活动

（1）2017 年 3—7 月，举办“丹棱留声机”系列宣讲活动，分别在北京、常州、泰州、合肥、巢湖举办了“丹棱留声机，用我的声音记录身边的故事”庆“三八”巾帼风采专场、庆“五一”劳动者之歌专场、庆“七一”我们身边的共产党员专场。近千人参加活动，巡回宣讲团受到广大企业干部职工的热烈欢迎，让尽可能多的干部职工尤其是一线职工有机会聆听了“丹棱留声机”的故事。宣讲会现场气氛热烈，场面感人，听了宣讲团成员所讲述的身边的真人实事，听众们深受感动与鼓舞，以这些人物为榜样，纷纷掀起了宣传、学习榜样的热潮。

（2）2017 年 5 月，举办国机集团“丝绸之路 • 中联西北院杯”男子篮球邀请赛，8 支篮球队参赛。男子篮球赛作为国机集团的一项传统比赛，有利于推动丹棱文化建设，丰富职工文化体育活动，提高团队凝聚力、向心力。通过这些活动，增进了企业之间的相互交流，弘扬了国机文化，受到职工的普遍欢迎。同时，组织部分企业组成队伍，参加了“第二届中央企业篮球邀请赛”。

（3）组织开展“感动国机十大人物”评选活动。经各所属企业民主推荐，二级企业初评、集团评选表彰领导小组复评等环节，10 月 26 日，国机集团党委常委会讨论通过，最终评选出 10 名同志当选“感动国机十大人物”。分别为：中国二重白树华、苏美达集团刘进东、中汽工程阮兵、轴研科技杨虎、中工国际杨谅、中国建设吴振国、中国中元张日、中设集团金锐、国机智能贺石中、中国一拖高中汉。他们的事迹、精神激励集团广大职工以更加饱满的精神投入到国机集团“二次创业”和“再造海外新国机”征程中。

第三篇

子公司发展概况

中国机械设备工程股份有限公司

【基本概况】

中国机械设备工程股份有限公司（简称CMEC），于2011年1月18日由中国机械设备进出口总公司通过整体改制正式更名，于2012年12月21日在香港正式上市。CMEC成立于1978年，是中国第一家大型工贸公司，由中国机械工业集团有限公司控股。

2017年是CMEC五年发展战略规划的收官之年。本轮战略期内，在国内外市场的复杂形势和日益激烈的竞争格局下，公司坚持推进改革创新，在管理体系、经营方略、机构调整、市场布局等方面实现一系列重大突破，在发展模式、管理方式、科技投入、整合资源等方面着力创新，取得进展。企业的实力、活力、竞争力明显提升。

CMEC坚持稳扎稳打，继续加大与“一带一路”倡议和“走出去”等国家战略的对接力度，统筹布局海外市场，总体运营保持稳健发展，盈利能力稳中有升。

巴基斯坦塔尔煤电项目党支部被国务院国资委党委命名为中央企业首批示范党支部。CMEC荣获机电商会、承包商会AAA级信用企业，“金蜜蜂优秀企业社会责任报告·长青奖”“2017中国最具影响力绿色企业品牌奖”“2017创新发展实力品牌”奖，“2017年度最佳国有企业公司法务组”奖；白俄罗斯别列佐夫电站项目荣获“中国境外可持续基础设施项目奖”。

截至2017年年底，CMEC职工有3 787人，其中中级以上职称1 924人，高级职称809人。CMEC在内地设有63家附属公司，在国外及香港特别行政区设有41家附属公司，35家驻外代表处。

【资产和经营】

2017年，CMEC资产总额475.39亿元，全年营业收入236.99亿元，利润总额22.53亿元。成本费用占主营收入比重为90.71%，EVA达7.89亿元，净资产收益率为10.86%。完成进出口总额16.71亿美元，其中贸易板块完成进出口总额6.95亿美元。

国际工程承包业务成交额30.52亿美元。签约待生效项目总额172.07亿美元，未完成合同总额为90.19亿美元。

工程承包业务实现营业收入135.55亿元，占公司营业收入的57%；实现毛利33.24亿元，占毛利总额的70%。

CMEC2017年主要经济指标见表1。

表1 CMEC2017年主要经济指标

项目	2016年	2017年	同比增长（%）
资产总额（万元）	4 745 227.88	4 753 936.03	0.18
净资产（万元）	1 537 555.33	1 620 546.76	5.40
营业收入（万元）	2 105 117.68	2 369 926.50	12.58
利润总额（万元）	278 393.00	225 289.06	-19.08
技术开发投入（万元）	86 773.05	99 734.68	14.94
利税总额（万元）	372 735.01	330 554.10	-11.32
EVA值（万元）	121 731.31	78 903.61	-35.18
全员劳动生产率〔万元/（人·年）〕	93.42	54.79	-41.35

（续）

项目	2016 年	2017 年	同比增长（%）
净资产收益率（%）	14.10	10.86	减少 3.24 个百分点
总资产报酬率（%）	6.14	4.88	减少 1.26 个百分点
国有资产保值增值率（%）	115.04	110.74	减少 4.3 个百分点

注：公司 2017 年经营收入稳定增长，但受人民币升值影响造成汇兑损失较多，导致表中效益指标同比下降。

【重大决策及重大事项】

1. 投融资模式进一步创新 公司积极推进老挝孟聘输变电项目卖贷再融资工作，首个卖贷再融资项目已经落地。通过参股方式，与新加坡腾飞集团共同投资开发印度金奈工业园。与斯里兰卡当地公司成立项目公司。

2. 新兴业务稳步开展 CMEC 着力培育置业、农业和物流三个新兴业务领域，并制定完成各自战略规划。目前，五个大楼基建项目进展顺利，招商引资、物业出租等工作扎实推进，“中设广场”品牌价值不断提升；中成套的农业综合开发业务有序向前；商运公司通过属地化、实体化运营，拓宽市场开发渠道，形成了新的业务增长点。

3. 内外协同力度不断加大 发布《关于促进板块业务协同发展的指导意见（试行）》，业务部门间逐步向自发式协同转变。三大主营板块密切合作，在加勒比、中亚、非洲等地区的多个项目取得实质性进展。集团内部协同不断加深，与二重合作，成功研发久益 4 100 电铲驱动轮大型铸件，成为该产品首选供应商；与重材院、合肥通用院合作开展多个科研项目。

【业务进展】

1. 工程承包业务稳中有进 狠抓市场开拓和项目执行，加大与“一带一路”倡议和“走出去”等国家战略的对接力度，持续加强国际化市场的统筹布局和建设，打造独有能力，强化比较优势，积极打造 EPC 开放型平台和行业生态圈。

（1）加强在核心市场的深耕细作。加强对核心市场产业政策和市场趋势的研究，进一步明确各核心市场的开发方向。密切关注“一带一路”倡议和“走出去”战略相关国家基础设施及产业规划，精准发力，较好地实现深耕细作和滚动开发的目标。目前，核心市场的开发呈现良好态势，继续保持领先地位。

2017 年，CMEC 相继签署了数个国际工程承包项目。“一带一路国际合作高峰论坛”期间，习近平主席和阿根廷总统马克里共同见证签署阿铁项目增补合同，金额约 16 亿美元。在莫桑比克，新签金额约为 12 亿美元的莫阿蒂泽至马库泽铁路及港口建设项目，是继阿铁项目后在交通建设领域的又一突破；在巴基斯坦，连续签约塔尔煤田 II 区块 ThalNova 电站项目和公司第一个 H 级燃机电站—吉航联合循环电站项目，金额总计近 10 亿美元；在喀麦隆，顺利签约 Ngoila 水电站项目，金额约为 3.98 亿美元。

（2）全力推进对新市场和新领域的开拓。公司顺应国际电力市场结构转变趋势，在抓好传统电力项目的同时，积极开拓清洁能源和绿色能源项目；成功签约生效蒙古赛音山达风电项目和马来西亚森美兰州光伏电站项目，肯尼亚风电项目有望于近期生效。此外，公司加大新市场的开拓力度，在几内亚等国取得实质性进展，并审慎进入英国、沙特阿拉伯等高端市场；取得津巴布韦维多利亚瀑布城开发权，尝试通过控制稀缺资源开发一级园区。

（3）项目执行整体良好。2017 年，CMEC 在手执行项目共 77 个，合同金额总计约 121 亿美元；未完成合同量超过 90 亿美元。项目执行情况总体平稳，未发生重大安全、质量、拖期等问题。

在完工项目方面，委内瑞拉中央电厂 6 号 600MW 蒸汽轮机发电机组项目、马尔代夫住房二期项目、哈萨克卡拉干达 3 号电站扩建项目等 10 个项目取得完工证书；老挝孟聘—沙拉湾输变电项目受到业主的嘉奖；拥有东南欧首套脱硫设备的塞尔维亚科斯托拉茨电站一期项目，运行良好；世界银行贷款改造项目 —— 白俄罗斯戈梅利1号热电站改造项目顺利移交。

在执行项目方面，巴基斯坦塔尔电站项目锅炉钢结构顺利吊装，完成项目重大节点；伊拉克巴士拉650MW燃煤联合循环电站扩建项目完成了主机等设备的采购工作；安哥拉索约联合循环电厂建设和安装项目的两台燃机并网试验成功，安装调试速度达到世界先进水平。

还有一批建设的项目受到国内外领导人的关注和好评。时任全国人大常委会委员长张德江一行视察了塞尔维亚科斯托拉茨电站一期工程；阿根廷总统马克里在参加“一带一路高峰论坛”期间，对CMEC执行阿铁项目过程中表现出的专业性、社会责任感予以充分肯定，并表示未来在基础设施建设过程中，将会继续合作。

（4）努力打造独有能力，强化比较优势。紧跟行业技术发展趋势，以科研促业务，推动创新技术与传统制造相融合，提升EPC科技含量。发起海外电站建设工厂化集成化科研项目，与EPC电力行业全链条上的各专业单位共同进行集成化、模块化研究，打造具有鲜明公司特色的“电站建设与服务升级优化体系”；参股庞沃电力的有关工作取得实质进展，为EPC业务链条纵向延伸、构建新型业务模式打下基础；启动了海外工程项目远程综合管控系统建设，利用互联网技术实现对机组运行状态的远程监控、故障定位及诊断。

（5）加强国际化市场的统筹布局和建设。开展专题研究如何加大与“一带一路”倡议和“走出去”等国家战略的对接力度，统筹布局海外市场，在引导和支撑业务发展方面取得良好成效。

对印度、马来西亚、泰国、菲律宾、越南、老挝、缅甸、柬埔寨8个热点国别展开了法律、财税、投融资等方面的尽职调查；完成对东南亚国家联盟、南亚市场的划分认领；更新核心市场管理制度、核心市场划分清单并修订核心市场效益预算表；区域化、属地化经营持续深化。迪拜、新加坡区域公司已正式运营；探索大区域业务综合开发运管模式，成一、成二两个事业部在区域内通过紧密型合作进行深度的市场开发。属地化水平进一步提高，安哥拉、白俄罗斯等地已初步建立起从项目开发到设计再到执行的属地化团队，与当地采购商和施工承包商形成良好的合作关系，并积极参与项目投标。

（6）打造EPC开放型平台和行业生态圈。公司不断融入国际产业链和价值链，与ABB等世界领先企业签署战略合作协议，与Black & Veatch等公司在英国、马来西亚等国展开深度合作；与GE、西门子等战略伙伴的合作不断深入；与中国西电集团、中国东方电气集团等国内知名企业缔结产业联盟。

2. 贸易与服务业务持续向好，继续向质量效益型方向发展，转型升级取得进展 2017年，贸易板块完成营业收入80.3亿元，同比增长9.9%；实现毛利4.7亿元，同比增长34.1%；完成进出口总额6.95亿美元，同比下降12.1%。服务板块完成营业收入14.7亿元，同比增长70.8%；实现毛利7.6亿元，同比增长210.6%。

贸易业务继续转型升级，不断提升创新能力、提高发展质量，着力抓好业务转型、机制创新、机构调整、优化管理等重点工作，并取得积极成效。

（1）业务创新取得进展。CMEC加强产品创新升级，铸锻件业务引进技术和管理骨干，提高产品研发能力，实现从原始设备制造商（OEM）到原始设计制造商（ODM）的转变，已成为多家全球500强企业的主要供应商，市场订单大幅提升。推进业务模式创新转型，通过海外平台+海外仓+展览展示+物流的模式，直接向当地供应商、客户销售商品，目前该业务主打欧洲、美国两个市场，实现销售1 100多万美元。积极开拓新的市场领域和业务模式，哈萨克斯坦农业综合开发项目集育种、制种、种子销售、种植、设备出口、农产品进口等业务为一体，全方面多赢利点的模式正在积极推进中；刚果油服项目CMEC及集团下属企业在综合一站式服务、物流、EPC等多领域全方位已开展合作，实现共赢。

（2）继续探索海外区域化经营。以中小型太阳能EPC项目为基础，积极开拓加勒比海区域市场，成立了库拉索子公司，探索中小型光伏电站投资业务；以EPC、实业化投资业务为依托，推进泰国东南亚贸易区域中心建设，辐射东南亚周边市场。2017年，CMEC第一家海外实业投资项目——泰国橡胶厂正式落地，2018年年中进行试生产。

（3）与地方政府合作持续深入。CMEC与银川市合作的集多种业态为一体的丝路国际合作园，一期启动项目建设已经完工，保税加工、保税贸易、保税物流业务稳步推进。

（4）服务业务稳中求进。2017年，CMEC招标代理业务保持了2016年以来的增长态势，获得招投标协会颁发的AAA级企业证书。

3.设计咨询业务 2017年，设计咨询板块完成营业收入6.2亿元，同比增长34.5%；实现毛利1.56亿元，同比增长16.2%。

设计咨询业务保持良好的发展势头，规模和效益都稳步增长。同时，CMEC坚持科技创新发展，持续打造技术创新平台，加强业务模式创新，不断促进业务转型升级。

（1）科技创新能力持续强化。CMEC通过成立技术委员会、对重点前沿技术进行专项科技孵化等措施，大幅提高中机国际和机勘院的技术创新能力，形成了一批具有知识产权的研发成果。中机国际获批了长沙市"企业技术中心"政府技术平台，成立了2个企业技术创新平台，启用了工程技术研究中心，新获专利授权11项，软件著作权18项，并入选2017ENR/建筑时报"中国工程设计企业60强"。机勘院新增"三秦学者"创新团队等省级科研平台2个，完成了2项省级重大科技专项，新获专利授权10项，获得省部级以上奖励16项，获评省级勘察设计大师1名。

（2）大力开拓国内外两个市场。在国内市场，中机国际顺利中标江西省乐平市南内河综合治理工程PPP项目设计部分；机勘院不断完善国内市场布局，新设2个分支机构；在海外市场，中机国际、机勘院国际工程业务的新签订合同额也有所突破。

（3）以增强核心业务竞争力为目标，推进外部重组工作。推动优势设计企业的兼并重组，努力打造全产业链的竞争优势。

【产权制度改革】

2017年11月24日，CMEC与国机集团订立收购中电工协议，根据协议及在其条款及条件的规限下，将收购中电工全部股权，国机集团也已同意出售其全部股权。

【经营管理】

全面提升管理水平。工程承包板块建立项目重大动态快报机制，实时报送项目动态。完善项目多层级监管体系，加大对在执行项目常态化巡查及问题的闭环管理，完成项目巡查20余个。加强对重点项目监管力度，全年共向印尼AWAR项目、兰卡K水厂等多个项目派驻督导组。健全采购管理保障体系，构建境内外供应商分类分级评估体系。项目采购管理平台取得国家软件著作权证书。完成并发布CMEC海外项目HSE管理作业指导书。

投融资板块着力打造以华盛昌为中心，新加坡、迪拜区域公司为辅助的境外融资体系。扩充境外财务资源储备，拓展与各金融机构的业务合作。在境外投资方面，推进巴基斯坦塔尔项目的投后管理等工作；在境内投资方面，依托中设国联新能源平台拓展国内光伏电站投资业务，完成首次投后评价工作。

财务管理深化全面预算管理工作，促进降本增效。加大境外财务人力投入，实现工程板块境外分、子公司财务经理委派全覆盖；坚持推进重大财务事项报告制度以及对重点子公司的专项检查；开展境外现场财务信息化建设。推进财务职能前移，加大对重点业务、创新业务的支持力度。强化财务监管，落实"两金"管理，推动集团化财税管理、费用管理；推进财务信息系统升级，提升财务分析质量。

法律管理持续推进法律职能前移，创新法律服务模式，坚持法律风险防范、合规管理和法律监督三位一体，实现法律风险防控体系、出口管制合规体系对所有经营业务单元的全覆盖，2017年未发生重大风险事件及诉讼案件。

2017年，"三会一层"的法人治理结构更加系统完善，投资者关系管理工作形成以目标为导向的差异化、精细化管理模式。启动新一轮战略准备工作，开展前瞻性、热点性问题研究，加强经营统计管理，不断提高决策支撑水平。进一步优化完善绩效考核制度，出台属地化薪酬管理指导意见，不断完善事业部薪酬的相关配套制度。加强资产管理，做好"压减"专项工作，持续提高投资业务管理水平。不断完善内审制度体系，全年完成及正在开展的审计项目共43个。

【信息化工作】

（1）深化系统应用，扩大现有系统应用的深度和协同性。CMEC继续优化主数据平台的主要核心数据标准管理，对新系统严格要求数据标准统一，建立数据同步失败预警机制；结合公司制度和流程优化工作，对已有系统功能和审批链进行优化；启用邮件智能运维平台功能，提升邮件系统的安全运行能力；完成财务系统升级改造，完成财务系统（新）与审计系统和经管系统的数据对接，以及与统一用户系统、主数据平台的组织人员同步，提升各系统间信息化协同能力。

（2）优化公司网络架构及更换网络硬件设备。CMEC开展国际互联网优化推进方案测试调研，在充分利旧的基础上，完成公司核心网络设备的更换。

（3）加强信息安全管理。CMEC针对“勒索”蠕虫病毒事件，并充分利用防病毒和网络准入控制策略，坚持“安全一台电脑放行一台”的原则，完成公司办公电脑的安全加固；结合国家和公司对信息安全的要求，针对日益严峻的信息安全趋势，开展对安全准入产品的深入调研。

（4）继续夯实信息基础建设。CMEC优化服务器虚拟化环境，提高服务器的使用率和降低使用成本，实现服务器资源统一管理和调配，为下一步云架构部署奠定基础；完成与国机集团视频会议系统的对接；持续开展办公电脑的统一采购和管理工作，启用运维管理平台，提高桌面运维工作的规范性和可追溯性；持续开展正版软件、公司信息名址、域名注册等日常工作；启动信息化基础架构诊断规划再设计工作；不断完善各系统的日常运维、日常备份、系统状况巡检、流程优化等工作。

（5）成功举办办公软件中级培训班和高级培训班、信息安全培训班，取得良好的培训效果。

【企业文化】

发布了境外工程项目全生命周期宣传工作纲要、企业品牌形象视觉识别手册等文件。与北京大学联合举办了主题为“21世纪海上丝绸之路四周年发展论坛暨CMEC第五届品牌推广会”活动，有力提升了公司知名度。

召开“不忘初心，向榜样看齐”先进事迹报告会，开展“中设好榜样，逐梦先行者”宣传，弘扬中设人故事。坚持文化引领，开展劳动竞赛、中设好声音、乒羽赛、足球赛、单身青年联谊等活动，工会、团委成为中设文化的践行者、维护者。开展送温暖和扶危济困活动，增强员工的归属感。

【社会责任】

完成2016年社会责任报告的编写和发布工作，并荣获“金蜜蜂2017优秀企业社会责任报告长青奖”；在实践中，逐渐形成了以社会责任理论体系、社会责任组织体系、社会责任实践体系、社会责任沟通传播体系、社会责任评价体系为主要内容的社会责任管理体系，逐步将社会责任理念融入公司各项业务运营和职能管理的各个环节，为实现CMEC可持续发展奠定坚实基础。

参加了SGS企业社会责任报告研讨会、第九期责任官公益培训计划和第十八期中瑞企业社会责任培训班，进一步强化社会责任专职人员的理论水平和能力水平。同时，针对新员工，新修改并更新了社会责任培训资料的内容，以加强对公司社会责任理念的认识和理解。

凭借多年来在海内外市场的巨大品牌影响力和突出业绩，特别是在巴基斯坦Tenaga 49.5MW风电项目建设过程中突出的责任实践，荣膺2017年中国最具影响力绿色企业品牌奖。CMEC案例再次入选由联合国开发计划署、国务院国有资产监督管理委员会研究中心、商务部国际贸易经济合作研究院共同编写的《中国企业海外可持续发展报告》（2017）。

根据国资委、国机集团的有关要求，答复中央企业责任管理调查问卷、中央企业海外社会责任调查问卷，并报送CMEC社会责任案例，配合国机集团做好《中央企业社会责任蓝皮书（2017）》暨“中央企业海外社会责任研究”课题。

参加了中国社会科学院百人论坛、NGO对企业海外运营的影响的会议、第十二届中国企业社会责任国际论坛、第十届中国企业社会责任报告国际研讨会、GRI 年会、ESG 相关会议、2017 实现联合国可持续发展目标中国峰会等会议，走访了中国能建、中国电建、国家电网、神华集团、中技公司等 6 家中央企业，学习了解先锋企业的社会责任管理及其实践的有关情况，为 CMEC 深入开展社会责任管理工作打下良好基础。

撰写“品牌深入民心 从电开始 —— 记忆 CMEC 打造责任品牌”，参加“2017 年中央企业品牌故事大赛”并从近三万作品中脱颖而出荣获文学类三等奖，讲好中设履责故事，传播 CMEC 责任实践，同时在《国际工程与劳务》杂志发表了 4 篇文章，宣传 CMEC 的履责实践，取得了良好的效果。

【党建工作】

1. 认真学习贯彻党的十九大精神 召开学习贯彻党的十九大精神专题会议，举办了党的十九大精神专题培训班和党务干部综合素质培训班。同时，组织青年学习阅读《习近平七年知青岁月》。经过学习培训，大家普遍受到了一次精神洗礼、思想熏陶和党性锻炼。

2. 切实加强党的建设 召开了“不忘初心，向榜样看齐”先进事迹报告会，开展了“不忘初心，共筑中设梦想”信念信心党团教育活动和“让创想成真—与中设同行”主题党团活动。结合实际，提出了“中设‘3344’境外项目现场党建工作法”，探索建立“两学一做”长效机制。

3. 积极建设中设之家 举办了第三届中设好声音比赛，先后组织乒乓球、羽毛球、足球、篮球、拔河比赛。同时，以员工为本，CMEC 职工健康保障体系逐步完善。开辟“中设好榜样，逐梦先行者”和“海外中设人，追梦闯天下”栏目，讲述中设人故事。此外，CMEC 积极发挥老干部党支部的作用，不断提升服务老干部的水平。

4. 积极做好扶贫工作 按照国机集团要求，CMEC 协助中机六院扶贫河南省固始县，召开了精准扶贫专题对接会，提出贸易精准扶贫、行业精准扶贫、农业精准扶贫，并组织前往固始考察对接，提出了 CMEC 精准扶贫固始实施方案。

中工国际工程股份有限公司

【基本概况】

中工国际工程股份有限公司（简称中工国际）隶属于国机集团，成立于 2001 年 5 月，并于 2006 年 6 月在深圳证券交易所挂牌上市，是中国股市实施全流通股改后第一家获准发行新股（IPO）的公司。

中工国际核心业务是国际工程总承包、海内外投资和贸易，具有丰富的国际工程总承包管理经验。截至目前，已完成近百个大型交钥匙工程和成套设备出口项目，业务范围涉及亚洲、非洲、美洲和东欧地区，业务领域涵盖工业工程、农业工程、水务工程、电力工程、交通工程、石化工程及矿业工程等。已完成的项目获得了所在国家业主的广泛认可和好评。

【主要指标】

中工国际 2017 年主要经济指标见表 1。

表 1 中工国际 2017 年主要经济指标

项目	2016 年	2017 年	同比增长（%）
资产总额（万元）	1 878 562.97	1 856 008.33	-1.20
净资产（万元）	762 432.73	866 207.83	13.61
营业收入（万元）	806 615.30	1 090 850.66	35.24

（续）

项目	2016 年	2017 年	同比增长（%）
利润总额（万元）	144 187.73	150 780.97	4.57
技术开发投入（万元）	30 146.53	37 425.87	24.15
利税总额（万元）	144 985.35	152 047.93	4.87
EVA 值（万元）	80 522.00	87 357.00	8.49
全员劳动生产率〔万元 /（人 • 年）〕	78.24	87.08	11.30
净资产收益率（%）	19.55	19.24	减少 0.31 个百分点
总资产报酬率（%）	7.53	8.43	增加 0.90 个百分点
国有资产保值增值率（%）	121.51	128.88	增加 7.37 个百分点

【改革改制】

2017 年，中工国际积极学习中共中央、国务院、国资委关于国企改革“1+N”系列文件，结合自身发展实际，进一步建立健全公司规章制度，规范管理，防控风险；继续深化事业部改革，各事业部和子公司根据公司总体发展战略，制定了子战略，实现战略逐层分解并形成闭环。对事业部实施以利润为中心的考核机制正式运行，效果明显，公司业绩大幅提升；持续完善运营管理，形成事业部和子公司定期运行汇报会，事业部月度办公会、大项目例会等会议机制。发挥事业部经营管理小组作用，为公司的稳定运行提供保障。

【重大决策与重大项目】

1. 中白工业园项目 2017 年，中白工业园项目取得重大进展。中工国际持续加强与股东沟通协调工作，中白合资公司完成股东、董事更换及增资准备工作，组织架构不断完善。招商方面，截至 2017 年 12 月 31 日，入园企业总数达到 23 家，协议投资总额 6.97 亿美元。其中，中国企业 14 家，白俄罗斯企业 5 家，美国企业 1 家，欧盟企业 3 家。国际化招商成效显著。园区建设方面，中白商贸物流园物流设施、办公楼和标准厂房 3 个项目完工并投入使用。成都新筑超级电容器项目、中白合资公司 10 000m^2 标准厂房、中联重科、潍柴动力 4 个项目实现开工、奠基，园区开发与建设工作得到了国家领导人的充分认可。2017 年 4 月 17 日，时任全国人大常委会委员长张德江视察了中白工业园项目现场，并对项目建设和招商成绩表示了高度肯定。视察园区后，张德江委员长向习近平主席作了书面报告，习主席作出重要批示，充分认可园区开发工作；张高丽副总理、孟建柱书记等多位国家领导人也作出重要批示。11 月 24 日，商务部国际贸易谈判代表（正部长级）兼副部长傅自应赴中白工业园现场进行视察并听取汇报。傅自应副部长对园区开发建设进展给予了高度评价。

2. 老挝万象新世界项目 2017 年，中工国际继续加强对老挝万象新世界项目的维护与运营，对万象新世界商业街、东昌酒店及亚欧峰会官邸别墅进行了功能性维修，不断调整经营业态和经营方式，加强招商和商业推广，取得良好效果。别墅出租率达到 98%，商铺出租率达到 100%（含短、长租）。东昌酒店完成了东盟国家安全卫生会议和湄公河国家联席会议，配合完成了高访政府团、企业团等重大接待工作，进一步提升了公司形象和知名度。

3. 加拿大普康公司 经过 2016 年的强化管理，加拿大普康公司逐渐走上正轨，业务有序开展。普康公司制定了 5 年发展战略，持续推进东部矿业市场开发工作。2017 年，普康公司收入实现大幅增长，实现新签合同额和生效合同额 2.05 亿加元，为 2018 年的工作打下了良好的基础。在开发矿业项目的同时，普康公司还拓宽业务思路，跟踪了基础设施及工业工程领域的 EPC 和 PPP 项目。

4. 中工水务有限公司 2017 年，中工水务集中布局四川、江苏、湖北、湖南、新疆等重点市场，跟踪了数十个项目，有多个项目取得了积极进展，国内水务领域投资布局不断完善。成都、邳州两个污水处理厂顺利完成全年经营指标，实现了安全生产和稳定运营。其中，成都水务二期二阶段扩建项目主体工程已经过半，预计 2018 年完工。

5. 北京沃特尔水技术股份有限公司 2017 年，沃特尔承建的华能长兴电厂脱硫废水“零排放”项目稳定运行，累计运行时间超过两年，树立了零排放项目的标杆。电力、煤化工领域的 3 个废水零排放项目进展基本顺利，其中阳煤太化项目已经投入运营。还跟踪了多个工业废水零排放项目，并在海水淡化EPC领域取得了一定业绩。

【市场开拓及签约】

2017 年，中工国际把握各项政策机遇及高访、高层论坛等机遇，深入推动项目签约及生效工作，取得了多项成果，为未来业务发展奠定了良好基础。

1. 市场开拓 2017 年，中工国际新签工程承包合同额 21.62 亿美元。在老挝、斯里兰卡、肯尼亚、安哥拉、津巴布韦、厄瓜多尔、白俄罗斯等传统市场实现了新项目合同的签署，并签订了多个项目的补充合同。中工国际签署了芬兰生物炼化厂（纸浆厂）项目，实现了北欧市场开发的突破。此外，在摩洛哥市场首次实现了项目签约，业务市场区域进一步扩大。其中新签 1 亿美元以上项目包括芬兰生物炼化厂（纸浆厂）项目、摩洛哥轮胎厂项目、肯尼亚伊奥洛至加里萨输变电项目、津巴布韦 O/T400kV 输变电项目。中工国际加强各方协调，推动已签约项目的生效工作，伊朗中东矿业设备供货项目、尼泊尔博卡拉国际机场项目等实现生效。截至 2017 年 12 月 31 日，中工国际海外业务在手合同余额 85.15 亿美元。

2. 签约 2017 年，中工国际在老挝、斯里兰卡、肯尼亚、安哥拉、津巴布韦、厄瓜多尔、白俄罗斯等传统市场实现了新项目合同的签署，并签订了多个项目的补充合同。2017 年，主要新签约项目具体情况如下：芬兰生物炼化厂（纸浆厂）项目，于 4 月 5 日签约，合同金额 8 亿欧元，约 8.55 亿美元；项目内容包括建设 1 座年产 40 万 t 的生物炼化厂（纸浆厂），提供包括设计、供货、土建、安装、调试和人员培训等服务，合同工期为 30 个月。摩洛哥轮胎厂项目，于 5 月 15 日签约，合同金额 2.5 亿美元；项目内容包括联合当地政府投资建设一座年产 300 万条半钢子午线乘用和轻型载货汽车轮胎的制造生产厂，合同工期 30 个月。肯尼亚伊奥洛至加里萨输变电项目，于 7 月 14 日签约，项目金额 1.31 亿美元；项目内容为新建 285km 的 220kV 输电线路及配套的 3 座变电站，合同工期 24 个月。津巴布韦 O/T400kV 输变电项目，于 12 月 15 日签约，合同金额 1.46 亿美元；项目内容为新建一条约 300km 的 400kV 输电线路及 3 座变电站的升级改造，合同工期 30 个月。2017 年，古巴一般贸易业务新签 7 283 万美元。新签项目还包括老挝胶合板厂项目、中白工业园马兹潍柴发动机生产厂建设项目等。中工国际还签署了厄瓜多尔多个项目、古巴 MTU 柴油发电机组成套供货项目、中白工业园办公楼及标准厂房建设项目、玻利维亚钾盐厂等多个在执行项目的补充合同。

【重大项目】

尼泊尔博卡拉机场项目，项目合同金额 2.44 亿美元；2017 年 5 月生效执行，项目已完成营地建设并启动了飞行区土方施工。斯里兰卡延河农业灌溉项目，项目合同金额 1.5 亿美元；2017 年承包额完成 457 万美元，累计完成 1.4 亿美元；2017 年，重点推进土建工作，土建部分已完成 96%；主体工程基本完成，因业主拆迁征地工作滞后，项目主坝合拢工作推迟，业主已批准工期延期。孟加拉帕德玛水厂项目，项目合同金额 2.9 亿美元；2017 年，承包额完成 1.12 亿美元，累计完成 1.74 亿美元；项目 95% 的设计图样已完成业主审批，采购完成 83%；施工方面，净水厂完成 64%，管线完成 23%。乌干达工业园输变电项目，项目合同金额 9 998 万美元；2017 年，承包额完成 4 469 万美元，累计完成 4 905 万美元；项目大部分设计工作已完成，变压器等主要设备已发运，现场进行场平、设备基础施工等工作。埃塞俄比亚糖厂项目，项目合同金额 6.47 亿美元；2017 年，承包额完成 2.13 亿美元，累计完成 4.75 亿美元；项目二期施工图已完成 70%，采购完成 96%，土建施工完成 54%。委内瑞拉农副产品加工设备制造厂工业园项目，项目合同金额 5.12 亿美元，累计完成工程承包额 5.11 亿美元；2017 年，重点进行了设备安装收尾调试工作和消缺工作，于 11 月 28 日启动业主培训工作，为项目移交和运营创造条件。委内瑞拉灌溉项目群，项目包括 4 个灌区的建设，合同总金额 6.34 亿美元，累计完成工程承包额 6.28 亿美元；3 个灌区项目已完工，2017 年，奥里诺科三角洲项目建设已基本完成，主要完成了新增大米加工厂及配套设施的建设工作，业主高层办理竣工函的签署程序。委内瑞拉中西部电网扩建之科赫德斯州项目，项目合同金额 2.24 亿美元；2017 年，承包额完成 5 361 万美元，累计完成 9 703 万美元；2017 年，重点完成优先阶段的土建施工和设备出运及安装、调试工作；目前优先实施工作已竣工完成，并带电投运移交。厄瓜多尔医院群建设项目，项目范围包括 4 个医院的建设，原合同总金额 3.32 亿美元，新签补充协议金额 1.84 亿美元，合同总金额 5.16 亿美元；2017 年，承包额完成 5 385 万美元，累计完成 4.22 亿美元；2017 年，实现了索夫拉瓜和埃斯梅拉达斯 2 个医院的完工并获得业主签发的临时接收函。厄瓜多尔政府金融管理平台大楼建设项目，项目原合同金额 2.22 亿美元，累计新签补充协议金额 2 043 万美元，变更后合同金额为 2.42 亿美元；2017 年，承包额完成 4 077 万美元，累计完成 2.07 亿美元；项目完成了装饰装修以及设备调试，于 9 月 20 日获得业主签发的临时接收函，目前在进行消缺工作。玻利维亚钾盐厂项目，项目原合同金额 1.78 亿美元，新增合同金额 562 万元，变更后合同总金额 1.84 亿美元；2017 年，承包额完成 1.18 亿美元，累计完成 1.67 亿美元；项目完成了全部钢结构和设备出运；主厂房、控制楼、湿盐库以及成品库等全部土建施工安装工作已完毕，并完成了设备安装、调试以及调试用水、电、气的引入，目前正在进行单机调试，预计 2018 年可按期投运。尼加拉瓜油料分配厂项目，项目合同金额 1.84 亿美元，已完成所有的承包额和收汇工作；11 月 25 日获得业主颁发的最终验收证书，顺利实现移交。白俄罗斯纸浆厂项目，项目合同金额 7.69 亿美元；2017 年承包额完成 8 194 万美元，累计完成 7.68 亿美元；项目主要进行消缺验收和试生产工作；12 月 2 日，纸浆厂顺利产出合格浆板。中白工业园一期市政基础设施建设项目，项目合同金额约 2.21 亿美元，其中第一阶段合同金额 1.23 亿美元；2017 年，承包额完成 3 149 万美元，累计完成 1.13 亿美元；除污水处理厂因业主未能解决污水源导致无法调试外，其余场站已全部完成并移交业主。乌兹别克斯坦 PVC 综合体建设项目，项目合同金额 4.4 亿美元；2017 年，承包额完成 1.27 亿美元，累计完成 1.42 亿美元；项目设计工作已基本完成，采购完成 74%，施工完成 14%。

【经营管理】

1. 贯彻落实三年战略，持续强化运营管理 中工国际组织召开 2017—2019 年战略规划宣贯会，详细梳理实施路径，推动新三年战略有效落实。制定事业部、子公司子战略，实现战略逐层分解并形成闭环。召开首届“一带一路”投资合作高端沙龙活动和公司高层头脑风暴会，研讨公司未来发展思路，开展了浆纸、水务、矿业、牛肉等多项专题研究。稳步推进对外并购工作，开展行业及并购标的分析工作。持续完善运营管理，形成事业部和子公司定期运行汇报会、事业部月度办公会等会议机制。发挥事业部经营管理小组作用，为公司的稳定运行提供保障。

2. 夯实人才队伍建设，完善中长期激励体系 加强人才外部引进，全年引入各类人才 116 人，其中高端人才 25 名。组织“赢在中层”职业经理人、项目经理等多种形式的培训。完成内训师进阶培训，并完成多门面向公司内部员工的课程设计。第二期明星业务员正在进行在岗实践。海内外共组织 70 余次以“攻坚克难 持续发展”为主题的企业文化活动，深化文化理念，增强员工使命感。进一步完善中长期激励机制，持续加大对核心骨干人员的激励力度，启动公司二期股权激励工作并完成期权授予。健全事业部考核机制，正式颁布实施《中工国际事业部利润奖核定暂行办法》。

3. 项目管理持续优化，信息平台日趋完善 稳步提升项目管理精细化、规范化和信息化水平。从项目前期策划、采购、合作伙伴管理等方面强化在执行项目管控力度。组织召开10个重点项目共96次月度例会，加强在执行项目风险监控。颁布实施《中工国际新国别、新领域、新模式项目风险管控办法》。完成2个项目的复盘工作，推广优秀项目实施经验。完成项目管理信息系统升级，新系统的可靠性、实用性全面提升。成功召开第三届合作伙伴交流大会，完成了合作伙伴评级工作。

4. 财务管理不断提升，财务风险有效控制 持续提升财务管理能力，积极参与重大项目的前期财务税务筹划，从源头上防范财务风险。搭建境外税务管理体系，在厄瓜多尔、白俄罗斯进行合理税收筹划，还积极完成境外所得税抵免，有效节约了税务成本，控制了税务风险。落实全面预算管理，做好预算执行分析；加强资金管理，调整事业部资金考核方法，成效显著。继续开展"瘦身健体""两金"压降工作，应收账款压降59%，存货压降39%，完成了国机集团下达的目标任务，降低了经营风险。加强财务基础工作，完善财务内部信息评价体系，2017年，财务信息工作荣获集团评比三等奖。

5. 加强多种模式创新，提升融资服务能力 通过多渠道、多元化开拓融资途径，扎实推进融资方案的落实与合同生效工作。新签、生效贷款协议共9个。根据国别特点和项目实际，为大型复杂项目的市场开拓制定针对性的融资方案；融资人员深入一线参与项目开发与谈判，设计融资解决方案，提供专业融资服务，提高了工作效率。

6. 专业支持作用显现，有效维护高新资质技术支持部深入业务前线，发挥专业技术支撑作用 积极组织项目技术评审，有效防范项目风险。推广应用文档管理系统，为重要文档的有序管理和项目经验复制提供有力支撑。编制《2017—2019年中工国际质量提升行动方案》。积极做好专利申报工作，2017年新获3项发明专利、5项实用新型专利。2项发明专利、3项实用新型专利获得授权通知书。

7. 法律保障凸显优势，风险控制不断完善 法律部充分发挥专业职能，参与了公司一系列重大项目，有力地配合了各事业部和专业公司的业务开发和执行工作，支持作用明显。妥善处理法律纠纷，积极应对各类案件，切实保障公司利益。不断强化合同评审职能，全年完成各类法律文件审核共计2 000余份。完善工作制度，提升法律支持能力。审计部开展重大风险评估和内控评价，增加对重大风险的管控力度。开展对乍得代表处、乌干达代表处等专项审计工作，配合国机集团完成对埃塞俄比亚糖厂项目的专项审计工作。配合审计署完成任总任期经济责任审计工作。

8. 品牌建设不断强化，信息披露成绩显著 以"一带一路"为契机，深入密集地宣传公司具有重大社会影响力的项目，并在多家权威报纸、杂志和网络媒体上登载和播出，全面提升了公司的品牌影响力。作为上市公司，不断提高信息披露水平，连续7年获得深交所信息披露考核最高评级A级，并先后荣获天马奖"中国中小板上市公司投资者关系最佳董事会"、"杰出投资者关系管理公司TOP10"、金智奖"2017年度中国上市公司最受尊敬董事会"等奖项。

【党建工作】

2017年，中工国际党委在国机集团党委的领导下，认真贯彻党的十八届六中全会、党的十九大和全国国有企业党的建设工作会议精神，紧紧围绕公司提出的"持续发展年"这一主题，坚持"围绕发展抓党建，抓好党建促发展"的工作思路，深入推进"两学一做"学习教育常态化制度化工作机制，以多种形式组织开展宣传教育活动，促进员工队伍建设和企业文化建设，促进公司党建和文明建设目标的顺利实现，为公司的发展提供强大的精神动力和组织保证。

1. 认真学习贯彻党的十九大精神 中工国际党委、纪委将学习贯彻党的十九大精神作为当前和今后一个时期的头等大事，深入学习宣传贯彻党的十九大精神，特别是习近平新时代中国特色社会主义思想，切实把广大党员干部的思想和行动统一到党的十九大精神上来，坚决维护以习近平同志为核心的党中央权威和集中统一领导，坚决同以习近平同志为核心的党中央保持高度一致。

中工国际领导积极参加中央统战部、国资委党委、中央企业纪检监察系统和国机集团党委、纪委组织召开的学习会议。公司党委召开党委会，传达学习国机集团党委有关要求，专题研究学习贯彻党的十九大精神的具体措施，并以文件形式下发通知作出全面部署。以党支部为单位，组织支部所属部门集中5天时间专题学习党的十九大精神，坚持把主观动员部署与层层思想发动结合起来，把集中传达学习与原原本本研读结合起来，把学习情况与自身感受结合起来，通过抓中心组带中层，抓党支部带各部门，抓事业部带驻外机构，推动广大党员干部员工在国内外迅速兴起学习贯彻十九大精神的热潮。

在学习宣传贯彻党的十九大精神中，中工国际全体党员干部群众心系十九大、热议十九大、点赞十九大。按照公司党委的统一部署和要求，紧密结合经营业务工作实际，在公司总部、驻外机构和项目施工现场等地组织全体员工收听收看会议盛况、召开专题学习会、进行中高层和项目经理培训辅导、开展“学报告 谈体会”等学习活动，为进一步把学习贯彻工作引向深入，公司党委为各支部征订《十九大学习辅导百问》《十九大党章修正案学习问答》，为全体党员干部群众配备《党的十九大报告辅导读本》《党章》和《中国共产党第十九次全国代表大会文件汇编》等学习辅导材料共1 200余册，保证人手一份学习辅导材料；广大党员干部群众通过微信群、QQ群等形式表达心声、进行热烈讨论，结合工作实际，深入学习贯彻落实党的十九大精神和总书记讲话精神，用党的十九大精神指导实践、推动工作，确保落地见效。

2. 贯彻落实全国国有企业党建工作会议精神 根据全国国有企业党的建设工作会议精神，中工国际党委坚持把发挥政治核心作用、切实参与重大问题决策作为企业党组织的重要职责。按照国机集团党委的工作安排，中工国际党委落实“双向进入、交叉任职”领导体制，公司党委书记进入董事会，保证了党组织在决策层、监督层、执行层发挥作用，并将国资委关于国有企业党建工作总体要求纳入公司章程，完成党建工作写入公司章程事宜，充分发挥国有企业党组织政治核心作用，明确了公司党委在公司治理结构中的法定地位，使党的领导与完善公司治理相统一。同时，还将党委集体研究讨论作为“三重一大”事项的前置程序，保证党组织的意见在重大问题决策中得到尊重和体现，发挥好党组织的监督保障作用。

3. 推进“两学一做”学习教育常态化制度化 按照中央、国资委和国机集团党委的部署，公司党委深入开展“两学一做”学习教育，坚定不移地推进全面从严治党，加强党的思想政治建设，实现全面从严治党，结合公司实际情况，完成了《中工国际党委关于推进“两学一做”学习教育常态化制度化的实施方案》，结合实施方案内容，把“两学一做”学习教育融入日常、抓在经常，督导党支部以“三会一课”为载体，推进党章党规、习近平总书记系列重要讲话精神的学习，并组织公司党员积极参加国机集团党委“两学一做”常态化制度化知识竞赛活动。通过多形式学习教育，引导广大党员学思践悟、知行合一，不断增强“四个意识”，做到“四个合格”，确保基层党支部发挥战斗堡垒作用、党员领导干部发挥表率作用、广大党员发挥先锋模范作用。

4. 深入海外项目现场，加强基层党建的督导 中工国际党委在海外设有国机集团驻古巴联合党支部，在白俄罗斯、乌兹别克斯坦、厄瓜多尔、玻利维亚、安哥拉及肯尼亚6个国家设立了海外党小组，基本实现了党的基层组织和党建工作全覆盖。2017年5月31日至6月7日，中工国际党委书记陪同国机集团党委书记一行对肯尼亚、白俄罗斯两国进行党建工作调研指导及项目检查，与海外党员进行了充分的交流与沟通。8月，中工国际党委书记带队赴厄瓜多尔、秘鲁、玻利维亚、巴拿马及古巴进行海外党建工作。在开展海外党建调研和督导工作同时，对项目管理情况、风险管控情况、现场协调情况、规章制度执行情况和岗位人员履职情况等进行认真检查，警示广大党员干部不碰“底线”，不越“红线”，筑牢反腐思想防线，做一名合格的共产党员。

5. 认真开展组织建设工作，保证党的工作有效落实

（1）坚持民主决策制度，组织开展党代表候选人推荐提名工作。按照国机集团党委的总体部署和要求，2017 年 2 月，中工国际党委组织召开在京党员大会，选举产生出席国机集团党代会代表，全体参会党员严格按照选举工作纪律，选举出 5 名同志为出席国机集团党代会代表。

（2）严肃落实党内生活制度。中工国际党委认真制定 2017 年中心组学习和党员领导干部民主生活会计划，落实党委中心组学习制度，结合党的十九大精神和“两学一做”学习教育活动，组织召开了 17 次党委会、4 次中心组学习会议、1 次党员领导干部专题民主生活会、各支部组织 1 次组织生活会和民主评议党员工作，

（3）加强队伍建设，做好党员发展与培训工作。各党支部认真贯彻“坚持标准、保证质量、改善结构、慎重发展”的方针，注重青年业务骨干人员的培养和发展，始终坚持高标准、严要求，做到合格一个、发展一个，确保党员队伍素质。2017 年新发展党员 5 名，参加国机集团积极分子培训班 4 名。同时，积极分子参加部分党员活动，定期谈话和开展交流活动。

（4）组织做好党费收缴工作。根据中央及国机集团党委要求，中工国际党委认真组织、落实党费收缴工作，制定了党费收缴具体安排，完成全体党员党费收缴工作，按时间节点完成党费收缴情况书面报告，为严格规范党费管理，由财务部协助建立党费财务账套，制定了党费使用报销审批流程，用现代化手段管理党费收支记录，做到账目清晰，符合相关规定。

（5）党支部架构调整和换届改选工作。为确保各党支部工作正常运转，针对目前公司各事业部机制调整和人员变动的实际情况，根据《中国共产党章程》和《关于中国机械工业集团有限公司全资及控股企业党组织换届选举工作实施办法》有关规定，制定了中工国际党支部架构调整方案，启动了党支部架构调整及换届选举工作。

（6）加强精神文明建设，推动企业和谐发展。中工国际党委高度重视精神文明建设，始终把精神文明创建活动作为一项重要工作来抓，扎实开展各项工作，精神文明创建工作保持了上下联动、全面推进、各具特色、亮点纷呈的良好态势，取得了实实在在的成效。2017 年 5 月，国资委党委通报公司所申报的首都文明单位标兵通过公示期；2017 年 11 月，中央精神文明建设指导委员会通报，中工国际经复查继续保留“全国文明单位”荣誉称号。这些是中工国际党委坚持物质文明建设和精神文明建设“两手抓、两手都要硬”工作取得的显著成果，进一步提升中工国际品牌价值和品牌美誉度，为公司可持续发展提供强大的精神动力和组织保证。

6. 扎实开展党组织活动，树立良好的央企形象

（1）通过网络视频，海内外党员开展组织生活、座谈交流等活动，结合自身工作实际，分享学习心得，交流感想，保证了学习效果。以“七一”党日活动为契机，公司党委组织全体在京党员、入党积极分子参观了中国抗日战争纪念馆，踏寻先烈足迹、弘扬革命精神。党日活动的开展是一次很好的爱国主义教育，增强了大家对党史的了解，加深了对党的热爱和忠诚。

（2）各海外党组织以中工企业文化、履行海外社会责任、践行国机“丹棱精神”为主要内容，贯穿海外核心业务为目标，积极履行央企社会责任，组织参与了多项海外社会公益活动。2017 年 5 月，中工国际承建的厄瓜多尔蒙特西纳伊医院项目组来到项目旁的克拉拉·莱昂学校，与学生们一同度过欢乐的“六一”儿童节，特别为孩子们准备了文体用品，为他们的课堂学习与课余生活增添动力。9 月，古巴遭受飓风“艾尔玛”严重灾害，导致西部和中部地区人员伤亡，上百万受灾群众被紧急转移，灾区基础设施损毁严重，造成重大经济财产损失，中工国际捐款 5 万美元用于当地人民的灾后重建工作。国之交在于民相亲，中工国际一系列海外社会公益活动，体现了国际关爱精神，树立了公司良好的央企形象。

7. 认真做好党风廉政建设和纪检监察工作

（1）在中工国际党委、纪委领导下，做好党性、党风、党纪和反腐倡廉的学习、宣传、监督、检查工作，以警示教育为重点，深化廉洁教育，在驻外总代表培训和项目经理培训中进行党风廉政建设系列讲座，各党支部组织观看《永远在路上》视频资料，认真学习《中国共产党纪律

处分条例》等党内法规文件，密切联系思想和工作实际，提高认识，增强责任，促进党员干部自觉做到廉洁自律，让“咬耳扯袖、红脸出汗”成为保障监督的工作常态。

（2）坚持党风廉政建设与生产经营工作同部署、同要求，稳步落实“两个责任”和“一岗双责”。中工国际党委、纪委以“企业党风廉政建设目标责任书”为根本，与公司各分管领导、部门负责人层层落实党风廉政建设责任制。把签订“廉洁承诺书”的范围扩大到项目经理层级，并列入年度干部述职和项目评价的考评重要内容，保证与中心工作同部署、同落实、同检查、同考核。中工国际对责任事项实行一票否决，对贪污、受贿的行为实行零容忍。

（3）中工国际纪委高度重视信访举报工作，按照“突出重点，严格制度，把握政策，立足治本”的查办案件工作原则，纪检监察室对收到的线索认真核实、妥善处置，及时澄清事实、化解矛盾，营造了良好的业务经营氛围。2017 年，公司纪委收到信访举报共 3 件，上级转办信访举报 2 件，处置问题线索 1 件，其中上级转办信访举报正处于初核阶段。

（4）中工国际纪委把违反中央“八项规定”行为作为纪律审查重点，严格落实“八项规定”，严格落实企业负责人履职待遇、公车配备、办公用房、公务接待等规定，推进作风建设的常态化、长效化。并且在重大节日前以下发通知、发送短信、微信和邮件等形式进行了前期部署工作，提醒广大党员干部要自觉遵守党风党纪，严明纪律要求，做到提早敲警钟、提前做防范。

【信息化建设】

2017 年，中工国际全面加强信息化建设和提升信息管理水平，推进和提高主要信息系统协同办公功能，提升企业管理，同步加强信息安全建设和管理。梳理公司经营、业务、财务、人力、档案、认证和安全管理工作，升级和新建相关信息系统，统一移动审批平台，完善信息化建设技术标准，新建和修订信息化管理制度。

（1）KOA 办公系统升级工作。KOA 升级完成了全部现有在用的各功能模块升级，并根据公司实际管理和应用进行部分功能开发，并将原系统中数据迁移到新系统中进行整合管理、查询和备份等，并同时实现与一体化门户、统一安全认证、公司微信企业号、档案系统功能对接工作，大大提升了办公效率。

（2）一体化门户升级和建立统一身份认证系统。在公司应用系统整合需求的基础上，针对信息化管理现状，以管理需求为导向，通过统一身份认证系统的建立，实现了统一认证、单点登录，并通过一体化门户集成各业务系统信息待办集成，为全员提供集成的、统一的信息系统入口，提升用户访问体验，统一待办，提升业务协作能力。一体化门户和统一身份认证采用身份高强度认证，提升系统安全性，提升公司信息安全管理能力。

（3）建设人力资源管理系统。为进一步优化公司人力资源管理工作流程，提高人力资源相关工作整体效率，进一步规范公司员工考勤休假管理，提升公司人力资源管理整体信息化水平，建设了人力资源信息管理系统（HCM 系统），完成了 HCM 系统通过组织机构管理、人事管理、时间管理、员工自助、经理自助、HR 分析报表等功能，完成与考勤机系统、企业门户系统和企业微信的对接工作。

（4）建设档案管理系统。为进一步规范档案管理，提高档案管理水平，建立档案信息化管理系统实现档案数字化、自动化和网络化管理，大大提高文档整理、鉴定和归档的工作效率，实现档案文档自助查询、借阅和归还等工作，也将随着档案的规范实现档案资料共享、数据分析、开发再利用等，能够为公司管理和决策提供数据，并能成为公司知识管理的重要组成部分。

（5）建设企业微信移动审批平台。基于公司微信企业号实现信息系统移动应用审批和功能开发，实现 KOA、财务、人力、IFS 和邮件系统的微信企业号的移动审批，并采用公司统一认证系统进行认证识别，提高系统安全访问，功能实现将大大提高公司工作审批和沟通效率，不用在手机中安装多个软件，降低各类系统移动端采购和管理成本，提高数据交互的即时和安全性。

（6）信息安全建设工作。从中工国际目前实际情况入手，针对新的网络安全威胁趋势，从网络架构安全、设备安全、系统安全等方面内容进行了安全升级，核心网络实现双点冗余，实施部署了多台安全防护设备，并且对制度进行梳理，加强安全管理，建立了网络重大事件应急处理方案。通过本次安全的实施，加强了网络安全的防护能力，安全性得到保障，整体提升公司网络及信息化系统安全，以保障信息化系统的稳定、连续运行。

（7）财务系统升级工作。完成NC账务管理、报销、预算、资金等各模块功能建设，建立表单及审批流模式，打通“单”“证”“表”三位数据一体化流程，解脱手工，加大智能化力度，达到公司财务信息化构建全过程，积极沟通事业部以利润中心考核独立核算的财务建模问题、搭建大数据共享管理框架加快财务共享中心大数据管理进程。同时，做好信息化支持服务，维护境外资金、资产、税务信息化、项目成本管理系统的维护。银企联资金支付管理与账单信息反馈核销等工作。

（8）IFS项目管理系统升级工作。此次升级包括软件和硬件，优化相关功能，提高系统响应速度；改进了部分人机界面、报表和查询功能，系统的易用性得到改善；新系统在平台架构、可靠性、处理效能和可扩展性等方面全面提升。指导并督促业务部门及时输入各项经营管理数据，做好系统日常运营维护和辅导。

项目文档管理系统二期正式上线运行，陆续开放了文档管理系统中的32个项目，实现了项目文档借阅共享，完成了对外合同与竣工验收证书等资料的整理上传工作，强化了文档管理系统对项目开发与项目执行的支持作用。每月及时检查各在执行项目的文档上传情况，编制《中工国际文控系统月报》，督促项目部及时上传文件，提高项目文档管理水平。

（9）建设贸易管理ERP系统，采用南北软件公司贸易管理平台进行建设，实现合同管理、建设贸易数据库，加强风控，规范业务评审，提升经营管理和分析能力进入试运行阶段，后续将增加库存管理和资金管理模块，并不断优化ERP审批链，使ERP在规范流程、提升效率方面发挥重要作用的同时，为公司经营决策提供分析。

【企业文化】

不断加强企业文化建设工作，努力构建“公平　信任　关爱　和谐”的文化氛围。2017年，结合公司年度发展主题确定了“攻坚克难　持续发展”的企业文化主题，并以此为中心，与党建工作相结合，在总部和海外现场组织了70余次企业文化交流会，深化了企业文化理念，树立榜样人物，凝聚人心，充分发挥了文化先行的作用。公司特别注重对青年员工的人文关怀和企业文化的熏陶，通过工会、团委等平台，积极组织员工健身俱乐部、员工健步走活动，开展相关文体活动等，丰富青年员工业余文化生活，帮助青年员工解决实际遇到的问题和困难，有效提升了青年员工的归属感、使命感。

【社会责任】

在传递中国工程价值，用心打造精品工程、绿色工程的同时，中工国际牢记当好积极履行社会责任、推动世界可持续发展的友好使者这一使命，建立了完善的社会责任管理体系，通过高效率的管理、整体性的策划、全面细致的沟通、属地化的落实，使社会责任工作取得实效。中工国际坚持互利共赢原则，改善当地就业环境，积极参与各项公益事业，在抢险救灾、农村支援、教育支援、社会福利等诸多领域进行无私援助，实现了企业与员工、企业与社会的和谐发展。在国内外树立了良好的企业形象。

在白俄罗斯，在中白两国建交25周年之际，为加强中白两国的文化交流，2017年9月16日，中白工业园区开发股份有限公司向斯莫列维奇区捐款3万美元。5月26日，斯里兰卡特大暴雨引发的洪水和山体滑坡造成200多人死亡，数十万家庭受灾。中工国际与斯里兰卡灌溉和水资源管理部共同组织了赈灾捐赠活动。5月30日，在“六一”国际儿童节即将到来之际，厄瓜多尔克拉拉·莱昂学校装饰一新的操场上，孩子们席地而坐，专心致志地聆听由一位中工国际的工程师主讲的环境保护和安全知识讲座，还赠送了爱心文具和文体用品。9月15日，中工国际老挝代表处向塔帕巴县淮开小学捐赠了教材、练习本、文具及体育用品。11月24日上午，中工国际就“艾尔玛”飓风灾害向古巴捐助5万美元，用于当地人民灾后重建工作。

心怀世界，天下一家。中工国际是“走出去”的先行者，是“一带一路”的创业者，在传递中国工程价值的事业中积极履行企业应尽的义务与责任。

中国福马机械集团有限公司

【基本情况】

中国福马机械集团有限公司（以下简称中国福马）前身是林业部林业机械公司，成立于1979年，总部位于北京。1994年，公司被列为国务院百家建立现代企业制度试点单位之一。1999年1月，与国家林业局脱钩，划归中央企业工委管理；2003年，成为国务院国资委监管的中央企业；2007年11月，与中国机械工业集团有限公司重组，成为中国机械工业集团有限公司的全资子公司；2010年年底，根据国机集团关于工程机械业务重组的总体部署，公司所属的工程机械企业和业务与国机集团其他工程机械业务进行了重组。

中国福马目前有所属二、三级企业20家，林海股份公司为在上海证券交易所上市的上市企业。

中国福马目前有林业装备、动力装备和车辆、工程与贸易三大主业。作为中国最大的国有林业机械制造企业和木材综合加工设备集成商，中国福马研制的中高密度纤维板、刨花板、水泥刨花板、石膏刨花板成套设备，人造板二次加工成套设备，木地板加工设备等，在原料制备、刨花制备、纤维制备、铺装、热压、砂光等关键工段、关键设备方面都具有独到的技术特色和优势，处于国内行业领先水平，在市场中享有较高声誉。

中国福马是国内最大的林业机械开发制造与贸易企业和重要的动力机械制造企业，也是全国最大的摩托车发动机定点生产企业之一。通用汽柴油机、小型发电机组、摩托车发动机及摩托车、助力车、特种车辆等在国内外用户中树立了良好的形象；草坪修剪机、割灌机、风力灭火机、油锯等营林采伐和园林机械，以及带锯条、圆锯片、锯链、导板、各种木工成形铣刀等林木工具和刃具，技术性能及质量均处于行业领先水平。

中国福马在新能源领域积累了丰富的建设利用太阳能和生物质发电工程项目的经验，依托林业行业背景优势，以推广光伏发电与沙漠治理相结合、光伏组件贸易与EPC工程总包互补的运行模式，组织开拓以沙地大型地面光伏电站建设、贸易为主的工程贸易业务，可有效地兼顾生态效益和经济效益。

中国福马以产品出口、工程总承包等业务方式，已成功进入欧洲、南美洲、非洲、东南亚等国家和地区，使中国福马成为国内外客户放心的合作伙伴。

【主要指标】

中国福马2017年主要经济指标见表1。

表1 中国福马2017年主要经济指标

项目	2016年	2017年	同比增长（%）
资产总额（万元）	319 917.00	289 107.00	-9.63
净资产（万元）	143 462.00	151 727.00	5.76
营业收入（万元）	200 118.00	196 100.00	-2.01
利润总额（万元）	3 043.00	1 174.00	-61.42

（续）

项目	2016 年	2017 年	同比增长（%）
技术开发投入（万元）	5 765.00	4 711.00	-18.28
利税总额（万元）	9 189.00	8 705.00	-5.27
EVA 值（万元）	-7 602.00	-7 886.00	-3.24
全员劳动生产率〔万元 /（人 • 年）〕	9.99	10.15	1.60
净资产收益率（%）	-0.22	0.02	增加 0.24 个百分点
总资产报酬率（%）	2.12	1.40	减少 0.72 个百分点
国有资产保值增值率（%）	103.42	97.25	减少 6.17 个百分点

【改革改制】

2017 年，中国福马制订并实施了“公司所属企业公司制改制工作方案”；2017 年 11 月 8 日，完成中国林业机械广州公司的公司制改制；2017 年 11 月 24 日，完成天津林业工具厂的公司制改制。制订并实施了“中国福马机械集团有限公司瘦身健体提质增效工作方案”“中国福马机械集团有限公司 2017 年度‘两金’清理专项考核方案”。完成苏州林业机械厂、泰州雅马哈动力有限公司的清算注销。

【重大决策与重大项目】

1. 乌克兰 OMIS 公司 6 英尺（1 英尺 =0.3m）中密度连续压机成套设备购销合同 该合同是中国福马向乌克兰 OMIS 公司提供年产 12 万 $m^3$1.8m 中密度连续压机生产线的供货及指导安装服务。合同已收到预付款正式生效，将为 OMIS 公司提供铺装成形线、第四代 1.8m 连续压机、高速飞锯系统及电控系统。中国福马作为集成服务运营商也将为客户提供原有生产线备料工段、纤维制备工段、调供胶工段、干燥工段、后处理工段、砂光锯切工段等设备的指导安装技术服务。乌克兰 OMIS 公司 1.8m 中密度连续压机合同是中国福马品牌连续压机走向国际市场的第一个合同，意味着中国福马品牌连续压机国际化进程的有效推进。

2. 山东森强 2.4m MDF 连续压机成套设备购销合同 该合同为中国福马向山东茌平森强密度板有限公司提供年产 30 万 m^3 2.4m MDF 连续压机生产线成套设备，合同金额 7 140 万元。合同已收到预付款，正式生效。山东森强是继广西南宁得力木业、广东开平之荣木业后，中国福马签订的又一条连续压机生产线，也是中国福马品牌连续压机在我国北方地区的首条生产线。该合同的成功签订填补了中国福马品牌连续压机生产线在我国北方地区的市场空白，并将形成区域性示范作用。

3. 浙江温 - 平 - 安 30MW 分布式光伏发电项目 该项目是中国福马以共同建设、共同转让模式承建的光伏发电项目，并为浙江埃菲生能源科技有限公司提供光伏组件供货，合同金额 8 295 万元。项目建成后预计年均发电 1 860 万 kW • h，25 年累计发电 46 500 万 kW • h。与传统火电相比，每年可节约标煤 6 688t，减少二氧化碳排放 18 521t，减少二氧化硫排放 558t，具有良好的社会效益。该项目是以共同建设、共同转让模式承建的第一个光伏发电项目，该项目的成功实施标志着中国福马在分布式光伏发电领域取得了阶段性进展。

4. 镇江中福马“退城进区”项目 镇江中福马为优化资源配置，降低两地运行成本，实行“退城进区”整体搬迁。2016 年 10 月，公司与镇江市土地收储中心签订了土地收储协议。根据“退城进区”搬迁工作总体安排，各项工作按计划实施。2017 年，公司完成机加装配厂房二期工程建设；完成设备基础建设，新购设备数控龙门镗铣床已处于调试阶段；15 台新购起重机已安装完毕等待验收；10kV 配电房已投入使用；冷加工 8 台设备已完成安装等待调试。2017 年年底，完成搬迁工作，基本具备生产条件。

【市场开拓】

动力机械板块不断提升自主销售能力，稳步进行海外营销公司实践，与美国S.C公司达成战略合作协议，扩大特种车在美国市场渠道；强化市场开拓，新老市场订单均实现增长；积极推进林海摩托车出口，全年预计出口量同比增长38.7%；通过GCC工厂审查，是国内首家获得GCC认证的摩托车企业；插秧机销售措施积极有力，实现销量大幅增长，林海品牌插秧机市场份额居国产前列；森林防火设备在青海草原防火、新疆林业系统采购招标市场取得突破。

人造板机械板块充分发挥得力、开平项目的示范效应，采取有效措施，实现了连续压机合同新签3条、生效2条的佳绩，其中对乌克兰的出口实现了福马品牌连续压机对欧洲市场的突破。苏福马公司充分利用刨花板需求回升和对生产线环保要求提高的新机遇，加大刨花板成套设备、砂锯线、砂光机等优势主机的技术改进和市场开拓力度，产销规模迈上新台阶；镇江中福马公司新签热磨机合同3 547万元，比2016年同期增长20.1%，新签1.4m刨片机合同37台，实现较大增长。

工程贸易板块积极优化业务结构，注重提升业务质量。福马南非公司顺利开业并实现销售，预计第一个财务年度可以实现营收平衡。海外林业开发取得明显进展，南非FX刨花板及生物质电站项目成功签订。宁夏振启公司全年实现发电4 400万kW·h以上，同比增长8%。其中交易电量占比达到全年发电量的50%以上。上海公司抓紧业务转型，木材贸易比2016年同期大幅增长。

【科研成果】

（1）中国福马“开平项目”热磨机产品获得工信部2017年度首台（套）重大技术装备保险补助。

（2）中国福马承担的林业公益性行业科研专项“乔灌木人工林机械化采收装备技术研发”项目按计划开展了项目中期检查，截至2017年年底，各协作单位完成全部样机第三方检测。

（3）江苏林海动力机械集团有限公司获得2017年度“国机质量奖”企业奖。“国机质量奖”企业奖是国机集团在质量领域授的最高荣誉。

（4）苏福马公司“日产330m^{3}普通刨花板生产线”项目获得2017年度“中国机械工业集团科学技术奖”三等奖。

（5）中国福马“高速锯切系统程序软件V1.0”获得了国家知识产权局颁发的计算机软件著作权登记证书。

【产权制度改革】

完成中国林业机械广州公司、天津林业工具厂的公司制改制。完成苏州林业机械厂、泰州雅马哈动力有限公司的清算注销。

【经营管理】

（1）积极开展“质量、成本、服务”专题活动，为高质量发展打牢基础。2017年，中国福马在各子企业和总部各事业部开展“质量、成本、服务”专题活动。在年中经营工作会议上，对活动指导意见进行了专题讨论，经修改完善后下发执行。通过开展此项活动，力争赢得客户更多的认可和满意，提升企业经营的质量和效益。以工匠精神做精主业，紧紧抓住精品制造能力建设，提升产品竞争力；强化采购管理，紧盯成本核算，大力推进降本增效；全心全意做好服务，赢得客户认可和满意。

（2）坚持转型升级和结构调整的方向，拓展业务领域，优化资产结构。发挥自身优势，拓展工程贸易业务新领域；动力机械板块和人造板机械板块积极向相近业务领域延伸；逐步建立面向客户的远程控制、生产数据管理系统；结构调整取得明显进展，进一步优化资产结构。

（3）加大对经营单位管理层的激励约束力度，对部分经营困难的子企业和事业部，建立跟踪、帮扶机制，采用特殊的考核办法，严格考核经营指标和扭亏绩效，加大压力传导，激发管理层的活力和动力；下发对子企业副职新的考核办法，将分管的经营指标和工作绩效与子企业副职个人的收入水平更紧密挂钩，增强动力。

（4）进一步完善事业部运行机制。根据市场变化和事业部的运行情况，及时调整事业部的组织结构、业务范围和工作流程，使其取得更好的经营绩效。林海集团调整内部组织架构，组建林海车辆公司、UTV事业部，成立创新平台，提升事业部的运营效率和经营绩效；镇江中福马公司调整人造板事业部的运行方式，解决了存在的突出问题；各子企业加强事业部与企业整体目标的协同，使事业部制更加成熟。

（5）强化资金管控和安全生产管理。强化货款回收，加强总部和子企业之间资金的集中调度，积极开拓融资渠道筹措资金，保持资金流的稳定顺畅；通过强化安全生产管理体系建设，各级领导深入现场开展安全生产检查和隐患排查，及时整治隐患，确保企业安全运行，在国机集团安全生产考核中重获 A 级；持续抓好节能减排工作。

（6）进一步提升风险防控、法律事务水平。积极配合国家审计署对国机集团的审计工作，改进审计工作方法，完成对福马振发、天津林工、宁夏振启、上海公司的任期经济责任审计；对子企业采购管理和逾期应收账款管理开展效能监察；完成国机集团法治工作检查后的整改，参与多个重大项目的合同谈判，完成对合作伙伴的实地资信调查，为经营工作的开展保驾护航。

【制度建设】

2017 年，新制订规章制度 16 项，修订规章制度 7 项，因新制度拟定而失效的制度 8 项。新制订规章制度如下：

（1）中共中国福马委员会实行领导人员廉洁承诺制的办法。

（2）中国福马通信员管理办法。

（3）中国福马总部网络设备管理办法。

（4）中国福马总部局域网管理办法。

（5）中国福马安全生产双向责任管理办法。

（6）中国福马安全生产“党政同责、一岗双责”管理办法。

（7）中国福马安全生产事故隐患排查治理办法。

（8）中国福马重大危险源监督管理办法。

（9）关于在中国福马开展“质量、成本、服务”活动的指导意见。

（10）安全生产责任制。

（11）安全生产费用提取和使用管理暂行办法。

（12）安全生产档案管理办法。

（13）中国福马全资、控股企业年度经营业绩考核暂行办法。

（14）中国福马总部岗位说明书（处长级）。

（15）中国福马总部岗位说明书（处级以下员工）。

（16）中国福马企业经营者薪酬管理办法。

【信息化建设】

（1）中国福马总部 PLM 项目管理模块通过验收，实现技术部门研发设计项目的规范化管理。

（2）实施完成广域网 VPN 登录 OA，提高中国福马总部网络安全风险防范能力。

（3）完成防病毒系统选型，测试系统，对中国福马总部防病毒系统完成部署，防病毒系统上线运行，提高总部的防病毒能力。

【培训与开发】

（1）建立了中国福马总部培训体系，基本形成了外部培训以国机培训为主、内部培训以在线培训为主的培训体系。2017 年，总部共参与、自办培训 18 班次，1 259 课时，参加培训 91 人次。外部培训包括中青年干部培训、国机大讲堂、赴德培训等；在线培训体系建设逐步完善，经过近三年的在线培训，已基本形成一套各类人才的课程体系。根据国机集团重大人才工程人才类别，2017 年共开 12 个在线培训班，入选国机集团重大人才工程的人员培训率达到 100%。截至 2017 年年底，第一批专业人才及青年英才已经完成了为期两年的课程培训，这些课程体系的建立也为后续人才学习打下了基础。新入职员工也形成了规范的专项培训方案，同时，每年结合在线培训的课程内容设计策划总部员工技能大赛，进一步提升了培训效果。

（2）2017 年 9 月，根据国机集团要求开展了第四批首席技师的选拔工作，经过前期认真的资料准备、初审及反复修改，林海集团公司的吴霞民通过了严格审核，入选国机集团第四批首席技师，并完成了“任期履职责任书”的签订。

（3）根据人才的变化特点，2017 年 7 月，按照国机集团要求开展了青年干部、青年高潜人员选拔工作，最终有两名员工入选了国机集团青年高潜人才名单。

【党建工作】

中国福马深入学习宣传党的十九大精神，党

建工作不断创新。开展多种形式的学习活动，加深了对党的十九大精神的理解；对党委中心组学习提出要求，坚持中国福马集团领导参加子企业领导班子民主生活会，加强领导班子建设；中国福马集团党委领导班子成员带头开展党建工作述职，组织开展所属企业党委（支部）书记、纪委书记工作述职，落实全面从严治党要求。

组织基层党支部书记培训，提高履职能力；开展“成本、质量、服务，我是党员我先行”活动，要求广大党员在活动中做表率、树标杆；参加国机集团“两学一做”知识竞赛并获得优胜奖。

企业文化建设不断推进，积极参与“丹棱留声机”宣讲、“感动国机十大人物”评选，讲好福马故事。对福马报进行改版，完善新闻宣传机制，树立福马形象。各子企业开展丰富多彩的文体活动，总部组织召开员工运动会，传播福马文化，展现了广大员工健康向上、勇于拼搏的精神风貌。

落实党风廉政建设责任制，将监督检查与内部审计、效能监察工作有机结合，查找问题，规范运营，提升管理作用显现。

2017 年，中国福马总部及各直属企业共发展党员 11 名。

【社会责任】

（1）在 2017 年“国机爱心日”募捐活动中，中国福马共有 1 470 人捐款 104 735 元。

（2）2017 年，中国福马获得国机集团爱心基金资助 22 人次，获得资助共 131 000 元，其中 21 人获得困难职工资助，1 人获得大病救助。林海集团公司职工救助互济会开展救助 1 次，救助 13 人次，发放救助金 2 万元。

（3）2017 年，林海集团公司结对帮扶薄弱村泰兴市新街镇梅家庄村，公司按照帮扶计划为梅家庄村提供 8 万元帮扶资金，给 10 户困难村民提供 1 万元慰问金。

（4）开展阳光快车行动，为员工办理住院补助金 70 余万元；慰问去世人员遗属 13 人，发放慰问金 2.6 万元；为下放人员发放救济金 5.9 万元。

中国海洋航空集团有限公司

【基本情况】

中国海洋航空集团有限公司（简称中国海航）1999 年 9 月在国家工商局登记注册，由原海军直属的 3 家企业、4 个地区企业管理局及所属共 68 家企业并入中国海洋航空公司，成立中国海洋航空集团公司。2003 年，归由国务院国有资产监督管理委员会管理，2007 年 12 月，与中国机械工业集团有限公司重组，成为其全资子公司；2013 年 12 月，中国海航本级顺利完成公司制改制，更名为中国海洋航空集团有限公司。

中国海航主营业务为工程承包、航运航空、研发制造、文化旅游、区域开发及国际经贸。总部设在北京，子公司及分支机构主要分布于中国沿海地区。在工程建设方面，中国海航大力培育发展水工工程，拥有 5 个总承包或专业承包一级资质、9 个二级资质，集港口与航道、建筑与装饰、市政公用、设备成套等于一体，施工建设能力雄厚，工程管理经验丰富，以过硬的实力建设完成大批国内外港口、码头、道路、桥梁、清淤疏浚、工业与民用建筑等国家或地区重点项目。航运航空方面，作为最早获得通用飞行资质的企业，中国海航参股的中国中海直有限责任公司，为海洋石油勘探开发提供直升机专业飞行服务；所属 3 家航运公司拥有油船和散杂货船，可承运原油、矿石、煤炭、散杂品以及各类集装箱等货物。在研发制造方面，拥有 2 家制药企业，研制生产 80 余类中、西药品，设有企业博士后科研工作站，荣获国家高新技术企业认定；自主研发的铜铝焊接技术具有国际领先水平，并荣获“世界博览会银奖”和“中国专利金奖”等多个奖项。具有区域开发的有关资质和能力；所属出租车公司、国际旅游企业及分布在沿海城市的数十家宾馆，可为社会各界提供优质服务。国际经贸业务涉及工业成套设备、医疗设备、电子设备、建筑材料等领域，客户分布于50多个国家和地区。拥有外派劳务权，可向世界各国和地区外派研修生和各类技术劳务人员。

中国海航注重建立质量、环境、职业健康安全管理体系，陆续通过ISM规则认证，GMP认证，ISO9001、ISO14001及ISO18001等认证。截至2017年12月31日，中国海航拥有员工2 738人。

2017年，面对错综复杂的宏观经济形势，中国海航在国机集团稳增长方针的指引下，沉着应对各种困难和挑战，在不断深化管理和严控系统风险的同时，抓市场、促经营，内外并重、改革创新，聚焦重点难点，生产经营总体保持平稳，营业收入和利润指标逆势增长。

【主要指标】

中国海航2017年主要经济指标见表1。

表1　中国海航2017年主要经济指标

项目	2016年	2017年	同比增长（%）
资产总额（万元）	405 594.91	432 361.33	6.60
净资产（万元）	70 728.58	75 460.98	6.69
营业收入（万元）	428 913.35	426 324.78	-0.60
利润总额（万元）	2 144.67	2 388.74	11.38
技术开发投入（万元）	2 715.97	2 658.25	-2.13
利税总额（万元）	16 058.35	18 024.38	12.24
EVA值（万元）	-3 569.51	-3 389.03	5.06
全员劳动生产率〔万元/（人·年）〕	12.40	13.03	5.08
净资产收益率（%）	0.28	0.40	增加0.12个百分点
总资产报酬率（%）	1.25	1.42	增加0.17个百分点
国有资产保值增值率（%）	102.08	103.15	增加1.07个百分点

截至2017年12月31日，中国海航资产总额43.24亿元，负债总额35.69亿元，少数股东权益0.48亿元，归属于母公司所有者权益7.07亿元。

【改革改制】

深化企业改革工作有序推进，全力推动混合所有制改革。所属今辰药业有限公司顺利完成53%股权转让实施混合所有制改革工作。截至2017年12月31日，除2户确定清算注销不予改制外，完成12户全民所有制企业公司制改制的工商变更工作。

【重大决策】

2017年7月25日，中国海航董事会四届八次会议审议通过《中国海洋航空集团有限公司总部机构改革调整及职级设置序列方案（草案）》。

2017年8月14日，中国海航董事会四届九次会议审议通过“投资设立中海广东工程勘察设计院有限公司事宜”。

【重大项目】

积极参与“一带一路”建设，贯彻国机集团“践行二次创业，再造海外新国机”号召，所属中海总局2016年正式签署并实施第一个海外工程总承包项目——巴基斯坦卡拉奇K-2/K-3核电站取排水工程履约顺利。主体工程之一取水围堰已完成合拢，排水工程按进度有序推进。项目执行过程中，多次得到业主的高度肯定和赞扬。

【市场开拓】

工程承包业务：全年新签合同额53.56亿元，同比增长92.55%。其中1亿元以上项目10个。

文化旅游业务：深挖内部潜力，探寻新业务。广东新海俊发展有限公司承接巴基斯坦卡拉奇核电站取排水工程后勤服务管理项目，服务内容从餐饮、接待向绿化、文化、生活等方面扩展，得到施工单位及业主的一致肯定。同时，开拓会展业务，携手中国机械国际合作股份有限公司及广州立升展览服务有限公司成功举办“上海国际消防与应急产业展览会”，后续将联动昆明、广州，三站联袂打造展示、交流、贸易三位一体的国际大安全平台。

【产品销售】

研发制造业务：所属青岛海青机械总厂成功研发并上线自动化干打检测设备，并与阿根廷DIMES公司与泰国LG空调公司签订供货合同，成功打开南美与东南亚市场。所属制药企业实现营业收入首次突破5亿元。所属今辰药业有限公司持续深化产品、市场和客户的结构调整力度，有效锁定利润增长空间，战略品种销售同比增长20%，新业务销售同比增长30%。所属天龙制药有限公司多管齐下，优化生产流程，提高生产能力，加大营销力度，营业收入同比增长40%。

区域开发业务：所属海南榆海实业发展有限公司下大力气推进房地产项目“去库存”，加大宣传推介力度，加强销售技能培训，全年销售房屋250套，累计完成销售1 319套。

【科研成果】

所属制药企业研发投入2 234万元；所属今辰药业有限公司研发测定川芎药材中藁本内酯含量方法和测定脑芬泰软胶囊中内酯成分含量方法2项发明专利；所属天龙制药有限公司研发裹包机透明膜防静电装置实用新型发明1种；取得左氧氟沙星滴眼液药品生产批文。

【贸易服务】

航运航空业务：所属国际航运有限公司“海孚”轮全年完成30个货运代理航次，为企业现金流和货源组织做出贡献。

国际经贸业务：所属北京国际经贸有限公司军品代理业务稳步推进，全年完成LR7第四批备品备件进口项目和电子元器件进口项目；积极推进LED灯具出口项目执行，并与中国房地产业协会优采平台、江苏苏美达轻纺国际贸易有限公司签署战略合作协议。

【产权改革】

2017年11月，所属上海海虹实业（集团）有限公司转让其持有的今辰药业有限公司53%股权。截至2017年12月19日，今辰药业有限公司股权变更工商登记完成。此次股权转让后，上海海虹实业（集团）有限公司持有今辰药业有限公司47%股权，所属苏州工业园区天龙制药有限公司持有今辰药业有限公司10%股权。

【管理经验】

1.经营管理 2017年，在坚持“稳健经营，和谐发展”经营思想的基础上，按照“稳增长、控风险、拓市场、抓改革”的总体工作思路，公司加强对重大项目、重大遗留问题、重要风险点的处理和管控。全系统大力推进成本精益化管理，努力培育境外项目增长活力，积极拓展业务，加强投资管理，从全局上把握企业发展方向，促进重点工作顺利完成。

完善内控体系建设，充分利用审计署、国机集团等专项审计契机，对风险内控及内部管理体系进行全面审视，加强对整改落实结果的跟踪检查，促进内部控制和风险管理能力逐步提升。

落实全面预算管理，将月度财务指标与年度预算分解指标相结合，加强对重点财务数据和业务板块分析，关注考核指标完成情况，注重现金流和风险管理，突出扭亏增盈、降本增效措施贯彻落实。

持续做好“压减”工作，有效盘活低效无效资产，通过强化责任落实、强化项目收款、强化源头管控，有效降低企业库存，缓解资金压力。

巩固法律根基，继续加强《中国海洋航空集团有限公司法律工作管理办法》《中国海洋航空集团有限公司总部合同管理暂行办法》等制度执行力，确保风险可控；通过组织企业学习和自查，排查经营风险隐患，实现风险在控；通过举办法律知识讲座，加强普法宣传，促进风险能控，不断提高企业风险防范意识和水平。

2. 企业文化及品牌 创新文化传播途径，精心运营中国海航官方微信订阅号，以员工喜闻乐见的方式传理念、播思想、沐文化。宣传视角侧重一线，青岛海青机械厂的质量意识、榆海·万泉河畔的项目营销、上海海虹的提质增效、“中意”轮的成功重启、广州新海俊的海外营地服务项目等主题宣传，取得“聚焦发展重点、分享创新经验”的良好效果。文化活动精彩纷呈，通过组织开展读书会、知识竞赛等活动丰富职工精神生活。围绕职工身心健康、兴趣爱好开展户外健走、书法讲堂、摄影比赛等活动，塑造良好的企业氛围。积极开展“凝聚青春力量，我与企业共成长”主题系列活动，评选出中国海航“最美青年 20 佳”，激发青年员工干事创业的热情。

中国海航所属上海海虹今辰药业有限公司是安徽省创新型企业和国家重点支持的高新技术企业，秉承“良药报天下，今辰为人民”的企业理念，以药品质量为立业之本，以诚信经营为行为准则，坚持走品牌发展之路，荣获第五届全国品牌故事大赛征文比赛二等奖。

3. 信息化建设 完成协同办公系统 APP 版本开发，进行协同办公系统财务模块测试，并逐步推进业务流程、财务会计流程、管理流程的有机融合。同时，积极组织子公司信息化人员参加国机集团开展的信息安全类课程网上培训，22 人报名并参加。

4. 安全生产 严格落实安全生产责任制，强化组织领导，健全监管制度，狠抓检查考核，加强宣传教育，构筑安全生产管理长效机制，确保安全管理没有盲区、不留死角。所属各级单位共举办教育培训活动 90 余项，参加培训人员 9 768 人次，开展综合性安全生产检查 67 次，发现一般安全隐患 884 项，投入整改资金 702.08 万元。中国海航连续第 8 年被国机集团评为安全生产工作 A 级。

5. 人才培养 进一步突出重点骨干和业务专题培训，组织开展贸易学习交流、PPP 项目研讨、华为企业文化分享、法律知识、出口退税等 10 次专题培训。同时，组织员工积极参加岗位技能培训考试，162 人次获得北京、天津等地质量员、质检员、测量员等资格证书。

【党建工作】

1. 学习宣传贯彻党的十九大精神 高度重视、及时部署，制定《中国海航党委关于学习宣传贯彻十九大精神和学习践行新党章实施方案》，重点深入学习党的十九大报告、中国共产党章程（修正案）、习近平新时代中国特色社会主义思想，通过开展理论学习、培训宣讲、研讨交流等多种形式扎实推进。领导引领、以上率下，以“走进新时代，把握新机遇，谋求新发展”为主题，按照“集中学习和分散自学、通读全文和重点研学、学习原文和学习辅导材料相结合”的原则，逐步推进，层层落实。

2. 积极推进“两学一做”学习教育常态化制度化 学习教育形式多样，规定动作认真做实，着眼于将党章党规与学习习近平总书记系列重要讲话精神相结合，坚持“学深、求真、做实、重效”原则，通过购买《习近平的七年知青岁月》《长征》《中国人的人格》《习近平谈治国理政（第二卷）》等书籍，努力使党员做到学思践悟、知行合一；同时，依托知识竞赛、重温入党誓词等形式增强全体党员的宗旨意识和纪律意识。坚持领导干部以身作则，率先垂范，与经营工作统筹兼顾，助力企业提质增效。

3. 强化根基，抓好党建基础工作 加强“一岗双责”制度落实，履行党委、纪委负责人述职考核办法，修订和完善《中共中国海洋航空集团有限公司委员会会议制度（暂行）》《进一步推进中国海航廉洁文化建设的实施方案》《中国海航贯彻落实全国国有企业党的建设工作会议精神重点任务实施方案》《中国海航党建工作责任制实施办法》等工作制度 10 余项，不断提升党建工作规范化、制度化和科学化水平。

4. 夯实基础，推动基层党组织建设 坚持问题导向，全面梳理基层党组织建设情况，对各所属基层党组织做出部署，制定党建工作提升方案，明确改进事项，并组织检查落实。同时，认真做好海外项目临时党支部建设以及党务人员配备，充分发挥基层党组织在工程建设中的战斗堡垒作用。全年多次召开公司党委（支部）书记、相关部门负责人参加的党建工作座谈会，分析基层党组织建设存在问题，探讨新形势下工作的方式方法。

5. 多措并举，推进党风廉政建设和反腐败工作 分解党风廉政建设和反腐败工作主要任务，及时组织学习中纪委历次全会精神，深刻领会核心要义，组织制定《中国海航党风廉政建设责任制实施办法》，划分廉政责任具体内容，遵守“年初部署、年中督查、年底考核”的工作机制，并与各所属企业领导人员签订“领导人员廉洁承诺书”135份。各级党委纪委重视宣传教育引领作用，通过讲党课、观看警示纪录片等活动树立勤廉导向。同时，强化执纪问责，深入查处违法违纪案件，全年办结国机集团纪委转办案件2起。

【社会责任】

积极响应国机集团精准扶贫号召，全年扶贫投入13万元，帮助解决对口扶贫点养殖地蜂蜜销售问题，采购蜂蜜150kg。同时，做好职工帮扶工作，全年慰问退休干部职工24人，大病救助1人，困难助学4人。在“国机爱心日”募捐活动中，向国机爱心基金捐赠141 671元。

中国地质装备集团有限公司

【基本情况】

中国地质装备集团有限公司（简称中装集团）成立于1987年，前身是原地质矿产部中国地质机械仪器工业公司，1999年并入国机集团，为国机集团所属全资子公司。

中装集团作为全国最大的地质专用设备生产企业，近些年始终跻身于行业技术发展的前沿位置，发挥着引领和带头作用。在经济总量不断提升、经济效益不断提高的同时，公司充分发挥了大型国有企业应该承担的社会责任和行业主力军的作用。

中装集团的产品涵盖了地质勘探的主要流程，主要包括地面地球物理勘探，地质钻探、取岩心，井中探测，矿产的化学分析。产品主要包括物探仪器（重力、磁法、电法、地震、放射性和井中仪器等）、钻探机械（岩心钻机、汽车钻机、水井钻机、工程钻机、泥浆泵、钻塔、钻机配件等）、钻探工具（钻杆、钻头、孔底钻具、凿岩钎具、人造金刚石及制品、硬质合金及制品等）、分析仪器（原子吸收、原子荧光、等离子光谱仪、电化学分析仪、测汞仪等）等产品的研发、制造与销售。产品的应用领域覆盖地质、冶金、有色、煤炭、石油、核工业、国防、建筑、水利水电、交通、环保等多个行业，总生产能力和市场占有率处于国内地质装备制造行业前列。

中装集团作为我国地质装备制造行业的龙头企业，多项产品为国内外首创。在地质机械领域，研发生产了国内首台全电驱电控岩心钻机、首台立轴式岩心钻机、首台变量泥浆泵、首台机械动力头式基础工程施工钻机；在地质仪器领域，研发生产了世界首台全自动双道氢化物发生原子荧光光度计、唯一采用直流塞曼技术背景的原子吸收分光光度计、亚洲唯一的高精度石英弹簧重力仪。中装集团的磁力仪和绳索取心钻具等产品居国内领先水平。中装集团有20多项产品获得了国家银质奖，50多个产品获得了省部级优质产品奖和科技成果奖，其主导产品在国内地质装备市场占主导地位，直接服务于多项国家重点建设项目。

近年来，中装集团积极拓展新的经营领域，实施“走出去”战略，充分发挥企业自身在行业内优势，延伸产业链，拓展工程承包和贸易业务，构建外贸经营平台。中装集团曾先后成功承担了50多项国家技术创新项目和重点新产品开发项目，有多项产品运用于国家重点建设项目中，取得了良好的经济和社会效益。

中装集团拥有地质装备行业唯一一家“国家认定企业技术中心”，建有我国唯一的、并具国际先进水平的超低磁实验室和电子测试实验室，担负关键技术装备的研究、开发、试验工作。中装集团有 5 家下属企业获得了省级科技创新企业称号。中装集团与国土资源部、国家地调局，以及一些大专院校、科研院所保持了长期紧密的合作关系，在产品发展方向和技术创新等方面得到了大力支持和具体指导。

中装集团牵头申报的“深部地质矿产勘查产业技术创新战略联盟”被国家科技部列入第三批联盟试点单位，致力于提升勘查技术和装备的国产化水平。中装集团作为联盟理事长单位，对外承担主体责任。中装集团是第一批由国家 23 个部委联合认定的国家级工程实践教育中心；是中国矿业联合会地质与矿山装备分会理事长单位。

中装集团总部现设有 8 个职能部门，下属有 9 家子全资子企业：中地装（北京）科学技术研究院有限公司（简称中研院）、张家口中地装备探矿工程机械有限公司（简称张探公司）、衡阳中地装备探矿工程机械有限公司（简称衡探公司）、中地装重庆探矿机械有限公司（简称重探公司）、中地装（北京）地质仪器有限公司（简称北仪公司）、中地装重庆地质仪器有限公司（简称重仪公司）、无锡钻探工具厂有限公司（简称无锡公司）、北京海光仪器有限公司（简称海光公司）、北京奥地探测仪器有限公司（简称奥地公司）；有 1 家全资机构：衡阳工业职工大学（简称衡阳职大）；有 1 家控股公司：中机高科环境装备资源有限公司（简称中机高科）；有 1 家参股子公司：派力工程有限公司（简称派力公司）。

【主要指标】

1. 资产负债情况 2017 年，中装集团资产总额 138 560.31 万元，比上年同期减少 3 485.29 万元，同比下降 2.45%；负债总额 81 354.78 万元，比上年同期增加 1 132.07 万元，同比增长 1.41%，其中流动负债 68 138.58 万元，占负债总额的 83.75%；资产负债率 58.71%，同比增长 2.24%。

2. 经济效益状况 2017 年，中装集团实现营业收入 56 251.2 万元，比上年增加 9 239.32 万元，同比增长 19.65%，其中主营业务收入 49 525.32 万元，比上年增加 8 583.01 万元，同比增长 20.96%；其他业务收入 6 725.88 万元，比上年增加 656.32 万元，同比增长 10.81%。利润总额为 -4 634.72 万元，比上年减少 6 320.89 万元，同比下降 374.87%。

3. 成本费用状况 2017 年，中装集团营业总成本 75 748.84 万元，比上年增加 18 338.16 万元，同比增长 31.94%。其中营业成本 35 753.52 万元，期间费用 19 726.74 万元，税金及附加 1 306.67 万元。成本费用总额占营业收入的 136.22%。中装集团 2017 年主要经济指标见表 1。

表 1 中装集团 2017 年主要经济指标

项目	2016 年	2017 年	同比增长（%）
资产总额（万元）	142 045.60	138 560.31	-2.45
净资产（万元）	61 822.89	57 205.54	-7.47
营业收入（万元）	47 011.88	56 251.20	19.65
利润总额（万元）	1 686.16	-4 634.72	-374.87
技术开发投入（万元）	4 456.41	4 032.70	-9.51
利税总额（万元）	6 896.23	357.57	-94.81
EVA 值（万元）	-5.21	-4 371.94	
全员劳动生产率〔万元 /（人·年）〕	6.74	17.79	163.95
净资产收益率（%）	2.36	-0.06	减少 2.42 个百分点
总资产报酬率（%）	1.68	-0.03	减少 1.71 个百分点
国有资产保值增值率（%）	107.80	92.53	减少 15.27 个百分点

【重大决策与重大项目】

1. 张探公司老厂土地盘活和张家口产业园建设 张探公司老厂土地盘活 B 地块已累计收到补偿款 3.29 亿元，剩余 0.83 亿元；A 地块收到搬迁启动资金 1 000 万元。新园区建设方面，签订了国有土地使用权出让合同，取得了土地使用证、建设工程规划和工程施工许可证，并已进场做开工准备。

2. 重庆两个公司土地盘活和重庆产业园建设 重探、重仪公司土地盘活正与政府有关部门协调，积极推进棚改项目。重探公司正与保利公司共同推进控规调整工作；重仪公司跟踪推进有关政策落实和报批工作，正在抓紧与相关意向合作方洽商签约事宜。中机高科启动重庆产业园 A 区建设项目立项，目前正在抓紧报批；B 区 3 个单体建筑进入全面装修阶段。

【市场营销】

1. 市场开拓 从中装集团总部到各所属企业，注重加强市场营销，努力使老市场实现恢复性增长，使新市场得到拓展和延伸。海光公司持续巩固产品的市场领先优势，全年完成销售收入 1.5 亿元，利润 2 013 万元，分别超出年度目标值的 25% 和 83%；衡探公司将销售重点放在新疆、山东、陕西等地的基础工程勘察及非常规能源勘查市场，泥浆泵销售收入约 3 000 万元，同比增长 42.5%；重探公司应对市场变化，对老产品进行改良，仅 XY-2PC 钻机就销售 75 台，占岩心钻机销售总量的 25.6%。中研院、张探公司的便携式钻机、地热水井钻机及重仪公司的 OBS 海底地震仪等新产品，一举打开了新市场。

2. 生产、销售分析 3 个主机企业共完成营业收入 17 236.5 万元，上年同期为 16 492.5 万元，同比增长 4.5%，其中张探公司同比下降 18.7%，衡探公司同比增长 34.5%，重探公司同比增长 1.4%；共完成利润总额 -3 191.5 万元，上年同期为 1 629.4 万元，增亏 4 820.9 万元。3 个仪器企业共完成营业收入 21 726.4 万元，上年同期为 16 239.6 万元，同比增长 33.8%，其中海光公司同比增长 25.8%，奥地公司同比增长 133.6%，重仪公司同比增长 32.2%；共完成利润总额 2 261.8 万元，上年同期为 1 134.4 万元，同比增长 99.4%。工具企业无锡公司完成营业收入 5 972.6 万元，上年同期为 5 862.8 万元，同比增长 1.9%；完成利润总额 -1 785.7 万元，上年同期完成 -770.4 万元。科研与服务类企业共完成营业收入 10 857.6 万元，上年同期 7 202.6 万元，同比增长 50.7%，其中中研院同比增长 39.4%，北仪公司同比增长 58.4%，衡阳职大同比增长 66.6%；共完成利润总额 317.7 万元，上年同期为 393.9 万元，同比下降 19.4%。

钻机产品共完成销售收入 5 323.1 万元，上年同期为 5 745.4 万元，同比下降 7.4%；抽油杆产品共完成销售收入 2 487 万元，上年同期为 1 344 万元，同比增长 85.0%；泥浆泵产品共完成销售收入 6 230 万元，上年同期为 4 372 万元，同比增长 42.5%；物探仪器共完成销售收入 6 303.3 万元，上年同期为 3 623.8 万元，同比增长 27.3%；分析仪器共完成销售收入 15 014 万元，上年同期为 11 939 万元，同比增长 25.8%；工具及超硬材料产品共完成销售收入 7 305.8 万元，上年同期为 7 332.2 万元，同比下降 0.4%。

【科技创新】

1. 各类重大科技项目全面开花 2017 年，中装集团共策划、申报、承担各类省部级以上科技计划项目 17 项，其中国家重点研发计划项目——多工艺自动化反循环钻机研制、国家自然科学基金重大项目——复杂地质钻进过程智能控制、中国第二代卫星导航系统重大专项——作业机械精准控制北斗应用示范工程、国机集团技术开发经费专项——4 000m 新型地热钻井成套装备的研制、湖南省“海洋动力头式钻机研发及产业化” 5 个项目（课题）获批，争取支持资金额度 800 多万元。参与完成了深地资源探测国家重大科技专项有关立项材料编制，为争取立项落户中装集团打好基础。完成“深地资源勘查开采”3 个子课题的申报筹划、团队组建和预申报材料编制，国家政府间科技创新合作项目——高端地质钻进装备智能控制系统关键技术研究与开发的材料编制，湖北省技术创新专项——复杂地质环境钻采装备关键技术开发与应用的申报工作。“大深度小口径多参数测井技术与设备”等 4 个“863”计划项目课题进入结题验收阶段。衡探公司申报的湖南省“智能地质装备湖南省工程研究中心”获批。

2. 科技基金的助推作用增强 中研院按照“打造行业一流的资源环境装备研发平台”要求，贯彻实施科技发展基金项目部署，完成ZP30DB型电传动地热、水井转盘钻机样机试制，在大功率绞车、变频泥浆泵以及电控、液压、气控系统和全井场配套方面实现重大突破；便携式钻机短时间内完成设计制造和实地野外生产试验并形成系列，填补了在难进入钻探装备领域的空白；完成“地质勘探云服务平台”的搭建，为实现互联网+勘探奠定基础；加强产业研究，完成地热资源开发利用产业研究报告。基金项目的顺利实施，对于推动集团在电传动、反循环钻进、地热钻采、难进入勘探、智慧井场等方面形成新的经济增长点、保持行业领先优势发挥了重要作用。

3. 科技投入产出成果明显 2017年，中装集团科技投入4 258万元，组织实施重点研发任务26项（含中装集团科技发展基金项目5项），企业自主研发项目15项；获得专利授权38项，其中发明专利8项，新增软件著作权13项，发布行业标准和国家标准各2项；“国土资源关键技术规范研制与标准化基础性研究”项目获得2017年度国土资源科学技术奖二等奖。

【改革改制】

1. 基本完成相关企业的公司制改制工作 按照改制要求，2017年7月份启动对所属4家二级企业、2家三级企业进行整体改制。2017年年底前，除1家三级企业因情况比较特殊，还需进一步协调以外，其余企业都已按时顺利完成改制工作。

2. 持续抓好处僵治困和厂办大集体改革 贯彻国资委挂牌督办“僵尸企业”治理工作要求，按照有关方案分流安置职工460人，支付安置资金约5 682万元。完成原张探厂9家厂办大集体的工商注销、清算关闭和725名职工分流安置工作。同时，借助张家口市政府提供公益性岗位的契机，推动了“僵尸企业”改革；稳妥解决了有关军转职工问题，做好企业维稳工作。

3. 对相关企业实行主辅分离、提升管理层级 提升了海光公司、奥地公司的管理层级，打造仪器产品优势板块；海光公司提前2个月就超额完成了年度经营目标。衡阳职大解除托管关系后，提升了办学实力，成功申报湖南省“校企合作研修平台建设项目”，成为国家有关部委授牌的“中国地质装备集团干部培训基地”和湖南省中职毕业生就业先进单位。

4. 积极推动仪器板块上市准备工作 2017年年初，中装集团举行了海光公司布局资本市场启动仪式，先后对招商证券、国泰君安、国金证券、中信建投4家券商进行考察洽商，最终确定中信建投为券商合作伙伴，明确了上市工作思路和努力方向。

5. 做好压层级和“三供一业”分离移交等工作 根据国机集团“瘦身健体压层级”要求，对龙星健身俱乐部股权进行挂牌交易，西安科创公司股权进入市场交易程序，北京华钻公司和北京中地装公司的合并吸收工作取得进展。同时，协调推进总部、中研院、重探、北仪、无锡公司“三供一业”分离移交工作。

【管理经验】

1. 层层压解目标责任，上下贯通抓经营 根据国机集团年度考核指标，中装集团针对各所属企业的实际情况，分解下达了2017年度的任务指标，签订了责任书；按月汇总分析经营动态，跟踪检查目标进度；响应国机集团“发现行动”，为企业积极提供经营指导和服务。各所属企业对经营目标责任进行了二次分解，如衡探公司按季度检查考核各个责任领导、责任部门的任务完成情况；重仪公司对2个分公司分别下达了年度指标；无锡公司对4个分公司分别实施承包经营方案。通过这些措施层层传导压力，调动了积极性，形成了工作合力，促进了经营状况好转。

2. 加强质量管理，提升品牌信誉 制定了3年质量提升行动方案，加强质量制度与体系建设，做实质量认证工作，保证了质量体系证书持续有效。把质量服务和品牌建设相结合，优化改进工艺技术和产品性能，提高配套服务水平，努力把产品做成精品，用精品塑造品牌，靠品牌赢得市场。在天津中国国际矿业大会、青岛海洋装备展、央企“双创”工作成就展等活动中，统一打响中装品牌，形成整体效应；首次参加青岛海洋装备展，就为企业新增订单1 500万元，拓展了客户群。

3. 大力开源节流，持续降本增效 明确了“两金”压降目标，存货压控目标完成1.33亿元，完成目标考核值的138.66%；应收账款存量压控目标完成1.11亿元，完成目标考核值的86.25%。中研院、衡探公司加大动态监管力度，存货周转率和应收账款周转率同比有所加快；无锡、北仪公司重新梳理调整组织人员结构，按需优化配置；张探、海光、奥地公司加强采购计划管理，抓好跟踪审核；重探、重仪公司结合搬迁改造，做好闲置废旧设备清理和新设备考察遴选。总之，各企业注重投入与产出、成本与效益相匹配，加强了成本管控，促进了生产经营。

4. 风险管控力度加大 围绕“持续加强风险管控，服务企业稳健经营”的要求，开展内控体系自评和风险识别评估工作，对35项缺陷进行了整改，对7项重点风险事项进行定期监控。开展企业负责人任期经济责任审计3项、经济运行审计5项，并持续跟踪抓好国机集团审计整改意见的落实。重点对北仪公司房屋出租管理进行了效能监察，及时督导抓好整改工作。加强法律服务管理工作，做好“保兑仓”案后续处理工作；妥善处理了与江苏中天的新厂招投标纠纷；审核内部合同189份。防范投资风险，对相关投资事项进行了审核。进一步完善制度，在现有制度基础上“立改废”共49项，增强了规范性和约束力。

5. 物业资产收益显著提高 将“加强物业资产管理、确保收益最大化”列入年度重点工作，通过建体系、定制度，摸家底、抓管理，控风险、促落实，规范了房屋租赁工作，有效防范了租赁风险，收益明显提升。2017年，实现房租物业收入6 454万元，较2016年增长1 006万元，超额完成年度考核目标454万元。通过加强经营管理，在同等标的物不变的基础上，北仪公司物业收入较上年增加725万元，同比增长33%；中研院增长243万元，同比增长12%；无锡公司盘活出租资源，新增收入35万元/年。

6. 财务管理更加严格规范 加强全面预算管理及资金收支计划管理，做到重心下沉、前置控制。加强融资管理，争取到新的综合授信。对土地、大集体、“僵尸企业”等专项资金实行三级管理授权，把风险控制在前沿。做好2个园区税收筹划工作，合理降低税收成本。同时，搭建了2个事业部单独核算成本费用体系；完成了海光、奥地公司提升后的财务合并；理清了北仪公司的长期股权投资业务；完成了三元热能并表工作。定期监控资金集中度情况，实现了国机集团下达的考核指标。

7. 人力资源管理进一步优化 完善人才培养、选用、评价等机制，制定了中装集团《人才队伍建设规划（2016—2020年）》《首席专家和总设计师选聘管理办法》《首席技师和技能大师选聘管理办法》《所属企业领导干部管理办法》《所属企业党政领导后备干部选拔管理办法》等系列制度。结合企业、部门组织机构调整实际，做好人才交流、干部选用和部分企业领导班子成员调整工作。稳步推进海光、奥地公司提升层级和衡阳职大解除托管后的组织机构搭建、劳动关系处置等系列工作。抓好薪酬改革和新的薪酬体系建设，指导相关企业建立绩效考核和激励机制。加强干部职工培训，组织实施在线培训并参加国机集团和社会专业机构组织的培训。完成工程技术类和经济类各级职称评审工作，共申报20人，其中17人通过审批。

8. 安全生产工作扎实有效 制定了安全生产“党政同责、一岗双责”实施办法，安全生产责任目标层层分解落实，实现全覆盖；组织开展“安全生产月”、安全生产大检查等活动，排查治理整改隐患178项，开展各类应急处置演练15次；6家企业取得安全生产标准化三级证书。全年实现安全生产无事故、无伤亡的目标，在国机集团年度安全工作考核中评为92.5的高分，连续3年达到了A级水平。

9. 信息化建设得到加强 按照国资委和国机集团要求完成企业“两化融合”评估工作；持续推进网站群建设，指导搬迁企业抓好信息化基础建设和系统建设，加强了设计研发PDM系统、ERP系统、MES系统等工作；搭建了2个事业部信息化系统，建立了相关流程，为新业务的拓展运营提供了支撑和保障；抓好OA系统维护管理，保障了办公业务运行。

【党的建设】

1. 学习宣传贯彻党的十九大精神情况 党的十九大闭幕后，中装集团及时召开党委会，研究部署学习宣贯工作，下发文件要求，制定了实施方案。组织了党委中心组学习，进一步把思想统一到十九大的精神上来。班子成员在学习中，联系自己的工作实际，发言讨论热烈，收到较好效果。领导班子成员分别到所属企业和所在支部进行了9场宣讲，实现了宣讲工作全覆盖。各所属企业党政主要领导和班子成员带头学习宣讲，形成了较为浓厚的学习宣传氛围。中装集团总部和所属企业党组织，以党支部为基本单位，以“三会一课”为基本形式，通过支部研讨、网络学习平台、微信课堂等形式进行学习。在《中装集团报》上开辟了学习专栏，并组织本系统全体干部职工参加了十九大知识竞赛活动；各企业利用宣传阵地，有力地宣传了党的十九大精神。通过多种方式，中装集团贯彻落实党的十九大精神取得较好的效果。

2. 落实全国国有企业党建工作会精神情况 对照落实全国国企党建工作30项重点任务和国机集团实施方案有关要求，制定《中装集团贯彻落实全国国有企业党的建设工作会议精神的重点任务》，提出了70条措施，落实了分管领导和部门，并逐项推动落实。到目前为止，已有61条措施得到落实并持续推动，有9条正在落实之中。

坚持党建工作“四个同步”：组织同步建立，实现了党组织全覆盖；干部同步配备，总部及各所属企业党委均有专门工作机构，有专职党务干部23人，占在岗职工总数的1.03%；制度同步制定，总部层面的制度共143项，其中党建制度19项；工作同步考核，建立了所属企业“党建工作考核办法”，完成了2017年所属企业党建工作自查；下一步，结合述职和现场抽查，将在一季度完成考核工作。

完成了两级企业党建工作要求写进企业章程，大部分企业实行了“双向进入、交叉任职”领导机制。数次修订党委会议制度等相关制度，健全完善党组织议事决策机制，做到了“两个必须”：一是干部选拔任用工作必须先通过党委会；二是上董事会的议题必须党委会前置，总经理办公会的议题有29.6%党委会前置。党委会前置的内容覆盖了所有“三重一大”事项。

围绕落实党建工作体制对接、机制对接、制度对接、工作对接等“四个对接”，着重从三个方面把“保落实”具体化：一是把推动重大决策、重点工作和年度经营目标的落实作为抓手，开展党建工作，把思想政治工作贯穿其中。领导班子成员对每一项重要工作带头推动落实，做好重大事项的思想统一工作，做好深入细致的思想政治工作。二是努力为领导人员干事创业营造环境。坚持激励约束并举，既坚持党纪国法的“高压线”，又树立正面激励的鲜明导向，不断激发党员干部干事创业的积极性。三是做好企业稳定工作。特别是党的十九大期间，领导深入企业一线接访维稳，在“僵尸企业”处置、军队退役人员待遇落实中，也做了大量的维稳工作。到目前为止，没有出现大规模的群体上访事件。

在落实党管干部原则、规范选人用人程序等方面，一是提高认识，坚持标准。认真学习贯彻《党政干部选拔任用工作条例》的规定以及习近平在全国国有企业党的建设工作会议对国企领导人员提出的“对党忠诚、勇于创新、治企有方、兴企有为、清正廉洁”的要求，不断提高选人用人工作的认识，把好选拔任用的入口关。二是健全制度，完善程序。制定和完善了7个相关制度，做到选人用人工作有章可循。工作中把握几个关键点：提名环节充分沟通、民主推荐；考核环节纪委参与；讨论环节通报廉洁情况；决定环节先有党委会意见。三是强化监督，筑牢防线。加强对干部选拔任用各个环节的监督，建立纪检监察跟踪选人用人全过程的监督机制。严格执行中组部、国机集团对领导干部和新提拔干部的“领导干部个人有关事项报告”和“一报告两评议”制度，在每年集团公司召开工作会上报告选人用人情况，增加工作的透明度。2016年，干部选拔任用工作民主评议的满意和基本满意率之和为100%；对当年新提拔任用的9名干部民主评议的满意和基本满意率之和为88%。

同时，坚持执行领导干部谈话制度。2017年，开展领导人员任前廉政谈话12人次，领导人员教育提醒谈话37人次。

3.履行党建责任制情况 按照国有企业党委“把方向、管大局、保落实”的定位，进一步强化了党委的党建工作主体责任和班子成员的“一岗双责”，建立了“党建工作责任清单”。2017年，中装集团共召开19次党委会，其中12次是研究部署党建工作和听取党建工作汇报。组织召开了党建工作会议，所属企业党组织书记、纪委书记进行了述职。建立了党建工作联系点，2017年，党政班子成员深入基层企业调研指导党建工作，实现了对所属企业的全覆盖。组织召开基层党支部书记座谈会，开展了基层党组织情况问卷调查，收集有效问卷305份，收集关于改进党组织建设意见、建议242条，全面了解和掌握了两级企业的党建工作状况。

认真履行党风廉政建设主体责任和监督责任，党委召开2次会议研究部署党风廉政建设，逐级签订“党风廉政建设责任书”；坚持每年组织领导干部述职述廉，开展党性党风党纪和廉洁从业教育；强化对选人用人的监督，防止出现选人用人上的不正之风和腐败问题。党委领导和支持纪委查处违纪问题。

2017年11月，中装集团接受了国机集团党委巡视组的政治巡视。高度重视巡视组的巡视工作，积极配合巡视各项工作，确保巡视工作按时、顺利完成。

4.推进“两学一做”学习教育常态化制度化情况 按照党中央关于推进“两学一做”学习教育常态化制度化的部署和国机集团具体工作要求，制定实施方案。党委中心组开展了4次集中学习，本级党委的组织生活制度得到较好落实。总部和部分所属企业党支部组织了主题党日活动，进一步规范了党内评先评优工作，严肃“三会一课”制度。在基层党组织中，开展“身边之星”推选工作，激励党员职工立足岗位，争做贡献。

按照国机要求，党委主要领导亲自组织并撰写党课材料，分别在总部和所属企业讲了两次党课。

5.基层党建工作情况 基层党建工作围绕企业改革发展，服务中心、把握重点。一是发挥舆论引导作用。通过深入细致的政策宣传，理顺情绪，化解矛盾，增强员工接受企业改革的思想适应力，最大限度地减少管理、改革造成的心理震荡，赢得员工对改革措施的理解和支持，保证各项工作顺利进行。二是围绕生产经营，发挥加油鼓劲作用。各基层企业都有自己的宣传阵地，同时运用新媒体、新渠道，大力宣传企业发展思路、经营战略、规划目标、工作业绩等，以发展成果鼓舞人心，以美好蓝图激励斗志。三是大力挖掘和树立先进典型，大力弘扬推广他们的先进事迹，充分发挥典型的示范引导和激励带动作用。四是带好队伍，狠抓作风建设。党建工作成为生产经营和改革发展最有力的支撑。

加强了基层党的组织建设，指导完成了重仪、衡探公司党委的换届改选以及海光、奥地公司、衡阳职大基层党组织建设工作，为基层党建工作的顺利开展提供了组织保障。目前，除1个企业党委外，所有基层党组织完成了换届工作。组织举办了1期党务干部培训。有63人次党支部书记参加了地方党组织培训。2017年共发展党员15名。

6.各所属企业党建工作各具特色

（1）中研院组织全体党员和入党积极分子，赴革命圣地延安开展以“迎接十九大，体悟延安精神时代价值”为主题的党日活动。通过重温革命历史，领悟延安精神实质，充分认识到延安精神的时代价值。结合十九大精神学习，强化了党员的宗旨意识。

（2）张探公司建立党建微信群，开办中层干部微信课堂，各党支部以“三会一课”为基本形式，结合改革实际，在全体党员中掀起学习十九大的热潮。在精准扶贫工作中，派驻的驻村干部，严谨细致，认真踏实，对口扶贫村被列入全乡第一个出列村，已经上报待批。

（3）衡探公司组织多种形式对十九大精神进行了学习宣贯。成功召开了党员大会，完成了党委换届选举工作。党委狠抓作风建设，组成联合检查组，每周对各车间生产现场管理情况进行检查考核，着力培养“真抓实干”的工作作风，提升公司干部员工队伍的执行力、落实力。

（4）重探公司利用《重探通讯》《重探钻机》微信公众号、宣传橱窗等方式向职工宣传十九大精神。在党员中开展了“我为企业做贡献”的活动，收到征文17篇、合理化建议28项。在建党96周年之际，组织党员重温入党誓词活动。规范了“三会一课”“主题党日”“民主评议党员”等支部活动，党员管理得到加强，支部战斗堡垒作用得到发挥。

（5）重仪公司组织党员干部参加重庆市委和市机械冶金工会举办的宣讲会，制作宣传板报，定期出版《宣传简讯》，引导党员干部深刻领会习近平新时代中国特色社会主义思想的精神实质和深刻内涵，切实增强从严治党的思想自觉和行动自觉。

（6）无锡公司组织了十九大报告精神及相关内容的视频会、培训班。以“两学一做”学习教育常态化制度化建设为抓手，开展了讲党课、专题知识竞赛等系列活动，强化“做合格党员”意识。认真贯彻落实中央八项规定，组织相关人员签订“廉洁责任状”，落实党风廉政建设责任制。

（7）北仪公司建立了党员微信群，及时把十九大新的内容和新的要求放进去，促使党员们更深层次地领会党的十九大精神。组织党员观看《人民的名义》反腐倡廉题材话剧、开展“七一”党建知识竞赛活动。坚持每月办好《北仪简讯》，开设时政解读、党建园地等专栏，及时传达党的政策理论和重要精神。

（8）中机高科设立书报架，党支部订阅了多种供党员学习的刊物；推荐党员干部阅读《国情备忘录》《苦难辉煌》等党建读物；定期组织全体党员学习，抓好集中学习，分享推荐读物精髓。领导班子成员及部门负责人结合工作实际，撰写了6篇学习十九大报告的感想。

（9）海光公司组织全体党员采取集中学习和自学相结合、文件学习与网络学习相结合的方式，不断加强对党的十九大精神的学习贯彻。请集团领导为党总支中心组开展党建纪检工作专题培训，提高了中心组成员对纪检工作的认识。组织全体党员参观平北抗日战争纪念馆，开展主题党日活动。

（10）奥地公司组织观看十九大开幕式，党员及中层以上干部、党员积极分子，向党组织递交了13份观后感，开展“学报告·谈体会”十九大精神主题征文活动。“七一”前，组织党员和积极分子集中学习了党章，重温了入党誓词，组织了知识竞赛，大家积极撰写心得体会，达到了“入脑入心”的目的。

衡阳职大建立了党员责任区，每位党员负责8～9名教师的思想工作，及时掌握教师的思想动态，确保教师队伍的稳定。

7. 抓基层党建工作取得的成效 一是党员意识普遍增强，干部政治素质普遍提高。通过加强学习培训，党员的宗旨意识、干部的规矩意识都普遍增强。党员的先锋模范作用在企业生产经营的各个环节得到体现。领导干部的规矩意识对科学决策、对防控企业风险起到了积极作用。

二是组织的力量得到较好的彰显。中装集团两级企业在2015年前，半数以上的党组织到期没有换届，党委、纪委不健全。这几年，公司加大力度推动基层党组织换届，两级党委、纪委班子健全后，依靠两委班子成员作用的发挥，依靠组织的力量，很多工作有了抓手，也得到了规范。党组织的推动力是在中装成立30年来不多见的。

三是领导干部的党建意识普遍增强，积极支持和以上率下，为加强党建工作创造了良好的条件。主要领导以上率下，参与研究制定工作计划和带头执行，党建工作得到较好的落实。

党建工作与中央的要求、与国机集团的要求还有较大差距，主要表现在：党建工作在一些企业还存在层层衰减的问题，有的企业存在忙经营、轻党建的问题；党建工作制度在执行上还存在落实不到位的情况；全面从严治党“两个责任”存在落实不严格的情况，领导班子成员“一岗双责”的落实缺少监督；落实“八项规定”的力度还需进一步加强；两级领导班子的自身建设需要不断改善，领导干部学习不够、能力不足；党员、干部的培训、培养还需加大力度；党组织的教育活动方式还需进一步创新。

中国机械工业建设集团有限公司

【基本概况】

中国机械工业建设集团有限公司（中国建设，SINOCONST）前身是始建于1953年的中国机械工业建设总公司，是我国成立最早的大型国有施工企业之一。公司注册资金6.7亿元。具备住建部批准的工程施工总承包特级资质、建筑行业设计甲级资质，商务部批准的对外经营权和AAA级资信等级。通过了ISO9001质量管理体系、ISO14001环境管理体系和GB/T 28001职业健康安全管理体系审核认证。公司现有15个全资子公司、4个工程事业部、19个分公司、8个参股公司和1所国家示范性技师学院。公司员工总数1万余人，其中各类专业技术人员3 000多人。

改革开放以来，中国建设积极面向国际市场，适时调整经营结构，全面创新管理机制，在全球40多个国家和地区承建了一大批具有重要影响的工程建设项目，在国际工程承包与项目管理方面积累了丰富的经验，形成了为业主提供从经济技术咨询、项目规划设计、技术设备成套、项目施工管理到人才技术培训、产品达产达标的一揽子服务的竞争优势。

中国建设与国内外的科研院所、知名企业和金融机构建立了全方位、深层次的战略合作关系。以市场为导向，以创新为动力，着力提升市场营销、项目管理、技术工程和资本运营“四个能力”，重点打造电力工程、交通工程、市政环保工程、钢结构工程、工业工程和公共与民用建筑六大业务板块，主要经济技术指标连续多年保持持续快速增长。

【主要指标】

2017年，中国建设资产总额613 794.09万元，营业收入681 057.89万元，利润总额4 247.74万元，成本费用占主营收入的比例为97.77%，经济增加值（EVA）-1 948.30万元，净资产收益率为2.93%。完成进出口总额2 101.53万美元，合同成交额100.3亿元（报国机集团：90.6亿元）。中国建设2017年主要经济指标见表1。

表1 中国建设2017年主要经济指标

项目	2016年	2017年	同比增长（%）
资产总额（万元）	644 644.74	613 794.09	-4.79
净资产（万元）	95 452.08	92 770.55	-2.81
营业收入（万元）	706 430.11	681 057.89	-3.59
利润总额（万元）	11 532.88	4 247.74	-63.17
技术开发投入（万元）	10 503.41	9 866.89	-6.06
利税总额（万元）	25 261.74	20 005.36	-20.81
EVA值（万元）	2 042.28	-1 948.30	-195.40
全员劳动生产率〔万元/（人·年）〕	13.47	12.64	减少0.83个百分点
净资产收益率（%）	7.50	2.93	减少4.57个百分点
总资产报酬率（%）	3.86	2.46	减少1.4个百分点
国有资产保值增值率（%）	108.58	101.87	减少6.71个百分点

项目履约情况良好，截至 2017 年 12 月底，全系统在建项目 1 161 项，实现企业总产值 86.16 亿元，其中境内项目实现产值占 80.75%，境外项目实现产值占 19.25%，整体进展情况良好。完工项目获得项目业主好评。

【重大决策及重大事项】

1. 阿尔及利亚 KAIS 1266MW 联合循环电站项目正式开工 阿尔及利亚 KAIS 1266MW 联合循环电站项目启动会（KICK OFF MEETING）于 2017 年 2 月 22 日在项目现场召开，标志着该项目的正式开工。该项目包括 4 台 9F 燃机、空气冷却器、4 台 HRSG 和 2 台汽轮发电机以及配套的 BOP 系统，计划工期 30 个月。该项目的承接执行意味着中国建设燃机设备的工程技术能力得到了国际知名工程承包商的认可，并为中国建设打造世界一流电力建设工程承包品牌迈出了坚实的一步。

2. 中国建设中标深圳光明新区文体中心项目 2017 年 3 月 14 日，中国建设与华侨城集团公司投标联合体顺利中标深圳光明新区文化体育艺术中心项目，项目投资额约 17 亿元。光明新区文化体育艺术中心项目位于光明凤凰城汇新路和观光路交汇处北侧，公园路西南侧，临近光明新城公园，总建设用地 37 871.9m^2，总建筑面积 116 951.12m^2，包含演艺中心、音乐厅、美术馆和图书馆 4 个功能分区。

3. 召开 2017 年度企业级工法科技进步奖评审会议 中国建设一年一度的企业级工法及科技进步奖评审会议于 2017 年 9 月 25—27 日在京召开。与往年不同的是，参加评审的企业级工法和科技进步奖汇报、答辩环节首次采用了“视频会议”模式。评审委员会专家组成员在中国建设主会场集中听取了来自各分会场技术团队的 PPT 展示汇报，并针对汇报内容进行了问询，由汇报者在其分会场同步答辩。汇报程序按事先排列的顺序逐个进行，各会场气氛严肃、紧张且又热烈，达到了预期效果。

4. 徐衍林董事长出席安庆市老工业区大观海绵街区建设 PPP 项目签约暨开工仪式 2017 年 11 月 9 日，经过激烈的角逐，中国建设中标的安庆市老工业区大观海绵街区建设 PPP 项目在安徽省安庆市举行了隆重的签约暨开工仪式，中国建设董事长徐衍林出席仪式并发表致辞。中国建设副总经理方贤朝与大观区副区长王朝东签署了 PPP 项目合同，并介绍了项目概况及施工组织部署。安庆市委市政府领导、大观区领导和监理公司领导分别作了主题讲话，由安庆市委领导宣布项目正式开工。

5. 白俄罗斯总统卢卡申科出席白俄吉利汽车生产线项目投产典礼 2017 年 11 月 17 日，白俄罗斯总统卢卡申科出席了白俄吉利汽车生产线项目投产仪式，中国建设董事长徐衍林应邀参加。卢卡申科总统在参观了焊装车间和总装车间后，按下了象征该项目正式投产的启动按钮。在投产典礼演讲中，总统对工厂建设、生产线的装配水平和自动化程度给予了高度肯定，对参与工厂建设的中国合作伙伴所付出的辛勤劳动表示衷心感谢。

6. 中国建设举办 BIM 应用优秀作品竞赛评选会 首届“中国建设 BIM 应用作品竞赛”优秀作品评选会议于 2017 年 12 月 8 日在京召开。中国建设董事长徐衍林、党委书记杨建辉、副总经理关洁和杜正义亲临会场并担任特邀评委。评选会议由集团副总经理、主任委员关洁主持，评审委员会成员由总经理助理兼技术中心主任李为全、总经济师兼经营工程部部长盛民嘉、技术中心副主任郑云、高级经理徐贡全以及特邀外部 BIM 专家孙世昌组成。

7. 中国建设 YAMAL LNG 项目顺利完工，俄罗斯总统普京参加投产仪式 2017 年 8 月 15 日，YAMAL LNG 项目模块成功举办建造完工庆典，标志着 YAMAL LNG 项目在亚洲的模块化建造任务圆满完成。12 月 8 日，亚马尔 LNG（液化天然气）项目正式投产，俄罗斯总统普京专程赶往项目现场表示祝贺。他在致辞中对亚马尔项目予以高度评价，称如此大规模的能源项目在俄国和全世界范围内均属空前，首期投产不仅是俄能源领域的大事，更对北极开发和北方海航道利用具有重要意义，同时特别感谢了参与亚马尔项目的东方和欧洲伙伴。作为中国建设的重点关注项目，YAMAL LNG 项目是我国迄今为止在该领域内承接的技术等级最高、执行标准最严的工程。该工程顺利高效的实施，是我国迈进国际高端油气装备市场关键的一步，也是中国建设贯彻国际化战略过程中一次成功的实践。

8. 开展项目控制管理年活动 为了提高项目执行能力，有效管控在建项目，中国建设总部开展了项目控制管理年活动。通过对重点直营项目的盘点和巡检，以成本、HSE 为重点，集中梳理项目控制管理中的成本控制环节，针对性地抓住标前项目工程量单成本估算、签约后项目工程量单成本测算、执行中的项目工程进度与量单成本动态匹配、履约中的适时变更与索赔管理等核心环节，夯实工程量成本控制管理基础，制定《项目经理 HSE 管理指导手册》，持续改进完善项目管理，保证项目进度成本、安全质量严实可控。各子公司根据中国建设倡议开展了形式多样的项目管理活动。各重点项目现场结合中国建设组织的项目巡检，加强了项目安全及文明施工管理，强化项目 HSE 管理水平。通过活动的开展，促进了全系统项目控制管理能力的提升。

9. 正式启动中机钢构新三板挂牌工作 挂牌后，中机钢构的企业价值将得到最大化体现，开辟新的融资途径，提高品牌价值。企业通过完善法人治理结构明确权责、提升企业管理的规范程度，为公司未来在主板、创业板上市打下良好的公司治理和内部控制基础。目前，会计事务所、律师事务所和券商正式尽职调查已结束，各项工作正在稳步推进，预计在 2018 年下半年能够成功挂牌。

【市场开拓】

1. 推动转型发展，取得经营突破 2017 年，中国建设面对国内严峻的市场形势迎难而上，抓住市场机遇，积极谋求转型，取得良好成效，市政基础设施工程和公共与民用建筑工程板块业务量累计占比超过 40%。成功签约深圳光明新区文化艺术中心 EPCO+PM 项目、锦华家园总承包工程、胜利饭店建设施工项目、河南省妇女干部学校新校区建设项目，中标山东齐河开鑫花园二期棚改建设项目、中信格义农林废弃物资源化高效综合利用项目等。

2. 促进业务升级，推动工融结合 中国建设总部牵头搭建了 PPP 业务开发和协同平台，支持和服务各单位的 PPP 业务开发工作。中国建设总部和各单位在严格防控风险的前提下积极开发 PPP 业务，在多个项目上取得突破，中标了安庆市老工业区大观海绵街区建设 PPP 项目、湖北通城县黄龙山生态文化旅游风景区旅游资源开发项目、云南抚仙湖径流区植被恢复治理工程 PPP 项目，并均已通过国机集团审批或备案；积极从前期介入，贵州毕节二中和四中搬迁扩建 PPP 项目、山西临汾师范学院新建 PPP 项目、河南汝州市汽车装备制造产业园 PPP 项目已进入投标准备阶段。

工融结合的投融资能力不断提升。与宝诚金控合作投资组建了中机建设集团（北京）投资管理有限公司，为工融结合业务提供强有力的资本支撑。与中国银行、农业银行、交通银行、光大银行、徽商银行和中保投资在具体 PPP 项目投融资上达成了实质性的协商与合作。与光大证券、长江证券、信达证券和中创资产等金融机构签订了战略合作协议。

3. 推进内外协作，发挥协同效应 积极推进内外协同转型。积极推进外部战略合作，与杭州运河集团、东方雨虹、美国威蒙积泰工业集团等企业结为战略合作伙伴。截至 2017 年 12 月底，与多个地方政府签订了战略合作框架协议或达成了合作意向。深入挖掘社会资源，适度有序地开放中国建设的品牌资质平台，成功签约光明新区文化艺术中心 EPCO+PM 项目，合同额 15.7 亿元。此项目是中国建设积极适应市场业态变化，通过业务板块转型在公共与民用建筑领域取得的重要成果，项目建成后将成为该地区的地标性建筑，将更好地提升中国建设在这一领域的竞争优势。

4. 完善海外布局，国际市场开发成果显著 积极完善海外市场经营布局，推进国际化经营，有目标、有重点地设立海外分支机构。2017 年，签约了阿尔及利亚 1 266MW 燃气联合循环电站项目、科威特清洁燃油项目、科特迪瓦电网发展和改造项目，以及喀麦隆饮用水处理厂；中国一建继续深耕细作印尼市场，成功签约印度尼西亚氧化铝项目二期等项目；中国三安签约塞得利国际粘胶（印尼）机电安装工程，并凭借丰富的国外二手设备拆迁经验和良好的项目管理能力，顺利承接德国杜伊斯堡纸机生产线拆卸包装项目；

中机工程成功签约孟加拉达卡机场输油管线、越南光伏组件贸易项目。

5. 深化国机内部合作，推动项目落地 深化国机集团内部合作，先后与CMEC签订了喀麦隆雅饮用水处理厂项目合同，与中工国际合作孟加拉帕德玛水厂安装项目，与中地装签署重庆地质装备产业园项目（B区）施工合同，与合肥通用院签订研发中心建设工程合同，与中汽工程签约了国机智骏汽车赣州工厂项目。

6. 紧密结合形势，积极开发新市场新领域 中国建设总部贯彻党中央、国务院设立雄安新区的决策部署，积极参与新区建设的组织工作，组织成立了中国建设雄安新区经营开发工作小组，设立新区办事处，调研新区规划、政策和市场动向，制定经营开发策划方案，协调推进各项工作；中国五建抓住环保、新能源业务发展机遇，签订了中信格义农林废弃物资源化高效综合利用项目、海螺水泥白马山水泥厂水泥窑烟气 CO_2 捕集纯化（CCS）示范项目建筑安装工程、芜湖利用水泥窑协同处理固废项目以及淮北利用水泥窑协同处理固废项目安装工程；中国三安承接东南（福建）新能源汽车研发能力提升建设工程项目；中机工程中标越南600MW单晶电池生产线供货项目和镇江市粮食储备库10万t粮库建设项目设备采购工程；中机设计加大与一线开发商的合作力度，相继中标中海地产北京北辛安棚户区改造项目、内蒙古滨海新城3#地项目。

7. 主要项目执行平稳有序 2017年主要在建项目进展平稳。白俄罗斯酒店商务办公综合体项目，完成主体结构封顶；乌兹别克斯坦纳沃伊PVC、烧碱、甲醇生产综合体项目，目前累计完成结构封顶10个，管道预制工作已经开始；阿尔及利亚KAIS 1266MW联合循环电站项目，完成燃机就位、主厂房结构安装；科威特洁净燃油项目管道施工进入高峰期；印度尼西亚年产10万t原镍铁/镍生铁高炉冶炼项目2号高炉投产，项目处于达产达标验收及收尾阶段；孟加拉帕德玛45万t水厂项目，完成主体结构施工，正在准备安装工程开工；埃塞俄比亚瓦尔凯特糖厂项目，锅炉本体钢构安装完成，工程进入安装高峰期；深圳光明新区文化艺术中心项目深基坑开挖支护全部完成；广州市萝岗区线坑村改造项目工程，一、三、四区已交楼，所有资料已归档，五区的B3、B4、B5栋正在进行分户验收；广州LG GP3项目已顺利开工，并进入钢结构安装阶段；澳门上葡京裙楼西区钢结构制作工程项目，钢结构制作和安装工程已于5月底全部完工；达州马踏洞安置房（一期）项目，各安置点的场平土石方工程及涵管工程已陆续完成竣工验收，桩基工程已全面启动，部分安置点房主体工程已开始施工，目前预计项目收益良好。

【产权制度改革】

1. 逐步压缩管理层级 按照国资委和国机集团下达的压减20%法人户数硬指标，梳理可能压减的法人户，灵活调整，先后完成了陕西三安、俄罗斯有限公司、巴西公司的注销；安排了长春公司、沈阳公司、南京路达、海南路达等户数减少的工作，确保2018年5月底完成“压减”指标。

2. 推进处僵治困工作 中国建设总部成立扭亏脱困工作组、治僵扭亏工作组，协助中机重工申报获得专项补贴。同时，先后沟通联系武船集团、中国信达、胜宝旺、中山雅胜等多家外部单位开展意向性接触和洽谈，草拟相关对外法律文件。目前僵尸企业股权转让已有实质性进展。

3. 持续强化两金管理工作 2017年，中国建设在继续贯彻下达“两金”管理年度指标、实施绩效管理的同时，将“两金”压控管理常态化。在经营环节，严格审视投标项目、合同条款对“两金”的潜在影响因素，尽量前置“两金”压控手段；在项目管理环节，以资金计划与工程进度双控手段控制“两金”增长速度和规模；在不断提高资金运营效率、降低资金成本的同时，倒逼“两金”存量的控制；对投标保证金、履约保证金等“两金”占用，认真梳理，积极推进保函替代保证金工作方案，对超期未收回的各类保证金通过计息和扣减年度绩效的方式促进资金及时回收。10月，召开全系统财务总监会议，对“两金”管理情况进行专题研讨分析，制定对策。通过“两金”专项管理工作，逐步完善了应收账款的对账机制，细化了清理方案，有效推动了“两金”管理目标的落实。

4. 清理整顿，提升资产运营效率 通过设定经营业绩责任书+CI使用协议模式，将长春有限公司的壳资源溢价转让，目前已进入北交所挂牌流程；沈阳公司确定了通过诚意金+管理费预交模式，实现原值转让，避免了额外税费。成功办理了番禺基地房产的确权工作，拿到了“不动产权证”；组织领导全系统三供一业分离移交，多个公司获取国家财政补贴；提出了深圳公司房产的保全与规范化方案；海南公司文昌市木兰港土地项目获得政府退回土地款，避免了资产流失。加快解决历史遗留问题，邛崃公司水质处理和工程业务成功完成分立。

【科技创新】

1. 持续强化技术工程支撑能力 中国建设土建工作室和BIM工作室实行绩效独立考核，通过与项目部签订内部技术服务协议，实现对项目的技术支持，取得了满意效果。先后参与了重庆中地装项目办公楼装修、安庆大观区旧城区改造PPP项目、云南抚仙湖PPP项目的投标工作，以及孟加拉帕德玛水厂等多个项目的技术支持工作。成功举办了中国建设集团“首届BIM应用作品竞赛”，参赛的11个作品覆盖了集团总部BIM工作室及9个所属子公司，其中钢结构工程5个、BIM综合应用类6个，展现了技术应用的最新成果，代表了集团公司系统BIM技术应用的最高水平。

2. 继续保持科技创新投入，成效显著 依托承建的大中型重点工程项目开展技术攻关，在施工技术领域取得多项科技创新技术成果，特别是在建筑工程、市政基础设施项目、电站项目、化工石油项目、冶金项目、汽车产业园建设、压力容器与管道焊接等多个课题领域取得了一批成果，获得省部级和全国行业性以上各类优秀成果奖13项，其中国机集团科学技术奖1项，安装协会科学技术奖2项，受理专利7项（其中发明专利3项），授权专利8项。主持或参加国家标准制修订4项。邛崃公司与成都纺织高等专科学校联合研究实施的“富营养水质原位生态修复研究与示范”课题，获得了四川省教育厅的专项科研补助资金。

3. 持续改进产品质量控制体系，精心打造精品工程 对12个新建项目的策划方案、施工组织设计和专项方案进行了审核。在质量管控上加强了项目执行中的过程检查力度，完成了对6个重点项目的内审和质量巡检工作。同时，加强了质量管理队伍建设，中国建设总部目前拥有专、兼职持证质检员23人，内审员达46人。2017年，质量工作成效显著。全系统竣工单位工程172项，一次交验合格率100%，顾客满意度97.56%。公司先后荣获全国优秀QC小组奖5项、国机质量奖1项、全国优秀焊接工程奖3项、全国安装之星奖1项和省市级优质工程奖2项。中国二建滨州医学院、烟台新时代等项目部荣获山东省安全文明标准化优良工地称号。

4. 顺利完成管理体系升级换版 中国建设管理体系保持认证资格、管理体系标准升级转换注册成功，发布了新版《管理手册》、25个相关制度和英文版《质量手册》，荣获国家首批“卓越质量管理认证证书”。

5. 加强项目HSE管理，稳步推进“中国建设HSE管理手册”的编制 根据初期策划的70个子程序文件，目前已完成前60个子程序文件的编制工作。项目部可根据工程具体情况参照（或从）70个子程序中进行筛选组合，且随着HSE手册逐年换版修订，结合公司业务板块的技术积累，可不断增加子程序文件，满足业务发展的需要。

【主要管理经验】

1. 战略管理持续深化 按照国机集团“十二五”规划总体要求以及稳增长等有关要求，集团公司对2016年发布的《中国机械工业建设集团有限公司战略规划》进行了修订调整，编制了《中国建设规划指标修订及说明》；经过论证沟通，将主要战略规划目标分解到8个主要子公司，并对战略规划的执行情况进行统计，选择3家战略对标公司进行对比分析，为战略规划的调整及2018年企业发展委员会的召开做积极的准备；针对市场环境的变化，2017年中国建设董事会提出了业态、角色、板块、协同、项目管理模式、承包模式“六个转型”的发展思路；开展“四五”战略宣传活动，开设专栏，扩大受众，加强战略宣贯，推进战略规划的实施。

2. 人力资源管理成果显著 一是落实《中国建设人才队伍建设规划（2015—2020）》。完成了相应人才队伍建设的任务分解，并按计划组织完成了“五项人才计划”的推荐选拔工作，建立了“五项人才计划”人才库。各项人才申报共计386人，经过人力资源部初审，各对口部门专业审核及公司领导团队审核后，人才库总体规模为372人。二是规范中国建设总部干部管理工作，为推进中国建设总部干部管理工作的制度化和精细化，建设高素质管理人员队伍，印发了《总部干部管理暂行办法》。三是稳步推进实施干部交流，通过岗位交流工作，交流人员在业务能力、职业素质方面都得了一定提高。四是健全制度，加强培训。制定了《培训管理办法》，按照学以致用与注重实效相结合、企业发展与人才成长相结合、普遍提高与重点培养相结合、组织选派与个人申请相结合的原则开展全年的培训工作，进一步明确了分层分级的管理培训职责和工作流程；制定了《内部讲师管理办法》，在全系统开展内部讲师选聘工作，选拔110名优秀的企业管理者担任“中国建设内部讲师”；利用视频会议系统，开展中国建设大讲堂业务知识培训，形成全系统共享知识、提升业务的良好氛围。

3. 财务管理能力不断提升 一是搭建资金运营管理平台，增强资金运营能力。2017年，模拟资金运营中心取得银行授信82亿元，筹集资金8.7亿元，为总部直营项目、子企业经营项目提供周转资金6.8亿元，并通过运用差异化金融产品服务、与金融机构实施贷款浮动利息比价与磋商、进行贷款期限调配等多种方式降低了财务费用。2017年，在带息负债规模与往年同等的情况下，中国建设总部财务费用下降了18%。二是压控担保规模，规范所属企业担保行为。制定了担保压控方案，对担保规模较大的所属企业，加大了监控力度，下达了专项压控计划并督促实施。进一步严格了担保审批、备案管理程序，持续规范所属企业担保行为；通过增强子公司自身融资能力，加强资金流动性的管理，逐步降低公司担保总额。三是继续深化资金集中管理工作，按照国机集团的要求，进一步提升了对所属企业资金集中管控的力度，资金集中度指标提升至70%，并纳入对所属企业年度考核。在全系统推进资金管理平台工作，完成了银行账户清查摸底、所属企业调研、合作银行授权沟通等工作。四是稳步推进全面预算管理工作，在发挥预算的精细化管理、合理资源配置、有效防范风险等方面成效显现。

4. 集中采购电子平台日趋完善 优化采购电子商务平台功能，配合子公司完成自行采购业务流程的系统配置，并根据业务执行过程中发现的问题及时调整，实现平台的正常维护，确保集团总部采购业务与子公司采购业务的良好运行。截至12月31日，通过采购平台网上签订合同267个，金额3.82亿元，其中，中国建设总部采购合同86个，金额1.92亿元；子公司自行采购合同181个，金额1.89亿元；子公司内部协同项目采购5个，金额1 954万元。在国机集团组织的采购管理考核中荣获B级第一名。

5. 信息化建设不断加强 2017年，视频会议系统应用趋于常态化。在全系统会议、专业会议、各类培训中，使用视频会议系统已经成为常态。完善了综合管控系统专业模块，开发了技术模块应用，内容涵盖了奖项申报、技术方案评审、报表生成等一系列子模块，进一步丰富了综合管控系统的应用。中国三安利用公司OA办公系统，初步建立了施工规范、标准图集、优秀施工方案、企业技术标准、施工工法等科技文献资料数据库。

6. 安全节能工作态势平稳 2017年，中国建设全系统未发生重大设备事故、交通事故、火灾爆炸事故和环境污染事故；未发生职业病危害和突发事件；未发生损害国家和企业形象的群体性突发事件；未违反《中央企业安全生产禁令》；积极推进企业安全文化建设，安全生产责任进一步落实，安全生产改革创新取得重要进展。举办了全系统绿色施工视频培训班，提高了干部职工的绿色施工理念、工程实践和技术创新能力以及绿色施工管理水平。

7. 企业文化、新闻宣传工作有效开展 在企业文化方面，完成了企业文化分战略的编制，为文化建设提供了纲领性文件；利用多种媒体进行宣传报道，展现中国建设企业风采；对相关单位企业文化状况进行了调研，明确了下一步工作重点；通过国机集团内部会议、行业有关会议和活动，积极宣传中国建设企业文化。

在新闻宣传方面，展开公司报问卷调查，并撰写了调查报告，为下一步办好公司报开阔了思路，明确了具体措施；对各类媒体从内容到形式进行整改和提升，注重英文网站建设，加强宣传工作的方向性和针对性。在刚刚结束的中国建筑业协会第七届全国建筑行业信息传媒工作竞赛中，中国建设集团报、网站和微信公众号被评为精品报纸、精品网站和精品微信公众号；加强新闻宣传的基础工作，完成了《印象国机 2016》新闻资料编纂及部委行业窗口的新闻报送；加强与国机集团兄弟企业及同行业企业的联系与沟通，强化了企业宣传工作。

【党建工作】

2017 年，中国建设各级党组织坚决贯彻全面从严治党要求，以党建制度建设为抓手，以推动贯彻落实全国国有企业党建工作会议重点任务为重点，以推进“两学一做”学习教育常态化制度化为根本，以解决党建工作“淡化弱化虚化边缘化”问题为导向，以实现党组织发挥战斗堡垒作用、党员发挥先锋模范作用为目标，立足各单位实际，主动谋划、精心组织，不断巩固、夯实企业党建工作基础，认真落实 2017 年党建工作要点的各项要求，持续加强和改进党的建设，党建各项工作取得了积极成效。

1. 深入学习宣传贯彻党的十九大精神 党的十九大是我国在全面建成小康社会决胜阶段和中国特色社会主义发展关键时期召开的一次十分重要的大会。中国建设各级党组织高度重视，把迎接党的十九大胜利召开和学习宣传贯彻党的十九大精神作为企业首要政治任务来抓，确保将广大党员、干部的思想和行动统一到党的十九大精神上来，确保学习宣传贯彻党的十九大精神工作在企业基层落地生根。

2. 推动落实全国国有企业党建工作重点任务 在 2017 年 1 月中国建设工作会议及 2017 年党委工作安排中，中国建设党委对全系统“贯彻落实全国国有企业党的建设工作会议精神重点任务实施工作”进行了动员部署，明确要求公司本部及所属单位要深入学习全国国有企业党的建设工作会议精神，牢固树立“四个意识”，把思想和行动统一到中央部署上来。

2017 年 4 月 28 日，中国建设党委组织召开中心组理论学习扩大会议，专题学习贯彻习近平同志在全国国有企业党建工作会议上的讲话精神；在 2017 年 7 月年中工作会上，中国建设党委对贯彻落实国机集团印发的《贯彻落实全国国有企业党的建设工作会议精神重点任务实施方案》提出的 81 项具体工作进行了具体布置和安排，要求中国建设本部和各所属单位结合企业实际，制定重点任务的贯彻实施工作计划，明确推进落实的目标和工作责任，逐项落实到位；2017 年 11 月，中国建设印发了《中国建设贯彻落实全国国有企业党的建设工作会议重点任务实施细则》，明确了推进落实重点工作任务的责任部门、工作目标、工作措施、时限要求和工作责任，并要求所属单位结合实际，认真做好工作安排，制定工作计划、落实措施；2017 年 12 月，中国建设党委召开落实全国国有企业党建工作会议重点任务推进会，对总部落实完成重点任务工作进行再督促，并与总部相关责任部门签订了重点任务落实责任书。

目前，除澳门公司外，中国建设总部及所属单位均按要求完成了党建工作进公司章程工作。总部和所属单位均完成了“三重一大”事项决策作为党委会前置程序等工作，其他重点任务落实工作正在加快推进之中。

3. 以制度建设为抓手，压实党建工作各级责任 中国建设各级党组织高度重视企业的党建工作，切实履行“主体责任”和“一岗双责”。精心安排、主动谋划，各级党组织领导班子定期研究分析党建工作，将党建工作纳入党组织和行政工作的议事日程，认真抓实、抓细、抓好，不断强化对新时期开展党建工作的重要性和紧迫性的认识。

2017 年，中国建设党委着重加强全系统党建工作的制度建设，年初印发了《中国机械工业建设集团有限公司 2017 年党委工作要点》，要求所属单位各级党组织结合各单位实际，制定本单位年度党建、纪检工作计划，把党建工作、党风廉政建设工作责任层层分解落实，把党建工作与经营生产工作同谋划、同部署、同检查、同考核。

4. 推进“两学一做”学习教育常态化制度化 根据中央、上级党组织和国机集团党委的工作安排和部署，中国建设党委及时动员、部署在全系统党员中扎实推进“两学一做”学习教育常态化制度化工作，突出持续教育，区分层次，有针对性地解决问题，用心用力，抓细抓实，真正把“两学一做”学习教育抓在日常、坚持经常。

5. 加强基层党组织建设，夯实党建工作基础 一是强化党的基层组织建设。2017 年，为了适应党建工作新形势、新任务的要求，中国建设总部将原有的 6 个机关支部调整组建为 4 个党支部，中国二建、海南公司、德阳技师学院完成了“两委”到期换届工作。经与海南省国资委党委沟通，批准了海南公司党支部组建党委，并按照党组织关系实施属地化管理原则，将其组织关系转移至海南省国资委党委。

二是严格组织发展，确保党的基层组织的生机与活力。中国建设各级党组织，严格组织发展的质量标准和组织程序，制定、落实党员发展规划和年度计划，着重在工作一线中培养和发展党员。2017 年，中国建设全系统共发展党员 41 人，其中发展在京党员 6 人、发展生产一线党员 23 人、发展一线工人党员 6 人。

三是保持和发挥项目党建的优势与特色。中国建设各级党组织以项目党支部建设为重点，抓在日常、抓在经常，做到项目实施到哪里党的组织就建在哪里，党的活动就开展到哪里，实现了党的组织全覆盖。同时，将项目支部的日常党建工作与项目管理工作深度融合，让项目支部成为团结职工的核心、教育党员的阵地、攻坚克难的堡垒。

四是做好党员民主评议。2017 年，中国建设党委组织开展对全体党员的民主评议工作，各级党组织分别召开全体党员民主生活会和组织生活会，就理想信念是否牢记、“四个意识”是否牢固、“两学一做”是否坚持经常、工作业绩是否突出、法制观念是否稳固、联系群众是否密切、组织原则是否坚定等方面进行自我评价和民主评议，并充分有效运用评议结果，把对党员评议的结果作为年度党员评先评优的重要参考。

6. 持续加强党风廉政建设 中国建设各级党组织始终发挥政治核心和领导核心作用，把管党治党、从严治党要求落实到企业改革发展全领域、全过程、各层级，把党风廉政建设列入企业的重要议事日程，同各项工作紧密结合，做到统一研究、统一部署、统一检查，确保党风廉政建设各项任务落到实处，做到责任主体明确、责任范围清晰、责任内容完整。各级纪委切实履行监督执纪问责职责，注重转变工作理念、创新思路方法，从信访受理、线索处置、谈话函询，到执纪审查、调查谈话、审理报告，坚持挺纪在前，严肃追责问责，坚持完整准确运用“四种形态”，抓早抓小，对苗头性、倾向性问题早发现、早教育、早查处，防止小问题变成大问题，把监督执纪各项工作做深做细做实。2017 年，中国建设党委与所属 15 家企业党组织负责人签订了“党风廉政责任书”，与总部中层以上领导干部和各所属企业领导班子成员共 115 人签订了“廉洁承诺书”。2017 年以来，中国建设所属单位两委换届 3 个、行政班子换届 8 个、补充班子成员 7 人，进行任职前廉政谈话 13 次，对中国建设总部事业部和管理部门 41 名部门副职及以上干部进行了任职廉洁提醒谈话，引导教育党员、领导干部把纪律装在脑中，按纪律规矩办事，始终做到心中有矩、心中有责、心中有戒，构建不敢腐、不能腐、不想腐的体制机制。

【社会责任】

企业社会责任方面，2017 年度，组织全系统在职困难职工申请国机集团“爱心基金”48 人次，成功申请金额共计 7.4 万元；全系统各单位积极参与了精准扶贫工作。

中国机床销售与技术服务有限公司

【基本概况】

2017年，中国机床销售与技术服务有限公司（简称中国机床销售）努力夯实管理、强化执行意识、实施激励措施、改善办公环境、改变工作作风，取得“打牢基础”“提质增效”“创新转型”攻坚克难的阶段性成果。

【主要指标】

截至2017年年底，合并范围内完成经营收入29 552.84万元，完成利润总额5 812.57万元，EVA实际完成值4 937.88万元。2017年中国机床销售主要经济指标完成情况见表1。

表1 2017年中国机床销售主要经济指标完成情况

项目	2016年	2017年	同比增长（%）
资产总额（万元）	62 658.22	48 031.69	-23.34
净资产（万元）	9 719.22	15 475.10	59.22
营业收入（万元）	98 307.21	29 552.84	-69.94
利润总额（万元）	83.92	5 812.57	6 826.32
技术开发投入（万元）	0.00	0.00	
利税总额（万元）	1 850.81	6 529.68	252.80
EVA值（万元）	-767.75	4 937.88	-743.16
全员劳动生产率〔万元/（人·年）〕	-81.05	3.33	104.11
净资产收益率（%）	-1.36	45.70	增加47.06个百分点
总资产报酬率（%）	0.11	10.50	增加10.39个百分点
国有资产保值增值率（%）	98.64	159.65	增加61.01个百分点

【改革改制】

按照《国机集团产权登记管理暂行办法》，进行产权登记管理，资产财务部设有专人负责产权登记工作，做到应登即登，保证产权登记的及时性、规范性和完整性，完成了对展览公司和华嘉公司的产权变动登记。

按照国资委、国机集团的要求，中国机床销售所属中国如意技贸中心、托管企业中国机床专用技术设备公司于2017年11月完成公司制改制。

【重大决策与重大项目】

2013年年初，与乌克兰签订通信设备成套出口项目，合同总额30亿元。合同执行期间，因受到乌克兰政局持续不稳的影响，经与业主方沟通，交货期调整为2013年至2018年。2017年执行1.4亿元。

【市场开拓】

1. 利用中国国际进口博览会的大好时机，参与国家重点工作，提升公司对外形象、锻炼队伍、全面拓展公司业务 5月，习近平主席在“一带一路”国际合作论坛上宣布“将在2018年举办首届中国国际进口博览会”，中国机床销售公司领导获知此信息后，意识到这是一个重大机遇，可以利用公司在机床工具行业内的品牌地位及多年举办国际机床工具展览会的经验，以及对国外机床工具行业的熟识度，获取参与此次盛会的机会。公司随后走访商务部、工信部、进博局相关领导，通过各方努力，终于获得展会“智能及高端装备展区”的官方招展合作伙伴资格，在招展、推广宣传、对外谈判与沟通、接受处理参展报名、预审核、预安排展位、展会现场展商接待与服务和管理、贸易洽谈等方面提供服务。该项工作将成为公司2018年工作的重中之重，将借此良机，积极与中国政府部门、国外进口展商、国内采购用户建立广泛联系，提升公司形象，开拓公司业务；并通过该项工作，锻炼队伍，促进公司年轻人的业务能力。

2. 中国机床工具云平台 在2017—2020年战略规划中，明确走平台化发展、由贸易企业向服务型企业转型的发展方向。经国机集团批准，于2017年8月投资成立平台公司，组建软件团队，开始平台建设。2018年将进入上线运营。平台如期建成后，除投资收益外，还将给公司带来较多业务机会，带动公司业务发展。

3. 继续开拓俄罗斯市场 一是利用赴俄参展，带动国内机床、工具对俄出口。中国机床销售已连续6年有针对性地组织国内机床企业携带产品参加“莫斯科国际金属加工展览会”，参加企业和产品数量连年大幅递增。2016年，举办“中国数控机床日”活动；2017年，将该展会的4号馆打造成为中国机床馆，总展出面积650m^2，充分展示中国企业的良好形象。对俄出口业务增长156%。二是推动建立中国机床产业园。为适应俄罗斯政府对本地化生产的要求，帮助国内企业实现在俄装配生产的诉求，中国机床销售决定在俄罗斯建立机床产业园，搭建平台，带领国内机床企业抱团进军俄罗斯机床市场。9月14日，在喀山举行的中俄总理定期会晤委员会工业合作分委会第二次会议中，中国机床销售的“中俄机床产业园”项目正式列入会议纪要，项目推进顺利。三是在俄建立股权多元化的合资企业。为国内机床企业在俄寻找合作伙伴，建立股权多元化合资企业，进行更加深入的合作。比如：帮助利佩茨克机床有限公司和北京广宇大成牵线搭桥，并投资参与建立合资企业；帮助梁赞RIC-STANKO机床公司与桂林桂北机床厂共同建立合资企业项目也在洽谈中。

4. 外资外贷项目 2016年起开始开发外资外贷业务，通过两年的努力，2017年签署外资外贷项目合同近1.3亿元。

5. 泰国市场的开发 积极开拓泰国市场，取得的在谈项目有电动汽车项目、自来水项目、海水淡化项目、机床操作培训项目、摩天轮项目。

6. 韩国绅纲专用卡盘项目 下属中国如意技贸有限公司为开拓韩国绅纲专用卡盘的国内市场，在资金困难的情况下，派人到韩国接受培训，增强技术及专业知识，潜心为客户服务，2017年销售额创历史最高水平。

【营销管理经验】

为确保完成国机集团下达的经营指标，监测经营状况，自2017年起，每季度召开经营工作分析会。分析会上，通报各业务单位完成情况与指标的差距；各业务单位分析项目情况，对全年完成进行预计。这项举措对指标完成起到一定的促进作用。

【党建工作】

自2012年机床总公司和国机集团进行债务重组，机床总公司和销售公司形成“一套人马、两块牌子”格局，在中国机床销售公司党建日常的工作中，以党支部作为基层党组织，发挥战斗堡垒作用。

1. 贯彻十九大精神，用习近平新时代中国特色社会主义思想武装头脑、指导实践 深入学习宣传贯彻党的十九大精神，做到学懂、弄通、做实，用习近平新时代中国特色社会主义思想武装头脑、指导实践、推动工作。各党支部把贯彻习近平新时代中国特色社会主义思想和党的十九大精神作为首要政治任务，摆上重要议事日程，精心组织，认真安排。

组织党员、职工群众观看十九大开幕盛况，聆听习总书记所做《决胜全面建成小康社会、夺取新时代中国特色社会主义伟大胜利》报告，掀起学习宣传贯彻党的十九大精神的热潮。同时，结合机床公司党委重点工作部署，扎实做好“两学一做”常态化、制度化的规定动作，积极开展党日活动，抓住契机有序开展各项工作。

2. 加强党风廉政建设，坚定不移推进反腐败工作，落实中央八项规定精神，坚决反对“四风” 安排经营工作的同时安排党风廉政建设，汇报经营工作的同时汇报党风廉政建设，强化公司上下齐抓共管的工作格局，把党风廉政建设和反腐败工作与业务工作同研究、同部署、同实施、同考核。

落实八项规定精神和实施细则，持之以恒反“四风”。各党支部坚持把中央八项规定精神和反“四风”作为党员干部学习教育的重要内容，将其贯穿于日常中，增强落实八项规定的责任感、紧迫感，提高贯彻落实的自觉性、坚定性。采取措施，加强监督管理，形成执行八项规定和反“四风”的长效机制，营造风清气正和干事创业的良好氛围。

【信息化建设】

1. 建立现代信息观念 信息化建设已成为企业发展必不可少的重要部分，信息化是企业快速发展的关键因素。在信息化的基础上，企业才能够建立更加合理的组织架构，能够更好地了解企业生产经营过程中的动态，才能为顾客提供更好的服务，准确把握市场的动态并找准切入点进行运营创新，企业才可获得更高的效益。

2. 搞好信息化培训 建立人才培养体系，使全员特别是中层以上干部或骨干人员掌握利用各种信息的能力，保证公司的信息化系统有机运转。

3. 建立信息门户 由国机集团、中国机床总公司、中国机电产品进出口商会、中国机械工业金属切削刀具技术协会，共同发起并创建的“中国智能机械云平台”中文版及俄文版上线运营。这一中国机床工具行业唯一国家级的、权威专业性的、跨境跨界的，集信息、产品、展览、服务、销售及解决方案等为一体的行业电子商务平台，必将对中国机床工具行业发展产生重大影响，对企业的提质增效、转型升级具有重要意义。俄文版将为“中国制造”走向“一带一路”沿线国家搭建桥梁、提供对接平台，为世界各国市场带来优质的产品和服务。

【企业文化建设】

1. 文化培训 为使国机集团文化及机床公司文化建设深入人心，分批给员工进行文化建设方面的培训，使其了解国机集团“和”文化的内涵，积极践行“丹棱精神”。通过培训，以及制订多层次的培训计划，使职工对公司共同价值观有了新认识。

2. 文化传播与展示 拓宽文化传播渠道。通过公司网站、团队活动宣传展览板等传播渠道；开展踏青活动特色摄影评选等活动，及时深入报道公司重大决策、重大活动。

3. 专项文化建设 安全文化方面：创新安全文化建设模式，营造浓厚的安全文化氛围。组织各类安全教育培训，加强突发事件应急演练，与各部门及所属企业签订安全生产责任书，将安全文化落实到广大员工的日常工作和生活中去。按照国机集团要求，开展“安全生产月”活动，提升员工安全防范技能和意识。廉洁文化方面：贯彻国机集团“企业廉洁文化建设指导思想”，深化集团“廉洁从业、诚信守法、行为规范、道德高尚”的廉洁理念，对党员领导干部开展廉政文化教育，通过中心组学习、中层干部学习中央《关于新形势下党内政治生活的若干准则》《中国共产党纪律处分条例》等相关规定，结合案例教育，积极引导广大员工自觉“化廉于心、践廉于行”。绿色文化方面：积极传播绿色文化，将环保宣传做到位，使每位员工能够从小事做起，最终实现公司的节能减排目标。

【财务管理】

持续加强资金管理，以经营业务为核心，全面清理银行账户，统筹规划资金安排，提高资金集中使用效率。持续加强“两金”管控，加强往来单位对账及应收款项季度分析，同时将奖惩制度与业绩考核相结合，全面清理逾期账款，提高资产质量。深化全面预算管理，每季度在公司经营工作会上对全面预算执行情况进行监控和分析，严格控制成本费用支出。

【审计与法务管理】

1. 落实企业主要负责人履行法治建设第一责任人规定 按照国机集团制定的《中国机械工业集团有限公司企业主要负责人履行推进法治建设第一责任人职责规定》，高度重视，落实法治建设第一责任人职责，提升企业依法治企和合规管理能力，提升法律管理水平。

2. 防范法律风险，依法治企，维护合法权益 在总法律顾问的带领下，提高对重大经营项目的前期参与、执行跟踪力度，对公司法律风险进行内部控制。做到事前有防范事中有控制，对可预见的法律风险有应对措施。本年度对重大合同、公司制度、公司章程的法律审核率 100%。

3. 推进内部控制的执行力度，提升公司管理水平 2017 年 1—3 月，对公司 2016 年度内部控制活动进行全覆盖的自我评价，对存在的缺陷按进度完成整改。完善、修订制度，优化流程、表单，逐步提升公司管控水平，提高工作效率。

【人力资源管理】

1. 按照干部管理规定，完成中层干部调整 按照中国机床销售中层干部聘任的相关规定，对所有副职以上中层干部的聘期均为 2 年。2017 年 5 月，多数中层干部的聘期已满，为增强各部门协作意识，促进领导班子与中层干部对如何落实公司战略达成共识，在聘任干部前，领导班子分别与原任中层干部进行谈话交流，并由领导班子分别对中层干部进行考核测评，继而对中层干部进行调整、续聘。

同时，按照干部选拔任用程序，在经民主推荐、考察、公示、党委会、总经理办公会决定的程序后，对提拔的干部进行任命，按期完成干部队伍的考核聘任工作。

2. 适应人才需求，建设自身人才队伍 为保证中国机床销售可持续发展，公司自身人才队伍建设和储备的需求日益急迫。为适应这一需求，制定《后备干部选拔管理办法》《部门经理助理岗位管理办法》，并建立公司的后备人才库，推荐提拔部门经理助理 8 人。以此培养年轻人的大局意识，提升业务综合能力，同时也为部门内干部梯队建设提供更多实际磨合锻炼的机会。

3. 完善应届招聘流程，提速招聘工作响应反馈 为做好招聘人才、录用人才工作，中国机床销售调整招聘流程，变领导班子审批为主要领导直接参与面试，这样使领导班子成员对新招聘的人员有了更直接、更全面的了解，对新招聘人员的情况有了更直观的感受。同时，在招聘工作中，注意及时与用人部门沟通职位、任职条件等具体要求，以便更好地选择招聘渠道，提前筛选合适的应聘者，提高应聘人员与职位的匹配度，提高招聘效率，尽快招聘人员到岗。招聘应届毕业生 7 人、社会人员 1 人。向用人部门提供有效简历 48 份，其中参加初试 18 人，进入复试 10 人，平均招聘周期 0.6 个月。

4. 开展各类培训 完成会议室电子设备使用培训、PPT 设计与制作培训、ISO9001 内审员培训、新员工入职培训、因公出国流程培训、合同签订培训、ERP 实操培训、全体员工拓展培训等 8 个培训项目，培训 219 人次。参加含国机集团各类专题培训 38 人次。参加社会培训 40 人次。

【社会责任】

1. 推进责任融入企业经营管理 推进社会责任融入中国机床销售整体战略，把节能减排、安全生产等责任指标列入总体战略目标，从战略高度将企业社会责任与战略规划紧密结合起来。

进一步梳理有关制度，深入推进社会责任理念与全面风险管理、安全生产、节能环保、员工关怀等方面的制度建设相结合，提升公司社会责任管理的规范化、制度化。

2. 参加社会责任活动，提升社会责任能力 以国机集团推行的企业文化活动为契机，开展“帮困助学”“爱心基金”等活动。同时，做好精准扶贫工作，贯彻习近平总书记新时期扶贫开发战略思想和国机集团扶贫工作总体部署，参加上级党组织的扶贫工作会议和实地调研，落实有关会议精神；参与对口的河南省固始县扶贫工作，研究制订教育扶贫工作方案，支持固始县实现精准扶贫。

3. 具体做法 一是倡导绿色责任。号召全体职工积极参与宣传活动，大力倡导员工树立环保节俭意识，取得较好反响。二是积极实施员工关怀。注重人文关怀和公平正义，维护职工权益，实现职工与企业共同发展；注重职工学习与培训，促进职工能力不断提升；开展丰富多彩的文体活动，关心困难职工和离退休人员，提高员工幸福指数。参与国机集团组织的“国机爱心日”活动，号召全体员工在这一天（1 月 28 日）自愿捐献“一日工资”注入“爱心基金”，为更多需要帮助的人奉献爱心、送去温暖，构建社会主义和谐社会做贡献。91 人响应号召，共捐款 14 954 元。三是加强安全生产管理。重视隐患排查治理工作，加大监督检查力度，落实公司的安全履责情况。为提高企业安全保障能力，定期开展安全生产教育和强化培训，保证从业人员具备与本企业所从事的生产经营活动相适应的安全生产知识和管理能力。四是切实承担公益责任。积极投身社会公益事业，发挥自身优势，参与国机集团工会“帮困助学”的活动。

中国重型机械有限公司

【基本概况】

中国重型机械有限公司（简称中国重机，英文简称 CHMC）成立于 1980 年，是以工程总承包、投资、产品贸易和服务为主营业务的工程总承包综合服务企业。业务领域覆盖冶金、矿山、交通、建材、电力、水务、环保、化工、生物能源、农产品仓储及加工等行业。

中国重机成立以来，先后承担了上海宝山钢铁（集团）公司二期、三期工程，内蒙古元宝山露天煤矿工程秦皇岛三期煤码头工程，广州港新沙煤矿石码头工程及日照港码头工程等一大批代表国家重大技术装备水平的大型成套项目。

紧跟国家“走出去”战略，积极响应“一带一路”建设倡议，大力开发国际市场，凭借丰富的工程项目经验及专业技术优势，为业主提供项目前期规划、EPC、融资及运行维护等一站式定制化工程解决方案，先后建设一大批有影响力的国际工程。

凭借强大的资源整合能力和先进的项目管理能力，在柬埔寨以 BOT 模式投资建设达岱 246MW 水电站项目，该项目成功建成后于 2015 年转入商业运营，运营期 37 年。

经过多年发展，拥有良好的企业资信和商誉，拥有长期而稳定的战略合作伙伴，已为全球 40 多个国家和地区的项目建设提供了专业化服务，完成的项目获得所在国家业主的广泛认可和好评。

【主要指标】

截至 2017 年年底，资产总额 68.75 亿元，同比增长 4%，净资产 18.99 亿元，同比增长 10%。

全年实现营业收入 30.62 亿元，同比增长 18%；实现利润总额 3.47 亿元，同比增长 9%；技术开发投入 9 万元，同比降低 100%；利税总额 35 781 万元，同比增长 8%；经济增加值（EVA）15 535 万元，同比增长 7%；全员劳动生产率 86 万元 /（人・年），同比增长 2%；净资产收益率 15%，同比降低 1 个百分点；总资产报酬率 7%，与上年持平；国有资本保值增值率 111%，同比降低 13 个百分点。中国重机 2017 年主要经济指标见表 1。

表 1　中国重机 2017 年主要经济指标

指标名称	2016 年	2017 年	同比增长（%）
资产总额（万元）	663 012	687 491	3.69
净资产（万元）	172 601	189 850	9.99
营业收入（万元）	259 379	306 237	18.07
利润总额（万元）	31 752	34 665	9.17
技术开发投入（万元）	3 289	9	-99.72
利税总额（万元）	33 175	35 781	7.86

（续）

指标名称	2016 年	2017 年	同比增长（%）
EVA 值（万元）	14 547	15 535	6.79
全员劳动生产率〔万元 /（人・年）〕	84	86	2.38
净资产收益率（%）	16	15	减少 1.00 个百分点
总资产报酬率（%）	7	7	
国有资本保值增值率（%）	124	111	减少 13.00 个百分点

【改革改制】

积极配合国机集团完成国机重装平台搭建工作。按照国务院国资委、国机集团对中国二重扭亏脱困、改革振兴发展的要求，国机集团启动由中国二重、中国重机和中国重型院三家参与的重型装备资源整合工作，搭建国机重装平台，形成“科工贸”一体化的重型装备研发与制造板块，打造代表国家高端装备制造水平、具有国际竞争力的重型装备制造一流企业。中国重机按照国机集团部署，建立组织机构，成立专项工作小组配合重组工作。各相关职能部门积极配合有关中介机构的尽职调查和现场审核工作，提供所需各项材料，协助推进国机重装板块的资源整合工作，2017 年底中国重机正式加入国机重装。

【重大项目】

1. 柬埔寨达岱水电站 BOT 项目 该项目按“保安全，多发电，增效益”工作思路，全力做好电站运维工作。强化生产组织管理，制订周密工作方案，优化机组运行方式，科学安排启停机顺序，提高机组运行效率，并加强与业主沟通，最大限度地争取发电指标，全力确保发电收入及时回收。截至 2017 年年底，电站安全运营 1 235 天，全年累计发电 9 亿 kW・h，连续 3 年超额完成年度发电任务，实现收入 4.5 亿元，实现利润 2.39 亿元。该项目凭借良好的经济效益和过硬的施工质量，荣获 2017 年度“国机质量奖”。

2. 塔吉克斯坦冰晶石、氟化铝及硫酸工厂项目 2014 年 7 月，中国重机与塔吉克斯坦铝业管理有限公司打包签订年产 12 000t 冰晶石、18 000t 氟化铝，以及新增的年产 10 万 t 硫酸工厂的设计、设备供货、安装和调试 EPC 合同，合同金额 1.17 亿美元。2014 年 11 月，国家主席习近平和塔吉克斯坦总统拉赫蒙共同见证了项目贷款协议的签署。经过 4 年的建设，该项目于 2017 年 8 月实现全面投产，并于 11 月 10 日收到业主签发的验收证书，标志着项目正式完工。该项目是“一带一路”的重大化工项目，项目的顺利建成对增加公司在中亚地区的影响力、提升当地化工水平具有重要意义。

3. 老挝南俄 4 水电站项目 该项目于 2015 年 10 月 22 日与老挝国家电力公司签约，合同金额 7.06 亿美元。2016 年 9 月 8 日，在李克强总理与老挝总理通伦・西苏里的共同见证下，该项目签署贷款协议。2017 年 5 月 22 日，业主发出生效通知，项目正式生效。

该项目是“一带一路”重大民生工程，是中老务实合作的里程碑项目。该项目的建设对中老两国打造“老挝经济走廊”，实现老挝打造“东南亚蓄电池”发展目标，促进当地经济社会发展具有重要意义。

【市场开拓】

继续紧跟国家“走出去”战略，积极参与“一带一路”建设，不断扩大在传统市场的影响力，增加市场占有率；积极进军新的市场，寻求发展机遇。

1. 深度开发传统市场 坚持市场开发“区域滚动”发展战略，在传统市场深耕细作，赢得客户，树立口碑，不断获得新项目。在柬埔寨市场：成功开发柬埔寨国家电网 230kV 输变电项目二期（即西南环网和东部环网剩余部分）项目。2 月 16 日，与柬埔寨国家电力公司（EDC）签署该项目 EPC 合同，合同金额约 1.85 亿美元。在孟加拉市场：成功签订孟加拉七环达卡粉磨站项目和孟加拉顺承吉大港粉磨站项目，合同金额分别为 1 820 万美元、1 090 万美元。此外，与孟加拉阿曼公司签署 100 万 t 联合钢厂项目的合作备忘录，项目金额约2.5亿美元；与孟加拉帕沃帕克公司签署30万t棒线材轧制项目的合作备忘录，项目金额约5 000万美元。

2. 奋力开拓新的市场 在尼泊尔市场：与耶蒂蓝塘水电公司签署尼泊尔蓝塘水电站项目的EPC总承包合同，该电站装机容量201MW，合同金额4亿美元。水电站水头1 300m，建成后将成为亚洲最高水头水电站。在斯里兰卡市场：跟踪开发斯里兰卡汉班托塔工业园区综合水务项目，6月19日，与斯里兰卡国家供排水局（项目业主）签署项目合作备忘录，7月5日向业主提交项目可行性研究报告。该项目列入进出口银行优惠贷款候选项目库，并得到商务部的认可和支持。在伊朗市场：签订伊朗赞詹省明矾矿项目合作备忘录和赞詹省赞詹市萨博美丹购物广场项目合作备忘录，其中购物广场项目总金额预计2.5亿美元。

3. 积极推进合同生效 一是实现老挝南俄4水电站项目生效和放款。5月22日，老挝南俄4水电项目对外合同正式生效。12月5日，中国进出口银行发放项目首批预付款。二是实现老挝500kV输变电项目生效。7月，该项目获得国务院批复，并于11月收到业主老挝国家电力公司签发合同生效确认函。三是柬埔寨国家电网230kV输变电二期项目（东部环网第一部分）合同生效。5月，中柬双方签订该项目贷款协议，7月31日，柬财政部与业主签订转贷协议，11月28日，中国进出口银行向柬埔寨财经部发出生效通知函。

【管理经验】

1. 加强战略管理 完成中国重机战略及管理诊断报告和标杆企业分析报告编制。初步完成战略分析报告和《中国重机2017—2021年战略规划报告》编制。

2. 增强资产财务管控力度 持续加强资金管理，与银行密切开展合作，完成在中国银行、中国进出口银行等9家金融机构的综合授信，授信总金额97.9亿元。以公司运营资金为核心，周密安排资金计划，保证资金平稳运行，同时加强对存货、应收账款和带息负债等资金的管理，提高资金运营效率。加强全面预算管理，通过强化成本费用预算控制、开展降低“两金”工作，提高资产质量。强化税务管理，严格执行国家有关税务法规的规定，再次被评为北京市退税年度出口退（免）税一类企业。

3. 提升人力资源管理水平 根据经营管理需要，及时对组织机构和人员配置进行调整，使人才配置更加趋于合理，人才结构优化。加快队伍建设，全年招聘19人。完善人才培训模式，采用线上课程和线下培训相结合，外聘讲师和内训讲师相结合的方式，丰富培训模式，注重培训质量，全年开展42项培训，参训学员1 270人次。发布实施薪酬管理办法、绩效考核管理办法和奖金分配办法，优化薪酬福利结构、深化绩效考核机制。

4. 强化经营管理工作 加强合同评审和合同管理工作，做好市场开发、生效等工作。以项目管理信息系统为抓手，通过线上和线下数据对比，全面掌握项目进展情况，加强项目管理。深化三标体系建设工作。完成2017新版三标管理体系换版系列工作。开展管理评审，并顺利通过外部审核，获得新的证书。

5. 加强全面风险管理 完成中国重机2017年度《全面风险管理报告》编制。完成季度风险监控工作，对公司的经营、债务、投资、资金、法律、安全生产、人力资源等方面存在的风险进行监控。

6. 加强法律服务工作 做好合同评审中法律风险的审查，积极应对债权债务纠纷，维护公司利益。编制并推广“标准合同模板”，有效规避合同法律风险。

7. 加强安全生产工作 全面落实安全责任，通过制度建设，加强安全生产管理。制订年度安全生产工作计划，每季度定期召开安全生产办公室例会和专题会，制订重大危险源监督管理暂行办法和安全生产事故隐患排查治理暂行办法。强化对施工现场的安全监测，每月跟踪抽查，每季度进行统计分析，对海外重点项目跟踪，开展现场演练。认真组织“安全生产活动月”系列活动，系统开展安全培训。全年没有安全生产事故，连续11年被国机集团评为“安全生产A级企业”。

【信息化建设】

完成项目管理信息系统（一期）建设，成功实现工程项目管理系统上线，该系统 19 个模块，219 个功能，90 个业务流程，可对项目从开发到执行的全过程、全要素管理，其中进度和费用管理具有连续性。

完成 OA 系统功能升级。完善公司 OA 系统中多个功能，新增手机移动端表单样式，实现 OA 系统与微信平台的集成。

【企业文化建设】

扎实开展“提升员工执行力”为主题的企业文化系列活动。通过开展线上和线下培训、执行力征文、文化沙龙、专题演讲等活动，让执行力文化深入人心，有效提高了广大员工的执行力。

完成中国重机视觉识别系统 VI 的修订完善工作，完成基础设计和应用设计，包括完善字体设计、辅助线饰、品牌架构等内容。

【党建工作】

1. 以习近平新时代中国特色社会主义思想武装头脑，围绕党的十九大精神开展“两学一做”学习教育 一是贯彻党的十九大精神。中国重机党委在党的十九大召开后，迅速组织开展学习宣传贯彻习近平新时代中国特色社会主义思想和党的十九大精神。及时组织观看十九大开幕，观看国务院国资委、国机集团领导传达十九大精神视频会议，召开党委理论学习中心组学习会议进行专题学习。制订公司认真学习宣传贯彻党的十九大精神工作实施方案，在公司内网开办“学习宣传贯彻党的十九大精神专栏”。组织在岗党支部干部召开学习宣传贯彻党的十九大精神工作推进会，部署公司党委学习宣传贯彻党的十九大精神具体工作安排，组织部分中层干部到中央党校进行专题学习，发挥党支部教育管理党员的主体作用，迅速组织党员并带动群众投入学习宣传贯彻党的十九大精神热潮，把广大党员干部职工的思想统一到党的十九大精神上来，把力量凝聚到落实党的十九大确定的各项任务上来，为中国重机经营发展提供强大动力。二是深入推进“两学一做”学习教育常态化、制度化。中国重机党委召开党建工作推进会，部署具体工作，推进各党支部抓好经常性学习。召开党支部干部培训会，搭建党员学习教育专栏学习平台，组织开展党章党规等知识答题活动。引导支部严格组织生活，落实“三会一课”制度，发挥支部教育管理党员的主体作用，积极开展主题党日活动，通过丰富的形式加强对党员的学习教育。持续开展承诺践诺活动，立足岗位创先争优，引导广大党员坚定理想信念，勇于担当，将党员先锋模范作用体现到争创一流业绩的实际行动中。

2. 加强宣传思想工作和群众工作 一是加强宣传教育工作，党委订购《全面从严治党面对面》《中国共产党历史》《人民日报》《半月谈》《求是》《支部生活》等书籍供支部、党员和广大职工学习。利用中国重机报、内网、外网和大屏幕等宣传载体，围绕中心工作开展宣传教育工作；二是加强思想政治工作，党委坚持以人为本原则，注重广大职工心理疏导，坚持“三必谈、三必访”制度，帮助职工解决实际问题。

认真做好群众工作。工会组织开展丰富多彩的文化活动，丰富职工文化生活；落实以职代会为基本形式的民主管理制度，通过召开职工代表大会，研究、讨论、审议涉及广大职工切身利益的重大事项，保障广大职工的知情权、参与权、表达权和监督权；继续做好“送温暖”活动，组织探望生病住院的职工和生育女职工，慰问过节不能回家的员工家属；工会继续办好蔬菜基地。

重视青年工作。定期听取团委工作汇报，指导团委开展一系列主题鲜明、形式向上、意义深远的主题活动，提高公司广大青年员工的责任意识、文化素养，引导青年员工成长成才。强化对青年干部的思想政治教育。指导团委委员召开十九大报告专题学习会，深刻领会新时代中国特色社会主义思想，牢固树立“四个意识”，坚定“四个自信”，引领带动广大团员青年坚定理想信念，不忘初心跟党走，立足岗位做贡献。做好离退休职工工作。组织离退休职工新春茶话会、秋游活动。持续做好日常走访慰问、生病探望、生日祝寿等工作，做到在生活上关心照顾，在精神上安慰关怀，让离退休职工感受到组织的温暖。

3. 加强干部管理工作 一是树立正确选人用人导向。中国重机党委坚持新时期好干部标准，做好选人用人把关工作。二是健全干部管理制度。修订《公司领导履职待遇、业务支出管理办法》《干部管理办法》《领导干部因私出国（境）管理办法》，完善干部动议提名、组织考察、讨论决定、公示、任职等程序。三是强化干部管理监督。做好“一报告两评议”工作，做好领导干部个人有关事项报告填报工作和干部任期考核等工作。

4. 持续开展反腐倡廉建设工作 落实党委在党风廉政建设中的主体责任和纪委在反腐倡廉工作中的监督责任。充分利用中国重机报、内网和“中国重机反腐倡廉宣传教育专栏”，深入开展反腐倡廉宣传教育。落实党风廉政建设责任制，公司党委与领导班子成员签订《党风建设和反腐倡廉工作责任书》，在公司与各部门负责人签订的《工作目标责任书》中，明确党风建设和反腐倡廉工作责任。认真贯彻落实中央“八项规定”、扎实做好监督检查工作。

5. 配合国机集团巡视，落实整改要求 中国重机党委接受国机集团党委第一巡视组的政治巡视。中国重机党委充分认识国机集团党委开展巡视工作的重要意义，党员领导干部自觉接受思想洗礼，高度重视，积极配合。结合巡视反馈意见，中国重机党委认真研究落实整改工作，党委书记挂帅，制订整改方案，建立整改台账，以完善制度建设为源头，全面落实在党的领导、党的建设和全面从严治党三方面七大类问题的具体整改。

6. 认真做好扶贫工作 中国重机党委认真贯彻国机集团扶贫工作总体部署，落实各项工作。参加上级党委组织的实地调研和集团扶贫工作会议，并落实会议精神，参与对口的四川广元朝天区的扶贫工作中，公司党委从党费中支出 15 万元，支持朝天区精准脱贫。

【社会责任】

注重承担社会责任，在柬埔寨设立“CHMC（中国重机）奖学金”，旨在为柬埔寨引进中国先进电力技术的同时，为柬埔寨培养更加专业的电力设施建设和运营人才，从而促进柬埔寨电力行业快速发展。

参加在柬埔寨举行的纪念世界红十字会和红新月会诞生 154 周年纪念活动并捐款，为改善柬埔寨民生尽一份力。

组织 2017 年度“国机爱心日”捐款活动，广大职工自愿捐款 50 180 元汇至国机集团“爱心基金”。

中国自控系统工程有限公司

【基本概况】

中国自控系统工程有限公司（简称中国自控）成立于 1981 年，前身为中国自动化控制系统总公司，隶属于中国机械工业集团有限公司，是集技、工、贸于一体的国有独资公司。自成立以来，凭借雄厚的技术研发实力、丰富的工程实践和项目管理经验，完成国内外各种项目数千项，与 100 多个国家和地区建立工程项目和贸易往来。

中国自控不仅从事国内外电力、石化、冶金、轻纺、建材、交通、矿山、市政等传统行业工程建设，还涉足节能环保、新能源、信息化等新兴领域的开发建设。主要业务包括工程承包、工业自动化、建筑智能化、计算机管理系统集成；机电产品的研发、制造和销售；工程项目的设计、咨询服务、软件开发、设备成套、施工、安装调试、投运、运维服务等，具有相关行业的工程总承包能力。

【主要指标】

截至 2017 年 12 月 31 日，累计实现营业收入 3.61 亿元，利润总额 215.49 万元。2017 年中国自控主要经济指标完成情况见表 1。

表 1　2017 年中国自控主要经济指标完成情况

指标名称	2016 年	2017 年	同比增长（%）
资产总额（万元）	99 840.77	78 103.69	-21.77
净资产（万元）	21 740.13	21 590.26	-0.69
营业收入（万元）	49 533.05	36 141.05	-27.04
利润总额（万元）	1 292.25	215.49	-83.32
技术开发投入（万元）	259.22	172.78	-33.35
利税总额（万元）	3 145.81	2 127.37	-32.37
EVA 值（万元）	-556.90	-1 269.59	127.97
全员劳动生产率〔万元 /（人·年）〕	17.79	13.74	-22.77
净资产收益率（%）	2.38	-3.06	减少 5.44 个百分点
总资产报酬率（%）	1.98	0.72	减少 1.26 个百分点
国有资产保值增值率（%）	102.43	96.99	减少 5.44 个百分点

【改革改制】

按照国机集团部署，2017 年 12 月 11 日，经北京市工商行政管理局核准，完成改制更名工作。改制后的中国自控仍为国有独资有限责任公司，名称由“中国自动化控制系统总公司”变更为“中国自控系统工程有限公司”。公司按法人治理结构要求，设执行董事 1 人、监事 1 人。

【重大决策】

1. 修订公司战略规划　召开战略规划研讨会，明确今后 3 年发展目标、发展路径、配套措施及支持手段，确立“平台化、高端化、资本化、专业化、特色化”五位一体的发展道路，以及向智能、智慧系统解决方案提供商转变的发展方向，为公司未来 3 年发展提供依据。

2. 优化组织机构设置　为有效推动中国自控发展战略落地，提高资源配置效率，对中国自控本部业务部门进行优化调整。为加大国内重点行业和高端客户市场的开拓力度，设立市场开发部；撤并以风险大、收益低的传统进出口贸易为主的国际业务部；对国内工程事业部进行合并和整合，组织机构更加精简高效。

【市场开拓】

1. 持续开拓海外市场　一是积极推动海地机场项目生效。在海地新一届政府换届后，促成国机集团领导与海地政府高层领导会晤，增强海地方面推进项目的信心和决心；多次赴海地拜访政府高层领导，展示公司实力和形象，并签署多个备忘录（MOU）；推进公司驻海地办事处的工作，为顺利执行项目和开拓新项目创造条件。二是南非铁合金工业园稳步推进。年内分别获得南非总统顾问和项目所在地政府的支持函，获得项目用地的意向批复，并与南非合作方签署股东协议，明确工作范围及推进路径。2017 年 11 月，委派项目团队进驻南非开展前期工作。国内方面，推进项目申报和审批工作，在取得国机集团支持的基础上，办理国家发改委和商务部的相关审批手续。三是输变电项目开拓实现新突破。所属中缆公司科威特 300kV 及以下高压电缆线路维护项目合同生效，合同金额约 1 100 万美元。孟加拉国 230kV 输电线路供货、安装、试验及调试交钥匙工程，合同金额约 2 670 万美元。该项目以重量轻、耐拉深、热稳定性好、单位面积通流能力强和抗腐蚀碳纤维复合芯导线（ACCC）取代传统导线，是孟加拉国首条 ACCC 线路，使得中缆公司在新型导线输变电线路市场抢占了先机。中标斯里兰卡 220kV 架空线路项目，合同金额约 3 700 万美元。四是加强内部协同，拓展新业务。与集团内部 6 家单位在项目实施方面协同合作，合作金额约 3 500 万元。与苏美达集团在新能源领域首次合作的“巴基斯坦 Zephyr 50MW 风电项目”进展顺利。参与的泰国 Sarahnlom 风电场现场技术服务项目中高达 153 米的钢制塔筒风机刷新了世界纪录，是截至 2017 年亚洲最高的内陆风机。

2. 深耕细作国内市场 一是建筑智能化再添佳绩。为山东淄博妇幼保健院智能化升级项目提供弱电系统集成优质服务，进一步推介智能医疗整体解决方案，为深耕区域客户、推广行业应用打好基础。应邀承担中国二重技术中心成都总部大楼建筑主体、内部设备、设施性能测试和资产查验工作，完成资产承接查验报告，为公司建筑智能化领域开创新的业务模式。二是结合“中国制造 2025”，助力产业升级。大力推进格力集团压缩机生产线自动化改造项目和青岛四方机车车辆股份有限公司转向架装配车间自动化改造项目，实现集智能安装调试和智慧集成服务于一体的业务创新。三是深耕传统优势领域。所属技术公司持续配合国家储备、军事能源领域自动化、智能化升级改造工作，广开信息和市场渠道，在标杆性项目中持续发力。围绕青岛港等大客户，做好服务升级和资源开发，争取优质项目订单。中标青岛广饶库区项目，合同金额约 3 800 万元，创造公司在储运库区业务中单一合同最大金额。

【管理经验】

1. 不断完善管理制度体系建设 完善“三重一大”管理制度，规范“三重一大”决策流程，并针对担保、筹资、货币资金建立专项管理制度；建立系统的内控体系，编制《中国自控内部控制手册》；开展财务管理制度的梳理和查漏补缺。针对全系统制度建设及执行情况进行专项检查，推动经营管理合规化进程，企业合规管控效果明显。

2. 多措并举，促进管理提升 调整中层干部考核内容，突出大局意识、责任心、学习创新和团队建设等方面的要求，引导和推动中层干部不断提高履职意识，明确努力方向，促进干部合理配置。

结合中国自控成功改制，各职能部门重新梳理部门及岗位工作职责，树立以公司整体利益最大化为所有工作根本出发点的理念，以此为标准考虑问题、制定政策、设计流程、协调工作，解决低效内耗和管理无法闭环等问题。

开展员工合理化建议活动，例会协调解决员工提出的问题，提高办事效率，加强内部协作，满足经营管理需要。

3. 坚守红线，不断提高安全生产管理水平 坚持“安全第一、预防为主”指导方针，组织全系统安全生产工作会，安排消防应急疏散演练，落实安全生产自查工作，修订公司本部安全生产责任制，印发《安全生产事故及境外突发事件综合应急预案》。对照《安全生产法》、国机集团和中国自控有关制度要求，对项目进行动态过程监控，落实项目经理负责制，提高安全生产人员业务水平，强化现场检查力度，确保安全。对技术公司青岛港联化项目开展包含现场管理和安全生产等内容的全方位效能监察，促进其现场管理和安全生产的标准和水平提升。全系统全年工作平稳顺利，没有发生安全生产事故。

4. 继续强化风险管控 一是强化制度建设、出台全面风险管理、内部控制管理等方面管理办法，修订完善经营管理、财务管理等制度。二是对重大风险类业务保持严控手段，重点项目和重点案件由财务、审法、经营人员持续跟踪和监控，杜绝盲目投标、盲目签约，加强项目管理。三是完善合格供应商审核机制，通过财务数据反映各供应商历史合作过程，重点加深与有良好合作背景的供应商合作，对于新合作供应商以及合作过程不畅通的供应商重点关注，把控项目风险、避免损失。四是项目管理中强化部门协作，“两金”工作中财务部负责深入项目，重点关注质保期应收和较长时间的应收，凡可能有应收风险的，提交审法部了解潜在风险，关注采取多项举措提前化解和防范风险点。

【资产财务管理】

财务管理水平显著提高。在财务原有组织结构上，坚持总部管控定位，发挥统筹管理职能。资金管理、会计核算、预算管理、内部控制、信息化建设等 5 个财务管理职能协调推进，财务管理进一步完善。通过资金计划控制资金流风险，达到业务需求和资金储备平衡。一是做好融资、理财预案，实现资金管理降本增效目标。严格把控资金用途、流向，实时把握公司经营状况。二是规范会计基础核算，提高会计信息质量。提高财务分析颗粒度，保持数据的一致性。三是优化信息化建设工作，提高财务信息处理效率。通过财金管控系统，实现资金支付审批、预算统计分析、合同管理功能和项目资金进程分析，完善整体流程，提高事项审批效率，控制整体风险。

【党建工作】

1. 全面学习宣传贯彻党的十九大精神 组织全体党员干部集中收看党的十九大开幕式盛况，主持召开专题学习会，传达国资委党委、集团党委部署，布置学习宣传贯彻工作。以组织“领导带头讲、党委做表率、员工全覆盖”的学习模式。开展全员学习培训宣贯工作。制作十九大宣传海报，并在中国自控内网、展板开辟十九大宣传专栏，以微信、QQ 等新媒体，发布十九大精神权威解读，通报各单位学习动态。

2. 落实全国国有企业党建工作会精神、加强党的领导 截至 2017 年年底，中国自控本部及所属企业党委全部完成公司章程修订，将党建工作要求纳入章程内容，把党委职责权限和运行保障写入章程；制订《党委会议制度》，明确党委会议事内容和决策程序，将党委集体研究讨论作为公司“三重一大”事项决策的前置程序；中国自控本部行政班子按期换届，党委书记兼任副总经理，总经理兼任党委副书记，确保双向进入，交叉任职。

3. 抓基层党建，夯实战斗堡垒 实现党组织全覆盖，按照不低于在岗职工人数 1% 的比例配备专职党务干部，按照不低于上年度职工工资总额 1% 的比例落实党建经费；开展党务培训，定期开展党内统计、党员信息采集，动态掌握党组织和党员基本情况，修订《党费收缴、使用和管理办法》。

4. 强化党风廉政建设，落实“两个责任” 把学习党纪党规和作风建设融入党委学习计划，通过集中学习、专题研讨等形式，锤炼党员干部党性修养；将签订《廉洁承诺书》制度从领导干部扩大到关键岗位负责人，与《党风廉政建设责任书》同步签订；围绕重点项目开展效能监察，听取专题汇报和组织开展自查自纠；以集团巡视为契机，加强党内监督，强化自我监督，以监督执纪问责加强“两个责任”落实。

5. 开展“两学一做”专题教育活动 以中心组学习、“三会一课”为基本形式，组织党员干部定期开展集体学习，开展专题讨论；创新学习形式，通过微党课、主题展览、知识竞赛等活动，激发基层党组织活力，增强党员身份认同感，党建带队伍作用更加明显。

【企业文化建设】

1. 突出思想引领 以思想政治教育和形势任务教育为主线开展主题活动，组织观看集团 20 周年纪念片，了解国机集团发展历史，感悟“有大家有小家”，增强责任感和使命感；开展“发现行动 青年先行”，树立青年创新意识，激发奋斗热情；开展青年读书活动，鼓励青年多读书读好书，充实理论，勇于创新。

2. 营造和谐氛围 落实以职代会为基本形式的民主管理，支持工会开展职工联欢会、团队拓展、健走登山、健康义诊、观剧观影等职工喜闻乐见的文体活动，开展爱心救助，走访慰问病困党员群众，构建和谐劳动关系，增强公司凝聚力。

3. 强化宣传阵地建设 利用中国自控内部展板、网站、“CACS 团青”微信公众号，及时宣传公司动态及党群活动，做好信息公开，使员工及时了解公司情况；对外重点报道公司重要会议活动、重大项目承揽，展现一线员工精神风貌，积极履行社会责任，树立良好企业形象。

【社会责任】

注重追求经济、社会和员工三者利益动态平衡，促进实现企业全面协调可持续发展。将社会责任融入企业管理中，重视员工职业健康和环境建设，建立相关管理制度；在人才制度管理方面，严格遵守《公司法》《劳动法》等国家法律法规，维护员工就业、薪酬、休假、社保等方面的合法权益；开展“国机爱心日”捐款、困难党员群众帮扶等活动。

中国国机重工集团有限公司

【基本情况】

2017 年，中国国机重工集团有限公司（简称国机重工）按照“十三五”发展规划，围绕核心工作目标，着力做好改革发展工作，抓好“总部建设和两个中心建设”，全面实施瘦身健体攻坚战、主导产品市场提升攻坚战和转型业务创新发展攻坚战，深入推进人力资源建设、加快创新型企业建设、开展提质增效工作、防控经营风险，各项工作取得良好成绩。

【主要指标】

2017 年，实现营业收入 31.51 亿元，同比增长 49%，完成国机集团考核要求。2017 年国机重工主要经济指标完成情况表 1。

表 1 2017 年国机重工主要经济指标完成情况

项 目	2016 年	2017 年	同比增长（%）
资产总额（万元）	697 350	783 131	12.30
净资产（万元）	217 545	243 360	11.87
营业收入（万元）	210 919	315 058	49.37
利润总额（万元）	1 569	3 185	103.00
技术开发投入（万元）	10 192	13 437	31.84
利税总额（万元）	11 584	14 461	24.84
EVA 值（万元）	5 121	-12 450	-343.12
全员劳动生产率〔万元 /（人·年）〕	-3.85	-3.05	-21.00
净资产收益率（%）	20.86	1.77	减少 19.09 个百分点
总资产报酬率（%）	4.37	2.09	减少 2.28 个百分点
国有资产保值增值率（%）	123.88	101.82	减少 22.06 个百分点

【经营情况】

国机重工三大主业中，制造业务实现营业收入 13.95 亿元，同比增长 18.82%，其中六大主导产品实现销售 3 640 台，实现收入 10.17 亿元，同比分别增长 7.12% 和 6.58%；加工业务增长显著，实现收入 1.95 亿元，同比增长 100.60%，工贸业务实现收入 17.31 亿元，同比增长 97.15%，规模贡献度由 42% 上升到 54%；工贸业务板块新签合同额近 38 亿元，同比增长近 3 倍；环境业务、矿业业务等新兴业务收入取得同比增长近 200% 的经营成效，整体工贸业务板块呈现出强劲发展态势。服务业务实现收入 1.05 亿元，同比增长 84.21%。

加快国际化经营发展进程，实现出口总额 2.58 亿美元，同比增长 53.24%；各类主导产品实现销售 3 640 台、营业收入 10.17 亿元，同比分别增长 7.12% 和 6.58%。2017 年国机重工主导产品销售情况见表 2。

表 2　2017 年国机重工主导产品销售情况

产品名称	销售数量（台）	同比增长（%）	销售收入（亿元）	同比（%）
装载机	1 672	14.60	36 688	17.61
平地机	574	33.49	22 803	29.74
压路机	840	-8.60	14 533	-9.17
推土机	124	-25.30	4 746	-15.70
挖掘机	326	27.84	15 894	20.34
汽车起重机	104	-38.46	7 049	-40.41
合计	3 640	7.12	101 712	6.58

【改革改制】

1. 资本运营

（1）内部资源整合。实施常州基地等相关资产内部资源整合项目，推进资产优化工作，实现常州基地资源共享、协同作战，解决了常林股份重大资产重组和“天津五厂退出”的历史遗留问题。

（2）压减企业法人户数。按照《关于下达压减工作第二年度考核指标的通知》（国机财〔2017〕565 号）要求，至 2017 年年底，完成天津工程机械经贸总公司、中国国机重工（巴西）有限公司、常林工程机械尼日利亚有限公司等 3 户企业法人压减工作。一拖（洛阳）建工机械有限公司完成税务注销，北京天施华工国际会展有限公司股权转让事项获国机集团批复文件，预挂牌工作结束。

2. “处僵治困”　11 户企业被纳入国资委僵尸企业处置和特困企业治理名单，其中国资委督导的僵尸企业 3 户、特困企业 1 户、企业自行处置的僵尸企业 4 户、企业自行处置的特困企业有 3 户。

截至 2017 年 12 月 31 日，11 户“僵困”企业累计安置职工 4 567 人，完成计划安置人数的 93%；10 户企业利润总额较 2015 年实现减亏，7 户企业的利润总额较 2015 年减亏超过 50%，其中 3 户实现盈利。洛阳公司完成处僵治困任务，4 户企业均达到国资委验收的主要标准。

洛阳公司厂区闲置的 19.07 万 m^2 土地实现政府收储；开展鼎盛重工厂区盘活工作；天工院传动厂设备处置工作有序推进，洛阳公司老厂区、长起公司闲置厂房实现出租收益。

截至 2017 年年底，完成 3 户企业压减工作。同时，按照“处僵治困”和企业“扭亏脱困”的工作要求，积极推进低效无效长投企业的退出工作。

【重大决策和项目】

继续严控投资节奏，对正在执行的天工院停工项目进行论证分析，根据资金情况对洛阳公司、长起公司固定资产建设项目进行收尾。实际完成投资 5 558.5 万元，其中固定资产投资 3 961 万元，长期股权投资项目计划投资 11 项，实际投资 4 项（含 2016 年结转的 3 项），完成投资 1 597.5 万元；终止 1 项（巴西公司）；其余 6 项根据需要结转至 2018 年或暂缓实施。

【市场开拓】

随着“十三五”海外业务发展规划的出台，海外一体化工作稳步推进，国机重工集团国际发展有限公司于 2017 年 8 月 15 日模拟运行，并加大了海外重点市场的拓展力度。菲律宾、伊朗、阿根廷市场实现收入，与上年同比分别增长 113.8%、84.6%、198%。成功中标联合国援建项目 3 500 多万元工程机械设备和白俄罗斯 1 800 多万元挖掘机出口合同；成功中标伊朗水电站 1 400 多万元工程机械设备采购项目；先后成立墨西哥办事处和西非公司，为海外业务后续发展奠定了基础。

以埃及农业温室大棚项目为代表的一批重大工贸项目落地执行，为工贸业务奠定了良好的发展条件。工贸业务板块新签合同额近 38 亿元，同比增长近 3 倍；环境业务、矿业业务等新兴业务收入取得同比增长近200%的经营成效，整体工贸业务板块呈现强劲发展态势。

探索转型发展之路和创新业务模式，以天工院和再制造公司为代表的服务业务板块稳步发展，经营成效进一步显现。天工院社会服务能力稳步提升，检测业务同比增长近40%；SINOMACH再制造挖掘机获得国家再制造产品认定资质，授权使用国家再制造产品绿色标志。

积极推进大客户（军工）工作，扩大国机重工“朋友圈”。围绕实现央企全覆盖目标，截至2017年年底，国机重工分别与中铁十一局、中国海洋航空集团有限公司等64家企业签署了战略合作协议，合作内容涉及环保项目、工程机械设备采购、污水处理项目、港口项目、海外工程建设项目等方面，强化了渠道建设，扩大了品牌影响，带动了经营规模的提升。

【科技管理与创新】

申请专利68项，授权专利49项，其中发明专利17项。

对外科技合作实现新突破。与北京理工大学签署“关于变速箱核心技术合作研发的技术合同”，利用高校单位深厚的技术优势为公司主导产品升级提供支撑，开辟了利用外智的新渠道。

立足于企业产品现状，实施打造经典产品行动计划，以集中优势资源打攻坚战为战略指引，以客户需求为出发点，聚焦目标市场，打造高质高效畅销产品为目标，调动企业技术、生产、市场、服务等资源，持续有序推进打造经典产品实施方案。

科研课题项目开发成果显著。成功申报中央军委“作业机械精准控制北斗应用示范工程可行性研究报告”项目，将中国自主研制的北斗卫星导航系统（BDS）首次应用到工程机械产品上，并在BICES2017北京展上成功展示；天工院承接2015年获批的2项国家科技支撑计划项目，其中“工程机械节能减排共性技术研究”项目完成研发内容，准备结题验收；“基于制动能量回收的液压混合动力节能技术研究”项目取得阶段性进展。同时，持续做好纵向课题申报与实施工作，参与工信部《中国制造2025》“工业强基工程重点产品、工艺一条龙应用计划与示范企业”项目。

由天工院组织并负责起草的两项“ISO国际标准”于2017年8月出版发行。两项国际标准的发布填补了中国承担土方机械国际标准制定的空白，对中国在土方机械国际标准领域工作的深入开展，推广可持续发展的全球化进程，促进中国乃至世界土方机械再制造、二手机器等领域的发展将起到积极的促进和推动作用。

在新产品研发方面：GZ50高端装载机、新一代55t汽车起重机（6节臂）产品进入技术设计阶段；YD170H全液压推土机、CE65H（三阶段）履带式液压挖掘机、TTC080G2汽车起重机产品，实现样机试制及试验；GE150H履带式液压挖掘机实现量产；8t、12t汽车起重机产品完成第三方检测及公告、3C认证工作。其他新领域产品方面：开展六自由度运动平台样机搭建；环卫产品洗扫车、吸尘车、垃圾（污泥）转运车完成基于销售领先品牌的二类底盘改制。

工艺提升方面：开展汽车起重机部件面漆化工艺技术研究，保证在起重机制造的全过程得到防护，使涂装质量得到全面提升，外观质量达到行业一流水平。

批准科技开发基金项目5项，总预算经费2 382万元。

【管理经验】

1. 战略管理 召开战略深化研讨会，进行头脑风暴、凝聚共识。会后出台《关于战略深化执行的实施意见》，进一步保证了“十三五”规划的落地实施。

分别与中国林产工业协会、国家林业局林产工业规划设计院、北京福田汽车股份有限公司北京欧辉客车分公司、江西金达莱环保股份有限公司、中机国际工程设计研究院、张家口桥西区人民政府、辽宁抚挖重工机械股份有限公司、上海彭浦机器厂有限公司、常州骏铎机械制造有限公司等8家企业和单位签订战略合作协议。扩大外部可用资源，对各项业务开展带来更大操作空间，为转型发展提供了外部动力。

2. 安全生产 落实安全生产责任制，逐级分解落实安全生产责任；全面开展安全生产检查，加强安全生产过程控制，加快整治事故隐患，加大安全生产宣传教育培训力度，建立安全生产事故、突发事件报告和突发事件预警机制，加强应急演练工作。获国机集团安全生产考核A级企业。

发生轻伤事故4起，其中常林公司1起、洛阳公司1起、国重常挖1起、工程成套公司1起。未发生职业病。

3. 节能减排 不断完善节能减排统计监测体系，建立健全制度体系，大力推动重点环境污染隐患整治工作；积极推动淘汰落后产能工作，全面推行清洁生产战略，加强节能减排宣传，提高全员节能减排意识，节能减排成效明显。获国机集团节能减排考核优秀。

节能减排指标中，万元产值综合能耗较2016年下降12.1%；万元营业收入综合能耗较2016年下降70.0%。

4. 提质增效 强化质量提升。牢固树立“质量就是生命”“从中国制造向中国质造发展”理念，实施以质取胜的经营战略，响应国机集团“开展三年质量提升行动”号召，开展以“对标一流、打造经典”为主题的质量提升三年行动及“我为质量提升献一计”活动。质量损失率及三包故障率同比分别下降40.44%、26.71%，MTBF整体呈上升趋势。

开展阳光采购专项活动和“我为阳光采购做贡献”活动。在全集团开展为期3年的阳光采购专项活动，国机重工总部以埃及农业大棚项目为契机，纪检、法务部门全程参与，提供监督保障，打造“阳光采购”的典范工程，引入招标公司，28亿元采购物资全部采取招标方式，节约采购成本近1亿元，抵御了同期钢材大幅上涨影响。

持续开展主导产品第三方满意度测评工作。针对存在的问题确定整改措施并实施整改，通过几年工作的开展，满意度测评分数逐年提高。洛阳公司压路机产品连续六届荣获筑养路机械产品“全国用户满意产品”称号和“全国用户满意单位”称号；常林公司装载机、平地机产品被评为“全国用户满意产品”，并再次荣获“用户满意服务单位”荣誉。

建立面向客户直接收集的质量信息系统平台。实现客户质量信息的实时反馈与及时处理，以及产品质量大数据的集成与分析，对国机重工提升产品质量水平、提升产品改进成效、提升售后服务质量等方面起到支撑作用。

5. 风险管理 进一步健全风险管控制度体系建设。设立全面风险管理领导小组负责公司全面风险管理体系建设和实施工作，组织全面风险管理组织体系建设，监督各风险解决方案的落实，进行制度建设、明确各类风险管控职责。通过梳理企业经营业务，分析查找风险点。制定和修订26个风险管控相关的管理制度，明确各类风险管控职责，实现相关事项和实施的规范化管理，通过信息化手段将工作流程固化下来，做到制度引领和流程化。

进一步落实“两金”压降任务。对重点企业实行重点监控，对因历史遗留问题形成的呆滞无效资产的清理核销问题进行专项攻关；推动企业以法律形式、资产核销等方式，处理以前年度长期挂账的应收账款，有计划地降低应收账款总额；推动相关企业加快处理长账龄存货。至2017年年末，应收账款存量压降43%，存货存量压降42%，完成了国机集团年度工作任务，并在国机集团表彰会上荣获“两金清理突出贡献奖”。

防范重大经营项目执行过程中的各类风险。对埃及现代农业项目和浙江小衢山矿石采剥项目进行风险识别，制订控防方案并持续跟踪，发现问题及时研究采取措施，防控相关风险的发生或扩大。

妥善处理中工马泰克仲裁案。围绕2016年《股东和解》协议继续推进技术资产转移、费用报销、人员解聘、公司清算注销等工作。各项工作顺利推进，案件风险基本化解。

适时开展专项检查，严禁各单位开展“四自三不见”贸易和融资性贸易业务；开展所属企业任期或离任审计及专项审计4次，对审计中发现的问题提出整改要求并逐一跟踪，进行闭环管理。

6. 品牌建设 重点进行“SINOMACH”品牌形象推广。国机重工荣登2017全球工程机械制造商50强第40名，国机重工品牌一体化战略荣获2017中国工程机械十大营销事件最佳品牌传播奖和2017工程机械年度品牌营销创新奖。同时，借助网络媒体和新媒体平台，通过专题网页、领导访谈、门户网站新闻发布、论坛、wiki问答等进行品牌推广，有效提升了SINOMACH品牌在工程机械行业的认知度。

加大宣传力度。先后在人民日报、大公网、国资报告、国际商报等主流媒体进行宣传报道；对内创新新闻宣传形式，把微信公众号运营作为新闻宣传的重要载体，粉丝数量增长超两倍。

7. 人才建设 根据公司《“十三五”人力资源规划》要求，打造经营管理人才、营销人才、科技人才、技能人才、党群工作人才等五支人才队伍，并在E-hr系统中实现国机重工和所属企业两级“人才库”动态管理。通过线上和线下培训体系，为人才队伍建设提供培养保障。

【党建工作】

2017年是国机重工第一届党委履新的第一年。一年来，国机重工党委紧紧围绕中心工作，以习近平新时代中国特色社会主义思想和系列重要讲话精神为指导，落实全国国有企业党建工作会议精神，加强和改进党的建设，履行主体责任，在“把方向、管大局、保落实”方面发挥党组织的领导核心和政治核心作用。

1. 贯彻党的十九大精神，把思想和行动统一到习近平总书记重要讲话精神上来 以十九大召开为契机，在国机重工上下通过各种形式，把学习宣传贯彻习近平新时代中国特色社会主义思想和十九大精神作为首要的政治任务来安排和部署。制订专项方案和学习计划，发放学习资料。及时召开十九大精神宣贯动员视频会，对学习贯彻活动进行系统部署。与中国二重联合，首次选送20名党务骨干参加中央党校十九大精神专题培训班，并选派多名领导参加国家行政学院和国机集团党委、纪委、工会系统的专题培训，多层面开展学习教育。

2. 落实全国国有企业党建工作会议精神，履行管党治党主体责任 制订《国机重工贯彻落实全国国有企业党的建设工作会议精神重点任务实施方案》。及时修改公司章程，健全完善“三重一大”集体决策制度和党委前置程序，实现党的领导与公司治理结构的有机统一。制订《国机重工党建工作责任制实施意见》《党风廉政建设责任制实施办法》《国机重工党委关于企业党委领导班子成员党建述职工作的实施细则》，对党委履行主体责任、书记履行第一责任、分管党建工作的领导班子成员履行直接责任、班子其他成员履行“一岗双责”的要求进一步明确，并层层签订“党建及党风廉政建设责任书”，压实责任。召开年度党建工作会、党风廉政建设和反腐败工作会，对年度党建工作和反腐倡廉工作进行全面部署。强化“一岗双责”落实。首次开展党委领导班子成员党建工作述职。发放谈心谈话记录本，做好谈心谈话工作；加强各级领导班子成员参加双重组织生活会的力度，集团公司班子成员在所属企业或所在支部中讲主题党课的比例明显提高。

3. 固本强基，夯实组织建设基础，保证“两学一做”学习教育常态化、制度化 制定《国机重工基层党组织三年提升工程（2017—2019）》，以实施四大提升工程（提质、先锋、强基、聚力）为载体，围绕打造“四强”党组织和“四个合格”共产党员的目标，着力提升基层党组织能力建设，强化基层党组织的作用发挥。全面梳理企业党建常态化工作，从党委、党委书记、纪委、纪委书记、领导班子成员、基层党支部、全体党员等7个方面出台“国机重工党建工作责任清单”（简称“100条”），便于党建工作的执行和落地。制订《党支部动态定级管理办法》，对基层支部实行层级管理和常态化及动态管理，让基层党支部工作有目标、有方法、有措施，力争通过3年提升使“三星”合格支部达到100%、“四星”支部达到60%。制订《推进“两学一做”学习教育常态化制度化实施方案》。通过支部园地统一上墙、“五亮、五比、五创、五评”“我为质量提升献一计、我为阳光采购做贡献”等主题党建活动和工作的开展，全体党员为企业建言献策，投身工作实践，仅质量提升和阳光采购就提出合理化建议600多条。

【队伍建设】

坚持党管干部、党管人才，加强队伍建设，激发干事创业热情。出台《国机重工领导干部综合考核评价办法》，通过“五评五看”强化对干部的全面管理和问责力度；首次推行所属企业正职和党支部书记公开竞聘上岗以及纪委书记派驻制；强化各级干部的规矩、规则意识和红线、底线意识，切实抓牢干部廉政建设；坚持人才强企战略，完成 476 名“85X”人才选拔、分类并实现了信息化管理；21 人获得高级以上职称，3 人受聘国机集团首席技师。

【社会责任】

召开扶贫工作会议，强化组织领导作用，健全完善工作机制，推进对贫困地区定点帮扶和对企业内部困难人员两个层面扶贫任务的落实；建立定期扶贫报告和督察制度，加强督察问责，为如期实现扶贫工作目标提供坚强保障；董事长带队深入扶贫帮扶点调研指导。

国机财务有限责任公司

【基本情况】

国机财务有限责任公司（以下简称国机财务）于 2003 年 7 月经中国银行业监督管理委员会批准成立，是具有企业法人地位的非银行金融机构。公司股东为中国机械工业集团有限公司（以下简称集团）及 26 家集团成员单位，注册资本 15 亿元。

经营范围包括：对成员单位办理财务和融资顾问、信用鉴证及相关的咨询、代理业务；协助成员单位实现交易款项的收付；对成员单位提供担保；办理成员单位之间的委托贷款及委托投资；对成员单位办理票据承兑与贴现；办理成员单位之间的内部转账结算及相应的结算、清算方案设计；吸收成员单位的存款；对成员单位办理贷款及融资租赁；从事同业拆借；承销成员单位的企业债券；经批准发行财务公司债券；对金融机构的股权投资；有价证券投资；成员单位产品的消费信贷、买方信贷及融资租赁；保险代理业务。

继续深化改革，同心协力，以产业链金融综合服务商为愿景，努力沿集团产业链拓展业务，以资金结算与管理中心、客户服务与产业链金融中心、投资与资产管理中心（“三个中心”）建设为目标，以团队化工作机制迅速响应客户个性化需求，积极创新产品和服务手段，力求打造差异化、特色化、产融结合的品牌优势，坚持创新驱动、内生增长的内涵式发展道路，对内挖潜，对外增收，围绕产业链支持国机集团及成员企业实体经济发展。

【主要指标】

2017 年国机财务主要经济指标完成情况见表 1。

表 1 2017 年国机财务主要经济指标完成情况

指标名称	2016 年	2017 年	同比增长（%）
资产总额（万元）	2 559 346	2 789 401	8.99
净资产（万元）	226 182	237 565	5.03
营业收入（万元）	63 237	75 208	18.93
利润总额（万元）	33 482	35 112	4.87
技术开发投入（万元）	—	—	—
利税总额（万元）	43 448	47 917	10.29
EVA 值（万元）	11 648	11 656	0.07

（续）

指标名称	2016 年	2017 年	同比增长（%）
全员劳动生产率〔万元 /（人 • 年）〕	583	649	11.23
净资产收益率（%）	11.90	11.53	减少 0.37 个百分点
总资产报酬率（%）	1.62	1.31	减少 0.31 个百分点
国有资产保值增值率（%）	112.83	107.46	减少 5.37 个百分点

【市场开拓与产品销售】

以国机集团战略发展为主线，继续深入成员企业经营链条，扩大金融品种和金融服务规模，发挥自身金融服务平台的作用。在稳定存款规模，优化信贷结构的基础上，做精做细产业链金融服务产品，为成员企业提供生产销售环节的全产业链金融服务综合解决方案，不断提升公司价值服务能力。

1. 坚持差异化分类管理原则，稳定并提高存款规模 坚定不移地贯彻大存款理念，坚持“1+N”客户服务模式，采取差异化分类管理与服务原则，以长期稳定的合作存款客户为基础，努力拓展稳定客户来源，夯实存款工作基础。持之以恒做好上市公司关联交易和资金归集工作。与国机集团原有 9 家上市公司签订金融服务合作协议，关联交易额度为 190 亿元。在重点客户维护方面，实行差异化服务。国机财务针对不同客户特点，以差异化、个性化的金融服务策略实现其存款规模的稳定。以产业链金融服务为抓手，积极开拓潜在客户。

2. 坚持财务公司本源功能，加强资金集中平台建设 贯彻国机集团进一步加强资金集中管控的总体要求，不断加强资金集中平台建设。与 16 家银行建立直连接口，完成 830 家成员企业账户查询权限的设置工作。按照国机集团集中度考核总体要求，加强成员企业资金结算集中度的监测服务工作，通过与国机集团和成员企业构建常态化的沟通机制，协助成员企业及时掌握自身资金集中度变动情况。通过系统功能开发和优化升级，完善结算服务系统功能，进一步提升信息系统的安全性和效率性。完成上海票交所账户开立、会员资格申请、系统迁移和测试等工作，为电票业务开展提供系统保障。为部分客户制订个性化结算服务方案，建立结算服务快速反应机制，提升客户服务满意度。截至 2017 年 12 月 30 日，在国机财务进行结算的户数 648 家，较上年底增加 103 家，覆盖国机集团所有二级成员企业。

3. 跟随国机集团发展主线，支持国机集团实体经济发展 跟随国机集团全面深化改革全面推进步伐，不断扩大金融品种和金融服务规模，为国机集团主业发展提供金融支持。完成向监管部门产业链延伸备案工作，开展“一头在外”的票据贴现业务，受到成员企业及其供应商的欢迎，已逐步在成员企业间推广应用。贯彻“了解你的客户”原则，加强集团三级及以下成员企业调研，深入了解个性化需求，在控制风险的基础上，以项目贷款方式进一步深入成员企业经营链条，缓解成员企业临时性资金紧张，保证项目顺利进展。总结优化产业链金融产品管理模式，增强专业化运营能力，丰富信贷业务品种，更好地满足成员企业全方位金融需求。

4. 外汇业务认可度提升，拓展初见成效 继续加强对跨国公司外汇资金集中运营和外汇即期结售汇产品的宣传推广，深度开发跨国公司外汇资金集中运营平台功能，推出集中收付汇业务品种，使成员企业收付汇业务操作更加便利，外汇收付管理效率进一步提高。同时，增强与银行合作力度，减免付汇业务费用，以优惠价格为成员企业提供结售汇服务，降低成员企业外汇汇划和结售汇环节的成本。认真调研客户需求，寻找与成员企业开展业务的契合点，以保函、信用证结售汇为抓手，量身定制存款与结售汇相结合的一揽子解决方案，使外汇资金归集规模同比增长 1 倍，外汇业务客户群相应扩大，新增跨国公司外汇资金集中运营参与主体 26 家，新增外债额度 4 400 万美元。

5. 加强市场趋势研判，强化同业资金运营效果 加强内部资金运用的计划性，实现保业务、保收益、保流动性的动态平衡。继续巩固与银行的合作关系。截至 2017 年年底，与包括商业银行和财务公司在内的 19 家金融机构建立起授信合作关系，授信总量超 210 亿元。同时，完成在进出口银行的开户工作。通过广泛收集市场信息，及时了解银行各类产品新动向，向内反馈产品和价格信息，为公司产品选择和定价提供数据依据。通过科学分析资金价格走势，把握价格运行规律，有效提高日常闲置资金收益。

6. 审慎开展投资业务，保持稳定收益 面对股票市场、债券市场的复杂环境，确定审慎投资策略，即谨慎开展收益、安全、资金规模相匹配的投资项目，开展投资业务期限管理，合理配置投资资产结构。抓住市场机遇，利用交易所标准化产品，提高资产收益率、利用率和灵活性。发挥专业优势，为成员企业提供财务顾问服务，增加成员企业与公司服务之间的合作紧密度。

【管理经验】

1. 坚持创新驱动，丰富服务手段，持续提升业务价值 坚持走创新驱动、内生增长的内涵式发展道路，推进转型升级和二次创业。经过探索实践，拥有买方信贷、融资租赁、财务公司承兑汇票、厂商一票通、经销商票据融资、财企直联、代理收款、代理付款等一系列具有财务公司特色的创新产品，形成覆盖国机集团主要产业链条的特色金融产品线。通过加大网上银行、代理收款、财企直联、电子票据、票据管理等结算工具的推广力度，扩大结算创新工具的使用范围，逐步打造一体化财务公司结算服务体系；深入研究成员企业产业链特征，规范、完善、推广特色金融产品，开展产业链延伸票据贴现业务、总结优化融资租赁业务管理模式、完善合同条款，为成员企业提供专业化、个性化需求的金融服务解决方案。

2. 加强合规基础建设，提升风险管理能力 强化合规对经营管理的保障作用，不断提升风险管控水平。开展合规岗下沉工作，梳理并整合业务风险成因和表现形式，确定风险控制措施，制订操作清单，以增强业务经办岗位和合规岗位的业务风险识别和分析能力。调整和优化业务管理流程，实现办公自动化系统与规章制度和授权体系的无缝链接。系统梳理合同管理体系，规范标准合同文本，结合业务特征和风险现状，提升合同条款严谨性，巩固风险防控机制，堵住风险漏洞。加强资金备付精细化管理，紧盯流动性波动，提前研判重大资金变动，做好流动性管理预案，保证结算支付资金安全。在常规审计的基础上，开展全面风险专项检查，对党建、各项经营业务开展全面系统的检查，发现问题立行立改，为公司内部管理质量提升奠定基础。

3. 加强人力资源管理，完善制度体系 不断加强和完善人力资源管理体系建设，坚持以人为本原则，为业务发展提供有力保障。深入贯彻党管干部基本原则，强化干部选拔任用过程中“民主、公开、公平、择优”程序，突出德才兼备、勇于担当的选聘条件，加强考核，听取群众意见，任前公示、谈话制度化。加强员工强制休假和岗位轮换管理，严格实行强制休假检查程序，定期轮换重要岗位人员，避免业务风险和操作风险。进一步规范薪酬分配制度，完善绩效考核工作，形成员工薪酬与公司经营业绩同向联动机制，提升员工积极性和创造力。同时，完善绩效考核内容，加强问责机制。组建“岗位、机构职能优化”专项课题小组，形成具有前瞻性、科学性和可操作性的专题报告，为公司结构调整、转型升级起到积极的促进作用。

【党建工作】

国机财务党总支认真学习宣传贯彻习近平新时代中国特色社会主义思想、党的十九大和全国国有企业党建工作会议精神，深入推进“两学一做”学习教育常态化、制度化，严格落实国机集团党委关于党建工作的各项要求，坚持“从严”“求实”“创新”的党建工作思路，周密部署，狠抓落实，不断提升党建工作水平，引领企业文化沿着正确方向发展。

贯彻习近平新时代中国特色社会主义思想和党的十九大精神，以新发展理念全面推进国机财务改革发展。落实全国国有企业党建工作会议精神各项要求，推动党建工作要求进章程；严格履行党建责任制，落实全面从严治党各项措施，做好党建工作的谋划、部署、推进和督查工作；逐级签署党风廉政建设责任书，抓好党建责任落实。推进“两学一做”学习教育常态化和制度化，制订实施方案，夯实制度性基础性工作；抓关键少数、关键环节，确保学习教育常态化制度化。健全党建工作机构，配齐专职党务工作人员；实现“双向进入、交叉任职”领导体制；健全党组织议事决策机制，细化完善“三重一大”事项决策程序；加强基层党建工作，发挥基层党组织战斗堡垒作用，按期完成党总支换届；加强支部建设和管理，严格党员发展，加强党组织对群团工作的支持和领导；落实党管干部原则，把握正确的用人导向。以学促行，务求实效，通过党建主题活动，将“两学一做”学习教育成果体现在工作中；以“凝心、笃志、毅行”为主题，组织企业文化活动，为建设稳健优质的国机集团金融服务平台，打造干净担当、德才兼备的财务金融人才队伍奠定坚实基础。

【信息化建设】

推进信息系统建设开发，为业务发展提供系统保障。上线财务公司网上银行资金管理平台功能，实现对已授权银行账户的查询及相关统计功能；丰富平台功能，完成银企平台升级及银行接口调试，提高资金管理系统的稳定性和运行效率。设计和开发数据台账管理系统和数据报送系统，实现各结点系统数据传输功能，提高数据报送效率和质量，降低操作风险。聘请专业机构测评外汇、办公自动化、征信和台账系统，确定等级保护级别，增强信息系统安全保护的整体性、针对性和规范性。

【社会责任】

国机财务党总支协同行政、工会、团委，开展互助帮困送暖工作，向“国机集团爱心基金”捐助一日工资 13 488 元。此外，向对口帮扶地区河南省固始县捐款 15 万元，用于为国机励志学校购置贫困学生校服。

国机汽车股份有限公司

【基本概况】

国机汽车股份有限公司（简称国机汽车）是国机集团控股的 A 股上市公司（股票代码：600335）。

2011 年 11 月，根据国机集团汽车板块战略规划，通过资产置换方式，将其所属企业中国进口汽车贸易有限公司整体注入鼎盛天工工程机械股份有限公司，并更名为国机汽车。“中进汽贸”品牌、管理及业务体系保留，成为国机汽车全资二级企业。

2013 年 5 月，国机汽车以增资方式，持有中进汽贸原所属企业中进汽贸（天津）进口汽车贸易有限公司 71% 控股权；2013 年 10 月，以增资方式，持有中进汽贸原所属企业中进汽贸服务有限公司 53% 股权，并将两家公司管理层级调整为公司二级企业。

2013 年 9 月，国机汽车出资 5 000 万元设立二级企业国机汽车发展有限公司。

2013 年 12 月，国机汽车收购宁波宁兴投资有限公司 51% 股权，更名为宁波国机宁兴汽车投资有限公司，为公司二级企业。

2014 年 7 月，国机汽车完成对中国汽车工业进出口有限公司的改制重组工作，中汽进出口成为公司二级企业。

2015 年 6 月，国机汽车出资 3 000 万美元成立汇益融资租赁（天津）有限公司，为公司二级企业。

2017 年 4 月，国机汽车联合国机资本、中国电器院、中机国际、深圳国基、共青城欣盛鑫、上海龙创 6 家企业，注册资本 8 亿元，设立国机智骏汽车有限公司。国机汽车为第一大股东，持有 40% 股权。

【主要指标】

2017年，在国机集团和国机汽车董事会的领导下，公司经营班子带领全体员工，深入学习贯彻党的十九大精神和国机集团工作会议精神，按照“公司管理原则与目标”和“执行年”的工作要求，紧密围绕“深化改革、创新转型、提质增效、加强协同”的工作方针，凝心聚力，奋发进取，圆满完成各项目标任务，为实现新时代公司再发展奠定了坚实基础。

截至2017年12月31日，国机汽车实现营业收入502亿元，同比下降0.68%；实现利润总额9.13亿元，同比增长13.82%。国机汽车2017年主要经济指标见表1。

表1 国机汽车2017年主要经济指标

项目	2016年	2017年	同比增长（%）
资产总额（万元）	2 214 509	2 590 994	17.00
净资产（万元）	714 969	758 955	6.15
营业收入（万元）	5 058 479	5 024 014	-0.68
利润总额（万元）	80 185	91 265	13.82
技术开发投入（万元）	2	81	3 974.49
利税总额（万元）	457 322	468 186	2.38
EVA值（万元）	13 681	18 227	33.23
净资产收益率（%）	8.61	8.92	增加0.31个百分点
总资产报酬率（%）	4.13	4.76	增加0.63个百分点
国有资产保值增值率（%）	109.05	109.54	增加0.49个百分点

【改革改制】

2017年，国机汽车积极推进解决重组中汽进出口过程中遗留的天津中汽、贵州中汽、温州和鸿和莱州华汽的历史遗留问题。具体如下：

1. 天津中汽 2017年3月15日，中汽进出口与天津进口签署“股权转让合同”，天津进口以1元受让天津中汽100%股权，从而解决天津中汽重组遗留问题，目前天津中汽工商变更登记已完成。天津中汽按照江铃福特厂家的要求对天津中汽进行经营场所改造，并于2017年年底正式开业运营。随着新业务的运营，天津中汽经营状况将逐渐好转。

2. 贵州中汽 2017年3月15日，中汽进出口与国机资产管理公司签署关于贵州中汽的“股权转让合同”，中汽进出口以1元受让贵州中汽100%股权，从而解决贵州中汽重组遗留问题，目前贵州中汽工商变更登记已完成。2017年，贵州中汽实现归属母公司净利润264万元。

3. 莱州华汽 为落实解决莱州华汽特困企业专项治理工作，国机汽车、国机资产管理公司及中汽进出口积极协商通过将股权无偿划转给中汽工程来解决特困企业问题。后续三方将积极推进并落实莱州华汽专项治理工作。

4. 温州和鸿 温州和鸿已安置全部员工23人，安置资金约26万元。2017年，温州和鸿亏损598万元，温州和鸿已经采取处置低效无效资产、落实人员安置、降低费用支出等措施减少亏损，并和土地方协商土地退租事宜。

【重大决策】

1. 对外投资 2017年，国机汽车围绕全产业链、全服务链，以绩效为导向，推动业务创新、转型，取得了积极成效。全年共计审议18个项目，完成16个项目的审批决策（含2016年延续项目），其中14个项目完成出资，2017年实际固定资产投资51 692.70万元，完成预算比例94.9%，2017年实际股权（产权）投资201 395.10万元，完成预算比例的55.9%。通过实施对外投资项目，进一步优化产业布局，推动国机汽车业务持续创新、转型。

2. 清理整合 2017年，国机汽车在国机集团压减专项工作精神的指导下，加大对低效无效资产的压减工作，全年共组织实施清理整合项目20家，其中国机集团压减专项工作涉及清理整合项目13家，其他清理整合项目7家。

2017年，实际完成国机集团压减专项5家，完成考核167%；完成天津宝马资产处置项目（招牌挂）、国机宁兴3家参股股权处置、余姚宁兴层级调整等其他清理整合3家。

在加大清理整合力度的同时，加强对下属企业经营工作的管理，改善亏损企业的经营状况，超额完成国机集团对于2017年亏损企业治理“亏损额及亏损面双降10%”的考核目标，持续优化提升国机汽车的整体资产质量。

【重大资本运作项目】

2017年7月29日至9月8日，国机汽车抓住银行间债券市场发行有利的“时间窗口”，成功发行第一期超短期融资券8亿元，发行成本年利率为4.54%；发行第一期短期融资券，发行年利率为4.88%，融资18亿元，公司取得低成本的运营资金。

【重大投资项目】

1. 新能源汽车项目 2017年4月，国机汽车及各方股东投资成立国机智骏汽车有限公司，注册资金8亿元，国机汽车为第一大股东，持有40%的股权。国机智骏主要开展纯电动新能源汽车及汽车零部件的技术研发、制造、加工、销售和技术咨询、技术服务等业务。

项目规划新能源汽车产能10万辆，投资规模251 500万元。截至2017年12月31日，项目累计完成合同金额约7.6亿元，其中基地建设投资4.9亿元，工艺设备投资约0.8亿元，研发投资约1.2亿元。项目实际支出资金约3亿元。

项目研发、基地建设、人力资源建设等工作有序推进。

2. 天津力神项目 根据《国机集团投资项目备案报告确认函》（国机战投备〔2017〕71号），由国机汽车以现金出资不超过5亿元，战略投资天津力神电池股份有限公司（简称天津力神）。具体投资方案为国机汽车首先受让由杭州公望翊力投资合伙企业（有限合伙）（简称杭州公望）持有的天津力神的股份。

2017年11月13日，国机汽车与杭州公望签订股权转让协议，受让由杭州公望持有的天津力神4 200万股股份，受让价格38 640万元。2017年11月16日，国机汽车支付转让款；2017年11月17日，完成股权证的取得。国机汽车持有天津力神3.36%股份。受让完成后，国机汽车以股东身份参与天津力神增资配股，认购1 860万股增发股份，认购金额为11 284.62万元，认购完成后，国机汽车持有天津力神3.503%股权。

【重大业务项目】

1. 捷豹路虎进口、物流、批售项目 2017年，捷豹路虎进口、物流、批售项目稳步开展。完成了外贸进口、内贸销售、物流合同的续签，同时拓展了天津港口的CAL项目和PHEV仓储服务项目；在完成与捷豹路虎前端背库存业务合同的基础上，重点推进后端的库存缓冲服务，捷豹路虎计划2018年启动与中进汽贸的库存缓冲服务项目。全年批售11 602台，车辆运输达标率98.6%。

2.Tesla进口车辆物流服务项目 中进汽贸为Tesla提供报关报检、仓储及物流运输服务。2017年，提供物流服务车辆8 109台。运输时效达标率98.75%，百分百匹配Tesla各服务中心的销售节奏。

3. 阿斯顿马丁项目 截至2017年年底，国机汽车共完成144台车的进口与销售。同时，中进汽贸完成了阿斯顿马丁4辆单车认证的进口和认证业务，取得了国内首张乘用车单车认证证书，并率先在上海出入境检验检疫局开创了以一般贸易方式对单车认证车辆报检的先例。

4. 菲克进口汽车项目 在批发销售方面，继续加强与合作厂家的合作，提升服务质量，配合厂家按计划达成各期销售目标。2017年，共计采购车辆17 326台/71.63亿元，批发销售车辆17 809台/62.17亿元；努力提升面向经销商的服务效率和质量，建立与经销商更加快捷紧密的沟通渠道。在港口物流方面，持续推动港口业务管理再提升，主动应对海关通关一体化的变化，做好与海关的沟通，保障各批次车辆的顺利清关；顺利完成广州港第一批到港车辆的政府补贴申请，合计获得补贴款项275万元；通过积极与厂家沟通，重启进口车在库保养工作，既保证了出库商品车的品质，同时也扩展了公司业务增长点。

5. 广菲克广州生产国产车仓储及物流项目 在业务开展过程中，根据需要持续进行仓储设施的完善。2017 年 9 月，国机汽车完成广州番禺区化龙镇海印仓库的租赁工作，仓库面积 11 万 m^2，库容 4 649 台。根据公司业务发展战略，广州海印仓库将打造成为硬件齐全、管理先进，具备高标准整车 VPC 中心的区域中心仓库。积极制订适用于广菲克国产车的管理措施，物流运输达标率保持在 99% 以上。2017 年，实现入库 4.1 万台，运输 4.7 万台。

6. 大众进口汽车项目 2017 年，中进汽贸继续配合大众汽车（中国）销售有限公司（简称进口大众）批售管理要求的提升，在上下游资金支持、返利发放实施、批售政策执行、经销商服务等方面，继续加强管理建设，不断加强资金风险、合同风险、融资风险管控，深化以中进汽贸为服务和管理主体，向进口大众经销商网络拓展循环融资票据批售融资业务；加强与上下游的黏性，增加利润增长点。成功完成新一期的合作协议续签，即“1+0.5”协议。2017 年 12 月 31 日，双方对协议内容无异议，协议有效期限延至 2019 年 6 月 30 日。在不断提升能力和服务水平的基础上，高标准提供服务并努力推进与进口大众更长远深入的合作。

7. 福特进口汽车项目 运营车型探险者 2.3T、探险者 3.5T、玛斯丹 2.3T、玛斯丹 5.0T、福克斯 ST、福克斯 RS、猛禽和 Ranger8 款车，2017 年，福特品牌进口车累计 19 962 台，营业收入近 71 亿元。

【2017 年市场开拓、产品销售、签约、重大项目进展、科研成果、产业化发展情况等】

1. 汽车批售和贸易服务业务拓展新品牌新项目 中进汽贸拓展捷豹路虎客户接受线项目、捷豹路虎 PHEV（插电式混合动力汽车）仓储租赁及操作支持服务项目；开拓蔚来汽车全国单板厢式运输车辆的运输服务项目；拓展阿斯顿马丁车辆批售及贸易服务项目，11-12 月进口、销售 144 台，销售收入 1.99 亿元；开拓广菲克直租模式下批售业务，7-12 月采购 5 797 台，销售 2 600 台，销售收入 3.55 亿元；与英菲尼迪签订合作协议，建立重要战略合作伙伴关系；积极推进阿尔法罗密欧物流服务项目投标。中进进口开始运营天津港林肯物流服务项目，5-12 月到港 11 596 辆，服务收入 6 000 万元。

2. 平行进口业务取得新进展 国机汽车与中国汽车流通协会共同组织召开“平行进口汽车市场圆桌会议”，成立“平行进口汽车市场联席会”，提升了公司在平行进口行业的影响力。在中国国际汽车商品交易会上推出“国机平行进口车”自有品牌，创新三包质保模式，向消费者提供一手的、有完善质保的、多品牌平行进口汽车。密切跟踪和研读平行进口汽车行业政策，发布《平行进口汽车月度研究报告》；灵活运用政策红利，适时扩大试点企业数量，中进进口正在申请广州南沙自贸区试点企业资质。

中进汽贸签署捷豹路虎“总对总”平行进口业务合同，首批车辆预计今年 2 月到港。中进进口福特 Ranger 车型“总对总”平行进口贸易合同、服务协议已经签署，首批车辆预计今年二季度到港；三菱“总对总”平行进口业务前期准备工作顺利推进。

中进进口自有平行进口业务规模增长明显，2017 年采购车辆 2 439 台，货值 10.29 亿元，销售 1 063 台，销售收入 6.2 亿元；荣获中国汽车流通协会颁发的“全国平行进口汽车市场服务模式创新奖”和“平行进口汽车市场创新进步奖”。

3. 汽车零售业务开拓新品牌新项目 国机发展所属中汽雷日在北京新取得东风启辰和广汽传祺 2 个零售品牌授权，特斯拉钣喷中心已开始运营；北京锦旺获得广汽三菱品牌授权，天津沛显延伸了 3 个直营店和唐山分店。中进汽贸新增上海中进、石家庄百旺 2 家菲克 + 广菲克零售品牌授权。中进进口江铃福特店正式开业运营。

4. 整车出口和内外贸业务取得新突破 中汽进出口积极开拓中东及伊朗市场，配合整车出口业务，在迪拜保税区筹建子公司；与广汽集团签署 800 台广汽传祺出口合同，实现公司乘用车出口业务的突破性进展。加强零部件系统供应商供货能力整合及质量标准把控，借助出口配套业务优势，抓住发展契机，成功开拓博世在中国的产品供应渠道。与中国一拖、中国福马和中装集团签订了共同开拓古巴市场的战略合作协议；与中联重机、古巴冶金工业企业集团签订了《古巴工业设备及农业机械化发展项目合作框架协议》，目前已进入实质性操作阶段。一般出口业务方面，以展促贸，深度挖掘市场资源，积极开发出墨西哥、厄瓜多尔、澳大利亚等新的目标市场。

【2017 年公司产权制度改革情况】

国机汽车高度重视产权管理工作，安排专人负责相关工作。依据《国有产权登记管理暂行办法》，并借助国资委管理系统，实现产权登记的信息化、网络化和对所属企业产权状况的实施动态监管，重点关注非货币性资产评估转让等经济行为，符合条件及时进行资产评估备案。

2017 年共完成产权登记 20 项，其中占有登记 3 项，变动登记 10 项，注销登记 7 项；完成国资委产权管理信息系统整合工作，对全级次全部基础数据进行核对检查，确保系统初始化数据的准确性，为后续系统运维提供保障；完成国机汽车 2017 年度产权登记检查工作，进一步夯实基础数据；对二级公司产权登记管理人员统一培训，提高了产权管理工作水平。

【业务运营管理】

1. 规范运营管理，逐步建立公司整体运营管理的基本模式

（1）对二级企业 2017 年经营目标进行层层分解，要求各企业按业务类型，实现对业务全覆盖的分解。各项任务分解到月，将责任落实到下属企业或对应部门，并确定具体责任人。

（2）加强二级企业的经营过程跟踪管理，及时掌握经营状况，通过全口径月度经营动态报告，分析问题，督促经营改善。

2. 零售业务整合效益显著 2017 年，国机汽车以国机发展为平台加强零售业务集中管理，整合了 4 个板块内的 27 家 4S 店，提高了业务、管理、人才的资源效率。国机发展初步探索建立了零售业务集团化基础运营管理体系、业务管理标准和财务管理标准。所属 4S 店盈利能力大幅提升，27 家 4S 店中 17 家盈利同比提升，3 家实现扭亏为盈，4 家实现减亏，实现利润总额 5 428 万元，同比提升 170%。

3. 落实国机集团相关要求，全面加强采购管理

（1）2017 年年初国机汽车发布了新的《国机汽车采购管理办法》，规范国机汽车及各级所属企业的采购行为；明确了各部门相关职责以及各类采购流程；完善采购领导机构编制、职责等。

（2）完成采购统计上报工作，2017 年度国机汽车完成整车及配件采购约 540 亿元，采购车辆 15 万辆，集团要求的公开率、上网率、集中率接近 100%。采购管理工作在集团考核中获得经营业绩指标考核加 2 分的好成绩。

4. 持续做好安全生产及节能减排工作。

（1）持续建立健全安全生产管理体系；推动企业安全生产标准化的达标认证，加强安全生产教育培训；加大安全生产检查力度，确保安全生产全年无事故。

（2）建立健全节能减排管理体系及相关制度；分解落实节能减排指标并监督检查落实情况，对所属企业节能减排工作进行考核。

（3）安全生产和节能减排工作在国机集团年度考核中分别获得了 A 级，经营业绩指标考核共加 3 分的好成绩。

【集团化管理】

1.“战略管理 + 运营支持”的集团化管理体系不断完善 确定了国机汽车“集团化管理 + 运营支持”的母子公司管理模式，明确了总部职责任务和业务板块定位。2017 年，按照《公司管理原则与目标》确定的原则，国机汽车组织各二级企业首次编制了切实可行的业务战略规划，明确了各业务板块的定位，并在深入调研与分析的基础上，编制完成了国机汽车 2018—2020 新的三年战略规划。国机汽车作为国机集团选定的重点企业，对 2016 年战略执行的情况进行了认真回顾和总结，实现了战略的闭环管理。

总部各部门按照“一个中心，两个保证”的要求，改进工作作风，转变管理方法，职能不断下沉；根据“四位一体”新定位新要求，加大对所属企业的支持、服务、管理和价值创造力度，促进业务发展。公司领导深入一线指导工作、协调资源、开拓市场、推动提升，促成了二级企业一批新的合作项目。

2. 持续完善公司治理结构 国机汽车持续完善公司治理结构，构建良好的投资者关系管理体系，及规范运作机制和合规管理体系，不断提升价值创造能力，赢得监管机构及资本市场的广泛认可。

一是及时召开董事会、监事会、股东大会，保证公司重大事项决策的合法合规。二是首次启动股权激励项目，积极构建核心员工与公司发展的长效激励机制。三是真实、准确、完整地披露各类报告 61 余份，树立稳健、开放、透明的企业形象。四是保持与投资者定期沟通，积极进行路演与反路演，赢得资本市场的认同与支持。五是维护上市公司良好的舆论氛围，推动资本市场价值创造。六是持续关注资本市场及行业热点，定期发布专题报告，形成资本市场研究报告体系。七是加强与证监会、天津证监局、上交所等各级监管机构的沟通，按时上报监管文件、报告，积极参加其组织的培训、调研等活动。

3. 深化改革、创新转型、提质增效、加强协同，提升财务集团化管控水平 一是发挥资本市场作用，不断优化资本结构。二是拓宽融资渠道，优化融资结构，降低融资成本，保障经营发展合理资金需求。三是加快内部资源整合，推进低效、无效资产的处置，积极改善、提高资产质量。四是深化财务创新转型，强化财务价值创造功能，实现财务创新增值。五是持续强化财务信息质量管理，提升对经营管理的支撑能力。六是不断加强财务基础管理和内控建设，完善风险防范机制，持续提升风险防范能力。

4. 践行支持、服务、管理与创作价值“四位一体”的人力资源工作要求 一是根据发展需要，对组织结构进行优化，进一步整合干部人才资源。二是着力推进重大激励约束机制创新。三是坚持党管干部原则，着力选拔任用政治强、懂专业、善治理、敢担当、作风正的领导干部。四是着力提升培训质量，全面开展改进措施。五是积极响应二级企业的协同需求，高效提供协同支撑。

5. 行业研究水平持续提高 研发并搭建了新能源乘用车研究体系，发布了“月度新能源汽车政策跟踪”“重点新能源乘用车企业研究”“新批新能源乘用车企业跟踪”等报告，构建全口径新能源乘用车数据库。

6. 完善内部审计机制，审计工作规范化不断加强 一是进一步加大内部审计工作力度，审计部门深入所属公司现场 24 次，开展了任期经济责任审计、专项审计、内控评价及检查等多项内部审计工作，关注企业风险及违规事项、查找管理漏洞，充分发挥了内部审计在企业规范管理、防范风险等方面的作用。二是狠抓审计整改的落实，下发通知明确整改要求，监督检查整改结果，汇报整改情况，逐步完善整改机制，形成有效的闭环管理。

7. 依法治企，不断完善法律风险防范机制 一是着力推动公司全系统的合同、制度、重大决策的法律审查制度化、流程化、信息化。二是通过提供法律咨询和过程管控，指导、协助所属企业解决法律纠纷案件，保障公司合法权益，有效降低法律风险。三是多措并举，推动法律风险防控与经营管理的深度融合，进一步提升了依法治企能力，为公司业务的稳健发展和业绩提升提供更加坚实的法律支撑和保障。

8. 完善会议制度，加强新闻宣传 制订《国机汽车总经理办公会会议制度》，明确了总经理办公会议题提报流程、议事原则与决策程序，提高了会议决策效率，全年召开总经理办公会 23 次，决策 142 件重要事项。发布《国机汽车业务专题汇报会会议制度》，定期听取所属企业和职能部门工作汇报，及时掌握公司运营状态。2016 年公司新闻宣传工作在集团排名第 7 名，比上年提高 5 名。

【信息化建设】

2017 年国机汽车信息化工作管理得到了再提升。

1. 在修订完善公司信息化管理制度体系的基础上加大执行力度 根据制度体系规范，深入二级公司，进行各信息化项目关键节点管理和评审，对项目需求梳理、制定及审核项目总体架构和技术实现方案、基础设施配置及部署、项目过程管理、项目质量管理等方面提供支持和服务。

2. 初步搭建国机汽车总部及二级公司信息化管理横向、纵向团队 完成国机汽车信息化三年规划的初稿编写和2018年信息化需求收集及评审；与集团内苏美达、农机院等兄弟单位的信息化建设对标、正版化管理等经验交流，新疆广汇上海总部交流零售管理系统建设；组织召开2017年度信息化工作专题会，统一思想，提高认识、开阔眼界。

3. 按计划实现年度建设目标 国机汽车各应用系统建设项目均按计划实现年度建设目标，为实现管理和业务的全覆盖迈出了坚实的步伐。中进进口经销商返利管理模块开发项目完成项目初验，2017年9月正式上线；汇益融资业务系统建设项目进入实施开发阶段，完成服务器采购及应用系统部署；中汽进出口业务系统建设项目完成主体需求梳理，完成需求评审工作，进入项目立项阶段；中进租赁业务系统建设项目完成需求评审工作，进入项目立项阶段；零售EAS成功完成4家门店的自主上线。

4. 提质增效，夯实IT基础，排除安全隐患 主动设防日常运维，积极应对突发事件，全力保障7×24小时运维挑战，保障业务连续性。2017年共计处理桌面终端故障942件、网络故障14件、机房各类故障45件。全年机房日常巡检498次，月度深度网络及机房设备巡检12次，季度机房环境设备维护4次。形成各类重大故障处理事件报告20个、季度巡检报告4个、月度巡检报告12个、周报52个。国机汽车机房新增服务器硬件设备7台，移出硬件设备3台。处理2017年全年机房监控系统短信报警24次。OA系统解答使用问题110人次，解决账号问题56人次，新搭建7条流程，系统内流程调整36条次，完成1次灾备演练、1次测试系统数据更新，保证备份数据可用，提升了极端情况的处理能力和处理效率。解决邮件系统邮件延迟、发信被退问题，设置46条收信规则，33个IP白名单，确保正常邮件及时投递。批发系统及时合理备份，沟通推进新一期运维合同签订，针对用户反馈的52个问题，跟进软件厂家解决进度和解决效果。信息管理部组织参与新旧外包公司工作交接工作，梳理运维交接清单62项，交接确认信息化相关运维文件6 852个。完成国机汽车总部各楼层网络设备间的改造，通过租用IDC机房来解决机房空间不足问题完成IT基础管理提升。

【社会责任】

1. 价值国机汽车——创造价值，保障利益相关者 一是在国机汽车治理方面，致力于构建规范运作机制和合规管理体系，不断完善国机汽车治理结构，维护股东、员工、合作伙伴等多方的利益。二是在信息披露方面，通过搭建与战略相结合的主动信息披露体系，保障所有投资者能够及时、公平、公正地行使知情权。三是在投资者关系方面，建立常态化与动态管理相结合的沟通机制，实现资本市场对国机汽车信息与价值高度认可与认同。四是在价值创造方面，平稳度过了非公开发行股票的限售解禁期，树立了合规、透明、高效、可持续成长的优秀上市国机汽车形象。

2017年8月29日，国机汽车迎来登陆资本市场以来首次的股票全流通时代。2017年半年报披露后，国机汽车领导团队先后奔赴北京、上海、深圳、重庆等地，开展投资者走访与交流，还通过召开现场业绩说明会、电话业绩说明会、接待投资者调研、参加机构策略会等全方位、多层次的投资者互动交流。在此期间，国机汽车董事长、总经理主动购买股票，提升资本市场信心。

2. 责任国机汽车——责任担当，夯实管理基础 2017年，国机汽车将其确定为“执行年”，紧密围绕“深化改革、创新转型、提质增效、加强协同”的工作方针，凝心聚力，奋发进取。面对机遇与挑战，国机汽车的管理践行“政治过硬、本领过硬”，紧紧围绕以业务发展为中心，以规范管理和党建工作为保证的“一个中心、两个保证”管理原则，坚持创新发展，坚持用发展解决前进中的问题，持续变革、持续改进，实现了利润与管理的双提升。

（1）积极践行行业责任。凭借专注于进口汽车市场的丰富经验，多年以来，国机汽车不断构建研究能力体系，为行业政府主管部门持续提供进口汽车市场数据分析支撑服务；协助政府主管部门的市场调研项目，参与政策调整意见征求活动，并提供专业化数据分析，促进政策调整。

国机汽车行业研究分析能力持续提升，持续

为多家跨国汽车国机汽车提供商务服务，不仅加强了国机汽车与跨国国机汽车的沟通与合作，更进一步提升了国机汽车的行业影响力。

（2）履行企业责任。依法纳税：随着国机汽车不断发展，业务的创新和规模的不断扩大，综合实力的不断提升，为地方政府和经济发展所做的贡献也不断增大，2017 年缴纳各类税金 402 656.72 万元。

带动就业：2017 年国机汽车为解决社会就业问题，在保证人员结构稳定的情况下，积极吸纳社会从业人员，从社会招聘了 1 159 人，为应届毕业生提供了就业岗位，招纳应届毕业生 181 人。

3. 创新国机汽车 - 创新发展，驱动转型升级强化核心业务，推动创新转型，推进资本运作，深化企业改革 国机汽车在进口汽车贸易服务业务板块持续优化核心能力体系，不断创新增值服务，推动业务稳健增长；在汽车零售服务业务板块深化集团管理，拓展协同优势，规模稳步增长，效益持续改善；在汽车后市场及进出口业务板块加快发展优势业务，稳步推进业务布局，形成重要利润支撑。

创新业务作为国机汽车战略转型加速器，核心项目有序推进，形成创新发展关键因素。

4. 幸福国机汽车——和谐氛围，坚持以人为本 一是保障员工权益。二是秉持“人才第一”的理念，完善的人才培养机制，促进员工发展。三是国机汽车注重以实际行动关爱员工，不断改善员工的工作生活条件，开展各类文体活动丰富员工精神文化生活。四是弘扬企业文化，积极参与扶贫，开展志愿服务，履行社会公民责任。

5. 绿色国机汽车——低碳理念，履行社会价值

（1）健全绿色管理体系。国机汽车深入探索绿色管理新模式，持续完善节能减排统计体系、监测体系和考核体系建设，将绿色环保理念贯穿设计、生产、应用等运营的全过程，致力于打造全产业链的绿色管理，树立低碳环保的“绿色国机汽车”品牌形象。

（2）倡导绿色环保行动。国机汽车积极树立和普及生态文明理念，努力建设资源节约型、环境友好型社会，推动建设美丽家园、转变生产生活方式的进程。2017 年，国机汽车进一步完善了节能减排管理制度，层层落实责任，严格考核管理，能耗比 2016 年下降 8.02%。

【企业文化建设】

2017年，国机汽车秉承“合力同行、创新共赢”以及“创新、增值、吃亏、共生”的企业文化，充分调动和团结各方力量，共同建设公司文化，为公司再发展营造氛围、凝聚力量。

1. 企业文化宣贯 加强国机汽车文化和品牌建设，注重“和”文化宣贯，围绕国机汽车品牌文化、重点业务和发展成就进行广泛宣传和舆论引导，不断增强文化的凝聚力，为国机汽车再发展营造风清气正的良好氛围。充分发挥工会和共青团组织的作用，引领思想，联系群众，凝聚力量。

2. 文化活动开展 围绕国机汽车中心工作和员工需求创新开展工作，着力开展爱国主义教育，传播正能量，相继开展“感恩时代・喜迎国庆”衍纸画创作活动、“好读书・读好书・促提升”活动、“我运动・我奋进”圆明园健步走活动、观看经典芭蕾舞剧《红色娘子军》演出等活动；紧密结合青年思想实际组织活动，相继开展“青年大讲堂”、党委领导与团员青年“面对面”座谈会等多项活动。

3. 员工人文关怀 结合国机汽车年轻父母较多的特点，创新成立“亲子会”并开展“庆六一・未来汽车我来画”“庆六一・乐在田园”和“访华北明珠・赏荷花美景・爱国主义教育金秋一日游”等亲子活动，受到广大员工热烈欢迎和广泛好评，员工获得感、认同感、幸福感持续增加。开展困难党员、困难职工关爱帮扶工作，通过开展“国机爱心日”组织在职员工 2647 人捐款共计 208 966 元，所属企业 3 名员工得到资助。积极参与扶贫工作，注重扶贫同“扶志”“扶智”相结合，出资 50 万元设立国机教育扶贫基金。

4. 精神文明建设 积极推进企业精神文明建设，在荣获 2012—2014 年度首都文明单位荣誉称号基础上，不断探索新途径、摸索新办法、建立新机制，精神文明建设呈现了新局面、新格局、新成绩，员工文明素质和企业文明程度不断提高，扎实开展了国机汽车 2015—2017 年度首都文明单位标兵申报创建工作，接受了国资委文明办领导小组实地考察并获充分肯定，国机汽车作为中央企业 2015—2017 年度首都文明单位标兵候选单位上报首都文明办。

【党建工作】

2017 年，国机汽车党委在国机集团党委的坚强领导下，全面完成国机集团党委关于党的十九大精神学习和落实、“两学一做”学习教育常态化制度化、全国国有企业党建工作会重点工作、党建工作责任制、基层党组织建设、党风廉政建设和反腐败工作、完善选人用人机制和人才干部队伍建设等年度各项重点工作，并围绕党建促进业务发展开展各项党建工作，为国机汽车全面完成年度目标任务、推进企业改革发展提供坚强保障。

1. 不忘初心、牢记使命，多措并举做好党的十九大精神学习贯彻　国机汽车党委深入学习和贯彻党的十九大精神，并在“学习的目的是指导实践”“党的十九大报告指明国家的发展方向、目标、任务和实现目标的方略”“担当企业发展的使命”三个方面形成认识和贯彻的方向，迅速掀起学习贯彻热潮。组织收看党的十九大开幕式；制订学习和贯彻党的十九大精神的计划；及早组织国机汽车干部学习培训推进党的十九大精神的深化学习和领会贯彻；两次组织公司党委中心组专题学习党的十九大精神；3 次下发通知推动督导各党支部学习落实，确保党的十九大精神传达学习覆盖到每个党组织、每名党员；公司党委委员以身作则参加支部的学习活动并督导各党支部的学习；注重做好整体氛围营造工作，通过多种形式学习活动不断将党的十九大学习宣传贯彻引向深入，武装头脑、提高认识、指导实践、推动发展。

2. 贯彻落实全面从严治党要求

（1）深入推动全国国有企业党建工作会议精神落实。按照国资委《贯彻落实全国国有企业党的建设工作会议精神重点任务》提出的 30 项任务和国机集团党委 81 项配套措施的要求，充分认识党建对企业发展的意义，逐项推动并抓好落实。

完成党建工作要求纳入公司章程工作；完善国机汽车所属二级企业党委书记、董事长由一人担任领导机制；严格落实“三重一大”决策原则，健全党组织议事决策机制；全年共召开 17 次党委会议，研究落实“三重一大”有关事项；年初、年中、年底均召开党建工作会，研究部署党建工作。实现党建工作与业务工作的同步谋划、推进和落地。

（2）全面落实党建工作责任制。根据《国机集团党建责任制实施意见》，结合公司实际，明确和规范国机汽车党建工作责任，不断提高国机汽车党建工作科学化水平。

国机汽车党委建立健全党建工作责任制及考核机制，与所属二级企业党组织负责人及总部各党支部负责人均签订党建工作责任书；国机汽车党委书记充分履行“第一责任人”职责，参加国机集团所属企业党委书记党建述职评议考核工作，全年组织党委中心组学习 6 次，督促班子成员以普通党员身份参加所在党支部活动；召开党委会，落实党委委员党建工作述职，推动班子成员履行“一岗双责”；抓好党建基础保障，加强党务机构设置和力量配备，按照不低于在岗职工人数 1% 的比例配备专职党务干部，按照不低于上年度职工工资总额 1% 的比例落实党建工作经费。

3. 扎实推进“两学一做”学习教育常态化制度化

（1）发挥表率作用。发挥“关键少数”示范带动作用，国机汽车领导班子自觉强化理论武装，以党委中心组学习为引领，带头组织学习中央、国资委、国机集团党委下发的文件精神，并结合实际贯彻落实；党委书记围绕“两学一做”“党建与业务发展的统一性，党建保证业务发展”“学习贯彻党的十九大精神”专题在全国机汽车范围内 3 次讲授党课；班子成员围绕“学习贯彻党的十九大精神”专题，均在所在党支部讲授党课。

（2）加强工作指导。国机汽车党委将“两学一做”学习教育常态化制度化纳入党组织党建目标责任书；细化“两学一做”学习教育常态化制度化 8 项具体工作，指导基层党组织抓好贯彻落实。

（3）注重借势抓建。借助国机集团组织的基层党务干部培训示范班，改进培训工作，选派不同业态 5 名党务干部参加。

4. 探索实践“夯基工程”，加强基层党建工作

（1）着力夯实国机汽车基层党建工作的组织建设基础。针对公司基层党组织及党员队伍特点，对党组织建设比较薄弱的 4S 店强化党组织建设，突出“支部建在连上”，实行有条件的独立法人 4S 店均设立党支部，党支部数量由年初的 31 个增加为 41 个，实现党组织的全覆盖。

（2）合理选择党支部书记，促进基层党建工作有效开展。为确保党建与业务发展同步开展，对于有条件的党支部，实行党支部书记与行政一把手合一的原则，为更好地开展基层党组织工作提供保证。

（3）改进管理方式，实现垂直领导和指导。针对党建工作“上热下冷、层层递减”的突出问题，推行“双重管理”原则，三级党支部由国机汽车党委和二级党委（党总支）共同管理，并接受国机汽车党工部的管理、指导和党建工作规划，通过各党支部书记直接参加国机汽车党建会议、培训等，直接、全面地接受指导和管理，使党建工作落实更加有效。

（4）落实和检查基层党组织工作的实效，推行党组织生活“痕迹化”管理。为每名党员配发国机汽车党员学习记录本，努力做到“三个痕迹化”：党支部“三会一课”“痕迹化”；党员学习教育“痕迹化”记录；党支部活动成果“痕迹化”展示。

（5）新媒体促进党建工作。建立国机汽车党建工作微信群，要求每个党支部建立支部党员群，强化党员意识和组织概念，探索利用 H5 页面传递党建信息，“新媒体”开辟党建工作的“新阵地”。

（6）规范操作流程，建立数据台账，建立信息数据库。先后对国机汽车发展党员、党组织换届选举、党费收缴、党员组织关系转接、党员档案管理和党员信息库 6 个党建基础性工作进行操作规范，并建立台账。

5. 落实党管干部原则，加强人才干部队伍建设

（1）按要求执行党管干部原则。严格落实“对党忠诚、勇于创新、治企有方、兴企有为、清正廉洁”要求，在干部提任工作中，执行党委会审议提名动议、民主推荐、民主考察、廉洁核查、党委会前置和审议、任职公示等选任程序，保证党对干部人事工作的领导权和对重要干部的管理权。

（2）大力推进干部选任配置。坚持“凡提四必”完善干部选任程序，对总部部门负责人以及部分二级企业班子进行重新聘任，全年任免总部中层以上干部 31 人次，二级企业董监高 30 人次，调整部门一把手 5 个，调整二级企业董事会 2 家。

根据国机汽车年度干部工作“一报告两评议”测评结果，干部员工对 2016 年的国机汽车选人用人工作评价总体满意率，对新提任领导干部总体满意率均为 100%。

（3）进一步加强干部教育培训。优化干部队伍建设，努力培养一支符合企业文化，有能力的后备人才队伍。国机汽车主要领导亲自授课 3 人次，组织中青年干部 27 人次参加国机集团的 6 个培训，组织内部经营管理骨干培训项目 4 次，参加的干部人数 301 人次。

6. 深入做好党风廉政建设和廉洁从业工作

（1）严格落实党风廉政建设和反腐败工作责任制。组织签订“国机汽车股份有限公司党风建设和反腐倡廉工作责任书”，明确党风建设和反腐倡廉工作责任，落实“一岗双责”。纪委参与干部选拔任用考核过程和征求群众意见过程，切实把好选人用人关。

（2）组织召开审计纪检专题会议。召开国机汽车纪检和审计专题工作会议，把党风廉政建设和反腐败工作与企业生产经营管理、干部的健康成长、关心爱护干部有效结合起来，促进国机汽车的廉洁从业和管理提升。

（3）启动党委巡视巡察工作。制订“国机汽车党委巡察工作规定”“国机汽车党委巡察工作操作规程”两个制度，为国机汽车巡视巡察工作奠定基础。初步完成首家巡察单位的现场巡察督导工作。

（4）大力加强纪律审查。认真做好信访线索处置和案件查处工作。2017 年，收到信访举报件 16 件，其中谈话函询 5 件，初步核实 5 件，了结 10 件，对 1 名党员干部进行诫勉谈话。

中国机械国际合作股份有限公司

【基本情况】

中国机械国际合作股份有限公司（简称中机国际）是大型中央企业集团、世界 500 强企业——中国机械集团的控股子公司。中机国际坚持商业会展与国际贸易“双擎驱动”的总体定位，致力于打造中外企业技术交流与贸易促进综合服务平台。

中机国际拥有 20 多家投资企业。近年来，连续获得“中国会展业十大影响力会展公司”“中国十佳品牌展览工程企业”“中国最佳出展组织奖”等荣誉，已经发展成为中国会展界规模最大、综合实力最强的中央企业。

商业会展是中机国际的核心主业。公司拥有超过 60 年办展经验的专业化团队，已形成境内外自主办展、代理出国展览、展览工程服务等完整的展览业务体系。每年在国内 30 多个大中城市举办 40 多场高质量展会，总规模近 300 万 m^2。特别是参与主承办的“北京国际汽车展览会”和“上海国际汽车零配件、维修检测诊断设备及服务用品展览会”双双跻身 2017 年世界商展 100 强排行榜前 40 名。同时，中机国际是我国最大的海外组展机构，每年在境外 100 多个国家和地区，组织 160 多场自办展和代理展。每年组织专业买家 50 万人次，拥有广泛的优质客户资源。

在国际贸易领域，中机国际积极开展全球性经济技术合作，市场范围遍及亚、欧、非及拉丁美洲等众多国家和地区。结合国家“一带一路”倡议，中机国际依托国机集团强大的资源优势和品牌效应，开发国内外贸易业务，以及汽车相关主题的文化园区、产业园区的建设项目。

秉承“责任、创新、协同、共享”的核心价值观，中机国际致力于“引领中国会展业发展，助力中国制造业进步，推动中国装备企业全球化进程”。伴随着世界经济一体化发展，中机国际愿与社会各界加强合作，为中国和世界经济的繁荣做出贡献。

【主要指标】

2017 年，中机国际实现营业收入 114 471.69 万元，同比增长 1.67%；实现利润总额 4 786.89 万元，同比下降 8.81%；实现经济增加值 791.82 万元，同比下降 30.03%。中机国际 2017 年主要经济指标见表 1。

表 1　中机国际 2017 年主要经济指标

项目	2016 年	2017 年	同比增长（%）
资产总额（万元）	110 437.79	103 248.06	-6.51
净资产（万元）	42 048.62	45 558.88	8.35
营业收入（万元）	112 590.95	114 471.69	1.67
利润总额（万元）	5 249.64	4 786.89	-8.81
利税总额（万元）	8 123.17	6 786.94	-16.45
EVA 值（万元）	1 131.70	791.82	-30.03
全员劳动生产率〔万元 /（人·年）〕	35.23	27.41	-22.20
净资产收益率（%）	9.37	8.30	减少 1.07 个百分点
总资产报酬率（%）	5.36	5.33	减少 0.03 个百分点
国有资产保值增值率（%）	110.32	108.09	减少 2.23 个百分点

【业务发展】

1. 商业会展

（1）零部件类。上海国际汽车零配件、维修检测诊断设备及服务用品展览会（Automechanika Shanghai）于 2017 年 11 月 29 日至 12 月 2 日举办，展会规模 34 万 m^2，参展商 6 000 多家，专业观众 13 万人。从规模、展品覆盖面及科技含量等方面来看，本届上海汽配展是历史上最为盛大且品质最高的一届。在 2017 年公布的世界商展 100 强排行榜中，上海汽配展位列第 6 位，首次进入前 10 名。

广州国际汽车零部件及售后市场展览会（AAG）2017 年于 9 月 4—6 日举办，整体面积达 10 万 m^2，1 600 多家参展企业，吸引全球逾 5 万位专业观众和买家到场。2017 年，展会重点加强国外买家的邀请力度，“点对点”对接国外行业协会和商会。

第 81 届、第 82 届全国汽配会分别于 2017 年 4 月和 10 月在南宁和重庆举办，两届展会面积共计 11.6 万 m^2，参展企业近 3 000 家，折合标准展位近 5 000 个。

第 73 届、第 74 届全国摩托车及配件展示交易会分别于 2017 年 5 月和 10 月在昆明和广州举办，两届展会面积共计 8.2 万 m^2，标准展位 3 500 多个，参会展商 1 700 余家，现场专业观众 2.5 万人次，境外专业买家近 1 500 人次。在原有展品范围内，又向新能源汽车、电动车等新领域进行了延伸。

（2）机械装备类。中国（广州）国际机器人、智能装备及制造技术展览会于 2017 年 8 月 27—29 日举办，展会在展览面积、展商规模、参观人数等方面均有较大突破。展会面积达 3 万 m^2，比上届增长 50%；参展企业国内新增了中国中车、中国航天等大牌企业，美国、德国等国际智能制造强国近百家知名企业到场，诸多行业最新成果在本届展会集中亮相。

中国（郑州）国际磨料磨具磨削展览会于 2017 年 9 月 14—16 日举办，展场面积 1.85 万 m^2，参展商 330 家。本届展会知名企业多，特装展位面积大，国外企业比上届踊跃。

中国国际轴承技术与服务展览会与“三磨展”“易损件展”同期举行，在同等专业展会中规模再创新高，展会取得圆满成功，受到参与者好评。

（3）整车类。第七届中国（澳门）国际汽车博览会于 2017 年 11 月 3—5 日举办，刷新澳门展会之最，在政府支持力度、展览规模、观众人气等方面创新高，参展面积达 6.5 万 m^2，参展整车 400 余辆，观众人数逾 16 万人次。第二届中国汽车及船舶用品（澳门）展览会同期举办，展出规模超过 7 000m^2，集中展示中国汽车用品企业的强劲实力与高端品质，展现企业魅力，搭建优质会展经贸服务平台。

呼和浩特国际车展暨新能源汽车产业博览会于 2017 年 6 月 15—19 日举办，参展品牌达 75 家，多项业绩与往届相比取得新突破，再创历史新高。

中国沈阳国际汽车工业博览会于 2017 年 6 月 28 日至 7 月 3 日举办，展览规模 18 万 m^2，吸引了来自 20 个国家和地区的近千家中外展商参展，展出车辆 1 800 多台，与往届相比取得新突破。

（4）新能源类。中国（广州）国际新能源、节能及智能汽车展于 2017 年 7 月 21—23 日举办，面积超过 3.5 万 m^2，来自世界各地的 110 多家企业前来参展。历经 2 年的培育和发展，广州新能源智能车展的专业化程度、展览规模、论坛质量都得到了业界的广泛认可，目前已经成为华南地区新能源智能汽车领域最大的专业展会。

面对依然严峻的外贸形势，海外代理展面临很大的阻力和困难。充分利用各种资源，深挖细分领域，加大与地方政府合作、与行业协会的合作，提升了项目品质和增值服务能力。

（5）海外代理展。2017 年，中机国际共完成 160 多个海外展项目，其中 120 多个传统项目，代表性项目有 2017 年德国汉诺威国际工业博览会，组展规模近 5 000m^2。2017 年美国国际动力传动展览，组展规模近 800m^2。2017 年印度孟买国际塑料展览会，本次参展团是史上规模最大中国展团，也是本届展会上最大的国外展团。另外，还有美国拉斯维加斯国际汽车改装车及零配件展览会、巴西国际汽车零部件展览会等项目。

（6）会展工程与服务。转变思路，积极寻求内外部协同，主场服务项目和展览工程项目都有新突破。主场服务更加注重信息化、智能化，为主办方提供更加周到细致的服务。例如，农机展首次开发并成功运用了基于手机平台的“现场服务管理系统”，这是主场管理行业的首创，更是规范主场运营、实现无纸化办公管理的开始。这套系统开发了信息查询、监督检查、违规拍照、交通管理、现场报馆和短信群发等近十项实用功能，极大提高了现场办公的效率。这套系统不但解决了客户多年来数据化管理的问题，并且真正让主场搭建商互相监督成为可能。

第121届、第122届广交会，共完成国机交易团690个展位、59家参展企业共计2 340位参展商的组织、管理及服务工作。继续在服务提升上下功夫，现场办证手续通过手机扫码完成，提高了工作效率，给客户带来了便捷。

展览工程方面，特装展台、展厅的搭建更加科学有效，客户满意度明显提高。

2. 国际贸易

（1）整车出口。自主品牌整车出口业务稳步开展，累计出口各类乘用车、商用车合计1 000余台（套），主要市场有伊朗、古巴等。

持续优化和提升整车出口售后服务工作，搭建配件供应、培训支持、技术沟通、现场服务四大售后管理模块体系，标志着公司向更加专业化的汽车出口服务商转变。

泰国合资贸易公司项目有序推进，完成各项车型、准入、销售许可等工作，并于2017年12月初在曼谷国际车展成功发布上市，实现首批销售。各项工作逐步进入正常运营轨道。

（2）零部件进口。加大关键汽车零部件进口的开拓力度，收到良好效果。与吉利汽车配套的日本加特可自动变速器总成销量迅猛增长，全年预计可达2.7万台（套），销售收入近2亿元；与厦门金龙汽车配套的日本加特可自动变速器总成已完成首批供货70余台。

（3）成套业务。印度2×350MW电站项目现场安装工作进入关键时期，1号机组进入调试期，于2018年1月份并网发电，2号机组正在进行主机安装收尾，以及管道、电气等安装工作，于2018年二季度完成并网发电。

为深耕细作印度市场，中机国际依托成套一部在海德拉巴设立印度海德拉巴代表处，目前已经通过公司内部决策，正在履行相关备案审批程序。未来，根据公司业务发展需要，公司的国际化布局会逐渐提升。

【市场开拓】

2017年，中机国际在新市场的开拓和新业务的开发方面，均取得良好进展。

1. 自办展 开发了12个新的展览项目，新增展览面积超过20万m^2。创办1个自办大型会议论坛。

伊朗德黑兰国际汽车展览会于2017年2月14日在伊朗首都德黑兰开幕。本届展会是11年以来，在德黑兰地区举办的首届国际汽车展览会，展会面积约3万m^2，观众人数超过5万人次，汇聚了来自16个国家的50多个汽车品牌和100余家零部件企业。

中国（香港）国际汽车博览会于2017年5月26—28日在香港举办，展出面积约1万m^2，有20多个国内外汽车知名品牌企业参加，观众达3万人次，汽车主题活动20余场，为行业搭建了一个高质量、高效率的面向亚太及欧美地区的进出口及展示交流平台。

中国广州国际数控机床展览会于2017年8月27—29日举办，展出面积2万m^2，展商近200家。有众多行业领军企业和行业组织组团参展，同期举办多场精彩纷呈的活动和论坛。

全国汽车服务业耗材及易损件展览会于2017年9月14—16日举办，展出面积1.5万m^2，吸引来自11个省市和4个直辖市的180多家参展商，开创了国内汽车耗材和易损件专业性展览会的先河。形成了汽配领域在上海、广州、北京、郑州的布局。

世界职业教育大会暨展览会于2017年10月19—21日举办，展览面积1万m^2，吸引了海内外30多个国家和地区的观众及近150家参展商，专业观众达5 300多人，海内外60余家媒体参与了宣传报道。

上海国际消防与应急产业展览会于2017年11月8—10日举办，展览面积近3万m^2，参观人数2万人次，有来自超过20多个国家和地区的260余家消防与应急领域的知名企业参与，集中展示最先进的消防应急技术和产品。

海南世界咖啡大会暨咖啡及饮品展览会于2017年12月1—3日在海南举行。大会邀请到近20个国家驻华使馆、30余位使馆使节参加展会活动。来自全球26个国家的近100家咖啡行业企业报名参展，展出规模达1.3万m^2，国内外参展企业超过200家。

中国（佛山）国际汽车博览会2017年新开发项目，2017已经连续举办3届，分别为元旦车展、“五一”车展、“十一”车展，参展品牌、参观人数、现场销量、参展商满意度实现连续攀升。目前该车展已经成为佛山当地规模最大、影响力与综合口碑最强的整车类展会。

此外，还有沈阳新世界智慧车展、加拿大设计展等新项目。

新办论坛：2017中国汽车零部件产业发展高峰论坛于11月30日举办，论坛以“开启产业转型升级新时代”为主题，围绕新一轮产业变革下，汽车零部件产业转型升级、协同融合创新发展等话题展开讨论。

2. 海外代理展及增值服务 2017年，中机国际共完成160多个海外展项目，其中新开发项目近30个，约占全年完成项目总数的20%。握牢独代项目，把控上游资源，新获得5个展览项目的中国独家代理，例如，印度塑料机械展、迪拜包装展、日本塑机展、哥伦比亚塑料包装展等。

在做好代理展的同时，努力为客户提供多样、差异化的增值服务，整合行业资源，加强与地方政府的协同，进一步增强外展业务的升值空间，这些创新业务成为新的利润增长点。

配合地方政府组织境外多国系列经贸洽谈会，如山西省2017芬兰瑞典冰岛经贸交流会、河北省2017德国瑞士挪威会议论坛等。在对接会上为大客户提供定制化增值服务，如德国汉诺威工业展之中德工业4.0转型升级对接会。组织大型高端会议论坛，如中阿博览会高铁分会的执行承办工作。

3. 会展工程与服务 新增多个主场服务项目，主要是公司内部的协作项目，有中国沈阳国际汽车工业博览会、中国广州国际数控机床展览会、上海国际消防与应急产业展览会等项目。

4. 贸易新模式 成功开发二手车出口业务，成为中国市场上首家具备二手车出口资质和能力的中央企业，该业务在非洲、东南亚市场取得积极进展。二手车业务共签约470台，其中东南亚200台、非洲270台。

5. 贸易新市场 加大力度布局东南亚、南美洲、中东、非洲等新市场。新车市场：向东南亚的泰国批量发运轻型载货汽车、发运中巴样车，向斯里兰卡发运中巴样车；向南美洲的玻利维亚成功批量发运轻型载货汽车，向南美洲秘鲁批量发运大客车；向中东地区的沙特阿拉伯批量发运大客车。二手车市场：向非洲的刚果（布）批量发运大客车。

6. 贸易新品牌 新车出口新开发了广汽传祺、苏州金龙和观致汽车等新品牌。广汽传祺发往古巴，作为当地旅游局高端租赁车辆向各国游客提供用车服务。苏州金龙发往沙特阿拉伯，作为朝觐使用。观致汽车在与伊朗客户积极洽谈中，预计2018年将实现出口。

7. 贸易新领域 进军特种专用车领域，与安徽广通签署了“移动式环保处置专用车”的海外独家代理，目前已经与泰国客户签署战略合作协议，计划以泰国为起点，把该车逐步推向“一带一路”沿线的中东、非洲等国家和地区。

【战略规划】

2017年，中机国际为推动“三五规划”落地，做了大量工作。编制完成三年滚动规划（2018—2020），2个业务板块规划（展览业务板块发展规划、贸易业务板块发展规划），3个职能规划（人才队伍建设规划、品牌建设规划和信息化建设规划）和15个业务部门与子公司规划（7个业务部门和8个子公司的发展规划）。

中机国际3年滚动规划以及职能、业务、子规划以公司“三五”规划为总体指导，广泛征求集团领导、公司领导和相关部门的意见，根据公司最新发展形势进行编制。通过公司3年整体规划与各子规划的上下有机结合，详细地描绘了公司未来3年发展的蓝图，做到了掷地有声、抓铁有痕，为公司“三五”规划落地提供有力抓手。

【资源整合】

国机集团展览资源整合工作顺利完成，西麦

克、国机展览进入中机国际，成为全资子公司。新成员的加入，丰富了公司的业务链条，拓展了业务领域，进一步壮大了会展业务力量，增强了行业影响力和国际竞争力。

加强内部融合，通过加强战略和企业文化宣贯，进行调研走访与业务对接，开展趣味运动会、中机大讲堂等活动，加速新成员融入公司大集体，有效加强了会展业务之间、会展业务与贸易业务之间的协同。

【改革增效】

1. 中机国际治理迈上新台阶 中机国际顺利完成股份制改造工作，按照股份公司治理的要求，完善“三会”治理架构。根据公司发展需要，完成职能机构与业务机构改革调整，理顺了公司组织架构，新设董事会办公室、呼叫中心等部门，建立健全制度体系，管理职能分工更加明晰，体制机制更加健全。

2. 瘦身健体、提质增效工作进展顺利 根据国机集团要求，结合公司的实际情况，确定3年内压减法人户头2家，即威海智德真空科技有限公司（简称威海智德）、北京小管家物业管理有限责任公司（简称北京小管家）。威海智德的压减工作已于2017年年初完成；北京小管家物业的压减工作也将按照既定计划有步骤地推进。

3. 全民所有制企业改制顺利完成 中汽人才和《中国汽车市场》杂志社两家托管企业的改制工作自2012年就提上日程，由于种种困难一直没有完成。2017年8月开始，公司各部门全力配合，数十次与中机联、人社部、广电总局、工商总局、中关村管委会等机构沟通，解决主管主办、资质、名称、住所等各种难题，在11月底前，按照国资委和集团的要求，完成改制工作。

【管理经验】

1. 加强人力资源管理 编制人力资源规划，出台《中机国际2016—2020年人才发展战略规划》，为公司持续健康发展提供人力支持和人才保障。加强干部及员工管理，制修订相关干部管理制度，完善干部提任、考核、人才选拔等工作。改进培训工作，分层次、分模块针对公司各个业务板块的领导和员工开展培训工作，基本确立了以集团培训、领导力培训、职业素养培训、专业知识培训、新员工入职培训、部门内训为主要模块的培训体系。招聘工作日趋规范，2017年，共招聘新员工25人。加强薪酬管理，加强工资总额及人工成本预算管理，加大职能部门负责人奖金分配力度，加强业务部门绩效奖金分配管理。

2. 加强财务与资金管理 加强“两金”管控，加强监控逾期应收账款及高风险存货，分析近两年的“两金”使用情况，严控“两金”占用。圆满完成集团资金集中度考核指标。

3. 加强信息化管理 制定中机国际IT“三五”规划方案建议，提升公司创新管理模式；制定网络安全管理制度，加强公司互联网安全意识；深化协同办公系统应用，支持管理持续优化；筹建现代展会一体化平台，创新会展服务新模式，2017年新建7个展会管理系统；大数据打造大格局，优化战略布局；优化网络配置，保证公司网络和各系统稳定运行。

2017年，中机国际还重点搭建了呼叫中心信息系统，实现了现场参会数据、预登记数据、项目整理数据等数据入库；完成了统一数据库管理、集成应用、查询分析、访问机制、数据异地备份等功能。实践证明，呼叫中心系统在展会服务中取得了较好的成绩，配合完成11个展会的观众及市场工作，呼叫中心邀约观众到场人数超过2.5万人，邀约展商1.7万人次，发掘潜在展商430家，发掘会议听众650人。

4. 加强品牌与新闻宣传 依托网站、报纸、微信、外媒宣传等方式，多渠道、多角度宣传公司重大事项、重要节点、重点工作，对内传播资讯，对外提升公司品牌形象和行业地位。注重将传播主题与公司特色相结合，如抓住协同合作、“一带一路”等重大部署，推出系列报道，带来了较好反响。

5. 加强企业文化与品牌管理 开展企业文化专项调查，摸清企业文化建设现状；成立企业文化领导小组及领导小组办公室，着手设立企业文化宣贯室，推动企业文化落地；注重将企业文化专项活动与日常管理相结合，持续推动企业文化工作，为公司经营管理工作营造良好氛围。

编写《中机国际品牌发展规划（讨论稿）》《中机国际品牌管理办法（暂行）》，为品牌管理打下基础。完善公司商标、专利、软件著作权的更新和维护工作，注重保护公司的知识产权，为公司品牌无形资产增值奠定基础。

【党建工作】

1. 深入学习领会和贯彻落实党的十九大精神 扎实开展各项活动，奋战在各个岗位上的党员群众自觉以党的新思想为指引，发挥党员在担当重任、开拓创新的作用，以优异成绩做好迎接党的十九大的各项工作;党的十九大胜利闭幕后，公司迅速行动，深入宣传贯彻党的十九大精神。

2. 落实全面从严治党责任清单 抓实以领导班子为主要对象的政治理论学习，2017 年，公司共参加上级培训和组织公司党委中心组学习及培训 10 余次，近 600 人次参加了各种专题学习；认真全面贯彻全面从严治党要求，落实从严治党责任清单；重视抓好基层组织建设和制度建设。

3. 推进“两学一做”学习教育常态化制度化 研究制定推进“两学一做”学习教育常态化制度化实施方案，高标准、高质量地推进工作；组织专题培训，2017 年 6 月初，公司领导成员及公司纪委成员一行 35 人，赴中国革命的摇篮井冈山进行为期 5 天的以“深化‘两学一做’学习教育加强党性修养专题”为主题的学习培训。

4. 抓好“两个责任”落实，做好党风廉政和纪检监察工作 党委、纪委认真履行“两个责任”，组织部门及子公司负责人以上人员签订了责任书，坚持开展党风廉政专题教育，进行了新任职干部任前谈话，开展效能监察。

5. 积极发挥群团组织作用 为加速重组股改后的融合发展，更好地凝心聚力，党政工团齐努力，借助群团工作所独有的桥梁纽带作用，以党建带群建，开展了丰富多彩、极富成效的正能量活动。

国机资产管理有限公司

【基本概况】

国机资产管理有限公司（简称国机资产）成立于 2011 年 1 月 26 日，定位为国机集团的资产管理平台，是以资产管理、资产运营、资产投资为核心主业，涵盖产权经纪、不动产管理等增值业务的综合性资产管理公司。全资拥有江苏华隆兴机械工程有限公司、国机时代置业（北京）有限公司、国机时代置业成都有限公司等 13 家实际管理子公司，参股万向钱潮股份有限公司、福建龙溪轴承（集团）股份有限公司、光大银行、万向钱潮传动轴有限公司、国机资本控股有限公司、江苏苏美达资本控股有限公司和中机试验装备股份有限公司等企业。

根据国机集团“十三五”发展规划金融与投资板块中资产管理业务定位，国机资产“十三五”规划立足国机集团，遵循“服务产业、前瞻布局、创新发展”的总体发展思路，坚持“服务”“发展”两条主线，明晰以资产管理平台为核心，开展资产管理、资产运营、资产投资等多元化业务的同心多元化战略选择。

【主要指标】

国机资产全面完成国机国机集团下达的 2017 年各项经营考核指标。国机资产合并口径利润总额 7 641.06 万元，实际管理公司完成考核利润总额 2 742 万元，完成集团年初考核指标 2 150 万元的 125%；总资产报酬率 2.10%，比国机集团考核值 1.80% 高 0.3 个百分点；成本费用利润率为 16.14%，比国机集团考核值 11.5% 高 4.64 个百分点；资产负债率 47.41%，优于国机集团经营考核指标值（51%）；两金占流动资产比重 2.07%，优于国机集团经营考核指标值（10%）。国机资产 2017 年主要经济指标见表 1。

表 1 国机资产 2017 年主要经济指标

项目	2016 年	2017 年	同比增长（%）
资产总额（万元）	315 623.33	260 541.77	-17.45
净资产（万元）	111 715.00	185 481.88	66.03
营业收入（万元）	54 517.15	30 171.62	-44.66
利润总额（万元）	-3 290.18	7 641.06	332.24
利税总额（万元）	-1 205.49	9 082.12	853.40
EVA 值（万元）	-11 914.20	-2 451.67	79.42
全员劳动生产率〔万元 /（人·年）〕	4.26	-15.30	-459.15
净资产收益率（%）	-2.22	4.78	增长 7.00 个百分点
总资产报酬率（%）	0.72	3.02	增长 2.30 个百分点
国有资产保值增值率（%）	82.63	109.38	增长 26.75 个百分点

注：国机资产经营考核范围为国机资产总部及实际管理公司，不包括由中国汽车工业进出口有限公司托管的划入资产，以及由中国机械国际合作有限公司托管的中汽人才交流中心有限公司和中国汽车市场杂志社有限责任公司。

【改革改制】

8 月，根据国资委及国机集团关于公司制改制工作的总体部署，国机资产设立改制专项工作领导小组，建立责任制工作机制，全面统筹推进改制工作。

9 月，完成国机资产总部改制及工商登记变更工作。

11 月，完成下属 7 家全民所有制企业改制工商登记变更工作，纳入本次全民所有制企业改制计划的 8 家公司改制工作全面完成。

12 月，制订发布《国机资产管理有限公司投资项目后评价管理办法》，进一步规范投资管理工作，提高投资项目论证、决策和实施水平。

【要事与重大决策】

1 月 17 日，国机资产第四届董事会第二次会议同意转让中国汽车工业进出口贵州有限公司 100% 股权；转让中汽国华文化发展有限公司 100% 股权；转让上海竺能工程技术有限公司 67% 股权。

4 月 14 日，国机资产第四届董事会第三次会议同意转让中国汽车工业进出口武汉公司 95% 股权。

4 月 25 日，国机资产当选中国产权协会资本投资运营专业分会常务理事单位。

5 月 24 日，国机资产与东方前海资产管理有限公司签署股权投资协议，设立资产投资基金。

6 月 28 日，国机资产第四届董事会第四次会议同意修订公司章程，增加党建工作相关内容，突出党在公司治理结构中的引领作用；同意长春机械科学研究院有限公司与江苏华隆兴机械工程有限公司股权重组。

8 月 29 日，国机资产第四届董事会第五次会议同意转让中汽国华文化发展有限公司股权由转让 100% 股权调整为转让 70% 股权；决定参与万向钱潮配股项目；通过“国机资产改制实施方案”。

9 月，国机资产总部完成改制及工商登记变更工作。

9 月 13 日，国机资产改制后第一届董事会第一次会议聘任新一届行政领导班子。

11 月，国机资产完成下属 7 家全民所有制企业改制工商登记变更工作。

12 月 29 日，国机资产第一届董事会第二次会议同意转让万向钱潮传动轴 33% 股权。

【资产管理和运营】

国机资产积极服务于国机集团的改革和发展，致力于价值的提升和创造。全力落实“压减层级”“处僵治困”“两金”压降、低效无效资产清理等专项工作，着手进行资产包的市场收购调研工作，其中“压减层级”工作超额完成当年任务，5 家“特困企业”全部清理，“两金”压降工作完成国机集团下达的任务，存量应收账款基本全额收回。

3月，四川中汽进出口有限责任公司股权确权诉讼，法院一审判决国机资产胜诉。

4月，协议转让中国汽车工业进出口贵州有限公司和天津中汽工业国际贸易有限公司股权至中国汽车工业进出口有限公司和中进汽贸(天津)进口汽车贸易有限公司。

5月，完成上海华隆进出口有限公司在上海市蓝村路的房产确权工作，取得不动产权证。

6月，完成北京新星汽车技术开发公司国地税、工商注销手续，破产程序全部结束。

7月，完成佛山房产挂牌转让，收取转让房款和完成权属变更；取得重庆中汽汽车摩托车销售公司破产受理裁定书，移交破产管理人，推进后续的税务及工商注销程序。

8月，完成沪办房产挂牌转让，收取转让房款和完成权属变更。

10月，下属企业中国汽车工业进出口重庆公司接收中国电力工程有限公司2家全民所有制企业。

11月，完成中国汽车工业进出口武汉公司95%股权挂牌转让项目，收取转让款，办理工商变更。

12月，取得四川凯奇汽摩配件销售中心工商注销通知书，继续推进后续税务注销程序；完成深圳市中汽进出口有限公司清算方案，与各方股东就财产分配达成协议；中汽国华文化发展有限公司70%股权和上海竺能工程技术有限公司67%股权转让项目分别在北京和上海产权交易所挂牌；莱州华汽机械有限公司70%股权、长沙汽电汽车零部件有限公司100%股权及温州中汽和鸿汽车销售服务有限公司40%股权无偿划转至中国汽车工业工程有限公司。

【资产投资】

国机资产致力于服务国机集团所属企业加快科技成果转化和资产证券化步伐。实际投资金额682万元，实际投资项目3个，均为股权投资，2个项目已进入投资决策阶段。

1. 参与设立资产投资平台 以自有资金出资980万元，与东方前海资产管理有限公司发起设立国机东方前海资产管理（杭州）有限公司，股权比例49%。已完成第一笔出资49万元。

2. 设立国机时代置业成都有限公司 以自有资金出资500万元，设立国机时代置业成都有限公司，专门负责二重成都中心大楼的日常运营工作，股权比例100%。

3. 参与设立阿波罗中孟疏浚工程制造有限公司 下属江苏华隆兴机械工程有限公司参与以自有资金133万元（按照上报国机集团进行项目备案当日汇率1美元兑6.65元人民币）参与设立阿波罗中孟疏浚工程制造有限公司，负责孟加拉疏浚项目的开发和施工管理工作，股权比例10%。

4. 中机试验与江苏华隆兴机械工程有限公司股权重组 该项目通过国机资产内部决策流程并上报国机集团，已与中机试验签署“股权重组协议”，待评估备案完成后，即可实施股权重组。

【重大项目及业务发展】

1. 资产管理基金项目 资产管理基金是国机资产战略发展的重要部署，也是做强集团金融板块的专业路径和有力支撑。在前期大量筹备工作的基础上，国机资产与东方前海合资设立的基金管理公司——国机东方前海资产管理（杭州）有限公司正式成立。同时，对国机集团内部项目进行实地调研和深入谈判，积极为国机集团内企业盘活存量资产、减轻财务负担、提升资产运营效率提供解决方案和资金支持。

2. 国机西南大厦项目 国机资产对大楼资产进行平稳接收资产，规范管控机制和搭建运营体系。

（1）运营机构筹备组入驻大厦，有序开展资产承接查验，顺利完成基建档案交接，出具承接查验报告，并以查验结果为基础，先后开展系统功能恢复和大厦内外商业改造，排解楼宇安全隐患，恢复商业基本功能，提升物业整体品质。

（2）组建国机时代置业成都有限公司，保障资产运营、物业管理双轨运营与协同运作，引入戴德梁行作为物业服务提供商，打造全方位、高质量的专业的物管服务，全面完成物管交接工作。

（3）发挥国机集团作为世界500强西南区位优势和辐射作用，冠名国机西南大厦，打造SINOMACH品牌楼宇，同时与成都成华区政府建立纽带关系，成为成华区政府招商重点推介楼字，并且通过举办区域重要会议为写字楼租赁挖掘潜在的市场资源。

（4）坚持两线拓攻和多点整合营销策略，对内响应国机集团协同号召，吸引兄弟单位入驻，构建集团西南区域平台，对外围绕城市发展规划和区域建设热点，以政带企拓宽引荐渠道，实现政企共赢，引入7家单位入驻大厦，累计租赁面积超2万m^2，整体出租率近1/3，锤子科技、国机集团所属重装成都重机、中自控四川公司等陆续签约，标志市场化运营取得突破性进展。

3. 业务发展方面

（1）国机资产下属经营单位加大市场开拓。面对不稳定的国际贸易环境，江苏华隆兴机械工程有限公司全年创汇450万美元，其中阀门零件业务创汇较2016年上涨36%；农机业务继续产品升级和市场开拓，收割机产品适路销售289台，创2011年以来最高销售纪录。同时，积极承接孟加拉疏浚项目，布局业务经营模式转型升级，发掘新的盈利增长点。

（2）市值管理业务创历史新高。通过夯实传统市值管理业务，开拓新型证券业务，挖掘证券资产盈利增长点，理性分析、审慎决策、果断实施把握个股机会，年实现收益1 963万元。

（3）产权经纪业务围绕国机集团资产管理平台功能建设。积极发挥资产接受与处置的助推功能，全年服务项目20项，服务标的金额57 192万元，切实服务国机集团内部瘦身健体、提质增效，落实清理僵尸企业和管理层级压降政策。

【管理经验】

1. 公司战略

（1）以宣传册、宣传片为载体，持续深化战略宣贯。宣传册作为企业形象名片，系统阐述发展愿景、主业定位、经营领域、文化内涵和精神风貌，是企业软实力的集中展示。宣传片以"琢"为核心概念，多维度立体化展示公司形象和业务布局，强化视听感受，彰显时代风格，增进受众群体对国机资产的深度认知，扩大知名度和影响力。

（2）以绩效目标跟踪为抓手，完善战略管控体系。公司战略管理继续遵循PDCA循环管控方式，一方面，推行战略绩效思维，第一年全面签署"绩效责任书"。另一方面，进一步优化战略评价机制，重点追踪绩效目标落实情况，促进经营目标全面落实。

2. 人力资源管理

（1）加强人才队伍建设。建立员工职业发展管理办法、后备干部管理办法，完善人才队伍建设的制度体系。晋升部分员工的职级，激励员工努力工作。结合巡视发现的问题，修订干部管理办法，完善选人用人工作程序，更加规范合规。扩大人才引进力度，从社会引进13名新员工充实公司队伍，包含中层岗位、高级经理岗位，引才力度更大，更加包容开放。

（2）完善收入分配工作。修订薪酬制度、绩效考核制度，完善公司绩效、收入分配制度体系建设。完成公车制度改革，修订国机资产及下属公司负责人履职待遇和业务支出管理办法。

（3）加强员工思想建设。国机资产组织13项教育培训活动，并积极参加国机集团统一组织的各项培训活动。加强员工的思想建设，统一认识，提高工作技能，提高干部管理能力。

（4）优化组织结构。调整组织结构，撤销贸易事业部，优化部门职责，进一步聚焦资产管理、资产投资、资产运营主业，妥善做好人员的安置事宜。

3. 财务管理

（1）全面预算管理，坚持以战略导向和价值引领为原则，从预算制订到预算总结，紧紧围绕公司战略和"十三五"规划，制订落地措施，不断比较差距，寻找解决方案，使得各项工作步调一致、聚焦目标。

（2）在资金管理方面，采取制度严明、上调集中和月度监控三位一体的管控模式，资金运筹以保本为红线，保收益为底线；资金支付严格按照三重一大和日常管控制度执行；全年实际管理资金集中度在70%以上。

（3）合理税收筹划，开展税务培训，发挥税务专业功能，为沪办房产过户、深圳中汽房产处置、王府井项目等资产运作提供税务支持；对业务部门开展资产重组相关专项涉税培训，结合以往处置案例，以通俗易懂的语言为业务部门讲解税务筹划原理和筹划落点。

【企业文化建设】

为了在国机资产系统内营造发扬企业文化精神的良好氛围，提高职工对企业的认同感和归属感，为公司健康发展提供思想保障和精神动力，发布“发扬企业文化精神倡议书”，倡议每一位员工敞开心扉，让企业文化内化于心；锐意进取，让企业文化外化于行；知行合一，让企业文化持续传承；各部门展开“找差距、补不足，践行企业文化”研讨交流会，促进对企业文化的有力践行；开展团队建设评比，加强部门团队建设，树立优秀团队典型；组织团队活动，引导员工发扬进取精神，克服困难，顽强拼搏，增强团队协作力和凝聚力，促进对公司核心价值观的践行。

【内部控制】

围绕战略发展管理现状，以风险为导向，按照“完善规章制度，深入重点领域，监控关键环节”的工作思路，通过开展风险评估、内部评价、内部审计等内部监督活动，促进内部监督、改进等长效机制的建立。修订规章制度共计 108 项，确保公司各项运营活动有章可循。重点加强内控管理的信息化建设工作，加强市值管理业务的风险管控，创新经营管理方式。梳理涉及的 105 项风险点，评估风险等级，提出风控措施，作为年度内控管理的关键目标。持续完善公司业务风险管控机制，引导内控管理工作向高风险领域聚焦，不断促进公司内控体系的规范性、系统性和科学性。

【安全生产】

按照国机集团安全生产工作的总体部署，结合自身实际，坚持贯彻“安全第一、预防为主、综合治理”的方针，在总结上年安全生产管理工作经验、不足的基础上，认真落实全年各项安全生产工作，采取有效措施，及时排查、消除安全生产事故隐患，全年无安全生产事故发生。其中，制订并颁布《国机资产管理公司安全生产“十三五”规划》，完善管理制度；逐级落实安全生产责任制，分别与公司领导班子成员、各子公司负责人、各部门负责人签订安全生产责任书，纵向到人，横向到边；利用 OA 平台、宣传展板、内刊通信、发放安全手册等方式，开展多种形式的宣传教育，树立企业发展不能以牺牲安全为代价的理念；认真开展“安全生产月”专题活动，组织消防知识培训及火灾事故疏散逃生演练、消防器材灭火演练，增强员工消防安全意识，提高员工应急救援处置能力；加强安全生产监督检查，在公司系统内开展安全生产大检查，全面排查安全生产隐患，为实现公司安全生产发展提供保障。

【社会责任】

积极履行央企社会责任，树立央企良好形象，响应国机集团号召，组织全系统职工参与“国机爱心日”捐助活动，共募集爱心基金 2.81 万元，为社会公益贡献力量。

【离退休人员管理服务】

1. 落实政治生活待遇 落实党和国家关于离退休人员政治生活待遇的相关政策，积极主动解决离退休人员医疗保障和生活保障后顾之忧，确保离退休人员老有所养、老有所医、老有所乐、老有所为。

2. 做好慰问走访工作 对离退休人员坚持做到“五必访”：重大节日必访、患病住院必访、生活困难必访、来信来访必访、告别仪式必访，全年共计探望慰问离退休人员 16 人次，把组织的关怀和温暖送到离退休人员及有关人员身边。

3. 办实事、解难事 为有困难的离退休人员提供上门取医药费报销单服务；为全体离退休人员提供坐等可取医药费报销款服务，全年共为离退休人员报销医药费 103 人次；上门为 80 岁以上老同志生日“逢五逢十”送上祝福；定期组织集体教育学习活动 10 次，并在活动中注重发挥老同志正能量作用；为离退休人员安排年度例行健康体检。

【党建工作】

1. 深入学习贯彻党的十九大精神 国机资产党委将学习宣传贯彻党的十九大精神作为当前和今后一个时期的首要政治任务，研究制订实施方案，将 11 月、12 月确定为“党的十九大精神集中学习月”，明确提出“交叉学习、全员覆盖”的要求，将学习贯彻党的十九大精神的范围从党员延伸到群众。通过党委委员讲党课、支部书记讲党课、专家辅导、主题党日活动等方式不断深化学习效果，及时通过公司网站、微信群、宣传栏、内刊专栏等方式加强宣传，营造良好氛围。并以党的十九大精神为指导，持续推进“两学一做”常态化，在集团“两学一做”知识竞赛中取得三等奖。

2. 创新党建方式，提升党建水平 国机资产党委认真贯彻落实全国国有企业党建工作会议精神，不断推进党建工作的改革创新。一是将党建工作正式纳入公司《章程》。二是创新制订“党建职责任务书”，将公司党委领导班子集体和成员个人年度党建职责任务进行具体明确和细化，推动党建工作责任制扎实落地。三是主动延伸党建工作报告范围，通过年底党务干部述职考评会对党委委员、纪委委员、党支部书记等进行测评考核，并听取公司工会主席和团委书记的工作汇报。

3. 加强制度建设，夯实党建基础 切实发挥制度在开展好党建工作中的保障规范作用，推动党建工作规范化、制度化和科学化运行，充分发挥制度对党的建设的长远作用。国机资产党委按照党建工作改革的新精神、新要求和国机集团党委制度修订新部署，起草、修订 8 项党建工作制度，进一步夯实党建工作基础。

4. 做好巡视整改工作，落实从严治党要求 国机资产党委贯彻落实全面从严治党各项要求，扎实落实党风廉政建设主体责任，为企业健康发展保驾护航。2017 年 10 月，接受国机集团党委巡视巡查工作中，国机党委专题研究报告“国机资产党委三年来党建工作、党风廉政建设与反腐败工作的情况汇报”和“国机资产党委三年来选人用人工作情况汇报”，认真配合巡视工作，并结合巡视期间发现的不足和问题，立行立改，切实以巡视整改工作为契机，进一步提高党建工作质量。

【廉洁从业】

以习近平新时代中国特色社会主义思想和党的十九大精神为指导，通过推进廉洁承诺制、加强专项检查、开展效能监察、加强反腐倡廉教育等，不断推进作风建设，促进廉洁从业。制订《国机资产党委实行领导人员廉洁承诺制实施办法》，组织公司管理的中层及以上领导干部签订廉洁承诺书；持续落实中央八项规定精神，以重大节假日为关键点做好节前廉政提醒；加强专项检查，认真做好集中排查整治违规公款购买消费高档白酒问题工作及党风廉政建设自查等工作；扎实开展效能监察，对全系统公务用车制度改革落实情况进行效能监察，共计取消公务用车 17 辆，公务用车成本节支率同比下降 32%，公务用车制度改革已落实到位；进一步加强党风党纪教育，通过纪委书记讲党课、观看反腐倡廉专题片、加强党规党纪教育等方式，开展反腐倡廉教育活动 13 场次，接受反腐倡廉教育 170 人次，进一步强化领导干部、党员的党性修养和廉洁自律意识，推进廉洁文化建设。

国机资本控股有限公司

【基本概况】

国机资本控股有限公司（简称“国机资本”）成立于 2015 年 8 月，是由中国机械工业集团有限公司（简称“国机集团”）联合部分所属企业及建信（北京）投资基金管理有限责任公司共 19 家股东单位，共同发起设立的国有控股企业，注册资本 23.7 亿元。国机资本主要业务范围：股权投资、项目投资、证券投资、资产受托管理；项目融资、产业基金及私募基金的筹集和管理，投资咨询与财务顾问，高新技术开发与咨询；法律法规允许公司经营的其他业务。

国机资本的成立是国机集团有效应对内外部环境变化、提高资本收益与效率、完善产业布局、优化资源配置的重要决策，是打造集团制造、工程、贸易、资本“四轮驱动”战略目标的重要举措，也是通过资本方式培育、孵化集团内外部科研成果及优质项目，进一步实现集团提质增效、转型升级的顺势之举。

国机资本成立后，与国机财务、国机资产两家公司共同搭建起集团金融与投资板块，基本形成了业务互补、差异化发展的格局，业务包括金融服务、资产管理与资本投资，可以向集团成员企业提供信贷融资、资产管理、资本性投入等方面的服务。

【主要指标】

国机资本 2017 年主要经济指标见表 1。

表 1 国机资本 2017 年主要经济指标

项目	2016 年	2017 年	同比增长（%）
资产总额（万元）	290 561.71	328 754.51	13.14
净资产（万元）	252 755.13	236 145.52	-6.57
营业收入（万元）			
利润总额（万元）	8 517.99	3 237.84	-61.99
技术开发投入（万元）			
利税总额（万元）	9 003.36	3 342.72	-62.87
EVA 值（万元）	-9 990.91	-11 887.54	-18.98
全员劳动生产率〔万元 /（人 • 年）〕	86.85	66.62	-23.29
净资产收益率（%）	2.47	1.07	减少 1.4 个百分点
总资产报酬率（%）	3.51	1.46	减少 2.05 个百分点
国有资产保值增值率（%）	102.58	94.46	减少 8.12 个百分点

【业务布局】

截至 2017 年年底，国机资本累计已完成投资决策项目共计 35 个，决策投资金额 32.93 亿元，实际出资 28.23 亿元，收回本金 6.26 亿元，投资余额 21.97 亿元，实现投资收益 1.12 亿元。目前已投资项目发展符合预期，投资结构相对合理，需要持续做好投后管理和协同推进工作。各项投资业务稳步有序开展。

当前，我国金融改革正逐步深化，加快多层次股权市场建设，规范发展债券市场，促进债券跨市场顺畅流转，培育私募市场，鼓励和引导创业投资基金支持中小微企业，扩大资本市场开放，金融行业准入取得重大进展。金融改革的逐步深化，为产业金融资本的快速发展提供了可能，金融工具的使用更加灵活，资本与产业结合的通道更加丰富，有利于企业以资本运作为纽带、以市场化手段进行资源整合，提升产业链和价值链，提高综合实力和盈利能力。两年来，公司研究跟踪投资项目百余个，利用多种渠道，积极拓展项目来源。

（1）政府着力化解过剩产能和降本增效，积极推进供给侧改革，加快促进制造业升级，大力发展节能环保、绿色制造、高端制造等战略性新兴产业，加快发展现代服务业等有利政策，为业务发展提供了更多新兴增长点；鼓励建设“双创”支撑平台，用新模式汇聚发展新动能；利用“互联网 +”，积极发展众创、众包、众扶、众筹等新模式，促进生产与需求对接、传统产业与新兴产业融合。这些新的机遇均为投资创造了良好氛围。国机资本加强经济政策和行业情况研究，密切跟踪和研究国内外新技术的发展趋势和资本市场的动态，通过资料调研、项目推荐会等多种方式寻找项目信息。将投资方向更多定位于高端制造、新能源、新材料、汽车制造与服务、大数据与物联网等行业。

（2）国机集团业务覆盖面广泛、产业环节多，金融与资本业务具有较好的产业依托优势。国机集团积极推动内部资产重组、产业结构调整和资产证券化，稳妥发展混合所有制，围绕提高资本贡献度的目标，不断加大金融与投资业务发展力度，在创新孵化、智能制造、核心主业整合、海外业务转型等方面，均具有较大发展潜力。国机资本加强与国机集团及所属企业的联系，建立常态化沟通机制，经常走访调研，及时了解集团二级企业关注的重点方向和领域，及时跟踪依托集团产业和科研实力的相关项目，特别是在资产证券化、“一带一路”和混合所有制改造及国际化并购等方面获取更多信息。

（3）借助国机集团品牌商誉及旗下诸多子公司在行业的强大影响力，可以提高国机资本的市场认知度和影响力，提升资信评级，有利于寻找优质的资源和合作伙伴。国机资本加强与券商等机构联系，进一步与中信证券、中信建投等多家证券公司以及高盛、中金等投资银行交流沟通，开拓投资银行业务、收购兼并业务衍生出来的直接投资机会，同时，与央企、民营等投资机构密切合作，实现项目信息共享、共投共治。

（4）努力建立境内境外资本市场、全生命周期、产品业态协同多元的业务体系，提高金融服务和投资管理能力。利用香港公司、两个基金管理公司和其他平台公司，搭建境内外投融资和资产管理平台，与社保、银行、保险、信托等合作，初步建立自身融资渠道和资本运营体系，开展专业化、市场化的投资和资产运营管理，支持集团海外投资和产业转型发展，提高资产运营能力。2017年10月，随着公司全资子公司——国机（北京）投资基金管理有限责任公司（简称“国机基金公司”）人员调整到位，国机产业成长基金募集工作进入全力推进阶段。按照公司战略规划，确定基金设立方案，完成基金募集说明书。本基金是国机集团第一支产业基金，将促进大数据、互联网和智能制造与实体经济的深度融合，在转型升级、资源整合并购、培育创新等方面寻找具有价值的投资机会。后续公司将进一步统筹考虑，选择确定与公司理念相近、资源协同的合作伙伴，在推进备案工作的同时继续进行募资工作。

【经营管理】

1. 规章制度体系化 国机资本各部门对成立以来试运行的各项规章制度进行系统梳理，补充制定公司投资管理办法、投审会工作办法、合同管理办法、资金支付分级授权管理办法和全面预算管理办法等各项基本制度，修订完善业务管理、财务管理、人力资源、办公行政等公司基本规章制度30多项，形成公司规章制度汇编，并在OA系统予以发布实施，初步做到有法可依、有章可循。国机基金公司对经营过程中潜在的风险进行识别和评价，制定完善运营风险控制制度、信息披露制度、内部交易记录制度、防范内幕交易及利益冲突的投资管理制度、合格投资者风险揭示制度、合格投资者内部审核管理办法、私募基金宣传推介制度等风控制度。后续将根据执行情况和内外部环境变化，持续改进，不断完善。

2. 重大决策程序规范化 按照国机集团投资决策审批权限专项授权和公司章程规定，国机资本重大经营活动审批主要通过董事会、国机资本总经理等机构进行决策。截至2017年年底，国机资本现场或者通信方式召开22次董事会，审议公司经营活动重大事项63项。在此基础上，为加强管理团队业务研判和决策能力，加深董事会对业务的了解度，2017年建立投审会制度，并于7月3日召开第一次投审会。投审会的召开标志着公司业务决策程序不断科学完善，形成有效控制风险的机制。

3. 组织机构持续优化 优化组织结构、招聘新员工一直是重点工作之一。2017年，国机资本参与集团金融事业部对央企投资公司的调研工作，结合调研结果和公司情况，制定组织机构调整方案及相关招聘计划。国机资本在人才选拔、进出流动和激励约束等方面进行市场化管理的初步尝试。

4. 组织机构调整 根据国机资本发展需要人员的情况，对公司的组织结构进行调整。组织机构的调整也标志着资本公司业务架构的阶段性调整，国机资本本部突出战略投资功能，以长期股权投资为主，配置部分财务性投资。市场化权益性投资主要通过基金平台进行。

5. 完善考核激励制度 按照“能上能下、能进能出、能增能减”的原则，国机资本2017年年底进行全员绩效考核工作。公司根据考核结果和工资总额上报董事会审议通过后完成绩效薪酬发放工作。

6. 党建工作 按照国有企业党建工作会议精神和国机集团及党总支“两学一做”常态化要求，

定期组织召开支部党员大会、支部委员会和党小组会，按时上好党课，制定“两学一做”学习教育方案，不定期召开专题组织生活会，坚持不懈地推进党风廉政建设，签订党风廉政建设责任书，按时足额上缴党费。

7. 财务管理 在持续加强财务体系建设、夯实核算、内控等基础性工作的前提下，根据国机资本业务需要，重点扩展投融资渠道，提高资金流动性管理水平，推动财务部门和业务的融合协作。在保证业务资金需求的同时，加强资金流动性管理，通过配置保本保收益的银行理财产品、开发投资型固定收益业务、操作打新股业务等工作为公司努力增创效益。

8. 风控审计和安全生产 按照国机集团管理要求，对照国机集团的风险评估表，国机资本财务部、投资部和风险合规部三部门共同对各类风险因素进行评估，组织编写《国机资本控股有限公司 2017 年全面风险管理报告》。针对国机集团内部审计反映的公司在制度建设、组织机构、人员安排等方面的问题，公司进行有针对性的改进工作，加快制度建设、完善组织机构、合理安排人员，在审计结束后取得明显的成果。对安全环保工作常抓不懈，特别是在 2017 年办公室装修过程中，全程贯彻安全施工、环保健康的原则，确保公司安全生产、节能环保工作落到实处。

9. 新闻宣传与品牌建设 为扩大影响力，2017 年，国机资本还开展新闻宣传与品牌建设工作，以公司公众号作为主要宣传窗口，实行周一和周三各推送一篇主文章、一篇副文章“一带一”的推送方式。目前内容涵盖国家和金融行业法律法规和政策，国机资本及所属公司的业务进展与重要活动，置机集团和所投项目公司的重要新闻，以及相关行业人士的评论性文章和公司内部研究人员的原创作品等。

10. 行政办公 2017 年，国机资本完成办公信息化系统建设并正式上线运行，实现合同法律 100% 的审核率，达到重大事项财务、法律审批的信息化、流程化和规范化效果。完成公司办公用房的购买和装修工作。经过公开招标、施工和验收，于 12 月中旬完成全部装修工程。

中国农业机械化科学研究院

【基本概况】

中国农业机械化科学研究院（简称中国农机院）成立于 1956 年，隶属于世界 500 强中国机械工业集团有限公司。总部位于北京奥运村核心地区，现有在岗员工 5 000 余人，拥有 6 家全资子公司、12 家控股子公司，是国家首批创新型企业和高新技术企业。

建有 1 个国家重点实验室、2 个国家工程实验室、2 个国家工程技术中心和 3 个国家质量监督检验中心，是国家农业装备产业技术创新战略联盟、国家饲草料生产科技创新联盟和国家食品装备产业技术创新战略联盟理事长单位。

业务领域包括高端装备、农业工程、信息技术与服务三大板块，涵盖农牧业装备、军工与特种装备、汽车配件、农产品与食品加工工程、冷链与环境工程、勘察设计与施工、信息技术与精准农业、标准与检测、出版传媒 9 个领域，是我国农业机械行业的战略策源中心、技术创新中心、产品辐射中心和国际交流中心。

中国农机院秉承推动中国农业机械技术进步及产业升级的使命，以打造“价值型农机院”为引领，致力于建设“创新农机院、智慧农机院、幸福农机院”，围绕现代农业装备核心领域，发展多元产业，打造具有国际竞争力的一流企业。

【主要指标】

中国农机院 2017 年主要经济指标见表 1。

表 1　中国农机院 2017 年主要经济指标

项目	2016 年	2017 年	同比增长（%）
资产总额（万元）	612 020.64	573 383.80	-6.31
净资产（万元）	121 471.83	115 266.78	-5.11
营业收入（万元）	382 377.24	350 044.59	-8.46
利润总额（万元）	-68 569.53	2 604.81	103.80
技术开发投入（万元）	19 399.76	19 455.94	0.29
利税总额（万元）	-47 030.68	23 129.82	149.18
EVA 值（万元）	-64 364.40	2 974.10	104.62
全员劳动生产率〔万元 /（人·年）〕	5.77	15.98	176.95
净资产收益率（%）	-40.47	-1.63	增加 38.84 个百分点
总资产报酬率（%）	-6.76	2.32	增加 9.08 个百分点
国有资产保值增值率（%）	64.59	95.88	增加 31.29 个百分点

【改革改制】

1. 企业改制与重组顺利推进　完成中国农机院呼和浩特分院和中国农机院海拉尔试验站 2 家全民所有制企业的公司制改制，完善法人治理结构，建立现代企业制度；完成现代农装科技股份有限公司所属中机北方机械有限公司、中机华丰（北京）科技有限公司股权剥离，优化资产质量，改善资本市场形象；完成中机试验装备股份有限公司新三板挂牌。

2. 瘦身健体成效显著　继续推进低效无效投资清理，消除“出血点”：完成中机十院（洛阳）工程有限公司、中机（通辽）机械装备有限公司、呼和浩特市华德人力资源咨询管理有限责任公司、中机保定客车制造有限公司、中机南方（湖州）进出口有限公司 5 家企业的清理；中机西南能源科技有限公司及时止损。加大处僵治困力度，亏损企业同比减少 12 户，亏损面同比下降 34.29%。

3. 推行竞聘上岗，完善选拔机制　充分发挥竞争性选拔在激发人才活力方面的重要作用，优化干部遴选及管理机制，全面实行任期到届和空缺干部岗位的公开招聘、竞聘，实施首次出任总经理半年试用期考核机制。进一步完善薪酬分配、经营业绩考核、董事与监事管理、专业技术职务评审与聘任、年度评奖、干部管理等相关制度。

4. 优化考核机制，推进薪酬改革　设立多维度经营业绩考核办法，综合考虑行业、规模和企业发展周期，优化调整经营业绩考核指标及权重，部分考核单位设立关键事项考核；增设中长期激励基金和年度考核评级；引入经济责任追缴、处罚条款，强化经济责任落实。改革职能部门薪酬绩效模式，院总部职能部门副部长及以下岗级员工由“年度考核”改为“月度考核”，实施部门工资总额“包干制”、部长负责制，提高薪酬激励时效性和准确性。

【市场开拓、产品及发展情况】

1. 高端装备持续保持竞争优势　坚持创新驱动，瞄准前沿技术，在农业装备等多个细分市场和领域保持领先水平，引领行业发展。

（1）农业装备领跑高端市场。高端青饲机、打捆机等性能和作业效率国内优势显著，多个产品荣获“中国农机行业年度最具影响力品牌奖”“市场表现力奖”和“全国农机用户满意品牌”。

（2）军工及特种装备市场占有率持续巩固。EBPVD 批产项目按期投产，热喷涂热障涂层生产量占行业市场份额 80%；电子束物理气相沉积热障涂层市场占有率扩大至 50% 以上；高端摊铺机保持第一梯队地位，不断开发多品种、小批量新产品，精耕细作，培育持续竞争优势；试验机、校直机行业领先，重新定位试验装备、校正及自动化、工程贸易、检测服务、军工装备五大发展板块，在北京建立研发及营销中心。

（3）汽车配套业务继续保持高质量增长，成功进入德国大众全球供应商体系，成为德国奥迪 EVO4 项目油底壳全球独家配套商。

2. 农业工程板块积极探索转型

（1）统筹内外资源，发展壮大以农业工程为特色的工程咨询、规划、设计以及工程总承包业务，面向国内国际两个市场，延伸产业链、创造价值链：统筹推进与黑龙江、山东、内蒙古、湖南、湖北、山西等政府部门，以及中央军委机关事务管理总局等务实合作和业务对接，结合院规划咨询、工程设计、行业服务等相关资质及条件，提升现代农业工程全产业链技术及装备成套解决方案能力。

（2）农业工程业务平台初见成效。承接克明面业、益海嘉里粮油挂面干燥项目，合同额达 3 800 余万元；自研国内市场首条藜麦加工线，中标甘肃养生三宝藜麦米干法加工成套设备供应项目；中标中央军委机关事务局南口农副业基地项目、滨海新区设施农业项目；中标国内最大羊屠宰项目美洋洋项目，推动以咨询、设计带动工程项目承接的新业务模式，冷链工程设计成为新的经济增长点。

（3）国际化业务开拓成效显著。打造海外农业工程业务集成平台，在稳固原有国际合作成果基础上，拓展对外业务，与苏丹、埃塞俄比亚、尼泊尔、阿尔巴尼亚等国家开展农业机械研发及农业工程建设项目合作。

3. 信息技术与服务取得重大突破

（1）信息技术成果产业化实现重大突破，引领农业生产进入“互联网 +”新时代。不断推进以互联网 +、云计算、大数据等新一代信息技术与现代农业深度融合，推进北斗系统在农业装备中的深度应用；建成代表行业领先水平的现代农业全程信息化服务平台，并作为国机集团代表性重大成果参加“中央企业贯彻落实新发展理念，深入实施创新驱动发展战略，大力推动双创工作成就展”，在吉林实现全省覆盖，并在辽宁、内蒙古、山东等省区推广应用。

（2）传媒业务数字化转型升级进一步深化，数字化业务收入首次超过传统业务收入。数字营销业务取得实质性增长，经营模式初步实现由传统媒体业务成功转型为数据系统服务为主；汽车导购 APP 成功进入国内多家主流汽车企业数字媒体采购名单，易购机平台实现成立 3 年来的首年盈利，“知谷”全媒体平台 APP 产品活跃度稳步增长。

（3）行业服务开辟汽车加速行驶车外噪声检测新领域。农机检测开发新的服务增值模式，与农业部农业机械试验鉴定总站进行战略合作，与 9 个省级鉴定站确定合作意向。食品检测形成新的利润增长点，扩充检测项目 30 余项，检测业务量达到 2016 年的 4 倍，检测能力和经济效益显著提高。

【经营管理】

1. 加强产业协同，联动增效显著 在“协同发展”倡导下，全院形成较好协同氛围，板块协同效应显现，在技术联合攻关、制造资源共享、市场业务聚合等方面形成联动效应。制定《中国农机院产业协同指导意见》，推进建立自愿自主、优势互补、降本增效、诚信合作的产业协同发展机制，鼓励全院、全员积极参与，以机制促进形成良好协同氛围。加强外部协同，与国机汽车、苏美达、中机六院、中国中元等国机集团兄弟单位交流学习与业务合作洽谈，与沈阳仪表院、合肥通用院、国机智能等联合申报项目；承接苏美达横向委托智能化轻简机具开发任务；协同开拓海外市场，中标柬埔寨王国吴哥国际机场岩土工程勘察项目。

2. 完善产业管理，强化质量控制 探索并完善产业管理体系，完善经营指标管理，推进落实各项业绩考核。制定《中国农机院产品试制试验及生产管理暂行办法》，组织各单位开展产品发展规划编制工作，引导各单位深化科研、生产、销售结合；制定《中国农机院工程咨询设计资质管理暂行规定》，进一步激发资质对产业的带动作用；进一步研究完善投资、采购管理、合同管理、供应商管理等制度。推进质量体系与科技产业发展融合，贯彻新版质量体系理念，促进质量体系与日常管理服务，以及科研、生产、销售等有效结合，推动院职能部门、院直属单位完善管理及服务制度、流程，通过院质量体系由2008版向2016版转版认证。

【科技创新】

1. 深入落实院“十三五”发展战略，科技创新支撑引领产业发展 围绕产业和行业发展需求，统筹行业资源，落实国家重点研发计划项目（课题）22项，合同总经费超过1.2亿元，突出贴合战略、引领行业和支撑产业作用。全院在研各类项目110多项，到账各类财政科技专项经费超过1.14亿元。研制6行棉箱式采棉机、玉米籽粒收获机、玉米穗茎收获机、农用机井打井设备、新型圆草捆打捆机、农机云服务平台、电子束物理气相沉积涂层工艺、高温火车轴与250t重型车桥校直机等一批代表行业领先水平的新技术、新装备，逐步形成信息技术引领的全程农机化解决方案能力。

2. 规划引领，打造行业智库，进一步夯实行业引领地位 积极组织和参与国家、行业产业科技发展规划研究、重大项目实施，承担中国工程院、科技部、工信部、农业部等战略研究任务20余项，为政府决策及政策制定提供支撑。牵头编制覆盖农机领域“十三五”科研任务的国家重点研发计划“智能农机装备”重点专项项目申报指南，以及《中国制造2025重点领域农业装备技术路线图》，组织完成“十二五”国家科技支撑计划“现代节能高效设施园艺装备研制与产业化示范”“农产品产地商品化处理关键技术与装备”重大项目，进一步扩大行业影响力。

3. 创新成果突出，提升产业核心竞争力 取得具有国内领先以上水平的鉴定科技成果3项，获中国机械工业科技进步奖二等奖1项、三等奖4项，国防技术发明奖二等奖1项，内蒙古农牧业丰收奖一等奖、二等奖各1项，获国机集团科技进步奖二等奖2项。强化知识产权布局，申请专利80多项，授权专利79项，其中授权国际专利1项，全院有效专利近700项。制修订标准105项，其中国家标准26项、行业标准64项。新入选农业部产业体系岗位专家4人、首都科技领军人才培养工程1人、国机集团首席专家1人。平台建设取得进展，获批建设农业部牧草全程机械化科研基地，荣获2017年度全国农业农村信息化示范基地称号。

【科技合作】

1. 国际科技合作 依托国际农业工程科技合作示范基地平台，进一步推动国际科技合作项目开展，提升国合基地项目孵化和合作成果产业化能力。成功申报农业部尼泊尔奶业发展助推农村社区减贫项目；组织实施激光光谱小麦品质信息智能在线获取技术合作研发、联合收割机智能监控系统的合作研发2项国际科技合作项目；继续执行实施智利海产品真空冷冻干燥技术研究与推广应用、瓦努阿图饲养技术工程中心等对发展中国家的科技援助项目。作为中美农业科技合作专家委员会秘书处，继续承担中美农业科技合作相关工作；参加中拉农业科技合作工作组的相关会议，建立牢固而稳定的战略合作关系，明确并共同推进合作的启始行动。

2. 国际援外培训 承担9期科技部、商务部委托的援外培训班项目，内容涉及农产品加工、食品工程、农机技术推广、农机使用与维修、农业机械化发展、农田水利灌溉技术以及农机具工作原理与技术等领域，共有来自亚、非、欧、拉美、大洋洲37个国家的309名代表参加培训，为农机院和集团兄弟企业优势装备技术和成套设备“走出去”搭建资源共享和项目孵化平台。

3. 海外项目开拓 承揽海外工程项目，开展对外经贸业务，与苏丹、埃塞俄比亚、尼泊尔等国家开展农业机械研发及农业工程建设项目，全面推进成熟技术、装备与成套工程走向海外。

（1）援苏丹屠宰厂建设与运营项目。院长王博随国务院副总理张高丽访问苏丹，参加两国高层领导会见，并向张高丽副总理、苏丹第一副总统兼总理巴克里阁下以及双方与会代表就援苏丹屠宰厂项目情况进行汇报，并举行项目揭牌仪式，希望通过该项目以点带面地促进苏丹当地农牧业上下游全产业链良性发展和农民就业增收与畜产品出口创汇，为中苏两国农业产能合作与企业投资提供重要平台。

（2）埃塞俄比亚苔麸生产机械化推广项目。基于与埃塞俄比亚农业部联合开展人力节约型苔麸农机技术应用示范项目，结合埃塞俄比亚的实际需求，与埃塞俄比亚农业部、工业部就中埃农业产业园合作及苔麸种植与收获机械技术推广等签署谅解备忘录，多次派员拜访农业部、商务部和埃塞俄比亚驻华使馆，促进中国政府部门和埃塞俄比亚外交部门对该项目的了解；院长王博出访埃塞俄比亚，协调埃塞俄比亚农业部、工业部、财政部及我国驻埃塞俄比亚大使馆、经参处和驻非盟经参处；派遣科研团队在埃塞俄比亚AMHARA州总理出席的收获季仪式上进行设备试验演示，以推进项目的进展。

（3）尼泊尔国家奶业发展计划项目。根据中尼双边农业合作政策，院长王博、研究员吴德胜赴尼泊尔与尼泊尔奶业发展委员会（NDDB）等政府机构就联合开发尼泊尔奶业发展助推农村社区减贫项目进行谈判磋商、实地调研和可行性研究等相关工作，签署会议纪要。参加在京举办的尼泊尔投资机会圆桌会议，汇报“尼泊尔奶业发展助推农村社区减贫项目”进展情况，得到普拉昌达总理、贸促会姜增伟会长等领导的高度重视；该项目已被列入尼泊尔政治高层优先发展项目清单，是中国农业部国际合作司在亚洲重点支持关注的农业项目之一；已完成“尼泊尔奶业发展助推农村社区减贫项目”的可行性研究报告。

（4）援阿尔巴尼亚农机项目的准备性技术研究。完成中国援助阿尔巴尼亚Cerrik地区农业机械项目的准备性技术研究，负责协助阿方完成援助农机物资可研及配套建设后期可能的农机示范中心初步规划方案，并就当地畜牧装备、设施农业等深入调研，寻求除农机外的商机。

（5）菲律宾合作行动计划。农业部副部长屈冬玉率中国农业代表团赴马尼拉出席中菲农业联委会、渔业联委会，与菲方就中菲两国农业和渔业深化合作进行磋商和讨论，双方充分肯定《中菲农业合作行动计划（2017—2019）》实施进展，并签署会议纪要，中国农机院被列为中菲农业、渔业合作行动计划的中方实施单位，为后续在菲律宾开拓农业项目打下坚实基础。

【信息化建设】

1. 强化基础，稳步开展各项信息化运维工作 全面做好基础网络、硬件设备、ERP系统、OA系统、会议系统的运维工作，为经营管理提供有力支撑。并发上网用户超过1 200人、在线设备超过2 000台，中心机房服务器数量74台；解决各种网络故障和设备维修、支持视频会议近400次；通过优化配置方案，无线网络故障率降低50个百分点；在线上业务运维受理数据维护流程3 606个，受理业务问题近400个，完成2次ERP系统克隆；OA系统优化升级23次，流程修改120余次，新增流程27个，发起流程数超过3.5万个，较上年增长10%。

2. 积极转型，促进信息化与业务需求再平衡

（1）推进中心机房向节能化、虚拟化转型。通过虚拟化技术，节省服务器、淘汰低能耗老旧设备，大幅降低电力、空间资源消耗。

（2）推进信息化资源向共享型、云服务转型。院属各单位托管服务器数量超过1/3，节省大量机房建设和运维成本，机电技术应用研究所“互联网＋农机”全系13台服务器全部托管在中心机房；完成OA、ERP系统与财经管控系统的集成，推进ERP与湖州安达汽车配件有限公司、内蒙古华德牧草机械有限责任公司等企业多类型生产系统的对接与剥离，院总部信息中心已逐步发展成为所属各单位信息资源交换的“云数据中心”。

（3）推进IT管理向标准化、精细化转型。启动信息安全整体评估，从全局架构向单点设备辐射，调整网络架构安全策略修复服务器安全漏洞、提高核心服务器安全防护级别，及时发现并妥善处理安全事件；根据决策需求变化及业务升级要求，OA系统流程设计进一步精细化、定制化，实现业务逻辑可达即流程可达。

3. 多点提升，推动信息化建设工作再上新台阶

（1）规划先行，确定三年计划，有序开展专项工作。全面评估中国农机院信息化建设现状，形成《中国农机院信息化工作优化提升方案》，从4个方面提出10余项提升措施，完成KVM升级、磁带库扩容、备份策略调整等相关工作。

（2）需求主导，重构网站群，实现功能体验双提升。做好中文网站升级改版工作，基本实现设计环节精、实施过程细、上线效果佳，网站设计水平达到前期参考网站的第一梯队水平；同步新增内部协同门户、信息服务门户、手机站，升级英文网站；在统一网站、OA、E-mail的用户视觉风格基础上，全面推广基于企业微信的移动业务协同平台，移动办公用户新增300%，覆盖全级次企业；完成企业邮箱的多域名支持和升级工作，精确提升用户使用体验，提高管理效率。

（3）建设队伍，注重项目管理，提高综合业务能力。通过专项工作的开展，加强不同岗位间人员的沟通，促进各内部环节之间相互学习、人员互动，形成AB角色机制；重视知识管理，建立知识共享平台，并形成11份知识文档；加强业务交流，代表国机集团，组织参加央企网络安全技术大赛，最终进入决赛；派员深度参与国机集团信息化项目规划、实施，开阔视野，积累经验。

【党建工作】

1. 深刻认识党的十九大的重大意义，切实把思想和行动统一到中央部署上来 召开党委会专题研究制定学习方案，部署学习宣传贯彻党的十九大各项工作要求，购买发放学习材料，召开全院中层以上干部大会、举办培训班深入学习十九大精神。通过院网、院报和楼宇电视刊登、播放十九大学习内容，微信推出网上答题活动，吸引更多党员干部通过多种渠道参加学习，确保把十九大提出的一系列新思想、新论断、新提法、新举措传达到每一位党员干部职工。

2. 贯彻落实全国国有企业党建工作会议精神，旗帜鲜明加强党的领导 完善党委参与企业重大问题决策机制：先后修订《中国农机院章程》《中国农机院“三重一大”决策制度实施办法》和《中共中国农机院委员会会议制度》，明确党组织在企业治理中的权责和工作方式，切实发挥党组织的领导核心和政治核心作用。强化责任担当，抓好党建重点任务：落实全国国有企业党建工作会议提出的30项重点任务，院领导班子成员认真履行“一岗双责”，年终开展党委委员抓党建述职评议，闭环落实党建工作责任制要求；开展院属单位党组织书记述职考核评议工作，努力提高企业党建工作整体水平。推进信息化建设：建立党员信息库，完善基层党组织和党员的动态管理。

3. 推进“两学一做”学习教育常态化制度化，履行管党治党主体责任 强化阵地建设：通过定期举行组织活动，引导党员进一步坚定理想信念；用好用活大讲堂、Y-Talk（青年说）等平台，扩大学习覆盖面；开展先进事迹征集、“七月影动”等活动，激发基层党组织工作热情；用好民主评议、两优一先评比等载体，建立表彰机制；对系统内困难党员基本情况进行摸排，广泛开展老党员和困难党员走访帮扶工作，从思想上增强党员归属感。推动制度落实：努力做好“三会一课”、基层组织换届、民主生活会、组织生活会和民主评议党员等党内重点工作，发挥党支部的主体作用，推进党员教育经常化、组织生活正常化、作用发挥常态化，逐步形成党建工作合力。严格检查督促开展院属各级党组织党建工作落实情况专项检查，对所属企业党组织“三会一课”及领导班子民主生活会记录进行检查，不断提高党内生活质量。

4. 坚持党管干部原则，打造一支忠诚干净担当的干部职工队伍 在干部选拔任用方面：履行党组织在选人、用人方面的职责，与行政班子密切配合，进一步拓宽选人用人渠道，扎实做好试用期考核工作；同时，选好配强基层党组织带头人，为基层党建工作的良好开展奠定重要的组织基础。在干部作风建设方面：全面打造风清气正、机会均等的干事创业氛围，通过组织生活、专题党课、重要讲话把作风建设新要求融入日常；修订《中国农机院党风廉政建设责任制实施办法》，制定下发《中国农机院院管干部谈话管理暂行规定》，以好的制度培育和弘扬好的干部作风；召开全院中层以上干部会议，通报反腐败有关事项，加强思想教育；年底开展年度党风廉政建设责任制考核工作，强化领导干部履行党风廉政建设的责任意识。在干部能力培养方面：充分利用“中国农机院大讲堂”等平台，增进内外交流，切实提高干部综合素质；注重领军人才的培养，制定《中国农机院首席专家选聘管理暂行办法》，加强高层次科技人才队伍建设；注重干部梯队建设，把“好苗子”选拔到后备干部队伍中，放到一线锻炼，为人才培养及干部队伍建设提供有力支撑。

5. 落实党风廉政建设主体责任，坚持不懈加强反腐倡廉工作 强化廉政责任：贯彻落实党风廉政建设责任制，签订党风廉政建设责任书，年末逐级开展党风廉政建设责任制落实情况专项考核，确保工作责任落实。加强廉政教育：通过专题学习、参观活动、观看警示教育片等方式，不断加强对各级领导干部及重点岗位人员的廉政教育；逢节假日发送廉洁短信，杜绝“节日病”；推进落实任前廉洁谈话及约谈制度，与信访件涉及的相关领导干部进行提醒谈话，多种方式强化廉洁从业意识和遵纪守法观念。严肃执纪问责：持续保持惩治腐败高压态势，对违纪问题严肃查处，绝不姑息。加强监督检查：开展公务用车专项检查，严格公务用车管理；开展“三重一大”决策制度专项检查，对所属单位的总经理办公会会议纪要和董事会会议纪要进行检查，发现问题及时反馈、限期整改；建立“三重一大”会议资料查询平台，便于院级领导、董事、监事有效开展工作；开展违规公款购买消费高档白酒问题排查整治，严防违规公款吃喝送礼等“四风”问题反弹，划定纪律红线。

【企业文化】

充分调动和团结各方力量，以建设价值型农机院为引领，增进了解与共识、加强沟通与交流，为深化改革、实现有质量的发展营造氛围，凝聚力量。

1. 加大企业文化宣贯力度 做好典型企业、典型人物的选树、培育和宣传，树立优秀的企业文化和积极向上的价值导向，讲好中国农机院的文化故事，凝聚发展力量。

2. 加强新形势下的宣传工作 聚焦院改革发展重点任务，积极开展宣传报道，深入学习研究新媒体时代新闻宣传工作的新特点，提高舆情的研判和处置能力，为改革发展营造良好的内外部舆论环境。

3. 坚持党建带群建 根据群团工作的特点规律，不断创新工作形式，多渠道倾听群众呼声，加大关爱和帮扶工作力度，积极维护职工合法权益；举办丰富多彩的群众性文体活动，促进交流融合，团结带动广大职工群众坚定改革发展的信心和决心；关注统战人士的思想动态和工作生活情况，为推动企业改革发展凝聚强大的正能量；做好离退休服务工作，坚持为老干部排忧解难，全面建设团结和谐的企业文化。

【社会责任】

按照精准扶贫的要求，根据国机集团对口扶贫点的实际需要，落实淮滨片区帮扶方案，向河南省淮滨县捐助扶贫款 6 万元。

中国包装和食品机械有限公司与中国扶贫开发协会举行业务对接活动，就有效开展地方扶贫工作进行深度的沟通和交流，择机选择合适的地区示范点落实具体业务工作。

北京金轮坤天特种机械有限公司对贵州猴场镇冗瓦小学开展扶贫项目，对贫困学生建档立卡，扶贫精准到人。

中国中元国际工程有限公司

【基本概况】

中国中元国际工程有限公司（简称中国中元）是集工程咨询、工程设计、工程总承包、项目管理、设备成套、装备制造和技工贸为一体的大型工程公司。具有工程设计综合资质甲级、建筑工程施工总承包壹级、专业承包壹级（电子与智能化工程、建筑装修装饰工程、消防设施工程、建筑机电安装工程）及对外承包工程资格证书及其相关资质，可以承接全行业、各等级的工程设计业务和从事工程设计资质标准划分的建筑、机械、医药、船舶、兵器、市政、商业、化工、能源、建材、轻工等 21 个行业的工程总承包、项目管理等业务及境外工程承包等业务；承接建筑工程施工总承包壹级资质范围内的施工总承包、工程总承包和项目管理业务。

具有城乡规划编制、工程监理、工程咨询、工程造价咨询甲级资质；具有压力管道设计资格；具有独立的进出口经营贸易权、对外经济合作资格证书、进出口企业资格证书、自理报关单位注册登记证书、工程招标代理机构资质证书、施工图设计文件审查许可证书及建筑装饰工程设计与施工资质证书；具有市政行业（载人索道）工程甲级设计资质证书、工程咨询单位（索道工程）、工程咨询单位（索道工程）项目管理和索道工程评估咨询资格证书。

现拥有工程技术人员 2 900 余人，各学科博士、硕士等630余人，各类注册工程师560余人。有 13 个直属生产单位，3 个技术支撑部门，10 个职能管理部门，在北京、海南、厦门、上海、长春、南京设有 10 个二级法人单位，在深圳、珠海、山西、青海、四川等地设有分公司，在乌兹别克斯坦设有办事处。

秉承“质量是生命，精心设计、创优工程、诚信服务，保护环境、珍爱生命，是我们对顾客、社会、员工始终不渝的承诺”管理方针，质量、环境、职业健康安全管理体系健全，数十年来一直跻身于全国勘察设计综合实力、工程承包和项目管理百强单位的行列。

【主要指标】

2017 年中国中元主要经济指标完成情况见表 1。

表 1　2017 年中国中元主要经济指标完成情况

指标名称	2016 年	2017 年	同比增长（%）
资产总额（万元）	370 264.88	406 101.67	9.68
净资产（万元）	128 088.67	132 008.56	3.06
营业收入（万元）	281 795.45	295 428.86	4.83
利润总额（万元）	16 937.32	13 856.45	-18.19
技术开发投入（万元）	22 965.88	24 301.56	5.81
利税总额（万元）	31 782.97	27 633.76	-13.05
EVA 值（万元）	11 827.92	11 139.27	-5.82
全员劳动生产率〔万元 /（人 • 年）〕	34.90	31.18	-10.66
净资产收益率（%）	6.41	9.09	增加 2.68 个百分点
总资产报酬率（%）	4.07	3.68	减少 0.39 个百分点
国有资产保值增值率（%）	107.21	107.16	减少 0.05 个百分点

【改革改制】

7 月—11 月，根据国务院办公厅《关于进一步完善国有企业法人治理结构的指导意见》，以及国机集团企业改制工作的整体安排，中国中元完成所属二级法人单位北京起重运输机械设计研究院、中元国际工程设计研究院、机械工业规划研究院，以及所属三级法人单位北京科正平机电设备检验所等 4 家全民所有制企业公司制改制工作。

【重大决策】

1. 成立装备管理中心，统筹公司装备工程资源　为促进重组后北京起重运输机械设计研究院有限公司（简称北起院）的发展，3 月 8 日，中国中元成立装备管理中心，主要负责装备制造业务的经营管理、对接管理、重点项目管理及北起院的综合管理。同时，结合中国中元装备制造板块的发展要求和北起院实际，组织、研究全产业链模式下装备制造工程的发展，对中国中元的装备制造业务发展起到促进作用。

2. 制定装备工程业务发展专项规划，明确装备工程产业发展战略定位　重组后，为实现相关业务资源的优化配置，实现做大做强装备业务板块的目标，发挥新中元全产业链的优势，编制《中国中元国际工程有限公司装备工程产业发展规划》（以下简称装备工程专项规划），为中国中元装备制造业务发展制定顶层设计文件。“装备工程专项规划”以国家宏观战略、产业政策、产业发展趋势、国内外相关市场和新中元装备工程产业现有资源为依据，从产业链和相关业务技术层面，充分发挥新中元内部和外部的资源、品牌、市场和业绩优势，在发展的新思路、新定位、新目标、新任务的总体框架指导下，明确业务定位，指出发展方向，提出发展目标。“装备工程专项规划”作为战略管理的指导性文件，9月6日，经中国中元战略委员会委员评审，并由中国中元董事会批复，正式下发。

3. 撤销二级法人单位北京中元国泰物业管理有限公司 按照国资委和国机集团提出的压缩管理层级、减少法人户数的工作目标要求，经国机集团批复，中国中元与中元国际一致同意，形成《关于注销北京中元国泰物业管理有限公司成立清算组的决议》，成立清算组。12 月 29 日，北京市工商行政管理局海淀分局下发准予注销登记通知书，准予国泰物业注销登记。

【重大项目】

援助老挝玛霍索综合医院项目总建筑面积约 54 800m^2，设计规模 600 张床位，建筑主体最高 8 层，是中国对外无偿援助建设的规模领先的医院建设项目。该项目的建成，将促进老挝人民福祉，助力当地经济和社会发展，也将成为中老友谊的又一历史见证，携手推进“一带一路”建设，继续深入探索中老两国在卫生领域的创新型合作模式。

横琴口岸及综合交通枢纽开发工程总建筑面积 131 万 m^2，6 栋超高层建筑最大高度 180m，旨在打造国家新型口岸综合体门户形象，建成后将成为粤澳乃至亚太地区的重要窗口。项目功能复杂，技术要求高，需多专业配合，对提升公司技术实力、扩大中国中元在大湾区的影响力具有重要意义。

海南海口塔项目总建筑面积 38.77 万 m^2，主要由 1 个塔楼和位于塔楼两侧的东西裙楼组成。建成后将成为体现海口城市形象的标志性建筑，更是海口的城市名片之一。北塔在世界上首次采用巨型框架支撑外框 + 钢框架支撑核心筒结构体系。南塔基础筏板大体积混凝土浇筑工程于 7 月 13 日完成，浇筑体量和施工难度均创海南地区之最。

援柬埔寨中柬友谊医疗大楼项目用地面积 12 900m^2，总建筑面积 28 900m^2，建筑层数 11 层，将建成以外科为主的 400 床综合教学医疗大楼。本项目是继柬埔寨体育场之后，中国中元在柬首都金边大型公建的又一力作，它将践行中国在柬的“一带一路”倡议，并成为柬埔寨医疗技术水平最高的现代化公立综合医院。

援牙买加西部儿童医院项目用地面积 15 986m^2，总建筑面积 16 000m^2，总床位数约 220 床，最高层数 8 层，将打造成为一座充满牙买加风情，让儿童、家属和医院员工身心愉悦的现代化绿色医院。本项目为中国中元在加勒比海地区大型医疗建筑设计领域的又一重大突破，并为中牙友谊添上浓墨重彩的一笔。

北京安贞医院通州新院区项目床位数 1 500 床，日门诊量约 7 000 人次，总建筑面积约 43 万 m^2。项目规模大，研发占比较大，在医疗行业具有较大影响力，是津京冀协同发展、配套北京城市副中心建设的重要组成部分。

民航运行管理中心和气象中心工程及中国民用航空情报管理中心工程包括民航运行管理中心、气象中心、中国民用航空情报管理中心和后勤中心四大部分，是近年来空管系统投资和规模最大的综合性项目。建成后将形成以运行中心流量管理系统为核心，气象、情报信息高度融合的空管中央运行管理体系，成为中国民航发展的新引擎，增强民航空管运行保障能力，提升中国民航的国际地位和影响力。项目于 9 月 26 日正式开工。

北京新机场南航基地航空货运区、航食区工程设计项目位于北京市大兴区，总建筑面积约 17.4 万 m^2。航空食品区工程包括航食、地服和勤务用房，是一项专业程度高、技术流程复杂的航空公司生产型系统工程，方案以“重生产、轻办公，重功能、轻装饰”为总体设计思路。货运区分为国际货运区及国内货运区，货运站风格统一，建筑风格现代，设计方案充分体现了简约、流程、经济、绿色、品牌、环保、共享等设计理念，力争打造现代物流与航空货运相结合的典范工程。

格尔木市会展中心项目总占地面积61 130m²，总建筑面积12 214.9m²。项目主要展示盐湖文化，兼顾与展览会议有关的展示、演示、表演等功能，建成后将成为世界钾盐大会永久性会址，从而提升格尔木盐湖城品牌价值，打造钾盐文化新名片。

项目安全文明施工要求高，中国中元按照格尔木市安全文明施工标准化样本工地进行临建搭设和管理。

德清中创地理信息产业园建设有限公司中创科技园项目为中国中元设计、采购、施工EPC总承包项目，总建筑面积90 881.2m²，于7月10日，通过五方竣工验收。建设单位及德清县建设局质监站对中国中元施工过程控制给予高度评价，并荣获当地建设局颁发的“学标杆树标杆安全标准化工地”“创建平安工地”奖项。

新疆乌鲁木齐丝绸之路国际滑雪场5号、6号脱挂索道项目位于乌鲁木齐市乌鲁木齐县，是新疆维吾尔自治区规模最大、设施最齐全、雪道最多的滑雪场。该项目是中国中元客运索道业务在新疆建设的第一个脱挂索道项目，对响应国家“一带一路”倡议具有十分重要的意义，将打破新疆维吾尔自治区没有用于滑雪的脱挂索道的历史，对促进当地冰雪运动及旅游产业化发展、推动当地索道普及应用、扩大公司在该地区的影响都具有十分重要的作用。

京东“亚洲一号”自动化立体库项目是以物流仓储为主的大型现代化物流仓库，涵盖京东电子商务营业中心、智能物流示范基地、区域性商品采购中心等。建成后将完成订单处理中心、分拨中心、运营服务中心等功能布局，在快速提高京东物流效率的同时，还将吸引大批电商、物流、金融服务商，形成区域经济新的增长极。

【市场开拓】

1. 设计咨询领域，树立强势品牌，开拓新兴业务 面对日趋激烈的市场竞争环境，经营工作从方向上紧跟国家经济发展趋势，在民生工程、基础设施、环保、生态等热点领域加大经营和技术投入；强化“核心竞争力培育，坚持专业化、综合化”发展方针，在医疗、物流、能源行业中保持领先优势；同时，城市公共建筑、养老、医养、海绵城市、可再生能源等新业务得到不断开拓。

2. 工程承包、项目管理、监理领域，依托公司设计优势，加快抢占市场份额 积极进行业务调整和结构转型，依托拥有自主创新核心技术的医疗净化、装饰装修、电控、能源等专业，拓展相关产业链条，发力工程总承包，在医疗建设、光伏发电、集中供热、文化建筑、物流保税等领域中取得较好的经营业绩。参与国际金融组织及政府优惠贷款项目，发展余热发电、集中供热、污水处理等类型的设备成套项目。积极参与援外工程项目管理，并取得较好成绩。监理方面，利用整体的资源优势，持续开展援外项目、使领馆类型项目、医疗建筑和机场物流项目监理、管理工作，提升公司的品牌效应。

3. 装备制造领域，紧跟市场需求，加快核心竞争力转化 装备制造领域的各个板块根据各自特点和自身优势，稳步推动市场。在客运索道板块，加大滑雪市场开拓，滑雪索道合同额占比近一半；满足客户对EPC需求，延伸市场业务领域，保持快速增长。在物流仓储板块，满足传统市场需求的同时，加强智能化技术研发，开拓电商及智能制造领域市场，为拓宽该领域市场打下基础。在起重机械板块，开拓新用户，确保行业大集团客户业务，保持了稳定发展。在散料输送板块，加强集团内部合作，开发细分市场。在检验检测板块，稳定已有法定业务，开展安全评价和性能检测等具有增值服务的新业务，为进一步转型发展打下坚实基础。

4. 推动内部合作，有效促进产业融合 为延伸产业链条、拓宽市场领域，推进内部融合，成立“北起院与总部生产单位联合经营工作小组”，促进内外部资源优化组合，发挥业务互补的优势，签约泸州云龙机场项目、居然之家天津物流园区项目等，为公司内部合作和产业融合起到积极的示范作用。

【科研成果】

开展各类研发课题93项，其中11项国家级、省部级的重点研发项目。完成知识产权申报58项，其中发明专利23项、实用新型30项；申请软件著作权登记 5 项。编制完成国家、行业标准 19 项，获专利授权 38 项，其中发明专利 15 项、实用新型 23 项。获省部级奖 54 项，其中一等奖 12 项、二等奖 20 项。再次通过“高新技术企业”认定。2017 年中国中元完成发布的标准规范见表 2。2017 年中国中元正在编制的标准规范见表 3。2017 年中国中元获得的授权专利和软件著作权见表 4。

表 2　2017 年中国中元完成发布的标准规范

序号	标准名称	国标 / 行标	制订 / 修订
1	钢结构设计标准	国标	修订
2	城镇供热用单位和符号	国标	制订
3	建筑震后应急评估和修复技术规程	行标	制订
4	焊接作业厂房采暖通风与空气调节设计规范	行标	制订
5	数据中心制冷与空调设计标准	行标	制订

表 3　2017 年中国中元正在编制的标准规范

序号	标准名称	国标 / 行标 / 社团	制定 / 修订 / 研编	主编 / 参编
1	既有建筑设备工程鉴定与改造技术规范	国标	制定	参编
2	建筑物电磁兼容技术规范	国标	制定	参编
3	单层工业厂房抗震设计规范	国标	制定	主编
4	城镇供热技术规范	国标	制定	参编
5	工业建筑振动荷载规范	国标	制定	参编
6	锅炉房设计规范	国标	修定	参编
7	工业锅炉系统节能设计与评价指南	国标	制定	参编
8	工业建筑振动控制设计规范	国标	制定	主编
9	工程振动术语与符号标准	国标	制定	参编
10	隔振设计规范 GB50463	国标	修定	参编
11	建筑隔震设计规范	国标	制定	参编
12	国家工程建设强制性标准体系（医疗卫生工程部分）	国标	制定	主编
13	工业建筑抗震设计标准	国标	研编	参编
14	建筑给水排水与节水技术规范	国标	制定	参编
15	医院洁净护理与隔离单元技术标准	国标	研编	参编
16	医疗建筑项目规范	国标	研编	主编
17	给排水设计 P_BIM 软件技术与信息交换标准	社团	制定	参编
18	混凝土结构设计 P-BIM 软件技术与信息交换标准	社团	制定	参编
19	多腔钢管钢筋混凝土结构技术规范	社团	制定	参编
20	绿色养老建筑评价标准	社团	制定	参编
21	建筑楼盖结构振动舒适度设计规范	行标	制定	参编
22	妇幼保健院建设标准	行标	制定	主编
23	压力管道公用管道	行标	制定	参编
24	预应力混凝土结构抗震设计规程（JGJ140-2004）	行标	修定	参编
25	《综合医院建设标准》（建标 110-2008）修订	行标	修定	主编
26	血站建设标准	行标	制定	主编

表 4 2017 年中国中元获得的授权专利和软件著作权

序号	知识产权名称	类别	专利号（登记号）	授权（登记）时间
1	一种通风帽	发明	201510487859.4	2017-11-14
2	洁净手术室	发明	201310690016.5	2017-11-10
3	循环冷却水联合泵站	发明	201510484398.5	2017-09-12
4	一种间歇炼钢电弧炉的余热利用装置及其余热利用方法	发明	201510419548.4	2017-06-20
5	一种卫生住宅单元	发明	201510732424.1	2017-06-20
6	炼钢车间炼钢炉用液压站及其布置方法	发明	201510484403.2	2017-03-08
7	罩式消防作业防护装置	发明	201410539813.8	2017-02-22
8	笼罩式消防作业防护装置与系统	发明	201410541348.1	2017-03-08
9	一种热加工车间平面布置方法	发明	201410495330.2	2017-01-04
10	喷淋式空调设备及空气调节方法	发明	201310517123.8	2017-02-01
11	一种蓄冷蓄热装置用喷淋布液喷头组件	实用新型	201720133939.4	2017-09-12
12	一种外墙外保温墙体用消防水枪	实用新型	201720032917.9	2017-09-12
13	一种高层建筑用消防水枪	实用新型	201720031149.5	2017-09-12
14	一种保障维修作业安全的配电箱	实用新型	201720013752.0	2017-08-01
15	绝缘子清洗框、清洗机器人和系统	实用新型	201621102215.5	2017-05-10
16	简易污水消毒装置	实用新型	201621148647.X	2017-05-10
17	盈建科软件后处理软件 v1.0	软件著作权	2017SR655250	2017-11-29
18	计算长度系数计算软件 v1.0	软件著作权	2017SR628696	2017-11-16

【经营管理】

1. 加大市场开发力度 加强对行业动态的了解和竞争对手的研究，制定和实施积极的应对措施。紧盯市场信息，抓好区域市场和客户培育；加强重大项目、重点区域、重要客户开拓；抓住国家进一步发展工程总承包模式、探索全过程工程咨询的战略布局，依托公司设计与工程相互支撑的“咨询、设计、总承包”三位一体的全业务链模式，在巩固提升设计咨询业务能力和品牌的同时，增强信心、挖掘资源、坚定不移发展 EPC 业务；加强对海外、“一带一路”沿线、新兴中心城市等重点区域的投入，拓展更广阔市场空间。

2. 强化内外部协同 全面深化经营战略联盟，强化内外部协同，延伸拓展市场平台的深度和广度；通过与集团总部、兄弟单位的紧密合作，建立互利互助工作机制；与政府、大客户和相关单位的战略合作，创新商业经营模式，实现资源共享和互利双赢；进一步研究物流装备工程、索道装备工程和新能源与环保装备工程等业务领域的产业链延伸经营策略；发挥中国中元援外资源的优势，加强协同，探索工程承包、装备业务“走出去”的新路径。

3. 创新业务经营模式 加速技术和服务的有效创新，全过程咨询服务的有效运用和实践，多层次、多维度、多流程制定管控制度，实现 EPC+ 服务；积极探索 PPP 等业务经营模式，挖掘资本运作市场巨大潜力；深入推进设计咨询规划 + 工程承包 + 装备全产业链运作模式。

4. 推行项目考核工作 遵循以公司利润为导向，以部门毛利润为目标，以考核工资为结果的考核原则，修订《公司本部经营考核管理办法》，鼓励生产部门扩大生产能力、加强精细化管理、提高核心竞争力。通过绩效考核，将薪酬的增加与完成经营指标和实现利润的增量挂钩，鼓励生产部门开拓市场，提高管理水平，增加生产利润，带动公司良性快速发展。在加强部门生产经营考核的基础上，逐步完善公司经营考核顶层设计，完善项目考核体系，逐步实施全过程项目考核，通过对项目的全成本考核，提高项目的精细化管理水平、团队的工作能力、员工的工作效率和项目的利润。

5. 加强风险控制 持续优化内控管理体系，落实改进计划，实现按流程规范办事、按规则有效履职；加强合同风险管理，加大评审和合同执行过程管理；完善全面风险管理体系；严控“两金”管理，严格应收账款的管控，加强安全生产，保证公司健康发展。

6. 提升安全生产管理 加大安全生产管控力度，加强安全生产管理体系建设。对中国中元各层级应急管理进行审查和评估，完成《应急准备与响应控制程序》《安全生产事故及境外突发事件综合应急预案》等体系文件的修编；落实“党政同责、一岗双责”安全生产责任体系，编制《“党政同责、一岗双责”实施细则》，加强安全文化建设工作；编制《中国中元安全文化建设工作计划》。

【信息化建设】

成立信息研究院，提升中国中元信息化应用能力和技术标准化水平，为工程项目的全生命周期服务提供全新的生态模式。

完善公司经营管理信息系统的管理范围和管理流程，搭建 PPP 项目前期登记备案、招标采购管理、生产经营完成情况预测、商务平台、非经营合同管理、因公出国（境）公示等 6 个大项、近 30 个小项的管理流程，增加了信息的联动和互通，实现高效管理。规范加强经营数据的统计报表内部管理审核，着手建立统计分析，为经营管理决策提供实时监控的上报分析机制。

【党建工作】

1. 贯彻党的十九大精神 一是深入学习。组织中层以上干部集体观看十九大开幕盛况，聆听习近平总书记报告；为每位党员购买十九大报告、辅导读本和新党章等学习资料；召开学习贯彻党的十九大精神专题会；举办党的十九大精神支部书记、支委专题培训；开展“学习党的十九大精神”知识答题活动。二是检查指导。对公司本部生产单位建立的十九大精神宣传阵地落实情况开展监督检查。三是贯彻落实。把十九大作出的新部署、新要求转化为谋划的发展思路，抓好党建的具体举措，推动工作的强大动力。

2. 落实国有企业党建工作会精神、履行管党治党责任 一是重点任务狠抓落实。3 月，召开党建工作会，对全年党建工作进行安排部署。将党建工作要求写入公司章程，制订公司党委会议事规则，明确党委会研究事项的内容和程序，厘清党委和其他治理主体的权责边界。二是落实党管干部原则，发挥党组织在选人用人中的领导和把关作用，组织和参加领导干部、中层干部集中培训。三是落实巡视意见，配合国机集团巡视组巡视工作，对于巡视组反馈意见，第一时间安排部署整改工作。

3. 强化党建工作责任制，把全面从严治党落到实处 一是建立责任机制，将党建工作列入党委工作的重要议程，制订中国中元 2017 年党支部重点工作任务清单，确保党建各项工作要求在基层组织中得到贯彻落实。二是抓述职评议考核，12 月对公司本部党支部书记进行年度述职评议工作，开展公司领导班子成员党建述职工作。三是加强班子建设。组织十九大精神、习近平总书记“7·26”讲话精神、作风建设、深化巡视认识、京津冀协同发展战略和设立雄安新区重大决策部署等专题学习。

4. 推进“两学一做”学习教育常态化制度化 一是把思想政治建设放在首位，学习《关于新形势下党内政治生活的若干准则》《中国共产党党内监督条例》等党内法规，深入学习习近平总书记系列重要讲话精神，将“学思践悟”体现在武装头脑、指导实践、推动工作上。二是领导干部率先垂范。发挥党委中心组学习的带动作用，严格执行领导干部双重组织生活制度。三是严格党的组织生活，对规范党支部“三会一课”制度提出明确要求，各级支部按期召开支委会、党员大会、党小组会。

5. 抓基层打基础，加强基层党组织和党员队伍建设 一是做好换届改选工作，完成 1 个党委和 24 个党支部的换届调整工作。二是发挥党支部的主体作用，探索在京外工程项目现场建立临时党支部，开展与工程项目参建单位联建、共建支部活动。三是严格管理教育党员，通过开展主题实践活动、重温入党誓词、党课教育、庆“七一”做合格共产党员专题座谈、学习研讨等形式多样的教育活动，引导党员干部拧紧“总开关”、坚定“四个自信”、增强“四个意识”。

6. 加强作风建设，推进党风廉政建设和反腐败工作 一是压实责任。召开党风廉政建设和反腐败工作会议，对纪检监察重点工作做出安排，与各单位、各部门签订廉政建设责任书，中层干部都签署了廉洁从业承诺书。二是强化教育。召开干部廉洁教育会，邀请国机集团领导做持续深入贯彻中央八项规定精神廉洁教育专题讲座。三是监督执纪。落实中央八项规定精神、持续用力纠正“四风”。将纪律要求及时下发给各单位、部门，抓好贯彻落实。

国机集团科学技术研究院有限公司

【基本情况】

1. 企业概况 国机集团科学技术研究院有限公司（简称中央研究院）是在国机集团中央研究院基础上于 2013 年 4 月注册成立的国机集团全资子公司，注册资本金 2.425 4 亿元，经营范围主要包括通用设备，专用设备，交通运输设备，电气机械及器材，金属工具，金属表面处理及加工，机械材料，仪器仪表，自动化与智能化，废弃物利用装备的研究、开发与制造，新能源技术与装备的研究、开发与制造，计算机应用软件开发与销售等。

2. 功能定位与架构 中央研究院发展目标是成为国机集团协同集团外部和整合内部创新资源的高端发展平台。其定位是国家项目对接平台、高端人才交流平台、科技资源利用平台和院所改革依托平台，即四大平台。中央研究院要完成技术发展战略研究、关键共性技术研究、战略新兴技术研究和技术定制服务这四大任务。国机集团功能定位与架构如图 1 所示。

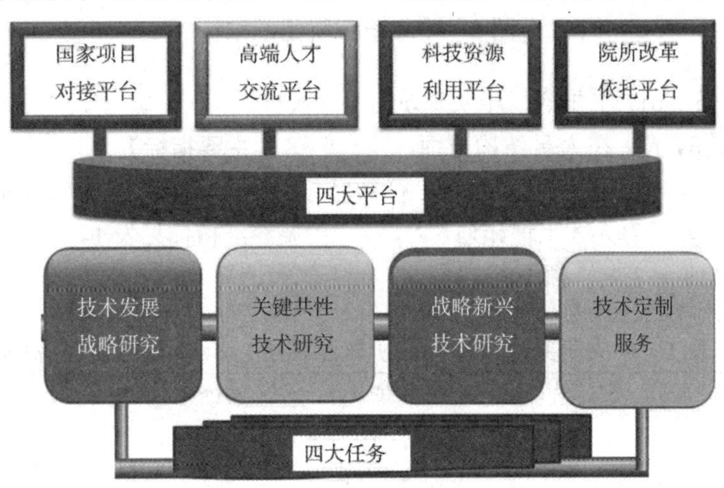

图 1 国机集团功能定位与架构

中央研究院作为院所改革依托平台，产权关系上拥有中国电器科学研究院有限公司（简称中国电器院）54% 的股权；拥有哈尔滨电站成套设备研究所有限公司 100% 的股权，根据集团安排，哈成套已托管给中国机械设备工程股份有限公司。此外，中央研究院作为新技术孵化器，拥有国机智能科技有限公司 3.38% 股权。

中央研究院组织结构如图 2 所示。

3. 全资子公司北强所概况 中央研究院所属全资子公司——国机集团北京飞机强度研究所有

限公司（简称北强所）成立于 2010 年 4 月 27 日，是主要致力于飞机、航空发动机结构寿命可靠性理论与试验研究的军工科研机构。研究所专业领域以载荷谱研制为核心，涵盖结构寿命可靠性理论、结构健康监测、大数据研究等。截至 2017 年 12 月 31 日，公司承担和完成 20 余个国家重点型号飞机、航空发动机载荷谱飞行实测任务及海军、航空部、兵器部、中国民航总局等重要课题30余项，研究成果已成功应用于数千架飞机的定寿、验收和结构寿命可靠性评定。北强所是国防科工局武器装备研制（内控目录）核心能力单位，北京市高新技术企业，通过民用／武器装备质量管理体系认证，具有国家二级（机密）保密资格、武器装备科研一类许可证和总装备部装备承制资格。

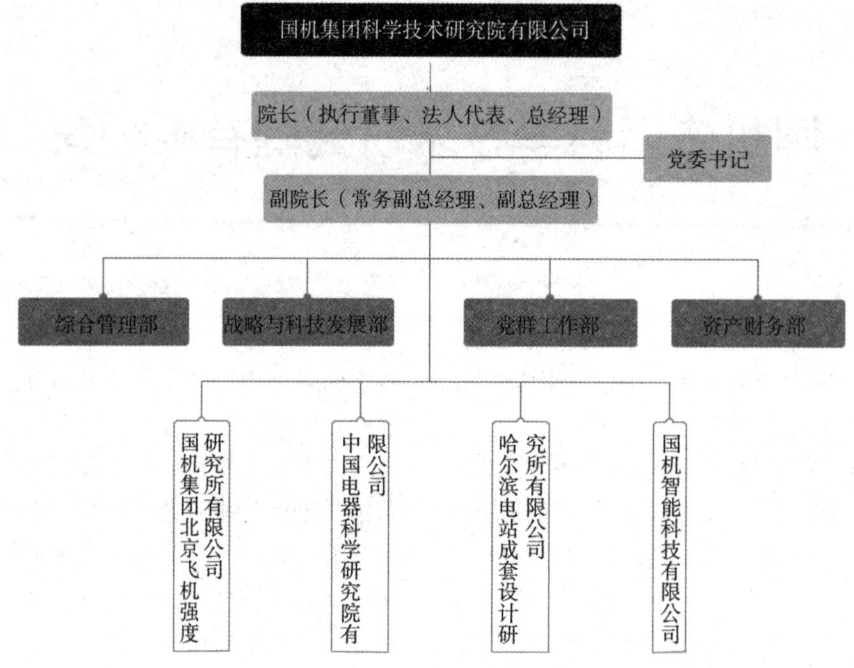

图 2　中央研究院组织结构

4. 人才队伍　截至 2017 年年底，中央研究院与北强所共有员工 54 人。在人员结构方面，有中国科学院院士 1 人、中国工程院院士 1 人；博士生导师 1 人；入选百千万人才工程计划 6 人，享受政府特贴 4 人；博士 8 人，硕士 16 人，正高职称 10 人；35 岁及以下的员工占 70%。

【主要指标】

中央研究院（本部及所属北强所）2017 年主要经济指标见表 1。

表 1　中央研究院（本部及所属北强所）2017 年主要经济指标

项目	2016 年	2017 年	同比增长（%）
资产总额（万元）	66 251	71 960	8.62
净资产（万元）	60 694	64 754	6.69
营业收入（万元）	2 235	2 669	19.42
利润总额（万元）	4 102	-345	-108.41
技术开发投入（万元）	143	5 010	3 403.50
利税总额（万元）	4 103	-306	-107.46
EVA 值（万元）	1 651	-666	-140.34
全员劳动生产率〔万元 /（人·年）〕	22.08	-47.70	-316.03

（续）

项目	2016 年	2017 年	同比增长（%）
净资产收益率（%）	10.43	-0.55	减少 10.98 个百分点
总资产报酬率（%）	8.94	-0.50	减少 9.44 个百分点
国有资产保值增值率（%）	238	6.69	减少 244.69 个百分点

注：1. 2017 年净资产收益率若剔除研发费用则为 6.99%。

2. 2017 年总资产报酬率若剔除研发费用则为 6.36%。

3. 2016 年总资产剔除中国电器院无偿划转影响国有资产保值增值率为 22.83%。

4. 2017 年总资产剔除哈尔滨成套设备研究所有限公司无偿划转影响国有资产保值增值率为 6.55%。

5. 以上为按集团决算口径，全员劳动生产率中工业增加值不包含投资收益（分红或股权转让）、营业外收入（除政府补助收入）；若两年中都含以上剔除部分，则 2016 年全员劳动生产率 90.36 万元 / 人，2017 年全员劳动生产率 36.56 万元 / 人。

【重大决策与重大项目】

2017 年，国机集团组织中央研究院与集团内兄弟单位以委托研发的方式共同开展以下 7 个方面的重大技术研究：大型石化装置关键装备绿色制造与智能维护技术研究、核电成套设备及关键部件研制与示范应用、典型高端智能农业装备、智能化汽车制造工程整体解决方案、复杂工业建筑与装备环境控制关键技术研究与应用、新能源装备及关键技术研发及产业化以及流域环境综合整治关键技术与装备研究及示范。

根据《中国机械工业集团有限公司技术开发专项经费管理办法》的有关规定，中央研究院全力配合集团开展 2017 年重大科技专项实施工作，中央研究院代表国机集团与 7 家项目承担（或牵头）单位签订联合开发协议，并按年度实际发生额拨付资金。

【重大项目】

（1）某型教练机载荷谱研制项目完成飞机改装恢复和实测载荷谱数据统计处理，进行载荷谱编制。

（2）某型轰炸机载荷谱研制项目完成 275 个架次的飞行实测数据采集和飞机改装恢复，进行实测载荷谱数据统计处理与编制。

（3）某型歼击机载荷谱研制项目完成 149 个架次的飞行实测数据采集、飞机改装恢复、实测载荷谱数据统计处理，实测数据交付主机所。

（4）某型预警指挥机载荷谱研制项目完成外场改装与标定试验，进入载荷谱飞行实测阶段，已完成 38 个架次的飞行实测数据采集。

（5）某型教练机载荷谱研制项目进入载荷谱飞行实测阶段，已完成 50 个架次的飞行实测数据采集。

（6）大型运输机载荷谱研制项目和某型歼击机载荷谱研制任务完成前期论证，进入立项阶段。

【制度改革】

根据《关于中央企业所属 10 户子企业开展员工持股试点的通知》（国资发改革〔2016〕293 号）文件精神，按照中国电器院混合所有制员工持股改革工作进度安排，中央研究院全力配合中国电器院完成了公开征集外部战略投资者、国有资产评估备案、转让部分股权、签署增资协议、办理股东工商变更及签署股东会议有关文件等具体工作，保证了中国电器院混合所有制的改革工作如期完成。

2017 年 6 月 2 日，中国电器院完成混改。混合所有制的改革后，中国电器院的注册资本增加至 35 450 万元，其中中央研究院出资 19 143 万元，持股比例 54%；员工持股平台——广州凯天投资管理中心（有限合伙）出资 7 799 万元，持股比例 22%；国机资本控股有限公司出资 2 127 万元，持股比例 6%；正泰电器、盾安集团、建信投资分别出资 3 899.5 万元、1 772.5 万元、709 万元，持股比例分别为 11%、5% 和 2%。

混合所有制的改革后，中国电器院走出了瓶颈期。改革前，中国电器院员工年离职率约为 10%，混合所有制改革后，核心骨干员工基本上全留下来了，甚至一些以前离职的员工重新回归了。混合所有制改革后，2017 年，中国电器院新签合同额同比增长 40%，营业收入同比增长 26%，利润总额同口径增长 50%。

根据国机集团部署，中央研究院正在积极配合国机集团和中国机械设备工程股份有限公司开展哈尔滨电站设备成套设计研究院有限公司混合所有制的改革工作。

【经营管理】

1. 启动发展规划调整工作 2017 年，中央研究院以“二次创业又启程，重新定位再出发”为指导思想，重新研究确定发展思路、发展方向和发展路径等，启动了中央研究院发展规划调整工作。研究确定了中央研究院的中英文名称及简称，并进行了工商变更。国机集团中央研究院正式注册名称为国机集团科学技术研究院有限公司，中文简称为“中央研究院”（在国机集团内）和“国机研究院”（对国机集团外）。中央研究院正式英文名称经研究确定为：SINOMACH Academy of Science and Technology Co.， Ltd.（英文简称：SINOMAST）。

起草完成了《关于国机集团中央研究院发展定位的分析报告》（草稿）。确立中央研究院将围绕作为国机集团国家计划对接平台、科技改革依托平台和为国机集团所属企业提供定制性研发服务，以及国机集团优势技术创新与服务资源整合来谋划中央研究院的发展定位。配合集团科研院所事业部参与完成《国机集团科研院所板块 2018—2020 发展规划》编制工作。

2. 进一步规范内部管理 规范加强中央研究院内部管理工作。根据院工作需要，中央研究院决定增设部门、充实人员；进一步建立、健全财务管理、人事管理、预算管理、科研管理、经营管理及质量管理、档案管理等方面的规章制度，明确权限和责任，完善程序和流程管控，完成了中央研究院自成立以来近五年的文书资料的整理归档工作。

3. 稳定北强所发展，开拓新业务领域 继续巩固北强所在飞机寿命与可靠性科学领域的业务优势，在合适的时机推动北强所干部人事制度改革、健全全员绩效薪酬考核体系，确保北强所稳定可持续的发展。

【党建工作】

1. 深入学习宣传贯彻习近平新时代中国特色社会主义思想和党的十九大精神 党的十九大顺利闭幕后，中央研究院临时党委就全院学习贯彻习近平新时代中国特色社会主义思想和党的十九大精神的工作安排正式下发文件，做出全面部署。中央研究院临时党委组织院中层以上干部进行了集中学习和专题培训，所属各支部分别组织开展了多轮次党员集中学习，院领导都以普通党员的身份参加了所在支部的学习并作交流发言。邀请中国社科院专家为全院干部职工进行了一场专题辅导报告，初步实现了党的十九大精神在全院广大党员干部和职工层面的全覆盖。

2. 学习贯彻十八届六中全会和全国国有企业党建工作会议精神 组织召开全体党员集体学习了六中全会公报和《准则》《条例》的中心内容，院临时党委书记给广大党员作了专题辅导报告。所属支部专门组织了专题集中学习，就十八届六中全会公告中提到的热点词和关键词进行了解读，观看了专家解读的视频录像和《永远在路上》警示教育片。认真落实全国国有企业党建工作会议精神，将党建工作要求写进中央研究院章程；与所属各支部书记签订了“党建工作责任书”。

3. 深入推进“两学一做”学习教育常态化制度化

（1）切实履行好组织学习教育的主体责任。临时党委书记作为第一责任人亲自制订并推进院“两学一做”学习教育方案的实施；院党群工作部及院属各党支部充分发挥教育管理党员的主体作用，聚焦职责定位，严格落实“两学一做”学习教育的各项具体要求。

（2）在全院党员干部中进一步强化对党中央推进“两学一做”学习教育常态化制度化的重大意义的认识，组织院所属两个支部支委以上干部集体学习，明确中央研究院各层次、各级党的基层组织的责任和义务。

（3）紧扣“两学一做”学习教育常态化制度化的基本目标要求开展工作。院临时党委以理论学习中心组学习为主要抓手，按照“坚持问题导向”的原则，结合院当前的实际情况，开展集体学习和研讨。院领导班子成员认真执行双重组织生活制度，以普通党员参加所在支部的组织活动，把自己摆进去，真诚地谈认识、谈体会、谈不足，发现问题及时纠正。

中央研究院所属各支部以“三会一课”为基本制度，以党支部为基本单位，严格执行组织生活制度。在现场成立临时党小组，并定期组织党小组活动，将党建与一线科研工作结合起来，让广大青年党员在实践中锻炼、成长。

坚持“党课姓党”，坚持党课内容贴近党员队伍现状、贴近实际，并在形式上不断创新，采取PPT讲座、微信党课、互动式党课等方式讲好党课，除开展书记讲党课外，积极探索扩大党课授课人范围，鼓励先进模范和普通党员在本支部范围内讲党课。开展主题党日活动。在建党96周年来临之际，院临时党委调阅每位党员的档案，复印其存档的入档申请书，制作成“党员政治生日纪念卡”，并分发给每位党员。

4. 加强基层党组织和党员队伍建设 加强党务干部培训，组织院党务工作部门负责人参加集团举办的党务业务交流培训，组织院所属支部书记参加集团举办的示范培训，实现全覆盖。积极做好党员发展工作，2017年，共按期完成3名同志的中共预备党员的转正工作，完成1名考察对象发展为预备党员的工作。

5. 加强党风廉政建设和反腐败工作，持之以恒抓好作风建设 落实“两个责任”。积极做好中国共产党廉洁自律准则、纪律处分条例、问责条例、党内监督条例等党内重要法规的学习，通过组织观看《永远在路上》《巡视利剑》专题片等形式，加强反腐倡廉教育。健全完善责任落实、检查考核和倒查追究制度，与院属企业负责人签署了党风廉政责任书，确保责任落实。加强宣传教育，强化执纪监督，及时转发集团纪委下发的各类反腐倡廉文件，在重要节日时点，重申中央八项规定精神，始终保持反腐败的高压态势，营造风清气正的政治生态环境。

【社会责任】

坚持对困难党员职工进行关爱帮扶，持续开展“国机爱心日”活动，积极参与国机集团河南省淮滨县定点帮扶工作。

中国第二重型机械集团有限公司

【基本概况】

中国第二重型机械集团有限公司（简称中国二重）成立于1958年，是中国最大的重大技术装备制造基地之一，在解决中国重型机械装备“有和无”及极限制造方面发挥着重要作用。2013年7月，经国务院批准，国机集团与中国二重联合重组，中国二重成为国机集团的全资子公司。

重组后，针对中国二重面临的严重困难，国机集团举全集团之力，帮助中国二重扭亏脱困。按照市场化运作与法治化推进相结合、“内科用药”与“外科手术”相结合、加快“止血”与恢复“造血”相结合的原则，通过主动退市、债务重组、人员分流、资产盘活、业务协同、转型升级等综合施策，2016年胜利实现扭亏脱困目标。

2017年，中国二重迈入改革振兴新征程，乘着胜利实现3年扭亏脱困目标的势头，奋力推进可持续有质量发展，既着力于确保实现持续经营盈利，又着眼于为未来健康发展奠定基础，按照抓主要矛盾和问题的思路，继续精准施策、攻坚克难，各项工作均取得积极成效，巩固和扩大了改革振兴成果，保持了稳中向好的发展态势。

【主要指标】

2017年中国二重主要经济指标完成情况见表1。

表 1 2017 年中国二重主要经济指标完成情况

项目	2016 年	2017 年	同比增长（%）
资产总额（万元）	1 910 676	2 001 902	4.77
净资产（万元）	249 820	302 832	21.22
营业收入（万元）	828 578	640 334	-22.72
利润总额（万元）	53 267	55 052	3.35
技术开发投入（万元）	38 852	36 592	-5.82
利税总额（万元）	76 758	71 953	-6.26
EVA 值（万元）	45 287	38 801	-14.32
全员劳动生产率〔万元 /（人·年）〕	14.94	21.54	44.18
净资产收益率（%）	25.68	19.43	减少 6.25 个百分点
总资产报酬率（%）	4.21	4.00	减少 0.21 个百分点
国有资产保值增值率（%）	115.92	106.42	减少 9.5 个百分点

【经营生产】

1. 市场开拓不断提升 多措并举，加大市场开拓力度，新增订货 82.06 亿元。先后签订以河钢乐亭 2050 热轧生产线、中石化中科炼化加氢反应器、江锻新型 40MN 热模锻压力机、中广核惠州 1号/2 号机组和国核廉江 1 号机组三套核岛主管道、上海 KSB 核电泵壳、广州启帆工业机器人齿轮箱、陕煤粉煤热解反应炉等为代表的一批重大项目合同；在核电主管道领域，市场竞争优势进一步巩固；在重型锻焊反应器领域，市场占有率稳步提升；成都重机公司实现当年组建、当年盈利、当年实现订货超过 13 亿元，业务领域和经营模式显著拓展。

2.“两金”压降效益显著 实现货款回收 85.38 亿元，与 2016 年基本持平。在债权回收上，逐个项目落实责任，公司领导靠前指挥，职能部门通力配合，利用各种手段力保年度货款回收目标实现。在低效无效存货盘活上，充分利用产品改制、挂牌销售、折价出售等盘活方式，每个项目全力争取最好结果。

3. 项目管理持续突破 采用先进项目管理方式，完成 CMIC 巴基斯坦萨希瓦尔 2×660MW 燃煤电站项目，仅用 22 个月，创造火电站国际工程建设新纪录，成为中国推进“一带一路”倡议的标杆性项目，被中巴双方政府誉为“萨希瓦尔速度”；承制的中石油辽阳项目锻焊反应器提前 33 天交货，防城港项目 3 号发电机转子锻件提前 6 个月交货，满足了用户急需，得到市场及用户认可；宏兴 950 项目、赤峰 850 项目、敬业 1 780 项目等在线设备均在与用户达成协议时间完工发货，创造了中国二重同类产品最短交货期新纪录。

4. 产品质量明显改进 实施质量提升“一号工程”，全面推行和完善质量激励与责任分解落实考核，健全供方外部审核机制，质量损失在行业中处于较低水平；构建起以经济责任制利润考核为核心，目标成本管理和精益成本管理高度融合的成本管控体系，降本增效成效显著。

【科技创新】

实施 102 项科研及新产品开发项目，其中国家（省）项目 49 项，国机集团重大科技专项 1 项，国机集团支持的长线产品项目 25 项，公司自立项目 17 项，青年创客项目 10 项。获国家研发项目批复 14 项，累计新增国拨研发经费 1.57 亿元，新产品实现订货约 10 亿元。

制定创新奖励实施细则，明确科研人员激励渠道和额度，逐渐形成有效的科研激励机制；完成“CAP1400 冷却剂主管道研制”国家专项任务，全面掌握新一代反应堆主管道制造技术；粉煤热解回转反应炉系列产品研发取得实质性突破，年产 60 万 t 反应炉实现首台套产品订货；飞轮储能装置研制项目完成 200kW 飞轮研制并通过测试，500kW 飞轮技术引进工作稳步推进；机器人减速机研制项目完成样机总装，进入产品调试；油气污染物处理装备研制、垃圾熔融裂解处理装备研制、低温有机工质发电等项目有序推进。

【转型升级】

传统产品领域继续向高端迈进，新兴产品领

域研发逐步见效。高端铸锻件方面：在超（超）临界高中压转子、核电常规岛转子、燃气轮机循环发电机组复合转子等高端铸锻件研发方面取得重大成果，其中核电常规岛发电机转子累计出产17件，连续5年合格率100%。核电产品方面：完成“CAP1400冷却剂主管道研制”国家专项任务，全面掌握反应堆主管道制造技术；完成4台华龙一号主泵泵壳锻件研制；以联合研制的玻璃固化罐为抓手，积极进入乏燃料和核废料处理市场。石化容器方面：容器焊接材料研制取得突破，双超加氢反应器的大型化研制水平不断完善，具有世界领先水平的镇海炼化加氢反应器即将完工交货。成套装备方面：在巩固中厚板热连轧等冶金装备技术和制造优势基础上，大力开展智能化热模锻压力机和五机架酸冷连轧等成套设备研制，并取得关键技术突破，实现首台（套）订货。

【军民融合】

通过航空模锻件系列产品研发，实现多个型号军民用飞机大型模锻件批量化生产和工程化应用，解决制约中国先进飞机、发动机受制于人的一系列瓶颈短板，并首次实现国产模锻件在C919飞机上的装机应用。全年先后获得工信部强基工程、绿色制造、智能制造领域3个项目，以及国防科工局军工重点领域4个项目，为后续发展储备了研发动能。

【改革管理】

持续优化体制机制，强力推进薪酬制度改革，形成更具激励性的薪酬体系，建立统一的基本工资制度，提高工龄、技术、高温和夜班津贴标准，搭建不同序列岗位的成长通道，职工获得感增强，工作热情进一步迸发；围绕国际贸易、国外工程总承包、国内工程总承包三类业务，对进出口公司、国贸公司、成都工程技术公司进行整合，成立全新的外贸平台——国机重装成都重型机械有限公司；加快海外项目人才培养，选派20多名年轻骨干赴中国重机海外项目现场锻炼；按国务院国资委和国机集团的要求，制定中国二重公司制改制总体方案并获国机集团批准，中国二重、中机恒业完成改制后的工商变更，实现企业经营权和所有权分离；制定中国二重瘦身健体提质增效工作方案并稳步推进实施，完成二级企业实业开发公司的工商注销，四级企业万力公司的吸收合并；分离移交“三供一业”工作全面铺开，社区管理职能的移交正按框架协议稳步推进，6个家委会顺利转制，6个社区分别挂牌成立，并完成居委会选举；退休人员人事档案实现交接。

【国机重装平台搭建】

按照国务院国资委要求，加快推进以二重重装为平台，重组整合中国重机和中国重型院，打造集科工贸一体化的国家级高端重型装备旗舰平台——国机重装。重组方案年内获得中国证监会核准，为公司实现优势互补，完善产业链条，提升竞争合力，增强持续盈利能力，国机重装重新上市奠定了坚实基础。

【党建工作】

坚持把学习宣传贯彻习近平新时代中国特色社会主义思想和党的十九大精神作为首要政治任务，坚持不懈地用习近平新时代中国特色社会主义思想武装头脑、指导实践、推动工作，引导广大党员干部职工不断增强学习贯彻的自觉性和坚定性，进一步增强“四个意识”，坚定“四个自信”；坚定不移地全面从严管党治党，确定党组织在公司治理结构中的法定地位和作用，将党建工作写入公司章程，制定“三重一大”决策事项清单，建立“三重一大”决策事项前置决策机制；形成“两学一做”常态化工作制度，邀请中央党校国企党建课题组到企业调研、指导、诊断党建工作，在中央党校举办党组织书记学习十九大精神培训班，推广和应用“1234”党支部工作法，不断夯实基层党建基础；实施党建工作目标管理，从严党建工作考核，制订党建工作责任清单、党组织书记述职考核、党建工作责任制实施意见，落实全面从严治党主体责任。

【社会责任】

发布2017年度企业社会责任报告；开展广元市朝天区精准扶贫工作，及时调整对口扶贫四川省广元市朝天区鱼洞乡鱼鳞村驻村第一书记到期续派工作；党风廉政建设、群团工作、企业文化建设等围绕中心工作形成有效合力，助力中国二重可持续有质量发展。

中国一拖集团有限公司

【基本概况】

中国一拖集团有限公司（简称中国一拖）是国机集团下属的农机装备制造企业，其前身为第一拖拉机制造厂，始建于1955年，是我国“一五”时期156个重点建设项目之一。经过60余年的发展，中国一拖已经形成以农业机械为核心，动力机械、零部件等协同发展的大型装备制造企业集团，已累计向社会提供了340余万台拖拉机和270余万台动力机械，为我国的“三农”建设做出了积极贡献。中国一拖最大的控股子公司第一拖拉机股份有限公司，分别在香港联交所和上海证交所上市，是中国唯一拥有“A+H”上市平台的农机企业。

进入21世纪，中国一拖将持续深入贯彻创新、协调、绿色、开放、共享“五大发展理念”，坚持“聚核铸强、创新驱动、发展成套”的战略发展思路，保持现有核心业务领先优势，发展农业装备成套产品，创新业务发展模式，为用户提供最有价值的农业装备成套解决方案，全力抢占经济发展新常态中的战略制高点，努力把中国一拖建设成为卓越的全球农业装备供应商。

【主要指标】

中国一拖2017年主要经济指标见表1。

表1 中国一拖2017年主要经济指标

项目	2016年	2017年	同比增长（%）
资产总额（万元）	1 635 789	1 698 239	3.82
净资产（万元）	665 321	649 939	-2.31
营业收入（万元）	1 065 111	812 156	-23.75
利润总额（万元）	-20 233	-9 052	55.26
技术开发投入（万元）	44 324	43 455	-1.96
利税总额（万元）	14 316	16 083	12.34
EVA值（万元）	-28 881	-16 037	44.47
全员劳动生产率〔万元 /（人·年）〕	10.47	9.05	-13.56
净资产收益率（%）	-3.09	-1.6	增加1.49个百分点
总资产报酬率（%）	0	0.64	增加0.64个百分点
国有资产保值增值率（%）	95.24	97.72	增加2.48个百分点

注：1.2017年主要经济指标为审计报告口径。

2.2017年国资委调整EVA值计算方法，2016年EVA值已按照2017年方法重新计算。

【财务分析】

1.收入利润 2017年，中国一拖实现营业总收入82.26亿元，同比下降23.92%；实现利润总额-9 052万元，比上年减亏11 181万元。中国一拖2017年各业务版块财务指标见表2。

表 2　中国一拖 2017 年各业务版块财务指标　（单位：万元）

板块名称	收入			利润		
	2016 年	2017 年	同比增长（%）	2016 年	2017 年	同比增长（%）
农装板块	604 521	461 047	-23.73	2 056	16 632	708.95
动力业务	145 735	103 891	-28.71	11 146	1 260	-88.70
零部件业务	49 274	61 816	25.45	1 941	-10 547	-643.38
制造服务业务	204 788	128 853	-37.08	4 941	12 990	162.90
特专车辆	9 765	13 797	41.29	-6 186	-1 636	-73.55
国际业务	38 496	52 082	35.29	3 307	-2 272	-166.70
其他	28 657	1 095	-96.18	-37 438	-25 480	31.94
合计	1 081 236	822 581	-23.92	-20 233	-9 053	55.26

2. 现金流量　2017 年，中国一拖现金及现金等价物净增加额为 -6 990 万元，主要是受农机市场下滑、公司加大信用销售、应收账款较年初增长的等因素影响。

3. 资产负债　2017 年年末，中国一拖资产总额 169.82 亿元，同比增加 6.24 亿元；负债总额 104.83 亿元，同比增加 7.78 亿元；所有者权益总额 64.99 亿元，同比减少 1.54 亿元；资产负债率 61.73%，同比上升 2.82 个百分点。

【重大项目】

1. 新型轮式拖拉机智能制造新模式应用项目　新型轮式拖拉机智能制造新模式应用项目总投资 21 070 万元，中央预算内投资 6 000 万元。该项目被列入国家工信部 2016 年度智能制造专项，通过项目示范应用，建立我国首个大型农机智能制造工厂，为行业树立智能制造的应用典范，并在我国农机行业及相关机械制造领域进行推广，引领我国农机产品从低端制造向高端智能制造的转型升级，提升我国农机智造的综合技术实力和国际竞争力。

2017 年，该项目设备已安装调试完成；ERP、MES、刀具管理软件、配件电子商务等信息化平台构建完成；MES、PLM、ERP 等信息化系统与装配车间智能制造装备集成，装配线调试完成；智能机加工厂信息化系统软件上线运行。已累计完成投资 16 358 万元。

2. 现代农业装备智能驾驶舱数字化工厂项目　现代农业装备智能驾驶舱数字化工厂项目总投资 33 110 万元，中央预算内投资 1 400 万元。该项目被列入工信部 2017 年度智能制造专项，项目围绕现代农业装备智能驾驶舱全制造周期，重点开展其智能制造体系的研发与应用，实现两化深度融合，提高生产效率，加快产业转型升级，实现制造过程的智能化、绿色化和可持续发展。项目建成的现代农业装备智能驾驶舱数字化工厂，在农机行业达到世界最先进的制造水平，可满足市场对 200 马力（1 马力 =735.5W）以上重型拖拉机等高端农业装备的迫切需求，可提升我国农机装备制造业的国际竞争力，引领我国农机智能制造发展。

截至 2017 年 12 月 31 日，中国一拖完成工厂的土建招标与施工，完成主要工艺设备采购和设备的设计与制造；完成工厂智能物流、仓储规划及设备设计与采购；完成部分设备的安装调整，工厂、工艺装备、工业互联网的设计、安装、调试；正在进行智能工厂 MES 系统实施及 MES 系统与其他信息系统的集成设计。全年完成投资 12 000 万元。

3. 铸造系统绿色科技升级改造项目　铸造系统绿色科技升级改造项目在原有厂房改造静压生产系统、新产品试制工段和铸钢生产系统以及新增机器人、浇注机，局部扩建原有厂房改造 KW 生产系统，新建厂房建设消失模生产系统和旧砂再生系统、环保设施升级改造。截至 2017 年 12 月 31 日，整个项目建设已基本完成，部分单项工程已完成验收，项目决算、审计报告、环评和安评已完成，消防验收工作正在进行，项目已完成投资 24 394.5 万元。

【市场开拓】

2017年，受主要粮食作物收益下降、购机投资回报周期延长、国Ⅲ切换后存在的国Ⅱ产品透支及用户对国Ⅲ产品观望、各省不同程度的调减单台补贴额度等多种因素叠加，拖拉机、收获机行业销量继续呈现较大幅度下降。面对农机行业主销产品大幅下滑等不利局面，中国一拖营销系统深入分析和把握市场、用户的需求变化趋势，积极应对挑战，通过加快产品改进、满足差异化需求、持续优化渠道网络等措施，在部分产品系列和部分区域市场上取得良好的成效，产品实销优于行业平均水平，社会库存同比下降。公司大中型拖拉机继续保持国内行业第一的位势。同时，国际重点战略市场取得突破，大、中型轮式拖拉机海外市场销售同比增长51%和113%。东南亚地区渠道基本实现了连点成片，实现销售总量超过1 200台，其中缅甸市场实现销售近600台。东欧市场渠道贡献度逐步增加，塞尔维亚市场销售300余台，基本实现翻番。在古巴市场上，YTO品牌深入人心，新一轮项目合作进入到落实阶段。

【产品销售】

中国一拖2017年主要产品销量情况见表3。

表3 中国一拖2017年主要产品销量情况

（单位：台）

产品名称	2016年	2017年	同比增长（%）
大中型拖拉机	68 665	48 283	-29.68
小型轮式拖拉机	964	439	-54.46
柴油机	14 1635	103 557	-26.88

2017年，农机行业进入深度调整期，用户需求、竞争要素正在发生深刻变化。面对行业新变化、用户新要求，由于中国一拖应对变化的前瞻性和策略选择出现了不适应，特别是对三、四线竞争对手低价竞争带来的冲击预判不足，自身产品的性价比优势未能得到市场充分认可，导致主导产品销量大幅下滑。

【签约情况】

1. 中国一拖与博世力士乐（中国）有限公司签约 2017年1月11日，中国一拖与博世力士乐（中国）战略合作协议签约仪式举行。双方正式建立战略合作关系，将在多个领域开展深入合作，共同提高东方红产品的性能和品质，进一步提高市场占有率。中国一拖将与博世力士乐（中国）构筑具有发展优势的商业合作模式。通过运用博世力士乐世界领先的现代传动、控制系统和可靠的液压技术，共同提高中国一拖农业机械产品的性能和品质。

2. 中国一拖与中农集团农业装备有限公司签约 2017年4月15日，中国一拖与中农装备签署战略合作协议。双方将在现代农业服务领域统筹各自优势，快速形成新的市场优势，促进我国农机化发展。

【科研成果】

2017年，中国一拖获得省部级以上科技进步奖7项，“C1402系列履带拖拉机”获得中国机械工业集团科学技术奖一等奖，“东方红-MK550/554/600/604/654轮式拖拉机”分别获得中国机械工业科学技术奖二等奖、河南省科技进步奖三等奖；“东方红-YT4B4-24柴油机”获得中国农业机械工业协会科学技术进步奖二等奖。中国一拖李锋军参与的“复杂铸件无模复合成型制造关键技术与装备”荣获国家技术发明二等奖。中国一拖完成的“东方红-LF1004/LF1104/LF1004-C/LF1104-C轮式拖拉机”“东方红-MK554G/604G轮式拖拉机”“东方红—C602S型水田履带拖拉机”等8项科研项目通过了中国机械工业联合会科技成果鉴定，项目均达到国内领先水平，其中“东方红—LF1004/LF1104/LF1004-C/LF1104-C轮式拖拉机”“东方红-MK554G/604G轮式拖拉机”两项达到国际先进水平。

2017年，中国一拖申请专利136项（发明21项），授权专利155项（发明27项）。截至2017年12月31日，中国一拖拥有有效专利820项（发明94项，实用新型617项，外观设计109项），累计获得授权专利1 307项（发明118项，实用新型1 002项，外观设计187项）；制修订国家标准19项、行业标准6项、团体标准7项、企业标准47项。

【产业化发展】

2017年，中国一拖持续加快新产品商品化进程，取得了较好成效，全年实现新产品销售203 793万元，新产品贡献率达到54%。其中：LF804-1304拖拉机销售1 572台，LY1104S-1304S拖拉机销售734台，LY1304d拖拉机销售850台，LX1404d-1504d拖拉机销售3 053台，MF704拖拉机销售1 373台，MK904拖拉机销售613台。

【产权制度改革】

（1）2017年，中国一拖以推进“处僵治困”专项工作为抓手，加快低效无效资产处置，完成了一拖（洛阳）叉车有限公司股权转让，一拖（洛阳）东晨模具科技有限公司破产项目等工作，全年共完成“僵困企业”的治理和处置9户、压减层级3户。截至2017年12月31日，2年累计完成“僵困企业”专项治理12户，完成3年总体任务目标的71%。

（2）为有效满足一拖白俄技术有限公司未来发展的需要，所属第一拖拉机股份有限公司以528.4万元的价格收购中国一拖所持一拖白俄技术有限公司100%股权，并对其增资700万美元。

（3）基于有效解决所属一拖（洛阳）汇德工装有限公司对烟草机械业务资源支撑不足的问题，中国一拖收购了一拖（洛阳）烟草机械有限公司100%股权，为实现烟草机械业务快速突破创造积极条件。

（4）中国一拖以所属特专车厂为运营主体，对一拖（洛阳）神通工程机械有限公司、一拖（洛阳）专用汽车有限公司、一拖（洛阳）搬运机械有限公司、洛阳福赛特汽车股份有限公司及中国一拖汽车事业部实施特专车板块业务整合。通过剥离亏损业务，发展有效业务，集中发展特专车辆、农装零部件、汽车服务业务；通过分流安置富余人员、优化人员结构，降低人员费用与运营成本，尽快扭亏，并为未来发展奠定基础。

（5）2017年，根据业务发展需要，中国一拖参股投资450万元设立洛阳智能农业装备研究院有限公司，持股比例30%。该公司已被认定为省级智能农机技术装备创新中心，未来将争取申请国家级创新中心。

（6）中国一拖对所属一拖（洛阳）中成机械有限公司以现金方式增资700万元，主要用于技改投资，提高产品品质；对一拖（法国）农业装备有限公司以现金增资2 600万欧元，主要用于解决法国公司当前生产经营资金需求，改善财务状况。

【管理经验】

1. 战略管理 以战略任务为抓手，以年度业务计划为载体，强化战略协同和实施，推动战略引导、计划承接、绩效驱动的战略落地机制逐步建立。

（1）强化战略任务动态管理，应用复盘工具，对2016年战略执行情况进行了复盘。

（2）做好年度业务计划实施跟踪及经营目标管理工作。同时，组织实施了2018年度业务计划编制工作。

（3）加强行业、新业务发展的研究，为外部业务合作方向选择和规划中期调整开展一些准备工作。

（4）组织召开公司中高层战略推进会，形成了公司发展中存在问题及改进措施建议、2018年度战略重点建议、规划业务结构和战略任务调整意见，为进一步调整完善战略任务，推进战略实施提供了支撑。

2. 财务管理

（1）优化全面预算管理。通过深化业财融合，有效运用预算的过程控制和分析体系，强化预算管理激励与约束机制，努力提升预算管控措施精准度和针对性。

（2）提升财务管控水平。加强价格体系管控，实施新产品定价对标分析，密切跟踪评估销售政策执行情况，保证销售政策的有效实施。

（3）拓展融资渠道和融资方式。提前做好运行资金及偿债筹划，2017年，公司融资规模增加8亿元，融资成本率低于同期贷款利率0.45个百分点。在全年融资规模增长情况下，财务费用较同期基本持平。

（4）加强政策研究与项目运作，努力创造财务收益。系统研究国家“营改增”等财税改革政策，合理组织筹划运作，为减轻税收负担，实现企业经济效益最大化发挥了积极作用。中国一拖荣获2017年度国机集团财务信息质量一等奖。

3. 质量管理 通过强化质量目标和质量责任意识，对标国际先进标准，提升产品技术质量水平；强化“以质论价、以质调量”管理，促进采购产品质量的稳定提高；规范新产品研发流程，强化关键过程控制，提高体系运行有效性；抓好符合性质量管控，提高过程质量保证能力等措施落实，产品质量总体保持稳定。大、中型轮式拖拉机外赔率同比分别下降 13.2 个百分点、6 个百分点。公司荣获河南省工业和信息化委员会授予的2017年河南省工业企业质量标杆企业的称号。

4. 采购管理

（1）通过提前锁价建储、采购价格合理性评价、招标采购、拓展采购平台功能等措施，有效延缓了采购成本的上涨。2017 年，公司采购成本变动率为 0.97%，完成了公司下达的采购成本变动率≤ 2.5% 的目标，实现降本创效 1 147 万元。

（2）多策并举，加快供应商优化进程。2017 年，淘汰生产类物资供应商 73 家、淘汰辅助生产类供应商 35 家。

（3）供应商合作关系持续改善。2017 年发展战略合作供应商 2 家，累计达 8 家；拓展重点合作供应商 12 家，累计达 74 家。

（4）实现上网采购率 90.9%，超出国机指标 30.9 个百分点；公开采购率 53%，超出国机指标 3 个百分点。

5. 人力资源管理

（1）将人员总量与人工成本调控有效结合，持续优化人力资源结构和人工成本。推行人员总量预测和工资总额预算两个“1+3+N”的预算模式，将用工方式、用人成本与实物量、劳动经济指标有效结合，不断提升二级单位自我管控能力和人力资源对生产计划的响应速度，有效调控人员总量和人工成本。2017 年，平均从业人员 15 803 人，同比下降 9.1%，为公司人工成本持续优化提供了强有力支撑。2017 年年人工成本同比下降 1.9%，从业人员人均工资 50 682 元，同比增长 1.38%。

（2）做好人员分流安置工作。在内部所属单位的业务重组和机构整合过程中，积极落实人员分流安置政策，妥善做好分流安置工作，为公司资源整合工作平稳推进提供了有力支持。

（3）积极开展各类人才猎取工作。加强与国际、国内知名猎头公司的合作，拓宽了人才获取渠道。加大新业务发展需要的高层次人才引进力度，成功引进日本精益生产专家 1 名。对 2016 年引进的收获机产品研发高端人才，建立项目跟踪了解的后评价机制，巩固高端人才引进的质量。加强高校毕业生招聘，为企业发展积累人才。2017 年，招聘高校毕业生 202 人，其中招聘研究生人数同比提高 47%，985、211 院校人数同比提高 13%。

（4）根据各业务单元不同发展阶段的特点，制订分类的绩效考核办法，考核的针对性和有效性不断提升。

【党建工作】

2017 年，中国一拖党委在党的十八大、十八届历次全会和党的十九大精神指引下，全面贯彻落实国机集团党建工作会议精神和公司第十二次党代会精神，以公司“十三五”规划为引领，以“5963”战略任务实施为抓手，把方向、管大局、保落实，全面加强党的建设，充分发挥了党组织的领导核心和政治核心作用，为企业持续平稳发展提供了思想保证、政治保证和组织保证。

1. 把方向，强化政治引领

（1）积极组织学习党的十九大精神。自觉在思想上政治上行动上同党中央保持高度一致，坚决贯彻中央、上级党委决策部署，确保公司改革发展的正确方向。制订学习宣传贯彻党的十九大精神工作方案，公司及所属各单位积极利用多种形式组织学习党的十九大精神，公司党政主要领导分别讲了专题党课。

（2）扎实推进“两学一做”学习教育常态化制度化。组织召开“两学一做”学习教育常态化制度化工作座谈会，印发实施方案。编印《习近平总书记治国理政新理念、新思想、新战略》教育读本，以图文并茂的形式促进学习和理解。各级党组织带领党员完成了规定的学习任务和专题讨论，开展专题党课 333 次，各党支部均按要求召开了组织生活会。2017 年 10 月底，公司成功承办了国机集团“两学一做”学习教育常态化制度化知识竞赛，并取得第一名的好成绩，展示了公司良好形象。

（3）建立健全工作机制，认真落实党建工作责任、党风廉政建设责任。制订《党建工作责任制实施意见》《贯彻落实全国国有企业党的建设工作会议精神重点任务实施方案》，将党建主体责任和“一岗双责”要求细化为工作措施和工作标准。建立集中考评与过程督导相结合的落实保证机制，每季度组织对所属党组织进行党建工作督导，及时发现问题并纠偏，年底组织全面考评，考评结果作为评价所属党组织发挥作用、领导班子履行党建工作责任以及年度评先评优的重要依据。修订《中国一拖党委关于落实党风廉政建设责任制的实施办法》《中国一拖纪委关于落实党风廉政建设监督责任的实施意见》《关于对领导干部廉洁约谈的实施办法》等制度，进一步强化对领导干部和关键岗位、重要人员的监督。落实中央八项规定精神，调查处理了个别单位领导干部和重点岗位人员违规接受供应商宴请、礼品等不廉洁问题。践行监督执纪“四种形态”，采取提醒谈话和诫勉谈话形式抓早抓小。

2. 管大局，强化战略推进 紧紧围绕中国一拖“十三五”规划提出的各项目标任务，议大事、抓重点，加强集体领导、推进科学决策，把“成为卓越的全球农业装备供应商”的发展愿景贯穿于战略执行的各个阶段和各个层面。组织修订公司及所属11家党委、总支单位的《章程》，明确企业党组织在公司法人治理结构中的法定地位，形成党组织与公司治理结构职责明确、相互融合、协调运转的治理机制。完善“三重一大”事项集体决策制度，将党委集体研究讨论作为“三重一大”事项的前置程序，规范党委（常委）会、董事会、总经理办公会议事规则。

3. 保落实，强化价值创造 管干部聚人才、建班子带队伍、抓基层打基础，推进“五大战略工程”落地和“5963”战略任务实施，凝心聚力推动企业中心工作。

（1）加强领导班子和领导干部队伍建设。全年党委中心组开展8次学习，党委班子成员轮流进行读书分享，形成良好的学习示范效应。将“对党忠诚、勇于创新、治企有方、兴企有为、清正廉洁”要求融入领导干部素质模型中，增强人才选拔评价的导向性。严格届期管理，先后组织31个行政副职领导岗位公开竞聘，做好选人用人的全过程监督。建立领导干部日常考核评价机制，通过分级分类，季度、年度、任期考评相结合的方式，为科学评价领导干部提供了依据。实施2017年公司后备干部选拔，持续做好后备干部在岗位交流、挂职锻炼期间的考核评价，促进健康快速成长。分期举办“新提任领导干部培训班”“百名青年骨干专题培训班”，选派领导干部参加国资委党校春季班和秋季班、国机集团中青年干部行动学习研修班、洛阳市委党校春季班等培训，提升领导干部的综合能力。

（2）深化“创先争优”活动，在生产经营中充分发挥党组织和党员作用。将年度经营目标、重点项目完成情况、管理提升情况等纳入“四好”领导班子、“四强”党组织创建标准，并在直属党支部中开展争创“四强”党组织工作，实现了“创先争优”活动的全覆盖。搭建党建工作交流分享平台，建立党建工作创新机制，全年组织12次交流分享活动，评选出党建创新项目67个，促进基层党组织工作水平的整体提高。开展争创“党员责任区示范岗”活动，引导广大党员围绕中心工作发挥“六个表率”作用，实现党组织建设与生产经营工作的有机结合。组织对215名党支部书记进行轮训，并采取情景模拟的形式增强了培训的实效性，党支部书记理论水平和实践能力均有所提升。围绕公司中心工作和重点任务，党建政研会组织开展24项课题研究，为提高党建工作科学化水平提供了理论支撑。

【信息化建设】

2017年，信息化工作坚持“整体规划、统分结合”“业务主导、联合推进”以及推拉并举的信息化建设方针和推进模式，提升公司“两化融合”水平，持续推进“互联网+”环境下企业业务变革和商业模式创新。经过努力，现代农业装备智能驾驶舱数字化工厂被确定为工信部2017年智能制造新模式项目，“精准农业平台”入选河南省物联网示范平台，“农业装备生态圈平台”入选河南省制造业“双创”平台，中国一拖被确定为2017年河南省服务型制造示范企业。

1. 推进平台建设 借助互联网、物联网、大数据技术，推进“农业大脑”精准农业平台建设，并于2017年10月26日在武汉国际农机展上式发布，致力于打造为客户提供涵盖农机、农艺、农资及农产品在内的全方位一揽子产品和服务的大平台。

2. 持续开展 ERP 深化应用 自主实施所属第一拖拉机股份有限公司大拖装配厂、第一拖拉机股份有限公司中小轮拖装配厂、一拖（洛阳）柴油机有限公司 ERP 系统业务整合，以及洛阳中收机械装备有限公司 ERP 系统切换工作，完成一拖（洛阳）柴油机有限公司信用管控系统，并上线运行。

3. 完成 MES 平台选型 确定了公司 MES 统一平台，推进所第一拖拉机股份有限公司大拖装配厂、第一拖拉机股份有限公司中小轮拖装配厂、一拖（洛阳）柴油机有限公司、驾驶室工厂 MES 实施工作，为提升公司智能制造水平和智能工厂建设奠定了基础。

4.SRM 系统上线运行 SRM 系统上线运行为公司采购订单交互，减少口头订单，奠定基础。完成能源管理系统实施，持续推进财务、人力资源及投资与资产管理系统完善、应用。

【企业文化建设】

2017 年，紧紧围绕“聚核铸强、创新驱动、发展成套”公司发展战略，不断加强宣传思想文化建设工作，为企业持续、健康发展提供思想文化支撑。

1. 积极开展形势任务教育，做好思想引导增强发展信心 开展“引领改革创新，助力提升突破”形势任务教育，组建 30 个形势任务教育宣讲团，编印《学习与宣传》形势任务教育读本，举办“我与十三五”征文和演讲比赛，激发广大员工找准自身在“十三五”规划中的定位，自觉推动战略落地。结合电影《冈仁波齐》所讲述的 1 台东方红拖拉机和 11 名朝圣者的朝拜故事，适时召开文化分享会，激励员工不畏艰难困苦，坚定发展信心。

2. 发布中国一拖“十三五”企业文化规划，着力推进文化转型与变革 对中国一拖“十三五”企业文化建设规划进行修订、完善，明确公司企业文化建设的方向和目标任务，细化实施措施，并正式发布。系统梳理了不担当、不作为的典型表现，并将其纳入领导人员胜任能力评价体系，营造履职担当氛围。

3. 完善企业文化考评体系，强化“三位一体”企业文化组织领导模式 修订《中国一拖集团有限公司企业文化建设考核评价办法》，并将公司职能部门纳入考评体系，强化创新对企业文化建设的牵引作用，规范如何发挥领导层在企业文化建设中的引领作用。组织宣贯修订后的企业文化建设 12 维度考评办法，开展企业文化考评推进培训，强化考评引导、监督评价，完成对 26 家二级单位和 24 个职能部门的企业文化考评，推进公司“三位一体”企业文化组织领导模式的落实。

4. 以优秀职业化员工评选活动为有效载体，深入推进职业化员工队伍建设 进一步规范职业化员工评选流程，定期组织召开优秀职业化员工推介评选会，评选出了季度优秀职业化员工 40 名，年度十佳职业化员工 10 名和优秀职业化团队 10 个。组织完成《优秀职业化员工事迹汇编（2015—2016）》工作，利用报纸、电视、内网等媒体宣传报道优秀职业化员工的先进事迹，扩大优秀职业化员工的影响力。

5. 以发布企业文化建设典型案例为载体，积极推进文化理念落地 继续做好企业文化案例的挖掘、整理及发布工作。发布“发现材料上的漆标之后”“不容忽视的文化融合”等典型案例 13 个，促进员工不断强化职业意识和素养，努力转变观念，以用户为导向，提高用户满意度，推动公司倡导的理念落地。组织开展 2017 年度企业文化典型案例大赛，评选出优秀案例 20 个，助推先进理念落地。

6. 组织开展了“转变工作作风，提升服务水平”专项活动 在职能部门中开展了“转变工作作风，提升服务水平”专项活动，引导职能部门处理好“转变和传承”“创新与规矩”“职能部门与业务单元”三方面关系，让职能系统真正成为支撑公司业务成长的伙伴，真正体现价值型总部的核心要义，为进一步转变职能部门工作作风，提升服务水平，打造专家型、创新型、学习型、服务型的职能团队，支撑企业改革创新发展提供文化保障。

【社会责任】

2017 年，中国一拖在实现企业自身发展的同时，始终肩负着社会责任，践行绿色发展理念，推进精准扶贫，积极履行央企责任。

1. 牢固树立安全、绿色发展理念和红线意识 强化“党政同责、一岗双责、齐抓共管、失职追责”责任体系建设，坚持标本兼治、系统治理、源头管控，持续完善和落实安全环保责任制及各项规章制度，加强全员安全环保意识教育和基层基础能力建设，坚决遏制重伤以上生产安全责任事故，2017 年，公司安全环保形势稳定向好。全年无重大安全责任事故、无环境污染事件，无新发职业病。国机集团 2017 年度安全生产责任目标完成情况考核结果为 A 级。

2. 组织开展国机爱心基金捐款活动 2017 年，中国一拖募集资金 56.79 万元；开展爱心基金救助，为 1 280 名困难职工发放救助款 133 万元；审核互助互济基金会资料 997 份，发放救助款 26.97 万元。

3. 履行央企责任 中国一拖对洛阳市栾川县潭头镇纸房村开展帮扶活动，为纸房村捐赠 D7150 小麦收割机、ME504 中轮拖、1GQN160KD 旋耕机各一台，成立“纸房村东方红机耕队”，巩固纸房村脱贫成果。

4. 组织开展“双节”慰问活动 2017 年，公司共计发放慰问金 25.5 万元。延伸“金秋助学”感恩活动，为 2017 年考入大学的职工子女发放旅行箱 258 个，对 30 名困难职工子女，发放东方红未来基金 12 万元。

苏美达股份有限公司

【基本情况】

苏美达股份有限公司（简称苏美达股份）经过 40 年的发展，已成为专注于贸易与服务、工程承包、投资发展三大领域的国际化、多元化现代制造服务业企业集团。围绕三大领域的发展，公司一方面持续投入和建设，不断增强在市场营销、技术研发、生产制造、品牌建设、投融资运作等方面的核心能力，拥有全球化营销网络、自主研发中心、测试中心、核心产品制造工厂；另一方面，着力打造贸易、实业、技术以及投融资相结合的卓越人才队伍，创新推动公司治理、体制机制、组织架构、管理体系、企业文化和信息系统再造，构筑企业有质量、可持续发展的牢固根基。

2017 年，是苏美达股份营业收入、进出口总额创历史新高，给资本市场提交了一份合格的成绩单。

展望未来，苏美达集团将秉承“融汇全球资源，共享人类文明”的使命，创新超越，行稳致远，致力于成为世界一流企业。

【主要指标】

2017 年苏美达股份主要经济指标完成情况见表 1。

表 1　2017 年苏美达股份主要经济指标完成情况

指标名称	2016 年	2017 年	同比增长（%）
资产总额（万元）	3 702 170.39	4 131 594.44	11.60
净资产（万元）	622 087.85	698 902.87	12.35
营业收入（万元）	4 944 057.22	7 408 571.31	49.85
利润总额（万元）	146 999.37	143 247.22	-2.55
技术开发投入（万元）	23 918.17	35 702.33	49.27
利税总额（万元）	208 001.75	266 078.98	27.92

（续）

指标名称	2016 年	2017 年	同比增长（%）
EVA 值（万元）	98 058.72	86 527.76	-11.76
全员劳动生产率〔万元 /（人·年）〕	16.10	12.30	-23.60
净资产收益率（%）	21.20	16.73	减少 4.47 个百分点
总资产报酬率（%）	5.89	5.22	减少 0.67 个百分点
国有资产保值增值率（%）	119.70	110.18	减少 9.52 个百分点

【改革改制】

为推动企业提质增效、转型升级，实现高质量发展，围绕苏美达股份“十三五”发展战略，推进各项改革改制工作。

1. 推进“六定”工作 弘扬“奋斗者为本、高绩效导向”文化，开展以“定岗、定编、定员、定级、定薪、定股”为核心的“六定”工作，为薪酬和绩效改革确立依据，致力于打造精兵强将总部干部队伍。

2. 完善关键制度 出台《投资管理办法》《重大经营项目管理办法》《担保管理办法》《资金占压管理办法》《经营者年薪管理办法》等制度，按制度管权、按制度办事、靠制度管人。

3. 深化投资管理 开好投资预审会，明确投资纪律，强化责任担当，提高评审质量。统筹协调和管控募投项目的准入、评价、增资和运营管理，促进募集资金规范高效使用。

4. 强化资金管理 推进控担保、去杠杆、降成本工作。发展所属子公司独立授信能力，降低苏美达股份担保规模。为子公司提供担保总量和实际担保余额分别较年初大幅下降。

5. 开展“两金”“瘦身健体”专项工作 建立“两金”常态化管理机制，实施“两金”考核，考核结果与子公司负责人年薪挂钩。完成应收账款压降 30%、增幅不高于营收增幅等目标。推进“瘦身健体”，完成扭亏户数 8 家、法人户数压减 14 家。

6. 实施江苏美达资产管理有限公司（简称美达公司）增资 引进多方大型产业集团、金融机构战略入股美达公司，建设混合所有制投资平台，致力于推动美达公司成为上市公司的产业“孵化器”和“加速器”。

【重大决策】

1. 苏美达淮滨扶贫项目签署协议 8 月，苏美达股份与河南省淮滨县签署国机集团苏美达（淮滨）服装工业园入驻淮滨协议。苏美达（淮滨）服装工业园是苏美达股份贯彻国机集团关于精准扶贫工作思路，结合自身优势产业特点，与淮滨县对接磋商、筹划的扶贫项目。签约当天，国机集团任洪斌董事长亲临淮滨调研指导，任董事长强调，要打造责任国机和幸福国机，要努力让所有与国机集团利益相关的人获得幸福！

2. 缅甸双赢服饰公司雪碧达工厂开业 10 月，缅甸双赢服饰雪碧达工厂举行开业庆典。中国驻缅甸大使馆大使洪亮、缅甸商务部副部长奥涂出席庆典现场。雪碧达工厂是“再造海外新国机”的有机组成部分和江苏苏美达轻纺国际贸易有限公司（以下简称轻纺公司）在“一带一路”沿线又一重要新成果。雪碧达厂区现有人员 2 100 人，规划总人数 2 800 人；现有生产线 40 条，总计规划 50 条生产线，设计年产能超过 400 万件棉衣夹克类服装。轻纺公司将把国内先进的技术工艺、设备和管理引入雪碧达，努力将其打造成当地的优秀企业、标杆企业、明星企业，为仰光地区的劳动就业、民生改善，促进仰光经济社会的快速发展做出新的更大的贡献！

3. 江苏苏美达能源控股有限公司成立 6 月，江苏苏美达能源控股有限公司（以下简称能源控股公司）完成工商注册，标志着其与江苏苏美达五金工具有限公司（以下简称五金公司）完成分立。作为苏美达股份新能源板块的战略执行主体，能源控股公司将整合产业资源，发挥协同效应，提高业务运作效率，将更有利于实施苏美达集团“6+N”发展战略，助推战略性业务发展。

4. 与嘉吉海运深化合作谋共赢 9 月，苏美达股份党委书记、董事长杨永清，副总经理金永传、江苏苏美达船舶工程有限公司（以下简称船舶公司）总经理徐钢与美国嘉吉海运全球 CEO Jan Dieleman、海运资产及贸易负责人 George

Wells、海运亚太区负责人 Andy Barker、海运中国区总经理杨磊在上海举行会谈。

美国嘉吉是一家从事生产和经营食品、农业、金融和工业产品及服务的多元化国际企业集团，被称为全球企业全产业链管理的标杆。在海洋运输租赁、贸易、物流、运营及风险管理等方面，嘉吉海运一直处于业界领先地位。在双方的合作过程中，船舶公司所表现出的专业能力及诚信协作的理念赢得了嘉吉的信赖，双方将就航运开展长期合作。

5. 江苏苏美达机电有限公司俄罗斯分公司成立 2月，江苏苏美达机电有限公司（以下简称机电公司）俄罗斯分公司成立，标志着苏美达股份旗下自主品牌“FIRMAN”在俄罗斯市场的品牌化销售迈出了坚实一步。俄罗斯分公司的成立将进一步贴近一线市场，提高反应速度，从代理商模式向终端营销切换，加速动力产品在以俄罗斯市场为主的俄语地区的开拓步伐。

6. 收购万铭汽车部件产业园扬州有限公司 4月，机电公司收购万铭汽车部件产业园扬州有限公司，快速打造第二个面向整车配套和高端售后轮毂的生产基地，抢占新的市场高地，助力轮毂板块新一轮发展。万铭产业园不但弥补了机电公司轮毂板块的产能不足，更重要的意义在于其拥有的吉利公司的一级供应商资质，标志着苏美达股份轮毂板块不再局限于传统的海外售后市场，开始走向更广阔的 OE 市场。

7. 埃塞俄比亚实业项目启动 为响应“一带一路”倡议，在国机股份“再造海外新国机”和苏美达股份“走出去”战略的指引下，轻纺公司启动非洲埃塞实业项目。埃塞俄比亚享有欧美关税优惠、劳动力丰富、投资环境与政策友好等优势，埃塞项目将成为轻纺公司了解非洲的窗口，通过管理理念、经验技术的输出，打造当地标杆工厂，以整合当地优势资源，加快将产业链向价格洼地转移，构建苏美达全球竞争新优势。

8. 江苏苏美达创优家居用品有限公司成立 3月，江苏苏美达家用纺织有限公司（以下简称纺织公司）下属专注于生产宠物用品的工厂江苏苏美达创优家居有限公司（以下简称创优公司）成立。创优公司的成立将填补纺织公司家居宠物板块此前在研发、制造和验厂等环节的短板，助力业务在日益激烈的市场竞争中更具活力和竞争力。

9. 五金公司投资浙江中智机器人股份有限公司 11月，五金公司股权投资浙江中智机器人股份有限公司（以下简称中智机器人）。投资完成后，五金公司持有中智机器人 10% 股权，可以参与经营与财务管理，并安排一名董事席位。此次投资，为五金公司基于现有的移动平台技术基础，进一步介入以 AGV 物流机器人为代表的服务机器人产业，拓展业务提供了可行性。

10. 推出“宅电宝”品牌 苏美达股份旗下户用光伏品牌——“宅电宝”全面推出，标志着能源控股正式进军家用光伏领域。“宅电宝”系列产品是国内首个由央企推出的家庭太阳能发电服务品牌，具有硬件品质高、服务标准高、系统可靠性高的三重优势。

11. 上海苏美达商务咨询有限公司成立 12月，上海苏美达商务咨询有限公司在上海长宁区成立，针对不同企业的融资需求，充分发挥公司战略合作社会金融机构的桥梁纽带作用，为客户定制化设计国内外金融解决方案，解决客户在生产改造及固定资产投资中的融资需求。

12.B2B 贸易服务平台——“SUMEC 达天下”建设运营 5月，苏美达国际技术贸易有限公司（以下简称技术公司）利用移动互联网手段，建设运营“SUMEC 达天下”贸易服务平台，立足于为国内中小型企业提供设备及原材料进口采购、资源供应、贸易融资、通关、退税、物流等全流程贸易流通服务，用“互联网 + 国际贸易”推动传统外贸模式尤其是进口贸易模式创新变革，提高中小型外贸企业进口业务效率，帮助企业降低综合运营成本，为促进中国制造业提档升级和产业结构调整做出积极贡献。

【重大项目】

1. 全球首艘超万吨级大型铺石船交付 12月，由船舶公司代理并参与续建的大型铺石船项目“BRAVENES”在浙江船厂签字交船。该船为全球首制 X-BOW 铺石船，也是目前中国出口的同类型船中最大的项目。该项目的成功交付刷新了船舶公司单船出口的最大金额。该船船艏采用Ulstein公司的“X-BOW”经典设计，可降低航行水阻系数和兴波阻力，极大提高船舶适航性。通过最先进的抛石技术和抛石设备，可将石块用于海底电缆、管道和流线的固定、保护和覆盖工作。舷侧倾斜管抛石系统可伸至海底形成落石管线，通过落石管线末端抛石专用ROV的引导和配合，实现深海精确抛石作业。

2. 世界首艘“海骆驼”型48 500t杂货船交付 12月，由船舶公司投资建造的首艘“海骆驼”系列48 500t杂货船TOP CONFIDENCE正式交船。该船采用新型瓦锡兰电喷机，配备前置导流罩及消涡鳍等节能装置，极大提高了节能环保效率。在装卸货效率和起重能力方面的优化设计，使其具备广泛的适货性和卓越操纵性能。为对接“一带一路”倡议而特别设计的大舱口箱型货舱，可以同时承运12节高铁车厢。这些特殊设计优化，使该船型能在常规运输各种散杂货时体现出显著的竞争优势，为该船型的市场收益及回报创造了极佳条件。

3. 15 000t甲板模块运输船交付 4月，船舶公司为韩国船东建造的第二条15 000t甲板模块运输船顺利交付。该项目是船舶公司首次运用光船租售(BBHP)的新模式为船东融资建造的船舶。通过这一模式，船舶公司促进项目成交，解决船东困难，也使船舶公司在造船环节和租赁环节获得稳定可观的收益，为船舶公司在新业务模式探索道路上迈出坚实一步。

4. 36 000m³ LEG船交付 6月，由船舶公司联合南通太平洋海洋工程有限公司（以下简称太平洋海工）和扬州大洋造船有限公司（以下简称大洋船厂）共同建造的36 000m³ LEG（液化乙烯）运输船“GASCHEM ORCA”号在大洋船厂码头举行命名交船仪式。该船将加入SABIC的船队，服务国际乙烯贸易。该船是全球最大的LEG运输船之一，为全球首批配备三瓣式独立C型液货灌的液化气船，提高了船体空间利用率。先进的ME-GIE三燃料主机及新型推进系统的采用既保证了该船的动力可靠性又兼顾环保性和经济性。该船在建造过程中，主要建造方之一的太平洋海工进入破产重组程序的“非正常状态”，船舶公司主动出击、联合各方采取积极措施化解风险，保证项目顺利交付，得到船东与合作方的高度赞誉。

5. 助力“复兴号”中国标准动车组成功上线运营 6月，苏美达股份所属南京金正奇交通设备有限公司（以下简称金正奇公司）为“复兴号”标准动车组提供28类客车转向架锻造零件，参与“复兴号”动车组的设计、制造、试装、试验全程，助力“中国标准动车组”成功上线运营。“复兴号”动车组由20家单位构成的核心研发团队历时3年研制而成，具备完全自主知识产权，试验速度超过400km/h，持续运行速度为350km/h。中国的标准动车组将以此为标准开始大规模生产与上线运营。“复兴号”也将是中国高铁走出去的主力车型。

6. 联合主办未来·第四届中国教育创新年会 11月29日—12月2日，由蒲公英教育智库与苏美达股份旗下伊顿纪德品牌联合主办的第四届中国教育创新年会在杭州举行，90余位来自全球各国家和地区的学者、校长和教师与2 000余名教育人，直奔学校变革的核心区，直面教育现场的关键人，经历3天1夜的学习场景，站在学习者的立场，以学习者的姿态，上了一场题为“重构学校”的必修课。在校长和教育工作者心中，伊顿纪德巩固了教育创新品牌这一形象定位。

7. 宁波北区污水处理厂二期及再生水回用工程竣工 9月18日，由苏美达股份承建的宁波北区污水处理厂二期及再生水回用工程项目顺利通过竣工验收。该项目作为宁波市重点民生工程，服务范围涉及宁波市江北、镇海、海曙三大区域，服务面积约177平方km。工程主要建设内容为：一期工程10万t/d一级A提标改造，二期10万t/d一级A扩建，新建6万t/d再生水回用系统，新建全厂除臭系统、新建污泥深度脱水系统等。该项目2014年9月22日正式开工，2015年9月25日通水投入试运行，具备20万t/d一级A污水处理能力。在试运行期间，该项目获评浙江省工业旅游示范基地。

本次新建的再生水回用系统，作为宁波市最大的再生水回用项目，每日可生产再生水6万t，对于节约水资源，实现水资源的综合循环利用具有重要意义。

8. 中标南太子湖污水处理厂扩建工程项目 3月22日，中标南太子湖污水处理厂扩建工程设备采购及安装项目。该项目是为降低城市污水对南太子湖及长江的污染，保护长江水资源所建的污水处理工程。该项目远期规划总规模为55万t/d，现状处理规模为20万t/d。本次扩建工程拟扩建污水处理设施15万t/d，采用曝气生物滤池工艺，出水水质将达到一级A类排放标准。该项目的建设，将缓解南太子污处理厂超负荷运转状态，显著提高南太子湖污水处理能力，有效改善汉阳地区水环境。

9. 中标上海竹园第一、第二污水处理厂提标改造项目 3月24日，中标竹园第一、第二污水处理厂提标改造（升级补量）项目。该项目改造总规模220万t/d，总体方案为“一厂二厂减量达标、新建设施接纳减量污水”。该项目是上海市落实国务院“水十条”的重要举措，工程建成后将极大改善城市水环境，对治理污染，保护当地流域水质和生态平衡具有十分重要的作用。

10. 江北废弃物综合处置中心一期建设工程项目签约 6月10日，签约江北废弃物综合处置中心一期建设工程项目。作为国内第一个工艺系统齐全、技术先进、资源化程度高的餐厨垃圾处理项目，该项目在国内创造性的采用干式厌氧发酵工艺，在业内具有重要示范意义。该项目处理对象为厨余垃圾和餐厨废弃物，近期建设规模为：厨余垃圾200t/d；餐饮垃圾（食物残余）100t/d；废弃食用油脂50t/d。该项目建成后将成为江北区域餐厨垃圾的主要处理中心，对江北垃圾资源化处理、生物质能源开发和节能减排等具有综合示范效果。

11. 签约西非四国跨境输变电网项目 1月20日，签约冈比亚河流域开发组织西非四国跨境输变电网项目。该项目全长1 677km，途经塞内加尔、几内亚、几内亚比绍、冈比亚4国，包含15座变电站，预计工期18个月。4国跨境输变电网项目的建成将为电力供应匮乏的非洲冈比亚河流域提供较为稳定的居民和工业用电，有效改善用电环境，为促进当地经济与社会发展提供助力

苏美达股份和中国西电集团有限公司组成的联合体是唯一中标该项目的中国投标方，负责4国跨境输变电网项目中几内亚境内电网Linsan-Kaleta-Boke项目的承建。双方将共同打造中国机械工业在非洲输变电领域的崭新名片。

12. 俄罗斯乌里扬诺夫斯克风电项目完成 11月25日，由苏美达股份和中国东方电气集团有限公司联合承建的俄罗斯乌里扬诺夫斯克35MW风电项目（14×2.5MW），完成14台风机的吊装，进入调试阶段。该项目是俄罗斯第一个风电项目，从业主到当地设计单位均无相应经验，整个过程各方都在克服重重困难中砥砺前行，积累了珍贵经验，也建立了中俄双方人员之间的坚实友谊。

13. 国内“630”光伏发电项目如期并网 河北怀安50MW、广东陆丰74MW、浙江湖州80MW、山东东营80MW等多个光伏发电项目顺利完成“630”并网目标，实际并网容量450MW，EPC合同总金额约35亿元，能源控股公司逐步实现由单一的光伏发电项目向渔光互补、农光互补、荒山综合治理等多重形式的项目转型。截至2017年年底，累计为社会提供光伏、风电等新能源产品与服务超过4GW，为社会生产清洁电力超过23亿kW·h，相当于减少二氧化碳排放229万t。

14. 中标哈萨克斯坦100MW地面光伏项目 6月，中标哈萨克斯坦100MW（AC）地面光伏发电EPC总承包项目，合同金额1.08亿欧元。该项目将为拓展哈国，乃至中亚地区新能源工程业务市场奠定基础。

15. 与希腊JASPER公司达成风电项目框架合作协议 9月，与希腊能源企业JASPER ENERGY GROUP签署76MW风电项目框架合作协议。这是双方自2012年以来合作的第三个风电项目。该项目将为“一带一路”建设向西延伸打通路径。

16. 巴基斯坦Zephyr 50MW风电项目启动 10月，能源控股公司总包承建的巴基斯坦Zephyr 50MW风电项目正式启动。该项目占地2540英亩，总投资额1.1亿美元，能源控股公司负责该项目的设计、建设及并网交付，工期

15 个月。项目建成后，预计年发电量为 1.79 亿 kW·h，将为缓解巴基斯坦能源短缺问题和进一步拓展中巴能源合作作出重要贡献。

17. 中标巴基斯坦学校光伏储能项目 12 月，中标巴基斯坦学校光伏储能 EPC 总承包工程项目（Pakistan KPUP）。该项目由亚行（ADB）提供资金支持，通过旁遮普省能源厅向全省约 2 万所学校安装太阳能发电储能系统，项目将改善学校学习环境，增加入学人数，减轻当地电网负担。

18. 巴基斯坦 18MW 光伏项目并网 12 月，巴基斯坦哈拉帕（Harappa）18MW 光伏电站并网。该项目是巴基斯坦首个采用跟踪支架的 IPP（Independent Power Producer）项目。

【市场营销】

坚持“贸工技金”相结合的发展战略，以贸易为龙头，打造贸易竞争新优势，加强市场营销工作，推动业务持续健康发展。

1. 国际市场开拓

动力工具板块：一方面深耕欧美市场，欧洲业务稳步增长；另一方面，集中力量突破日本、澳大利亚等市场，全年进出口同比增长 22%。以汽油发动机为动力的清洗机和割草机产品，在中资企业中率先批量化直接打入美国市场传统“禁区”；电动工具产品通过整合供应商、疏通采购渠道，提供一站式服务，首次成为德国第一大家居零售商的电动工具全系列供应商。轮式割草机和松土机旋耕机产品出口列国内企业榜首，高枝电链锯、锂电割灌机等产品销量在日本排名第一，松土机占有率在欧洲市场排名第一，汽油割草机销量排名英国第一、澳洲第二，为成功获取南京市首批“制造业单项冠军企业”资质，奠定了坚实基础。

在品牌业务拓展和营销渠道优化方面，在持续做好传统主流零售商、经销商业务的同时，坚定投入资源，推广自主品牌，试水电商渠道，力推高技术含量、高附加值和差异化产品，提升经营质量。强化品牌管理团队，加大推广力度，自主品牌产品成功打入欧洲澳洲的大型零售商，针对德、法、意市场的专业和商业用户，通过加大宣传，推动 GFORCE 品牌 120V、园林机器人等产品销售，并在欧洲和北美全面推动直面消费者的电商渠道销售，在改善业务结构，提高销售利润率，提升经营质量上迈出实质性步伐，初步实现自主品牌产品线上线下渠道并举的局面。动力工具板块自主品牌业务同比增长 256%，品牌产品的毛利率提升到 30% 以上，与国际一线品牌拉近差距。

新能源板块：辉伦太阳能品牌国际知名度不断提升，精彩亮相美国 SPI 展、澳洲 ALL Energy 展，在日本成功举办“晶钻”与“繁星”两大组件新品发布会。应对欧盟“双反”、美国“201”条款等国际贸易壁垒，欧洲、美洲、日本等传统优势市场份额稳步增长，进一步拓展印度及东南亚等市场。1 月，与英国光伏发电经销商——Waxman Energy 公司达成高效多晶光伏组件供货合同。5 月，与德国 Wattkraft 公司成功签署 150MW 光伏组件供货框架协议；与印度客户达成 82MW 高效太阳能光伏组件供货合同，成功打入印度市场。12 月，再次与德国 Wattkraft 签署 200MW 光伏组件全球供应协议。全年光伏组件出口额比 2016 年同期增长 1 倍以上，出口额超过 1.15 亿美元。

钢铁、建材等产品板块：以客户需求为导向，以主流优势资源建设为龙头，以渠道建设为着眼点，克服价格劣势、汇率波动和贸易保护主义等不利影响，专注细分市场，探索三国贸易，优化商品结构，提高经营效率，发挥技术公司与香港永诚公司两个平台、两种贸易方式的优势，探索全球化资源配给下的国际化经营新丝路。钢铁出口 150 万 t，稳居全国非钢铁生产企业出口规模前三位，胶合板出口排名全国第三。

纺织服装板块：构建海外研发、营销、金融平台，推进柬埔寨、缅甸、越南、孟加拉、埃塞俄比亚等国的供应链建设，以客户满意为核心，打造差异化竞争优势，转型升级、提升 OEM 价值。按照海关编码（单码）统计，在全国纺织服装出口企业百强排行榜上名列第三，按照产品类别和出口市场排名，纺织服装出口欧盟蝉联全国第一。

2. 开拓国内市场

机电设备进口业务：做大做强传统优势行业，开拓新行业、实现增量发展，建立健全“一带一路”沿线国家和国内“一湾两角三区”（环渤海湾、长三角、珠三角、西南、东南和中部等国内主要经济区）的销售与运营网络，推动客户结构转型升级，实现客户质量、开发效率、盈利能力同步提升，稳居全国机电设备进口代理行业前列，纺织设备、机械加工设备等进口总量稳居全国第一。

大宗商品国内贸易业务：坚持供应链综合服务运营商的发展定位，推进各主营商品（钢铁、矿产、煤炭、油品）运营能力提升和业务提质增效，优化客户、市场及业务结构，实现业务规模、经济效益和经营质量进一步提升。全年实现钢铁运营1 050万t，运营量位居全国钢铁流通企业前十。

国内新能源业务：与新华网江苏频道联合发起“思享汇”高峰论坛，传播企业发展理念和核心价值观，推动行业进步。分布式光伏业务发展迅速，工商业分布式BLOT商业模式顺利落地，效果逐步显现，积累了一批优质项目资源。家用分布式业务“宅电宝”品牌从零到强，获市场广泛认可，被评为“2017中国户用光伏金牌企业”。在2017中国光伏品牌排行榜中分别荣获电站EPC和户用光伏系统品牌价值十强。电站资产运营水平大幅提升，全年管理运营各类电站72个，规模达1.14GW，剔除限电等非正常因素影响，全年上网电量完成率103.5%，发电量8.18亿kW·h。

自主品牌国内贸易业务：伊顿纪德品牌联系多位全国代表委员关注“校服新政”，献策校服产业深水区改革，新华社首屏推荐《不能把校服生产只当成一门生意做》；《中国质量报》等17家纸媒在两会专题版面报道《全国人大代表蒙兰凤建议：发挥社会合力 让学生穿上好校服》，持续推动行业政策和市场环境优化。联合CHIC策划“首届中国校服质量安全及标准应用发展论坛”，这是国内校服行业首次全方位探讨校服质量安全与标准应用发展的高峰论坛，小范围释放了标准修正的信号。央视、东方卫视跟进大篇幅报道。

【科技创新】

坚持市场化研发导向，技术研发持续投入，协同创新极大地提升了产品的核心竞争力，增强了客户黏性，也为自主品牌建设奠定了基础。截至2017年底，拥有高新技术企业6家，专利267项，其中发明专利81项，获批专利授权59项。

1. 动力工具板块 五金公司全年获授权专利17项，其中发明专利11项，被江苏省科技厅认定为“2017年度江苏省创新型100强企业”。五金公司获国家工信部批准，被认定为全国第三批“国家级工业设计中心”，这是江苏省南京市第一个国家级工业设计中心，也填补了国机集团在工业设计领域构建国家最高创新平台的空白。五金公司自主研发设计的自主品牌产品——YARDFORCE水桶型锂电高压清洗机，获2017年美国工业设计优秀奖（IDEA奖），还获得江苏省经信委评定的2017年度江苏省工业设计大奖（银奖）。这些殊荣，不仅展现了五金公司在设计领域的不俗实力，也标志着苏美达“中国创造”产业板块登上国际产品设计界的主流舞台。

五金公司与东南大学签订校企合作协议，联合实施教育部“卓越计划”，共建“卓越工程师联合培养基地”，为企业发展建立优质人才输送渠道发挥关键作用，为践行“贸工技金”发展道路，推进“产学研用”资源整合，有效运用高校智力资源，在人才培养、项目研发、工业设计、认证测试等领域拓展更广阔的发展空间。

2. 新能源板块 能源控股公司获评“南京市企业技术中心”，高效新结构黑硅组件被认定为“南京市新兴产业重点推广应用新产品”，并获鉴衡“领跑者”先进技术认证，跻身行业三甲。公司牵头的“新能源装备及关键技术研究专项”被批准列入2017国机重大科技专项计划。“湿法纳米倒金字塔黑硅电池与智能组件研发及产业化”项目获江苏省企业创新与成果转化专项资金支持。研发的MWT多晶组件通过国际权威机构TUV南德认证。

【管理经验】

1. 资金管理方面 通过提高综合授信、压控担保、推进子公司无担保授信等措施，控制风险敞口，担保授信比2016年同期大幅下降。持续拓展直接融资渠道，发行14亿中票、30亿超短融、10亿理财直融，保障资金供给，降低融资成本，全年综合融资成本保持在4.38%水平，同时申请注册23亿元公司债额度。将“两金管理”与绩效考核挂钩，月度总经理办公会逐项跟踪，子公司责任到人，层层分解，效果显著，全年营收增幅49%，“两金”占用仅增加不到20%。

2. 风险控制方面 加强风险识别诊断，推进全面风险管理。通过向子公司委派法务总监，深入业务一线，介入业务前端，全程参与尽调评审、架构设计、过程跟踪和应急预案的处理，保障业务顺利开展；配合海关“龙腾行动”，加强对自主品牌保护。全面配合上市公司开展年报审计、内控审计、对接国机集团任期审计，将常规内部审计与专项审计结合，将审计结论与整改跟踪相结合，对审计中发现的问题积极整改，不断规范。

3. 人才培养方面 加强“苏美达培训学院”作用，加大培训投入，强化中高管人员的领导力，历时9个月的首届“达人远航”中高层培训项目实施，通过全面提高其开放性、互动性和实践性，强化了学习，促进了交流，开阔了视野，取得了良好的培训效果。同时，针对性地组织上市公司信息披露、关联交易等多项培训，提升了专业技能，有效防范了合规风险。

4. 信息化建设方面 围绕业务需求，持续改进技术服务，开发各种应用上线、实现多领域的交互。“SUMEC达天下”微信服务号成功运营，移动端SUMEC APP顺利上线，苏美达股份与中信保EDI、贸易ITS系统与工厂U8系统实现对接；在收购ISH的项目中，整合众多供应商资源，发挥专业化能力，成功完成了ISH信息系统迁移。在保障业务运营的同时，围绕公司战略，联合德勤，全面启动苏美达历史上第一次信息系统诊断和数据指标治理，通过科学部署，谋定而动，为企业打下扎实而有前瞻性的信息化基础。

5. 资源共享方面 加强资源整合，围绕经营推进合作，促进与多家单位战略合作协议的签署和业务合作落地。整合外部优势资源，探索资金流、货物流和信息流“三流合一”，在国机集团与中远海集团战略合作框架下，重点推进与中远海集团下属子公司的全面对接，开展多角度、多层次、多领域的合作，全年集装箱合作量增长的同时，长约价优势突显，形成可观的经济效益和战略意义。

【企业文化建设】

创新文化传播途径，运用新媒体，以员工喜闻乐见的方式传理念、播思想、沐文化，推动企业精神和核心价值观落地生根。将“爱心”作为优秀企业文化的核心元素，发挥党工团合力，做好在职员工关爱、困难员工帮扶工作。开展“自强·感恩”主题活动，搭建员工与高考子女之间的沟通桥梁，倡导和传递学会自强、懂得感恩的优秀理念。举办新春文艺汇演、闹元宵、健步走、篮球赛等活动，增强员工归属感和自豪感。加大上市公司社会责任履行力度，完成各项帮扶任务，向江苏慈善总会捐资300万元，用于救助苏北地区因病致贫、返贫的困难群众，推进河南淮滨精准扶贫项目，项目总投资2 000万元，预计实现就业1 200人，为脱贫攻坚工作贡献“苏美达力量”。编制并发布上市公司社会责任报告。荣膺第五届“全国文明单位”称号，荣获“2016—2017年度全国优秀企业文化成果”。

【党建工作】

苏美达股份党委紧扣有质量发展主题，贯穿从严治党主线，扎实推进党的建设，把方向、管大局、保落实、造氛围，保证和推动公司事业持续健康发展。以高度的政治责任感和使命感，以十九大精神指引方向、凝聚力量、推动发展。贯彻全国国有企业党建工作会议精神，从制度层面落实党委研究讨论作为董事会、经理层决策重大问题的前置程序要求，进一步明确党组织在公司法人治理结构中的地位和作用。隆重召开纪念建党96周年大会，号召党员干部不忘初心、砥砺前行。按照新时期优秀国企干部“20字”标准，强化干部选拔、考核、培训、监督等环节工作力度，锻造定位明确、本领过硬、作风优良的干部队伍。推进“两学一做”学习教育常态化制度化，总结提炼出“一二三四”“动车党建”工作法，挖掘基层党建工作的源头活水。开展“一先两优”评比活动，表彰9个先进基层党组织、18名优秀共产党员、6名优秀党务工作者，发挥典型示范引领作用。加强作风建设和纪律教育，组织党员干部前往南京监狱开展实地教育，使党员干部知敬畏、存戒惧、守底线，塑造崇廉尚洁的干部队伍生态。

中国浦发机械工业股份有限公司

【基本概况】

1992 年 10 月，原机械电子工业部响应中央号召，与上海市在“部市共建，开发浦东”的大背景下，全国各省、市机械工业厅局及企业共 200 余家共同出资组建成立了中国浦发机械工业股份有限公司（简称中国浦发）。1997 年，中央部委体制改革以后，中国浦发隶属于国机集团，国机集团所占股比 54.15%。

中国浦发依托上海的区位优势，充分发挥在机械行业中的影响，经过 20 多年的辛勤耕耘，现已拥有 17 家控股子公司，职工总人数近 2 000 人，其中工程技术人员占比超过 60%，实现了总公司、子公司同步协调发展的混合所有制结构模式。公司主营业务涉及电力、化工、环境保护、基础设施建设等国内外工程设计及总承包，大宗商品和机电成套设备进出口贸易，以及商业地产和工业园区资产运营，年营业收入超过百亿元。

中国浦发将秉持包容创新、开拓共赢的精神，以做强做优国有企业为使命，继续努力打造以资产经营为统领、以工程建设为主线、以贸易和金融服务为协同的平台化资产经营公司，成为国内一流的综合服务企业，为同行者创造价值。

【主要指标】

中国浦发 2017 年主要经济指标见表 1。

表 1　中国浦发 2017 年主要经济指标

项目	2016 年	2017 年	同比增长（%）
资产总额（万元）	1 447 615.08	1 707 986.12	17.99
净资产（万元）	187 951.76	453 403.26	141.23
营业收入（万元）	1 053 793.43	852 217.14	-19.13
利润总额（万元）	111 829.89	22 440.12	-79.93
技术开发投入（万元）	2 954.58	5 177.93	75.25
利税总额（万元）	122 932.41	28 813.69	-76.56
EVA 值（万元）	77 613.38	8 278.62	-89.33
全员劳动生产率〔万元 /（人・年）〕	42.73	26.22	-16.51
净资产收益率（%）	49.09	6.47	减少 42.62 个百分点
总资产报酬率（%）	11.42	4.63	减少 6.79 个百分点
国有资产保值增值率（%）	189.01	107.99	减少 81.02 个百分点

【改革改制】

1. 改革情况　为完成国机集团“瘦身健体”的任务要求，中国浦发按照“成立一家，压减一家”的原则严格控制总数。同时，对于现存的没有效益没有发展前景的公司加快清理。截至 2017 年 12 月 31 日，中国浦发累计减少存量法人户数 26 户，同时，实现公司下属全部企业管理层级 4 级以内。

通过开拓经营提高企业利润，引进战略投资人增加资本金以及积极利用企业改制会计政策体现公司资产真实价值等办法，经中国浦发总部和各子公司共同努力，2017 年 12 月 31，公司日资产负债率降至 76.22%，比上年末 87.02% 下降 10.8 个百分点。

2. 改制情况 2017 年 7 月中旬，国务院发文要求中央企业及下属所有全民所有制企业在 2017 年 11 月底前全部完成改制。中国浦发所属中机浦发房地产公司和上海政联实业公司属于改制范围。时间紧，任务重，公司领导高度重视，组织相关部门快速摸清两家公司财务、人员、经营等情况，讨论改制中的难点，争取政策优惠，制订有利方案，抓紧取得批复。最终按时完成两家公司的改制工作，有效优化公司资本结构，为将来资产的运筹谋划打下基础。

【重大项目】

山东胜星化工有限公司 180 万 t/a 加氢裂化项目，合同金额 183 778.34 万元。项目环保达标及配套单元设计完成；两套主装置除管道、电仪专业正在陆续出图外，其余专业已具备存档条件；其余单元除电气、仪表等专业正在陆续出图外，其余已具备存档条件。大型静设备已全部到货，其余设备及材料正陆续到货。

白俄罗斯斯拉夫钾肥项目，合同金额 16.68 亿美元。项目现场继续进行井筒施工、冷冻井钻井、临时供电、泵站施工、地貌恢复和入场道路施工工作；参与招标委员会预制板采购的招标；联合业主方召开关于中国成分采购专题会议，推进项目的中国成分采购工作。

新疆庆华煤制气二期工程总承包项目，合同金额 1 067 976 万元。该项目是“十二五”期间国家首个核准的“煤炭深加工示范项目”，也是国家煤制天然气行业的标杆，项目总建设规模为 55 亿 m^3/a。

哈密三道岭 2×350MW 热电联产项目，动态总投资 30 亿元。项目属于煤电一体化、坑口电厂，建成后，可以解决三道岭镇区及工业园区采暖及工业用汽，同时为哈密三道岭工业园区提供充足的电力保障，作为哈密电网、新疆电网的支撑电源，满足当地电力负荷发展需要。

【科技创新】

2017 年度，中国浦发加大自主创新及科技投入，全年投入约 4 000 万元，主要用于科技项目研发支出、知识产权申报、研发设备购买等。在知识产权方面，有 2 项发明专利正在申报中，已通过初审阶段。在科技创新方面，与清华大学联合新设立一项科研平台——氢燃料联合电池实验室，该平台是一个面向纯电动轿车平台增程式氢燃料电池整车系统集成技术需求的研发平台，并承担工程化、产业化工作，将科研成果转化为有量产能力的产品，面向国内外市场。

【产业化发展】

绿色产业发展突飞猛进。天然气分布式能源业务实现跨越式发展，5 个项目投产，9 个项目在建，20 多个项目签订合作协议。分布式能源项目资产规模本年从 1 亿元增长到 7 亿元，销售收入 1.04 亿元。其中，安吉 35MWP 农光互补和扬州 6MWP 屋顶分布式光伏发电项目并网发电，眉山市城市生活垃圾环保发电项目处理能力达到 1 000t/d，氢能源产业示范基地形成生产 1 000 台 60kW、2 000 台 30kW 氢燃料电池汽车发动机能力。

【产权制度改革】

提升中国能源工程集团有限公司（简称中国能源）层级。中国能源原属于国机集团 4 级企业。鉴于中国能源是中国浦发最核心资产，公司决定将中国能源层级由 4 级提升到 3 级。3 月，成立提升工作领导小组和工作小组；6 月初，正式上报提升方案；8 月初，获得国机集团董事会的通过；11 月 30 日，完成工商变更。通过层级提升工作实现最核心资产由中国浦发直接持有，对实现公司战略目标产生重大影响，也为中国能源引入战略投资者做好铺垫。

新设中机联合投资发展有限公司（简称中机投资）。为落实公司“平台化资产经营公司”的战略规划，中国浦发投资设立中机投资。中机投资注册资本 10 000 万元，中国浦发认缴出资 5 100 万元。同时，按照中机投资的发展规划，中机投资收购浙江天韵建筑设计有限公司并取得批复。

调整上海中浦供销有限公司（简称中浦供销）股权。2017 年初，中国浦发确定中浦供销股权调整计划。整个方案涉及 3 个审批事项，即中国浦发转让中浦供销 49% 的股权、收购中浦供销持有的上海浦景化工技术股份有限公司 144 万股股权及收购中浦供销持有的上海中浦电磁科技有限公司 11% 的股权。截至 2017 年 12 月 31 日，收购浦景化工的股权事宜完成，转让中浦供销49%股权和收购中浦电磁11%股权事项处于评估报告国机集团审核阶段。

参股中机国能融资租赁有限公司（简称中机租赁）。为培育公司作为资产经营公司的金融服务能力，中国浦发参股中机租赁1 000万元，并取得国机集团备案。

完成上海浦美电器有限公司（简称浦美电器）其他股东增资事项。浦美电器的股东之一——上海文迪商贸有限公司增资浦美电器。增资后浦美电器注册资本为1 040万元，中国浦发股权比例由51%降低到49.038%。

【管理经验】

1. 加强全面预算管理 建立预算管理组织体系，统筹安排经营预算、投资预算、财务预算等，并定期对预算执行情况进行检查并编制预算执行情况报告，执行情况纳入收入分配和奖惩考核。对所有的收付款均做到事先审批、事中监控、事后总结，使之符合预算目标要求。

2. 加强产权管理 增加人手并完善产权管理工作。对54家所属企业的信息进行产权系统补充登记，对中国能源及其下属纳入合并报表范围以及长期股权投资的企业进行梳理并上报国资委。同时，完成产权管理系统的新老系统对接工作。

3. 人力资源管理进一步提升 按照中长期发展战略规划的要求和指引，调整相关工作思路，立足于人力资源管理的规范化、制度化，面向战略性人力资源管理转变。通过完善制度建设，推进绩效考核，创新培训方法，使绩效考核更有力度、人才培养更有成效、人才引进更加大胆、薪酬管理更加科学。

4. 安全管理常抓不懈 公司总部及子公司全年无重大安全事故，保持国机集团安全管理评级A级标准。重点加强党政领导对安全生产的双管机制；强化重大危险源的风险管控；加强在建项目的安全生产监管；全面持续推进隐患排查工作；积极开展应急演练工作。

5. 法务工作为经营管理保驾护航 法律风险管理深度融入企业经营管理。整合全系统法律资源，参与支持公司制度建设，帮助所属企业建立健全境外项目法律风险管理体系，积极推进涉诉案件处理，广泛开展普法教育。

6. 加强全面风险管理，创新工作方式 组织开展日常风险管理监督评价，对67项风险进行排查并进行动态监控。进一步推动子公司建立健全内部风险控制制度，采用与子公司联合审计的形式进行风险管控，提出审计管理建议，有效推进管理规范化。

7. 完善全面信息化建设 结合国机集团“十三五”战略和中国浦发中长期发展战略规划，编制中国浦发“十三五”信息化规划。完成信息系统安全等级保护定级的复核工作；通过运维监控系统，进一步提高了运维管理和预警应急处理能力，提高信息安全保障能力；优化OA办公系统，完善流程控制和移动终端应用。

【企业文化】

在中国浦发成立25周年之际，发动全系统干部职工重新提炼企业文化，形成了“包容、创新、开拓、共赢”的企业核心价值观、“做强做优国有企业，为同行者创造价值”的企业使命以及“建设国内一流的综合服务企业”的企业愿景，凝聚企业发展共识。

【党建工作】

中国浦发党委深入学习宣传贯彻党的十九大精神，牢牢抓住从严治党这条主线，切实落实党委主体责任，凝心聚力，攻坚克难，开拓进取，继续发展，使党的建设融入企业管理各个环节。

1. 以阵地建设为主线，不断强化党组织核心作用 一是健全基层党组织，把支部建在项目上，指导建立海外临时党支部，做到党组织全覆盖。二是筑牢思想根基，构建学习宣传党的十九大精神的线上线下立体学习网络，覆盖到每一个党员。三是巩固党组织核心地位，将党建工作纳入公司章程，修订完善“三重一大”决策制度。

2. 以队伍建设为根本，不断推进治理体系融合 一是加强党员教育管理，尤其是在所属混合所有制企业中，从发展、教育、退出三个环节上深下功夫。二是完善干部选拔培养机制，制订《干部管理办法》，开展考核评议，实行公开竞聘，纪委全程参与干部提任。三是强化纪律监督约束，开展干部述职述廉，公开管理费用预算执行情况，明确履职待遇，畅通信访举报渠道，持续开展正面教育与反面警示。

3. 以群团建设为纽带，不断引领文化发展方向 一是着力推行民主制度建设，及时召开职代会通报公司经营状况，审议相关事项，民主评议领导班子。二是致力于丰富企业文化，发动全系统干部职工重新提炼企业文化、凝聚发展共识，开展丰富多彩的文化活动并广泛宣传，促进融合。三是关心关爱职工群众，通过“至爱基金”开展职工帮扶，创办“妈咪小屋”，办理职工住院补充医疗，组织集体生日会，开展各类慰问。四是推动社会责任落实，大力支持固始县脱贫攻坚，继续与和平村开展共建帮扶，与所在社区党组织开展社区共建，持续援建希望小学，继续在高校设立教学金。

【社会责任】

积极投身“脱贫攻坚战”，为固始县脱贫攻坚工作提供10万元捐赠，向四川省广元市朝天区鱼洞乡鱼鳞村订购麻柳刺绣作品，为和平村投入资金帮助修路并慰问贫困老人。作为宜川社区基金会理事单位，参与社区老人重阳节慰问，组织团员青年参与社区义卖。中国能源资助的云南省元阳县中机阳光希望小学正式竣工，为当地贫困儿童带去希望；在王毅外长夫人钱韦女士发起的“大爱无国界”国际义卖活动中捐助30万元，助力云南健康家园建设。浦景化工继续在南开大学、常州大学等高校设立飞扬奖学金，全年资助22名学子共7.4万元。

中国联合工程有限公司

【公司概况】

中国联合工程有限公司（简称中国联合）是以原机械工业第二设计研究院为核心，联合多家国家甲级勘察设计单位组建的大型科技型工程公司，隶属于中央大型企业集团、世界500强企业——国机集团，总部设在杭州。

多年来，中国联合始终遵循“与顾客共同创造价值”的经营理念，完成了20 000多项大中型工程；主编、参编国家、地方和行业标准、规范100余项；获得国家科技进步奖28项（一等奖2项）、国家级各类工程技术奖100多项、各类省部级奖1 000多项。

在建设部对全国10 000多家勘察设计单位“综合实力和营业收入排名”中，中国联合连年进入百强榜，最高排名在第11位。在美国《工程新闻记录》ENR对“中国工程设计企业60强”的统计排名中，中国联合连年榜上有名，排名在10名左右。公司连年被授予“重合同守信用”企业称号，获得AAA企业信用评定等级。

【主要指标】

中国联合2017年主要经济指标见表1。

表1　2017年主要经济指标

项目	2016年	2017年	同比增长（%）
资产总额（万元）	1 049 522.47	1 198 777.99	14.22
净资产（万元）	163 834.88	178 263.78	8.81
营业收入（万元）	638 992.19	703 709.05	10.13
利润总额（万元）	31 532.06	34 430.06	9.19
技术开发投入（万元）	22 472.21	23 647.95	5.23
利税总额（万元）	48 161.14	46 361.94	-3.74

（续）

项目	2016年	2017年	同比增长（%）
EVA值（万元）	35 828.56	37 056.37	3.43
全员劳动生产率〔万元/（人·年）〕	20.05	21.46	7.03
净资产收益率（%）	16.93	17.20	增加0.27个百分点
总资产报酬率（%）	3.18	3.17	减少0.01个百分点
国有资产保值增值率（%）	116.69	115.37	减少1.32个百分点

【改革情况】

中国联合依托体制改革和机制创新，整合资源，规范运作，不断加大创新力度和科技投入，逐步形成具有核心竞争力的特色业务，在国内做好区域市场经营布局，开拓国际业务，向以设计为龙头的工程总承包业务转型。

【重大决策】

（1）2017年1月3日，讨论通过了《中国联合工程公司本部企业年金方案实施细则》。

（2）2017年1月9日，讨论通过了组织机构调整和非常设机构调整。

（3）2017年4月5日，讨论通过了2017年规章制度修订。

（4）2017年6月19日，讨论通过了杭州市下城区长木、草庵、沈家三村连片PPP项目事宜。

（5）2017年7月3日，讨论通过了2017年年中预算调整；关于成立重庆中机工程环境检测有限公司的请示；关于中联西北工程设计研究院有限公司转让陕西昕宇表面工程有限公司30.97%股权的请示。

（6）2017年8月1日，讨论通过了中国联合第二次党代会筹备事宜。

（7）2017年9月4日，讨论通过了装备工程公司东北特殊钢项目破产重整债务处置方案。

（8）2017年9月4日，讨论通过了中国联合本部备案管理办法。

（9）2017年10月9日，讨论通过了《公司房产管理暂行办法》。

（10）2017年12月4日，讨论通过了注销中机中联工程有限公司子公司上海山源设计研究院和机械工业第三设计研究院成都分院事宜；中机中联工程有限公司中联建筑科技大厦转让事宜。

（11）2017年12月26日，讨论通过了公司本部2018年生产发展基金和管理经费预算。

（12）2017年12月26日，讨论通过了石桥路宿舍区8幢移交社区事宜。

【重大项目】

2017年，共有16个项目列入中国联合重大项目，2017年进展情况如下：

1. 哥伦比亚GECELCA 3-2号燃煤发电站项目 锅炉点火吹管完成；部分子项开始单体试车。

2. 安索阿特吉州西蒙玻利瓦尔市及新埃斯帕塔州马里尼奥市波拉马尔4 512套住宅市政规划及基础设施建设项目 马岛地块A区32栋房屋验收完毕，B、C区装修工作完成总量的70%。

3. 中安联合煤化有限责任公司煤制170万t/a甲醇及转化烯烃项目动力中心工程设计采购EPC总承包项目 4台锅炉筑炉及保温工作完成总量的20%，自控仪表安装完成50%。

4. 山西潞安矿业（集团）有限责任公司高硫煤清洁利用油化电热一体化示范项目热电装置EPC总承包项目 项目交付业主。

5. 福建永荣科技有限公司年产60万t己内酰胺项目一期工程（年产20万t己内酰胺）动力站EPC工程 主厂房结顶，1#锅炉水压试压完毕，保温完成80%。

6. 地理信息创新园项目 项目10月份完成竣工验收，交付业主。

7. 象山影视基地二期项目 项目6月份完成竣工验收交付业主。

8. 九堡文体中心项目 项目施工完毕，开始进行项目单体验收。

9. 良渚街道杜甫农民多高层公寓三期工程总承包项目 地下室底板混凝土浇筑完成，顶板浇筑完成 96%；各栋楼房平均施工至 4 层。

10. 江北膜幻动力小镇客厅建设项目 各建筑单体主体结顶。

11. 学军中学项目 装饰装修工作完成总量的 80%。

12. 启正中学项目 地下室施工完毕，建筑单体钢结构吊装完成 20%。

13. 浙南创新创业新天地及温州生物材料与工程研究所项目 一期：出 ±0，二期：土方开挖完毕。

14. 安顺投资大厦项目 完成地下室 3 层结构施工。

15. 嘉兴市油车港镇小城镇环境综合整治项目 恒大广场地下室底板施工完成 55%，其他子项施工完成。

16. 建德市寿昌镇小城镇环境综合整治项目 沿街立面改造施工基本完成，项目处于收尾状态。

【市场开拓】

2017 年是中国联合完善法人治理结构、新一届领导班子任期的第一年，面对新形势、新挑战，公司领导团结带领全体干部员工，妥善应对各种风险考验，牢牢把握发展主动权，抢抓机遇，稳中求进，生产经营、科研创新、管理服务等各项工作均圆满完成了年初制定的各项目标任务。

1. 继续做精做强设计咨询业务

（1）工业工程。中国联合本部中标重庆金世利钛业公司航空项目、浙江苏强格液压公司大麦屿基地技改项目、青岛鑫诚投资公司智能制造产业园项目等。拓展快递新行业，拓宽与辽宁忠旺、顺丰速运等大客户的合作区域，在景德镇、呼伦贝尔、盘锦等地均有新项目落地。成为万科物流的战略合作伙伴，凭借冷库冷链领域的良好口碑，又完成了武威、义乌两个肉类口岸设计，中标杭州下沙肉类口岸项目；义乌占地 40hm^2 两个项目将成为圆通标准模板省级中心，继续拓展新能源、轻工、电子电力行业业务；重点项目沈鼓 CAP1400 核主泵试验台总承包工程即将竣工验收，国家重点专项重型燃机试验台项目已经完成可研报告。开拓工业工程 EPC 市场，重点总包项目长江动力试验台工程即将完工结算，完成大地环境治理公司 EPC 改建项目等。应用“智能制造数字化集成系统研发应用”专项成果，签约江苏海晨自动化仓库项目。顺利进入轨道交通装备制造行业，与中国中车下属的多家公司签订服务协议，中标兰州机车整体搬迁建设、柳州智能交通产业园车辆修造、大连机车旅顺基地等 20 余个项目。

中国联合下属中机中联综合设计院深耕经营传统工业，承接了一批内燃机、家电、工业园区等项目，签订了吉利南充发动机、潍柴大缸径天然气发动机试验台、三菱海尔、青岛海尔家电项目、遵义经开区标准厂房等项目，保持了在行业内的主导地位。紧跟国家“一带一路”沿线城市，承接多个工业物流行业领军企业项目，项目遍布东北，湖北、河南、云南、青海、甘肃、贵州、新疆、西藏等地综合保税区、物流中心及口岸等。组建综合一院，板块集中优势显现，在汽车领域取得巨大业绩，依托于新能源电池项目，中标御捷新能源车、江西汽车和北汽银翔南充汽车、河北跃迪内江新能源项目，在新能源汽车和乘用车领域打开局面。抓住苹果新一代可穿戴设备落户重庆的重大机遇，成功经营广达、达功、仁宝改扩建项目；新成立电子信息工程所，在集成电路、高端芯片等领域取得突破，成功经营潍坊滨海集成电路产业园、龙芯威贵州半导体芯片项目，提升了在电子核心领域的竞争力；成都公司通过打破部门格局、减少管理层级、维护战略客户，积极开拓新兴业务客户，工业园区经营卓有成效，步入良性发展轨道。

中联西北院工业工程引进了高压输变电关键人才，在医药化工领域实现突破，河南速达年产 10 万辆电动汽车项目有序推进，签约天水电传所大型电气传动与装备技术国家重点实验室、陕西海天制药公司旬邑分厂工程、陕西奥克药用辅料公司建设项目，承揽的西安中航汉胜航空电力公司 C919 飞机电源项目是西北首个、全国第二个航空航天行业荣获美国 LEED-NC 金级认证的绿色工业建筑，并通过了 FM 认证。

（2）民用工程。中国联合本部拓展特色小镇、文旅颐养、公共场馆、学校医院、城市综合体等细分市场，原创方案设计与施工图业务相结合，形成高完成度的设计服务体系。中标临海中医院、江苏扬中滑雪场综合体、广东清远旅游综合体、临海市委党校、杭州第七人民医院建德院区、杭州银行总部、安吉县“凤凰中心广场”等项目。实施德清融创莫干溪谷施工图、曲阜沂水豪庭方案、江西分宜中医院、建德寿昌综合整治、海南博鳌新和成度假中心、成都天府新区现代农业田园综合体概念等项目。认真维护万科、融信、阳光城等老客户，赢得大量项目机会。承接富力地产宁波江北二期、金茂姚江地块等项目。开拓宁波市开元路项目薛家路项目、九龙湖镇污水治理等本地市政项目和象山拆迁安置房、厦门现代服务业基地丙洲片区统建区、宏发家园、晋江鞋都改建安置房等政府项目。

配合中国联合总承包部门承接体育馆、学校和安置区等项目，完成龙游博物馆 EPC、标祥符九年制学校 EPC、乾潭小城镇综合整治 EPC、宁波杭州湾新区安置房和涌新地块 EPC 等工程，在下城三村连片改造 PPP 项目，龙游、平湖集镇改造 EPC 业务，杭房地产开发商 EPC 业务等方面积累了经验。

中机中联建筑板块深化多维度经营，立足重庆，面向西南，辐射全国，在贵州、河北、云南、湖北、天津、广东、海南、新疆等地亦有项目落地。试点部门间的协同设计，集合方案主创整合智力，采用头脑风暴方式，提高了生产效率及方案能力。深耕细作特色行业，在医院、学校、特色商业和文化旅游地产等领域具备了竞争优势，中标恒大童世界设计总包，极大提高了在文旅设计领域的竞争力。

加强对专项设计、标准化设计和设计优化的研究，高层建筑竖向交通分析应用系统投入具体项目应用，实现了行业突破，打破一直以来受制于电梯厂家的技术约束；充分发挥工程集成服务提供商的优势，加强设计部门 + 技术研究部门，设计部门 + 工程管理部门的深层次联合，优势互补，成效显著。发挥建筑专业优势，在大型商业综合体及公共建筑领域成效凸显，开拓了乌鲁木齐综保区国际贸易项目、首创奥特莱斯、仙桃数据谷、两江小学、江北区党校、礼嘉小学等重大公建项目；承接涪陵文化小镇、花舞松原农业旅游综合体及广东清远玻璃廊桥项目，打造出特色鲜明的旅游项目。

中联西北院民用建筑板块细分业务类型，在绿色建筑、科研办公、医疗颐养、文旅教育、酒店商业、高品质住区、特色小镇等领域厚植优势，签订了中科华彬城、学府花苑、西安国际美术城、西安常宁恒大健康共创空间、沙漠春天、安康市明珠国际酒店、安康市中医院中医药传承创新工程、云南弥勒市红人广场、法门寺初级中学、商洛学院丹江校区等一批经典项目。大客户事业部运行平稳，相继承揽了恒大地产、恒大健康、恒大童世界等多个重大项目；积极探索维系大客户的长效机制，与万科、保利等地产大客户接洽合作。捕捉和主动聚焦新型城镇化建设动态，先后承揽设计了文安驿古镇、甘谷驿古镇、大唐小镇、恒大养生谷健康小镇等多个特色小镇。承揽的文安驿古镇项目入选第二批全国特色小镇，茯茶小镇、中西部陆港金融小镇入选西安市 2017 年第一批创建类特色小镇名录。

（3）能源与环境工程。中国联合本部坚持 EPC 方向，在继续参与常规热电、化工动力站等竞争同时，重点经营生物质电厂、高炉煤气等国家鼓励的行业，积极开拓钢铁行业中节能、清洁能源、零排放等领域，承接的主要项目有：镇海炼化锅炉超低排放项目、浙江嘉化兴港热电厂烟气超低排放项目、宁波热电集团铅山县生物质发电项目、信阳钢铁公司超高压发电工程、浙江诸暨八方热电联产扩建项目和重庆理文造纸公司电站扩建工程等。在努力承接业务的同时，做好项目实施，重点项目中安联合动力站 EPC 项目等按要求推进。新能源领域，以联合体模式实施的石家庄生物质发电 EPC 项目进展顺利，甘肃玉门花海光热发电项目已通过电规总院审查；即将建成投产的山东临淄资源化利用项目是创新引进欧洲技术试点示范项目。印尼泗水垃圾焚烧发电项目是公司实施的第一个国外垃圾发电项目。其他较大项目有河南许昌垃圾焚烧发电项目、淮北垃圾焚烧发电项目、衢州市垃圾焚烧发电项目等。

中机中联环境生态院在市政环保、园林景观、环境生态、环境咨询及环境工程领域成效明显，实现了 1+1 ＞ 2 的效果；打造生态环保、生态景观、生态旅游等集咨询、策划、规划、设计、研发、建设、生产、资源循环利用、生态旅游运营、旅游综合体和城市环境设施运营为一体的全产业链，致力于成为生态环境建设的综合运营商。传统的环境咨询、水处理业务继续保持，承接高新区规划、盘县表面处理园规划、昌都八宿县然乌湖度假群等项目环评；承接贵州红果经济区 PCB 及表面、江西赣州香港工业园等污水处理厂项目。培育生态修复业务，推进污染治理与生态、景观的融合。承接唐家沱金竹溪生态公园、渝北铜锣山国家矿山公园，三江源国家级自然保护区、西藏昌都朗顶康姆与康巴花都等项目。积极开拓废气治理、土壤修复咨询及治理业务，加大流域整合治理、旅游规划业务。成立内蒙古包头分公司，承接固废治理和土壤修复治理业务，承接日立汽车（重庆）新工厂废气处理项目，蚌埠建成区黑臭水体综合整治工程。环保、景观工程 EPC 总承包业务成效显著；承接含谷片区工业污水处理厂，中明港桥废弃资源利用及新型材料，石马河沿江污水截流干管，大足污水处理厂二期，彭水县污水处理厂二期及阿西里西二期景观、生态环境等工程项目。

中联西北院新能源与电力工程板块继续做精做优传统的燃煤（气）集中供热、光伏发电、屋顶分布式，积极向光热发电、大型地面电站、微电网、充电桩等领域拓展；先后签约了华阴市城区热网改造、广西北海星岛湖 20MW 光伏发电、延安甘泉县 15MW 光伏发电、商洛市商丹工业园 20MW 屋面光伏发电项目等区域重点民生工程。

（4）规划市政工程。中国联合本部规划院紧跟政府热点，专业跨界融合，参与完成多项特色小镇概念规划、环境综合整治规划；重点项目乐山市近期建设规划填补了公司地级市专项规划的空白，乾潭镇环境综合整治规划验收评为浙江省优秀规划项目，成功签订青岛市打造国际海洋创新高地 —— 青岛市蓝谷 CBD 城市设计项目。市政新业务份额继续扩大，合同额和收入迅速增长；首次中标轨道交通设计项目：杭州地铁 4 号线 3 标段（紫金港路站—储运路站），市政业务也从单纯设计逐步向 EPC 和纯设计双轨并举的方向发展，并积极参与公司多个EPC项目的合作；参与筹建浙江省勘协市政专委会，并成为副主任委员单位。风景园林业务积极开拓杭州湾生态湿地公园、重庆沙坪坝城市生态修复等新行业，全面完成了经营合同和计奖收入指标任务；义桥环境综治规划获省城乡规划二等奖，是公司在该行业至今获得的最高奖项，萧山临浦镇立面景观绿化提升项目获杭州市西湖杯贡献奖。巩固南京市场，特色业务滨水景观和生态规划屡屡中标，安徽当涂胭脂河景观设计项目顺利签约。勘察业务中重点项目杭州智能空调产业园工程勘察、维尔生物生产基地基坑支护设计、大关地块文化设施岩土工程等稳步推进。

中机中联市政交通院巩固“道路工程核心型业务”，在重庆两江新区、九龙坡区、江北区，四川宜宾、四川广元等区域持续拓展，承接宜宾新机场至城区快速线、唐家沱 N 标区石港大道、朝天区三滩村至龙门村等道路工程；突破“大型城市隧道高技术型业务”，中标白市驿至黄桷坪大桥段、大学城复线等隧道；紧抓“城市给排水和黑臭水体治理热点型业务”，中标跳蹬河黑臭水体整治（一期）、泸州二道溪截污干管等工程；拓展“工程总承包开拓型业务”，中标彩云湖小学和杨家坪中学天桥、果园港自贸区标志与卡口等 EPC 项目；依托交通规划优势，承接宜宾东站站前综合体项目。

中联西北院规划市政板块注重城乡规划、市政工程、海绵城市协同发展，先后中标了安康市江北桥头交通组织改造等重点工程、群科（绿色）清真产业园控制性详细规划、榆横工业区现代产业发展规划项目、富平县宫里镇等美丽乡村规划；作为陕西省和西安市唯一的海绵城市顶层咨询设计单位，中标了总投资 200 亿元的西安市暨小寨地区海绵城市建设项目。主编的《陕西省海绵城市规划设计导则》《西安市海绵城市建设低影响开发技术指南》《西安市海绵城市专项规划》发布实施或通过审议，参与设计的曲江文化运动公园成为西安市首个海绵城市公园，通过涝河渼陂湖水系生态修复工程，拥有了生态城市领域的话语权。

2. 做大做好工程总承包和国际业务

（1）工程总承包、项目管理和建设监理。中国联合本部总承包业务突飞猛进，承接了宁波杭州湾湿地公园生态及基础设施、江北膜幻动力小镇、中远海运宁波电商物流园、良渚儿童福利院申遗遗址展示中心、龙游城区道路和给排水管网改造等一大批有影响的总承包项目，巩固了公司在 EPC 领域的领先地位。在小城镇环境综合整治、市政工程领域 EPC 取得较大突破，承接了建德乾潭镇环境综合整治、拱墅区九年一贯制学校、萧山区湘湖初中等影响较大的 EPC 项目，锻炼了大批骨干；特别是乾潭环境综合整治工程一次性通过省考评组考评，成为建德示范、杭州领先、全省一流的样板工程。

监理业务发挥资质、品牌、业绩资源优势，开拓地区市场，增加山东、衢州布点，做精做优文教卫公建监理成熟业务，发展装配式建筑和节能环保民生业务，开展项目建议书、可行性研究等咨询业务，利用公司大平台，发展项目管理业务，取得了合同额和收入同创历史新高的良好业绩。

咨询部门积极拓展高速公路工程业务，累计完成估算、概算、预算、结算项目 300 余个，成功入围浙江省交通厅、商丘市审计局等单位名录，并为浙江省各地法院、财政局等提供造价咨询服务，成功入选国家财政部、浙江省财政厅 PPP 咨询单位库；同时为公司总承包及项目管理项目的提供造价控制专业服务等。

中机中联整合工程管理处与工程咨询所，提高工程总承包项目的造价管理及成本控制水平，提升总包项目的经营管理风险管控能力；秉承“做一个项目，树一座丰碑、拓一片市场”的理念，立品牌、赢口碑。工程总承包业务经过多年培育，增幅加快，承接了南开两江学校、斐讯项目、G02 项目、永川博物馆、五菱研发中心、柳机动力联合厂房等 EPC 项目，在同行业中处于较好水平。

中联西北院工程建设板块稳固项目管理、监理、造价等品牌业务，矢志不渝地拓展总包，相继承揽了中铁西北高端装备产业园（全过程造价咨询）等造价咨询服务项目，万科翡翠国宾、沣东国际科创商务广场、陕西省计量科学院等优质监理项目，以及甘谷驿这一特色文旅小镇管理项目；正在实施中林泗阳绿色家居产业园等重大 EPC 总包项目。

（2）装备工程总承包。中国联合本部装备工程板块在国内装备行业持续低迷的大环境下，积极转型升级，培育新的经济增长点；涂装业务快速上升，持续创效，在稳定老客户业务基础上拓展新领域，树立“中联涂装”品牌，被东莞中集专用车有限公司授予“卓越装备供应商”荣誉称号；重点项目有驻马店中集公司零部件涂装生产线、辽宁忠旺集团铝膜板喷涂线、有信制造（无锡）公司汽车手柄涂装设备、广安比亚迪实业公司轨道车辆喷涂线等。

环保业务稳步发展，初步形成固定的客户群；完全掌握了湿电除尘器的设计和实施技术，将向低温省煤器等节能领域拓展；重点项目有河北西柏坡第二发电公司省煤器改造项目、宁夏日盛高新公司环保设施项目、江苏晋煤恒盛化工烟气脱硫改造项目、河北临港化工公司锅炉烟气脱硫脱硝除尘湿电项目等。

工业炉业务在传统业务萎靡困难条件下，加大技术创新，开拓新市场、新领域，逆境求生。重点项目有越南环球铝业公司铝合金熔铸生产线、诸城义和车桥公司前轴调质生产线、南京钢铁公司宽厚板厂加热保温坑等。

非标业务在行业不景气的严峻形势下，积极转型升级，培育新的经济增长点，加大力度开发水处理膜相关生产线。重点项目有安徽墙煌彩铝科技公司两条生产线改造工程、四川燎原复合材料公司热复合轧机生产线项目等。同时，积极承接其他行业设备项目，为后续业务拓展积累经验。

中机中联综合院坚持推进工艺与设备相融合，设备承包项目再上台阶，在智能制造、消失模铸造、立体车库、航空试验台架、砂再生系统、家具水性涂装、航天军工、废水处理、废气治理、节能减排等方面多点出击，效果凸显。

中联西北院环境工程巩固和提升了竞争优势，开拓了必康制药集团山阳基地制药废水处理、陕西龙门捣固焦炉烟道气脱硫 EPC 工程等特色项目。

（3）国际业务。中国联合本部重点围绕G3.2项目实施，优化采购流程、合同管理，加强成本控制、安全监管，明确各节点目标和责任人，正在有序推进。G3项目仲裁案件全部胜诉，维护了公司正当权益。如期向委内瑞拉住房部移交了首批15栋共计360套住房，委内瑞拉政府在项目所在地举办了盛大的交接仪式，预计马岛住房项目将提前5个月完成施工；与牙买加签署了装配式钢桥供货合同。新签印尼乐家卫浴项目，中标香港垃圾电站项目，印尼Solo热电厂项目即将收尾；同时，积极跟踪国内的新能源、PPP项目。

中机中联国际工程部加大“走出去”的力度，在马来西亚、马尔代夫、伊朗、沙特、几内亚、肯尼亚等国多个项目积极寻求成熟代理，力争能够尽快落地结果；通过几年的努力，马尔代夫和沙特住房项目已进入实质性阶段，从未涉足过的南美、东欧地区均有经营进展。

中联西北院海外业务所占份额逐步增多，签订了巴基斯坦中电胡布电厂生活营地项目，为“一带一路”沿线国家奉献了又一佳作臻品。

【产权制度改革】

中国联合按照国务院国资委及国机集团要求，在2017年11月30日之前完成了公司本部及所属机械工业第二设计研究院的公司制改制工作。

中国联合在建立了健全的法人治理结构的同时，积极加强和改进党对国有企业的领导，充分发挥国有企业党组织的核心作用，为公司发展提供有效的保障。

【管理经验】

职能管理和后勤服务部门干部员工不断增强责任意识和服务意识，创新工作方法，提升自身能力，自觉服务公司总体战略和生产一线。

1. 加强综合管理和党建工作，文化软实力持续提高 中国联合本部认真落实公司董事会各项决议，完善和规范公司运作；组织修订2017版规章制度；做好各职能部门重点工作的分解和督办工作，持续提升工作绩效；中国联合党委顺利完成换届，各级党组织开展“两学一做”学习教育常态化制度化活动，开展党支部书记述职、党支部工作考核评优；加强纪检监察工作，开展反腐倡廉宣传教育和日常监督，做好信访调查和案件信息处理工作；积极承担央企社会责任，开展四川省广元市朝天区贫困山区农户精准扶贫工作；做好国家安全、维稳、信访、统战、保密和离退休老同志关心慰问、沟通服务等工作。

中机中联优化组织架构，搭建更加专业化的职能管理体系；坚持把纪律作风转化为企业的执行力和感召力，通过调整基层组织的设置和党务干部的配置，明晰基层组织的职责任务，促进“两个融合”；组织专题党课、系统学习十九大精神和有关制度条文，组织修订内部监督制度措施，确保从严治党的精神进一步落实；开展党务干部的封闭培训，提高党务干部业务素质和工作能力。

中联西北院借助外脑对现有组织架构、管理模式进行全方位、系统性地诊断和完善，积极推进信息化、精细化、标准化管理，实行“创新性工作、重点工作、定量指标和日常指标”相结合的考评体系；创新开展“党建+”和“企业文化建设年”等工作，举办了党风廉政建设专题讲座，组织“价值共创成长共享”演讲比赛、规章制度知识竞答等活动，承办了国机集团篮球邀请赛、省委科技工委企业文化演讲比赛，“卓越”文化建设体系被评为全国企业文化优秀成果。

中国联合三地三院加强文化宣传、品牌建设和协会工作，不断提升公司软实力；《浙江日报》《浙江人大》3次专版宣传公司EPC总承包，《中国工程咨询》献礼十九大专题刊登公司专题文章，向国机集团信息交互平台、《国机集团报》投稿50余篇，提升公司知名度和影响力；做好行业协会的管理工作，重点与全国、地方勘察设计协会以及国家发改委、住建部、省、市、区主管厅局等部门保持联络；承办中国机械工业勘察设计协会第七届会员大会和浙江省勘察设计协会工程总承包分会第一届会员大会，公司分别当选理事长单位和会长单位，郭伟华董事长分别当选理事长和会长；积极参加各类企业荣誉评选活动，公司在建设部2017年全国工程勘察设计企业勘察设计收入前50名排序列15位，在工程项目管理合同额前95名中列第16位，工程总承包合同额前161名中列第24位；在美国《工程新闻记录》（ENR）和我国《建筑时报》2017年中国工程设计企业60强位列第13位、中国承包商企业80强排名中位列第73名。

2. 大力开发人力资源，努力建设高素质员工队伍 中国联合本部制订《公司三年任期人力资源规划》，做好项目设总和项目副设总、项目经理、安全经理和安全管理员、采购经理和采购员等关键岗位人员的资格认定工作；完成职能部门管理人员的岗位竞聘工作。申报国家、行业、省、市、区等各类专家、人才23项，共77人次，1人获“浙江省优秀科技工作者”称号。

加强与目标院校、目标专业院系的联系和沟通，坚持公司领导定点联系机制，建立校企合作长效机制，非招聘季组织校企活动4次，全年共计举办综合专场招聘会17场，建筑学专场招聘会11场，参加大型招聘会2场，各类校园招聘会共计30场，录用2017届新大学生125人；充分利用专业人才招聘网站优势，开展社会招聘工作，完成招聘社会人员305人。

积极实施公司人才培养计划，组织各类培训145场，4 464人次参加；制定了详细的专委会培训计划，重点与技术质量部、总师办共同系统安排61场内部专业技术培训，完成四库一平台人员入库445人；完成各类注册考试报名220人次，完成各类执业资格注册385人次，完成各类注册继续教育145人次；完成工程系列专业技术职务任职资格评审工作，407人取得高一级专业技术职务任职资格。

指导各生产部门制订了《薪酬考核分配办法》和《基本工资分配办法》，合理提高全体员工、特别是应届大学生的基本工资；提高青年员工购首套房补贴额度，出台了应届大学生生活补贴标准，延长单身公寓入住期限；修订《中国联合工程公司本部企业年金方案实施细则》，提高员工年金缴存的额度，为职工退休后的生活水平提供更好保障。

中机中联构建“行政技术双序列”岗位管理体系，拓展专业技术人才发展空间；“博士后工作站”获得重庆市人社局批准；组织各专业负责人、项目负责人培训工作，重点对住建部新颁布的设计文件编制要求、外审及审定问题进行了分析讲解、考试测评，确保培训质量，提高履职能力；“海智工作站”年度人才引进计划和项目计划圆满完成；调整事业部领导分工，实现了“业务转型”的专人管理；充分整合内部经营资源和生产条件，明确事业部和生产所经营管理的权责，提高内部协同机制；组织干部专项培训和安全管理人员继续教育培训。选拔年轻干部，充实干部队伍，业务总量得到快速提升。

中联西北院引进各类人才120人，落实应届毕业生30人，新增注册54人次。获批西安交通大学兼职教授11人，西安市海绵城市专家9人；1人荣获中国十佳医院建筑设计师，1人享受国务院政府特殊津贴，1人获批陕西省科技新星，1人获批第二届陕西省工程勘察设计大师，实现了工程勘察设计大师零突破。53人获高级工程师、58人获工程师任职资格；加强干部队伍梯队建设，新聘任中层干部16人，聘任部门助理35人。完善、制定了《引进人才奖励办法》《部门助理级干部选聘管理办法》《资格考试考前培训费用报销管理暂行办法》《鼓励参加执业资格考试的奖励制度》《劳务派遣员工入职及调入管理暂行办法》等一系列管理制度，补齐了人力资源的制度短板；推荐2名青年骨干外出挂职，分别担任陕西团省委常委、西安市规划建设局副局长。

3. 不断完善资本运作，提高财务管理水平 中国联合本部积极配合集团开展的财务能力成熟度评价工作，深化完善会计稽核等核算制度，强化财务信息质量考评，严肃数据报送纪律，确保信息高效准确。通过流程化，财务数据实时同步推送至各业务部门，实现应收账款、保证金、收入考核、部门成本数据时效管理，实现业财融合管理，前置分析，信息对称，高效便捷，助力公司生产部门提升生产管理水平。

完成公司改制后注册资本金增加工作，完成公司下城区三村PPP项目资本金出资工作；公司税务信用评级继续被评定为A类企业、工程类“AAA”信用及银行类“AAA”信用；完成年度所得税汇算清缴工作及高新企业研发费用加计抵扣工作；有效开展“两金”专项清理工作，实现集团下达的压减指标。

中机中联持续规范资产管理，根据《企业国有资产交易监督管理办法》，委托国机集团资产管理公司会员单位重庆联合产权交易所，对35辆涉改公务用车车辆及重庆2套住宅采取网上公开挂牌的方式进行处置，取得良好的处置收益，确保国有资产保值增值。

中联西北院致力于优化资本结构，提高资本的运作效率，持续开展对标管理提升，全面实施《预算指标下达管理办法》，并在操作中严格执行。

4. 注重技术创新，培育企业核心竞争力 中国联合本部培育特色业务，特色专项第一阶段成果已完成验收，第二阶段工作正在有序推进；组织浙江省重大科技专项“CAP1400核电主泵试验装置”及国机集团科技基金项目“高端装备制造业热加工节能减排技术的开发和研制”等3个项目验收工作，并顺利通过鉴定验收；改变科研、业务建设项目立项方式，发布《公司本部科研业务建设项目重点选题目录》，提高立项的系统性、针对性，更好地为生产服务；做精做强精品工程，组织对外申报工程技术奖101项，获得各类工程技术奖70项，其中詹天佑奖2项，科学技术类奖11项，优秀设计类奖37项，工程类奖6项，咨询类奖14项。

运用省市相关政策，组织申报省、市、区级科技资助，组织认定为浙江省省级重点企业设计院并获得政府资助；组织申请知识产权84项，其中发明19项、实用新型63项、软件著作权2项；2017年度授权专利38项，其中发明专利5项，实用新型专利31项；组织标准规范的编写，完成主编的国家标准2项；做好高新技术企业及节能减排等日常工作。

中机中联组织国家地方标准的申报和编制工作，争取国家、行业、地方规范的主编权，主编且颁布实施的地方规范3项，地方技术性标准6项。改变技术委员会的运行方式，强化技术创新管理，提高事业部对设计部门的技术引领；参与重庆市建委的总承包制度课题研究，调研考察浙江省等兄弟省份，学习汲取总承包经验，提交了“建设工程总承包制度研究前期报告”，大大促进了总承包业务的发展。

开发自主知识产权的CAD文件打印二维码软件，满足了审图管理要求，在国内同类软件中居于领先地位。开发多个BIM软件插件，极大地提高了BIM设计工作效率。获得国家级三等奖2项（规划和工程咨询各1项），省部级一等奖6项（创近年最多），二等奖7项，三等奖15项。申请受理专利20项，其中发明专利5项；已授权专利31项，其中发明专利7项。截至目前，公司共拥有授权专利196项，其中发明专利38项。

中联西北院深化产学研金合作与“大众创业、万众创新”的对接，与陕西金控集团、国开行陕西分行开展融资及PPP业务。获批陕西省博士后创新基地、陕西省众创空间孵化基地，1人荣获“青创先锋年度人物”。组建了众创空间研究院，配齐了管理人员，吸引了绿色循环技术团队等3支创新创业团队入驻。中联西北院—西安交大能源环境与建筑节能联合研发中心通过专家论证，打造了聚合博士后创新工作基地、省级众创空间、省级“四主体一联合”新型工程技术研究中心、省级校企新型联合研发平台、省级重点科技创新团队于一体的开放式、综合型创新创业平台。

与西安建大共建陕西省生态城市工程技术研究中心，1支团队晋级陕西省重点科技创新团队，5个项目获批陕西省科技计划项目。荣获第五届全国医院建设（医院设计类）十佳供应商，组织申报31项科研成果，获全国绿色建筑创新奖1项（国家绿建最高等级奖项）。新增两项消防资质，完成1项资质并已升甲级。连续6年获批陕西省技术交易工作先进单位。荣获陕西省和西安市示范性职工（劳模）创新工作室。

5. 高度重视质量、环境和职业健康安全管理 中国联合本部组织三轮五地780多人次强制性建设标准规范考试，持续开展施工图产品飞行抽查、抽查图样折合A1图7078张，发现问题666条，并形成设计质量问题典型案例；对2017年施工图外部审查意见进行收集、统计、分析、反馈及考核，共收集报告418个，杜绝了违反强制性条文的问题；以电子化审图为契机，梳理优化电子出图、签字、盖章及归档流程，完善图框、图签等质量基础性工作；加强重大项目特别是总承包项目的全过程设计管控，组织技术评审20余场；

组织各专业技术委员会系统开展的专业技术培训和交流61场；对工程设计人员资格审核认定与相关技术考试成绩挂钩，提高设计人员资格认定门槛；进行设计回访，改进客户服务；开展对设计部门质量体系的飞检抽查，组织做好体系的内审、管理评审等相关工作；组织开展2017年“质量月”活动。

重点加大对项目现场，特别是总承包项目的检查力度和深度，完成联合检查86项次，编制《重大项目监控报告》12期，发现一般隐患349项，针对性地提出474条重点注意事项和管理要求，督促各项目部整改落实。组织召开公司总承包研讨会，组织安全经理及安全管理员培训和资格认定考核，新增安全经理18名，安全管理员35名。组织修订《生产安全事故、突发事件综合应急预案》，将安全生产费用纳入预算，落实“党政同责、一岗双责、失职追责”的安全生产责任体系，加大部门第一负责人事故责任追究力度。

中机中联成立事业部领导牵头的桥隧、岩土、给排水专项小组，对重要项目进行初设审查，把好质量关。完善产品全生命周期的过程管理。总结、整理了审图中发现的各种“常见病”“多发病”，每月按专业编写“审定问题”通报，促进了设计人员设计质量和专业水平的提高。实现对质量函件及表单全覆盖管控。完善施工过程土建、钢结构、机电安装工程的各分项技术方案的系统编制，通过BIM技术提供人机材实施计划，在多个总包项目中得到实践，探索出了一系列经济、安全、实用、快捷的施工方法。组织完成新版体系文件，新增设计评审、过程管理、后期评价、环境管理等内容，并顺利通过质量体系认证单位换版升级审查认证。

中联西北院三级分解签订“项目安全生产责任书”，组织召开多场节能评估专家评审会，高品质住区的设计效率和设计质量获得了大业主赞赏肯定。投入资金开展安全生产大检查，做到了安全生产零事故。

6. 加强生产经营管理，为生产部门提供有力支撑 中国联合本部完成公司及二院改制的相关工商登记办理工作；做好营业执照、合同章更改工作，做好设计、咨询、监理、勘察、造价、规划、招标代理等资质证书的变更工作；完成公司作为勘察设计企业、建筑业企业、招标代理企业、工程造价咨询企业年报统计工作；完成机械二院及施工图核审公司年度年报工作；开展军工、综甲、人防、勘察资质的申报或换证工作，获得全国和浙江省全过程工程咨询试点单位资格。

组织采购经理培训和工作交流，进行廉政教育，实现合格供方数据库平台与评审流程的联动功能并上线运行；完成公司电脑、商务车的集中采购工作。及时完成公司资产及服务采购合同评审；完成各部门产值划拨、公司资质补贴、项目利润计提、项目设计分包、部门总计奖收入、总承包项目收款奖励等核定统计分解工作；开展并回收顾客满意度调查表，完成年度顾客满意度测评报告，申报并获得中央外经贸发展专项资金奖励。

中机中联紧紧围绕“八大功能板块”业务定位的大格局，经营拓展模式呈现新变化，与重庆高新区签订战略合作框架协议及补充协议，成为高新区工程总承包、PPP项目的先行先试单位、招商引资合作推荐的优先技术合作方；与四川美术学院、中国五冶集团有限公司签订战略合作框架协议，有效地推动了层面经营和企业业务方式的转型发展；创建生产经营大数据库，项目数据、员工信息等基础资料齐全，提高项目招投标、资质申报、人员信息资料调取等方面效率，经营管理水平得到提升。

中联西北院与地方政府和大型企业集团确立战略合作伙伴关系，着力优化业务结构，加快推进转型升级，有序布局分支机构，先后筹建了兰州分公司、武汉分公司、西安经开百盛分公司、合肥分公司，通过模拟股份制形式组建了华南分公司，完善生产经营风险评估体系、重大客户维系回访等方式，为生产经营中心工作助力打气；新兴业务绿建咨询、光伏发电、海绵城市、市政工程、环境工程、海外业务等多点开花，迅速增长，生产经营呈现出稳中有进态势。

7. 严格采购管理和审计法律监督，有效防范运行风险 中国联合本部加强预算编制审核和预算执行审计，推出职能部门预算统计管理流程；开展对领导干部任期经济责任审计和二级部门的撤销、离任管理审计，完成科研业务项目和内控制度建设专项审计、工程项目跟踪和完工审计，完成公司内部控制自我评价检查、全面风险管理报告及季度风险监控报表等；完成公司各项重大物资采购、工程项目分包采购监督工作，推出审计意见跟踪单流程，督促审计意见的反馈落实；完成改制方案和公司章程的拟定、法律意见书的出具，以及上报集团审批及协调工作，并按时完成公司改制工作。

编制联合体投标协议模板，完成总承包合同会议评审 20 余项，审查公司各类合同、招标文件、保函等 1 980 余份，涉及合同金额 240 多亿元；组织项目承接风险评估 63 项，涉及金额近 400 亿元；开展 PPP 业务研究，协助完成三村改造 PPP 项目的承接，进行 PPP 业务的咨询及交流 10 项；开展总承包项目专项法律风险防范交流与培训，协同有关部门积极应对和处理法律纠纷，累计处理项目催款函、律师函合计 50 余项；编制公司“七五”普法规划，推进《法制工作规划方案（2015—2019 年）》。

中机中联落实评估机制，防范企业风险危机；做好工程总承包项目全过程风险评估和审查、资金计划管理、预算切块管理、集中招采管理等工作，合理控制工程成本；完善梳理了合格供方库，对存在违约行为或发生安全生产事故、质量事故或潜在供方在参与公司投标过程中有违规行为或提供虚假材料，直接从供方数据库中淘汰并进入黑名单；配备专职法律人员，负责依法治企工作具体落实。2017 年发生诉讼纠纷案件 22 件，涉及标的 1.26 亿元，通过诉讼、非诉讼追回历年欠款 435 万余元。

中联西北院深化离任审计、例行审计，重点关注被审计人任职期间“技术经济责任指标完成情况、合同履行情况、相关债权债务情况、会计核算的合规性、专项经费使用”等腐败现象易发多发的重点领域、重要岗位和关键环节；依据《审计结果暂行处理办法》，对责任人对存在的问题有明确的整改效果和整改期限，推动审计结果有效落到实处，并且有针对性地提出改进和加强有关管理工作的建议，查遗补缺，堵塞漏洞。

8. 整合信息化资源，提高信息化管理和服务水平 中国联合本部围绕主营业务生产和管理需求，不断提升协同办公管理系统对业务的支撑能力；新增了 20 个业务管理流程；修改完善了 99 个业务流程；新增业务功能模块 13 个；修改了 15 个业务功能模块；系统年处理人次近 200 万，平均无故障时间达到 99.99%，保障了公司业务持续运转；加强信息化中心自身开发能力的建设，聚焦设计项目管理系统的固化和提升工作，完成电力、工业、民用及咨询公司的系统开发和运维支撑；公司数字化档案系统完成一期验收，进行了数字化出版电签系统建设；统一出图管理系统大大提升了设计人员的工作效率，完成 55 万张底图出版打印。

扩展业务支撑能力，为公司涉密军工申请完成信息体系、规章制度及相关信息系统的建设；做好网络安全体系的建设工作，完成了主要生产数据备份系统建设，发布信息安全月报，将重点信息安全风险进行明示；强化公司软件正版化推进工作，强制推行所有采购计算机操作系统必须正版并建立了严格的台账管理；完成对外经营业务指标，签订公司第一个数据中心设计合同。

中机中联搭建云平台功能模块，建立与客户交流互动平台；开发企业微信管理程序，建立员工考勤、规范查询、会议室管理、企业用车、车辆停放、通知公告、消息提醒等模块；智慧运维部依托总包项目积极与一线总包实施部门配合，通过在设计、施工阶段引入“智慧运维”理念，结合“BIM+ 物联网”的运维相关技术开发，以消防技术服务和节能改造服务为依托，在部分项目成功实施可视运维服务，为智慧运维业务拓展提供了平台。

中联西北院加大综合信息管理平台建设力度，节约开发成本，自主研发软件产品，重点建立和完善综合管理系统、财务管理系统、设计管理系统、经营管理系统等；持续深化日常工作的信息化水平，在协同设计、图样档案电子库、评审评优等方面实现了质的提升。

9. 全力做好后勤工作，为生产经营提供有力保障 中国联合本部后勤管理公司完成“三供一业”石桥宿舍区的水、电分离改造移交，滨江大楼不动产证办理，公车公开拍卖，“军用涉密”用房装修，车辆自动识别系统改造，医疗机构职业许可证申领，上海规划院资产处置及租房清算等工作；新增了转塘地区交通班车；新设立了洗车点，为员工提供洗车服务；延长了有实际困难员工的优惠住宿时间；对失去价值的固定资产进行了清理报废；确保院区的安全、整洁及良好的绿化环境，并坚持做好日常的监督检查；组织了灭火演练、反控演练和电梯安全演练，组建了微型消防站；改善了运动馆环境，新设立后勤工作微信群，及时听取用户意见，加强沟通交流，做好社会治安、医疗保健、保卫、会务服务等各项保障工作。

后勤服务公司坚持在服务过程中总结和创新，员工食堂建立生鲜超市，解决员工买菜的后顾之忧；员工自助餐创新改良，推出重庆小火锅、麻辣烫等特色小吃；国联酒店优化服务，西安面点等地方风味受到员工广泛欢迎；实行厨房透明化管理，监控屏向员工实时展示，接受监督。建立服务沟通渠道，根据员工最喜爱菜品调查的结果，进行相应菜品调整，提升员工满意度。文印部完善考核办法，调整员工的积极性，优化作业流程管理，提高工作效率，提高服务的及时性。

中机中联对职工食堂进行整改装修，同时，将食堂总承包运营模式调整为“原材料自行采购、员工代表参与菜谱的制定及监督管理”的劳务外包模式，菜品质量得到有效提高，广大职工反应良好。

中联西北院全面搬迁入住科技办公新楼，综合体育馆、室外灯光篮球场、健身房、瑜伽馆、乒乓球室、职工书屋、观影厅等民生工程全部建成开放，极大地改善了办公环境、丰富了业余生活、提升了企业形象；劳动路办公区、科技办公楼富余楼层优质出租，有效盘活国有资产，实现了有益尝试。

中国汽车工业工程有限公司

【基本概况】

中国汽车工业工程有限公司（以下简称中汽工程）于 2005 年 10 月 28 日正式成立，是由国机集团所属的机械四院、五院创立式合并重组组建的国际型工程公司，总部设在天津。公司拥有国家颁发的工程设计综合甲级资质及咨询、勘察、监理、施工总承包、环评、造价等涵盖建设工程全领域的国家最高等级资质证书，能提供高品质的工程建设全过程服务，是中国机械行业规模最大、业务链最全的工程公司。同时，公司也是我国第一批通过 ISO9001 质量管理体系认证、拥有开展国外经济技术合作业务的公司，是国际 FIDIC 的成员单位。公司现有职工 4 752 人，其中教授级高工 74，高级职务 586 人，中级职务 617 人，初级职务 351 人，享受政府特殊津贴的专家 8 人。

中汽工程以汽车工程项目设计和承包为主要业务内容，是国机集团打造汽车板块、为“造车人”服务的主要业务之一。公司以工程技术为基础、工程设计为龙头、工程承包为主要业务，以汽车生产工艺及专用生产装备的承包为核心竞争力，承担着汽车工程及其他机械、医药、电子、民用等项目的规划设计、工程总承包，具备从咨询、设计到制造、安装、调试、陪产服务等完善的技术服务产业链业务。近年来，先后承接了奔驰、沃尔沃、捷豹、福特、通用、宝马、戴克等合资企业以及福田、江淮、长安、中华、东南、中国重汽和陕西重汽等各大汽车集团（公司）的设计和总承包任务，并走出国门承接美国、印度、南非、越南等国家的汽车工程设计和总承包任务，是改革开放后我国首家承担国外汽车生产线总承包并获成功的公司。

秉承“为顾客创造价值”的发展理念，致力于“更高的追求，更好的生活”的企业愿景，中汽工程将全力打造机械工厂建设新理念，把高质低价、绿色节能的科学发展观贯穿工程建设全过程，朝着国际知名的工程系统服务商品牌和业务发展目标不断迈进。

【主要指标】

中汽工程合同额首次超过百亿元，实现新签合同额 105.99 亿元，同比增长 44%，比目标值超出 63%。其中，咨询设计业务新签合同额 6.76 亿元，同比增长 53.26%；项目管理新签合同额 0.91 亿元，与上年持平；承包新签合同额 85.82 亿元，同比增长 37.06%。实现收费总额 72.27 亿元，同比增长 14%，比目标值超出 20.5%。合同额和收费总额均创历史新高。

中汽工程实现利润总额 3.43 亿元，同比增长 11.7%，比国机集团考核目标值超出 24.7%；实现 EVA 4.8 亿元，同比增长 34.8%，比国机集团考核目标值超出 84.6%。中汽工程圆满完成国机集团下达的经营考核任务，连续第 7 年获得国机集团“先进单位”称号。中汽工程 2017 年主要经济指标见表 1。

表 1 中汽工程 2017 年主要经济指标

项目	2016 年	2017 年	同比增长（%）
资产总额（万元）	913 099	1 145 380	25.44
净资产（万元）	206 455	252 894	22.49
营业收入（万元）	591 847	801 859	35.48
利润总额（万元）	31 018	31 232	0.69
技术开发投入（万元）	39 279	51 075	30.03
利税总额（万元）	65 709	68 286	3.92
EVA 值（万元）	35 550	37 907	6.63
全员劳动生产率〔万元 /（人・年）〕	38	30.90	-29.00
净资产收益率（%）	9.25	6.26	减少 2.99 个百分点
总资产报酬率（%）	3.69	3.38	减少 0.31 个百分点
国有资产保值增值率（%）	108.79	107.43	减少 1.36 个百分点

【市场开拓】

中汽工程利用海外项目优势，相继在德国、美国、俄罗斯、印度和泰国等地成立分公司及办事机构，海外市场开拓成果显著。2017 年，海外项目总合同额突破 10 亿元，达 11.13 亿元，同比增长 56%，占公司总业务量的 10.5%。公司先后中标奔驰南非、奔驰俄罗斯、上汽泰国、上汽名爵印度、北汽南非、洽洽食品（泰国）工厂一期等海外项目。其中奔驰南非、奔驰俄罗斯项目是公司凭借自身能力和优势，首次进入奔驰德国总部全球采购体系，与国际一流水平竞争对手同台竞技中获得项目，意义重大，将加速中汽工程在欧美高端市场的战略布局，开启承接国外客户在海外建设项目的里程碑。洽洽食品（泰国）工厂一期项目是公司在获得综合甲级资质后，承接的第一个跨行业 EPC 海外项目，也是公司继成功承揽上汽泰国新工厂项目后，发挥“扎根当地、辐射周边”效应所承接的第二个泰国市场项目，有利于中汽工程进一步扩大在东南亚地区市场影响力，推动 EPC 业务“走出去”。

【签约】

2017 年中汽工程大客户及重点项目签订情况如下：

1. EPC 总承包项目 2017 年，中汽工程签约合同额 5 000 万元以上的 EPC 总承包项目有上汽乘用车郑州基地总承包项目、上汽正大泰国工厂项目、国机智骏赣州工厂项目、上海圣德曼铸造工艺设备总承包项目、北汽福田佛山技术改造项目、北京福田戴姆勒验证车间项目、一拖现代农业装备数字化工厂项目和浙江路虎吉利汽车临海产业园（30 万辆）扩建项目。

2. 工程设计项目 2017 年，中汽工程签约合同额 1 000 万元以上的工程设计项目有陕汽宝鸡工厂迁建项目、洛阳龙泰原乡文化旅游小镇项目、南京银隆新能源商用车项目、华晨宝马大东工厂修改项目、常州车之南标准厂房建设项目、湖北星晖新能源厂区工程建设项目和韩城市经济技术开发区新能源汽车产业园项目。

3.PM 管理项目 2017 年，中汽工程签约合同额 500 万元以上的 PM 管理项目有江苏赛麟汽车工程设备管理项目、上汽通用五菱印尼建设工程设计项目、上海圣德曼铸造海安精密零部件制造项目、广汽乘用车项目、江苏瑞溼新能源汽车商用车项目和沈阳航天三菱发动机生产线改造项目。

4. 涂装设备项目 2017 年，中汽工程签约合同额 10 000 万元以上的涂装设备项目有江苏赛麟涂装生产线项目、上汽大通南京工厂涂装车间设备项目、上汽通用五菱环保改善涂装项目、余姚吉润汽车涂装设备项目、上海汽车第三工厂油漆车间改造项目、吉利汽车春晓二期涂装设备项目、零跑汽车涂装车间总承包项目、海马汽车 15 万辆汽车技术改造涂装项目和山东唐骏欧铃新能源汽车涂装项目。

5. 工艺设备项目 2017 年，中汽工程签约合同额 7 000 万元以上的工艺设备项目有江西亿维汽车上饶工厂总装车间机运项目、合肥长安总装线项目、宁波吉润 DMA 杭州湾总装上线输送设备项目、奔驰俄罗斯工厂 W192 项目、陕汽装焊线技术改造项目、上汽乘用车郑州第三工厂分装线托架项目、北汽国际南非项目和威马汽车焊装分拼线项目。

【科研成果】

2017 年，中汽工程申报天津市专利试点获批准，天津、洛阳共申报专利 63 项，其中申请发明专利 20 项；授权专利 54 项，其中发明专利 18 项，维护有效专利 254 项。组织申报研发项目税前加计扣除项目 10 项，加计扣除研发费用 7 280 万元。组织完成公司技术创新奖评审及对外报奖工作。公司技术创新奖申报 39 项，评选获奖项目 26 项；行业以上科技奖励申报 12 项，获奖 10 项，获奖率 83.33%。

【管理经验】

1. 财务管理——满足资金需求，保障资财安全 按照国资委和国机集团的部署和要求，全力开展“两金”压控和“降杠杆减负债”工作，对下属分院和子公司“两金”压控工作进行现场督查，并下达指标，层层落实责任，进行考核。持续开展瘦身健体、压减层级工作，严控增量、压减存量，促进公司经营发展提质增效。完善财务制度建设，制订《境外机构财务管理办法》，控制境外财务风险，保障境外资产安全；修订公司《担保管理办法》，有效防范担保业务风险。加强子公司和重点项目管理，防范资金风险，对重点垫资项目持续关注，采取有效措施保证资金安全。努力拓宽融资渠道，获得各银行授信 47.69 亿元，通过内保外贷、出口订单融资、网络融资等新型方式，满足境内外项目资金需求，节约财务费用。在资产管理方面，公司处置无用资产、盘活闲置资产，实行资产有偿使用。对标财务能力成熟度评价体系，在优化报销作业流程、制订特殊事项作业流程图、预算管理、财务分析等方面提升财务管理工作水平。积极进行税收筹划，开展“营改增、企业所得税政策要点”专题讲座，针对公司涉税业务进行分析和政策解读，规避合同签订、收取票据等环节的税务风险。

2. 人力资源管理——加强体系建设、注重人才培养 人才雇主品牌建设再创佳绩，荣膺“中国卓越雇主新锐雇主十强”，提高了中汽工程在高校和行业的美誉度。基于公司转型升级的人才需求和人才引进的结构化调整，2017 年，引进毕业生 41 人，引进社会人才 12 人；创新改进校招和社招手段，注重社招人才引进后的跟进考核评价，跟进期 3 年，做到进、出有据，动态管理。持续加强并改进培训工作，对中汽工程新提任的 51 名干部进行“角色认知与转换培训”，促进能力和岗位要求的动态胜任；协同承包管理部完成“项目经理综合能力提升培训”项目的整体结项，为建立优秀项目经理梯队做好赋能工作。绩效管理改进项目稳步推进，将在2017年终绩效考核中进行试运行。顺利完成四院领导班子换届考核，持续推动干部队伍建设。完善制度建设，编制人力资源专项规划，发布《社会人才引进管理办法》，改进“工程技术岗位能力准则”。《执业资格管理办法》的发布执行使得技术人员的注册激励取得突破性进展。2017年，已有23名人员通过注册考试，对公司的资质保证发挥重要作用。

3. 总承包管理——体系不断完善，能力持续提升 为满足管理升级的需要，将原承包管理部工作标准升级为承包管理部作业标准，纳入公司作业标准管理体系，计划编制191项标准，2017年完成57项。全面实行采购分包合同，编制、发布3个版本48个总承包项目采购分包合同范本，基本涵盖了采购分包的各个类别。为减少合同印花税税额，发布《关于合同文本中明示不含税价款和税款的通知》。建立总承包项目管理体系，规定了公司总承包项目管理体系的构成、分项内容和目标。建立供方管理体系，规定了体系的范围、内容、程序和合作战略，以及供方准入、分类、名录、评价、改进、淘汰的管理办法。组织召开第二届供应商大会，115家分包商供应商的190名代表出席会议。构建承包管理部知识管理体系，规定承包管理部职能管理有关知识的内容、收集、保存和应用方式。机械四院因进出口工作出色，2017年获得洛阳市商务局“支持进出口企业发展补助资金”200万元。

4. 生产管理——管控抓细抓实，保障生产效率 通过对生产组织各环节严格有效的控制和管理，为公司各项经济指标和设计生产任务的顺利完成提供保障。完善生产管理制度建设，体现管理精细化，重新修订《设计、咨询项目分包合同管理规定》《关于设计项目合同备案的管理规定》。通过完善现有生产管理流程，实现数据一次输入，多功能共享使用，显著提高工作效率；新编制的效果图流程正式整年度运行，可为项目前期阶段提供类比参考，可调阅存档的电子文件借鉴；新编制的设计合同备案流程，实现了设计备案与设计管理流程的真正融合；新编制的公司证照借阅管理流程，规范审批流程，实现有效管理和维护；新版的合同权重分配流程，细化分类计算，简化填写次数，与公司营销奖励计算实现有效衔接。加强对分院的管理，颁布实施《关于上海、珠海、厦门分院的经济考核管理办法》《关于分院设计、咨询项目合同电子化管理的规定》。制订《公司文印派遣员工管理制度》，规范管理，升级设备，提升文印生产能力。

【党建工作】

2017年是推动中汽工程新阶段发展的攻坚之年，也是实施公司“三五”规划承上启下的重要之年。对公司党建及党风廉政建设和反腐败工作而言，也是任务繁重、极具挑战性的一年。这一年，中汽工程召开了第二次党代会，按计划顺利完成公司党委、纪委换届调整；推动落实党委主体责任和纪委监督责任，层层压实领导干部“一岗双责”；开展了推进“两学一做”学习教育常态化制度化和学习宣传贯彻落实党的十九大精神工作和活动；积极配合完成了集团巡视工作并推动落实巡视整改任务；围绕构建“不能腐”的制度、增强“不想腐”的自觉、强化“不敢腐”的震慑，开展了系列扎实有效的工作。

【信息化建设】

2017年，中汽工程在信息化建设方面，完善规划引领，优化支持能力。完成信息化专项规划更新，结合国内外行业最佳实践，IT应用趋势，对公司的信息化建设战略、目标、应用架构、技术路线等进行系统的思考，提出5大项目标、27项举措。完成两化融合建设评估工作，制订提升计划。建立信息化供应商评价体系，对供货质量、服务水平、供货价格、准时性、信用度等进行评价。拉动分院管理提升，使分院的管理通过信息系统逐步纳入公司整体管理范畴，降低经营风险。主动优化支持能力，服务公司业务需求：提升公司上网速度，提高网络稳定性和可靠性；为生产部门部署基于云平台的国际化通信会议系统；建设内网安全系统，降低网络安全风险；优化采购和设备维护服务；积极探索企业云盘、业务状态监控、超融合、云计算等新技术。

【企业文化与品牌建设】

2017年，中汽工程在企业文化与品牌建设方面，以文化促发展，提升软实力。中汽工程进一步宣传倡导企业文化作风内涵，努力用文化的力量保证企业的优良作风，建成高素质的员工队伍。启动中汽工程企业文化创新修订工作，制订公司企业文化及品牌建设专项规划。全年中汽工程参加有影响力的展会4次，公司品牌实力展示进一步得到行业和业界的认可。利用大众传媒宣传公司项目业绩、内部生产、技术实力、管理创新等方面取得的成绩，出版《公司简报》137期，刊登综合报道294篇，上报集团新闻稿件67篇；制订公司精神文明年度创建规划，修订《公司精神文明考核细则》，2017年，中汽工程再次荣获天津市文明单位称号。参加国机集团成立20周年主题征文活动，荣获优秀组织奖。

为纪念国机集团20周年华诞，弘扬不畏艰难、务实行动、争取胜利的丹棱精神，集团组织开展了“感动国机十大人物”评选活动。公司副总经理、首席专家、全国劳动模范阮兵同志以其带领宝马项目团队砥砺前行、精耕细作，为打造公司高端品牌精品工程做出的突出贡献，以及忠于技术、奋进执着，数十年如一日的匠人精神和奉献精神，被授予“感动国机十大人物”光荣称号。

【社会责任】

2017年，中汽工程继续坚持企业发展依靠职工，发展成果惠及职工的管理理念，维护职工切身利益，解决职工实际问题，增强员工的幸福质感，促进“和谐中汽”建设。完成绿化改造工程，打造花园式办公环境；提升食堂菜品种类、质量，举办了职工美食节、轻食节；对条件艰苦、项目周期长的7个现场开展“关爱一线职工，夏日送清凉”慰问活动；本着“员工的生命高于一切”的原则，组织培训公司急救队伍；结合年度体检情况，对心脑血管数据异常职工情况进行汇总，在日常工作中给予关注；继续做好中汽工程幼儿、小学低年级托管班的日常和寒暑假托管工作，为托管班租用“大鼻子安全校车”；大力组织开展蓬勃向上、丰富多彩的文体活动，满足职工日益增长的精神需求；在职工中开展EAP项目心理测评，为员工心理健康状况分析积累数据，有利于公司未来更有针对性地开展人文关怀工作。

积极开展劳动竞赛，让竞赛真正助力公司的发展。中汽工程工会联合多部门围绕三维建筑信息建模开展2017年BIM主题劳动竞赛，在青年职工中掀起比学赶帮超的良好氛围。大力弘扬劳模精神、劳动精神、工匠精神，通过举办宣讲会、青年座谈会、汇报交流会等形式开展多场与先进人物零距离对话活动。积极践行社会责任，对四川广元鱼洞乡鱼鳞村进行帮扶，捐资修建三级提灌安全饮水工程，机械四院定点帮扶洛阳伊川酒后镇三王村，外派挂职干部，公司青年志愿者开展贫困儿童助学、敬老等公益活动。

机械工业第六设计研究院有限公司

【基本情况】

机械工业第六设计研究院有限公司（以下简称中机六院）创建于1951年，是拥有工程设计综合甲级资质的国家大型综合设计研究院，隶属国机集团。

中机六院现有7个职能管理部门、28个生产部门，其中7个子公司、3个直管分公司；2 600余名员工，其中中国工程院院士1人、中国工程设计大师1人、英国皇家特许建筑设备注册工程师协会荣誉资深会员1人、研究员级高级工程师110人、高级工程师538人、各类国家注册工程师967人次。

60余年来，完成大中型工程项目2万余项，主编、参编国家和行业标准、规范32项；荣获国家科技发明二等奖1项，中国土木工程创新最高奖詹天佑奖1项、鲁班奖18项，国家科技进步及优秀工程设计金、银、铜奖25项，省部级奖700余项；获国家授权专利98项，其中发明专利 16 项；软件著作权登记 90 项。

拥有国家住房和城乡建设部颁发的工程设计综合甲级资质、工程监理综合资质、房屋建筑工程施工总承包一级资质、工程造价咨询甲级资质、建筑智能化工程设计与施工一级资质；国家发改委颁发的工程咨询甲级资质；国家商务部颁发的对外工程承包经营资格证书及援外设计、援外监理等资格；质量技术监督局颁发的压力容器、压力管道设计许可证；拥有城市规划、机电设备安装等资质。

可承接工程设计全部 21 个行业和 8 个专项资质范围内的所有工程咨询、设计、工程总承包、项目管理和工程监理业务。工业工程涵盖机床工具、铸造、军工等 20 多个行业，涵盖 16 大类机械行业和主要装备制造行业。民用工程涵盖大型公建、会展、住宅等，尤其是在大型公用建筑、高层建筑、高智能化建筑等方面具有突出的技术优势。市政与环境工程涵盖市政道路、市政桥梁、商业物流等方面的工程。

中机六院是国内机床工具、烟草、石化机械等行业和领域的设计强院，在信息智能化、市政和环境工程等许多方面具有国内一流的工程技术。

中机六院秉承“务实创新，拼搏共赢”的企业精神，竭力“打造中国著名的国际化工程服务公司”，为国内外客户提供工程建设领域的全过程、全方位服务，为社会、客户、员工创造更大价值。

【主要指标】

2017 年中机六院主要经济指标完成情况见表 1。

表 1　2017 年中机六院主要经济指标完成情况

指标名称	2016 年	2017 年	同比增长（%）
资产总额（万元）	120 130.11	127 611.48	6.23
净资产（万元）	80 732.59	87 492.60	8.37
营业收入（万元）	108 801.79	124 623.18	14.54
利润总额（万元）	12 726.69	12 808.10	0.64
技术开发投入（万元）	8 116.92	10 234.83	26.09
利税总额（万元）	21 508.05	22 037.32	2.46
EVA 值（万元）	12 016.85	13 604.72	13.21
全员劳动生产率〔万元 /（人·年）〕	19.25	19.48	1.19
净资产收益率（%）	13.97	13.01	降低 0.96 个百分点
总资产报酬率（%）	11.16	10.34	降低 0.82 个百分点
国有资产保值增值率（%）	112.53	113.55	增加 1.02 个百分点

【改革改制】

1. 强化战略指导管理 开展战略评估，准确把握发展方向，对战略实施动态把控和调整，指导各方面管理工作。建立健全人力资源数据库，完善员工发展评价机制，实现人力资源分层分类使用。全面提升质量管理水平，获得管理体系升级认证 AAA 证书。推进安全生产工作，构建安全文化体系。通过法律风险防控、加强内部审计、强化分公司管理等举措，提升风险管控能力。信息化水平不断提高，初步搭建知识平台。

2. 战略转型持续推进 工程总承包业务逐步转型，公司级总承包管理平台建设逐步完善。专业化水平持续增强，生产部门专业化水平进一步提高，公司工业、民用、市政业务占比，以及省内、省外、国际业务比例更趋协调。高端市场拓展多点开花。工业业务中绿色智能制造、智能装备业务、现代物流业务发展迅速，民用业务中养老文旅建筑、民用航空市场异军突起，市政业务中环境工程、道路桥梁业务发展步伐加快，并成功进入勘察、景观设计领域。

3. 不遗余力拓展市场 强化市场研判，抢抓市场机遇，推进“技术 + 经营”模式，形成点上出彩、线上结果、面上开花良好局面。在 BIM 技术应用、两化融合、绿色工业建筑咨询等业务领域的优势更加凸显，在高端装备、军工航天、新能源汽车、现代物流、建筑产业化、新材料、新能源、民航、装配式建筑、养老养生及文化旅游、成品住宅等领域取得重大突破。

【重大决策与重大项目】

高科技信息园项目地基基础和主体结构工程完成，二次结构完成95%，预留预埋基本完成；幕墙预埋完成、石材主骨完成70%；电梯、空调设备生产完成约50%，消防空调安装完成20%。

高科技信息园项目实施全过程审计，集团委派专职人员在项目建设过程中不间断审计；同时，按照公司《高科技信息园项目审计方案》要求，本年度董事会办公室对公司高科技信息园项目招投标、设备及材料采购及合同管理等方面进行了阶段性审计。

【市场经营】

分析市场形势，科学把握行业发展方向，加强经营管理，推进市场拓展有序开展。在巩固传统设计业务的基础上，加快推动向业务链前后两端延伸，拓展新的业务领域。市场开拓成效突出，各项业务保持稳健发展态势。

1. 主要指标稳中有进 签订合同总额18.43亿元，与上年基本持平。完成营业收入12.46亿元，同比增长14.54%，其中咨询设计类收入7.83亿元，同比增长7.01%，创历史新高。完成利润总额1.28亿元，与上年基本持平。完成EVA 1.36亿元，同比增长13.30%。

2. 市场开拓有序开展 工业工程领域：发挥技术优势，进一步巩固工业业务在全国的优势地位，承接湖北京山智能制造产业园、大族激光全球智能工厂、中铁西安隧道装备基地、中国邮政郑州航空邮件处理中心、航天科技510所航天产业基地、黑龙江烟草公司海林与穆棱卷烟厂联合易地技改项目、伊川精工新材料公司中高档研磨材料基地建设等项目，进一步提升了公司在智能工厂、物流、航空航天、烟草、磨料磨具等领域的影响力。

民用工程领域：深化绿色、BIM技术应用，提升规划、景观和建筑原创方案水平，依托大客户战略，加强市场开拓，承接了固始县人民医院新院区建设、商丘市委党校新校区建设、锦艺•金水湾（150米超高层）、郑州市全民健身中心、安阳会展文体中心地下空间综合开发、正商国际大厦、雁鸣湖度假酒店、融侨集团郑州商业综合体集群、郑州融创城项目，持续巩固医疗建筑、文化教育建筑、公共建筑、商业建筑、居住建筑等传统业务在省内市场的强势地位；承接了恒大－童世界、郑州航空港区老年服务中心、贵州天柱民用机场、平顶山高新区双创中心等项目，在文化旅游、养老养生、民航机场、装配式建筑等新兴业务领域取得突破。编制《河南省特色小镇评价标准》《河南省成品住宅设计文件编制深度标准》，在红二十五军鏖战独树镇纪念园设计方案公益竞赛中获一等奖。

市政工程领域：整合公司市政资源，快速开拓从咨询、设计到工程总承包全业务链的市政工程业务，承接了商丘裕东发电有限责任公司供热改造工程、孟津华阳污水处理厂升级改造工程、新密生活垃圾无害化处理工程、郑州国际物流园道路工程等项目，公司市政业务呈现良好发展势头。

国际工程领域：高度关注“一带一路”“孟中印缅经济走廊”，成立国际业务市场开拓基金，鼓励各生产部门开拓国际业务；通过招聘和加强培训等措施，快速提升现有国际业务人才素质，国际业务市场开拓成效显著。国际业务收入同比增长95.85%，成为公司发展最快的业务板块。承接的援喀麦隆国民议会大楼项目（合同额近4 000万元），服务范围涵盖可研立项、工程设计、项目管理和竣工验收等工程建设全过程，为公司承接国际工程EPC业务锻炼了队伍。

工程总承包业务：平舆县小清河综合整治工程一期顺利完工，二期再传喜讯；卢氏县中医院项目成功转为EPC模式；哈尔滨卷烟厂除尘泄爆系统改造工程、郑州日产分布式光伏电站、登封告城石羊关大中型水库移民工程等一批EPC总承包项目顺利推进。面对国家政策调整、公司总承包业务出现的诸多困难与挑战，主动应对，完善制度，加强管控，防范化解重大风险，为公司工程总承包业务稳步发展奠定坚实基础。

工程监理业务：加大信息化技术在监理业务

中的应用，打造 EEP 管理、BIM 建造和“+ 互联网”的监理业务集成平台，提升传统监理业务附加值，推进业务转型升级，承接了郑州市民文化活动中心、同盟古镇示范区、许昌市体育中心、郑州四环快速化工程等近百项工程监理项目，为公司发展做出重要贡献。

智能装备业务：以绿色、智慧为特色，以成套智能装备为主要方向，承接了兰石出口配套工业炉、圣戈班科威特烘干炉、苏州远东砂轮公司智能装备、潍柴动力新平台产品铸件批量生产改造等项目。中机六院智能装备和生产线类专项承包业务平稳发展。

【科研成果及产业化发展】

1. 持续完善科技管理规章制度 持续进行规章制度建设，规范公司科技管理工作。制订《机械工业第六设计研究院有限公司外部标准编制管理办法》《机械工业第六设计研究院有限公司财政拨款项目管理暂行办法补充规定（试行）》，修订《机械工业第六设计研究院有限公司工程技术进步与创新奖评选办法》《机械工业第六设计研究院有限公司工程技术进步与创新项目奖励办法》等规章制度。

2. 提高中机六院专职研发团队服务生产一线能力，潜心培养学科带头人 继续推进中机六院工程技术研究中心专职研发团队研发工作，形成具有设计院特色的“研发、转化同步”科技成果转化模式，研发人员通过研发成果知识传递、参与生产活动等方式，加快科技成果转化速度，推动相关生产部门专业化运行效果；同时，结合研发工作，将研发骨干培养成为中机六院学科带头人。

3. 科研平台管理工作取得新成就 中机六院“河南省绿色与智能工程技术诊断院士工作站”顺利通过河南省科技厅组织的绩效考核评估验收，并被评为河南省优秀院士工作站（优秀率10%）。中机六院“河南省住宅产业技术创新战略联盟”，顺利通过 2017 年 11 月省科技厅组织的验收。中机六院牵头的“河南省智能工厂系统集成创新中心”（省级制造业创新中心）被河南省工信委、财政厅、科技厅、发改委四部门联合认定为首批培育单位。该创新中心将获得省市先进制造业发展专项资金连续 5 年支持。

4. 承担科研专项等外部课题，提升中机六院在绿色与数字化技术方面的社会影响力 充分发挥智慧、绿色方面的技术领先优势，完成各级政府科技专项 4 项（其中省级 1 项、市级 3 项）；结转进行中 1 项、新申报立项 3 项。

5. 在关键技术领域形成一批知识产权 加强专利申报策划、宣传工作，转变员工对专利申报工作认识上的误区，取得明显效果，有力支撑中机六院高新技术企业认定、核心技术总结、知识产权保护、骨干人才培育等工作。申报专利 93 项，获专利授权 20 项，软件著作权登记 40 项。获得国机集团、郑州市专利资助资金。其中，自主研发的“生物膜法两级 AO 脱氮系统”“物流高架库空调系统”“带有防护功能的卷烟生产企业除尘系统”“热处理炉群烟回收系统”“楼宇卫生间排风机与风井抽风机连锁控制系统”等智能集成技术、绿色技术，形成一批独有的知识产权。

6. 主（参）编技术标准，增强中机六院的行业话语权 参加完成标准规范编制 9 项：国家标准《制造工业工程设计信息模型应用标准》（主编）、国家标准《建筑振动荷载标准》（参编）、国家标准《工业建筑节能设计统一标准》（参编），行业标准《烟草及烟草制品仓库设计规范》（参编）、《焊接作业厂房供暖通风与空气调节设计规范》（参编），地方标准《河南省成品住宅设计文件编制深度标准》（主编）、《河南省市政工程信息模型应用标准（综合管廊）》（主编）、《河南省市政工程信息模型应用标准（道路桥梁）》（主编）、地方标准《河南省民用建筑信息模型应用标准》（主编）。

新申报立项 8 项：国家标准《铸造防尘技术规程》（主编）、《金属、非金属风管支吊架》（主编），团体标准《机械工业绿色工厂评价标准》（主编），地方标准《河南省民用建筑信息模型应用标准》（主编）、《河南省特色小镇评价标准》（主编）、《河南省成品住宅设计文件编制深度标准》（主编）、《河南省市政工程信息模型应用标准（综合管廊）》（主编）、《河南省市政工程信息模型应用标准（道路桥梁）》（主编）。

7. 强化技术成果总结和理论提升，组织申报各类工程技术奖项 组织申报省部级及以上奖项88项，获省部级及以上奖项51项。部分奖项如下："郑州市下穿中州大道隧道工程"获中国土木工程詹天佑奖，"厦门市信息文化传播中心工程"等3个项目获国家优质工程奖，"太原锅炉集团有限公司搬迁技改建设大型循环流化床锅炉制造基地项目"获中国机械工业集团科学技术奖二等奖，"河南中烟工业有限责任公司郑州和新郑卷烟厂易地技术改造项目"获中国机械工业科学技术奖二等奖，"河南省省直机关综合办公楼绿色低碳公共示范项目"等3个项目获全国优秀工程勘察设计行业奖，"援柬埔寨中柬友谊医疗大楼项目可行性研究报告和立项申请报告"等5个项目获机械工业优秀工程咨询成果奖，"出版产业基地三期工程中原文化创意广场项目"等7个项目获河南省优秀工程勘察设计奖。

8. 完成中机六院高新技术企业年度备案 开展高新技术企业2016年度备案工作（2017年第一季度进行），中机六院继续享受企业所得税政策优惠和享受研发费用加计扣除税收优惠。同时，组织、规范科研课题研发过程管理，以满足高新技术企业年度备案要求，完成高新技术企业认定所需要的研发投入目标，为中机六院高新技术企业2017年度备案工作和复审认定工作奠定基础。完成河南省研发费用补贴奖励申报工作，获研发费用补贴176万元。

9. 科技管理信息化建设工作卓有成效 6月底前建立EEP平台科研成果库，包括科技研发制度文件、专职研发科研课题、其他科研课题、社会技术专家资源等4个二级库，其中专职研发科研课题下面设立电商物流、冷链物流、智能制造、装配式建筑9个三级库，成为中机六院技术成果展示、宣传、转化重要平台。建立开放式动态社会智力资源库，并完成首批社会智力资源入库工作，为中机六院科技研发工作提供人才支撑。

【产权管理】

完成股权投资7 690万元，其中购买济南铸锻所持有的国机财务有限责任公司股份投资2 490万元；入股镇平县泓钰实业有限公司（PPP项目公司）投资4 400万元；开拓业务投资800万元。

【管理经验】

1. 推进现代企业制度建设 根据国资委和国机集团统一部署，修订《公司章程》，将党建工作纳入《公司章程》，完善现代企业制度。召开6次董事会会议、2次董事会专门委员会会议、1次监事会会议，共表决通过16项议案，所有议案均及时提交国机集团备案，同时，督促、检查每项议案的落实情况，并定期向董事会汇报。完成董事会首次对经理层及中心主任的考核工作，并结合考核执行情况对《公司经理层考核及薪酬分配办法》进行修订。

2. 强化战略管理 按公司《战略管理办法》，对公司"十三五"规划和11项子规划进行2016年度战略评估，从目标（定量、定性）完成情况、环境变化情况、战略举措落实情况等方面进行评估，依据规划评估结论，对战略实施动态把控和及时调整。促进战略落地。

3. 加强科研平台管理，提升创新成果水平 获批河南省制造业大数据应用产业技术研究院和河南省智能工厂系统集成创新中心2个科研平台，公司的国家、省级科研平台增加到7个，在国内设计企业中名列前茅。拥有的河南省绿色智能工程技术诊断院士工作站在省内100家院士工作站的3年绩效评估中荣获优秀（优秀率10%），工作站取得的成绩得到考核组一致好评。

紧密结合主营业务，充分发挥平台和研发团队优势，积极申报国家、省级纵向研发课题，获批立项《农机仿真分析标准研究及验证平台建设项目》《互联网+智能工厂协同设计云平台项目》《高科技信息园公共服务云平台建设项目》科研课题3项，公司负责的国家级综合标准和科研专项数量达到4项、参与数量达到13项；同时，积极组织行业标准规范编制申报，获批立项《铸造防尘技术规程》《机械工业绿色工厂评价标准》《河南省特色小镇评价标准》等外部标准8项。技术创新水平和技术品牌的社会影响力稳步提升。

4. 规范科技创新管理，持续优化创新机制 修订完善《公司工程技术进步与创新奖评选办法》

《公司工程技术进步与创新项目奖励办法》等规章制度，将民用方案、质量奖纳入公司科技创新评选和奖励体系；制定《公司外部标准编制管理办法》《工程技术奖项和知识产权申报材料编制奖励标准》，激发科技创新积极性、提高创新成果保护意识。获国家、省部级奖项 59 项；申报专利 93 项，获专利授权 20 项，其中土建公用专业申报专利 36 项、获授权专利 9 项，改变了公司多年来不重视土建公用专业专利申报的状况。

5. 通过多途径管理、狠抓落实，使设计质量提升 国家认监委开展打造质量管理体系认证升级版试点工作，公司被北京中设认证服务有限公司首选为全国勘察设计行业10家试点单位之一，并在审核中取得总分第二的好成绩，荣获国家认监委颁发的质量管理体系最高级认证证书，标志着公司设计产品质量管理跻身全国设计企业先进行列。

规范工程项目生产质量管理，修订《工程项目设计质量奖惩办法（暂行）》，细化设计过程资料检查内容。采取多种途径，加强对设计产品质量监督检查。开展施工图设计复抽查、设计过程资料检查、外部施工图审查意见收集、设计技术服务现场回访、对客户的电话回访等活动，质量提升效果明显。持续强化质量培训，邀请外部知名专家来公司做技术讲座和交流，组织公司高总设计师、专业负责人、设计人等岗位管理体系知识培训和考试，组织设计质量案例剖析和专项技术培训。持续开展“三标一体化”管理体系审核，针对性开展“质量月”活动，促进了公司产品质量提升，未出现质量事故。

6. 重视安全管理，保证生产安全 根据国家法律法规和国机集团相关要求，持续完善公司安全生产制度。落实“党政同责、一岗双责、失职追责”要求，组织公司各级行政及党组织负责人层层签订“安全生产责任书”“双向承诺书”，分解落实安全生产目标，不断完善安全责任体系。加强公司安全生产培训，组织参加安全生产知识竞赛。开展项目现场消防事故应急演练、应急预案培训和消防灭火演练，修订完善应急预案。未出现安全生产事故，在国机集团年度安全生产责任目标考核中被评为优秀企业。

7. 财务管理水平持续提升 推进“两金”压减工作，完成国机集团主要考核目标。开展分支机构财务巡检，强化分支机构财务管理。完善《分支机构电子报销签字审批办法》《资产抵（质）押管理办法》等制度，持续优化分支机构电子报销审批管理、发票开具管理等系统；新建固定资产信息化管理、EPC 类承包项目成本核算管理系统，实现集团 NC 会计系统与公司 EEP 管理系统的信息化对接，公司财务信息化水平、管理效率进一步提升。

8. 风险管控能力增强 完善风险管理制度，对重点项目风险进行评估，为公司决策提供依据。加强法律风险防控，强化法律审查在章程、制度、合同和决策方面的作用，防范运营风险；引进律师团队，为公司重大事项提供法律服务；开展专项法律培训，提高经营人员法律风险防范意识；配合款项催收，加强诉讼案件管理。加强内部审计，扩大内部审计覆盖范围，发挥审计监督作用。加强分公司管理，注销 7 家运行效果差的分公司，规范分公司生产经营活动。

【党建工作】

中机六院党委落实上级党委各项工作部署，履行主体责任，从严管理干部，牢固树立“四个意识”，加强领导班子思想政治建设，推进“两学一做”学习教育常态化制度化，加强和规范基层党建工作，全面推进公司党的建设，为公司改革发展提供坚强政治保证。

1. 贯彻党的十九大精神 认真组织公司各总支、支部深入开展学习宣传贯彻党的十九大精神活动。通过学习报告原文、邀请专家集中宣讲、党委中心组集中学习研讨、书记带头讲党课、开展知识竞赛活动等形式，深入学习领会党的十九大精神。

2. 落实全国国有企业党建工作会议精神 召开党委会议 27 次，研究、决定公司党建工作等事项，层层落实公司党建工作责任；落实“四同步、四对接”要求；落实“三重一大”事项决策制度；规范和加强领导干部管理工作。

3. 落实全面从严治党要求，推进公司党的建设 加强组织建设，夯实党建工作基础；加强思想政治建设，推进学习教育常态化制度化；加强制度建设，推进党建工作规范化；通过落实“三会一课”制度、组织述职考核评议、召开党内民主生活会等措施加强党内监督，严肃党内政治生活；开展创先争优活动，将公司党建工作成效转化为公司改革创新发展的推动力。

4. 加强党风廉政建设，压实“两个责任” 全面压实党风廉政建设责任，把党风建设和反腐败工作作为公司经理层和部门第一负责人年度考核的重要依据，并实行“一票否决”，考核结果与薪酬直接挂钩；加强党风党纪教育和廉洁从业教育，组织党员、领导干部学习党章党规党纪，对全体领导干部和基层党组织委员就廉洁自律提出具体要求，对公司全体领导干部进行廉洁警示教育。开展领导干部任前谈话教育工作，参观河南廉政文化教育馆，强化廉洁意识，增强不想腐的自觉。

5. 加强对公司群团工作领导 中机六院党委重视加强对公司群团工作的领导，按期组织完成公司工会换届选举工作，围绕公司改革发展中心工作，开展各项群团活动。召开公司职工代表大会；举办第十一届职工运动会；开展“道德讲堂”“感动六院十大员工”评选活动；举办“我们的 2017—— 新时代 新征程”系列主题文化活动，为公司改革发展凝聚力量。

【信息化建设】

1. 完善管理平台，服务于生产和管理 一是完善 EEP 协同管理平台系统。二是持续推进财务信息化建设。三是新增总承包管理平台模块。四是升级项目管理平台。五是完善分支机构 EEP 协同管理平台功能。分支机构报销系统上线运行，各分院可通过 Web 版 EEP 系统管理平台使用主要业务系统。完成天津、重庆、安徽 3 个分院的视频会议系统。

2. 搭建学习平台，促进知识共享 一是研发在线学习软件 ——“学源 app”，应用于 3 次 BIM 培训中。二是上线“专家支持”系统，设计人员可通过系统找寻能为新项目提供支持的专家信息和联系方式，快速获取技术支持。三是上线“享知道”（“知识管理”平台改造方案），打造公司内部的技术交流问答平台，支持个人知识分享，发掘个人隐性知识，推动知识传递与共享。

3. 把好软件采购、升级关，降本增效 一是在审核欧特克系列软件升级中，调取后台数据、细致分析实际使用情况，将 BDS 高级版由 200 点降至 150 点升级，节省升级费用 19 万元。二是根据实际使用情况，将盈建科装配式软件的采购节点由 20 点减至 10 点。通过对探索者 2017 年软件使用情况调查，公司结构专业委员会商定将升级点数中的 TSSD250 节点压缩到 190 节点。此两项为公司节省近 50 万元。三是处理公司关于“软件正版化侵权问题”的法务函、询证函等 10 项（含天津分院 2 项），在不新增加采购的情况下，通过与集团正版化法务人员对接、正版软件授权调用等方式解决此类问题，为公司节省了软件新购成本。

【人力资源管理】

1. 推进内部人力资源市场建设，盘活人力资源存量 按照“存量盘活、增量为辅”原则，修订《员工流动管理办法》，按照员工自愿流动、公司选调、部门间人员协作等不同的组织方式，鼓励员工向公司重点发展业务合理流动，稳步推进统一规范、职责清晰、流动有序的内部人力资源市场建设。完善人力资源信息平台，建立人力资源动态调配机制。提高内部招聘信息发布的时效性和准确性，组织部门实现人力资源大数据分析，监测部门人力资源状况并逐步实现公司人力资源的统一调配。

2. 加强招聘组织与管理，为公司转型升级提供动力 修订《公司招聘管理办法》，将部门员工增长与劳动生产率挂钩，强化对部门的总量控制和质量控制，加大力度满足重点发展业务人才需求，适度控制传统设计业务、监理业务人员增长速度，确保各部门人员增长与业绩增长相适应，业务转型与人才观念转型相适应。加强招聘计划制定的科学性、合理性。优化高校招聘、社会招聘流程，增加应聘人员测评环节，提升招聘工作的规范性、系统性。

3. 强化干部约束机制，加强组织监督管理 制定《公司领导干部考核管理办法》，采用“德能勤绩廉”5 项一级指标、16 项二级指标对公司领导干部进行全面考核，通过业绩考核、民主测评全面了解领导干部的综合表现。修订《领导干部职务、职数、职级、岗级管理办法》《中层后备干部选拔管理办法》《公司干部选拔任用工作"一报告两评议"实施办法》。优化组织流程，细化实施方案，首次采取在线测评的方式对全体领导干部进行民主测评。进一步完善各岗位职责和上岗条件，编制公司中心主任岗位职责，明确中心主任的履职范围和管理权限。

4. 完善竞争上岗机制，推进人力资源结构优化升级 制定《公司员工岗级晋升管理办法》，采用积分制的量化评价办法，测算全体员工岗级积分，科学评价每位员工在公司的价值定位。以不同的岗级积分对应不同的职业发展通道，引导员工合理定位职业发展预期，是推进公司人力资源结构向"金字塔形"优化发展的必然要求。为公司实现人力资源结构优化升级，提供制度保障和依据。组织718人参加岗位职责考试共15场，加深各岗位员工对自身岗位职责的理解，提升员工的履职能力。

5. 优化薪酬福利架构，确保薪酬体系可持续发展 持续加强工资总额管控，合理降低人工成本。不断完善工资效益联动机制，建立人工成本监控预警体系，合理控制公司用工规模。组织修订完善《工资发放管理办法》，部门工资总额和部门折算后收入增长率挂钩，每月发放值根据折算后收入增长率、亏损占比、折算后收入目标完成率等指标调整，科学地反映生产部门的效益情况，体现国机集团"效益涨、工资涨，效益降、工资降"的分配原则。部门盈亏情况和部门第一负责人预支绩效工资挂钩，增强生产部门第一负责人人工成本意识，使得本年度人工成本得到有效控制。

6. 加大培训开发力度，为学习型组织建设提供保障 制订年度培训计划并认真落实，促进员工各项能力提升。按"选定外训教师－完成课程讲义－发布培训通知－提供课堂服务－进行满意度调查"的流程，组织培训工作。按"领导审批－通知参训人员－办理培训回执－填写申请表、结业登记表－培训信息登记入库－学习总结上传系统"的流程，开展送外培训工作。针对公司快速发展、业务转型过程中的能力短板，开展工程总承包、投融资、国际业务专项培训。修改完善2017年新员工岗前培训计划和培训教材，针对新员工的特点删除了以往无效的培训内容，提高了岗前培训实效性。

7. 完善高层次专家库体系建设，加强高层次人才管理 建立专家动态管理库，将专家库分为外部专家和内部专家，组织各部门完善专家库，录入专家共443人。

修订《公司专业技术职务任职资格评审办法》，增加"评委评审办法"章节，对参评人员的业绩、优秀率、论文、专利等八项指标进行量化打分，为评委评审提供客观、量化的依据。

8. 加强劳动用工管理，和谐劳动用工关系 制定《关于规范分公司劳动用工管理的通知》，规范分公司劳动用工管理；组织审核建立各类用工台账，分类管理。组织对劳动用工管理动态监管，合同、实际人员、档案、平台做到匹配。

9. 完善因公出国人员管理办法，支持国际业务开拓 制定《公司员工出国（境）管理办法》，规范公司出国审批流程及管理工作。

10. 加大数据库平台开发力度，提升人力资源管理效率 积极谋划，通过EEP管理系统建立"人力资源信息发布平台"，主要解决人员选调、招聘信息发布；员工个人跨部门、转岗申请受理；部门劳动生产率、专业配比情况监测等问题。运用信息化手段，建立人力资源大数据平台和人力资源流动信息节点，强化部门的资源共享意识和员工的流动意识、竞争意识，逐步解决公司人力资源结构性失衡问题。

【企业文化建设】

围绕工作计划，推进企业文化建设"十三五"发展规划落地。优化各部门第一负责人考核中企业文化建设考核要素，完善企业文化管理体系。结合公司生产经营党建等工作，开展多种企业文化主题活动，使企业文化活动更紧密地与公司实际相结合，形成传播企业文化与提升工作能力互相促进的良好局面。通过开展"你最伟大"系列活动，持续发掘公司内务实创新的职工榜样，弘扬"工匠精神"，传播正能量，在公司内营造良好氛围；通过开展"Get Together"系列活动，展示职工在绘画、摄影等方面的才艺，丰富职工业余文化生活的同时，加深职工对绿色建筑、装配式住宅的理解。

【社会责任】

践行企业使命，履行社会责任。作为牵头单位，组协调集团各成员单位开展对固始县脱贫帮扶工作，主要帮扶措施有：组织实施固始县孙棚村主干道亮化工程；党性教育与扶贫工作相结合，将公司800余名党员党性教育系列活动安排在固始县大别山苏维埃革命根据地旧址举行；向国机励志学校在校学生捐赠安全出行用品；帮助销售当地特色产品，开展“扶产业”帮扶工作。

全体职工向国机集团爱心基金捐助一日工资，认捐金额135 439元。

按照郑州市文明办精神文明结对帮扶要求，与新密市苟堂镇石庙村签订结对帮扶协议，开展结对帮扶活动；与白鸽社区按照“一结合、两改善、三促进、四提升”要求，签订共建协议，开展系列活动。

沈阳仪表科学研究院有限公司

【基本概况】

沈阳仪表科学研究院有限公司（原名沈阳仪表科学研究院，简称沈阳仪表院）是始建于1961年5月5日的国家级科研院所，1999年7月1日转制为企业，是我国首批转制的242家国家级科研院所之一。从2003年开始，先后重组了杭州照相机械研究所、秦皇岛视听机械研究所和沈阳真空技术研究所，现隶属于中国机械工业集团有限公司。2013年1月25日，沈阳仪表科学研究院完成改制。经过半个多世纪的发展，现已发展成为拥有3个国家级质检中心、1个部级质检中心、2个国家级标准化技术委员会、2个省部级标准化技术委员会、1个国家级工程中心——传感器国家工程研究中心、2个省级企业技术中心、1个部级工程研究中心。是中国仪器仪表学会仪表元件学会、仪表工艺学会、中国仪器仪表行业协会传感器分会的行业领军企业。

沈阳仪表院现在拥有两大产业园区，建成了国内最强的硅基传感器产业化基地、国内最强的高压组合电器补偿器及其配套产品产业化基地和国内最强的光学干涉滤光片产业化基地。截至2017年年底，共有员工827人，其中教授级高工45人、高级工程师106人、享受国务院政府津贴6人、集团高层次科技人才4人、辽宁省百千万人才百层次人才2人、千层次人才4人、外聘海外专家1人。拥有2个全资子公司、3个研究所、1个检验所。建立了全国性营销网络，产品广泛应用于航天、石化、冶金、供热、供电、水电、煤炭、轻工、建筑、制药等行业，部分产品已远销国外。

经过半个多世纪的发展，沈阳仪表院科研开发实力逐步增强，共完成科研项目1 780项，获得国家、部、省、市等各项奖励402项，其中国家级发明奖和国家科技进步奖11项，省部级科技进步奖119项。获得授权专利382项，其中发明专利88项；主持和参与国家和行业标准468项，其中国家标准97项。作为重点协作配套单位，研制生产多项军工产品，成功应用于“神舟”系列宇宙飞船、“嫦娥”探月工程、“天宫”系列空间实验室以及承担发射任务的“长征”系列运载火箭等重点工程和任务。

【主要指标】

2017年，沈阳仪表院实现利润总额97.45万元，比上年同期减少646.77万元；实现经济增加值-517万元，比上年同期减少959万元；实现成本费用占营业收入比重102.5%；技术投入比率实现10.83%。流动资产周转率考核指标0.86次，实现0.78次。沈阳仪表院2017年主要经济指标见表1。

表 1 沈阳仪表院 2017 年主要经济指标

项目	2016 年	2017 年	同比增长（%）
资产总额（万元）	79 796.54	79 179.58	-0.77
净资产（万元）	25 639.79	25 669.22	0.11
营业收入（万元）	28 843.87	29 188.91	1.20
利润总额（万元）	744.22	97.45	-86.91
技术开发投入（万元）	3 145.44	3 161.16	0.50
利税总额（万元）	3 142.78	2 480.33	-21.08
全员劳动生产率（万元 / 人 · 年）	14.09	13.80	-2.06
净资产收益率（%）	2.47	0.26	减少 2.21 个百分点
总资产报酬率（%）	2.25	1.37	减少 0.88 个百分点
国有资本保值增值率（%）	102.07	100.11	减少 1.96 个百分点

【重大决策及重大事项】

1. 战略规划工作

（1）贯彻落实党的十九大精神。2017 年，党的十九大胜利召开，沈阳仪表院先后 7 次组织不同层面人员学习十九大精神，在全院党员中开展了学习十九大精神知识竞赛。院领导班子成员 8 人次到所在支部或联系点宣贯十九大精神，为沈阳仪表院发展指明方向、统一思想、凝聚力量。各支部书记也分别组织党员、职工进行不同形式的学习贯彻。通过看新闻、听广播、读微信、看报纸，围绕沈阳仪表院改革发展和实际工作热议十九大报告，研讨沈阳仪表院发展思路。

（2）贯彻落实“五大发展理念”、完成“五大任务”情况。围绕落实“创新、协调、绿色、开放、共享”五大发展理念和“去产能、去库存、去杠杆、降成本、补短板”五大任务，全面总结企业“做好增量、盘活存量、主动减量”，着力改善供给结构，扩大有效需求，打好提质增效攻坚战所采取的主要措施及取得的成效，分析存在的主要问题。降成本方面：继续加强集中采购工作，全年共完成各类采购任务 10 897 项，组织实施公开招标 7 次。新签采购合同额 5 590 万元，实现年度降本绝对值 306 万元。

2017 年，沈阳仪表院完成对杭州照相机械研究所、秦皇岛视听机械研究所、沈阳真空技术研究所进行公司制改制工作，建立完成公司制法人治理结构。

2. 重大项目进展情况 2017 年 4 月，经中央批准，人力资源和社会保障部、工业和信息化部、国防科技工业局、国务院国有资产监督管理委员会、中央军事委员会政治工作部决定，对在长征五号首次飞行任务中做出突出贡献的单位和个人予以表彰；沈阳仪表院黄乃宁同志在此次表彰中被授予“长征五号运载火箭首次飞行任务突出贡献者”荣誉称号。

2017 年 9 月，为表彰沈阳仪表院在载人航天工程空间实验室阶段天舟一号飞行任务圆满成功中做出的重要贡献，中国运载火箭技术研究院向沈阳仪表院授予“中国载人航天工程重要贡献”牌匾。“长征七号”总指挥及总设计师等一行 10 人出席授匾仪式，并对沈阳仪表院为中国航天事业所做出的贡献表示感谢。

【科技创新】

2017 年，沈阳仪表院共争取科研经费 2114 万元（其中横向科研经费 833 万元），年度到位经费 969 万元。申报科技项目 28 项，获批 16 项。立项标准 14 项，发布标准 24 项。发表科技论文 38 篇（含论著）。获科技奖励 6 项，其中省部级以上 5 项，市级 1 项。科技成果奖励情况见表 2。

表 2 沈阳仪表院 2017 年科技成果奖励情况

序号	奖励名称	项目名称	获奖情况
1	辽宁省科技进步奖	电站空冷机组全自动清洗系统	三等奖
2	国机集团科技进步奖	基于 PARMS 溅射工艺的高性能光学薄膜滤光器件	三等奖
3	国机集团科技进步奖	航天用系列高性能金属波纹管关键技术及产品	三等奖
4	中国机械工业科学技术奖	三代核电站用系列高性能金属波纹管关键技术研究及产业化应用	三等奖
5	中国仪器仪表学会科学技术奖	基于 PPLN 光学芯片的微型绿光激光器	科技成果奖
6	秦皇岛市科技进步奖	半导体裸芯粒检测分选设备	三等奖

2017 年度申请专利 31 项，其中 12 项发明专利，19 项实用新型专利。授权专利 28 项，其中 16 项发明专利，12 项实用新型专利。发表科技论文 34 篇。

为抢抓战略新兴产业发展的有利契机，加快沈阳仪表院产业转型发展，培育新的经济增长点，成立“汽车电子公司”，采取孵化器形式运营发展，全力以赴进军新能源汽车领域。申报集团重点研发项目“基于电磁全息传感技术油气管道智能内检测仪器研制”。

【市场开拓】

1. 新品开发量多面广 2017 年，全院结题和验收科研项目 9 项；在研项目和部门组织开发新产品项目 45 项，其中智能测控公司 17 项（在研军工传感器产品 6 项、管道测试传感器 4 项、新能源汽车传感器 4 项、农机传感器 2 项及合作新品项目 1 项），传感器公司 8 项（在研民用传感器及芯片新产品 3 项、航天军工领域传感器新品 5 项），热能公司推出 7 项（GIL 管廊波纹管、运载波纹管、核电检修波纹管、空气桥及天秤柔性节组件、航发金属弹性封严、航天特种金属软管、特材压力容器等），光学公司 13 项（新型增强铝刻蚀变密度片、D600 太阳能模拟器用反光镜、D645 半导体 IC 装备超大口径紫外曝光机用反光镜、为宁波永新研发低反射密度片 9 种、中端通用型 PCR 仪荧光滤光片等）。新产品的推出，为沈阳仪表院今后的发展打下坚实的基础。

2. 创新成果获得回报 热能公司 GIL 波纹补偿器成功进入目前世界上电压等级最高、输送容量最大、技术水平最高的超长距离 GIL 管廊创新工程项目，实现配套，为沈阳仪表院营业收入带来提升的同时，也为未来产品进入城市管廊工程打下基础。同时，军民融合产品成功进入核电领域，实现了为国内 8 家主要核电产业部门的配套。

光学公司出口业务增长 47%，与新开发的海外用户飞利浦美国分公司配套业务不断拓展。

测控公司军工市场稳中有升；首台激光划片机成功进入市场，为划片机产业再次腾飞带来希望。

检测公司成功获得 GIL 产品检测项目，在时间紧、工作量大的情况下，克服困难，圆满完成首批检测任务，为今后公司业务提升打下了基础。

汽车电子公司高效开发 7 种类型新能源汽车传感器，并自制测试装置，建立了汽车传感器实验室。与国机智骏实现对接，公司未来，值得期待。

杭照所成功进入无人机业务领域，服务业务不断拓展。

真空所“真空高压气体淬火炉 ”新签出口合同 230 万美元，为沈阳仪表院出口单笔最大合同额。

视听所探针台产品，市场开发实现了重大突破，本年度新签合同增长 700% 以上，且有望实现持续增长。

【主要管理经验】

1. 质量管理 2017 年，按院管理要求，将重点部门、重点产品列为院方质量管理工作的重点，质量管理从“体系性”层面下沉到“产品”层面，在强化院级管理的同时，为产业部门全面服务。

加强院级质量管理，组织召开多次质量专项工作会议，强化各部门、各级人员质量意识；加大内审频次和审核力度，指导部门做好自身体系审核工作；组织开展特色“质量月”活动；组织实施有效质量监管和服务；加强质量管理创新，引入航天质量管理经验，突出技术创新和专业人才作用，推动质量管理工作全面提升。2017 年，组织制定《质量目标考核管理办法》《产品质量提升行动计划》，并结合 KPI 考核制定院“质量 KPI”。

质量管理人员采用“下沉式”工作方式开展质量管理和服务工作。下沉到重要部门或针对重点产品进行质量风险识别、评估并有效控制。

2017 年，按照国家、省市保密工作主管机构保密工作部署，结合沈阳仪表院实际，开展以“落实保密责任、强化人员管理、加强监督检查、重视要害部位、强化保密培训、严格设备管理、严格信息管控、关注重要活动、推动商业秘密”系列保密管理工作，进一步落实了保密工作责任制，将保密工作贯穿院经营、科研、生产等工作全过程，年度内未发生泄密问题。

2. 安全生产 2017 年，沈阳仪表院狠抓安全生产工作，坚决执行上级指示精神，坚决贯彻“坚持安全第一、预防为主、综合治理”的方针，保证了沈阳仪表院经营工作的安全运行。2017 年，沈阳仪表院在集团安全生产考核中，被评为 A 级，为近三年最高。

2017 年，编写、修订安全生产规章制度 4 项，与所属各公司、部室、研究所全覆盖签订“安全生产责任书”，并根据责任书内容逐项、逐级落实安全生产责任并进行考核。完成特种设备检测 14 台（套），建立、检查、完善了特种设备的档案管理。

全年进行安全生产检查 35 次，发现事故隐患 170 余处，下达《隐患整改通知书》共 26 份，书面要求整改的隐患 105 项，对存在隐患单位罚款总计 1.4 万元，安全隐患引起了各单位的高度重视，大部分隐患已经整改完成。

通过组织各公司、部室观看事故案例再现设备伤害事故典型案例剖析教学片、举行安全知识竞赛活动、开展找不足查隐患活动、进行专项预案应急演练，加强全员安全教育和培训。

3. 人力资源 2017 年，沈阳仪表院申请集团“博士后”资助项目 3 项；市人社局高级研修班项目 3 项；省“百千万”人才资助项目 2 项；市“引博”资助 1 项，市“博士后”资助项目 2 项，累计获得资金支持 33 万元。成功申报市场开拓资金，获批资金支持 3 万元。

【信息化建设】

进一步加强信息安全建设。按照三级企业保密要求，严格执行各项信息公布审批手续，做好各种软件、硬件信息保密措施，确保我院的信息安全。做好网络维护工作。

【企业文化】

2017 年年初，沈阳仪表院工会举办“喜迎新春”卡拉 OK 大奖赛。9 月 29 日，在浑南新厂区举办了庆祝建国 68 周年“红歌嘹亮‘颂祖国’”职工大型文艺演出活动。通过活动进一步激发了全院职工的工作热情、爱国之情，企业文化氛围浓烈。同时，把开展好职工业余文化活动同工会建家结合起来。充分利用职工体协组织开展活动，并给职工体协一定资金，每周组织职工文体活动。如组织职工羽毛球、乒乓球、篮球、毽球、跳绳比赛等，院篮球协会、羽毛球协会还与兄弟单位进行了多场友谊赛。通过以上活动增强了职工体质，丰富了职工文化生活。对困难职工承担“第一责任人”。一年来，院工会走访慰问病困职工 20 多人，有 70 多人次得到院工会的救济，全年发放困难补助费 22 150 元，为困难职工送去了组织的关爱。在职工中开展工资一日捐活动，全院 773 名职工捐款 22 227 元，为构建和谐社会献上了一份爱心。

【党建工作】

1. 切实履行第一责任人职责，确保“两个责任”履行到位 2017 年，制定沈阳仪表院党建工作责任制，并认真加以贯彻落实，充分履行了“两个责任”，有效发挥了领导核心和政治核心作用，保证了沈阳仪表院各项改革发展的正确方向。

2017 年年初制定我院“党委工作要点”，确定全年重点工作。年中，召开年度总结表彰大会，认真传达贯彻国机集团半年党建工作会精神。号召全院党员振奋精神，开拓进取。一年来，组织全院党员干部学习 3 次；党委书记带头讲党课 2 次；召开支部书记会 5 次，部署、落实工作；召开全体党员大会 1 次，总结表彰党建工作；组织召开院领导班子民主生活会 1 次；组织中心组学习 8 次；召开党委会 11 次。

2. 深入推进“两学一做”学习教育常态化制度化建设，党支部的主体作用不断增强 沈阳仪表院开展“两学一做”学习教育以来，规范和落实“三会一课”、民主评议党员、党日制度；严肃党的组织生活，严格执行民主生活会、组织生活会制度；组织开展“六好”支部创建、党日创新活动，强化支部规范化建设。将定性评价与量化考评相结合，制定支部考核指标 15 项，党员评议标准 10 条，严格考核程序，引导和激励党员把合格标准和先锋形象树立起来，不断将“两学一做”学习教育推向深入。

3. 深入贯彻全国国有企业党建工作会议精神，党委的核心作用不断增强 贯彻落实习近平总书记在国有企业党建工作会上的讲话精神，明确党组织在企业中的法定地位，修改了《沈阳仪表科学研究院有限公司章程》，将党组织的定位、作用写进章程。遵循企业重大决策要体现和尊重党组织的意见建议，党组织要支持企业法人治理结构依法行使职权的原则，修订完善了沈阳仪表院的《党委会议制度》。

一年来，院党委召开党委会 11 次，分析研究解决仪表院重大事项、党建工作问题。院领导班子成员加强沟通，从党委角度积极参与重大问题决策。院领导班子成员现在都能够自觉参加所在支部的集中学习、组织生活会、讲党课，通过领导下基层，真正激发了广大党员干事创业的热情。

按照从严治党要求，一年来制定下发了《关于严格党的组织生活制度的实施意见》《沈阳仪表院党建工作责任制实施意见》等 3 项制度。有力推动了沈阳仪表院党建工作的规范开展。

4. 创设党员学习教育载体、开展特色党日活动，党员意识不断增强 2017 年沈阳仪表院党委开展了“看齐创优当先锋，立足本职做表率”“共产党员工程”和“创新党日”品牌活动，不断激发广大党员的积极性、主动性和创造性。持续开展评先表彰活动，营造“学赶超”氛围。多年来，院党委一直坚持党内评先表彰活动，为全院党员学先进、赶先进、做贡献、当表率提供了平台。

5. 贯彻落实党风廉政建设要求，看齐意识、核心意识不断增强 沈阳仪表院党委坚持关心爱护干部，注重平时教育培养。2017 年以来，与 3 名领导干部进行了任前谈话；针对“一报告两评议”中出现新提任干部存在不满意票的 5 名同志进行了约谈。

按照强化监督执纪问责、纠正“四风”文件精神，在党委、行政班子会上组织学习。同时，在元旦、春节、“五一”、“十一”的节日期间，给全院中层以上干部发送了节日廉政短信，做到警钟长鸣，温馨提醒，坚决纠正“四风”顽症，严禁用公款购买赠送节礼、公款宴请、公款旅游、违规发放钱物、公车私用等行为。

加强警示教育。2017 年 6 月，组织中层以上党员干部共计 35 人参观了辽宁省反腐倡廉展览馆。加强廉政文化建设，沈阳仪表院的“树良好家风、扬清廉正气”项目获得沈阳市委教科工委廉政文化建设创新工程优秀项目二等奖。

【社会责任】

通过科技创新，促进行业技术进步。严格执行《劳动法》，加强员工权益保护，积极维护职工的合法权益；通过岗位培训及专业知识讲座等形式，提高职工素质，促进员工职业发展；通过开展丰富多彩的文体活动，丰富职工文化生活；帮扶关爱困难员工，增强企业凝聚力，营造和谐工作环境。强化安全生产管理、完善安全应急预案、营造安全文化，为职工提供安全舒适的工作环境。依法经营，未出现违背国家法律法规的行为，未出现违纪、腐败等现象。重视参与社会公益事业，积极参与扶贫捐赠及社区建设等社会公益事业，企业在地方的形象良好。

合肥通用机械研究院

【基本概况】

合肥通用机械研究院（简称合肥通用院）1956 年成立于北京，1969 年搬迁至合肥，是原机械部直属的国家一类科研院所，1999 年转制为科技型企业，同年加入国机集团，按照国务院国资委和国机集团的统一部署，2018 年 1 月，合肥通用院改制成国机集团一人独资的有限责任公司。

合肥通用院主要从事石化、能源、冶金、燃气、环保、国防军工等行业通用机械及化工设备的设计开发、产品研制、检验检测、设备监理、工程承包、设备成套和职业教育等，研发领域覆盖压力容器与管道、流体机械、食品与包装机械、石油装备等。拥有上市公司“国机通用”（股票代码：600444）和 14 家全资及控股子公司。全院在职职工 1 200 余人，研发人员占 80% 以上，其中具有高级职称人员 330 余人、博士近 50 人、硕士 360 余人。

合肥通用院是国家创新型企业、国家技术创新示范企业、国家火炬计划重点高新技术企业，是国家压力容器与管道安全工程技术研究中心、压缩机技术国家重点实验室依托单位，入选国家第二批科技服务业行业试点，是国家国际科技合作基地（国际联合研究中心）、国家中小企业公共服务示范平台、工信部服务型制造示范平台，是国家“极端环境重大承压设备设计制造与维护技术创新战略联盟”理事长单位。拥有国家级企业技术中心，设有 3 个国家级产品质检中心、20 多个省部级科研与检测平台，以及可独立招生的博士后科研工作站和企业院士工作站，是 1 个国际标委会（ISO/TC86/SC4）、10 个全国标委员会和 4 个全国标委会分会的秘书处挂靠单位。

建院 60 多年来，合肥通用院不断推进企业改革，实施创新驱动，取得各类科研成果 3 000 余项，其中获国家级科技奖励 47 项、省部级科技进步奖 400 余项，项目成果均在石化、能源、冶金、燃气、环保、国防军工等领域得到广泛应用。

2017 年，合肥通用院践行五大发展理念，发扬二次创业精神，推进企业改革发展，全年实现利润 2.72 亿元，再次被评为国机集团“先进单位”（自 2009 年以来连续第 9 年获此殊荣），并荣获国机集团“科技创新奖”（自 2011 年以来第 6 次获此奖项）。

【主要指标】

按考核口径（含国机通用），实现主营业务收入 17.44 亿元，比上年减少 4.18%（按处僵治困计划，广东国通清算注销所致）；实现利润 2.72 亿元，比上年增长 8.46%；实现 EVA2.18 亿元，比上年增长 0.45%；年末资产总额 26.37 亿元，其中归属母公司所有者权益 13.28 亿元，比上年增长 0.2%；资产负债率 36.82%，比上年减少近 6%。2017 年合肥通用院（含国机通用）主要经济指标完成情况见表 1。

表 1 2017 年合肥通用院（含国机通用）主要经济指标完成情况

项 目	2016 年	2017 年	同比增长（%）
资产总额（万元）	250 981	263 728	5.07
净资产（万元）	152 621	166 626	9.17
营业收入（万元）	182 010	174 391	-4.18
利润总额（万元）	25 035	27 155	8.46

（续）

项目	2016 年	2017 年	同比增长（%）
技术开发投入（万元）	14 978	15 254	1.84
利税总额（万元）	30 521	34 622	13.44
EVA 值（万元）	21 696	21 795	0.45
全员劳动生产率〔万元 /（人·年）〕	36.07	25.26	-29.96
净资产收益率（%）	14.15	12.87	减少 1.28 个百分点
总资产报酬率（%）	9.73	10.59	增加 0.86 个百分点
国有资产保值增值率（%）	112.92	106.18	减少 6.74 个百分点

【改制改革】

1. 企业改制 推动合肥通用院及所属企业特种设备检验站共 2 户全民所有制企业完成公司制改革，按公司制要求建立完善企业治理结构。

2. "处僵治困" 专项治理 遵照国务院国资委及国机集团的部署，对中机电气、合肥天工、国机通用管材业务，以及广东国通等企业开展"处僵治困" 工作。在国机通用的治困工作上，完成土地收储工作并收到 90% 的土地补偿金，通过规模调整、产品升级和资源整合等工作，对原有生产、人员、业务、资产等进一步优化，大幅降低了财务杠杆，有效改善了财务状况；广东国通、合肥天工等企业进入清算程序。至 2017 年底，完成国务院国资委规定的年度目标。

3. "压减工作" 制订《合肥通用机械研究院压缩管理层级、减少法人户数实施方案》，列入压减计划的子企业 5 户，完成 2 户企业的清理工作，剩余 3 户企业正在清理过程中。

【重大决策】

1. 执行 "三重一大" 议事制度 贯彻国有企业党建工作会议精神，对重要人事任免、重大决策事项、重大投资项目和大额资金使用均事先征求院党委意见，通过后再由领导班子集体研究决定。全年共召开院务会、党政联席会、党委扩大会议 60 次，对 "三重一大" 事项进行集体研究决策。

2. 履行民主决策 发挥职代会的民主监督和民主决策作用，广泛听取各群体意见，坚持涉及职工利益的事项由职代会讨论决定。全年召开职代会 6 次、职代会组长联席会议 3 次，讨论涉及职工利益的重大议题 20 项。多次召开专家座谈会、老干部座谈会、青年职工座谈会，广泛征求各方意见建议，认真履行民主决策程序。

3. 加强监督管理 对干部任命、先进人物推选、奖励申报、人员因公出国等重要事项进行公示公告，接受群众监督；对执行不力的事项向中层干部会或职代会通报，对造成损失或不良影响的责任人给予责任追究。

【重大项目】

1. 国家重大仪器设备开发专项 "极端环境承压设备安全性能测试仪研发、应用与产业化" 通过验收 项目由合肥通用院、长春机械科学研究院等单位共同承担，针对承压设备所处高温 / 超高温、腐蚀等极端环境，首次研制出了四类超高温与多种气氛环境装置（氢气、氩气、水蒸气、真空）组成的蠕变疲劳性能测试仪，填补了国内空白，达到发达国家同期水平，促进了中国高温临氢材料性能退化机理、超临界汽轮机制造技术、国产离心铸造高温炉管制造技术、燃气轮机设计制造技术等方面研究的进步。

2. 国家高技术研究发展计划课题（863 计划）"基于物联网的石化工业风险识别与安全应急系统研发及示范应用" 通过结题验收 项目由合肥通用院、北京化工大学、安徽中移通信技术工程有限公司、中国石化安庆分公司等单位共同承担，攻克了石化工业危险源智能识别、风险评估、安全应急资源管理及大规模组网等关键技术，研发了基于物联网的石化工业安全应急系统，通过嵌入重大危险源设备设施的智能传感器、传输网络和计算能力，实时获取安全状态信息，实现生产过程风险及重大危险源全面准确的监控预警，解决了企业人工监控方式安全生产管理模式存在的监测不全面、预防预警不及时和应急救援效率低等突出问题，提高了重大事故的预防预警及安全生产综合保障能力。

【科技创新】

1. 创新平台建设 申报的国家服务型制造示范平台获工信部首批认定（全国 30 家），参与联合申报的工业大数据应用技术国家工程实验室、自主申报的安徽省技术转移服务机构和安徽省技术创新示范企业获批，国家压力容器与管道安全工程技术研究中心、压缩机技术国家重点实验室、国际联合研究中心等 6 个平台，通过国家科技部组织的运行评估，评估结果均为优秀。

2. 科研立项 瞄准制造业高端、智能、绿色、服务等方向，新增国家级课题 13 项。新获批的国家“十三五”重点研发计划项目“石化装置关键静设备质量性能检测评价与控制技术研究”项目，通过技术攻关，建立质量性能评价与控制体系，构建设备监测、评价和预警综合平台，其研究成果的应用将为设备的质量提升提供重要技术支撑。国机集团科技重大专项“大型石化装置关键装备绿色制造与智能维护技术研究”项目，针对大型石化装置关键设备开展绿色制造与智能维护技术研究，成果将在重大石化装置中进行示范应用，形成相关国家 / 行业 / 团体标准，促进中国装备制造业向高端化、绿色化、智能化迈进。

3. 科研创新成果 获国家和省部级科技成果奖励 13 项，其中，国家科技进步奖二等奖 1 项，省部级和社会力量科技进步奖一等奖 5 项、二等奖 4 项、三等奖 2 项，中国发明专利奖优秀奖 1 项。全年新申请专利 74 项（发明专利 69 项），获授权专利 61 项（发明专利 54 项），获软件著作权 8 项。主持或参加制（修）定标准 173 项，其中国家标准 39 项、行业标准 121 项、国军标 13 项。“重型压力容器轻量化设计制造关键技术及工程应用”项目获 2017 年度国家科技进步二等奖和第七届绿色制造科学技术进步奖技术创新一等奖；“萃取法提取千吨级高纯氯化锂及锂同位素分离成套装备及技术”获安徽省科技进步一等奖。

4. 新领域探索 以压力容器与流体机械为对象，开展基于特征参量大数据分析的远程智能监测与运行维护技术研究；围绕国防军工和航天科技装备升级，开展重型运载火箭推进剂贮箱长期服役条件下的材料和组织性能演变规律、材料相容性评价等关键技术的研究；氢能利用研发检测平台，完成平台建设的前期调研、建设规划编制和建设方案设计，并通过专家论证，项目获得国家发改委、工信部的相关专项资金支持；开展超高压水切割深海破拆成套装备的研制和水下切割作业的试验研究，为提高中国深海打捞救援安全性和工作效率，建立深水应急处置装备与技术体系提供支撑。

【投资情况】

新增固定资产投资项目 1 个，续建项目 3 个，全部为主业投资，分别为国机通用管材业务搬迁、研发中心建设项目、降压站增容与备用电源接入和制冷空调实验室建设改造，项目进度均定期通过集团信息管理平台报送。为做好产品认证市场布局，承接国家行政许可改革后的相关工作，对北京中冷通认证公司增加了股权投资，该股权投资项目获集团国机资备〔2016〕104 号项目备案确认，根据评估报告的结果出资 108.23 万元，将持股比例增加至 60%。

【内部管理】

1. 战略管理 积极推进企业“十三五”战略实施，从战略规划目标年度完成情况及内外部环境变化两方面，定期对战略规划实施情况进行评估，并适时进行动态调整，保障战略规划实施和科学性；成立“面向 2030 通用机械技术创新战略委员会”，加强对科技创新发展的战略研讨，为全院的创新发展提供决策支持。

2. 科研管理 继续加强科技创新平台建设，通过持续加大对平台建设的投入，不断提升平台实验研究和试验检测能力，提升自主创新水平；继续用平台汇聚国内外科技创新资源形成创新合力，瞄准行业共性技术问题，承担国家重点项目，充分发挥行业技术优势和引领作用，开展产学研用协同创新研发；积极创新服务模式，促进科技成果的辐射、扩散和转化。

3. 人力资源管理 持续增强后备力量，引进国内知名高校优秀毕业生 32 名，其中硕士以上学历 21 名。注重青年工程师培养，广泛邀请国内外知名专家学者，就增材制造、氢能利用、复合材料等领域的前沿技术进行交流，拓宽青年工程师视野。设立项青年基金项目7项，资助35岁以下青年科技人员独立开展课题研究；设立博士基金4项，支持博士开展新技术、新领域的探索。增进工程师的荣誉感，设立“卓越工程师”“荣誉工程师”荣誉称号，对在科技创新、工程技术与产品研发、技术服务等方面取得突出成绩的院内和院外工程技术专家进行表彰。落实人才激励政策，根据个人业绩对职工基本薪酬进行等级评定，两次对4级以上专业技术人员业绩进行动态考核并进行相应调整，对科技人员的各类科技创新业绩按政策给予奖励。加强干部队伍建设，组织高层管理干部参加国机集团和安徽省委举办的各类培训10余人次，组织中层管理干部参加国资委和国机集团举办的党务、人事、纪检、财务、审计等培训近20人次，对部分管理干部岗位在全院范围内进行公开竞聘选拔、择优录用，充实干部队伍；以换届为契机，将一批政治觉悟高、勇于进取、能力突出的青年骨干推荐到干部岗位，促进了干部队伍的年轻化。

入选国家百千万人才工程并被授予“有突出贡献中青年专家称号”2人，入选国机集团首席专家2人、首席技师1人，入选安徽省“特支计划”创新领军人才1人、安徽省战略性新兴产业技术领军人才2人，入选安徽省学术技术带头人2人、后备人选2人。获安徽省青年科技奖1人，入选合肥市学术技术带头人1人、后备人选3人，2支团队入选合肥市“庐州产业创新团队”，1人入选合肥市“庐州英才”。

4. 财务管理 持续深化全面预算管理，立足管理闭环，通过预算工作和业绩目标的有效融合，为年度经营目标任务的完成提供决策支持；通过提升会计信息质量、不断深化财务信息应用、持续改进财务信息化水平夯实财务基础工作；不断增强资金管控能力，通过深化与财务公司和商业银行的合作、发挥内部银行的风险管控作用、严控担保风险来保障企业持续健康发展；严格执行国有资产处置的法律法规，做好资产管理工作。

5. 风险防控 结合内外部环境变化，制修订各类风险管控制度16项，完善内控体系；开展7家子公司负责人的内部任期审计工作，对历史遗留问题进行梳理和责任厘清，对企业的盈利和可持续经营能力进行评价；加强审计，有效控制和防范潜在风险；开展“七五”普法工作，增强员工法律意识，通过构筑事前、事中、事后的全链条法律服务，保证全院经营活动的合法性、有效性和安全性。

6. 安全生产管理 执行国家安全生产法律法规，履行国机集团安全生产管理职责；落实安全生产和环境、职业健康安全责任制，制订《合肥通用机械研究院安全生产管理办法》等制度；开展安全培训10余次，加强安全管理，提高安全生产管理水平，未发生安全生产事故，在国机集团安全生产责任目标考核中保持A级，院及7家子公司通过安全生产标准化二级企业复评。

7. 质量提升 坚持质量强企战略，构筑以精益管理为特征的质量管理模式，持续完善管理体系建设；开展“质量月”活动，启动为期3年的质量提升计划，把质量管理贯穿设计、制造、采购、检验等业务全过程，不断提高产品质量、工程质量和服务质量。荣获第三届中国质量奖提名奖，特种设备检验站的“承压设备失效分析与预防控制技术”项目，获“国机质量奖”。

【幸福院所】

在院区管理方面：安装非机动车控制门禁、车牌识别系统提高院区安全管理水平，加强废弃杂物清理、环境整治来推进院区文明创建。在关怀职工生活方面：继续上调职工基本工资和社会保险的缴费基数，完善职工养老保障体系，提高新员工的住房补贴标准，落实医疗保险与生育保险合并政策，解决职工生育保险问题和落实异地就医及时结算政策，为职工购买医疗补充保险，发挥院帮困基金作用，帮助家庭生活困难的职工。在丰富职工业余文化生活方面：继续组织职工欣赏市民音乐会，组织退休职工开展“文化之旅”，在职工中开展趣味运动会、桥牌、各类球赛等文体活动20余项，以院网站、院报、宣传栏等载体宣传各类先进人物，编辑出版书籍《工程师张立权》，弘扬工程师精神，营造全院积极向上的良好氛围。

【党建工作】

合肥通用院党委书记陈学东作为党的十九大代表光荣出席中国共产党第十九次全国代表大会。

1. 贯彻党的十九大精神 组织党员干部集中收听收看开幕式盛况、开展专题学习、党委书记上主题党课、邀请十九大代表宣讲团成员来院宣讲、党委委员深入联系支部指导学习等一系列的学习活动，将十九大精神贯彻落实到全院的经济发展和科技创新工作上，推动习近平新时代中国特色社会主义思想深入人心。

2. 贯彻国有企业党建工作要求 将党建工作纳入企业章程，将党建工作与科研经营工作同部署、同落实、同检查、同考核，在决策程序上，坚持“三重一大”决策前事先听取党委意见；发挥职代会、工会、共青团作用；坚持党管干部、党管人才原则，坚持党管宣传，发挥舆论导向作用。

3. 推进“两学一做”学习教育常态化制度化 开展“讲政治、重规矩、作表率”专题教育。组织各类学习活动30余次，落实“三会一课”制度，每月定期组织党员学习讨论；参加集团公司“两学一做”知识竞赛；开展“纪念建党96周年，践行两学一做”革命传统教育，重温入党誓词；400余名党员参加“两学一做”百题测试活动。

4. 持续加强组织建设 将党的领导体现到企业治理结构中，开展组织关系排查，推进企业基层党组织的体系设置、班子队伍建设、党员教育管理、党内组织生活开展等标准化建设创建工作，提升基层支部组织能力；推进“四强”支部建设，增强支部的战斗力和凝聚力。

5. 加强党风廉政建设 按照领导干部“一岗双责”要求，强化党委主体责任，对党员干部进行理想信念和宗旨教育，开展“讲、重、做”专题警示教育、不断完善审计和监督体系，加强作风建设，发挥纪委监督作用，查处违纪违法问题，对工作中出现问题的相关人员进行通报批评和处分。

6. 加强职代会和群团工作 完成工会换届，年度召开职代会6次、职代会组长联席会议3次，讨论涉及职工利益的重大议题20项。党委的主体作用和职工的民主管理得到充分发挥。

【学术交流】

召开第九届全国压力容器学术会议和第六届全国流体密封学术会议，分别就海洋工程、氢能利用等领域，以及检验检测、安全评定、复合材料进行交流；参加由美国机械工程师协会（ASME）、英国工程结构完整性联盟、日本制冷空调工业协会等机构组织的学术会议，展示合肥通用院最新成果；组织召开全国锅炉压力容器标准化技术委员会固定容器分会的2017年年会和全国冷冻空调设备标委会、全国阀门标委会和全国安全泄压装置标委会的换届大会，讨论制订《工业阀门电动执行机构一般要求》国际标准，组织召开美国ASME锅炉与压力容器规范第Ⅷ卷委员会中国国际工作组2017年度第一次和第二次会议，就ASME标准在中国应用的多项相关技术议题进行了讨论；在期刊编辑方面，《流体机械》《压力容器》杂志2016年度核心影响因子分别为1.347、1.152，分别在机械工程设计学科（共24种期刊）、机械制造工艺与设备学科（共26种期刊）中连续5年名列前茅。

【社会责任】

不断完善质量、环境和职业健康管理体系，为用户提供高质量的产品和服务；提高企业经营管理水平，实现有质量的增长，使国有资产有效保持增值；在行业推广GCCA产品诚信认证，弘扬诚信文化；通过人大、政协、政府部门、行业组织等渠道，献计献策，为政府规划编制和决策提供支持；发挥自身技术优势，为石化装置长周期安全运行提供服务；承担政府、企业委托的灾后抢险、隐患排查、事故分析工作，为防止事故再次发生、尽快恢复生产贡献力量；研究制冷剂替代技术，为中国履行国际公约、落实工商制冷行业的制冷剂替代工作做出贡献，受到联合国规划署、发展署、环境署等5个部门的联合表彰；积极参与扶贫攻坚，设立贫困生专项基金资助贫困地区学生入学、选派驻村干部进行定点扶贫、组织广大党员干部捐款改善贫困村生产生活条件，帮扶的贫困村通过安徽省第三方评估和监测验收，实现整村脱贫出列目标。

甘肃蓝科石化高新装备股份有限公司

【基本概况】

甘肃蓝科石化高新装备股份有限公司（简称蓝科高新）是以甘肃蓝科石化设备有限责任公司为平台，由兰州石油机械研究所（以下简称兰石所）整体改制并引进战略投资者，依照《公司法》设立的股份有限公司，注册资本为35 453万元。目前，蓝科高新已成为一家国有控股、产权多元化的现代高科技企业集团。

蓝科高新是我国石油石化装备的开拓者，是我国海洋与沙漠石油的先驱，其前身兰州石油机械研究所是全国石油钻采机械和炼油化工设备的行业技术归口所，成立于1960年5月。蓝科高新主要从事石油钻采机械、炼油化工设备、海洋与沙漠石油设备和工程、炼油化工和天然气处理及液体回收工程、轻工与食品机械的研究、开发、设计、制造及石油钻采机械和炼油化工设备的性能测试与评定、石油和石油化工及其装备的计算机软件引进与开发、技术咨询及相关工程设计与总承包、施工、制造监理、监造等工作。

兰石所1959年从北京迁至兰州，1960年5月正式成立，是隶属于原石油工业部、机械工业部、国家机械工业局的国家一类科研机构，是全国石油钻采机械和炼油化工设备的行业技术归口所。作为国家242个首批转制科研单位之一，1999年7月，兰石所成为中国机械工业集团有限公司的全资子公司。2007年11月，经中国机械工业集团公司批复同意，兰石所开始整体改制上市工作。2008年11月24日，经国务院国有资产监督管理委员会批复同意，12月6日，甘肃蓝科石化高新装备股份有限公司正式创立。2011年4月18日，中国证券监督管理委员会发行审核委员会2011年第73次会议审核批准蓝科高新。2011年6月22日，蓝科高新在上海证券交易所挂牌上市，首次公开发行股票（A股），股票代码：601798。

50多年来，蓝科高新为国家贡献科技成果1073项，其中，国家发明奖3项、国家科技进步奖3项、重大技术装备成果3项，全国科学大会奖10项、部（省）级科技进步奖155项，获得国家级新产品和国家火炬计划产品22项。目前，拥有授权专利460项，其中，发明专利58项，实用新型专利383项，外观设计专利5项；软件著作权14项。

蓝科高新拥有国家主管部门颁发的A1/A2/A3/SAD级特种设备（压力容器）设计许可证和A1/A2/A3级特种设备（压力容器）制造许可证、GB/GC类特种设备（压力管道）设计许可证、ASME制造许可证及U型和U2型钢印证书、乙级工程设计和工程咨询证、“三位一体”管理体系（质量、环境、职业健康安全）认证证书、国家安全生产标准化二级企业证书（机械）等重要资格证书28项。2008年12月，公司被科学技术部等三部委认定为高新技术企业；2009年8月，被科学技术部等三部委列为国家第三批创新型试点企业；2010年1月，被甘肃省7部委列为首批“甘肃省创新型企业”；2011年12月，被甘肃省工业和信息化厅列为甘肃省首批“技术创新示范企业”；2012年10月，被工业和信息化部、财政部列为“国家技术创新示范企业”；2012年12月，被甘肃省知识产权局列为“甘肃省第一批企事业知识产权试点单位；2013年11月，被国家发展和改革委员会、科学技术部、财政部、海关总署、国家税务总局认定为“国家企业技术中心”。

蓝科高新长期为国家编制有关石油机械工业的发展规划，从“六五”到“十三五”时期，为国家编制重大规划46项。由蓝科高新主持和组织编制的经国家批准的石油化工设备行业国家和行业标准 80 余类 416 余项。由蓝科高新主办的全国中文核心期刊《石油矿场机械》和《石油化工设备》（系美国工程信息公司数据库收录期刊）备受业内人士的青睐，被认为是行业技术发展的见证。

国家石油钻采炼油化工设备质量监督检测中心、中国石化总公司兰州设备失效分析与预防研究中心、机械工业石油钻采设备质量监督检测中心、机械工业换热器产品质量监督检测中心、机械工业传热节能工程技术中心、全国带泵罐车定点卸液监控信息公共服务平台、省级兰州传热与节能工程技术研究中心均设在蓝科高新。

蓝科高新是全国锅炉压力容器标准化技术委员会热交换器分技术委员会、中国石油和石油化工设备工业协会石油钻采机械专业委员会和石油化工设备专业委员会的主任委员及秘书长单位，并长期主持日常工作。

2017 年，蓝科高新先后 11 次和 14 人次分别受到国机集团、甘肃省暨兰州市、上海市暨金山区以及中国机械工业联合会等有关部门的表彰奖励。

【主要指标】

2017 年，国内经济运行持续下行，产能过剩和需求结构升级矛盾突出，经济增长内生动力不足，金融风险有所积聚。公司重点服务的石油和石油石化行业规模以上投资基本停滞，新开工项目和扩建、扩能项目持续削减。受上述因素影响，公司尚未走出经营困境。

2017 年，蓝科高新实现营业收入 74 656.8 万元，实现利润总额 -7 390.5 万元，实现减亏 8 209.14 万元。实现归属于母公司所有者净利润 -8 719.67 万元，实现每股收益 -0.246 元。2017 年年末，蓝科高新资产总额 31.23 亿元；所有者权益期末总额 17.51 亿元。蓝科高新 2017 年主要经济指标见表 1。

表 1　蓝科高新 2017 年主要经济指标

项　目	2016 年	2017 年	同比增长（%）
资产总额（万元）	310 408.37	312 255.71	0.60
净资产（万元）	183 653.92	175 135.58	-4.64
营业收入（万元）	55 476.07	74 656.80	34.57
利润总额（万元）	-15 599.62	-7 390.48	52.62
技术开发投入（万元）	2 826.03	3 945.43	39.61
利税总额（万元）	-11 254.97	-2 983.86	73.49
EVA 值（万元）	-20 443.24	-17 796.67	12.95
全员劳动生产率〔万元 /（人·年）〕	7.12	11.10	55.90
净资产收益率（%）	-7.26	-4.90	增加 2.36 个百分点
总资产报酬率（%）	-4.63	-1.48	增加 3.15 个百分点
国有资产保值增值率（%）	93.07	95.23	增加 2.28 个百分点

【重大决策】

1. 实施《蓝科高新发展战略（2017—2020 年）》 经国机集团审核同意，《蓝科高新发展战略（2017—2020 年）》发布实施，《蓝科高新发展战略（2017—2020 年）》确定的战略定位和产业方向符合国机集团发展战略和蓝科高新实际情况，将对公司实施可持续发展、实现“蓝科梦”产生重大影响。

2. 上海工业锅炉研究所 为优化资源配置，加强产业布局，2017 年 9 月 18 日，国机集团决定将所属上海工业锅炉研究所整体产权委托蓝科高新管理。管理权移交、党政干部配备工作均已完成。上海工业锅炉研究所于 2017 年 10 月迁入上海市闵行区新址办公，运行正常。

【公司制改革】

根据国务院国资委中央企业公司制改制工作

总体部署和国机集团工作要求，2017年，公司按期完成兰州石油机械研究所和上海工业锅炉研究所公司制改制工作，兰州石油机械研究所和上海工业锅炉研究所由全民所有制工业企业变更为国有独资一人公司，建立了适宜的法人治理结构，并先后于2017年12月20日、12月27日在兰州、上海依法办理工商注册登记。

【党建工作】

根据党中央加强党建工作的精神和国务院国资委党委《关于将中央企业党建工作要求纳入公司章程有关事项的通知》以及国机集团党委的要求，2017年5月26日，公司2016年年度股东大会审议通过公司第三届董事会第十二次会议提交的《关于修改＜公司章程＞部分条款的议案》，对公司《章程》进行了修改。其中，修改后的《章程》增加第八章“党委工作”条款，共计5条。增加的第八章“党委工作”条款强调了要“充分发挥公司党组织的政治核心作用”，明确了公司党委在公司法人治理结构中的法定地位和职权，党组发挥领导核心和政治核心作用实现了组织化和制度化。

【换届工作】

（1）根据中国证监会和上海证券交易所监管要求，根据公司控股股东——国机集团以及各股东单位推荐意见、公司职工代表大会选举结果，经董事会提名委员会资格审查和董事会审议，2017年12月6日，公司2017年第一次临时股东大会选举产生了公司新一届董事会和监事会组成人员；同日，公司第四届董事会第一次会议和第四届监事会第一次会议分别选举张延丰为第四届董事会董事长、刘桂伟为第四届监事会主席。

（2）根据国机集团董事会授权试点企业选聘经理层副职工作要求以及《蓝科高新选聘经理层副职办法》，2017年12月6日，公司第四届董事会第一次会议决定聘任解庆为公司总经理，聘任高尚朴、王宏、刘福录、王纪兵、张玉福为公司副总经理，聘任王发亮为公司财务总监。

【“三会”情况】

2017年，根据董事会和监事会工作安排，先后组织召开公司2016年年度股东大会、2017年第一次临时股东大会以及六次董事会和六次监事会，共计审议各类议案62个，其中，主要议案有“关于董事会换届选举的议案”“关于制订＜蓝科高新选聘经理层副职办法＞的议案”等。上述会议完全符合《公司法》以及中国证监会、上海证交所有关规定规则。

【公司更名及设立公司】

兰州蓝亚能源管理有限公司。2017年8月17日，蓝科高新所属全资子公司——兰州蓝亚石油化工装备工程有限公司在甘肃省工商行政管理局获准变更登记。由此，兰州蓝亚石油化工装备工程有限公司变更为兰州蓝亚能源管理有限公司（1人有限责任公司，统一社会信用代码：916200006241955125）。兰州蓝亚石油化工装备工程有限公司更名为兰州蓝亚能源管理有限公司，旨在补充扩大经营范围，有效利用公司工程设计、产品开发、检验检测和能效评价方面的综合资源，积极开展节能产品研发、应用和技术推广，以及合同能源管理、节能诊断、节能项目运营管理等新型科技服务业务。

【重大项目】

（1）蓝科高新承担的固定式压力容器及深冷储藏装备北斗系统集成与应用项目获得中央军委、国务院国资委批准，这是公司首次涉及的北斗系统项目。

（2）蓝科高新承担的国家高新技术研究发展计划（“863计划”）深水油气勘探开发技术与装备重大项目——“水下分离器关键技术研究”课题完成结题验收。

（3）完成国家重大专项——20MW高温气冷堆示范项目控制棒制造服务项目，解决了激光焊在控制棒焊接应用中的关键技术难题，为公司今后进入核电、航天领域提供了技术支撑基础。

（4）完成中国石油云南石化240万t/a连续重整装置反应进料换热器项目。该项目实施的超大型板壳式换热器换热面积达13 000m^2，为目前国内拥有自主知识产权的最大1台超大型板壳式换热器，为我国石化企业装置节能降耗、促进能源行业技术进步、减少环境污染起到积极示范作用。

（5）全面完成国内首台循环换热分离器项目，并分别成功应用于内蒙古伊泰化工

26111/2-E002 和宁煤 E-5611702/E-5611802 装置，为煤化工技术进步提供了先进装备保障，摆脱了国外产品的垄断控制。

（6）完成约旦侯赛因电站储罐 EPC 工程项目、约旦萨玛瑞电站国外贮存设备 EPC 工程，为公司实施国外 EPC 工程项目积累了经验。

（7）蓝科高新尝试新的经营模式，通过融资租赁方式实施的宁波科元 20 万 t/a 乙苯 - 苯乙烯、10 万 t/a 变压器油系列设备加氢反应器、加氢换热器、螺纹锁紧环换热器、第二粗苯塔再沸器、冷热高分气空冷器等完成制造，已投入工业应用。

（8）国家石油钻采炼油化工设备质量监督检验中心圆满完成 2017 年关键产品质量监督抽查任务，这是国家质检中心成立以来的第二次，也是近十年来首次参加国家监督抽查任务，提高了国家质检中心的行业影响力。

（9）蓝科高新上海基地石油钻采 / 炼油化工设备实验室项目全面建成，成为华东地区规模最大、功能齐全、检验检测水平最高的现代化综合实验室。

（10）蓝科高新上海基地投资装备了蛇形管生产线，具备了蛇形管类空冷器、换热器等产品的制造能力，增加了产品制造种类，进一步提高了公司产业化能力和水平。

【安全生产】

（1）2017 年，蓝科高新完成产品制造 1 139 台，产品总重量 15 617.83t。与上年度相比，产品台数增加 173 台，同比增长 17.91%；产品总重量增加 2 519.7t，同比增长 19.24%。（2016 年，公司完成产品制造 966 台，产品总重量 13 078.13t）。

（2）2017 年，在蓝科高新总体协调调度和有关部门积极配合下，生产制造系统合理布局生产力量，重点完成批量生产任务，这其中包括：①首次采用托夫特检测方法，完成了新疆巴州塔里木能源公司分子筛脱水塔、油水分离器、空冷器等 41 台设备的制造。②公司再度与北京三聚环保新材料公司合作，为其制造包括储罐、换热器、塔器、球罐、螺纹锁紧环换热器在内的 55 台设备。③克服管板机加工难度大、密封部件加工精度高、工期紧以及组装、焊缝、设备外表面及涂装要求极高等种种困难，完成中国石油工程建设公司 55 台换热器的制造任务，并为此类特殊要求的出口设备积累了经验。④完成内蒙古神舟硅业公司、新疆东方希望新能源公司总机 61 台多晶硅设备的制造。此类设备制造难度大，组装复杂，设备的洁净度要求高，为今后制造该类设备积累了经验。⑤完成工艺质量要求极高的 2017 年度中国原子能科学研究院重点项目——新煤化工设计院（上海）公司 23 台不锈钢反应器的制造。

（3）完成内蒙古辉腾能源化工公司 8 台塔器制造任务，这 8 台塔器直径大，壁厚薄，内件较为复杂，组装焊接量较大，为今后公司制造大直径、薄壁塔器积累了经验。

（4）完成呼伦贝尔东北阜丰生物科技公司、通辽绿农生化工程公司、新疆阜丰生物科技公司、内蒙古阜丰生物科技公司环保肥料分公司共计 17 台全焊接板式冷却器的制造，为公司产品在味精行业实现工业应用奠定了坚实基础。

（5）完成山东钢铁集团重点项目——山东钢铁集团日照公司废热锅炉项目，公司优化该项目焊接结构，以管头深孔焊替代管板内对接焊，为公司节约了加工、检测成本。

（6）2017 年，蓝科高新相继完成上海河图 4 台设备，海洋石油工程（青岛）有限公司 2 台设备、CPECC5 台设备的橇块成撬任务。尤其是公司与上海河图首次合作，为公司今后发展 EPC 工程化道路积累积极经验。

【市场开拓】

（1）2017 年，在国内市场持续走低的状况下，蓝科高新陆续开发了浙江石化、扬子 - 巴斯夫、青海盐湖海纳、东莞九丰化工、中科合成油工程、安琪酵母（柳州）、莱芜泰禾生化、张家口恒飞、新沂汇力精细化工、宁夏天元锰业、鲁丽集团、艾切斯（成都）钢管和中石油测井等新市场。

（2）2017 年，蓝科高新检验检测市场新增长庆油田、延长集团、四川石化、云南石化、中化泉州石化有限公司、内蒙古神舟硅业、洛阳中硅、大连港、亚太港口（大连）、江西天然气、中蒲城清洁能源化工、厦门中油港务、江西能源投资集团等新市场，业务拓展至清洁能源、新兴化工、天然气输送、油品储运等行业，在一定程度上降低了对炼油化工检验检测市场的依赖，同时，全覆盖福建腾龙压力容器、压力管道检验检测以及检验评价、应力分析等技术服务领域，为继续开拓福建地区市场奠定了基础。

（3）2017 年，国际市场出口合同实现 7010.16 万元；公司通过直接贸易和“借船出海”方式，在继续巩固和扩大伊朗、伊拉克、哈萨克斯坦、土库曼斯坦等传统国外市场的同时，业务逐步扩展到巴基斯坦、约旦、南苏丹、尼日尔、乍得和智利等国家。

（4）军工配套业务平稳发展，先后完成 12 套军舰用板式换热器方案，研制开发的两种舰船用抗冲击热交换器符合国家军标要求。××79 项目一次通过抗冲击试验，并成功被列为 ××79 项目专业供应商。为 ××82 项目配套开发研制的 V32N 项目圆满通过实船抗冲击爆炸试验，获业内多家单位一致认可。开发研制的新型热交换器成功应用于我国 055 系列首舰，受到海军有关部门的高度评价。

（5）2017 年，面对经营市场下行压力，公司股票受到一定程度的影响，从年初（1 月 3 日）13.54 元 / 股，跌至年末（12 月 29 日）的 9.46 元 / 股，全年跌幅为 30.13%（同期沪市大盘涨幅为 6.56%），与同期同行业相比，跌幅为 18.64%。其中，公司股票全年最高价 15.17 元，最低价 8.84 元。

【科技创新】

1. 科技创新情况

（1）根据蓝科高新《科技创新管理办法（试行）》的颁布，公司与各专业部门签订了“科研项目和科技成果指标责任书”，这是公司在强化科研开发、实现成果转化方面实施的一项有效措施。

（2）组织完成了国机科技发展基金项目验收 —— 高效旋流橇装分离器研制。

（3）公司承担的上海市科委技术标准专项 —— 铝制板翅式热交换器技术标准研究及其制修订项目获得立项，并按计划顺利进行。

（4）公司与天津大学联合实施的核电曲管管束振动分析试验系统开发项目技术方案通过审查，设计工作正常。

（5）三相分离器高效分离器件研发项目已完成技术研究和内件组合测试试验，即将通过结题验收。

（6）新型板型设计开发工作进展顺利，先后完成 LNE600 超级双相钢专用新板型、板式重沸器 LN1200 专用板型、空气预热器用纯逆流 LP-600/LP-1000/LP-1200/LT3B-1000 波纹板型、催化剂粉末冷却专用板型、高刚性和超高压用 RZM600H/RZM400M/RZM300H 板型、交错流双侧可机械冲洗非对称流道 LTB2-500B 板式空冷板型的开发。

（7）海水冷却闭式循环水系统项目、空冷闭式循环水系统项目研制攻关工作进展顺利，确定了焊接工艺评定、焊接方案、焊接参数等。

（8）完成扬子 - 巴斯夫空气预热器工艺方案及板型设计，成功替代进口 GEA 板式空气预热器，使公司知名度大幅提升。

（9）高压（设计压力大于 4.0MPa）焊接板框式换热器关键零部件的成功开发及应用，使设备出厂合格率达到 100%。

（10）哈氏合金 C-276 波纹板型的成功开发及应用，使公司成为国内首家且目前唯一可设计、制造哈氏合金 C-276 焊接板式换热器的厂家。

（11）超级双相钢 2507 薄板（厚度 0.6mm）波纹板型的成功开发及应用，使公司成为国际首家且目前唯一可制造超级双相钢焊接板式换热器的厂家。

（12）成功开发研制闭式循环水空冷系统 - 喷涂蒸发、喷涂增湿（含管式、铝扁管等）不同传热器件。

（13）陆续完成四面可拆紧凑式焊接板式换热器、光电项目超大型换热器、光电项目余热锅炉、新型紧凑式蒸发空冷器、水管式余热锅炉等项目侧重工艺及总体方案。

（14）蓝科高新承担的上海市金山区公路移动容器风险防控预警平台通过验收。

（15）一批重点项目正在按计划顺利实施中，包括科技部国家级重点研发计划 —— 公共安全风险防控与应急技术装备重点专项高参数承压类特种设备风险防控与治理关键技术研究。

（16）2017 年，公司研发项目实现 47 项。

2. 纵向项目申报、科技发展基金项目等情况

（1）2017 年，蓝科高新纵向和横向项目在研 16 项，涉及国机集团、甘肃省、上海市、国家质检总局和中原油田等部门和企业。

（2）高参数全系统螺旋板式换热器国产化技术攻关项目（与中石化洛阳工程有限公司、兰州兰洛螺旋板式换热器公司共同申报）、模块化中间介质 LNG 气化装置研制项目（与中石化洛阳工程有限公司、大连理工大学合作）、高酸性天然气净化装置腐蚀与控制研究分别获得中石化科技部批准立项。

（3）蓝科高新承担的科技部 NQI 国家重点研发计划“国家质量基础的共性技术研究与应用”专项——高耗能特种设备能效检测与评价关键技术研究子课题典型间壁式热交换器能效指标和评价方法研究获得立项，并按计划顺利进行。

（4）塔式光热电站热工系统及关键设备研究项目作为“典型新能源装备及关键技术研发及产业化”子项，被批准为国机集团重大科技专项。

（5）海洋工程浮式液化天然气再汽化装置关键技术研究项目、典型高端智能农业装备 - 智能显示技术研究及软硬件开发分别被批准为国机集团重点研发项目和 2017 年度重大专项。

（6）智能化页岩气顶部驱动装置研制项目被列为甘肃省重点研发计划项目。

（7）申报并获批的甘肃省商务系统 2017 年机电和高新技术出口基地建设品牌创建项目、2017 年促进服务贸易发展项目扶持资金和 2017 年度省级第一批外经贸项目资金等三项政府项目，获得政府资助。

（8）铝制板翅式热交换器技术标准研究及其制修订项目被批准为上海市 2017 年度技术标准专项。

（9）2017 年，蓝科高新组织基金项目申报评审，共评审申请公司基金项目 17 项，批准公司基金项目 14 项，验收公司基金项目 3 项。

3. 专利、标准、学术论文情况

（1）2017 年，蓝科高新申报专利 61 项，其中发明专利 17 项，实用新型专利 44 项；全年共计获得授权专利 33 项，其中发明专利 5 项，实用新型专利 28 项。

（2）2017 年，蓝科高新主持制（修）订国家标准 1 项、行业标准 1 项，特种设备安全技术规范 1 项，其他 14 项正在制订和修订之中；完成起草我国第一部热交换器能效测试与评价规则《TSG 热交换器能效测试与评价规则》。

（3）2017 年，蓝科高新职工在国内外学术刊物和专业会议上发表论文 42 篇。

【科研成果】

（1）中国机械工业集团科学技术奖三等奖（1 项）：航天 4000K 超高温气体冷却器研究。

（2）中国机械工业科学技术奖二等奖（1 项）：《压力容器实用技术丛书》（第二版）。

（3）中国机械工业科学技术奖三等奖（1 项）：《钢制球形储罐标准》（标准号 GB12337）。

（4）蓝科高新研究开发类成果奖一等奖（2 项）：13 000m^2 重整装置超大型板壳式换热器开发研制、流化床异丁烷脱氢制异丁烯成套技术。

（5）蓝科高新研究开发类成果奖二等奖（2 项）：高效旋流分离器技术研究、单侧无触头板型技术攻关。

（6）蓝科高新研究开发类成果奖三等奖（5 项）：MTO C4 制聚合级 1- 丁烯新工艺成套技术、稠油热采钻完井试验装置研制、MVR 智能控制系统开发与实施、明胶成胶及废水资源化利用研究和立体浮阀塔板的开发。

（7）蓝科高新软科学类成果奖二等奖（1 项）：含体积型缺陷承压构件安全评定方法的研究。

（8）蓝科高新软科学类成果奖三等奖（1 项）：石化设备火灾后合于使用评价方法研究。

（9）蓝科高新制造技术类成果奖三等奖（1 项）：换热器管头焊缝超声波检测工艺研究。

（10）蓝科高新推广应用类成果奖三等奖（1 项）：油气长输站场管道完整性检测及应用研究。

（11）来自生产一线的“生产技术革新”成果奖共计 17 项，其中一等奖 2 项、二等奖 5 项、三等奖 10 项。

【行业工作】

（1）经过两年的努力，包括炼化、钻采、理化、失效分析、低温等项目在内的实验室已恢复国家石油钻采炼化设备质量监督检验中心功能，并取得良好成绩。

（2）2017 年，蓝科高新累计完成 2 万多台（套）压力容器、压力管道、常压储罐等特种设备检验检测及评价工作，设备检验检测数量再创历史新高。

（3）全国带泵罐车定点卸液监控信息公共服务平台扩容管理效果显著，2017 年新增 377 家注册单位，涉及省级以下安监、监检机构和制造、使用单位；新增运营带泵罐车 660 辆，开通授权卸液点 15 295 个。

【管理经验】

1. 全面风险管理

（1）企业全面风险管理工作完成情况。2017 年，蓝科高新认真贯彻落实国资委以及国机集团有关全面风险管理各项要求，积极配合国机集团对公司组织进行的内部控制评价工作，并根据业务和风险管理需要制订货修订公司相关管理制度；在公司经营形势面临困境的情况下，不断加强“两金”管理，强化经营风险控制；加强投资风险和资金风险管理。

2. 蓝科高新重大风险管理情况

（1）投资管理风险。蓝科高新严格按照目标明确、风险可控、突出主业、定位清晰、计划合理、有序推进的要求，强化投资项目建设、运营规范化管理以及指标控制，加强投资计划管理，严格投资项目审批程序，做到不符合国家政策法规的不投、不符合企业发展战略的不投、达不到公司投资管控指标要求的不投。

（2）资金风险。蓝科高新制定多项资金管控、融资、授信等管理办法，对公司融资、资金预算结算管理、资金集中管理、银行账户管理、统一授信管理、资金风险管理、资金报告管理等进行了明确规定，形成了一套比较完善的筹融资业务制度管理体系。公司充分发挥现有筹融资方式的资金筹集能力，利用公司良好的资信等有利条件，最大程度地发挥现有筹融资方式的融资能力。在此基础上，拓宽现有筹融资渠道，有效缓解公司现金流紧张的状况，以支撑公司不断发展的需求，提高公司的竞争力及综合实力。

（3）人力资源风险。蓝科高新通过合理的人力资源规划，为公司人力资源工作提供指导；同时，通过不断完善人才引进机制、人才培育机制和人才奖励机制，实现公司所需要的各方面人才不断涌现，进而为公司进一步的发展奠定人才基础。公司积极开展面向不同层级的人才培养工作，加大人力资源培训工作力度，开展面向不同层级的立体式培训。通过大力引进紧缺专业人才和实施转岗培训，每年定期开展职称评审和职业技能鉴定工作，加大对青年优秀人才和应届大学生的引进，改善了公司人才队伍结构，提升了公司人员技能和素质。

2. 经营管理

（1）2017 年，蓝科高新面临严峻的经营困难，蓝科高新董事会、党委、经理班子以及经营部门继续深挖经营和生产潜力，坚持多元化经营，在维护传统经营市场的基础上，持续拓宽经营渠道，在大力开发压力容器和压力管道检验检测市场、军工民用配套产品市场的基础上，经营合同、生产规模较上年均出现大幅回升的势头。

（2）经营部门安排专人负责对用户有关项目进行跟踪和分析，通过对有关项目的科学分析和合理划分，再安排相关技术人员和经营人员同被跟踪项目负责人员进行项目评估和技术交流，以减少项目的“流失率”。

（3）继续坚持“东进西出”“借船出海”的海外市场经营方针，重点开发“一带一路”沿线国家和地区石油石化以及其他领域市场的开发；进一步扩大国外市场的开拓领域，扩大海外市场份额；同时，集合公司新技术、新工艺和新产品优势，打破部门界限，抱团组合，形成合力，重点开发了约旦、沙特阿拉伯、巴基斯坦等国家新兴市场。

3. 财务管理

（1）完善成本核算流程，逐步做到细化项目管理，优化新产品研发项目的核算流程。

（2）及时与客户核对、处理往来账目，编制应收账款回款计划，加强应收账款回收督促工作，为回款工作提供基础支撑。

（3）做好季度、年度资产盘点工作，重点清查在制品和产成品，确保账实相符；强化盘点意识、注重盘点质量，重视清查存货质量，对完好的陈旧材料，及时一处可行的解决方案。

（4）继续推进经营部门考核，围绕经营利润，初步试行生产承包制造费模式，按季度出具经营部门考核表、生产部门考核表，计算效益工资。配合公司考核，完善财务核算体系，精准记录部门费用。测试主材定额考核数据，研究利润工资百分比更为直接的经营部门考核模式，为今后生产考核奠定基础。

（5）积极参与企业经营管理，配合经营销售，以金融手段为经营运营提供渠道和承揽业务，扩大了销售渠道，规范了生产流程。

（6）相继办理完成公司高新技术企业所得税优惠、增值税免税以及兰州冠宇、蓝亚检测所享受西部大开发所得税优惠有关工作，为公司争取了新的经济效益。

4. 体系管理

（1）2017 年，蓝科高新通过中国船级社质量认证公司组织进行的质量 / 环境 / 职业健康安全管理体系年度监督审核。

（2）制订了“甘肃蓝科石化高新装备股份有限公司供方评定和控制程序（试行）”，更新了蓝科高新 2017 年度合格供方名单。

（3）通过了兰州市环境保护局组织的环境保护标准化（B 级）换证审核。

（4）蓝科高新通过了“国家高新技术企业”“国家企业技术中心”和上海蓝滨“上海市高新技术企业”“上海市企业技术中心”重新认定审核评审。

（5）上海蓝滨上海石油化工换热设备工程技术研究中心获得立项，并于 2017 年 11 月启动建设。

（6）完成了上海蓝滨“上海市专精特新中小企业”年度复核申报。

（7）审核通过了蓝科高新与中国石油大学（华东）联合培养研究生基地建设项目。

（8）完成了国家热交换器产品质量监督检验中心（上海）的取证工作。

（9）完成了蓝亚检测 ISO 9001、ISO 14001、ISO 18001 质量环境职业健康体系监督审核、型式试验机构换证评审工作。

（10）通过了国家质检总局对实验室、鉴定评审机构的飞行检查及甘肃省科技厅对兰州传热与节能工程技术研究中心的考核评估工作。

（11）2017 年 12 月，蓝科高新清洁生产审核报告通过专家组评估，兰州市环境保护局出具了“兰州市环境保护局关于对甘肃蓝科石化高新装备股份有限公司清洁生产审核报告备案的意见”。

5. 安全生产管理

（1）2017 年，蓝科高新始终将安全生产工作放在首位，坚持“安全第一、预防为主、综合治理”的方针，贯彻落实安全生产责任体系“五落实五到位”，严格落实“党政同责、一岗双责、齐抓共管、失职追责”，贯彻落实安全生产责任制，不断改善安全生产条件，进一步提高公司安全生产保障能力，确保公司员工的人身和公司的财产安全。全年安全生产投入 82.36 万元，设备和仪器仪表完好率达到 95% 以上，电梯、起重机、锅炉、叉车、在用压力容器等特种设备年检合格、运行正常。各种污染物排放达到排放标准，环保处罚次数为零。全年未发生一般级及以上生产安全事故、重大特种设备事故，未发生火灾事故、爆炸事故及重大环境污染事故；重大工伤和死亡事故为零；职业病发生次数为零。未发生造成严重经济损失、严重损害公司形象的事件；未发生被国家有关部门通报批评及经济处罚等劳务纠纷和群体性突发事件。

（2）2017 年，在国机集团 2017 年度安全生产责任目标完成情况考核中，考核结果为 A 级（优秀）。这是自 2010 年国机集团开展安全生产考核以来公司第 7 次获得此殊荣。

6. 投资者管理

（1）2017 年，蓝科高新信息披露工作及时完整，根据中国证监会和上海证交所有关规定，通过上海证交所“信息直通车”方式，先后完成各类信息披露公告53份，及时完成“蓝科高新2016年年度报告”“蓝科高新2017年第一季度季报”“蓝科高新2017年半年度报告”和“蓝科高新2017年第三季度季报”等5份定期报告的披露；完成“蓝科高新2016年年度股东大会会议决议公告”及蓝科高新第三届董事会决议公告和第三届监事会决议公告等会议公告12份，以及“蓝科高新业绩预告公告”“蓝科高新关于修改＜公司章程＞部分条款的公告”等专项临时公告36份。

（2）2017年4月25日，蓝科高新提前发布《关于召开2016年度网上业绩说明会的通知》公告，并通过“上证e互动平台”和“上证e访谈栏目”，按时召开了蓝科高新2016年度网上业绩说明会。此外，在日常工作中，通过投资者现场考察、电话、邮件、“上证e互动平台”和“上证e访谈栏目”等，及时澄清和解答投资者关注的有关问题，稳定了投资者关系。

7. 综合管理

（1）蓝科高新制订规章制度27部，修订规章制度41部，内容涉及公司章程、干部管理、保密管理、科技创新、工程项目、安全生产和职业健康保障等，是历年来制订、修订规章制度最多的一年。

（2）截至2017年12月31日，蓝科高新各类专业技术人员596人，其中，教授级高级工程师41人，高级工程师和其他系列高级技术职务人员151人，工程师和其他系列中级技术职务人员173人，初级专业技术人员71人，其他技术职务人员160人。

（3）蓝科高新继续加大职工培训工作，全年2 291人次参加各类专业技术培训，是公司职工培训人次最多的一年。

（4）办公自动化管理系统（OA）和ERP-U8财务管理系统正式上线运行，不仅规范了管理程序，并且提高了管理效率。

（5）配合国机集团完成董事长任期经济责任审计工作，相关部门完成整改。

（6）根据国机集团有关采购管理工作要求，积极推进公司上网采购，实现上网采购、公开采购零的突破，上网采购率为45.14%，公开采购率为24.36%，不仅大大降低了公司采购成本，并且提高了采购的透明性、公开性、公正性和公平性。

（7）完成蓝科高新2015年两批“传帮带”培养计划考核工作，共有22对师徒完成了既定的培养目标计划。

（8）处理各类经济纠纷、仲裁10起，先后挽回经济损失297.16万元。

（9）根据国机集团要求，按时完成敦煌路和王家堡家属区“三供一业”分离移交工作，涉及补助资金1 707.5万元；2017年4月20日，与兰州市国有资产监督管理委员会签订了兰石所职工家属区“三供一业”分离移交框架协议。

【党建工作】

1. 全面从严履行党建工作责任 2017年，蓝科高新党委以习近平新时代中国特色社会主义思想为指引，紧紧围绕全面从严治党要求，强化从严治党责任意识，按照党委负总责、党委书记为第一责任人、分管领导为直接责任人、领导班子其他成员结合业务分工履行“一岗双责”的党建工作要求，认真落实管党治党责任，做到党建工作与业务工作同部署、同检查、同落实、同考核，全年共召开8次党委会，专题讨论研究部署党建工作。一是及时传达国机集团党建工作会议精神，研究部署制订公司年度党建重点工作。二是年中检查总结阶段性工作，对党建重点工作进行再动员再部署。三是年终开展党建工作述职评议，抓好党建工作责任落实，既党委书记向国机集团党委和地方党委述职；党委班子成员围绕八项党建工作责任向党委述职；各党支部向公司党委述职，并首次尝试对各党支部从发挥党支部的战斗堡垒作用等6个方面19项内容进行评价考核。四是完成了公司党委以及所属兰石所党委、上海工锅所党委和上海蓝滨党委党建工作要求纳入公司章程，明确了党组织在公司法人治理结构中的法定地位，党组织发挥领导核心和政治核心作用，实现了组织化、制度化，并将党建工作经费列入企业年度财务预算。五是重新修订了《中共甘肃蓝科石化高新装备股份有限公司委员会会议制度》，把党委研究讨论作为董事会、经理层决策重大问题的前置程序，明确了党组织参与“三重一大”事项决策的组织行为，强化了对公司改革发展、生产经营等工作的谋划研究。截至 2017 年 12 月底，蓝科高新党委已制订、修订和完善 17 部党内工作制度。六是充分发挥工会、共青团作用，支持群团组织依照各自章程开展活动，丰富企业文化。

2. 深入开展党的“十九大”精神学习 党的十九大召开以后，按照中央、省市和国机集团党委要求，蓝科高新党委组织开展了党的十九大精神学习宣传和贯彻落实工作。一是组织集中收看党的十九大开幕会直播盛况、国资委学习贯彻党的十九大精神报告会和国机集团传达学习党的十九大精神视频会议。二是选派公司领导和基层党支部书记等参加国机集团和地方党组织开展的集中学习培训。三是制订了“蓝科高新学习宣传贯彻党的十九大精神工作方案”，通过十项活动全面深入地开展学习研讨，确保全员覆盖。四是组织开展了党委中心组专题学习研讨会和“贯彻十九大，学习见行动”建言献策研讨会。围绕党的十九大提出的新任务、新要求，结合公司发展战略、领导班子民主生活会前的征求意见等工作，开展如何用新思路、新举措谋划公司发展专题研讨，收到良好效果。五是为党员干部配发了《习近平谈治国理政》（第二卷）《十九大报告辅导读本》《十九大报告学习辅导百问》《十九大党章修正案学习问答》等学习资料和辅导教材 100 余册。六是组织开展了学习党的十九大精神宣讲系列报告会。

3. 扎实推进“两学一做”学习教育常态化制度化 2017 年，蓝科高新党委把深入推进开展“两学一做”学习教育常态化制度化作为党建工作的一项重要任务，加强领导、精心组织、扎实推进。一是制定了“蓝科高新党委推进“两学一做”学习教育常态化制度化实施方案“，明确目标、任务、措施。二是突出领导以身作则、率先垂范示范引领作用，带头学习、带头参加集体研讨，带头讲党课。三是通过发放学习资料、党委中心组学习研讨、基层党务干部集中培训、党课教育、专题辅导报告、重温入党誓词等形式以及在线学习、微信群和 QQ 群交流等手段，创新学习教育内容和载体。四是以党支部为基本单位，融入“三会一课”制度，基层党员学习教育更加严肃认真、氛围更加浓厚。

4. 抓实抓好基层党组织建设 2017 年，蓝科高新党委贯彻落实党的十九大精神，高举习近平新时代中国特色社会主义思想旗帜，紧紧围绕公司党建重点工作，坚持注重发挥基层党支部作用，筑牢基层党建工作基础，把基层党组织建设成为坚强的战斗堡垒。一是加强对托管企业党建工作管理，完成了对兰州石油机械研究所有限公司、上海工业锅炉研究所有限公司党的组织构建、党委班子配备等工作，并监督指导二级企业党委开展党建工作。二是根据工作需要，及时调整基层党支部设置，充实党支部班子，做到基层党组织全覆盖，基层党支部班子健全。三是启动党支部目标管理，规范填写“党支部目标管理工作手册”，实现了基层党建工作动态管理。四是建立党支部工作群、开展支部“联谊共建”“党员亮身份”“一对一谈心”“爱心帮扶”“制作党建看板”“评选优秀员工”等工作，主题党日活动融入支部日常工作，内容更加丰富。五是组织开好年度领导班子民主生活会和支部组织生活会，认真开展民主评议党员工作，2017 年 1 月所属 10 个党支部参加评议的 351 名党员中，优秀及合格率为 89.7%，其余的为基本合格，没有不合格党员。六是借助集团和地方资源，加大对基层党务干部培训力度，全年共选派了 6 名基层党务干部参加外部培训学习，积极搭建经验交流、工作促进、资源共享平台。七是组织完成了基层党组织按期换届专项检查、党员基本信息采集等基层党建重点工作任务。八是修订完善了公司党费收缴、管理和使用工作制度，建立了党费专用账户，严格按照标准按时、足额缴纳党费，合理合规使用党费。

5. 推动完善干部培养选拔任用机制 2017 年，蓝科高新党委落实党管干部原则，不断完善干部选拔任用程序，努力打造各类高素质的干部人才队伍，为公司改革发展提供人才保障。一是按照国机集团安排，配合国机集团完成了公司行政领导班子换届考核工作，新一届行政领导班子组建完成。二是按照国机集团授权企业董事会选聘经理层副职试点工作要求，完善了公司选聘经理层副职工作流程，并顺利完成一名提任经理层副职的选聘工作。三是组织完成了2016年度选人用人“一报告两评议”工作，根据测评结果，对公司选人用人工作总体评价满意和基本满意率之和为100%，对新选拔干部总体评价满意和基本满意率为93%。四是根据工作需要，选强配齐基层领导班子，全年新提拔任用副部长以上干部6人，副处长以上干部11人，着力培养、锻炼年轻干部。五是组织完成领导班子成员个人有关事项报告工作，坚持对公司提任干部开展任前廉政谈话和诫勉谈话。六是党委组织开展了对基层党务干部的业务培训，同时积极选派各类、各级干部参加国机集团、省市干部培训，进一步提高干部素质能力。

6. 深入做好党风廉政建设和反腐败工作 2017年，蓝科高新党委把党风廉政建设和反腐败工作纳入公司发展和党的建设总体布局，紧紧围绕公司改革发展中心工作，严格落实党风廉政建设“两个责任”和“一岗双责”。一是坚持党风廉政建设与生产经营工作同部署、同落实、同检查、同考核。二是党委书记与各党支部签订《党风廉政建设工作责任书》，履职尽责，强化落实。三是始终坚持把纪律挺在前面，注重日常工作中宣传教育，抓早抓小，抓好自己分管的党风廉政建设专项工作的落实，抓好分管部门、单位党政“一把手”的党风廉政建设，抓好分管部门、单位党风廉政建设方面突出问题的解决。四是坚持对提任干部、新任干部约谈制度，及时进行党风廉政建设警示谈话。五是贯彻落实中央八项规定精神，确定了15个禁止项，并在重大节日节点提醒；同时，不定期发送反腐倡廉教育箴言、警语和提醒短信。六是公司完成了公务用车改革工作，出台了公务用车管理制度，严格规范了公司高管公务用车管理。

【工会、共青团工作】

1. 工会工作 工会组织召开公司一届十次职代会，并在会前广泛征求职工代表及广大职工意见和建议，组织分组讨论职代会工作报告。与公司续签了“工资专项集体协议”。先后组织开展了女职工庆“三八”集体观看电影、登山活动。为1 200多名员工（含退休职工、内退职工）办理了团体补充医疗保险的续保工作。先后办理了常出差人员出行保险续保、派遣人员和外聘人员意外伤害和意外医疗保险、女职工特殊疾病续保等。办理了上海基地员工意外伤害商业保险。参加了上海市工会职工保障互助会综合互助保障项目。

2. 共青团工作 根据党管团的原则，加强团干部队伍建设，坚持“推优”工作，树立青年榜样。先后组织10名团员青年注册成为上海市青年志愿者，并集体参加志愿活动两次。坚持以打造学习型团组织为目标，以共青团活动为载体，引导青年科技人员成长，和公司科协承办了科技创新征集活动，把共青团和青年工作有机地融入科技创新工作中。

【企业文化建设】

（1）围绕“大力提升质量、建设质量强国、增强质量意识、践行工匠精神”的主题，组织开展了2017年“质量月”活动，对发现的质量问题追根溯源制订了相应的管理措施，有力地提升了质量管理能力。

（2）党工团组织职工参加了吕巷镇第三届运动会，分别在足球、篮球、广播操项目中取得良好成绩。

（3）《蓝科高新报》就公司科技、经营、生产重点项目以及“两学一做”学习教育活动、反腐倡廉、公司劳动模范先进事迹等进行了重点宣传。

（4）编辑印发了蓝科高新综合样本英文版。

（5）上海工锅所组织了2017上海国际供热及热动力技术展览会暨第十五届上海国际锅炉、辅机及工艺设备展览会，2017节能环保和行业发展国际论坛、中国电器工业协会工业锅炉分会六届四次会员大会，创展会规模、参展人数历史新高。

（6）蓝科高新各部门自建的微信群在宣传公司形象、引领正确导向、沟通工作联系、倡导文明生活等方面发挥了积极健康作用。

【社会责任】

（1）响应国机集团自愿将一日工资注入“爱心基金”倡议，组织员工开展2017年爱心捐款活动，收到公司987名员工爱心捐款共计49 370元（人均50.02元）。此款已经全部汇入国机集团工会爱心基金。

（2）积极落实对口扶贫单位甘肃省合水县固城乡王昌寺村扶脱贫帮困任务，提供扶贫资金5万元。

（3）根据国机集团安排，积极参加河南省淮滨县扶贫工作，捐助帮扶资金6万元；捐助上海蓝滨公益和教育事业23万元。

（4）落实劳动模范休养制度，全年有10位劳动模范和优秀员工参加上海工会“劳动光荣、休养快乐”职工疗（休）养行动。

（5）组织完成了66名派遣员工年度考核工作和第二批派遣员工录用考评工作。

（6）配合完成兰州市七里河区南北“两山”绿化指挥部有关天然气管道过境绿化承包地埋设项目。

（7）蓝科高新37名职工积极参加上海市2017年度无偿献血活动，献血量达到7 800ml，充分展现了蓝科高新职工奉献社会的一片爱心。

洛阳轴研科技股份有限公司

【基本概况】

洛阳轴研科技股份有限公司（简称轴研科技）始建于1958年6月，1999年5月进入国机集团，2005年5月在深交所挂牌上市，2017年10月完成与国机精工有限公司（简称国机精工）战略重组，成为国机集团精工业务的拓展平台、精工人才的聚合平台和精工品牌的承载平台。

轴研科技现有11家子公司，其中全资子公司4家：轴研所、三磨所、中机合作、中机合作（香港）公司；托管企业2家：白鸽公司、成都工具所；控股子公司3家：中浙高铁、爱锐网公司、伊川新材料公司。处置的全资子公司2家：阜阳轴承、阜阳轴研。

截至2017年底，轴研科技注册资本金46 313.81万元，职工3 270人，主营业务为涵盖轴承行业、工磨具行业及相关领域的研发制造、行业服务与技术咨询、贸易服务等，在高精度、高可靠性轴承与高速高效超硬材料制品及相关零部件研发与制造、检测与试验方面具有雄厚实力，居国内领先地位。

主导产品为精密及特种轴承、超硬材料及制品、普通磨具磨料、工具刀具、行业装备和检测试验仪器等，其中航天领域特种轴承处于国内垄断地位；高端复合超硬材料制品为世界三大供应商之一。产品广泛应用于航空航天、舰船兵器、汽车与轨道交通、电子、新能源、机床工具、石油化工、医疗器械、制冷等领域，业务遍及世界60多个国家与地区。

【主要指标】

2017年轴研科技主要经济指标完成情况见表1。

表1　2017年轴研科技主要经济指标完成情况

项目	2016年	2017年	同比增长（%）
资产总额（万元）	532 466.99	516 958.75	-2.91
净资产（万元）	267 562.27	262 463.74	-1.91
营业收入（万元）	170 720.05	183 193.22	7.31
利润总额（万元）	-8 074.29	2 507.70	131.06
技术开发投入（万元）	14 311.09	17 832.34	24.61
利税总额（万元）	4 114.58	18 299.99	344.76

（续）

项 目	2016 年	2017 年	同比增长（%）
EVA 值（万元）	-20 508.37	-6 357.79	69.00
全员劳动生产率〔万元 /（人・年）〕	8.90	17.88	50.22
净资产收益率（%）	-4.42%	0.48%	增加 4.90 个百分点
总资产报酬率（%）	-1.02%	1.25%	增加 2.27 个百分点
国有资产保值增值率（%）	92.34%	98.59%	增加 6.25 个百分点

注：上表数据口径相同，均为轴研科技合并报表 + 托管企业成都工具所和白鸽公司。

【改革改制】

1. 完成重大资产重组 3 月，与国机精工资产重组取得国务院国资委批复；2017 年 6 月，中国证监会上市公司并购重组审核委员会审核通过；2017 年 10 月，中国证监会核准批复，国机精工有限公司股东由国机集团变更为轴研科技；2018 年 1 月，完成募集配套资金 5.48 亿元，重大资产重组及募集配套资金工作完成。

2. 阜阳轴承进入法定破产程序 2017 年 6 月，轴研科技派出破产清算工作组进驻阜阳轴承有限公司（简称阜阳轴承）；2017 年 8 月，阜阳轴承职代会以 93% 的赞成票通过《职工安置方案》；2017 年 11 月，安徽省阜阳市中级人民法院裁定受理破产申请。至此，阜阳轴承不再纳入轴研科技合并报表范围，“处僵”工作取得实质性进展。

3. 探索混合所有制改革 实施伊川磨料磨具产业资源整合，与民营企业和自然人共同出资成立轴研科技绝对控股（51%）的混合所有制企业——国机精工（伊川）新材料有限公司，放大国有资本功能，为加快磨料磨具产业聚集、资源整合奠定基础。深化电商平台建设，明确爱锐网股权吸纳并购方案和自然人持股比例并推进实施，推动公司加快建设“为工磨具及上下游行业提供整体解决方案”的“供需链合、知识集成”综合服务平台。

【重大决策与重大项目】

1. 三磨所高性能超硬材料制品智能制造新模式项目 工信部智能制造专项“高性能超硬材料磨具智能制造新模式”项目。截至 2017 年底，累计投入资金 2 259.79 万元，完成计划投资的 9.80%，其中 2017 年投入 1 926.80 万元。完成总体技术方案制定（包括智能工厂总体运行模型、工艺技术方案及软件系统方案）；开发并上线 NC 系统、生产制造管理系统（MES 系统），实现采购、生产、检测、物流、财务等环节的信息化；完成树脂砂轮生产线无人立体仓库、混配料中心、自动筛料机、专用行程压机等方案设计及招标工作。该项目在 2017 年申报专利 3 项。

2. 三磨所新型高功率 MPCVD 法大单晶金刚石项目 为工信部 2017 年工业强基工程“大尺寸单晶金刚石片”项目。截至 2017 年底，累计投入资金 808.29 万元，完成计划投资的 3.76%，其中 2017 年投入 507.67 万元。完成项目整体技术方案制定、论证；开展气源成分与比例对单晶生长行为的影响研究、不同微波功率、反应气压、生长温度条件下单晶的生长规律研究、金刚石（100）面侧向生长技术等研究，完成 7mm×7mm 高品质大尺寸单晶金刚石片与含硼多晶金刚石膜的技术开发工作，成功制备出相关样品，并在珠宝首饰、污水处理等领域展开应用技术研究；建成金刚石晶体生长用万级洁净间实验室与单晶金刚石加工实验室，完成首台 MPCVD 设备选型与生产使用性能的验证，并初步开展项目产品的小批量生产实验验证工作。

3. 三磨所 3S 金刚石磨料项目 截至 2017 年年底，累计投入资金 33.82 万元，完成计划投资的 0.37%，其中 2017 年投入 10.68 万元。完成可行性评价、环境影响评价等前期工作；完成 3S 金刚石磨料的实验研发阶段内容，产品自锐性与耐热性达到预期性能指标，同时开展 3S 金刚石磨料在树脂、金属、陶瓷等金刚石磨具中的磨削实验与终端客户的使用现场验证工作；开展六面顶压机、油压机、造粒机、磁选机、粒度检测仪、选型机、摇床等关键设备调研选型工作。

4. 三磨所超硬材料磨具国家重点实验室建设项目 截至2017年年底，累计投入资金794.58万元，完成计划投资的8.16%，其中2017年投入479.02万元。完成可行性评价、环境影响评价等前期工作；完成实验室大楼的总体方案设计；完成声发射仪、三项加速传感器、热压机、真空球磨机、显微镜、氧含量测量仪、双面研磨机等试验、性能检测设备购置；开展激光修整器、比表面积测试仪等科研检测、试验仪器调研、采购工作。

5. 三磨所高速重载轴承精密加工用系列砂轮项目 截至2017年底，累计投入资131.70万元，完成计划投资的9.10%，其中2017年投入131.70万元。完成可行性评价、环境影响评价等前期工作；完成雕刻机床、油压机、卧轴圆台平面磨床、中走丝线切割机等生产设备购置，开展真空烧结压机、精密外圆磨床、高精度内圆磨床等砂轮烧结、机械加工设备订货工作。

6. 国家科技支撑计划项目"高速高精度精密超硬材料磨具关键技术研究与应用" 进入项目产业化及应用示范阶段，完成系列砂轮产业化成套制造技术开发，建设凸轮轴/曲轴加工用新型陶瓷结合剂CBN砂轮、燃油喷射系统关键零部件（喷油器）加工用陶瓷结合剂内圆磨砂轮和半导体芯片封装切割用高速高效金属结合剂超薄砂轮共3条产品生产线，形成年产6 000万元的生产能力，申报发明专利2项，发表论文2篇。

7. "大直径高速高效数控磨削重负荷砂轮"项目 为河南省国际合作重大专项，主要针对磨特钢、不锈钢系列大直径高速高效数控磨削重负荷砂轮进行合作研发。该项目进入成果转化与产业化阶段，项目产品技术水平达到国际先进水平，填补了我国大直径高速高效数控磨削重负荷砂轮空白。项目申报2项专利，制定2项标准。白鸽磨料磨具有限公司完成投资并建成年产能力2万片的高速高效树脂磨具生产线，项目产品在太钢、马钢等钢厂试用。

8. "高速、高精、高可靠性轴承技术开发及应用研究" 为国机集团2017年重点研发项目，由轴研所牵头，三磨所、工具所、白鸽公司共同参与申报，并获批国机集团2017年重点研发项目。完成了轴承理论分析、优化设计，确定了润滑技术研究及润滑方式，制定了轴承车加工、热处理、磨超加工、精密装配工艺优化方案，以及磨超加工关键工序"CBN化"方案。

另外，2012年开始投资建设的轴研所年产50万套高性能离合器轴承产业化项目，因汽车、特种机械用高性能离合器轴承市场拓展缓慢，为控制投资风险，放缓项目建设速度。2012年开始投资建设的阜阳轴研年产50万套精密轴承生产线建设项目、阜阳轴研年产790万套低噪音轴承生产设施建设项目，因市场环境变化，终止实施。

【市场开拓】

把握产品结构调整和质量优化升级主线，主业做实做强取得新进展，与上年同口径比，营业收入同比增长11.33%；其中主营业务收入同比增长20.31%，重点新产品收入同比增长48.43%。

1. 所属中国机械工业国际合作有限公司

（1）业务结构调整方面 出口业务回稳向好：完成销售收入19 78万元，同比增长13.07%；其中工磨具业务快速增长，完成销售收入4 519万元，同比增长25.81%。进口业务基本成形：完成销售收入1 62万元，同比增长212.94%；其中新开发进口机械设备业务，完成销售收入1336万元。工程配套开花结果：其中马尔代夫光伏项目取得阶段性进展，签订合同金额7400万元人民币，公司与中腾威网合作，中标签署总承包合同。

（2）由产品向"产品+服务"转型升级。深度了解伊朗汽车市场客户需求，针对性提供"产品+服务"解决方案，新开发终端客户2家。

2. 所属企业郑州磨料磨具磨削研究所有限公司 抓住下游行业发展拉动机遇，加快新产品研发和质量提升、扩大大客户开发成果，在汽车动力总成、半导体封装、光伏单晶硅、CNC加工、蓝宝石衬底减薄等领域形成了一批有代表性的产品及客户，产业化成果显著，经营业绩再创新高，营业收入同比增长48.62%。

（1）积极推进产品创新。根据市场需求调整研发方向，组织专家开展技术交流，解决项目或产品存在的技术问题，确保立项、研发与公司产品发展方向相匹配，公司产品发展方向与市场需求相匹配。汽车轴类磨削砂轮达到国内领先水平，产品性能稳定，客户认可度高，占据大部分市场份额；新开发的磨曲轴电镀CBN砂轮、磨气门砂轮逐步实验成功；细分半导体封装划片刀市场应用领域，制订、实施关键技术攻关方案，产品技术性能接近国外同类水平，成功推向市场，实现销售收入280万元；硅碇加工用砂轮、C-D磨LED砂轮、陶瓷载盘等配套产品借助多年技术积淀，在光伏和LED行业取得较高的市场占有率和良好的客户口碑。

（2）注重品牌形象塑造与传播。积极参加国内外行业展会，组织营销、技术人员参加汽车动力转向系统高端论坛、长电科技第十五届中国半导体封装测试技术与市场年会、第三届全国新型半导体功率器件研讨会，设立展台，发布学术论文，扩大品牌影响力，将三磨品牌作为国内超硬材料行业领导者的形象精准传递给目标客户，促进相关产品的开发和推广。

（3）积极推进实施产服融合。重点开展华天科技“半导体封装砂轮产品提升项目”，轴研科技高层领导参与关键节点推进，骨干技术人员定期与华天进行技术交流，生产、职能部门配合营销人员做好各环节业务保障，目标互锁，层层推进，完成销售收入850万元。

3. 所属企业洛阳轴承研究所有限公司 着力巩固现有市场，积极开拓新兴市场，根据市场需求及时调整业务和产品结构，不断进行新产品开发与产品升级，积极在新能源、新材料、电子信息、节能环保、低碳技术、绿色经济等新兴产业领域培育新业务，全年实现销售收入4.5亿元，同比增长23.04%。

（1）特种轴承。在保持航天轴承领域优势的基础上，提升多领域特种轴承的研发能力，加大航空及兵器轴承如大飞机轴承国产化、导弹发射车用双向动力离合器组件、装载机用新型二轴系统、斯特林制冷机用轴承等的开发。

（2）精密轴承。通过市场洞察，重新定位产品，结构调整重点放在传统机床领域（机床主轴轴承、丝杠轴承、圆柱滚子轴承、转台轴承）、光伏领域（光伏行业专用轴承）和3C制造领域（3C专用系列），并重点培育高线精轧领域（高线轴承）、压缩机领域（双涡旋无油压缩机专用轴承）、机器人领域（RV减速器专用轴承、谐波减速器用交叉滚子轴承），重点关注激光领域、军民融合领域，开发有特色、高附加值的产品。

（3）主轴产品。以产品结构调整确立目标为市场开发主线，瞄准市场前景良好、具有一定技术含量、自身具有一定优势的领域以及易于形成批量化的新产品集中力量进行攻关，在数控车床主轴、3C行业高速钻攻中心主轴产品等领域取得较的业绩。

（4）重大型轴承。加大盾构系列配套产品及新用户的开发，扩展关节轴承、管片拼装机轴承系列；完成盾构机主轴承的再制造，积累相关零件制造经验，初步形成具有自主知识产权的盾构主轴承系列技术标准；积极探索新的市场方向，着力开拓饮料灌装机行业。

4. 托管企业白鸽磨料磨具有限公司

（1）聚焦产品开发重点 根据3年产品结构调整规划，聚焦轴承、汽车、钢铁、航空航天、板材磨削、金属磨削、铸件焊道磨削、电动工具磨削、工具磨砂轮，修整滚轮和超精油石等领域进行产品突破，固结磨具销售收入比上年增长36%，涂覆磨具销售收入比上年增长27%，超硬产品销售收入稳步提高。

（2）积极开展产品+服务转型升级。开发瓦轴整套磨削解决方案，提高客户磨削加工效率，提升客户产品品质等级，降低客户生产成本，改变过去单一产品配套的格局，形成轴承行业磨削整体解决方案，构建差异化产品竞争优势，实现与客户双赢。选择陶瓷刚玉磨刀剪产品RG973进行“产服融合”试点推广，解决广东阳江地区客户遇到的新型半自动设备适用性差、磨具寿命低、易断带等问题，提出设备与磨具匹配的改进方案；针对客户磨抛设备存在的问题，为客户提供整套磨抛加工方案（设备、磨具、加工方式、加工监测），产品推广取得一定成效。

（3）布局营销渠道。将固结磨具销售划分为华东、华南、华中东北、西南西北四大区域，对各区域重点客户和经销商进行整体策划，销售目标分解到客户、到销售员，客户结构得到优化，整体销售能力得到有效提升，抗风险能力得到提升。

5. 托管企业成都工具研究所有限公司 产品定位“专、精、特”，在专用领域、精益化制造和特殊定制等方面，主销产品综合性价比较国内竞争对手有一定优势，部分产品达到进口产品水平，全年实现销售收入超过 9 000 万元，同比增长 19.50%。

（1）积极调整产品结构。在发挥专用领域、精益化制造和特殊定制等方面竞争优势的基础上，尝试开辟通用市场领域，大力推进产品结构调整，实施产品结构调整项目 5 项，取得一定进展。

（2）推进产服融合工作。在轴研科技总部的大力支持下，大力推进实施“气门第二代 QPQ 处理技术的研究与开发”产服融合项目，成功开发出气门专用第二代 QPQ 处理技术，形成批量生产的工艺文件以及相关培训教材，在三爱海陵成功推广应用，实现销售收入 170 多万元。

【经营管理】

1. 扎实做强主业 一是邀请外部专家进行质量专题培训，开展质量月、QC 小组、征集质量标语等群众性活动，员工质量意识进一步提高。二是组建内审员队伍，完善公司质量管理体系的建设与运行。三是实施质量效率提升重点项目 27 项，提升产品尺寸精度、性能和生产效率，实现销售收入 15 296.76 万元，比上年增长 41.3%。四是进一步整合公司内部公共技术服务资源，搭建第三方检测平台，从源头管控原材料质量，从出口杜绝不合格产品流向市场。五是组织实施产品结构调整重点项目 55 项，实现销售收入 26 714 万元，同比增长 48%。六是突出重点新产品增长导向作用，组织认定公司重点新产品 32 项，全年实现销售收入 8 785 万元，同比增长 48.43%。七是通过组织所属企业实施产品结构调整与质量效率提升重大项目，形成可操作性强的重大项目研发管理知识积累，促进科研成果产业化。

2. 推进产服融合 发布《产服融合工作管理办法》，所属企业创新实施“产品 + 服务”业务模式，产服融合知识体系构建和产服融合经营成果取得新进展。一是总部营销中心从点上突破，实施“小型轴承内表面高效精密磨削方案开发”项目，实现轴承内表面加工成品率提高 15%，效率提高 30%，探索整合、集成公司和行业资源的路径，初步形成精密轴承磨削整体解决方案的知识体系。二是所属经营主体选择优势产品、优势领域，选定 7 个项目深化实施，力求面上覆盖，全年实现销售 2551 万元，完成年度目标的 144%。

3.“两化”融合不断深入 初步完成智能制造与服务平台的总体方案设计和建设规划，制定三磨所树脂砂轮智能化生产线（一期工程）的总体技术方案，编制白鸽公司砂带生产线配混料自动化改造项目实施方案。上线业务的信息化应用能力得到进一步提升，解决财务、采购、库存、销售、人力资源、质检等业务模块应用中存在的多项关键问题。加快信息化四期项目实施，完成企业文件云共享平台建设和企业信息化平台移动应用系统的上线运行，信息共享和移动办公更加方便。

4. 价值创造持续发力 一是深化 EVA 牵引作用，全面预算逐步加强。在年度业务计划编制和执行中，以 EVA、市场绩效为导向，融入全面预算管理知识，以“两金”管控、成本费用优化为突破口，强化 EVA 核心要素及指标的管控。成立跨部门的 EVA 管理专项工作小组，制定《2017 年 EVA 专项指标提升计划》。轴研所、成都工具所制订 EVA3 年扭亏计划，明确 EVA 专项提升途径，确定 3 年转正目标节点。增收节支、“两金”压控、提高资产运营效率成为公司价值创造的管理焦点，牵引所属企业经济增加值持续好转。轴研所、工具所 EVA 同比分别减亏 5 458 万元、1 516 万元。二是落地闭环工具应用，管理提升由点向面。实施战略绩效闭环项目 26 个，实现收入 20 175.67 万元，同比增长 46.28%。以采购物流中心为试点，推进精益管理工作，建立内部工作机制，在采购、存储、发运、考核等业务流程改善方面取得明显效果。

5. 财务集中优势显现 一是会计核算体系建设取得较大进展。加强对并购企业和托管企业的财务核算、资产管理，编制公司会计核算手册，统一会计政策和会计科目，按上市公司要求规范财务集中管控。二是成本管理迈出坚实一步。以轴承业务精密轴承事业部和智能装备事业部为试点，开展成本核算提升工作，编制《成本作业指导书》，引导培训所属企业规范成本核算。三是融资渠道进一步拓宽。利用公司融资规模和授信评级优势，获取多家银行低成本融资授信，剔除市场行情增长因素，资金成本率同比降低26.18%。

6. 绩效管理改革深化 一是薪酬管理与绩效考核持续完善。根据《关于建立健全绩效考核评价体系的指导意见》，制订《建立健全绩效考核评价体系的工作方案》，成立绩效指标体系与考核办法、绩效考核结果运用、薪酬体系、职能职责等4个研究小组，在总部薪酬与绩效考核体系的改革中，实施职能部门岗位价值评估，优化薪岗匹配，修订《总部职能部门绩效考核管理办法》，牵引所属企业推进绩薪挂联。二是人才开发增加新渠道。制订《管理人员高级研修班第一期培训班运行方案》，构建人才培养体系，推进爱锐学院建设。三是管理基础优化。根据公司重大资产重组进程，总部及所属企业对职能部门重新进行定岗定编，界定职能职责，完成组织机构整合和管理人员竞聘上岗，精简组织机构，提升工作协同和效率。

7. 风险管控能力增强 一是强化全面风险管理。完成总部4个试点部门流程制度手册的编制，形成相关业务活动内部管控文件，健全主要业务风险点的内部分级管理流程。二是强化财务风险预警。落实资金预算管理制度，实行对外筹融资及内部资金统一调配；规范制度流程，从源头控制“两金”增长，通过易货、重新加工等手段盘活长期存货。三是落实投资风险管控。明确所属企业长期投资必须经公司总部批准，实行投资多级（投资审查委员会、党委会、总经理办公会、董事会、国机集团）评审机制，规范投资流程。四是发挥法律维权作用。强化公司知识产权保护，帮助行业组织及所属企业三磨所、白鸽公司等进行商标、域名、名称权的维权活动；推行合同授权委托管理，重大合同评审流程实现信息化管理；开展诉讼及非诉讼法律事务，法律清欠收回不良应收账款500余万元。五是强化审计监督。修订《轴研科技内部审计工作管理规定》《审计工作中心管理办法》《所属企业领导干部经济责任审计暂行办法》等制度，全年完成各类审计40项并跟踪整改。

8. 安全生产扎实有效 一是健全安全生产责任制。制（修）订《安全生产“党政同责、一岗双责”实施细则》《安全生产责任制度》等16个安全生产管理制度；严格“党政同责、一岗双责、失职追责”，层层落实安全生产责任，逐级签订安全生产责任书和安全生产双向承诺书。二是做好安全生产风险预防。开展安全培训40余项，培训员工2 600余人次；查出一般安全隐患550余项，整改540余项，整改完成率98.2%；投入安全资金506万元；组织各类安全应急预案演练26项，参加人员900余人次。三是推进安全生产标准化。5家所属企业中4家达标。安全形势整体平稳，无重伤及以上事故发生，再获集团安全生产考核A级。

【党建工作】

轴研科技党委坚决贯彻党的十八大、十九大及历次全会精神，学习习近平总书记系列讲话，落实全国国有企业党建工作会议要求，深入推进“两学一做”学习教育常态化制度化，忠实履行党建责任，发挥政治和组织优势，促进公司持续健康发展。

1. 加强思想政治建设工作，增强“四个意识”，坚定“四个自信”，与党中央保持高度一致，凝聚公司融合发展原动力 一是推进“两学一做”常态化制度化。制订《推进“两学一做”学习教育常态化制度化实施方案》，组织党员干部学习《关于新形势下党内政治生活的若干准则》《习近平总书记在省部级主要领导干部专题研讨班上重要讲话精神》等15项专题内容，组织党委班子成员参加支部组织生活、讲党课，组织“两学一做”常态化制度化知识竞赛，增强“四个意识”。发布《党员领导干部基本要求》《合格党员基本要求》，进一步规范干部党员行为；落实民主生活会和党支部“三会一课”制度；开展迎“七一”党员领导干部、支部书记讲党课系列活动，公司党委书记朱峰以《合力同行践行宗旨，融合发展创新共赢》为题，为驻郑驻洛企业讲党课，增强广大党员创新实干、任事担当的自觉性，推动公司各项工作有序开展。二是落实全国国有企业党建工作会议精神。把学习党的十八大及历次全会精神、习近平总书记系列重要讲话精神，作为首要的政治任务。发放《习近平总书记系列重要讲话读本》等学习材料，采取自主学习与集中研讨相结合等形式，深入领会精神实质，不断增强“四个意识”，坚定“四个自信”，自觉在思想上政治上行动上同以习近平同志为核心的党中央保持高度一致。按照全国国有企业党建工作会议精神和集团党委重点任务实施方案要求，确定 27 项重点任务，明确责任部门和时间节点，强化责任意识，并运用战略绩效闭环管理方法推进工作。三是掀起学习十九大报告的热潮。公司党委下发《关于认真学习贯彻党的十九大精神的通知》，组织广大党员干部观看党的十九大开幕式，参加国资委肖亚庆主任、国机集团任洪斌董事长关于十九大报告解读的视频学习，邀请中国社科院马克思主义研究院邓纯东教授进行《习近平新时代中国特色社会主义思想》专题讲座，发放《党的十九大报告辅导读本》，通过党委中心组学习、专题党课、座谈研讨等方式，引导广大党员干部领会习近平新时代中国特色社会主义思想，把理论学习转化为理论自信，把真理力量升华为信仰定力，为实现公司融合发展、创造员工美好生活奠定政治理论基础。

2. 发挥党组织领导核心和政治核心作用，坚持党管干部，制度建党，扎实党建基础工作 一是明确党委法定地位。修订公司章程，把党组织的职责权限、机构设置、运行机制、基础保障嵌入公司章程，将党委研究讨论作为董事会、经理层决策重大问题的前置程序，厘清公司党委和董事会、经理层、监事会的权责边界，构建“权责明确、协调运转、有效制衡”法人治理机制。召开党委会 15 次，决议党建工作部署、干部交流任免、企业重大决策等“三重一大”议案 30 多项，发挥党委政治核心和领导核心作用。二是落实党管干部原则。按照对党忠诚、勇于创新、治企有方、兴企有为、清正廉洁“20 字”要求把好干部选用关。公开选拔干部，组织实施总部职能部门和两家所属企业领导班子的公开竞聘工作；完成两家所属企业、两家经营实体领导班子的届中考核和班子成员调整工作；修订公司干部交流管理办法，安排 5 名中层干部进行工作交流，促进融合提升。三是完善党建工作制度。修订公司党委《党委会议制度》，明确党委会研究事项的内容和程序，提高党委会议效率；制订《党建工作汇报例会制度》，定期组织基层党组织汇报领导班子思想建设、党的组织和制度建设、“三重一大”事项决策程序等 9 个方面的工作情况，交流分享，相互促进；开展党建工作调研检查，逐一检查所属企业党建工作，总结经验，查找不足，制订整改方案并督导落实；制订《党风廉政建设责任制实施办法》，完善党支部“三会一课”、民主评议党员、民主生活会等制度，进一步健全公司党建制度体系，促进党建工作的规范开展。四是规范基层组织建设。按照公司党委对基层党支部换届改选要求，所属企业 72 个党支部（总支）完成换届工作，健全基层党组织。落实“三会一课”制度，组织生活逐步走向正常化、规范化，党支部的战斗堡垒作用得到增强。贯彻《党章》基本要求，做好发展党员工作，培训入党积极分子 24 人，发展 13 人。做好党组织、党员信息的采集、审核、录入等信息库的建设工作，为党建工作动态管理奠定基础。修订党费收缴和使用管理办法，规范党费管理。丰富主题党日活动，党委组织开展脱贫攻坚党日活动，为刘圩村党支部上党课并赠送书籍和学习用品；各所属企业组织开展革命教育学习参观活动，感受红色文化，学习革命精神。

3. 以落实“两个责任”为重点，强化监督执纪问责，强化党风廉政建设 一是推进“一岗双责”，压实“两个责任”。形成党建工作公司党委统一领导，一把手负总责，分管领导具体负责，党的各级组织抓落实工作格局。签订“2017 年党风廉政建设责任书”“廉洁承诺书”，明确领导班子、总部各部门及各单位负责人廉洁风险防控责任区，严格管理，把党风廉政建设落到实处。制订党建和纪检监察工作责任清单，明确公司及所属企业党委、纪委的年度目标任务及工作重点。定期检查推进，把党风廉政建设责任清单落实情况作为季度党建工作例会汇报的主要内容，发现问题，及时整改。把集团党委、纪委关于领导班子成员抓党建述职和纪委书记述职的要求，纳入公司两级领导干部年终综合述职考评，并将综合述职考评结果同薪酬绩效挂联，促进主体责任的落实。二是开展警示教育，加强日常监督。党委中心组加强党规党纪学习，重点研学《关于新形势下党内政治生活的若干准则》《中国共产党党内监督条例》等，增强政治定力和党性修养。落实集团党委党风廉政建设和反腐败工作会议精神，组织总部中层以上干部观看学习《央企领导人员违法违纪警示录》《永远在路上》等警示片和典型案例，教育党员、干部正确树立“三观”，筑牢拒腐防变防线；开展廉政谈话，重点开展干部任前谈话、换届考核谈话，结合民主测评征集对领导干部的意见和建议进行及时提醒，廉政谈话37人次。加强节假日和日常提醒警示，对领导干部履职待遇情况进行监督检查，对违规购买高档白酒组织排查。未发现违反中央“八项规定”精神情况。三是提高业务工作能力，严格监督执纪问责。组织纪检监察干部参加集团纪检监察业务培训，借助国机集团在线学习培训，开设纪检监察在线学习班，掌握案件查办程序，提高监督执纪问责业务能力；落实约谈制度，年内先后约谈中层以上干部5人次，抓早抓小，从严监督。有案必查，没有收到信访举报件，对微信反映的2个问题线索进行核查，对集团纪委交办的信访件进行核查并上报核查结果；所属企业对设备采购、预验收工作中出现违规违纪行为的6人进行了处罚。

【企业文化建设】

以企业文化理念凝聚力量智慧，以企业文化建设促进融合提升进程，为重组发展提供文化支撑。2017年是实施《企业文化建设“十三五“规划纲要》的第二年，党委结合公司发展目标和各项任务，加快实施企业文化建设。一是制订《企业文化建设工作责任清单》《企业文化建设工作评价考核办法》，落实企业文化建设责任和年度工作目标。二是开展专项文化理念集中宣传工作，通过企业文化主题征文、知识竞赛等形式，开展质量、创新、安全、员工发展等应用理念的宣传，深化理念学习认知。发布公司视觉识别系统和应用管理制度，制作公司产品样册，组织所属企业以“同一标识、同一团队”参加三磨展等行业内外展会，展示公司统一形象，推进公司品牌文化建设。深化“质量月”行动，推广QC质量小组活动，组织广大员工参与质量标语征集活动，培育“精于业，工于匠”企业品格和“精制细琢，成就品质”质量理念。“合力同行，创新共赢”的核心价值观和“精工致远，利器善事”的企业使命，以及打造“世界一流的精密机具制造与服务商”的企业愿景日渐达成共识。文化宣传工作进一步加强，公司网站全年新闻发稿量首次超过百篇。

【社会责任】

投入扶贫资金近40万元。开展对口扶贫，为驻村第一书记开展工作提供坚强后盾，三磨所赴刘圩村为困难家庭送去慰问品和慰问金；组织购买特色农产品，扶持当地产业发展，加快脱贫步伐；投入资金购买树苗，绿化村间道路；送党课到支部、送文化到村头，激发党员脱贫带头作用，丰富村民生活；组织团员青年投身帮扶支教活动，捐书400余册帮刘圩村小学建立“爱心图书角”，为40名贫困学生送去书包和文具，开展生动有趣的学教互动。关注社会公益事业，组织职工捐赠冬衣1 115件，购买米面油，为荥阳革命老区贫困村民送去冬日的温暖。

天津电气科学研究院有限公司

【基本概况】

天津电气科学研究院有限公司（简称天津电气院），原为天津电气传动设计研究所，经过60年的积淀和发展，已具有优越的系统集成能力，致力于提供卓越的工业领域电气控制系统解决方案，帮助工业企业提高产品质量，生产效率，节能降耗，助力转型升级。

依托智能电气创新园、电气装备产业基地、检测认证基地等三大基地，天津电气院围绕科技产业、科技研发、科技服务三大板块发挥创新优势，为工业企业提供电气传动、自动化、水力发电、电控配电、新能源等领域节能的核心产品，优化的电气系统集成工程，创新的超值服务，以系统解决方案与工业企业共创“智•造未来”。

在系统工程方面，以高端装备制造业领域电气控制系统工程为基础，大力推进新能源和节能装备产业，积极发展相关机电装备产品贸易与技术服务，提供以闭环服务为导向的系统解决方案，为客户创造卓越价值。在核心产品方面，借助电气传动国家工程研究中心、国家能源中小水电设备重点实验室、天津市配电自动化工程技术研究中心、天津市光伏逆变器及调速装置企业重点实验室，在工业自动化、直流调速装置、通用变频器、光伏逆变器及光伏储能逆变器等新兴领域积极推进产业化。在超值服务方面，以相关国家 / 行业标委会、学会、协会等组织为依托，以国家电控配电设备质量监督检验中心、机械工业中小型水力发电设备质检中心、国家级科技企业孵化器为平台，在行业归口管理服务、标准、认证、检测、仲裁、咨询等方面服务行业技术进步。

【主要指标】

2017 年天津电气院主要经济指标完成情况见表 1。

表 1 2017 年天津电气院主要经济指标完成情况

指标名称	2016 年	2017 年	同比增长（%）
资产总额（万元）	110 688	117 834	6.46
净资产（万元）	49 605	48 656	-1.91
营业收入（万元）	37 720	31 123	-17.49
利润总额（万元）	1 082	-521	-148.11
技术开发投入（万元）	3 055	2 521	-17.48
利税总额（万元）	2 742	4 687	70.93
EVA 值（万元）	-1 433	-384	73.20
全员劳动生产率〔万元 /（人 • 年）〕	17.19	19.67	14.43
净资产收益率（%）	0.88	-0.76	减少 1.64 个百分点
总资产报酬率（%）	0.40	-0.33	减少 0.73 个百分点
国有资产保值增值率（%）	0.99	1.13	增加 0.14 个百分点

注：2017 年核销资产 1 651 万元。

【重大决策】

坚持“三重一大”决策标准。针对经营发展、组织机构调整、干部任免、重大资金使用等问题召开党委会 10 次，涉及议题 21 项。

根据《公司法》《公司章程》，召开董事会 7 次（现场会议 2 次、通信会议 5 次）对“三重一大”若干事项进行决策，并形成有关决议。

面对宏观经济形势严峻、市场经营压力加剧的外部环境，通过“四大战略主题”的分解、实施，推动转型升级，积极落实“践行创新驱动 增强战略自信 实现公司有价值增长”的工作部署，全力保增长、促转型、控风险，改革创新，攻坚克难，扎实推进战略落地，保持了稳定发展。

【重大项目】

1. 高速磁浮车载电网设备板卡工程化应用研究项目 该项目顺利通过由上海磁浮交通发展有限公司组织的九级产品认证，成为首批通过此认证的高速磁浮工程化定制产品。第九级产品是国家标准定义的开发研究项目技术就绪最高水平，通过此次认证标志着天津电气院开发设计的车载电网板卡具备作为上海高速磁浮运营线备件板卡的技术水平，同时也标志着由天津电气院承接的“十二五”国家科技支持计划“高速磁浮车载电网设备板卡工程化应用研究”项目圆满完成。

2. 印尼鼎信 1780 热轧卷板项目 该项目顺利生产出印尼历史上第一卷不锈钢热轧卷，是“一带一路”的重要印记，于中国于印尼的不锈钢史而言，具有划时代的意义。该项目隶属于 2013 年中国与印尼签署协议投资建立的青山工业园区项目，作为中国与印尼合作建设“一带一路”的重要成果，对促进中国 - 印尼产能合作，带动印尼当地就业，提升企业国际竞争力具有重要意义，也是近年来中国与印尼密切合作的一个缩影。

3. 唐山正丰钢铁型钢项目 该项目是天津电气院自主研发的 TAC1 并柜产品的首次应用，也是 TAC1 系列变频产品在大型角钢生产线中的首次应用，进一步拓宽了 TAC1 系列产品的应用领域，并积累了良好的业界口碑。

4. 高精度液压转矩扳手计量检测系统 该计量系统采用静压轴承结构，有效减小了系统的静态摩擦，检测精度小于 1%，转矩检测量程范围覆盖 500 ～ 20 000N・m，基本涵盖了机械行业液压转矩扳手的使用范围。国内具有高精度大量程液压转矩扳手计量校准的单位较少，“高精度液压转矩扳手计量系统”的研发成功，为天津电气院开辟检测业务新领域奠定基础。

5. 调速电气传动领域 IEC 国际标准化修订 IEC（国际调试电气传动系统技术委员会）是国际三大标准化组织之一，IEC/TC22/SC22G 作为 IEC 下属委员会，聚集着施耐德，丹佛斯，西门子等全球范围内调速传动领域的顶级专家。天津电气院主导并修订 IEC 61800-1:1997 此项标准，标志天津电气院代表中国在 IEC 国际标准化工作中打开了新局面，取得了历史性的突破。

【创新驱动】

1. 实施科技创新体系建设 发布并实施《天津电气院科技创新体系建设实施方案》，明确科技创新体系涵盖创新方向、创新动力、创新方法、创新管理和创新环境等 5 个层面采取的具体措施，确保科技体系建设的有效性与完善性，确保公司科技创新能力提升，有效促进公司转型升级目标实现。

在创新方向方面，明确“智・造未来”的系统解决方案理念，围绕《智能系统》《智能驱动》等 6 个方面进行提炼，明确以智能化、信息化技术，为客户提供提高效率和提升可靠性的解决方案。

在创新动力方面，确立研究所的创新主体地位，并通过“资金投入”“利润计提”方式鼓励产业公司技术提升；通过科研成果转化实现的新技术应用、新产品推广等产业化奖励形式，激励科研成果转化；通过模拟股权分红、外部科研经费提成等方式，激励科技人员创新工作的持续性。

在创新方法方面，进一步明确“产学研深度融合”要求，产研结合工作初见成效，研发过程的市场导向得到加强，科研成果转化效率提高。AIC 有源输入整流电源、自主通用控制器、电子式恒流电源等项目成果均实现转化，效果良好；伺服控制器技术实现对国机智能机器人研发团队的技术输出。

在创新管理方面，新立项目按照市场导向进行，项目组设立技术负责人、产品或应用负责人、市场负责人，以市场为导向进行科研项目开发；特别是“高性能中压三电平同步电机变频调速系统开发及应用”项目，按照新体系科研管理的模式，多部门科研市场人员互相配合，共同实施，实现了在太钢不锈冷轧 2 号轧机改造项目的应用。

在创新环境方面，召开首届科技创新大会，实施《科技创新体系建设实施方案》，发布《员工内部创业管理办法（试行）》，完善科技创新体系制度建设；践行集团“发现行动”精神，探索创新发展模式，进一步明确新技术新产品的销售占比；举办内部创业大赛，“超大转矩校准装置”“过程数据系统（工业 PDA）”等项目获得奖励。

2. 探索智能电气创新园科技服务新模式 智能电气创新园紧紧围绕着智能电气领域创新的引领者、创业的推动者和服务的组织者三大功能定位，利用分享经济思维探索实施创新园运营新模式，初步形成以房屋分享为主，以闲置生产资源、实验室资源和闲置库存为辅的固定资产分享运营模式；以业务协同为主，以专家资源为辅的信息资源分享运营模式；以种子基金为主，以对接银行和风险投资为辅的资金资源分享的运营模式。

3. 完善科技平台搭建 通过天津市工业和信息化委、发改委、科委、财政局评审，成立天津市企业技术中心。该中心是天津市政府认可的在企业设立的具有较高层次和水平的研发机构，是企业技术创新体系的核心，也是企业技术进步和技术创新的主要技术依托。同时，与天津大学等科研院校建立广泛的产学研合作关系，实现资源、信息、技术共享。天津市企业技术中心的成功认定，为公司进一步完善技术中心运行机制，推进市场开拓、资质升级等工作创造了良好条件。

4. 科技创新成果 获省部级科学技术奖2项；新申请专利 53 项、软件著作权 4 项；新授权专利 38 项，其中发明专利 15 项；获取科研经费 972 万元；立项 IEC 国际标准 1 个；成功组建天津市智能电气产业技术创新联盟，并被评为天津市企业技术中心；全年实现新产品新技术销售收入占比 27.7%，科技服务销售收入占比 20%，均比上年度有较大提高。

【深化改革】

1. 强化战略管理落地执行 通过关键指标评估加强战略管理，推进战略措施落地，解决重点问题。研讨创新驱动战略，发布科技创新体系方案，加强创新体系建设；研讨系统解决方案，明确“智・造未来”理念，逐步建立为客户解决问题创造价值的营销理念；评估人才强企战略，通过骨干人员提薪稳定技术队伍，并采取多种措施加强人才聘用工作。

组织开展各业务部门全面战略研讨，共同明确各业务发展方向、关键技术及相应的组织及人员需要，同时针对问题采取措施，针对新能源公司实施“振兴计划”，稳定团队，凝聚人心。其他业务部门根据研讨共识，进行相应机构整合和干部轮岗，提升组织活力。

2. 深化劳动用工和收入分配制度改革 加强人力资源三项改革，实施年度员工晋升，构建不同序列员工的成长通道，完成年轻骨干人员薪酬调整，在新的薪酬分配方案实施的基础上，推进制订部门分配细则，加强部门述职考核，进一步激发组织活力。

【经营管理】

1. 系统解决方案模式转型升级 进一步明确“智・造未来”系统解决方案理念，推动为客户解决问题增加客户价值的营销理念。并提炼形成《热轧大功率电机传动系统解决方案》《智能试验装备系统解决方案》等 7 个案例。系统解决方案理念，在营销工作中初步得到认可和应用。

以明泰铝业为重点客户，通过市场团队挖掘，积极跟踪客户升级改造需求；通过技术团队对客户生产线的现状检测、数据分析、问题诊断，提出改造方案；通过工程团队实施改造和现场升级，全面完成客户陈旧生产线升级改造的任务。并在此基础上，陆续完成明泰 1# 冷轧升速电控系统、明泰 1+1 横移辊道电控系统等生产线升级改造项目，使客户生产线的工艺水平得到提升，提高生产效率。

2. 金三角营销模式开拓市场 持续推进以“研发、营销、工程”紧密结合的“金三角”营销模式，克服市场压力，大力拓展，持续推进市场和产品的结构转型。各业务部门建立相应的“金三角”营销小组，做到每一个重要客户都有相对应的“金三角”团队支持。其中，同中冶天工集团有限公司合作承接的山西科创城地下管廊 PPP 项目，成功克服公司管廊项目管理经验少、技术要求高、系统研发难等困难，采用“金三角”经营方式，制订符合客户满意的实施方案，赢得客户的信赖。

3. 污水处理新领域拓展 践行节能环保理念，先后承接了天津污水处理厂、博山污水处理厂、温岭箬横污水处理厂等客户业务及温岭松门污水处理厂多条污水处理线，同时将污水处理控制系统方面形成标准化产品，开发拥有自主技术的污水处理系统，成功开拓污水处理新领域市场。

【管理经验】

1. 风险管理 以战略规划为主线，着重从以下 4 个方面开展全面风险管理工作：一是分析市场，做好评估，把握风险，有针对性地采取措施开展防范工作；二是完善制度，规范流程，控制风险，全年修订15项制度，并对财务报销流程、招议标等流程进行优化；三是日常监督和专项检查相结合，及时发现潜在隐患，降低风险；四是注重实效，与企业内部控制工作和各项经营管理工作有机结合，全方位防范风险。

2.“两金”管理 定期召开“两金”例会，对新项目形成的应收账款及时跟踪和监督，对以前项目形成的应收账款，逐部门逐项目讨论，对于应收账款账龄结构、欠款客户经营状况和欠款原因等进行细致分类和分析，督促业务部门和经营人员加强催收，实现应收账款压降32%。通过建章立制、流程管控、专项消减、日常推动等工作，实现存量存货压降35.6%。

3.人力资源管理 严格执行公司制度，加强员工管理，秉承“人性化、合规化”主导思想，打破国有企业只能进不能出的局面，进一步激发组织活力。通过部门薪酬总额与绩效、效益挂钩，推动部门分配细则落实，对研发部门效益薪酬以模拟股份形式进行挂钩，实现收入能增能减。根据巡视组反馈意见，落实党建工作与业务工作同谋划、同安排、同部署、同考核，促进各部门之间的学习交流与协同，调整年末绩效考核方式，联合组织年末党支部书记与部门负责人绩效考核与述职工作。出台实施《首席专家管理办法》，修订《员工教育培训管理制度》，建立多层次的培训管理体系。启动行动学习项目，并形成包括知识管理、流程优化、高潜人才等6个方向。

4.财务管理 全面执行《分公司资金管理办法》，监控各分公司资金运转，实现各分公司资金独立运行。拓展浦发、招行、兴业、中信、农商行等融资授信渠道，共增加授信8 050万元。进一步完善项目预算、决算管理及预算执行的服务与控制，编制并发布《项目财务费用预算方法》《项目人工费用预算及核算细则》，有效提升项目人工成本和财务费用预算编制的准确性。定期编制工程项目分析表，按工程项目分析成本预算、实际成本、收款情况、付款情况等，并将实际成本与预算成本的差异超过5%的项目重点分析，与项目经理紧密互动，查找差异原因，有效提高预算编制的准确率，在项目的投标中发挥重要作用。

5.安全生产管理 按照“统一领导、落实责任、分级管理、分类监管、人人有责”的原则，落实安全生产责任，实施安全生产管理。安全生产委员会是公司最高的安全生产管理机构，由党委书记、总经理、纪委书记、副总经理及各部门、子分公司主要负责人组成，负责公司总体的安全生产规划，应急体系的建立等。安委会下设安全生产办公室，作为安委会的办事机构，负责监督检查、指导和协调所属部门、子分公司安全生产工作；组织安全生产大检查和专项督查；开展安全生产月宣传教育等活动。公司所属各部门、子分公司领导为本单位第一责任人，并设兼职安全员，负责公司内的安全生产管理工作。

全年共进行各级、各类、各区域安全检查18次，完成年初制订的“安全生产隐患排查工作计划”，共下达“隐患整改通知书”14份，查处各类安全生产隐患34项，整改率100%。员工三级安全教育18人，特种作业人员操作证考复试71人次，其他各类安全培训15次，参加人员286人次。组织安全演练4次，参加人员79人次。

【质量管理】

制订行动计划，推进质量提升：坚持“质量是企业生命”理念，将“一杜绝两降低三强化”作为公司质量提升行动的主线，坚决杜绝重大质量事故，通过科学方法降低质量成本，降低质量风险，不断强化质量意识，强化质量技术创新，强化质量管理创新，以提升行动促进质量提升，以质量提升促进转型升级。

加强管理体系建设，推进管理体系有效落实：按计划完成质量管理体系升级换版和环境管理体系认证取证工作，将管理体系有效融入业务运营，运用过程方法，全面梳理质量管理流程，完善相关制度和程序文件，加强管理体系对产品实现全过程的管控，注重实操流程和实际效果。完成TAC1系列7个产品共8个分册的企业标准制定。

加强质量意识，提升质量控制水平：建立并完善生产培训体系，开展体系和流程、生产工艺、作业规程和质量标准等管理和技能知识培训和考核，落实班前作业培训，一线员工专题培训人均

10 课时以上，提高岗位人员匹配能力。通过培训、竞赛、评比等活动加强班组建设，树立先进典型，提高整体作业水平。

开展持续改善，推进精品建设：持续推动精品建设，提升产品设计，规范工程设计，降低成本，打造精品，提升性价比。针对工程项目的实际特点，强化设计源头，制订完善设计准则，加大技术设计的标准化、规范化，完善物料选型系统，推动非标产品按性能、功能实现模块式、组合式标准化，提高内部效率。全年物料规格品种减少 40%，降本提质增效持续改善活动，立项 17 项，合理化建议有效提案 100 余项。

【信息化建设】

信息化建设的主要任务是以信息化为核心，打造企业在经营、研发、生产、财务、人事、薪酬及办公等方面的信息互联互通，形成统一的综合信息系统。

打通信息孤岛，完善项目信息管理。开发并完善项目信息平台，集中合同管理、项目管理、客户管理、数据查询等功能于一体，采用统一数据索引，保证数据的关联性和完整性，为项目人员提供各项基本信息的同时，也为量化考核提供依据。依托项目经理责任制及信息平台建设，落实关键流程中项目经理的管控环节，保证项目有效执行。

完善开发信息管理平台，提升整体运营效率。借助新升级的 A8 办公软件系统，开发包括项目管理、客户信息管理、合同评审管理、预算管理、科研项目流程管理在内的各项信息管理平台，为整体运营效率的提升提供信息保障。

【企业文化】

建章立制，助力企业文化建设。制订《天津电气院 2017—2018 年度企业文化建设工作计划》《2017—2020 年企业文化建设规划》。通过规划和计划的建立，明确企业文化进行过程中的目标和具体实施措施、责任部门，推进企业文化建设落地实施。

创新工作方法，丰富宣传媒介。不断完善内刊《天传报》、OA、官网、微信等平台建设，创新工作方式和方法，不断丰富宣传媒介，改进内刊质量，以弘扬价值观，引导向心力。倡导“体面工作、幸福生活”，打造“幸福电气院”。定期开展群众性文体活动，营造浓厚的文化氛围，促进员工身心健康，丰富职工业余文化生活；成立摄影书画、音乐舞蹈协会；举办庆祝三八国际妇女节趣味运动会、职工篮球比赛等活动。加强科技职工之家建设，多方位为全体职工搭建锻炼身体、交流技艺、陶冶情操的平台。创建劳模创新工作室、爱心妈咪屋，打造“幸福电气院”。

将企业文化建设与党建工作有机结合。公司党委响应国机集团、市科技党委部署，收听收看十九大开幕、闭幕式，党委中心组和各党支部及时学习贯彻十九大精神，开展“党章党规记心间，做知行合一者”庆“七·一”党建知识竞赛，并组织各支部开展多种主题的党日活动。

【党建工作】

天津电气院党委积极落实上级党委的党建工作部署，以习近平新时代中国特色社会主义思想为指导，全面从严治党，强化党建责任，按照“践行创新驱动，增强战略自信，实现公司有价值增长”工作思路，紧紧围绕发展中心工作，推进“两学一做”学习教育常态化制度化，不断加强和改进公司党建工作。

深化制度建设，推动党建责任落实。进一步完善党建工作制度，实现党建工作制度化、规范化，规范党员发展、组织关系接转、党费收缴使用等流程；落实两级领导班子成员“一岗双责”，强化班子成员党建工作意识和责任，将党的建设、党风廉政、安全生产等工作纳入党委班子成员的职责范围；完善党建工作考核评价体系，组织开展支部书记述职评议和党委班子成员向党委会述职工作。

基层党建与业务结合，将党建工作融入日常工作，支部“三会一课”组织生活与业务工作相结合，丰富教育形式，强化党员意识，坚定理想信念。结合日常业务工作，召开支部党员大会，解决实际问题，推动业务发展。

积极配合国机集团党委巡视组工作。按照国机集团党委统一部署，集团党委第二巡视组9月对天津电气院进行巡视。天津电气院党委高度重视，加强组织领导和工作协调，以巡视工作为契机，找出薄弱环节并立行立改。针对巡视反馈意见，制订整改措施责任清单，召开专题民主生活会，推进巡视反馈意见整改工作。

增强“四个意识”，强化政治担当。党员领导干部示范表率，带头学习。全年召开党委会18次、中心组学习12次，突出政治思想教育功能。

【社会责任】

关心关爱职工，倡导“体面工作，幸福生活”。规范困难职工帮扶方式和渠道，对全体职工进行体检，提升职工的健康水平；通过建立职工食堂、改造装修单身职工公寓、不断完善产业基地科技职工之家、篮球场、乒羽训练场地等项目，改善职工生活环境；组织职工参加天津电气院爱心日工资捐款活动，天津电气院工会及时对生活有困难的职工进行慰问和帮助；天津电气院党委特别关注离退休老同志、老党员的身体健康，离退休办公室定期组织老党员开展活动，并在节假日组织人员上门看望，让离退休老人老所有依、老有所养、老有所乐。

响应国机集团扶贫工作，落实定点帮扶工作。根据国机集团扶贫工作会议精神，负责河南固始县帮扶工作。领导大力支持，工会积极响应，确定扶贫工作联系人，并提供资金保证，为固始县的国机励志学校的近3 000名贫困学生购买平安保险。

中国电器科学研究院有限公司

【基本概况】

中国电器科学研究院有限公司（以下简称中国电器院或公司）始建于1958年，隶属国机集团，注册资本35 450万元，拥有2 000多名员工，总部位于广州市海珠区新港西路。经过半个多世纪的变革、发展和壮大，现已成为集科研开发、科技服务和科技产业为一体的国家级创新型企业，战略布局华东、华南、华中、西北等区域，在检测认证、励磁设备、电池检测设备、成套试验装备、新型环保材料生产等领域处于国际先进水平。

【主要指标】

2017年中国电器院主要经济指标完成情况见表1。

表1　2017年中国电器院主要经济指标完成情况

项目	2016年	2017年	同比增长（%）
资产总额（万元）	202 964	258 608	27.42
净资产（万元）	54 083	115 855	114.22
营业收入（万元）	164 182	206 695	25.89
15 利润总额（万元）	10 556	12 683	20.15
技术开发投入（万元）	9 959	12 398	24.49
利税总额（万元）	11 982	21 140	76.43
EVA值（万元）	11 348	14 854	30.90

（续）

项 目	2016 年	2017 年	同比增长（%）
全员劳动生产率〔万元 /（人·年）〕	71	81	12.00
净资产收益率（%）	16	10	减少 6 个百分点，（以前年度未分配利润全部分配）
总资产报酬率（%）	6	5	减少 1 个百分点
国有资产保值增值率（%）	108	114	增加 6 个百分点

【改革改制】

5 月 26 日，完成引入民营资本和骨干员工持股改制工作，成为国资委开展员工持股试点以来首家完成改制的试点企业。引入战略投资者 4 家，400 多名骨干员工参与员工持股，融入股权资金约 5.2 亿元，实现股权结构多元化，公司治理进一步完善。

完成中国电器院代管单位广州电器科学研究院、武汉电器科学研究所、机械工业兰州内燃发电设备产品质量检验所等 3 家单位公司制改制，并针对兰电所发展的实际情况，制定兰电所混合所有制改制方案，推动兰电所混合所有制改制。

【重大决策与重大项目】

1 月 11 日，投资设立广州擎天德胜输送装备有限公司，持股 51%。与 2016 年收购的安徽擎天伟嘉共同提升智能装备制造实力，使公司成为拥有家电产品设计开发、装备集成、家电产业供应链方案解决者。

3 月 18 日，研发的“高速静电粉末彩色涂层钢板”热试成功，这是国内第一条高速环保型彩涂生产线，所运用的静电粉末喷涂技术填补了国内空白。

3 月 27 日，实施新能源汽车战略布局，参与投资国机智骏新能源汽车项目落户赣州。此次布局新能源汽车领域，中国电器院将凭借自身多年的技术研发资源，为该项目提供技术支持，促进新能源汽车产业升级发展，完善汽车产业市场，开拓业务领域。

4 月 25 日，汽车及零部件市场准入研讨会暨 CCAP（中汽认证中心）华南办事处揭牌，CCAP（中汽认证中心）华南办事处落户 CVC 威凯广州科学城园区。

5 月上旬，国产大飞机 C919A 试航成功。C919 部分结构部件的特种表面处理（化铣、阳极氧化、喷漆、喷胶等工序）出自于中国电器院研制的高端表面处理生产线。

9 月 28 日，与宿迁经济技术开发区签署共建智能家电研发创新与检测认证公共服务平台合作协议，由宿迁经济技术开发区提供场地和设备，中国电器院提供品牌和技术，实现轻资产运营，汇集第三方合作伙伴力量，共同组建江苏威诺检测技术有限公司。

9 月 30 日，CVC 威凯检测获准筹建“国家智能汽车零部件质量监督检验中心”。标志着中国电器院智能网联新能源汽车领域检测服务能力迈上新台阶，将助力新能源汽车产业升级。

11 月 13 日，召开人力资源管理提升启动会，进一步推动改革纵深发展，对岗位、薪酬、绩效等人力资源管理模块进行优化，通过人力资源管理体系改革提升企业的活力。

【市场开拓及业务发展】

围绕“为全球电器行业提供解决方案”总体战略，深耕家电行业市场，拓展智能网联新能源汽车行业市场，发展装备制造、涂料制造和检测认证三大主业，各项工作取得良好进展。

1. 检测认证业务 大力推进家电检测业务改革，降低对 CCC 业务的依赖度，拓展通信电子产品的 CCC 发证资质，以及嘉兴公司的 CCC 检测资质，加快国内外业务布局，电器检测业务总的市场占有率维持国内第一位。在汽车零部件检测领域，争取到“国家智能汽车零部件质量监督检验中心”筹建资质，汽车零部件检测市场占有率在华南地区稳步上升。

2. 装备制造业务 在家电装备业务方面：继续完善家电解决方案模式，引入检测认证服务，加强前端策划，积极探索政府项目合作、融资建设等模式，从大家电向小家电和类家电、智能家电乃至消费电子领域扩展，掌握家电和类家电智能制造技术，形成梯级市场配置。在电气装备业务方面：维护动力电力电池智能制造装备业务的竞争力，保重点和优质客户，适时扩大市场规模。积极探索进入轨道交通、燃料电池等电力电子装备市场。

3. 材料制造业务 突出发展聚酯树脂业务，扩大产能和市场规模，将产品向高、低两端延伸，以满足不同客户对于性能和成本关注的差异，取得一定效果，市场占有率稳居行业排名第四位。粉末涂料业务继续向汽车行业转型，在汽车轮毂粉等细分市场占据市场领先地位。

【培育新兴产业】

根据公司战略方向，重点培育智能网联新能源汽车检测、新能源汽车动力电池智能制造装备业务，在人才、资金和设备投入等方面给予倾斜扶持。探索智能家电的研发设计、检测认证等新兴业务。

【业务经营模式】

1. 完善家电解决方案，提升竞争优势 收购设立擎天德胜公司，与2016年收购的擎天伟嘉公司共同提升智能装备制造实力，使公司成为拥有家电产品设计开发、装备集成、家电产业供应链一条龙家电服务解决者。中标富士康夏普项目、海信沙特空调项目、奥克斯空调项目和松下空调项目，扩大在市场上的领先优势。

2. 把握供给侧改革机遇，推出“优品认证”项目 检测认证业务把握国家供给侧改革、消费升级契机，针对时下热点产品等推出优品认证项目，通过线下与各大电商合作制定准入标准实施认证，与政府有关部门、行业协会合作推广优品认证项目；通过线上与电商平台合作开辟“优品认证”专区对获证产品进行宣传。

3. 探索“质量服务＋互联网”打造“世界认证地图” 自主打造“世界认证地图”APP，推出家电、电器附件全球准入报告免费查询等有效项目推广宣传，大幅提升公司的知名度，获得国家认监委的高度认可。

【重大科研项目及成果】

在研项目149项，其中新立项84项，涉及投入科技经费11 900万元，其中政府资助经费约4 100万元。新获批准科研平台：国家智能汽车零部件质量监督检验中心；国家工信部第一批智能制造系统解决方案供应商；国际标准化示范单位；省级企业技术中心、省级工程中心各1个。

【管理经验】

为激发企业活力，坚持授权、激励和管控相结合，在激励和管控两方面不断创新、持续改进，为实现有质量增长提供了保障，也为未来持续发展打下良好基础。

1. 激励机制创新 在混合所有制员工持股改革完成后，经国机集团批准，深化改革，推动机制创新。推动《公司高管薪酬分配暂行办法》《工资总额预算管理试行办法》制定，以落实深化改革措施，并在此基础上，启动公司人力资源管理提升工作。人力资源管理提升工作以绩效和薪酬管理为突破口。在横向上建立岗位绩效工资结构，承认岗位价值，强化绩效奖金的绩效激励作用；在纵向上建立岗位薪级薪档结构，梳理岗位职级，理顺员工职业上升通道；改革重点在绩效考核方面，通过绝对考核和相对考核相结合，通过绩效考核等级的强制分配和绩效考核结果的强化应用，全面落实深化三项制度，推动资源向价值创造者倾斜，以激励全员奋斗、二次创业，实现公司战略目标。

2. 减员增效瘦身健体 为适应业务的快速发展和规模的持续扩大，改进公司集团化管理模式，加大向二级、三级公司授权，压缩总部管理成本，提升规模效益。通过重新梳理职能部门工作职责，重新设定岗位要求和任职条件，职能部门内部要求一人多岗，并强化考核、劝退制度，鼓励员工在业务部门和职能部门之间、部门和部门之间双向流动。在部门精简的基础上，率先在职能部门全面开展干部选聘制度，严格控制干部职数，规定职能部门的干部职数不得超过2个，并鼓励干部在适当范围内进行轮岗和培养。精简职能部门人员，减少职能部门从业人员共11人，达到提升工作效率、压缩冗员的目的。在干部和总部率先示范下，要求下属业务部门参照职能部门做法，开展同类型的职位合并“瘦身”计划。通过职位梳理和人才盘点，将产业后方管理人员调整到前方部门，参与现场技术营销和检验工作，在提高人员使用效率的同时，提升现有人员的综合技能，整体降低用工成本。

3. 加强干部队伍建设 一是坚持党管干部原则。按照习总书记提出的20字标准，制定《干部管理办法》等制度，在干部选拔任用各个环节，充分发挥党委的领导和把关作用。推行干部竞聘，推进三项制度改革。二是为干事创业营造良好环境。按照“三个区分开来”要求，制定《对领导干部进行廉政约谈的暂行办法》等制度，既坚持党纪国法的“高压线”，也树立正面激励导向，坚持“三个区分开来”，保护干部干事创业的积极性，让想为、敢为、善为的干部有机会、有舞台，营造良好环境。

4. 在采购管理方面 改革采购管理体系，提升采购公开率、集中率和上网率，推行办公用品等网上采购，改进招标、竞争性谈判等规则，在立沙岛项目、威凯固定资产采购等项目中节约采购资金，通过原材料大宗采购和供应商管理，节约采购资金，大力推行承兑汇票付款，节约资金占用。在经营风险管理方面，做好经营计划管理，做好经营风险预判和预警，加强客户资信评估和合同评审，实施重大合同评审制度，建立严格赊销和坏账管理制度，“两金”压降取得成效。

5. 在依法治企、合规经营方面 将法律风险管理纳入企业管理体系，依法治企能力明显增强。推进重大决策和合同法律风险管理，制（修）订合同格式范本，法律人员参与重大决策事项。推进知识产权领域法律风险管理。重新修订《商业秘密管理制度》，全员签订保密协议。推进涉外法律风险管理，对境外项目法律风险开展全面排查，法律部门配合处理国际项目、评审涉外经济合同，为“走出去”提供法律保障。

【党建工作】

1. 切实履行管党治党责任 一是明确党组织的职责定位。完成三级企业党建进章程工作，制定《贯彻落实全国国有企业党建工作会议精神重点任务实施方案》《党委会会议制度》《党委会议事规则》《“三重一大”决策制度实施办法（试行）》等文件、制度，保证党组织研究讨论是董事会、经理层决策重大问题的前置程序。二是落实各级党建责任。党委会议专题研究党建，各级党组织按照“党建责任清单”，制订年度党建计划和目标，各基层党组织书记为党建第一责任人，对重要工作亲自部署、重大问题亲自过问、重要环节亲自协调，班子成员履行“一岗双责”，抓好分管部门的党建工作，以责任传导压力、以压力推动落实。三是加强党建力量。配齐配强党务工作力量，按业务板块设立专职党总支书记，党总支书记由主要领导担任，支部书记由部门正职担任；建立双向交流机制，把党务岗位作为锻炼干部、培养复合型人才的重要渠道，落实同职级、同待遇政策；确保党建工作经费，为开展好党建工作创造良好条件。四是强化党建检查考核。修改完善《党支部考核办法》，将党建纳入绩效体系，考核结果与绩效挂钩，开展基层党组织书记党建述职评议，以考责问责倒逼责任落实，强化年初计划布置、年中检查、年底考核过程管理，把党建作为硬指标、硬任务，切实解决“宽松软”问题。五是打好精准扶贫攻坚战。高度重视扶贫工作，党委书记多次带队到对口帮扶村，实地调研，制订帮扶措施，贯彻“扶志气、扶智力、扶民生、扶产业”方针，通过产业、教育、危房改造、帮助就业等多措并举，精准扶贫取得良好成绩，在广东省考核中获得优秀等级。

2. “两学一做”常态化制度化 一是层层部署落实。制订《推进“两学一做”学习教育常态化制度化实施方案》，层层部署落实，“两学一做”成为推进党建的有力抓手。二是加强日常督查指导。建立经常性督查指导机制，通过支部书记座谈会、党建工作检查，查阅“三会一课”记录、党员撰写学习心得、党建知识问答、支部主题活动等方式，指导和了解掌握各支部“两学一做”情况。三是党员干部做好表率。党委中心组采取研讨式、互动式、调研式学习，为基层支部做好示范表率，党员领导干部过好双重组织生活，参加所在支部组织生活，向所在支部党员讲党课。四是发挥支部教育党员主体作用。落实“三会一课”，发挥党支部教育党员的主体作用，“三会一课”开展情况如实记录在“支部组织生活记录本”上，党委工作部定期督查，经过广东省直工委组织部实地检查，获得肯定。五是加强党建与中心工作深度融合。结合业务领域，开展创新驱动“党员先锋岗”、创新“支部工作法”等活动，推出“三个导向支部工作法”，与业务单位如比亚迪等开展支部共建结对活动，相互学习，促进业务合作。

3. 提高基层党组织建设水平 一是推进党建创新。开展“为你点赞”“支部主题日”等主题活动，组织支部委员和优秀党员分两批赴井冈山开展党性锤炼，强化党员活动的仪式感和对党员身份的自豪感、使命感，推进基层党建不断深化。二是做好抓基层打基础工作。推进党务管理信息化建设，完成党员信息采集、党员管理系统升级，实现中心组学习情况等通过信息系统及时报送给上级党组织，从技术层面提高党建工作效率、效果。三是加强党建工作制度建设。以制度建设推动党建常态长效，建立具有自身特点的组织生活制度和活动载体，制（修）订《领导干部联系点制度》《党支部考核办法》等制度，用制度规范组织生活。四是加强党员教育和党性锤炼。党员基础教育采取领导干部讲党课、座谈研讨、大讲堂等形式，教育党员提高宗旨意识和理想信念，19人次参加国机和属地的书记培训班。五是推动党支部“三基一化”建设。以基层党组织“三基一化”（建强基层组织、夯实基础工作、抓好基本建设，推动基层党建工作规范化）建设为载体，建立健全党员管理台账、党的组织生活管理台账、党建工作检查考核评比台账，完善党员档案管理，规范和完善学习记录簿、组织生活记录簿、党费收缴登记簿等。

4. 持之以恒抓好作风建设 一是落实党风廉政建设责任制。3月，组织所属企业领导班子、领导干部签署“党风廉政建设责任书”136份，增强领导干部担负“一岗双责”的意识和自觉履行党风廉政建设主体责任，做好本单位廉政和经营风险防控，推进党风廉政建设落到实处。二是落实纪委监督责任，强化执纪监督。落实纪委监督责任，制定《关于实行党员领导人员廉洁承诺制的实施办法》《纪检监察信访举报案件办理工作办法》等制度，加强对领导干部、关键岗位人员的监督，对重要敏感岗位实行轮岗、定期约谈等；对新提拔干部开展任前廉政谈话；在集中采购、项目分包等敏感事项中，实行全程监督。三是注重效能监察在监督中的作用。对生产经营重点领域、重大项目、重大活动如招标采购、干部聘用、薪酬分配等风险较高的单位和事项成立专题监察组，实现监督检查全过程，确保“监督责任”有效运行。四是持之以恒落实中央八项规定精神。教育引导党员干部在思想上正本清源、固根守魂，营造风清气正良好氛围。纪委每半年对下属单位进行一次巡视检查，发现违反中央八项规定精神、违反党风廉政建设和经营发展中违反制度的新情况新问题，及时跟进，严肃处理。

国机智能科技有限公司

【基本概况】

国机智能科技有限公司（简称国机智能）以创建于1959年的广州机械科学研究院为主体，由国机集团与广州市政府等共同投资组建，于2015年12月25日揭牌成立，注册资本10.3亿元，致力于研究和发展机器人及关键零部件、智能装备、智能制造技术和产品，为工业客户提供系统的解决方案。

国机智能总部在广州市开发区新瑞路2号，有在职职工1 661名，其中研发人员429人，中高级以上职称人员221人，享受政府特殊津贴7人。旗下有广州机械科学研究院有限公司（简称广州机械院）、国机智能（苏州）有限公司、苏州电加工机床研究所有限公司、中国汽车零部工业公司（简称中汽零）、国机智能技术研究院有限公司、广州吉盛润滑科技有限公司、智能工程研究所共7个全资、控股二级公司及事业部，战略布局在华东、华南、华北等区域，其中广州机械院下设广州启帆工业机器人有限公司、广州国机智能橡塑密封科技有限公司等13个全资、控股子公司及事业部。拥有国家橡塑密封工程技术研究中心、国家汽车零部件技术研究开发平台（广州）等十多个高端研发平台，国家机器人检测与评定中心（广州）、广州机械院检测实验室（国家级）、机械工业汽车零部件产品质量监督检测中心（广州）等认证检测平台。

【主要指标】

国机智能2017年主要经济指标见表1。

表1　国机智能2017年主要经济指标

项目	2016年	2017年	同比增长（%）
资产总额（万元）	136 322.34	152 268.17	11.70
净资产（万元）	95 180.81	99 499.27	4.54
营业收入（万元）	66 240.75	92 131.60	39.09
利润总额（万元）	4 131.72	4 947.44	19.74
技术开发投入（万元）	9 589.19	11 642.29	21.41
利税总额（万元）	8 683.02	8 247.83	-5.01
EVA值（万元）	6 204.13	6 231.83	0.45
全员劳动生产率〔万元/（人·年）〕	32.20	40.96	27.20
净资产收益率（%）	5.20	3.87	减少25.58个百分点
总资产报酬率（%）	3.90	3.55	减少8.97个百分点
国有资产保值增值率（%）	108.80	103.88	减少4.52个百分点

注：以上数据为报集团决算数据，不含中国汽车零部件工业有限公司（简称中汽零）。

【改革改制】

国机智能完成了中国汽车零部件工业公司（集团托管企业）改制工作，正式更名为中国汽车零部件工业有限公司（简称中汽零）。为理顺产权关系，同时启动重组，将中汽零一人持股有限公司重组为由国机智能及外部社会资本联合持股的多人有限责任公司，预计在2018年完成。

【重大决策与重大项目】

1. 重大决策

（1）设立华东区域总部。国机智能整合在苏州的特种装备、机器人、精密减速机、汽车零部件检测等资源和业务，在苏州相城区组建设立国机智能（苏州）公司。国机智能（苏州）公司将以智能工厂设计建设为载体，推动资源整合和协同，并依托苏州市在人才和政策上的资源和优势，布局产业链，带动华东地区制造业转型升级。该公司的成立标志着国机智能华东区域总部正式运营，是国机智能具有里程碑意义的一次重大战略决策，也是集团智能板块的重要战略布局。

（2）用股权转让加增资的方式并购江门市密封件制造企业的部分股权。密封产业是国机智能传统、优势产业，通过投资并购，抓住高端密封件国产替代的契机，将进一步做优、做强、做大国机智能密封行业市场，提高密封产业批量制造能力，同时，利用现有密封产业的技术能力、销售网络及公司的品牌实力，坐稳国内行业龙头地位，进而向国际市场进军。

（3）推动子公司广州启帆工业机器人有限公司（以下简称启帆公司）与上市公司的合作，以技术、设备入股的方式成立新的合作企业，完成了专利产品的转让，并实现了从技术到产品的转换。

（4）投资设立广州国机智能橡塑密封科技有限公司，全面进入新能源汽车动力电池市场，在资金、客户黏性、运营效率等方面带来新的资源，实现快速抢占新能源电池密封市场份额。

2. 重大项目

（1）国家机器人检测评定中心（广州）。中心于2015年获批立项，是全国四大机器人检测中心之一，于2017年底完成项目总体建设，包括精度位姿试验室、安全可靠性试验室、寿命耐久试验室、噪声试验室和电磁兼容试验室等14个专业实验室，建筑面积达到10 040m^2，形成了机器人整机及关键零部件的安全、性能、噪声、环境可靠性和电磁兼容性等测试能力；新增的检测能力涵盖相关标准111份，新增可执行检测项目497项，覆盖了90%以上的现行国内、国际机器人相关标准检测项目。依托该中心的“国家自动化装备质量监督检验中心”已获得国家认证认可监督管理委员会CMA资质认定，国机智能所属广州机械院已成为国家机器人标准化总体组成员单位和机器人检测认证联盟成员单位。

（2）国家科技支撑计划课题“大型风电场智能化状态监控与运维调试系统研究及示范”。项目以我国风电场智能化运维需求为导向，通过风电场优化运维关键技术的研究，开发出大型风电场智能化状态监控与运维调度系统，并在洋前风电场（50MW级）、勇士风电场（50MW级）实施了示范应用，可大幅提升风电场平均可靠运行小时数，提高风电场的可用率，为风电运营商提供风电场的运行优化与智能化管理手段、实现风电场的少人或无人值守管理以及设备与运维人员的集约化管理，帮助风电运营商实现智能、高效、低成本的运营。项目获得国家专利22件，发表学术论文25篇，出版专著1本，编制行业技术标准1项，培养研究生23名，技术骨干41名。经专家评议，该项目总体技术达到国内领先水平、部分指标达到国际领先水平。

（3）国家工信部强基工程“高端橡塑密封器件研发检测服务平台”项目。项目面向高端橡塑密封的研发检测需求，国机智能已建立了高压液压缸往复密封性能、环境适应性及可靠性的检测、试验、评价及设计平台，完成了实验室信息管理系统建设，产品实现产业化应用。通过该项目共申请了国家专利10项，其中发明专利8项；登记软件著作权2项，发表学术论文19篇，制（修）订国家技术标准3项，企业标准2项。依托高端橡塑密封器件研发检测服务平台，国机智能已逐步向全行业提供关键共性技术研究、产品研发、新产品检测、试验和评价等服务，从而促进我国机械工业装备橡塑密封技术水平的不断提升。

【市场营销】

1. 着力打造智能制造板块 国机智能所属启帆公司实施产品聚焦策略，集中精力做精做强重点产品，调整销售策略，开拓家具、纺织、汽配等市场领域，拿下多个大优质型客户，为客户量身设计的机器人成套智能生产系统解决方案成为行业项目示范线。智能工程所聚焦智能涂胶领域，攻克技术难点，向家电、电力、生物科技等多行业进军并取得显著市场成效。苏州电加工特种加工行业市场份额相较上年有增长。北京智能技术院专注智能工厂产品研发与市场拓展并取得重大进展，以内部协作方式在集团内建立专业技术核心地位及影响力并与多家进行了实质性合作。

2. 检测板块 所属检测所挖掘高附加值的检测业务，实现营业收入和利润双增长，通过认监检查组飞行检查，检测能力获得验证。汽车所大力拓展市场，成果显著。检测收入出现明显增长，利润增长超过70%。国评中心借助现有检测能力开展机器人测试，已开始为机器人公司提供检测服务。

3. 三基板块 所属密封所创新经营方式，重机行业、煤机行业维修市场拓展成效明显，聚焦配套批量市场，并取得突破性进展；新能源行业市场先发优势效果显现，在行业内初具品牌知名度，2017年已获准进入汽车行业，实现量产、盈利。宝力特－液压从冶金、机床等传统业务市场转向开拓阀门、环保、造纸等新行业市场。宝力特－密封总体销售及利润也大幅度上升，其中盾构市场同期业绩增长200%，水电、工程机械市场同期业绩增长30%。吉盛公司各项业务相较上年有较大增幅，重点产品领域切削加工液和车用油本年销售增幅均超50%。胶业所退出低端用胶市场和潜亏业务，在深耕家电用胶市场的同时进入消费电子用胶市场和新能源汽车用胶市场，实现23%的业务增长。摩根公司海外订单比上年增长20%。

国机智能2017年签订纸质合同超过1.5万份，金额超过5亿元，实际接收的订单数超过20万份，金额约15亿元。

【科技创新】

国机智能对科技创新投入呈倍数增长，成立两年间取得科技拨款1.7亿元（2017年为6 454万元），科技研发投入2.7亿元（2017年为1.6亿元）。

1. 创新体系与服务平台建设 2017年，国机智能获批国家机器人创新中心、工业摩擦润滑技术国家地方联合工程中心2个国家级科研平台，申请并立项了广东省智能工厂工程技术研究中心、广东省机器人系统集成与液压工程技术研究中心、广东省工业机器人及核心零部件工程技术研究中心、智能工厂及机器人公共技术支撑平台等4个省级科研平台，国机智能的智能制造产业已开始进行从部件、本体到集成，再到智能工厂的全方位前瞻性布局和设计。重点科研平台建设方面，国家机器人检测评定中心（广州）经过2年的建设，已经具备机器人整机检测服务能力和机器人寿命耐久检测服务能力，获准起草1项国家标准和3项中国机器人产业联盟标准；国家自动化装备质量监督检验中心，在国评中心的基础上，已完善工业机器人检测能力，新增服务机器人、无人机、成套自动化装备等的检验检测能力。

2. 自主创新成果 国机智能获批承担了国家智能制造综合标准化项目1项目、参与2项，参与国家重点研发计划“智能机器人”重点专项5项，实现了从智能机器人减速器及操作系统开发、关键应用技术研究、整机性能测试到机器人集成应用全链条的覆盖。2017年突出的项目成果有：

（1）智能工厂整体解决方案。国机智能对外独立承建的第1个智能工厂项目——宁夏力成电气集团有限公司投资3.9亿元建设的智能配网成套开关设备数字化工厂在2017年10月28日成功上线。该项目采用国机智能自主研发的iMES-100智能工厂制造运行系统，上线后受到专家及用户的高度评价，在行业中形成了示范效应。

（2）电力巡检机器人。由国机智能牵头，联合华南理工大学、广东电网有限公司等单位开展技术攻关，研发全天候变电站室内外巡视机器人成套装备及其指挥系统，研究激光混合导航技术、基于图像识别的目标检测算法、多传感器和大数据融合技术，自主开发手机APP进行实时监控，具有抗变电站严重电磁干扰的通信网络，实现真正意义上的智能、高效、可靠巡检，能满足恶劣环境下的巡检要求。目前，产品已在广东电网多家供电局变电站进行应用，取得了客户的好评。

（3）大型机械设备智能诊断技术。面向重点制造业重大装备的安全、健康管理的需求，基于物联网、大数据、人工智能等技术的发展，开展设备健康管理技术、信息化服务技术、大数据分析服务技术等方面的研究工作，建立一个应用于大型机械设备健康管理的监测大数据信息即时采集、快速处理、智能诊断、网络决策的应用及服务平台。

2017年申请专利32件，其中发明专利11件，实用新型18件；获授权专利25件，其中发明专利8件，实用新型专利11件；登记软件著作权8件；全年共承担6项国标、行标、联盟标准的制（修）订任务，2项国家标准、1项行业标准发布。

3. 创新能力资质 2017年，国机智能获广州市级研发机构的认定。所属广州机械院获国家高新技术企业认定、广东省创新型企业认定，并获评广州市制造业骨干企业，成为广东省制造业100强企业；宝力特-液压通过国家高新技术企业的认定；启帆公司获评省战略性新兴产业骨干企业、市级企业技术中心；启帆、宝力特-液压2个子公司获评市级企业技术中心。

【管理经验】

（1）抓关键生产管理体系。深入持续开展精益管理，重点推进启帆公司PMC管理、密封所精益品质管理和工艺标准化，启动了检测所、汽车所以及苏州电加工6S和现场目视化管理。广州机械院及各全资、控股子公司开展质量管理体系、环境管理体系、环境和职业健康安全三大管理体系整合，迎接三大体系审核认证。密封所“永无止境”QC小组在黄埔区第五届质量管理小组成果发布赛中赢得QC小组成果奖三等奖。

抓实抓牢安全生产。发布实施《安全生产管理办法》《安全生产责任目标考核办法》《安全生产党政同责、一岗双责管理办法》，通过OHSAS18001职业健康安全体系年度监督审核，继续保持集团年度考核A级。

（2）做好资金管理与筹划。以预算为降本增效管理之源，将经营管理权下放至各经营实体，推进“统一管理，分级负责”的两级预算管理体系。制（修）订《全面风险管理制度》等20项财经制度，妥善处理“两金”，与律师事务所开展合作追收应收款项。潜心研究政府财务政策，就研发经费后补贴、高企培育、工业转型升级、黄金美玉10条、瞪羚企业、孵化平台等制订普惠性补助申报计划，对适用范围、奖励条件、数据口径等研究分析，并组织申报。

（3）持续推进风险管控。制（修）订《全面风险管理制度》《法律工作管理办法》等制度，组织各经营实体按照风险提示清单进行自查，建立风险事件库。定期对公司可能存在的风险进行监控，形成“季度风险监控报告”，并责令相关部门改进风险事项。开展内部控制评审、任期经济责任审计、经营实体经营情况与合规性审计及各类项目审计。全年完成5项专项审计工作，审计核实基建工程项目58项，送审金额1 058万元，审计为895万元，审减金额163万元。做好法律风险管理，举办合同签订与履行的法律风险培训、劳动争议法律案件相关法律问题培训、合同管理及账款催收专题培训和讲座。全年通过法律手段处理纠纷和案件14起，收回款项125万元，减少经济损失34.23万元。

（4）抓人力资源管理核心。重视人才建设，抓好人才培养，探索建立激励体系。制订实施《首席科技专家选聘管理办法》《专业技术职务任职资格评审及聘任管理办法》《专家聘请管理办法》等制度，用好用足地方政府人才政策，组织申报广州市产业发展和创新人才补贴项目，广州市黄埔区、开发区高技能人才住房补贴项目，国机集团青年干部、青年高潜人才项目。2017年，共派出7名科技骨干到美国宾夕法尼亚大学、康涅狄格大学、德国弗劳恩霍夫研究院和德国达姆施塔特大学参加短期进修。制订《员工教育培训管理办法》，启动并实施“中层干部训练营”计划。组织实施应届毕业生入职者“雏鹰计划”、财务系统人才梯队“菁英计划”、推行在线学习课程。实施经营实体工资总额及负责人薪酬绩效方案的改革，据经营实体不同发展阶段实施分类管理，并配套不同的工资总额管控方案，以支持经营实体长期健康的发展；在负责人薪酬中增加任期激励，对任期内有新增利润的经营实体给予奖励，初步建立利润共享的激励模式，为中长期激励方式积累经验。

（5）稳步推进信息化建设。编制公司IT战略规划（2017—2021），已完成企业IT架构、编制信息化蓝图、优化IT治理模式，制订信息化建设演进路线（263计划）等。2017年，公司推进实施两大核心系统（ERP、EIP）升级改造。

【党建工作】

2017年，国机智能党委发布《关于学习宣传贯彻十九大精神的通知》，对全司学习宣传贯彻落实十九大精神提出指导性意见和具体落实要求。各党支部、全体党员通过各种形式深入学习十九大精神，利用公司网站、各楼层宣传板报、移动电子屏等媒介刊发、宣传党报重要文章及标语。期间突出报道了新任广东省委书记李希调研国机智能党建工作的指示和集团学习宣传贯彻十九大精神的系列要求。

落实全国国有企业党建工作会精神，将党建工作总体要求纳入《公司章程》。重新梳理流程，落实党委集体研讨为先于董事会、经理层决策的前置程序。

建强基层党组织。截至2017年年末，公司建有20个基层党组织（1个党委、13个在职党支部、6个离退休党员党支部），以支部为责任主体，落实“三会一课”、领导班子民主生活会、组织生活会等基本制度，推进“两学一做”学习教育常态化制度化。

实施精准扶贫，履行社会责任。公司对口扶贫潮州市大埕镇红花村，全村41户贫困户，集体经济十分薄弱。我司派专人进驻扶贫点后，经过艰苦卓绝的努力，2017年脱贫18户67人，人均年可支配收入达到6 883元。另外，公司自筹34万支持广东省、黄埔区及集团的扶贫工作。

济南铸造锻压机械研究所有限公司

【基本概况】

济南铸造锻压机械研究所有限公司（简称济南铸锻所）前身为济南铸造锻压机械研究所，始建于1956年，当时是原机械工业部直属专业从事铸造机械、锻压机械、液压技术等多专业综合性应用技术研究、开发和行业归口管理的国家一类科研机构。

1999年7月，根据国务院对国家所属242家首批重点科研院所改革方案，转制为科技型企业，成为中国机械工业集团有限公司的成员企业。2009年12月，由中国机械工业集团有限公司和中国宝武钢铁集团有限公司、中国重型机械研究院股份公司、中国浦发机械工业股份有限公司、中机中联工程有限公司共同发起，以增资扩股方式，将济南铸锻所改制为各方共同持股的有限责任公司——济南铸锻所。

济南铸锻所有教授级高级工程师20余名，高级工程师50余名，已累计完成国家和省市等科技项目3100余项，其中科研与新产品开发项目达1 500多项，获国家批准专利180余项，有170多项成果获得国家、省部级科技进步奖和发明奖。主要从事铸造机械及铸造工程机械化、自动化成套技术及装备，锻压机械及锻压工程机械化、自动化成套技术及装备，数控锻压和激光加工技术及设备、数控板材加工成套装备，各种大型闭式通用和专用机械压力机、液压机及自动化生产线，液压元件及系统的新技术、新产品开发、设计、制造，铸造锻压机械产品质量检测，相关技术的咨询服务。产品主要应用于汽车、钢铁、电力、船舶、能源、航空航天、军工等领域，技术水平国内领先，部分产品达到或接近国际水平。

济南铸锻所还承担着国家铸锻机械行业技术组织和技术服务工作，包括国家铸造锻压机械质量监督检验中心、国际铸造机械技术委员会（ISO）、全国铸造机械标准化技术委员会、全国锻压机械标准化技术委员会、中国机床工具工业协会铸造机械分会、中国机床工具工业协会锻压机械分会，以及中国机械工程学会塑性工程分会锻压设备学术委员会、国家数控成形冲压装备产业技术创新战略联盟等行业机构，并面向国内外公开发行《中国铸造装备与技术》《锻压装备与制造技术》等科技核心期刊。

济南铸锻所是我国铸锻机械行业协会理事长单位，承担着我国铸锻机械行业科技发展规划编制建议、“高端数控机床与基础制造装备”国家重大专项需求建议、全国铸锻机械行业标准规划制订等重大工作。

济南铸锻所秉承“为顾客创造价值，为卓越不懈追求”的经营理念，以发展高端铸锻机械成套装备为目标，以振兴中国装备制造业为己任，竭诚为国内外新老用户提供铸造机械、数控锻压机械和板材加工领域完整的解决方案及成套加工装备，致力于降低消耗，提高效率和铸锻机械行业可持续发展。

【主要指标】

济南铸锻所2017年主要经济指标见表1。

表 1 济南铸锻所 2017 年主要经济指标

项目	2016 年	2017 年	同比增长（%）
资产总额（万元）	77 952	60 978	-21.77
净资产（万元）	-17 435	-21 624	-24.03
营业收入（万元）	18 354	21 089	14.90
利润总额（万元）	-8 079	-4 314	46.60
技术开发投入（万元）	3 441	3 452	0.32
利税总额（万元）	1 729	2 429	40.49
EVA 值（万元）	-1 6611	-409	97.54
净资产收益率（%）	46	19	减少 27 个百分点
总资产报酬率（%）	-22.99	-3.42	增加 19.57 个百分点
国有资产保值增值率（%）	-382.2	124.2	增加 506.4 个百分点

【重大决策】

（1）1 月 5 日，济南市政府门户网站正式出台《济南市智能制造产业五年发展规划（2016—2020）》。根据规划，济南市将重点建设东西两大智能制造服务平台，其中西部以济南铸锻所为依托，联合济南大学、省机械设计研究院、齐鲁工业大学、济南二机床集团等在装备制造业领域的技术优势，打造西部智能制造服务平台。

（2）1 月 20 日，山东省科技厅、省财政厅、省国税局、省地税局联合公布 2016 年度第一批国家高新技术企业名单，济南铸锻所顺利通过国家高新技术企业重新认定（证书编号：GR201637000913，有效期三年）。

（3）3 月 13 日，国机集团丁宏祥副总经理一行到济南铸锻所调研，听取了济南铸锻所关于落实集团 2017 年工作会议精神和完成集团 2017 年度经营指标预计情况、企业生产经营运行、战略规划、市场开拓、转型创新、党建廉政以及安全生产等方面的工作汇报。

（4）3 月 16 日，济南铸锻所召开二届六次职工代表大会。共有 160 余名职工代表和列席代表参加会议。全体代表审议通过总经理张波作的题为“生死抉择、浴火重生　改革是我们唯一的选项”的工作报告，财务总监黄翠作的“2016 年度财务收支情况报告”和“2016 年度招待费使用情况报告”，总经理助理战光作的“人力资源优化实施方案”。大会还对公司 2016 年度涌现出的先进集体、先优人员进行表彰。

（5）4 月 14 日，国机集团徐建总经理到济南铸锻所调研。徐建总经理听取了济南铸锻所改革发展整体实施方案执行情况汇报。

（6）4 月 20 日，中国机床工具工业协会隆重举行了“2016 年度中国机床工具工业协会先进会员（十佳）”颁奖仪式，济南铸锻所荣获“自主创新十佳”称号。

（7）6 月 26 日上午，由济南铸锻所承建的国际标准化组织铸造机械技术委员会（ISO/TC306）成立大会在山东济南举行。国家标准委主任田世宏、国际标准化组织主席张晓刚、山东省副省长王随莲、济南市市长王忠林出席会议。山东省省直有关部门、科研院所、行业协会以及全省质监系统、省内外企业代表 300 余人参加了会议。

（8）12 月 9 日，济南铸锻所主承担的国家重大专项“铸件砂型近净成形成套装备”课题在用户现场新乡市美斯威精密机器有限公司通过由工信部产业发展促进中心组织的任务终验收。

（9）12 月 23 日，济南铸锻所主承担的“大功率厚板数控激光切割机和三维数控激光切割机”重大专项课题在用户山东省地质探矿机械厂通过工信部产业发展促进中心组织的技术任务终验收。

【重大项目】

济南铸锻所目前承担着国家智能制造新模式应用项目、“高档数控机床与基础制造装备”国家科技重大专项、国家重大科学仪器设备开发专项等国家重大科研项目的实施工作，2017 年，济南铸锻所进一步加强国家及上级科研课题的验收工作力度，确保科研项目工作的落实。同时，在科技创新成果，科技平台建设等方面取得良好业绩。

1. 国家智能制造新模式应用项目实施工作 把握制造业向智能化方向发展趋势，积极承担了国家智能制造新模式应用项目“汽车纵梁柔性制造数字化车间”，有效带动济南铸锻所汽车装备产业的发展，该项目被评为中国机床工具工业协会自主创新“十佳产品”。

依托该项目，济南铸锻所研发和建设了一个适用于数控成形装备的远程监控诊断服务平台，利用移动互联网和 VPN 技术在数控成形装备上应用开发，数据采集系统硬软件对包括 PLC、仪表或者工控机等在内的设备进行实时状态、参数、故障等数据的采集，通过 VPN 方式，采集系统将数据远传至云端通信服务，云端通信服务接收和处理数据后存入数据服务器，再通过应用服务器将数据进行处理后通过 web 或者 webservice 方式提供给 WEB 端（PC、平板、手机）或者 APP 端以进行展示、分析、诊断和管理等界面。项目完成后实现：电气工程师可以连接 Internet，通过登录 VPN 方式连接远程监控维护中心，与现场数控成形装备 PLC 建立连接，远程调试、维护 PLC、HMI 等电气控制元器件设备实现故障的排查以及状态数据监控；通过远程监控摄像头采集现场设备的实时图像信息，实现远程诊断服务。技术人员无须亲临现场即可实现设备的远程调试、技术维护和故障诊断等工作，并建立故障诊断专家数据库，实施全生命周期健康检测技术，大大提高产品售后服务质量和效率，保障了用户正常生产，提高了产品的市场竞争力。

该平台于 12 月完成调试应用，初步完成每年 5 ～ 10 台设备接入到该平台，最终实现济南铸锻所全部数控成形装备产品均可以接入该平台。同时，通过内部资源整合，做到资源共享，拟与国机铸锻智能平台建设一起，探讨合作搭建铸锻智能云平台。

2. 国家科技重大专项验收工作

（1）主要承担“铸件砂型近净成形成套装备”重大专项课题通过技术任务终验收。12 月 9 日，济南铸锻所主要承担的国家重大专项“铸件砂型近净成形成套装备”课题在用户现场新乡市美斯威精密机器有限公司通过由工信部产业发展促进中心组织的任务终验收。

该项目突破了静压造型紧实技术、型砂精确定量技术、双面模板脱箱造型技术、模板自动更换技术、冷芯盒制芯技术、机器人组芯技术、计算机监控技术、设备远程诊断与控制、自动浇注技术等 10 项核心关键技术；完成了砂箱内尺寸 1 000mm×800mm×320mm、生产率 241 箱 /h 的静压造型线样机的研制，设计和研制了水平分型脱箱自动造型线（铸型尺寸 600mm×700mm×250 mm，设计生产率 200 箱 /h）。课题责任单位应用该课题的科研成果开发出了整个系列的静压自动造型线产品（砂箱尺寸从 1 000 mm×800mm 到 1 850 mm×1 250mm），并且在 12 家用户得到了示范应用。完成了静压自动造型线配套的 1 500kg 全自动浇注机、500kg 主 - 从随动式缸体铸件搬运机械手全套设备样机制作，并在实际生产中应用。设计和研制了水平分型脱箱自动造型线（铸型尺寸 600 mm×700 mm×250 mm，设计生产率 200 箱 / h），市场占有率达 50% 以上，完成汽车缸体铸件生产用制芯中心（生产率 40 套 /h）的设计。获获授权专利 37 项，其中发明专利 5 项；制定标准 6 项，其中国家标准 2 项；超额完成了专项合同书要求的各项研发任务和考核指标。

该课题的成功实施提升了我国近净成形成套装备的制造能力和水平，为汽车、核电、工程机械、风力等行业对精密铸件的需求提供了关键装备，将使我国成为世界上继德国之后少数掌握该项技术的国家之一；极大地提高了我国现有静压造型线和水平分型脱箱自动造型线的技术水平、可靠性和稳定性，为替代进口，打造自主品牌做出了应有的贡献。对打破国外厂家在该领域的垄断，改变依赖进口的局面，满足国内市场的需求，促进我国铸件砂型近净成形成套装备技术的进步和发展，积极带动我国铸造机械行业的快速健康发展具有重要意义。

（2）主承担“大功率厚板数控激光切割机和三维数控激光切割机”重大专项课题通过技术

任务终验收。12 月 23 日，济南铸锻所主承担的“大功率厚板数控激光切割机和三维数控激光切割机”重大专项课题在用户山东省地质探矿机械厂通过工信部产业发展促进中心组织的技术任务终验收。

济南铸锻所与哈尔滨工业大学、燕山大学、山东省计算中心联合组成的课题组，攻克完成了数控激光切割机结构优化技术、大功率激光光束传输和光束质量控制技术、三维激光加工头研制技术、激光切割专用数控系统控制技术等 13 项核心关键技术；获得国家授权专利 7 项，其中发明专利 3 项；制定标准 2 项，其中国家标准 1 项；发表技术研究论文 17 篇；研发新产品、新工艺、新装置、计算机软件 12 项；获得了省部级奖励 3 项。

课题研发成果大功率厚板数控激光切割机和三维数控激光切割机已在山东地质探矿机械厂获得试生产应用，同时，应用课题成果研制的 CLR 系列地轨式数控激光切割机，被济宁金成、济宁四通、青岛海格力斯等多家工程机械用户采购，还应用在郑州宇通、武汉史密茨挂车等汽车制造用户，为国家“新能源汽车”的推动和发展起到推动作用，CLR0418 超大幅面地轨式激光切割机成果荣获中国机械工业科技进步奖三等奖和山东省机械工业科技进步奖一等奖。

至此，济南铸锻所主承担的重大专项课题已全部通过技术验收。

（3）参与承担的重大专项课题验收情况。济南铸锻所参与承担的宁波精达“3 000kN 宽台面超精密高速压力机”课题于 2017 年 1 月 11 日通过技术预验收，南京埃斯顿“高档数控锻压设备专用数控系统开发与应用”课题于 2017 年 12 月 14 日通过技术任务终验收。参与承担的“3 000kN 宽台面超精密高速压力机”“J76-750 数控重型高速精密压力机”重大专项课题 2017 年度完成财务审计工作。

3. 国家重大科学仪器设备开发专项验收工作 济南铸锻所承担国家重大科学仪器设备开发专项“材料微观力学性能原位测试仪器研制与应用”子课题“仪器在大型成形装备关键传力与运动零件材料性能测试中的应用开发”，于 2017 年 4 月 14 日顺利通过教育部技术预验收，并完成财务审计工作。

以上国家重大科研项目的实施并顺利完成，解决了行业内多项关键、共性技术，推进了行业技术进步，有效提升了我国数控机床和基础制造装备产业的自主创新能力和核心竞争力，可促进行业技术进步，带动相关产业发展。

【科技创新】

1. 取得的科技成果奖励情况 2017 年，公司荣获各项科技奖励 8 项，其中省部级科技进步奖 5 项，其他奖励 3 项。其中国家科技重大专项成果“数控高速冲压设备可靠性增长技术”荣获 2017 年度中国机械科学技术奖二等奖。国家标准《液压机 安全技术要求（GB 28241—2012）》《剪板机 安全技术要求（GB 28240—2012）》《机械安全 安全防护的实施准则（GB/T 30574—2014）》）均荣获 2017 年度中国机械科学技术奖二等奖。行业标准《精密伺服校直液压机》荣获得 2017 年度中国机械科学技术奖二等奖。另外，济南铸锻所在“第十届中国（济南）国际信息技术博览会”奖项评选活动中荣获创新奖和信博会创新奖和智慧城市优秀解决方案奖。

2. 专利情况 2017 年，济南铸锻所获授权专利 13 项，其中发明专利 3 项，实用新型专利 8 项，外观设计 2 项。

3. 2017 年度国家智能制造新模式应用项目申报 公司与宝钢集团常熟宝升精冲材料有限公司、南京理工大学沟通协作，联合申报 2017 年国家智能制造新模式应用项目“宝升精密成形材料智能化工厂”。

精密冲裁零件广泛应用于航空航天、机械、汽车、计算机、家用电器、军工等领域，作为精密冲裁原材料，精冲钢年需求达 90 余万 t。该项目的实施是在公司为常熟宝升前期提供 1 条 16mm×1 800mm 数控开卷纵剪收卷生产线（大纵剪）、3 条 8mm/14mm×650mm 数控开卷纵剪收卷生产线（小纵剪），2 条数控酸洗生产线基础上，进一步研制完成精密成形材料智能化工厂并进行示范应用，突破精密冲裁钢厚板成形、酸洗处理、球化退火、钢卷智能物流系统、实时数据采集与管理等关键技术，掌握精冲钢全流程智能化制造工艺技术及装备，实现各主要加工设备（包括1条大纵剪线、2条酸洗线、2台数控轧机生产线、12台全氢罩式退火炉、1台数控平整机、3条小纵剪线）及全套物流智能装备的系统调度智能化生产。项目实施所涉及的24台（套）主要数控加工设备、智能物流成套装备、控制软件等国产化率100%，整体技术水平达到国际先进水平，形成完全自主知识产权，替代进口，引领我国新材料及装备制造业整体技术进步及发展。

4.“智能长清·济南西部智能制造服务平台新产品、新动能战略发展论坛”在济南铸锻所举办 2017年7月27日，由济南市长清区人民政府、济南市经信委举办的“智能长清·济南西部智能制造服务平台新产品、新动能战略发展论坛”在济南铸锻所召开，济南铸锻所作为济南市西部智能制造服务平台依托单位，30家智能制造企业和部分高校负责人齐聚济南铸锻所，围绕“创新引领智能制造，融合推动高新动能”议题，对接济南市智能制造产业规划，讨论如何发挥济南西部智能制造研发服务平台，打造“智能长清”品牌，促进全市智能制造企业可持续发展，发力智能制造推动新旧动能转换。

【市场开拓】

2017年，我国经济已经发展到重要的转型时期，行业发展面临诸多利好因素。首先，宏观经济环境形势有利于行业平稳发展，国内宏观经济走势基本平稳，经济体制改革持续推进，国际经济出现趋暖迹象，发达经济体经济缓慢复苏。国际方面，世界经济复苏依然缓慢且不均衡，国际贸易和投资疲弱，增长动力不足，受贸易保护主义抬头、逆经济全球化趋势加剧、欧元区政治经济困局等影响，全球生产率降低、创新受阻，世界经济仍处于“低增长陷阱”。国内方面，货币超发以及较低的利率水平，企业和居民具有较强持币观望的动机，对于实体经济的投资欲望不强，投机性意愿强烈。实体经济的投资持续萎靡不振，投机性经济活动进一步滋生蔓延。

在此背景下，国家出台了扩大总需求和促进供给侧结构调整的政策，通过去产能、促产业升级、鼓励创业创新来重新平衡供需结构。坚持全面深化改革，坚持创新驱动发展，加快经济发展方式转变和经济结构调整，经济运行保持在合理区间。“一带一路”战略的实施，为机械产业开拓国际市场打开了良好机遇，尤其是党的十九大报告中指出，要加快建设制造强国，加快发展先进制造业，推动互联网、大数据、人工智能和实体经济深度融合，在中高端消费、创新引领、绿色低碳、共享经济、现代供应链、人力资本服务等领域培育新增长点、形成新动能，为企业的发展指明了方向。

【市场分析】

在钣金加工设备领域，国产高端产品很少，和国外高端产品比差距较大，市场呈现高档进口产品、国内低端经济型产品两极分化，整体需求量下降明显，济南铸锻所市场份额不足5%。

随着激光市场的成熟，需求趋向于高端、高功率的附加值和性价比，以6kW激光器以上功率段为主攻方向，优化产品结构，提高动态性能，在此子市场建立先发和高性能的制高点。管线激光切割的市场需求刚刚起步，市场预期良好。国外市场受“一带一路”的带动，主要以东南亚、南美、非洲等不发达地区为主，近三年以来增长迅速。

开卷线产品市场冷淡，市场信息不稳定，热轧板加工设备销售收入偏低。需要下大力气提升产品竞争力。针对此情况，缩小营销范围，制订营销区域，把每个营销业务员的地方区域缩小，制订营销区域公共区，调动营销业务员的竞争性及积极性。

随着汽车产业行业的转暖，汽车装备产品销量有所增加，特别是冲孔设备的需求大幅增加，但同时，因为行业产能存在过剩情况，一些主流主机厂采购设备需求不足，因此，市场销售形势还是十分严峻。汽车装备产品主要是以国内市场为主，产品销量在国内占主导地位。营销部门对公司客户进行分级管理，对重点客户安排专人进行项目进展跟踪，全年重点客户签单成功率达到百分之百，占全年新签合同的90%以上。

铸造装备市场处于观望期，受国家环保政策影响，很多小的铸造厂由于环保不达标，也无力投入财力去改造现状，面临关门状态。另外，略有实力，能够紧跟国家政策的中等企业，计划拆掉原来落后的不达标产能，投资先进的自动化生产线，对济南铸锻所来讲是机遇更是挑战。

【质量及标准】

2017 年，在全国铸造机械标准化技术委员会、全国锻压机械标准化技术委员会的支持下，制（修）订标准 35 项，其中国家标准 9 项，行业标准 26 项。主持制定国家标准 5 项，提出国际标准草案 1 项。

【管理经验】

1. 经营管理方面 根据国机集团下达的年度经营考核目标，济南铸锻所分解下达内部产业部门年度经营考核目标，总经理与各产业部门主要负责人签订经营目标考核责任书，经营考核目标完成结果直接与产业部门中层干部年薪、部门工资薪酬总额挂钩。

（1）完善业绩考核目标管理，有效发挥经营业绩考核的重要性和激励约束作用。为规范公司回款管理，进一步加大回款收回力度，保持生产经营活动现金流量平衡，提高应收账款周转率和资金使用效果，针对回款实施专项考核。考核对象为公司总经理、分管副总经理、各产业公司经理。按各产业公司回款总额分解到工作日，再换算为月回款额，以月回款额为考核目标。超额完成回款目标，按超额部分比例加发薪酬，上不封顶。通过激励，2017 年资金回笼比 2016 年，同期增长 25% 以上，有效缓解公司资金压力。

（2）健全全员业绩考核制度，层层传递经营目标责任和压力。健全、实施全员业绩考核，是完善经营业绩考核制度的重要举措，是分解责任到每个部门，压力传递到每个岗位，奖惩覆盖到每个员工的制度保证。2017 年，是公司实施扭亏脱困方案的第一年，各项具体措施按计划有步骤地推进与落实。公司结合往年数据及各产业公司产品特点，制订相应的材料占比管控方案，在审核毛利率的基础上，重点管控项目材料占比，提升产品盈利水平，在根本上保证利润指标的完成。同时，为规范公司回款管理，进一步加大回款力度，保持生产经营活动现金流量平衡，提高应收账款周转率和资金使用效果，制订实施《2017 年回款考核管理办法》。为调动产业公司营销工作的积极性、工作力度和责任心，修订《应收账款特殊奖励办法》，在核算办法不变的前提下，增加特殊奖励，加大了对产业公司的激励力度。确保现金流持续向好。截止到年底圆满完成了集团的利润指标。

2. 信息化工作方面 济南铸锻所着重开展以提高业务管理系统应用水平，促进业务管理水平提升等系列工作。包括 ERP 系统版本升级、账套数据升级、服务器系统及客户端的重新安装，权限调整、主要业务流程通过 ERP 系统落地实现了流程的固化，对新设部门起到了规范业务的积极作用；开展网上报销系统的调研、方案制订与实施工作；配合公司机构调整，对 OA 系统组织架构进行了大幅度重新调整与完善，优化和固化管理审批流程，充分发挥 OA 系统在提高协同办公效率，实现管理信息化、规范化，提升管理水平等方面的重要作用。

3. 人力资源管理方面

（1）济南铸锻所针对近 3 年效益下滑，生产面临重重困难，职工收入水平得不到提高的实际情况，按公司改革脱困整体实施方案的部署和要求，落实各项措施。2017 年重点开展人力资源优化工作，助力公司改革脱困，采取内部退养方式安置 25 人、协商解除劳动合同 76 人和经济性裁员 11 人，人力资源优化工作顺利完成，保证了公司生产经营的正常进行。

（2）持续进行深化三项制度改革，为实现减亏增收、改革脱困的战略目标，逐步建立有效的以综合考核评价为基础的选拔任用机制，强化任职条件及考核测评，做到管理人员能上能下，3 名管理人员不再担任中层职务；持续构建员工正常流动机制，做到员工能进能出；优化薪酬结构，稳步推进公司内部收入分配制度改革，合理拉开收入分配差距，做到员工收入能增能减。通过制度改革工作，做到管理人员高效管理，技术人员专业研发，营销人员增签合同，生产人员高质生产。2017 年，各项经营指标较上年有较大提高。

（3）工资总额管理控制。按照集团要求严格控制工资总额，每季度按照产业部门经营主指标完成情况核发部门薪酬指标，并对公司工资总额的执行情况进行汇总，做到实时监控，全年发放工资总额控制在集团下达的预算额度内，杜绝工资总额的超额使用。

（4）保质保量完成培训计划。组织开展各类培训共计40余次，参训人员累计290余人次，培训内容涉及科技、管理、营销、生产等各个方面；按照集团培训要求，结合公司实际情况，2017年重点推行在线学习课程班，20余名中层干部参加培训，提升了自身技术水平和业务能力，与公司的战略发展相适应。

4. 财务管理方面 一是为真实反映产品自身实际盈利能力，调整成本核算办法，使用变动成本法替换原完全成本法，制造费用视同期间费用全部进入当期损益，真实反映销售量及产品自身盈利水平的变化对当期损益的影响，避免制造费用分摊中的主观随意性。二是进一步扎实财务基础管理，提高财务信息质量，真实反映经营结果，准确决策依据。

（1）为防止潜亏，费用先挂账后付款，避免因资金不足原因导致费用报销入账不及时问题。

（2）非标产品结转销售成本先按定额成本结转，据实调差，减少成本归集不完整现象。

（3）对已调解待执行的被诉讼案件，被诉标的高于会计账面金额及罚款，全额计提或有负债。

5. 法制建设方面 一是强化组织领导，依法治企水平不断提升。根据国机集团开展“七五”普法规划的要求，济南铸锻所坚持把各级领导干部带头学法、模范守法作为法制宣传教育的关键。

（1）完善公司各级领导干部学法用法制度，切实推进、督促学习宪法法律，提高领导干部运用法治思维和法治方式深化改革、推动发展、化解矛盾、维护稳定的能力。

（2）加强党章和党内法规学习教育，引导党员领导干部严守政治纪律和政治规矩，在廉洁自律上追求高标准，把遵法守法用法情况作为考核领导班子和领导干部的重要内容。加大宣教力度，学法守法意识不断深入。注重加强对广大基层职工的法制宣传教育，认真组织企业职工参与法制宣传教育，健全日常学法制度，拓宽学法渠道，积极创新普法方式，提高职工参与法制宣传教育的积极性和遵纪守法的自觉性。

【企业文化】

加强企业文化与品牌建设。对公司企业文化价值理念进行了重新梳理，进一步明确了公司愿景、使命、核心价值观及其释义，确定了公司的企业文化体系。完成公司宣传片和多项产品宣传片的制作工作，进一步提升了公司形象，扩大品牌与产业（产品）的知名度和影响力。

【党建工作】

2017年，济南铸锻所党委的主要工作思路是全面贯彻十八届六中全会、党的十九大和国机集团党建工作会议精神，以习近平总书记系列重要讲话为精神指导，结合公司实际，全面从严治党、落实党委工作责任制，抓班子、带队伍、理思路、渡难关，深入开展“两学一做”学习教育，为完成公司扭亏脱困的各项任务提供坚强保证。

（1）济南铸锻所党委每年年初制订年度党委中心组学习计划，每季度安排1次党委中心组学习，扎实开展公司领导班子理论学习，加强领导班子思想政治建设与作风能力建设，把学习成果转化为指导工作的科学思维方法和工作方法，转化为推进工作实际的工作思路，不断提高公司领导班子和领导成员谋划发展、推动发展的本领。

（2）制订《济南铸锻所党委推进“两学一做”学习教育常态化制度化实施方案》，为公司改革工作提供教育基础。7月1日，公司召开2017年庆“七一”暨先优表彰大会。公司党委书记张波结合公司改革脱困的实际情况，作了题为“从严治党 脚踏实地 咬住目标不放松 撸起袖子加油干”的专题党课。

（3）9月30日，济南铸锻所党委举办“两学一做”学习教育常态化制度化知识竞赛，全体党员干部进一步熟知和掌握了“两学一做”专题教育知识，增强了党性观念、纪律观念和法治观念，有利推动了公司“两学一做”学习教育常态化制度化。

（4）认真学习贯彻党的十九大精神。10月18日，按照集团要求，组织公司党委班子成员、中层领导干部代表、党员代表、团员代表共同观看党的十九次代表大会开幕式；10 月 26 日，济南铸锻所党委委员、纪委委员共同观看了国机集团传达学习事就大精神视频会。2017 年 9 月 16 日，济南铸锻所党委组织“学习习总书记重要讲话精神，为党的十九大召开做好准备”专题学习，公司党委委员、领导班子成员、各党支部书记以及中层干部参加了学习，党委书记张波为大家作习总书记“7.26”重要讲话精神宣讲。

（5）党支部书记讲党课。2017 年下半年，根据济南铸锻所发展需要，修订党委工作计划，重点加强党支部建设，开展基层党组织书记党建述职工作，要求党支部书记每年至少讲一次党课。9 月 16 日，公司高端钣金党支部副书记为公司中层及以上党员领导干部和部分党员同志做了以“支部书记培训汇报”为主题的党课报告。

【社会责任】

济南铸锻所牢记承担的使命与责任，在加快企业改革发展的同时，积极履行应尽的社会职责。积极推进节能减排工作。始终坚持以科学发展观为指导，制订工作制度，强化措施，狠抓落实。通过对公务用车实行统一管理，严格控制办公用品消耗，充分利用 OA 系统强大功能逐步实现无纸化办公，优化水、电、暖节能措施，强化生产管理与设备改造，加强宣传等多项措施增强员工节能减排工作的责任感和使命感。

重庆材料研究院有限公司

【基本概况】

重庆材料研究院有限公司（以下简称重材院）创建于 1961 年，是原机械工业部直属一类研究所，1999 年转制进入国机集团。

重材院是我国专门从事功能材料共性基础技术、工程化技术研究与产业化开发的综合性研究机构，经过 50 余年的发展，已成为国家在功能材料领域重点支持的技术创新平台。其中，经国家批准组建了“国家仪表功能材料工程技术研究中心”“国家企业技术中心”“高性能测温材料国家地方联合工程实验室”“全国仪表功能材料标准化技术委员会”“工业（仪表功能材料）产品质量控制和技术评价实验室”“博士后科研工作站”，与湖南大学共同设立“材料物理化学”博士学位授予点；经重庆市批准组建了“重庆市院士专家工作站”“两江学者”特聘岗位等省部级平台。重材院是重庆市第一批“创新型企业”、第二批“市级知识产权优势企业”和国家知识产权局授予的“国家级知识产权优势企业”。

重材院是全国仪表功能材料学会、协会、标准化技术委员会、生产力促进中心、产品质量监督检测中心等行业自律性组织的挂靠单位，主办中文核心期刊《功能材料》、技术期刊《功能材料信息》、行业门户网站“中国功能材料网”、大型系列学术会议“中国功能材料及其应用学术会议”等，形成了全国功能材料核心服务平台，在国内外新材料领域具有重要影响。

建立 50 多年来，形成了金属功能材料及制品、贵金属材料及制品、测温材料元件及装置、传感器敏感材料及元件、难熔金属材料、特种陶瓷材料及制品、磁性材料及器件等中试工艺生产线。测温材料、特种合金、工程仪表三大优势专业领域在国内处于领先地位。先后承担国家科技攻关、“863”计划、科技支撑计划、军工配套科研、转制科研院所专项资金等各类科技项目 700 余项，取得各类科技成果 900 余项，先后获得国家级科技进步奖 11 项，部、省级科技成果奖 300 余项，成果广泛应用于机械、汽车、电子、能源、石化、冶金、轻工、舰船、航空、航天与国防军工等众多领域，解决了国家一系列重点工程、重大设备和军工配套所需的关键材料与元件，为我国国民经济的发展和国防军工技术进步做出卓越贡献。

自 1998 年起，建立并持续保持 GB/T 9001 质量管理体系和 GJB 9001 军工质量体系；2005 年起建立并保持武器装备科研生产保密资质和许可证资质；2013 年获得装备承制资格和军用核设施设计制造许可证。

重材院占地面积 200 亩（1 亩 =666.67m^2），现有科研生产设备仪器共 1 100 多台，固定资产总额 94 030 万元。现有职工 368 人，专业技术人员 204 人，其中教授级高级工程师 20 人、高级工程师 49 人。

【主要指标】

资产总额 10.19 亿元，全年营业收入 7.52 亿元，利润总额 1 235 万元。2017 年重材院主要经济指标完成情况见表 1。

表 1　2017 年重材院主要经济指标完成情况

项 目	2016 年	2017 年	同比增长（%）
资产总额（万元）	84 644	101 948	20.44
净资产（万元）	35 578	44 004	23.68
营业收入（万元）	67 226	75 198	11.86
利润总额（万元）	605	1 235	104.13
技术开发投入（万元）	6 060	6 918	14.15
利税总额（万元）	1 314	2 158	64.23
EVA 值（万元）	−574	1 377	339.89
全员劳动生产率〔万元 /（人・年）〕	17.72	17.21	−2.78
净资产收益率（%）	1.71	2.75	增加 1.04 个百分点
总资产报酬率（%）	2.72	3.37	增加 0.65 个百分点
国有资产保值增值率（%）	101.64	102.01	增加 0.37 个百分点

【重大决策与重大事项】

做好党建工作。4 月，召开两委换届选举党员大会；6 月，召开建党 96 周年暨“两优一先”表彰大会；7 月，举办“两学一做”学习教育知识竞赛；10 月，组织全体党员收看十九大实况直播，做好十九大精神的宣传贯彻工作。

落实“创新、协调、绿色、开放、共享”五大发展理念，保持特种合金、稀贵金属、工程仪表及成套三大优势市场占有率，创新业务模式，加大市场开发力度，以“新品推进和效率提升”作为年度重大专项工作，确立新的产业增长点。1 月，参与的中工国际工程股份有限公司埃塞俄比亚瓦尔凯特糖厂项目糖线自控仪表部分投标成功；8 月，与江麓机电集团有限公司签订合作协议。强化科技研发能力，在 5 月和 7 月，分别召开落实传达国机集团“发现行动”研讨会和国家重点研发计划技术研讨会。同时，注重建设人才梯队，提升内部管理，严抓产品质量，营业收入实现稳步增长，营业收入从 2015 年 62 868 万元，增长到 2017 年 75 198 万元。

完成“去产能、去库存、去杠杆、降成本、补短板”五大任务，8 月，组织相关人员学习国务院“降杠杆减负债”专题会议精神，采取多种方式低杠杆率和减少负债，有效防范和化解经营风险；将“资金成本”工作纳入重点专项工作，推进企业降成本，抓“两金”“去库存、补短板”工作，收到良好成效；推进供给侧结构性改革，处置“僵尸企业”和开展特困企业专项治理，增强企业活力。

【市场开拓】

以国机集团“二次创业”“丹棱精神”为指引，坚持公司“1233”发展目标和“2015—2017

三年行动纲要”短期战略，以“品质效益”为工作重点，狠抓内部管理，实现有质量增长，保持传统优势产业，同时以“新品推进和效率提升”作为2017年度重大专项工作，积极开拓新市场。确定特种车辆用传感器、氯碱工业用高性能镍材、特种合金焊材国产化等5个项目，作为公司重点新产品产业化推进项目，形成新的产业增长点，5个新项目全年总产值4 154万元；积极拓展特种合金材料外围业务，寻求与多个本地企业合作，合力共赢，为国家新型高端行业发展贡献力量。

【科研创新】

1.重大项目及专利 积极争取各类科研项目，落实2016年申报千万级项目3个，包括核电重大专项课题（2 258万元）、关键材料能力建设项目（5 370万元）、国家企业技术中心创新能力建设项目（1 000万元）；申报纵向科技项目59项，批准纵向科技项目25项，横向签约14项，合计签约39项，签约经费共14 272.21万元，其中净额（除支付合作单位经费）13 044.9万元；科技到款57笔，合计5 118万元；外拨合作单位690.97万元，拨款净额4 431万元。论文投稿32篇；专利申报22项，其中发明15项；授权35项，其中发明专利27项；科技报奖5项，获省部级4项、区级奖1项。2017年重材院获奖情况见表2。

表2 2017年重材院获奖情况

序号	科技奖名称	项目名称	获奖等级	申报部门
1	中国机械工业集团科学技术奖	高性能轴承材料研发及产业化	三	特种合金部
2	中国机械工业科学技术奖	高强度螺旋弹性挡圈研究开发及集成应用	三	功能材料研究所
3	中国机械工业科学技术奖	航空发动机高温测量用高品质贵金属测温材料研究与开发	二	贵金属部
4	北碚区科学技术进步奖（2014—2016）年度	核电站严重事故消氢装置用铠装热电偶	二	传感器部

2.高新技术产品申报 申报并认定8项重庆市高新技术产品，为2018年高新技术企业的复审做了前期的铺垫。2017年重材院申报认定的高新技术产品见表3。

表3 2017年重材院申报认定的高新技术产品

序号	产品名称	依托部门
1	贵金属微细热电偶丝	贵金属部
2	航空机载铠装热电偶电缆	传感器部
3	核电站严重事故温度测量铠装热电偶	传感器部
4	资源替代型高性能微细钨铼热电偶丝	难熔金属部
5	核电工程用奥氏体不锈钢	特种合金部
6	氯碱工业用高性能镍材	特种合金部
7	油气工程用高性能耐腐蚀合金	特种合金部
8	控制棒驱动机构棒位探测器	功能材料所

3.创新管理 围绕公司重点发展领域和专业方向，任命“十三五”首批领域首席专家6人、专业创新团队19个、专业首席专家19人、专家34人；组织创新团队首席专家、专家及骨干进行《团队建设能力》《技术型管理者如何制订计划》《创新思维提升方法》《分析问题的方法和工具》系列专题培训4次；依托重材院建设的“机械工业高性能耐蚀合金材料重点实验室”“机械工业高性能测温材料及应用技术重点实验室”完成运行评估材料的上报，并在中国机械工业联合会组织的现场评估中，双双获评“2017年度优秀重点实验室”；依托重材院行业中心组建的重庆市功能材料产业技术创新联盟获重庆市经信委批准，获100万元资助；军工保密三级资格通过重庆市国家保密局和重庆市国防工办组织的延续认证。

【产品销售】

依托新区产业化中试基地，以“1233”重大发展战略为指引，初显市场效益。完成产值较上年同期相比大幅增长，2017年重材院产值完成情况见表4。

表 4 2017 年重材院产值完成情况

部门＼产值	产品目标（万元）	实际完成（万元）	同比增长（%）
传感器部	5 000	5 064	33
贵金属部	8 000	8 677	23
特种合金部	8 000	7 833	54
难熔金属部	1 000	1 135	73
功能材料所	800	660	28
成套一部	—	1 134	279
成套二部	—	1 868	
国机金属	10 000	13 560	—
爱美科公司	3 400	1 125	-52
贝锡公司	800	382	-27
其他	33 000	46 629	-19
合计	70 000	88 161	13

传统产业贵金属产业部测温偶丝板块焕发活力，铂铑偶丝销量继续攀升，在国内市场占有率上升至约 40%；工程仪表产业部国防工业用双参数线式测温电缆继续保持稳定增长，国防工业领域市场占有率约为 60%；核电测温领域，为国内红 5# 机组项目提供堆壳内熔融物测量、堆芯出口温度检测热电偶、堆出入口温度测量组件，取得核电测温领域新突破；特种合金产业部氯碱工业用纯镍需求迸发式增长，氯碱工业领域纯镍板管材国内占有率 50%。同时，积极拓展特种合金材料外围业务，寻求与本地企业间的合作。在氯碱工业领域与重庆博张机电有限公司签署一系列重大合同，合同额 2 194 万元；高端气阀钢与老牌制造企业重庆三爱海陵实业有限公司签署 Nimonic 80A、NCF751 合同，产品需求也持续增长。此外，积极培育新兴产业，确定特种车辆用传感器、氯碱工业用高性能镍材、特种合金焊材国产化等 5 个项目作为公司重点新产品产业化推进项目，补偿导线合金丝及元件、高性能金属陶瓷热电偶保护管、核电工程用特种合金 3 个项目作为统计考查项目。其中 5 个新品推进项目完成产值 4 154 万元。

积极响应国机集团加强内部协作的倡议，参与多个集团内兄弟企业的项目分包，并取得较好成绩。承接集团内兄弟企业分包合同金额约 4 350 万元，协同项目包括中工国际工程股份有限公司埃塞俄比亚 Welkait 24000 TCD 糖厂项目和乌兹别克斯坦纳沃伊 PVC、烧碱、甲醇生产综合体项目，以及中机国能江山热电有限公司项目等。2017 年重材院主要板块生产经营完成情况见表 5。

表 5 2017 年重材院主要板块生产经营完成情况

	单位	2016 年	2017 年	同比增长（%）
特种合金产量	t	264	407	54
铂铑偶丝产量	kg	260	306	18
标偶 / 标阻	支	34	47	38
热敏电缆	m	8 347	15 771	89
钨铼粗丝	对米	5 997	5 479	-9
钨铼细丝	kg	150	148	-2
主营业务产值	万元	75 391	73 000	-3
子公司产值	万元	2 932	15 161	417
科研签约	万元	5 996	13 056	118
合同额	万元	83 513	101 191	21

【产权制度改革】

产权管理工作体系进一步完善，通过完善产权管理制度，转变产权管理工作方式，加强国有资产产权管理；推进公司产权集中统一监管，产权管理工作不断强化，推动国有资产管理上新水平；建立合理产权结构，提升管理水平，优化产权配置，推进合理布局，增强资本运作能力，实现稳中求进。

【党建工作】

重材院党委积极做好落实中央精神和国机集团党建工作要求的各项工作，把学习中央精神和习近平总书记重要讲话内容作为中心组学习和主体党日活动的重要内容，组织党员干部学习领会。

上半年，为迎接党的十九大胜利召开，重材院党委积极抓好意识形态、舆情监管、群团统战和离退休等各项工作。4 月 18 日，召开全体党员大会，选举产生新一届的党委和纪委成员；8 月，党委组织中心组成员学习习总书记“726”讲话精神；10 月 18 日，组织全体党员干部集中观看十九大开幕式直播，号召党员干部及时关注和学习十九大精神，并为各支部和中心组成员订购十九大学习用书，及时安排中心组学习十九大精神。8月16日，召开团委换届大会；10月27日，召开工会换届大会。

党委积极组织学习集团党建工作会和党风廉政工作会精神，制订《重材院全面从严治党实施意见》，修订《党委会议制度》《党风廉政建设责任制》《三重一大决策》等制度，制订全年的党建工作任务表、中心组学习计划和主题党日计划，要求全体党员干部以“丹棱精神”为指引，以“二次创业”的决心，围绕企业中心工作，发挥国有企业党组织优势和作用，为企业发展营造良好氛围。

【经营管理】

积极探索企业转型升级新模式。11月，与CMEC全资子公司中设装备有限公司及江阴南工订立股权合作协定，成立国机金属江苏有限公司，合资公司的总注册资本1亿元，其中，重材院持股26%。截至11月，国机金属江苏有限公司实现销售额11 442万元，体现了混合所有制资本改革优势。

【质量管理】

制定质量管理3年行动方案，建立GB/T 19001质量管理体系、GJB9001武器装备质量管理体系、HAF003核电质量保证体系，编制质量手册、程序文件、质量保证大纲等一系列新版管理文件，质量保证制度基本完善；制定年度质量目标，按职能分解到各部门，通过质量绩效考核、日常监督检查、内审、管理评审等措施，落实质量管理要求和质量目标指标。

【安全生产】

履行企业安全生产主体责任，开展各项安全生产工作，修订《安全文明生产考核办法》《安全奖惩制度》《6S管理考核办法》《特种设备安全管理制度》4个安全管理制度，现有44个安全生产规章制度、8个应急预案、185个安全操作规程；组织公司级安全生产培训10场次，参加安全教育培训人数553人次，人均培训1.5次，同时通过会议、电子屏、OA办公系统、安全生产简报、重材院报等平台开展多种形式宣传；加强应急预案演练工作，累计演练预案8个，170余人参加演练；投入维保资金79.61万元，设备管理部门每月对设备维护保养进行监督检查，完成设备一级保养264台/次，二级保养101台/次，关键设备完好率97.78%；以“安全生产标准化”“6S现场管理”两大体系为基础，对安全生产过程进行严格管理，对主要危险源、危险化学品进行重点监管；推行安全生产隐患日周月排查治理制度，开展安全生产检查97次，其中公司级检查及外部检查共查出隐患56项，下达整改通知20余份。11月，再次通过安全生产标准化二级企业复评。

进一步加强职业健康管理。对现场职业健康警示标志及MSDS牌进行完善，对原使用苯系物等高毒原料的工艺进行改进，不再使用苯系物，加强砂磨车间的粉尘治理。6月，完成职业危害因素现场监测工作，组织130名接害人员参加职业健康体检，对体检发现有问题的人员，按重庆市职业病防治院的建议及时调离并妥善安置。

【能源和环保管理】

采取直购电模式，根据生产情况适时开停专用变压器。经综合测算，按2016年电价计算，在全年用电量比2016年增加190万kW·h的情况下，公司少支付电费195万元。另外，公司2017年用气量31.2万m^3，用水量6.09万t。

完成排污许可证换证工作和某关键材料条保项目所需的环境评价报告工作；完成危险废物干污泥24.01t、乳化液1.51t的转移申报及处置；将涉及环保的工作委托重庆中标环境服务有限公司进行运营，全年抽样6次送检，均为达标排放。未发生环保违法事件。

【人力资源】

注重人才队伍建设，特别关注核心员工、高端人才和后备干部的培养，制订《重材院“十三五”人才队伍建设规划》，修订《“操作能手”选拔及管理办法》《“青苗”选拔培养管理办法》，完成年度招聘引进、工程师评定、推荐硕士导师、“两江学者”年度考核等工作；通过内退、调整岗位、引进急需人才等措施，优化人力资源配置，年度净减员15人，使公司生产经营保持有序、高效运行；推进绩效管理，建立以业绩考核为依据的效益工资分配机制，修订绩效考核制度 6 个，强化部门二次分配，将平衡计分卡推进到 43 个班组；合理安排培训管理，全年开展培训 84 次，培训员工 1 712 人次；及时为员工建立“六险两金”，单位部分支出约 660 万元，申报获批政府稳岗补贴 11 万元，薪酬核算发放准确、及时。

【信息化】

完善信息化建设，包括业务系统、IT 基础架构维保、企业邮件系统等方面，主要建设供应链（U8）系统和协同办公（OA）系统，重点推进物资采购信息化管理。1 月，U8 供应链管理系统上线运行，借助信息化管理工具，理顺采购业务流程，规范采购管理工作。

【企业文化】

注重企业文化建设，通过党政工团的组织领导作用，打造企业“合力同行，创新共赢”的价值理念和共同目标。重材院党委和各支部通过组织开展党员大会、“两学一做”教育知识竞赛、参观革命遗址和烈士纪念园、支部组织生活、领导班子民主生活会等工作，加强党员干部队伍的思想建设和作风建设。工会和团委组织职工运动会、迎春足球赛、职工篮球赛、“五四青年汇”“CC 好声音”等文体活动，丰富职工业余生活，增强企业凝聚力。

【社会责任】

响应党中央扶贫工作号召，履行社会责任。向重庆市巫山县捐款 10 万元，助力巫山县尽快实现“脱贫”目标；进一步对国机集团扶贫点四川省广元市朝天区开展扶贫工作，向朝天区捐款 8 万元，帮助当地农户拓宽樱桃、蜂蜜等农产品销售渠道，组织工会成员前往鱼洞小学进行助学行动。

中国重型机械研究院股份公司

【基本概况】

中国重型机械研究院股份公司（简称中国重型院）创建于 1956 年，1999 年转制为科技型企业，加入中国机械工业集团有限公司（以下简称“国机集团”）；2006 年 9 月，中国重型机械研究院成立；2009 年 1 月，中国重型机械研究院改制为中国重型机械研究院有限公司；2012 年 6 月，变更设立为中国重型机械研究院股份公司。

中国重型院所在行业为“工程和技术研究和试验发展”。主营业务涵盖：采矿、钢铁冶炼、二次精炼、连续铸造、板（带箔）管（棒）型材轧制、精整处理、金属锻造 / 挤压、拉伸塑性成形、工业烟气净化回收、油页岩炼油与油气输送等所需各种大型、高端工艺装备的研发设计、成套和工程承包，并承担规划、信息、质检和工程监理等行业技术工作。

2017 年，行业形势依然严峻，市场需求维持低位，材料价格持续上涨，同业竞争更加激烈。中国重型院直面严峻形势，加强市场营销力度，采取促研发、求创新、保质量、降成本、强管理等措施，增强市场竞争力，取得了一定成绩。

【主要指标】

中国重型院 2017 年主要经济指标见表 1。

表 1　中国重型院 2017 年主要经济指标

项 目	2016 年	2017 年	同比增长（%）
资产总额（万元）	359 838.45	378 565.39	5.20
净资产（万元）	133 863.40	136 145.09	1.70
营业收入（万元）	106 125.87	106 731.98	0.57

（续）

项 目	2016 年	2017 年	同比增长（%）
利润总额（万元）	2 099.26	3 522.22	67.78
技术开发投入（万元）	14 072.29	14 259.39	1.33
利税总额（万元）	6 675.88	8 925.79	33.70
EVA 值（万元）	-2 492.87	-1 531.19	-38.58
全员劳动生产率〔万元 /（人·年）〕	22.11	32.74	48.06
净资产收益率（%）	0.39	1.80	增加 1.41 个百分点
总资产报酬率（%）	0.70	0.95	增加 0.25 个百分点
国有资产保值增值率（%）	100.32	101.70	增加 1.38 个百分点

【重大决策及重大项目】

1. 深化内部改革，成立电气与智能技术事业部 在全面贯彻落实《中国制造 2025》总体部署，国家供给侧结构性改革和大力发展高端装备制造业方针政策的引导下，为进一步提升冶金重型装备的智能化水平，中国重型院深化内部改革，于 2017 年 6 月 1 日，将原自动化研究所、信息与控制研究所及各专业研究所电气组等全院电气人员整合成立电气与智能技术事业部，以此整合中国重型院电气专业优质资源，集中优势力量，实现资源协调统一，助力提升科研水平和市场竞争力，开拓更广阔的市场。

2. 积极参与外部合作 应陕西省工信厅邀请，与省内有影响力的其他 8 家企业共同设立陕西高端装备与智能制造产业研究院有限公司，中国重型院出资 200 万元，投资占比 12.5%。该公司作为实施陕西省“十三五”规划的重要咨询和服务平台，将有利于中国重型院研发实力提升和品牌推广，为转型升级、开拓市场提供有力支持。

3. 国机集团“重装板块”重组进展 中国重型院积极配合“重装板块”的整合重组工作。2017 年度组织完成两期会计事务所审计和一期评估，形成的相关报告已先后通过国资委、证监会审核，并于 2017 年 12 月 29 日获中国证监会关于核准二重重装向国机集团发行股份购买资产的批复，核准二重重装向国机集团发行股份购买中国重型院、中国重机资产。

4. 新区建设持续推进 2017 年，新区建设一期工程项目进入全面建筑施工阶段，项目管理有序推进，施工质量控制良好，成本支出控制到位。2017 年 8 月 1 日，新区建设工程一期Ⅱ标段全面封顶，1# ～ 10# 楼主体全部封顶，完成了 4# 综合办公楼，5#、6# 科研办公楼砌体施工工程和屋面工程施工工程及 7# ～ 10# 楼脚手架、模板拆除工程。Ⅱ标段通过市建委组织的省级文明工地验收，并获得经开区草滩生态产业园唯一“城管防尘包抓公示”绿牌工地。

5. 省级专项资金（技术改造）项目立项 中国重型院申报的省级专项资金（技术改造）项目“重型高端金属材料成型核心技术与装备研发及服务创新中心建设”获陕西省工信厅立项。该项目依托中国重型院新区建设，计划建设中试和产业化基地、研发和服务创新中心及行业共性技术和信息服务平台等。建设周期计划从 2016 年 6 月至 2020 年 6 月，该项目建设将为中国重型院及行业科研开发及技术创新提供有力支撑。

【科技创新】

中国重型院重视企业自主创新能力的建设和科技投入，加大研发经费的投入力度，把科技投入作为企业战略性投资，保证每年的技术投入率不低于 10%。2017 年获得批准国家、省市集团、区科技计划项目 12 项，全年承担各级科研计划项目 60 余项。科技成果获奖 7 项，鉴定 5 项，科技项目验收 23 项（其中院自立科研计划项目 15 项）。申请专利 127 件（其中发明专利 64 件），授权专利 146 件（其中发明专利 85 件），申报软件著作权 1 件，授权 1 件。荣获“国家高新技术企业”荣誉称号，入选陕西省首批 20 家智能制造示范试点企业。

1. 自主研发的先进技术及装备 9 项

（1）WG-10-HLS 两辊温轧管机。属国家重大专项“事故容错燃料关键技术研究”中的重要研究内容之一。该温轧机采用高频感应和氢气混合加热、全变形段可调恒温保护等创新技术，首次实现由两辊轧管机在 650 ～ 750℃下成功轧制出超长薄壁的难变形金属钼管，实现事故容错燃料包壳管材料的突破，提高核电安全性和经济性。

（2）十辊棒材矫直机组。采用全新的辊系布置形式和传动方式，提高全长范围的矫直精度，降低头尾的矫直盲区。全新改版的调角机构，使调整更加灵活可靠。矫直辊液压快开技术的引入，解决了困扰已久的撞头、划伤等一系列矫直问题。

（3）60MN 双动反向挤压机。是生产高性能精密无缝铝管的核心设备，采用双动双轴式结构等 10 余项自主专利技术，实现摩擦力和速度双闭环控制的有效摩擦挤压，解决大型反向挤压机主剪刀液压缸供油和模具残料快速高效分离的问题，大幅提高生产效率，降低生产成本和能耗。

（4）核级锆合金轧制生产线。为国内首套专门用于批量（同时 6 组）核级锆复合板等温同时长预热 / 补温的高效集中轧制工艺生产线，最大轧制压力 5 000kN，轧制压力测量精度 ≤ ±5kN，最大轧制速度 30 m/min。该项目的投产标志着核能新材料重大核心装备的国产化取得新突破，对推进我国核电产业发展具有重大意义。

（5）芯体混料成型系统。由粉末成型油压机和手套箱系统组成，用于特殊金属粉末在无氧条件下的高压成型，是核材料产品制备的核心设备。该设备首次采用三工位双模具交替作业；应用全预应力框架、小流量动态保压等多项技术；发明设计的浮动式可移动工作模架、快速换模小车等；以保证大型制品的工艺要求，成品率明显提高。

（6）四级全干式机械真空泵试验台。为国内首套超大型集散式（级间串联 + 级内并联）机械真空泵组合试验台，具有能耗低、操作灵活、真空脱气能力强等特点，抽气效率可达 95% 以上，适用于各种吨位的 RH 精炼装备。

（7）工业铝材挤压在线精整设备关键技术研究。研究双牵引装置速度与力量双闭环控制方法，研制出新型侧夹式双牵引装置、高效汽水雾化联合淬火装置、指式夹钳和倾斜式夹钳的在线拉深矫直机等，研发的红外无线传输控制系统，首次实现红外无线传输技术在挤压生产线上的应用。

（8）高性价比位置闭环液压控制技术及成套装置的研究。首次将轻量化的无泄漏逻辑阀应用于现代化板坯连铸机扇形段动态辊缝调节控制系统中，研制出控制精度达到 ±0.05mm 且极大降低能耗的高性价比控制技术及成套装置，解决了采用比例阀或者伺服阀控制带来的价格昂贵、能耗高、电气控制复杂、维护困难、可靠性低及运行成本高等行业技术难题，大量推广应用于中国重型院新建及改造的现代化板坯、方坯、圆坯及矩形坯连铸机项目中，达到产业化生产的目标。

（9）全自动打捆机。包括全自动周向打捆机和全自动穿心打捆机，均为中国重型院首台产品。全自动打捆机采用内置弹簧式导带系统，穿带稳定、故障率低、结构简单、占用空间小，其对包装线的生产效率及产品质量有显著提高，并向包装线的无人化迈进一大步。

2. 创新平台建设及产学研转化 中国重型院结合国家创新体系建设，凝聚科技创新团队创建研发平台，已覆盖钢液精炼、连续铸钢、金属轧制、金属挤压 / 锻压、环保、煤化工专业技术领域。“机械工业金属材料挤压 / 锻造重点实验室”和“机械工业连铸技术装备重点（工程）实验室”通过中国机械工业联合会组织的考核评估；“陕西省大型工业铝型材挤压技术与装备工程技术研究中心”评估获得优秀；“省级技术转移示范机构”年度考评获得优秀；市级“企业技术中心”通过复审，并被评为优秀。

高品质特殊钢特超厚板连铸技术及创新平台解决了高品质特殊钢特超厚板连铸技术及工艺新技术开发的瓶颈制约，也为工程项目的实践应用提供技术支持。2017 年，完成最后一个科研子课题“厚板铸坯二冷区换热边界条件研究及喷嘴冷态试验台”的建设和测试任务，已完成合同要求的全部研发内容。

高端钢板精整生产装备工程技术研究中心针对行业发展中的重大技术问题，在消化引进技术和自主研究的基础上，持续不断地将科研成果进行工程化研究开发。解决科技成果转化过程中在工艺、装备、测试、标准及产品质量等方面的薄弱环节。

智能轧制数据中心对已投产的轧制生产线进行互联，组建轧机智能数据库，实现远程数据采集、状态监控和诊断功能，对数据进行分析和挖掘。根据实际生产数据，利用数据库研发模拟轧制模型，为后续国产高端轧制装备提供技术参考。

中国重型院坚持走产学研用合作方式，结合现有的创新平台，在多项重大项目中与国内知名高校和大型企业广泛开展合作，分别与燕山大学、重庆大学、西安交通大学和中南大学等在多专业领域联合创新攻关。瞄准国际高技术前沿，针对行业发展中的重大需求，开展应用技术研究，关键技术和共性技术研究，取得显著的成果。

【市场营销】

中国重型院遵循“大力发展优势专业，积极开拓国际市场”的经营思路，深入推行“以客户为中心”的营销理念，致力于向用户提供差异化、个性化、精细化的技术解决方案。2017 年，公司共签订合同 15.57 亿元，是上年同期的 94%；合同额 3 000 万元以上的大型成套装备合同共计 10 项，合同总额 6.82 亿元。

稳步拓展国内市场，推广新技术、新产品、新工艺，2017 年度开发新用户 9 家，推广新技术新产品 3 项。增强服务意识，重视用户对咨询、技术服务、资金、备品备件管理等方面的需求，引导客户进行技术改造和更新，兼顾备品备件签约，得到用户认可，2017 年，签订技术改造项目 46 项，合同金额 7 766 万元；签订备件 226 项，合同额 8 117 万元。瞄准国际市场，全方位多层次开拓市场，重点开发的海外市场包括印度、伊朗，其中印度市场主要参与项目为钢管项目，伊朗市场主要参与项目为炼钢和炉卷轧机。同时，在俄罗斯、伊朗、土耳其、印度以及加拿大等国跟踪项目 20 余个。2017 年签订出口项目 11 项，合同金额 1.48 亿元。

1. 重大项目投产情况及简介

（1）中国重型院为青山集团印尼工业园区设计、制造、供货的 200mm×（800 ～ 1 600）mm 不锈钢板坯连铸机于 2017 年 10 月投产。该机组投产后，当地丰富的高品位红土矿直接通过矿热炉精炼出镍铁液，再通过 AOD 炉炼成合格的不锈钢钢液进入连铸机，极大地节约了红土矿运输成本和人力成本。

（2）中国重型院为西北铝加工厂成套供货的 55MN 正向双动挤压机于 2017 年 7 月投产。该挤压机是国防科工局重点项目之一，也是西北铝加工厂 30 多年来首次在国内采购的挤压设备。该设备采用叠板钩头结构，为中国重型院挤压机首次采用。

（3）中国重型院总承包的山东日照钢铁 210t RH 精炼炉 EPC 工程（共分为一步工程和二步工程两部分），一步工程于 2017 年 4 月顺利投产。该 RH 精炼炉为三机五工位形式，采用先进的四级机械真空泵系统及中国重型院独有的节能变频控制技术，使抽气能力达到 110 万 m^3/h，极限真空度达到 5Pa，与同吨位配置的蒸汽喷射真空泵系统相比节能 50% 以上。

（4）中国重型院总成套的江苏阳光集团有限公司所属江阴市红源金属制品有限公司 1 250mm 五机架六辊冷连轧机组于 2017 年 12 月投产。该机组采用超大压下率高速大批量生产薄规格镀锡基板，年产 60 万 t、厚度 0.15 ～ 0.55mm（最薄成品厚度为 0.15mm）、宽度 700 ～ 1 100mm，产品厚度精度达到 ±2 μm，加减速厚度超差小于 2%，机组整体装机水平达到国内领先、国际先进水平。

（5）中国重型院承担的俄罗斯 UTP 公司 ϕ377 双管水压试验机及通径机于 2017 年 3 月投产，该设备采用肘杆式充水装置、自动定位排气装置和自动气动通径等一系列技术，是中国重型院在俄罗斯承接的首套水压试验机及通径机项目。

2. 重大装备签约情况

（1）钢铁材料冶炼装备专业。中国重型院于 2016 年底与河北敬业钢铁有限公司签订 5# 板坯连铸机项目；2017 年度与河北敬业又相继签订 6# 板坯连铸机、LF 炉等多个项目；与莱芜钢铁集团银山型钢有限公司签订的 2# 板坯连铸机总承包项目为莱芜钢铁的重点改造项目；与上海鼎信投资（集团）有限公司签订的印尼苏拉威西矿业投资有限公司年产 100 万 t 不锈钢连铸工程，是中国重型院进入印尼市场的开拓性项目；与福建青拓实业股份有限公司签订连铸机项目，包括一台 180mm×180mm 八机八流不锈钢方坯连铸机和 1 台（180、200、230）mm×（900 ～ 1 600）mm 不锈钢板坯连铸机生产线。

（2）管棒（型）材加工装备专业。与艾切斯（成都）无缝钢管有限公司签订的钢管热处理生产线总承包设计及分包制造合同，是中国重型院首次承担的钢管热处理生产线总包项目，由单体设备向工艺总布局开拓；与石钢京诚装备技术有限公司签订的 ϕ80 ～ 350mm 棒材精整线，是目前国内规格最大、规格范围跨度最大、自动化程度最高的棒材精整线，包含压力矫直、七辊矫直、砂轮倒棱、倒棱后打捆称重收集、抛丸、探伤、缺陷料收集和成品材打捆称重收集等工艺装备。

（3）金属挤压 / 锻造装备专业。与土耳其 FORMAL 铝业公司签订的 30MN 双动正向铝挤压机项目，是中国重型院挤压装备技术开拓国外市场的又一成果。与东北轻合金厂签订的 25MN 正向双动挤压机项目、5 000t 挤压机“水改油”项目，标志着中国重型院的金属挤压装备在中铝集团公司三大铝加工厂均占有了一席之地；与中国二重签订 3 000kN/7 500kN·m 大型锻造操作机项目合同，这是继江苏国光大型锻造操作机之后，又一次签署全球最大的锻造操作机合同。

（4）环保装备专业。与河北敬业钢铁、宝钢特钢韶关、唐山东海钢铁、河南闽源特钢、江苏镔鑫钢铁等用户签订多套转炉煤气干法回收系统总承包项目。

3. 技术改造项目情况

（1）中国重型院总包的攀钢集团攀枝花钢钒有限公司 3# 方坯连铸机高效低成本改造项目于 2017 年 2 月热试成功。该项目在保证生产 200mm×200mm 方坯品种钢的基础上，通过对连铸机实施工艺设备改造，提出全新的水冷设备和出坯装置的设计方案，达到改造后高效低成本生产 160mm×160mm^2 方坯建筑用钢的目标。

（2）中国重型院承担的伊朗霍尔木兹钢铁公司结晶器改造项目、连铸矩形坯改造项目，分别于 2017 年 6 月 11 日、6 月 18 日热试成功。结晶器改造项目主要包括优化结晶器铜板冷却结构和二冷喷淋系统、优化结晶器铜板表面镀层以提高铜板使用寿命、增加窄面插入件导向系统，提高窄面铜板浇钢过程的稳定性等内容，改造后生产的板坯表面质量明显提高。宽板连铸机［200mm×（900 ～ 2 000）mm］改造生产矩形坯［200mm×（400 ～ 600）mm］项目，主要包括结晶器系统、引锭系统、二冷系统、液压系统等内容。改造后生产出的矩形铸坯质量良好。

【管理经验】

中国重型院依照体制现代化、机制市场化、管理科学化的思路，持续推进企业管理不断提升。

1. 经营管理 完善管理制度。2017 年，制订《全面风险管理手册》《市场合同供应商管理办法》，修订《市场合同外委招标管理办法》《全面风险管理办法》，起草《项目管理办法》《客户服务管理制度》。各项经营工作严格按规定执行，使经营管理更加规范化，降低风险。

注重项目管理。明确项目质量管理人职责，对项目进行全方位跟踪，对项目的策划实施，运行过程，竣工交付进行详细的记录和监督，使粗放型的项目管理逐步向精细化转变，在利润率走低的形势下，向管理要效益，逐步提升项目管理质量。

加强外委制造合同管理。强化供应商审核准入管理，首次将供应商评审规范化，组织市场开发部、资产财务部、质量管理部等部门进行会议评定，集体决策。项目制造中，除了派驻场监理外还有项目经理和更高级别的领导到各个制造厂视察监督，确保质量。

品牌建设管理。通过严控产品质量，提高服务水平，打造“中国重型院”品牌，并在专业杂志、网站上加强品牌宣传，借助金属学会、钢铁协会等重要协会、学会的平台推广“中国重型院”品牌，通过品牌塑造企业形象、增强产品的溢价空间。

2. 科研管理 完善科技管理制度，确保贯彻执行。2017 年制订《科技成果无奖金配套奖励办法》《上网行为管理规范（试行）》《计算机类设备接入办公网络管理办法（试行）》；起草《研发创新工作奖励办法》《纵向科研项目实施奖惩办法》《科技论文专著奖励办法》等一系列制度，使科研管理制度体系和组织体系步入决策科学化、管理制度化、操作规范化的良性轨道。贯彻执行《中国重型机械研究院股份公司专利奖励条例》《中国重型机械研究院股份公司青年科技创新奖奖励办法》等，激励广大科技工作者科技研发和技术创新热情。

知识产权管理。认真贯彻落实《企业知识产权管理规范》国家标准，按照标准要求建立知识产权工作的规范体系。2017 年，与陕西省知识产权局签订战略合作协议，全面提升知识产权创造、运用、保护、管理水平，创建国家知识产权示范科研院所。2017 年通过国家知识产权局“国家知识产权优势企业”年度考核。

3. 财务管理 持续强化成本管控，强化降本增效。严格执行预算，严控费用及购置支出，2017 年，费用管控措施成效较为显著，全院销售费用同比下降 2.01%；管理费用同比下降 3.37%，两项费用已连续多年均呈下降趋势；资金管理效益显著，持续实现正收益。

加强资金营运全过程管控。统筹协调各业务部门、各工程项目在生产经营过程中的资金需求，充分利用银行信用，严格控制现金支付，在采购环节合理利用承兑汇票延长付款期限以获取资金收益。2017 年，全院累计以承兑汇票支付货款占外委付款总额的 72.15%，5 万元以上外委付款基本均采取承兑汇票方式付款，增加财务利息收益近千万元。

【信息化建设】

网络安全建设。2017 年，中国重型院开始实施《中国重型机械研究院股份公司上网行为管理规范》和《中国重型机械研究院股份公司计算机类设备接入办公网管理办法》，并部署上网行为管理设施、网络漏洞扫描系统。实现 CAD 网拷入 / 出文件的自动审查。在 CAD 网安装防病毒软件，加强 CAD 网络接入设备的安全审核。

优化项目管理系统。在原有的项目管理系统的基础上搭建企业项目信息综合管理平台，建设完成后将涵盖项目开发（销售）阶段、项目实施阶段、项目后评价阶段等项目全生命周期管理。平台包括客户信息管理、项目信息管理、合同管理、供应商管理、招标采购管理、质量管理、风险管理、后评价管理、项目售后管理等企业综合资源信息。

开发财务信息化系统。中国重型院自主开发的“中国重型院财务信息化及分析系统”，涵盖财务业务审批（网上审批），财务凭证自动生成，凭证合理性分析，项目预算核算、执行及统计分析，基础信息管理（会计科目、人员及组织代码等），实现财务业务审批流与数据流的统一，内部成本核算与现有财务软件 NC 及项目管理系统的数据交换等功能。该系统已完成系统框架的搭建、财务数据信息与 NC 系统的互导、建造合同数据核算的自动批处理、4 个主要业务流程（差旅费报销、业务费报销、个人借款、外委付款）设计。已运行的几个功能模块，极大的提高了工作效率，提高数据的准确性。

【企业文化】

中国重型院不断强化党领导下的企业文化建设和群团组织建设，通过宣教引领、凝聚感召，营造健康向上、具有正能量的企业文化。

（1）重人才。重视员工个性化发展，实行集约化和差异化相结合的管理方式，满足不同层次员工需求。利用企业创新文化、创新体制机制、激励政策最大限度地调动员工的积极性和创造性，激励员工胸怀大志、潜心钻研，增强技术创新能力。

（2）企业文化宣传。充分利用院报、网站、OA 系统、微信公众平台等宣传平台和一切会议、大力宣传健康向上的企业文化精神。

（3）多元化的文化活动。组织开展各种文娱体育赛事等活动，举办职工羽毛球赛、排球赛、篮球赛、妇女节趣味比赛、摄影、书画比赛等等，丰富职工业余文化生活，营造和谐、共建的良好氛围，提高广大职工的凝聚力和向心力。

【党建工作】

2017 年，为进一步落实从严治党，先后制订《中国重型院推进“两学一做”学习教育常态化制度化工作方案》《中共中国重型机械研究院股份公司委员会会议制度》《中国重型院党风廉政建设责任制实施办法》《中国重型院党费收缴使用管理办法》《中国重型院党委关于 2017 年度基层党建述职评议考核工作的实施方案》等一系列文件。

学习教育常态化。在全院范围内持续推进“两学一做”学习教育常态化制度化；指导和要求各支部严格落实“三会一课”制度；组织开展学习习近平总书记 7.26 重要讲话精神、观看党的十九大开幕式及党的十九大精神学习等活动，在全院形成浓厚的学习氛围。

落实“一岗双责”和党风廉政建设责任制。持续落实中央八项规定精神要求，完善惩防体系建设，加大对关键环节、关键节点、重点领域、重点岗位、重要节假日期间的监督检查。强化对党员干部的党规党纪教育，通过院报、微信、网站、OA 系统等平台宣传党规党纪，营造遵规守纪氛围，取得良好效果。

【社会责任】

中国重型院扶贫帮困，认真履行企业社会责任。积极响应国机集团“爱心一日捐”活动，2017 年，中国重型院员工向集团“国机爱心日”捐款共计 59 408 元。中国重型院落实国机集团扶贫工作，为四川省广元市朝天区提供帮扶资金 10 万元。

做好结对帮扶工作，打赢脱贫攻坚战。中国重型院为帮助对口扶贫村安康市紫阳县双安镇白马村在 2017 年年底整体脱贫，开展精准扶贫，购买 8 万多元当地产茶叶，作为职工防暑降温品发放，进一步推进白马村茶叶产业发展；深入贫困户走访，解决贫困户实际困难，为贫困种植户购买并发放茶叶、核桃专用肥料 400 袋，共计 3.28 万元；配合镇村两级“抓技能培训，促多向发展”的扶贫原则，以每人 500 元为奖励标准，资助参加技能培训并取得合格证书的 57 位贫困村民，以鼓励更多的贫困户参加培训，共计 2.85 万元；为缓解村民因病、因灾或因意外事故而造成的生活压力，为白马村 399 户 1 528 位村民每人购买 1 份人身保险，累计 3.056 万元；向白马村 399 户村民赠送无烟取暖炉，共计 4.8 万元，以解决白马村村民家中冬季取暖问题。

桂林电器科学研究院有限公司

【基本概况】

桂林电器科学研究院有限公司（简称桂林电科院）成立于 1954 年，1999 年 7 月转为科技型企业，隶属国机集团。

桂林电科院长期承担国家、部（省）级科研任务和地方科研项目，共取得成果 1 000 多项。拥有国家级“电工材料行业生产力促进中心”、国家认可检测实验室和“博士后科研工作站”；设有“广西院士工作站”“广西电器产业工程院”“广西电工材料工程技术研究中心”等多个省级科研开发平台，被广西自治区认定为“高新技术企业”“广西创新型企业”和“企业技术中心”。经过专业与产业重组，桂林电科院已发展成为以电触头材料、电工塑料、双向拉伸聚酰亚胺薄膜、薄膜成套装备、特种电机为主导产品的高科技型企业。

截至 2017 年 12 月 31 日，桂林电科院有在职职工 676 人，其中专业技术人员 374 名（教授级高级工程师 11 人、高级工程师 49 人、中级技术职务 191 人）、工人 302 人。占地面积 38 万

m^2，建筑面积 23 万 m^2。

【主要指标】

2017 年，桂林电科院资产总额达到 87 757.07 万元，同比下降 0.24%。实现营业收入 72 295.79 万元，同比增长 17.54%；实现利润总额 518.35 万元，同比增长 15.36%；国有资产保值增值率为 100.73%，同比增加 0.72 个百分点。桂林电科院 2017 年主要经济指标见表 1。

表 1 桂林电科院 2017 年主要经济指标

项目	2016 年	2017 年	同比增长（%）
资产总额（万元）	87 971.65	87 757.07	-0.24
净资产（万元）	56 264.16	56 578.28	0.56
营业收入（万元）	61 507.68	72 295.79	17.54
利润总额（万元）	449.32	518.35	15.36
技术开发投入（万元）	4 537.84	3 580.09	-21.11
利税总额（万元）	1 867.7	2 282.37	22.20
EVA 值（万元）	534.92	111.75	-79.11
全员劳动生产率〔万元 /（人·年）〕	13.54	14.43	6.57
净资产收益率（%）	0.43	0.40	减少 0.03 个百分点
总资产报酬率（%）	0.97	1.12	增加 0.15 个百分点
国有资产保值增值率（%）	100.01	100.73	增加 0.72 个百分点

【重大决策】

1. 贯彻落实“五大发展理念”、完成“五大任务”情况 桂林电科院紧紧围绕落实“创新、协调、绿色、开放、共享”五大发展理念和“去产能、去库存、去杠杆、降成本、补短板”五大任务，结合供水所处行业及自身的实际情况，在公司“十三五”规划中，确定了经营、阶段发展、主业结构调整、技术进步和安全生产、环保及节能减排五大类目标，提出了拓展扩张、国际化、技术 / 成本双领先、资本运营和人才发展五大战略，并配套制定了 12 项发展措施，力争通过 3～5 年时间，基本完成改善供给结构、扩大有效需求和提质增效的的工作任务。

2. 深化国企改革情况

（1）健全公司法人治理结构，强化董事会、监事会的工作职能。2017 年度，桂林电科院董事会共计召开会议 4 次，审定、审批议案 17 项，议案内容包括副总经理任免、组织机构调整、公司年度财务预决算、公司年度融资及担保方案等重大事项，充分发挥了董事会的决策作用。桂林电科院监事会召开会议 1 次，审议通过了监事会年度工作报告；列席股东会会议 1 次、列席董事会会议 4 次，开展专项调研活动 1 次，并向公司董事会提出了“监事会关于桂林电器科学研究院有限公司电工电子新材料产业基地建设项目调研情况的几点意见和建议”和“监事会关于桂林电器科学研究院有限公司聚酰亚胺薄膜项目研发推广的几点意见和建议”，充分履行了监事会的内部监督作用。

（2）充分发挥国有企业党组织政治核心作用。充分发挥国有企业党组织政治核心作用。一是坚持和完善双向进入、交叉任职的领导体制，在 2016 年 12 月 15 日召开的第二届董事会第一次会议上，公司党委书记董莎当选为董事长，截至 2017 年 11 月，公司党委委员共计 7 人，其中 1 人进入董事会，2 人进入经理层，2 人进入监事会。二是将党建工作总体要求纳入公司章程，2017 年 2 月 27 日，公司股东会审议批准了《桂林电器科学研究院有限公司章程（2017）》，新修订的公司章程增加了“党建工作”的章节，对公司党组织的设置、职权、重大事项的议事程序等作出了具体的规定，明确国有企业党组织在公司法人治理结构中的法定地位。

（3）加快推进“三供一业”分离移交工作。为加快剥离企业办社会职能，减轻企业负担，提升市场竞争力，桂林电科院在已完成供水和供气（天然气）的社会化改造和移交工作、已完成部分物业管理移交改造项目的基础上，在2017年完成了职工生活区“一户一表”的供电改造和分离移交工作，启动了生活区业主委员会的筹备工作，为下阶段物业管理的分离移交打下了基础。截至2017年11月，公司在职工生活区“三供一业”的分离移交改造项目中，已累计投入资金1 486.93万元。

（4）违规经营投资责任追究制度建立情况及存在问题。桂林电科院制定了《“三重一大”决策制度》《投资管理办法》《基本建设和维修项目管理办法》和《技术改造项目管理办法》，分级分类明确了投资项目的立项、论证和审批决策程序，对股票、债权和期货等高风险类投资进行了限制，同时对监督检查和责任追究做出了具体的规定，目前在执行过程中尚未发现存在问题。

【重大项目】

桂林电科院的产业战略搬迁任务初战告捷。经各部门协作配合、全力保障，圆满完成了金格公司低压车间搬迁任务，初步建立了英才产业园生产运营的新机制。

薄膜二号线已完成工艺和控制准备。在薄膜二号线上开展了多项合成工艺研究，完成了新工艺的放大试验，制得了黏度满足要求的聚酰胺酸树脂，确定了树脂合成工艺参数；开展了多项生产线控制研究，生产调试中连续一次收卷600m以上，完成了生产线控制的可行性验证。

英才产业园基础设施建设进度有序可控。薄膜厂房完成了竣工验收，污水处理站等正在安装辅助系统，产品检测与生产调度中心等建筑、道路、地下管网、停车场、大门、围墙、绿化工程均在紧张施工；全年完成投资4 740万元，累计投资41 835万元。

【科技创新】

1. 科技成果获奖情况 桂林电科院的科技创新工作再结硕果，“高性能环保银氧化锡触头材料研究及产业化”项目获广西科学技术进步奖一等奖，“高弥散性银镍电触头发及产业化”项目获中国机械工业科学技术奖二等奖，参与制定的国家标准《精冲模技术条件》荣获2017年度中国机械工业科学技术奖三等奖，专利《防薄膜横向收缩的纵向拉伸生产线》荣获第六届广西发明创造成果展览交易会参展项目金奖，组织制订的国家标准《银基电触头基本形状、尺寸、符号及标注》(GB/T 5587—2016)荣获“广西壮族自治区重要技术标准”。桂林电科院组织制修订的4个标准荣获桂林市2016年度重要技术标准研制奖励，其中《成型模　注射模订货技术规范》（GB/T 32664—2016）获国家标准制定二等奖，《电触头材料基本性能试验方法》(GB/T 5586—2016)获得国家标准修订二等奖，《金属型铸造模　技术条件》（JB/T 12645—2016）和《电机铁芯级进模　零件　第5部分：叠铆顶杆》（JB/T 12642.5—2016）获得行业标准制定三等奖。

2. 动力电池关键材料及技术取得新进展 2017年，桂林电科院全面提升了动力电池重点实验室的电池材料研究、电池工艺研究、电池控制系统研究和常规分析检测能力，聚焦于动力电池的高镍三元正极粉末、硫化物固体电解质粉末和高比容量硅碳负极粉末三大关键新材料的研究。截至2017年年底，已完成高镍含量（镍钴锰比例为7:2:1）三元正极粉的前驱体粉末制备工艺研究，完成了多批实验室试生产，制备的粉末经测试分析同一性好；已完成硫化锂／硫化磷复合固体电解质的粉末热处理及玻璃化制备工艺研究，经多批实验室制备工艺验证，样品性能稳定；已完成实验室试制的硅碳复合负极材料在800mAh/g已稳定循环50次以上。

3. 科技项目管理不断夯实 2017年，桂林电科院组织申报纵向项目19项（其中科技部2项，广西区12项，国机集团2项，桂林市3项），下达科研项目11项，组织验收科研项目12项。同时，桂林电科院利用各种机会申请政府的资金资助，2017年度新获批资金1 066万元，到位资金872万元，其中纵向项目经费655万元，各类奖励／资助资金217万元。

4. 代表中国首次主持制定国际标准 2017年，桂林电科院主持或参加制（修）订标准32项，其中国际标准3项（主持1项、参与2项），国家标准12项，行业标准17项。ISO/NP 21223《冲模 术语》国际标准是桂林电科院代表中国首次主持制定模具领域ISO国际标准，大幅提升了模具标委会的影响力。

2017年，桂林电科院成功承办了国际标准化组织ISO/TC29/SC8第31届年会，这是ISO/TC29/SC8成立30多年来第一次到中国召开会议，对加强中国模具行业与国际标准化组织的联系，推动中国模具标准走出去具有重要意义。

5. 知识产权有质有量 2017年，桂林电科院提交专利申请56件，其中发明专利53件，实用新型专利3件；获授权专利17件，其中发明专利12件，实用新型专利5件。截至2017年12月，桂林电科院共拥有有效专利144件，其中发明专利94件，实用新型专利50件。年内公开发表论文28篇，其中中文核心期刊6篇。桂林电科院被认定成为国家知识产权优势企业、全国专利文献服务网点、广西高价值专利培育中心；随着知识产权项目的开展和平台的运行，桂林电科院知识产权人才队伍得到了进一步充实，社会影响力也得到了进一步提升。

6. 资质平台层次不断充实 2017年度，桂林电科院通过广西壮族自治区工业和信息化委员认定，成为广西首批企业工业设计中心“桂林电器科学研究院薄膜成型装备工业设计中心”；申报并获得了广西发改委认定的“广西双向拉伸薄膜成型工程研究中心”。

【市场开拓】

桂林电科院将2017年定位为“市场开拓年”，持续加大国内市场拓展力度，积极贯彻落实国机集团“再造一个海外新国机”的战略目标，制订国际化重点战略，鼓励业务部门积极开展国际化经营，拓展海外市场，特别是“一带一路”沿线国家市场。

成套装备业务打破单一设计制造型业务模式，聚焦总承包、协同合作业务模式，发挥自身咨询、设计、采购、安装调试等优势，积累从无到有、从有到多的交钥匙工程经验，与苏美达、中建材签署战略合作协议，深化合作，在合作中做精做强，完善总包风险管控、项目管理体系，并积极申报“工业设计中心”，提升品牌知名度。通过以“一带一路”沿线国家为目标市场，把技术成熟的中小薄膜生产线、链夹备件产品作为切入点，填补海外市场空白，打造“国内一流、国际知名”的双向拉伸薄膜设备制造商。

金格公司在厦门、温州两大异地办事处运行模式的基础上，延伸出以四大客户群体（施耐德、宏发、正泰、苏沪）为业务拓展方向的新模式，设定区域重要电器制造客户群体业务的新项目作为开拓新市场的主攻对象；针对目标电器制造企业的新项目，组建“低压和塑料”两大专业联合的市场开拓团队，为客户提供整体解决方案；制定了“新业务开拓激励方案”有效增强了销售人员的积极性；加快低压电触头环保材料（银镍、银氧化锡、银氧化锡氧化铟等材料）的推广，促进新产品通过客户认证并实现产品销量的增长。

针对聚酰亚胺薄膜的市场开拓问题，2017年度增设1主管市场营销相关工作副经理，增强特种薄膜部市场营销力量；提拔1主管技术的副经理，并将其研发团队中的5人借调至特种薄膜部，全面加强特种薄膜部技术攻关；2017年，定了“业务经理绩效考核办法”“技术质量部绩效考核办法”“制造部绩效考核办法”等5项绩效方案，方案实施以后充分调动了业务员的积极主动性。

电机业务一直在探索新的商业和运作模式，针对自身技术力量，拓展思路，桂林电科院确定了军工资质为事业部优质资源作为突破点。经过一段时间的摸索实践，北京国网富达爬塔机项目已经完成小批量订单，三一重工防爆电机项目相关产品已取得防爆认证，724所交流永磁同步电机项目目前进入样机生产阶段。

【管理经验】

1. 公司治理结构日趋完善 全面落实党对国有企业的领导这一重大政治原则，2017年，桂林电科院党建工作要求写入了公司章程，重新修订了《“三重一大”决策制度》，从充分维护股东、员工和相关方的权益出发，构建了由党委前置讨论、董事会决策、经理层执行、监事会监督的机制，形成了相互协同、相互制衡的公司治理结构，全面加强战略引领作用，降低战略决策风险。

2017 年度，桂林电科院组织召开党委会 16 次，前置研究讨论“三重一大”事项 16 项；召开总经理办公会 21 次，审议议题 41 项；召开公司董事会会议 4 次，审议议题 17 件；召开公司股东会会议 3 次，审议议题 11 件。

2. 财务风险防范成效显著 全面推动了《内部控制实施细则》的贯彻执行，加强了应收账款和存货的管理，在集团“两金”清理专项考核中，一年以上应收账款、应收账款存量、存货存量、应收账款和存货 5 项指标均大幅完成集团“两金”压控目标；加强对资金使用的监管，加速资金周转，积极筹措资金，加强与当地银行的联系和沟通，为公司资金保证做好工作，降低公司的资金压力；将财务管理工作前移，竭诚为业务部门的商务谈判和经营过程服务，提出财务方案，规避和防范潜在的经营风险和财务风险。

3. 法律审核的业务支持作用得到凸显 重新修订了《法律事务工作管理办法》，规范了重大决策的法律审核制度，立足公司工作重点，防范决策法律风险；重新修订了《合同管理办法》，加强合同签订前的法律审查工作和重大合同签订后的履行监督工作，进一步防范合同法律风险，2017 年草拟、修改、审核合同 115 个，总标的额约 10 549 万元，制定框架协议 8 个，审核公司制度 36 个；充分运用法律手段积极配合各部门清理和收回应收账款，2017 年，处理诉讼案件 6 起，结案 5 起，均获得法院支持，为公司挽回直接经济损失 30 余万元。

4. 审计监督力度持续加大 持续加大对重大工程项目的审计监督力度和整改检查力度，着重关注管理的规范性和工程造价的成本，及时提出审计建议，对审计中发现的重要问题进行全过程跟踪，督促整改问题，做到风险可控。2017 年，审计基本建设项目 5 项，涉及资金 1 216.15 万元，核减工程造价 91.76 万元；审计日常维修项目 6 项，涉及资金 315.45 万元，核减工程造价 20.78 万元；审计监督检查 18 项，涉及资金 37.36 万元；干部任期经济责任审计 2 项，同时，对陈仲董事长任期经济责任的审计意见的内容进行分解落实、跟踪检查、督促整改；参与招投标监督 6 项，完成了高风险投资业务自查和 2 项专项治理工作。

5. 五大管理体系全面建立 公司 2017 年通过 GB/T 24001—2016 环境管理体系和 GB/T 28001—2011 职业健康安全管理体系认证复检。建立了质量管理、军工产品质量管理、知识产权管理、环境管理体系和职业健康安全管理五大管理体系认证。随着五大管理体系的全面建立和运行，使公司的活动、产品和服务进一步满足了顾客和法律法规的要求，推动了公司企业管理水平的持续改进和提升。

6. 不断强化人力资源管理 2017 年，重新调整了组织机构，部门职责不断明晰；制定了《先进集体和先进个人评选管理办法》，激励机制日趋健全；制定了《中层干部考核暂行办法》，不断推动干部履职尽责；注重干部能力的培养和教育，组织申报了“千人计划”“百千万人才工程国家级人才”“广西、桂林高层次人才”“广西优秀专家”，其中朱凌云获批“千人计划”。

7. 安全环保工作扎实开展 全面落实安全责任制，制修订了《安全生产“党政同责，一岗双责”管理办法》等 16 项安全生产、职业健康管理规定；策划了“安全生产月”“安全生产承诺签名”“查找身边的安全隐患”、知识竞赛、普及安全生产知识等活动，营造了良好的安全生产氛围；扎实开展了安全环保的各项工作。2017 年，桂林电科院安全生产未发生重大责任事故，在国机集团安全生产考核中被评为 A 级（优秀）。

8. 党建工作卓有成效 紧紧围绕桂林电科院改革发展目标，充分发挥党委的政治核心作用、基层党组织的战斗堡垒作用和党员的先锋模范作用，强化各级党建工作责任，不断创新党建工作思路，持续改进党建工作方法，全面加强公司党建工作，为公司持续健康发展提供了坚强的思想、政治和组织保证。一是全面发动，深入学习贯彻党的十九大精神。二是完善机制，推动全面落实国企党建工作会议要求。三是明确职责，认真抓好各级党建责任落实。四是创新方法，深入推进“两学一做”学习教育活动。五是严格把关，加强领导班子和干部队伍建设。六是狠抓基层，发挥党支部战斗堡垒和党员先锋模范作用。七是持之以恒，抓好党风廉政建设和反腐败工作。八是丰富载体，开展了邀您共读好书、书记微课堂、两学一做知识竞赛、参观廉政教育基地、主题党日活动等党建活动。

9. 企业文化建设全面提速 桂林电科院全面加速了公司价值文化元素的整理和提炼工作，开通运营了公司、团委微信公众号，扩展了公司企业文化宣传的门户和窗口，在微信号开展了知识有奖问答等活动，进行“贴身宣传”；策划的“新年新气象”“说说身边的人和事”等专题系列报道活动让文化内容更接地气；采取措施激发了通讯员队伍的活力，使基层的、有温度的新闻报道增多；修订了《办公用品管理办法》，通过办公用品这个载体来传播和宣贯企业文化。

10. 社会责任工作取得积极成效 组织开展了植树造林、学雷锋志愿服务、无偿献血、慰问东江派出所干警、国机爱心捐款、文明交通、创城市清洁等一系列精神文明和社会公益活动；同时，每年坚持到龙胜县乐江乡西腰小学，看望乡村老师孩子，开讲趣味科学实验课，开展互动益智活动，捐赠爱心慰问品；桂林电科院还积极参与了国机集团对四川广元市朝天区的扶贫工作，多次派人到该扶贫地区考察调研、出谋划策。2017 年，投入帮扶资金 10 万元。

中国恒天集团有限公司

【基本概况】

中国恒天集团有限公司（简称恒天集团）成立于 1998 年，是国内唯一以纺织装备为核心主业的中央企业。2017 年 6 月 29 日，经报国务院批准，中国恒天集团有限公司整体并入国机集团，成为其全资子企业。恒天集团拥有二级全资及控股子公司 24 家，境内外控股上市公司 3 家，员工 4.6 万余人，成员企业分布在国内 20 多个省、市、自治区，以及境外近 20 个国家和地区。已经成为资产规模稳定在 900 亿元、利润规模在 30 亿元左右的大型企业集团。

组建以来，通过股权划转、并购重组、战略合作等方式，整合了境内外 20 余家纺织机械、商用汽车、纤维材料、纺织服装、金融信托等企业，规模实力迅速增强，业务范围不断拓展，已形成纺织机械、商用汽车、纺织及贸易三大主业，涵盖纺织机械、纺织贸易、新型纤维材料、商用汽车及工程机械、金融投资、文化、资产管理等业务单元。其中，纺机业务在国内综合实力第一、业务规模全球最大、成套能力全球最强，具有较强的行业影响力和话语权；贸易业务具备细分行业领域内较强的市场地位和影响力，从纺织原料、服装到农产品、化工产品，贸易产业链不断延伸；新材料业务完成莱赛尔、莫代尔、聚乳酸、碳纤维等新型纤维产品的规划布局、技术储备，形成生产装备、技术研发和工程设计优势；新能源汽车业务实现快速发展，成为国内产品种类、资质最为齐全的新能源汽车企业集团之一；金融投资业务逐渐发展成为涵盖信托、证券投资、融资租赁、私募股权基金的综合金融业务板块，多功能的恒天金融新格局逐步形成；文化业务大力推动发展生态、人文、旅游相结合的综合体项目，实现从传统地产向文化产业的转型。

以“聚焦主业、战略转型、价值创造”为工作方针，逐步构建“高端制造、金融创新、文化服务”一体两翼发展格局，探索“总部 + 职业经理人 + 专职董监事”三位一体专业化管理模式，创新“资本投入 + 人力资源 = 资产价值 + 现金流回报”总部价值创造模式，运用科技创新与资本运作两个轮子推动企业持续快速增长，努力成为全球最具盈利能力和影响力的纺织装备制造企业，全球纺织贸易和新型材料业务细分市场最具影响力的供应商，中国具有较高知名度的商用车细分市场的领先者。

以“惠悦于民，恒达天下”为使命，秉承“业绩、规则、诚信”核心价值观和“协同、创新、卓越”企业精神，努力建设成为具有国际竞争力的世界一流企业。

【主要指标】

2017 年恒天集团主要经济指标完成情况见表 1。

表 1 2017 年恒天集团主要经济指标完成情况

项目	2016 年	2017 年	同比增长（%）
资产总额（万元）	8 290 205.80	9 260 684.67	11.71
负债总额（万元）	5 682 754.48	6 417 018.01	12.92
营业总收入（万元）	4 345 555.08	4 602 697.58	5.92
利润总额（万元）	303 621.44	268 426.00	-11.59
科技支出（万元）	52 435.41	75 954.99	44.85
利税总额（万元）	536 026.10	530 377.92	-1.05
EVA 值（万元）	66 819.13	40 989.90	-38.66
全员劳动生产率〔万元 /（人 • 年）〕	23.15	22.43	-3.14
净资产收益率（%）	7.87	6.27	下降 1.60 个百分点
总资产报酬率（%）	5.62	4.84	下降 0.78 个百分点
国有资产保值增值率（%）	87.78	80.81	下降 6.97 个百分点

【改革改制】

6 月，经报请国务院同意，国资委批复，恒天集团整体并入国机集团。恒天集团坚决落实国资委要求，确立“学习国机、融入国机、贡献国机”战略思想，稳妥推进重组融合工作。在管理对接上，总部各部门与国机集团对口管理部门进行业务沟通交流，双方按照既定步骤和节点顺利实现各项管理职能对接，理顺管理关系和业务流程，做到“无缝”对接，保证各项管理工作的正常开展。在战略规划融通上，围绕实现价值创造，重点就恒天集团的发展转型、深化改革、战略实施路径，以及双方的资源对接和协同模式进行深入探讨和交流，重新审视、梳理、完善集团发展战略及规划，确立总体战略、业务格局、战略目标不变，提出十大工程，使之上下融通，成为国机集团整体发展战略的重要组成部分。在推进业务协同上，组织人员陆续赴苏美达、中机国际、国机重工、中国建设、国机汽车、中国二重等企业学习调研，深入探讨在产品技术研发、进出口业务、海外工程承包、资金集中管理等领域的合作机会，明确发挥双方资源优势，推进恒天集团与国机集团业务合作与协同发展。

【重大决策与重大项目】

截至 2017 年年底，召开董事会 8 次，审议议案 25 项，通过 25 项。其中，薪酬委员会、战略委员会、审计委员会召开 6 次会议，审议 10 项议案，并通过 10 项议案。

恒天集团董事会同时积极响应国家“一带一路”倡议、“雄安新区”等战略。1 月 17 日，董事会第 85 次现场会议通过“关于中纺机为推动经纬纺机纺纱设备销售帮助岱银解决部分资金”议案，2018 年 5 月 28 日，岱银集团马来西亚棉纺成套二期项目投产。岱银马来西亚二期 11.6 万锭棉纺成套项目于 2017 年年初签约，这是恒天推动国内纺织龙头企业走出去的重点项目，契合国家“一带一路”发展倡议。自项目签订合作协议后，董事会高度重视，与各生产企业进行深入细致的沟通协调，就项目融资方案、设备选型、配置、价格、付款方式、发运计划及售后服务等进行多轮洽谈，促成岱银马来西亚二期项目顺利实施，所需全部棉纺成套设备由中方提供。

【市场开拓】

把全面完成生产经营目标任务作为重中之重，千方百计开拓市场，实现收入效益平稳增长。

1. 加快产品结构调整 实现数字化自动设备全面销售，经纬纺机细纱机长车、郑州纺机涤纶短纤直纺设备市场占有率分别达80%和63%，恒天立信主导产品在全球市场占有率25%以上。北京新能源汽车与国际知名汽车设计团队合作开发的REDS项目进展顺利，成功完成洛杉矶全球新车发布。中纺科技宏大V型高速生产线投产运行，成为国产设备中首次实现速度600m/min的高速优质非织造装备。郑州纺机完成31条水刺生产线，同比增长50%。对外公司聚焦主业，实现棉纱进口全国第三、棉短绒进口全国第二、机织布进口全国第一和棉纺机械出口全国第一的良好业绩。恒天纤维Lyocell“元丝”首次实现经营性毛利为正，产品供不应求。凯马汽车成功开发宽体微卡，填补中高端微卡产品空白。恒天九五聚焦挖掘机与旋挖钻机重点市场，营业收入同比增长107%。

2. 积极开拓国内市场 经纬纺机与华孚色纺、新疆新泰、山东如意等大客户签订成套设备158万锭，全年总销售超过240万锭，新增市场占有率69%。郑州纺机与新疆阿拉尔、阜宁澳洋、新疆天泰3个国内粘胶短纤项目累计合同额约4.5亿元，压榨机、黄化机等产品订购量保持国内第一。百路佳实现大客车销售992台，同比增长182%，创出历史新高。湖北新楚风全年实现新能源物流车销售1万台，销量稳居行业前三。

3. 大力开拓国外市场 对外公司纺机出口额1.58亿美元，同比增长6.59%。郑州纺机全年出口高端浆纱机系列35台，合同额6 700万元。立信染整全年海外市场销售比重近55%。宜昌纺机地毯机批量进入美国市场，全年出口地毯机53台；紧盯韩国、越南等市场，出口直捻机67台；出口销售收入同比增长53.62%，占企业年度销售收入比例65%以上。北京新能源协助百路佳出口巴基斯坦100台公交车。百路佳与恒天北美合作不断深入，完成北美市场36台豪华大巴订单。

【产权制度改革】

根据《中共中央国务院关于深化国有企业改革的指导意见》（中发〔2015〕22号）、《关于国有企业发展混合所有制经济的意见（国发〔2015〕54号）、《关于规范国有企业混合所有制改革的通知》（发改经体〔2014〕2555号）、《关于国有控股混合所有制企业开展员工持股试点的意见》（国资发改革〔2016〕133号）、《企业国有资产交易监督管理办法》（国务院国资委、财政部令第32号）等文件精神，积极推进混合所有制改革。

1. 体制改革积极推进 以央企联合重组为契机，推动将恒天集团总部混改成多元持股型总部机构，形成“国资相对控股、战略投资者和财务投资者参股”的相互制衡的股权结构，成为完全市场化运营的大型企业集团总部。响应国企全面深化改革要求，出台混合所有制改革指导意见，指导、推动集团各产权层级进行混合所有制改革实践。

2. 机制优化探索试点 逐步优化恒天集团总部传统的审批行政管理职能，向战略管控型、资本运营型转变，打造国有企业“价值创造型”总部的典范。推动与国机重组事宜，组织推动各职能部门（或业务单元）与国机进行管理对接；修订重点职能领域管理制度，逐步推动管理融合。推进选人用人机制改革，强化内部竞聘和人才流动，严格选人用人标准和流程；完善对子集团薪酬考核方案，建立富有竞争力的市场化薪酬体系；探索恒天集团和各子集团层面职业经理人试点方案。

3. 战略创新多元融合 通过精益运营，不断提升纺机业务的专业化、集约化、协同化运作水平，培育业务布局优化、协同效应明显、管理规范、产权清晰、运营高效的纺机子集团，成为全球纺织机械行业的领导者。通过多种途径筹集资金，力争对国内知名新能源汽车企业进行收购，在现有汽车业务基础上重点做大、做强新能源汽车业务。通过供应链整合、电商平台及国际资源整合等方式，实现商业模式创新，打造专业化、市场化、证券化新型跨国商贸集团。从市场端着手聚焦产业链上下游关键环节，稳步发展聚乳酸、Lyocell业务，探索新的商业模式，打造新型纤维材料集团。发挥恒天集团现有金融业务优势，整合外部优质的金融业务资源，创建业内领先的新兴金融企业，通过资本运作最大化提升恒天集团金融业务价值。打造以“文旅地产、内容运营”为主要特色的文化板块，探索文化小镇的投资、建设、运营模式，拓展文化产业形态及发展模式。

4. 组织变革优化协同 完善纺机子集团建设，优化组织架构、管理制度及业务流程；推进子集团产权整合，提高协同效应和集约化管理水平。探索重工、汽车业务边界新定位，明确重工、汽车业务的平台、职责和管控模式。整合现有业务，完善新材料子集团研发、采购、销售等制度流程及奖惩机制，提高协同效应和集约化管理水平。推进贸易整合、贸易企业产权重组，推动贸易子集团平台的搭建。

5. 法人治理逐步完善 发挥党组织“把方向、管大局、保落实”领导核心和政治核心作用，将推进和落实党建工作总体要求纳入公司章程工作，实现加强党的领导与完善公司治理有机统一。建立和完善专职董监事制度，明确职责定位，加强当期监督和事中监督，强化责任意识，健全责任倒查机制，完善“恒天集团总部职能建设、子集团建设和专职董监事”三位一体的新型国有企业管控模式。

6. 处僵治困同力协契 开展扭亏控亏专项治理，重点抓好企业经营性扭亏控亏工作；继续开展“两金”压控工作，将“两项资金”占用额控制在预算范围内。推进“僵尸企业”处置及特困企业治理工作，推进“压减”专项工作。推动企业办社会职能分离移交、棚户区改造等历史遗留问题处理，争取国有资本预算资金支持。

【管理经验】

1. 经营管理多措并举提质增效把瘦身健体作为提质增效的核心内容 截至 2017 年年底，累计完成僵困企业处置 26 家，占全部 38 家企业的 68%。累计分流安置职工 14 846 人，占计划安置总人数的 81%。获得处置僵尸企业补助资金 71 548 万元。38 家僵困企业亏损总额由 2015 年底的 10.1 亿元下降至 4.3 亿元。完成压减 28 户的年度目标，产权层级从 10 级压缩到 9 级。申报的 26 个“三供一业”项目中，咸阳纺机厂等 6 家企业的 16 个项目获得补助资金 7 058 万元。全年累计完成处置低效无效资产 14 项，变现金额 7.9 亿元。15 家全民所有制企业全部按计划完成工商变更登记。

开展降本增效专项行动。建立覆盖 17 家企业的采购信息系统（SRM），为实现供应商全生命周期管理、采购寻源管理和订单在线协同等核心功能提供信息化的工具支撑。恒天纤维所属天鹅、海龙两家企业大宗物资采购价格实现统筹，同类大宗原料（木浆）集中采购率 50%。经纬股份榆次分公司积极应对原材料成本上涨，在细纱机单台成本同比上涨 2.9 万元的严峻形势下，全年降本增效 2 800 万余元。制订并落实 2017 年度扭亏控亏专项治理工作方案，量化阶段性目标，督促措施落实，强化责任追究。同时，落实国机集团工作要求，建立和落实好重点亏损企业联系人制度，全力推进扭亏控亏工作。恒天集团三级及以上企业亏损面 24%，优于年度目标 6 个百分点。强化“两金”压控工作。制订并落实 2017 年“两金”压控工作方案，压降存量，控制增量，回笼资金，减少资金占用。截至 2017 年年底，“两金”占用 174.7 亿元，同口径较预算减少 32.36 亿元，远优于将两项资金占用控制在预算范围内的年度控制目标。

2. 创新驱动布局未来效果拔群 坚持创新驱动发展，在推动发展的内生性动力上实现根本性转变，形成更多依靠创新驱动的引领性发展的成果。一是强化科技创新。实施《科技发展基金管理办法》，支持 18 个项目，验收 13 个项目，下拨资金 4 000 万元。开展《科技发展基金管理办法》及配套实施细则培训，确定 2018 年科技创新项目 22 项、信息化支持项目 7 项，支持资金超过 5 000 万元。组织、指导企业申请国家和地方政府的重点项目，落实重大技术装备进口税收政策，获科技资金支持 1.51 亿元。组织企业申报行业和地方科技奖项，获“纺织之光”中国纺织工业联合会科学技术奖一等奖 1 项、二等奖 2 项、三等奖 1 项；首届“中国纺织行业专利奖”金奖 1 项，优秀奖 3 项；山东省科技进步二等奖 1 项。组织企业参加中央企业双创工作成就展，全流程数字化纺纱系统和新能源物流车（实物）两个项目得到国资委和国机集团的通报表彰，被国资委评为央企创新成就展先进集体。

纺织机械、汽车和发动机、新型纤维材料科

技投入比例分别达到3.70%、3.77%、2.01%，新产品贡献率分别达到50.0%、40.0%、15.4%。所属企业完成新产品开发计划100项，新产品计划完成率83.3%；新增授权专利251项，其中新增发明专利51项。截至2017年年底，拥有专利数2 015项，在中央企业专利排序中位列第47名。开展恒天集团年度科技进步奖评审，评选出科技进步奖21项、科技之星28名。

加快商业模式创新。中融信托坚持业务转型整体战略方向，持续优化业务结构，全年实现利润总额同比增长7.20%，资产管理规模超过8 000亿元。恒天控股参股赛晶电力电子，实施强强联合战略。中恒大耀利用互联网实现线上线下融合，收入突破15亿元，盈利1 100万余元。恒天览秀开拓贸易业务和网络交易平台业务。中服集团拓展境外轻奢品牌代理采购业务和海外购业务，全年实现贸易金额超过2 000万元，整体毛利率超过20%。中鑫生物科技项目完成工商注册和设备调试，生物科技产品具备较好市场前景。恒天文投创新推进西塘祥符荡文创产业园等文化项目，成功举办第三届“时尚·北京”暨国际时尚生活博览会。

3. 信息化建设夯实基础资源共享 推进信息化建设，优化管理流程，提升管理效率。财务系统硬件更换和虚拟化平台升级完成；法律事务管理信息系统一期项目正式上线运行；人力资源信息管理系统一期项目建设完成基础数据导入。中纺机集团推动棉纺机械事业部公司制运行，提高决策效率；设立3个区域财务中心，将17家企业的财务管理纳入其中，实现财务资源共享。新材料子集团建设新型纤维材料智能化运营平台，提高协同效应和集约化管理水平。恒天资产多案并举、同步推进处置汇丽印染、沈阳中恒等“僵尸企业”，退出顺德印染，积极探索最佳处置路径。

4. 风险业务主动收缩顺势而为 主动收缩部分风险敞口业务，持续完善风险管控体系，落实风险管控责任，守住不发生重大风险的底线。一是强化反馈问题整改。持续加大国资委巡视组、监事会、任中经济责任专项审计和专项督查反馈问题的整改力度，探索针对性强风险管控模式，促进企业资产安全运营和保值增值。二是强化全面风险管理。持续推进“四合一”风险管理体系，制定法治工作、全面风险与内控管理考核评价办法，在子集团层面全面落实总法律顾问制度，推动企业风险管理工作体系建设。三是强化财务风险管理。严格规范财务管理程序，强化资金预算和重大财务事项管控，严格控制大额资金运作流程，有效防范财务风险。强化担保，按预算审批对控股子公司的担保，对全级次企业的融资、担保情况进行监控，确保专款专用，严禁对外担保，防范担保风险。四是强化投资管理。规范编制、审批和调整年度投资计划，严格履行投资项目审批决策程序，不断强化实施监管，召开4次投资项目评审会议，完成5个重大投资项目的后评价。五是强化业务风险防控。加强对高风险业务的审查力度，开展企业内部控制评价，对贸易企业开展专项风险检查，及时指导企业调整和优化内控制度和管理流程、建立健全风险管控措施，防范业务风险。六是强化资产负债率控制。制订“降杠杆、减负债”工作方案，密切监控各企业资产负债率，加大对部分高负债企业实施负债率和负债规模双重管控的力度，严格控制债务风险，将资产负债率控制在年度预算范围内。七是强化审计监督。开展273项内审项目，审计企业户数263户，占企业总数87%；审计资产总额（不含中融信托）471亿元，基本做到对被审计单位重大投资、重要资产、重要经营管理活动的审计全覆盖。八是强化安全生产与节能减排管理。开展安全生产大检查，开展特种设备、消防安全专项检查，及时开展安全事故调查处理，实现“三无”目标；加强节能减排管理，按期全额完成节能减排年度控制指标。

【党建工作】

各级党组织深入学习贯彻党的十九大精神，推进全面从严管党治党向纵深发展，党建基础、党建质量和党建水平得到进一步提升。

1. 认真组织学习宣传贯彻党的十九大精神印发《认真学习宣传贯彻党的十九大精神的实施意见》，通过党委中心组学习，举办专题报告会、领导干部培训班，领导讲党课，开展征文活动等方式，引导各级党组织和广大党员把学习贯彻党的十九大精神不断推向深入。

2. 严格落实党建工作责任制 印发《党建工作责任制实施办法》，开展企业党组织书记抓党建述职评议考核和领导班子成员党建述职工作，层层压实党建工作责任。全面完成党建工作总体要求纳入公司章程工作。

3. 扎实开展企业领导班子和人才队伍建设 制订“学习总书记讲话，加强领导班子建设工作方案”，开展选人用人专项督查工作，对干部的选拔任用、个人有关事项等进行严格监督管理。制订科技人才队伍建设指导意见，推动落实恒天集团中长期人力资源发展规划。

4. 推进“两学一做”学习教育常态化制度化 开展以“弘扬革命传统、坚定理想信念”为主题的党员、入党积极分子培训班，集中培训党组织书记和党务骨干 368 名，拓展学习教育的深度和广度。组织代表队参加国机集团党委“两学一做”学习教育常态化制度化知识竞赛，荣获团体二等奖和 1 项“优秀选手奖”。

5. 加大党风廉政建设和反腐败工作力度 下发“纪律建设深化年”实施方案，梳理、修订和完善恒天集团党风廉政建设和反腐败工作制度体系，开展违规公款购买消费高档白酒问题、办公用房超标、违规配备使用公务用车等排查整改工作，持之以恒落实中央八项规定精神。明确问题清单、任务清单和责任清单，加大国资委党委第六巡视组和国资委党委第一督查组反馈问题整改力度，发挥纪律建设在全面从严治党中的治本作用，给予党纪政纪处分 24 人、组织处理 40 人。创新监督、方式，大监督格局基本形成，监督委员会工作稳步推进，按期完成对 3 家企业的内部巡视。

【工会工作】

持续加强企业工会组织建设和职代会制度建设，开展职工创新创效、岗位练兵、创建金牌班组、征集合理化建议、“五小”活动、QC 小组等活动。华源莱动王俊堂获国务院政府特殊津贴；恒天重工李会东获“全国五一劳动奖章”；经纬榆次裴宝林工作室被山西省总工会授予“优秀创新工作室”；王俊堂、李会东被聘为国机集团首席技师；中纺机集团工会被国机集团评为工会工作先进集体；获评 2017 年度全国优秀质量管理小组 2 个、全国质量信得过班组 1 个。

【共青团组织建设】

理顺共青团组织工作体系，组织 73 名基层团组织书记和优秀团员青年代表，在中央团校举办为期 5 天的共青团骨干培训班。“经纬纺机专备件网上商城”项目获“航天科工杯”第三届中央企业青年创新优秀奖。

【社会责任】

修改完善恒天集团红十字救助基金管理办法，开展第七批救助活动，救助 35 家企业 89 人，合计金额 50.7 万元。开展第二次救助基金捐款活动，恒天集团 65 家企业、1 235 名干部职工捐款 318.787 9 万元。截至 2017 年年底，按照“以村为试点、总结经验推广到镇、再扩大到平陆县全县”总体思路，进入第三阶段扩大到平陆县全县，全年组织 24 家企业及单位，拨付扶贫资金 157.53 万元，采购农副产品 300 多万元，在 1 县 1 镇 3 校 8 村共 13 个单位，开展智力扶贫、电商扶贫、旅游扶贫、民生工程、教育扶贫等 27 项扶贫工程，直接帮扶建档立卡贫困户 20 户 49 人、贫困中小学生 257 名、贫困党员 5 名和 8 名健在的“六十一个阶级兄弟”，使近万人受益。继续选派优秀干部担任扶贫村第一书记，组织平陆县代表团赴南方全国百强县开展“新农村建设”培训学习。创新开展的电商扶贫被评为国家科技部“星创天地”项目。

第四篇

规章制度选编

国机集团党委关于构建“不能腐”体制机制的指导意见

国机党〔2017〕35号

实现“不敢腐、不能腐、不想腐”是党风廉政建设和反腐败工作的总目标。“不敢腐”是前提，只有加大惩治力度，形成持续威慑，才能通过治标为治本赢得时间，为“不能腐”和“不想腐”创造条件。“不想腐”是基础，是一个长期任务，只有坚定理想信念，建设廉洁文化，才能真正从思想上筑牢防堤。“不能腐”是核心、也是保障，只有深化改革、完善制度，真正把权力关进制度的笼子里，才能巩固“不敢腐”“不想腐”的成果、根除病源。当前，国机集团反腐败斗争压倒性态势已经形成，“不能腐”“不想腐”的效应初步显现，但反腐败形势依然严峻复杂。要坚持高标准和守底线相统一，坚持抓惩治和抓责任相统 ，坚持查找问题和深化改革相统一，坚持选人用人和严格管理相统一，在保持高压反腐态势、强化“不敢腐”氛围，持续开展“两学一做”学习教育、筑牢“不想腐”思想防堤的同时，要根据从重点治标转入标本兼治的形势发展和任务需要，着力推进制度建设、加强监督管理，强化对权力运行的制约和监督，努力实现“不能腐”的目标。

各所属企业党委、纪委要站在全面从严治党的高度，切实担负起主体责任和监督责任，围绕实现“不敢腐、不能腐、不想腐”的总目标，坚持标本兼治，加快构建“不能腐”的体制机制，为深入践行二次创业、持续深化改革创新、努力再造海外新国机提供坚强有力的保障。

一、坚持以党章党规党纪为遵循

（一）坚持尊崇党章

将全党共同遵守的根本行为规范体现到构建“不能腐”体制机制的全过程、各方面，将党章关于党的性质和宗旨、党的理论和路线方针政策、党的重要主张、党员和党的干部的各项规定、党的组织制度特别是民主集中制等落实到企业全面从严治党制度体系中。

（二）严格依据党内法规制度

要依据党内法规特别是党的十八大以来制定和修订的《中国共产党廉洁自律准则》《关于新形势下党内政治生活的若干准则》《中国共产党纪律处分条例》《中国共产党党组工作条例（试行）》《中国共产党巡视工作条例》《中国共产党问责条例》《中国共产党党内监督条例》等党内法规，抓紧清理、修订和完善补充企业各项制度，确保与中央党内法规制度高度一致，确保企业各项工作有章可循有规可依。

（三）坚持把纪律和规矩挺在前面

始终把遵守党的政治纪律摆在首位，以党的政治纪律、组织纪律、廉洁纪律、群众纪律、工作纪律、生活纪律为尺子，在制定制度时划清纪律的“底线”，在执行制度时明确纪律的“红线”，强化纪律约束，让制度真正“带电”、管用，让铁规发力、禁令生威。

二、健全权力运行制约和监督机制

（一）加强党对国有企业的领导

构建“不能腐”的体制机制的核心是加强党对国有企业的领导，在观念、体制、制度、政治生态、基础工作等方面与习近平总书记重要讲话精神对标，将党的领导融入公司治理各环节，把党的组织内嵌于公司治理结构中，发挥党组织的领导核心和政治核心作用，形成党组织与董事会、经理层等公司治理主体各司其职、各负其责、协调运转、有效制衡的公司治理机制。

完善议事决策制度，将党组织研究讨论作为董事会、经理层决策重大问题的前置程序，坚决防止出现以党政联席会、总经理办公会代替党委会的现象；明确党组织参与重大问题决策是组织行为，不能以书记个人参与决策代替党组织集体研究讨论；完善选人用人制度，保证党对企业干部人事工作的领导权和对重要干部的管理权；完善监督制度，把管资本为主和对人监督结合起来，将党内监督与企业其他监督力量整合起来，形成监督合力。

（二）强化权力制约和监督

1. 紧盯重点领域和关键环节

紧盯企业投资决策、兼并重组、产权转让、物资采购、招标投标、财务管理、选人用人、境外经营等重点领域和关键环节，紧盯权力集中、资金密集、资源富集、资产聚集的部门和岗位，建立健全行权履职约束制度，把权力关进制度的笼子里，形成有权必有责、用权必担责、滥权必追责的制度安排。

2. 加强关键岗位权力监督

紧盯企业关键少数特别是“一把手”和重要部门、关键岗位的主要负责人，督促其严格遵守党章党规党纪，严格按法定权限、规则、程序行使权力，严格按制度办事，自觉接受监督，坚决防止权力失控和滥用。

—— 制定权力清单。坚持分事行权、分岗设权、分级授权，制定领导干部特别是主要领导干部的权力清单和责任清单，划定权力边界，明确责任主体，做到权责对等。完善“三重一大”等议事决策制度，明确党组织及董事会、经理层的权责边界及无缝衔接制度安排。健全选人用人机制，从制度上保证党组织在确定标准、规范程序、参与考察、推荐人选等方面的权限。

按照职能科学、结构优化、廉洁高效的原则，科学配置内设机构的权力和职能，明确职责定位和工作任务，健全部门职责和人员编制体系，做到定位准确、边界清晰，权责一致、人事相符，各司其职、各负其责，依照权限和程序行使权力。按照不同性质的权力由不同部门行使的原则，尽量实行决策、执行、监督职能相分离，对直接掌管人、财、物等高风险部门和岗位的权力进行限制，压缩和规范各种权力的自由裁量空间。按照同一件事情或同一项工作任务由一个部门负责的原则，加大机构和职责整合力度，最大限度地解决职责分散和交叉扯皮问题。

—— 规范权力运行。明确党组织在决策、执行监督各环节的工作方式，通过党员发表意见、报告落实情况以及评价纠正等制度安排，既保证充分落实党组织意图，又不缺位越位。健全党组织、董事会、经理层等公司治理主体内部议事规则，强化内部流程控制，实现决策、执行、监督的有效制衡。实施“一把手”“末位表态”制，在讨论“三重一大”事项时，“一把手”不得首先表态或个人定调，须经每位班子成员逐一发表意见后，“一把手”最后提出自己的意见，然后依据少数服从多数的组织原则作出决策或决定，形成“副职分管、正职监管、集体决策、民主监督、公正公开”工作机制。健全重大信息公开制度，推行党务公开、厂务公开、业务公开，让权力在阳光下运行，防止权力暗箱操作。

—— 强化权力监督。完善企业党组织党内政治生活制度，落实“三会一课”、民主生活会和组织生活会、民主评议党员等组织制度。完善企业党内监督制度，明确党委、纪委、党的工作部门、基层组织和党员的监督职责，健全企业党组织和领导干部述职述廉、个人事项报告、提醒函询诫勉、巡视工作等制度。推行新提任领导干部配偶子女从业、财产、出国（境）等有关事项在一定层面上公开的制度，加强报告核查结果的运用和违规惩戒力度。完善重大事项决策监督机制。加强对企业关键少数特别是“一把手”行使权力的监督，防止“一把手”独断专行。

制定运用监督执纪“四种形态”的相关办法，健全党员经常性教育管理制度。完善企业内设监事会、审计、法律、财务等监督制度，加强对所属企业的监督。健全职代会、厂务公开、职工董事、职工监事等制度，加强职工群众的民主监督。结合企业实际，探索整合企业监督资源，健全企业纪委牵头的党风廉政建设和反腐败工作联席会议制度，建立发现问题资源共享、问题线索移交等协调配合机制，建立监督意见反馈整改机制，形成监督工作闭环。

三、健全廉洁风险防控机制

（一）全面梳理廉洁风险点

充分运用巡视、审计、专项监督检查等发现问题，紧盯权力运行的关键少数、关键岗位，聚焦容易滋生腐败的关键领域、关键环节，举一反三，查找梳理廉洁风险点。发挥查办案件治本功能，对案件发生的原因进行深入剖析，发现企业经营管理中的漏洞，为建立“不能腐”的体制机制提供依据。

（二）建立覆盖所有业务和岗位的廉洁风险防控措施

依据纪律要求、制度规定，紧盯投资决策、兼并重组、产权转让、物资采购、招标投标、项目分包、财务管理、选人用人、境外经营等重点领域和关键环节，加强廉洁风险排查，制定防控措施，实现廉洁风险防控全覆盖。

（三）加强对廉洁风险的监测分析和动态管理

根据企业业务特点，科学确定风险等级，实行分类管理。用“互联网＋”“大数据”等科技化、信息化手段，将廉洁风险防控纳入管理流程、嵌入操作程序，以管理信息化推动廉洁风险的及时预警、及时纠正，实现行为过程可控、责任过失可追溯。

四、健全责任追究机制和容错纠错机制

认真贯彻落实习近平总书记“三个区分开来”重要思想，坚持严格管理和热情关心相结合、严格约束与正向激励相结合，建立容错纠错机制，旗帜鲜明为敢于担当的干部担当，为敢于负责的干部负责。

（一）健全责任追究机制

落实《中国共产党问责条例》，制定企业党组织问责办法，紧盯在企业党的建设中失职失责的党组织和党员领导干部的主体责任、监督责任、领导责任，明确问责的内容、对象、程序、方式等，使之具体化、程序化。落实《关于建立国有企业违规经营投资责任追究制度的意见》，细化责任追究的范围、程序、方式、标准等，确保责任追究工作有章可循、规范有序。对失职失责行为严肃问责，特别是党的各级组织和领导干部要把自己摆进去，手电筒对着自己照，在贯彻执行上下功夫，让失责必问成为常态，通过问责强化责任担当。

（二）健全容错纠错机制

——把握工作原则。坚持“四看”标准，即看是出公心还是源于私利，是无心之失还是有心之过，是履行程序还是破坏规则，是遵纪守法还是违法乱纪。同时，要支持实干、激励创新，实事求是、客观公正，严守底线、精准量纪。

——把握具体情形。对大胆探索、先行先试，不是有令不行、有禁不止的；出于担当尽责，没有为个人、他人或单位谋取私利的；由于不可抗力、难以预见等因素，不是主观故意的；经过科学决策、民主决策程序的，不是个人专断、一意孤行的；处置突发事件临机决断、事后及时履行报告程序的等，经研究认定可以容错。

——把握工作程序。企业党委、纪委要主动将“三个区分开来”要求贯穿于执纪审查全过程。对于符合“三个区分开来”情形、要求免予责任追究或者从轻减轻处理的，要严格按照有关程序进行认定，既严格执纪，又最大限度调动企业广大党员干部干事创业的积极性、主动性和创造性。

五、提高制度建设的科学化水平

（一）坚持于法周延、于事简便

制度体系要确保完整，覆盖企业廉洁风险的各个方面，覆盖企业生产经营管理的各个环节、关键领域。制度本身要做到周延，既有实体性规定，又有程序性规定，还有惩戒性规定，每一项制度或制度体系形成一个闭环。制度的表述要规范简洁，内容相同或相近的合并集中到一个制度中，确实需要细化的可以制定细则予以配套，确保清晰明了、可操作性强。

（二）坚持制度与科技相衔接

将科技化、信息化手段嵌入制度建设的全过程，探索形成“制度＋科技”模式，确保制度执行过程有迹可循，实现权力运行流程的公开透明，实现事前可预测、事中可监控、事后可追溯，减少制度执行过程中的人为干预，起到有效预防腐败的效果。

（三）坚持解放思想、与时俱进

结合发展混合所有制经济、境外投资经营等开拓新领域、发展新业务的需要，把中央和集团要求、实际需要、新鲜经验结合起来，及时制定制度、创新制度，做到规章制度明、政策界限清，为广大党员干部干事创业提供行为准则。

（四）坚持“五问”标准抓落实

一问“全不全”，检查制度在覆盖廉洁风险点上是否有漏项，明确必须为的、可以为的、不能为的。二问“行不行”，检查制度是否科学，防止“牛栏关猫”。三问“力不力”，检查制度是否“带电”，不能打折扣、搞变通。四问“新不新”，检查制度是否与时俱进。五问“顺不顺”，检查制度是否与上位法保持一致、与平行制度保持协调，从整体上做到科学、合理。

集团各级党委要切实履行主体责任，将构建“不能腐”的体制机制作为加强党风廉政建设和反腐败工作的重要内容，作为深化认识、增强执行力的重要内容，与企业改革发展、党的建设同谋划、同部署、同推进。党委书记要亲自抓，对重要工作要亲自研究部署、亲自督促检查、亲自抓好落实。党委班子成员要结合分管领域的工作推动构建“不能腐”的体制机制。各级领导干部要发挥带头示范作用，坚持以上率下，带动全体党员干部共同遵守制度。各级纪委要做构建“不能腐”体制机制的执行者、实践者、推动者，加强监督检查，督促企业各级党组织层层抓好落实。

国机集团党委贯彻落实《中国共产党问责条例》实施办法（试行）

国机党〔2017〕33号

第一章　总　则

第一条　为进一步强化和规范集团公司党内问责工作，根据《中国共产党章程》《中国共产党问责条例》等党内法规，结合实际制定本办法。

第二条　问责工作以马克思列宁主义、毛泽东思想、邓小平理论、“三个代表”重要思想、科学发展观为指导，深入贯彻习近平总书记系列重要讲话精神，围绕协调推进“四个全面”战略布局和集团公司改革发展，坚持党的领导，加强党的建设，全面从严治党，做到有权必有责、有责要担当、失责必追究，落实党组织管党治党政治责任，督促党的领导干部践行忠诚干净担当。

第三条　问责工作原则：依规依纪、实事求是，失责必问、问责必严，惩前毖后、治病救人，分级负责、层层落实责任。

第四条　问责工作是由集团公司各级党组织按照职责权限，追究在企业党的建设和党的各项事业中失职失责党组织和党的领导干部的主体责任、监督责任和领导责任。

第五条　本办法适用于对集团公司所属各级党组织、党的领导干部问责。问责对象是集团公司各级党组织、党的工作部门及其领导成员，各级纪委及其领导成员，重点是主要负责人。

第六条　党组织领导班子在职责范围内负有全面领导责任，领导班子主要负责人和直接主管的班子成员承担主要领导责任，参与决策和工作的班子其他成员承担重要领导责任。

第二章 问责情形

第七条 党组织和党的领导干部违反党章和其他党内法规，不履行或不正确履行职责，造成严重后果或者恶劣影响的，应当予以问责。

第八条 党的领导弱化，有下列情形之一，给党的事业和企业、职工合法权益造成严重损失，产生恶劣影响的，应当予以问责：

（一）对党和国家方针政策，党中央、国务院决策部署，国务院国资委党委、集团公司工作要求不及时传达学习，不认真研究部署，不积极推动落实，或者在贯彻执行中打折扣、做选择、搞变通，出现国有资产流失、职工队伍不稳定、社会责任不履行、长期经营不善等情形，造成严重损失，产生恶劣影响的。

（二）结合经济建设、政治建设、文化建设、社会建设、生态文明建设“五位一体”总体布局和集团公司战略规划不紧，领导和推动不力，大局观不强，重要工作部署执行不到位，违反民主集中制和“三重一大”集体决策等规定，独断专行，造成重大损失的。

（三）在处置本企业（部门）发生的重大问题中领导不力，出现重大失误，不按照有关规定或者工作要求请示报告，瞒报、迟报、谎报，导致事态恶化的。

第九条 党的建设缺失，有下列情形之一，党内和职工群众反映强烈，损害党的形象，削弱党执政的政治基础的，应当予以问责：

（一）思想政治工作严重削弱，党性教育特别是理想信念宗旨教育薄弱，重大舆情处置不当，党员队伍在重大风险和考验面前不能发挥先锋队作用，严重损害党和国家以及企业形象的。

（二）违反党的组织原则和组织路线，干部人事制度不规范，干部选拔任用工作中问题突出，违反规定选拔任用领导干部，用人失察、失误，任人唯亲、跑官要官等不正之风严重，领导干部不作为、乱作为问题突出的。

（三）推进党的制度建设不力，不按要求开展党委中心组学习，党内政治生活不正常，组织生活不健全，领导班子不团结，基层党组织软弱涣散，违规发展党员，党组织机构不健全，人员、经费等得不到保障的。

（四）对中央八项规定精神及相关制度、工作要求落实不力，作风建设流于形式，不正之风得不到有效治理的。

（五）权力运行制约和监督机制严重缺失，党务公开制度流于形式，党建工作责任制不落实的问题突出，党群干群关系恶化，影响恶劣的。

第十条 落实全面从严治党不力，有下列情形之一，造成严重后果的，应当予以问责：

（一）履行主体责任不力，管党治党失之于宽松软，对党员日常教育监督管理不到位，好人主义盛行，搞一团和气，不负责、不担当，该发现的问题没有发现，发现问题不报告不处置、不整改不问责的。

（二）履行监督责任不力，监督职责不落实、不到位，压案不查、瞒案不报的。

（三）履行领导责任不力，不认真履行“一岗双责”，对职责范围内苗头性、倾向性问题不抓早抓小，不主动开展提醒谈话，不能做到“咬耳扯袖，红脸出汗”，对巡视巡察发现问题整改不力甚至回避的。

第十一条 维护党的纪律不力，有下列情形之一，造成恶劣影响的，应当予以问责：

（一）维护党的政治纪律和政治规矩失职，对本企业（部门）党员、干部违反政治纪律行为放任不管，对重大事项隐瞒不报或者不及时、不据实报告，有令不行、有禁不止，团团伙伙、拉帮结派，或者妄议中央大政方针、破坏党的集中统一、损害中央权威，问题严重的。

（二）维护党的组织纪律、廉洁纪律、群众纪律、工作纪律、生活纪律不力，职责范围内“四风”和廉洁自律问题突出、违规违纪行为多发的。

第十二条 推进党风廉政建设和反腐败工作不坚决、不扎实，有下列情形之一，导致腐败蔓延势头没有得到有效遏制，损害职工群众利益的不正之风和腐败问题突出的，应当予以问责：

（一）不重视党风廉政建设和反腐败工作，无机构、无人员，或者组织机构不健全，导致无法正常开展工作的。

（二）不研究部署党风廉政建设和反腐败工作，不落实党风廉政建设责任清单有关要求的；

（三）不传达贯彻、督促落实党风廉政建设和反腐败工作，党组织主要领导不能落实“四个亲自”，甚至拒不办理的。

第十三条 党风廉政建设责任制考核评价不合格的，应当根据具体情况区分不同责任，对相关责任方予以问责。

第十四条 有其他失职失责情形需要问责的，应当予以问责。

第十五条 有下列情形之一的，应当从重或者加重问责：

（一）对职责范围内发生的严重违纪问题掩盖、袒护、瞒报的。

（二）对上级党组织明确指出的违规违纪问题拒不整改或者不问责的。

（三）干扰、阻碍责任追究或者对抗组织审查的。

（四）被问责后同一任期内又发生类似问题需要问责的。

（五）其他应当从重或者加重问责的情形。

第十六条 有下列情形之一的，可以从轻或者减轻问责：

（一）对职责范围内发生的问题及时如实报告并依规依纪处理的。

（二）在问责调查前主动查处和纠正，有效避免损失或者挽回负面影响的。

（三）积极配合组织调查，主动承担责任的。

（四）其他可以从轻或者减轻问责的情形。

第十七条 坚持实事求是和“三个区分开来”，有下列情形之一的，可以免予问责：

（一）在制定或者执行错误决策、决定过程中，明确提出反对意见的。

（二）在创造性开展工作中，确实因不可抗力造成工作失误的。

（三）在进行探索性试验中，符合现行政策精神和改革方向，工作成效明显但出现局部工作失误的。

（四）在处置重大突发性事件中，为保护职工群众生命财产安全或维护社会稳定，临机处置导致工作失误的。

第十八条 实行终身问责。对失职失责性质恶劣、后果严重的，不论其责任人是否调离转岗、提拔或者退休，都应当严肃问责。

第三章 问责方式

第十九条 对党组织的问责方式包括：

（一）检查。对履行职责不力、情节较轻的，应当责令其作出书面检查并切实整改。

（二）通报。对履行职责不力、情节较重的，应当责令整改，并在一定范围内通报。

（三）改组。对失职失责，严重违反党的纪律、本身又不能纠正的，应当予以改组。

第二十条 对党的领导干部的问责方式包括：

（一）通报。对履行职责不力的，应当严肃批评，依规整改，并在一定范围内通报。

（二）诫勉。对失职失责、情节较轻的，应当以谈话或者书面方式进行诫勉。

（三）组织调整或者组织处理。对失职失责、情节较重，不适宜担任现职的，应当根据情况采取停职检查、调整职务、责令辞职、降职、免职等措施。

（四）纪律处分。对失职失责应当给予纪律处分的，依照《中国共产党纪律处分条例》追究纪律责任。

第二十一条 对党组织、党的领导干部的问责方式，可以单独使用，也可以合并使用。

第二十二条 对被问责的领导干部，参照《国机集团全资、控股企业负责人履职待遇、业务支出管理办法》有关规定精神，相应扣减当年绩效薪金。

第四章 问责程序

第二十三条 根据不同情形启动问责调查：

（一）纪委在纪律审查工作中开展“一案双查”，对于发生区域性、系统性、塌方式腐败案件或者存在严重不正之风问题的，应当根据实际情况，把有关党组织及其领导干部履行管党治党责任情况列入调查内容，既查清当事人的违纪问题，又查清有关党组织及领导干部的责任；

（二）纪委和党的工作部门在开展干部监督、巡视巡察、效能监察、专项治理和检查、述职述廉、提醒谈话、信访核查等工作中发现需要进行问责的问题线索，应当按照有关规定和管理权限开展核查。

（三）上级党委、纪委及党的工作部门认为需要启动问责调查的，可以按管理权限要求下级党组织、纪委及党的工作部门启动问责调查，也可以自行启动问责调查。

（四）党委认为需要启动问责调查的，可以要求党的工作部门或者同级纪委开展调查。

（五）在问责调查中涉及超出管理权限的问责对象，应当以党委或者纪委名义向有管理权限的党组织或者纪律检查机构移送线索。

第二十四条 问责决定由有管理权限的党组织作出：

（一）对党的领导干部通报、诫勉，由党委、纪委或者党的工作部门作出决定。

（二）对党的领导干部组织调整或者组织处理，纪委或者党的工作部门有权根据调查结果提出建议，由党委作出决定。

（三）对党的领导干部采取纪律处分方式问责，按照党章和有关党内法规规定的权限和程序执行。

（四）对党组织的问责，由上级党委作出决定，上级纪委或者党的工作部门有权根据调查结果提出建议。

第二十五条 作出问责决定前，应当听取被问责党组织主要负责人、被问责党员领导干部本人的意见，并且记录在案，对其合理意见，应当予以采纳。

第二十六条 问责决定作出后，制作问责决定书，及时向被问责党组织或者党的领导干部及其所在党组织宣布并督促执行。

问责决定向组织部门通报，组织部门将问责决定书等材料归入被问责领导干部个人档案。涉及组织调整或者组织处理的，原则上在 1 个月内办理完相应手续。

党委、党的工作部门作出的问责决定，抄送同级纪委。

第二十七条 受到问责的党组织、党的领导干部对问责决定不服的，可以自接到问责决定书之日起 10 个工作日内，向问责决定机关提出书面申诉。问责决定机关一般应在 30 个工作日内作出申诉处理决定。

申诉处理决定应当以书面形式告知申诉的党组织、党的领导干部本人及其所在单位（部门）。

受到问责的党的领导干部对问责决定机关作出的申诉答复不服的，可以向其上一级组织申诉。

第二十八条 受到问责的党的领导干部应当向问责决定机关提交书面检讨，并在民主生活会或者其他党的会议上作出深刻检查。

第二十九条 实行问责典型问题通报曝光制度，对严重失职失责被问责等典型问责案例进行通报曝光。

第五章 附 则

第三十条 实行问责情况定期报告制度。各企业纪委要按照有关要求统计并逐级上报问责情况。重大问题问责情况，及时报告。

第三十一条 本办法由集团公司纪检监察部负责解释。

第三十二条 本办法自发布之日起施行。

国机集团纪委关于落实党风廉政建设监督责任的意见

国机党〔2017〕31 号

为认真贯彻落实党的十八届三中全会和十八届中央纪委三次全会关于落实党风廉政建设责任制、纪委负监督责任的要求，按照中央纪委、驻国资委纪检组与集团党委的要求和部署，结合集团实际，就集团纪委履行党风廉政建设监督责任，提出如下意见。

一、明确监督责任

（一）纪委的监督责任

集团纪委领导班子要强化担当意识，带头履行监督责任。

1. 认真贯彻落实中央、中央纪委、驻国资委纪检组和集团党委的要求，组织传达学习，研究贯彻措施，抓好工作落实。

2. 每年定期向上级纪委、集团党委汇报党风廉政建设和反腐败工作，及时请示报告涉及反腐倡廉建设的重要情况和问题。

3. 在中央纪委、驻国资委纪检组和集团党委领导下，推进反腐败体制机制创新，加强所属企业纪检监察组织和队伍建设，会同党委组织部做好所属企业纪委书记、纪委副书记的提名和考察工作。

4. 聚焦中心任务，围绕监督执纪问责，深化转职能、转方式、转作风，做到情况明、数字准、责任清、工作实、作风正。

（二）纪委主要负责人的监督责任

纪委主要负责人是履行监督责任的第一责任人，领导纪委履行监督责任。

1. 组织研究集团及所属企业党风廉政建设和反腐败形势，协调相关部门解决重点难点问题，组织查处领导人员的违纪问题及腐败案件，重要工作靠前指挥、全程督导。

2. 加强对集团党委成员遵守党章党纪党规、廉洁从业、作风建设和行使权力等情况的监督，发现苗头性问题及时提醒，发现重大问题线索及时向集团党委和中央纪委、驻国资委纪检组报告。

3. 了解掌握所属企业领导班子和集团总部党员领导干部，特别是各企业、总部各部门主要负责人违反党纪党规和廉洁自律情况，发现重要线索和问题，及时向党委主要负责人报告。

4. 对纪委领导人员履行责任的情况进行监督，对落实责任不到位的，及时提醒、纠正。

（三）纪委其他领导人员的监督责任

1. 按照职责分工，抓好牵头任务的组织落实。

2. 了解掌握所属企业领导班子、领导干部和集团总部党员干部违反党纪党规和廉洁自律情况，发现重要线索和问题，及时向纪委主要负责人报告。

3. 定期约谈所属企业纪检监察机构负责人，督促落实监督责任。

二、落实监督任务

（一）协助党委加强党风廉政建设和组织协调反腐败工作

1. 协助党委研究制定党风廉政建设工作计划、目标要求和具体措施，将党风廉政建设和反腐败工作融入企业改革发展全过程。

2. 协助党委召开集团党风廉政建设和反腐败工作会议等会议，统筹谋划年度重点任务，抓好工作部署。

3. 协助党委健全党风廉政建设和反腐败工作协调机制，抓好责任分解。

4. 加强集团党风廉政建设和反腐败工作情况调查研究，向党委提出党风廉政建设和反腐败工作意见和建议。

5. 按照党委的部署，组织所属企业纪委书记、纪检监察机构负责人开展工作研讨交流，分析企业党风廉政建设和反腐败工作形势，研究解决相关问题，推动工作有效开展。

（二）强化纪律监督

1. 加强对集团党委领导班子成员和集团党委管理的领导人员遵守党章和其他党内法规情况的监督。

2. 加强对集团党委领导班子成员和集团党委管理的领导人员执行党的路线方针政策和决议、遵守廉洁自律规定、行使权力等情况的监督。

3. 加强对民主生活会、述职述廉、领导干部个人重大事项报告等制度落实情况的监督检查。

4. 协助党委对所属企业和总部各部门党风廉政建设责任制执行情况开展检查，定期听取所属企业报告党风廉政建设责任制落实情况。

5. 指导所属企业针对腐败案件易发多发的重点领域和关键环节选题立项，开展监督检查，推动廉洁风险防控工作。

（三）深化作风监督

1. 持续加大对违反中央八项规定精神问题的查处力度，坚决纠正“四风”。重点整治违规公款吃喝、违规发放津补贴、违规收送红包礼金、违规操办婚丧喜庆事宜、变相公款旅游、涉赌涉毒等顽疾，深挖细查隐形变异问题，坚决防止反弹，不断巩固和拓展整治成果。

2. 及时通报作风建设监督检查情况，公开曝光典型案件。

（四）严格执纪审查

1. 准确把握监督执纪“四种形态”，对有违纪违规行为的早发现、早处置，及时给予党纪处分和组织处理。突出审查重点，特别查处不收敛不收手，问题线索反映集中、群众反映强烈，现在重要岗位且可能还要提拔使用的领导干部，三类情况同时具备的是重中之重。

2. 检查、处理集团党委管理的总部党员干部及所属企业党组织、党员和领导人员违反党纪政纪的重要案件；协助中央纪委和驻国资委纪检组查处有关领导人员的违纪案件。

3. 严肃查处贪污贿赂、失职渎职、违反廉洁从业规定等案件，严肃查处发生在企业改制重组、产权交易、投资决策、物资采购、招标投标等重点领域、关键环节的腐败案件。

4. 加强案件管理，严格执行党内审查审批程序。加强信访举报受理工作，严格按照“拟立案、初步核实、谈话函询、暂存、了结”等标准办理。

5. 严格遵守审查程序和保密纪律，依纪依法安全文明办案，加强案件审理工作。

6. 受理对集团总部党员干部及所属企业党组织、党员和领导人员的检举、控告；受理总部党员干部及所属企业党组织、党员和领导人员的申诉。

7. 坚持对重大案件进行剖析，适时通报案件查办情况。

8. 加强对所属企业纪律审查工作的指导。

9. 加强与执纪执法部门的协作配合。

（五）加强制度建设

1. 进一步清理、修订和完善党风廉政建设相关制度规定，强化用制度管权管事管人，不断健全党风廉政建设和反腐败制度体系。

2. 开展党风廉政建设规章制度执行落实情况的监督检查，确保铁规有力，制度生威。

3. 针对易发生问题的重点事项和关键环节，督促相关部门和企业强化廉政风险防控管理，推进权力公开透明运行。

4. 通过信访举报、执纪审查、专项监督、巡视等渠道，发现制度机制和管理中的问题，及时督促解决，强化源头治理。

（六）开展廉洁教育

1. 加强对党风廉政建设和反腐败宣传教育以及廉洁文化建设的组织协调。

2. 开展理想信念、宗旨观念、廉洁自律和警示教育，促进干部职工廉洁履职。

3. 坚持抓早抓小，对党员干部存在的作风、纪律问题早发现、早提醒、早纠正、早查处，对苗头性问题及时约谈、函询，加大诫勉谈话力度，防止小问题演变成大问题。

（七）打造纪检铁军

1. 按照转职能、转方式、转作风的要求，明确纪委职责定位，进一步聚焦主责主业。

2. 严格执行《中国共产党纪律检查机关监督执纪工作规则（试行）》，完善内控机制，强化自我约束，坚决防止“灯下黑”，打造一支忠诚、干净、担当的纪检监察队伍。

3. 加大纪检监察干部业务培训和轮岗交流力度，提高纪检监察干部的综合业务素质。

4. 按照执纪者必先守纪、监督者必受监督的要求，主动接受各类监督，增强纪检监察工作透明度。

三、加强保障措施

（一）强化责任意识

1. 纪委定期向上级纪委、集团党委报告履行监督责任情况，主动接受上级纪委、集团党委的领导和监督。

2. 纪委领导人员带头落实党风廉政建设部署，带头遵守廉洁从业各项规定，将落实监督责任情况作为述职述廉、民主生活会等环节的重要内容，自觉接受干部群众的监督。

3. 加强对纪委干部的教育、管理和监督，完善内部监督机制，严肃查处泄露秘密、以案谋私等违纪违法行为。

（二）加强检查考核

1. 检查考核所属单位党风廉政建设情况及领导班子成员执行党风廉政建设责任制情况。协助党委组建检查组对各单位上年度党风廉政建设责任制落实情况进行检查考核，对考核中发现的问题限期整改。

2. 强化考核结果运用，将考核结果作为领导班子和领导干部表彰奖励、选拔任用和实施问责的重要依据。

（三）实行“签字背书”

1. 每年由集团党委书记与集团领导班子成员、所属企业党委书记和总部各部门负责人签订党风廉政建设责任书。

2. 督促所属企业党组织对承担的党风廉政建设责任进行“签字背书”，每年签订党风廉政建设责任书。

3. 督促责任人认真审阅本部门、本企业党风廉政建设责任分工、任务分解等，提出具体措施并推进执行。

（四）实施约谈制度

1. 对在落实党风廉政建设责任制检查考核中发现问题较多、违纪违法案件较多、群众来信来访反映问题较集中的企业和部门，由集团纪委负责同志及时约谈其党委、纪委主要负责人，督促解决存在的问题，问题严重的提出严肃批评，并责令限期整改到位。

2. 对信访反映党员领导干部廉洁从业、选人用人等方面问题，以纪委书记约谈的方式，进行提醒、批评教育。约谈视情节，责成约谈对象对有关问题作出说明、提供有关证明材料、限期整改或限期作出书面报告。

（五）开展纪委书记述职

每年组织纪委书记进行述职，将述职情况作为纪委书记考核的重要参考。

（六）严格责任追究

1. 按照干部管理权限，对违反党风廉政建设责任制的领导班子、领导干部进行责任追究。对不认真履行主体责任和监督责任，导致不正之风长期滋生蔓延，或者发生重大腐败案件的企业和部门，实行责任倒查。

2. 实行“一案双查”制度，在查办违纪违法案件的同时，既追究当事人直接责任，又一并调查发案企业或部门党组织主体责任、纪检监察部门监督责任是否落实到位，做到有错必究、有责必问。

3. 加强对所属企业纪检监察机构履行监督责任情况的监督检查。对履行监督责任不力，发生严重违纪违法案件的企业，严肃追究企业纪委的责任。

进一步推进国机集团廉洁文化建设的实施意见

国机党〔2017〕34号

为深入贯彻落实中央纪委《关于加强廉政文化建设的意见》和国资委党委《关于推进中央企业廉洁文化建设的指导意见》，扎实推进廉洁文化建设，营造“崇廉尚廉”氛围，逐步构建“不想腐”的机制，制定本意见。

一、指导思想和工作原则

（一）指导思想

国机集团廉洁文化建设，在集团党委的领导下，深入贯彻落实党的十八大和十八届历次全会精神，以邓小平理论、“三个代表”重要思想、科学发展观和习近平总书记系列重要讲话精神为指导，以营造风清气正的发展环境为目的，自觉践行社会主义核心价值观，牢固树立“廉洁从业、诚信守法、行为规范、道德高尚”的廉洁文化核心理念，把廉洁文化建设融入企业精神文明建设和反腐倡廉建设全过程，渗透到生产经营管理各环节，引导广大员工坚定理想信念、持续改进作风，化廉于心、践廉于行，不断自我净化、自我完善、自我超越、自我提高，为再造海外新国机、建设世界一流综合性装备工业跨国集团提供强有力的文化支撑。

（二）工作原则

坚持围绕中心，促进发展；坚持领导带头，全员参与；坚持以人为本，注重教育；坚持突出重点，注重实效；坚持因地制宜，贴近实际；坚持与时俱进，继承创新。

二、工作目标和主要任务

（一）工作目标

按照中央部署和国资委要求，国机集团廉洁文化建设将纳入集团企业文化建设和“不敢腐、不能腐、不想腐”的机制建设，通过建立完善廉洁文化体系，逐步形成长效机制，持续推进廉洁文化建设。

第一阶段，通过系统的制度建设，逐步形成以廉洁文化核心理念为指导、以廉洁制度为基础、以文化活动为载体，具有国机特色的廉洁文化体系，持续构建“不能腐”的机制。

第二阶段，通过大力推进廉洁文化宣传教育，充分发挥廉洁文化的导向作用、辐射作用、凝聚作用和约束作用，引导广大干部员工树立正确的世界观、人生观、价值观、权力观，进一步坚定理想信念，坚守法纪底线，筑牢思想防线，逐步构建“不想腐”的机制。

（二）主要任务

1. 弘扬廉洁文化核心理念。加大集团廉洁文化核心理念的宣传力度，使之成为员工的价值取向、道德追求及自觉的行为准则，不断筑牢拒腐防变的思想道德防线。

2. 加强反腐倡廉教育。通过多层面、全方位、全过程开展反腐倡廉教育，促使企业各级领导人员尤其是党政主要领导干部增强宗旨意识和责任意识，牢固树立正确的世界观、人生观、价值观和权力观、地位观、利益观，切实做到信念坚定、勤奋敬业、清正廉洁；促使广大员工特别是重要岗位人员提高道德修养，增强廉洁自律的意识和法制观念，养成诚实守信、遵章守纪、廉洁从业的行为习惯。

3. 强化廉洁文化制度建设。把廉洁文化核心理念和要求融入企业的各项规章制度与业务流程，使廉洁文化软实力转化为企业管理优势和市场竞争优势。

4. 推进廉洁文化阵地建设。广泛利用社会各种文化设施和教育场所，积极开辟和用好各种资源，建设廉洁文化景观，丰富廉洁文化传播平台。

通过真实生动的反腐倡廉宣传教育活动，诠释廉洁文化核心理念，宣传党风建设和反腐倡廉建设成果，营造浓厚的廉洁文化氛围，不断强化廉洁文化的感染力和影响力。

5. 提升廉洁文化典型示范作用。积极推进廉洁文化示范点建设，及时发现和宣传廉洁文化先进单位和个人，及时总结和推广廉洁文化建设先进经验，充分发挥先进典型示范引导作用。

6. 开展廉洁文化理论研究。不断推进对企业党风建设和反腐倡廉建设新情况、新问题的研究，不断拓展和丰富廉洁文化的时代内涵和表现形式。积极开展调查研究和理论研讨活动，广泛交流借鉴廉洁文化建设的理论成果。及时总结廉洁文化建设活动中的好经验、好做法，探寻规律，不断推动集团廉洁文化建设深入发展。

三、基本内容和途径

（一）建立健全廉洁文化制度

1. 围绕遵章守纪、廉洁从业，着重从三个层面完善制度

（1）企业领导人员层面：重点完善“三重一大”决策制度、廉洁承诺制度、个人重大事项报告制度、履职待遇制度、述职述廉制度、离任审计制度、巡视巡察制度、任前廉洁谈话和诫勉谈话制度等。

（2）重要部门、重要岗位负责人和责任人层面：重点完善管人、管钱、管物工作规程、岗位职责和廉洁自律规定。

（3）一般员工层面：重点完善员工行为准则。

2. 完善教育培训制度，把反腐倡廉教育培训作为一项重要内容纳入企业学习教育培训体系，切实做到计划有安排、落实有规程、效果有评价。

（二）抓好反腐倡廉“三必讲”教育培训

按照教育主体突出重点、兼顾群体，教育内容结合实际、因人施教，教育方式保持常态、形式多样的教育模式，坚持在企业领导人员、重要岗位人员和广大员工三个层面宣讲反腐倡廉理论、实践和典型案例（即“三必讲”），保证反腐倡廉教育培训成为企业廉洁文化建设的重点内容。

1. 针对企业领导班子成员的教育培训

（1）内容：重点进行党的基本理论、基本路线、基本纲领、基本经验的教育；党的宗旨、党性修养和荣辱观的教育；党的光荣传统和优良作风的教育；反腐倡廉基本理论和廉洁从业的教育；党纪国法、规章制度的教育以及集团“五坚持、五反对”的教育。全面熟悉《中国共产党章程》《中国共产党廉洁自律准则》《中国共产党纪律处分条例》《中国共产党问责条例》《中国共产党党内监督条例》《国有企业领导人员廉洁从业若干规定》，以及集团关于落实党风廉政建设责任制的有关规定等。

（2）方式和要求：每年至少组织一次以反腐倡廉教育培训为内容的中心组学习或民主生活会；班子成员每两年至少参加一次反腐倡廉专题教育；对新任职干部的教育培训必须有反腐倡廉教育内容。

2. 针对企业职能管理部门，重点项目（或业务）、关键环节（或部位）的负责人以及重要岗位的责任人的教育培训

（1）内容：围绕廉洁文化核心理念，重点进行思想品德、职业道德、法律法规、岗位规范、廉洁自律以及集团“五坚持、五反对”的教育。全面熟悉《中国共产党章程》《中国共产党纪律处分条例》《国有企业领导人员廉洁从业若干规定》，集团相关制度、企业规章制度和行为规范等。

（2）方式和要求：每年至少组织一次反腐倡廉教育专题培训。企业组织的有关业务培训以及对新任职干部、负责人和责任人的教育培训必须有反腐倡廉教育内容。

3. 针对员工的教育培训

（1）内容：围绕廉洁文化核心理念，重点进行理想信念、社会公德、职业道德、法律法规、规章制度的教育。熟悉《中国共产党章程》《中国共产党纪律处分条例》等党规党纪，以及员工行为规范、企业规章制度、工作规程和岗位职责等。

（2）方式和要求：每年至少开展一次反腐倡廉宣传教育活动。企业对员工的业务培训、岗位技能培训以及新员工入职培训必须有反腐倡廉教育内容。

（三）推进廉洁文化“四必进”

推进廉洁文化进班子、进部室、进项目、进班组（即“四必进”），多层面跟进，全方位覆

盖，不留盲区、死角。

1.廉洁文化进班子。与“四好”班子建设相结合，各级企业领导班子成员特别是主要负责人要率先垂范，切实发挥良好的示范作用。坚持做到“四带头”：带头讲廉政党课，积极诠释、解读廉洁文化核心理念；带头诺廉践廉，实施廉洁承诺制；带头推动和参加廉洁文化活动，坚持不懈做好廉洁文化宣传；带头述廉议廉，自觉接受群众监督。

2.廉洁文化进部室。各单位的管理部室要自觉践行廉洁文化核心理念，严格自律；转变观念，树立服务意识，改进工作作风；恪尽职守，认真执行各项工作规程。

3.廉洁文化进项目。在诸如工程建设、物资采购、招标投标、市场营销、选人用人、财务管理、资产管理、资本运作等重大项目、重要业务实施过程中，把廉洁文化核心理念落实到全过程，把廉洁文化的宣传、教育贯穿始终。既要发挥廉洁教育的熏陶、净化和提醒作用，又要完善制度规程，严格对项目负责人、关键环节责任人加强监督，把有关廉洁从业情况纳入项目绩效考核内容。

4.廉洁文化进班组。把廉洁文化建设与各种先进、文明岗位、班组创建活动紧密结合起来，切实发挥廉洁文化的教育功能，不断增强各岗位人员的廉洁自律意识。

（四）开展廉洁文化宣传“五必上”

拓宽景观标识路径，推动廉洁文化宣传上墙面、上桌面、上网页、上手机、上版面（即“五必上”）。通过标语、警句、格言、视频、广告、漫画、宣传画等多种形式，不断增强廉洁文化的感染力，使干部员工时时接受廉洁教育，处处感受廉洁气息。

1.廉洁文化宣传上墙面。利用企业所辖路、廊、场、室等建筑设施的立面，重点在员工比较密集的场所，通过设立视频、标牌、橱窗、匾额、横幅等宣传廉洁文化。

2.廉洁文化宣传上桌面。利用办公桌面，重点在企业领导人员、重要岗位人员的桌面上，通过摆放廉洁台历、廉洁日历，或摆放小标牌、小摆件等物品宣传廉洁文化。

3.廉洁文化宣传上网页。利用办公网页页面、计算机屏保等宣传廉洁文化。

4.廉洁文化宣传上手机。通过手机短信、微信，在重大节假日、重要活动期间向企业领导人员、重要岗位人员发送廉洁短信。

5.廉洁文化宣传上版面。利用自办刊物版面，结合形势要求适时宣传廉洁文化。

（五）打造廉洁文化阵地

挖掘社会和企业资源，充分利用爱国主义教育基地、企业自办的历史陈列室、企业文化展厅等，大力弘扬党的光荣传统、优良作风和廉洁文化核心理念，激发全体员工的责任感、使命感和危机感。

开展多种形式的警示教育活动。重点组织企业领导人员、重要岗位工作人员通过听报告、参观监狱、观看警示教育片等，用活生生的案例和事实教育干部员工珍惜个人荣誉、珍惜事业发展、珍惜家庭幸福，坚决拒绝腐败。

做好集团和企业内部违纪违法案例的剖析和通报工作，用身边事教育身边人，警示干部员工吸取教训、引以为鉴。

（六）丰富廉洁文化传播平台

利用多种传播媒介，搭建廉洁文化传播平台。加强理论研讨，强化经验交流，扩大影响覆盖面，营造廉洁文化氛围。

1.利用企业广播、电视、报刊、网络等，以开辟专栏、园地等形式，传达上级精神，解读法律法规和规章制度，剖析相关案例，开展理论研讨、信息交流和工作指导，积极推进廉洁文化建设。

2.利用企业和社会的文化设施，以喜闻乐见的文艺演出、歌咏比赛、演讲比赛等文体活动，传播廉洁文化核心理念，使廉洁文化深入人心。

（七）加强廉洁文化创作与交流

组织开展读书、征文、知识竞赛等活动，及时挖掘、整理和弘扬先进典型、示范样本，鼓励员工利用鲜活的素材和深刻的感受创作更多更好的廉洁题材作品，用优秀作品打动人、感染人、熏陶人。

四、总体要求

各企业要按照中央纪委、国资委的要求和本

意见，制定本企业推进廉洁文化建设的实施方案。通过加强宣传教育、强化廉洁文化核心理念，建立健全制度、完善廉洁文化体系，营造廉洁氛围、固化廉洁成果，切实打造清正廉洁的国机集团。

（一）廉洁文化建设要与“不想腐”机制建设相融合

国机集团廉洁文化是集团企业文化和“不想腐”机制建设的重要组成部分，是集团干部职工思想政治建设和作风建设的重要内容。廉洁文化建设要与企业文化建设相一致，与构建集团“不想腐”机制相统一，与集团党的政治思想建设工作相协调。

（二）廉洁文化建设要与企业发展战略和生产经营管理相融合

要站在履行使命、实现愿景的高度，立足当前、着眼长远，把廉洁文化核心理念和要求纳入企业的战略管理、生产经营管理和内控管理体系，做到贴近实际、贴近需要，使廉洁文化核心理念和要求深入人心，外化为全体员工的自觉行为。

（三）廉洁文化建设要与中华民族优秀传统文化相融合

注重吸收优秀传统文化成果，积极拓展廉洁文化的内涵、思路、方法、内容和载体，在继承中创新，在实践中发展，不断增强廉洁文化的科学性、时代感和生命力。

（四）廉洁文化建设要与优良家风建设相融合。

鼓励、引导干部员工重视家庭建设，注重家庭、注重家教、注重家风；树立良好家风，从自身做起、从家庭做起，管好自己、管好家人，影响身边人，以优良家风助推廉洁文化建设。

五、组织领导与工作机制

（一）推进集团廉洁文化建设，实行党委统一领导，纪委组织协调，部门各负其责，广大员工积极参与的领导体制和工作机制，形成廉洁文化建设的整体合力。各级领导班子成员特别是主要领导不仅要切实担负起领导责任，还要以身作则，率先垂范。

（二）以落实党风廉政建设责任制为抓手，建立健全集团廉洁文化建设组织保障体系。各企业党委主要负责人是廉洁文化建设第一责任人。廉洁文化建设纳入企业党风廉政建设责任制，按照“谁主管、谁负责”的原则，对各级企业领导班子和主要负责人进行考评。

（三）建立协同、监督、保障机制，切实发挥各职能管理部门作用，形成目标明确、分工明晰、配合密切、责任落实、监督到位、反馈及时、保障有力的工作局面，扎实推进企业廉洁文化建设深入开展。

中国机械工业集团有限公司党风廉政建设责任制实施办法

国机党〔2017〕37 号

第一章 总 则

第一条 为贯彻全面从严治党要求，认真执行中共中央、国务院《关于实行党风廉政建设责任制的规定》和《中国共产党党内监督条例》《中国共产党问责条例》等党内法规，夯实“两个责任”，持续推进党风廉政建设和反腐败工作，结合实际修订集团党风廉政建设责任制实施办法。

第二条 本办法适用范围：集团管理的党组织、领导班子及领导人员，包括总部机关党委及集团管理的副部长级以上领导人员；各所属企业党委（党总支）、纪委及领导班子成员。

第三条 落实党风廉政建设责任制，党委负主体责任，纪委负监督责任，领导人员承担“一岗双责”，部门在职责范围内各负其责。

第四条 实行党风廉政建设责任制，坚持集体领导和个人分工负责相结合，谁主管、谁负责，一级抓一级，层层抓落实。

第二章 责任内容与分工

第五条 党委（总支）是落实党风廉政建设责任制的责任主体。

（一）党委（总支）对所管理范围的党风廉政建设负主体责任

1.全面领导党风廉政建设和反腐败工作，自觉履行党风廉政建设的领导者、执行者、推动者的职责。认真贯彻落实中央、中央纪委等上级部署和要求，定期分析研判企业反腐倡廉形势，把党风廉政建设和反腐败工作与业务工作同研究、同部署、同实施、同考核。

2.加强对党风廉政建设和反腐败工作的领导。按时报告党委履行主体责任、改进党风廉政建设和反腐败工作情况，及时请示报告涉及反腐倡廉建设的重要情况和问题。

3.坚持和落实“党管干部”原则，树立正确用人导向，选好用好干部，防止出现选人用人上的不正之风和腐败问题。

4.完善和落实“三重一大”、党务公开等制度，强化对权力运行的制约和监督，从源头上防治腐败；发挥重大决策的法律审核把关作用，健全事前事中事后监管制度，推进企业运行程序化和公开透明。

5.深化党风廉政宣传教育和廉洁文化建设，加强党的“六大纪律”教育，持之以恒抓好中央八项规定精神的贯彻落实，切实纠正“四风”问题，维护党员、职工民主权利，坚决纠正损害职工群众利益的行为。

6.领导纪检监察机构查处违纪违法问题，定期听取纪检监察机构的工作汇报，积极推动纪检监察机构实行“三转”，加强纪检监察干部队伍建设，支持和保证纪检监察机构监督执纪问责，以零容忍态度惩治腐败，坚决查处党员干部违纪违法问题，依规落实“一案双查”制度。

7.严格执行民主生活会、述职述廉、领导人员报告个人有关事项等规定，坚持践行“三严三实”和集团公司“五坚持、五反对”，定期约谈所属部门和党组织负责人，管好班子，带好队伍，督促落实“一岗双责”，营造风清气正的工作氛围。

（二）党委（总支）书记是党风廉政建设的第一责任人

1.及时组织传达学习中央、中央纪委等上级部署和要求，结合实际研究贯彻落实的具体措施。

2.按期组织领导班子、领导人员学习党风廉政建设法规制度，强化廉洁从业意识和遵纪守法观念。主动了解重大案件、作风建设、纪律建设、巡视等有关党风廉政建设和反腐败工作进展情况，做到重要工作亲自部署、重大问题亲自过问、重点环节亲自协调、重要案件亲自督办。

3.带头落实党风廉政建设部署，带头遵守中央八项规定精神，带头廉洁自律，带头严格要求，带头接受监督，管好自己、配偶、子女和身边工作人员，带队伍、严律己、作表率。

4.加强对党委班子成员日常教育、管理和监督，发现苗头性问题及时提醒告诫。对党委班子成员履行责任的情况进行监督，对落实责任不到位的，及时提醒、批评、纠正。

（三）党委（总支）领导班子其他成员对职责范围内的党风廉政建设负主要领导责任

1.认真落实党风廉政建设部署，及时对职责范围的党风廉政建设情况进行分析、检查，防止各领域腐败风险，既抓好工作又带好队伍。

2.带头执行党风廉政建设各项规定，遵守中央八项规定精神。加强对职责范围领导人员的教育、管理和监督，管好自己、配偶、子女和身边工作人员，防止违法违纪问题的发生。

第六条 纪委在落实党风廉政建设责任制的过程中履行监督责任。

（一）纪委要强化担当意识，严格履行监督责任

1.认真贯彻落实中央、中央纪委、国资委党委、驻国资委纪检组和集团党委的要求。组织传达学习，研究贯彻措施，抓好工作落实，及时请

示报告涉及党风廉政建设的重要情况和问题。

2. 协助党委加强党风廉政建设和组织协调反腐败工作。协助党委研究制定党风廉政建设工作计划、目标任务和具体措施；协助党委健全党风廉政建设和反腐败工作协调机制，共同做好党风廉政建设责任制落实情况的监督检查与考核评价。

3. 强化纪律监督。加强对同级党委领导班子成员和本级党委管理的领导人员执行党的路线方针政策决议、遵守廉洁自律规定、行使权力等情况的监督。加强对民主生活会、述责述廉、领导人员个人重大事项报告等制度落实情况的监督检查。

4. 加强党员干部纪律教育。坚持开展理想信念、党的宗旨和党的纪律教育，把纪律和规矩挺在前面，使党员干部强化底线思维和“红线”意识，促进廉洁从业。

5. 深化作风监督。持续加大对违反中央八项规定精神和“四风”问题的查处力度。重点整治违规公款吃喝、违规发放津贴补贴、违规收送红包礼金、违规操办婚丧喜庆事宜、变相公款旅游、涉赌涉毒等顽疾，深挖细查隐形变异问题，不断巩固和拓展整治成果，坚决防止“四风”反弹。

6. 严格执纪审查。准确把握监督执纪“四种形态”，对违纪违规行为早发现、早处置，严肃查处贪污贿赂、失职渎职、违反廉洁从业规定等案件，加强案件管理，严格执行审批程序、审查程序和保密纪律。

7. 在中央、国资委党委、驻国资委纪检组和集团党委领导下，推进反腐败体制机制创新。加强所属企业纪检监察组织和队伍建设，会同党委组织部做好所属企业纪委书记、纪委副书记的提名和考察工作。

（二）纪委主要负责人是履行监督责任的第一责任人

1. 组织研究本企业党风廉政建设和反腐败形势，协调相关部门解决重点难点问题，组织查处领导人员的违纪问题及腐败案件，重要工作靠前指挥、全程督导。

2. 加强对同级党委成员遵守党章党纪党规、廉洁从业、作风建设和行使权力等情况的监督，发现苗头性问题及时提醒，发现重大问题线索及时向本级党委和上级纪委报告。

3. 了解掌握本级党委管理范围的领导班子和党员领导人员，特别是主要负责人违反党纪党规和廉洁自律情况，发现重要线索和问题，及时向党委主要负责人报告。

4. 严以律己，同时对纪委其他人员履行责任的情况进行监督，对落实责任不到位的，及时提醒、纠正。

（三）纪委其他领导人员的监督责任

1. 按照职责分工，抓好牵头任务和分管工作的组织落实。

2. 了解掌握所属企业领导班子、领导人员和总部党员干部遵守党纪党规和廉洁自律情况，重要问题线索和主要工作情况，及时向纪委主要负责人报告。

3. 加强纪检监察工作人员培训，定期约谈所属企业纪检监察机构负责人，督促落实监督责任。

第三章 检查考核

第七条 检查考核机构

集团成立党风廉政建设责任制落实情况检查考核工作组（简称检查考核组），负责组织开展党风廉政建设责任落实情况的监督检查和考核评价工作。检查考核组组长由纪委书记担任，副组长由纪委副书记担任，成员由集团党委组织部、党委工作部、纪检监察部、巡视巡察办公室等部门负责人担任。

第八条 检查考核方式

坚持上级检查考核和本级自查自评相结合，重点抽查和日常监督检查相结合，定量考核和定性评价相结合；坚持突出重点，综合考量。

（一）自查自评自纠。所属党组织负责领导和组织职责范围内党风廉政建设责任制落实情况的监督检查及考核评价工作，对检查考核中发现的问题及时研究解决，督促整改；次年 1 月底前将上年落实党风廉政建设责任制的自查自评自纠情况书面报集团检查考核组。

（二）重点监督检查。包括集团检查考核组在汇总所属各党组织上报的年度自查自评自纠报告基础上，组织开展党风廉政建设责任制落实情况抽查及集团党委巡视巡察等检查，将重点抽查、巡视巡察等专项检查的意见纳入综合考核评价范围。

（三）年度考核评价。原则上，每年进行一次党风廉政建设责任制落实情况的综合考核评价。集团检查考核组通过日常工作备案记录、党委书记和纪委书记述责述廉、领导班子换届考核、领导班子民主生活会、办理群众信访举报等多种渠道掌握考核对象履职情况，在次年的上半年对各责任主体上一年的党风廉政建设责任落实情况、职责范围内发生违规违纪违法案件情况和集团重点监督检查情况、党组织自查自评自纠、领导人员廉洁自律等情况进行综合评价，就党风廉政建设党委主体责任、纪委监督责任和领导人员“一岗双责”情况集中考核评分。

每年工作任务考核清单，由集团检查考核组组成部门根据考核年度党风廉政建设各项重点任务和党委主体责任、纪委监督责任、领导人员“一岗双责”的职责要求制定。

第九条 考核档次评定

（一）集团检查考核组根据考核对象的年度考核评价结果计算考核分值，分为3个档次：优秀（分值≥90）；合格（90＞分值≥60）；不合格（分值＜60）。

（二）凡领导班子中发生受到党内严重警告以上处分的违纪违法案件，或所属企业发生涉及中层干部在内的区域性严重违纪违法案件的，有关党组织及领导人员按“不合格”确定。

第四章 考核结果应用

第十条 将党风廉政建设责任制落实情况的检查考核评价结果，作为对各责任主体的业绩评定、奖励惩处和干部选拔任用的重要依据。

（一）对考核结果优秀的责任主体和领导人员，给予通报表扬。

（二）对考核结果为不合格的责任主体和领导人员，按照《国机集团党委贯彻落实＜中国共产党问责条例＞实施办法（试行）》的有关规定，根据具体情况区分不同责任进行问责。

（三）对检查考核中发现的工作中薄弱环节，督促整改和加强；对违规违纪线索按照有关规定和要求办理；对在履行党风廉政建设责任制方面敢抓敢管而受到诬告、错告的领导人员，澄清事实，保护党员干部干事创业的积极性。

第五章 附 则

第十一条 各所属党组织可结合实际制（修）订本级党组织党风廉政建设责任制实施办法，强化责任担当和责任落实。

第十二条 本办法由集团纪检监察部负责解释，自发布之日起施行。

中国机械工业集团有限公司纪检监察信访举报工作办法

国机党〔2017〕32号

第一章 总 则

第一条 为规范中国机械工业集团有限公司（简称国机集团）纪检监察信访举报办理工作，根据《中国共产党纪律检查机关监督执纪工作规则（试行）》等规定，结合国机集团实际，制定本办法。

第二条 纪检监察信访举报案件办理工作是纪检监察工作的重要组成部分，是保障党内外群众充分行使民主权利，对党组织、党员、企业领导人员进行监督的重要渠道。处理信访举报案件办理工作须坚持以下基本原则：

（一）严格遵守党章、党内其他法规和国家法律法规等政策规定。

（二）尊重事实，实事求是。

（三）维护当事人的民主权利。

（四）分级负责、上下配合。

（五）处理问题同思想教育相结合。

第二章 信访审批

第三条 由国机集团纪委主要负责人审批的检举控告事项：

（一）对国机集团管理的所属企业领导班子成员违反党纪的信访举报；

（二）对国机集团总部部门负责人违反党纪的信访举报；

（三）涉及国机集团管理的企业主要负责人和集团总部部长及其以上领导人员违反党纪的信访举报，应当报国机集团纪委主要负责人批准，必要时向国机集团党委主要负责人报告。

第四条 由国机集团纪检监察部负责人审批的检举控告事项：

（一）国机集团所属企业党委管理的基层党组织和国机集团管理的企业领导班子成员以外的从业人员违反党纪的信访举报，一般由国机集团纪检监察部负责人批转所属企业党委、纪委受理。涉及以下事项或情况的信访举报，应经集团纪检监察部负责人提交集团纪委主要负责人审批：

1. 重点领域和关键岗位的违纪违法问题检举控告。

2. 群众反映强烈的、严重损害群众利益的突出问题的检举、控告。

3. 联名信、集体访反映党员干部违纪违法问题的检举控告。

4. 其他需要提交审批的重要信访举报问题。

（二）对国机集团总部处长及处长以下工作人员的检举控告，由国机集团纪检监察部负责人批转集团总部机关党委受理。

第五条 对匿名的来信来电检举反映，要具体分析，区别对待，慎重处理。没有具体事实的，可不予置理。反映情节轻微的一般问题，可将问题摘抄告知被检举人，责成其作出说明，必要时可进行诫勉谈话和要求其作出检查。反映重要问题的，可先进行初步核实，再确定处理办法。对不属于纪检监察业务范围的来信来访，转有关单位或部门办理。

第六条 被检举控告人原单位已经改制、重组、撤销的，按照干部管理权限，由被检举控告人新的所在单位受理。

第三章 办理和转办

第七条 国机集团纪检监察部为集团公司纪检监察信访举报案件管理的归口部门，负责按照有关领导对信访举报件批示意见进行办理或交办。

第八条 对如实检举或反映情况，应予以支持和鼓励。对检举、控告不完全属实的，除对不属实的部分予以解释说明外，对属实的部分应予以处理。对检举控告不实的，分清是错告还是诬告：如属错告，应在一定范围内澄清是非，消除对被错告者造成的影响，并教育错告者；如属诬告，须对诬告者追究责任，严肃处理。

第九条 交办信访举报案件，应制发公函，附信访件（或摘要件）、收函回执单。情况紧急的，可先行电话交办或当面交办，并在 10 日内补发公函。

第十条 对检举控告的问题需初步核实或立案调查的，按照审批管理权限和领导批示意见及有关规定办理。

第十一条 对实名检举控告的问题，在核实处理后，由承办单位将处理结果告知检举控告人，并听取其意见。

第四章 督 办

第十二条 转交下级组织办理检举、控告件，交办部门应跟踪落实检查和督办事宜。督办的范围：

（一）超过期限仍未报结的。

（二）上级交办或领导批示要求办理的。

（三）承办单位组织不力、调查不认真，或者推诿敷衍甚至顶着不办的。

（四）交办部门审核认为需要补充调查、重新研究处理意见或补报有关材料的。

（五）交办后群众仍然信访不断的。

第五章　结案和归档

第十三条　信访案件办理，必须做到事实清楚、证据确凿、定性准确、处理恰当、手续完备、程序合法，对违纪违规问题严肃处理。对经查违纪情节较轻、不需要给予纪律处分的被调查人，承办单位党组织视情况进行诫勉谈话，明确指出错误，给予批评教育。

第十四条　信访举报件审核结案时，做好资料档案管理。必备材料包括：

（一）调查报告和处理结论。

（二）实名检举人和被调查人对调查处理的意见。实名检举人或被调查人提出不同意见时，应附有承办机构对其不同意见的说明。

（三）被调查人有错误，组织上已令其检讨或给予组织处理的，应附有本人检讨或处理决定。责令整改或专项治理的，应有相关部门的整改意见和专项治理方案。

（四）被调查人涉嫌违法犯罪移送司法机关处理的，呈报结案时，应提供移送函和有关司法机关接收手续。承办机构发现司法机关已经对被检举控告问题立案侦查的，可以呈报结案，并以书面形式作出详细说明。

第十五条　对交办的信访举报件，呈报结案时，由承办单位有关领导审定签批。报结材料以正式公文加盖公章，按照一案一报的要求，通过机要渠道呈报。重要交办件呈报结案前，承办单位要提前与交办部门进行沟通。

第十六条　交办机构对报结材料应严格审核。对反映问题重要、案情比较复杂或认定为不属实的信访举报案件，坚持集体审核把关，必要时可调阅案卷审查，直至直接补充调查。

第十七条　实行报告和备案制度。信访举报案件管理部门要建立信访举报案件统计报表和分类台账，每月向上级纪检监察部门报告本企业信访举报案件办理情况；重要案情及时报告，并提供书面材料。

第十八条　加强对信访举报案件办理工作成果运用，对典型案件及时剖析发案原因，堵塞漏洞，促进制度完善。

第六章　纪　律

第十九条　信访举报案件有关部门人员有下列情形之一的，应当回避：

（一）本人是被检举、控告人或是被检举、控告人的近亲属。

（二）本人或近亲属与检举、控告问题有利害关系。

（三）与检举、控告问题有其他关系，可能影响检举、控告问题公正处理。

第二十条　维护当事人的合法权利。对检举、控告人及检举、控告内容，应当保密。不准将检举、控告材料转给被检举、控告人；不得对检举、控告歧视、刁难、压制。对打击报复检举、控告人的，要追究责任，严肃处理。

第二十一条　严肃信访举报案件办理工作纪律和保密纪律，严格交办、承办、督办、直接查办以及审核结案等各环节工作责任，依纪依法开展信访举报案件办理工作。对违规违纪行为，视情节轻重，依照有关规定落实责任追究。

第七章　附　则

第二十二条　本办法由国机集团纪检监察部负责解释。

第二十三条　本办法自发布之日起实行。原《中国机械工业集团有限公司纪检监察信访举报案件办理工作办法》（国机党〔2013〕62 号）同时废止。

关于集团公司领导人员加强对外合作交流有关事项的意见

国机纪〔2017〕10 号

对外交流合作是开拓国内外市场、加强业务协同、培育知名品牌的重要举措。近年来，集团对外交流合作日趋频繁，协同项目不断增加，在对外合作过程中，社会各界通过各种途径向集团公司领导人员推介业务、项目和人才的事项日益增多，为进一步规范对外交流合作，使各种推介事宜既符合党纪国法，又能积极促进业务发展。特提出如下意见：

一、本意见所指“集团公司领导人员”范围为集团总部部门主要负责人及以上领导人员。

二、集团公司领导人员应当秉承集团“和”文化的价值理念，充分利用各种资源、途径和机会，以“开放国机、海纳百川、聚贤纳源、不拘一格、为我所用”的积极姿态，热情欢迎各级政府、各企事业单位和各界朋友直接或间接向集团及所属企业推介业务、项目和人才。

三、对有意愿向集团及所属企业推介业务、项目和人才的单位或个人，集团公司领导人员要给予参与沟通交流的机会，根据推介内容适时组织相关部门或企业开展不同层面的会谈交流，沟通情况，充分了解双方意图和合作愿望。

四、对推介的业务、项目和人才，集团领导人员要根据集团和企业的发展战略，结合集团和企业实际情况，进行必要的甄别遴选。对符合需求的，纳入集团及相关企业的备选库，按照集团及企业的要求和相关制度流程，本着“平等竞争、择优选用、同等优先”的原则进行选用；对尚不符合需求的，要及时向推介单位或个人说明情况，在取得对方理解的同时，继续保持互通有无，并积极创造条件寻求进一步合作。

五、对通过遴选拟接受的推介业务、项目和人才，要严格按照集团及相关企业的制度和要求，由有关部门认真组织开展尽职调查，摸清情况，审核资质，提交书面核查报告。

六、集团公司领导人员要带头坚持依法依规、恪守集团及企业制度规程的原则；带头坚持维护集团和企业利益、公平竞争、同等优先的原则。对通过尽职调查、符合集团及相关企业发展需要的业务、项目和人才，纳入有关部门或企业归口管理，按照制度规程规范运作、严格程序，不搞特殊、不能例外。

（一）属于“三重一大”的，严格履行“三重一大”决策程序。

（二）属于招投标的业务或项目，必须作为候选方案之一参与招投标，并严格按照制度规程履行招投标程序。

（三）属于集团或企业需要的人才，依照集团及相关企业的选人用人制度，严格考核、竞聘录用。（四）属于企业改制、重组或投融资的项目，严格执行国家法律法规，严防国有资产流失，确保国有资产保值增值。

七、集团公司领导人员在向集团及所属企业引荐集团外部推介的业务、项目和人才过程中，要严格遵守党纪党规和国家法规，认真执行集团及所属企业的制度规程和审批程序，不滥用职权，不以权谋私，不任人唯亲。

八、集团及所属企业管理职能部门和纪检监察部门，要严格按照有关制度规程和要求，在相应的工作环节中认真履行相关职能和监督职责。对不符合规定的，要及时提醒和纠正。

九、所属企业领导人员结合实际情况，可参照执行。

十、本意见自发布之日起施行。原《关于集团公司领导人员加强对外合作交流有关事项的意见》（国机纪〔2014〕10号）同时废止。

中国机械工业集团有限公司
加强装备制造板块企业风险防范指导意见

近年来，中国机械工业集团有限公司（简称国机集团）高度重视装备制造业板块的发展，随着中国二重、恒天集团等制造企业加入，国机集团装备制造板块业务规模逐步扩大。目前，受产能过剩因素的影响，装备制造企业经营步履艰难，部分行业仍面临产品技术含量低、产品竞争力不够、亏损严重等诸多问题。在当前国际、国内经济形势严峻复杂的背景下，装备制造板块业务所蕴含的风险也更加突出，存在着战略管理、投资管理、财务管理、质量管理等多方面的风险和问题。为进一步提升集团公司装备制造板块的管理水平，加强对装备制造企业的风险管控，将企业损失减少到最低，现对国机集团装备制造板块企业风险防范管理工作提出如下指导意见和要求。

一、高度重视战略管理及顶层设计，防范企业战略风险

企业的战略管理、组织架构的设定及总部的管控能力是决定企业发展方向的重要因素，对于企业正确评价外部环境的危机与机遇，明确企业的核心能力及长久的竞争优势，优化组合人力资源，增强执行力，保持较高的工作效率具有十分重要的意义。因此，企业总部要高度重视战略层面的竞争和管理，建立清晰、明确的企业发展战略，对企业进行全局化布局。要建立支撑企业战略发展的监督机制和相关措施，关注企业战略落地情况及执行效果，并根据外部形势及环境的变化，及时调整企业战略及布局。同时，还要发挥好企业总部对所属企业的监督、指导作用，避免在实践中，发生以下风险及问题：

（一）企业总部在战略、资源、组织、供应链、品牌等方面不能形成合理的顶层设计，总部的作用发挥得不够，企业资源存在浪费和运营效率不高的问题。

（二）忽视企业战略层面的竞争，以及产业链的竞争和全局化布局，过于强调具体产品竞争及区域拓展。

（三）企业在战略执行的保障措施和监督机制上，管理措施不到位，监督机制不健全、对企业发展方向和关键领域的导向作用发挥得不够。

（四）企业组织架构设置不合理、监督和管控机制不健全等问题。

（五）企业设置的组织机构不能满足业务快速发展的需要，部门设置臃肿，人员队伍庞大，功能界定不明确，职责、权利不对称等。

二、强化市场管控能力，防范企业“走出去”经营风险

目前，装备制造业务部分业务呈现回暖趋势。企业在市场开拓上，要深入研究产业政策、行业发展趋势及市场走势，根据市场的变化和需求，及时调整市场开拓策略。要对传统市场业务深耕细作，并加大对新市场、新领域业务的开拓。同时，集团装备制造企业产品海外市场占有率偏低，有些企业多年保持10%以下。企业要认真贯彻落实国家“一带一路”倡议、集团公司“打造海外新国机”的战略方针，加强国际产能合作，充分了解不同国家市场的文化差异、经营规则及市场需求，提升产品的研发能力和研发质量，加速开发满足海外目标市场的产品，并把具有竞争实力的产品推向国际市场。企业应充分利用集团公司海外工程和贸易业务较强的有利条件，加快“走出去”步伐，提高企业产品海外市场占有率。企业在开拓国内外市场时，要防范以下风险及问题：

（一）对目标市场环境、需求了解得不够深入，市场开拓能力不够，缺乏目标市场的针对性产品，致使企业在目标市场的开拓效果达不到预期，难以获得较好收益。

（二）对行业发展形势分析、研究得不够深入、对市场需求变化跟踪得不及时，当市场机会来临时，难以获得较好的收益。

（三）企业国际市场整体经营水平不足，与同行业水平存在差距，产品研发能力偏弱、产品质量水平不高、后期服务跟不上等问题，加大了企业的发展障碍和经营风险。

（四）企业在境外投资设立独资、控股公司或项目合作时，未充分考虑所在国的政局形势、政界人员变动、政府政策变化使企业的经营环境发生改变，导致各种损失发生。与项目所在国存在文化、社会价值观、行业标准差异时，极易引发劳工权益风险、政策风险及法律诉讼风险。

三、提升企业产品研发、质量水平，减少产品质量引发的风险

企业要树立“质量即企业生命”的理念，跟踪世界前沿质量技术发展趋势，加快攻克对质量提升有重大影响的关键共性技术。要完善质量控制流程和体系、加大过程控制力度、推进质量技术创新。企业可通过建立研发战略合作等模式，快速培育研发能力及研发竞争优势，缩短研发时间，提高研发效率和效果。同时，要注重研发产品与市场需要紧密结合，研发成果快速转化成商品并形成批量规模。企业在产品研发和产品质量管理时，应避免以下风险及问题：

（一）项目研发的投入偏少，与行业对标企业差距大、研发试验条件落后、研发人才的培养力度不够、研发人员待遇偏低等削弱了企业研发能力。

（二）研发理念和研发模式长期沿袭自我积累的传统模式，研发流程缺少市场需求导向引领；研发产品效率低，新产品、新技术的研发速度慢、数量少、水平低等问题。

（三）研发成果与市场需求脱节，转化为现实生产力、形成产业化和经济增长点较少，造成企业发展缺乏后劲，加大了企业的持续发展的风险。

（四）关键核心技术缺乏，内在质量不稳定、精度一致性与可靠性差等问题一直难以解决。生产管理、现场管理能力偏弱、工艺装备技术落后、装备自动化、智能化水平不高，阻碍了生产过程的精细化控制能力提升，影响产品质量的稳定性及生产效率，加大了企业单位成本的风险。

（五）外协材料设备采购招标不规范，采购监管、把关不严，追究问责机制不健全。产品采购件质量不过关，导致整机质量存在问题及风险。集中采购比率偏低，造成产品成本较高，影响企业的经济运行质量和效益。

（六）产品同质化竞争，使产品缺乏性价比优势，盈利能力较弱。产品品质与用户期望存在较大差异，产品的可靠性、耐久性和舒适性等方面不能完全满足客户需求。

四、提高企业管理水平，严控企业财务风险

企业要加强财务风险管理，对企业资金进行全过程的风险把控，运用定期监控等有效措施，严控企业资金运营风险。要主动加强对“两金”风险的管控，深入查找“两金”占用较高的原因及损失。严格落实“两金”管理责任，从根源上控制“两金”规模及风险，降低企业的资金成本，减少企业的损失。要提升所属企业经营运行的质量和效益，严格控制各类成本费用支出，确保人工成本与企业效益相匹配，提高企业的运营效率。并认真确定合理的债务规模及结构目标，积极拓展融资渠道，优化负债权益安排。企业在财务管理中，重点防范以下风险及问题：

（一）企业资产负债率过高，超过国资委发布的预警值，对于企业的健康发展形成威胁。

（二）企业固定资产投资扩大，盲目扩大产能，造成带息负债规模不断增长，远高于营业收入增幅，利息支出金额较大，给企业带来沉重负担。

（三）企业的“两金”运营效率低下，营运资金周转率处于行业较低水平，损失风险增加；对存货的管理，未及时结转收入成本，不能准确反映企业的经营成果。

（四）企业在业务开展过程中，为客户垫款，发生债务违约的现象。对参股企业的监管不严等问题，造成企业发生潜亏的风险。

（五）企业经营管理粗放，存货的采购、生产、销售等环节缺乏科学的管理，导致存货占用规模不经济，形成积压浪费。

（六）企业经营成本控制不好，应收账款、存货及三项费用增幅大，技术、工艺、质量成本管理效果不明显，产品成本处于行业高位，影响企业的竞争能力。

（七）企业财务管理水平需要提高，存在岗位设置不合理，不相容岗位由一人承担等问题。

五、提升企业产品质量，杜绝法律诉讼风险

目前，国机集团装备制造板块企业法律诉讼主要来源于企业产品质量问题、设备质保金不能收回以及为客户垫资等方面，为防范法律纠纷引发企业损失，应避免以下风险及问题：

（一）由于产品采购件质量不过关或生产过程中，未按规定执行，以及检验、审查人员把关不严等各种原因，造成产品质量存在问题，增加企业法律纠纷风险。

（二）装备制造企业在签约前，对客户的信誉评价及资金实力了解不够，客户以产品质量不合格等为理由，拒付或无力支付贷款、保证金等情况，增加了项目预期收益减少以及由此引发的法律诉讼风险。

（三）国机集团一直强调禁止企业从事融资性贸易业务。部分制造企业片面追求贸易规模，从事与主业不相符的融资性贸易业务。由于融资性贸易上下游客户都由他人控制，存在极大的资金风险、法律风险以及虚开增值税发票等风险，但有的企业未引起足够重视，依然从事相关业务，并爆发风险事件，造成企业重大损失。

六、加强安全生产管理，防范安全生产风险

国机集团装备制造板块的安全生产管理工作在国机集团的各板块中任务最艰巨，也是集团公司安全生产管理工作的重点。企业要坚持“预防为主，防治结合”的方针，落实企业安全生产主体责任。要加强企业安全生产监督检查，建立安全生产预警机制，通过培训教育等方式，提升全体员工质量和安全意识，使安全生产贯穿于企业运营的整个过程。同时，加强境外安全风险管理，建立健全境外项目全过程安全风险防控机制，提高企业境外安全的系统管理水平。同时，要加大安全生产投入，确保人身和设备安全。企业在安全生产管理上，应避免以下风险和问题：

（一）安全生产的主体责任落实不到位、制度规程不够健全、安全监管不够严格、隐患排查治理不够彻底、安全管理力量不足等。

（二）企业违章作业导致事故多发，部分员工的安全意识不强，三违现象还未杜绝，现场管理存在漏洞，安全基础薄弱。

（三）海外新业务存在安全隐患和管理难度，威胁境外财产和人员的安全。

七、注重投资管理，避免投资业务引发企业重大风险

近几年，国机集团装备制造企业整体投资规模加大，有些投资未能达到企业的预期收益，并给企业带来了较大的风险。因此，企业要按照国机集团相关制度要求，规范自身投资决策程序和管理制度，严格遵守“三重一大”决策制度。加强投资决策科学化进程，建立常态化的投资决策风险机制，将投资管理的薄弱环节作为重要的风险领域予以关注，同时，要完善重大投资项目后评价工作机制，总结投资项目产生的效益和资金运作经验。在资金管理上，要审慎安排资金投放，合理控制投资节奏，避免发生以下风险及问题：

（一）企业的投资项目方向与企业发展战略未能有效契合，对宏观经济、市场以及外部经营环境变化预判不足，对投资收益的判断过于乐观，形成产能过大，资产闲置或利用效率很低，使投资效益低下，甚至亏损。

（二）企业对自身可承受的投资能力认识不清晰，自有资金能力与投资规模不匹配，投资资金无法按计划落实，给企业带来较大债务负担，导致经营效益下滑。

（三）对并购市场环境和并购对象的尽职调查、科研论证不充分、风险揭示不全面，并购完成后无法实现并购目标。

八、加快培养专业技术与高技能人才，防范人才流失风险

企业在人才结构、人才培养的管理上，要建立和完善科学合理的选人、用人和育人机制，建立适应本企业发展需要的高素质人才队伍。特别要加强对国际化、复合型人才的引进、培养和使用。要积极培养行业急需的创新型研发设计人才、开拓型经营管理人才和高级技能人才，全面提升从业者的专业水平和综合素质。在人才管理上，避免发生以下风险及问题：

（一）研发人员及科技人员工作的积极性不高，待遇偏低，造成人才流失。

（二）创新研究的专业技术人才缺乏，尤其是高层次领军人才和跨领域复合型人才明显短缺，难以形成具备较强研发实力的创新团队。

（三）随着信息化、智能化技术在企业的广泛引用，高技能人才的需求将存在较大缺口问题。

国机集团是中国机械工业百强企业，国机装备制造在机械、电力、冶金、农林机械、地质装备等国民经济重要领域占有十分重要的地位。装备制造企业的发展对国机集团打造具有国际竞争力的世界一流企业起着举足轻重的作用。控制好装备制造企业风险是企业经营发展中的主要工作之一。

请各单位加强对本企业风险的管理，认真分析企业存在的风险及问题，严格执行上述风险管理要求，将风险防范意识贯穿整个企业管理和业务管理的全过程，把风险和不确定性尽可能降到最低，确保企业健康运行和发展，为做大、做强集团公司装备制造板块的业务做出贡献。

中国机械工业集团有限公司法律工作管理办法

第一章 总 则

第一条 为加强中国机械工业集团有限公司法律工作管理，防范企业法律风险，促进企业依法治企，维护企业合法权益，根据《中华人民共和国企业国有资产法》《国有企业法律顾问管理办法》等法律法规，制订本办法。

第二条 国机集团法律工作以建立健全企业法律风险防范体系为核心，以完善企业法律顾问制度为基础，坚持事先防范、事中控制为主、事后补救为辅、全程参与的工作原则，为企业生产经营提供全面、专业、高效的法律支持和保障。

第三条 本办法适用于国机集团总部以及所属全资和控股企业（以下称所属企业）。

第二章 法律机构设置

第四条 国机集团根据上级主管机构有关要求，在集团总部设总法律顾问。

国机集团推动各级所属企业逐步设立总法律顾问。已设立总法律顾问的企业应充分发挥总法律顾问作用，总法律顾问应认真履职并按照国机集团要求进行年度述职。

第五条 国机集团总部设审计与法律风控部，负责集团总部法律事务，制订集团法律工作目标及工作规划，管理、监督和指导所属企业法律工作。

第六条 所属企业应当按照国机集团法治建设工作相关要求设立专门法律机构，负责本企业法律事务，接受国机集团的管理、监督和指导。

第七条 企业法律机构的职责应当包括：

（一）为企业重大经营决策提供法律意见。

（二）参与起草、审核企业重要规章制度。

（三）参与企业重大合同谈判及法律文件起草工作。

（四）参与企业重组、改制、投融资、对外担保等重大经济活动。

（五）负责企业商标、专利、商业秘密等知识产权法律保护。

（六）负责企业员工法治宣传教育和普法培训。

（七）负责处理企业法律纠纷，代理诉讼仲裁案件。

（八）负责选聘外部律师，并对其工作进行监督评价。

（九）企业负责人交办的其他法律事务。

第三章 法律人员配备

第八条 企业法律机构应当配备一定数量的专职法律工作人员。

经国机集团批准暂未设立专门法律机构的所属企业，至少应当配备一名法律工作人员，负责本企业法律事务。

第九条 企业法律工作人员应当积极参加法律职业资格考试，争取获得律师 / 公司律师执业资格。

第十条 参加企业法律顾问职业岗位等级资格评级并被评为一级、二级或三级企业法律顾问的企业法律工作人员，有权享受相应的专业技术职务任职资格待遇。

第十一条 企业法律工作人员应当切实履行职责，勇于坚持原则，不断提高专业素质，依法维护企业合法权益。

第四章 法律工作管理

第十二条 国机集团法律工作遵循统一管理、分级负责的原则，由国机集团审计与法律风控部归口管理。

第十三条 国机集团根据上级主管机构关于中央企业法治工作的要求并结合集团实际，制订集团法治工作目标规划，所属企业负责贯彻落实和执行。

第十四条 国机集团对所属企业法律机构设置和法律人员配备实行备案管理制度，所属企业应当在规定时间内上报本企业法律机构、人员设置及变动情况。

第十五条 国机集团根据国务院国资委有关规定，组建集团企业法律顾问岗位资格评审委员会，组织集团系统企业法律工作人员一级、二级、三级法律顾问资格评审。

第十六条 国机集团根据法律工作实际需要，定期组织集团系统法律工作人员进行工作交流和专业培训，提高企业法律工作人员整体专业素质。

第十七条 国机集团根据上级主管机构的要求，设立普法机构，组织集团系统内普法宣传教育活动，提高集团全体员工法律意识和法治观念。

第十八条 国机集团根据上级主管机构的要求，实行法律纠纷案件管理制度，指导、监督所属企业重大法律纠纷案件的处理、备案和协调工作。

第十九条 所属企业应当结合本单位经营管理实际情况，建立健全本单位法律工作各项管理制度，为法律工作人员履行职责提供必要的制度保障。

第五章 法律风险防范

第二十条 企业法律工作应当坚持以法律风险防范为中心，建立健全事先防范、事中控制为主，事后补救为辅的法律风险控制机制，预防和减少法律纠纷。

第二十一条 企业法律工作应当注意防范以下法律风险：

（一）经营合同类法律风险：指企业在招投标、合同签订、生效、履行过程中，由于自身或对方的违约行为导致企业承担违约责任或遭受损失的风险。

（二）对外投资类法律风险：指企业在对外投资过程中，由于缺乏对投资市场、投资对象的前期法律调查，或在投资协议的签订、履行中存在瑕疵等原因导致企业投资受损的风险。

（三）重组改制类法律风险：指由于企业在合并、分立、改制、上市过程中存在不规范或违反法律程序的行为，造成企业资产流失，或违法损害其他人利益引发仲裁诉讼等不利后果的风险。

（四）对外担保类法律风险：指企业在对外担保过程中由于对担保项目潜在风险审查不严、缺乏有效的反担保措施等原因导致企业承担连带赔偿责任的风险。

（五）知识产权类法律风险：指由于企业缺乏适当的法律保护措施导致企业商标、专利、著作权、商业秘密等知识产权被侵权，或由于企业侵犯他人知识产权，导致企业承担不利后果的风险。

（六）企业登记类法律风险：指企业在设立、变更、清算、注销过程中存在企业组织形式选择不当，出资协议、章程等法律文件瑕疵，工商登记手续不规范等问题导致企业遭受经济损失或行政处罚的风险。

（七）人力资源类法律风险：指由于企业在员工招聘、辞退、薪酬及劳动合同管理等环节中存在法律手续不完善或存在违法违规行为，导致发生劳动纠纷并给企业造成不利后果的风险。

（八）仲裁诉讼类风险：指企业在仲裁诉讼过程中违反仲裁诉讼程序规定，或由于证据、答辩理由不充分等原因，导致企业合法利益无法得到法律保护的风险。

（九）其他可能导致企业承担不利后果的风险。

第二十二条 企业法律机构应当根据本单位实际情况，识别和确认本企业生产经营管理活动中潜在的法律风险，评估各项风险可能造成的损失，制订控制、化解法律风险的管理制度和工作流程，有效防范各类法律风险。

第二十三条 企业法律机构在控制、防范法律风险工作中应当积极与本单位的经营、资产财务、审计、资本运营等相关管理部门协调配合，构筑企业全面风险防范体系。

第六章 监督检查

第二十四条 国机集团对各所属企业法律机构设置、法律工作人员配备进行检查，对不符合集团要求的单位提出整改意见，各单位应按集团要求进行整改。

第二十五条 所属企业忽视企业法律工作，导致本单位法律工作人员无法发挥重大经营决策法律审核把关职责的，国机集团有权要求改正。

第二十六条 所属企业未按集团要求建立健全法律风险防范机制，发生重大经营决策失误或发生法律纠纷案件，给企业造成重大经济损失的，国机集团将依法追究企业负责人的领导责任。

第二十七条 对恪尽职责、为本单位防范和化解法律风险做出突出贡献的企业法律工作人员，国机集团给予表彰和奖励。

第七章 附 则

第二十八条 本办法由国机集团审计与法律风控部负责解释。

第二十九条 本办法自公布之日起实施。原《中国机械工业集团有限公司法律工作管理办法》（国机法〔2009〕308 号）同时废止。

中国机械工业集团有限公司境外工程安全生产管理有关规定

第一章 总 则

第一条 中国机械工业集团有限公司（简称国机集团）为进一步规范境外工程安全生产管理，强化境外工程安全生产风险管控，预防境外工程生产安全事故，持续改进境外工程安全生产管理，提高国际化经营的安全能力，依据《中华人民共和国安全生产法》、国务院《对外工程承包管理条例》、国务院《建设工程安全生产管理条例》、国务院《生产安全事故报告和调查处理条例》、国资委《中央企业安全生产监督管理暂行办法》、商务部等部门《境外中资企业机构和人员安全管理规定》等法律法规的要求，在国机集团《安全生产管理办法》《安全生产责任目标考核办法》《境外机构和人员公共安全管理规定》《工程总承包项目安全生产管理指导意见》《安全生产事故隐患排查治理办法》等安全管理制度规定的基础上，进一步强化和量化境外工程重大危险源安全管控、分包方安全生产监督管理、安全生产培训、生产安全事故责任追究等方面工作，特制订本规定。

第二条 本规定适用于国机集团境外工程总承包、施工总承包、工程分包、施工分包等工程项目的安全生产管理。

第二章 所属企业境外工程安全生产管理

第三条 对外签约企业是境外工程安全生产的责任主体，应牢固树立“以人为本、生命高于一切”的安全理念，贯彻落实国家有关境外工程安全生产的法律法规、标准规范，遵守工程项目所在国家和地区安全生产的法规要求，落实国机集团境外工程安全生产规章制度，严格按照对外合同的条款约定，开展境外工程安全生产工作。

第四条 所属企业应建立并持续改进境外工程安全生产管理体系，包括组织体系、制度体系、责任体系、风险控制体系、教育和培训体系、监督检查体系、投入保障体系、应急管理体系等。

第五条 所属企业应建立、健全境外工程安全生产责任制，逐级落实企业、业务部门、境外工程项目部的安全生产责任，明确境外工程各岗位的责任人员、责任范围和考核标准等内容。

第六条 所属企业应制订境外工程安全生产责任目标考核制度，对境外工程安全生产管理不力、发生生产安全责任事故（包括分包方生产安全责任事故）的有关责任人员进行严肃惩处。

第七条 所属企业应定期开展境外工程安全生产风险评估，在对外工程合同签订后组织编制境外工程安全生产管理计划，制订与安全生产风险相匹配的预防和控制措施，将境外工程安全生产风险控制到可接受程度。

第八条 所属企业应落实国机集团《重大危险源监督管理办法》的规定要求，企业境外工程项目应当根据工程施工阶段（至少每年1次）开展危险源辨识评价。对于危险性较大的分部分项工程和超过一定规模的危险性较大的分部分项工程等重大危险源，要按照有关法规、标准和要求制订安全专项施工方案和安全管控措施，对于超过一定规模的危险性较大的分部分项工程，应当组织专家对安全专项方案进行论证。总包单位应当定期组织对重大危险源进行监督检查，组织编制应急预案及预案的培训、演练工作。组织有关方对高危作业旁站监督，严防境外工程发生较大或重大以上生产安全事故。

第九条 所属企业主要负责人和安全生产管理人员应当接受安全培训，具备与所从事的管理和作业活动相适应的安全生产知识和管理能力。其中，企业安全生产分管领导、境外工程项目经理、项目安全工程师、安全员每年安全生产的培训时间不得少于16学时。其教育培训情况记入个人培训档案。安全生产教育培训考核不合格的人员，不得上岗。

第十条 所属企业境外项目部应当建立安全生产培训制度，定期组织项目现场人员安全生产教育和培训，境外工程管理人员每年培训的时间不得少于6学时，施工作业人员每年培训的时间不得少于20学时。其教育培训情况记入个人培训档案。安全生产教育培训考核不合格的人员，不得上岗。所属企业特种作业人员，必须按照国家有关规定经过专门的安全作业培训，并取得特种作业操作资格证书后，方可上岗作业。

第十一条 所属企业应当建立健全境外工程人员安全生产教育和培训档案，详细、准确记录培训的时间、内容、参加人员以及考核结果等情况。

第十二条 所属企业应当建立健全安全生产检查制度，定期对境外工程开展安全生产监督检查，及时发现并整改境外工程安全生产隐患和问题。对合同金额1亿美元以上的境外工程项目，应由企业领导带队全面进行监督检查，每个项目安全检查不少于1次，每年检查频次不少于2次。其他规模境外工程项目由企业领导带队监督检查的项目数量不低于当年在建工程数量的20%，每年检查频次不少于2次。企业安全生产管理部门人员应当根据企业境外工程数量、规模和安全风险情况，不定期开展境外工程项目安全检查活动，指导境外工程安全生产工作。

第三章 境外工程分包方安全生产监督管理

第十三条 所属企业应当贯彻落实国家境外安全生产法律法规的规定要求，全面落实国机集团《安全生产管理办法》《工程总承包项目安全生产管理指导意见》和《境外重大项目、高风险国家项目安全管理计划备案管理规定》等规章制度对分包方安全生产管理的各项工作要求。

第十四条 所属企业应当制订境外工程施工分包方安全生产监督管理制度，将分包方安全监管作为境外工程安全生产的工作重点，做到事前预控、过程监管和事后考核并举。对安全生产管理不力、发生生产安全事故、发生群体性事件的分包方，应将其纳入安全生产分包方“黑名单”，并报送国机集团。

第十五条 所属企业境外工程应当选择具有合法合规的相应施工或生产资质、安全生产管理体系健全、安全生产业绩良好的企业作为项目分包单位。不得将工程项目分包给不具备法规要求相应资质的企业，不得将建筑施工分包给未依法取得安全生产许可证的境内建筑施工企业。

第十六条 所属企业的施工分包合同，应当明确规定工程施工安全生产投入费用数额，并且该费用应当满足住建部有关安全生产费用的标准要求。所属企业应当监督施工分包单位专款专用，足额投入。

第十七条 所属企业应当在分包合同中明确约定分包单位不得将工程项目转包或者再分包，并负责监督。境外工程总承包企业应当与分包单位订立专门的安全生产管理协议，或者在分包合同中约定各自的安全生产管理责任，并对分包单位的安全生产工作统一协调、监管。严禁“以包代管”。

第十八条 所属企业境外工程项目部应当定期组织检查组对施工方安全生产管理情况和施工现场的安全生产情况进行检查。发现安全隐患和管理问题，要及时下发《安全隐患整改通知书》，进行相应处罚，督促分包方及时整改，并进行验证，形成书面记录。对整改不力、拒不整改的，予以处罚，直至停工整顿。

第十九条 所属企业境外工程项目部对分包方安全生产监督管理应当留存或形成以下安全生产资料和记录（不限于）：

1.施工分包合同和安全生产管理协议（含安全奖惩条款）。

2.境内施工分包企业安全生产许可证，项目经理和项目安全员资格证书。

3.分包方项目安全管理计划。

4.现场分包方有效人员名单及人员相关信息，出国前安全培训记录，特种作业人员上岗资格证书，境外人身意外伤害保险记录。

5.定期危险源辨识评价记录、重大危险源清单、重大危险源的安全防范措施和应急措施。

6.危险性较大的分部分项工程安全专项施工方案、安全技术措施及审核资料。

7.分包方进场设备审核资料，特种设备检测备案资料。

8.分包方人员安全教育培训记录。

9.总包方对分包方安全生产日常监督检查记录、整改通知书、隐患整改及验证记录、安全处罚记录。

10.总包方组织的安全生产周例会、月例会纪录。

11.安全施工技术交底记录，同一作业区域内两个以上作业单位同时施工安全管理记录。

12.分包方安全生产、文明施工费用使用记录。

13.分包方生产安全事故应急预案，预案培训及演练记录。

14.分包方生产安全事故记录及事故调查处理记录。

第四章 境外工程生产安全事故调查和处理

第二十条 所属企业境外工程发生生产安全亡人事故，应当按照国机集团《安全生产管理办法》和《生产安全事故及境外突发事件综合应急预案》的规定，立即向我国驻当地使领馆、当地有关部门和业主报告，同时按报告时限和报告要求，逐级向国机集团报告，并提交书面事故报告。

第二十一条 境外工程发生生产安全亡人事故，事故企业应当组织或配合有关方面开展事故调查处理。事故调查处理应当按照科学严谨、依法依规、实事求是、注重实效的原则，及时、准确地查清事故原因，查明事故性质和责任，总结事故教训，提出整改措施，并对事故责任人员提出处理意见。

事故企业应当指导和监督发生事故的境外项目部及时全面落实整改措施，并将整改落实情况的报告报送国机集团。

第二十二条 所属企业境外工程发生生产安全责任事故，应当在企业内部通报事故调查和处理报告，并报送国机集团。

第二十三条 所属企业境外工程发生生产安全责任事故，国机集团按照《安全生产责任目标考核办法》的规定，对所属企业进行考核和处罚。

第二十四条 所属企业发生境外生产安全责任事故，所属企业应当根据事故调查报告，对未履行安全生产职责，导致发生生产安全事故的有关责任人员根据责任大小进行责任追究，包括行政处罚和经济处罚，其中经济处罚依照下列规定执行：

1. 所属企业境外工程发生一般生产安全亡人事故，所属企业应当对事故相关责任人员处罚 5% ～ 30% 的项目奖金或年度奖金。同一境外工程第二次发生一般生产安全亡人事故，应当对事故相关责任人员处罚 10% ～ 50% 的项目奖金或年度奖金。同一境外工程第三次发生一般生产安全亡人事故，应当对事故相关责任人员处罚 30% ～ 80% 的项目奖金或年度奖金。

2. 所属企业境外工程发生较大生产安全亡人事故，所属企业应当对事故相关责任人员处罚 30% ～ 80% 的项目奖金或年度奖金。

3. 所属企业境外工程发生重大及以上生产安全亡人事故，所属企业应当对事故相关责任人员处罚 50% ～ 100% 的项目奖金或年度奖金。

第五章 附 则

第二十五条 本规定自印发之日起施行，由国机集团安全生产部负责解释。

中国机械工业集团有限公司商标管理办法

第一章 总 则

第一条 为规范国机集团商标管理工作，保护企业商标权利，提升商标无形资产价值，依据《中华人民共和国商标法》《中华人民共和国商标法实施条例》等有关法律法规，制订本办法。

第二条 本办法所称商标，指企业在生产经营过程中为与其他企业相区别而使用的文字、字母、图形以及上述要素的组合标志，包括企业标识、商品及服务标识等。

第三条 国机集团商标管理遵循统一指导、分级管理、规范使用、注重保护的原则。

第四条 本办法适用于国机集团总部及所属全资和控股企业（以下称所属企业）。

第二章 管理机构和职责

第五条 国机集团审计与法律风控部负责集团总部的商标注册管理和保护工作，对所属企业的商标注册管理和保护工作进行指导和监督。

第六条 所属企业应当明确本企业商标事务归口管理部门，负责本企业的商标工作，服从国机集团的指导和监督。

第七条 所属企业应当认真贯彻执行国家法律法规和国机集团有关商标管理的各项要求，配备具有专业知识的商标管理人员，积极参加国机集团组织的商标管理工作各项活动，不断提高商标管理水平。

第三章 商标注册

第八条 商标应当坚持先申请注册、后推广使用的原则。

第九条 国机集团总部申请商标注册时，应当以中国机械工业集团公司作为申请人。所属企业申请商标注册时，原则上应当以所属企业总公司作为申请人。

严禁将企业商标以个人名义或以外单位名义申请注册。

第十条 企业申请商标注册前，应当对商标内容进行检索审查，确保拟申请注册的商标符合国家法律规定的注册条件，不侵犯他人的著作权、外观设计专利权、企业名称权等在先权利。

第十一条 企业委托其他单位设计商标时，应当签订委托合同，约定设计成果的所有权、著作权等权利归属，要求设计单位保证商标设计方案的独创性和合法性，防止发生侵权纠纷。

第十二条 从商标设计之日起至向商标注册机构申请注册之日止，企业应当将商标设计方案和信息列为商业秘密，进行有效的保密管理。

第十三条 企业申请商标注册的产品或服务类别，至少应当覆盖企业经营业务所涉及的产品和服务范围。

企业应当根据自身经营和行业竞争特点，采取防御性商标注册策略，适当扩大商标注册范围，防止他人在类似产品或服务上抢注商标。

第十四条 企业经营涉及国际工程和国际贸易领域的，应当选择适当国别申请商标国际注册，防止商标在国外被恶意抢注。

第十五条 商标注册申请被商标注册机构裁定驳回或被他人提出异议后，企业应当根据实际情况，在法定期限内申请复议或做出答辩。

第十六条 所属企业申请注册商标的，应当自收到商标注册机构出具的注册申请受理通知书后30日内报国机集团审计与法律风控部备案。

第四章 商标使用

第十七条 企业应当根据本企业注册商标的目的和用途，规范商标的使用范围和使用方式，注重发挥和保护商标的无形资产价值。

第十八条 以中国机械工业集团公司名义在国内外申请注册的各类商标（以下称国机集团商标）原则上仅限于集团总部及所属企业范围内使用。

第十九条 所属企业在对外宣传过程中使用国机集团商标时，应当按照国机集团的相关规定规范使用。

第二十条 所属企业不得以下列方式使用国机集团商标：

（一）未经批准将国机集团商标中的“国机”“SINOMACH”作为本企业商号、网络域名注册登记。

（二）未经批准将国机集团商标用于本企业生产、销售的产品或提供的服务上。

（三）不规范使用国机集团商标，如将国机集团商标文字、字母、图形拆分使用，或在使用过程中随意变更国机集团商标尺寸比例、颜色。

（四）将国机集团商标和本企业商标联合使用时，突出显示本企业商标、弱化国机集团商标。

（五）其他可能有损国机集团商标形象或价值的行为。

第二十一条 企业授权许可他人使用本企业商标时，应当与被许可人签订商标许可使用合同，明确商标许可使用范围、类型、地域、期限、费用、产品或服务质量标准及违约责任等内容。

第二十二条 所属企业委托其他生产厂商代工生产贴有本企业商标的产品时，应当审查代工生产厂商的信誉和资质，在合同中明确委托生产的产品数量和质量，严格监督代工生产过程，确保本企业商标和品牌信誉。

第二十三条 所属企业在组织会展、定牌加工、代理销售等业务中使用他人商标的，应当要求商标权利人出具商标专用权证明文件和授权文件，防止商标侵权纠纷。

第二十四条 企业在下列情况下应当对商标进行价值评估，防止商标无形资产流失：

（一）以注册商标专用权进行权利质押。

（二）以注册商标专用权进行投资入股。

（三）转让注册商标。

（四）企业改制、分立、合并、资产重组过程中可能涉及商标权属变更的。

（五）其他可能涉及商标权利转让的情形。

第二十五条 企业应当在商标注册有效期届满前及时向商标注册机构申请办理商标续展手续。商标注册人、地址等注册事项发生变化的，应当及时向商标注册机构申请办理变更手续。

第五章 商标保护

第二十六条 商标是企业品牌和商誉的法律载体，是企业重要的无形资产。企业应当建立健全商标保护机制，提高全体员工商标保护意识，提升商标资产价值。

第二十七条 企业应当建立商标侵权预警机制，监督商标的使用情况，发现商标被侵权情况后，应当及时搜集相关证据，采取相应维权措施。

第二十八条 所属企业发现国机集团商标被侵权线索时，应当立即向国机集团审计与法律风控部报告，并协助调查搜集相关证据。

第二十九条 所属企业发生商标侵权法律纠纷的，应当自案件发生之日起30日内向国机集团审计与法律风控部备案。

所属企业在处理商标侵权法律纠纷过程中可以请求国机集团审计与法律风控部向有关部门进行协调。

第六章 附 则

第三十条 本办法颁布后，所属企业可以参照本办法并结合本企业实际情况制订本企业商标管理办法。

第三十一条 本办法由国机集团审计与法律风控部负责解释。

第三十二条 本办法自公布之日起实施。原《中国机械工业集团公司商标管理暂行办法》（国机法〔2008〕653号）同时废止。

中国机械工业集团有限公司关于加强质量成本管理的指导意见（试行）

第一章 总 则

第一条 为进一步加强质量成本管理的规范化和标准化，不断提高质量保证能力，降低经营总成本，提高经济效益，同时，为评定质量管理体系运行有效性、评价质量管理效果、进行质量奖励和考核提供依据，根据国家有关法律法规和标准，结合集团实际情况，特制订本指导意见。

第二条 本指导意见适用于国机集团所属全资及控股公司（以下简称所属企业）的质量成本管理工作。

第三条 质量成本管理坚持"全员参与质量成本管理，全局进行质量成本优化，全面落实质量成本控制，全力实现质量成本效益"的工作方针。

第四条 所属企业应参照本指导意见的要求编制本企业质量成本管理办法。

第五条 国机集团对所属企业质量成本的管理情况进行监督检查。

第二章 目的、范围及定义

第六条 质量成本作为服务于企业资本增值盈利的管理成本，目的是通过核算和反映一定量的质量改进资本投入与由此产生的质量收益之间的相互关系，寻求两者之间的最佳结构，从而为质量经营决策提供依据。

第七条 质量成本管理既适用于有形的产品，也适用于无形的产品，如服务质量、管理质量等，质量成本不仅反映物质生产部门的质量成本状况，而且还要覆盖非物质生产部门质量管理的效益状况。

第八条 质量成本管理是对产品从市场论证、设计、试验、生产到售后服务的整个过程进行的质量管理，是全员参与的、全过程的、覆盖全企业的质量管理。

第九条 质量成本是将产品质量保持在规定水平上所需的费用。包括预防成本、鉴定成本、内部损失成本和外部损失成本，特殊情况下，还需增加外部质量保证成本。

第十条 质量成本相关的定义。

（一）预防成本是指用于预防不合格品与故障等所支付的费用。包括质量管理活动费、质量评审费、质量培训费、质量改进措施费。

（二）鉴定成本指评定产品是否满足规定或标准的质量要求所需的费用。包括试验检验费、质量检验部门办公费、检测设备维修折旧费。

（三）内部损失成本指产品交付前因不满足规定的质量要求所损失的费用。包括废品损失费、返修费、降级损失费、停工损失费、产品质量事故处理费。

（四）外部损失成本指产品交付后因不满足规定的质量要求，导致索赔、修理、更换或信誉损失等所损失的费用。包括索赔费、三包损失费、折价损失费。

（五）外部质量保证成本指为提供用户要求的客观证据所支付的费用。包括特殊的和附加的质量保证措施、程序、数据、证实试验和评定的费用。

第三章 工作程序及职责

第十一条 质量成本管理工作程序。

（一）对全体职工进行质量成本意识和知识教育，对质量成本管理有关人员如财务人员、质量管理人员进行质量成本管理业务培训。

（二）建立质量成本管理体系，明确职责，为实施质量成本管理提供组织保证。

（三）结合本企业的实际情况制订质量成本管理办法，使质量成本管理有章可循。

（四）根据质量成本目标制订质量成本控制计划。

（五）定期对质量成本的各项费用进行核算和分析。

（六）定期对质量成本进行考核。

（七）编制质量成本经济分析报告和质量成本报告，为质量改进提供依据。

（八）根据质量成本经济分析报告和质量成本报告，结合具体情况确定质量改进目标及相应的改进措施，并组织落实。

第十二条 质量成本管理相关部门职责

（一）质量部门负责制修订质量成本管理办法；负责组织落实、监督、考核质量成本；负责根据质量成本的财务分析结果，制订相应的质量改进计划，并协调各部门组织落实；负责本企业质量成本综合分析工作，定期编制并提供质量成本报告；负责对有争议的质量成本责任做出仲裁。

（二）财务部门负责结合企业实际情况确定质量成本科目；负责组织制订各职能部门、生产部门的年度质量成本预算，收集质量成本财务数据，并进行统计、核算；负责定期编制并提供质量成本数据有关统计报表；负责定期编制并提供质量成本经济分析报告。

（三）其他各职能部门和生产部门负责制订

本部门质量成本管理细则，落实质量成本责任；负责制订本部门年度质量成本预算，收集、核算汇总本部门质量成本数据，编制质量成本报表、质量成本分析报告，并按计划报送财务部门和质量部门。

第四章 质量成本科目设置

第十三条 质量成本科目设置原则。

（一）符合国家现行会计制度。

（二）能够具体反映企业经营管理和质量管理的要求。

（三）便于统计、核算、比较、分析，有利于质量改进。

（四）各企业可根据具体情况进行增删。

第十四条 质量成本一般包括三个级次的科目。一级科目：质量成本；二级科目：预防成本、鉴定成本、内部损失成本、外部损失成本，如有特殊需求增设外部质量保证成本。三级科目结合企业实际情况并参照本指导意见第十五条进行设置。

第十五条 质量成本三级科目的设置。

（一）预防成本

1. 质量管理活动费指开展质量管理工作所支付的费用。如质量部门的办公费用、质量管理咨询费、质量奖励费、质量情报费和为制订质量政策、计划、目标、编制质量手册及有关文件等一系列活动所支付的费用。

2. 质量评审费指对质量体系、过程质量、产品质量，以及对供应商的质量保证能力进行质量评审所支付的费用。

3. 质量培训费指以到达质量要求或改进质量为目的，为提高职工的质量意识、质量管理和技术技能水平，进行培训所支付的费用。

4. 质量改进措施费指为保证或改进质量所支付的费用。

（二）鉴定成本

1. 试验检验费指对外购原材料、零部件、元器件和外协件，以及对生产过程中的在制品、半成品、产成品按质量要求进行试验、检验所支付的费用。

2. 质量检验部门办公费是质量检验部门为开展日常检验工作所支付的办公费。

3. 检测设备维修折旧费指检测设备的维护、校准、修理和折旧的费用。

（三）内部损失成本

1. 废品损失费指因在制品、半成品、产成品达不到质量要求且无法修复或在经济上不值得修复，造成报废所损失的费用。

2. 返修费指为修复不合格品，并使之达到质量要求而发生的成本费用。

3. 降级损失费是因产品质量达不到规定的质量等级，而降级所损失的费用。

4. 停工损失费是因质量原因造成设备停工所损失的费用。

5. 产品质量事故处理费是因处理内部产品质量事故所支付的费用。

（四）外部损失成本

1. 索赔费是因产品质量未达到标准，经用户提出申诉而进行赔偿、处理所支付的一切费用。

2. 三包损失费指产品出厂后，在安装、维修、售后服务过程中发生的各种由于我方原因而支出的各种费用和成本。包括保修费、退换货损失费。保修费是根据保修规定，为用户提供修理服务所支付的费用和保修服务人员的人工成本。退换货损失费是因产品质量未达到标准造成用户退货、换货所损失费用。

3. 折价损失费是因产品质量未达到标准折价销售所损失的费用。

（五）外部质量保证成本

1. 质量保证措施费是应用户特殊要求而增加的质量管理费用。

2. 产品质量证实试验费是为用户提供产品质量受控依据进行质量证实试验所支付的费用。

3. 评定费是应用户特殊要求进行产品质量认证所支付的费用。

第五章 质量成本管理要求

第十六条 质量成本管理应遵循的原则。

（一）全员参与质量成本管理。

（二）以寻求适宜的质量成本为目的。

（三）以真实可靠的记录、数据为依据。

（四）把质量成本职责列入各相关部门职责。

（五）建立完善的质量成本核算体系。

第十七条 质量成本控制应贯穿于质量形成的全过程，它包括事前策划、事中控制、事后处置。依据质量成本目标制订控制计划，按质量成本发生区域或阶段将质量成本控制目标层层分解，实行归口分级管理，结合具体情况，制订并实施控制措施。

第六章 质量成本分析

第十八条 结合企业特点，财务部门定期编制质量成本经济分析报告，主要内容包括从经济的角度对质量成本的结构、比重进行分析，其中应有与上期、上年同期比的变动情况，质量成本变化（增减额）的分析。

第十九条 结合企业特点，质量部门定期编制质量成本报告，主要内容包括以财务部门质量成本经济分析报告和其他各部门质量成本分析报告为基础，对上期质量成本管理活动进行综述，分析并提出影响质量成本控制的关键因素，对典型问题进行调查分析，确定下期质量成本目标和改进工作重点。

第二十条 质量成本分析主要方法。

（一）指标分析。

质量成本总额 = 内部损失成本 + 外部损失成本 + 预防成本 + 鉴定成本 +（外部质量保证成本）

预防成本率（%）=（预防成本 / 质量成本总额）×100%

鉴定成本率（%）=（鉴定成本 / 质量成本总额）×100%

内部损失成本率（%）=（内部损失成本 / 质量成本总额）×100%。

外部损失成本率（%）=（外部损失成本 / 质量成本总额）×100%。

质量损失率（%）=[（内部损失成本 + 外部损失成本）/ 工业总产值]×100%。

单位产品质量成本（元 / 单位产品）=（产品质量成本 / 产品产量）×100%

（二）趋势分析法是观察和分析变动趋势，并分析产生的原因。

（三）原因分析法是分析并找出影响质量成本的主要原因。

（四）分类分析法是对不同的分析对象，分别进行分析。

第二十一条 质量成本相关报表和报告的一般报送要求。

（一）有质量成本考核指标或者责任的部门，在季后 6 日内、次年后 12 日内向财务部门、质量部门分别报送本部门“质量成本分析报告”。

（二）财务部门于季后 6 日内向质量部门提供质量成本相关数据报表。

（三）财务部门组织质量成本经济分析，在季后 20 日内、次年后 22 日内分别发布企业“质量成本经济分析报告”。

（四）以企业质量成本经济分析报告为基础，根据企业质量管理综合情况，质量部门编制企业“质量成本分析报告”。

第二十二条 在企业经营生产中，全体员工应时刻保持质量成本意识，积极探索和推进质量成本管理方法应用，有效利用“质量成本经济分析报告”和“质量成本分析报告”的数据和结论，指导企业质量工作持续改进，最终实现降低经营总成本，提高企业经济效益。

第七章 附 则

第二十三条 质量成本统计与管理工作中弄虚作假，造成企业损失和不良影响的，视情节轻重，应追究相关人员责任。

第二十四条 本指导意见由国机集团审计与法律风控部负责解释。

第二十五条 本指导意见自印发之日起施行。

中国机械工业集团有限公司节能减排工作考核规定

第一章 总 则

第一条 按照国务院国有资产监督管理委员会（以下简称“国资委”）有关中央企业节能减排工作的要求，为建立有效的约束激励机制，正确考核评价所属企业节能减排工作，结合国家有关规定，特制定本办法。

第二条 本办法是中国机械工业集团有限公司（以下简称“国机集团”）考核评价所属企业节能减排工作的主要依据，本办法适用于国机集团所属全部二级企业（以下统称“所属企业”）。

第三条 考核评价工作在国机集团节能减排工作领导小组统一领导下，由国机集团节能减排工作办公室具体负责组织实施。

第二章 考核原则与主要内容

第四条 国机集团对所属企业节能减排实行统一考核、分类评价、重点监管的原则。

1. 所有企业全部统一纳入考核评价体系。

2. 按照企业分类，有针对性地开展考核评价。

3. 对能源消费量大、有污染物排放的企业实行重点监控。

第五条 考核内容。

量化指标主要包括万元产值综合能耗、万元营业收入综合能耗、二氧化硫（SO_2）排放量和化学需氧量（COD）排放量。

管理目标主要包括节能减排工作组织和领导情况、节能减排制度体系建设情况、节能减排目标分解与责任制、节能减排法律法规执行情况、节能减排教育培训情况、节能减排技术开发和推广情况、节能减排基础管理工作等。

第三章 考核评价方法

第六条 完成节能减排目标责任书确定的量化指标，重点类企业计60分，关注类企业计50分，一般类企业计40分。量化指标超过2项（含）以上的，按平均分配权重计分。

第七条 管理目标按细化确定的内容分企业类型考核评价计分。详见附表。

第八条 量化指标和管理目标考核评价结果得95分及以上的为优秀，得80～94分的为良好，得60～79分的为合格，得60分以下的为不合格。

第九条 所属企业发生下列情形之一的，节能减排考核结果按不合格处理：

（一）节能减排数据严重不实，弄虚作假的。

（二）发生重大环境污染事件，造成重大社会影响的。

（三）发生节能减排重大违法违规事件，造成恶劣影响的。

（四）被国家节能减排主管部门通报，给国机集团造成严重影响的。

第四章 考 核 程 序

第十条 所属企业年度节能减排工作考核按照下列程序进行：

（一）规划期初，集团根据各单位节能减排实际水平，对照国内外同行业先进水平，与所属企业协商确定规划期内每年度节能减排量化指标，并通过签署《节能减排目标责任书》的形式下达。

（二）每年度结束，所属企业要在上报节能减排统计报表的基础上对目标完成情况、以及管理目标确定的内容进行总结分析，将报告报送国机集团。对与地方政府签订节能减排考核目标责任书的企业，应在总结分析报告中进行专项说明。

（三）国机集团组成评价考核工作组通过审核所属企业节能减排工作总结分析报告，结合日常管理过程中的现场核查和重点抽查等结果，按照计分标准，对所属企业考核评价。

（四）对于规划期内企业有重组、并购等重大资产变更等情况，所属企业可在每年度工作报告中对剩余规划期量化指标进行调整。

第五章 奖惩措施

第十一条 节能减排考核评价结果将在集团内发布，同时对优秀企业给予表彰，对不合格企业进行通报。

第十二条 节能减排考核结果与所属企业负责人经营业绩考核挂钩。挂钩办法见《中国机械工业集团有限公司经营业绩考核“经营管理指标”考核实施细则》（修订版）。

第十三条 所属企业发生重大环境污染事件或节能减排重大违法违规事件，被国家节能减排主管部门通报，造成重大社会恶劣影响的，考核上予以一票否决；情节严重者，对责任企业和个人给予行政或经济处罚。

第六章 附 则

第十四条 本办法由国机集团审计与法律风控部负责解释。自发布之日起施行。

附表：国机集团所属企业节能减排工作考核计分表（略）

中国机械工业集团有限公司内部控制评价暂行办法

第一章 总 则

第一条 为了促进中国机械工业集团有限公司（以下简称“集团”）全面评价内部控制的设计与运行情况，规范内部控制评价程序和评价报告，揭示和防范风险，根据《企业内部控制基本规范》及配套指引、《关于加快构建中央企业内部控制体系有关事项的通知》（国资发评价〔2012〕68号），制定本办法。

第二条 本办法所称内部控制评价，是指集团董事会对内部控制的有效性进行全面评价、形成评价结论、出具评价报告的过程。

第三条 本办法适用于评价集团总体内部控制的设计和运行情况。

第四条 内部控制评价遵循下列原则：

（一）全面性原则。评价工作包括内部控制的设计与运行，涵盖各种业务和事项。

（二）重要性原则。在全面评价的基础上，以风险为导向，突出重点，关注影响控制目标的高风险领域、重要业务单位、重大业务事项、关键控制环节和风险点。

（三）客观性原则。评价工作应准确地揭示经营管理的风险状况，如实反映内部控制设计与运行的有效性。

第二章 内部控制评价的组织和职责

第五条 董事会是内部控制评价工作的最高决策机构和最终责任者，负责审批内部控制评价报告，审定内部控制重大缺陷，对内部控制评价报告的真实性负责。

第六条 审计与法律风控部作为集团内部控制评价机构，负责内部控制评价的组织实施工作。内部控制评价可以委托社会中介机构具体实施。

第七条 经理层负责为内部控制评价提供必要的行政资源，协调和解决内部控制评价过程中出现的重大事项，审核内部控制评价报告，组织实施缺陷整改工作。

第三章 内部控制评价的依据和内容

第八条 内部控制评价根据《企业内部控制基本规范》、应用指引以及企业的内部控制制度，考虑企业自身的经营特点、业务模式以及风险管理要求，围绕内部环境、风险评估、控制活动、信息与沟通、内部监督等要素，对内部控制设计与运行情况进行全面评价。

第九条 内部环境是实施内部控制的基础。内部环境评价的内容包括治理结构、机构设置及权责分配、人力资源、企业文化、社会责任等。

（一）组织架构评价：重点从机构设置的整体控制力、权责划分、相互牵制、信息流动路径等方面进行。

（二）发展战略评价：重点从发展战略的制定的合理性、实施的有效性和调整的适宜性等方面进行。

（三）人力资源评价：重点从人力资源引进结构、开发机制、激励约束机制等方面进行。

（四）企业文化评价：重点从建设和评估两方面进行，从而促进诚信、道德价值观的提升，为内部控制的完善夯实人文基础。

（五）社会责任评价：重点从安全生产、产品质量、环境保护与资源节约、促进就业、员工权益保护等方面进行。

第十条 风险评估是企业及时识别、系统分析经营活动中与实现内部控制目标相关的风险，合理确定风险应对策略的过程。风险评估评价的内容包括目标设定、信息收集、风险识别、风险分析、风险应对等。

第十一条 控制活动是企业根据风险评估结果，采用相应的控制措施，将风险控制在可承受度之内，达到控制目标的全过程。控制活动评价对企业各类业务的控制措施与流程的设计有效性和运行有效性进行认定和评价，包括不相容职务分离控制、授权审批控制、会计系统控制、财产保护控制、预算控制、运营分析控制和绩效考评控制等。

第十二条 信息与沟通是企业及时准确地收集、传递与内部控制相关的信息，确保信息在企业内部、企业与外部之间进行有效沟通。信息与沟通评价对信息收集、处理和传递的及时性、反舞弊机制的健全性、财务报告的真实性、信息系统的安全性，以及利用信息系统实施内部控制的有效性等进行认定和评价。

第十三条 内部监督是企业对内部控制建立与实施情况进行监督检查，评价内部控制的有效性，发现内部控制缺陷，及时加以改进的过程。内部监督评价对内部监督机制的有效性进行认定和评价，重点关注监事会、审计委员会、内部审计机构等是否在内部控制设计和运行中有效发挥监督作用。

第十四条 集团内部控制评价以内部控制五要素为基础，在以上评价内容的基础上，进一步分解细化，建立评价核心指标，见附件 1。

第四章 内部控制评价的范围

第十五条 集团在内部控制日常监督和专项监督基础上，开展年度内部控制评价。

第十六条 内部控制评价对所属企业每三年至少全部覆盖一次。每年纳入评价范围的企业的资产总额和营业收入总额，应占集团总额的 80%以上。

第十七条 按照风险导向原则，参考全面风险评估结果，确定纳入年度评价范围的单位、业务和事项以及高风险领域。

第五章 内部控制评价的程序

第十八条 内部控制评价程序包括：组成评价工作组、制定评价工作方案、实施现场测试、认定控制缺陷、汇总评价结果、编报评价报告、报告跟踪和反馈。

第十九条 组成评价工作组。委托实施的评价项目，审计与法律风控部与受托中介机构签订业务约定书。审计与法律风控部指派项目负责人，负责与被评价企业和受托方的沟通协调工作。受托中介机构挑选具备独立性、业务胜任能力和职业道德素养的评价人员组成评价工作组。

第二十条 制定评价工作方案。评价工作组按照本办法规定，分析集团经营管理过程中的重要业务事项和高风险领域，制定评价工作方案，明确评价范围、工作任务、人员分工、进度安排等相关内容。评价工作方案由审计与法律风控部部长批准。

第二十一条 开展现场检查测试。评价工作组按照审计方案，综合运用个别访谈、调查问卷、专题讨论、穿行测试、实地查验、抽样和比较分析等方法，充分收集企业内部控制设计和运行是否有效的证据，填写评价工作底稿，研究分析内部控制缺陷。

在抽查和质量评估基础上，现场检查测试应充分利用被评价企业自我评价结果和中介机构内控审计报告。

工作底稿应详细记录评价工作的具体内容，包括评价要素、评价和测试方法、主要风险点、采取的控制措施、评价标准、有关证据资料以及认定结果等。

评价工作组汇总评价人员的工作底稿，初步认定内部控制缺陷，与被评价企业沟通评价情况，形成现场评价结论。

第二十二条 汇总评价结果。评价工作组对初步认定的内部控制缺陷进行分类汇总，编制内部控制缺陷认定汇总表，对缺陷的成因、表现形式及风险程度进行定量或定性的综合分析，按照对控制目标的影响程度判定缺陷等级。

第二十三条 编报评价报告。评价工作组以汇总的评价结果和认定的内部控制缺陷为基础，综合内部控制工作整体情况，编制内部控制评价报告，经审计与法律风控部审核后，报送集团经理层、董事会，董事会批准后再上报国资委。

第二十四条 报告反馈和跟踪。审计与法律风控部向所属企业反馈内部控制缺陷认定情况，所属企业对照整改。年内，所属企业内部审计机构检查整改情况，形成检查报告，在集团“审计管理信息系统－审计工作开展情况”中填报。

第六章 内部控制缺陷的认定

第二十五条 内部控制缺陷包括设计缺陷和运行缺陷。

设计缺陷是指企业缺少为实现控制目标所必需的控制，或现存控制设计不适当、即使正常运行也难以实现控制目标。

运行缺陷是指设计有效（合理且适当）的内部控制由于运行不当（包括由不恰当的人执行、未按设计的方式运行、运行的时间或频率不当、没有得到一贯有效运行等）而形成的内部控制缺陷。

第二十六条 评价工作组应当根据现场测试获取的证据，按内控缺陷认定的有关标准对缺陷进行初步认定，并按其影响程度分为重大缺陷、重要缺陷和一般缺陷。

第二十七条 内部控制缺陷认定标准包括定性标准和定量标准。认定标准见附件 2。

第二十八条 重大缺陷，是指一个或多个控制缺陷的组合，可能导致公司严重偏离控制目标。

重要缺陷，是指一个或多个控制缺陷的组合，其严重程度和经济后果低于重大缺陷，但仍有可能导致公司偏离控制目标。

一般缺陷，是指除重大缺陷、重要缺陷之外的其他缺陷。

第二十九条 重大缺陷应由董事会最终认定，重要缺陷和一般缺陷由审计与法律风控部认定。对于认定的重大缺陷和重要缺陷，企业应当及时采取应对策略，切实将风险控制在可承受度之内。

第七章 内部控制评价报告

第三十条 内部控制评价报告至少应当披露下列内容：

（一）董事会对内部控制报告真实性的声明。

（二）内部控制评价工作的总体情况。

（三）内部控制评价的依据。

（四）内部控制评价的范围。

（五）内部控制评价的程序和方法。

（六）内部控制缺陷及其认定情况。

（七）内部控制缺陷的整改情况及重大缺陷拟采取的整改措施。

（八）内部控制有效性的结论。

第三十一条 内部控制评价报告应当报经董事会审议批准后对外上报。

第三十二条 集团以 12 月 31 日作为年度内部控制评价报告的基准日。

第三十三条 每年 11 月进行内部控制评价准备工作，12 月至次年 2 月开展现场检查测试并起草报告，3-4 月提交董事会审定、向所属企业反馈内部控制缺陷，5 月 31 日前向国资委上报内部控制评价报告。

第三十四条 内部控制评价工作结束后，审计与法律风控部应将内部控制评价材料及时归档。

第八章 附 则

第三十五条 本办法由审计与法律风控部负责解释，自发布之日起执行，《中国机械工业集团有限公司内部控制评价暂行办法》（国机审〔2014〕506 号）同时废止。

附件 1 内部控制评价核心指标

附件 2 内部控制缺陷认定标准

附件 1

内控评价核心指标

核心指标	参考标准
一、内部环境	
（一）组织架构	
董事会、监事会、经理层的相互制衡	董事会及各专门委员会、监事会和经理层的职责权限、任职资格、议事规则是否明确并严格履行
董事会、监事会、经理层效力于内部控制建设和执行	1. 是否科学界定了董事会、监事会、经理层在建立与实施内部控制中的职责分工
	2. 董事会采取必要的措施促进和推动企业内部控制工作，按照职责分工提出内部控制评价意见，定期听取内部控制报告，督促内部控制整改，修订内部控制要求
组织机构的设置科学、精简、高效、透明、权责匹配、相互制衡	1. 组织机构设置是否与企业业务特点相一致，能够控制各项业务关键控制环节，各司其职、各尽其责，不存在冗余的部门或多余的控制
	2. 是否明确了权责分配，制定了权责指引并保持权责行使的透明度
组织架构适应性	是否定期梳理、评价企业治理结构和内部机构设置，发现问题及时采取措施加以优化调整；是否定期听取董事、监事、高级管理人员和其他员工的意见，按照规定的权限和程序进行决策审批
组织架构对子公司的控制力	是否通过合法有效的形式履行出资人职责、维护出资人权益，特别关注异地、境外子公司的发展战略、年度财务预决算、重大投融资、重大担保、大额资金使用、主要资产处置、重要人事任免、内部控制体系建设等重要事项
（二）发展战略	
发展战略科学合理，既不缺乏也不激进，且实施到位	1. 企业是否综合考虑宏观经济政策、国内外市场需求变化、技术发展趋势、行业及竞争对手状况、可利用资源水平和自身优势与劣势等影响因素制定科学合理的发展战略
	2. 根据发展目标制定战略规划，确定不同发展阶段的具体目标、工作任务和实施路径
	3. 是否设立战略委员会或指定相关机构负责发展战略管理工作；是否明确战略委员会的职责和议事规则，并按规定履行职责
	4. 是否对发展战略进行可行性研究和科学论证，并报董事会和股东（大）会审议批准
发展战略有效实施	1. 是否制定年度工作计划，编制全面预算，确保发展战略的有效实施
	2. 是否采取有效方式将发展战略及其分解落实情况传递到内部各管理层级和全体员工

（续）

核心指标	参考标准
发展战略科学调整	是否及时监控发展战略实施情况，并根据环境变化及风险评估等情况及时对发展战略做出调整
（三）人力资源政策	
人力资源结构合理、能够满足企业需要	1. 人力资源政策是否有利于企业可持续发展和内部控制的有效执行
	2. 是否明确各岗位职责权限、任职条件和工作要求，选拔是否公开、公平、公正，是否因事设岗、以岗选人
人力资源开发机制健全有效	1. 是否制定并实施关于员工聘用、培训、辞退与辞职、薪酬、考核、健康与安全、晋升与奖惩等方面的管理制度
	2. 是否建立员工培训长效机制，培训是否能满足职工和业务岗位需要，是否存在员工知识老化
人力资源激励约束机制健全有效	1. 是否设置科学的业绩考核指标体系，并严格考核评价，以此作为确定员工薪酬、职级调整和解除劳动合同等的重要依据
	2. 是否存在人才流失现象
	3. 是否对关键岗位员工有强制休假制度或定期轮岗制度等方面的安排
	4. 是否对掌握国家秘密或重要商业秘密的员工离岗有限制性的规定
	5. 是否将有效执行内部控制纳入企业绩效考评体系
（四）社会责任	
安全生产体系、机制健全有效	1. 是否建立严格的安全生产管理体系、操作规范和应急预案，切实做到安全生产
	2. 是否落实安全生产责任，保障对安全生产的投入，包括人力、物力等，是否能保证及时发现、排除生产安全隐患
	3. 发生生产安全事故，是否能妥善处理、排除故障、减轻损失、追究责任。是否有迟报、谎报、瞒报重大生产安全事故现象
产品质量体系健全有效	是否建立严格的产品质量控制和检验制度并严格执行，是否有良好的售后服务，能够妥善处理消费者提出的投诉和建议
切实履行环境保护和资源节约责任	1. 是否制定环境保护与资源节约制度，采取措施促进环境保护、生态建设和资源节约，并实现节能减排目标
	2. 是否实施清洁生产，合理开发利用不可再生资源
促进就业和保护员工权益	1. 是否依法保护员工的合法权益，保持工作岗位相对稳定，积极促进充分就业
	2. 是否实现按劳分配、同工同酬，建立科学的员工薪酬制度和激励机制，是否建立高级管理人员与员工薪酬的正常增长机制
	3. 是否及时办理员工社会保险，足额缴纳社会保险费
	4. 是否维护员工健康，落实休息休假制度
	5. 是否积极开展员工职业教育培训，创造平等发展机会
（五）企业文化	
企业文化具有凝聚力和竞争力，促进企业可持续发展	1. 是否采取切实有效的措施，积极培育具有自身特色的企业文化，打造以主业为核心的企业品牌，促进企业长远发展
	2. 企业董事、监事、经理及其他高级管理人员是否在文化建设和履行社会责任中起到表率作用，是否促进文化建设在内部各层级的有效沟通
	3. 是否做到文化建设与发展战略的有机结合，使员工自身价值在企业发展中得到充分体现
	4. 是否重视并购重组后的企业文化建设，平等对待被并购方的员工，促进并购双方的文化融合

（续）

核心指标	参考标准
企业文化评估具有客观性、实效性	1. 是否建立企业文化评估制度，重点对董事、监事、经理和其他高级管理人员在企业文化建设中的责任履行情况、全体员工对企业核心价值观的认同感、企业经营管理行为与企业文化的一致性、企业品牌的社会影响力、参与企业并购重组各方文化的整合度，以及员工对企业未来发展的信心做出评估
	2. 是否针对评估结果是否巩固和发扬文化建设成果，进而研究影响企业文化建设的不利因素，分析深层次的原因，及时采取措施加以改进
二、风险评估	
控制目标设定	1. 企业层面：是否有明确的目标，目标是否具有广泛的认知基础、企业战略是否与企业目标相匹配
	2. 业务层面：各业务层面目标是否与企业目标一致，各业务层面目标是否衔接一致，各业务层面目标是否具有操作指导性
	3. 是否结合企业的风险偏好，确定相应的风险承受度
风险识别	1. 目标是否层层分解并确立关键业务或事项
	2. 是否持续性地收集相关信息，内外部风险识别机制是否健全，是否识别影响公司目标实现的风险
	3. 是否根据关键业务或事项分析关键成功因素
	4. 是否识别影响公司目标实现的风险
风险分析	1. 风险分析技术方法的适用性
	2. 结合风险发生可能性和影响程度标准划分风险等级的准确性
	3. 风险发生后负面影响判断的准确性
风险应对	1. 风险应对策略与公司战略、企业文化的一致性
	2. 风险承受度与风险应对策略的匹配程度
三、控制活动	
（一）控制活动的设计	
控制措施足以覆盖企业重要风险，不存在控制缺失、控制过度	1. 是否针对企业内部环境设立了相应的控制措施
	2. 各项控制措施的设计是否与风险应对策略相适应
	3. 各项主要业务控制措施是否完整、恰当
	4. 是否针对非常规性、非系统性业务事项制定相应的控制措施，并定期对其执行情况进行检查分析
	5. 是否建立重大风险预警机制和突发事件应急处理机制，相关应急预案的处置程序和处理结果是否有效
（二）控制活动的运行	
控制活动运行符合控制措施规定	针对各类业务事项的主要风险和关键环节所制定的各类控制方法和控制措施是否得以有效实施
四、信息沟通	
信息收集处理和传递及时、准确、适用	是否有透明高效的信息收集、处理、传递程序，合理筛选、核对、整合与经营管理和内部控制相关信息
反舞弊机制健全	1. 是否建立健全并有效实施反舞弊机制
	2. 举报投诉制度和举报人保护制度是否及时、妥善传达至企业全体员工
	3. 对舞弊事件和举报所涉及的问题是否及时、妥善地作出处理

（续）

核心指标	参考标准
沟通顺畅	1.信息在企业内部各层级之间、企业与外部有关方面之间的沟通是否有效
	2.董事会、监事会和经理层是否能够及时掌握经营管理和内部控制的重要信息并进行应对
	3.员工诉求是否有顺畅的反映渠道
利用信息化程度	1.企业是否建立与经营管理相适应的信息系统，利用信息技术提高对业务事项的自动控制水平
	2.在信息系统的开发过程中，是否对信息技术风险进行识别、评估和防范
	3.信息系统的一般控制是否涵盖信息系统开发与维护、访问与变更、数据输入与输出、文件储存与保管、网络安全、硬件设备、操作人员等方面，确保信息系统安全稳定运行
	4.信息系统的应用控制是否紧密结合业务事项进行，利用信息技术固化流程、提高效率、减少或消除人为操纵因素
	5.信息系统是否建立并保持相关信息交流与沟通的记录
五、内部监督	
内部监督能够覆盖并监控企业日常业务活动	1.管理层是否定期与内部控制机构沟通评价结果，并积极整改
	2.是否落实各职能部门和所属单位在日常监督中的责任，及时识别环境和业务变化
	3.日常监督的内容是否为经过分析确认的关键控制并有效控制，是否按重要程度将发现问题如实反馈内部控制机构，是否积极采取整改措施
	4.日常监督用以证明内部控制有效性的信息是否适当和充分，监督人员是否具有胜任能力和客观性
	5.内部审计的独立性是否得以保障，审计委员会和内部审计机构是否独立、充分地履行监督职责，审计监督与内部控制沟通是否顺畅
	6.是否开展了必要的专项监督
	7.内部控制机构是否追踪重大风险和重要业务，是否制定内部控制自我评价办法和考核奖惩办法，明确评价主体、职责权限、工作程序和有关要求，定期组织开展内部控制自我评价，报送自我评价报告，合理认定内部控制缺陷并分析原因，提出整改方案建议
内部控制缺陷认定科学、客观、合理，且报送机制健全	1.内部控制机构是否制定科学的内部控制缺陷认定标准并予以一贯地执行
	2.是否对控制缺陷进行全面、深入地研究分析，提出并实施整改方案，采取适当的形式及时向董事会、监事会或经理层报告，督促业务部门整改重大缺陷，并按规定予以披露
	3.对发现的内部控制重大缺陷，是否追究相关责任单位和责任人的责任
	4.是否建立内部控制缺陷信息数据库，并对历年发现的内部控制缺陷及其整改情况进行跟踪检查
内部控制建设与评价文档妥善保管	1.是否采取书面或其他适当方式对内部控制的建立与实施情况进行记录
	2.是否妥善保存内部控制相关记录和资料，确保内部控制建立与实施过程的可验证性
	3.对暂未建立健全的有关内部控制文档或记录，是否有证据表明已实施了有效控制或者替代控制措施

附件 2

内部控制缺陷认定标准

缺陷类别	认定标准	
	定量标准	定性标准
重大缺陷	损失金额 >2.5 亿元	1. 缺乏民主决策程序 2. 重大决策程序不科学，决策程序导致重大失误 3. 违反国家法律法规或规范性文件并受到处罚 4. 中高级管理人员和高级技术人员流失严重 5. 媒体频现负面新闻，涉及面广 6. 重要业务缺乏制度控制或制度体系失效 7. 内部控制重大缺陷未得到整改 8. 公司董事、监事和高级管理人员的舞弊行为 9. 发现的却未被公司内部控制识别的财务报告中的重大错报
重要缺陷	2.5 亿元≥损失金额≥ 5 000 万元	1. 民主决策程序存在但不够完善 2. 决策程序导致出现一般失误 3. 违反企业内部规章，形成损失 4. 关键岗位业务人员流失严重 5. 媒体出现负面新闻，波及局部区域 6. 重要业务制度或系统存在缺陷 7. 内部控制重要缺陷未得到整改 8. 未依照公认会计准则选择和应用会计政策 9. 未建立反舞弊程序和控制措施 10. 对于非常规或特殊交易的账务处理没有建立相应的控制机制或没有实施且没有相应的补偿性控制 对于期末财务报告过程的控制存在一项或多项缺陷且不能合理保证编制的财务报表达到真实、准确的目标
一般缺陷	损失金额＜ 5 000 万元	1. 决策程序效率不高 2. 违反内部规章，但未形成损失 3. 一般岗位业务人员流失严重 4. 媒体出现负面新闻，但影响不大 5. 一般业务制度或系统存在缺陷 6. 一般缺陷未得到整改 7. 存在其他缺陷

中国机械工业集团有限公司全面风险管理办法

第一章 总 则

第一条 为建立有效的风险管控机制，促进中国机械工业集团有限公司（以下简称“国机集团”或“公司”）稳健经营和可持续发展，根据《中央企业全面风险管理指引》《中国机械工业集团有限公司章程》《国机集团内部控制管理工作办法》，制定本办法。

第二条 本办法适用于国机集团总部以及所

属全资、控股子企业（以下简称“所属企业”）。

第三条 本办法中所称“各级风险管理责任主体”是指国机集团所属各级子企业及各职能部门按照授权经营范围及岗位职责，承担相应风险管理责任的主体。

第四条 本办法中所称“风险”，是指在企业未来发展过程中存在的不确定性对公司实现战略及经营目标的影响。

风险类型主要分为战略风险、财务风险、市场风险、运营风险和法律风险五大类。

第五条 本办法中所称“全面风险管理”，是指企业围绕战略目标，通过在管理的各环节和经营过程中执行风险管理的基本流程，培育良好的风险管理文化，建立健全全面风险管理体系，为实现风险管理的总体目标提供合理保证的过程和方法。

第六条 国机集团全面风险管理的总体目标为：

（一）围绕国机集团发展战略，将风险控制在与发展战略及经营现状相适应的范围内。

（二）保障经营管理的合规性和有效性、信息的真实可靠、提高经营活动的效率和效果、降低实现经营目标的不确定性。

第七条 国机集团开展全面风险管理的原则为：

（一）主动识别，全面管控。企业应主动识别风险、深入分析风险，在全体员工中形成良好的风险防控意识，落实全员风险责任；建立覆盖全部经营管理及业务活动的风险防控体系，风险管理应贯穿企业的管理决策、制度制定、业务执行、监督评价等各环节，强化事前防范、细化事中监控、落实事后评价及问责。

（二）突出重点，务求实效。围绕发展战略、结合企业管理及业务特点，准确定位面临的重大风险，确定重点风险管理领域及重点解决方案，确保实效。

（三）分级分类，权责清晰。按照“分级分类”的原则分解落实风险管理责任。各级企业在授权经营范围内，对各类经营管理活动中的风险承担责任；各职能、业务部门根据分工，对职责范围内的风险承担责任。

（四）体系融合，协同开展。全面风险管理与内部控制、“四标一体化”管理体系以及其他内部管理工作有机融合，协同开展，共同促进企业风险管理目标的实现。

第二章 风险管理的组织体系与职责分工

第八条 公司董事会为风险管理最高决策机构。根据《公司章程》，决定公司的风险管理体系，包括以下方面：

（一）审议并向国资委提交全面风险管理报告。

（二）决定风险管理总体目标、风险偏好、风险承受度，批准风险管理策略和重大风险管理解决方案。

（三）了解和掌握公司面临的各项重大风险及其风险管理现状，做出有效控制风险的决策。

（四）批准重大决策、重大风险、重大事件和重要业务流程的判断标准或判断机制。

（五）批准重大决策的风险评估报告。

（六）批准内部审计部门提交的风险管理监督评价审计报告。

（七）批准风险管理组织机构设置及其职责方案。

（八）批准风险管理措施及风险管理责任追究方案。

（九）督导企业风险管理文化的培育。

（十）全面风险管理其他重大事项。

第九条 公司董事会下设审计与风险管理委员会，对董事会负责。审计与风险管理委员会根据《公司章程》《董事会工作制度》以及《董事会审计与风险管理委员会议事规则》履行职责。包括以下方面：

（一）审议提交全面风险管理年度报告。

（二）审议风险管理策略和重大风险管理解决方案。

（三）审议重大决策、重大风险、重大事件和重要业务流程的判断标准或判断机制，以及重大决策的风险评估报告。

（四）审议内部审计部门提交的风险管理监督评价审计报告。

（五）审议风险管理组织机构设置及其职责方案；

（六）完成董事会授权的其他有关全面风险管理的事项。

第十条 公司设立全面风险管理领导小组（以下简称“领导小组”），负责公司全面风险管理体系建设和实施工作，对全面风险管理工作的有效性向董事会负责。领导小组组长由总经理担任，副组长由分管风险管理工作的副总经理担任，总会计师及其余副总经理为领导小组成员。具体职责包括：

（一）组织全面风险管理组织体系建设，审核风险管理相关制度文件。

（二）审核全面风险管理报告并按程序提交审计与风险管理委员会及董事会审议，并监督各专项风险解决方案的落实。

（三）指导所属企业全面风险管理工作的开展，对所属企业全面风险管理效果进行评价。

（四）建立风险管理责任追究机制，并对重大风险损失进行责任追究。

（五）决定其他与风险管理相关的重大事项。

第十一条 领导小组下设公司全面风险管理工作小组（以下简称“工作小组”），具体开展全面风险管理体系建设和运行、专项风险管理工作。由主管风险管理工作的副总经理担任组长，审计与法律风控部部长担任副组长，成员包括：办公厅、战略投资部（科技发展部、军工管理办公室）、人力资源部（党委组织部）、资产财务部、审计与法律风控部（安全生产部、节能减排办公室）、党委工作部（党委宣传部、党委统战部、企业文化部）、纪检监察部、装备制造事业部、工程承包事业部、贸易服务事业部、科研院所事业部、金融投资事业部。工作小组办公室设在审计与法律风控部。工作小组具体职责包括：

（一）提出公司全面风险管理组织体系的建设方案，拟定风险管理相关制度文件。

（二）起草国机集团全面风险管理报告，并组织执行风险管理解决方案。

（三）根据风险管理需求，建立完善风险管理信息系统。

（四）指导所属企业全面风险管理工作的开展，根据小组成员分工，负责对所属企业的重大专项风险进行监控、预警、评价、问责及管理指导。

（五）根据职责分工，参与集团重大决策活动相关的专项风险分析，并出具专项风险分析意见。

（六）对所属企业的重大风险事件提出责任处理方案。

（七）开展其他与风险管理相关的工作。

工作小组职责分工如下：

审计与法律风控部：工作小组办公室，负责组织协调风险管理工作，对工作小组成员部门风险管理的有效性进行监督，并根据职责分工负责法律、安全和审计风险管控。

办公厅：负责配合工作小组成员各部门建立风险管理信息系统，并根据职责分工，负责信息系统风险的管控。

工作小组其他成员：根据部门职责分工，对战略风险（含投资风险）、财务风险、市场风险、运营风险（含经营风险、人力资源风险、研发风险等进行管控。

第十二条 各所属企业董事会（或最高决策机构）为企业的风险管理决策机构，确定本企业整体风险偏好和风险承受度，批准决定本企业全面风险管理基本制度、年度全面风险管理报告等。

第十三条 所属企业应根据具体情况，分解落实风险管理责任，建立健全风险管理组织体系，其中，应设立风险管理专职部门或确定相关职能部门履行全面风险管理的职责。具体职责应包括：

（一）负责拟定本企业全面风险管理相关基本制度，包括风险管理组织架构、管理流程以及考核机制等。

（二）负责组织、协调、指导各部门及子企业根据本办法的规定开展全面风险管理工作，编制全面风险管理报告。

（三）监督各部门及子企业风险管理解决方案的执行，并对执行效果进行评价。

（四）负责牵头建立本企业风险责任追究机制并组织实施。

第十四条 所属企业风险管理组织体系的建

立及变更，应于建立或变更后一个月内向国机集团备案。

第三章　全面风险管理内容

第十五条　全面风险管理包括以下四项主要工作：

（一）风险评估。

（二）制定风险管理策略。

（三）制定风险管理解决方案。

（四）风险管理监控与改进。

第十六条　风险评估。企业应根据企业内外部环境的变化，对影响企业战略目标和经营目标实现的风险进行风险辨识、风险分析、风险评价。包括全面风险评估与专项风险评估：

（一）全面风险评估

1. 所属企业至少每年开展一次全面风险评估。

2. 集团根据搜集的风险事件信息及主要管理及业务流程，拟定“国机集团主要风险分类表”，制定“风险评估标准”并定期更新。

3. 所属企业参照“国机集团主要风险分类表”及“风险评估标准”，结合企业经营规模、业务特色和管理重点，细化风险评估范围、风险评估标准，明确风险评估流程、方法，开展全面风险评估工作。并可根据实际需要，选择全面评估、重点评估、增量评估等方式。

（二）专项风险评估

1. 对重大合同、新业务、重大投资或重组、重要组织结构调整等决策事项应开展事前专项风险评估，必要时可聘请外部专业中介机构协助，充分揭示风险、提出风险应对措施及风险损失解决预案。

2. 应由独立于业务承担部门的第三方进行风险评估结果审核，经充分讨论和集体决策后实施。

第十七条　制定风险管理策略。企业应根据外部环境及企业特点，围绕企业发展战略，确定总体风险偏好、风险承受度、风险管理有效性标准，选择风险承担、风险规避、风险转移、风险转换、风险对冲、风险补偿、风险控制等适合的风险管理工具，并配置风险管理所需要的人力和财力资源。

国机集团总部针对风险评估结果制定重大风险管理策略。所属企业根据集团重大风险管理策略，结合本企业重大风险点，确定本企业风险管理策略。

第十八条　制定风险管理解决方案。企业应根据风险管理策略，针对评估出的重大风险，运用相应的工具、方法，制定可操作的控制措施和方案。各级风险管理责任主体应制定相关的重大风险管理解决方案并确保有效执行，内部控制措施的完善及有效执行应作为风险管理解决方案的重要内容。

第十九条　风险管理监控与改进。企业应以重大风险、重大事件、重大决策、主要业务流程为重点，对风险管理解决方案的实施情况进行监督，对风险管理的有效性进行检验，并及时改进。主要方式包括：风险的日常监控预警、风险管理解决方案执行跟踪、内部控制自我评价等。

（一）风险日常监控预警。各级风险管理责任主体，应对职责范围内主要风险进行监控预警，重点监控：外部或内部环境改变是否会导致风险的评级发生重大变化；评估中、低级别风险质变为高风险的风险事件；重大风险事件发生的可能性。风险监控预警工作应明确监控指标、监控频率、预警值，以及风险应急预案；

（二）风险管理解决方案执行跟踪。各所属企业应对重大风险管理解决方案执行情况进行定期跟踪，对实施情况及有效性进行查验，并根据环境变化及执行效果动态调整。此项工作可结合年度决算审计、专项审计、管理体系内部审核等工作开展；

（三）内部控制评价。内部控制评价结果应作为检验风险管理解决方案执行效果、改进企业风险管理措施、持续提升风险管理有效性的重要参考，内部控制评价要求参见《中国机械工业集团有限公司内部控制管理办法》。

第四章　风险管理报告

第二十条　所属企业应编制风险管理报告，包括定期报告和临时报告。

（一）定期报告：包括全面风险管理年度报告、季度风险监控报告以及专项风险管理报告。

1. 全面风险管理年度报告。各企业应于每年2月底前，完成全面风险管理年度报告，报国机集团备案。全面风险管理年度报告主要内容包括：本企业风险管理体系建设情况、上年度重大风险管理情况、重大风险事件及处理情况、本年度风险评估结果、风险管理策略、风险管理解决方案及风险管理工作计划；

2. 季度风险监控报告。各企业应对本企业当年重大风险进行季度监控预警，并在每年1月7日、4月7日、7月7日和10月7日前向国机集团报送上季度风险监控报告，遇法定节假日顺延1个工作日。包括：重大风险的季度变化情况、当期发生的主要风险事件及风险管控措施执行情况；

3. 专项风险管理报告。国机集团各专项风险管理部门可根据风险监控需要，提出专项风险报告要求，对专项风险进行定期监控和管理。

（二）临时报告：各级风险管理责任主体，应在发生重大风险事件或出现可能发生重大风险事件的迹象时，于5日内形成《重要风险事件专项报告》上报国机集团风险管理工作小组，详细说明风险事件的产生原因、进展情况、可能产生的影响、已采取的措施、需国机集团协助的事宜等，特别紧急重大的事项应当天进行报告。国机集团风险管理工作小组根据事件影响程度，向风险管理领导小组及时报告。

第五章 风险责任追究管理

第二十一条 所属企业主要负责人为企业风险管理主要责任人，对授权经营范围内的风险承担主要管理责任。企业经营班子成员根据分工对相应风险承担管理责任。

第二十二条 对于因未健全风险防范机制或未执行有效的风险管控措施，导致发生对企业经济、声誉、安全生产及社会责任等方面具有重大影响的风险事件的，国机集团将对企业主要负责人及分管领导追究管理责任，出现较大资产损失的，按照《中央企业资产损失责任追究暂行办法》进行处理，如涉及违法违纪责任的，由纪律检查办公室按照相关法纪要求追究责任或移交司法机关处理。

第二十三条 出现以下情况之一的风险责任事件，由国机集团组织进行责任认定及追究：

（一）因决策失误或管理不善，造成重大经济损失的。

1. 对于重大投资或资产重组事项，出现《国机集团及所属企业上市公司投资管理办法》及《国机集团及所属企业非上市公司投资管理办法》等规定的应当追究管理责任的情形，包括：未恰当履行决策程序；可行性研究报告等材料缺乏科学性、严谨性，导致决策偏差；项目执行出现重大偏差；未制定及采取有效的风险应对措施；未实现与集团签订的《投资项目目标责任书》约定的承诺事项等，造成重大损失的。对于重大经营合同，存在承接决策缺乏科学合理依据、合同执行管理不当，造成重大损失的。重大损失是指单项损失达到所属企业上年末合并净资产的8%或10 000万元以上。

2. 因资金管理、采购、销售、实物资产管理、抵押担保、从事高风险投资及其他日常管理缺陷，造成单项较大损失的。单项较大损失是指单项损失达到所属企业上年末合并净资产的2%或3 000万元以上。

经济损失包括直接损失及间接损失，认定方式根据《中央企业资产损失责任追究暂行办法》执行，包括司法机关等专业技术鉴定、专业中介鉴定、企业内部特殊认定等方式。

相关事项尚未形成事实损失，但确有证据证明在可预见的未来发生事实损失的可能性较大，且能初步计量损失金额的，应当认定为经济损失。

（二）从事国资委、集团明令禁止的行为，虽尚未造成重大经济损失，但仍应承担管理不当责任的。

（三）对企业、集团或国家声誉产生重大影响的。

（四）出现较大级及以上生产安全责任事故或重大突发责任事件。

（五）年度财务报告被出具否定意见或无法表示意见，以及其他财务信息严重失真的。

（六）严重违反国家法律法规或其他对企业持续经营能力产生重大不利影响的事项。

第二十四条 除第二十三条之外的风险事件的责任认定及追究，由企业自行进行责任处理并报国机集团备案。

第二十五条 企业在出现第二十三条所述风险责任事件后，应按照第二十条临时报告的要求报告集团，并采取积极措施减少损失，降低不利影响。

第二十六条 国机集团追究管理责任的对象为所属企业领导班子成员。

第二十七条 责任处罚包括经济处罚和行政处分：

（一）经济处罚：扣减业绩年薪、扣减中长期激励等；

（二）行政处分：通报批评、警告、记过、降级（职）、撤销职务、解聘、开除等。

第二十八条 国机集团综合考虑企业风险管控体系的建设及运行效果、相关制度及要求的执行情况、风险事件的产生原因及影响程度、风险报告的及时性、风险事件补救措施力度及效果、企业当期经营贡献等因素后，对企业主要负责人及相关分管领导进行责任追究。

第二十九条 责任追究程序：

（一）组织调查，认定责任。在年度考核中，国机集团风险管理工作小组对所属企业上一年度是否发生第二十三条描述的应予以追责的风险责任事件进行判断，提出需要认定责任的事件范围，并由相关专项风险管理部门牵头组成调查小组，进行责任认定。管理责任的认定参照《中央企业资产损失责任追究暂行办法》及国机集团规章制度、管理文件的要求，如涉及违法违纪问题的，应移交纪律监察部门处理。

（二）初步处理。在认定风险管理责任的基础上，由风险管理工作小组视风险管理责任程度、形成的影响程度、事件报告的及时性及补救措施的有效性等，拟定初步处理方案，经领导小组审议（如涉及重大人事任免的，按规定程序审议）后，提交审计与风险管理委员会、董事会决议，并由相关部门及时实施。

（三）最终处理。风险事件处理结束后（如风险事件长期未处理结束的，最长不超过 3 年），风险管理工作小组根据风险事件处置情况、损失挽回情况、企业内部对相关责任人的责任追究情况进行综合判断后，提出最终处理意见，经领导小组审议（如涉及重大人事任免的，按规定程序审议）后，提交审计与风险管理委员会、董事会决议，由相关部门及时实施。

特殊重大突发事件，可根据管理需要，专项安排责任追究程序。

第三十条 国机集团总部及所属企业应在各业务单元、职能部门及所属各级子企业中，分解落实风险管理责任，确保责权清晰、奖惩分明，并逐级进行问责处理。

第六章 附 则

第三十一条 所属企业应参照本办法，制定本企业全面风险管理办法并报国机集团备案。

第三十二条 本办法由公司全面风险管理工作小组负责解释，自发布之日起执行，《中国机械工业集团有限公司全面风险管理办法》（国机财〔2016〕4 号）同时废止。

附件：中国机械工业集团有限公司全面风险管理手册（略）

中国机械工业集团有限公司 “青年干部”“青年高潜”人才选拔管理办法

第一章 总 则

第一条 为加强中国机械工业集团有限公司（以下简称“国机集团”）青年人才队伍建设，推进“人才强企”战略实施，依据国机集团人才队伍建设规划（2016—2020 年），结合实际，制定本办法。

第二条 “青年干部”“青年高潜”人才，是指出生日期在 1980 年 1 月 1 日以后的优秀青年人才，包括：

（一）国机集团总部高级主管及以上人员。

（二）所属二级企业中层、三级企业高层管理岗位的青年干部，或在专业上做出突出贡献的青年人才；

（三）企业重点培养的青年骨干人员。

第三条 “青年干部”“青年高潜”人才的选拔管理坚持以下原则：

（一）战略导向原则。以国机集团的发展战略为导向，培养一批业务经验丰富、专业能力强、能吃苦、有干劲的青年骨干人员。

（二）层次分明原则。根据不同需求，按层次、有重点、分步骤地进行“青年干部”“青年高潜”人才的选拔和培养。

（三）公开公正原则。“青年干部”“青年高潜”人才的选拔、培养和使用坚持公开、公正、竞争、择优的原则，严格按照选拔条件和程序进行。

（四）动态调整原则。根据国机集团内外部经营环境和发展战略的变化，结合年度考核结果，每年对“青年干部”“青年高潜”人才进行动态调整，实行优胜劣汰，能进能出。

第二章 选 拔

第四条 “青年干部”“青年高潜”人才每年选拔一次，实行推荐与审核相结合的方式，由国机集团人力资源部负责，相关部门共同参与。

第五条 “青年干部”“青年高潜”人才应具备以下条件：

（一）热爱祖国，拥护党的基本路线，组织纪律观念强，解放思想，实事求是，有良好的职业道德。

（二）对国机集团改革发展充满热情，能够正确看待荣誉和成绩，个人能力、动机、价值观和理念等方面满足国机集团未来发展的要求。

（三）具有强烈的事业心和责任感，勇于承担责任，具有奉献精神；顾全大局，公道正派，诚实守信，团结同志，有良好的群众基础。

（四）素质高、能力强，发展潜力较大；具有大学本科及以上文化程度，工作经历在 3 年（含 3 年）以上。

第六条 选拔程序

（一）国机集团研究确定“青年干部”“青年高潜”人才选拔指标。

（二）各企业提出推荐人选，提交申报材料，报国机集团人力资源部。

（三）国机集团人力资源部会同相关部门对推荐人选进行审核，并确定青年人才名单。

第三章 培养与管理

第七条 结合“青年干部”“青年高潜”人才的特点，由国机集团及所在企业合理制定培养计划，全面提升青年人才的理论水平和能力素质，培养造就具有高效执行力和团队精神的优秀人才团队。

第八条 建立“青年干部”“青年高潜”人才数据库。包括人才基本情况、专业特长、主要业绩、培训记录、考核记录等内容。

第九条 “青年干部”“青年高潜”人才的日常管理工作和年度考核工作由所在企业组织实施，考核结果报国机集团人力资源部备案。

第十条 “青年干部”“青年高潜”人才所在企业负责收集和掌握本企业人才的动态信息，凡有下列情况之一的，应及时记录并上报国机集团人力资源部，经国机集团人力资源部审核，取消“青年干部”“青年高潜”人才资格：

（一）丧失基本政治条件的。

（二）受党内严重警告或者行政记大过以上处分，或构成犯罪，被依法追究刑事责任的。

（三）与所在企业解除劳动合同并离开国机集团的。

（四）年度考核中考核等级为不称职的。

（五）由于本人原因，在工作中发生重大事故或造成重大经济损失和不良影响的。

（六）因其他原因，不适合继续作为“青年干部”“青年高潜”人才的。

第四章 附 则

第十一条 本办法自印发之日起实施，原《中国机械工业集团有限公司“专业骨干培养计划”“70、80英才开发工程”人才选拔管理办法（试行）》（国机人〔2012〕110号）同时废止。

第十二条 本办法由国机集团人力资源部负责解释。

中国机械工业集团有限公司资深专家选聘管理办法

第一章 总 则

第一条 为加强中国机械工业集团有限公司（以下简称“国机集团”）专业人才队伍建设，推进“人才强企”战略实施，依据国机集团人才队伍建设规划（2016—2020年），结合实际，制定本办法。

第二条 资深专家是国机集团专业人才职业发展通道的重要层级，是国机集团的宝贵财富，包括：

（一）项目管理专家。从事项目管理或项目管理相关工作，具备技术能力和语言能力、熟悉境外法律文化环境、组织管控能力突出、业务能力卓越、责任意识强，具有突出学习分享精神的高端人才．

（二）资本运营与战略投融资专家。从事资本运营与战略投融资等工作，业务能力卓越、责任意识强，具备战略思维和全球视野，深入掌握资产证券化、市值管理、收购并购、投融资等专业能力的高端人才。

（三）风险管控专家。从事财务、法律、风险评估、审计等相关工作，对企业运营、战略决策、投资、项目经营等进行科学有效的风险评估，确保企业健康运转，业务能力强且具有强烈责任担当意识的高端人才。

第二章 选聘范围和条件

第三条 资深专家从国机集团在职的项目管理、资本运营与战略投融资和风险管控一线人员中选聘，距离退休时间不足1年的，企业不得推荐。

第四条 资深专家选聘工作由国机集团人力资源部牵头，相关部门配合，纪检监察部对选聘工作进行监督。

第五条 资深专家应具备的条件：

（一）具有良好的思想政治素质和职业道德，顾全大局，公道正派，诚实守信，团结同志，有良好的群众基础；勇于承担责任，具备较强的团队协作意识和实干精神。

（二）忠诚于国机集团发展事业，对国机集团改革发展充满热情，能够正确看待荣誉和成绩，认同国机集团发展理念和核心价值观。

（三）具有扎实的理论基础、系统的专业知识和丰富的实践经验，在各自的专业领域工作业绩突出，为企业发展做出重大贡献。

（四）大学本科及以上文化程度，具有相关专业高级专业技术职务任职资格。

第六条 近五年内在重大项目、诉讼、保密责任事故中负主要责任的，不得申报。

第三章 选聘程序

第七条 资深专家选聘程序：

（一）人选推荐。国机集团及所属二级企业提出推荐人选后报国机集团人力资源部。

（二）资格审查。国机集团人力资源部对推荐人选进行资格审查，符合申报条件的推荐人选作为候选人参加评审。

（三）专家评审。国机集团成立评审委员会，评审重点关注专家的专业知识和专业能力。

（四）研究决定。根据评审情况提出资深专家建议人选，报国机集团党委研究决定。

（五）公示聘任。对资深专家人选进行公示，时间为 5 个工作日，公示无异议者，国机集团正式发文聘任，颁发聘书。

第四章 选聘职数与任期

第八条 依据国机集团发展需要，资深专家每年选聘一次，选聘数量由国机集团研究确定。

第九条 资深专家实行聘任制，聘期 3 年。聘期期满后，重新参加选聘；距离退休时间不足 3 年的，聘期以退休时间（劳动合同）为限。

第五章 职责与权利

第十条 资深专家承担以下职责：

（一）发挥专业特长和经验优势，满足国机集团和所在企业发展需求。

（二）支持国机集团在本专业的知识分享、案例学习等，加强人才培养，提升专业水平。

（三）在不影响资深专家本职工作的基础上，国机集团可根据需要统一调配使用。

第十一条 资深专家享有以下权利：

（一）直接向国机集团或所在企业提出本专业的发展建议。

（二）参与国机集团和所在企业重大项目和本专业重大事项的决策。

（三）定期参加各类培训，持续提升专业素质与业务能力。

第六章 培养与管理

第十二条 结合资深专家特点，由国机集团及专家所在企业合理制定培养计划，通过追踪考察、阶段培训、持续提升等方式，提高专业能力。

第十三条 建立资深专家数据库，包括基本情况、专业特长、主要业绩、培训记录、考核记录等内容。

第十四条 资深专家的日常管理工作和年度考核工作由所在企业组织实施，考核结果报国机集团人力资源部备案。

第十五条 资深专家所在企业负责收集和掌握本企业专家的动态信息，凡有下列情况之一的，应及时记录并上报国机集团人力资源部，经国机集团审核，取消资深专家资格：

（一）丧失基本政治条件的。

（二）受党内警告或者行政警告以上处分，或构成犯罪，被依法追究刑事责任的。

（三）与所在企业解除劳动合同并离开国机集团的；

（四）年度考核中考核等级为不称职的。

（五）由于本人原因，在工作中发生重大事故或造成重大经济损失和不良影响的。

（六）因其他原因，不适合继续作为资深专家的。

第七章 工作条件

第十六条 国机集团和资深专家所在企业应为资深专家提供必要的工作条件，协调解决资深专家在工作中的问题。

第八章 附 则

第十七条 本办法自印发之日起实施，原《中国机械工业集团有限公司“专业骨干培养计划”“70、80英才开发工程”人才选拔管理办法（试行）》（国机人〔2012〕110号）同时废止。

第十八条 本办法由国机集团人力资源部负责解释。

中国机械工业集团有限公司
装备制造业务板块暂行管理办法

第一章 总 则

第一条 为进一步贯彻落实中国机械工业集团有限公司（以下简称国机集团）的发展战略，加强对集团装备制造业务板块的统筹管理与服务，加快装备制造业务转型升级、供给侧改革步伐，以提高发展质量和核心竞争力为中心，坚持创新驱动发展，树立质量第一的强烈意识，不断提高发展的质量和效益，打造具有核心优势的高附加值产品，提升装备制造业务的市场竞争能力，实现装备制造业务板块的有质量增长，结合《中国制造2025》和《中国机械工业集团有限公司章程》等有关文件规定及国机集团对装备制造事业部的相关要求，制订本办法。

第二条 本办法所称装备制造业务板块的管理，是指在集团整体战略与经营目标的指导下，做好装备制造业务板块行业研究、战略管理与执行、项目推进和协调、内外部市场开发、板块企业业绩监督、新兴业务的培育与开发等工作，跟踪落实集团重点项目的执行推进，统筹协调装备制造业务板块的相关事项，为装备制造业务板块做好各项协调服务与统筹管理工作。

第三条 本办法适用于国机集团装备制造业务板块的相关企业。

第二章 管理方式与职责

第四条 国机集团装备制造事业部是国机集团总部装备制造业务板块统筹管理的常设机构，负责对集团所属装备制造业务板块实施归口管理。

第五条 及时跟踪国内外装备制造产业发展的动态，加强与国家相关部委、行业协会的信息交流，认真做好集团装备制造业务板块行业发展趋势、产业发展规律、外部竞争环境、国家宏观政策等信息的收集、分析与沟通，定期编制国机集团装备制造资讯，准确把握装备制造行业发展形势。

第六条 为确保集团装备制造业务板块的发展战略与集团整体战略保持一致，组织做好集团装备制造业务板块战略的制定与宣贯、执行与评估、修订与更新工作，不断加强对装备制造业务板块企业发展战略及中长期发展规划的指导，并对装备制造业务部板块企业战略进行备案管理，同时积极参与审议集团装备制造企业的战略规划、产品规划和市场策略的制定与实施。

第七条 认真做好集团装备制造业务板块企业经营情况的研究分析，及时掌握集团装备制造业务的发展现状，统计汇总相关业务数据，定期编制国机集团装备制造板块经济运行动态，为集团经营层提供业务管理决策支持。

第八条 深入集团装备制造业务板块企业开展专项调研，了解企业经济运行、所处行业发展形势、存在的主要问题等情况，形成问题清单，协调集团相关部门，为企业解决面临的困难与问题并进一步跟踪落实，服务企业发展。

第九条 结合集团装备制造业务板块的发展现状和所处行业的发展趋势，指导业务板块企业制定符合自身实际的重大资产重组、转型升级、扭亏脱困等实施方案，并做好方案的跟踪、督促与协调服务工作。

第十条 积极推进集团装备制造企业的转型升级和商业模式创新，结合《中国制造2025》，逐步引导集团装备制造企业大力推动重点领域突破发展，组织推进新兴业务的研究、培育与开发，加快装备制造业务结构调整步伐，培育发展战略性新兴产业，进一步提升装备制造业务的核心竞争能力。

第十一条 组织开展装备制造业务板块的市场建设、培育与管理，尤其是进一步加大国际市场的开拓力度，积极响应国家“一带一路”倡议，加快走出去的步伐，逐步提升海外市场份额。

第十二条 组织集团装备制造业务板块内部企业之间或与集团内部其他业务板块开展经济运行分析交流会及各类专题研讨会，加强企业之间的信息沟通与经验交流，实现资源共享。

第十三条 对集团装备制造业务板块的经营业务进行协调与管理，组织集团装备制造业务板块内部及或与集团其他业务板块开展协作与业务协同，并积极推进与集团外其他央企、地方国企、行业龙头企业之间的业务合作，实现协同效益。

第十四条 督促装备制造业务板块企业采取各种有效措施，不断加大市场开拓力度，严控成本费用，提升产品质量，强化激励约束，努力做好企业内部的风险管控，做好亏损企业专项治理工作，配合集团经营业绩考核部门，推进板块企业全力保障各项经营指标的完成。

第十五条 认真贯彻落实集团在装备制造业务板块重点项目的推进与落实，同时积极协调板块企业申请协调项目的指导、监督、协调及问题解决，实现板块企业的持续健康发展。

第十六条 组织集团装备制造业务板块企业股东大会的相关工作，包括办理集团委派股东代表参加装备制造业务板块企业的股东大会，办理股东大会表决事项的相关审批手续（授权、会签等）。

第三章 附 则

第十七条 本办法由国机集团装备制造事业部负责解释。

第十八条 本办法经国机集团批准，自印发之日起实施，原《中国机械工业集团有限公司装备制造业务暂行管理办法》（国机装〔2015〕377号）同时废止。

附：国机集团装备制造业务板块企业

1. 中国第二重型机械集团公司
2. 中国一拖集团有限公司
3. 中国国机重工集团有限公司
4. 中国福马机械集团有限公司
5. 中国地质装备集团有限公司
6. 中国重型机械有限公司
7. 中国重型机械研究院股份公司

第五篇

荣誉汇编

2017年全国及省部级，中央企业和国机集团先进集体及先进个人

中国机械工业集团有限公司主要排名及荣誉

一、主要排名

1. 综合排名

世界500强企业排名第256位

中国500强企业排名第61位

2. 机械行业排名

中国机械工业企业百强第1名

3. 对外贸易排名

中国机械工业最大的出口贸易企业

中国对外贸易企业500强第20位

4. 汽车贸易和服务

中国最大的汽车贸易和服务商

5. 国际工程设计公司排名

ENR“国际工程设计公司225强”第64位

6. 国际工程承包商排名

ENR“全球250家”最大国防工程承包商”第25位

7. 国务院国资委考核

国资委中央企业业绩考核A级企业

全国及省部级、中央企业和国机集团先进集体及先进个人

一、全国先进集体

1. 全国文明单位

中工国际工程股份有限公司

中国第二重型机械集团有限公司

江苏苏美达集团有限公司

2. 全国工人先锋号

德阳万航公司模锻厂一工段M16T四组

中国第二重型机械集团有限公司

3. 全国企业文化优秀成果奖

江苏苏美达集团有限公司

4. “郝建秀小组式全国纺织先进班组”

中国恒天集团有限公司罗拉厂装配组

二、全国先进个人

1. 中国共产党第十九大代表大会代表

白树华　中国第二重型机械集团有限公司

陈学东　合肥通用机械研究院

2. 全国五一劳动奖章

李会东　恒天重工股份有限公司

3. 中国青年五四奖章

李文超　洛阳轴研科技股份有限公司

田　伟　中联西北工程设计研究院有限公司科技研发部

4. 全国优秀共青团员

徐　千　中国二重万航公司模锻厂

5. 入选“国家百千万人才工程”并被授予“有突出贡献中青年专家称号”

徐　鹏　合肥通用机械研究院

王　渭　合肥通用机械研究院

6. 全国纺织工业劳动模范

裴宝林　中国恒天集团有限公司

7. 中国分布式能源杰出贡献人物奖

郑　举　中国浦发机械工业股份有限公司

8. 中国钢铁工业“十二五”优秀科技工作者

任玉成　中国重型机械研究院股份公司

9 中国钢铁工业“十二五”优秀科技管理工作者

屈薛勇　中国重型机械研究院股份公司

10. 全国石油技术装备服务型制造突出贡献奖

徐能惠　中国重型机械研究院股份公司

11. 全国石油技术装备“制造＋服务”推进先进个人奖

杜学斌　中国重型机械研究院股份公司

12. 第四届全国优秀设备监理工程师

田　维　中国重型机械研究院股份公司

三、中央企业先进集体

1. 2015—2016 年度中央企业青年文明号

中国恒天集团有限公司青岛宏大有限责任公司络筒机厂单锭总装班

中国恒天集团有限公司山东凯马汽车制造有限公司总装车间调车班

中国机械设备工程股份有限公司斯里兰卡项目部

国机重装二重装备铸锻公司铸造厂清理工段电焊二班

合肥通用机械研究院军用电子设备冷却团队

国机智能科技有限公司广州机械科学研究院有限公司机械工业油品检验评定中心

2.2015—2016 年度中央企业五四红旗团委

中国恒天经纬纺织机械股份有限公司榆次分公司团委

中国中元国际工程有限公司团委

中国联合工程有限公司团委

3.2015—2016 年度中央企业五四红旗团支部

中国恒天郑州纺机工程技术有限公司技术开发中心团支部

中国恒天郑州恒天重型装备有限公司冷作团支部

中工国际工程股份有限公司第一团支部

国机汽车股份有限公司中进汽贸服务有限公司团总支

中国一拖集团第一拖拉机股份有限公司中小轮拖装配厂产品工艺团支部

4.“航天科工杯”第三届中央企业青年创新奖银奖

中国第二重型机械集团有限公司 C919 飞机大尺寸复杂模锻件研制团队

5.“航天科工杯”第三届中央企业青年创新奖优秀奖

中国恒天经纬纺机专备件商城项目团队

机械工业第六设计研究院有限公司高效脉冲厌氧滤池＋生物膜法两级 A/O 工艺处理高浓度有机含氨废水项目团队

四、中央企业先进个人

1.2015—2016 年度中央企业青年岗位能手

胡　成　中国恒天湖北新楚风汽车股份有限公司

徐昭曦　中国机械工业建设集团有限公司

杨　博　中国一拖一拖集团（洛阳）福莱格车身有限公司

丁沙野　苏美达股份江苏苏美达成套设备工程有限公司国际工程事业部

2.2015—2016 年度中央企业优秀共青团干部

周　游　中国恒天中融国际信托有限公司

张小燕　中国恒天恒天海龙股份有限公司

赵庆亮　中国农业机械化科学研究院

边舒雯　国机重装中国重型机械研究院股份公司

李海燕　沈阳仪表科学研究院有限公司

3.2015—2016 年度中央企业优秀共青团员

王　克　中国恒天邯郸宏大化纤机械有限公司

邹克胜　中国恒天集团恒天动力有限公司

王　萍　中国恒天无锡宏大纺织机械专件有限公司

张　栋　国机重工常林有限公司装载机事业部

邹忠华　国机重装二重装备铸锻公司

熊新宇　机械工业第六设计研究院有限公司

五、省部级先进集体

1.2015—2017 年度首都文明单位标兵

中工国际工程股份有限公司

国机汽车股份有限公司

2. 天津市文明单位

中国汽车工业工程有限公司党委

3. 上海市工人先锋号

中国浦发机械工业股份有限公司中机国能电力工程有限公司设计事业部土木部

4. 浙江省工人先锋号

中国联合工程公司工会

5. 江苏省五一劳动奖状

苏美达国际技术贸易有限公司

6. 河南省“五好党委”

中共机械工业第六设计研究院有限公司党委

7. 河南省住房和城乡建设厅直属机关“五好党总支”

中共机械工业第六设计研究院有限公司工程管理中心党总支

中共机械工业第六设计研究院有限公司第八工程院党总支

中共机械工业第六设计研究院有限公司管理服务党总支

8. 河南省住房和城乡建设厅直属机关“五好党支部”

中共机械工业第六设计研究院有限公司工业工程中心党总支第二党支部

中共机械工业第六设计研究院有限公司市政工程中心党总支第二党支部

中共机械工业第六设计研究院有限公司第四工程院党总支第三党支部

中共机械工业第六设计研究院有限公司第八工程院党总支第三党支部

中共机械工业第六设计研究院有限公司工程管理中心党总支第一党支部

中共机械工业第六设计研究院有限公司厦门院党总支第二党支部

中共机械工业第六设计研究院有限公司管理服务党总支第一党支部

中共机械工业第六设计研究院有限公司中心党总支第一党支部

中共机械工业第六设计研究院有限公司第六工程院党总支第三党支部

中共机械工业第六设计研究院有限公司智能与信息工程中心党总支第一党支部

9. 河南省青年文明号

机械工业第六设计研究院有限公司国际工程院

10. 陕西省青年文明号

中国重型机械研究院股份公司

11. 四川省五四红旗团支部

中国第二重型机械集团有限公司检测中心理化检测团支部

中国第二重型机械集团有限公司铸锻公司铸锻公司锻造厂团支部

12. 河南省五四红旗团支部

机械工业第六设计研究院有限公司第四工程院团支部

13. 四川省五四红旗团委

中国第二重型机械集团有限公司核电石化公司核电石化公司团委

14. 河南省五四红旗团委

机械工业第六设计研究院有限公司团委

15. 江苏省共青团工作先进单位

江苏苏美达集团有限公司团委

16 江苏省五四红旗团支部

江苏苏美达成套设备工程有限公司团支部

17. 河南省建设劳动奖状

机械工业第六设计研究院有限公司工会

河南省先进基层工会

机械工业第六设计研究院有限公司工会委员会

18. 河南省住房和城乡建设厅直属机关先进工会分会

机械工业第六设计研究院有限公司工业工程中心分会

机械工业第六设计研究院有限公司市政工程中心分会

机械工业第六设计研究院有限公司工程管理中心分会

机械工业第六设计研究院有限公司第四工程院分会

机械工业第六设计研究院有限公司智能与信息工程中心分会

机械工业第六设计研究院有限公司民用工程中心分会

机械工业第六设计研究院有限公司国际工程院分会

机械工业第六设计研究院有限公司厦门院分会

机械工业第六设计研究院有限公司职能管理分会

机械工业第六设计研究院有限公司技术经营分会

19. 江苏省青年创新工作室

江苏苏美达机电有限公司便携式节能环保型智能发电机组研发工作室

20. 陕西省技术创新示范企业

中国重型机械研究院股份公司

21. 安徽省技术创新示范企业

合肥通用机械研究院

22. 山西省“优秀创新工作室”

中国恒天集团有限公司裴宝林创新工作室

六、省部级先进个人

1. 河南省住房和城乡建设厅直属机关优秀共产党员

李振文　段晓军　赵新力　苏　源　毛卫东　周灵芝　薛　军　李小波　吕燕红　孔　文　张运森　苏见波　陈利双　张　果　熊　一　陈智惠　机械工业第六设计研究院有限公司

2. 河南省住房和城乡建设厅直属机关优秀党务工作者

孙　涛　沈　垒　郭传林　机械工业第六设计研究院有限公司

3. 四川省五一劳动奖章

蒋新亮　中国第二重型机械集团有限公司

4. 山西省五一劳动奖章

李云剑　中国恒天集团有限公司经纬榆次罗拉厂

5. 湖南省五一劳动奖章

向高亮　中机国际工程设计研究院有限责任公司

6. 安徽省劳动模范

薛胜雄　合肥通用机械研究院

7. 重庆市劳动模范

王　华　重庆材料研究院有限公司

8. 重庆市“三八”红旗手

陈　洁　重庆材料研究院有限公司

9. 湖南省巾帼建功标兵

周雅琪　中机国际工程设计研究院有限责任公司

10. 第 21 届“四川青年五四奖章”

白树华　中国二重核电石化公司

11. 四川省优秀共青团员

韩浩然　中国第二重型机械集团有限公司重机公司

付田园　中国第二重型机械集团有限公司万航公司

李　彬　中国第二重型机械集团有限公司铸锻公司

12. 江苏省优秀共青团员

陈　胜　江苏苏美达五金工具有限公司团委

13. 河南省优秀共青团员

李志龙　机械工业第六设计研究院有限公司

14. 江苏省青年岗位能手

杨　帆　江苏苏美达五金工具有限公司

15. 陕西省青年岗位能手

张立波　中国重型机械研究院股份公司

16. 河南省青年岗位能手

薛　军　机械工业第六设计研究院有限公司

周灵芝　机械工业第六设计研究院有限公司

17. 湖南省青年岗位能手

刘　博　中机国际工程设计研究院有限责任公司

18. 江苏省共青团工作先进工作者

杨　勇　苏美达国际技术贸易有限公司

19. 江苏省优秀工会工作者

胡晓兰　江苏苏美达集团有限公司

20. 河南省住房和城乡建设厅直属机关优秀工会工作者

周灵芝　薛　军　韩　冬　刘　杰　陈　翔　沈中华　陈　颖　张　佑　张　果　刘　亮　刘　欢　孙志维　孟　钰　李　辉　欧阳壮志　祁永斌　杨志远　高利永　张彦斌　张　俊　机械工业第六设计研究院有限公司

21. 河南省住房和城乡建设厅直属机关工会积极分子

宋义超　毛朝亮　石　强　卢亚南　白四红　陈利双　常钰晖　刘亚锋　杨　永　郑鹏程　王　盼　孙朝奎　陈　翔　赵朋波　訾文广　鲁承飞　郭红伟　王雅新　孟　旭　侯　克　魏代俊　李志龙　杨永威　化银锋　王靖宇　吴　萌　张　龙　王珺黎　林　白　王玮斌　白　涛　窦　鹏　胡曼莉　胡景涛　赵　影　陈慧冰　沈　健　王　英　刘素娟　唐中正　机械工业第六设计研究院有限公司

22. 安徽省第六批战略性新兴产业技术领军人才

张德友　合肥通用机械研究院

陈　涛　合肥通用机械研究院

23. 安徽省第四批“特支计划”创新领军人才

王　渭　合肥通用机械研究院

24. 入选第六批“安徽省学术技术带头人”

范志超　合肥通用机械研究院

王永强　合肥通用机械研究院

25. 第十七届“安徽省青年科技奖”

樊海彬　合肥通用机械研究院

26. 中国气体行业领军人物

张延丰　甘肃蓝科石化高新装备股份有限公司

27. 机械行业质检机构先进个人

姬如一　甘肃蓝科石化高新装备股份有限公司

28. 机械行业质检机构先进个人

左明芳　中国电器院威凯检测技术有限公司

29. 甘肃省科技统计与分析先进个人

史丽娜　甘肃蓝科石化高新装备股份有限公司

30. 山东省“技术创新能手”

张子辰　中国恒天集团有限公司

31. 陕西省第十一届青年科技奖

赵晓辉　中国重型机械研究院股份公司

32. 长征五号运载火箭首次飞行任务突出贡献者

李文超　洛阳轴研科技股份有限公司

33. 山东省政府“泰山产业领军人才”

王俊堂　中国恒天集团有限公司华源莱动

七、其他

为保护臭氧层做出宝贵贡献和努力的杰出贡献单位（联合国开发计划署、联合国环境规划署、联合国工业发展组织、世界银行、环境保护对外合作中心授予）合肥通用机械研究院

八、国机集团先进单位、先进个人及单项奖，以及首席专家、首席技师

（一）先进集体

1. 中国机械工业集团有限公司 2017 年度先进单位

中国机械设备工程股份有限公司

中工国际工程股份有限公司

苏美达股份有限公司

中国恒天集团有限公司

国机汽车股份有限公司

中国汽车工业工程有限公司

中国第二重型机械集团有限公司

中国联合工程有限公司

合肥通用机械研究院有限公司

2. 中国机械工业集团有限公司 2017 年度单项奖

“两金清理突出贡献奖”

中国国机重工集团有限公司

“深化改革奖”

中国电器科学研究院有限公司

“科技创新奖”

中国联合工程有限公司

合肥通用机械研究院有限公司

成都工具研究所有限公司

中国一拖集团有限公司

“安全生产奖”

中国海洋航空集团有限公司

3. 国机集团五四红旗团委（2016—2017 年）

中国恒天集团有限公司团委

中国恒天集团有限公司郑州纺机工程技术有限公司团委

中国机械设备工程股份有限公司团委

中国机械设备工程股份有限公司中国电力工程有限公司团委

中工国际工程股份有限公司团委

中国福马机械集团有限公司江苏林海动力机械集团有限公司团委

中国海洋航空集团有限公司上海海虹实业(集团)巢湖今辰药业有限公司团委

中国地质装备集团有限公司团委

中国自控系统工程有限公司团委

中国国机重工集团有限公司国机重工(洛阳)有限公司团委

国机汽车股份有限公司中国进口汽车贸易有限公司团委

国机汽车股份有限公司中国汽车工业进出口有限公司团委

中国机械国际合作股份有限公司团委

中国中元国际工程有限公司团委

中国第二重型机械集团有限公司铸锻公司团委

中国第二重型机械集团有限公司重型机械工程公司团委

中国一拖集团有限公司一拖（洛阳）柴油机有限公司团委

中国一拖集团有限公司采购中心团委

苏美达股份有限公司江苏苏美达五金工具有限公司团委

中国联合工程有限公司团委

中国联合工程有限公司中联西北工程设计研究院有限公司团委

中国汽车工业工程有限公司团委

机械工业第六设计研究院有限公司团委

沈阳仪表科学研究院有限公司团委

合肥通用机械研究院有限公司团委

洛阳轴研科技股份有限公司团委

天津电气科学研究院有限公司团委

中国电器科学研究院有限公司武汉电器科学研究所有限公司团委

国机智能科技有限公司团委

重庆材料研究院有限公司团委

中国重型机械研究院股份公司团委

桂林电器科学研究院有限公司团委

4. 国机集团五四红旗团支部（总支）名单（2016—2017 年）

中国恒天集团有限公司天津宏大纺织机械有限公司研发团支部

中国恒天集团有限公司经纬纺织机械股份有限公司榆次分公司棉纺机械总装厂团总支

中国恒天集团有限公司山东凯马汽车制造有限公司合资公司团支部

中国机械设备工程股份有限公司中机国际华东分院团总支

中国机械设备工程股份有限公司中国成套工程有限公司团总支

中国机械设备工程股份有限公司机勘院工程检测板块联合团支部

中工国际工程股份有限公司第二团支部

中国福马机械集团有限公司总部团支部

中国海洋航空集团有限公司上海海虹实业集团有限公司城市客运事业部团支部

中国地质装备集团有限公司北京海光仪器有限公司团总支部

中国机械工业建设集团有限公司中国机械工业第一建设有限公司第一分司团支部

中国国机重工集团有限公司国机重工集团常林有限公司结构件事业部团支部

国机财务有限责任公司团支部

国机汽车股份有限公司中国进口汽车贸易有限公司本部团支部

国机汽车股份有限公司中进汽贸（天津）进口汽车贸易有限公司团总支

中国机械国际合作股份有限公司西麦克展览公司团支部

中国农业机械化科学研究院机电技术应用研究所团支部

中国中元国际工程有限公司北京起重运输机械设计研究院有限公司物流仓储工程事业部团支部

中国第二重型机械集团有限公司铸锻公司炼钢厂团总支

中国第二重型机械集团有限公司重型机械工程公司重机厂团总支

中国第二重型机械集团有限公司万航模锻有限责任公司机关团支部

中国一拖集团有限公司第一拖拉机股份有限公司中小轮拖装配厂小拖提升器团支部

中国一拖集团有限公司洛阳拖拉机研究所有限公司拖拉机与收获机械团支部

中国一拖集团有限公司一拖（洛阳）福莱格车身有限公司技术中心团支部

苏美达股份有限公司苏美达国际技术贸易有限公司第二团支部

苏美达股份有限公司江苏苏美达集团有限公司联合团支部

苏美达股份有限公司江苏苏美达成套设备工程有限公司团支部

中国联合工程有限公司电力工程设计研究院团支部

中国联合工程有限公司中机中联工程有限公司综合院团支部

中国联合工程有限公司中联西北工程设计研究院有限公司华信医疗建筑设计研究所团支部

中国汽车工业工程有限公司建筑设计研究一院团支部

中国汽车工业工程有限公司建筑工程二院团支部

中国汽车工业工程有限公司涂装工程院团支部

机械工业第六设计研究院有限公司工业中心团支部

机械工业第六设计研究院有限公司国际工程院团支部

沈阳仪表科学研究院有限公司汇博光学团支部

甘肃蓝科石化高新装备股份有限公司经营部团支部

洛阳轴研科技股份有限公司成都工具研究所有限公司精密螺纹工具部团支部

天津电气科学研究院有限公司电控设备检测中心团支部

中国电器科学研究院有限公司广州擎天实业有限公司团总支

中国电器科学研究院有限公司威凯检测技术有限公司第六团支部

国机智能科技有限公司设备润滑与检测研究所团支部

中国重型机械研究院股份公司资产财务部团支部

桂林电器科学研究院有限公司联合团支部

（二）先进个人

1. 国机集团优秀共青团员（2016—2017 年）

朱怡然　中国恒天集团有限公司恒天文化产业投资集团有限公司综合管理部

冯超良　中国恒天集团有限公司中国纺织对外经济技术合作有限公司

宋　政　中国恒天集团有限公司保定天鹅新型纤维制造有限公司新纤分公司

王晓旭　中国恒天集团有限公司中融国际信托有限公司

张泽昊　中国机械设备工程股份有限公司第二工程成套事业部

周　杨　中国机械设备工程股份有限公司中国电力工程有限公司第二事业部

史坤峰　中国机械设备工程股份有限公司中机国际工程设计研究院有限责任公司工程公司

廖文春　中国机械设备工程股份有限公司机械工业勘察设计研究院有限公司水资源环境中心

李紫明　中工国际工程股份有限公司成套工程三部

景宇晖　中工国际工程股份有限公司成套工程三部

向聪杰　中国福马机械集团有限公司苏州苏福马机械有限公司质量检验部

王　涛　中国福马机械集团有限公司镇江中福马机械有限公司生产制造部

胡　睿　中国海洋航空集团有限公司广东新海俊发展有限公司综合管理部

李　娜　中国海洋航空集团有限公司海南榆海实业发展有限公司

颜　琦　中国地质装备集团有限公司北京奥地探测仪器有限公司

陈　思　中国地质装备集团有限公司重庆探矿机械有限公司总装车间

陈书龙　中国机械工业建设集团有限公司阿电项目

张佳庆　中国机械工业建设集团有限公司战略投资部

邓贞兵　中国机械工业建设集团有限公司中国三安建设有限公司张家港大区检修检修项目部

顾　衮　中国机械工业建设集团有限公司中国机械工业机械工程有限公司党群工作部

徐天宇　中国机床总公司业务一部

董福华　中国重型机械有限公司

汤欣雨　中国自控系统工程有限公司中自控自动化技术有限公司

程　欣　中国国机重工集团有限公司营销管理高级主管、集团总部团支部

丁　锐　中国国机重工集团有限公司天津工程机械研究院有限公司

马芷菡　国机财务有限责任公司

张向中　国机汽车股份有限公司中进汽贸（天津）进口汽车贸易有限公司

张　硕　国机汽车股份有限公司中国进口汽车贸易有限公司

熊文轩　国机汽车股份有限公司天津市良好投资发展有限公司新能源事业部

徐嘉诚　中国机械国际合作股份有限公司贸易四部

李　化　中国机械国际合作股份有限公司

秦　玥　国机资产管理有限公司江苏华隆兴机械工程有限公司零件部

谊　波　中国农业机械化科学研究院行业技术服务中心

吕晨曦　中国中元国际工程有限公司工程师、建筑三院团支部

张　远　中国中元国际工程有限公司北京起重运输机械设计研究院有限公司

段　漪　中国第二重型机械集团有限公司铸锻公司热处理厂

邹成超　中国第二重型机械集团有限公司核电石化公司

徐代鹏　中国第二重型机械集团有限公司万航模锻厂

代小兵　中国第二重型机械集团有限公司万路公司

杜伟杰　中国一拖集团有限公司第一拖拉机股份有限公司大拖装配厂

李作营　中国一拖集团有限公司第一拖拉机股份有限公司锻造厂

李　昂　中国一拖集团有限公司第一拖拉机股份有限公司中小轮拖装配厂采购部

孙　峰　中国一拖集团有限公司一拖（洛阳）铸造有限公司造型分厂

仲　杨　苏美达股份有限公司江苏苏美达轻纺国际贸易有限公司

李承涛　苏美达股份有限公司资产财务部

何勉进　苏美达股份有限公司江苏苏美达五金工具有限公司

顾　晨　苏美达股份有限公司江苏苏美达成套设备工程有限公司

熊　晨　中国浦发机械工业股份有限公司中机国能电力工程有限公司设计事业部－机械部

董　建　中国联合工程有限公司工业二院

徐旻力　中国联合工程有限公司建工四院

袁立强　中国联合工程有限公司中机中联工程有限公司市政环保设计院

沈　攀　中国联合工程有限公司中联西北工程设计研究院有限公司

王　鑫　中国汽车工业工程有限公司建工四院

谢永辉　中国汽车工业工程有限公司工艺工程院

门行素　中国汽车工业工程有限公司建筑工程一院

樊　洋　中国汽车工业工程有限公司建筑设计研究一院

王子禹　机械工业第六设计研究院有限公司第六工程院

王珺黎　机械工业第六设计研究院有限公司国际工程院

周德扬　机械工业第六设计研究院有限公司第四工程院

程文琪　沈阳仪表科学研究院有限公司

刘晨曦　合肥通用机械研究院有限公司合肥通用机电产品检测院

叶　鹏　合肥通用机械研究院有限公司军品生产部

魏筱婷　甘肃蓝科石化高新装备股份有限公司

刘　宁　洛阳轴研科技股份有限公司成都工具所

刘　祥　洛阳轴研科技股份有限公司郑州磨料磨具磨削研究所有限公司

曹　宇　天津电气科学研究院有限公司

周思靓　中国电器科学研究院有限公司威凯检测技术有限公司

蔡　国　中国电器科学研究院有限公司广州擎天实业有限公司车间

庞佳铿　中国电器科学研究院有限公司威凯检测技术有限公司认证事业部质量技术部

富浩宸　国机智能科技有限公司汽车零部件研究所

杨　航　国机智能科技有限公司密封研究中心

邵　太　济南铸造锻压机械研究所有限公司铸造板块项目

周　松　重庆材料研究院有限公司质量管理部化学检测室

2. 国机集团优秀共青团干部（2016—2017年）

吴　杰　中国恒天集团有限公司总部团支部

韩翔宇　中国恒天集团有限公司总部团支部

张祎琛　中国恒天集团有限公司中国化纤有限公司团支部

刘诗萌　中国机械设备工程股份有限公司团委

巫心宇　中国机械设备工程股份有限公司中机国际工程设计研究院有限责任公司团委

彭卫超　中国机械设备工程股份有限公司机械工业勘察设计研究院有限公司团委

楼斯雅　中工国际工程股份有限公司团委

宋蓉蓉　中国福马机械集团有限公司镇江中福马机械有限公司团委委员、热磨机事业部团支部

张　丹　中国海洋航空集团有限公司中海工程建设总局广东工程分局团支部

肖正良　中国地质装备集团有限公司衡阳中地装备探矿工程机械有限公司机关团支部

韩成思　中国机械工业建设集团有限公司团委

喻　丁　中国机械工业建设集团有限公司德阳安装技师学院团委

李海曼　中国机床总公司团委工作小组

耿　宸　中国重型机械有限公司团委组织

丛　业　中国自控系统工程有限公司团委

赖丹峰　中国国机重工集团有限公司团委委员、中工工程机械成套有限公司团支部

周默晗　国机财务有限责任公司团支部

陈志能　国机汽车股份有限公司团委组织委员兼总部团支部

纪媛媛　国机汽车股份有限公司中国汽车工业进出口有限公司

刘文思　中国机械国际合作股份有限公司团委

刘秀婧　国机资产管理有限公司团委

吕　洋　中国农业机械化科学研究院中机十院国际工程有限公司团委

冀　翔　中国中元国际工程有限公司团委

杨建华　中国第二重型机械集团有限公司铸锻公司团委加工一厂团总支

王经伦　中国第二重型机械集团有限公司重型机械工程公司重机厂团总支

张　达　中国第二重型机械集团万航模锻有限责任公司热处理厂团支部

吴　蒙　中国一拖集团有限公司洛阳拖拉机研究所有限公司团委

祁　伟　中国一拖集团有限公司一拖（洛阳）柴油机有限公司团委

段　凯　中国一拖集团有限公司第一拖拉机股份有限公司农业装备营销中心团委

蒋丽丽　苏美达股份有限公司团委

钟谢铭　苏美达股份有限公司团委

李　枫　苏美达股份有限公司江苏苏美达能源控股有限公司团委

王天怡　中国浦发机械工业股份有限公司团总支

王　超　中国联合工程有限公司浙江信安工程咨询有限公司团支部

杨毓梅　中国联合工程有限公司中机中联工程有限公司职能管理团支部

李红燕　中国联合工程有限公司中联西北工程设计研究院有限公司建筑三院团支部

张　鹏　中国汽车工业工程有限公司职能管理团支部组织

韵　霆　中国汽车工业工程有限公司建工二院团支部

成　哲　中国汽车工业工程有限公司中国工业工程有限公司涂装工程院团支部

祁永斌　机械工业第六设计研究院有限公司团委

卢亚南　机械工业第六设计研究院有限公司市政工程中心团支部

王　达　沈阳仪表科学研究院有限公司团委委员、机关团支部

苏　畅　甘肃蓝科石化高新装备股份有限公司经营部团支部

张浩洋　洛阳轴研科技股份有限公司精密轴承制造部、中小型轴承制造部联合团支部

焦　阳　洛阳轴研科技股份有限公司中国机械工业国际合作有限公司团委

温金鑫　天津电气科学研究院有限公司团委

姚　煌　中国电器科学研究院有限公司广州擎天材料科技有限公司第三团支部

梅　武　中国电器科学研究院有限公司团委

朱懋冠　国机智能科技有限公司团委委员、设备润滑与检测研究所团支部

王　鑫　重庆材料研究院有限公司

赵流韵　中国重型机械研究院股份公司

荣月葵　桂林电器科学研究院有限公司

（三）中国机械工业集团有限公司 2017 年度先进集体、先进个人

1. 中国机械工业集团有限公司总部 2017 年度先进集体

人力资源部（党委组织部）

纪检监察部（巡视巡察工作领导小组办公室）

党委工作部（党委宣传部、党委统战部、企业文化部）

2. 中国机械工业集团有限公司总部 2017 年度先进个人

余小元　王锡岩　从　容　王　斐　陈万隆
赵芳莉　陈　勤　周曙阳　张雪超　焦迪清
彭　鹏　厉　楠　孟　超　田保伟　马　君
罗　承　冀晓龙　杜　彬　郭江杰　王钰薇
翟江红　周　龙　王巍娜　刘　维　王永祥
董超然　刘继东　张　韧　李　宁

2017 年全国、机械行业及省部级科学技术奖

一、国家科学技术进步奖

二等奖

重型压力容器轻量化设计制造关键技术及工程应用　合肥通用机械研究院（合作单位：浙江大学、中国特种设备检测研究院、中石油广西石化分公司、中国国际海运集装箱股份有限公司、华东理工大学、中石化洛阳工程有限公司、上海市气体工业协会、合肥工业大学）

高效切削刀具设计、制备与应用　轴研科技成都工具所有限公司（合作单位：上海交通大学）

二、中国机械工业科学技术奖

一等奖

极端条件下压缩机关键部件失效预防关键技术　合肥通用机械研究院（合作单位：北京化工大学、沈阳鼓风机集团股份有限公司、西安交通大学）

R32 制冷关键技术与装备的开发及应用　合肥通用机械研究院（合作单位：中国制冷空调工业协会、珠海格力电器股份有限公司、合肥通用环境控制技术有限责任公司）

冲拔式冷旋压大直径高压无缝钢瓶设计制造关键技术及产业化　合肥通用机械研究院（合作单位：浙江工业大学、浙江金盾压力容器有限公司、中国人民解放军海军工程大学、浙江格洛斯无缝钢管有限公司、浙江蓝能燃气设备有限公司、浙江金盾消防器材有限公司）

工业铝材挤压在线精整设备关键技术与应用　中国重型机械研究院股份公司

二等奖

《压力容器实用技术丛书》（第二版）　甘肃蓝科石化高新装备股份有限公司

液体食品灌装设备系列标准研究　合肥通用机械研究院（合作单位：合肥通用机电产品检测院有限公司、广州达意隆包装机械股份有限公司、广东轻工机械二厂有限公司、杭州中亚机械股份有限公司、江苏新美星包装机械股份有限公司、华南理工大学）

高弥散性银镍电触头发及产业化　桂林电器

科学研究院有限公司

暗管改碱装备开发研制与应用　中国农业机械化科学研究院

超高层建筑消防给水关键技术研究与应用　中国中元国际工程有限公司

外圈带润滑油孔的超高速电主轴轴承研制　洛阳轴承研究所有限公司

低温陀螺仪轴承用聚四氟乙烯复合材料研制　洛阳轴承研究所有限公司

河南中烟工业有限责任公司郑州和新郑卷烟厂联合易地技术改造项目　机械工业第六设计研究院有限公司

十万空分压缩机组试验台　中国联合工程有限公司

三等奖

马铃薯等级分选技术与装备　中国农业机械化科学研究院

智能型一体化密闭式好氧堆肥工艺与装备　中国农业机械化科学研究院，中机华丰（北京）科技有限公司

GB/T 2816—2014 井用潜水泵　中国农业机械化科学研究院、江苏大学流体机械工程技术研究中心、新界泵业集团股份有限公司、山西天海泵业有限公司、山东颜山泵业有限公司

球铰轴承多维协调加载工况模拟试验系统研发 长春机械科学研究院有限公司

上海烟草机械有限责任公司新建超高速包装机组数字化工厂　中国中元国际工程有限公司

起重机智能吊具关键技术研究及应用　中国中元国际工程有限公司

三代核电站用系列高性能金属波纹管关键技术研究及产业化应用　沈阳仪表科学研究院有限公司

高性能轴承材料研发及产业化　重庆材料研究院有限公司

超高温温度传感器用贵金属测温材料研究与开发　重庆材料研究院有限公司

高温弹性合金材料及螺旋弹性挡圈　重庆材料研究院有限公司

《钢制球形储罐标准》（GB12337）　甘肃蓝科石化高新装备股份有限公司

ϕ323mm、200MPa 深海管线超高压水压试验装备研发及应用　中国重型机械研究院股份公司

杭州海康威视电子有限公司安防产业基地项目（一期）中国联合工程有限公司

南通万达锅炉有限公司节能环保关键设备产业化项目　中国联合工程有限公司

中国核动力研究设计院综合试验大厅项目　中国联合工程有限公司

年产 10 万 t 新型钢塑复合管项目　中国联合工程有限公司

“三代核电站用系列高性能金属波纹管关键技术研究及产业化应用”　沈阳仪表科学研究院有限公司

三、中国专利奖

优秀奖

储油罐油泥液炮破碎清洗方法　合肥通用环境控制技术有限责任公司

带支承与管嘴的大型厚壁封头锻造成形工艺　中国第二重型集团有限公司重装公司

四、中央企业熠星大赛

一等奖

基于油液在线监测的机械装备智能润滑诊断维护系统 国机智能所属广州机械院

三等奖

智能推车　国机智能所属广州启帆工业机器人有限公司

五、电工标准——正泰创新奖”

二等奖

JB/T 11720—2013《一体式电磁加热控制器》　中国电器科学研究院有限公司、中国电器院威凯检测技术有限公司

三等奖

JB/T 11627—2013《自恢复式小型熔断器》　中国电器科学研究院有限公司、中国电器院威凯检测技术有限公司

六、广东省机械工程学会科学技术奖

一等奖

电动汽车充换电设施技术服务体系综合研究与应用　中国电器科学研究院有限公司、中国电器院威凯检测技术有限公司

七、2017 年中国汽车经销商集团百强排行榜

第七名 国机汽车股份有限公司

八、2017 中国汽车流通行业企业品牌最具影响力奖

国机汽车股份有限公司

九、安徽省科学技术进步奖

一等奖

萃取法提取千吨级高纯氯化锂及锂同位素分离成套装备及技术 合肥通用机械研究院（合作单位：中国科学院过程工程研究所、青海中科捷鑫高新技术股份有限公司、合肥通用环境控制技术有限责任公司）

二等奖

石化装置高温环烷酸腐蚀规律与检测评价技术研究及工程应用 合肥通用机械研究院（合作单位：浙江大学、中石化洛阳工程有限公司、中国石油化工股份有限公司茂名分公司、中国石油化工股份有限公司广州分公司、中国石油化工股份有限公司镇海炼化分公司）

十、广东省科学技术进步奖

二等奖

家电产品绿色制造技术集成开发与示范应用 中国电器科学研究院有限公司（合作单位：珠海格力电器股份有限公司）

海上风电湿热环境腐蚀防护关键技术研究及应用 中国电器科学研究院有限公司（合作单位：广东明阳风电产业集团有限公司）

基于国际标准的家用制冷产品高端试验装备研发和应用 中国电器科学研究院有限公司

三等奖

大型同步电机智能化励磁系统 中国电器科学研究院有限公司、中国电器院广州擎天实业有限公司

液态密封胶 国机智能科技有限公司所属广州机械院

十一、广西壮族自治区科学技术进步奖

一等奖

高性能环保银氧化锡触头材料开发及产业化 叶 凡 黄锡文 陈光明 李 恒 覃向忠 覃绍培 罗春华 刘心宇 张天锦 李镇鹏 白娅玲 侯月宾（桂林电器科学研究院有限公司）

十二、陕西省科学技术进步奖

二等奖

机械工业勘察设计研究院有限公司北斗卫星定位技术在高填方变形监测中的应用研究 机械工业勘察设计研究院有限公司

十三、辽宁省科学技术进步奖

三等奖

电站空冷机组全自动清洗系统 沈阳仪表科学研究院有限公司

十四、四川省科学技术进步奖

二等奖

第三代核电 AP1000 蒸汽发生器整体锻造水室封头 中国第二重型机械集团有限公司重装公司

十五、陕西省科学技术进步奖

二等奖

300t 高效 RH 真空炉外精炼装备开发与应用 中国重型机械研究院股份公司

十六、辽宁省科学技术进步奖

三等奖

“电站空冷机组全自动清洗系统” 沈阳仪表科学研究院有限公司

十七、河南省装备制造工业科学技术进步奖

一等奖

“半导体晶圆切割用精密超薄金刚石砂轮开发及应用” 郑州磨料磨具磨削研究所有限公司

十八、陕西省专利奖

一等奖

剖分重卷检查生产工艺 中国重型机械研究院股份公司

2017年全国及行业、省区市优秀工程奖

全国及行业奖项

一、全国优秀工程咨询成果奖

二等奖

杭州汽轮重工有限公司年产450台(套)工业透平机械建设项目可行性研究报告　中国联合工程有限公司

三等奖

郑州新郑国际机场航空物流发展研究报告　中国中元国际工程有限公司

神华宁夏煤业集团煤化工公司锅炉、烟气脱硫、脱硝及除尘技改项目可行性研究报告　中国联合工程有限公司

优秀奖

中国地质调查局海洋地质保障工作配套装备项目可行性研究报告　中国中元国际工程有限公司

优胜奖

盐城市城市排水规划（2013—2030）中机国际工程设计研究院有限责任公司

二、全国优秀工程勘察设计行业奖

一等奖

安哥拉罗安达社会住房项目KILAMBA KIAXI一期工程岩土工程勘察与地基土工程特性及处理技术研究　机械工业勘察设计研究院有限公司

福建医科大学附属第二医院东海分院　中国中元国际工程有限公司

新中元大厦　中国中元国际工程有限公司

云阳县市民文化活动中心　中国联合工程有限公司

二等奖

斯里兰卡普塔勒姆3×300MW燃煤电站工程岩土工程勘察　机械工业勘察设计研究院有限公司

西双版纳国际旅游度假区傣秀剧场　中国中元国际工程有限公司

中国航空集团总部大厦　中国中元国际工程有限公司

赤峰市利用工业余热供热节能示范工程　中国中元国际工程有限公司

13J817“老年养护院标准设计样图”　中国中元国际工程有限公司

苏州科技城医院（电气）　中国中元国际工程有限公司

苏州科技城医院（水系统工程）　中国中元国际工程有限公司

三等奖

宁夏回族自治区同心县同心清真大寺局部病害岩土工程勘察　机械工业勘察设计研究院有限公司

亚洲基础建设投资银行总部临时办公楼　中国中元国际工程有限公司

北京康复中心改扩建一期工程　中国中元国际工程有限公司

兴化市人民医院新址建设门急诊医技病房综合楼　中国中元国际工程有限公司

浙江海外高层次人才创新园首期　中国联合工程有限公司

两江大道道路工程　中国联合工程有限公司

三、全国工程勘察设计行业第八届优秀工程总承包

铜钥匙奖

中化泉州1 200万t/a炼油项目动力站工程　中国联合工程有限公司

四、全国工程勘察设计行业第八届优秀工程项目

管理铜奖

杭州市东部LNG应急气源站项目　中国联合工程有限公司

五、国家工程建设（勘察设计）优秀QC小组

二等奖

北斗Ⅱ高精度变形观测自动化系统的研制　机械工业勘察设计研究院有限公司

六、2016—2017 年度国家优质工程奖

优质工程奖

湖州师范学院新建项目数字图书馆、三号公共教学楼工程 中国联合工程有限公司

阿里巴巴“淘宝城”二期 C1# 楼、T6T7# 楼工程中国联合工程有限公司

七、第十届空间结构奖

银奖

西双版纳国际旅游度假区傣秀剧场 中国中元国际工程有限公司

八、机械工业优秀工程咨询成果奖

一等奖

中机国际工程设计研究院有限责任公司泰州市城市黑臭水体整治实施方案 中机国际工程设计研究院有限责任公司

国家文献战略储备库建设工程项目建议书 中国中元国际工程有限公司

精密重力测量研究设施国家重大科技基础设施项目可行性研究报告 中国中元国际工程有限公司

二等奖

远大空调有限公司超高效燃气分布式能源系统装备研发及产业化建设项目可行性研究报告 中机国际工程设计研究院有限责任公司

邵阳市餐厨废弃物资源化利用和无害化处理项目可行性研究报告 中机国际工程设计研究院有限责任公司

永州市百花塘水厂新建工程项目 中机国际工程设计研究院有限责任公司

宁波中车新能源公司超级电容器产业化项目生产线搬迁项目可行性研究报告 中机国际工程设计研究院有限责任公司

青宁输气管道工程（江苏段）社会稳定风险分析和评估报告 中机国际工程设计研究院有限责任公司

三等奖

中车 TRANSNET 轨道交通装备有限公司中车南非铁路装备修造中心项目（一期） 中机国际工程设计研究院有限责任公司

大丰城北污水处理厂迁（扩）建工程可行性研究报告 中机国际工程设计研究院有限责任公司

湘潭县污水处理厂水质提标改造项目 中机国际工程设计研究院有限责任公司

乌鲁木齐中车轨道交通装备有限公司乌鲁木齐中车产业园建设（一期）项目 中机国际工程设计研究院有限责任公司

国安新能源汽车零部件产业化项目可行性研究报告 中机国际工程设计研究院有限责任公司

长沙市第一垃圾中转处理场扩建工程项目 中机国际工程设计研究院有限责任公司

援厄瓜多尔乔内医院项目立项建议书 中国中元国际工程有限公司

九、机械工业优秀工程咨询勘察设计奖

一等奖

援柬埔寨中柬友谊医疗大楼项目可行性研究报告和立项申请报告 机械工业第六设计研究院有限公司

湖北中烟三峡卷烟厂易地技术改造项目 机械工业第六设计研究院有限公司

临淄生活垃圾焚烧发电项目可行性研究报告 中国联合工程有限公司

重庆市沙坪坝区三峡广场商圈“扩容·提质·上档”规划专题研究报告 中国联合工程有限公司

宜昌三峡保税物流中心工程可行性研究报告 中国联合工程有限公司

二等奖

黑龙江烟草工业有限责任公司海林和穆棱卷烟厂联合易地技术改造项目 机械工业第六设计研究院有限公司

哈尔滨电气动力装备有限公司核主泵机组制造基地能力完善技术改造项目可行性研究报告 中国联合工程有限公司

三等奖

河南白鸽飞来供应链管理有限公司医药供应链建设项目可行性研究报告 机械工业第六设计研究院有限公司

郑州煤机格林材料科技有限公司年产 6 万 t 高端机械装备承压零部件智能化制造项目可行性研究报告 机械工业第六设计研究院有限公司

内蒙古伊泰煤制油有限责任公司 200 万 t/年煤炭间接液化示范项目动力站装置可行性研究报告 中国联合工程有限公司

唐山市丰润生活垃圾焚烧发电项目项目申请报告 中国联合工程有限公司

镇海炼化分公司Ⅳ电站锅炉超低排放及燃料输送系统改造工程可行性研究报告 中国联合工程有限公司

江苏恒立液压有限公司挖掘机专用高压柱塞泵和多路阀资金申请报告 中国联合工程有限公司

长沙鼓风机厂有限责任公司搬迁新建工程项目申请报告 中国联合工程有限公司

十、全国优秀工程勘察设计行业奖优秀建筑智能化专业奖

一等奖

河南省省直机关综合办公楼绿色低碳公共示范项目 机械工业第六设计研究院有限公司

二等奖

石家庄万达广场慧云改造工程 机械工业第六设计研究院有限公司

十一、河南省建设工程“中州杯”奖（省优质工程）

1101 工程 机械工业第六设计研究院有限公司

海馨小区 2#、3#、5#、6#、7# 楼 机械工业第六设计研究院有限公司

三等奖

郑州新郑综合保税区（郑州航空港区）智慧城市建设项目 机械工业第六设计研究院有限公司

十二、中国建筑学会优秀工业建筑设计奖

一等奖

中科合成油技术有限公司实验楼 中国中元国际工程有限公司

二等奖

国家超级计算深圳中心 中国中元国际工程有限公司

三等奖

中国农业科学院哈尔滨兽医研究所综合科研楼 中国农业机械化科学研究院

河北格雷服装创意产业园项目 中国中元国际工程有限公司

十三、中国建筑学会优秀电气设计奖

二等奖

中国农业科学院哈尔滨兽医研究所综合科研楼 中国中元国际工程有限公司

三等奖

新中元大厦 中国中元国际工程有限公司

南宁市五象湖综合配套工程 中国中元国际工程有限公司

十四、中国建筑学会中国建筑设计奖

一等奖

中科合成油技术有限公司实验楼 中国中元国际工程有限公司

十五、北京市优秀工程咨询成果奖

一等奖

中国疾病预防控制中心二期项目建议书 中国中元国际工程有限公司

二等奖

北京新机场能源综合利用研究报告 中国中元国际工程有限公司

综合极端条件实验装置项目建议书 中国中元国际工程有限公司

十六、北京市优秀工程设计奖

一等奖

福建医科大学附属第二医院东海分院 中国中元国际工程有限公司

苏州科技城医院 中国中元国际工程有限公司

新中元大厦 中国中元国际工程有限公司

中新天津生态城天津医科大学生态城代谢病医院项目（绿色建筑） 中国中元国际工程有限公司

二等奖

中国航空集团总部大厦 中国中元国际工程有限公司

亚洲基础建设投资银行总部临时办公楼 中国中元国际工程有限公司

苏州科技城医院（电气） 中国中元国际工程有限公司

苏州科技城医院（水系统工程） 中国中元国际工程有限公司

三等奖

中国气象局亚洲气候变化监测和预测中心业务楼和高性能计算机房 中国中元国际工程有限公司

中新天津生态城天津医科大学生态城代谢病医院项目 中国中元国际工程有限公司

天津医院改扩建工程 中国中元国际工程有限公司

援巴布亚新几内亚国际会议中心 中国中元国际工程有限公司

五象湖综合配套工程北区（水系统工程） 中国中元国际工程有限公司

南宁市五象湖综合配套工程（景观园林） 中国中元国际工程有限公司

十七、北京市优秀城乡规划设计奖

三等奖

南京江北新区 NJJBa070 单元控制性详细规划 中国中元国际工程有限公司

义龙旅游健康城修建性详细规划 中国中元国际工程有限公司

十八、上海市优秀工程设计奖

二等奖

武汉市社会福利综合大楼 中国中元国际工程有限公司

“变频调速供水设备选用与安装” 中国中元国际工程有限公司

武汉市社会福利综合大楼（绿色建筑） 中国中元国际工程有限公司

十九、重庆市优秀工程勘察设计奖

一等奖

天下龙缸·云端廊桥项目（建筑结构） 中国联合工程有限公司

重庆机电控股集团铸造有限公司年产 30 万 t 高精铸件铸造建设项目 中国联合工程有限公司

老挝万象亚欧别墅官邸项目 中国联合工程有限公司

二等奖

重庆奥的斯电梯新建厂房项目 中国联合工程有限公司

火星生物医学工程产业大厦改造项目 中国联合工程有限公司

融创启洋项目一期（融创欧麓花园一期）中国联合工程有限公司

三等奖

大渡口立交改造工程 中国联合工程有限公司

天下龙缸·云端廊桥项目（园林景观） 中国联合工程有限公司

重庆仪表材料研究所功能材料产业化基地建设项目 中国联合工程有限公司

二十、湖南省优秀工程勘察设计奖

一等奖

澧县城头山遗址博物馆 中机国际工程设计研究院有限责任公司

湖北航天电缆有限公司湖北航天电缆产业园 中机国际工程设计研究院有限责任公司

二等奖

枫树山中航城小学景观设计 中机国际工程设计研究院有限责任公司

长沙县妇幼保健院整体搬迁建设项目 中机国际工程设计研究院有限责任公司

湖南省优秀城乡规划设计奖

三等奖

浏阳克里河生态走廊概念性规划从设计研究 中机国际工程设计研究院有限责任公司

双峰县第一中学项目 中机国际工程设计研究院有限责任公司

二十一、陕西省第十七次优秀工程勘察奖

一等奖

西安市城市快速轨道交通二号线(北客站—会展中心段)运营线路变形监测 机械工业勘察设计研究院有限公司

安哥拉罗安达社会住房项目 KILAMBA KIAXI 一期工程岩土工程勘察与地基土工程特性及处理技术研究 机械工业勘察设计研究院有限公司

延安市新区北区一期综合开发工程岩土工程勘察 机械工业勘察设计研究院有限公司

二等奖

西安万寿寺塔本体保护工程勘察 机械工业勘察设计研究院有限公司

三等奖

陕西泰华置业发展有限公司泰华·金贸国际基坑支护及降水工程设计机械工业勘察设计研究院有限公司

陕西太白山国家森林公园红桦坪——天圆地方客运索道下站场地勘察及边坡治理工程勘查、设计 机械工业勘察设计研究院有限公司

曲江新区二期城市总体规划阶段工程地质勘察 机械工业勘察设计研究院有限公司

二十一、陕西省 2017 年度工程建设（勘察设计）优秀 QC 小组

一等奖

北斗Ⅱ高精度变形观测自动化系统的研制 机械工业勘察设计研究院有限公司

二等奖

降低市政工程设计可控因素导致的变更率 机械工业勘察设计研究院有限公司

三等奖

减少勘察现场作业白色垃圾对环境的污染 机械工业勘察设计研究院有限公司

降低土工试验成果资料问题发生率 机械工业勘察设计研究院有限公司

提高隧道衬砌质量检测地质雷达数据质量及处理效率 机械工业勘察设计研究院有限公司

研发中心 BIM 设计 机械工业勘察设计研究院有限公司

二十二、海南省优秀工程勘察设计奖

一等奖

中环国际广场 中国中元国际工程有限公司

二十三、河南省优秀工程勘察设计奖

一等奖

出版产业基地三期工程中原文化创意广场项目 机械工业第六设计研究院有限公司

河南省省直机关综合办公楼绿色低碳公共示范项目 机械工业第六设计研究院有限公司

郑州新郑综合保税区（郑州航空港区）智慧城市建设项目 机械工业第六设计研究院有限公司

二等奖

河南中医学院第一附属医院国家中医临床研究基地 机械工业第六设计研究院有限公司

石家庄万达广场智慧云改造工程 机械工业第六设计研究院有限公司

郑州大学计算机大楼基础环境设施 机械工业第六设计研究院有限公司

郑州市信息资源管埋中心项目机房基础环境建设项目 机械工业第六设计研究院有限公司

二十四、河南省优秀工程勘察设计创新奖

一等奖

浙江中烟工业有限责任公司宁波卷烟厂“十二五”易地技术改造项目 机械工业第六设计研究院有限公司

国家质检中心郑州综合检测基地 机械工业第六设计研究院有限公司

二等奖

太康人民医院门诊医技病房综合楼 机械工业第六设计研究院有限公司

西华县中医院门诊医技楼、病房楼 机械工业第六设计研究院有限公司

三等奖

郑州北站住宅（铁道·东风花园） 机械工业第六设计研究院有限公司

二十五、河南省优秀工程勘察设计创新建筑设计方案奖

一等奖

西安交通大学曲江校区前沿科学技术大楼（协同创新中心）方案设计 机械工业第六设计研究院有限公司

原阳县人民医院综合建设项目方案设计 机械工业第六设计研究院有限公司

机械工业第六设计研究院有限公司高科技信息园项目方案设计 机械工业第六设计研究院有限公司

周口市游泳馆方案设计 机械工业第六设计研究院有限公司

二等奖

援津巴布韦议会大厦项目方案设计 机械工业第六设计研究院有限公司

援柬埔寨中柬友谊医疗大楼项目方案设计 机械工业第六设计研究院有限公司

郑州旅游职业学院新校区规划及方案设计 机械工业第六设计研究院有限公司

偃师市首阳新区新一高项目方案设计 机械工业第六设计研究院有限公司

保利（安阳）影视文化广场方案设计 机械工业第六设计研究院有限公司

安阳市爱馨养老服务中心方案设计 机械工业第六设计研究院有限公司

郑州国际汽车公园方案设计 机械工业第六设计研究院有限公司

蓝天置业住宅项目方案设计 机械工业第六设计研究院有限公司

内蒙古华泽装备制造有限公司新建 20 万 t 高端精密铸造项目可行性研究报告 机械工业第六设计研究院有限公司

国家红旗渠经济技术开发区新兴产业园项目可行性研究报告 机械工业第六设计研究院有限公司

二十六、浙江省建设工程优秀设计

浙江中烟工业有限责任公司宁波卷烟厂“十二五”易地技术改造项目联合工房工程 机械工业第六设计研究院有限公司

二十七、浙江省建设工程钱江杯奖（优秀勘察设计）综合工程

一等奖

萧储（2010）17# 商服地块（大象国际中心）

中国联合工程有限公司

杭州海康威视电子有限公司安防产业基地项目（一期）中国联合工程有限公司

二等奖

三至喜来登酒店 中国联合工程有限公司

丽水产业集聚区－生态产业低丘缓坡开发项目（莲都组团 1）箱涵工程 中国联合工程有限公司

萧山区东片生活垃圾焚烧发电一期工程

三等奖

萧山区东片生活垃圾焚烧发电一期工程 中国联合工程有限公司

二十八、浙江省建设工程钱江杯奖（优秀勘察设计）电气专项

一等奖

浙江海外高层次人才创新园首期 中国联合工程有限公司

二等奖

三至喜来登酒店 中国联合工程有限公司

二十九、浙江省建设工程钱江杯奖（优秀勘察设计）给排水专项

二等奖

浙大网新·科创智慧谷 中国联合工程有限公司

三等奖

中国长江动力公司（集团）搬迁改造建设项目 中国联合工程有限公司

三十、浙江省建设工程钱江杯奖（优秀勘察设计）智能化专项

三等奖

银泰海威国际（杭政储出（2004）37#地块（酒店部分）） 中国联合工程有限公司

三十一、浙江省优秀工程咨询成果奖

一等奖

桐乡泰爱斯环保能源有限公司公用热电联产项目可行性研究报告 中国联合工程有限公司

二等奖

丽水南城富岭东区块路网工程可行性研究报告 中国联合工程有限公司

三十二、中国境外可持续基础设施项目

委内瑞拉比西亚联合循环电站及配套输变电项目 中国对外承包工程商会

三十三、中国境外可持续基础设施建设项目奖

白俄罗斯别列佐夫项目 中国机械设备工程股份有限公司

人物风采

（排名不分先后）

一、国家科学技术进步奖二等奖获得者

范志超

工学博士，教授级高工、研究员。现任合肥通用机械研究院有限公司副总经理，兼任中国机械工程学会理事、中国机械工程学会压力容器分会秘书长、安徽省机械工程学会副理事长、山东大学博士生合作指导教师、浙江工业大学硕士研究生指导教师。

压力容器是高耗材承压类特种设备，广泛用于煤炭、石油化工、天然气等能源工业领域。近年来，随着中国炼油、化工、天然气等能源工业生产装置规模的逐渐扩大，压力容器不断向大型化、重型化方向发展，最大壁厚达数百毫米、重量超千吨，导致材料消耗巨大、加工制造困难，甚至超出建造能力，并且可能产生新的失效模式和机理，存在重大安全隐患。如何在确保安全的前提下实现轻量化设计制造，已成为突破制造能力瓶颈、实现节材节能的迫切需求。

作为国家压力容器与管道安全工程技术研究中心核心成员，2010 年以来，范志超等科技人员在院长陈学东院士的带领下，联合浙江大学、中国特检院、中国一重、中石化洛阳工程公司等

10多家科研机构，在国家国际科技合作计划、国家“863”计划等项目课题支持下，通过大量研究，攻克材料许用强度调整、低合金高强钢材料成分与性能控制、传热流动与强度刚度协同设计、应变强化工艺控制等关键技术，建立起一整套重型压力容器轻量化设计制造共性技术方法，研制出首批国产加钒钢加氢反应器、国际首台超大型丁辛醇换热器、世界最大不锈钢深冷储运容器等轻量化重大装备。

“重型压力容器轻量化设计制造关键技术及工程应用”项目成果在国内外炼油、化工、煤化工、精细化工、天然气、低温气体储运等用户企业广泛应用，显著提升了中国压力容器产品质量和国际竞争力，推动了中国压力容器轻量化绿色制造技术进步。该项目成果2017年荣获国家科学技术进步奖二等奖，同时荣获第七届绿色制造科学技术进步奖技术创新一等奖。

二、有突出贡献中青年专家获得者

徐鹏

任职于合肥通用机械研究院。主要从事承压设备检测与控制、机电一体化设备的研究、产品开发。在高参数承压设备安全性能测试研究、专用自动化生产与检测分析设备研究与应用等方面，取得多项国内领先研究成果，获省部级科技进步奖特等奖1项、一等奖1项、二等奖4项、国家重点新产品两项及授权发明专利17项。

为解决中国苛刻服役环境下承压设备失效机理及演化规律不明、试验测试无手段、性能评价无数据等突出问题，成功主持研制具有自主知识产权的高参数承压设备安全性测试平台。研制出国内首创、试验压力最高（400MPa）的超高压压力容器疲劳试验系统与疲劳测试技术方法，对超高压疲劳强度研究、安全性研究等超高压技术的研究具有重要意义。研制出国内首套模拟工业炼油装置的环烷酸腐蚀试验系统和测试技术方法，实现真实炼油环境高温高流速冲刷腐蚀环境，解决了高温高流速动态腐蚀试验难题。研究成果在国内多家石化及核电企业得到成功应用，提高了国家重要领域关键设备长周期运行的安全可靠性。

开展重大工程关键单元成套工艺装置创新，实现核心技术产业化。成功研制国内首台（套）新型高效节能环保燃油燃气装置、烟气脱硫焚烧及余热回收系统等新产品，开发低压燃气节能燃烧、燃油供应新工艺技术，填补了国内燃油变量供应单元设备空白。产品成功应用于钢铁冶金、能源化工等行业，并实现出口。

围绕国家、行业需求，率领团队开发系统控制自动化生产与专用检测设备，通过仿生设计、精度控制、动态信息识别，冗余设计、远程监控诊断等关键技术研究，国内独家生产全自动铜杆压实覆膜包装及在线检测设备、家电，以及其部件自动化装配及检测专用设备等产品，填补了国内空白，实现系统集成与创新。

徐鹏先后获得中国机械工程学会青年科技成就奖、安徽省青年科技奖，为安徽省战略性新兴产业技术领军人才及合肥市专业技术拔尖人才、中国机械工业集团有限公司首席专家，2017年入选“国家百千万人才工程”，并被授予“有突出贡献中青年专家”荣誉称号。

王渭

任职于合肥通用机械研究院，长期从事国家重大项目关键设备的国产化研究，先后开发了煤粉给料三通换向阀、煤粉流量控制阀、高压差放空阀等新技术产品，研究成果先后获省部级科技进步奖一等奖（1项）、二等奖（2项），获得授权发明专利7项，参加制（修）订行业标准两项，在核心期刊发表论文25篇。

煤粉流量控制阀主要用于调节气化炉的氧煤比和生产负荷。该阀一旦出现故障，会引起气化炉停产甚至爆燃。此产品长期被欧美垄断，口径65mm阀门单价达120万元。在使用过程中还经常出现阀门卡涩、阀内件快速磨损等情况，严重影响煤化工企业的长周期安全运行。王渭主持研制的国内首台（套）煤粉流量控制阀，于2011年在神华宁煤引进的世界首套日投煤量2 000 t的西门子气化炉使用，彻底解决了西门子气化炉氧煤比无法稳定的安全隐患，正常使用时间达7年之久，产品性能达国际先进水平，促进了我国煤化工行业的科技进步。该项成果还成功应用于世界单体规模最大的神华宁煤400万t煤炭间接液化项目，打破了美国FISHER和德国SchuF的垄断，为保障国家能源安全做出了突出贡献。该成果荣获2016安徽省科技进步奖一等奖，自成果实施以来产生的直接和间接经济效益累计4亿元，市场综合占有率80%，在神华宁煤气化装置中的占有率始终为 100%。

煤粉三通换向阀主要用于高压浓相煤粉在气化炉给煤管线和循环管线之间的快速切换。该产品长期被丹麦 BCH 垄断，BCH 的产品在使用过程中存在换向卡涩等问题，且口径 65mm 阀门单价高达 80 万元。王渭主持研制的国内首套煤粉三通换向阀已经工作 10 多年，至今无下线维修记录，研究成果被世界首个干煤粉气化工艺专利持有者——壳牌公司认可，2008 年合肥通用机械研究院被壳牌公司授权为壳牌煤粉气化工艺专用三通换向阀的合格供应商。该产品在国内 10 个省市的 21 家大型煤化工企业中成功应用，运行时间提高 3 倍以上，市场占有率超过 70%，成果获 2009 年安徽省科技进步奖二等奖。

王渭积极推动阀门行业的技术进步，主持制订了 JB/T 12797—2016《煤化工装置用阀门技术条件》，参与制订了 JB/T 11057—2010《旋转阀技术条件》等行业技术标准。

王渭先后获得安徽省直机关五一劳动奖章、安徽省青年科技奖、安徽省创新争先奖章，入选安徽省“特支计划”创新人才、安徽省学术和技术带头人、安徽省战略性新兴产业技术领军人才。2017 年入选“国家百千万人才工程”。

李锋军

清华大学博士，教授级高级工程师，中国一拖集团副总工程师。曾多次获得省部级以上奖项，他参加的“高矾高耐磨合金及复合技术的工程化应用”项目获得 2013 年度国家科学技术进步奖二等奖。2017 年，他参与的“复杂铸件无模复合成形制造关键技术与装备”项目荣获国家技术发明奖二等奖。

“复杂铸件无模复合成形制造关键技术与装备”项目是针对传统铸造存在复杂高质铸件形性精确控制难、工序多、效率低且缺乏柔性、资源能源消耗大等问题，发明的一种复杂铸件无模复合成形制造方法，它可以改变传统模具翻砂造型，大幅度缩短流程，高效制造出高品质铸件，提高复杂铸件制造精度，推动铸造技术发展。经 10 年创新研究和上万小时成形试验，发明砂型 / 芯柔性挤压及切削 / 打印一体化复合成形工艺方法、复合铸型及型砂材料配方、砂型柔性挤压成形机、无模铸造精密成形机、砂型 / 芯与铸件在线检测系统等 7 类 15 种关键装备及控制软件系统，创建数字化无模铸造岛，建成年产 60 万台发动机缸盖数字化铸造车间。突破高质量复杂铸件铸型一体化设计、成形过程自适应性、多工艺工序匹配的无模成形装备等三大技术难题。应用到树脂砂、水玻璃砂、覆膜砂、陶瓷等多种铸型制造中，最大成形尺寸 10 000mm×3 000mm×2 000mm，实现铸钢 / 铁、铝 / 镁 / 钛合金等铸件的高质量制造。与传统铸造比，时间缩短 50% ～ 80%，成本降低 30% ～ 50%，精度提高 2 ～ 3 个等级，减重 10% ～ 20%。

在项目实施过程中，李锋军将设备和技术成果应用到轮式拖拉机、履带拖拉机和柴油机等新产品的开发制造中，并把使用过程中的经验反馈给开发人员，从而使设备进一步优化和稳定。该项目获中国机械工业科学技术奖特等奖，通过向国内外推广快速成形技术，逐步扩大技术的应用范围，取得了良好的社会经济效益。

2018

中国机械工业集团年鉴

CHINA NATIONAL MACHINERY INDUSTRY
CORPORATION YEARBOOK

第六篇

重大经营项目汇编

工程承包

（2017 年完工，合同金额 5 000 万美元以上）

一、老挝孟聘 - 沙拉湾输变电项目

1. 承建单位：中国机械设备工程股份有限公司（简称 CMEC）

2. 签约时间：2014 年 5 月 23 日

3. 项目概况：该项目于 2015 年 4 月生效，2016 年 9 月获得临时验收证书，2017 年 9 月获得项目完工证书。项目范围包括 1 条 115kV 输电线路及两端变电站的扩建工作，工期 24 个月。在项目执行过程中无任何质量、安全事故，项目提前完工。该项目是 CMEC 近年来在老挝首次以卖贷方式承接的 EPC 项目。

4. 经济或社会效益：该项目的顺利实施有助于提高当地电力输送能力，满足项目沿线生产生活用电需求。2017 年 4 月，为感谢 CMEC 执行孟聘项目过程中展现的聪明才智以及勤奋严谨的工作精神，业主特意为项目部颁发奖状。该项目的成功执行为 CMEC 在东南亚地区增添了一个新的市场和收入增长点。

二、塞尔维亚 Kostolac-B 电站一期工程项目

1. 承建单位：中国机械设备工程股份有限公司（简称 CMEC）

2. 签约时间：2010 年 12 月 8 日

3. 项目概况：业主为塞尔维亚国家电力公司（EPS），CMEC 与其下属的 KOSTOLAC 煤电联营公司 TE-KO 组成联合体承包执行该项目。该项目工作范围分三部分，分别为 B1 和 B2 机组大修、新建 B1 和 B2 脱硫工程及铁路、码头和港口的改造。其中，CMEC 承担 B1 机组的锅炉部件和部分辅机、部分管道、电除尘器改造及新建 B1 和 B2 脱硫工程，其余工作由 TE-KO 承担。

该项目于 2012 年 6 月 4 日正式生效，于同年 7 月 15 日开始计算工期。B1 锅炉大修子项于 2016 年 2 月 4 日获得业主签发的 B1 机组大修履约证书（FAC）。CMEC 通过对 B1 电除尘器进行改造、新建 B1 与 B2 机组脱硫系统、新建烟囱和废水处理系统，降低了大气粉尘、硫氧化物和氮氧化物的排放含量，所有排放指标远低于合同要求排放值。同时，均满足欧盟排放要求，符合业主方对严控污染排放的需求，获得业主和监理工程师的一致认可和赞扬，并于 2018 年 6 月 3 日获得业主签发的履约证书（FAC）。

4. 经济或社会效益：该项目是中国第一个进入欧洲的电力总承包项目，同时也是 CMEC 以优惠出口买方贷款方式在东欧地区所承接的 EPC 电力能源类项目。该项目的脱硫系统是塞尔维亚甚至整个中东欧地区火力发电站的第一套脱硫设备，该脱硫系统的建成大大提高了电站的排放标准，提高了环保等级，并使其可以更好地符合欧盟标准，为塞尔维亚人民提供一座技术先进、质量优良、环保达标的标志性建筑。另外，项目新建脱硫系统为塞尔维亚国家环境保护符合欧盟标准要求做出贡献，保护了塞尔维亚的生态环境。该项目的建设适应塞尔维亚目前发展的要求，是节能发展的长远战略，也拉动了当地的就业。

CMEC 把该项目建成为中国企业在欧洲的绿色环保示范工程，对树立和维护中国企业良好的海外形象起到了积极作用。该项目的实施，使中国的火电技术装备和中国标准在欧洲获得认可和推广。为 CMEC 积极响应“一带一路”倡议，进入欧洲电力能源领域，深度开发欧洲电力能源潜力市场创造了良好的契机。同时，CMEC 积极践行企业社会责任，为中国企业在海外可持续发展营造良好的环境，也对推动中塞、

中欧双边往来经贸发展起到了积极作用。

三、委内瑞拉苏利亚州应急发电项目

1. 承建单位：中国机械设备工程股份有限公司

2. 签约时间：2011 年 11 月 23 日

3. 项目概况：总装机容量 240.6MW，包括建设 5 个燃机站共安装 6 台 GE Tm2500+ 燃机，以及 58 个柴油机站共安装 75 台柴油发电机。工作范围包括设计、土建、供货、运输、安装、调试、培训、验收及 1 年质保。承包方式为交钥匙工程。业主为委内瑞拉国家石油公司（Petroleo De Venezuela S.A，简称 PDVSA）。

该项目原合同工期 9 个月，原合同金额 4.55 亿美元。项目于 2012 年 5 月 28 日开工；2012 年 12 月 28 日，项目部与业主签署变更协议一：增加合同金额约 7 551.65 万美元，工期延长至 2013 年 12 月 31 日；2014 年 11 月 25 日，项目部又与业主签署变更协议二：将合同工期再次延长至 2016 年 12 月 31 日；2016 年 12 月 8 日，双方就合同关闭事宜签署结算协议，项目结算后的合同金额为 4.76 亿美元。业主已支付金额 4.55 亿美元，待支付金额 2 139.53 万美元。2017 年 6 月 2 日，业主颁发该项目总体接收证书。

4. 经济或社会效益：该项目 Guaicaipuro 燃机站（2×30MW）于 2013 年 10 月 4 日投入运营，San Lorenzo 燃机站（1×30MW）于 2013 年 11 月 20 日投入运营，截至 2018 年 4 月，两站累计发电量约 23 亿 kW·h。58 个柴油机站点总装机容量 60.58MW，为应急自动供电电源，极大地缓解了当地电力短缺局面，有利于扩大 CMEC 在当地的影响，树立良好的企业形象。

四、伊拉克卡拉乔 6 000TPD 水泥厂项目

1. 承建单位：中国机械设备工程股份有限公司

2. 签约时间：2013 年 10 月 26 日

3. 项目概况：该项目的签约标志着 CMEC 正式进入伊拉克库尔德地区的基础设施建设市场。项目范围包括承建 1 座日产 6 000t 的水泥熟料生产线。CMEC 作为总承包商，以交钥匙方式，提供设计、供货、土建施工、安装、培训、调试和质保服务。项目于 2014 年 5 月 19 日开工，2015 年 6 月 1 日进入安装工程，于 2016 年 12 月 19 日收到业主签发的接收证书（Taking-over Certificate）。该水泥厂于 2017 年 2 月 8 日开始正式点火、烘窑投料，于 2017 年 3 月 23 日生产出合格熟料，4 月 1 日开始销售水泥，7 月 3 日整厂达到设计产能 6 000t/d。2017 年 9 月 23 日，签署性能测试证书（Performance Test Certificate）。项目处于质保期内。

4. 经济或社会效益：伊拉克的战后重建使得基础建设行业缺口巨大。库尔德地区近 5 年大力发展建设，对建材等资源的需求不断增加。该地区的工程施工环境较为成熟，施工机具和材料在当地均有充分供应。该项目建设的熟料水泥干法生产线技术成熟。项目采用我国标准进行设计，水泥生产线的绝大部分设备由近年来我国自主研发或使用许可进口的技术进行设计与制造。做好伊拉克卡拉乔 6000TPD 水泥厂项目，有利于树立 CMEC 企业形象，扩大 CMEC 在当地的影响力，并可以此项目为依托，巩固和深耕库尔德地区基础建设的工程承包市场。同时，有助于中方响应“一带一路”倡议项目落地实施，开拓伊拉克库区市场，实现双赢。

五、菲律宾 Calaca2×150MW 燃煤电厂项目

1. 承建单位：中国电力工程有限公司

2. 签约时间：2011 年 12 月 27 日

3. 项目概况：该项目于 2012 年 5 月 17 日生效，2012 年 10 月 5 日开工，2015 年 7 月 7 日整套启动并网完成，2017 年 9 月取得项目 TOC 及 FAC 证书。在项目执行过程中，无任何安全事故。

该项目位于马尼拉市南部八打雁省 CALACA 镇，距离马尼拉市约 115km。该项目工程系在原有 2×300MW 燃煤电站的基础上扩建，增设 2 台 480t/h 循环流化床（CFB）燃煤锅炉和 2 套 150 MW 再热凝汽式汽轮发电机组，建成后，电站的总规模将达到 900MW。新建工程对原有卸煤码头进行了改造，新建了 1 条输煤带将燃煤直接送到新建电站煤场。电站采用开式海水冷却。

该项目合同范围为 EP，即包括设计、设备采购 CIF 交货至马尼拉港或八打雁港、现场安装指导、分部调试、现场调试和试运行、性能试验和试运行过程中的运行指导，以及最终验收前的质量保证和检查。土建工程由第三方承建。

4. 经济或社会效益：电站发出的电能通过电站内的升压站升压到 230kV 后，输送到菲律宾国家电网。电站的顺利移交，极大地缓解了菲律宾当地用电紧张的局面，改善了当地人民生活，并有效推动了菲律宾电力市场的发展。该项目是 CMEC 所属中国电力工程有限公司在菲律宾完成的第一个 EP 项目，充分帮助业主实现矿产、电厂联合开发的战略规划。

六、兰州电机股份有限公司入园新区搬迁项目

1. 承建单位：中机国际工程设计研究院有限责任公司

2. 签约时间：2014 年 1 月 1 日

3. 项目概况：兰电在兰州新区征地 96 万 m^2，新建风电厂房、办公科研用房、大中型电机联合厂房、小型发电机联合厂房、冲剪联合厂房、铆焊铸造联合厂房等生产及辅助用房，建筑总面积 420 202m^2，总投资 37 亿元。

4. 经济或社会效益：兰州电机股份有限公司通过该项目的建设，进一步调整产品结构、提高产品技术水平和质量，产品选型发展方向符合企业利益及国家产业政策要求。建成后的项目以规模经济生产方式组织生产，充分利用原有固定资产及流动资金，企业的经济效益和社会效益较好。

七、大庆油田勘探开发研究院实验中心建设工程

1. 承建单位：中机国际工程设计研究院有限责任公司

2. 签约时间：2012 年 1 月 1 日

3. 项目概况：占地面积 19 725.54m^2，建构筑物占地面积 9 249m^2，总建筑面积 41 144m^2，其中实验中心大楼为 6 层建筑，建筑面积 39 632m^2；辅助用房一、二为单层建筑，建筑面积 1 512m^2。项目建设总投资 42 425 万元。

4. 经济或社会效益：实验中心的建设从根本上改善了研究院实验室的试验条件及环境，为油田勘探开发提供了实验技术保障。实验室对国内外有条件开放。项目的实施为大庆油田“持续有效发展，创建百年油田”提供了有效支撑和强力保证。

八、伊拉克 SAMAN 50MW 重柴油电站项目

1. 承建单位：中机国际工程设计研究院有限责任公司

2. 签约时间：2016 年 8 月 8 日

3. 项目概况：该项目位于伊拉克共和国穆萨纳省萨马沃市，建成后，为伊拉克 SAMAN 水泥厂提供电力支持。SAMAN 重油电站分两期建设，本期设 6 台主机，远期增设 5 台主机。本期主机选用 MAN 的 18V3 240，单台在 ISO 工况下，750r/min 时的输出功率为 8 730kW，标况下，总装机容量为 52.38MW。燃料采用重柴油，来自罐车运输，轻柴油作为启动及备用燃料。发电机端出口电压为 6.6kV，通过电缆沟接入水泥厂内。

4. 经济或社会效益：该项目由中机国际与葛洲坝能源重工有限公司携手共同合作的第一个电力项目。经过战争洗礼的伊拉克，当地老百姓正经历重建家园的复兴之路。中机国际借与葛洲坝能源重工的合作契机，发挥自身优势，为其提供可靠的电力支持，在“一带一路”沿线烙下“中机国际”印记。

九、韶关市芙蓉新区市妇幼保健计划生育服务中心项目

1. 承建单位：中机国际工程设计研究院有限责任公司

2. 签约时间：2017 年 6 月 15 日

3. 项目概况：该项目一期工程总建筑面积 80 437.88m^2。其中，地上面积 60 092.53m^2、地下室面积 20 345.35m^2。包含 1 栋门急诊楼、1 栋妇产住院楼、1 栋儿童住院楼、1 栋行政办公综合楼、1 栋单层的大报告厅以及液氧站等后勤配套用房。该项目设计病床数 500 床（含新生儿科 80 床）、设计手术室 10 间、产房 9 间。

该项目于 2015 年方案中标，先后经过方案修改和优化、景观设计、初步设计、施工图设计、装修设计等。

4. 经济或社会效益：建成后的韶关市妇幼保健计划生育服务中心将服务于当地约 100 万妇女儿童，成为当地儿童保健、孕产保健、妇女保健的重要场所。生动、活泼、优雅的建筑形象将会成为该区域的新地标。

十、百弘·学府城

1. 承建单位：中机国际工程设计研究院有限责任公司

2. 签约时间：2013 年 9 月 20 日

3. 项目概况：该项目位于娄底市南部娄星大道与静安街 2 条城市主干道交叉口东南角，用地北隔静安街与城南中学相邻，隔白毛塘山、鸭婆山等山体及孙水河与娄底市政府相望，东、南近仙女寨自然生态区、尖山寨自然生态区，孙水河蜿蜒在用地周边，地块周边环境极其优美。用地紧邻城南中学，同时，地处万宝新城的商业住宅带上，又处于城市主干道娄新大道边，地理位置十分优越，是理想的商业、生活场所。

该项目用地分为 A 区、B 区 2 个地块，其中 A 区净用地面积 79 703.27m^2，B 区净用地面积 102 960.94m^2。总建筑面积 100 多万 m^2。A 区规划有高层住宅、高层公寓、高层酒店式公寓和高层酒店及商业铺面和酒店配套。B 区以高层住宅、办公楼和幼儿园为主。该项目 B 区已全部竣工验收并交付业主使用，A 区大部分已竣工验收。

4. 经济或社会效益：该项目超前规划，精确定位，以先进的设计理念构筑一个适应未来发展需要、满足用户多样化需求的高尚城市综合体，以提高业主的生活素质、创造更高层次的生活模式为出发点，在有限的空间里创造一种无穷的意境。

该项目以人为本，崇高自然，巧借场地的自然态势，充分考虑居住者的使用要求和心理需求，在遵守现行国家及地方规定的前提下，匠心独运，发挥主观能动性，精心设计，营造经济适用，具有特定的领域感、场所感、亲和力的绿色空间，实现人与环境的“天人合一”。

该项目住宅全部销售完，住户对小区的户型、配套和环境都有很高的评价，产生了很好的经济和社会效益。

十一、长沙复盈湘府路项目（星光天地）

1. 承建单位：中机国际工程设计研究院有限责任公司

2. 签约时间：2015 年 10 月 12 日

3. 项目概况：该项目位于长沙市雨花区高升村片区，南接湘府中路，西临大塘路，北靠迎新路，基地呈规则四边形，东西宽约 170m，南北长约 250m，基地净用地面积 41 429.64m^2。周围环境良好，交通条件优越，道路市政基础设施完善，计划开发成 1 个集办公、商业街和酒店式公寓为一体的商住综合型项目。本项目由 7 栋 10 ～ 29 层的高层酒店公寓、1 栋高层办公楼、2 ～ 3 层的商业街及 2 层地下室组成。总建筑面积 257 964.35m^2，其中计容建筑面积 211 144.13m^2，不计容建筑面积 46 820.22m^2，容积率 5.10。

4. 经济或社会效益：该项目位于全城南最核心区域，毗邻城南最高端商业综合体，由竞争走向竞合，联合德思勤、高升村地块，一并打造“大红星商业航母”梦想，比肩五一商圈，辐射大长沙乃至长株潭融城的顶级商圈。

十二、北辰新河三角洲项目 C3 区

1. 承建单位：中机国际工程设计研究院有限责任公司

2. 签约时间：2015 年 02 月 15 日

3. 项目概况：该项目位于长沙市开福区湘江与浏阳河南向交汇处，用地的西北向为长沙市政府新建的 2 馆 1 厅文化园，临近 A1、D1 区大型商业综合体，南面隔横三路为在建的 B2E2 区。项目合计 9 栋超高层住宅、1 栋幼儿园。沿 GF 层周边设置了临街商铺，商铺 1 层，局部 3 层，10# 栋为幼儿园。

4. 经济或社会效益：北辰三角洲项目作为长沙市“城市运营”重要组成部分，集合超高层商务写字楼、高层住宅群、大型购物中心、超五星级酒店等地标建筑，密集凸显该片区的高端商务价值，辐射长沙楼宇经济的浦东效应。凭借得天独厚的文化氛围和独一无二的滨水资源，体现长沙“一江两岸，山水洲城”人居理念的城市名片，成为湖南省乃至整个中南地区高品质都市生活区的示范标杆，成为全国翘楚的都市游憩商业区。

十三、长沙市保利西海岸 C、D 住宅区

1. 承建单位：中机国际工程设计研究院有限责任公司

2. 签约时间：2016 年 01 月 05 日

3. 项目概况：该项目位于长沙市湘江新区，北为商业 EF 地块，西侧为湘岳北路，南临保利西海岸 AB 住宅区，东为潇湘北路，总用地面积 70 310.70m^2，拟建建筑面积 497 499.94m^2，其中 C 区包括 6 栋超高层住宅、外围 3 层临街商业铺面，下设 4 层地下室；D 区包括 6 栋超（高）层住宅，2 层临街商业铺面，下设 3 层地下室。项目用地高差较大，最大高差约 16m。

4. 经济或社会效益：该项目位于大河西滨江新城板块，滨江新城作为长沙市区域相对独立，功能相对完整，市民可以在其中完成就业、休闲等活动，从而减少对中心城市交通、环境压力，称之为“城市中的城市”。该项目作为滨江新城标志性住宅小区，致力于营造“轻奢”格调，打造地标性建筑，以及仪式感的归家流线，成为新城区的标杆性小区。

十四、华远 · 华时代项目

1. 承建单位：中机国际工程设计研究院有限责任公司

2. 签约时间：2017 年 6 月 8 日

3. 项目概况：总建筑面积 27.5 万 m^2，建筑高度 260m，属于超高层框架 - 核心筒结构。该项目为精装修 Loft 公寓，项目位于长沙市芙蓉中路，湘雅附一医院的正对面，交通便捷。

4. 经济或社会效益：该项目功能齐全，含商业、体检中心、月子中心、公寓、酒店等，与湘雅附一医院实现资源互补，毋庸置疑成了商业价值活力地带。

十五、长沙市第六水厂建设项目

1. 承建单位：中机国际工程设计研究院有限责任公司

2. 签约时间：2014 年 7 月 3 日

3. 项目概况：该项目位于开福区，总供水规模 50 万 m^3，其中一期 10 万 t/d，原水来自浏阳株树桥水库，原水输水管线全长约 8.1km，采用“预处理 + 常规处理 + 臭氧、活性炭深度处理工艺”，2018 年 3 月 12 日正式通水，出厂水质全面优于国家标准。

4. 经济或社会效益：六水厂的供水范围主要为捞刀河以北地区，预计近期区域总人口约 18 万人，到 2020 年末，预计区域总人口将超过 50 万人。该项目的投产将有效解决北部城区当前供水不足问题，并为区域经济未来的发展提供保障。

十六、吉首市海绵城市（新区）PPP 项目（乾州新区排水系统及路面提质改造项目）

1. 承建单位：中机国际工程设计研究院有限责任公司

2. 签约时间：2017 年 5 月 10 日

3. 项目概况：暂定总投资 47 724.62 万元（最终以审计决算为准），该合同设计建安费约 30 200 万元，建设期 1.5 年，主要建设内容包括 10 个子项。

1：滨江路（电站路—燕子路）提质改造工程，全长约 2.8km，规划路幅宽度 16m，道路等级为城市支路。

2：金坪路（G209—人民路）提质改造工程，全长约 0.6km，规划路幅宽度为 24m，道路等级为城市次干道。

3：水厂路（G209—钟家寨桥头）提质改造工程，全长约 1.4km，规划路幅宽度为 24m，道路等级为城市次干道。

4：燕子路（G209—万溶江）提质改造工程，全长约 1.1km，规划路幅宽度为 24m，道路等级为城市次干道。

5：朝阳西路（G209—人民路）提质改造工程，全长约 1.1 km，规划路幅宽度为 26m，道路等级为城市次干道。

6：荣光路（G209—人民路）提质改造工程，全长约 1.0 km，规划路幅宽度为 26m，道路等级为城市次干道。

7：载福路（G209—人民路）提质改造工程，全长约 1.2 km，规划路幅宽度为 26m，道路等级为城市次干道。

8：G209[金坪路—世纪大道（社保局）] 提质改造工程，全长约 1.8 km，规划路幅宽度 30m，道路等级为城市主干道。

9：朝阳东路（人民路—乾城大道）新建道路工程，全长约 1.0 km，规划路幅宽度 26m，其中跨万溶江大桥桥长 110m，桥梁跨径布置为：30m+50m+30m，桥宽 26m，道路等级为城市主干道。

10：背街小巷提质改造工程，其中包括仁和路（长 360m、宽 14m）、民中巷（长 306m、宽 6m）和田家园巷（长 418m、宽 4m）。

除第 9 项未启动外，其余子项基本完成施工。

4. 经济或社会效益：一是建设海绵城市，有利于吉首市提高新型城镇化质量。湘西自古以来就是湘鄂渝黔四省市边区的核心，经济社会发展长期占据较大优势，州府吉首更是武陵山区传统中心城市，是国家武陵山片区试点启动地，是试点规划明确支持的六大中心城市之一。在吉首市建设海绵城市，在重点区域集中发力，有利于做大做强吉首城市规模，提升吉首城市品位，从而辐射带动湘西区域发展；有利于扩大公共产品有效投资，提高新型城镇化质量，促进人与自然和谐发展。二是建设海绵城市，有利于吉首市生态保护和建设。良好的生态环境是最公平的公共产品，是最普惠的民生福祉。吉首市生态环境优良，被誉为“野生动植物资源天然宝库”“生物科研基因库”，水质和空气质量长期位居湖南省第一。在吉首市建设海绵城市，有利于将生态优势转换为生态文明，有利于将青山绿水转换为金山银山，以生态保护、低影响开发促进城市建设。三是建设海绵城市，利于改善吉首市旱涝急转问题。吉首市境内峰峦重叠，沟壑纵横，属中低山丘陵地貌，地势西北高，东南低，中部平缓，形成洼谷，山地面积大。城区季节性缺水、旱涝灾害并存，地质脆弱，部分地区水土流失、石漠化现象严重，由暴雨引发的泥石流、垮塌等灾害现象不时发生。在吉首市建设海绵城市，对山洪雨水进行截、引、疏、导，采用漫流、缓流、渗溢等工程措施，有利于改善城区旱涝急转的局势；同时，通过对雨水的综合利用，有利于为山地城市实现生态可持续的水资源管理方式方提供借鉴。

十七、湘潭市湘江风光带（湘钢铁牛埠宽厚板码头至双拥路段，烧窑港至湘钢铁牛埠宽厚板码头段）项目

1. 承建单位：中机国际工程设计研究院有限责任公司

2. 签约时间：2017 年 1 月 15 日

3. 项目概况：该项目位于湘潭东城片区，全长 8 637.338m。道路等级为城市主干道，红线宽度 30m，双向 4 车道，设计速度 50km/h。道路起点位于岳塘二号路，道路依次与多条城市主干路、次干路及支路相交，终点位于双拥南路。

4. 经济或社会效益：滨江路作为滨江风光带的联系通道，是串联滨江区域的重要纽带，对滨江区域的发展带动作用明显。该项目的建设完善了湘潭河东中心城区路网，加强了区域土地整理，提高了土地使用价值，有利于改善周边环境，加快周边城市化建设进程。

十八、新邵湾田广场

1. 承建单位：中机国际工程设计研究院有限责任公司

2. 签约时间：2015 年 3 月 11 日

3. 项目概况：该项目位于新邵县中心城区，是原新邵印刷机器厂旧址，地块北临新阳路，南临沿河路，资江河岸，东临 207 国道，资江一桥。项目总用地面积 103 455m^2，总建筑面积 440 817.39m^2，其中地上面积 398 104.46m^2，地下 42 712.93m^2。涵盖商业、办公、酒店、住宅等功能的大型综合商住区，项目分为 3 个片区。片区一：湾田金街，大型生活超市，6 厅星级影院与 3 座高层住宅。片区二：其中有高档滨江住宅小区含 12 栋高层住宅、沿江欢乐天地、银三角家居卖场等功能。片区三：由数码港、社区商业街与 2 栋高层住宅和 2 栋多层住宅组成。施工图设计完成，项目一期一批（片区一）竣工并交付使用，剩余片区在建，项目整体规模形成。

4. 经济或社会效益：该项目定位湾田广场，肩负着点亮新邵城市梦，打造邵阳北都两项重任。2016 年 10 月 1 号，湾田广场正式开街，每天 10 多万的人流量彰显邵阳维多利亚港魅力。湾田广场位于城市商业发展核心地段、拥有城央土地资源、汇聚 80 万消费人群的商业黄金码头，将用 20 亿元打造 44 多万 m^2 城市级商业体验中心，实现各阶层生活、购物、休闲、娱乐、餐饮、旅游、住宿全时段、全生命周期、都会生活功能全覆盖，建成后将是新邵未来城市商业核中心、一站式的购物中心、国际化的生活中心、时尚性的创业中心，新邵城市封面、最繁华最时尚购物街区、首个江景豪宅住及滨江商业街区，将成为邵阳市规模最大、业态最全、档次最高的城市综合体，成为湖南省内县域一流的城市综合体。

十九、岳府公园邸（现名：荣泰广场）

1. 承建单位：中机国际工程设计研究院有限责任公司

2. 签约时间：2013 年 8 月 30 日

3. 项目概况：该项目位于长沙市岳麓区，含光路以南，谷丰路以西，用地形态极不规则，总用地面积 38 458.89m^2，分为住宅用地（28 520.75m^2）和商业用地（9 938.14m^2）。总建筑面积约 28 万 m^2，地下室建筑面积约 5.5 万 m^2。项目分两个片区。片区一：大型生活超市，酒店，集中商业、写字楼，公寓，商业街。片区二：5 栋高层住宅、2 栋联排别墅、1 个幼儿园。

4. 经济或社会效益：该项目产品受到市场欢迎，项目贴邻岳麓区政府，毗邻市府，项目产品弥补了周边板块的生活及配套短缺，形成市府板块商业生活次中心。在设计上，尽可能保留现状，尝试台地住宅区设计思路，极大地减少了对现状周边山体环境的破坏，作为长沙河西市府板块高容积率标杆楼盘，推动着河西板块的发展。

二十、安哥拉卡玛库巴农场项目

1. 承建单位：中机国际工程股份有限公司等

2. 签约时间：2011 年 4 月 18 日

3. 项目概况：项目主要内容为开垦 5 000hm^2 土地，种植 4 000hm^2 玉米和 1 000hm^2 大豆。同时，建设与生产能力相配套的烘干设备，仓储设备和加工设备，完成玉米粉加工和淡水鱼养殖。项目主要特点：属于农业生产加工全产业链项目。项目土地面积 1 万 hm^2，开垦难度大，不可控因素多；农业种植风险多；地处偏远，路况非常差，运输风险大。

4. 经济或社会效益：安哥拉年粮食缺口 200 万 t，卡玛库巴农场具备年产 2 万 t 玉米、2 000t 大豆的生产能力，以及 120t/d 玉米粉加工能力。该项目可保障安哥拉的粮食安全，减少粮食进口；丰富了当地农产品市场；提高了安哥拉的农业生产技术水平。项目建设高峰时雇佣当地 400 多人；建成后安排当地 150 多人就业，提高了当地农机装备和农业生产技术水平。

二十一、安哥拉隆格水稻农场项目

1. 承建单位：中机国际工程股份有限公司等

2. 签约时间：2010 年 10 月 30 日

3. 项目概况：在习近平主席 11 月访问安哥拉期间，签署项目融资协议；2011 年 5 月，收到预付款，项目正式生效；2011 年 7 月 15 日，项目正式启动，同期开展项目区域勘测与规划；2011 年 12 月 30 日，完成项目最终设计并通过业主审批；2011 年 10 月，开始品种筛选与试种，同期进行设备招标与采购，开始 500 hm^2 荒地开垦与场区配套设施建设；2012 年 12 月 25 日，完成项目第一季 500 hm^2 水稻播种；2013 年 5 月 31 日，500 hm^2 水稻收割，同期完成水稻烘干车间、筒仓、加工厂的安装调试，12 月底，完成第二季 1 000 hm^2 水稻播种；2014 年 4 月 25 日，1 000 hm^2 水稻收割完成，同年 12 月底完成第三季 1 200 hm^2 水稻播种，2015 年 4 月 30 日，1 200 hm^2 水稻收割完成。项目于 2014 年 12 月底，完成土建设施竣工验收；2015 年 2 月，收到业主临时验收证书；2016 年 3 月，基础设施质保期结束；2016 年 5 月，进入项目整体运营移交；2017 年 5 月 22 日，业主签发项目最终移交证书。项目主要包括农场基础设施（包括办公、住宿、培训、农资库房等）、场区生产和通往外部的运输道路；荒地开垦和农田配套水利设施；农场配套粮食仓储设施和相应规模的稻米加工设施；稻壳发电站；农场配套农机具及维修设备；农场其他生产辅助设施等。项目主要特点：具有综合性强、专业性强、涉及范围广特点。其内容涵盖农业种植、加工、仓储，农机设备配套，农田水利和其他土建设施建设等；就水稻种植而言，克服了试验周期短，无成熟品种借鉴，植保难点多等困难；项目始终牢牢把握“品种”“农时”农业种植基本要素，同时围绕农业种植进行相关配套基础设施建设的统筹安排。

4. 经济或社会效益：该项目建设耕地面积 1 500 hm^2 水稻农场，年均生产水稻 7 500t 以上，增加就业岗位 80 人，农忙时 400 多人。该项目的建设实施，有力地促进了当地经济发展，创造了更多就业机会，提高了当地民众的生活水平；

此外，也进一步推广了农业技术，造福于当地农民，为企业树立了良好形象，为公司赢得了声誉。同时，为两国政府间的合作模式与方向进行了有益的尝试与探索。

二十二、赞比亚姆巴拉 - 纳孔德公路升级改造项目

1. 承建单位：中机国际工程股份有限公司

2. 签约时间：2011 年 4 月 15 日

3. 项目概况：2011 年 8 月，收到赞比亚政府预付款；2011 年 9 月 20 日，赞比亚政府换届，项目处于停滞状态，融资评审暂停。赞比亚道路局（该项目业主）于 2012 年 4 月下达开工令，要求于 2012 年 4 月 18 日正式开工，先行施工从姆巴拉开始的 18.035km 的道路工程。按照要求，施工单位调遣机械设备人员进场施工。2014 年 4 月 30 日，项目融资落实，为全额优惠贷款，项目全面生效，项目于 2016 年 6 月 19 日竣工。2017 年 6 月 20 日，项目收到最终验收证书。项目主要内容为赞比亚北方省穆巴拉（Mbala）至纳孔德（Nakonde）171.9km 原有土路升级为沥青混凝土道路的施工建设，技术标准满足南非路桥规范（SATCC）。项目主要特点：线路点多面长；地材资源匮乏、质量不达标，材料陆路运输较远，成本较高；项目进度紧迫。

4. 经济或社会效益：赞比亚政府高度重视交通运输基础设施建设，视其为经济社会发展的核心因素。2011 年始，赞比亚 PF 政党上台执政，颁布“连接赞比亚 8 000 项目”，即在赞比亚建设 8 000km 道路。该项目作为赞比亚政府极力推动的具有造血功能的基础设施项目之一，得到赞比亚现任政府的高度重视。该项目的建设，将对促进大湖区交通往来、活跃地区经济，以及促进中赞经贸合作具有极大的推动作用。

二十三、玻利维亚糖厂项目

1. 承建单位：中机国际工程股份有限公司

2. 签约时间：2012 年 3 月 5 日

3. 项目概况：合同工期自业主签发开工令后 30 个月。2013 年 6 月 6 日，与业主签署补充协议，将桩基工程纳入总包合同，总工期至 2016 年 9 月 30 日临时验收，自业主签发开工令起计算。2012 年 9 月 6 日，业主颁发开工令，正式起算工期；2014 年 6 月 16 日，桩基工程完工；2015 年 7 月 12 日，开始单机调试；2015 年 9 月 29 日，全部设备安装完成。联动调试验收从 2016 年 8 月 26 日开始，共投料 3 次，投料共生产 55 个编号白砂糖，除有 10 个编号色值超过 300IU 外，其他理化指标均合格，业主于 2016 年 11 月 8 日颁发临时验收证书。2017 年 12 月 14 日，业主颁发最终验收证书。项目主要内容为建设 1 座日处理甘蔗 7 000t 的糖厂，包括配套的日产 10 万 L 的酒精车间、日处理 15t 蔗渣的蔗渣水解车间，以及自备电厂。项目主要特点：对渗出器不熟悉；项目复杂，工期较为紧张；水泥货源较紧张，钢筋需要从周边国家进口。

4. 经济或社会效益：该糖厂将是拉巴斯省第一个糖厂，每年甘蔗需求量 91 万 t，生产白砂糖量约 82. 万 t，产酒精量 1.3 万 L，可为圣布埃纳文图拉当地政府带来可观的税收和就业。直接解决就业人口约 400 人，间接就业人员近 5 000 人。糖厂投产后，将提供玻利维亚国内约 10% 的白糖市场份额，将有效解决白糖供给不足问题。同时，能平抑糖价，为玻利维亚消费者带来实惠。

二十四、尼加拉瓜配油厂项目

1. 承建单位：中机国际工程股份有限公司

2. 签约时间：2012 年 4 月 27 日

3. 项目概况：2013 年 4 月 10 日，土建、安装分包商确认，并签订分包合同；2013 年 6 月 11 日，业主签发开工函；2013 年 7 月 26 日，基础开始施工；2013 年 9 月 23 日，消防水罐开始安装；2013 年 11 月 8 日，消防水罐安装完成；2014 年 2 月 25 日，GLP 球罐开始安装；2014 年 5 月 22 日，雨水系统地下部分完成；2014 年 9 月 22 日，液化气球罐安装完成；2014 年 11 月 22 日，灌装岛主体及结构完成；2015 年 7 月 20 日，变电站所有电气设备安装完成；2015 年 7 月 25 日，全厂机械设备安装完成；2016 年 1 月 4 日，电仪调试完成；2017 年 11 月 25 日，项目收到项目业主颁发的项目最终验收证书。项目主要内容为油料存贮设施（罐区）、油料分发和配送设施，以及相应的消防系统、运营和办公设施，阀门站及 5 条 1.5km 的输油管线的建设。项目主要特点：项目执行美国标准，

HSE 要求高，球罐焊接难度大。

4. 经济或社会效益：该油料分配厂建成后，将成为该国重要的战略储备库，不仅能满足本国对燃料的需求，更能辐射周边其他中美洲国家。此外，项目为当地直接和间接地提供了上千人的就业机会，对提升当地经济具有积极的影响。

二十五、白俄罗斯吉利汽车生产线项目

1. 承建单位：中国机械工业建设集团有限公司

2. 签约时间：2015 年 8 月 31 日

3. 项目概况：2015 年 8 月 31 日合同生效，2017 年 7 月 31 日项目完工。该项目业主为白俄罗斯 BELGEE 公司，工程地点：白俄罗斯共和国明斯克区鲍里索夫 Chapaeva 街 56 号。工程内容包含：建筑工程——焊装车间、涂装车间、小件涂装、总装车间、KD 库、交验间、焊装连廊、总装连廊、涂装连廊、联合动力站房、污水处理、油化库、固废库、车间加油站、普废库、锅炉房、雨篷、机修车间、污水提升泵站、天然气调压间、消防站等单体的建筑工程。安装工程——上述车间、厂区公辅系统及发送站、办公楼、食堂、门卫、宾馆、拆箱作业棚等（不含预埋）公辅系统的安装，为焊装、涂装、总装三大车间专业安装分包提供机具，配合调试。厂区工程——厂区道路、厂区道路土方、厂区排水系统的建设工程等。资金来源为业主自筹 15%+口行贷款 85%，合同金额 56 900 万元。

4. 经济或社会效益：吉利（白俄罗斯）汽车有限公司的竣工投产，是白中两国在“一带一路”框架内开展互利共赢合作的典范，该项目被白俄罗斯总统给予高度评价：“中国朋友帮助白俄罗斯建成了汽车制造厂，感谢中国帮我们实现了轿车梦”。对白俄罗斯来说，这家工厂具有重要的战略意义，该工厂是中国与白俄罗斯的首个汽车合资项目，也是白俄罗斯国内目前唯一运营的乘用车生产企业。吉利（白俄罗斯）汽车有限公司投产之前，白俄罗斯只能生产重型货车和农用车。该项目的顺利竣工，让白俄罗斯初步具备乘用车整套生产能力，带动了白俄罗斯乘用车配套产业链的全面发展。合资工厂生产的汽车有很大的市场需求，该厂产品不仅可以满足白俄罗斯的需要，还可销往其他国家。该汽车厂的落成也创造了当地新的就业岗位、促进了配套产业的升级。

二十六、广州市萝岗区 KXC-P4-4 地块线坑村改造项目

1. 承建单位：中国机械工业建设集团有限公司

2. 签约时间：2013 年 3 月 25 日

3. 项目概况：2013 年 3 月 25 日合同生效，2013 年 3 月 26 日开工，2018 年 8 月 1 日项目完工。该项目业主是广州市宏康福港房地产开发有限公司，工程位于广东省广州市黄埔区香雪大道西 283 号。该工程属于商品房和回迁房项目，总建筑面积约 41.92 万 m^2，共有 29 栋高层住宅（7 栋 15 层、22 栋 30 层）、1 栋幼儿园（3 层）、1 栋会所（3 层）、1 栋祠堂（1 层），地下室 2 层。工程内容主要包括但不限于基础工程、土建工程、管线槽敷设、铝门窗工程、防火门工程、栏杆工程、精装修工程、园林绿化工程、化粪池、隔油池、措施项目及相关附属工程等，合同暂定金额约 110 000.00 万元，结算金额约 193 548.68 万元。

4. 经济或社会效益：该项目按照业主要求的节点工期和总工期顺利完成，各项验收均一次性通过，施工期间无任何投诉，得到业主单位、监理单位、村民和政府相关部门的一致好评。该项目施工期间提供了较多工作岗位，施工高峰期约有 1600 个工作岗位，解决了大量农民工就业。该项目的实施，提升了公司在民用与公共建筑工程领域的竞争力，提高了公司在当地的知名度。

二十七、龙海家园小区 C 地块（一期、二期）工程

1. 承建单位：中国机械工业建设集团有限公司

2. 签约时间：2014 年 6 月 10 日

3. 项目概况：2014 年 6 月 10 日合同生效，2014 年 7 月 15 日开工，2017 年 7 月 8 日完工。该项目业主是烟台龙海置业有限公司，工程位于烟台市芝罘区环海路西，幸福北路南侧。工程内容包括地下室（土石方、桩基、基坑支护降水、地下建筑安装工程）、C-1 号楼、C-3 号楼、C-4 号楼、C-5 号楼、C-6 号楼、SC-1 号公建楼、SC-3 号公建楼等所有土建、安装、装饰工程，合同金额约 7 亿元。

4. 经济或社会效益：该项目可加快烟台市城市建设的发展步伐，提高了原有居民的生活水平，有利于烟台市城市面貌的改善和社会的稳定；项目的开工建设和营运管理，创造了就业机会，开拓了就业渠道，带动了当地建材生产和销售业的发展，并在扩大内需，刺激消费方面起到积极作用。

二十八、日照市东港区 90MW 集中式农光互补扶贫电站项目（一期）EPC 总承包项目

1. 承建单位：中国中元国际工程有限公司

2. 签约时间：2017 年 6 月 20 日

3. 项目概况：该项目为农光互补扶贫电站，占地面积约 153.34 万 m^2，总装机容量为 90MW，一期建设规模 30MW，总投资 3.5 亿元。项目采取“光伏 + 农业”模式，将光伏发电与传统种植业有效结合，利用光伏支架间距空间种植农作物。例如丹参、金银花等喜阴中草药，实现土地深度开发利用。后期可建成光伏观光园区，可有效带动乡村旅游业及扶贫产业发展。项目 2017 年 12 月 26 日一次性并网验收合格。

4. 经济或社会效益：该项目建成后，周边村贫困户每年将获得近 2 万元进园务工收益。此外，还将持续 20 年每年获得 3 000 元的项目收益，实现项目范围内贫困户全部脱贫。

二十九、哥伦比亚 Gecelca 3.2 燃煤电站

1. 承建单位：中国联合工程有限公司

2. 项目概况：哥伦比亚 GECELCA3.2 项目，位于哥伦比亚西北部的科尔多瓦省（Cordoba）自由港市（Puerto Libertador），建设规模为 1 台 300MW 燃煤火电机组。

2018 年 4 月 18 日，GECELCA3.2 项目 300MW 汽轮发电机冲转一次成功，顺利达到额定转速 3 600r/min，整个冲转过程用时 161min，冲转期间，汽轮机气缸膨胀、轴向位移、轴承温度等各项参数良好，尤其轴振最大值为 27μm，达到中国国优标准。

3. 经济或社会效益：该项目规模为哥伦比亚最大的燃煤机组，为哥伦比亚提供重要的电力能源保障。中国联合工程有限公司在国家“一带一路”倡议下，为沿线国家经济社会发展做出的突出贡献。

三十、嘉兴市秀洲区王店、油车港、新塍三镇小城镇环境综合整治 EPC 项目

1. 承建单位：中国联合工程有限公司

2. 签约时间：2017 年 3 月

3. 项目概况：该项目总投资约 9.5 亿元。合同签订于 2017 年 3 月。小城镇环境综合整治主要外立面整治、道路整治、绿化亮化提升、河道驳岸治理及交安设施等施工内容。由于工期紧、任务重，公司管理团队和设计人员为了加快施工进度，在没有测绘图的情况下，采用航拍、现场放样指导和手绘等方式指导施工，大大提升了施工进度。真正体现了 EPC 设计、施工和采购一体化的优势。经过一年多的努力，目前三镇整治工作已全部结束。王店和油车港两镇考核完毕分别获重点镇嘉兴市第一和一般镇嘉兴市第一，新塍镇正在准备 8 月初考核。

4. 经济或社会效益：该项目推进了城市化建设，加速城乡一体化进程；促进了当地经济发展，提高了人们生活水平；促进了旅游业发展，进一步推进其他产业的发展。

三十一、钱江世纪城学军中学附属文渊中学 EPC 项目

1. 承建单位：中国联合工程有限公司

2. 签约时间：2016 年 6 月

3. 项目概况：钱江世纪城学军中学附属文渊中学 EPC 项目，是萧山区钱江世纪城第一个在萧山区建设工程交易中心招投标的 EPC 项目，采用费率模式，公开招标确定，并于 2016 年 7 月签订工程总承包合同。项目位于钱江世纪城机场路、利丰路、博奥路、杨帆路合围区域，总建筑面积约 14 万 m^2，地下 4.2 万 m^2，地上 5 ～ 6 楼层，最高楼 17 层。

公司负责前期报建、地质勘查、各项设计、采购招标、调试运行、竣工及各项验收、移交备案、工程保修及工程总承包管理等工作，全面对工程项目进度、投资、质量、安全、合同、信息等进行管理和控制。项目于 2016 年 9 月开工，2018 年 6 月竣工验收，历时 21 个月。项目体量大，工艺复杂，工期紧，EPC 项目部科学规划，精心组织，合理部署，最大限度地发挥各参建方的积极性。通过严管项目进度，开展进度日考核、纠偏措施，严抓项目质量管理，严管项目安全生产，有效控制项目投资等措施，在约定的工期范围内保质保量地完成了合同约定的各项目标，彰显了公司 EPC 专业管理成效。

4. 经济或社会效益：该项目建设期间受多方关注，建设期间组织多次师生家长观摩会，同时各媒体也对本工程高度关注，社会影响良好，得到公众好评。

三十二、上海汽车商用车无锡工厂 3 号辅房涂装车间设备项目

1. 承建单位：中国汽车工业工程有限公司

2. 签约时间：2015 年 3 月 2 日（涂装设备合同签订日期）

3. 项目概况：该项目位于无锡市惠山区，涂装车间工程占地面积 23 668.3m^2，总建筑面积 55 707.56m^2，主体厂房 3 层、局部 1 层钢框架结构，钢筋混凝土楼板 + 轻质屋面。该生产线设计纲领为 18 万辆 /a（节拍 30JPH），主要产品为 SV61、SV62，SV71、SK81、SUV，可实现皮卡、SUV 等车型平台混线的高柔性化生产。

该项目土建施工开始于 2015 年 1 月 8 日，涂装设备合同签订于 2015 年 3 月 2 日，设备于 2015 年 8 月 15 日开始安装，2015 年 12 月 20 日主体安装完成，2016 年 4 月 12 日首台面漆车下线，2017 年 10 月完成设备验收。设备开动率稳定在 96% 以上，一次下线合格率稳定在 90% 以上，涂层参数全面超过质量标准，达到轿车的涂层外观质量要求。

生产线秉承“精益化、柔性化、模块化、人性化、高质量、低成本及绿色环保”建厂方针，采用大量新技术、新装备，包括薄膜磷化技术、涂装室循环风技术、清漆废气转轮浓缩焚烧处理技术、热管换热器热回收技术、车体外及内腔全自动机器人喷涂技术、能源计量装备等。建成的生产线是一条绿色、环保、节能的涂装生产线。

4. 经济或社会效益：2015 年，承接涂装车间总承包项目，设计纲领 18 万辆 /a；8 月 15 日，设备进场；同年 12 月底，完成主体安装；2016 年 3 月 18 日，完成工艺设备联机调试；同年 4 月 12 日，首辆车身下线。该项目自 2016 年 4 月 12 日正式生产至今，累计生产产品车超过 15 万辆。该生产线可实现多个车型平台混线的高柔性化生产，有助于上汽大通横跨多领域，参与更大范围竞争，致力于成为细分市场的领军企业。

该项目的成功实施，既体现了中汽工程在汽车涂装行业综合实力的提高，再次说明中汽工程的国内汽车涂装总承包项目技术装备水平及项目管理水平达到国内领先水平，为中汽工程在江南地区继续承接项目打下了坚实基础，在中汽工程和上汽大通的合作史上具有里程碑的意义。

三十三、东风井关农业机械生产基地建设项目（一期）

1. 承建单位：中国汽车工业工程有限公司

2. 签约时间：2016 年 3 月 28 日

3. 项目概况：该项目位于湖北省襄阳市襄州国际物流园，建设地块东西长 823.6m，南北长 449.8m，项目总用地面积 37.37 万 m^2。项目采用分期建设，其中一期总建筑面积约 10 万 m^2，主要包括装配车间、涂装车间、检测车间、办公楼、食堂及活动中心、联合站房、厂区道路等 22 个子项。项目总包合同额 4.17 亿元，其中土建公用合同额约 2.136 亿元。项目开工时间为 2016 年 5 月 16 日；工艺进场时间为 2016 年 10 月 10 日；土建公用验收时间（政府验收）为 2017 年 10 月 31 日；机加工艺设备验收时间为 2017 年 9 月 20 日；装配工艺设备验收时间为 2017 年 12 月 31 日。

4. 经济或社会效益：该项目可满足发展湖北省襄阳市东风井关农机产业园的定位标准，实现中期商品企划、结合未来发展需求一次性规划，分期实施。新工厂按产能拖拉机 24 000 台 /a、收割机 15 000 台 /a、插秧机 18 000 台 /a 设计建设。一期投产后实现产能拖拉机 7 800 台 /a、收割机 9 500 台 /a、插秧机 9 000 台 /a。

三十四、南汽集团自主品牌乘用车产能提升项目涂装车间

1. 承建单位：中国汽车工业工程有限公司

2. 签约时间：2015 年 6 月

3. 项目概况：该项目建筑面积 45 000m^2，4 层混凝土框架结构。项目结构方案——装配式混凝土结构。2015年8月13日开工，2016年1月18日封顶。2016年3月25日涂装设备进场安装。2016年10月土建完工，2016年12月涂装车间正式生产。

4. 经济或社会效益：该工程采用的装配式混凝土结构，框架梁为先张法预应力钢筋混凝土梁，现场预制，专业化、标准化程度高。采用定型钢模底板，周转次数多，节能环保。因为梁的预制工作在涂装车间场外同步进行，大大节约了工期，梁的吊装机械化程度高，受环境、气候、人员影响小，也在一定程度上加快了施工进度。总体费用低于现浇结构。

在以往项目中，混凝土梁柱的质量通病得到有效控制，现场共生产预制梁1 315根，0次品；梁、柱浇筑过程无胀模，完成后表面平整、光滑，无蜂窝麻面，达到清水混凝土的质量标准，梁柱经过简单处理后，可直接进行批白滚刷涂料工序，大大节约了人工成本。同时，也解决了全现浇结构潜在的安全隐患。可以说，是中汽工程历年来混凝土浇筑质量最好的项目。

三十五、沙洋县风电装备产业园建设项目

1. 承建单位：机械工业第六设计研究院有限公司

2. 签约时间：2017年3月17日

3. 项目概况：该项目总投资约35亿元，规划面积约266.7万m^2，总建筑面积约130万m^2，其中一期占地面积约73.3万m^2，建筑面积30万m^2，投资8亿元。

4. 经济或社会效益：整个基地将按照构建“一轴三园区一中心”的空间格局，重点建设风电装备产业园、智能装备产业园、港口机械产业园。规划建设贯彻“创新引领、绿色节能、特点鲜明、智能示范”发展理念，致力于打造湖北省一流的绿色高端装备制造产业园区，一流的绿色集约发展示范园区。基地按照“国家生态工业示范园区标准（HJ 274—2015）”统一规划建设，建（构）筑物均按绿色建筑的标准设计，建设“四节两环保”的绿色节能标志性示范区。

三十六、郑州市民活动中心BIM技术应用研究项目

1. 承建单位：机械工业第六设计研究院有限公司

2. 签约时间：2017年8月9日

3. 项目概况：该项目位于郑州市民公共文化服务区，总建筑面积约22.25万m^2，分为A、B两个区，其中A区总建筑面积134 983m^2，B区总建筑面积78 513m^2。A区包括杂技馆、群众艺术馆剧场、妇儿中心、青少年发展中心、群艺馆工作室、健康中心，B区包括科技馆，地下室为设备用房、机动车停车库、非机动车停车库、商业用房及部分库房。BIM模样包括以上专业的主要构件、设施和管路，如实反映各专业设计图样所表达的构件类型、空间尺寸参数等，并协调施工方按照设计、协调、变更等优化后的BIM模样及相关三维图样进行施工安装。

4. 经济或社会效益：该项目是郑州市在公共文化事业方面投入最大的建设项目之一，也是该地区最大的民用建筑BIM技术服务项目之一。

三十七、武平县体育公园设计

1. 承建单位：机械工业第六设计研究院有限公司

2. 签约时间：2017年10月31日

3. 项目概况：该项目总建筑面积约4.6万m^2，其中主体育场面积约1.4万m^2，综合体育馆面积约1.4万m^2，游泳馆面积约8 000m^2，运动员宿舍及多功能训练馆面积约6 000m^2，射箭训练基地（含地下停车场）约4 000m^2；投资估算总额约3.5亿元。

4. 经济或社会效益：该项目建成后，将集体育竞技、教研培训、商务接待、休闲健身等功能于一体，为城区居民健身休闲提供优良条件，并为举办各类体育赛事提供场所，大幅提高县城群体品位和档次。

三十八、开封恒大童世界欧式城堡度假酒店项目方案深化及施工图设计

1. 承建单位：机械工业第六设计研究院有限公司

2. 签约时间：2017年8月11日

3. 项目概况：该项目规划总用地面积约7.75km^2，距离开封市政府12.5km，距离开封北站9.8km，距郑州东站35.6km，距离奥特莱斯购物广场 12.2km，距离雁鸣湖 10.9km。该项目拥有高水平的配套设施，配套设施包括国际会议中心、国际会展中心、运动中心、电影城、娱乐世界、欧式城堡酒店、地标酒店、博物馆群、婚礼庄园、温泉城、演艺中心、特色商业街、世界美食街和风情商业街等。旅游小镇住宅为高层和多层混合设计的高档住宅小区。

4. 经济或社会效益：恒大童世界是专门为少年儿童打造的全天候、全季节的世界顶级童话主题乐园，是继中国海南海花岛之后打造的又一大型文旅产业项目，将成为河南全省旅游发展的又一重要引擎，积极推动河南旅游业的大发展、大提升和大跨越。项目所有建筑都将打造成 100% 绿色建筑，形成高、中、低星级分布均衡、错落有致的绿色建筑集群。

三十九、援斯里兰卡水技术研究与示范联合中心项目

1. 承建单位：机械工业第六设计研究院有限公司

2. 签约时间：2017 年 5 月 27 日

3. 项目概况：该项目位于斯里兰卡康提市佩拉德尼亚大学内，总用地面积约 30 350m^2，总建筑面积约 5 000m^2。包括科研综合楼、中试中心、专家公寓和院区配套设施，CSL 联合研究中心将用于中斯双方联合开展合作研究、人才培养、设备研发、技术示范等活动，从而为慢性肾病、安全供水、水资源管理等问题的解决提供技术支撑。

4. 经济或社会效益：斯里兰卡是中国海上丝绸之路经济带的重要支点，该项目的顺利实施将促进高发肾病病因研究，造福受援国民众，极大地提升中国大国形象与国际地位。

四十、台前县人民医院新区医院及养老中心项目

1. 承建单位：机械工业第六设计研究院有限公司

2. 签约时间：2017 年 2 月 15 日

3. 项目概况：该项目总投资 27 000 万元，医院规划床位 1 500 张、养老中心床位 800 张，总规划建筑面积约 19 万 m^2，项目分两期实施。

4. 经济或社会效益：该项目是濮阳市重点项目，建成后，将成为该地区最大的医疗、养生养老场所。

四十一、民权县高级中学新校区建设项目

1. 承建单位：机械工业第六设计研究院有限公司

2. 签约时间：2017 年 6 月 17 日

3. 项目概况：该项目总建筑面积约 29 万 m^2，建设内容为教辅用房、学生宿舍楼、餐厅、运动场等。项目整体规划借鉴了大学校园的整体规划思路，成组团布置教辅建筑，反映现代教学空间的特色。

4. 经济或社会效益：此次学校建筑的规划和设计整体“围而不堵、透而不疏”，空间设计既有围合感又层次丰富。强调多层次的交流空间，为人的活动、停留、交往创造不同尺度的空间，有利于师生互相启发及促进社交能力的提高。

四十二、融创沈庄项目

1. 承建单位：机械工业第六设计研究院有限公司

2. 签约时间：2017 年 2 月 16 日

3. 项目概况：该项目位于郑州市金水区未来路与福元路交叉口东南角，土地使用权面积 43 309m^2，容积率 6.77。项目总建筑面积 405 687.60m^2，其中地上建筑面积 292 601.66m^2、地下建筑面积 113 085.94m^2。地上单体建筑 13 栋，大底盘地下车库共 3 层（住宅主楼范围内为 4 层）。项目规划 7 栋 150m 超高层住宅、独立商业铺面、地下车库等，按成品住宅项目开发，住宅均为成品住宅。

4. 经济或社会效益：该项目是中机六院承接的第一例超高层成品住宅设计项目，需设置避难层，有益于对精细化设置积累经验。

四十三、韩城高端铸造产业园

1. 承建单位：机械工业第六设计研究院有限公司

2. 签约时间：2017 年 3 月 15 日

3. 项目概况：该项目是韩城市政府落实《中国制造 2025》，促进工业转型升级，实现追赶，依托本地在能源、矿产、金属冶炼方面优势，打造的百亿铸造产业集群。项目用地东西长 418m，南北宽 334.5m，面积 139 821m^2，项目总建筑面积 72 933m^2。

4. 经济或社会效益：该产业园以科技、绿色、效益的创新理念为先导，以智能铸造创新为主攻方向，运用工业互联网、大数据、云计算、物联网等技术，搭建开放、共享、线上线下一体化的创新服务平台；按照产城一体发展模式，发展以集研发、生产、营销、金融、住宿、餐饮、娱乐、医疗为一体的产业价值链和生活服务体系，建设创新引领、技术高端、绿色生态、生产与生活共融的宜业宜居国家级示范园区。

四十四、太平庄社区四期安置房项目

1. 承建单位：机械工业第六设计研究院有限公司

2. 签约时间：2017 年 3 月 10 日

3. 项目概况：该项目位于郑州市中牟县雁鸣湖镇，雁月大道以北，归月西路以南，太平路以东，康顺路以西，用地面积 25.33 万 m^2；地上建筑面积 52.2 万 m^2，地下建筑面积 18.5 万 m^2。

4. 经济或社会效益：该项目改善了居民住房条件，完善配套设施和公共服务设施，有利于改善城市环境，集约利用土地，提高城镇综合承载力和可持续发展能力。

四十五、郑州市第二人民医院东院区改扩建项目

1. 承建单位：机械工业第六设计研究院有限公司

2. 签约时间：2017 年 11 月 3 日

3. 项目概况：该项目计划设置 400 张床位，总建筑面积约 53 000m^2，其中地上建筑面积 38 000m^2、地下建筑面积约 15 000m^2（含人防建筑），总投资约 2.2 亿元。

4. 经济或社会效益：该项目的实施，将一定程度上改善郑州市第二人民医院东院的医疗设施条件，更好地服务于群众。

四十六、亳州市第三十一中学（含亳州市第一小学）设计、施工总承包项目

1. 承建单位：机械工业第六设计研究院有限公司

2. 签约时间：2017 年 8 月 21 日

3. 项目概况：该项目规划占地面积 13.8 万 m^2，总建筑面约 13 万 m^2，规模为 132 个班（高中部 48 个班、初中部 36 个班、小学部 48 个班），全校学生约 6 400 人。主要建设内容：中学部实验楼、教学楼、综合楼；小学部教学楼、实验楼；图书馆、科技馆；宿舍、食堂、报告厅；地下车库等及配套附属设施，总投资额约 3.5 亿元。

4. 经济或社会效益：该项目适应由传统的只注重知识技能传授向尊重学生的主体地位、教育并重、身心全面发展的素质教育转化为教育的发展趋势设计，并以信息时代特征为指导，顺应新时期教育内涵转变、教育共享、优势互补的要求，加强教学中心区集中布置，改善封闭独立布局，把单幢建筑布置和集中组团相结合，创造良好的资源共享、联系便捷的智能型校团科研教学环境。

四十七、菏泽市牡丹区中医医院扩建项目

1. 承建单位：机械工业第六设计研究院有限公司

2. 签约时间：2017 年 9 月 11 日

3. 项目概况：该项目位于菏泽市中心城区北部，总建筑面积约 20.6 万 m^2，包括门诊医技楼、急诊、病房楼、综合病房楼（一期）、护理楼及地库等。

4. 经济或社会效益：项目建成后将成为鲁西地区规模最大，集医疗、中医康复、体检、养老、教学于一体的中医综合性医院。

四十八、菏泽医专康复养老中心

1. 承建单位：机械工业第六设计研究院

2. 签约时间：2017 年 5 月 9 日

3. 项目概况：该项目占地面积近 26.67 万 m^2，总建筑面积约 11 万 m^2。

4. 经济或社会效益：该项目建成后，将成为集教育教学、科研培训、康复保健为一体的大型公寓式养老社区。

四十九、援突尼斯综合医院项目

1. 承建单位：机械工业第六设计研究院有限公司

2. 签约时间：2017 年 10 月 21 日

3. 项目概况：该项目位于突尼斯中部斯法克斯省首府斯法克斯市，该市是突尼斯国第二大城市。项目包括门急诊医技综合楼、住院部、行政办公楼、后勤保障楼，这四部分通过连廊联系。心理学部、殡仪馆、垃圾处理中心、污水处理站、锅炉房、液氧站、变电所、门卫等分别独立设置。

4. 经济或社会效益：该项目总建筑面积 26 218.19m^2。总床位数 246 床，其中心理学部 80 床、当日住院 10 床、住院部 156 床。

五十、江西中烟工业有限责任公司广丰卷烟厂易地技术改造项目

1. 承建单位：机械工业第六设计研究院有限公司

2. 签约时间：2017 年 5 月 10 日

3. 项目概况：该项目位于广丰城区西北部，建设用地面积约 22.98 万 m^2。建设场地形状为梯形，以道路红线和用地红线计，东西方向最长约 515m，最短约 396m，南北方向宽约 490m。项目包括：新建联合工房及生产管理用房、后勤服务用房、动力中心、地下管廊、原料周转库、综合库、香精香料库、废料中转站、污水处理站、大门及门卫等；新增制丝生产线及新增、调剂补齐卷接包设备；建设生产物流系统；建设配套的公用动力工程；建设全厂信息化系统等。

4. 经济或社会效益：该项目建设规模按 30 万箱 /a 制丝能力、20 万箱 /a 卷包能力的卷烟生产基地，一次规划，分期实施，预留适当发展空间。

五十一、海林和穆棱卷烟厂联合易地技术改造项目

1. 承建单位：机械工业第六设计研究院有限公司

2. 签约时间：2017 年 10 月 20 日

3. 项目概况：该项目是 2016 年国内首个卷烟厂技改项目，也是黑龙江烟草工业“十三五”发展规划的重要组成部分。项目位于牡丹江经济技术开发区中俄科技信息产业园中心区域，占地面积约 20.4 万 m^2，总投资约 14 亿元，年产卷烟 30 万箱。

4. 经济或社会效益：对海林烟厂和穆棱烟厂的整合，将实现黑龙江卷烟工业“一总三分”战略布局，并为带动牡丹江地区经济发展，完善当地园区产业布局，促进黑龙江卷烟产业可持续发展，起到积极的推动作用。

五十二、登封石羊关移民新村（一期）

1. 承建单位：机械工业第六设计研究院有限公司

2. 签约时间：2017 年 1 月 23 日

3. 项目概况：该项目位于告成镇石羊关村，颍河北岸，白沙湖风景区上游，总占地面积 19 万 m^2，总建筑面积 4.3 万 m^2，总投资 1.2 亿元，可安置群众 300 户 1 300 余人。此次建设为一期，共建设安置房 233 套（含现有 14 套房屋改造）及其基础设施建设。

4. 经济或社会效益：项目建成后，将实现以农事体验园区、户外运动休闲区、山林梯田花卉观光区和健康休闲旅游区的产业发展方向，成为城镇新型农村安置社区的示范性工程。

五十三、固始县人民医院建设项目

1. 承建单位：机械工业第六设计研究院有限公司

2. 签约时间：2017 年 4 月 10 日

3. 项目概况：该项目为医疗类总包设计项目，设计床位 2 000 张，建筑面积 23 万 m^2。项目总体布局采用中国古代城市棋盘式布置，建筑之间通过连廊架空连接，一气呵成，形体舒展流畅、蜿蜒曲折、灵动飘逸。

4. 经济或社会效益：该项目将有力于改善县域医疗环境，便捷医疗流程，提升医疗实力，有效缓解固始县百姓看病难、住院难问题，满足人民群众日益增长的医疗、保健需求。

五十四、援安提瓜和巴布达两个社区中心项目

1. 承建单位：机械工业第六设计研究院有限公司

2. 签约时间：2017 年 6 月 6 日

3. 项目概况：该项目位于加勒比海岛国安提瓜与巴布达首都圣约翰，包含圣约翰和圣菲利普 2 个社区中心，每个社区中心包括 1 个社区诊所和 1 个社区服务中心，建筑面积 2 917.61m^2。

4. 经济或社会效益：该项目的建成，将极大地改善当地居民的基本医疗水平，为社区居民提供基本的学习娱乐场地，为中安人民友谊与交流添砖加瓦。

五十五、河北敬业 5# 连铸机总承包项目

1. 承建单位：中国重型机械研究院股份公司

2. 签约时间：2016 年 12 月 16 日

3. 项目概况：该项目包括 1 台 1 机 2 流 230mm×1 600mm 板坯连铸机，是包含水处理在内的连铸工艺技术、设备及其配套设施的工程设计、制造、安装总承包项目。由于项目是在原有连铸车间内新建本台连铸机，需拆除原有设备，再建新铸机。中国重型院在设计过程中充分考虑原有车间条件、施工难度和工期紧迫性，对设计、制造、施工和安装调试的各个环节进行交叉推进和节点控制，于 2017 年 3 月完成设计工作，2017 年 4 月安装调试，2017 年 9 月一次热试成功。该项目为直弧型板坯连铸机，采用中国重型院独创的辊列设计和中间包升降平衡动态调节、结晶器液面检测、结晶器液压振动、扇形段远程调辊缝及动态轻压下、二冷气雾冷却及动态控制功能等自主研发的先进技术，整体装机水平达到国内领先。

4. 经济或社会效益：中国重型院总承包的敬业 5# 连铸机装机水平高，设备性能稳定可靠，自动化程度高。项目顺利建成投产对用户来说，拓展了企业高品质品种钢的连铸生产，使得国内民营钢铁企业的产品性能上了大台阶。

五十六、LD-60-LS 三辊冷轧管机项目

1. 承建单位：中国重型机械研究院股份公司

2. 签约时间：2016 年 9 月 12 日

3. 项目概况：中国重型院于 2015 年开始进行 LD-60-LS 伺服高精度异型管轧机研究，于 2016 年 9 月与久立特材科技股份有限公司签订合同，该项目于 2017 年 10 月完成安装调试，11 月试车成功。

LD-60-LS 异型管冷轧管机用于冷态下核电燃料组件外套六角管的轧制，更换轧制工具和机头，还可生产圆管和方管，是一种工艺灵活的多功能多辊冷轧管机。核电外套管的金相组织、晶粒密度、尺寸精度、表面粗糙度等技术指标远高于普通管材。该项目借助弹塑性有限元模型对异型管冷轧过程进行动态模拟仿真，从管材的变形机理着手解决了异型管的工模具设计研发难题，并应用高精度伺服回转送进闭环控制等关键创新技术，成功完成核电燃料组件外套管的试制工作。

4. 经济或社会效益：随着中国核电等行业的发展，市场对核电用高精度异型管的需求急剧增加。通过该项目，中国重型院在异型管生产工艺及设备研制方面取得了突破，打破了国外的技术垄断。

五十七、肇庆生力山村玻璃窑炉烟气脱硝项目

1. 承建单位：中国重型机械研究院股份公司

2. 签约时间：2016 年 11 月 15 日

3. 项目概况：该项目于 2017 年 3 月 27 日顺利投运，4 月 11 日完成第三方检测，监测结果显示 NOx 脱除效率 ≥ 90%，稳定达到最新环保排放标准，并于 2017 年 5 月 19 日完成项目验收工作。该项目采用选择性催化还原（SCR）脱硝工艺。SCR 脱硝技术是当今最成熟、应用最广泛的烟气脱硝技术。中国重型院在赛格三星玻璃烟气脱硝示范工程的基础上，自主研发和技术创新，已拥有自主知识产权的工业烟气脱硝技术。该项目烟气中，NOx 排放浓度 ≤ 100mg/Nm^3，无任何废水废气等二次污染。

4. 经济或社会效益：随着国家新环保法的实施和各地环保排放标准的提高，工业窑炉烟气脱硝特别是玻璃窑炉烟气脱硝已成为烟气治理的重点，中国重型院开发的脱硝净化系统具有运行稳定、高效率等特点，已为国内玻璃企业提供了 10 余套系统及设备。

五十八、山钢日照精品钢基地炼钢工程三套 210t RH 真空精炼炉 EPC 工程

1. 承建单位：中国重型机械研究院股份公司

2. 签约时间：2015 年 1 月 16 日

3. 项目概况：该项目分为一步工程和二步工程两部分。于 2016 年 9 月开工，2018 年 1 月一步工程 1#RH、2#RH 一次性热试成功并投产；二步工程 3#RH 在建。该项目 RH 精炼炉均采用“三机五工位”布置形式，采用先进的四级机械真空泵系统及中国重型院独有的节能变频控制技术，具有能耗低、操作灵活、真空脱气能力强、精炼钢种多等特点。该机械真空泵抽气系统是国内技术人员首次独立成套的大型四级全干式机械真空泵抽气系统，其性能和控制模型居世界领先水平，实际抽气能力超过 1 100 000m^3/h，处理真空度小于 67Pa，抽真空时间小于 4.5min，废弃粉尘浓度低于 10mg/m^3，每吨钢综合电耗小于

3.5kW·h。

4.经济或社会效益：该项目是中国首套自主集成的机械真空泵RH精炼炉项目，对促进中国精炼行业的技术发展和保持中国重型院真空精炼技术的领先水平具有里程碑意义。

设计、咨询、勘察项目

（2017年完成，合同金额500万元以上）

一、西乡县人民医院整体迁建（含精神病医院建设）项目工程设计

1.设计单位：机械工业勘察设计研究院有限公司

2.签约时间：2016年6月29日

3.项目概况：该项目位于陕西省汉中市西乡县城南东渡村（水东新区），新老城区连接点，周边环境优美，交通便利。设计总用地面积114 500m^2，总投资4.85亿元，综合医院规模定位为二级，将建成综合医院（包括门急诊楼、住院楼、康复中心）、精神病院（包括门诊楼、住院楼）等。

4.经济或社会效益：该项目将打造成集医疗、康复与疗养、教学、科研、职工生活为一体的现代化综合服务体，使西乡县人民医院基础设施条件得到较大改善，全县人民群众得到更加优质的医疗和预防保健服务。

二、项目名称：渭河两岸休闲观光带项目——A地块建筑方案及施工图设计项目

1.设计单位：机械工业勘察设计研究院有限公司

2.签约时间：2016年9月1日

3.项目概况：该项目位于蔡家坡经开区渭河段南北两岸，呈东西带状分布，渭河北岸向北至连霍高速，渭河南岸与规划中的丝绸之路主题公园、渭河生态颐养中心接壤。借助丝绸之路主题公园旅游目的地优势，在渭河两岸打造集餐饮美食、民俗风情展示、娱乐产业为核心的休闲观光示范区。规划总面积约198.74万m^2，一期规划建设景观服务示范区占地总面积约61.94万m^2。该项目已完成施工图设计。

4.经济或社会效益：该项目着力打造以旅游度假、餐饮住宿、休闲娱乐为主导的滨河活力景观带，在品西府美食、赏民俗风情的基础上，引入碗碗腔、老腔、弦板腔、曲艺等，创新一个集文艺表演、小吃、民间工艺、展演售卖于一体的新亮点，展现多姿多彩的关中民俗文化独特魅力，带动丝绸之路经济带上娱乐文化业建设，打造蔡家坡独具特色的假日经济消费走廊。未来，游客在这里可以品西府美食、赏民俗风情、观文艺表演、享不夜娱乐，感受多姿多彩的关中民俗文化独特魅力，体验不一样的民间风情生活。

三、丝绸之路休闲度假区

1.设计单位：机械工业勘察设计研究院有限公司

2.签约时间：2017年6月

3.项目概况：该项目位于陕西省咸阳市西咸新区泾河新城崇文镇汉阳大街以南，包茂高速以东，正阳大道以西。项目总建筑面积154 000m^2，包含大型超市、零售市场、市民文化中心、艺术演艺中心、剧院/电影院、音乐厅、餐饮、酒吧、KTV、停车场、公园、花园、园林景观。该项目已完成施工图设计。

4.经济或社会效益：该项目由崇文湖景区、丝路休闲度假区、动物主题乐园三部分构成，建成后将成为一个集丝路文化大型实景演艺、沿线国家文化展演体验、特色餐饮住宿、互动娱乐、原创文化衍生品开发、品质休闲度假为一体的综合型文化旅游休闲度假区，最终形成丝绸之路旅游带核心站点和极具吸引力的国际旅游目的地，为进一步彰显陕西深厚的历史文化底蕴，树立文化旅游产业新典范，提升区域旅游核心竞争力和知名度奠定基础。

四、临汾经济技术开发区（洪洞甘亭）工业园新能源汽车产业园厂房及基础设施建设项目

1. 设计单位：机械工业勘察设计研究院有限公司

2. 签约时间：2017 年 9 月

3. 项目概况：该项目位于临汾经济开发区甘亭工业园区，规划总用地面积约 42.77 万 m^3，新建生产厂房和公用动力中心合计 30 栋，服务中心建筑 2 栋，总建筑面积 265 152.0m^2；同时，配建园区第六大道及南大街两条市政道路。该项目已完成施工图设计。

4. 经济或社会效益：该产业园作为政府重点引进的绿色产业，对长期依赖煤炭等传统资源形成的高污染、低效率模式的改变，形成绿色环保高效的新经济增长方式具有重要意义。同时，对当地新能源汽车及相关专业的带动发展，也具有积极意义。

五、新能源汽车产业园标准化厂房项目（零部件生产厂房、研发试制中心、综合服务区及相关配套设施）设计项目

1. 设计单位：机械工业勘察设计研究院有限公司

2. 签约时间：2017 年 11 月

3. 项目概况：该项目位于经开区西原片区，G108 国道以西，西原村以东，总占地面积约 153.8 万 m^2，由经开区建设投资有限公司投资建设，总投资约 25 亿元。新能源汽车产业园集新能源汽车研发、零部件生产、整车组装全产业链为一体，最终形成年整车装配 1 万辆新能源重型载货汽车，5 万辆新能源轿车及配套零部件生产的基地。项目规划分期实施，一期主要建设零部件生产车间、重型载货汽车组装车间，占地面积 68.88 万 m^2，投资约 5.65 亿元；二期主要建设小车组装车间、研发中心及综合服务区，占地面积 84.94 万 m^2。该项目已完成部分单体施工图设计。

4. 经济或社会效益：该产业园计划总投资 100 亿元，建成后，不仅填补产业空白，而且还会给“韩城制造”增添新的内涵，将入驻高低速电动车整车及配套零部件企业 200 家左右，年产高低速电动车 100 万辆以上，综合产值 1 000 亿元以上，利税超过 300 亿元，吸纳就业 2 万人左右。产品目标市场涵盖陕西、山西及河南省大部分区域，以及“一带一路”沿岸多个地区和国家。

六、安哥拉 RED 项目

1. 设计单位：机械工业勘察设计研究院有限公司

2. 签约时间：2012 年 03 月 22 日

3. 项目概况：该项目包括卢洪沽、贝尔法塔、洛比托、纳米贝 1#、2# 地块和卢班戈地块，含 10 万套房屋、市政基础设施、公建等。项目于 2012 年开始设计，先后经过雇主需求确定、规划方案修改和优化、初步设计、施工图设计、现场质量监控管理等工作，已基本竣工，部分向业主交付，计划 2018 年年底实现全部交付。

4. 经济或社会效益：该项目是当地重大的民生工程，项目整体规划合理，每个地块均结合当地理念，为安哥拉人民创造优美的生活环境。项目建设期间，安哥拉各级政要均到现场参观，对项目建设工作予以高度评价。纳米贝项目交付时，安哥拉时任总统亲自揭牌。该项目产生了良好的经济和社会效益。

七、牛力家园住宅小区

1. 设计单位：中机国际工程设计研究院有限责任公司

2. 签约时间：2014 年 5 月 13 日

3. 项目概况：该项目总建筑面积 25 万 m^2，容积率 2.98。于 2014 年中标，先后经过方案修改和优化、初步设计、施工图设计、景观设计等，该项目已完成主体竣工。该小区基地位于长沙市先导区坪塘镇，东临湘江及湘江沿江景观带。项目交通位置便利，地理位置和区域景观环境极好。

4. 经济或社会效益：该小区是湖南省坪塘强戒所和湖南牛力建材有限公司为支持长沙大河西先导区大王山旅游度假区的发展建设腾地。牛力家园的建设能够产生较好的经济和社会效益。

八、中建望仙路项目施工图设计（中建悦和城）

1. 设计单位：中机国际工程设计研究院有限责任公司

2. 签约时间：2016 年 12 月 7 日

3. 项目概况：望仙路地块案名正式确定为中建悦和城。项目规划 27 栋，建筑面积约 34 万 m^2，其中商业 6.9 万 m^2，是商业占比较高的综合体项目；项目主题定位为亲子教育楼盘，为宜居综合体。

4. 经济或社会效益：中建悦和城是中建信和地产进军星沙的作品，是中建信和第 2 个亲子主题楼盘，项目将打造星沙最具特色的山体园林，在社区内保留 1 万多 m^2 原始山体公园，园林景观以自然为源、土地为形和人性居所为一体，打造亲子奇趣乐园。

九、南县人民医院整体搬迁工程规划建筑设计项目

1. 设计单位：中机国际工程设计研究院有限责任公司

2. 签约时间：2015 年 4 月 22 日

3. 项目概况：该项目总建筑面积约 13.8 万 m^2，其中地上建筑面积 114 394.68m^2、地下面积 24 030m^2。住院床位数 1 313 床。包含医疗区 1 栋 4 层高的门急诊医技综合楼及会议中心；1 栋人字形的高层包括二支 15 层高的住院楼和一支 12 层高的康复楼。西北角行政后勤区为 1 栋 5 层的行政办公楼和 1 栋 3 层的后勤楼。感染区为 1 栋 2 层高的感染楼。整个医疗区布置有一层地下室。在院区还布置了机房楼、高压氧舱、液氧站、污水泵站和垃圾收集站等医院运作必需的功能用房。

该项目于 2015 年中标，完成了方案修改和优化、景观设计、初步设计、施工图设计、装修设计等任务，该项目处于施工建设中。

4. 经济或社会效益：作为当地最大的民生工程，南县人民医院将以完善的内部功能，现代前卫的建筑形象，为南县人民提供服务。能够产生很好的经济和社会效益。

十、邵阳市第一中学搬迁建设项目

1. 设计单位：中机国际工程设计研究院有限责任公司

2. 签约时间：2015 年 4 月 3 日

3. 项目概况：该项目位于邵阳市东部十井铺街区，用地面积约 20.08hm^2，设计为可容纳 6 000 名高中学生、120 个高中教学班级的寄宿制高级中学。此次设计包括教学楼、艺术馆、科技楼、行政楼、图书信息馆、学生公寓、生活服务中心、教职工宿舍、体育馆、田径馆、南大门、东大门、西大门、北大门等单体建筑及 1 个 400m 标准田径运动场、1 个 400m 非标准田径运动场。项目总建筑面积 149 944.5m^2，其中地上建筑面积 131 292.06m^2、架空层建筑面积 7 067.66m^2、地下室面积 11 584.78m^2。

该项目于 2015 年方案中标，先后经过方案修改和优化、景观设计、初步设计、施工图设计、装修设计等，该项目预计 2018 年 9 月竣工投入使用。

4. 经济或社会效益：邵阳一中的设计融合了中国古代书院中轴对称、纵深多进院落的特点，尝试以严谨而富有变化的建筑群形成传统空间序列的整体格局。项目设计完成后得到各方好评，产生了很好的经济和社会效益。

十一、汉寿县人民医院异址新建工程项目

1. 设计单位：中机国际工程设计研究院有限责任公司

2. 签约时间：2015 年 3 月 12 日

3. 项目概况：该项目包含医疗综合楼（含门急诊医技部、外科住院楼、内科住院楼、妇儿住院楼）、公寓综合楼、感染楼、液氧站、污水处理站、垃圾处理站等，建筑占地面积 22 502.39m^2，地上总建筑面积 115 868.79m^2，地下建筑面积 21 143.28m^2，设计住院总床位数 1 415 床。建筑整体布局由南北延伸贯穿医疗区及办公生活区的空间轴线构成。轴线从北向南依次串联住院入口广场、医疗综合楼、中心广场，在南边以公寓综合楼收尾。医疗综合楼为院区的核心，布置于空间轴线的中心位置。公寓综合楼位于轴线的最南侧；感染区由于其功能与接待人群的特殊性，设计成相对独立的区域，四周由围墙和绿化带隔离。

该项目于 2014 年中标，先后经过方案修改和优化、景观设计、初步设计、施工图设计、装修设计等，该项目处于施工建设之中。

4. 经济或社会效益：该项目属于卫生医疗基础设施建设，将进一步改善汉寿县及周边民众的就医条件，有利于解决老百姓“看病难、看病贵”问题，将为实施“健康中国战略”做出贡献，具有突出的经济及社会效益。

十二、邵阳市中心医院东院项目（创晟嘉康中心医院东院一期工程）

1. 设计单位：中机国际工程设计研究院有限责任公司

2. 签约时间：2014 年 3 月 21 日

3. 项目概况：该工程总用地面积 92 672.27m^2，一期总建筑面积 172 688.08m^2。此次设计一期共 1 627 张病床，包含医疗综合楼、科研教学及培训中心楼、学生及职工宿舍、高压氧舱、液氧站、污水处理站、垃圾处理站、岗亭等。医疗综合楼布置在院区的北侧，科研教学及培训中心楼布置在中部山顶，学生及职工宿舍布置在西侧生活区，高压氧舱和液氧站布置在综合医疗楼和科研教学楼之间，污水处理站规划在院区东侧。

该项目先后经过方案优化、初步设计、施工图设计等。目前已完成竣工验收，2018 年 6 月投入使用。

4. 经济或社会效益：年门诊接待能力设计为 100 万人次，按照门急诊、医技中心、住院部、老年照护、医学教育五大模块进行设计，是邵阳市规模最大的医疗建筑群。设计理念按 3 条主线定位，即打造一流品质的体验型医院，功能齐全的综合型医院，一所绿色生态的医院，作为邵阳市局域化医疗中心具有很好的经济和社会效益。

十三、娄底华天城一期工程（酒店、员工宿舍及公寓、商场、写字楼）

1. 设计单位：中机国际工程设计研究院有限责任公司

2. 签约时间：2013 年 4 月 8 日

3. 项目概况：该项目用地面积 56 436.2m^2，一期总建筑面积 101 924.12m^2（其中地上建筑面积 81 119.69m^2、地下建筑面积 20 804.43m^2）。项目包括地下室、酒店及会议中心、员工宿舍、贵宾楼 4 个部分。

酒店及会议中心 1 栋，地上 27 层，裙楼 4 层，地下 1 层，为框架剪力墙结构，地上建筑面积 64 040.18m^2，建筑高度 99.3m。

员工宿舍 1 栋，地上 16 层，地下 1 层，为框架结构，地上建筑面积 15 366.36m^2，建筑高度 57.90m。

别墅式贵宾楼 1 栋，建筑高度 8.65m，为框架结构，建筑面积 1 713.15m^2，地上 2 层，无地下室。

该项目于 2012 年中标，已通过竣工验收，并投入使用。

4. 经济或社会效益：娄底华天酒店设计理念现代新颖，造型独特，风帆状的立面造型把当地涟水河的水文化表现得淋漓尽致。建筑内部布局合理，功能完善。该项目获湖南省 2015 年度优秀工程设计三等奖，运营以来取得非常好的经济效益和社会效益。

十四、娄底市文化中心、娄底宾馆

1. 设计单位：中机国际工程设计研究院有限责任公司

2. 签约时间：2012 年 9 月 7 日

3. 项目概况：娄底文化中心包括美术馆、博物馆、图书馆、文化馆和群众文化中心，总建筑面积约 5 万 m^2。项目于 2012 年中标，经过方案修改和优化、景观设计、初步设计、施工图设计、装修设计等，已竣工验收并向市民开放。娄底市文化中心基地位于娄底市西南面，市体育中心北侧。毗邻涟水河，距火车站 3km，交通便捷，区位优势明显。

4. 经济或社会效益：娄底文化中心设计理念独特，“还地于民”理念在建筑设计中得到很好的诠释。建筑不再是硬生生插在地里的混凝土“方盒子”，而是从地里有机生长出来的，使环境成为主体，建筑隐藏于环境之中，从而使建筑地景化。该设计作品获湖南省 2015 年度优秀工程设计一等奖，产生了很好的经济和社会效益。

十五、阳光城尚东湾项目

1. 设计单位：中机国际工程设计研究院有限责任公司

2. 签约时间：2017 年 09 月 19 日

3. 项目概况：该项目用地面积 98 598.29m^2，

净用地面积 85 116.74m²。北侧为火焰路，南侧为合兴路，西侧为合阳路，东侧为新花候路。该项目由13栋高层住宅、1栋幼儿园、地下一层及临街商业组成，总建筑面积约39万m²。工程采用节地模式，道路标高以下设置一层地下室，层高3.5m，主要功能为机动车库及设备用房，其中还包含约1.6万m²人防面积。道路标高以上设置层高为3.4m的板下一层，主要功能为机动车库及设备用房并设置有1个面积约1万m²的下沉庭院。板下一层南、北、西沿街布置一层商业铺面，商业层高5.5m和4.5m，沿街商业铺面为多高层建筑裙房。

4. 经济或社会效益：该工程位置位于长沙市东城的黎托片区，是长沙未来的城市之心——武广新城的重要组成部分。项目设计充分利用场地进行竖向设计，考虑了雨水排除得顺畅因素，保证小区道路的最大纵坡能满足行车、消防要求，利用城市道路与基地的地势高差创造成小区特有的景点，形成特有的沿街景观；营造一个环境优美、安全舒适的居住场所。

十六、保利大都汇项目（保利长重项目）

1. 设计单位：中机国际工程设计研究院有限责任公司

2. 签约时间：2016年08月29日

3. 项目概况：该项目位于长沙香樟路以北，原长沙重型机械厂地块，长沙市东二环以东，马王堆路以西，光明路以南，在长沙市中心1km辐射圈内，西侧有东二环高速路，东侧为马王堆路城市主干道，周边区域配套完善。一期由4栋高层住宅、2栋集中商业铺面、地下一层及临街商业铺面组成，总建筑面积约10万m²；二期由8栋高层住宅、6栋集中商业铺面、地下一层及临街商业铺面组成，总建筑面积约24.6万m²。

4. 经济或社会效益：该项目位于城市中心区，在经济发展腾飞的大环境下，长沙园林文化也得到进一步完善和补充，小区规划设计时提出的“诗意生活，园林栖居”景观主体，将整个小区处理为园林景观，使得小区推窗见景，步移景异。

十七、新加坡杭州科技园数据处理厂房

1. 设计单位：中国联合工程有限公司

2. 签约时间：2013年8月

3. 项目概况：新加坡杭州科技园数据处理厂房是其二期工程，签订于2013年8月，该项目分为A、B两个地块，总用地面积为55 958m²，总建筑面积为168 320.9m²，其中地上建筑面积131 640.1m²，地下建筑面积36 680.8m²，由10幢地上建筑和2个地下室组成，包括5幢高层办公楼，5幢多层花园式办公楼。整个科技园定位与当前主流的低碳办公方式相一致，倡导生态、环保、节能的商务办公理念，打造一个绿色研发办公区。

4. 经济或社会效益：该项目积极应用各类先进的绿色建筑技术，采用节水、节材、节能的建筑材料，采取绿色施工、低碳运行等措施，获得了美国LEED银级认证。

十八、杭政储处【2013】40号地块（万科大都会79号）

1. 设计单位：中国联合工程有限公司

2. 签约时间：2015年5月

3. 项目概况：该项目签订于2015年5月，位于杭州市江干区钱江新城，紧邻钱塘江，地理位置优越，是由万科开发的集商业、超高层住宅为一体的综合性项目。该项目是万科在华东地区的首个高端豪宅项目。

项目由4幢120m超高层塔式住宅、两幢40m高层住宅、两幢配套商业楼组成。为了实现新古典立面进退收分等造型的变化，住宅部分分化出近90种不同的户型，设备管井为满足住宅不同功能的变化也做了多次转换。项目地处城中，场地狭小，对地下室的经济性有很高的要求。

在结构设计时，采取了局部转换、局部厚板、剪力墙与柱的变换、设置型钢的悬挑板、设置水平支撑等措施，实现了建筑造型与功能的要求，尽可能地做到安全、经济、实用。项目考虑建筑工业化的需求外墙采用铝模现浇混凝土外墙做法，缩短了工期，大大提高了外墙的防水性能与整体的抗震性能。

4. 经济或社会效益：该项目以材料、尺度、精致的细节来呈现端庄的新古典建筑风格，超高层和小高层住宅整个建筑群体方正大气，天际线富有庄重的气质。商业建筑立面上也统一采用新古典的手法结合材质颜色的变化形成庄重典雅的立面。围合的庭院、多重的建筑层次空间，轴线与对称的古典法则，赋予了小区厚重的文化感。从建筑的柱式规则到地面拼花，从杭州最多数量的窗户造型到超高的穹顶等都精心设计，为杭州树立了新古典主义建筑的崇高标杆。

十九、兰州兰石集团兰驼农业装备有限公司出城入园产业升级项目

1. 设计单位：中国联合工程有限公司

2. 签约时间：2013 年 9 月

3. 项目概况：该项目签订于 2013 年 9 月，位于甘肃省兰州新区装备制造产业片区，项目用地面积 46.425hm^2。初步设计新建联合厂房一、联合厂房二、铸造及粗加工厂房等生产厂房；新建油化库、废水处理站、液态气体站、冷却水泵房等公用动力站房；新建综合办公楼、研发中心、倒班宿舍、门卫等技术办公及生活设施，新建建筑面积共计 223 755m^2，建设规模为年产农机 8.5 万台、设施农业机械 400hm^2、铸钢件 2 万 t 的生产能力。项目新增数控等离子切割机、辊式板料矫平机、开卷校平剪切自动线、闭式双点机械压力机、气体保护焊机、前处理电泳生产线装配生产线、数控双面镗铣床、数控双面多轴钻床、电弧炉、钢包精炼炉、造型合型浇注落砂再生设备、清理设备、落地镗铣床、龙门铣床、起重运输等一批先进高效生产设备，设计的工艺及装备达到了国内先进水平。

项目建设分为南、北两个厂区，南厂区主要为手扶拖拉机、三轮车制造以及集中办公研发、产品营销、生活服务；北厂区主要为大中型拖拉机、收获机械制造、设施农业装备和铸造生产。

4. 经济或社会效益：该项目为公司目前承接的最大的农机项目，设计采用了目前国内最先进的冲压、焊接、涂装和装配工艺设备，总图布局合理，结构安全，公用设施配套齐全，厂房部分比预算节省 1 000 多万元。

二十、杭州九峰垃圾焚烧发电工程

1. 设计单位：中国联合工程有限公司

2. 签约时间：2015 年 3 月

3. 项目概况：该项目建设规模为日焚烧处理生活垃圾 3 000t，建设 4 台日焚烧处理生活垃圾 750t 的机械炉排焚烧炉和 4 台中温中压的蒸汽锅炉，配置 2 台额定出力为 35MW 的汽轮机和 2 台 40MW 的发电机。烟气净化采用“SNCR（非选择性催化还原）+ 半干法 + 干法 + 活性炭喷射 + 布袋除尘 +SCR（选择性催化还原）+ 湿法脱酸 +GGH（烟气再加热）+ 烟气脱白”工艺，垃圾渗滤液达标回用。

4. 经济或社会效益：杭州九峰垃圾焚烧发电工程，解决杭州市城市生活垃圾处理日益增长的需求，实现生活垃圾处理的无害化、减量化、资源化，进一步改善生态环境而建设的重大民生工程。

二十一、郑州康河房地产开发有限公司须水项目安置区施工图设计

1. 设计单位：机械工业第六设计研究院有限公司

2. 签约时间：2017 年 4 月 18 日

3. 项目概况：该项目位于郑州市西四环和中原西路交叉口的西北角，区域内交通便捷。地块西侧为南水北调渠，北侧为秀水河，东侧为市政公园绿地，景观优势明显。

4. 经济或社会效益：作为须水安置项目的首批工程，共 3 个地块。总建设用地面积 112 300m^2，总建筑面积 565 000m^2。

二十二、包钢稀土钢板材有限责任公司 2 030mm 冷轧工程重卷（拉矫）检查机组项目

1. 设计单位：中国重型机械研究院股份公司

2. 签约时间：2015 年 4 月 29 日

3. 项目概况：该项目为设备设计成套供货，包括 1 条（No.1）重卷（拉矫）机组、3 条（No.2、No.3、No.4）重卷检查机组，其中 No.1 重卷（拉矫）机组于 2016 年 7 月安装调试，2017 年 11 月验收；No.2 重卷检查机组于 2016 年 3 月安装调试，2016 年 6 月投入试生产；No.3、No.4 重卷检查机组于 2016 年 11 月安装调试，2017 年 1 月投入试生产。

该项目充分考虑了自动化功能及操作安全性，涉及的创新点包括高品质汽车板重卷（拉矫）检查机组用于带钢精整处理，可在 1 条机组上实现汽车板的重卷、拉矫、切边、检查、涂油、分卷等生产；应用于重卷机组的自动上开卷技术；以及应用于重卷机组的废边自动收集技术等，显著提高生产效率。

4. 经济或社会效益：该机组具有完全自主知识产权，综合性能达到国际先进水平。该机组的成功投产实现了高水平冶金重型装备的国产化，使中国重型院在板带精整领域保持国际先进水平。

二十三、西北铝加工厂 55MN 正向双动挤压机项目

1. 设计单位：中国重型机械研究院股份公司

2. 签约时间：2015 年 12 月 15 日

3. 项目概况：该项目为 55MN 正向双动挤压机设计成套供货，2017 年 3 月开始安装调试，2017 年 7 月投入试生产，先后挤压出 2 系、5 系、6 系、7 系等多种材质多种规格的厚壁管、薄壁管、异形管材，实现厚壁管、薄壁管、异形管材等难挤压工艺。

该设备实现多项技术创新，包括液压固定针挤压，液压定针精度达到 -0.5 ～ 0.5mm；首创穿孔针全自动清理及润滑；完成挤压及穿孔的电液比例闭环控制，偏心率≤ 3%；具备挤压变径管材的功能等。

4. 经济或社会效益：55MN 正向双动挤压机是西北铝加工厂 30 多年来首次在国内采购的挤压设备，是国防科工局重点项目之一。该机组综合性能完全达到国外先进水平，其产品对中国航空航天、军工等领域的发展具有重大意义。

二十四、江苏阳光集团 1 250mm 五机架六辊全连续冷轧机

1. 设计单位：中国重型机械研究院股份公司

2. 签约时间：2015 年 4 月 18 日

3. 项目概况：该项目为设备设计成套供货。自合同签订起，中国重型院相关部门及项目组协同创新、密切配合，按照合同要求的进度节点和性能指标，确保项目顺利完成，于 2017 年 12 月一次热负荷试车成功。

该机组采用超大压下率高速大批量生产薄规格镀锡基板产品，年产 60 万 t、厚度 0.15 ～ 0.55mm（最薄成品厚度 0.15mm）、宽度 700 ～ 1 100mm 镀锡基板，最大压下率可达 93%，最大轧制速度 1 360m/min，最大轧制力 15 000kN，产品厚度精度 ±2μm，加减速厚度超差小于 2%。在该机组的研发设计中，为满足高品质超薄镀锡原板的高效绿色智能稳定生产，机组采用五机架六辊 UCM 轧机，配备双开卷系统、激光焊机、水平活套、滚筒式飞剪、双卷筒回转式卷取机、出口运卷系统和离线检查站等，自动化程度达到国际领先水平；配备测厚仪、测速仪、张力计、板形仪、焊缝检测仪和纠偏检测装置等，确保机组产品综合质量优良，有助于保证产品的成材率和机组生产率。

4. 经济或社会效益：该项目是江苏阳光集团在原有钢铁冶金板块产业结构调整、产品规格及产品质量换代升级的基础上，进行改扩建高品质超薄镀锡板生产线中的核心关键设备，机组整体装机水平达到国内领先、国际先进水平，对于加速推进重大装备国产化和自主化进程具有重要意义。

贸易项目

（2017 年完成，5 000 万元以上）

一、安哥拉交通部小型客车供货项目

1. 实施单位：中国机械设备工程股份有限公司（简称 CMEC）

2. 签约时间：2010 年 12 月

3. 项目概况：该合同生效日期为 2016 年 9 月 19 日，交货期 12 个月。国内生产厂家为郑州宇通客车股份有限公司，工作范围为 910 辆公交车及清障车的供货，以及满足日常所需备品备件、培训及质保期售后服务等工作。全部车辆于 2017 年 6 月底交付，并于 2017 年 7 月全面进入质保期。

4. 经济或社会效益：安哥拉以公路运输为主，道路行车规则沿袭葡萄牙殖民统治时期交规体系。全国交通硬件设施陈旧匮乏，交通规则主要靠约定俗成，没有普及交通安全教育和宣传，民众缺乏安全意识。首都罗安达城区许多路段缺少信号指示灯和交警指挥，路况差，人车混行，极易发生交通事故。此外，首都罗安达出租车业落后，以 10 多座混用面包车为主，仅有少量轿车型出租车。该项目的实施极大地缓解了首都罗安达市内及省际客运的需求，为后继项目的执行奠定了基础。

二、乌克兰粮食贸易项目

1. 实施单位：中国成套工程有限公司

2. 签约时间：2012 年 10 月 24 日

3. 项目概况：2012 年 10 月 24 日，中国成套工程有限公司与乌克兰国家食品粮食集团签署中乌农业合作领域通用合同，合同总金额 2420 000 万～2 805 000 万美元。自 2012 年合同生效至 2017 年年底，双方共完成谷物贸易数量为 411.5 万 t，累计完成合同金额约 84 300 万美元，主要涉及玉米、大麦和小麦的进口和转口业务。其中 2017 年 1—12 月，双方共签署 16 个批次谷物贸易合同，谷物品种为玉米、大麦和小麦，谷物贸易数量约 74.5 万 t，合同金额约 12 300 万美元。其中 6 个谷物批次合同是转口到第三国，谷物贸易数量约 24.5 万 t，合同金额约 4 090 万美元，目的港包括突尼斯、荷兰、埃及、意大利、孟加拉等；另外 10 个谷物批次合同是进口到中国，谷物贸易数量约 50 万 t，合同金额约 8 210 万美元。

4. 经济或社会效益：进口乌克兰非转基因谷物，不仅有助于食品安全，而且增加了当地农民收入，为两国经贸合作做出了贡献。中国成套工程有限公司以项目为依托深度开发乌克兰市场，负起社会责任，积极参加乌克兰当地的各种义卖和捐赠活动，并承办中乌两国文化交流的大型活动，为两国文化交流做出了突出贡献。

三、捷豹路虎进口汽车项目

1. 实施单位：中国进口汽车贸易有限公司

2. 签约时间：2017 年 7 月 31 日

3. 项目概述：中国进口汽车贸易有限公司完成与捷豹路虎（中国）投资有限公司（简称捷豹路虎）的外贸进口及物流服务合同续约，为其提供车辆进口、自理 / 代理清关、仓储、物流服务，合同有效期至 2020 年 7 月。中国进口汽车贸易有限公司在软件和硬件方面都做了扩展和提升，升级完善移动终端仓库管理系统，配合厂家完成经销商库存车辆的管理和维护；并启动天津港 CAL（客户接受线）服务项目，合同有效期 3 年，预计服务量 6 万台以上。

4. 经济或社会效益：2017 年，共销售捷豹路虎汽车 11 602 台，实现营业收入 80.18 亿元。贸易服务收入 1.39 亿元。

四、阿斯顿马丁认证、进口、物流服务项目

1. 实施单位：中国进口汽车贸易有限公司

2. 签约时间：2017 年 8 月 15 日

3. 项目概述：2017 年为中国进口汽车贸易有限公司与阿斯顿马丁品牌的合作元年。双方在进口、物流与认证上达成合作协议，并在单车认证方面取得开拓性进展。中国进口汽车贸易有限公司作为阿斯顿马丁品牌国内唯一授权进口商，为阿斯顿马丁公司提供车辆的车型认证、一般贸易车辆进口、物流及特殊车辆进口服务，并提供 CCC 认证及目录维护管理服务。

4. 经济或社会效益：该项目利用以往进口项目成功经验，结合阿斯顿马丁业务需求，以车型认证为切入点，逐步拓展业务范围，完成进口、物流、批售业务合作确认，并结合阿斯顿马丁的特殊业务需求，成功完成单车认证模式的进口，帮助厂家解决了部分车型无法进口的问题。2017 年，完成 144 台阿斯顿马丁车辆的进口和销售，同时，完成 DB11V8 车型的认证。

五、菲克进口汽车项目

1. 实施单位：中国进口汽车贸易有限公司

2. 签约时间：2013 年 1 月 1 日

3. 项目概述：2017 年，继续将“港口服务、批发贸易、零售管理”三大业务串联打造成汽车服务完整业务链，坚持打造各业务板块互为支撑、互为推动的业务格局，提升项目整体竞争力。在港口服务方面，积极调整港口服务结构，深化提升港口服务核心竞争力。巩固提升天津港、上海港、广州港整车进口全链条港口服务能力体系，发挥三港联动优势，协调厂家调配各港口进口比例，充分利用各港口产能，不断提高作业质量，巩固提升港口服务核心竞争力，实现服务品质升级。

4. 经济或社会效益：2017 年，实现销售菲克进口车 1.78 万台，项目实现营业收入 65 亿元。

六、广菲克广州生产国产车项目

1. 实施单位：中国进口汽车贸易有限公司

2. 签约时间：2016 年 6 月 30 日

3. 项目概述：广菲克国产车仓储：积极适应国产车服务项目需求，在短时间内搭建 1 套合资国产品牌服务的完整仓储体系，并借助进口车仓储管理的先进经验及系统，快速有效地实现与厂家的业务对接。2017 年，广菲克国产车仓库扩展至 7 座，仓储面积增加至 33.7 万 m^2，库容达 1.4 万台，其中广州地区仓库 29.2 万 m^2，库容 1.2 万台；天津地区仓库 2.4 万 m^2，库容 1 027 台；西安地区仓库 2.1 万 m^2，库容 800 台。

广菲克国产车物流：根据广菲克国产车运输特点，同时，借助进口车物流运输管理经验，积极制订适用于广菲克国产车的管理措施。通过长期派驻现场管理人员，加强与工厂、销售公司、承运商之间的沟通协同，搭建现场安全检查团队、现场业务操作团队，保障业务良性发展。物流运输达标率保持在 99% 以上。尝试海陆联运模式，共运输车辆 4 500 台，平均缩短到店时效 3 天，有效提升了经销商满意度，降低了 GB 1589—2016 对公路整车运输的负面影响。

4. 经济或社会效益：2017 年，实现入库 4.1 万台，运输 4.7 万台，项目实现营业收入 0.68 亿元。

七、大众进口汽车项目

1. 实施单位：中国进口汽车贸易有限公司

2. 签约时间：2017 年 6 月 30 日

3. 项目概述：2017 年 6 月 30 日，中进汽贸与进口大众签订批发业务合作补充协议，将原批发合作协议有效期延续至 2017 年 12 月 31 日。2017 年 12 月 31 日，中进汽贸与进口大众成功签订新一期合作协议，即“1+0.5 年”协议，至 2017 年 12 月 31 日如双方对协议内容无异议，协议有效期限延至 2019 年 6 月 30 日。

4. 经济或社会效益：2017 年，实现大众进口汽车批售 54 834 台，营业收入 200.06 亿元。

八、福特进口整车分销项目

1. 实施单位：中进汽贸（天津）进口汽车贸易有限公司

2. 签约时间：2014 年 11 月 18 日

3. 项目概述：2014 年 11 月 18 日，中进进口与福特中国就双方 2015 年起未来 4 年的合作模式达成协议，并签署为期 4 年的福特中国全系进口车国内独家分销合同。即自 2015 年 1 月 1 日起，中进进口在未来 4 年间将继续为福特中国提供全系进口车型的分销与服务业务。

2017 年，中进进口作为探险者 2.3T、探险者 3.5T、玛斯丹 2.3T、玛斯丹 5.0T、福克斯 ST、福克斯 RS、猛禽和 Ranger8 款车型国内唯一分销商和服务代理商，为福特汽车及福特中国提供包括市场调研、认证支持、报关报检、港口服务、仓储整备、整车分销、金融服务、物流运输、市场推广、车辆上牌等在内的全方位全链条服务。

4. 经济效益：2017 年，福特品牌进口车 19 962 台，营业收入近 71 亿元。

九、出口古巴化肥项目

1. 实施单位：中国汽车工业进出口有限公司

2. 签约时间：2017 年 6 月

3. 项目概述：2017 年 4 月，古巴进口商向中国汽车工业进出口有限公司发出化肥采购询价，其中除一般性化肥采购之外，还有在 2014 年曾经出口的复合肥产品，这项产品具有一定的生产难度和较高技术要求，中国汽车进出口有限公司在 2014 年出口产品的基础上，在征求古方及最终客户意见后，会同工厂总结经验进行技术攻关，最终技术指标被古方接受。

在产品生产过程中，公司派人全程监控生产过程，每日定时抽样化验、记录；产品运输集港过程，也派专人赴港口仓库监督接卸货，做到全过程监管，确保产品品质，包装质量和装船均达到要求。

4. 经济或社会效益：单笔订单金额 1 800 万美元，营业收入 1.2 亿元。该产品是古巴农业非常重要的生产资料之一，古方收到并使用后，对产品质量和交货及时给予很高评价，并向中方对古巴经济的大力支持表示由衷的感谢。

十、大宗物联项目

1. 实施单位：汇益融资租赁（天津）有限公司

2. 签约时间：2017 年 5 月

3. 项目概述：中建材大宗物联有限公司（简称大宗物联）作为国资委直属企业中国建筑材料集团有限公司下属子公司，经营状况稳健，发展势头良好，是汇益融资租赁（天津）有限公司（简称汇益融资）的优质存量客户。该项目针对大宗物联业务特点，创新采用应收账款池保理融资模式，在综合授信额度内合理投放资金。同时，由中国建材集团有限公司下属二级子公司——中建材集团进出口有限公司作为保证人，对本次保理业务进行无限连带担保，在保证汇益融资经济效益的前提下，进一步规避了项目风险。

4. 经济或社会效益：至 2017 年年底，该项目累计投放 3 亿元，按照 4.35% 资金成本计算，预计为汇益融资创造利润约 465 万元。

十一、山东胜星化工回租项目

1. 实施单位：汇益融资租赁（天津）有限公司

2. 签约时间：2017 年 6 月

3. 项目概述：山东胜星化工有限公司（简称：胜星化工）主要从事汽油、柴油等化工制品的生产及销售，业务方向向油品精细化转型并加强产业链延伸，实际控制人为中国能源工程集团有限公司，为承租人提供担保，汇益融资向胜星化工投放 1.5 亿元，用于向上游公司采购燃料油、稀释沥青、原油，匹配后期 180 万 t/a 加氢裂化项目建设；融资方式为售后回租，用款期限 3 年。

4. 经济或社会效益：深入与国机集团内部优质企业战略合作，逐步与国机集团内部优质企业建立合作关系，是汇益融资多元化业务重点业务开拓方向，汇益融资与苏美达集团、农机院有业务合作关系，与胜星化工的合作对汇益融资而言是践行国机集团内部协同战略的又一重要布点。

十二、中建材信息项目

1. 实施单位：汇益融资租赁（天津）有限公司

2. 签约时间：2017 年 6 月

3. 项目概述：中建材信息技术股份有限公司（简称中建信息）是汇益融资的优质存量客户。该项目针对中建信息业务特点，采用应收账款池保理融资模式，在综合授信额度内合理投放资金。同时，由中国建材集团有限公司下属二级子公司——中建材集团进出口有限公司作为保证人，对本次保理业务进行无限连带担保，在保证汇益融资经济效益的前提下，进一步规避了项目风险。

4. 经济或社会效益：中建信息作为中国建材集团进出口公司的控股子公司，2016 年度华为总代业绩第一，与汇益融资有良好的合作往来。同时，该项目的顺利实施，将有利于汇益融资与中建材战略合作项目的开展。该项目累计投放 5 亿元，预计为汇益融资创造利润 540 万元。

十三、洛玻项目

1. 实施单位：汇益融资租赁（天津）有限公司

2. 签约时间：2017 年 6 月

3. 项目概述：中国洛阳浮法玻璃集团有限责任公司（简称洛玻集团）作为国资委直属企业中国建筑材料集团有限公司下属子公司，主营建材玻璃业务。其核心子公司洛阳玻璃股份有限公司，是同时在香港、上海发行 H 股和 A 股股票的上市公司。

洛玻集团的部分优质资产在其控股孙公司洛阳新晶润工程玻璃有限公司名下，为促进业务更好开展，汇益融资创新交易结构，以洛玻集团和新晶润作为联合承租人开展生产设备的回租业务。由中国建材集团有限公司下属二级子公司——凯盛科技集团有限公司作为保证人，对本次回租业务进行无限连带担保，在保证汇益融资经济效益的前提下，进一步规避了项目风险。

此外，对客户本身而言，既可盘活账面固定资产，增加企业流动性；又可简化融资手续，提高融资效率，减少时间成本。在互惠互利的基础上，汇益融资和洛玻集团双方将可保持长远、稳定的合作关系。

4. 经济或社会效益：该项目累计投放 1 亿元，按照 4.35% 资金成本计算，预计为汇益融资创造利润约 501 万元。

十四、东台中玻项目

1. 实施单位：汇益融资租赁（天津）有限公司

2. 签约时间：2017 年 6 月

3. 项目概述：东台中玻特种玻璃有限公司（简称东台中玻）是一家以在线 LOW-E 玻璃及浮法玻璃基片制造为主业的新材料高科技企业，其母公司中国玻璃控股有限公司在香港联合交易所上市，是中国最大的平板玻璃上市公司。

东台中玻以其核心的玻璃生产线为标的物与汇益融资开展生产设备的回租业务，违约成本较高，项目收益可观。同时，由中国建材集团有限公司下属二级子公司——凯盛科技集团有限公司及东台中玻母公司中国玻璃控股有限公司对本次回租业务进行无限连带担保，进一步规避了项目风险。

4. 经济或社会效益：该项目累计投放 1 亿元，按照 4.35% 资金成本计算，预计为汇益融资创造利润约 644 万元。

十五、汇通信诚资产包项目

1. 实施单位：汇益融资租赁（天津）有限公司

2. 签约时间：2017 年 8 月

3. 项目概述：汇通信诚租赁（原广汇租赁）自成立以来，为近 30 万客户提供了购车融资租赁服务，并为超过 8 万客户提供了二手车融资租赁服务。汇益融资通过受让汇通信诚应收租金债权，以非公开型有追索权保理方式向汇通信诚投放 1 亿元融资款。

4. 经济或社会效益：该项目已投放 1 亿元，按照 4.35% 资金成本计算，预计为汇益融资创造利润约 150 万元。汇通信诚作为汽车融资行业的行业翘楚，通过合作，为未来的汽车融资租赁业务打下了良好的基础。

十六、俄罗斯 ϕ377mm 双头水压试验机及通径机

1. 实施单位：中国重型机械研究院股份公司

2. 签约时间：2016 年 3 月 5 日

3. 项目概况：该项目为设备供货合同。经过开发团队对多项超关键技术的开发研究，精心组织设计和调试，于 2017 年 2 月初，在俄罗斯现场开始安装调试；2017 年 3 月底，顺利投产验收。

该项目为当前国内外最大规格双头的钢管水压实验装备，主要的技术要点包括超高压增压器与充水装置独立的钢管水压试验高压增压技术、新型大口径上送料结构双管水压实验机布置、新型充水头定位承力结构等。

4. 经济或社会效益：该项目的成功研制解决了大口径钢管大批量高效率水压试验的难题，实现钢管 ϕ377mm 钢管自动化、连续化、大批量生产，提高钢管企业的综合竞争能力，作为中国重型院双工位水压试验机第一次出口发达国家，创造了可观的经济效益和良好声誉。

第七篇

大事记

2017 年中国机械工业集团有限公司大事记

1 月 9 日

2016 年度国家科学技术奖励大会在人民大会堂隆重召开，“中国机械工业集团科技创新工程”作为企业技术创新工程项目荣获国家科技进步奖二等奖。

1 月 14 日

中国机械工业集团(简称国机集团)召开 2017 年工作会议。2016 年国机集团整体实现营业收入 2 148.2 亿元、利润总额 86.6 亿元、EVA30.4 亿元，上缴税费 135.5 亿元，利润创历史新高。中国二重改革振兴取得重要进展。连续第八年保持国资委经营业绩考核 A 级。2017 年是集团成立 20 周年。20 年来，国机集团创造出骄人业绩：国有资产大幅增值，企业改革不断深化，科技创新成果丰硕，企业管理日益提升，中国二重浴火重生，资产结构日益优化，国际化经营屡创佳绩，人才队伍建设成效显著，品牌形象和社会影响力大幅提升，企业文化深入人心，党的建设不断加强。任洪斌董事长在会上作了题为“时间旅行”的精彩演讲，展望百年国机美好愿景，强调要“不忘初心、继续前进”，打造百年国机，首先要“迈好脚下这一步”。

1 月 15 日

在国机集团工作会期间，举办了一系列包括展览、论坛、纪录片放映等内涵丰富、隆重而简朴的庆祝活动。

2 月 8 日

中国汽车工业国际合作有限公司（简称中汽国际）中文名称正式变更为中国机械国际合作有限公司（简称中机国际），英文名称由“CNAICO”变更为“China National Machinery Industry International Co.,Ltd.”（SINOMACHINT）。

2 月 21 日

国机集团与青岛市人民政府签署战略合作协议。

2 月 23 日

首届中国企业改革发展论坛在京举行。任洪斌董事长出席论坛并作了题为“做好供给侧“加减法” 培育持续发展新动能”的发言。

2 月 28 日

国机集团与广州大学签署战略合作框架协议。

3 月 7 日

国机集团工会举办“丹棱留声机 用我的声音记录身边的故事”系列主体宣讲的第一场活动——玫瑰之声暨庆“三八”巾帼风采专场。

3 月 16 日

国机集团与招商局集团在北京签署战略合作协议。根据协议，双方将在交通、物流、地产（城市及园区开发运营）、展览展示、金融服务等领域进行战略合作。

3 月 23—26 日

博鳌亚洲论坛 2017 年年会举行。任洪斌董事长作为中国企业家代表应邀出席论坛开幕式和全体大会，参加了“一带一路政商对话”“中日 CEO 双边对话”等论坛活动。

3 月 27 日

国机汽车股份有限公司代表国机资本、中国电器科学研究院有限公司和中机国际等集团内外部股东与江西省赣州市人民政府、赣州经开区管委会在赣州市就国机新能源汽车建设项目签订合作协议和投资协议。

3 月 30 日

国机集团党委召开党员代表大会，选举出席中央企业系统（在京）党代表会议代表。大会审议通过了《中共中国机械工业集团有限公司在京企业党员代表大会选举办法（草案）》，民主选举出王斌、王文静（女）、王锡岩、从容（女）、石柯、徐建（以姓氏笔画为序）6 名同志为出席中央企业系统（在京）党代表会议代表。

4 月 5 日

国机集团召开党委常委会，传达学习中共中央、国务院关于设立河北雄安新区的通知精神，强调坚决拥护以习近平同志为核心的党中央作出的重大决策部署，坚决服从服务于国家发展大局，坚决拥护和全力支持雄安新区的规划建设。

4 月 11 日

中俄友好、和平与发展委员会实业家理事会中方在国机集团总部召开了 2017 年第一次全体会议。任洪斌董事长作为实业家理事会中方主席出席会议并作重要讲话。

4 月 17 日

全国人大常委会委员长张德江到中国—白俄罗斯工业园项目现场视察。白俄罗斯国民会议共和国院主席米亚斯尼科维奇、国机集团董事长任洪斌参加了活动。

4 月 18 日

国机铸锻机械有限公司在济南高新区取得国机铸锻营业执照。

4 月 25—26 日

国机集团“发现行动”院所长头脑风暴会在天津市召开。国机集团“发现行动”正式启动。任洪斌董事长作了题为“发现 永无止境”的讲话。

5 月 8 日

任洪斌董事长出席国新办举行的中央企业参与“一带一路”共建情况新闻发布会，并回答记者提问。

5 月 14 日

“一带一路”国际合作高峰论坛在北京举行。任洪斌董事长应邀出席论坛开幕式、高级别全体会议和题为“加强政策沟通和发展战略对接”的平行主题会议，并出席欢迎晚宴。论坛期间，任洪斌就国机集团在“一带一路”共建中的成就和经验接受了中央电视台专访。

5 月 26 日

中国电器科学研究院有限公司实施混合所有制员工持股改革首次股东会在广州召开，标志着该公司混合所有制员工持股改革工作顺利完成，成为国务院国资委首批参与试点的中央企业中率先完成员工持股改革的企业。

6 月 30 日

经报国务院批准，中国恒天集团有限公司整体并入中国机械工业集团有限公司，成为国机集团全资子公司。

6 月 30 日

中央企业系统（在京）党代表会议选举产生出席党的十九大代表 53 名，国机集团董事长任洪斌光荣当选。

7 月 3 日

国机集团与海南省签署战略合作协议。

7 月 4 日

中共中央总书记、国家主席习近平在莫斯科同俄罗斯总统普京共同会见中俄友好、和平与发展委员会，媒体和企业界代表以及集团董事长，中俄友好、和平与发展委员会实业家理事会中方主席任洪斌，作为企业界代表向两国元首进行汇报。同日，任洪斌参加中俄友好、和平与发展委员会第十一届全体会议，并以“聚焦务实合作”为主题作了大会发言。

7 月 5 日

国机集团与天津大学签署战略合作框架协议。

7 月 12 日

国务院国资委公布了 2016 年度中央企业负责人经营业绩考核结果，国机集团再次荣获 A

级序列。国机集团已经连续9年在中央企业经营业绩考核中获得A级，显示了国机集团长期持续、稳健发展的良好势头。

7月17日

全国人大常委会委员长张德江，塞尔维亚议长戈伊科维奇、总理布尔纳比奇一行视察了中国机械设备工程股份有限公司塞尔维亚 Kostolac-B 电站项目。

7月19日

国机集团与中国机械联合会在北京签署合作协议。根据协议，双方将在“一带一路”沿线重点国家搭建信息交流和合作项目对接平台。设立中国机械工业联合会白俄罗斯办事处，进一步推进中白工业园和“一带一路”项目的宣传推广工作。

7月20日

《财富》杂志面向全球同步发布2017年世界500强企业名单，国机集团以322.37亿美元的营业收入位列第334位。这是继2011年首次上榜以来，国机集团第七次上榜世界500强企业。

8月15日

国机集团与中国恒天集团有限公司重组大会在京召开。任洪斌在讲话中指出，国机集团与恒天集团重组，是国务院国资委落实习近平总书记关于“把国有企业做强做优做大”指示精神的又一重要战略举措，重组也将成为国机集团快速发展史上新的里程碑。

8月22日

美国《工程新闻纪录》杂志（ENR）2017年各项排名结果揭晓，国机集团再次荣膺上榜。在全球最大250家国际承包商排名中，国机集团位列第31位，在65家上榜中国企业中位列第7位。在全球最大225家国际工程设计公司排名中，国机集团位列第64位，在22家上榜中国企业中位列第5位。

9月10日

中国企业联合会发布2017中国企业500强和中国服务业500强榜单，国机集团以2 141.61亿元的营业收入分别位列第72位和第36位。

9月25日

中央电视台《新闻联播》节目中，中国一拖自主研发制造的东方红—LW4004重型拖拉机与我国众多令人瞩目的高科技成果一起，亮相“砥砺奋进的五年”大型成就展。

9月26日

中国运载火箭技术研究院向沈阳仪表院热能公司授“中国载人航天工程重要贡献”牌匾，表彰沈阳仪表科学研究院有限公司为我国载人航天工程空间实验室阶段“天舟一号”飞行任务圆满成功做出的重要贡献。

10月15日

国机集团扶贫工作（视频）会议在京举行。集团董事长任洪斌、党委书记石柯、总经理徐建出席会议。石柯代表集团党委作了题为“勇担重任 精准发力 推动国机集团扶贫工作取得新成效”的扶贫工作报告。

10月20日

国机集团正式发布“2016年社会责任报告”。这是集团确立社会责任报告定期发布制度以来，正式对外发布的第七份企业社会责任报告。

10月24日

中国共产党第十九次全国代表大会在人民大会堂胜利闭幕。党的十九大代表，国机集团董事长、党委副书记任洪斌当选中国共产党十九届中央委员会候补委员，连续两届当选中央委员会候补委员。

10月26日

国机集团召开传达学习党的十九大精神视频会议。集团董事长、党委副书记任洪斌传达党的十九大精神，并对集团认真学习贯彻落实党的十九大精神进行了动员部署，党委书记、副董事长石柯主持会议并对学习贯彻党的十九大精神提出要求。集团在京领导班子成员，总部处长级以上党员、干部，二级企业领导班子及相关部门人员537人参加会议。

11月1日

由中国对外经济贸易统计学会主办的2017年中国对外贸易500强企业论坛暨排名发布会在北京召开。国机集团位列500强企业的20位，并应邀出席会议。

11月2日

GE“一带一路”论坛在京举行。任洪斌董事长应邀出席，并参加领袖论坛专题。

11月3日

国机集团与国家开发银行签署合作协议。

11月14日

由中国中元设计和管理的中国无偿援助老挝的玛霍索综合医院项目奠基仪式在老挝首都万象举行。中共中央总书记、国家主席习近平和老挝人民革命党中央总书记、老挝国家主席本扬·沃拉吉共同观看玛霍索综合医院项目效果图展板，听取中国总建筑师关于项目的介绍，并共同为项目奠基。集团董事长任洪斌，中国中元、中工国际负责人及中国中元工作团队等出席了奠基仪式。

第八篇

附录

关于完善国有金融资本管理的指导意见

国有金融资本是推进国家现代化、维护国家金融安全的重要保障，是我们党和国家事业发展的重要物质基础和政治基础。国有金融机构是服务实体经济、防控金融风险、深化金融改革的重要支柱，是促进经济和金融良性循环健康发展的重要力量。近年来，我国国有金融资本规模稳步增长，实力日益壮大，管理体制机制不断健全，国有金融机构改革持续推进，运营效益明显提升，为促进社会主义市场经济平稳健康发展作出了重要贡献。但也要看到，当前国有金融资本管理还存在职责分散、权责不明、授权不清、布局不优，以及配置效率有待提高、法治建设不到位等矛盾和问题，需要进一步完善国有金融资本体制机制，优化管理制度。面向未来，在决胜全面建成小康社会、实现社会主义现代化和中华民族伟大复兴的进程中，要认真贯彻落实党中央、国务院决策部署，按照全国金融工作会议要求，继续发挥国有金融资本的重要作用，依法依规管住管好用好、坚定不移做强做优做大国有金融资本，不断增强国有经济的活力、控制力、影响力和抗风险能力。现就完善国有金融资本管理提出如下意见。

一、总体要求

（一）指导思想

高举中国特色社会主义伟大旗帜，以习近平新时代中国特色社会主义思想为指导，全面贯彻党的十九大和全国金融工作会议精神，坚持和完善社会主义基本经济制度，以依法保护各类产权为前提，以提高国有金融资本效益和国有金融机构活力、竞争力和可持续发展能力为中心，以尊重市场经济规律和企业发展规律为原则，以服务实体经济、防控金融风险、深化金融改革为导向，统筹国有金融资本战略布局，完善国有金融资本管理体制，优化国有金融资本管理制度，促进国有金融机构持续健康经营，为推动金融治理体系和治理能力现代化，保障国家金融安全，促进经济社会持续健康发展提供强大支撑。

（二）基本原则

——坚持服务大局。毫不动摇地巩固和发展公有制经济，保持国有金融资本在金融领域的主导地位，保持国家对重点金融机构的控制力，更好服务于我国社会主义市场经济的发展。

——坚持统一管理。通过法治思维和法治方式推动国有金融资本管理制度创新。加强国有金融资本的统一管理、穿透管理和统计监测，强化国有产权的全流程监管，落实全口径报告制度。

——坚持权责明晰。厘清金融监管部门、履行国有金融资本出资人职责的机构和国有金融机构的权责，完善授权经营体系，清晰委托代理关系。放管结合，健全激励约束机制，严防国有金融资本流失。

——坚持问题导向。聚焦制约国有金融资本管理的问题和障碍，加强协调，统筹施策，理顺管理体制机制，完善基本管理制度，促进国有金融资本布局优化、运作规范和保值增值，切实维护资本安全。

——坚持党的领导。落实全面从严治党要求，加强国有金融机构党的领导和党的建设，推动管资本与管党建相结合，保证党的路线方针政策和重大决策部署不折不扣贯彻落实。

（三）主要目标

建立健全国有金融资本管理的“四梁八柱”，优化国有金融资本战略布局，理顺国有金融资本管理体制，增强国有金融机构活力与控制力，促进国有金融资本保值增值，更好地实现服务实体经济、防控金融风险、深化金融改革三大基本任务。

——法律法规更加健全。制定出台国有金融资本管理法律法规，明晰出资人的法律地位，实现权由法授、权责法定。履行国有金融资本出资人职责的机构依法行使相关权利，按照权责匹配、权责对等原则，承担管理责任。

——资本布局更加合理。有进有退、突出重点，进一步提高国有金融资本配置效率，有效发挥国有金融资本在金融领域的主导作用，继续保持国家对重点国有金融机构的控制力，显著增强金融服务实体经济的能力。

——资本管理更加完善。以资本为纽带，以产权为基础，规范委托代理关系，完善国有金融资本管理方式，创新资本管理机制，强化资本管理手段，发挥激励约束作用，加强基础设施建设，进一步提高管理的科学性、有效性。

——党的建设更加强化。加强党对国有金融机构的领导，强化国有金融机构党的建设，巩固党委（党组）在公司治理中的法定地位，发挥党委（党组）的领导作用，为国有金融资本管理提供坚强有力的政治保证、组织保证和人才支撑。

二、完善国有金融资本管理体制

国有金融资本是指国家及其授权投资主体直接或间接对金融机构出资所形成的资本和应享有的权益。凭借国家权力和信用支持的金融机构所形成的资本和应享有的权益，纳入国有金融资本管理，法律另有规定的除外。

（四）优化国有金融资本配置格局

统筹规划国有金融资本战略布局，适应经济发展需要，有进有退、有所为有所不为，合理调整国有金融资本在银行、保险、证券等行业的比重，提高资本配置效率，实现战略性、安全性、效益性目标的统一。既要减少对国有金融资本的过度占用，又要确保国有金融资本在金融领域保持必要的控制力。对于开发性和政策性金融机构，保持国有独资或全资的性质。对于涉及国家金融安全、外溢性强的金融基础设施类机构，保持国家绝对控制力。对于在行业中具有重要影响的国有金融机构，保持国有金融资本控制力和主导作用。对于处于竞争领域的其他国有金融机构，积极引入各类资本，国有金融资本可以绝对控股、相对控股，也可以参股。继续按照市场化原则，稳妥推进国有金融机构混合所有制改革。

（五）明确国有金融资本出资人职责

国有金融资本属于国家所有即全民所有。国务院代表国家行使国有金融资本所有权。国务院和地方政府依照法律法规，分别代表国家履行出资人职责。按照权责匹配、权责对等、权责统一的原则，各级财政部门根据本级政府授权，集中统一履行国有金融资本出资人职责。国务院授权财政部履行国有金融资本出资人职责。地方政府授权地方财政部门履行地方国有金融资本出资人职责。履行出资人职责的各级财政部门对相关金融机构，依法依规享有参与重大决策、选择管理者、享有收益等出资人权利，并应当依照法律法规和企业章程等规定，履职尽责，保障出资人权益。

（六）加强国有金融资本统一管理

完善国有金融资本管理体制，根据统一规制、分级管理的原则，财政部负责制定全国统一的国有金融资本管理规章制度。各级财政部门依法依规履行国有金融资本管理职责，负责组织实施基础管理、经营预算、绩效考核、负责人薪酬管理等工作。严格规范金融综合经营和产融结合，国有金融资本管理应当与实业资本管理相隔离，建立风险防火墙，避免风险相互传递。各级财政部门根据需要，可以分级分类委托其他部门、机构管理国有金融资本。

（七）明晰国有金融机构的权利与责任

充分尊重企业法人财产权利，赋予国有金融机构更大经营自主权和风险责任。国有金融机构应当严格遵守有关法律法规，加强经营管理，提高经济效益，接受政府及其有关部门、机构依法实施的管理和监督。国有金融机构应当依照法律法规以及企业章程等规定，积极支持国家重大战略实施，建立和完善法人治理结构，健全绩效考核、激励约束、风险控制、利润分配和内部监督管理制度，完善重大决策、重要人事任免、重大项目安排和大额度资金运作决策制度。

（八）以管资本为主加强资产管理

履行国有金融资本出资人职责的机构应当准确把握自身职责定位，科学界定出资人管理边界，按照相关法律法规，逐步建立管理权力和责任清单，更好地实现以管资本为主加强国有资产管理的目标。遵循实质重于形式的原则，以公司治理为基础，以产权监管为手段，对国有金融机构股权出资实施资本穿透管理，防止出现内部人控制。按照市场经济理念，积极发挥国有金融资本投资、运营公司作用，着力创新管理方式和手段，不断完善激励约束机制，提高国有金融资本管理的科学性、有效性。

（九）防范国有金融资本流失

强化国有金融资本内外部监督，严格股东资质和资金来源审查，加快形成全面覆盖、制约有力的监督体系。坚持出资人管理和监督的有机统一，强化出资人监督，动态监测国有金融资本运营。加强对国有金融资本重大布局调整、产权流转和境外投资的监督。完善国有金融机构内部监督体系，明确相关部门监督职责，完善监事会监督制度，强化内部流程控制。加强审计、评估等外部监督和社会公众监督，依法依规、及时准确披露国有金融机构经营状况，提升国有金融资本运营透明度。

三、优化国有金融资本管理制度

（十）健全国有金融资本基础管理制度

建立健全全流程、全覆盖的国有金融资本基础管理体系，完善产权登记、产权评估、产权转让等管理制度，做好国有金融资本清产核资、资本金权属界定、统计分析等工作。加强金融企业国有产权流转管理，及时、全面、准确反映国有金融资本产权变动情况。规范金融企业产权进场交易流程，确保转让过程公开、透明。加强国有金融资本评估监管，独立、客观、公正地体现资产价值。整合金融行业投资者保险保障资源，完善国有重点金融机构恢复和处置机制，强化股东、实际控制人及债权人自我救助责任。

（十一）落实国有金融资本经营预算管理制度

按照统一政策、分级管理、全面覆盖的原则，加强金融机构国有资本收支管理。规范国家与国有金融机构的分配关系，全面完整反映国有金融资本经营收入，合理确定国有金融机构利润上缴比例，平衡好分红和资本补充。结合国有金融资本布局需要，不断优化国有金融资本经营预算支出结构，建立国有金融机构资本补充和动态调整机制，健全国有金融资本经营收益合理使用的有效机制。国有金融资本经营预算决算依法接受人大及其常委会的审查监督。

（十二）严格国有金融资本经营绩效考核制度

通过界定功能、划分类别，分行业明确差异化考核目标，实行分类定责、分类考核，提高考核的科学性、有效性，综合反映国有金融机构资产营运水平和社会贡献，推动金融机构加强经营管理，促进金融机构健康发展，有效服务国家战略。加强绩效考核结果运用，建立考核结果与企业负责人履职尽责情况、员工薪酬水平的奖惩联动机制。

（十三）健全国有金融机构薪酬管理制度

对国有金融机构领导人员实行与选任方式相匹配、与企业功能性质相适应、与绩效考核相挂钩的差异化薪酬分配办法。对党中央、国务院，地方党委和政府及相关机构任命的国有金融机构领导人员，建立正向激励机制，合理确定基本年薪、绩效年薪和任期激励收入。对市场化选聘的职业经理人，实行市场化薪酬分配机制。探索建立国有金融机构高管人员责任追究和薪酬追回制度。探索实施国有金融企业员工持股计划。

（十四）加强金融机构和金融管理部门财政财务监管

财政部门负责制定金融机构和金融管理部门财务预算制度，并监督执行。进一步完善金融企业财务规则，完善中国人民银行独立财务预算制度和其他金融监管部门财务制度，建立金融控股公司等金融集团和重点金融基础设施财务管理制度。各级财政部门依法对本级国有金融机构进行财务监管，规范企业财务行为，维护国有金融资本权益。继续加强银行、证券、保险、期货、信托等领域保障基金财政财务管理，健全财务风险监测与评价机制，防范和化解财务风险，保护相关各方合法权益。

四、促进国有金融机构持续健康经营

（十五）深化公司制股份制改革

加大国有金融机构公司制改革力度，推动具备条件的国有金融机构整体改制上市。推进凭借国家权力和信用支持的金融机构稳步实施公司制改革。根据不同金融机构的功能定位，逐步调整国有股权比例，形成股权结构多元、股东行为规范、内部约束有效、运行高效灵活的经营机制。

（十六）健全公司法人治理结构

规范股东（大）会、董事会、监事会与经营管理层关系，健全国有金融机构授权经营体系，出资人依法履行职责。推进董事会建设，完善决策机制，加强董事会在重大决策、选人用人和激励机制等方面的重要职责。按照市场监管与出资人职责相分离的原则，理顺国有金融机构管理体制。建立董事会与管理层制衡机制，规范董事长、总经理（总裁、行长）履职行为，建立健全权责对等、运转协调、有效制衡的国有金融机构决策执行监督机制，充分发挥股东（大）会的权力机构作用、董事会的决策机构作用、监事会的监督机构作用、高级管理层的执行机构作用、党委（党组）的领导作用。

（十七）建立国有金融机构领导人员分类分层管理制度

坚持党管干部原则与董事会依法产生、董事会依法选择经营管理者、经营管理者依法行使用人权相结合，不断创新实现形式。上级党组织和履行国有金融资本出资人职责的机构按照管理权限，加强对国有金融机构领导人员的管理，根据不同机构类别和层级，实行不同的选人用人方式。推行职业经理人制度，董事会按市场化方式选聘和管理职业经理人，并建立相应退出机制。

（十八）推动国有金融机构回归本源、专注主业

推动国有金融机构牢固树立与实体经济俱荣俱损理念，加强并改进对重点领域和薄弱环节的服务，围绕实体经济需要，开发新产品、开拓新业务。规范金融综合经营，依法合规开展股权投资，严禁国有金融企业凭借资金优势控制非金融企业。发挥好绩效目标的导向作用，引导国有金融机构把握好发展方向、战略定位、经营重点，突出主业、做精专业，提高稳健发展能力、服务能力与核心竞争力。

（十九）督促国有金融机构防范风险

强化国有金融机构防范风险的主体责任。推动国有金融机构细化完善内控体系，严守财务会计规则和金融监管要求，强化自身资本管理和偿付能力管理，保证充足的风险吸收能力。督促国有金融机构坚持审慎经营，加强风险源头控制，动态排查信用风险等各类风险隐患，健全风险防范和应急处置机制。规范产融结合，按照金融行业准入条件，严格限制和规范非金融企业投资参股国有金融企业，参股资金必须使用自有资金。各级财政部门、中央和国家机关有关部委以及地方政府不得干预金融监管部门依法监管。

五、加强党对国有金融机构的领导

（二十）充分发挥党委（党组）的领导作用

坚持党要管党、从严治党，坚持党对国有金融机构的领导不动摇，发挥党委（党组）的领导作用。坚持党的建设与国有金融机构改革同步谋划、党的组织及工作机构同步设置、党委（党组）负责人及党务工作人员同步配备、党建工作同步开展。国有金融机构党委（党组）把方向、管大局、保落实，重点管政治方向、领导班子、基本制度、重大决策和党的建设，切实承担好、落实好从严管党治党责任。把加强党的领导和完善公司治理统一起来，将党建工作总体要求纳入国有金融机构章程，明确国有金融机构党委（党组）在公司治理结构中的法定地位，规范党委（党组）参与重大决策的内容和程序规则，把党委（党组）会议研究讨论作为董事会决策重大问题的前置程序。合理确定党委（党组）领导班子成员和董事会、监事会、管理层双向进入、交叉任职比例。

（二十一）进一步加强领导班子和人才队伍建设

坚持党管干部原则，坚持好干部标准，建设高素质领导班子。按照对党忠诚、勇于创新、治企有方、兴企有为、清正廉洁的要求，选优配强国有金融机构一把手，认真落实"一岗双责"。把党委（党组）领导与董事会依法选聘管理层、管理层依法行使用人权有机结合起来，加大市场化选聘力度。健全领导班子考核制度。培养德才兼备的优秀管理人员，造就兼具经济金融理论与实践经验的复合型人才。制定金融高端人才计划，重视从一线发现人才，精准引进海外高层次人才，加快建立健全国有金融机构集聚人才的体

制机制。

（二十二）切实落实全面从严治党“两个责任”

压紧压实国有金融机构党委（党组）主体责任和纪检监察机构监督责任。健全国有金融机构领导人员职业道德约束制度，加强党性教育、法治教育、警示教育，引导国有金融机构领导人员坚定理想信念，正确履职行权，廉洁从业，勤勉敬业。依法依规规范金融管理部门工作人员到金融机构从业行为，相关部门要制定实施细则，严格监督执行，限制金融管理部门工作人员离职后到原任职务管辖业务范围内的金融机构、原工作业务直接相关的金融机构工作，规范国有金融机构工作人员离职后到与原工作业务相关单位从业行为，完善国有金融管理部门和国有金融机构工作人员任职回避制度，杜绝里应外合、利益输送行为，防范道德风险。坚持运用法治思维和法治方式反腐败，完善标本兼治的制度体系，加强纪检监察、巡视监督和日常监管，严格落实中央八项规定及其实施细则精神，深入推进党风廉政建设和反腐败斗争，努力构筑国有金融机构领导人员不敢腐、不能腐、不想腐的有效机制。

六、协同推进强化落实

（二十三）加强法治建设

健全国有金融资本管理法律法规体系，做好相关法律法规的立改废释工作。按照法定程序，加快制定国有金融资本管理条例，明确授权经营体制，为完善国有金融资本管理体制机制夯实法律基础。研究建立统一的国有金融资本出资人制度，明确出资人的权利、义务和责任。完善和落实国有金融资本管理各项配套政策。

（二十四）加强协调配合

履行国有金融资本出资人职责的机构要与人民银行、金融监管部门加强沟通协调和信息共享，形成工作合力。履行国有金融资本出资人职责的机构在制定完善国有金融资本管理制度时，涉及其他金融管理部门有关监管职责的，应当主动征求有关部门意见。其他金融管理部门在制定发布相关监管政策时，要及时向履行国有金融资本出资人职责的机构通报相关情况。

（二十五）严格责任追究

建立健全国有金融机构重大决策失误和失职、渎职责任追究倒查机制，严厉查处侵吞、贪污、输送、挥霍国有金融资本的行为。建立健全国有金融资本管理的监督问责机制，对形成风险没有发现的失职行为，对发现风险没有及时提示和处置的渎职行为，加大惩戒力度。对重大违法违纪问题敷衍不追、隐匿不报、查处不力的，严格追究有关部门和相关人员责任，构成犯罪的，坚决依法追究刑事责任。

（二十六）加强信息披露

建立统一的国有金融资本统计监测和报告制度，完整反映国有金融资本的总量、投向、布局、处置、收益等内容，编制政府资产负债表，报告国有金融机构改革、资产监管、风险控制、高级管理人员薪酬等情况。国有金融资本情况要全口径向党中央报告，并按规定向全国人大常委会报告国有金融资产管理情况，具体报告责任由财政部承担。各级财政部门定期向同级政府报告国有金融资本管理情况。国务院和地方政府应当对履行出资人职责机构的履职情况进行监督，依法向社会公布国有金融资本状况，接受社会公众的监督。

各级党委和政府要统一思想，以高度的政治责任感和历史使命感，切实履行对完善国有金融资本管理工作的领导责任。要根据本意见，结合实际制定实施意见，加强统筹协调、明确责任分工、细化目标任务、强化督促落实，确保国有金融资本管理得到有效加强。

国务院

2018年6月30日

〔来源：中国政府网〕

关于深化项目评审、人才评价、机构评估改革的意见

项目评审、人才评价、机构评估（以下简称“三评”）改革是推进科技评价制度改革的重要举措。为全面贯彻党的十九大精神，落实全国科技创新大会部署和《国家创新驱动发展战略纲要》要求，深入推进“三评”改革，进一步优化科研项目评审管理机制、改进科技人才评价方式、完善科研机构评估制度、加强监督评估和科研诚信体系建设，现提出如下意见。

一、总体要求

（一）指导思想

全面贯彻党的十九大和十九届二中、三中全会精神，以习近平新时代中国特色社会主义思想为指导，按照党中央、国务院决策部署，坚定实施创新驱动发展战略，深化科技体制改革，以激发科研人员的积极性创造性为核心，以构建科学、规范、高效、诚信的科技评价体系为目标，以改革科研项目评审、人才评价、机构评估为关键，统筹自然科学和哲学社会科学等不同学科门类，推进分类评价制度建设，发挥好评价指挥棒和风向标作用，营造潜心研究、追求卓越、风清气正的科研环境，形成中国特色科技评价体系，为提升我国科技创新能力、加快建设创新型国家和世界科技强国提供有力的制度保障。

（二）基本原则

——坚持尊重规律。遵循科技人才发展和科研规律，科学设立评价目标、指标、方法，引导科研人员潜心研究、追求卓越。加强顶层设计，统筹和精简“三评”工作，简化优化流程，为科研人员和机构松绑减负，并形成长效机制。

——坚持问题导向。聚焦“三评”工作中存在的突出问题，从破除体制机制障碍入手，找准突破口，更加注重质量、贡献、绩效，树立正确评价导向，增强针对性，突出实招硬招，提高改革的含金量和实效性。

——坚持分类评价。针对自然科学、哲学社会科学、军事科学等不同学科门类特点，建立分类评价指标体系和评价程序规范。基础前沿研究突出原创导向，以同行评议为主；社会公益性研究突出需求导向，以行业用户和社会评价为主；应用技术开发和成果转化评价突出企业主体、市场导向，以用户评价、第三方评价和市场绩效为主。

——坚持客观公正。客观、真实、准确反映不同评价对象的实际情况，推行同行评价，引入国际评价，进一步提高科技评价活动的公开性和开放性，保证评价工作的独立性和公正性，确保评价结果的科学性和客观性。

（三）主要目标。“十三五”期间，在优化“三评”工作布局、减少“三评”项目数量、改进评价机制、提高质量效率等方面实现更大突破，基本形成适应创新驱动发展要求、符合科技创新规律、突出质量贡献绩效导向的分类评价体系，科技资源配置更加高效，科研机构和科研人员创新创业潜能活力竞相迸发，科技创新和供给能力大幅提升，科技进步对经济社会发展作出更大贡献。

二、优化科研项目评审管理

（一）完善项目指南编制和发布机制

国家科技计划项目指南编制工作应采取有效方式充分吸收相关部门、行业、地方以及产业界、科技社团、社会公众共同参与。项目指南内容要广泛吸纳各方意见，更好体现国家意志、反映各方需求，有条件的可在网上公开征求意见并进行审核评估，提高指南的科学性。项目体量应大小适中，目标集中明确，合理设置课题及参加单位数量，确保下设各课题任务紧密关联形成有机整体，避免拼凑组团和执行中的碎片化。各类国家科技计划逐步实行年度指南定期发布制度。自然科学类项目指南应关注重大原创性、颠覆性、交叉学科创新等。哲学社会科学类项目指南应注重研究的政治方向、学术创新、社会效益、实践价值等。

项目指南应根据分类原则明确不同类型项目的组织实施方式。国家科技计划项目一般采取公开竞争的方式择优遴选承担单位。对具有明确国家目标、技术路线清晰、组织程度较高、优势承担单位集中的重大科技项目，可采取定向择优或定向委托等方式确定承担单位；对于企业牵头的技术创新项目，应对企业的资质、技术创新能力和财务情况提出明确要求，鼓励企业共同投入并组织实施。深入实施军民融合发展战略，加快建设军民融合创新体系，推动重大科技项目军地一体论证和实施。

（二）保证项目评审公开公平公正

建立公正、科学、明确的项目评审工作规则，并在评审前公布。按照不同立项方式，采取相应的评审程序和方法，同一轮次实行同一种评审方法，避免评审结果出现歧义。推行视频评审、电话录音、评审结果反馈、立项公示等措施，实现评审全过程的可申诉、可查询、可追溯。允许项目申报人在评审前提出回避单位及个人。建立项目负责人科研背景核查制度，对立项公示期间存在异议的项目负责人开展科研业绩、经历、诚信情况调查，确保符合项目要求。不同类别国家科技计划应根据实际情况，在项目申报和评审中，综合考虑负责人和团队实际能力以及项目要求，不把发表论文、获得专利、荣誉性头衔、承担项目、获奖等情况作为限制性条件。探索建立对重大原创性、颠覆性、交叉学科创新项目等的非常规评审机制。保密项目评审管理按国家科技保密有关规定执行。

（三）完善评审专家选取使用

进一步推动建设集中统一、标准规范、安全可靠、开放共享的国家科技专家库，及时补充高层次专家，细化专家领域和研究方向，更好地满足项目评审要求。完善国家科技专家库入库标准和评审专家遴选规范，明确推荐单位在专家推荐和管理等方面的权责，强化推荐单位对专家信息的审核把关责任，建立专家入库信息定期更新机制。根据项目类型特点，合理确定评审专家遴选条件和专家组组成原则，原则上应主要选取活跃在科研一线、真懂此行此项的专家参与评审，充分考虑其专业水平和知识结构。与产业应用结合紧密的项目，还应选取活跃在生产一线的专家参与评审。建立完善评审专家的诚信记录、动态调整、责任追究制度，严格规范专家评审行为。完善专家轮换、随机抽取、回避、公示等相关制度，对公示期间存在异议的专家开展背景经历调查，确保专家选取使用科学、公正。初评环节实施小同行评议，在部分前沿与基础科学等领域逐步按适当比例引入国际同行评议。项目管理专业机构应加强对评审专家名单抽取和保密的管理，进一步推进专家抽取和使用岗位分离。开展会议评审的，原则上应在评审前公布评审专家名单；开展通讯评审的，应在评审结束前对评审专家名单严格保密，有条件的应在评审结束后向社会公布。评审专家要强化学术自律，学术共同体要加强学术监督。

（四）提高项目评审质量和效率

合理确定专家的评审项目数、总时长等工作量，会议评审前及时组织专家审阅申报材料，确保专家充分了解申报项目情况；合理确定项目汇报和质询答辩时间。项目负责人原则上应亲自汇报答辩，不在项目申报团队内的人员不得参与答辩。进一步优化预算评估工作，只针对拟立项的项目开展预算评估，规范和优化预算评估专家的遴选、评估方法，提高评估质量，及时反馈评估结果。

（五）严格项目成果评价验收

项目承担单位对本单位科研成果管理负主体责任，要组织对本单位科研人员拟公布的成果进行真实性审查。行业主管部门对所属科研单位的科研成果每年要按一定比例进行抽查。非涉密的国家科技计划项目成果验收前，应在遵守知识产权保护法律法规的前提下，纳入国家科技报告系统，向社会公开，接受监督。项目管理专业机构应按照规定时限和程序组织开展国家科技计划项目验收，严格依据任务书确定的目标、指标和验收工作标准规范进行考核评价。有明确应用要求的，在项目验收后不定期组织对成果应用情况的现场抽查、后评估。

（六）加强国家科技计划绩效评估

针对科技计划整体情况组织开展绩效评估，重点评估计划目标完成、管理、产出、效果、影响等绩效。绩效评估通过公开竞争等方式择优委托第三方开展，以独立、专业、负责为基本要求，充分发挥第三方评估机构作用，根据需要引入国际评估。加强对第三方评估机构的规范和监督，逐步建立第三方评估机构评估结果负责制和信用评价机制。

（七）落实国家科技奖励改革方案

改革现行由政府下达指标、科技人员申报、单位推荐的方式，实行由专家学者、组织机构、相关部门提名的制度。提名者承担推荐、答辩、异议答复等责任，对相关材料的真实性和准确性负责。实行定标定额评审制度，自然科学奖、技术发明奖、科技进步奖实行按等级标准提名、独立评审表决的机制，一等奖评审落选项目不再降格参评二等奖。提高奖励工作的公开透明度，向全社会公开评奖规则、流程、指标数量，全程公示自然科学奖、技术发明奖、科技进步奖候选项目及其提名者。

三、改进科技人才评价方式

（一）统筹科技人才计划

加强部门、地方的协调，建立人才项目申报查重及处理机制，防止人才申报违规行为，避免多个类似人才项目同时支持同一人才。指导部门、地方针对不同支持对象科学设置科技人才计划，优化人才计划结构。

（二）科学设立人才评价指标

突出品德、能力、业绩导向，克服唯论文、唯职称、唯学历、唯奖项倾向，推行代表作评价制度，注重标志性成果的质量、贡献、影响。把学科领域活跃度和影响力、重要学术组织或期刊任职、研发成果原创性、成果转化效益、科技服务满意度等作为重要评价指标。在对社会公益性研究、应用技术开发等类型科研人才的评价中，SCI（科学引文索引）和核心期刊论文发表数量、论文引用榜单和影响因子排名等仅作为评价参考。注重个人评价与团队评价相结合，尊重和认可团队所有参与者的实际贡献。引进海外人才要加强对其海外教育和科研经历的调查验证，不把教育、工作背景简单等同于科研水平。注重发挥同行评议机制在人才评价过程中的作用。探索对特殊人才采取特殊评价标准。对承担国防重大工程任务的人才可采用针对性评价措施，对国防科技涉密领域人才评价开辟特殊通道。

（三）树立正确的人才评价使用导向

坚持正确价值导向，不把人才荣誉性称号作为承担各类国家科技计划项目、获得国家科技奖励、职称评定、岗位聘用、薪酬待遇确定的限制性条件，使人才称号回归学术性、荣誉性本质，避免与物质利益简单、直接挂钩。鼓励人才合理流动，引导人才良性竞争和有序流动，探索人才共享机制。中西部、东北老工业基地及欠发达地区的科研人员因政策倾斜因素获得的国家级人才称号、人才项目等支持，在支持周期内原则上不得跟随人员向东部、发达地区流转。合理发挥市场机制作用，逐步建立高层次人才流动的培养补偿机制。

（四）强化用人单位人才评价主体地位

坚持评用结合，支持用人单位健全科技人才评价组织管理，根据单位实际建立人才分类评价指标体系，突出岗位履职评价，完善内部监督机制，使人才发展与单位使命更好协调统一。按照深化职称制度改革方向要求，分类完善职称评价标准，不将论文、外语、专利、计算机水平作为应用型人才、基层一线人才职称评审的限制性条件。落实职称评审权限下放改革措施，支持符合条件的高校、科研院所、医院、大型企业等单位自主开展职称评审。选择部分国家临床医学研究中心试点开展临床医生科研评价改革工作。不简单以学术头衔、人才称号确定薪酬待遇、配置学术资源。

（五）加大对优秀人才和团队的稳定支持力度。国家实验室等的全职科研人员及团队不参与申请除国家人才计划之外的竞争性科研经费，由中央财政给予中长期目标导向的持续稳定经费支持。推动中央部委所属高校、科研院所完善基本科研业务费的内部管理机制，切实加强对青年科研人员的倾斜支持。

四、完善科研机构评估制度

（一）实行章程管理

推动中央级科研事业单位制定实施章程，确立章程在单位管理运行中的基础性制度地位，实现“一院（所）一章程”和依章程管理。章程要明确规定单位的宗旨目标、功能定位、业务范围、领导体制、运行管理机制等，确保机构运行各项事务有章可循。

（二）落实法人自主权

中央级科研事业单位主管部门要加快推进政事分开、管办分离，赋予科研事业单位充分自主权，对章程明确赋予科研事业单位管理权限的事务，由单位自主独立决策、科学有效管理，少干预或不干预。坚持权责一致原则，细化自主权的行使规则与监督制度，明确重大管理决策事项的基本规则、决策程序、监督机制、责任机制，形成完善的内控机制，保障科研事业单位依法合规管理运行。切实发挥单位党委（党组）把方向、管大局、保落实的重要作用，坚决防止党的领导弱化、党的建设缺失。

（三）建立中长期绩效评价制度

根据科研机构从事的科研活动类型，分类建立相应的评价指标和评价方式，避免简单以高层次人才数量评价科研事业单位。建立综合评价与年度抽查评价相结合的中央级科研事业单位绩效评价长效机制。以5年为评价周期，对科研事业单位开展综合评价，涵盖职责定位、科技产出、创新效益等方面。5年期间，每年按一定比例，聚焦年度绩效完成情况等重点方面，开展年度抽查评价。加强绩效评价结果与科研管理机制的衔接，充分发挥绩效评价的激励约束作用，在科技创新政策规划制定、财政拨款、国家科技计划项目承担、国家级科技人才推荐、国家科技创新基地建设、学科专业设置、研究生和博士后招收、科研事业单位领导人员考核评价、科研事业单位人事管理、绩效工资总量核定等工作中，将绩效评价结果作为重要依据。按照程序办理科研事业单位编制调整事项时，应参考绩效评价结果。

（四）完善国家科技创新基地评价考核体系

根据优化整合后的各类国家科技创新基地功能定位、任务目标、运行机制等不同特点，确定合理的评价方式和标准。科学与工程研究类基地重点评价原始创新能力、国际科学前沿竞争力、满足国家重大需求的能力；技术创新与成果转化类基地重点评价行业共性关键技术研发、成果转化应用能力、对行业技术进步的带动作用；基础支撑与条件保障类基地重点评价科技创新条件资源支撑保障和服务能力。对各类基地的评价要有利于人才队伍建设、能力提升和可持续发展。建立与评价结果挂钩的动态管理机制，坚持优胜劣汰、有进有出，实现国家科技创新基地建设运行的良性循环。

五、加强监督评估和科研诚信体系建设

（一）建立覆盖“三评”全过程的监督评估机制

将监督和评估嵌入“三评”活动事前、事中、事后全过程，确保科学、规范、高效。事前，实行诚信承诺制度，申报人员、评审专家、工作人员均应签订诚信承诺书，明确行为规范并划定负面行为的底线。事中，实行重点监督和随机抽查相结合，强化重点环节监督，加强对各类主体履职尽责和任务完成情况的监督评估。事后，强化绩效评估和动态调整，按照合同（委托书、协议书）约定开展绩效评估，评估结果作为对相关主体今后监督管理和动态调整的重要参考。建立学术期刊预警监测制度，定期发布学术期刊预警名单和黑名单。加强与纪检监察机关等的信息沟通，自觉接受监督。

（二）加强科研诚信建设

对科研不端行为零容忍，完善调查核实、公开公示、惩戒处理等制度。建设完善严重失信行为记录信息系统，对纳入系统的严重失信行为责任主体实行“一票否决”，一定期限、一定范围内禁止其获得政府奖励和申报政府科技项目等。推进科研信用与其他社会领域诚信信息共享，实施联合惩戒。逐步建立科研领域守信激励机制。将诚信监管关口前移，推动高校、科研院所、医院等单位建立完善学术管理制度，对科研人员学术成长轨迹和学术水平进行跟踪评价，加强对科研人员和青年学生的科研诚信教育，引导其树立正确的科研价值观，潜心科研、淡泊名利。强化导师对学生发表论文的主要内容和研究数据的真实性及实验的可重复性等的审核把关。引导学术共同体建立符合本领域特点的科研诚信规范。

六、加强组织实施，确保政策措施落地见效

（一）加强组织领导

国家科技体制改革和创新体系建设领导小组负责“三评”改革工作的组织领导和统筹协调。各有关部门要根据职责分工，细化任务举措，加强协调配合，抓好本领域“三评”改革的组织实施。各地区要结合实际制定具体方案，推进本地区“三评”改革工作。

（二）强化责任担当

各相关评价主体要强化责任意识，敢于担当，切实推进“三评”改革政策措施落实落地。各有关部门要深化“放管服”改革，进一步减少“三评”项目数量，加强监管，优化服务。各项目管理专业机构要切实履行监督管理职责，各法人单位、学（协）会要完善内部管理，广大科研人员要强化学术自律。各方面要齐心协力，共同营造良好科研环境。

（三）加大推进力度

加强政府部门、用人单位、学术共同体、第三方评估机构等各类评价主体间的相互配合和协同联动，强化“三评”之间的统筹协调。强化政策解读和宣传引导，加强对科研单位干部教育培训，提升科研管理水平，让广大科研人员知晓、掌握、用好改革政策。持续跟踪调研，加强总结评估，及时推广先进经验，发现和解决问题。加强督查督办，推动“三评”改革政策措施落实和动态完善，形成长效机制。

（四）开展试点示范

对一些关联度高、探索性强、暂时不具备全面推行条件的改革举措，可以结合实际情况选择部分地方和单位先期开展试点。鼓励试点地方和单位大胆探索实践，发挥示范突破和带动作用。对基层因地制宜的改革要探索建立容错纠错机制，激发改革动力，保护改革积极性。

中共中央办公厅　国务院办公厅

2018 年 7 月 3 日

〔来源：中国政府网〕

国务院关于积极有效利用外资推动经济高质量发展若干措施的通知

国发〔2018〕19 号

利用外资是我国对外开放基本国策和构建开放型经济新体制的重要内容。当前我国经济已由高速增长阶段转向高质量发展阶段，利用外资面临新形势新挑战。为贯彻落实党中央、国务院关于推动形成全面开放新格局的决策部署，实行高水平投资自由化便利化政策，对标国际先进水平，营造更加公平透明便利、更有吸引力的投资环境，保持我国全球外商投资主要目的地地位，进一步促进外商投资稳定增长，实现以高水平开放推动经济高质量发展，现将有关事项通知如下：

一、大幅度放宽市场准入，提升投资自由化水平

（一）全面落实准入前国民待遇加负面清单管理制度

2018 年 7 月 1 日前修订出台全国和自由贸易试验区外商投资准入特别管理措施（负面清单），与国际通行规则对接，全面提升开放水平，以开放促改革、促发展、促创新。负面清单之外的领域，各地区各部门不得专门针对外商投资准入进行限制。（发展改革委、商务部

牵头，各有关部门、各省级人民政府按职责分工负责）

（二）稳步扩大金融业开放

放宽外资金融机构设立限制，扩大外资金融机构在华业务范围，拓宽中外金融市场合作领域。修订完善合格境外机构投资者（QFII）和人民币合格境外机构投资者（RQFII）有关规定，建立健全公开透明、操作便利、风险可控的合格境外投资者制度，吸引更多境外长期资金投资境内资本市场。大力推进原油期货市场建设，积极推进铁矿石等期货品种引入境外交易者参与交易。深化境外上市监管改革，支持符合条件的境内企业到境外上市，稳妥有序推进在境外上市公司的未上市股份在境外市场上市流通。支持外资金融机构更多地参与地方政府债券承销。（财政部、商务部、人民银行、银保监会、证监会按职责分工负责）

（三）持续推进服务业开放

取消或放宽交通运输、商贸物流、专业服务等领域外资准入限制。加大自由贸易试验区范围内电信、文化、旅游等领域对外开放压力测试力度。（中央宣传部、中央网信办、发展改革委、工业和信息化部、交通运输部、农业农村部、商务部、文化和旅游部、粮食和储备局等有关部门按职责分工负责）

（四）深化农业、采矿业、制造业开放。取消或放宽种业等农业领域，煤炭、非金属矿等采矿业领域，汽车、船舶、飞机等制造业领域外资准入限制。（发展改革委、工业和信息化部、自然资源部、农业农村部、商务部等有关部门按职责分工负责）

二、深化“放管服”改革，提升投资便利化水平

（五）持续推进外资领域“放管服”改革

外商投资准入负面清单内投资总额10亿美元以下的外商投资企业设立及变更，由省级人民政府负责审批和管理。支持地方政府开展相对集中行政许可权改革试点。在全国推行负面清单以外领域外商投资企业商务备案与工商登记“一口办理”。（商务部、市场监管总局等有关部门、各省级人民政府按职责分工负责）

（六）提高外商投资企业资金运用便利度

进一步简化资金池管理，允许银行审核真实、合法的电子单证，为企业办理集中收付汇、轧差结算业务。放宽企业开展跨国公司外汇资金集中运营管理试点备案条件。支持跨国企业集团办理跨境双向人民币资金池业务。（人民银行、外汇局按职责分工负责）

（七）提升外国人才来华工作便利度

研究出台支持政策，依法保障在华工作外国人才享有基本公共服务。为符合国家支持导向的中国境内注册企业急需的外国人才提供更加便利的外国人来华工作许可管理服务。积极推进外国高端人才服务“一卡通”试点，进一步简化工作许可办理程序。（外交部、司法部、人力资源社会保障部、外专局等有关部门按职责分工负责）

（八）提升外国人才出入境便利度

中国境内注册企业选聘的外国人才，符合外国人才签证实施办法规定条件的，可凭外国高端人才确认函向驻外使馆、领馆或者外交部委托的其他驻外机构申请5～10年有效、多次入境，每次停留期限不超过180天的人才签证，免除签证费和急件费，可在2个工作日内获发签证。（外交部、外专局等有关部门按职责分工负责）

三、加强投资促进，提升引资质量和水平

（九）优化外商投资导向

积极吸引外商投资以及先进技术、管理经验，支持外商全面参与海南自由贸易港建设，强化自由贸易试验区在扩大开放吸引外资方面的先行先试作用。（商务部牵头，国务院自由贸易试验区工作部际联席会议成员单位按职责分工负责）引导外资更多投向现代农业、生态建设、先进制造业、现代服务业，投向中西部地区。进一步落实企业境外所得抵免、境外投资者以境内利润直接投资以及技术先进型服务企业的税收政策。（发展改革委、财政部、商务部、税务总局按职责分工负责）

（十）支持外商投资创新发展

积极落实外商投资研发中心支持政策，研究调整优化认定标准，鼓励外商投资企业加大在华研发力度。进一步落实高新技术企业政策，鼓励外资投向高新技术领域。（科技部、财政部、商

务部、海关总署、税务总局按职责分工负责）

（十一）鼓励外资并购投资

鼓励地方政府根据市场化原则建立并购信息库，引导国内企业主动参与国际合作。允许符合条件的外国自然人投资者依法投资境内上市公司。比照上市公司相关规定，允许外商投资全国中小企业股份转让系统挂牌公司。完善上市公司国有股权监督管理制度，进一步提高国有控股上市公司及其国有股权流转的公开透明程度，为符合条件的国内外投资者参与国有企业改革提供公平机会。（发展改革委、商务部、国资委、证监会等有关部门、各省级人民政府按职责分工负责）

（十二）降低外商投资企业经营成本

允许各地支持制造业企业依法按程序进行厂房加层、厂区改造、内部用地整理及扩建生产、仓储场所，提升集约化用地水平，不再增收地价款。支持外商投资企业科学用工，通过订立以完成一定工作任务为期限的劳动合同、短期固定期限劳动合同满足灵活用工需求。完善外商投资企业申请实行综合计算工时工作制和不定时工作制的审批流程，缩短审批时限。加快推进多双边社会保障协定商签工作，切实履行已签署社会保障协定的条约义务，依据协定内容维护在华外国劳动者的社会保障权益，免除企业和员工对协定约定社会保险险种的双重缴费义务。（人力资源社会保障部、自然资源部、住房城乡建设部按职责分工负责）

（十三）加大投资促进工作力度

鼓励各地提供投资促进资金支持，强化绩效考核，完善激励机制。支持各地在法定权限范围内制定专项政策，对在经济社会发展中作出突出贡献的外商投资企业及高层次人才给予奖励。充分运用因公临时出国管理有关政策，为重大项目洽谈、重大投资促进活动等因公出访团组提供便利。各地在招商引资过程中，应遵守国家产业政策、土地利用政策、城乡规划和环境保护等要求，注重综合改善营商环境，给予内外资企业公平待遇，避免恶性竞争。（中央外办、外交部、发展改革委、财政部、自然资源部、生态环境部、商务部、外专局、各省级人民政府按职责分工负责）

四、提升投资保护水平，打造高标准投资环境

（十四）加大知识产权保护力度

推进专利法等相关法律法规修订工作，大幅提高知识产权侵权法定赔偿上限。严厉打击侵权假冒行为，加大对外商投资企业反映较多的侵犯商业秘密、商标恶意抢注和商业标识混淆不正当竞争、专利侵权假冒、网络盗版侵权等知识产权侵权违法行为的惩治力度。严格履行我国加入世界贸易组织承诺，外商投资过程中技术合作的条件由投资各方议定，各级人民政府工作人员不得利用行政手段强制技术转让。加强维权援助和纠纷仲裁调解，推进纠纷仲裁调解试点工作，推动完善知识产权保护体系。（中央宣传部、最高人民法院、全国打击侵权假冒工作领导小组办公室、司法部、市场监管总局、知识产权局按职责分工负责）

（十五）保护外商投资合法权益

完善外商投资企业投诉工作部际联席会议制度，协调解决涉及中央事权的制度性、政策性问题。建立健全各地外商投资企业投诉工作机制，各部门要加强对地方对口单位的指导和监督，及时解决外商投资企业反映的不公平待遇问题。各地不得限制外商投资企业依法跨区域经营、搬迁、注销等行为。（商务部牵头，有关部门、各省级人民政府按职责分工负责）

五、优化区域开放布局，引导外资投向中西部等地区

（十六）拓宽外商投资企业融资渠道

允许西部地区和东北老工业基地的外商投资企业在境外发行人民币或外币债券，并可全额汇回所募集资金，用于所在省份投资经营。在全口径跨境融资宏观审慎管理框架内，支持上述区域金融机构或经批准设立的地方资产管理公司按照制度完善、风险可控的要求，向境外投资者转让人民币不良债权；在充分评估的基础上，允许上述区域的银行机构将其持有的人民币贸易融资资产转让给境外银行。（发展改革委、财政部、人民银行、银保监会、外汇局按职责分工负责）

（十七）降低外商投资企业物流成本

在中西部地区和东北老工业基地建设陆空联

合开放口岸和多式联运枢纽，加快发展江海、铁空、铁水等联运。支持增加中西部和东北老工业基地国际国内航线和班次。加强中欧班列场站、通道等基础设施建设，优化中欧班列发展环境，促进中欧班列降本增效。完善市场调节机制，调整运输结构，提高运输效率，加强公路、铁路、航空、水运等领域收费行为监管，进一步降低西部地区物流成本。（发展改革委、交通运输部、海关总署、市场监管总局、铁路局、民航局、中国铁路总公司按职责分工负责）

（十八）加快沿边引资重点地区建设

鼓励地方统筹中央有关补助资金和自有财力，支持边境经济合作区、跨境经济合作区、边境旅游试验区建设。鼓励政策性、开发性金融机构在业务范围内加大对边境经济合作区、跨境经济合作区企业的信贷支持力度。积极支持注册地和主要生产地均在边境经济合作区、跨境经济合作区，符合条件的内外资企业，申请首次公开发行股票并上市。（财政部、商务部、文化和旅游部、人民银行、银保监会、证监会、各省级人民政府按职责分工负责）

（十九）打造西部地区投资合作新载体

在有条件的地区高标准规划建设若干个具有示范引领作用的国际合作园区，试点探索中外企业、机构、政府部门联合整体开发，支持园区在国际资本、人才、机构、服务等领域开展便利进出方面的先行先试。（中央财办、外交部、发展改革委、科技部、人力资源社会保障部、商务部、人民银行、海关总署、市场监管总局、外专局等有关部门、各省级人民政府按职责分工负责）

六、推动国家级开发区创新提升，强化利用外资重要平台作用

（二十）促进开发区优化外资综合服务

省级人民政府依法赋予国家级开发区地市级经济管理权限，制定发布相应的赋权清单，在有条件的国家级开发区试点赋予适宜的省级经济管理审批权限，支持国家级开发区稳妥高效用好相关权限，提升综合服务能力。支持国家级开发区复制推广上海市浦东新区“证照分离”改革经验，创新探索事中事后监管制度措施。借鉴国际先进经验，鼓励外商投资企业参与区中园、一区多园等建设运营。（自然资源部、住房城乡建设部、商务部、市场监管总局等有关部门、各省级人民政府按职责分工负责）

（二十一）发挥开发区示范带动提高利用外资水平的作用

省级人民政府依法制定支持国家级开发区城市更新、工业区改造的政策，优化土地存量供给，引进高技术、高附加值外商投资企业和项目。各地在安排土地利用计划时，对国家级开发区主导产业引进外资、促进转型升级等用地予以倾斜支持。在国家级开发区招商引资部门、团队等实行更加灵活的人事制度，提高专业化、市场化服务能力。进一步提升国家级开发区建设的国际化水平。（人力资源社会保障部、自然资源部、住房城乡建设部、商务部、各省级人民政府按职责分工负责）

（二十二）加大开发区引资金融支持力度

引导各类绿色环保基金，按照市场化原则运作，支持外资参与国家级开发区环境治理和节能减排，为国家级开发区引进先进节能环保技术、企业提供金融支持。地方政府可通过完善公共服务定价、实施特许经营模式等方式，支持绿色环保基金投资国家级开发区相关项目。鼓励设立政府性融资担保机构，提供融资担保、再担保等服务，支持国家级开发区引进境外创新型企业、创业投资机构等，推进创新驱动发展。（发展改革委、科技部、工业和信息化部、财政部、生态环境部、商务部等有关部门按职责分工负责）

（二十三）健全开发区双向协作引资机制

在东部地区国家级开发区建设若干产业转移协作平台，推进产业项目转移对接合作。支持地方制定成本分担和利益分享、人才交流合作、产业转移协作等方面的措施，推动东部地区国家级开发区通过多种形式在西部地区、东北老工业基地建设产业转移园区。支持东部与中西部地区国家级开发区合作引入国际双元制职业教育机构，增加外商投资企业人力资源有效供给。（发展改革委、教育部、工业和信息化部、人力资源社会保障部、自然资源部、住房城乡建设部、商务部等有关部门、各省级人民政府按职责分工负责）

各地区、各部门要充分认识新时代推动扩大

开放、积极有效利用外资对于建设现代化经济体系、促进经济升级的重要意义，高度重视，主动作为，狠抓落实，注重实效，确保各项措施与已出台政策有效衔接，形成合力。涉及修订或废止行政法规、国务院文件、经国务院批准的部门规章的，由原牵头起草部门或商务部会同有关部门报请国务院修订或废止。商务部、发展改革委要会同有关部门加强督促检查，重大问题及时向国务院请示报告。

国务院

2018 年 6 月 10 日

国务院关于深化“互联网 + 先进制造业”发展工业互联网的指导意见

当前，全球范围内新一轮科技革命和产业变革蓬勃兴起。工业互联网作为新一代信息技术与制造业深度融合的产物，日益成为新工业革命的关键支撑和深化“互联网 + 先进制造业”的重要基石，对未来工业发展产生全方位、深层次、革命性影响。工业互联网通过系统构建网络、平台、安全三大功能体系，打造人、机、物全面互联的新型网络基础设施，形成智能化发展的新兴业态和应用模式，是推进制造强国和网络强国建设的重要基础，是全面建成小康社会和建设社会主义现代化强国的有力支撑。为深化供给侧结构性改革，深入推进“互联网 + 先进制造业”，规范和指导我国工业互联网发展，现提出以下意见。

一、基本形势

当前，互联网创新发展与新工业革命正处于历史交汇期。发达国家抢抓新一轮工业革命机遇，围绕核心标准、技术、平台加速布局工业互联网，构建数字驱动的工业新生态，各国参与工业互联网发展的国际竞争日趋激烈。我国工业互联网与发达国家基本同步启动，在框架、标准、测试、安全、国际合作等方面取得了初步进展，成立了汇聚政产学研的工业互联网产业联盟，发布了《工业互联网体系架构（版本 1.0）》《工业互联网标准体系框架（版本 1.0）》等，涌现出一批典型平台和企业。但与发达国家相比，总体发展水平及现实基础仍然不高，产业支撑能力不足，核心技术和高端产品对外依存度较高，关键平台综合能力不强，标准体系不完善，企业数字化网络化水平有待提升，缺乏龙头企业引领，人才支撑和安全保障能力不足，与建设制造强国和网络强国的需要仍有较大差距。

加快建设和发展工业互联网，推动互联网、大数据、人工智能和实体经济深度融合，发展先进制造业，支持传统产业优化升级，具有重要意义。一方面，工业互联网是以数字化、网络化、智能化为主要特征的新工业革命的关键基础设施，加快其发展有利于加速智能制造发展，更大范围、更高效率、更加精准地优化生产和服务资源配置，促进传统产业转型升级，催生新技术、新业态、新模式，为制造强国建设提供新动能。工业互联网还具有较强的渗透性，可从制造业扩展成为各产业领域网络化、智能化升级必不可少的基础设施，实现产业上下游、跨领域的广泛互联互通，打破“信息孤岛”，促进集成共享，并为保障和改善民生提供重要依托。另一方面，发展工业互联网，有利于促进网络基础设施演进升级，推动网络应用从虚拟到实体、从生活到生产的跨越，极大拓展网络经济空间，为推进网络强国建设提供新机遇。当前，全球工业互联网正处在产业格局未定的关键期和规模化扩张的窗口期，亟需发挥我国体制优势和市场优势，加强顶层设计、统筹部署，扬长避短、分步实施，努力开创我国工业互联网发展新局面。

二、总体要求

（一）指导思想

深入贯彻落实党的十九大精神，认真学习贯彻习近平新时代中国特色社会主义思想，落实新发展理念，坚持质量第一、效益优先，以供给侧结构性改革为主线，以全面支撑制造强国和网络强国建设为目标，围绕推动互联网和实体经济深度融合，聚焦发展智能、绿色的先进制造业，按照党中央、国务院决策部署，加强统筹引导，深化简政放权、放管结合、优化服务改革，深入实施创新驱动发展战略，构建网络、平台、安全三大功能体系，增强工业互联网产业供给能力。促进行业应用，强化安全保障，完善标准体系，培育龙头企业，加快人才培养，持续提升我国工业互联网发展水平。努力打造国际领先的工业互联网，促进大众创业万众创新和大中小企业融通发展，深入推进“互联网+”，形成实体经济与网络相互促进、同步提升的良好格局，有力推动现代化经济体系建设。

（二）基本原则

遵循规律，创新驱动。遵循工业演进规律、科技创新规律和企业发展规律，借鉴国际先进经验，建设具有中国特色的工业互联网体系。按照建设现代化经济体系的要求，发挥我国工业体系完备、网络基础坚实、互联网创新活跃的优势，推动互联网和实体经济深度融合，引进培养高端人才，加强科研攻关，实现创新驱动发展。

市场主导，政府引导。发挥市场在资源配置中的决定性作用，更好发挥政府作用。强化企业市场主体地位，激发企业内生动力，推进技术创新、产业突破、平台构建、生态打造。发挥政府在加强规划引导、完善法规标准、保护知识产权、维护市场秩序等方面的作用，营造良好发展环境。

开放发展，安全可靠。把握好安全与发展的辩证关系。发挥工业互联网开放性、交互性优势，促进工业体系开放式发展。推动工业互联网在各产业领域广泛应用，积极开展国际合作。坚持工业互联网安全保障手段同步规划、同步建设、同步运行，提升工业互联网安全防护能力。

系统谋划，统筹推进。做好顶层设计和系统谋划，科学制定、合理规划工业互联网技术路线和发展路径，统筹实现技术研发、产业发展和应用部署良性互动，不同行业、不同发展阶段的企业协同发展，区域布局协调有序。

（三）发展目标

立足国情，面向未来，打造与我国经济发展相适应的工业互联网生态体系，使我国工业互联网发展水平走在国际前列，争取实现并跑乃至领跑。

到2025年，基本形成具备国际竞争力的基础设施和产业体系。覆盖各地区、各行业的工业互联网网络基础设施基本建成。工业互联网标识解析体系不断健全并规模化推广。形成3～5个达到国际水准的工业互联网平台。产业体系较为健全，掌握关键核心技术，供给能力显著增强，形成一批具有国际竞争力的龙头企业。基本建立起较为完备可靠的工业互联网安全保障体系。新技术、新模式、新业态大规模推广应用，推动两化融合迈上新台阶。

其中，在2018—2020年三年起步阶段，初步建成低时延、高可靠、广覆盖的工业互联网网络基础设施，初步构建工业互联网标识解析体系，初步形成各有侧重、协同集聚发展的工业互联网平台体系，初步建立工业互联网安全保障体系。

到2035年，建成国际领先的工业互联网网络基础设施和平台，形成国际先进的技术与产业体系，工业互联网全面深度应用并在优势行业形成创新引领能力，安全保障能力全面提升，重点领域实现国际领先。

到本世纪中叶，工业互联网网络基础设施全面支撑经济社会发展，工业互联网创新发展能力、技术产业体系以及融合应用等全面达到国际先进水平，综合实力进入世界前列。

三、主要任务

（一）夯实网络基础

推动网络改造升级提速降费。面向企业低时延、高可靠、广覆盖的网络需求，大力推动工业企业内外网建设。加快推进宽带网络基础设施建设与改造，扩大网络覆盖范围，优化升级国家骨干网络。推进工业企业内网的IP（互联网协议）化、扁平化、柔性化技术改造和建设部署。推动新型智能网关应用，全面部署 IPv6（互联网协议第 6 版）。继续推进连接中小企业的专线建设。在完成 2017 年政府工作报告确定的网络提速降费任务基础上，进一步提升网络速率、降低资费水平，特别是大幅降低中小企业互联网专线接入资费水平。加强资源开放，支持大中小企业融通发展。加大无线电频谱等关键资源保障力度。

推进标识解析体系建设。加强工业互联网标识解析体系顶层设计，制定整体架构，明确发展目标、路线图和时间表。设立国家工业互联网标识解析管理机构，构建标识解析服务体系，支持各级标识解析节点和公共递归解析节点建设，利用标识实现全球供应链系统和企业生产系统间精准对接，以及跨企业、跨地区、跨行业的产品全生命周期管理，促进信息资源集成共享。

专栏 1 工业互联网基础设施升级改造工程

组织实施工业互联网工业企业内网、工业企业外网和标识解析体系的建设升级。支持工业企业以 IPv6、工业无源光网络（PON）、工业无线等技术改造工业企业内网，以 IPv6、软件定义网络（SDN）以及新型蜂窝移动通信技术对工业企业外网进行升级改造。在 5G 研究中开展面向工业互联网应用的网络技术试验，协同推进 5G 在工业企业的应用部署。开展工业互联网标识解析体系建设，建立完善各级标识解析节点。

到 2020 年，基本完成面向先进制造业的下一代互联网升级改造和配套管理能力建设，在重点地区和行业实现窄带物联网（NB—IoT）、工业过程 / 工业自动化无线网络（WIA—PA/FA）等无线网络技术应用；初步建成工业互联网标识解析注册、备案等配套系统，形成 10 个以上公共标识解析服务节点，标识注册量超过 20 亿。

到 2025 年，工业无线、时间敏感网络（TSN）、IPv6 等工业互联网网络技术在规模以上工业企业中广泛部署；面向工业互联网接入的 5G 网络、低功耗广域网等基本实现普遍覆盖；建立功能完善的工业互联网标识解析体系，形成 20 个以上公共标识解析服务节点，标识注册量超过 30 亿。

（二）打造平台体系

加快工业互联网平台建设。突破数据集成、平台管理、开发工具、微服务框架、建模分析等关键技术瓶颈，形成有效支撑工业互联网平台发展的技术体系和产业体系。开展工业互联网平台适配性、可靠性、安全性等方面试验验证，推动平台功能不断完善。通过分类施策、同步推进、动态调整，形成多层次、系统化的平台发展体系。依托工业互联网平台形成服务大众创业、万众创新的多层次公共平台。

提升平台运营能力。强化工业互联网平台的资源集聚能力，有效整合产品设计、生产工艺、设备运行、运营管理等数据资源，汇聚共享设计能力、生产能力、软件资源、知识模型等制造资源。开展面向不同行业和场景的应用创新，为用户提供包括设备健康维护、生产管理优化、协同设计制造、制造资源租用等各类应用，提升服务能力。不断探索商业模式创新，通过资源出租、服务提供、产融合作等手段，不断拓展平台盈利空间，实现长期可持续运营。

专栏 2 工业互联网平台建设及推广工程

从工业互联网平台供给侧和需求侧两端发力，开展四个方面建设和推广：一是工业互联网平台培育。通过企业主导、市场选择、动态调整的方式，形成跨行业、跨领域平台，实现多平台互联互通，承担资源汇聚共享、技术标准测试验证等功能，开展工业数据流转、业务资源管理、产业运行监测等服务。推动龙头企业积极发展企业级平台，开发满足企业数字化、网络化、智能化发展需求的多种解决方案。建立健全工业互联网平台技术体系。二是工业互联网平台试验验证。支持产业联盟、企业与科研机构合作共建测试验证平台，开展技术验证与测试评估。三是百万家企业上云。鼓励工业互联网平台在产业集聚区落地，推动地方通过财税支持、政府购买服务等方式鼓励中小企业业务系统向云端迁移。四是百万工业 APP 培育。支持软件企业、工业企业、科研院所等开展合作，培育一批面向特定行业、特定场景的工业 APP。

到 2020 年，工业互联网平台体系初步形成，支持建设 10 个左右跨行业、跨领域平台，建成一批支撑企业数字化、网络化、智能化转型的企业级平台。培育 30 万个面向特定行业、特定场景的工业 APP，推动 30 万家企业应用工业互联网平台开展研发设计、生产制造、运营管理等业务，工业互联网平台对产业转型升级的基础性、支撑性作用初步显现。

到 2025 年，重点工业行业实现网络化制造，工业互联网平台体系基本完善，形成 3 ～ 5 个具有国际竞争力的工业互联网平台，培育百万工业 APP，实现百万家企业上云，形成建平台和用平台双向迭代、互促共进的制造业新生态。

（三）加强产业支撑

加大关键共性技术攻关力度。开展时间敏感网络、确定性网络、低功耗工业无线网络等新型网络互联技术研究，加快5G、软件定义网络等技术在工业互联网中的应用研究。推动解析、信息管理、异构标识互操作等工业互联网标识解析关键技术及安全可靠机制研究。加快IPv6等核心技术攻关。促进边缘计算、人工智能、增强现实、虚拟现实、区块链等新兴前沿技术在工业互联网中的应用研究与探索。

构建工业互联网标准体系。成立国家工业互联网标准协调推进组、总体组和专家咨询组，统筹推进工业互联网标准体系建设，优化推进机制，加快建立统一、综合、开放的工业互联网标准体系。制定一批总体性标准、基础共性标准、应用标准、安全标准。组织开展标准研制及试验验证工程，同步推进标准内容试验验证、试验验证环境建设、仿真与测试工具开发和推广。

专栏3　标准研制及试验验证工程

面向工业互联网标准化需求和标准体系建设，开展工业互联网标准研制。开发通用需求、体系架构、测试评估等总体性标准；开发网络与数字化互联接口、标识解析、工业互联网平台、安全等基础共性标准；面向汽车、航空航天、石油化工、机械制造、轻工家电、信息电子等重点行业领域的工业互联网应用，开发行业应用导则、特定技术标准和管理规范。组织相关标准的试验验证工作，推进配套仿真与测试工具开发。

到2020年，初步建立工业互联网标准体系，制定20项以上总体性及关键基础共性标准，制定20项以上重点行业标准，推进标准在重点企业、重点行业中的应用。

到2025年，基本建成涵盖工业互联网关键技术、产品、管理及应用的标准体系，并在企业中得到广泛应用。

提升产品与解决方案供给能力。加快信息通信、数据集成分析等领域技术研发和产业化，集中突破一批高性能网络、智能模块、智能联网装备、工业软件等关键软硬件产品与解决方案。着力提升数据分析算法与工业知识、机理、经验的集成创新水平，形成一批面向不同工业场景的工业数据分析软件与系统以及具有深度学习等人工智能技术的工业智能软件和解决方案。面向“中国制造2025”十大重点领域与传统行业转型升级需求，打造与行业特点紧密结合的工业互联网整体解决方案。引导电信运营企业、互联网企业、工业企业等积极转型，强化网络运营、标识解析、安全保障等工业互联网运营服务能力，开展工业电子商务、供应链、相关金融信息等创新型生产性服务。

专栏4　关键技术产业化工程

推进工业互联网新型网络互联、标识解析等新兴前沿技术研究与应用，搭建技术测试验证系统，支持技术、产品试验验证。聚焦工业互联网核心产业环节，积极推进关键技术产业化进程。加快工业互联网关键网络设备产业化，开展IPv6、工业无源光网络、时间敏感网络、工业无线、低功耗广域网、软件定义网络、标识解析等关键技术和产品研发与产业化。研发推广关键智能网联装备，围绕数控机床、工业机器人、大型动力装备等关键领域，实现智能控制、智能传感、工业级芯片与网络通信模块的集成创新，形成一系列具备联网、计算、优化功能的新型智能装备。开发工业大数据分析软件，聚焦重点领域，围绕生产流程优化、质量分析、设备预测性维护、智能排产等应用场景，开发工业大数据分析应用软件，实现产业化部署。

到2020年，突破一批关键技术，建立5个以上的技术测试验证系统，推出一批具有国内先进水平的工业互联网网络设备，智能网联产品创新活跃，实现工业大数据清洗、管理、分析等功能快捷调用，推进技术产品在重点企业、重点行业中的应用，工业互联网关键技术产业化初步实现。

到2025年，掌握关键核心技术，技术测试验证系统有效支撑工业互联网技术产品研究和实验，推出一批达到国际先进水平的工业互联网网络设备，实现智能网联产品和工业大数据分析应用软件的大规模商用部署，形成较为健全的工业互联网产业体系。

（四）促进融合应用

提升大型企业工业互联网创新和应用水平。加快工业互联网在工业现场的应用，强化复杂生产过程中设备联网与数据采集能力，实现企业各层级数据资源的端到端集成。依托工业互联网平台开展数据集成应用，形成基于数据分析与反馈的工艺优化、流程优化、设备维护与事故风险预警能力，实现企业生产与运营管理的智能决策和深度优化。鼓励企业通过工业互联网平台整合资源，构建设计、生产与供应链资源有效组织的协同制造体系，开展用户个性需求与产品设计、生产制造精准对接的规模化定制，推动面向质量追溯、设备健康管理、产品增值服务的服务化转型。

加快中小企业工业互联网应用普及。推动低成本、模块化工业互联网设备和系统在中小企业中的部署应用，提升中小企业数字化、网络化基础能力。鼓励中小企业充分利用工业互联网平台的云化研发设计、生产管理和运营优化软件，实现业务系统向云端迁移，降低数字化、智能化改造成本。引导中小企业开放专业知识、设计创意、制造能力，依托工业互联网平台开展供需对接、集成供应链、产业电商、众包众筹等创新型应用，提升社会制造资源配置效率。

专栏 5　工业互联网集成创新应用工程

以先导性应用为引领，组织开展创新应用示范，逐步探索工业互联网的实施路径与应用模式。在智能化生产应用方面，鼓励大型工业企业实现内部各类生产设备与信息系统的广泛互联以及相关工业数据的集成互通，并在此基础上发展质量优化、智能排产、供应链优化等应用。在远程服务应用方面，开展面向高价值智能装备的网络化服务，实现产品远程监控、预测性维护、故障诊断等远程服务应用，探索开展国防工业综合保障远程服务。在网络协同制造应用方面，面向中小企业智能化发展需求，开展协同设计、众包众创、云制造等创新型应用，实现各类工业软件与模块化设计制造资源在线调用。在智能联网产品应用方面，重点面向智能家居、可穿戴设备等领域，融合5G、深度学习、大数据等先进技术，满足高精度定位、智能人机交互、安全可信运维等典型需求。在标识解析集成应用方面，实施工业互联网标识解析系统与工业企业信息化系统集成创新应用，支持企业探索基于标识服务的关键产品追溯、多源异构数据共享、全生命周期管理等应用。

到 2020 年，初步形成影响力强的工业互联网先导应用模式，建立 150 个左右应用试点。

到 2025 年，拓展工业互联网应用范围，在“中国制造 2025”十大重点领域及重点传统行业全面推广，实现企业效益全面显著提升。

（五）完善生态体系

构建创新体系。建设工业互联网创新中心，有效整合高校、科研院所、企业创新资源，围绕重大共性需求和重点行业需要，开展工业互联网产学研协同创新，促进技术创新成果产业化。面向关键技术和平台需求，支持建设一批能够融入国际化发展的开源社区，提供良好开发环境，共享开源技术、代码和开发工具。规范和健全中介服务体系，支持技术咨询、知识产权分析预警和交易、投融资、人才培训等专业化服务发展，加快技术转移与应用推广。

构建应用生态。支持平台企业面向不同行业智能化转型需求，通过开放平台功能与数据、提供开发环境与工具等方式，广泛汇聚第三方应用开发者，形成集体开发、合作创新、对等评估的研发机制。支持通过举办开发者大会、应用创新竞赛、专业培训及参与国际开源项目等方式，不断提升开发者的应用创新能力，形成良性互动的发展模式。

构建企业协同发展体系。以产业联盟、技术标准、系统集成服务等为纽带，以应用需求为导向，促进装备、自动化、软件、通信、互联网等不同领域企业深入合作，推动多领域融合型技术研发与产业化应用。依托工业互联网促进融通发展，推动一二三产业、大中小企业跨界融通，鼓励龙头工业企业利用工业互联网将业务流程与管理体系向上下游延伸，带动中小企业开展网络化改造和工业互联网应用，提升整体发展水平。

构建区域协同发展体系。强化对工业互联网区域发展的统筹规划，面向关键基础设施、产业支撑能力等核心要素，形成中央地方联动、区域互补的协同发展机制。根据不同区域制造业发展水平，结合国家新型工业化产业示范基地建设，遴选一批产业特色鲜明、转型需求迫切、地方政府积极性高、在工业互联网应用部署方面已取得一定成效的地区，因地制宜开展产业示范基地建设，探索形成不同地区、不同层次的工业互联网发展路径和模式，并逐步形成各有特色、相互带动的区域发展格局。

专栏 6　区域创新示范建设工程

开展工业互联网创新中心建设。依托制造业创新中心建设工程，建设工业互联网创新中心，围绕网络互联、标识解析、工业互联网平台、安全保障等关键共性重大技术以及重点行业和领域需求，重点开展行业领域基础和关键技术研发、成果产业化、人才培训等。依托创新中心打造工业互联网技术创新开源社区，

（续）

专栏 6　区域创新示范建设工程
加强前沿技术领域共创共享。支持国防科技工业创新中心深度参与工业互联网建设发展。 工业互联网产业示范基地建设。在互联网与信息技术基础较好的地区，以工业互联网平台集聚中小企业，打造新应用模式，形成一批以互联网产业带动为主要特色的示范基地。在制造业基础雄厚的地区，结合地区产业特色与工业基础优势，形成一批以制造业带动的特色示范基地。推进工业互联网安全保障示范工程建设。在示范基地内，加快推动基础设施建设与升级改造，加强公共服务，强化关键技术研发与产业化，积极开展集成应用试点示范，并推动示范基地之间协同合作。 到 2020 年，建设 5 个左右的行业应用覆盖全面、技术产品实力过硬的工业互联网产业示范基地。 到 2025 年，建成 10 个左右具有较强示范带动作用的工业互联网产业示范基地。

（六）强化安全保障

提升安全防护能力。加强工业互联网安全体系研究，技术和管理相结合，建立涵盖设备安全、控制安全、网络安全、平台安全和数据安全的工业互联网多层次安全保障体系。加大对技术研发和成果转化的支持力度，重点突破标识解析系统安全、工业互联网平台安全、工业控制系统安全、工业大数据安全等相关核心技术，推动攻击防护、漏洞挖掘、入侵发现、态势感知、安全审计、可信芯片等安全产品研发，建立与工业互联网发展相匹配的技术保障能力。构建工业互联网设备、网络和平台的安全评估认证体系，依托产业联盟等第三方机构开展安全能力评估和认证，引领工业互联网安全防护能力不断提升。

建立数据安全保护体系。建立工业互联网全产业链数据安全管理体系，明确相关主体的数据安全保护责任和具体要求，加强数据收集、存储、处理、转移、删除等环节的安全防护能力。建立工业数据分级分类管理制度，形成工业互联网数据流动管理机制，明确数据留存、数据泄露通报要求，加强工业互联网数据安全监督检查。

推动安全技术手段建设。督促工业互联网相关企业落实网络安全主体责任，指导企业加大安全投入，加强安全防护和监测处置技术手段建设，开展工业互联网安全试点示范，提升安全防护能力。积极发挥相关产业联盟引导作用，整合行业资源，鼓励联盟单位创新服务模式，提供安全运维、安全咨询等服务，提升行业整体安全保障服务能力。充分发挥国家专业机构和社会力量作用，增强国家级工业互联网安全技术支撑能力，着力提升隐患排查、攻击发现、应急处置和攻击溯源能力。

专栏 7　安全保障能力提升工程
推动国家级工业互联网安全技术能力提升。打造工业互联网安全监测预警和防护处置平台、工业互联网安全核心技术研发平台、工业互联网安全测试评估平台、工业互联网靶场等。 引导企业提升自身工业互联网安全防护能力。在汽车、电子、航空航天、能源等基础较好的重点领域和国防工业等安全需求迫切的领域，建设工业互联网安全保障管理和技术体系，开展安全产品、解决方案的试点示范和行业应用。 到 2020 年，根据重要工业互联网平台和系统的分布情况，组织有针对性的检查评估；初步建成工业互联网安全监测预警和防护处置平台；培养形成 3 ～ 5 家具有核心竞争力的工业互联网安全企业，遴选一批创新实用的网络安全试点示范项目并加以推广。 到 2025 年，形成覆盖工业互联网设备安全、控制安全、网络安全、平台安全和数据安全的系列标准，建立健全工业互联网安全认证体系；工业互联网安全产品和服务得到全面推广和应用；工业互联网相关企业网络安全防护能力显著提升；国家级工业互联网安全技术支撑体系基本建成。

（七）推动开放合作

提高企业国际化发展能力。鼓励国内外企业面向大数据分析、工业数据建模、关键软件系统、芯片等薄弱环节，合作开展技术攻关和产品研发。建立工业互联网技术、产品、平台、服务方面的国际合作机制，推动工业互联网平台、集成方案等“引进来”和“走出去”。鼓励国内外企业跨领域、全产业链紧密协作。

加强多边对话与合作。建立政府、产业联盟、企业等多层次沟通对话机制，针对工业互联网最新发展、全球基础设施建设、数据流动、安全保障、政策法规等重大问题开展交流与合作。加强与国际组织的协同合作，共同制定工业互联网标准规范和国际规则，构建多边、民主、透明的工业互联网国际治理体系。

四、保障支撑

（一）建立健全法规制度

完善工业互联网规则体系，明确工业互联网网络的基础设施地位，建立涵盖工业互联网网络安全、平台责任、数据保护等的法规体系。细化工业互联网网络安全制度，制定工业互联网关键信息基础设施和数据保护相关规则，构建工业互联网网络安全态势感知预警、网络安全事件通报和应急处置等机制。建立工业互联网数据规范化管理和使用机制，明确产品全生命周期各环节数据收集、传输、处理规则，探索建立数据流通规范。加快新兴应用领域法规制度建设，推动开展人机交互、智能产品等新兴领域信息保护、数据流通、政府数据公开、安全责任等相关研究，完善相关制度。

（二）营造良好市场环境

构建融合发展制度，深化简政放权、放管结合、优化服务改革，放宽融合性产品和服务准入限制，扩大市场主体平等进入范围，实施包容审慎监管，简化认证，减少收费；清理制约人才、资本、技术、数据等要素自由流动的制度障碍，推动相关行业在技术、标准、政策等方面充分对接，打造有利于技术创新、网络部署与产品应用的外部环境。完善协同推进体系，建立部门间高效联动机制，探索分业监管、协同共治模式；建立中央地方协同机制，深化军民融合，形成统筹推进的发展格局；推动建立信息共享、处理、反馈的有效渠道，促进跨部门、跨区域系统对接，提升工业互联网协同管理能力。健全协同发展机制，引导工业互联网产业联盟等产业组织完善合作机制和利益共享机制，推动产业各方联合开展技术、标准、应用研发以及投融资对接、国际交流等活动。

（三）加大财税支持力度

强化财政资金导向作用，加大工业转型升级资金对工业互联网发展的支持力度，重点支持网络体系、平台体系、安全体系能力建设。探索采用首购、订购优惠等支持方式，促进工业互联网创新产品和服务的规模化应用；鼓励有条件的地方通过设立工业互联网专项资金、建立风险补偿基金等方式，支持本地工业互联网集聚发展。落实相关税收优惠政策，推动固定资产加速折旧、企业研发费用加计扣除、软件和集成电路产业企业所得税优惠、小微企业税收优惠等政策落实，鼓励相关企业加快工业互联网发展和应用。

（四）创新金融服务方式

支持扩大直接融资比重，支持符合条件的工业互联网企业在境内外各层次资本市场开展股权融资，积极推动项目收益债、可转债、企业债、公司债等在工业互联网领域的应用，引导各类投资基金等向工业互联网领域倾斜。加大精准信贷扶持力度，完善银企对接机制，为工业互联网技术、业务和应用创新提供贷款服务；鼓励银行业金融机构创新信贷产品，在依法合规、风险可控、商业可持续的前提下，探索开发数据资产等质押贷款业务。延伸产业链金融服务范围，鼓励符合条件的企业集团设立财务公司，为集团下属工业互联网企业提供财务管理服务，加强资金集约化管理，提高资金使用效率，降低资金成本。拓展针对性保险服务，支持保险公司根据工业互联网需求开发相应的保险产品。

（五）强化专业人才支撑

加强人才队伍建设，引进和培养相结合，兼收并蓄，广揽国内外人才，不断壮大工业互联网人才队伍。加快新兴学科布局，加强工业互联网相关学科建设；协同发挥高校、企业、科研机构、产业集聚区等各方作用，大力培育工业互联网技术人才和应用创新型人才；依托国家重大人才工程项目和高层次人才特殊支持计划，引进一批工业互联网高水平研究型科学家和具备产业经验的高层次科技领军人才。建立工业互联网智库，形成具有政策研究能力和决策咨询能力的高端咨询人才队伍；鼓励工业互联网技术创新人才投身形式多样的科普教育活动。创新人才使用机制，畅通高校、科研机构和企业间人才流动渠道，鼓励通过双向挂职、短期工作、项目合作等柔性流动方式加强人才互通共享；支持我国专业技术人才在国际工业互联网组织任职或承担相关任务；发展工业互联网专业人才市场，建立人才数据库，完善面向全球的人才供需对接机制。优化人才评价激励制度，建立科学的人才评价体系，充分发挥人才积极性、主动性；拓展知识、技术、技能和管理要素参与分配途径，完善技术入股、股权期权激励、科技成果转化收益分配等机制；为工业互联网领域高端人才引进开辟绿色通道，加大在来华工作许可、出入境、居留、住房、医疗、教育、社会保障、政府表彰等方面的配套政策支持力度，鼓励海外高层次人才参与工业互联网创业创新。

（六）健全组织实施机制

在国家制造强国建设领导小组下设立工业互联网专项工作组，统筹谋划工业互联网相关重大工作，协调任务安排，督促检查主要任务落实情况，促进工业互联网与“中国制造2025”协同推进。设立工业互联网战略咨询专家委员会，开展工业互联网前瞻性、战略性重大问题研究，对工业互联网重大决策、政策实施提供咨询评估。制定发布《工业互联网发展行动计划（2018—2020年）》，建立工业互联网发展情况动态监测和第三方评估机制，开展定期测评和滚动调整。各地方和有关部门要根据本指导意见研究制定具体推进方案，细化政策措施，开展试点示范与应用推广，确保各项任务落实到位。

国务院

2017年11月19日

（本文有删改）

〔来源：中国政府网〕

国务院关于推进国有资本投资、运营公司改革试点的实施意见

国发〔2018〕23号

改组组建国有资本投资、运营公司，是以管资本为主改革国有资本授权经营体制的重要举措。按照《中共中央 国务院关于深化国有企业改革的指导意见》、《国务院关于改革和完善国有资产管理体制的若干意见》有关要求和党中央、国务院工作部署，为加快推进国有资本投资、运营公司改革试点工作，现提出以下实施意见。

一、总体要求

（一）指导思想

全面贯彻党的十九大和十九届二中、三中全会精神，以习近平新时代中国特色社会主义思想为指导，坚持社会主义市场经济改革方向，坚定不移加强党对国有企业的领导，着力创新体制机制，完善国有资产管理体制，深化国有企业改革，促进国有资产保值增值，推动国有资本做强做优做大，有效防止国有资产流失，切实发挥国有企业在深化供给侧结构性改革和推动经济高质量发展中的带动作用。

（二）试点目标

通过改组组建国有资本投资、运营公司，构建国有资本投资、运营主体，改革国有资本授权经营体制，完善国有资产管理体制，实现国有资本所有权与企业经营权分离，实行国有资本市场化运作。发挥国有资本投资、运营公司平台作用，促进国有资本合理流动，优化国有资本投向，向重点行业、关键领域和优势企业集中，推动国有经济布局优化和结构调整，提高国有资本配置和运营效率，更好服务国家战略需要。试点先行，大胆探索，及时研究解决改革中的重点难点问题，尽快形成可复制、可推广的经验和模式。

（三）基本原则

坚持党的领导。建立健全中国特色现代国有企业制度，把党的领导融入公司治理各环节，把企业党组织内嵌到公司治理结构之中，明确和落实党组织在公司法人治理结构中的法定地位，充分发挥党组织的领导作用，确保党和国家方针政

策、重大决策部署的贯彻执行。

坚持体制创新。以管资本为主加强国有资产监管，完善国有资本投资运营的市场化机制。科学合理界定政府及国有资产监管机构，国有资本投资、运营公司和所持股企业的权利边界，健全权责利相统一的授权链条，进一步落实企业市场主体地位，培育具有创新能力和国际竞争力的国有骨干企业。

坚持优化布局。通过授权国有资本投资、运营公司履行出资人职责，促进国有资本合理流动，优化国有资本布局，使国有资本投资、运营更好地服务于国家战略目标。

坚持强化监督。正确处理好授权经营和加强监督的关系，明确监管职责，构建并强化政府监督、纪检监察监督、出资人监督和社会监督的监督体系，增强监督的协同性、针对性和有效性，防止国有资产流失。

二、试点内容

（一）功能定位

国有资本投资、运营公司均为在国家授权范围内履行国有资本出资人职责的国有独资公司，是国有资本市场化运作的专业平台。公司以资本为纽带、以产权为基础依法自主开展国有资本运作，不从事具体生产经营活动。国有资本投资、运营公司对所持股企业行使股东职责，维护股东合法权益，以出资额为限承担有限责任，按照责权对应原则切实承担优化国有资本布局、提升国有资本运营效率、实现国有资产保值增值等责任。

国有资本投资公司主要以服务国家战略、优化国有资本布局、提升产业竞争力为目标，在关系国家安全、国民经济命脉的重要行业和关键领域，按照政府确定的国有资本布局和结构优化要求，以对战略性核心业务控股为主，通过开展投资融资、产业培育和资本运作等，发挥投资引导和结构调整作用，推动产业集聚、化解过剩产能和转型升级，培育核心竞争力和创新能力，积极参与国际竞争，着力提升国有资本控制力、影响力。

国有资本运营公司主要以提升国有资本运营效率、提高国有资本回报为目标，以财务性持股为主，通过股权运作、基金投资、培育孵化、价值管理、有序进退等方式，盘活国有资产存量，引导和带动社会资本共同发展，实现国有资本合理流动和保值增值。

（二）组建方式

按照国家确定的目标任务和布局领域，国有资本投资、运营公司可采取改组和新设两种方式设立。根据国有资本投资、运营公司的具体定位和发展需要，通过无偿划转或市场化方式重组整合相关国有资本。

划入国有资本投资、运营公司的资产，为现有企业整体股权（资产）或部分股权。股权划入后，按现行政策加快剥离国有企业办社会职能和解决历史遗留问题，采取市场化方式处置不良资产和业务等。股权划入涉及上市公司的，应符合证券监管相关规定。

（三）授权机制

按照国有资产监管机构授予出资人职责和政府直接授予出资人职责两种模式开展国有资本投资、运营公司试点。

1. 国有资产监管机构授权模式

政府授权国有资产监管机构依法对国有资本投资、运营公司履行出资人职责；国有资产监管机构根据国有资本投资、运营公司具体定位和实际情况，按照“一企一策”原则，授权国有资本投资、运营公司履行出资人职责，制定监管清单和责任清单，明确对国有资本投资、运营公司的监管内容和方式，依法落实国有资本投资、运营公司董事会职权。国有资本投资、运营公司对授权范围内的国有资本履行出资人职责。国有资产监管机构负责对国有资本投资、运营公司进行考核和评价，并定期向本级人民政府报告，重点说明所监管国有资本投资、运营公司贯彻国家战略目标、国有资产保值增值等情况。

2. 政府直接授权模式

政府直接授权国有资本投资、运营公司对授权范围内的国有资本履行出资人职责。国有资本投资、运营公司根据授权自主开展国有资本运作，贯彻落实国家战略和政策目标，定期向政府报告年度工作情况，重大事项及时报告。政府直接对国有资本投资、运营公司进行考核和评价等。

（四）治理结构

国有资本投资、运营公司不设股东会，由政府或国有资产监管机构行使股东会职权，政府或国有资产监管机构可以授权国有资本投资、运营公司董事会行使股东会部分职权。按照中国特色现代国有企业制度的要求，国有资本投资、运营公司设立党组织、董事会、经理层，规范公司治理结构，建立健全权责对等、运转协调、有效制衡的决策执行监督机制，充分发挥党组织的领导作用、董事会的决策作用、经理层的经营管理作用。

1. 党组织

把加强党的领导和完善公司治理统一起来，充分发挥党组织把方向、管大局、保落实的作用。坚持党管干部原则与董事会依法产生、董事会依法选择经营管理者、经营管理者依法行使用人权相结合。按照“双向进入、交叉任职”的原则，符合条件的党组织领导班子成员可以通过法定程序进入董事会、经理层，董事会、经理层成员中符合条件的党员可以依照有关规定和程序进入党组织领导班子。党组织书记、董事长一般由同一人担任。对于重大经营管理事项，党组织研究讨论是董事会、经理层决策的前置程序。国务院直接授权的国有资本投资、运营公司，应当设立党组。纪检监察机关向国有资本投资、运营公司派驻纪检监察机构。

2. 董事会

国有资本投资、运营公司设立董事会，根据授权，负责公司发展战略和对外投资，经理层选聘、业绩考核、薪酬管理，向所持股企业派出董事等事项。董事会成员原则上不少于 9 人，由执行董事、外部董事、职工董事组成。保障国有资本投资、运营公司按市场化方式选择外部董事等权利，外部董事应在董事会中占多数，职工董事由职工代表大会选举产生。董事会设董事长 1 名，可设副董事长。董事会下设战略与投资委员会、提名委员会、薪酬与考核委员会、审计委员会、风险控制委员会等专门委员会。专门委员会在董事会授权范围内开展相关工作，协助董事会履行职责。

国有资产监管机构授权的国有资本投资、运营公司的执行董事、外部董事由国有资产监管机构委派。其中，外部董事由国有资产监管机构根据国有资本投资、运营公司董事会结构需求，从专职外部董事中选择合适人员担任。董事长、副董事长由国有资产监管机构从董事会成员中指定。

政府直接授权的国有资本投资、运营公司执行董事、外部董事（股权董事）由国务院或地方人民政府委派，董事长、副董事长由国务院或地方人民政府从董事会成员中指定。其中，依据国有资本投资、运营公司职能定位，外部董事主要由政府综合管理部门和相关行业主管部门提名，选择专业人士担任，由政府委派。外部董事可兼任董事会下属专门委员会主席，按照公司治理结构的议事规则对国有资本投资、运营公司的重大事项发表相关领域专业意见。

政府或国有资产监管机构委派外部董事要注重拓宽外部董事来源，人员选择要符合国有资本投资、运营公司定位和专业要求，建立外部董事评价机制，确保充分发挥外部董事作用。

3. 经理层

国有资本投资、运营公司的经理层根据董事会授权负责国有资本日常投资运营。董事长与总经理原则上不得由同一人担任。

国有资产监管机构授权的国有资本投资、运营公司党组织隶属中央、地方党委或国有资产监管机构党组织管理，领导班子及其成员的管理，以改组的企业集团为基础，根据具体情况区别对待。其中，由中管企业改组组建的国有资本投资、运营公司，领导班子及其成员由中央管理；由非中管的中央企业改组组建或新设的国有资本投资、运营公司，领导班子及其成员的管理按照干部管理权限确定。

政府直接授权的国有资本投资、运营公司党组织隶属中央或地方党委管理，领导班子及其成员由中央或地方党委管理。

国有资本投资、运营公司董事长、董事（外部董事除外）、高级经理人员，原则上不得在其他有限责任公司、股份有限公司或者其他经济组织兼职。

（五）运行模式

1．组织架构

国有资本投资、运营公司要按照市场化、规范化、专业化的管理导向，建立职责清晰、精简高效、运行专业的管控模式，分别结合职能定位具体负责战略规划、制度建设、资源配置、资本运营、财务监管、风险管控、绩效评价等事项。

2．履职行权

国有资本投资、运营公司应积极推动所持股企业建立规范、完善的法人治理结构，并通过股东大会表决、委派董事和监事等方式行使股东权利，形成以资本为纽带的投资与被投资关系，协调和引导所持股企业发展，实现有关战略意图。国有资本投资、运营公司委派的董事、监事要依法履职行权，对企业负有忠实义务和勤勉义务，切实维护股东权益，不干预所持股企业日常经营。

3．选人用人机制

国有资本投资、运营公司要建立派出董事、监事候选人员库，由董事会下设的提名委员会根据拟任职公司情况提出差额适任人选，报董事会审议、任命。同时，要加强对派出董事、监事的业务培训、管理和考核评价。

4．财务监管

国有资本投资、运营公司应当严格按照国家有关财务制度规定，加强公司财务管理，防范财务风险。督促所持股企业加强财务管理，落实风险管控责任，提高运营效率。

5 收益管理

国有资本投资、运营公司以出资人身份，按照有关法律法规和公司章程，对所持股企业的利润分配进行审议表决，及时收取分红，并依规上交国有资本收益和使用管理留存收益。

6 考核机制

国有资本投资公司建立以战略目标和财务效益为主的管控模式，对所持股企业考核侧重于执行公司战略和资本回报状况。国有资本运营公司建立财务管控模式，对所持股企业考核侧重于国有资本流动和保值增值状况。

（六）监督与约束机制

1．完善监督体系

整合出资人监管和审计、纪检监察、巡视等监督力量，建立监督工作会商机制，按照事前规范制度、事中加强监控、事后强化问责的原则，加强对国有资本投资、运营公司的统筹监督，提高监督效能。纪检监察机构加强对国有资本投资、运营公司党组织、董事会、经理层的监督，强化对国有资本投资、运营公司领导人员廉洁从业、行使权力等的监督。国有资本投资、运营公司要建立内部常态化监督审计机制和信息公开制度，加强对权力集中、资金密集、资源富集、资产聚集等重点部门和岗位的监管，在不涉及国家秘密和企业商业秘密的前提下，依法依规、及时准确地披露公司治理以及管理架构、国有资本整体运营状况、关联交易、企业负责人薪酬等信息，建设阳光国企，主动接受社会监督。

2．实施绩效评价

国有资本投资、运营公司要接受政府或国有资产监管机构的综合考核评价。考核评价内容主要包括贯彻国家战略、落实国有资本布局和结构优化目标、执行各项法律法规制度和公司章程，重大问题决策和重要干部任免，国有资本运营效率、保值增值、财务效益等方面。

三、实施步骤

国有资本投资、运营公司试点工作应分级组织、分类推进、稳妥开展，并根据试点进展情况及时总结推广有关经验。中央层面，继续推进国有资产监管机构授权的国有资本投资、运营公司深化试点，并结合本实施意见要求不断完善试点工作。同时推进国务院直接授权的国有资本投资、运营公司试点，选择由财政部履行国有资产监管职责的中央企业以及中央党政机关和事业单位经营性国有资产集中统一监管改革范围内的企业稳步开展。地方层面，试点工作由各省级人民政府结合实际情况组织实施。

四、配套政策

（一）推进简政放权

围绕落实出资人职责的定位，有序推进对国有资本投资、运营公司的放权。将包括国有产权流转等决策事项的审批权、经营班子业绩考核和薪酬管理权等授予国有资本投资、运营公司，相关管理要求和运行规则通过公司组建方案和公司章程予以明确。

（二）综合改革试点

国有资本投资、运营公司所持股国有控股企业中，符合条件的可优先支持同时开展混合所有制改革、混合所有制企业员工持股、推行职业经理人制度、薪酬分配差异化改革等其他改革试点，充分发挥各项改革工作的综合效应。

（三）完善支持政策

严格落实国有企业重组整合涉及的资产评估增值、土地变更登记和国有资产无偿划转等方面税收优惠政策。简化工商税务登记、变更程序。鼓励国有资本投资、运营公司妥善解决历史遗留问题、处置低效无效资产。制定国有资本投资、运营公司的国有资本经营预算收支管理政策。

五、组织实施

加快推进国有资本投资、运营公司改革试点，是深化国有企业改革的重要组成部分，是改革和完善国有资产管理体制的重要举措。国务院国有企业改革领导小组负责国有资本投资、运营公司试点工作的组织协调和督促落实。中央组织部、国家发展改革委、财政部、人力资源社会保障部、国务院国资委等部门按照职责分工制定落实相关配套措施，密切配合、协同推进试点工作。中央层面的国有资本投资、运营公司试点方案，按程序报党中央、国务院批准后实施。

各省级人民政府对本地区国有资本投资、运营公司试点工作负总责，要紧密结合本地区实际情况，制定本地区国有资本投资、运营公司改革试点实施方案，积极稳妥组织开展试点工作。各省级人民政府要将本地区改革试点实施方案报国务院国有企业改革领导小组备案。

国务院

2018 年 7 月 14 日

〔来源：中国政府网〕

关于扩大进口促进对外贸易平衡发展的意见

国办发〔2018〕53 号

为贯彻落实党中央、国务院关于推进互利共赢开放战略的决策部署，更好发挥进口对满足人民群众消费升级需求、加快体制机制创新、推动经济结构升级、提高国际竞争力等方面的积极作用，在稳定出口的同时进一步扩大进口，促进对外贸易平衡发展，推动经济高质量发展，维护自由贸易，现提出以下意见：

一、总体要求

（一）指导思想

全面贯彻党的十九大精神，以习近平新时代中国特色社会主义思想为指导，统筹推进“五位一体”总体布局和协调推进“四个全面”战略布局，坚持稳中求进工作总基调，牢固树立新发展理念，坚持以供给侧结构性改革为主线，以“一带一路”建设为统领，以提高发展质量和效益为中心，统筹国内国际两个市场两种资源，加快实施创新驱动发展战略，在稳定出口的同时，主动扩大进口，促进国内供给体系质量提升，满足人民群众消费升级需求，实现优进优出，促进对外贸易平衡发展。

（二）基本原则

一是坚持深化改革创新。深化体制机制改革，营造创新发展环境，以制度、模式、业态、服务创新提高贸易便利化水平，以扩大进口增强对外贸易持续发展动力。

二是坚持进口出口并重。在稳定出口国际市场份额的基础上，充分发挥进口对提升消费、调整结构、发展经济、扩大开放的重要作用，推动进口与出口平衡发展。

三是坚持统筹规划发展。坚持内外需协调、内外贸结合，推动货物贸易与服务贸易、利用外资、对外投资、对外援助互动协同发展，遵循市场化原则，内外资一视同仁，促进经常项目收支平衡。

四是坚持互利共赢战略。将扩大进口与推进“一带一路”建设、加快实施自贸区战略紧密结合，增加自相关国家和地区进口，扩大利益融合，共同推动开放型世界经济发展。

二、优化进口结构促进生产消费升级

（三）支持关系民生的产品进口

适应消费升级和供给提质需要，支持与人民生活密切相关的日用消费品、医药和康复、养老护理等设备进口。落实降低部分商品进口税率措施，减少中间流通环节，清理不合理加价，切实提高人民生活水平。完善免税店政策，扩大免税品进口。（商务部、发展改革委、工业和信息化部、财政部、农业农村部、文化和旅游部、卫生健康委、海关总署、税务总局、市场监管总局、外汇局、药监局等按职责分工负责）

（四）积极发展服务贸易

调整《鼓励进口服务目录》。加快服务贸易创新发展，大力发展新兴服务贸易，促进建筑设计、商贸物流、咨询服务、研发设计、节能环保、环境服务等生产性服务进口。（商务部、发展改革委、工业和信息化部、生态环境部、交通运输部、卫生健康委、人民银行、海关总署、外汇局等按职责分工负责）

（五）增加有助于转型发展的技术装备进口

结合国内产业发展情况确定进口重点领域，充分发挥《鼓励进口技术和产品目录》的作用，支持国内产业转型升级需要的技术、设备及零部件进口，促进引进消化吸收再创新。优化鼓励进口的成套设备检验模式。（发展改革委、工业和信息化部、财政部、生态环境部、商务部、海关总署、能源局等按职责分工负责）

（六）增加农产品、资源性产品进口

配合国内农业供给侧改革和结构调整总体布局，适度增加国内紧缺农产品和有利于提升农业竞争力的农资、农机等产品进口。加快与有关国家签订农产品检验检疫准入议定书，推动重要食品农产品检验检疫准入。鼓励国内有需求的资源性产品进口。（农业农村部、发展改革委、财政部、商务部、海关总署、市场监管总局、能源局等按职责分工负责）

三、优化国际市场布局

（七）加强“一带一路”国际合作

充分发挥多双边经贸合作机制的作用，将“一带一路”相关国家作为重点开拓的进口来源地，加强战略对接，适度增加适应国内消费升级需求的特色优质产品进口，扩大贸易规模。（商务部、发展改革委、外交部、工业和信息化部、农业农村部、海关总署、市场监管总局、能源局等按职责分工负责）

（八）加快实施自贸区战略

继续维护多边贸易体制，坚定不移支持全球贸易自由化。积极推进与有关国家和地区的自贸区谈判，加快建设立足周边、辐射“一带一路”、面向全球的高标准自贸区网络。引导企业充分利用自贸协定优惠安排，积极扩大进口。加大促贸援助力度。（商务部、发展改革委、财政部、工业和信息化部、农业农村部、海关总署、税务总局、市场监管总局、国际发展合作署等按职责分工负责）

（九）落实自最不发达国家进口货物及服务优惠安排

继续落实有关给予同我建交最不发达国家97%税目输华产品零关税待遇的承诺。继续在世界贸易组织框架下给予最不发达国家服务贸易市场准入优惠措施。在南南合作框架下，向最不发达国家提供援助。（财政部、外交部、发展改革委、商务部、国际发展合作署等按职责分工负责）

四、积极发挥多渠道促进作用

（十）办好中国国际进口博览会

坚持政府引导、市场运作、企业化经营，努力把中国国际进口博览会打造成为世界各国展示国家发展成就、开展国际贸易的开放型合作平台，推进“一带一路”建设、推动经济全球化的国际公共产品，践行新发展理念、推动新一轮高水平对外开放的标志性工程。（商务部牵头负责）

（十一）持续发挥外资对扩大进口的推动作用

完善外商投资相关管理体制，优化境内投资环境。积极引导外资投向战略性新兴产业、高技术产业、节能环保领域，进一步发挥外资在引进先进技术、管理经验和优化进口结构等方面的作用。促进加工贸易转型升级和向中西部地区转移。（商务部、发展改革委、工业和信息化部、财政部、生态环境部、人民银行、海关总署、税务总局、外汇局等按职责分工负责）

（十二）推动对外贸易与对外投资有效互动

加快推进签订高水平的投资协定，提高对外投资便利化水平。深化国际能源资源开发、农林业等领域的合作，推动境外经贸合作区建设，带动相关产品进口。（商务部、发展改革委、农业农村部、能源局、林草局等按职责分工负责）

（十三）创新进口贸易方式

加快出台跨境电子商务零售进口过渡期后监管具体方案，统筹调整跨境电子商务零售进口正面清单。加快复制推广跨境电子商务综合试验区成熟经验做法，研究扩大试点范围。加快推进汽车平行进口试点。积极推进维修、研发设计、再制造业务试点工作。支持边境贸易发展。（商务部、发展改革委、工业和信息化部、财政部、生态环境部、人民银行、海关总署、税务总局、市场监管总局等按职责分工负责）

五、改善贸易自由化便利化条件

（十四）大力培育进口促进平台

充分依托海关特殊监管区域、高新技术产业开发区等各类区域，不断推进监管创新、服务创新，培育形成一批进口贸易特色明显、贸易便利化措施完善、示范带动作用突出的国家进口贸易促进创新示范区。（商务部、海关总署、税务总局、市场监管总局等按职责分工负责）

（十五）优化进口通关流程

加快实施世界贸易组织《贸易便利化协定》，推进全国通关一体化改革，打造具有国际先进水平的国际贸易“单一窗口”。推进海关预裁定制度，开展海关“经认证的经营者”（AEO）国际互认，推动检测报告和认证证书的国际互认，提高进口贸易便利化水平。（商务部、工业和信息化部、农业农村部、海关总署、市场监管总局等按职责分工负责）

（十六）降低进口环节制度性成本

进一步规范进口非关税措施，健全完善技术性贸易措施体系。加强进口行政审批取消或下放后的监管体系建设。落实国家对企业减税降费政策，严格执行收费项目公示制度，清理进口环节不合理收费。（发展改革委、财政部、交通运输部、商务部、海关总署、税务总局、市场监管总局等按职责分工负责）

（十七）加快改善国内营商环境

加强外贸诚信体系建设和知识产权保护，维护公平竞争。推进以缺陷进口消费品召回体系为核心的进口消费品质量追溯体系建设，建立和完善进口消费质量安全投诉平台。严厉打击假冒伪劣商品，规范和完善国内市场秩序。（商务部、发展改革委、工业和信息化部、农业农村部、海关总署、市场监管总局、知识产权局等按职责分工负责）

各地区、各部门要高度重视新形势下扩大进口工作，根据本意见，按照职责分工，明确责任，抓紧制订出台具体政策措施，推进政策落实。商务部要切实发挥牵头作用，加强指导，督促检查，确保各项政策措施落实到位。

商务部　外交部　发展改革委
工业和信息化部　财政部　生态环境部
交通运输部　农业农村部　文化和旅游部
卫生健康委　人民银行　海关总署　税务总局
市场监管总局　国际发展合作署　能源局
林草局　外汇局　药监局　知识产权局
2018年7月2日

〔来源：中国政府网〕

关于做好2018年工业质量品牌建设工作的通知

工信厅科函〔2018〕83号

为全面贯彻习近平新时代中国特色社会主义思想和党的十九大精神，落实中央经济工作会议部署，推动制造强国建设，加快实现高质量发展，根据《中共中央 国务院关于开展质量提升行动的指导意见》（中发〔2017〕24号），现将2018年工业质量品牌建设有关工作通知如下：

一、提升制造业供给质量水平

（一）开展原材料质量提升专项行动

组织实施原材料重点标准制修订专项，推动制订质量分类分级规范，鼓励开展团体标准应用示范。组织关键共性质量技术基础研究与产业化攻关，鼓励研发应用全流程产品质量在线监控、诊断与优化系统。组织开展原材料重点产品质量抽查，支持开展大宗产品用户满意度调查。鼓励建设原材料领域国家（省）级创新中心。

（二）加快装备制造业标准化和质量提升

推动汽车、船舶、航空等重点领域的标准化和质量提升，加快重点急需标准的制修订工作，实施《国家车联网产业标准体系建设指南（智能网联汽车）》。建立健全船舶建造和修理全面质量管理和全过程质量控制标准，完善船舶安全重点标准和船舶防污染重点标准，组织编制并定期发布优质船舶配套产品目录。推动民机型号研制过程质量控制提升，推动AS9100系列质量管理标准转换，组织编制《91系列标准实施指南》。

（三）深入实施消费品“三品”战略

开展重点产品国际对标，支持中药先进制造技术标准验证及应用，进一步扩大婴幼儿配方奶粉质量安全追溯体系建设试点，发布《升级和创新消费品指南》，发布纺织十大类创新产品。组织开展消费品工业个性化定制和创新示范服务平台创建工作，推动服装、家用电器、玩具和婴童用品、文教体育用品、箱包、制鞋等行业发展个性定制、规模定制、高端定制，推动产品供给向“产品+服务”转变、向中高端迈进。

二、推动智能制造和绿色制造发展

（一）发展智能制造

深入实施智能制造工程，总结发展经验和模式，加快智能制造在《中国制造2025》重点领域和传统行业的普及应用。完善智能制造标准体系，加快基础共性与关键技术标准研制，支持标准推广应用和国际合作。组织开展智能制造新模式应用，推进产学研用协同发展，推动人工智能等新技术与制造技术深度融合，突破一批关键技术装备与核心工业软件。加大机器人及智能成套装备在民爆行业推广应用力度，鼓励企业提高在线检测和产品全生命周期质量追溯能力。

（二）支持绿色制造

深入实施绿色制造工程，加快绿色共性关键技术工艺突破和产业化应用。推进构建绿色制造体系，完善工业节能与绿色标准，滚动发布绿色工厂、绿色产品、绿色园区、绿色供应链等绿色制造名单。组织开展能效、水效“领跑者”遴选及对标达标工作，推动工业能效水效持续提升。发布电器电子产品有害物质限制使用达标管理目录。落实《促进绿色建材生产和应用行动方案》，联合国家标准委、国家认监委等相关部门研制并发布绿色建材产品评价标准，开展全国统一的绿色建材标准、认证和标识工作。

三、加强全面质量管理和品牌建设

（一）推动质量管理体系升级

落实《国务院关于加强质量认证体系建设促进全面质量管理的意见》，推动航空、汽车、信息等行业加快完善和提升适合本行业特点的质量管理体系，以体系升级带动质量升级。引导企业学习实践先进的质量管理方法和质量工程技术，实施全面质量管理，积极应用信息化、智能化手段，创新质量管理方法和质量控制模式，提高质量工作效率和效益。

（二）推广先进质量管理方法

支持行业组织开展先进质量管理方法的经验交流，支持专业机构推广卓越绩效、六西格玛、精益生产等先进质量管理方法和可靠性设计、风险分析等质量工程技术，鼓励地方组织质量比对等活动，推动企业将质量管理融入产品全寿命周期过程。委托有关机构继续开展质量标杆遴选和经验交流，总结提炼有中国特色的质量管理方法。鼓励大型国企发挥龙头作用，积极培育供应商质量管理能力，拉动整个产业链的质量跃升。

（三）夯实质量技术基础

加强标准化、计量、检验检测、工业“四基”、智能制造、公共服务平台等能力建设，护航质量品牌提升。组织行业共性质量技术问题攻关并推广应用，提升高端装备用转子系统、伺服系统、高压电驱动系统可靠性设计水平。鼓励行业协会根据工艺控制水平、产品应用环境等差异制定分类分级团体标准，满足不同层次使用需求，开展产品质量综合评价，引导理性消费选择。编制行业计量技术规范，提高行业计量量值溯源传递服务能力。加强检验检测机构能力建设，继续开展工业产品质量控制和技术实验室核定和复核工作，鼓励实验室开展产品对标，及时发布质量分析、质量预警等信息。

（四）协同推进质量品牌建设

引导地方和行业完善质量品牌的工作机制，引导、保护企业质量创新和质量提升的积极性。支持地方和行业制定质量提升计划，积极开展提升行动。鼓励地方和行业设立质量品牌提升专项和配套资金，加强质量品牌公共服务能力建设，加快发展管理咨询、检验检测、认证、工业设计、知识产权保护、标准体系建设等质量品牌服务项目，引导更多资金投向质量攻关、质量创新、品牌培育、质量基础设施建设。支持设立中国工业品牌培育联盟，开展品牌培育相关研究，推动品牌培育标准贯标工作，规范引导第三方机构为企业品牌培育开展技术服务，提高工业品牌培育影响力。

（五）营造质量品牌发展环境

围绕“中国品牌日”和质量月活动，推动发布机械、轻工、纺织、食品、建材、通信、电子、石化、有色、钢铁10个行业的品牌培育管理体系实施指南，组织标准宣贯，宣传推广品牌培育示范企业经验。深入推进产业集群区域品牌建设，加强区域品牌理论和方法研究，总结交流经验方法，促进区域品牌和企业品牌互动发展。鼓励开展公益性品牌宣传展示活动，扩大中国品牌社会影响，推动中国工业品牌“走出去”。支持有关单位开展质量管理小组、质量信得过班组、现场管理、品牌故事大赛、品牌创新成果发布、品牌专业人才培养等普及教育和群众性质量品牌提升活动，弘扬企业家精神、劳模精神和工匠精神，引导企业牢固树立质量为先、品牌引领的意识。

四、强化质量品牌工作合力

（一）加强组织，合力推进

统筹质量品牌建设资源，建立健全协同工作机制，各单位内部加强综合职能与业务职能的配合，对外加强与发展改革、财政、商务、工商、质检等部门的沟通协作，调动行业协会、科研机构、大专院校、消费者组织、新闻媒体等各方力量，强化质量品牌建设工作合力。

（二）系统谋划，狠抓落实

结合地区和产业特点，创新工作思路，做好质量品牌建设工作的总体谋划。细化工作内容，明确工作目标、职责分工和进度要求，加强过程跟踪和结果考核。对遇到的新问题、新情况，要积极协调各方资源予以解决，确保计划落实。

（三）提炼亮点，积极宣传

加强与宣传部门合作，结合重点活动策划宣传方案，总结提炼工作亮点和突出成效，组织媒体开展宣传，扩大社会影响，为质量品牌营造良好的社会氛围。及时向部报送工作动态和工作成效，配合开展全国性的宣传活动。

各地区工业和信息化主管部门、相关行业协会、专业机构要按照通知要求，制订本地区、本行业或本单位年度质量品牌建设工作计划，于3月底前报送我部（科技司），年度工作总结于12月10日前报送。

工业和信息化部办公厅

2018年3月6日

促进新一代人工智能产业发展三年行动计划（2018—2020 年）

当前，新一轮科技革命和产业变革正在萌发，大数据的形成、理论算法的革新、计算能力的提升及网络设施的演进驱动人工智能发展进入新阶段，智能化成为技术和产业发展的重要方向。人工智能具有显著的溢出效应，将进一步带动其他技术的进步，推动战略性新兴产业总体突破，正在成为推进供给侧结构性改革的新动能、振兴实体经济的新机遇、建设制造强国和网络强国的新引擎。为落实《新一代人工智能发展规划》，深入实施“中国制造 2025”，抓住历史机遇，突破重点领域，促进人工智能产业发展，提升制造业智能化水平，推动人工智能和实体经济深度融合，制订本行动计划。

一、总体要求

（一）指导思想

全面贯彻落实党的十九大精神，以习近平新时代中国特色社会主义思想为指导，按照“五位一体”总体布局和“四个全面”战略布局，认真落实党中央、国务院决策部署，以信息技术与制造技术深度融合为主线，推动新一代人工智能技术的产业化与集成应用，发展高端智能产品，夯实核心基础，提升智能制造水平，完善公共支撑体系，促进新一代人工智能产业发展，推动制造强国和网络强国建设，助力实体经济转型升级。

（二）基本原则

系统布局。把握人工智能发展趋势，立足国情和各地区的产业现实基础，顶层引导和区域协作相结合，加强体系化部署，做好分阶段实施，构建完善新一代人工智能产业体系。

重点突破。针对产业发展的关键薄弱环节，集中优势力量和创新资源，支持重点领域人工智能产品研发，加快产业化与应用部署，带动产业整体提升。

协同创新。发挥政策引导作用，促进产学研用相结合，支持龙头企业与上下游中小企业加强协作，构建良好的产业生态。

开放有序。加强国际合作，推动人工智能共性技术、资源和服务的开放共享。完善发展环境，提升安全保障能力，实现产业健康有序发展。

（三）行动目标

通过实施四项重点任务，力争到 2020 年，一系列人工智能标志性产品取得重要突破，在若干重点领域形成国际竞争优势，人工智能和实体经济融合进一步深化，产业发展环境进一步优化。

——人工智能重点产品规模化发展，智能网联汽车技术水平大幅提升，智能服务机器人实现规模化应用，智能无人机等产品具有较强全球竞争力，医疗影像辅助诊断系统等扩大临床应用，视频图像识别、智能语音、智能翻译等产品达到国际先进水平。

——人工智能整体核心基础能力显著增强，智能传感器技术产品实现突破，设计、代工、封测技术达到国际水平，神经网络芯片实现量产并在重点领域实现规模化应用，开源开发平台初步具备支撑产业快速发展的能力。

——智能制造深化发展，复杂环境识别、新型人机交互等人工智能技术在关键技术装备中加快集成应用，智能化生产、大规模个性化定制、预测性维护等新模式的应用水平明显提升。重点工业领域智能化水平显著提高。

——人工智能产业支撑体系基本建立，具备一定规模的高质量标注数据资源库、标准测试数据集建成并开放，人工智能标准体系、测试评估体系及安全保障体系框架初步建立，智能化网络基础设施体系逐步形成，产业发展环境更加完善。

二、培育智能产品

以市场需求为牵引，积极培育人工智能创新产品和服务，促进人工智能技术的产业化，推动智能产品在工业、医疗、交通、农业、金融、物流、教育、文化、旅游等领域的集成应用。发展智能控制产品，加快突破关键技术，研发并应用一批具备复杂环境感知、智能人机交互、灵活精准控制、群体实时协同等特征的智能化设备，满足高可用、高可靠、安全等要求，提升设备处理复杂、突发、极端情况的能力。培育智能理解产品，加快模式识别、智能语义理解、智能分析决策等核心技术研发和产业化，支持设计一批智能化水平和可靠性较高的智能理解产品或模块，优化智能系统与服务的供给结构。推动智能硬件普及，深化人工智能技术在智能家居、健康管理、移动智能终端和车载产品等领域的应用，丰富终端产品的智能化功能，推动信息消费升级。着重在以下领域率先取得突破：

（一）智能网联汽车

支持车辆智能计算平台体系架构、车载智能芯片、自动驾驶操作系统、车辆智能算法等关键技术、产品研发，构建软件、硬件、算法一体化的车辆智能化平台。到2020年，建立可靠、安全、实时性强的智能网联汽车智能化平台，形成平台相关标准，支撑高度自动驾驶（HA级）。

（二）智能服务机器人

支持智能交互、智能操作、多机协作等关键技术研发，提升清洁、老年陪护、康复、助残、儿童教育等家庭服务机器人的智能化水平，推动巡检、导览等公共服务机器人以及消防救援机器人等的创新应用。发展三维成像定位、智能精准安全操控、人机协作接口等关键技术，支持手术机器人操作系统研发，推动手术机器人在临床医疗中的应用。到2020年，智能服务机器人环境感知、自然交互、自主学习、人机协作等关键技术取得突破，智能家庭服务机器人、智能公共服务机器人实现批量生产及应用，医疗康复、助老助残、消防救灾等机器人实现样机生产，完成技术与功能验证，实现20家以上应用示范。

（三）智能无人机

支持智能避障、自动巡航、面向复杂环境的自主飞行、群体作业等关键技术研发与应用，推动新一代通信及定位导航技术在无人机数据传输、链路控制、监控管理等方面的应用，开展智能飞控系统、高集成度专用芯片等关键部件研制。到2020年，智能消费级无人机三轴机械增稳云台精度达到0.005度，实现360度全向感知避障，实现自动智能强制避让航空管制区域。

（四）医疗影像辅助诊断系统

推动医学影像数据采集标准化与规范化，支持脑、肺、眼、骨、心脑血管、乳腺等典型疾病领域的医学影像辅助诊断技术研发，加快医疗影像辅助诊断系统的产品化及临床辅助应用。到2020年，国内先进的多模态医学影像辅助诊断系统对以上典型疾病的检出率超过95%，假阴性率低于1%，假阳性率低于5%。

（五）视频图像身份识别系统

支持生物特征识别、视频理解、跨媒体融合等技术创新，发展人证合一、视频监控、图像搜索、视频摘要等典型应用，拓展在安防、金融等重点领域的应用。到2020年，复杂动态场景下人脸识别有效检出率超过97%，正确识别率超过90%，支持不同地域人脸特征识别。

（六）智能语音交互系统

支持新一代语音识别框架、口语化语音识别、个性化语音识别、智能对话、音视频融合、语音合成等技术的创新应用，在智能制造、智能家居等重点领域开展推广应用。到2020年，实现多场景下中文语音识别平均准确率达到96%，5米远场识别率超过92%，用户对话意图识别准确率超过90%。

（七）智能翻译系统

推动高精准智能翻译系统应用，围绕多语言互译、同声传译等典型场景，利用机器学习技术提升准确度和实用性。到2020年，多语种智能互译取得明显突破，中译英、英译中场景下产品的翻译准确率超过85%，少数民族语言与汉语的智能互译准确率显著提升。

（八）智能家居产品

支持智能传感、物联网、机器学习等技术在

智能家居产品中的应用，提升家电、智能网络设备、水电气仪表等产品的智能水平、实用性和安全性，发展智能安防、智能家具、智能照明、智能洁具等产品，建设一批智能家居测试评价、示范应用项目并推广。到 2020 年，智能家居产品类别明显丰富，智能电视市场渗透率达到 90% 以上，安防产品智能化水平显著提升。

三、突破核心基础

加快研发并应用高精度、低成本的智能传感器，突破面向云端训练、终端应用的神经网络芯片及配套工具，支持人工智能开发框架、算法库、工具集等的研发，支持开源开放平台建设，积极布局面向人工智能应用设计的智能软件，夯实人工智能产业发展的软硬件基础。着重在以下领域率先取得突破：

（一）智能传感器

支持微型化及可靠性设计、精密制造、集成开发工具、嵌入式算法等关键技术研发，支持基于新需求、新材料、新工艺、新原理设计的智能传感器研发及应用。发展市场前景广阔的新型生物、气体、压力、流量、惯性、距离、图像、声学等智能传感器，推动压电材料、磁性材料、红外辐射材料、金属氧化物等材料技术革新，支持基于微机电系统（MEMS）和互补金属氧化物半导体（CMOS）集成等工艺的新型智能传感器研发，发展面向新应用场景的基于磁感、超声波、非可见光、生物化学等新原理的智能传感器，推动智能传感器实现高精度、高可靠、低功耗、低成本。到 2020 年，压电传感器、磁传感器、红外传感器、气体传感器等的性能显著提高，信噪比达到 70dB、声学过载点达到 135dB 的声学传感器实现量产，绝对精度 100Pa 以内、噪音水平 0.6Pa 以内的压力传感器实现商用，弱磁场分辨率达到 1pT 的磁传感器实现量产。在模拟仿真、设计、MEMS 工艺、封装及个性化测试技术方面达到国际先进水平，具备在移动式可穿戴、互联网、汽车电子等重点领域的系统方案设计能力。

（二）神经网络芯片

面向机器学习训练应用，发展高性能、高扩展性、低功耗的云端神经网络芯片，面向终端应用发展适用于机器学习计算的低功耗、高性能的终端神经网络芯片，发展与神经网络芯片配套的编译器、驱动软件、开发环境等产业化支撑工具。到 2020 年，神经网络芯片技术取得突破进展，推出性能达到 128TFLOPS（16 位浮点）、能效比超过 1TFLOPS/w 的云端神经网络芯片，推出能效比超过 1TFL OPS/w（以 16 位浮点为基准）的终端神经网络芯片，支持卷积神经网络（CNN）、递归神经网络（RNN）、长短期记忆网络（LSTM）等一种或几种主流神经网络算法；在智能终端、自动驾驶、智能安防、智能家居等重点领域实现神经网络芯片的规模化商用。

（三）开源开放平台

针对机器学习、模式识别、智能语义理解等共性技术和自动驾驶等重点行业应用，支持面向云端训练和终端执行的开发框架、算法库、工具集等的研发，支持开源开发平台、开放技术网络和开源社区建设，鼓励建设满足复杂训练需求的开放计算服务平台，鼓励骨干龙头企业构建基于开源开放技术的软件、硬件、数据、应用协同的新型产业生态。到 2020 年，面向云端训练的开源开发平台支持大规模分布式集群、多种硬件平台、多种算法，面向终端执行的开源开发平台具备轻量化、模块化和可靠性等特征。

四、深化发展智能制造

深入实施智能制造，鼓励新一代人工智能技术在工业领域各环节的探索应用，支持重点领域算法突破与应用创新，系统提升制造装备、制造过程、行业应用的智能化水平。着重在以下方面率先取得突破：

（一）智能制造关键技术装备

提升高档数控机床与工业机器人的自检测、自校正、自适应、自组织能力和智能化水平，利用人工智能技术提升增材制造装备的加工精度和产品质量，优化智能传感器与分散式控制系统（DCS）、可编程逻辑控制器（PLC）、数据采集系统（SCADA）、高性能高可靠嵌入式控制系统等控制装备在复杂工作环境的感知、认知和控制能力，提高数字化非接触精密测量、在线无损检测系统等智能检测装备的测量精度和效率，增强装配设备的柔性。提升高速分拣机、多层穿梭车、高密度存储穿梭板等物流装备的智能化水平，实现精准、柔性、高效的物料配送和无人化智能仓储。

到2020年，高档数控机床智能化水平进一步提升，具备人机协调、自然交互、自主学习功能的新一代工业机器人实现批量生产及应用；增材制造装备成形效率大于450cm3/h，连续工作时间大于240h；实现智能传感与控制装备在机床、机器人、石油化工、轨道交通等领域的集成应用；智能检测与装配装备的工业现场视觉识别准确率达到90%，测量精度及速度满足实际生产需求；开发10个以上智能物流与仓储装备。

（二）智能制造新模式

鼓励离散型制造业企业以生产设备网络化、智能化为基础，应用机器学习技术分析处理现场数据，实现设备在线诊断、产品质量实时控制等功能。鼓励流程型制造企业建设全流程、智能化生产管理和安防系统，实现连续性生产、安全生产的智能化管理。打造网络化协同制造平台，增强人工智能指引下的人机协作与企业间协作研发设计与生产能力。发展个性化定制服务平台，提高对用户需求特征的深度学习和分析能力，优化产品的模块化设计能力和个性化组合方式。搭建基于标准化信息采集的控制与自动诊断系统，加快对故障预测模型和用户使用习惯信息模型的训练和优化，提升对产品、核心配件的生命周期分析能力。

到2020年，数字化车间的运营成本降低20%，产品研制周期缩短20%；智能工厂产品不良品率降低10%，能源利用率提高10%；航空航天、汽车等领域加快推广企业内外并行组织和协同优化新模式；服装、家电等领域对大规模、小批量个性化订单全流程的柔性生产与协作优化能力普遍提升；在装备制造、零部件制造等领域推进开展智能装备健康状况监测预警等远程运维服务。

五、构建支撑体系

面向重点产品研发和行业应用需求，支持建设并开放多种类型的人工智能海量训练资源库、标准测试数据集和云服务平台，建立并完善人工智能标准和测试评估体系，建设知识产权等服务平台，加快构建智能化基础设施体系，建立人工智能网络安全保障体系。着重在以下领域率先取得突破：

（一）行业训练资源库

面向语音识别、视觉识别、自然语言处理等基础领域及工业、医疗、金融、交通等行业领域，支持建设高质量人工智能训练资源库、标准测试数据集并推动共享，鼓励建设提供知识图谱、算法训练、产品优化等共性服务的开放性云平台。到2020年，基础语音、视频图像、文本对话等公共训练数据量大幅提升，在工业、医疗、金融、交通等领域汇集一定规模的行业应用数据，用于支持创业创新。

（二）标准测试及知识产权服务平台

建设人工智能产业标准规范体系，建立并完善基础共性、互联互通、安全隐私、行业应用等技术标准，鼓励业界积极参与国际标准化工作。构建人工智能产品评估评测体系，对重点智能产品和服务的智能水平、可靠性、安全性等进行评估，提升人工智能产品和服务质量。研究建立人工智能技术专利协同运用机制，支持建设专利协同运营平台和知识产权服务平台。到2020年，初步建立人工智能产业标准体系，建成第三方试点测试平台并开展评估评测服务；在模式识别、语义理解、自动驾驶、智能机器人等领域建成具有基础支撑能力的知识产权服务平台。

（三）智能化网络基础设施

加快高度智能化的下一代互联网、高速率大容量低时延的第五代移动通信（5G）网、快速高精度定位的导航网、泛在融合高效互联的天地一体化信息网部署和建设，加快工业互联网、车联网建设，逐步形成智能化网络基础设施体系，提升支撑服务能力。到2020年，全国90%以上地区的宽带接入速率和时延满足人工智能行业应用需求，10家以上重点企业实现覆盖生产全流程的工业互联网示范建设，重点区域车联网网络设施初步建成。

（四）网络安全保障体系

针对智能网联汽车、智能家居等人工智能重点产品或行业应用，开展漏洞挖掘、安全测试、威胁预警、攻击检测、应急处置等安全技术攻关，推动人工智能先进技术在网络安全领域的深度应用，加快漏洞库、风险库、案例集等共享资源建设。到2020年，完善人工智能网络安全产业布局，形成人工智能安全防控体系框架，初步建成具备人工智能安全态势感知、测试评估、威胁信息共享以及应急处置等基本能力的安全保障平台。

六、保障措施

（一）加强组织实施

强化部门协同和上下联动，建立健全政府、企业、行业组织和产业联盟、智库等的协同推进机制，加强在技术攻关、标准制定等方面的协调配合。加强部省合作，依托国家新型工业化产业示范基地建设等工作，支持有条件的地区发挥自身资源优势，培育一批人工智能领军企业，探索建设人工智能产业集聚区，促进人工智能产业突破发展。面向重点行业和关键领域，推动人工智能标志性产品应用。建立人工智能产业统计体系，关键产品与服务目录，加强跟踪研究和督促指导，确保重点工作有序推进。

（二）加大支持力度

充分发挥工业转型升级（中国制造2025）等现有资金以及重大项目等国家科技计划（专项、基金）的引导作用，支持符合条件的人工智能标志性产品及基础软硬件研发、应用试点示范、支撑平台建设等，鼓励地方财政对相关领域加大投入力度。以重大需求和行业应用为牵引，搭建典型试验环境，建设产品可靠性和安全性验证平台，组织协同攻关，支持人工智能关键应用技术研发及适配，支持创新产品设计、系统集成和产业化。支持人工智能企业与金融机构加强对接合作，通过市场机制引导多方资本参与产业发展。在首台（套）重大技术装备保险保费补偿政策中，探索引入人工智能融合的技术装备、生产线等关键领域。

（三）鼓励创新创业

加快建设和不断完善智能网联汽车、智能语音、智能传感器、机器人等人工智能相关领域的制造业创新中心，设立人工智能领域的重点实验室。支持企业、科研院所与高校联合开展人工智能关键技术研发与产业化。鼓励开展人工智能创新创业和解决方案大赛，鼓励制造业大企业、互联网企业、基础电信企业建设“双创”平台，发挥骨干企业引领作用，加强技术研发与应用合作，提升产业发展创新力和国际竞争力。培育人工智能创新标杆企业，搭建人工智能企业创新交流平台。

（四）加快人才培养

贯彻落实《制造业人才发展规划指南》，深化人才体制机制改革。以多种方式吸引和培养人工智能高端人才和创新创业人才，支持一批领军人才和青年拔尖人才成长。依托重大工程项目，鼓励校企合作，支持高等学校加强人工智能相关学科专业建设，引导职业学校培养产业发展急需的技能型人才。鼓励领先企业、行业服务机构等培养高水平的人工智能人才队伍，面向重点行业提供行业解决方案，推广行业最佳应用实践。

（五）优化发展环境

开展人工智能相关政策和法律法规研究，为产业健康发展营造良好环境。加强行业对接，推动行业合理开放数据，积极应用新技术、新业务，促进人工智能与行业融合发展。鼓励政府部门率先运用人工智能提升业务效率和管理服务水平。充分利用双边、多边国际合作机制，抓住“一带一路”建设契机，鼓励国内外科研院所、企业、行业组织拓宽交流渠道，广泛开展合作，实现优势互补、合作共赢。

〔来源：工业和信息化部官网〕

第二批制造业单项冠军企业和单项冠军产品名单

工信部联产业函〔2017〕570号

为贯彻落实《中国制造2025》，引导制造业企业专注于细分产品领域精耕细作，培育提升更多的制造业全球单项冠军，促进我国产业整体迈向全球价值链中高端，根据《制造业单项冠军企业培育提升专项行动实施方案》（工信部产业〔2016〕105号），经企业自主申报，地方工业和信息化主管部门与工业经济联合会、有关行业协会、中央企业推荐，专家论证和网上公示等程序，确定了第二批制造业单项冠军企业和单项冠军产品名单，现予公布。

附件：

各地工业和信息化主管部门与工业经济联合会、有关行业协会要加强对企业的服务和支持，引导企业专注细分产品领域的创新、产品质量提升和品牌建设，培育具有全球竞争力的世界一流企业。

附件：第二批制造业单项冠军企业和单项冠军产品名单

工业和信息化部　中国工业经济联合会

2017年12月14日

第二批制造业单项冠军企业和单项冠军产品名单

一、单项冠军示范企业

编号	示范企业名称	注册地	主营产品
1	同方威视技术股份有限公司	北京	货物与车辆安检设备
2	北京大豪科技股份有限公司	北京	刺绣机电脑控制系统
3	北新集团建材股份有限公司	北京	纸面石膏板
4	天津汽车模具股份有限公司	天津	乘用车覆盖件冲压模具
5	中材（天津）粉体技术装备有限公司	天津	立式辊磨机
6	晨光生物科技集团股份有限公司	河北	食品着色剂
7	中国第一重型机械集团大连加氢反应器制造有限公司	辽宁	百万千瓦核反应堆压力容器
8	大连华阳新材料科技股份有限公司	辽宁	非织造布生产线联合机
9	辽宁忠旺集团有限公司	辽宁	工业铝挤压材
10	哈尔滨东盛金属材料有限公司	黑龙江	铝合金添加剂
11	上海集优机械股份有限公司	上海	高强度紧固件
12	上海华峰超纤材料股份有限公司	上海	海岛型超纤非织造基布
13	沪东重机有限公司	上海	船用低速柴油机
14	常州天合光能有限公司	江苏	光伏组件
15	江苏中能硅业科技发展有限公司	江苏	太阳能级多晶硅
16	张家港康得新光电材料有限公司	江苏	显示用光学膜
17	江苏力星通用钢球股份有限公司	江苏	精密轴承钢球
18	常熟市龙腾特种钢有限公司	江苏	预应力混凝土用钢棒
19	红宝丽集团股份有限公司	江苏	聚氨酯硬泡组合聚醚
20	江苏鹏飞集团股份有限公司	江苏	水泥回转窑
21	江苏苏博特新材料股份有限公司	江苏	减水剂

（续）

编号	示范企业名称	注册地	主营产品
22	浙江水晶光电科技股份有限公司	浙江	精密光电薄膜元器件
23	宁波舜宇光电信息有限公司	浙江	手机摄像模组
24	杭州海康威视数字技术股份有限公司	浙江	视频监控产品
25	宁波激智科技股份有限公司	浙江	液晶显示模组
26	万丰奥特控股集团有限公司	浙江	铝合金轮毂
27	浙江双环传动机械股份有限公司	浙江	机动车辆齿轮
28	东睦新材料集团股份有限公司	浙江	粉末冶金零件
29	浙江久立特材科技股份有限公司	浙江	工业用不锈钢管
30	浙江华峰新材料股份有限公司	浙江	聚氨酯鞋底原液
31	杰克缝纫机股份有限公司	浙江	工业用缝纫机
32	桐昆集团股份有限公司	浙江	涤纶长丝
33	宁波康赛妮毛绒制品有限公司	浙江	粗梳羊绒纱线
34	宁波慈星股份有限公司	浙江	电脑针织横机
35	新凤鸣集团股份有限公司	浙江	涤纶长丝
36	安徽国星生物化学有限公司	安徽	吡啶碱
37	安徽安利材料科技股份有限公司	安徽	聚氨酯合成革
38	厦门宏发电声股份有限公司	福建	控制继电器
39	厦门法拉电子股份有限公司	福建	薄膜电容器
40	福建新大陆支付技术有限公司	福建	转账 POS 机
41	福建龙净环保股份有限公司	福建	除尘设备
42	福耀玻璃工业集团股份有限公司	福建	汽车安全玻璃
43	长乐力恒锦纶科技有限公司	福建	锦纶长丝
44	华意压缩机股份有限公司	江西	冰箱压缩机
45	山东凯盛新材料股份有限公司	山东	氯化亚砜
46	青岛明月海藻集团有限公司	山东	海藻酸盐
47	玫德集团有限公司	山东	可锻性铸铁及铸钢管子附件
48	文登威力工具集团有限公司	山东	可调手动扳手及扳钳
49	泰山体育产业集团有限公司	山东	体育器材
50	山东如意毛纺服装集团股份有限公司	山东	纯毛机织物
51	鲁泰纺织股份有限公司	山东	色织布
52	泰安路德工程材料有限公司	山东	合成纤维制经编织物
53	淄博大染坊丝绸集团有限公司	山东	丝绸面料
54	青岛环球集团股份有限公司	山东	棉纺粗纱机
55	烟台中集来福士海洋工程有限公司	山东	半潜式钻井平台
56	山东环球渔具股份有限公司	山东	钓鱼竿
57	郑州宇通客车股份有限公司	河南	大中型客车
58	中铁工程装备集团有限公司	河南	全断面隧道掘进机
59	河南威猛振动设备股份有限公司	河南	振动筛
60	卫华集团有限公司	河南	通用桥式起重机
61	武汉光迅科技股份有限公司	湖北	光纤接入用光电子器件与模块
62	中石化四机石油机械有限公司	湖北	固井压裂设备
63	株洲硬质合金集团有限公司	湖南	硬质合金
64	佛山市恒力泰机械有限公司	广东	液压自动压砖机
65	佛山市三水凤铝铝业有限公司	广东	铝合金建筑型材

（续）

编号	示范企业名称	注册地	主营产品
66	广东精铟海洋工程股份有限公司	广东	自升式海洋工程平台升降锁紧系统
67	重庆昌元化工集团有限公司	重庆	锰酸盐、高锰酸钾盐
68	成都成高阀门有限公司	四川	管线球阀
69	贵州钢绳股份有限公司	贵州	钢丝绳
70	陕西宝光真空电器股份有限公司	陕西	真空开关管
71	国投新疆罗布泊钾盐有限责任公司	新疆	农用硫酸钾

注：1. 名单按企业注册地排序，不分先后。

2. “主营产品”为企业填报的主要从事的细分产品领域。

二、单项冠军培育企业

编号	培育企业名称	注册地	主营产品
1	得力集团有限公司	浙江	文具
2	宁波弘讯科技股份有限公司	浙江	塑机控制系统
3	电光防爆科技股份有限公司	浙江	矿用防爆电器开关
4	宁波亚德客自动化工业有限公司	浙江	气动元件
5	宁波永新光学股份有限公司	浙江	光学显微镜
6	宁波柯力传感科技股份有限公司	浙江	应变式传感器
7	百隆东方股份有限公司	浙江	色纺纱
8	宁波戴维医疗器械股份有限公司	浙江	婴儿培养箱
9	安徽合力股份有限公司	安徽	叉车
10	福建升腾资讯有限公司	福建	瘦客户机
11	山东金帝精密机械科技股份有限公司	山东	轴承保持架
12	山东泰和水处理科技股份有限公司	山东	水质稳定剂
13	山东祥维斯生物科技股份有限公司	山东	甜菜碱
14	威海海马地毯集团有限公司	山东	阿克明斯地毯
15	湖北鼎龙控股股份有限公司	湖北	硒鼓
16	广州市浩洋电子股份有限公司	广东	影视舞台灯
17	四川宏华石油设备有限公司	四川	石油钻探开采专用设备
18	西部超导材料科技股份有限公司	陕西	航空用钛合金棒材
19	海默科技（集团）股份有限公司	甘肃	多相流量计
20	青海盐湖工业股份有限公司	青海	氯化钾

注：1. 名单按企业注册地排序，不分先后。

2. “主营产品”为企业填报的主要从事的细分产品领域。

三、单项冠军产品

编号	单项冠军产品名称	生产企业	注册地
1	组合式污水处理设备	北京碧水源科技股份有限公司	北京
2	中子吸收球	大连金玛硼业科技集团股份有限公司	辽宁
3	好望角型散货船	上海外高桥造船有限公司	上海
4	双燃料液化乙烯气体运输船	江南造船（集团）有限责任公司	上海
5	无金属自承式光缆	江苏中天科技股份有限公司	江苏
6	智能马桶盖微电脑控制器	苏州路之遥科技股份有限公司	江苏
7	压路机	徐工集团工程机械股份有限公司	江苏
8	溴化锂吸收式冷／热水机组	双良节能系统股份有限公司	江苏

（续）

编号	单项冠军产品名称	生产企业	注册地
9	拟除虫菊酯	江苏扬农化工股份有限公司	江苏
10	儿童推车	好孩子儿童用品有限公司	江苏
11	电子皮带秤	赛摩电气股份有限公司	江苏
12	静电除尘器	浙江菲达环保科技股份有限公司	浙江
13	氨纶	浙江华峰氨纶股份有限公司	浙江
14	电梯门机	宁波申菱电梯配件有限公司	浙江
15	棒形支柱瓷绝缘子	中材江西电瓷电气有限公司	江西
16	接入网光模块	青岛海信宽带多媒体技术有限公司	山东
17	防焦剂 CTP	山东阳谷华泰化工股份有限公司	山东
18	覆盆子酮	山东新和成药业有限公司	山东
19	棉布	魏桥纺织股份有限公司	山东
20	铜管材	中色奥博特铜铝业有限公司	山东
21	硫酸新霉素	宜昌三峡制药有限公司	湖北
22	气象气球	中国化工株洲橡胶研究设计院有限公司	湖南
23	明矾	衡阳市建衡实业有限公司	湖南
24	功放类金属基印制电路板	深南电路股份有限公司	广东
25	激光头用挠性电路板	深圳市精诚达电路科技股份有限公司	广东
26	光纤激光切割机床	大族激光科技产业集团股份有限公司	广东
27	低辐射镀膜玻璃	中国南玻集团股份有限公司	广东
28	钨电极	深圳市威勒科技股份有限公司	广东
29	中程运输（MR 型）成品油船	广船国际有限公司	广东
30	工程（工作）船	中船黄埔文冲船舶有限公司	广东
31	轮胎式装载机	广西柳工机械股份有限公司	广西
32	轴流压缩机	西安陕鼓动力股份有限公司	陕西
33	数控磨齿机	秦川机床工具集团股份公司	陕西
34	煤制聚乙烯	中煤陕西榆林能源化工有限公司	陕西
35	重型燃气轮机铸钢件	共享铸钢有限公司	宁夏
36	煤制聚丙烯	神华宁夏煤业集团有限责任公司	宁夏

注： 名单按企业注册地排序，不分先后。

高端智能再制造行动计划（2018—2020 年）

工信部节〔2017〕265 号

为落实《中国制造 2025》《工业绿色发展规划（2016 － 2020 年）》和《绿色制造工程实施指南（2016 － 2020 年）》，加快发展高端再制造、智能再制造（以下统称高端智能再制造），进一步提升机电产品再制造技术管理水平和产业发展质量，推动形成绿色发展方式，实现绿色增长，制定本计划。

一、必要性

我国作为制造大国，机电产品保有量巨大，再制造是机电产品资源化循环利用的最佳途径之一。再制造产业已初具规模，初步形成了“以尺寸恢复和性能提升”为主要技术特征的中国特色再制造产业发展模式。在再制造产业发展过程中，高端化、智能化的生产实践不断涌现，激光熔覆、3D打印等增材技术在再制造领域应用广泛，如航空发动机领域已实现叶片规模化再制造，医疗影像设备关键件再制造技术取得积极进展，首台再制造盾构机完成首段掘进任务后已顺利出洞。

当前我国经济已由高速增长阶段转向高质量发展阶段。在近十年的机电产品再制造试点示范、产品认定、技术推广、标准建设等工作基础上，亟待进一步聚焦具有重要战略作用和巨大经济带动潜力的关键装备，开展以高技术含量、高可靠性要求、高附加值为核心特性的高端智能再制造，推动深度自动化无损拆解、柔性智能成形加工、智能无损检测评估等高端智能再制造共性技术和专用装备研发应用与产业化推广。推进高端智能再制造，有利于带动绿色制造技术不断突破，有利于提升重大装备运行保障能力，有利于推动实现绿色增长。

二、工作思路和主要目标

全面贯彻党的十九大精神，以习近平新时代中国特色社会主义思想为指导，贯彻落实新发展理念，深化供给侧结构性改革，深入落实《中国制造2025》，加快实施绿色制造，推动工业绿色发展，聚焦盾构机、航空发动机与燃气轮机、医疗影像设备、重型机床及油气田装备等关键件再制造，以及增材制造、特种材料、智能加工、无损检测等绿色基础共性技术在再制造领域的应用，推进高端智能再制造关键工艺技术装备研发应用与产业化推广，推动形成再制造生产与新品设计制造间的有效反哺互动机制，完善产业协同发展体系，加强标准研制和评价机制建设，探索高端智能再制造产业发展新模式，促进再制造产业不断发展壮大。

到2020年，突破一批制约我国高端智能再制造发展的拆解、检测、成形加工等关键共性技术，智能检测、成形加工技术达到国际先进水平；发布50项高端智能再制造管理、技术、装备及评价等标准；初步建立可复制推广的再制造产品应用市场化机制；推动建立100家高端智能再制造示范企业、技术研发中心、服务企业、信息服务平台、产业集聚区等，带动我国再制造产业规模达到2 000亿元。

三、主要任务

（一）加强高端智能再制造关键技术创新与产业化应用

培育高端智能再制造技术研发中心，开展绿色再制造设计，进一步提升再制造产品综合性能。加快增材制造、特种材料、智能加工、无损检测等再制造关键共性技术创新与产业化应用。进一步突破航空发动机与燃气轮机、医疗影像设备关键件再制造技术，加强盾构机、重型机床、内燃机整机及关键件再制造技术推广应用，探索推进工业机器人、大型港口机械、计算机服务器等再制造。

专栏1　高端智能再制造关键技术创新与产业化应用

航空发动机与燃气轮机关键件再制造技术创新与产业化应用。开展航空发动机与燃气轮机压气机转子叶片（整体叶盘）、定向柱晶涡轮转子和静子叶片、定向单晶涡轮转子和静子叶片、定向金属间化合物涡轮静子叶片以及大型薄壁机匣等关键件再制造技术创新与产业化应用。

医疗影像设备关键件再制造技术创新与产业化应用。开展CT、PET-CT等医疗影像设备CT球管、高压发生器、高转速液态金属轴承、CT滑环、数字化探测模组的再制造关键技术创新与产业化应用。

（二）推动智能化再制造装备研发与产业化应用

以企业为主导，联合行业协会、科研院所和第三方机构等，促进产学研用金结合，面向高端智能再制造产业发展重点需求，加快再制造智能设计与分析、智能损伤检测与寿命评估、质量性能检测及智能运行监测，以及智能拆解与绿色清洗、先进表面工程与增材制造成形、智能再制造加工等技术装备研发和产业化应用。

专栏2　智能化再制造装备研发与产业化应用

智能再制造检测与评估装备研发与产业化应用。加快研发应用基于声、光、电、磁多物理参量融合的再制造旧件损伤智能检测与寿命评估设备，以及基于智能传感技术的再制造产品结构健康与服役安全智能监测设备等。

智能再制造成形与加工装备研发与产业化应用。加快研发应用再制造旧件损伤三维反求系统以及等离子、激光、电弧等复合能束能场自动化柔性再制造成形加工装备等。

（三）实施高端智能再制造示范工程

培育一批技术水平高、资源整合能力强、产业规模优势突出的高端智能再制造领军企业，形成一批技术先进、管理创新的再制造示范企业，建设绿色再制造工厂，带动行业整体水平提升。重点推进盾构机、重型机床、办公成像设备等领域高端智能再制造示范企业建设，鼓励依托再制造产业集聚区建设示范工程。

（四）培育高端智能再制造产业协同体系

鼓励以高值关键件再制造龙头生产企业为中心形成涵盖旧件回收、关键件配套及整机再制造的产业链条。面向化工、冶金和电力等行业大型机电装备维护升级需要，鼓励应用智能检测、远程监测、增材制造等手段开展再制造技术服务，扶持一批服务型高端智能再制造企业。建立高端智能再制造检测评价体系，鼓励开展第三方检测评价。

专栏 3　高端智能再制造产业协同体系建设

培育盾构机高值关键件再制造配套企业。开展刀盘、主驱动变速箱、中心回转装置、减速机、高端液压件、螺旋输送机等关键件再制造，形成基本完整的盾构机再制造产业链。

培育服务型再制造企业。鼓励应用激光、电子束等高技术含量的再制造技术，面向大型机电装备开展专业化、个性化再制造技术服务，培育一批服务型高端智能再制造企业。

（五）加快高端智能再制造标准研制

加强高端智能再制造标准化工作，鼓励行业协会、试点单位、科研院所等联合研制高端智能再制造基础通用、技术、管理、检测、评价等共性标准，鼓励机电产品再制造试点企业制订行业标准及团体标准。支持再制造产业集聚区结合自身实际制定管理与评价体系，探索形成地域特征与产品特色鲜明的再制造产业集聚发展模式，建设绿色园区。

（六）探索高端智能再制造产品推广应用新机制

鼓励由设备维护和升级需求量大的企业联合再制造生产和服务企业、科研院所等，创新再制造产学研用合作模式，构建用户导向的再制造产品质量管控与评价应用体系，促进再制造产品规模化应用，建立与新品设计制造间的有效反哺互动机制，形成示范效应。

（七）建设高端智能再制造产业公共信息服务平台

探索建立再制造公共信息服务和交易平台，鼓励与互联网企业加强合作，充分应用新一代信息化技术实施再制造产品运行状态监控及远程诊断，探索建立覆盖旧件高效低成本回收、再制造产品生产及运行监测等的全过程溯源追踪服务体系。

（八）构建高端智能再制造金融服务新模式

积极利用融资租赁、以旧换再、以租代购和保险等手段服务高端智能再制造，推进逆向物流与再制造产品信息共享，探索基于电子商务的再制造产品营销新模式，逐步建立盾构机、医疗影像设备关键件、办公成像设备等再制造产品市场推广新机制。

四、保障措施

（一）完善支持政策

充分利用绿色制造、技术改造专项及绿色信贷等手段支持高端智能再制造技术与装备研发和产业化推广应用，重点支持可与新品设计制造形成有效反哺互动机制的再制造关键工艺突破系统集成项目建设。推动将经认定的再制造产品纳入政府采购目录及绿色工艺技术产品目录。推动通过国家科技计划支持符合条件的高端智能再制造工艺、技术、装备及关键件研发。对符合条件的增材制造装备等高端智能再制造装备纳入重大技术装备首台套、首批次保险等财税政策，加大扶持力度。

（二）规范产业发展

加大对高端智能再制造标准化工作的支持力度，充分发挥标准的规范和引领作用，建立健全再制造标准体系，加快制修订和宣贯再制造管理、工艺技术、产品、检测及评价等标准。进一步完善再制造产品认定制度，规范再制造产品生产，促进再制造产品推广应用。充分发挥相关行业协会、科研院所和咨询机构等作用，强化产业引导、技术支撑和信息服务等，探索建立以产品认定、企业信用为基础的行业自律机制。推动开展第三方检测评价，促进行业规范健康发展。

（三）促进交流合作

充分利用多双边国际合作机制与交流平台，加强高端智能再制造领域的政策交流，推动产品认定等标准互认。支持科研院所等机构围绕高端智能再制造积极开展国际技术交流与学术研讨等活动。深入落实国家自由贸易试验区扩大开放的相关政策，探索开展境外高技术、高附加值产品的再制造。鼓励高端智能再制造企业“走出去”，探索市场化国际合作机制，服务“一带一路”沿线国家工业绿色发展。

（四）强化组织实施。工业和信息化部将加强与有关部门沟通协调，推动建立有利于高端智能再制造产业发展的政策环境，促进产业健康有序发展。指导具备条件的地区工业和信息化主管部门、有关协会等按照本行动计划确定的目标任务，结合当地或本领域实际制定支持高端智能再制造产业发展的工作方案。鼓励有关行业协会、机电产品再制造试点单位等结合本行动计划，联合研究制定具体实施方案。充分利用绿色制造公共服务平台，推动规范化、标准化、信息化实施高端智能再制造行动计划，提升行动计划实施的社会和产业影响力。

工业和信息化部

2017 年 10 月 31 日

〔来源：工业和信息化部官网〕

关于加快推进环保装备制造业发展的指导意见

工信部节〔2017〕250 号

环保装备制造业是节能环保产业的重要组成部分，是保护环境的重要技术基础，是实现绿色发展的重要保障。近年来，环保装备制造业规模迅速扩大，发展模式不断创新，服务领域不断拓宽，技术水平大幅提升，部分装备达到国际领先水平，2016 年实现产值 6 200 亿元，比 2011 年翻一番。随着绿色发展理念深入人心，工业绿色转型步伐进一步加快，为环保装备制造业发展带来了巨大的市场空间、提出了新的更高要求。但同时，环保装备制造业创新能力还不强，产品低端同质化竞争严重，先进技术装备应用推广困难等问题依然突出。为贯彻落实《中国制造2025》和《“十三五”国家战略性新兴产业发展规划》，全面推行绿色制造，提升环保装备制造业水平，促进环保产业持续健康发展，实现有效供给，提出以下意见：

一、总体思路和目标

（一）总体思路

全面贯彻党中央、国务院关于生态文明建设和实施制造强国战略的决策部署，牢固树立创新、协调、绿色、开放、共享的发展理念，强化创新驱动，优化产品结构，完善标准体系，促进融合发展，落实和完善支持行业发展的政策措施，激发行业发展的内生动力和市场主体活力，引导全行业转变发展方式，提高行业核心竞争力，全面提升先进环保装备有效供给，为绿色发展提供有力支撑。

（二）工作目标

到 2020 年，行业创新能力明显提升，关键核心技术取得新突破，创新驱动的行业发展体系基本建成。先进环保技术装备的有效供给能力显著提高，市场占有率大幅提升。主要技术装备基本达到国际先进水平，国际竞争力明显增强。产业结构不断优化，在每个重点领域支持一批具有示范引领作用的规范企业，培育十家百亿规模龙头企业，打造千家“专精特新”中小企业，形成若干个带动效应强、特色鲜明的产业集群。环保装备制造业产值达到 10 000 亿元。

二、主要任务

（一）强化技术研发协同化创新发展

鼓励企业围绕亟待解决的环境污染热点难点

问题和不断提升的环保标准需求，以突破关键共性技术为目标，以行业关键共性技术为依托，以产业链为纽带，培育创建技术创新中心、产业技术创新联盟。引导企业沿产业链协同创新，推动形成协同创新共同体，实现精准研发，攻克一批污染治理关键核心技术装备以及材料药剂。加强应用推广平台建设，完善产业化机制，鼓励创新成果转化，推动装备与治理项目精准对接，加快在钢铁、有色、化工、建材等传统制造业绿色化改造中的应用。

（二）推进生产智能化绿色化转型发展

探索推进非标产品模块化设计、标准化制造，推广物联网、机器人、自动化装备和信息化管理软件在生产过程中的应用，提高环保装备制造业智能制造和信息化管理水平，实现生产过程精益化管理。加大绿色设计、绿色工艺、绿色供应链在环保装备制造领域的应用，开展生产过程中能效、水效和污染物排放对标达标，创建绿色示范工厂，提高行业绿色制造的整体水平。

（三）推动产品多元化品牌化提升发展

优化环保装备产品结构，拓展产品细分领域，逐步开发形成针对不同行业、具有自主知识产权的成套化、系列化产品，针对环境治理成本和运行效率，重点发展一批智能型、节能型先进高效环保装备，根据用户治理需求和运行环境，打造一批定制化产品。加强环保装备产品品牌建设，建立品牌培育管理体系，推动社会化质量检测服务，提高产品质量档次，提升自主品牌市场认可度，培育一批具有国际知名度的自主品牌，提高品牌附加值和国际竞争力。

（四）引导行业差异化集聚化融合发展

鼓励环保装备龙头企业向系统设计、设备制造、工程施工、调试维护、运营管理一体化的综合服务商发展，中小企业向产品专一化、研发精深化、服务特色化、业态新型化的“专精特新”方向发展，形成一批由龙头企业引领、中小型企业配套、产业链协同发展的聚集区。引导环保装备制造与互联网、服务业融合发展，积极探索新模式、新业态，加快提升制造型企业服务能力和投融资能力。推进军民融合，促进军民两用装备在环境污染治理领域的应用推广。鼓励传统制造企业利用自身技术优势向环保装备制造业拓展，延伸产业链条的深度和广度。

（五）鼓励企业国际化开放发展

鼓励环保装备企业加强合作，采取优势互补、强强联合形式，积极拓展国外市场，通过技术引进、合作研发、直接投资等方式参与海外环保工程建设和运营，引导环保装备制造业由以单机出口为主向提供成套设备和服务为主的国际设备总承包和工程总包转变。鼓励环保装备企业与基础设施建设企业联合，积极参与“一带一路”建设、国际产能合作中的环境基础设施建设项目。充分利用双边、多边合作机制和交流平台，加强与国外企业信息、技术和项目交流合作，推动环保技术装备专利、标准等国际互认，实现国际化对接。

三、重点领域

（一）大气污染防治装备

重点研发PM2.5和臭氧主要前体物联合脱除、三氧化硫（SO_3）、重金属、二噁英处理等趋势性、前瞻性技术装备。研发除尘用脉冲高压电源等关键零部件，推广垃圾焚烧烟气、移动源尾气、挥发性有机物（VOCs）废气的净化处置技术及装备。推进燃煤电厂超低排放以及钢铁、焦化、有色、建材、化工等非电行业多污染物协同控制和重点领域挥发性有机物控制技术装备的应用示范。

（二）水污染防治装备

重点攻关厌氧氨氧化技术装备和电解催化氧化、超临界氧化装等氧化技术装备，研发生物强化和低能耗高效率的先进膜处理技术与组件，开展饮用水微量有毒污染物处理技术装备等基础研究。重点推广低成本高标准、低能耗高效率污水处理装备，燃煤电厂、煤化工等行业高盐废水的零排放治理和综合利用技术，深度脱氮除磷与安全高效消毒技术装备。推进黑臭水体修复、农村污水治理、城镇及工业园区污水厂提标改造，以及工业及畜禽养殖、垃圾渗滤液处理等领域高浓度难降解污水治理应用示范。

（三）土壤污染修复装备

重点研发土壤生物修复、强化气相抽提（SVE）、重金属电动分离等技术装备。重点推广热脱附、化学淋洗、氧化还原等技术装备。研究石油、化工、冶炼、矿山等污染场地对人居环境和生态安全影响，开展农田土壤污染、工业用地污染、矿区土壤污染等治理和修复示范。

（四）固体废物处理处置装备

重点研发建筑垃圾湿法分选、污染底泥治理修复、垃圾高效厌氧消化、垃圾焚烧烟气高效脱酸、焚烧烟气二噁英与重金属高效吸附、垃圾焚烧飞灰资源化处理等技术设备。重点推广水泥窑协同无害化处置成套技术装备、有机固废绝氧热解技术装备、先进高效垃圾焚烧技术装备、焚烧炉渣及飞灰安全处置技术装备，燃煤电厂脱硫副产品、脱硝催化剂、废旧滤袋无害化处理技术装备、低能耗污泥脱水、深度干化技术装备、垃圾渗滤液浓缩液处理、沼气制天然气、失活催化剂再生技术设备等。针对生活垃圾、危险废物焚烧处理领域技术装备工艺稳定性、防治二次污染，以及城镇污水处理厂、工业废水处理设施污泥处理处置等重点领域开展应用示范。

（五）资源综合利用装备

重点研发基于物联网与大数据的智能型综合利用技术装备，研发推广与污染物末端治理相融合的综合利用装备。在尾矿、赤泥、煤矸石、粉煤灰、工业副产石膏、冶炼渣等大宗工业固废领域研发推广高值化、规模化、集约化利用技术装备。在废旧电子电器、报废汽车、废金属、废轮胎等再生资源领域研发智能化拆解、精细分选及综合利用关键技术装备，推广应用大型成套利用的环保装备。加快研发废塑料、废橡胶的改性改质技术，以及废旧纺织品、废脱硝催化剂、废动力电池、废太阳能板的无害化、资源化、成套化处理利用技术装备。在秸秆等农业废弃物领域推广应用饲料化、基料化、肥料化、原料化、燃料化的“五料化”利用技术装备。

（六）环境污染应急处理装备

重点研发危险化学品事故、航运中危化品（氰化物）防泄漏及应急治理的应急技术装备。重点推广移动式三废应急处理技术装备、水上溢油应急处置技术装备等。开展危险化学品事故、蓝藻水华应急处置等技术装备的应用示范。

（七）环境监测专用仪器仪表

重点研发污染源水质聚类分析、水质毒性监测，石化、化工园区大气污染多参数连续监测与预警，生物监测及多目标物同步监测，以及应急环境监测等技术装备。重点推广污染物现场快速监测、挥发性有机物、氨、重金属、三氧化硫（SO_3）等多参数多污染物连续监测，车载、机载和星载等区域化、网格化环境监测技术装备，以及农田土壤重金属和持久性有机污染物快速检测、诊断等技术装备。

（八）环境污染防治专用材料与药剂

重点研发新型高效水处理材料与药剂、超净过滤、高效气固分离材料，土壤重金属和持久性有机污染物固化脱除、微生物修复、生态修复、环保用纳米材料及药剂。重点推广高效低阻长寿命除尘滤料、脱硫用耐腐蚀衬板、土壤重金属钝化材料及药剂、挥发性有机物处理用催化剂、垃圾除臭剂、原位钝化、固定、生物阻隔材料及药剂等。

（九）噪声与振动控制装备

重点推广轨道交通隔振技术装备、高速铁路声屏障技术装备、阵列式消声器、低频噪声源头诊治装备等关键技术装备等。

四、保障措施

（一）加强行业规范引导

按照环保装备制造业的细分领域，制定分领域的规范条件，发布符合规范条件企业名单，引导生产要素向优势企业集中。定期修订发布《国家鼓励发展的重大环保技术装备目录》，加快先进技术装备的研发和推广应用。进一步完善行业标准体系，引领产品标准化、系列化、通用化、成套化发展。构建行业经济运行监测体系，规范环保装备制造业有序发展。

（二）加大财税金融支持力度

充分利用绿色制造、工业转型升级、节能减排、技术改造等现有资金渠道，发挥节能节水环保专用设备所得税优惠政策和首台（套）重大技术装备保险补偿机制，支持先进环保技术装备产业化示范和推广应用。积极推动绿色信贷、绿色债券、融资租赁、知识产权质押贷款、信用保险保单质押贷款等金融产品，加大对环保装备制造业的支持力度。鼓励社会资本按市场化原则设立产业基金，投资环保装备制造业。

（三）充分发挥中介组织作用

利用相关行业协会、科研院所和咨询机构等熟悉行业、贴近企业的优势，积极开展政策宣传、技术交流、标准制定、运行监测、行业自律等工作，做好政府与行业、企业之间的桥梁和纽带，推动行业持续健康发展。

（四）加强人才队伍建设

围绕环保装备制造业发展需要，建立和完善多元化人才培训体系，加强具有创新精神的专业技术人才和具有工匠精神的高技能人才队伍建设，加强"走出去"人才的储备和培养，为行业发展提供多层次创新人才保障。

工业和信息化部

2017 年 10 月 17 日

〔来源：工业和信息化部官网〕

国家制造业创新中心考核评估办法（暂行）

第一章 总 则

第一条 为加快建设制造强国，促进国家制造业创新中心（以下简称创新中心）健康发展，规范开展创新中心考核评估（以下简称考评）工作，根据《关于完善制造业创新体系 推进制造业创新中心建设的指导意见》（工信部科〔2016〕273 号）、《省级制造业创新中心升级为国家制造业创新中心条件》（工信厅科〔2017〕64 号），特制定本办法。

第二条 考评对象是已运行满一年的创新中心。考评分为年度考核与定期评估，年度考核每年进行一次，定期评估一般三年进行一次，评估当年不进行考核。

第三条 工业和信息化部科技司会同有关司局负责考评工作的组织实施，包括：确定参评创新中心名单、选择和委托第三方机构开展评估工作、确定专家组人员、对考评结果的处理等。

第四条 第三方机构应具备组织实施考评工作的条件，能够按照本办法客观公正地开展工作。其主要职责是：拟定考评实施方案，组织专家开展考评，提交考评报告。

第五条 考评专家组（以下简称专家组）由熟悉创新中心工作的技术、管理、财务等领域的专家组成。

第二章 考评内容

第六条 创新中心考评内容主要包括建设和运行情况。

第七条 建设情况主要考评创新中心按照建设方案提出的建设目标，主要包括中试孵化、测试验证、行业支撑服务等方面建设的情况。

第八条 运行情况的考评内容主要包括 6 个方面，分别是：创新中心的研发力量、共性技术突破、产学研协同、突出市场导向、成果转移转化和可持续发展能力的情况。

第九条 创新资源重点考评创新中心研发队伍建设和研发资金投入情况。主要是：

（一）创新中心拥有固定研发队伍和本领域行业技术领军专家的情况，以及从事研发和相关技术创新活动的科技人员占企业职工总数的比例。

（二）创新中心研发资金投入的情况，以及年度研发费用总额占成本费用支出总额的比例。

第十条 核心定位重点考评创新中心面向行业关键共性技术取得突破的情况。主要是：

（一）创新中心按照建设方案中明确的技术目标取得关键共性技术突破情况，以及新增专利申请数量。

（二）创新中心围绕行业共性技术需求，自主或合作开展技术创新活动、承担所在领域的国家级项目的情况。

第十一条　协同化重点考评创新中心汇聚本领域创新资源的情况。主要是：

（一）创新中心聚集本领域各类创新主体的情况，包括用户在内的企业、科研院所、高校等。

（二）创新中心聚集本领域内国家级创新平台的情况。

（三）创新中心对成员单位现有的仪器、设备等资源共享利用的情况。

第十二条　市场化重点考评创新中心核心成员产品市场占有情况。主要是：

（一）创新中心依托公司的股东所占市场份额是否超过50%或是否包括5家以上本领域排名前十的企业。

（二）创新中心依托公司的股东中是否包括金融机构或社会资本。

第十三条　产业化重点考评创新中心成果转移转化的辐射带动能力建设。主要是：

（一）创新中心围绕行业共性技术建设中试线或中试条件的情况。

（二）创新中心实现共性技术转移扩散情况。

（三）创新中心主持或参与制定本领域国际标准、国家标准、行业标准和团体标准的情况。

第十四条　可持续发展重点考评创新中心可持续发展能力。主要是：

（一）创新中心通过技术成果转化、委托研发和为行业提供技术服务等方式获得收入的情况，是否已实现盈利以及盈利再投入研发的情况。

（二）创新中心建立市场化运营、成果转移扩散、知识产权协同运用等机制的情况。

（三）创新中心在研发方向、人才梯队培养、行业服务、能力建设、国际合作等方面是否制定了规划并有明确目标。

第三章　考评材料

第十五条　考评材料是创新中心考评的重要依据。创新中心在提交的考评材料中必须如实反映相关情况。考评材料中列举的知识产权、技术转让成果、奖励等必须是考评期内取得。

第十六条　考评材料应由创新中心所属省（自治区、直辖市）工业和信息化主管部门审核后，提交工业和信息化部科技司。

第四章　考评程序

第十七条　创新中心考评包括初评、现场考察和综合评议等三个阶段。由第三方机构组织专家组完成。

第十八条　初评阶段。专家组通过审阅考评材料，听取创新中心情况汇报，开展初步评议。

第十九条　现场考察阶段。专家组开展现场考察，实地考察创新中心建设和运行情况。

第二十条　综合评议阶段。专家组根据初步评议和现场考察情况进行综合评议，提出专家组评议意见。

第五章　考评结果

第二十一条　根据专家组评议意见，第三方机构提出考评报告，考评报告包括对创新中心建设运行情况的分析，对考评工作进行的总结，以及意见和建议。

第二十二条　创新中心的考评结果分为优秀、良好、合格、不合格四类。对考评结果为优秀的创新中心，工业和信息化部将予以奖励。

第二十三条　考评结果为不合格的创新中心整改期为一年，期满后由工业和信息化部组织专家现场检查整改结果。工业和信息化部将对检查再次未通过的创新中心予以调整。

第二十四条　创新中心存在弄虚作假、违法违规行为的，按有关法律规定予以处理。

附　则

第二十五条　第三方机构和专家组成员应当严格遵守国家法律法规和保密规定，科学、公正、独立地行使职责和权利。第三方机构和专家组成员不得对外发布相关过程信息，不得收取考评对象任何费用。

第二十六条　本办法自2018年7月1日起施行。

〔来源：工业和信息化部官网〕

关于加快安全产业发展的指导意见

工信部联安全〔2018〕111 号

安全产业是为安全生产、防灾减灾、应急救援等安全保障活动提供专用技术、产品和服务的产业，是国家重点支持的战略产业。发展安全产业对于落实安全发展理念、提升全社会安全保障能力和本质安全水平、推动经济高质量发展、培育新经济增长点具有重要意义。为落实《中共中央 国务院关于推进安全生产领域改革发展的意见》（中发〔2016〕32 号），现就安全产业发展提出如下意见。

一、总体要求

（一）指导思想

全面贯彻党的十九大精神，以习近平新时代中国特色社会主义思想为指导，牢固树立安全发展理念，弘扬生命至上、安全第一的思想，聚焦风险隐患源头治理，以坚决遏制重特大安全生产事故为目标，以提升安全保障能力为重点，以示范工程为依托，着力推广先进安全技术、产品和服务，提升各行业领域的本质安全水平；以企业为主体，市场为导向，强化政府引导，着力推动安全产业创新发展、集聚发展，积极培育新的经济增长点。

（二）基本原则

创新驱动，优化供给。加快关键、亟需新技术新产品研发，提高安全产品供给质量，不断缩小与国际先进水平差距；加快推动商业模式创新，深化产融合作，积极培育安全服务新业态。

突出重点，集聚发展。聚焦安全生产事故高发、频发的重点行业领域，优先发展可有效防范事故、具有重大推广应用价值的专用技术与产品；提高产业集中度，完善产业链，促进产业发展规模化、专业化、集聚集约化。

需求牵引，示范带动。提升安全标准，强化安全监管，激发市场需求，推广先进可靠的安全产品和服务；面向重点行业领域，坚持问题导向，实施安全产品试点示范应用工程，引导社会资本投入，有力拉动安全产业发展。

规范引导，有序推进。充分发挥市场在资源配置中的决定性作用，调动市场主体发展安全产业的积极性；加强行业自律，规范市场秩序，营造有利于安全产业健康发展的市场环境。

（三）工作目标

到 2020 年，安全产业体系基本建立，产业销售收入超过万亿元。先进安全产品有效供给能力显著提高，在重点行业领域实现示范应用。

创新能力明显提高。突破一批保障生产安全、城市公共安全的关键核心技术，研发一批具有国际先进水平的安全与应急产品，推广应用一批“机械化换人、自动化减人”的安全技术装备。

集聚效应初步显现。创建 10 家以上国家安全产业示范园区，培育 2 家以上具有较强国际竞争力的骨干企业和知名品牌，打造百家专业化的创新型中小企业。

发展环境持续优化。技术创新、标准、投融资服务、产业链协作以及政策保障等产业支撑体系初步建立，一个有利于产业健康发展的市场环境基本形成。

行业应用不断深化。组织实施一批试点示范工程，在交通运输、矿山、危险化学品、工程施工、重大基础设施、城市公共安全等重点行业领域推广应用一批具有基础性、紧迫性的安全产品，为遏制重特大事故提供有力保障。

到 2025 年，安全产业成为国民经济新的增长点，部分领域产品技术达到国际领先水平；国家安全产业示范园区和国际知名品牌建设成果显著，初步形成若干世界级先进安全装备制造集群；安全与应急技术装备在重点行业领域得到规模化应用，社会本质安全水平显著提高。

二、发展方向

面向生产安全和城市公共安全的保障需求，制定目录、清单，优化产品结构，引导产业发展，创新服务业态。

（一）加快先进安全产品研发和产业化

风险监测预警产品。生产安全领域，重点发展交通运输、矿山开采、工程施工、危险品生产储存、重大基础设施等方面的监测预警产品和故障诊断系统。城市安全领域，重点发展高危场所、高层建筑、超大综合体、城市管网、地下空间、人员密集场所等方面的监测预警产品。

安全防护防控产品。生产安全领域，重点发展用于高危作业场所的工业机器人（换人）、人机隔离智能化控制系统（减人）、尘毒危害自动处理与自动隔抑爆等安全防护装置或部件、交通运输领域的主被动安全产品和安全防护设施等。城市安全领域，重点发展智能化巡检、集成式建筑施工平台、智能安防系统等安全防控产品。综合安全防护领域，重点发展电气安全产品、高效环保的阻燃防爆材料及各类防护产品等。

应急处置救援产品。应急处置方面，重点发展应急指挥、通信、供电和逃生避险等产品，以及危险品泄漏等应急处置装备。应急救援方面，重点发展各类搜救、破拆、消防等智能化救援装备。

（二）积极培育安全服务新业态

在规范发展安全工程设计与监理、标准规范制订、检测与认证、评估与评价、事故分析与鉴定等传统安全服务基础上，积极发展安全管理与技术咨询、产品展览展示、教育培训与体验、应急演练演示等与国外存在较大差距的安全服务，重点发展基于物联网、大数据、人工智能等技术的智慧安全云服务。

三、重点任务

组织实施“5+N”计划，逐步健全技术创新、标准、投融资服务、产业链协作和政策五大支撑体系，开展N项示范工程建设，培育市场需求，壮大产业规模。

（一）健全产业技术创新支撑体系

建设一批高水平科技创新基地。按照国家科技创新基地总体部署，推动国家重点实验室建设和优化整合，大幅提升安全产业领域持续创新能力。组建若干个细分领域安全技术创新联盟，推动安全技术示范应用、科学普及与教育培训基地建设，逐步形成国家安全科技示范网络和成果推广体系。

攻克一批产业前沿和共性技术。聚焦重点行业领域安全需求，以数字化、网络化、智能化安全技术与装备科研为重点方向，通过中央财政科技计划（专项、基金等）支持符合条件的灾害防治、预测预警、监测监控、个体防护、应急救援、本质安全工艺和装备、安全服务等关键技术的研发。

加强安全技术成果转移转化。通过创投基金等渠道支持转化一批先进适用安全技术和产品。鼓励地方政府完善科技成果转化激励制度，健全科技成果评估和市场定价机制，提升科技创新和成果转化效率。

（二）健全产业相关标准体系

建立完善产业相关标准体系。全面梳理安全技术装备标准建设的需求和存在的问题，完善包括强制性国家标准、推荐性国家标准、行业和地方标准、团体标准、企业标准等在内的标准体系框架，建立政府主导制定与市场自主制定的标准协同发展、协调配套的新型标准体系，促进产品和服务推广应用。

制修订一批关键亟需的技术和产品标准。按照“急用先行、逐步完善”的原则，面向重点行业领域，推动一批安全技术、产品的强制性标准制修订，组织制修订相关安全产品行业标准，鼓励制定相关团体标准，并组织标准的宣贯和培训。

制修订重点领域安全生产标准。根据安全生产执法检查发现的突出问题、事故原因分析和新工艺技术装备应用等情况，及时制修订安全生产标准，提高重点行业领域安全生产标准，推动先进安全装备应用。

（三）健全投融资服务体系

探索建立政策引导、市场化运作的投资服务体系。鼓励地方将安全产业纳入政府基金投资范畴，引导金融机构等积极参与地方安全产业发展投资基金和行业安全产业发展投资基金；引导股权投资基金、创业投资基金等各类民间资本为企业发展、安全产业园区建设和智慧社会安全基础保障能力建设等提供支持。

推动企业利用多层次资本市场进行融资。鼓励企业按照国家相关政策在资本市场进行股权融资，以发行公司债券、资产支持证券等方式进行债权融资。鼓励金融研究机构开展安全产业指数研究，引导社会资本关注安全产业。

积极发展安全装备融资租赁服务。引导国内大型融资租赁机构与安全装备生产企业组建融资租赁服务联合体，通过融资租赁等方式，为企业生产安全、城市公共安全等提供大型安全装备、基础设施等融资租赁服务。

（四）完善产业链协作体系

建设安全产业大数据平台。依托制造强国产业基础大数据平台，构建多方合作、共建共享的国家安全产业基础数据库。基于云计算和大数据分析技术，面向各类市场主体提供供应链合作、经济运行分析、技术和市场发展趋势研判、产业区域布局优化、示范应用、政策效果评估等公共服务。

继续开展国家安全产业示范园区创建。编制发布《国家安全产业示范园区创建指南》，鼓励有条件的地区发展各具特色的安全产业集聚区，形成区域性安全产业链。在示范园区基础上，择优建设一批安全产业国家新型工业化产业示范基地，逐步培育成为具有国际影响力的先进安全装备制造集群。

建设安全产业公共服务平台。依托现有社会公共服务资源，选择一批基础好、信誉高的技术服务机构，扶持建设一批公共服务平台，规范服务标准，提升服务质量，增强对园区建设、产业链协同发展等方面的支撑作用。

大力发展服务型制造。支持地方政府、园区、企业积极发展本质安全工艺和产品设计服务、安全装备（系统）定制化服务、全生命周期安全管理服务等服务型制造，对接科技、金融等多种资源，创新商业模式，引导企业深度参与上下游产业链协同和社会协作。

（五）完善政策体系

完善产业支持政策。充分利用现有资金渠道，引导和鼓励社会资本加大对安全产业相关领域的支持力度。发挥国家安全产业基础数据库作用，每年遴选一批先进安全产品编入《推广先进与淘汰落后安全技术装备目录》，增强对企业安全设施改造升级和风险隐患治理、示范工程建设、社会资本投资等方面的指导作用。落实企业安全生产费用提取与使用管理制度，鼓励企业应用先进适用的安全技术、产品和服务，提升安全基础保障能力。

探索安全产业与保险业合作机制。利用首台（套）保险补偿机制支持符合条件的重点行业领域重大安全技术装备。鼓励地方政府和企业在国家保险政策支持范围内与保险企业开展合作，吸引保险资金参与重点行业领域和区域性安全产品示范工程建设及安全基础设施建设。鼓励安全产品研发制造企业与保险企业开展合作，创新商业模式、销售渠道和产品服务等，加速推动先进安全技术、产品和服务的规模化应用。

（六）建设 N 项试点示范工程

编制安全产品推广应用三年行动计划。根据我国安全生产形势变化，从国家安全产业基础数据库中筛选出一批安全产品，制定安全产品推广应用行动计划，确定行动目标、实施方案和进度安排等事项。

组织开展先进安全产品应用示范。面向交通运输、矿山开采、工程施工、危险品、重大基础设施和城市安全等重点行业领域，会同国务院相关部门和地方政府组织建设 N 项国家、省、市级先进安全产品应用示范工程，逐步探索有效的经验和模式，不断完善后在相关领域推广。

四、营造有利发展环境

（一）加强组织领导

工业和信息化部、应急管理部、财政部、科技部将建立沟通协调机制，加强组织领导，加强与国务院有关部门在政策、规划、法规、标准、市场准入等各方面的协调沟通。各地相关部门要参照本意见要求，制定促进本省（区、市）安全产业发展的政策措施，充分发挥行业协会、产业联盟等中介机构的桥梁纽带作用，促进安全产业有序、健康、可持续发展。

（二）加强国际合作

鼓励企业加强国际科技创新合作，引进、消化、吸收、再创新国外先进安全技术和服务理念；鼓励企业、技术服务机构积极参与国际标准制定，牵头或参与建立国际安全产业创新联盟。鼓励企业参与并购、合资、参股国际先进安全科技企业或设立海外研发中心；鼓励安全装备企业和安全服务企业以服务“一带一路”建设和国际产能合作为重点，积极开拓国际市场。鼓励国外创新资源与国内安全产业创新发展需求开展对接，促进国际先进安全科技成果转移转化。

（三）加强人才培养

合理利用高等院校和科技资源，吸纳高素质人员进入安全科技领域，加强安全科学与工程学科建设和高层次专业人才队伍培养。依托重点企业、行业协会开展安全领域急需紧缺人才培养，鼓励社会培训机构开展面向安全产业专业人才培训。支持相关高校开展安全产业相关学科专业建设，推动校企协同，改进产教融合、校企合作办学模式，加强安全领域复合型人才培养。

（四）加强宣传教育

组织召开中国安全产业大会和安全装备博览会，通过会展集聚带动产业集聚，推进产研对接、产需对接、产融对接。鼓励相关部门和机构建设宣传培训演练基地，编写出版安全教材与科普手册，摄制安全生产公益广告和警示教育片；充分利用广播、电视、网络、报纸、卫星传输平台、新媒体等平台，加强安全知识宣传，提高全民安全意识、知识水平和避险自救能力。

工业和信息化部 应急管理部

财政部 科技部

2018 年 6 月 19 日

〔来源：工业和信息化部官网〕

增材制造产业发展行动计划（2017—2020 年）

工信部联装〔2017〕311 号

增材制造（又称 3D 打印）是以数字模型为基础，将材料逐层堆积制造出实体物品的新兴制造技术，将对传统的工艺流程、生产线、工厂模式、产业链组合产生深刻影响，是制造业有代表性的颠覆性技术。我国高度重视增材制造产业，将其作为《中国制造 2025》的发展重点。2015 年，工业和信息化部、发展改革委、财政部联合印发了《国家增材制造产业发展推进计划（2015-2016 年）》，通过政策引导，在社会各界共同努力下，我国增材制造关键技术不断突破，装备性能显著提升，应用领域日益拓展，生态体系初步形成，涌现出一批具有一定竞争力的骨干企业，形成了若干产业集聚区，增材制造产业实现快速发展。

当前，全球范围内新一轮科技革命与产业革命正在萌发，世界各国纷纷将增材制造作为未来产业发展新增长点，推动增材制造技术与信息网络技术、新材料技术、新设计理念的加速融合。全球制造、消费模式开始重塑，增材制造产业将迎来巨大的发展机遇。与发达国家相比，我国增材制造产业尚存在关键技术滞后、创新能力不足、高端装备及零部件质量可靠性有待提升、应用广度深度有待提高等问题。为有效衔接《国家增材制造产业发展推进计划（2015—2016 年）》，应对增材制造产业发展新形势、新机遇、新需求，推进我国增材制造产业快速健康持续发展，特制定本计划。

一、指导思想和基本原则

（一）指导思想

全面贯彻落实党的十九大精神，以习近平新时代中国特色社会主义思想为指引，牢固树立新发展理念，按照党中央关于加快建设制造强国、加快发展先进制造业的战略部署，紧密围绕新兴产业培育和重点领域制造业智能转型，着力提高创新能力，提升供给质量，培育龙头企业，推进示范应用，完善支撑体系，探索产业发展新业态新模式，营造良好发展环境，促进增材制造产业做强做大，为制造强国建设提供有力支撑，为经济发展注入新动能。

（二）基本原则

创新驱动，夯实基础。强化技术、制度、模式、理念等创新，突破关键共性技术，健全设计、材料、装备、工艺、应用等环节核心技术体系，推动技术成果转化和推广应用。

需求牵引，统筹推进。面向传统产业升级改造和新兴消费等应用需求，深入推进在航空航天、船舶、汽车等领域中创新应用，积极促进在生物医疗、教育培训和创意消费等领域推广应用，打通增材制造在社会、企业、家庭的应用路径。

军民融合，开放合作。大力推动增材制造技术在军工领域的创新应用，加强军民资源共享，促进军民两用技术的加速发展。鼓励优势企业加强国际交流合作和海外布局，在全球范围内优化配置创新资源，融入全球市场实现同步发展。

市场主导，政府引导。充分发挥市场在资源配置中的决定性作用，强化企业主体地位，激发企业活力和创造力。积极转变政府职能，加强战略研究和规划引导，完善相关支持政策，推进示范应用，促进产业集聚化发展。

二、行动目标

到 2020 年，增材制造产业年销售收入超过 200 亿元，年均增速在 30% 以上。关键核心技术达到国际同步发展水平，工艺装备基本满足行业应用需求，生态体系建设显著完善，在部分领域实现规模化应用，国际发展能力明显提升。

技术水平明显提高。突破 100 种以上重点行业应用急需的工艺装备、核心器件及专用材料，大幅提升增材制造产品质量及供给能力。专用材料、工艺装备等产业链重要环节关键核心技术与国际同步发展，部分领域达到国际先进水平。

行业应用显著深化。开展 100 个以上应用范围较广、实施效果显著的试点示范项目，培育一批创新能力突出、特色鲜明的示范企业和园区，推动增材制造在航空、航天、船舶、汽车、医疗、文化、教育等领域实现规模化应用。

生态体系基本完善。培育形成从材料、工艺、软件、核心器件到装备的完整增材制造产业链，涵盖计量、标准、检测、认证等在内的增材制造生态体系。建成一批公共服务平台，形成若干产业集聚区。

全球布局初步实现。统筹利用国际国内两种资源，形成从技术研发、生产制造、资本运作、市场营销到品牌塑造等多元化、深层次的合作模式，培育 2 ～ 3 家以上具有较强国际竞争力的龙头企业，打造 2 ～ 3 个具有国际影响力的知名品牌，推动一批技术、装备、产品、标准成功走向国际市场。

三、重点任务

（一）提高创新能力

一是加强增材制造创新体系建设。完善国家增材制造创新中心运行机制，鼓励有产业基础、技术条件的地区建设省级增材制造创新中心。建立以企业为主体、市场为导向、知识产权利益分享机制为纽带、政产学研用协同的增材制造创新体系，推进增材制造领域前瞻性、共性技术研究和先进科技成果转化，打造一批产业技术创新平台。

二是强化关键共性技术研发。围绕提高增材制造基础研究能力，提升增材制造上下游技术水平，重点突破高性能材料研发与制备、产品设计优化、高质量高稳定性增材制造装备、高效复合增材制造工艺、微纳结构增材制造等关键共性技术。积极跟踪增材制造技术的发展趋势，编制增材制造技术发展路线图，提早布局新一代增材制造技术研究。

（二）提升供给质量

一是提升增材制造专用材料质量。开展增材制造专用材料特性研究，推动增材制造关键材料制备技术及装备研发，鼓励优势材料生产企业从事增材制造专用材料及研究成果转化，提升增材制造专用材料品质和性能稳定性，形成一批基本满足增材制造产业需要的专用材料牌号。

专栏 1 提升增材制造专用材料质量

金属增材制造材料。研究金属球形粉末成形与制备技术，突破高转速旋转电极制粉、气雾化制粉等装备，开发空心粉率低、颗粒形状规则、粒度均匀、杂质元素含量低的高品质钛合金、高温合金、铝合金等金属粉末。研究增材制造专用液态金属材料。

无机非金属增材制造材料。研究氧化铝、氧化锆、碳化硅、氮化铝、氮化硅等陶瓷粉末、片材制备方法，提高材料收得率与性能一致性。

有机高分子增材制造材料。突破增材制造专用树脂、超高分子量聚合物等材料体系中热传导、界面链缠及性能调控技术，开发高性能稳定性的增材制造专用光敏树脂、粘结剂、催化剂、蜡材，开发高性能抗老化工程塑料与弹性体。

生物增材制造材料。建立生物增材制造材料体系，不断提高可植入材料生物学性能和增材制造工艺性能，完善个性化医疗器械的材料设计和微结构设计技术，开发不同软硬程度的器官 / 组织模拟材料，开发满足不同需求的生物“墨水”。

二是提升增材制造装备、核心器件及软件质量。加强先进主流增材制造技术的攻关，提高集成创新水平，重点突破增材制造装备、核心器件及专用软件的质量、性能和稳定性问题，加快推进增材制造装备用光电子器件和集成电路等核心电子器件的开发和应用，提高供给水平和能力。

专栏 2 提升增材制造装备、核心器件及软件质量

金属材料增材制造装备。提升激光 / 电子束高效选区熔化、大型整体构件激光及电子束送粉 / 送丝熔化沉积、液态金属喷墨打印等增材制造装备质量性能及可靠性。

非金属材料增材制造装备。提升光固化成形、熔融沉积成形、激光选区烧结成形、无模铸型以及材料喷射成形等增材制造装备质量性能及可靠性。

生物材料增材制造装备。提升仿生组织修复支架、医疗个性化、细胞活性材料、器官微结构和功能模拟芯片等增材制造装备质量性能及可靠性。

核心器件及软件。提升高光束质量激光器及光束整形系统、高品质电子枪及高速扫描系统，大功率激光扫描振镜、动态聚焦镜等精密光学器件、高精度阵列式喷嘴打印头 / 喷头，处理器、存储器、工业控制器、高精度传感器、数模模拟转换器等器件质量性能。突破数据设计软件、数据处理软件、工艺库、工艺分析及工艺智能规划软件、在线检测与监测系统及成形过程智能控制软件等增材制造核心支撑软件。

三是提升增材制造服务质量。推进服务质量保障能力建设，通过加强企业与用户的产需对接，鼓励企业在重点应用领域提供契合用户需求的前期设计、产品供应、运营维护、检测认证等综合解决方案，提升行业整体服务质量和用户对增材制造技术的认可程度。

（三）推进示范应用

以直接制造为主要战略取向，兼顾原型设计和模具开发应用，推动增材制造在重点制造、医疗、文化创意、创新教育等领域规模化应用。利用增材制造云平台等新模式，线上线下打通增材制造在社会、企业、家庭中的应用路径。

专栏 3 重点制造领域示范应用

进增材制造在航空、航天、船舶、核工业、汽车、电力装备、轨道交通装备、家电、模具、铸造等重点制造领域的示范应用。

航空：针对各类飞行器平台和发动机大型、复杂结构件，推进激光直接沉积、电子束熔丝成形技术在钛合金框、梁、肋、唇口、整体叶盘、机匣以及超高强度钢起落架构件等承力结构件上的应用，推进激光、电子束选区熔化技术在防护格栅、燃油喷嘴、涡轮叶片上的示范应用，加强增材制造技术用于钛合金框、整体叶盘关键结构修理的验证研究。

航天：利用增材制造技术实现运载火箭、卫星、深空探测器等动力系统、复杂零部件的快速设计、原型制造；实现易损部件、备品备件等的直接制造和修复。

船舶：推进增材制造在船舶与配套设备领域的产品研发、结构优化、工艺研制、在线修复等应用研究，实现船舶及复杂零件的快速设计与优化，推进动力系统、甲板与舱室机械等关键零部件及备品备件的直接制造。

核工业：推进增材制造在核级设备复杂、关键零部件产品研发、工艺试验、检测认证，利用增材制造技术推进在役核设施在线修复。

汽车：在汽车新品设计、试制阶段，利用增材制造技术实现无模设计制造，缩短开发周期。采用增材制造技术一体化成型，实现复杂、关键零部件轻量化。

电力装备：在核电、水电、风电、火电装备等设计、制造环节使用增材制造技术，实现大型、复杂零部件的快速原型制造、直接制造和修复。

轨道交通装备：推进增材制造技术实现新产品研发、工艺试验、关键零部件试制过程中的快速原型制造，实现关键部件的多品种、小批量、柔性化制造，促进轨道交通装备绿色化、轻量化发展。

（续）

专栏 3　重点制造领域示范应用
家电：将增材制造技术纳入家电的设计研发、工艺试验环节，缩短新产品研制周期，推进增材制造技术融入家电智能柔性制造体系，实现个性化定制。 模具：利用增材制造技术实现模具优化设计、原型制造等；推进复杂精密结构模具的一体化成型，缩短研发周期；应用金属增材制造技术直接制造复杂型腔模具。 铸造：推进增材制造在模型开发、复杂铸件制造、铸件修复等关键环节的应用，发展铸造专用大幅面砂型（芯）增材制造装备及相关材料，促进增材制造与传统铸造工艺的融合发展。

专栏 4　“3D 打印 +”示范应用
“3D 打印 + 医疗”。针对医疗领域个性化医疗器械（含医用非医疗器械）、康复器械、植入物、软组织修复、新药开发等需求，推动完善个性化医用增材制造产品在分类、临床检验、注册、市场准入等方面的政策法规，研究确定医用增材制造产品及服务的医疗服务项目收费标准和医保支持标准。 “3D 打印 + 文化创意”。针对创新创意设计、文化创意产品开发以及个性化产品消费的需求，推动增材制造技术在相关领域的应用，培养新的消费热点，构建新型消费生产模式，助力消费升级。 “3D 打印 + 创新教育”。实施学校增材制造技术普及工程，鼓励增材制造技术在教育领域的推广，配置增材制造设备及教学软件，开设增材制造知识培训课程，建立增材制造实验室，培养学生创新设计的兴趣、爱好、意识。在中小学、职业院校等开展增材制造科普教育，开展增材制造设计、技能大赛等活动。 “3D 打印 + 互联网”。针对社会大众创新创意需求，支持增材制造企业与互联网企业合作，推动成立一批在线协同设计、数据互联共享、分布式制造的增材制造云平台，降低应用门槛，推动增材制造技术的普及。推动建设线下增材制造创新设计、应用、服务中心，为用户提供创新设计、产品优化、快速原型制造、模具开发等应用服务。

（四）培育龙头企业

一是支持骨干企业发展。鼓励创新能力强、效率高、效益好、管理水平先进的骨干企业开展兼并重组、合资合作、跨界融合，积极整合国内外技术、人才和市场等资源，加强品牌培育，不断提升市场竞争能力。

二是推进全产业链协同发展。引导中小企业围绕细分市场向“专、精、特、新”方向发展，加快服务模式和商业模式创新，促进全产业链协同发展，助推增材制造龙头企业的发展壮大。

三是加快产业集聚区建设。鼓励具有一定增材制造产业特色优势的地区，进一步完善资本、土地等综合配套体系，汇集产业链上下游优势企业，加快培育世界级先进增材制造产业集群。

（五）完善支撑体系

一是建立健全增材制造计量体系。针对增材制造领域的专用材料、制造装备和核心器件等测量需求，加强具有产业特点的计量测试技术和测试方法研究，开发增材制造专用计量、测试装备，为增材制造提供“全溯源链、全寿命周期、全产业链”及具有前瞻性的计量测试技术服务，不断完善增材制造产业计量测试服务体系。

二是健全增材制造标准体系。强化企业在标准化活动中的主体地位，加大力度开展增材制造标准制修订工作，不断提升标准水平，增强标准有效供给，以标准支撑和引领增材制造产业发展。

专栏 5　健全增材制造标准体系
新型标准制定体系。开展创新设计、专用材料、工艺技术、装备、检验检测、数据和服务等方面国家标准、行业标准制定工作，研制一批团体标准，加快构建政府主导制定标准与市场自主制定标准相互协调、相互促进的增材制造新型标准制定体系。 企业标准体系。鼓励企业加快制定一批企业标准，建立相关指标协调优化、相互配合的成套技术标准体系，以标准助推企业提升研发测试能力和管理水平等。 标准创新基地。开展增材制造领域的技术标准创新基地建设试点，搭建标准与科技、产业紧密衔接的服务平台，为企业提供一站式的标准化服务，助推企业标准能力水平提升。 成果转化标准。开展增材制造科技成果转化为技术标准试点工作，建设增材制造科技成果库，建立增材制造科技成果快速转化为技术标准机制，推动一批增材制造新技术、新方法、新材料、新工艺快速转化为标准。 标准国际化。在增材制造云服务平台、精度检测等具有一定优势的服务和技术领域，积极牵头制定国际标准，提升国际话语权，以标准带动增材制造技术、产品等“走出去”。

三是建立增材制造检测和认证体系。围绕增材制造工艺装备、核心器件、专用材料和产品等，开展技术和产品特性的检测基础理论和方法研究，逐步建立增材制造检测体系。结合增材制造技术的应用要求，开展增材制造认证认可评价分析和质量保证等核心技术研究，提出适用于增材制造的认证认可技术解决方案。加强与国外增材制造检测和认证机构的合作，加快培育形成一批专业化的增材制造检测和认证机构，推动增材制造标准、检测、认证协同发展。

四是健全人才培养体系。推进产学合作协同育才，扩大增材制造相关专业人才培养规模，加强配套支撑的课程设计、教材开发、师资队伍、专门实验室等方面的建设，建成一批人才培养示范基地。加强海外高层次科技、经营人才的引入和国际化人才的培养，建立和完善人才激励机制，落实科研人员科技成果转化的股权、期权激励和奖励等收益分配政策，形成与增材制造产业发展需求相适应的人力资源管理体系。

四、保障措施

（一）加强统筹组织协调

加强顶层设计，工业和信息化、发展改革、教育、公安、财政、商务、文化、卫生计生、国资、海关、质检、知识产权等各部门要统筹协调政策，形成资源共享、协同推进的工作格局。加强对区域政策的指导，有效利用中央、地方和其他社会资源，协调解决增材制造产业发展中的重大问题，不断完善中央和地方协同推进的产业政策体系。

（二）加大财政支持力度

充分利用现有渠道支持增材制造装备及其关键零部件产业化和推广应用。通过“增材制造与激光制造”国家重点研发计划等支持符合条件的增材制造工艺技术、装备及其关键零部件研发，研究将符合条件的增材制造纳入“科技创新2030-重大项目”支持范围。将符合条件的增材制造装备纳入首台套重大技术装备保险补偿等政策，加大扶持力度。

（三）着力拓宽融资渠道

采取政策引导和市场化运作相结合的方式，吸引企业、金融机构以及社会资金投向增材制造产业。推进设备融资租赁，加快推动下游产业的技术和应用的推广。鼓励符合条件的增材制造企业通过境内外上市、发行非金融企业债务融资工具等方式进行直接融资。

（四）深化国际交流合作

坚持引进来和走出去并重，充分利用政府、行业组织、企业、研究院所等渠道，多层次地开展技术、标准、知识产权、检测认证等方面的国际交流与合作，不断拓展合作领域。支持国内企业积极开展并购、股权投资、创业投资及建立海外研发中心，鼓励国外企业在华设立研发基地、研发中心，共同推进提升增材制造研发产业化水平。依托“一带一路”倡议，推进增材制造技术在沿线国家的推广应用。

（五）强化行业安全监管

加强对增材制造装备生产、销售、应用等环节以及增材制造从业人员的监管，研究建立购买增材制造装备实名登记制度。建设增材制造信息数据平台，加强对工业级增材制造装备生产数据管理的监管，研究建立装备基本信息报备制度和从业认证登记备案制度，依法查处利用增材制造装备非法生产、制造管制器具等违法犯罪活动。

（六）发挥行业组织作用

发挥中国增材制造产业联盟等行业组织桥梁和纽带作用，组织装备企业与零部件、材料制备和用户开展需求对接，协调和推进装备研制、试验鉴定和试点示范，加快产品的应用推广。密切跟踪国内外产业技术发展趋势，加强对产业发展重大问题和政策的研究，编制并发布年度产业发展报告。积极宣传相关法规要求和技术标准，加强行业自律，提高行业素质，维护行业安全。

五、组织实施

各地工业和信息化主管部门要与地方发展改革、教育、公安、财政、商务、文化、卫生计生、国资、海关、质检、知识产权等部门加强沟通、密切配合，切实做好有关指导和服务工作，按照本行动计划确定的目标、任务和政策，制定支持增材制造发展的具体政策措施，抓好工作落实，加强对增材制造成果的宣传推广，引导和推动增材制造产业健康有序发展。

工业和信息化部 发展改革委 教育部
公安部 财政部 商务部 文化部
国家卫生计生委 国资委 海关总署
质检总局 知识产权局
2017 年 11 月 30 日
〔来源：工业和信息化部官网〕

工业互联网发展行动计划（2018—2020 年）

根据《国务院关于深化“互联网 + 先进制造业”发展工业互联网的指导意见》（以下简称《指导意见》），2018—2020 年是我国工业互联网建设起步阶段，对未来发展影响深远。为贯彻落实《指导意见》要求，深入实施工业互联网创新发 展战略，推动实体经济与数字经济深度融合，制订本行动计划。

一、总体要求

（一）指导思想

以习近平新时代中国特色社会主义思想为指导，全面贯彻党的十九大和十九届二中、三中全会精神，坚持新发展理念，按照高质量发展的要求，落实《指导意见》决策部署，以供给侧结构性改革为主线，以全面支撑制造强国和网络强国建设为目标，着力建设先进网络基础设施，打造标识解析体系，发展工业互联网平台体系，同步提升安全保障能力，突破核心技术，促进行业应用，初步形成有力支撑先进制造业发展的工业互联网体系，筑牢实体经济和数字经济发展基础。

（二）行动目标

到 2020 年年底，初步建成工业互联网基础设施和产业体系。

——初步建成适用于工业互联网高可靠、广覆盖、大带宽、可定制的企业外网络基础设施，企业外网络基本具备互联网协议第六版（IPv6）支持能力；形成重点行业企业内网络改造的典型模式。

——初步构建工业互联网标识解析体系，建成 5 个左右标识解析国家顶级节点，标识注册量超过 20 亿。

——初步形成各有侧重、协同集聚发展的工业互联网平台体系，在鼓励支持各省（区、市）和有条件的行业协会建设本区域、本行业的工业互联网平台基础上，分期分批遴选 10 个左右跨行业跨领域平台，培育一批独立经营的企业级平台，打造工业互联网平台试验测试体系和公共服务体系。推动 30 万家以上工业企业上云，培育超过 30 万个工业 APP。

——初步建立工业互联网安全保障体系，建立健全安全管理制度机制，全面落实企业内网络安全主体责任，制定设备、平台、数据等至少 10 项相关安全标准，同步推进标识解析体系安全建设，显著提升安全态势感知和综合保障能力。

二、重点任务

（一）基础设施能力提升行动

行动内容：

1. 完善工业互联网网络体系顶层设计

出台工业互联网网络化改造实施指南，制定工业互联网网络化改造评估体系并开展评估。进行工业互联网设备进网管理制度研究，组织开展联网设备检测认证。

2. 升级建设工业互联网企业外网络

组织信息通信企业通过改造已有网络、建设新型网络等方式，建设低时延、高带宽、广覆盖、可定制的工业互联网企业外网络。建设一批基于 5G、窄带物联网（NB-IoT）、软件定义网络（SDN）、网络虚拟化（NFV）等新技术的测试床。

3. 支持工业企业建设改造工业互联网企业内网络在汽车、航空航天、石油化工、机械制造、轻工家电、信息电子等重点行业部署时间敏感网络（TSN）交换机、工业互联网网关等新技术关键设备。支持建设工业无源光网络（PON）、低功耗工业无线网络等新型网络技术测试床。

4. 实施工业互联网 IPv6 应用部署行动组织电信企业初步完成企业外网络和网间互联互通节点的 IPv6 改造，建立 IPv6 地址申请、分配、使用、备案管理体制，建设 IPv6 地址管理系统，推动落实适用于工业互联网的 IPv6 地址编码规划方案，通过支持建设测试床、开展应用示范等方式，加快工业互联网 IPv6 关键设备、软件和解决方案的研发和应用部署。

5. 推进连接中小企业的专线提速降费支持高性能、高灵活、高安全隔离的新型企业专线的应用。发布提速降费专项行动文件，降低工业企业网络使用成本。

6. 加大工业互联网领域无线电频谱等关键资源保障力度

研究工业互联网用频场景和频率需求，制定完善工业互联网频率规划和使用政策。

时间节点：2020 年前，企业外网络基本能够支撑工业互联网业务对覆盖范围和服务质量的要求，IPv6 改造基本完成；实现重点行业超过 100 家企业完成企业内网络改造。

责任部门：工业和信息化部、发展改革委、财政部。

（二）标识解析体系构建行动

行动内容：

7. 在政府主管部门指导下，研究制定管理办法和整体架构，统筹协调根节点、国家顶级节点、注册管理系统的建设和运营，开放授权一批二级及以下其他服务节点运营机构。

8. 建设和运营国家顶级节点，提供顶级域解析服务，与国内外各主要标识解析系统实现互联互通，形成备案、监测、应急等公共服务能力。建设和运营标识解析二级及以下其他服务节点。

时间节点：2018 年完成中国工业互联网研究院组建，承担国家工业互联网标识解析管理机构职能，研究制定工业互联网标识解析体系架构，启动建设 3 个左右标识解析国家顶级节点。2020 年建成 5 个左右标识解析国家顶级节点，形成 10 个以上公共标识解析服务节点，标识注册量超过 20 亿。

责任部门：工业和信息化部、发展改革委、财政部。

（三）工业互联网平台建设行动

行动内容：

9. 编制工业互联网平台建设及推广工程实施指南，制定跨行业跨领域工业互联网平台评价指南，遴选跨行业跨领域工业互联网平台，培育一批独立经营的企业级平台。

10. 支持建设跨行业跨领域、特定行业、特定区域、特定场景的工业互联网平台试验测试环境和测试床，推动终端接入规模不断扩大，模拟各类业务场景，通过试验测试寻找最佳技术和产品路线，形成标准化解决方案，逐步完善平台功能。

11. 支持建设涵盖基础及创新技术服务、监测分析服务、工业大数据管理、标准管理服务等的平台公共支撑体系。

12. 推动百万工业企业上云，组织实施工业设备上云“领跑者”计划，制定发布平台解决方案提供商目录。支持建设平台技术转移中心，加快平台在产业集聚区的规模化应用。

13. 编制发布工业 APP 培育工程实施方案，推动百万工业 APP 培育。

时间节点：2020 年前，遴选 10 家左右跨行业跨领域工业互联网平台，培育一批独立经营的企业级工业互联网平台。建成工业互联网平台公共服务体系。推动 30 万家工业企业上云，培育 30 万个工业 APP。

责任部门：工业和信息化部、财政部、国资委。

（四）核心技术标准突破行动

行动内容：

14. 成立国家工业互联网标准协调推进组、总体组和专家咨询组，形成标准化主管部门、研究机构、企业协同推进的标准体系建设机制。

15. 制定国家工业互联网标准体系建设指南，研制通用需求、体系架构等总体性标准，开发新型网络技术和计算技术、网络互联和数据互通接口、标识解析、工业互联网平台，及相应的设备、平台、网络和数据安全等基础共性标准，制定面向重点行业应用的标准规范。

16. 开展工业互联网关键核心技术研发和产品研制，推进边缘计算、深度学习、增强现实、虚拟现实、区块链等新兴前沿技术在工业互联网的应用研究。

17. 建设一批新技术和标准符合性试验验证系统，开发和推广仿真和测试工具。

时间节点：2018 年年底，成立国家工业互联网标准协调推进组、总体组和专家咨询组，初步建立工业互联网标准体系框架，建立 1 ～ 2 个技术标准与试验验证系统。2020 年前，制定 20 项以上总体性及关键基础共性标准，制定 20 项以上重点行业标准，形成一批具有自主知识产权的核心关键技术，建立 5 个以上的技术标准与试验验证系统，推出一批具有国内先进水平的工业互联网软硬件产品。

责任部门：工业和信息化部、市场监督管理总局（国家标准委）、科技部、财政部、知识产权局。

（五）新模式新业态培育行动

行动内容：

18. 开展工业互联网集成创新应用试点示范，探索基于网络、平台、安全、标识解析等关键要素的实施路径。

19. 提升大型企业工业互联网创新和应用水平，实施底层网络化、智能化改造，支持构建跨工厂内外的工业互联网平台和工业 APP，打造互联工厂和全透明数字车间，形成智能化生产、网络化协同、个性化定制和服务化延伸等应用模式。

20. 加快中小企业工业互联网应用普及，鼓励云化软件工具应用，汇聚并搭建中小企业资源库与需求池，开展供需对接、软件租赁、能力开放、众包众创、云制造等创新型应用。

时间节点：2020 年前，重点领域形成 150 个左右工业互联网集成创新应用试点示范项目，形成一批面向中小企业的典型应用，打造一批优秀系统集成商和应用服务商。

责任部门：工业和信息化部、发展改革委、财政部、商务部、国防科工局、国资委。

（六）产业生态融通发展行动

行动内容：

21. 支持龙头企业、技术服务机构开展开源社区、开发者平台和开放技术网络建设，面向工业 APP 开发、协议转换等共性技术和人工智能等新兴技术，打造汇聚开发者、开发工具和中小企业的开放平台，组织开发者创业创新大赛。

22. 支持制造企业、互联网企业、研究院所、高校等合作建设工业互联网创新中心，开展关键共性技术研究、标准研制、试验验证等。

23. 支持建设一批工业互联网产业示范基地，集聚地区特色资源，改造提升现有工业产业集聚区工业互联网相关设施，实现区域内工业互联网创新发展。

24. 加强社会宣传普及，组织编写工业互联网系列专著，利用线下培训班、线上课程等多种形式开展工业互联网网络、平台等发展政策解读与宣贯。

时间节点：2020 年前，建设 1 ～ 2 个跨行业跨领域开发者或开源社区，建设工业互联网创新中心，培育 5 个左右集关键技术、先进产业、典型应用等功能于一体的工业互联网产业示范基地，持续优化工业互联网产业生态建设与空间布局。

责任部门：工业和信息化部、科技部。

（七）安全保障水平增强行动

行动内容：

25. 健全安全管理制度机制，出台工业互联网安全指导性文件，明确并落实企业主体责任，对工业行业和工业企业实行分级分类管理，建立针对重点行业、重点企业的监督检查、信息通报、应急响应等管理机制。

26. 初步建立工业互联网全产业链数据安全管理体系，强化平台及数据安全监督检查和风险评估，支持开展安全认证。

27. 指导督促企业强化自身网络安全技术防护，推动加强国家工业互联网安全技术保障手段及数据安全防护技术手段建设，提升安全态势感知和综合保障能力。

时间节点：2020 年前，安全管理制度机制和标准体系基本完备。企业、地方、国家三级协同的安全技术保障体系初步形成。

责任部门：工业和信息化部、发展改革委、

财政部。

（八）开放合作实施推进行动

行动内容：

28. 利用双多边合作和高层对话机制，推进工业互联网政策、法律、治理等重大问题交流沟通合作。

29. 指导工业互联网产业联盟等与其他国家产业组织、

国际组织在架构、技术、标准、应用、人才等多领域开展合作对接。鼓励国内外企业加强技术、产品、解决方案、投融资等多领域合作，提高企业国际化发展能力。时间节点：2018 年推动工业互联网产业联盟与主要相关国际组织的合作机制建立。持续三年推进企业、产业组织以及政府间对话合作。

责任部门：工业和信息化部。

（九）加强统筹推进

任务内容：

30. 在国家制造强国建设领导小组下设立工业互联网专项工作组，统筹工业互联网重大工作设立工业互联网战略咨询专家委员会，为工业互联网发展提供决策支撑。

31. 进一步加强工业互联网产业发展监测和数据统计，启动工业互联网产业年度摸底调查，全面掌握产业发展情况组织地方和有关部门进行动态跟踪，定期向工业互联网专项工作组报送行动计划实施进展情况。定期对计划落实情况进行评估，研制工业互联网发展评价体系，滚动发布年度发展报告。

时间节点：2018 年初成立工业互联网专项工作组、工业互联网战略咨询专家委员会，每年召开会议，研究讨论工业互联网发展重大事项。滚动开展工业互联网发展情况评估。

责任部门：工业和信息化部。

（十）推动政策落地

任务内容：

32. 开展工业互联网网络安全、平台责任、数据保护等以及新兴应用领域信息保护、数据流通、政府数据公开、安全责任等法律问题研究，开展工业互联网相关法律、行政法规和规章立法工作。

时间节点：2018 年开展工业信息安全立法等重点问题研究。2020 年初步建立保障工业互联网发展的法规体系和制度。

责任部门：工业和信息化部。

33. 构建融合发展制度，深化简政放权、放管结合、优化服务改革，激发各类市场主体活力。完善协同推进体系，充分发挥工业互联网专项工作组的作用，建立部门间高效联动机制和中央地方协同机制，促进跨部门、跨区域系统对接。健全协同发展机制，壮大工业互联网产业联盟等产业组织，联合产业各方开展技术、标准、应用研发以及投融资对接、国际交流等活动。

时间节点：2020 年融合发展制度基本建立，协同推进体系和发展机制持续完善。

责任部门：工业和信息化部、发展改革委、科技部、财政部、商务部、应急管理部、市场监督管理总局、知识产权局、国防科工局。

34. 抓紧研究制定支持工业互联网总体方案并上报国务院。通过工业转型升级资金启动支持工业互联网建设。落实固定资产加速折旧等相关税收优惠政策。

时间节点：专项资金 2018 年启动支持，税收优惠持续推进。

责任部门：财政部、税务总局、发展改革委、科技部、工业和信息化部。

35. 推动银行业金融机构探索数据资产质押、知识产权质押、绿色信贷、“银税互动”等在工业互联网领域的应用推广。推动非金融企业债务融资工具、企业债、公司债、项目收益债、可转债等在工业互联网领域的应用。支持保险公司根据工业互联网风险需求开发相应的保险产品。

时间节点：持续三年推进工业互联网金融服务和产品创新。

责任部门：人民银行、银保监会、证监会、发展改革委、财政部、税务总局、工业和信息化部。

36. 依托国家重大人才工程项目和高层次人才特殊支持计划，引进一批工业互联网高水平研究性科学家和高层次科技领军人才，建设工业互联网智库。建立工业互联网高端人才引进绿色通道，完善配套政策。完善技术入股、股权期权激励、科技成果转化收益分配等机制。

时间节点：持续三年推进人才引进和人才建设。2019 年人才引进绿色通道相关政策初步制定。2020 年技术入股、股权期权激励、科技成果转化收益分配等机制建立。

责任部门：教育部、科技部、工业和信息化部、人力资源社会保障部、知识产权局、卫生健康委、发展改革委、财政部、国资委。

附件

名词解释

英文简称	英文全称	中文全称
5G	5th-Generation	第五代移动通信
APP	Application	应用程序
IPv6	Internet Protocol Version 6	互联网协议第六版本
NB-IoT	Narrow Band Internet of Things	窄带物联网
NFV	Network Function Virtualization	网络虚拟化
PON	Passive Optical Network	无源光网络
SDN	Software Defined Network	软件定义网络
TSN	Time Sensitive Network	时间敏感网络

〔来源：工业和信息化部官网〕

2017 年中国机械工业营业收入 100 强企业名单

序号	企业名称	省、区、市	主要产品	营业收入（万元）
1	中国机械工业集团有限公司	北京市	机械装备制造与研发、工程承包、国内外贸易、金融与投资	28 817 424
2	潍柴控股集团有限公司	山东省	内燃机、内燃机配件、汽车及配件	22 067 298
3	上海电气(集团)总公司	上海市	电站设备、电梯、输配电设备	9 177 583
4	徐州工程机械集团有限公司	江苏省	起重机械、挖掘机械、铲土运输机械	9 012 586
5	三一集团有限公司	湖南省	混凝土机械、挖掘机械、起重机械、港口机械	6 268 825
6	中联重科股份有限公司	湖南省	工程机械、农业机械	5 287 082
7	新疆特变电工集团有限公司	新疆区	电力变压器及电抗器、电线电缆、太阳能硅片及太阳能系统工程、国际成套工程承包	5 273 130
8	广州智能装备产业集团有限公司	广东省	大型机械装备、智能机器人、电梯、输配电设备	4 259 323
9	广西玉柴机器集团有限公司	广西区	发动机、工程机械、润滑油	3 560 665
10	中国东方电气集团有限公司	四川省	发电设备、电站工程承包	3 532 946
11	卧龙控股集团有限公司	浙江省	电动机、配件开关控制设备、电池	3 475 874
12	哈尔滨电气集团有限公司	黑龙江省	发电设备、电站锅炉、电站汽轮机	3 395 884
13	远东控股集团有限公司	江苏省	交联电缆、控制电缆、布电线	3 389 258

（续）

序号	企业名称	省、区、市	主要产品	营业收入（万元）
14	白云电气集团有限公司	广东省	高低压成套设备、电容器、套管	3 156 700
15	正泰集团股份有限公司	浙江省	高低压电器、输配电设备、光伏电池及组件系统	3 007 190
16	新疆金风科技股份有限公司	新疆区	大型风力发电机组	2 512 946
17	三花控股集团有限公司	浙江省	空调四通换向阀、电子膨胀阀、微通道换热器	2 201 641
18	临沂临工机械集团有限公司	山东省	装载机、挖掘机	2 099 121
19	许继集团有限公司	河南省	特高压输电及电力电子、智能变电站产品、电动汽车充换电	1 801 676
20	大全集团有限公司	江苏省	高低压成套电器、智能元器件、轨道交通设备、新能源	1 783 360
21	中国西电集团有限公司	陕西省	变压器、全封闭组合电器、高压断路器	1 737 809
22	人本集团有限公司	浙江省	轴承	1 659 691
23	江苏上上电缆集团有限公司	江苏省	电线电缆	1 620 067
24	太原重型机械集团有限公司	山西省	冶金设备、起重设备、矿山设备、车轮车轴	1 600 699
25	沈阳机床(集团)有限责任公司	辽宁省	金属切削机床	1 558 280
26	广西柳工集团有限公司	广西区	工程机械及其零配件	1 547 460
27	海天塑机集团有限公司	浙江省	注塑机、数控机床、电机	1 527 109
28	大连冰山集团有限公司	辽宁省	制冷空调设备、食品冷冻冷藏设备、空分装置	1 203 365
29	德力西集团有限公司	浙江省	配电开关控制设备、低压电器、仪器仪表	1 200 741
30	兰州兰石集团有限公司	甘肃省	炼油化工专用设备、石油钻采专用设备	1 200 395
31	卫华集团有限公司	河南省	桥门式起重机、电动单梁起重机、电动葫芦	1 113 961
32	湘电集团有限公司	湖南省	交直流电动机、风力发电机及机组、工业泵	1 111 339
33	北京京城机电控股有限责任公司	北京市	数控机床、气体储运、环保产业、液压设备	1 072 018
34	平高集团有限公司	河南省	封闭式组合电器、断路器、高压隔离开关、开关成套设备	1 070 143
35	浙江省机电集团有限公司	浙江省	风力发电机组、液压油缸、军用装备	1 007 305
36	安徽天康(集团)股份有限公司	安徽省	仪器仪表、电线电缆	953 236
37	中国四联仪器仪表集团有限公司	重庆市	工业自动化仪表及控制系统、电子器件、光电子器件	931 906
38	中国铁建重工集团有限公司	湖南省	全断面隧道掘进机、隧道施工特种设备、轨道装备、混凝土机械	891 917
39	安徽叉车集团有限责任公司	安徽省	叉车	876 435
40	杭州制氧机集团有限公司	浙江省	气体液体分离及纯净设备、风机风扇、气体压缩机	830 783
41	福建龙净环保股份有限公司	福建省	除尘设备、脱硫脱硝设备、电控装置	811 269
42	沈阳鼓风机集团股份有限公司	辽宁省	鼓风机、压缩机、泵	806 116
43	南京高精传动设备制造集团有限公司	江苏省	风力发电齿轮箱、工业齿轮箱、轨道车辆齿轮箱	800 759
44	北方重工集团有限公司	辽宁省	矿山设备、输送机械、冶炼设备	746 942
45	风帆有限责任公司	河北省	铅酸蓄电池	732 128

（续）

序号	企业名称	省、区、市	主要产品	营业收入（万元）
46	杭叉集团股份有限公司	浙江省	叉车、智能工业车辆	700 373
47	天津市金桥焊材集团有限公司	天津市	实心焊丝、药芯焊丝、焊条	673 045
48	大连重工·起重集团有限公司	辽宁省	冶金机械、港口机械、装卸机械	643 442
49	山推工程机械股份有限公司	山东省	铲土运输机械、地面及压实机械、混凝土机械	635 080
50	青岛汉河集团股份有限公司	山东省	电力电缆、钢芯铝绞线、电缆附件及安装	602 903
51	昆明云内动力股份有限公司	云南省	柴油发动机	590 968
52	秦川机床工具集团	陕西省	金属切削机床、金属切削工具、齿轮、齿轮减变速箱	558 688
53	日立建机(中国)有限公司	安徽省	液压挖掘机	479 281
54	烟台冰轮集团有限公司	山东省	制冷空调设备	476 147
55	陕西鼓风机(集团)有限公司	陕西省	风机、工业仪表、气体	473 443
56	杭州东华链条集团有限公司	浙江省	链传动产品、农业机械及配件	473 372
57	济南二机床集团有限公司	山东省	金属切削机床、金属成形机床、铸造机械、自动化设备	467 048
58	中信重工机械股份有限公司	河南省	矿山设备、建材水泥设备、机器人	462 058
59	豫飞重工集团有限公司	河南省	起重机械	442 838
60	洛阳 LYC 轴承有限公司	河南省	滚动轴承及零部件	433 418
61	福建南平太阳电缆股份有限公司	福建省	电线电缆、铜产品	409 464
62	山河智能装备股份有限公司	湖南省	挖掘机械、桩工机械、凿岩设备	394 620
63	杭州汽轮动力集团有限公司	浙江省	工业汽轮机	394 296
64	瓦房店轴承集团有限责任公司	辽宁省	轴承	380 038
65	开山集团	浙江省	压缩机械、螺杆膨胀发电站、钻凿设备	379 734
66	江苏华朋集团有限公司	江苏省	电力变压器	366 346
67	浙江菲达环保科技股份有限公司	浙江省	电除尘器	365 467
68	南京汽轮电机（集团）有限责任公司	江苏省	燃气轮机、汽轮机、发电机	365 426
69	天津大桥焊材集团有限公司	天津市	电焊条、焊丝	363 757
70	北京 ABB 电气传动系统有限公司	北京市	电气机械及器材、电力电容器及其配套设备、电力电容器成套装置	359 107
71	杭州电缆股份有限公司	浙江省	架空导线、电线电缆	357 281
72	杭州锅炉集团股份有限公司	浙江省	燃机余热锅炉、平熄焦余热炉、煤气炉	350 124
73	安徽全柴集团有限公司	安徽省	柴油发动机	319 487
74	北京精雕科技集团有限公司	北京市	精雕 CNC 雕刻机	318 632
75	上海凯泉泵业(集团)有限公司	上海市	水泵	309 584
76	和利时科技集团有限公司	北京市	自动化控制系统	268 472
77	重庆康明斯发动机有限公司	重庆市	发动机	257 666
78	青岛捷能汽轮机集团股份有限公司	山东省	汽轮机及配套辅机	257 047
79	金马工业集团股份有限公司	山东省	汽车配件、型材	253 777

（续）

序号	企业名称	省、区、市	主要产品	营业收入（万元）
80	国营芜湖机械厂	安徽省	轻钢结构、工艺装备制造、航空产品修理、软管、钢管	246 641
81	沈阳新松机器人自动化股份有限公司	辽宁省	工业机器人、自动化装备与检测生产线及系统集成、物流与仓储自动化成套设备	245 506
82	常柴股份有限公司	江苏省	柴油发动机	223 581
83	四川空分设备(集团)有限责任公司	四川省	空分设备、天然气液化设备、低温液体贮运设备	219 488
84	南方中金环境股份有限公司	浙江省	水泵、供水设备	214 809
85	扬力集团股份有限公司	江苏省	压力机、数控转塔冲、剪板机、折弯机、激光切割机	213 457
86	北京电力设备总厂有限公司	北京市	辊式磨煤机、干式空心电抗器、金属封闭母线	209 321
87	常熟开关制造有限公司（原常熟开关厂）	江苏省	塑料外壳式断路器、智能型万能式断路器、自动转换开关	209 123
88	华立科技股份有限公司	浙江省	电能表	198 956
89	春兰(集团)公司	江苏省	空调器、锂电池	185 878
90	东睦新材料集团股份有限公司	浙江省	粉末冶金制品	178 290
91	人民电器集团有限公司	浙江省	高低压电器、开关柜、变压器	177 292
92	浙江中控技术股份有限公司	浙江省	集散控制系统、自动化主控设备、安全仪表系统	167 359
93	杭州前进齿轮箱集团股份有限公司	浙江省	船用齿轮箱、工程机械变速箱、汽车变速器	165 849
94	四川宏华石油设备有限公司	四川省	钻机、顶驱、钻井泵	162 433
95	哈尔滨轴承集团公司	黑龙江省	轴承	158 515
96	浙江新柴股份有限公司	浙江省	柴油机	157 800
97	安徽应流机电股份有限公司	安徽省	通用设备、工程机械设备、交通运输设备零部件	151 667
98	宁波欣达(集团)有限公司	浙江省	电梯及主关件、螺杆空压机、凹版印刷机	145 765
99	环驰轴承集团有限公司	浙江省	轴承	130 557
100	广东电缆厂有限公司	广东省	裸铜杆、电力电缆、布电线	124 826

注：个别企业数据为汇总口径。

〔来源：中国机械工业联合会机经网〕

2017 年度中国机械工业 100 强分析

一、2017 年机械工业 100 强企业基本情况

1．规模情况

入选机械工业 100 强企业的营业收入合计 17 116 亿元，比上年增长 16.91%，增速比 2016 年提高 14.33 个百分点。企业入围规模为 12.48 亿元，最大规模为 2 881.74 亿元；入围企业平均

规模：171.16 亿元。其中，有 35 家企业规模超过 100 亿元，7 家超过 500 亿元，2 家超过 1 000 亿元。有 78 家企业营业收入同比增长，22 家同比下降。2004—2017 年年 100 强企业的营业收入及增幅见图 1。

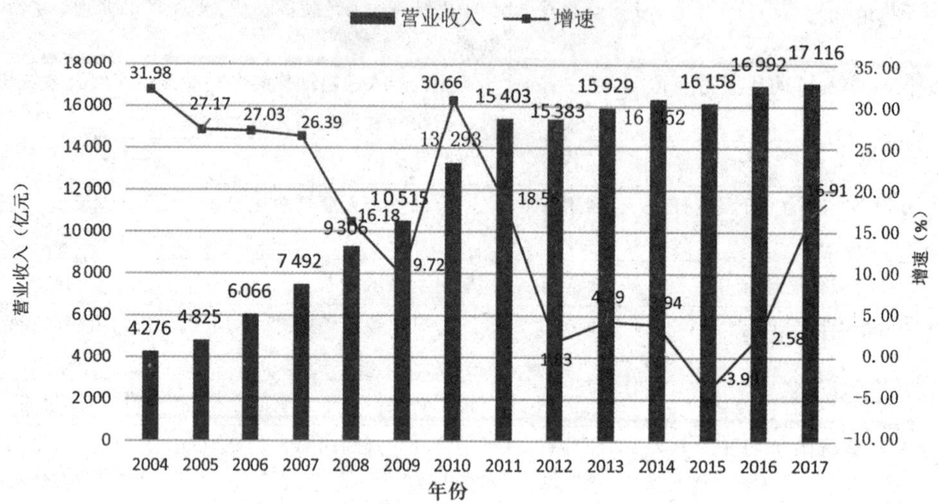

图 1　2004—2017 年 100 强企业的营业收入及增幅

在入围的机械工业 100 强中，特大企业（规模超 100 亿元）2004 年为 6 家，2017 年为 35 家。“十一五”期间特大企业快速增长，“十二五”期间有所波动。

超大企业（规模超 1 000 亿）：2009 年有 1 家，2016 年增长为 3 家，2017 年减少为 2 家。2004—2017 年机械工业 100 强企业规模分布及超百亿元企业数量变化见图 2。

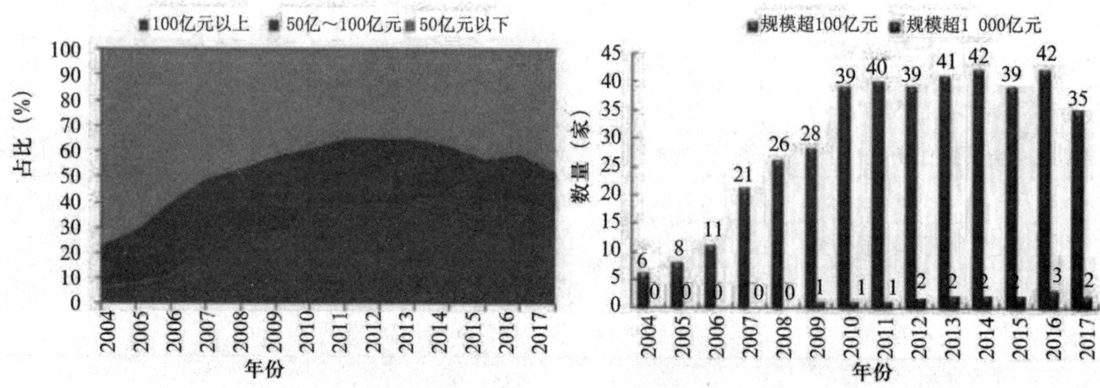

图 2　2004—2017 年机械工业 100 强企业规模分布及超百亿元企业数量变化

2. 盈利情况

机械工业 100 强企业利润总额合计为 884 亿元，比上年增长 45.58%，增速与上届的 -9.65% 相比由负转正大幅提高。其中，70 家企业利润同比增长，30 家同比下滑。2004—2017 年机械工业 100 强企业利润总额和增幅变化情况见图 3。

3. 行业分布

机械工业 100 强企业的行业分布基本稳定，主要集中在电工、石化通用、工程机械、基础件、内燃机、重型机械等行业中。

2017 年入围企业最多的四大行业分别是电工、石化通用、工程机械和基础件行业，入围数量分别 30 家、15 家、12 家和 10 家，合计入围 67 家，占全部入围企业的 67%。2017 年各主要行业入围 100 强的企业数量见图 4。

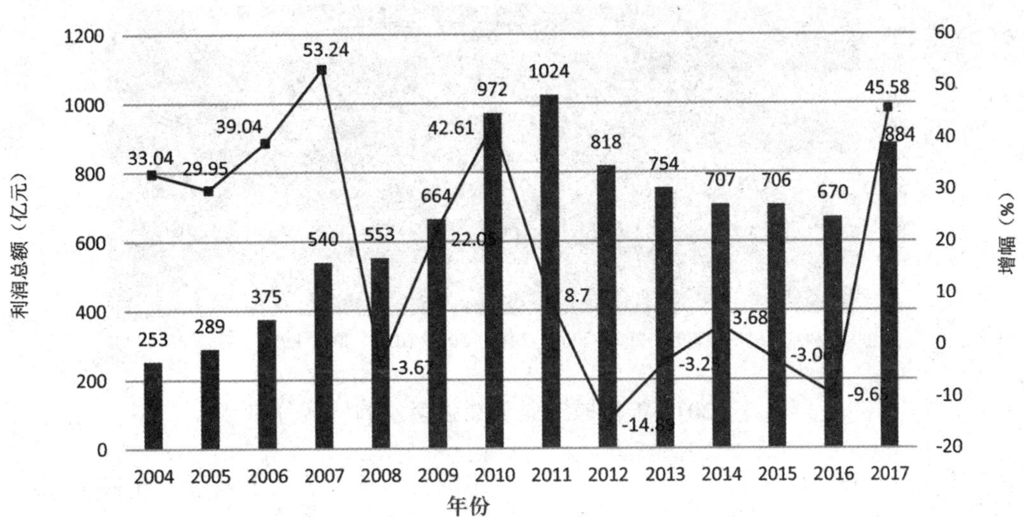

图 3 2004—2017 年机械工业 100 强企业利润总额和增幅变化情况

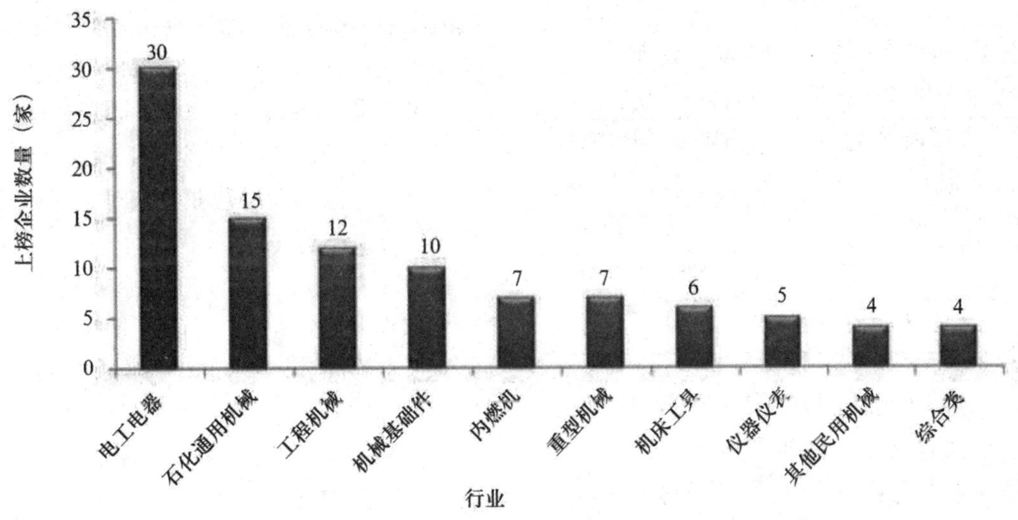

图 4 2017 年各主要行业入围 100 强的企业数量

4．地区分布

从入围企业的地区分布看，机械工业 100 强企业地区分布依然是东多西少，以经济活动最为活跃的东部地区为主。

2017 年东部地区入围 66 家，合计营业收入比上年增长 21.59%；中部地区入围 20 家，合计营业收入比上年增长 7.08%；西部地区入围 14 家，合计营业收入同比增长 6.81%。

2017 年机械工业 100 强企业来自于全国 22 个省、市、自治区，分布总体稳定，个别省（市）有小幅波动。入围企业数量前三甲的省分别是浙江省、江苏省和山东省，三省均为东部沿海省份，上榜企业分别为 24 家、11 家和 8 家，合计 43 家，占 4 成多。

东部地区每年入围企业都在 60 家以上，中、西部地区合计入围在 30 多家。

长期来看，入围企业的地区分布逐渐向政策调整方向发展，中、西部地区入围企业数量曾小幅上升，东部地区则略有下降。2017 年机械工业 100 强企业的地区分布见图 5。

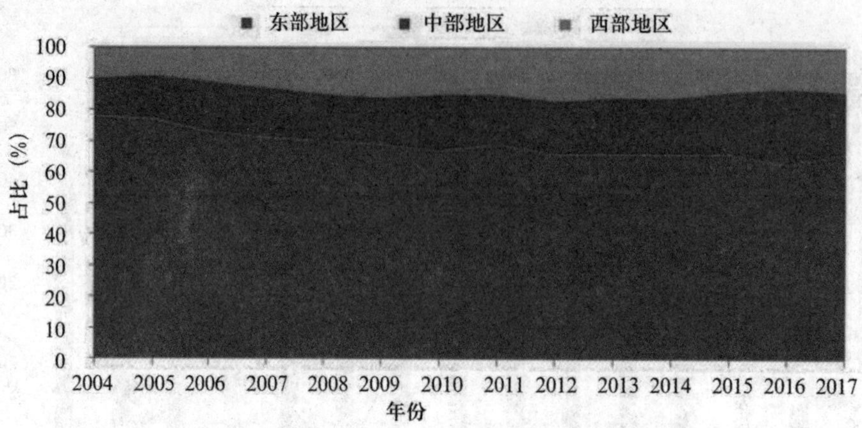

图 5 2017 年机械工业 100 强企业的地区分布

5. 按企业性质分布

2017 年机械工业 100 强企业按企业性质分布及营业收入占比情况见表 1。

表 1 2017 年机械工业 100 强企业按企业性质分布及营业收入占比

企业性质	入围数量（家）	营业收入占比（%）	同比增速（%）
国有企业	45	67.81	20.61
民营企业	50	30.42	9.78
三资企业	5	1.76	10.64

从发展趋势上看，国有企业入围数量前些年有波动但总体稳定，近两年有所上升；民营企业入围数量前些年在波动上升，近两年又有所下降；三资企业入围数量一直在波动下降。

二、机械工业 100 强成为行业发展重要支柱

2017 年机械工业规模以上企业 70 904 家，机械工业 100 强企业数量仅占全行业比重 0.14%，营业收入占比达 10.89%，利润占比达 8.73%。

2017 年机械工业 100 强企业营业收入合计比上年增长 16.91%，比全行业增速（8.72%）快 8.19 个百分点，新增营业收入对全行业营业收入增长的贡献率达 19.64%。

2017 年机械工业 100 强企业利润总额合计比上年增长 45.58%，比全行业增速（14.47%）快 31.11 个百分点，新增利润对全行业利润增长的贡献率达 21.63%。2004—2017 年机械工业 100 强企业数量、营业收入和利润总额占比情况见表 2。

表 2 2004—2017 年机械工业 100 强企业数量、营业收入和利润总额占比情况 （单位：%）

指标名称	2004 年	2010 年	2011 年	2012 年	2013 年	2014 年	2015 年	2016 年	2017 年
企业数量	0.20	0.11	0.16	0.15	0.15	0.15	0.14	0.14	0.14
营业收入	18.67	13.79	13.31	12.21	11.31	10.74	10.33	10.49	10.89
利润总额	20.05	12.56	11.75	9.32	8.50	7.52	7.27	6.73	8.73

三、机械工业 100 强企业的国际地位不断提升

自榜单首发以来，机械工业 100 强企业都在快速成长，无论是规模、效益，还是科技创新、国际竞争力，都有了长足进步，与世界同类企业的差距不断缩小，成长性和运营效率都有较好表现。

机械工业 100 强榜单发布的前几年，机械工业还没有一家进入世界 500 强的企业。2011 年国机集团成为我国机械工业首个进入世界 500 强的企业，列 434 位，此后连续 7 年入围并且位次快速提升，2014 年排名升至 278 位。近几年因营业收入下降导致排名有所下降，2017 年排名降至第 334 位。2018 年排名再次提升，列第 256 位。

〔来源：中国机械工业联合会机经网〕

2018 年中国企业 500 强前 100 强名单

2018 年中国 500 家上榜的上市公司总营业收入达到了 39.65 万亿元，较 2017 年上涨 18.22%，涨幅翻倍；净利润更是达到了 3.48 万亿元，增长 24.24%（2017 年净利润的涨幅仅为 2.2%）。2018 年上榜公司的年营业收入门槛为 138.64 亿元，继上年首次突破百亿之后，提升了 22.44%。

位居榜单前 3 位的公司依然是：中国石油化工股份有限公司、中国石油天然气股份有限公司和中国建筑股份有限公司。前 10 位中的两家保险业巨头——中国平安保险(集团)股份有限公司和中国人寿保险股份有限公司的排名都比 2017 年上升了一位，分列第 4 位和第 10 位。其中，中国平安保险（集团）股份有限公司继续排在非国有企业第 1 位。

2018 年共有 47 家新上榜和重新上榜公司，颇受关注的一家新上榜的互联网服务公司是 2018 年 3 月登陆纳斯达克的爱奇艺。该公司 2017 年收入超过 173 亿元，位列 500 家上市公司的第 419 位。此外，还有两家首次上榜的汽车及零配件行业企业：山东玲珑轮胎股份有限公司(第 498 位)和众泰汽车股份有限公司(第 352 位)。

在行业方面，包括阿里巴巴、腾讯和爱奇艺在内的 7 家互联网服务公司的总市值超过了 7 万亿元，占 500 家上市公司总市值接近 15%。而公司数量占比不到 4% 的两个行业——保险业和石油、天然气、石化行业的 18 家上榜公司却创造了近 20% 的收入。根据中金分析：2018 年共有 55 家房地产企业上榜，数量居各行业首位；而它们的总收入在上年高基数的基础上，继续实现了超过 19.6% 的增长。

在盈利能力方面，最赚钱的 10 家上市公司除了几大商业银行和保险公司之外，是中国移动有限公司、腾讯控股有限公司和阿里巴巴集团控股有限公司。这 10 家公司创造了 500 家上市公司近 40% 的利润。

由于囊括了全球范围内最大的中国上市公司，上市地和规则的问题又将凸显。长江商学院李伟教授在 2018 年的分析中指出：金融是现代经济的核心，无数的案例已经表明，勤劳至多只能让一个国家步入小康，要成为发达国家，一个高效的金融体系必不可少。面对大量优质企业外流的问题，我国资本市场的监管层也在想方设法予以应对。2018 年中国企业 500 强前 100 强名单见表 1。

表 1 2018 年中国企业 500 强前 100 强名单

2018 年排名	2017 年排名	公司名称	营业收入（百万元）	利润（百万元）
1	1	中国石油化工股份有限公司	236 0193.00	51 119.00
2	2	中国石油天然气股份有限公司	2 015 890.00	22 793.00
3	3	中国建筑股份有限公司	1 054 106.50	32 941.80
4	5	中国平安保险（集团）股份有限公司	890 882.00	89 088.00
5	4	上海汽车集团股份有限公司	870 639.43	34 410.34
6	6	中国移动有限公司	740 514.00	114 279.00
7	7	中国工商银行股份有限公司	726 502.00	286 049.00
8	8	中国中铁股份有限公司	693 366.51	16 066.83
9	9	中国铁建股份有限公司	680 981.13	16 057.24

（续）

2018 年排名	2017 年排名	公司名称	营业收入（百万元）	利润（百万元）
10	11	中国人寿保险股份有限公司	653 195.00	32 253.00
11	10	中国建设银行股份有限公司	621 659.00	242 264.00
12	12	中国农业银行股份有限公司	537 041.00	192 962.00
13	14	中国人民保险集团股份有限公司	483 775.00	16 099.00
14	13	中国银行股份有限公司	483 278.00	172 407.00
15	15	中国交通建设股份有限公司	482 804.34	20 580.78
16	17	中国中信股份有限公司	390 344.39	38 036.69
17	16	中国电信股份有限公司	366 229.00	18 617.00
18	21	京东商城电子商务有限公司	362 331.75	116.82
19	20	中国太平洋保险（集团）股份有限公司	319 809.00	14 662.00
20	18	联想控股股份有限公司	316 262.91	5 047.83
21	174	海航科技股份有限公司	315 460.01	820.57
22	29	中国恒大集团	311 022.00	24 372.00
23	23	绿地控股集团股份有限公司	290 418.22	9 037.77
24	35	宝山钢铁股份有限公司	289 497.79	19 170.34
25	22	国药控股股份有限公司	277 717.02	5 283.09
26	31	物产中大集团股份有限公司	276 620.42	2 234.85
27	19	中国联合网络通信股份有限公司	274 828.95	425.84
28	25	中国电力建设股份有限公司	266 819.90	7 366.62
29	36	中国神华能源股份有限公司	248 746.00	45 037.00
30	28	中国冶金科工股份有限公司	243 999.86	6 061.49
31	24	万科企业股份有限公司	242 897.11	28 051.81
32	38	美的集团股份有限公司	241 918.90	17 283.69
33	43	腾讯控股有限公司	237 760.00	71 510.00
34	27	中国能源建设股份有限公司	234 370.11	5 261.14
35	49	阿里巴巴集团控股有限公司	226 913.00	67 071.00
36	42	碧桂园控股有限公司	226 899.79	26 063.52
37	34	中国邮政储蓄银行股份有限公司	224 864.00	47 683.00
38	30	招商银行股份有限公司	220 897.00	70 150.00
39	47	厦门建发股份有限公司	218 601.58	3 330.86
40	26	中国中车股份有限公司	211 012.56	10 798.56
41	32	江西铜业股份有限公司	205 046.85	1 604.11
42	57	厦门象屿股份有限公司	203 290.63	714.32
43	33	交通银行股份有限公司	196 011.00	70 223.00
44	44	苏宁易购集团股份有限公司	187 927.76	4 212.52
45	45	中国海洋石油有限公司	186 390.00	24 677.00
46	48	中国铝业股份有限公司	180 080.75	1 378.44
47	51	中国太平保险控股有限公司	169 901.15	5 316.39
48	37	上海浦东发展银行股份有限公司	168 619.00	5 4258.0
49	72	厦门国贸集团股份有限公司	164 650.78	1 907.30
50	52	广汇汽车服务股份公司	160 711.52	3 884.36
51	58	青岛海尔股份有限公司	159 254.47	6 925.79
52	62	华能国际电力股份有限公司	152 459.44	1 793.15

（续）

2018年排名	2017年排名	公司名称	营业收入（百万元）	利润（百万元）
53	76	潍柴动力股份有限公司	151 569.39	6 808.34
54	66	兖州煤业股份有限公司	151 227.78	6 770.62
55	50	万洲国际有限公司	151 098.53	7 649.79
56	63	珠海格力电器股份有限公司	150 019.55	22 401.58
57	53	华润医药集团有限公司	149 481.90	3 017.70
58	41	保利房地产（集团）股份有限公司	146 341.82	15 625.89
59	40	中国民生银行股份有限公司	144 281.00	49 813.00
60	46	新华人寿保险股份有限公司	144 132.00	5 383.0
61	54	上海建工集团股份有限公司	142 082.64	2 584.47
62	39	兴业银行股份有限公司	139 975.00	57 200.00
63	59	北京汽车股份有限公司	134 158.54	2 252.81
64	56	上海医药集团股份有限公司	130 847.18	3 520.65
65	73	中国华融资产管理股份有限公司	128 070.55	21 992.59
66	67	中国建材股份有限公司	127 626.32	3 224.80
67	60	中国南方航空股份有限公司	127 489.00	5 914.00
68	55	东风汽车集团股份有限公司	125 016.00	14 063.00
69	61	中国国际航空股份有限公司	121 362.90	7 240.31
70	78	中国信达资产管理股份有限公司	120 034.63	18 122.39
71	64	TCL 集团股份有限公司	111 727.44	2 664.40
72	84	中国航油（新加坡）股份有限公司	109 835.62	576.12
73	77	中国再保险（集团）股份有限公司	109 670.90	5 256.30
74	88	河钢股份有限公司	108 983.08	1 817.06
75	68	中兴通讯股份有限公司	108 815.27	4 568.17
76	65	比亚迪股份有限公司	105 914.70	4 066.48
77	75	华润置地有限公司	102 744.55	19 941.66
78	71	中国东方航空股份有限公司	101 721.00	6 352.00
79	87	远大产业控股股份有限公司	101 525.28	−192.64
80	70	长城汽车股份有限公司	101 169.49	5 027.30
81	79	中国通信服务股份有限公司	94 572.41	2 714.21
82	82	紫金矿业集团股份有限公司	94 548.62	3 507.72
83	95	京东方科技集团股份有限公司	93 800.48	7 567.68
84	--	中国宏桥集团有限公司	93 312.65	5 118.57
85	123	吉利汽车控股有限公司	92 760.72	10 633.72
86	74	中国光大银行股份有限公司	91 850.00	31 545.00
87	91	中远海运控股股份有限公司	90 463.96	2 661.94
88	93	昆仑能源有限公司	88 706.00	4 760.00
89	89	复星国际有限公司	88 025.17	13 161.28
90	90	中升集团控股有限公司	86 290.29	3 350.41
91	92	百度股份有限公司	84 809.00	18 301.00
92	111	鞍钢股份有限公司	84 310.00	5 605.00
93	80	铜陵有色金属集团股份有限公司	82 430.25	548.82
94	103	中国中煤能源股份有限公司	81 123.23	2 414.43
95	83	重庆长安汽车股份有限公司	80 012.21	7 137.23

（续）

2018 年排名	2017 年排名	公司名称	营业收入（百万元）	利润（百万元）
96	81	上海电气集团股份有限公司	79 543.79	2 659.58
97	100	华电国际电力股份有限公司	79 006.84	430.13
98	96	四川长虹电器股份有限公司	77 632.48	356.39
99	137	湖南华菱钢铁股份有限公司	76 656.36	4 120.92
100	130	中国国际海运集装箱（集团）股份有限公司	76 299.93	2 509.24

〔来源：财富中文网〕

2018 年世界 500 强 120 家中国上榜公司名单

2018 年世界 500 强上榜企业中，中国公司达到了 120 家，已经非常接近美国（126 家），远超第三位的日本（52 家）。从世界 500 强排行榜同时涵盖了工业企业和服务性企业以来，还没有任何一个其他国家的企业数量如此迅速地增长。

沃尔玛连续第 5 年成为全球最大公司，它和 3 家中国企业——国家电网公司、中国石油化工集团公司和中国石油天然气集团公司继续分列榜单前四位，位次没有变化。利润排名前 10 位的 4 家中国公司仍然是工建农中四大银行。

在净资产收益率榜上，中国公司中排位靠前的是腾讯、碧桂园、华为、美的和台积电。中国大陆公司中，利润率最高的是腾讯控股有限公司，超过 30%。纵向比较近年来的数据，上榜中国企业的销售收益率和净资产收益率两个指标处在下行通道上：2015 年销售收益率为 5.6%，2017 年只有 5.1%；2015 年净资产收益率 10.7%，2017 年只有 8.9%。这一现象值得中国公司管理者以及相关政府部门重视。

在排名位次的变化上，2018 年上升最快的是中国的国家能源投资集团，由 2017 年的 276 位跃升至 2018 年的 101 位。排名跃升最快的前 10 家公司中，有 8 家来自中国大陆，除了国家能源投资集团，其余 7 家是：阿里巴巴（上升 162 位）、腾讯（上升 147 位）、山东能源集团（上升 138 位）、厦门国贸（上升 134 位）、美的（上升 127 位）、厦门建发（上升 126 位）和碧桂园（上升 114 位）。

从行业看，所有的互联网服务公司排名均有大幅提升，他们是来自中美两国的京东、阿里巴巴、腾讯、亚马逊、谷歌母公司 Alphabet 和社交媒体巨头 Facebook。在中国公司群体中，在这个行业内的华为公司排名从 83 位上升到 72 位。

在汽车制造业领域，中国有 7 家公司上榜，美国仅有通用汽车和福特两家。吉利是大陆唯一一家上榜的民营企业。该公司 2017 年跨越了百万销售量门槛，在销量增幅和 500 强排名跃升幅度上，位于国内行业首位。

值得注意的是所有上榜的房地产行业企业均来自中国。但是，中国企业产业结构调整明显面临巨大挑战。作为参照，2018 年美国大公司中没有房地产、工程建筑和金属冶炼企业，却在 IT、生命健康和食品相关等领域存在众多大公司；中国正好与此形成反差。尤其在卫生健康 / 食品批发、保险管理式医疗、食品生产加工和娱乐等与人的生活和健康密切的产业里，有美欧、日本、巴西等国公司，中国却没有任何企业上榜。

此外，中国银行业利用垄断地位获取超额利润的问题仍然没有解决。美国上榜的 8 家银行平均利润 96 亿美元。中国 10 家银行平均利润高达179亿美元，远远高于全部入榜中国公司的利润水平（31亿美元）。这10家银行的总利润占111家中国大陆（不包括台湾地区）上榜公司总利润的50.7%；而美国银行总利润仅占126家美国入榜公司的11.7%。

111家上榜中国企业中，12家首次或重新上榜，他们是：招商局集团、雪松控股、象屿集团、兖矿集团、鞍钢集团、首钢集团、纬创集团、中国太平保险集团、富邦金融控股、泰康保险集团、河南能源化工集团、青岛海尔。新上榜公司最多的行业是保险（3家）。青岛海尔则是电子与电子设备行业唯一一家中国新上榜公司。其中，始创于1872年晚清洋务运动时期、也是中国改革开放先行者的招商局集团首次上榜，排名位于280位。采矿、原油生产行业中有一家特点鲜明的新上榜公司——兖矿集团。该公司是中国唯一一家拥有境内外四地上市平台的煤炭企业。2017年，兖煤澳洲总产能达到8 000万t，成为澳大利亚最大的煤炭上市公司。2018年世界500强中国上榜公司名单见表1。

表1 2018年世界500强中国上榜公司名单

排名	2017年排名	公司名称	营业收入（百万美元）	总部所在城市
2	2	国家电网公司	348 903.1	北京
3	3	中国石油化工集团公司	326 953.0	北京
4	4	中国石油天然气集团公司	326 007.6	北京
23	24	中国建筑工程总公司	156 070.8	北京
24	27	鸿海精密工业股份有限公司	154 699.2	台北
26	22	中国工商银行	153 021.3	北京
29	39	中国平安保险（集团）股份有限公司	144 196.8	深圳
31	28	中国建设银行	138 594.1	北京
36	41	上海汽车集团股份有限公司	128 819.3	上海
40	38	中国农业银行	122 365.5	北京
42	51	中国人寿保险（集团）公司	120 224.1	北京
46	42	中国银行	115 422.7	北京
53	47	中国移动通信集团公司	110 158.5	北京
56	55	中国铁路工程总公司	102 767.1	北京
58	58	中国铁道建筑总公司	100 854.8	北京
65	68	东风汽车公司	93 293.8	武汉
72	83	华为投资控股有限公司	89 311.4	深圳
86	86	中国华润有限公司	82 184.1	香港
87	115	中国海洋石油总公司	81 482.2	北京
91	103	中国交通建设集团有限公司	79 416.9	北京
96	89	太平洋建设集团	77 204.5	乌鲁木齐
98	143	中国中化集团公司	76 764.8	北京
101	276	国家能源投资集团	75 522.4	北京
109	120	中国五矿集团公司	72 997.4	北京
110	100	中国南方电网有限责任公司	72 787.3	广州
111	183	正威国际集团	72 766.2	深圳
113	119	中国邮政集团公司	72 197.3	北京
117	114	中国人民保险集团股份有限公司	71 579.1	北京
122	136	中粮集团有限公司	69 669.1	北京
124	137	北京汽车集团	69 591.3	北京
125	125	中国第一汽车集团公司	69 524.4	长春

（续）

排名	2017 年排名	公司名称	营业收入（百万美元）	总部所在城市
132	129	天津物产集团有限公司	66 577.4	天津
140	135	中国兵器工业集团公司	64 646.3	北京
141	133	中国电信集团公司	63 974.0	北京
149	172	中国中信集团有限公司	61 316.2	北京
161	162	中国航空工业集团公司	59 262.5	北京
162	204	中国宝武钢铁集团	59 255.1	上海
167	211	中国化工集团公司	57 989.4	北京
168	171	交通银行	57 711.4	上海
181	261	京东集团	53 964.5	北京
182	190	中国电力建设集团有限公司	53 870.1	北京
185	159	山东魏桥创业集团有限公司	53 203.0	滨州
194	199	中国医药集团	51 844.4	北京
202	238	广州汽车工业集团	50 322.7	广州
213	216	招商银行	47 950.7	深圳
220	252	中国太平洋保险（集团）股份有限公司	47 318.8	上海
222	248	中国铝业公司	46 683.5	北京
227	245	上海浦东发展银行股份有限公司	46 295.2	上海
230	338	中国恒大集团	46 018.6	深圳
234	372	山东能源集团有限公司	45 649.5	济南
235	268	恒力集团	45 562.8	苏州市
237	230	兴业银行	45 491.0	福州
239	221	河钢集团	45 390.2	石家庄
240	226	联想集团	45 349.9	香港
242	101	中国兵器装备集团公司	44 785.4	北京
243	259	中国建材集团	44 701.2	北京
245	233	中国船舶重工集团公司	44 431.0	北京
251	251	中国民生银行	43 297.5	北京
252	277	绿地控股集团有限公司	42 970.1	上海
256	334	中国机械工业集团有限公司	42 638.1	北京
267	343	浙江吉利控股集团	41 171.9	杭州
270	348	物产中大集团	40 928.6	杭州
273	241	中国联合网络通信股份有限公司	40 663.5	北京
280	—	招商局集团	39 970.8	香港
283	279	怡和集团	39 456.0	香港
285	296	和硕	39 237.6	台北
288	326	陕西延长石油（集团）有限责任公司	38 897.8	西安
289	274	中国华能集团公司	38 872.0	北京
294	337	陕西煤业化工集团	38 482.6	西安
295	383	友邦保险集团	38 330.0	香港
300	462	阿里巴巴集团	37 770.8	杭州
312	341	中国保利集团	37 001.9	北京
322	329	中国光大集团	35 840.2	北京
323	450	美的集团股份有限公司	35 794.2	佛山

（续）

排名	2017 年排名	公司名称	营业收入（百万美元）	总部所在城市
331	478	腾讯控股有限公司	35 178.8	深圳
332	307	万科企业股份有限公司	35 117.4	深圳
333	312	中国能源建设集团有限公司	35 048.3	北京
335	366	中国远洋海运集团有限公司	34 667.8	上海
339	205	来宝集团	34 420.8	香港
343	336	中国航天科技集团公司	34 253.6	北京
346	355	中国航天科工集团公司	34 073.0	北京
353	467	碧桂园控股有限公司	33 572.0	佛山
354	390	广达电脑公司	33 563.8	桃园
359	320	冀中能源集团	33 187.8	邢台
360	494	厦门国贸控股集团有限公司	32 901.6	厦门
361	—	雪松控股集团	32 711.5	广州
362	488	厦门建发集团有限公司	32 588.4	厦门
364	365	江苏沙钢集团	32 560.5	张家港
368	369	台湾积体电路制造股份有限公司	32 126.4	新竹
369	362	中国电子信息产业集团有限公司	31 990.4	北京
370	339	江西铜业集团公司	31 964.1	贵溪
371	439	中国航空油料集团公司	31 942.2	北京
374	319	长江和记实业有限公司	31 892.4	香港
375	—	象屿集团	31 676.4	厦门
381	322	新兴际华集团	31 078.2	北京
385	318	中国中车股份有限公司	30 634.1	北京
388	400	中国电子科技集团公司	30 175.5	北京
393	364	中国船舶工业集团公司	29 796.9	北京
395	368	国家电力投资集团公司	29 726.5	北京
397	382	中国华电集团公司	29 611.8	北京
399	—	兖矿集团	29 473.5	邹城
404	458	仁宝电脑	29 175.2	台北
410	411	国泰人寿保险股份有限公司	28 804.5	台北
427	485	苏宁易购集团	27 805.7	南京
428	—	鞍钢集团公司	27 792.0	鞍山
431	—	首钢集团	27 488.7	北京
432	—	纬创集团	27 480.0	台北
436	—	台湾中油股份有限公司	27 105.5	高雄
456	495	新疆广汇实业投资（集团）有限责任公司	26 106.0	乌鲁木齐
464	459	阳光龙净集团有限公司	25 605.1	福州
465	—	中国太平保险集团有限责任公司	25 597.5	香港
468	454	中国大唐集团公司	25 299.2	北京
479	—	富邦金融控股股份有限公司	24 688.3	台北
481	476	山西晋城无烟煤矿业集团有限责任公司	24 658.7	晋城
489	—	泰康保险集团	24 058.3	北京
494	445	山西阳泉煤业（集团）有限责任公司	23 792.8	阳泉
495	448	潞安集团	23 784.5	长治

（续）

排名	2017 年排名	公司名称	营业收入（百万美元）	总部所在城市
496	—	河南能源化工集团	23 699.4	郑州
497	430	大同煤矿集团有限责任公司	23 697.5	大同
499	—	青岛海尔集团有限公司	23 563.2	青岛

〔来源：财富中文网〕

2018 年度 ENR 全球最大 250 家国际承包商中国企业名单

2018 年 8 月 23 日，“全球最大 250 家国际承包商”榜单发布。

中国内地企业（简称“中国企业”）共有 69 家企业入围，较上年增加 4 家，上榜企业数量蝉联各国榜首；土耳其以 46 家上榜企业居第 2 位。69 家中国上榜企业的国际营业额共计 1 140.97 亿美元，较上年提高 15.3%，占所有上榜企业国际营业总额的 23.7%，较上年提升 2.6 个百分点。其中，3 家企业进入前 10 强，分别是中国交通建设集团有限公司 (排名第 3 位)、中国建筑股份有限公司 (排名第 8 位)、中国电力建设集团有限公司 (排名第 10 位)；中国建筑股份有限公司、中国中铁股份有限公司、中国铁建股份有限公司、中国交通建设集团有限公司继续包揽前 4 强，共 7 家中国企业进入前 10 强，中国电力建设集团有限公司排名第 6 位，上海建工集团有限公司排名第 9 位，中国冶金科工集团有限公司排名第 10 位；共有 10 家企业进入前 50 强。体现了中国企业在全球基建市场的领军地位。

在地区市场业务前 10 强榜单中，中国企业除未能进入欧洲、美国、加拿大市场的前 10 强外，在其他市场榜单中均占有席位。在非洲市场，中国企业依旧表现突出，中国交通建设集团有限公司、中国铁建股份有限公司、中国建筑股份有限公司、中国电力建设集团有限公司、中国中铁股份有限公司、中国机械工业集团有限公司等 6 家企业入围；在亚洲市场，中国交通建设集团有限公司、中国建筑股份有限公司、中国电力建设集团有限公司等 3 家企业入围；此外，在拉丁美洲市场，中国企业表现也可圈可点，中国交通建设集团有限公司、中国机械工业集团有限公司、中国电力建设集团有限公司、中国能源建设股份有限公司等 4 家企业上榜。

与 2017 年相比，入围的 69 家中国企业中，有 31 家排名上升，其中上升幅度最大的为中铝国际工程股份有限公司，排名从第 245 位上升至第 186 位；23 家企业排名下降；3 家与 2017 年排名持平。新进上榜企业 12 家，其中，中国石油管道局工程有限公司、中国石油建设有限公司、中国寰球工程有限公司等 3 家企业均由其母公司中国石油集团工程股份有限公司 (CEPC) 整体参评，排名居第 33 位；威海国际经济技术合作股份有限公司表现也较为亮眼，排名第 88 位，进入前 100 强。2018 年上榜中国企业名单见表 1。

表 1　2018 年上榜中国企业名单

名次	2018 排名	2017 排名	企业名称
1	3	3	中国交通建设集团有限公司
2	8	11	中国建筑股份有限公司
3	10	10	中国电力建设集团有限公司
4	14	23	中国铁建股份有限公司
5	17	21	中国中铁股份有限公司
6	21	27	中国能源建设股份有限公司
7	25	31	中国机械工业集团有限公司
8	33	—	中国石油集团工程股份有限公司
9	44	48	中国冶金科工集团有限公司
10	46	50	中国化学工程集团有限公司
11	55	53	中石化炼化工程（集团）股份有限公司
12	56	56	中信建设有限责任公司
13	62	64	青建集团股份公司
14	65	67	哈尔滨电气国际工程有限责任公司
15	80	93	中国电力技术装备有限公司
16	83	84	特变电工股份有限公司
17	85	106	中国有色金属建设股份有限公司
18	87	94	浙江省建设投资集团股份有限公司
19	88	—	威海国际经济技术合作股份有限公司
20	89	96	中国中原对外工程有限公司
21	90	83	中国水利电力对外有限公司
22	92	90	中国江西国际经济技术合作公司
23	94	103	北方国际合作股份有限公司
24	97	95	江西中煤建设集团有限公司
25	100	141	上海电气集团股份有限公司
26	102	104	通用技术集团控股有限责任公司
27	109	117	上海建工集团股份有限公司
28	110	108	新疆生产建设兵团建设工程（集团）有限责任公司
29	111	102	中地海外集团有限公司
30	118	—	中国航空技术国际工程有限公司
31	120	126	中国地质工程集团有限公司
32	123	142	北京建工集团有限责任公司
33	125	124	中石化中原石油工程有限公司
34	126	—	江苏省建筑工程集团有限公司
35	129	115	中国江苏国际经济技术合作集团有限公司
36	130	131	中国武夷实业股份有限公司
37	132	159	云南省建设投资控股集团有限公司
38	133	143	江苏南通三建集团股份有限公司
39	138	—	神州长城国际工程有限公司
40	140	146	烟建集团有限公司
41	143	116	安徽省外经建设（集团）有限公司
42	144	163	中国成套设备进出口（集团）总公司
43	145	150	中国河南国际合作集团有限公司
44	146	127	中鼎国际工程有限责任公司
45	148	180	北京城建集团有限责任公司

（续）

名次	2018 排名	2017 排名	企业名称
46	152	149	沈阳远大铝业工程有限公司
47	155	132	中国东方电气集团有限公司
48	157	129	中钢设备有限公司
49	158	—	江联国际工程有限公司
50	162	153	上海城建（集团）公司
51	174	—	江西省水利水电建设有限公司
52	175	177	山东德建集团有限公司
53	182	179	南通建工集团股份有限公司
54	185	202	烟台国际经济技术合作集团有限公司
55	186	245	中铝国际工程股份有限公司
56	192	147	安徽建工集团有限公司
57	201	185	江苏南通六建建设集团有限公司
58	204	139	中国山东对外经济技术合作集团有限公司
59	207	203	重庆对外建设（集团）有限公司
60	210	—	安徽水安建设集团股份有限公司
61	211	—	湖南建工集团有限公司
62	215	210	浙江交工集团股份有限公司
63	216	193	中国甘肃国际经济技术合作总公司
64	219	181	中国大连国际经济技术合作集团有限公司
65	222	228	江苏中南建筑产业集团有限责任公司
66	242	—	湖南路桥建设集团有限责任公司
67	243	240	北京住总集团有限责任公司
68	244	—	蚌埠市国际经济技术合作有限公司
69	246	—	山西建设投资集团有限公司

注：“-”表示该企业 2017 年度未入围榜单。

〔来源：中国对外承包工程商会〕

2017 年机械工业经济运行分析与 2018 年展望

2017 年，面对错综复杂的国内外形势，机械工业认真贯彻落实党中央、国务院的战略部署，主动适应发展新常态，深入推进供给侧结构性改革、扩大有效供给，推进行业转型升级、提质增效。全年实现效益改善、出口回升，行业运行稳中向好，市场信心逐步提升，发展形势好于预期。与此同时，高端产品供应不足、低端产品供应过剩的不平衡状态仍未根本改变，专用装备等短板发展不充分的问题依然突出。

一、2017 年机械工业经济运行情况

1. 增加值保持较高增速 2017 年机械工业增加值增速延续了上年持续高于全国工业和制造业的态势，增速始终保持在 10% 以上。全年机械工业增加值同比增长 10.7%，分别高于同期全国工业和制造业 4.1 个和 3.5 个百分点，高于机械工业上年同期 1.1 个百分点。

2. 经济效益明显改善 2017 年机械工业实现主营业务收入 24.54 万亿元，同比增长 9.47%，

高于上年同期 2.03 个百分点。实现利润总额 1.71 万亿元，同比增长 10.74%，高于上年同期 5.2 个百分点。机械工业主要效益指标实现较快增长，但与全国工业比较，主营业务收入及利润增速分别低于同期全国工业 1.61 个和 10.3 个百分点。

从盈利能力看，2017 年机械工业主营业务收入利润率为 6.98%，比上年提高 0.08 个百分点，高于同期全国工业 0.52 个百分点；每百元资产实现的主营业务收入为 109.89 元，比上年提高 0.42 元，高于同期全国工业 1.5 元，机械企业的盈利能力在增强。

3. 产品产量增长面扩大　重点监测的机械工业 64 种主要产品中，产量实现同比增长的产品有 47 种，占比 73.4%，产品产量增长面较上年扩大 9.3 个百分点；产量同比下降的产品有 17 种，占比 26.6%。产量实现增长的产品有以下特点：一是与基础设施建设及城镇化建设密切相关的挖掘机、装载机、压实机械等工程机械类产品实现大幅增长，其中挖掘机产量增速超过 70%。二是前两年需求疲软的投资类产品出现恢复性增长，如矿山设备、冶金设备、金属轧制设备、机床等产品增速在 5% ～ 10%。三是与消费市场密切相关的产品如汽车、摩托车等产品保持增长的态势。四是与物流运输产业相关度较大的载货汽车、集装箱、叉车、输送机械等产量明显增长。产量下降的产品主要是拖拉机、收割机等农机产品和发电设备。

4. 分行业发展全面向好　与上年仅汽车、电工电器两大行业为主拉动机械工业增长不同，2017 年以来机械工业各分行业均表现出向好的发展态势。通用设备制造业、专用设备制造业、电气机械和器材制造业以及汽车制造业，全年工业增加值增速均超过 10.5%，其中通用设备制造业和专用设备制造业的增速较上年大幅提升 4.6 和 5.1 个百分点。

主营业务收入方面，2017 年汽车、内燃机、工程机械、仪器仪表 4 个分行业增速实现两位数增长。在全行业新增主营业务收入中，汽车和电工电器行业分别占 40.56% 和 22.99%；其他行业合计占 36.45%，比重较上年提高 14.23 个百分点。利润总额方面，在全行业新增利润中，汽车和电工电器行业分别占 23.01% 和 14.73%；其他行业合计占 62.26%，比上年大幅提升 56.54 个百分点。

5. 固定资产投资增速低位企稳　2017 年机械工业累计完成固定资产投资 5.14 万亿元，同比增长 2.6%，较上年同期提高 0.9 个百分点，但仍低于同期全社会和制造业投资增速 4.6 个和 2.2 个百分点。从趋势看，全年投资增速波动趋缓，但总体处于低位。投资的实际到位资金增速由负转正，由年初 1 ～ 2 月同比下降 17.67%，回升至全年的同比增长 0.3%，反映出资金到位的问题正在改善。

6. 对外贸易增速回升明显　2017 年机械工业对外贸易增速持续回升，全年累计实现进出口总额 7 123 亿美元，同比增长 10.01%。其中进口 3 063 亿美元，同比增长 12.31%；出口 4 060 亿美元，同比增长 8.33%；实现贸易顺差 997 亿美元。13 个主要分行业全部实现对外贸易出口同比正增长，其中农业机械、工程机械、机床工具和汽车行业出口实现两位数增长。特别是收获及场上作业机械、推土机、装载机、数控机床和汽车整车等产品，出口形势良好，出口量增幅分别为 51.5%、70.4%、48.6%、44.1% 和 31.2%。

7. 产品价格指数由降转升，但涨幅远低于上游水平　2017 年机械工业生产者出厂价格指数摆脱了前些年持续的下行态势，各月指数介于 100.1 至 100.9 之间。但与原材料、燃料价格增势相比，机械工业价格上涨仍然乏力。12 月份机械工业生产者出厂价格指数为 100.5，涨幅低于同期工业生产者购进价格指数 7.6 个百分点，表明机械行业生产运营过程中原材料、燃料等要素成本价格的上涨难以向下游行业传导。近期中国机械工业联合会专项调查的结果进一步反映了这一现状，仅 34% 的被调查企业产成品价格有所上浮，但上浮幅度均小于原材料价格上涨的幅度。

8. 经营成本持续上升　2017 年机械工业主营业务成本同比增长 9.53%，比上年同期增长了 2.01 个百分点，低于同期全国工业 1.42 个百分点。每百元主营业务收入中的成本为 84.6 元，比上年增加 0.05 元。原材料价格攀升、用工成本上涨、物流成本和融资成本增长是主要原因。专项调查结果显示，所有被调查企业都感受到原材料价格上涨压力，同时用工结构中技术人员比重提高也成为用工成本上升的重要因素。

二、发展活力有所增强

在国家相关政策措施的引导与支持下，机械企业主动适应新环境、谋求新机遇。积极探索和培育新的发展动力，成为越来越多机械企业的自主选择，行业发展的活力有所增强。

1. 重大项目带动自主创新 国家重大项目对机械行业创新发展的带动作用进一步显现。以“华龙一号”为例，作为我国拥有自主知识产权的三代核电技术、国家核电“走出去”的主推机型，在首台“华龙一号”——福清 5 号核反应堆的建设过程中，国内众多机械企业积极参与，实现了产品与制造技术的升级。仅 2017 年下半年就有哈电集团哈尔滨锅炉厂成功研制主蒸汽联箱，东方电气（广州）重型机器公司研制的 ZH-65 型蒸汽发生器安装就位，东方电气集团东方电机公司研制的核能发电机通过型式试验，中国一重承制的核反应堆压力容器完工交付等好消息传出。

2. 研发能力持续提升 通过近些年的积累，机械企业的研发与创新已不仅局限于对国外先进技术的引进、消化、吸收，而是更为关注原创设计、极限制造等能力的提升。广西柳工成功研制全球首创垂直举升装载机，可实现 360° 视野无死角操作，较之传统产品倾翻载荷提升 30%、提升能力增加 30%，已获得国内发明专利 35 项、国际发明专利 7 项。徐工集团研制全球首台八轴 XCA1200 全地面起重机，采用独特的千吨级八轴底盘设计，自重比传统产品减轻 30 多吨，并可通过模块组合实现通用机型与风电机型的灵活转变，拓宽了产品的应用领域。中铁电建自主研制的国内最大直径敞开式硬岩掘进机，填补了国内 9m 以上大直径硬岩掘进机的空白。上海昌强重工研制的世界首台 36 000t 超大六向模锻液压机，具有自由锻和六向模锻两种工作模式，可在地面移动工作台上实现自由锻，在地面以下六向模锻区实现六向模锻，锻件金属流线分布更合理，节约原材料 30% 以上。

3. 开拓新领域新市场 在传统市场需求疲软、竞争加剧的背景下，越来越多的机械企业基于自身优势延伸服务、拓宽市场。和利时公司积极开拓轨道交通控制系统，研发的 CTCS-2+ATO 列车运行控制系统成功应用于佛肇城际铁路。杭氧集团实施由生产型制造企业向服务型制造企业转型的战略，形成了由工程总承包、空分设备制造与工业气体运营构成的完整产业链。苏州苏试集团在试验设备制造与试验技术服务领域并行发展，目前集团的服务业销售额已接近制造业，而服务业利润已经与制造业持平。

借助“一带一路”建设的契机，机械企业加快全球化的产业布局。潍柴集团深耕沿线国家，加快产能合作和网络布局，已拥有海外营销平台及子公司 30 多家，发展了 400 余家授权服务站，目前海外业务收入占集团总收入的比重超过 40%，利润占比超过 30%。徐工集团在美国和欧洲建立研发中心，在巴西设立研究所和制造基地，在乌兹别克斯坦合资建厂，目前海外收入占集团总收入的比重已接近 30%。

4. 重大专项成果丰硕 实施国家重大科技专项取得丰硕成果。如在“高档数控机床与基础制造装备”科技重大专项支持下，北京北一机床联合北京工业大学等单位，以可适应模块设计、超跨距功能部件精准制造和超大组合件高刚度装配等技术创新为主线，成功研制出国际先进水平的超重型车铣复合数控机床，填补了国内空白，并实现了系列化生产，创新成果应用于重型复合立车、重型落地镗等高端制造装备的研发，为我国核电、风电、船舶、航空航天等行业发展提供了有力的支撑。武汉重型机床联合华工制造装备数字化国家工程中心、武汉华中数控等单位，研发了具有自主知识产权的 28m 超重型数控单柱移动立式铣车床，是目前世界上加工规格最大的立式铣车床，具有大承载、高效率、高精度、加工范围广、高可靠性等特点，具备车、铣、钻、镗、磨复合加工功能，能够实现零件一次装卡完成所有或大部分加工工序。解决了我国核电、水电领域关键超大型构件制造难题，为我国重大项目、重点工程的顺利实施提供了有力的支撑。

5．提供智能制造产品的能力逐步增强　在相关产业政策的引领和科技进步的带动下，机械工业为国民经济各行业提供智能制造产品的能力逐步增强。如青岛软控股份研制的 PS2A 乘用车子午线轮胎一次法智能成型装备，实现了整套装备的智能化控制、胶料的循环供给和自动贴合，只需 1 人即可完成整套系统操作，轮胎日产量达 1 400 套，产能提升 20%，为我国轮胎行业智能转型提供了重要的技术支撑。共享集团成功研发铸造 3D 打印等智能装备，在铸造 3D 打印技术产业化应用上取得重大突破，攻克了铸造 3D 打印材料、工艺、软件、设备等技术难题，获得专利 49 件。

三、2018 年机械工业发展展望

2018 年世界经济虽然有望继续复苏，但不确定性因素始终存在，发达国家“再工业化”和发展中国家工业化进程加快对我国外贸出口市场的双重挤压始终存在。在此形势下，机械工业对外贸易与合作都面临着更为复杂多变的形势。全行业要更加注重提升出口产品质量和附加值，要抓住“一带一路”建设的契机，创新对外合作方式，注重投资对贸易发展、产业发展的拉动作用。

2018 年是全面贯彻党的十九大精神的开局之年，中央经济工作会议指出，要坚持稳中求进总基调，以供给侧结构性改革为主线，强化实体经济吸引力和竞争力，优化存量资源配置，强化创新驱动，发挥好消费的基础性作用，促进有效投资特别是民间投资合理增长。同时，随着《中国制造 2025》各项工作的深入推进，“强基工程”“智能制造”“重大短板装备工程”“增强制造业核心竞争力”等专项以及技术改造升级工程相继实施，这些利好对机械工业的发展和经济运行的带动作用将进一步释放。

但也应该看到，机械工业总体上产能严重供过于求、市场过度竞争的局面没有改变；固定资产投资增幅在低位徘徊的状况没有改变；机械工业传统用户钢铁、电力、煤炭、化工、石油等领域处于产能调整阶段的市场需求环境没有改变；出口仍存在很大的不确定性。同时机械行业内部发展不平衡、不充分的问题依然普遍存在。全行业实现由高速度向高质量发展的任务依然艰巨。

预计 2018 年机械工业将延续上年平稳的增长态势，主要经济指标增速保持或略低于上年水平。具体而言，机械工业增加值、主营业务收入和利润总额增速均在 7% 左右，对外贸易出口将保持适度增长，增速将低于上年。

〔来源：机经网〕

2017 年度中国机械工业科学技术奖奖励项目

2017 年度中国机械工业科学技术奖
特等奖项目（3 项）

项目编号	项目名称	完成单位
1702082	海岛／岸基大功率特种电源系统关键技术与成套装备及应用	湖南大学
1701031	跨代飞机大型复杂构件高质高效数控加工过程关键技术及应用	成都飞机工业（集团）有限责任公司
1711043	商用车动力总成关键技术及工程化	潍柴动力股份有限公司

2017 年度中国机械工业科学技术奖
一等奖项目（46 项）

项目编号	项目名称	完成单位
1703017	极端环境核磁共振成像关键技术与成套装备	中国石油大学（北京）
1704002	大型工程运输车辆机电液创新设计及工程应用	燕山大学
1707004	液压多路换向阀关键技术及应用	江苏恒立液压科技有限公司
1707023	面齿轮传动成套技术及关键装备	北京航空航天大学
1709002	晶硅太阳电池微纳结构制造及界面钝化关键技术与应用	常州大学
1711017	高密度－低温燃烧理论和技术及其在节能国六柴油机开发中的应用	天津大学
1701015	大型伺服压力机及伺服冲压生产线关键技术与装备	济南二机床集团有限公司
1702018	SSP-1210000/500 电力变压器	西安西电变压器有限责任公司
1702050	电源电压直升百万伏关键装备研发及工程应用示范	特变电工股份有限公司
1702056	再热汽温 623℃高效超超临界锅炉研制	上海锅炉厂有限公司
1702057	超超临界二次再热锅炉研制及产业化	哈尔滨锅炉厂有限责任公司
1702087	大规模集成电路用铜基引线框架材料的关键技术及产业化	上海理工大学
1702094	国家高电压标准装置关键技术、成套装备及工程应用	国网江苏省电力公司电力科学研究院
1702106	1 000MW 核电汽轮机焊接转子研制	东方电气集团东方汽轮机有限公司
1704012	500m 口径球面射电望远镜用柔性六索并联系统	大连华锐重工集团股份有限公司
1704015	30MN 多点数控成形液压压机	中国第一重型机械股份公司
1704020	年产千万吨大采高智能采煤机关键技术研究与应用	太重煤机有限公司
1704021	高速板带轧机稳定运行动力学模型体系搭建及其工业应用	燕山大学
1704023	宽厚板定制化轧制生产工艺及成套设备自主研发与应用	太原科技大学
1704049*	125MN 工业铝材挤压在线精整设备关键技术与应用	中国重型机械研究院股份公司
1705019	广适低损油菜机械化收获技术与装备	农业部南京农业机械化研究所
1705026	高效智能小麦联合收获机的关键技术与产业化	雷沃重工股份有限公司
1705027	高效能履带式全喂入水稻联合收获机关键技术与装备	江苏大学
1706022	气瓶安全保障追溯体系建设关键技术	上海市特种设备监督检验技术研究院
1706025*	R32 制冷关键技术与装备的开发及应用	合肥通用机械研究院
1706032	压水堆核电站用核二级主蒸汽隔离阀	中核苏阀科技实业股份有限公司
1706035	冲拔式冷旋压大直径高压无缝钢瓶设计制造关键技术及产业化	浙江工业大学
1706036*	极端条件下压缩机关键部件失效预防关键技术	合肥通用机械研究院
1706040	高端包装印刷装备关键技术及系列产品开发	西安交通大学
1707040	Ⅰ级精度基准级标准齿轮加工设备精化与工艺技术	大连理工大学
1707047	高端子午线轮胎模具关键技术开发与应用	山东豪迈机械科技股份有限公司
1707052*	3.6MW 以下风电装备系列轴承关键技术研究与应用	洛阳 LYC 轴承有限公司
1708029	中船重工集团公司第七〇二研究所综合试验水池工程设计关键技术研究	中船第九设计研究院工程有限公司
1709020	汽车轻质高强复合材料短流程成形关键技术及成套装备	机械科学研究总院先进制造技术研究中心

（续）

项目编号	项目名称	完成单位
1709025	复杂铸件近净成形铁型覆砂铸造关键技术与装备	浙江省机电设计研究院有限公司
1709039	飞机自动化装配成套工艺装备及集成应用	浙江大学
1709041	高性能复杂铸件形性调控关键技术及应用	华中科技大学
1709052	中厚板结构件复合精冲技术与装备	武汉理工大学
1709081	长寿命航天机构高可靠设计与服役自保障技术及应用	北京空间飞行器总体设计部
1710006	超大型全地面起重机关键技术研发与工程应用	徐州重型机械有限公司
1710020	大举力密度高效率叉车设计制造关键技术研究及应用	浙江大学
1710033	履带式全地形车关键技术及装备	贵州詹阳动力重工有限公司
1711027	中国一汽国Ⅴ系列重型柴油机核心技术自主创新及产业化	中国第一汽车股份有限公司技术中心
1712104	大中型电机转子精准套装装置	湘电集团有限公司
1713048	ISO17599：2015《技术产品文件 机械产品数字样机通用要求》国际标准	中机生产力促进中心
1713055	高档数控系统标准体系框架研究及关键技术标准制定与应用	国家机床质量监督检验中心

2017年度中国机械工业科学技术奖
二等奖项目（132项）

项目编号	项目名称	完成单位
1702019	稀土永磁与电磁混合励磁稳压发电系统关键技术及应用	山东理工大学
1703005	抗强振动干扰的数字式低功耗两线制涡街流量计研制与应用	合肥工业大学
1706051	高效自吸混合式曝气机	中冶华天工程技术有限公司
1709038	基于可控润滑的汽车变速器复杂锻件精密成形关键工艺与模具技术	江苏森威精锻有限公司
1709087	介观尺度零件精密切削加工工艺与设备	山东理工大学
1709091	重大工程用特殊功能阻尼器成套关键技术研发及应用	上海材料研究所
1710010	装载机转向负荷敏感流量放大阀关键技术研究及应用	广西柳工机械股份有限公司
1713059	数控机床关键功能部件可靠性试验装备与检测技术	吉林大学
1701004	TK6932型超重数控落地铣镗床	齐齐哈尔二机床（集团）有限责任公司
1701010*	高效精密小直径CBN内圆磨砂轮关键技术研究及应用	郑州磨料磨具磨削研究所有限公司
1701019	锡柴CA6DL气缸体生产线	大连机床集团有限责任公司
1701022	DMVTM2500×60/550L-NC数控龙门移动双柱立式铣车床	齐重数控装备股份有限公司
1701025	NJ-THMC6350IV喷油器体型腔深孔钻铣高精多轴复合加工中心	四川普什宁江机床有限公司
1701028	HPES-30510-FMC数控冲剪复合柔性加工单元	江苏亚威股份有限公司
1702009	舟山多端柔性直流输电示范工程配套试验能力建设项目	中国新时代国际工程公司
1702012	电力需求侧智能管理及其在智能建筑中的应用研究	上海电器科学研究所（集团）有限公司
1702015*	高弥散性银镍电触头材料开发及产业化	桂林电器科学研究院有限公司
1702017	1 000MW等级电站锅炉给水泵汽轮机关键技术开发应用	杭州汽轮机股份有限公司

（续）

项目编号	项目名称	完成单位
1702024	基于信息交互与立体决策的变电站协同控制关键技术及应用	国网北京经济技术研究院
1702039	基于三电平矢量控制高压变频器关键技术研究及产品研制	上海电气富士电机电气技术有限公司
1702040	特高压带电作业关键技术与智能装备及应用	长沙理工大学
1702044	F1-2500 户内直流真空开关技术研究、设备研制及示范应用	许继集团有限公司
1702047	地铁再生制动能量回馈装置研制与应用	许继集团有限公司
1702059	高参数抗严寒 1 100kV GIS 设备研制	河南平高电气股份有限公司
1702063	特高压直流输电交流场用 800kV 开关设备研制与应用	西安西电开关电气有限公司
1702070	超（超）临界百万机组用电站锅炉启动系统再循环泵	合肥皖化电机技术开发有限责任公司
1702078	耐热自粘换位导线研发及产业化	无锡统力电工股份有限公司
1702080	基于红外热像和人工智能的瓷质绝缘子检测技术设备及应用	湖南大学
1702088	煤气化联合吸附强化制氢关键技术及应用	上海理工大学
1702089	万能式断路器制造过程柔性测试与系统集成关键技术及应用	常熟理工学院
1702103	350MW 超临界循环流化床锅炉研制	东方电气集团东方锅炉股份有限公司
1702115	大容量超多柱并联金属氧化物限压器关键技术研究及其工程应用	西安西电避雷器有限责任公司
1702122	满足孤网要求抗冲击型 730MW 级水氢冷发电机	上海电气电站设备有限公司上海发电机厂
1702123	满足内陆运输及国际化需求的百万千瓦级发电机	上海电气电站设备有限公司上海发电机厂
1703007	500kN 振动试验系统	苏州东菱振动试验仪器有限公司
1703011*	航空发动机高温测量用高品质贵金属测温材料研究与开发	重庆材料研究院有限公司
1703012	基于全域超声渡越时间参数柱体混凝土构件质量检测技术及仪器研发	江苏理工学院
1703021	新型高精度位姿组合测量关键技术研究与装备研制	江苏大学
1704003	大型桥式双料耙刮板取料机开发及应用	华电重工股份有限公司
1704006	大产能多功能铸锭连续铸造机组关键技术的研发及产业化	云南冶金昆明重工有限公司
1704024*	火电设备用关键大型铸锻件系列标准研究和提升	二重集团（德阳）重型装备股份有限公司
1704032	5 ～ 100t 绿色智能轻量化桥式起重机关键技术研发及产业化应用	卫华集团有限公司
1704044	ϕ5m 敞开式硬岩掘进机	中信重工机械股份有限公司
1704048*	300t 高效 RH 真空炉外精炼装备开发与应用	中国重型机械研究院股份公司
1704050	千万吨综采工作面智能型输送系统开发与示范应用	山西煤矿机械制造股份有限公司
1704054	核电用大型锻件关键制造技术及应用	河南科技大学
1704056	3E 级超大型岸桥关键技术研究及应用	上海振华重工（集团）股份有限公司
1705009	液体菌种食用菌工厂化生产关键技术及装备研究与应用	淮海工学院
1705016*	暗管改碱装备开发研制与应用	中国农业机械化科学研究院
1705020	黄淮海玉米机械化生产关键装备研发与应用	山东省农业机械科学研究院
1705024	旱地机械化栽植技术与成套装备研发	河南科技大学
1705025*	东方红一 MK550/554/600/604/650/654 轮式拖拉机	中国一拖集团有限公司
1705028	轻巧型自循环高效多级自吸喷灌泵关键技术研究及应用	江苏大学

（续）

项目编号	项目名称	完成单位
1706010	广谱过滤吸收器的研究及产业化	浙江叁益科技股份有限公司
1706015	660MW 机组 100% 容量给水泵国产化研发	中国电建集团上海能源装备有限公司
1706020	MDP 系列抗大气冲击分子泵	北京北仪创新真空技术有限责任公司
1706024	高可靠性 400kW 级卧式高速泵系列化产品的研制	北京航天石化技术装备工程有限公司
1706027	化工过程液体余压能量回收液力透平关键技术与工业应用	兰州理工大学
1706038	永磁变频两级压缩螺杆式空压机	温岭市鑫磊空压机有限公司
1706044	百万千瓦级压水堆核电站 HSD80-150 型上充泵	重庆水泵厂有限责任公司
1706052	320 万 t/a 连续重整装置用循环氢离心压缩机组	沈阳鼓风机集团股份有限公司
1706055	舰船低噪声高可靠性螺杆式冷水机组关键技术研究及应用	珠海格力电器股份有限公司
1706064	飞机地面空调电源综合保障关键技术及装备	上海理工大学
1706065	高效节能三元流风机系统	重庆通用工业（集团）有限责任公司
1706067	新能源汽车低温变频热泵空调系统关键技术与应用	上海加冷松芝汽车空调股份有限公司
1706069	高效双吸离心泵优化设计技术研究和应用	江苏大学
1706072	TRLPM 永磁电机驱动螺杆压缩机主机	苏州通润驱动设备股份有限公司
1706073	地铁高效冷水机组的研究开发及应用	南京天加空调设备有限公司
1706077	5 050m^3 高炉干式煤气余压余热能量回收透平机组	西安陕鼓动力股份有限公司
1706091	超宽频增焓强效及自由冷暖两管制热回收关键技术在多联机的应用	广东美的暖通设备有限公司
1707013	汽车窗框饰条精密注塑模具技术及应用	常州博赢模具有限公司
1707026	精密圆锥滚子全闭环磨超生产线	河北富恒机械科技开发有限公司
1707027	高速低噪声调心滚子轴承研发	山东省宇捷轴承制造有限公司
1707031	汽车电动助力转向系统用四点接触球轴承及组合轴承	慈兴集团有限公司
1707033*	外圈带润滑油孔的超高速电主轴轴承研制	洛阳轴研科技股份有限公司
1707035	轨道交通用驱动齿轮装置关键技术及产业化	郑州机械研究所
1707037	非对称轴承套圈精密高效冷挤压成形技术及应用	浙江精力轴承科技有限公司
1707039	高速列车客室侧门系统核心技术研发及产业化	南京康尼机电股份有限公司
1707042	TFA15VSO175 系列恒压恒功率电比例高压柱塞泵的研发与产业化	山东泰丰液压股份有限公司
1707045	转印定制注塑模具技术的研究及应用	青岛海尔模具有限公司
1707049	高原直升机传动系统滚动轴承技术研究及应用	洛阳 LYC 轴承有限公司
1707056	大型液粘调速离合器高效节能关键技术研究及应用	江苏大学
1707067	重载高可靠性盾构机刀盘滚刀圆锥滚子轴承	瓦房店轴承集团有限责任公司
1708006*	高效节能绿色汽车制造工厂设计—华晨宝马汽车有限公司新工厂项目	中国汽车工业工程有限公司
1708016	一汽 - 大众汽车有限公司成都工厂涂装车间生产线项目	机械工业第九设计研究院有限公司
1708019*	超高层建筑消防给水关键技术研究与应用	中国中元国际工程有限公司
1708022*	河南中烟工业有限责任公司郑州和新郑卷烟厂联合易地技术改造项目	机械工业第六设计研究院有限公司

（续）

项目编号	项目名称	完成单位
1708024	基于低低温除尘系统的电厂环保岛及装备研制	上海电气电站环保工程有限公司
1708026	汽车发动机缸盖绿色制造数字化车间项目	东风设计研究院有限公司
1708036*	十万空分压缩机组试验台	中国联合工程公司
1708043*	西北地区绿色建筑关键技术设计理论体系研究与应用	中联西北工程设计研究院有限公司
1709026	水性漆 B1B2 工艺在商用车涂装中的应用	安徽江淮汽车集团股份有限公司
1709029*	数控高速冲压设备可靠性增长技术	济南铸造锻压机械研究所有限公司
1709036	嵌入式 RFID 混凝土搅拌站生产实时监管系统	江苏理工学院
1709046	铝合金铸件绿色优质铸造成套技术	沈阳铸造研究所
1709053	全新一代等离子渗氮设备的研发及产业化	江苏丰东热技术股份有限公司
1709072	新一代运载火箭轻量化箭体结构制造技术	上海航天设备制造总厂
1709073	高精高效大尺寸激光选区熔化增材制造设备研制	上海航天设备制造总厂
1709074	中空薄壁件冷温复合锻挤精密高品质成形关键技术与装备	江苏大学
1709078	高端装备热处理淬火关键技术与应用	上海交通大学
1709089	多模式电磁场可控高品质离子镀涂层关键技术及应用	温州职业技术学院
1709090	年产百万件曲轴数字化锻造车间系统的研制与应用示范	北京机电研究所
1710009	异形全断面隧道掘进机关键技术研究及应用	中铁工程装备集团有限公司
1710022	砂浆干法生产及机械化施工设备关键技术与应用	中联重科股份有限公司
1710024	基于露天矿重载高效施工的系列大挖关键技术研究及可靠性提升	徐州徐工挖掘机械有限公司
1710040	地下连续墙抓铣成槽设备研发及产业化	徐州徐工基础工程机械有限公司
1711010	大功率低热值生物质气发电技术与设备	淄博淄柴新能源有限公司
1711011	船舶柴油机动力系统集成技术研究	中国船舶重工集团公司第七一一研究所
1711018	工作压力 1 800bar（1bar=10^5Pa）微型共轨系统研发及应用	辽阳新风科技有限公司
1711019	云内动力 D25TCI 系列柴油机开发及产业化	昆明云内动力股份有限公司
1711033	潍柴自主柴油机电控系统开发及产业化	潍柴动力股份有限公司
1711039	吉利博越 1.8TGDI 用集成排气歧管涡轮增压器	宁波丰沃涡轮增压系统有限公司
1712003	超特高压开关设备中关键焊接件的开发与应用	河南平高电气股份有限公司
1712004	特大对接曲轴 11S90ME-C 关键技术研究及应用	大连华锐船用曲轴有限公司
1712005	公路养护机械电气系统检测及关键技术创新与应用	徐州徐工筑路机械有限公司
1712018	三尖多刃口特种钻头的研发与应用	中国第一汽车股份公司红旗分公司
1712035	激光定位可视系统数控自动插入尾气检测探针设备	一汽大众汽车有限公司
1712084	废钢增碳熔炼工艺探索与应用	安徽合力股份有限公司合肥铸锻厂
1713003	工业自动化产品安全要求（GB 30439 系列国家标准）	机械工业仪器仪表综合技术经济研究所
1713009	大型特种车辆防抱死制动移动式试验路面及测试系统研究	机械科学研究院工程机械军用改装车试验场
1713024	国家标准《液压机 安全技术要求》	合肥合锻智能制造股份有限公司
1713027	《风力发电机绝缘规范》（NB/T31049—2014）与《风力发电机绝缘系统的评定方法》（NB/T31050—2014）	上海电器科学研究院

（续）

项目编号	项目名称	完成单位
1713030	液体食品灌装设备系列标准研究	合肥通用机电产品检测院有限公司
1713032	制造强国战略——制造强国指标体系研究及发布	中机生产力促进中心
1713039	超高压海底电缆及附件系列标准制定（标准号 GB/T 32346.1 ～ 3—2015）	上海电缆研究所有限公司
1713044	IEC 60519-12：2013、IEC 62693：2013、IEC 62798：2014 三项国际标准	西安电炉研究所有限公司
1713045	ISO 15619《往复式内燃机 排气消声器测量方法》	上海内燃机研究所
1713053*	《剪板机 安全技术要求》（GB 28240—2012)	济南铸造锻压机械研究所有限公司
1713058	《机械安全 安全防护的实施准则 》（GB/T 30574—2014）	如皋市包装食品机械有限公司
1713071	汽车乘员保护关键共性评价技术体系及应用	中国汽车技术研究中心
1714004*	《压力容器实用技术丛书》（第 2 版）	甘肃蓝科石化高新装备股份有限公司
1714005	《风力发电机组的控制技术》（第 3 版）	浙江运达风电股份有限公司

2017 年度中国机械工业科学技术奖
三等奖项目（217 项）

项目编号	项目名称	完成单位
1702060	大功率高频高压静电除尘电源关键技术研究与产业化	江苏科技大学
1703003	球铰轴承多维协调加载工况模拟试验系统研发	长春机械科学研究院有限公司
1703004	激光合成波长干涉波长测量方法与系统	浙江理工大学
1707002	一种拉刀及利用该拉刀加工保持架长方形兜孔的方法	中国航发哈尔滨轴承有限公司
1707011	军用轴承接触角测量装置校准技术研究及测量不确定度评定	上海天安轴承有限公司
1707016	高频加载伺服振动液压缸	天津优瑞纳斯液压机械有限公司
1709056	遇液自适应膨胀封隔器的研制及应用技术	中国石油化工股份有限公司石油工程技术研究院
1709088	微细密集型腔电火花加工技术与装备的研究	哈尔滨工业大学
1712017	电动汽车密闭高压电池包内外气压平衡方案	一汽 - 大众汽车有限公司
1712089	便携式气动加油机	北京汽车股份有限公司北京分公司
1701001	1 ～ 5mm 宝石级无色单晶金刚石合成关键技术研发与产业化	河南黄河旋风股份有限公司
1701002	L65G 型高精度齿轮测量中心	哈尔滨量具刃具集团有限责任公司
1701003*	多机器人协同汽车制动钳支架高速精密加工全自动生产线研制	浙江畅尔智能装备股份有限公司
1701006	铣头可自动交换的高速龙门五轴加工中心	中捷机床有限公司
1701009	大直径端面透镜模具加工超精密机床	北京工研精机股份有限公司
1701017	动车耦合轮对加工机床的研发	青海华鼎重型机床有限责任公司
1701018	高温合金复杂曲面零件高效制造技术与工程应用	黑龙江科技大学

（续）

项目编号	项目名称	完成单位
1702001	TPYM 系列磨机专用永磁同步变频电动机（95-800kW-380V/660V）	河北新四达电机股份有限公司
1702002	电化学储能系统数值建模与选型配置技术及工程示范	中国电力科学研究院
1702003*	GGL-J 低压无功功率补偿装置	天津电气科学研究院有限公司
1702011	有载调容分级并联电抗器研制及工程应用	特变电工沈阳变压器集团有限公司
1702013	大容量柔性直流输电工程用换流变压器关键技术研究及应用	山东电力设备有限公司
1702014	变压器智能化及智能组件开发	西安西电变压器有限责任公司
1702023	400MV·A/345kV 带偏置绕组 自耦变压器关键技术研究	保定天威保变电气股份有限公司
1702025	ACP1000 核电站用安全级干式变压器关键技术研究	明珠电气股份有限公司
1702030	高温缺水地区换流阀冷却设备	广州高澜节能技术股份有限公司
1702031	智能化输配电设备试验方法研究及试验检测平台的建立	西安高压电器研究院有限责任公司
1702033	高速智能化电线电缆挤出生产线	江苏新技机械有限公司
1702037	低风速风电机组研发及产业化	浙江运达风电股份有限公司
1702042	面向智能运检的高压设备状态感知与诊断关键技术研究及应用	许继集团有限公司
1702048	智能用电信息系统关键设备研制及产业化	许继集团有限公司
1702052	优化改进型亚临界 660MW 等级四缸四排汽高中压分缸汽轮机研制	上海电气电站设备有限公司
1702058	燃用低热值褐煤 600MW 等级亚临界锅炉研制及产业化	哈尔滨锅炉厂有限责任公司
1702061	城市轨道交通门用电机	浙江联宜电机有限公司
1702069	100 ～ 1 000kV 系列电子式互感器研制及产业化	西安西电高压开关有限责任公司
1702083	储能用低成本钛酸锂电池研制及储能系统集成技术	中国电力科学研究院
1702085	电力设备关键状态监测装置技术性能验证平台及评价体系研究与应用	广州供电局有限公司电力试验研究院
1702086	智能电网用新型节能导线系列产品的研发与应用研究	新远东电缆有限公司
1702090	交流感应电机及高效驱动控制技术研发	山东时风（集团）有限责任公司
1702091	YBX3 系列高效率隔爆型三相异步电动机（机座号 80 ～ 355）	佳木斯电机股份有限公司
1702093	500kV/1 200MV·A 电力变压器突发短路试验系统	苏州电器科学研究院股份有限公司
1702096	全域高阻尼智能发电机励磁系统的研制及应用	南京南瑞继保电气有限公司
1702097	含高渗透率分布式光伏的配电网控制保护关键技术及应用	南京南瑞继保电气有限公司
1702102	火电站燃煤锅炉 SNCR+SCR 混合脱硝技术开发	东方电气集团东方锅炉股份有限公司
1702104	飞机用中频卷筒充电电缆	特变电工（德阳）电缆股份有限公司
1702105	三河 300MW 通流改造技术研究	东方汽轮机有限公司

（续）

项目编号	项目名称	完成单位
1702108	130 ～ 260t/h 低氮燃烧低能耗高可靠性的新型环保循环流化床锅炉	无锡华光锅炉股份有限公司
1702110	直流断路器关键技术研究及应用	法泰电器（江苏）股份有限公司
1702111	海工装备用高性能多耐多防电缆	江苏远洋东泽电缆股份有限公司
1702118	基于综合集成在线监测技术的高参数 126kV GIS 研发及应用	河南平芝高压开关有限公司
1702119	超高压及特高压气体绝缘复合套管的研制及应用	平高集团有限公司
1702120	高压开关用碟簧储能液压操动机构的技术研究及应用	平高集团有限公司
1702127	智能用电港口关键技术研究	国网浙江宁海县供电公司
1702129	500kV 交联聚乙烯绝缘电力电缆和附件	特变电工山东鲁能泰山电缆有限公司
1702134	光纤芯远程交换设备	国网浙江省电力公司宁波供电公司
1702135	AP1000 核电反应堆压力容器先进制造技术	上海电气核电设备有限公司
1702137	上海通用昂科威（DII UB 平台）车用 QFZW13520 型散热器风扇总成	上海马陆日用友捷汽车电气有限公司
1703006*	三代核电站用系列高性能金属波纹管关键技术研究及产业化应用	沈阳仪表科学研究院有限公司
1703008	影视特拍陀螺稳像技术与系列装备	北京航天控制仪器研究所
1703009	新能源测试及关键试验装备技术及产业化	北京群菱能源科技有限公司
1703013	基于交流电磁场的机械结构缺陷智能可视化检测系统研发及应用	中国石油大学（华东）
1703016*	高温弹性合金材料及螺旋弹性挡圈	重庆材料研究院有限公司
1703020	高速数字电缆及模块电磁兼容性能测试技术研究与应用	上海电缆研究所有限公司
1703022	高性能阀门电动执行机构关键技术与应用	江苏大学
1703026	多轴联动数控装备轮廓误差检测与补偿技术及其应用	上海工程技术大学
1704001	煤矿巷道下向成孔装备的研制与应用	河南铁福来装备制造股份有限公司
1704008	城市高架快速路专用架桥机关键技术及产业化	郑州新大方重工科技有限公司
1704010	ZLY400 多功能轮胎式抓料机	哈尔滨工程机械制造有限责任公司
1704018	绿色建筑用 PC 预制板存储养护系统	纽科伦（新乡）起重机有限公司
1704030*	起重机智能吊具关键技术研究及应用	北京起重运输机械设计研究院
1704031	数字化超大型塔式起重机安全节能关键技术及产业化	广西建工集团建筑机械制造有限责任公司
1704034	环保型多工位高速全自动冷镦机的研发及产业化	宁波思进机械股份有限公司
1704046*	ϕ323mm 深海管线 200MPa 高压水压试验装备研发及应用	中国重型机械研究院股份公司
1704047	PBC-200 型铁水包运输车研制与应用	中冶宝钢技术服务有限公司
1704052	综采工作面扇形区自移式回撤特种液压支架的研究及应用	神华宁夏煤业集团有限责任公司矿山机械制造维修分公司
1704055	深井突出煤层深孔无尘钻进成套技术及设备	河南理工大学

（续）

项目编号	项目名称	完成单位
1705012	植物高效安全生产低碳设施及自动装备的研究与应用	北京市农业机械研究所
1705017*	马铃薯等级分选技术与装备	中国农业机械化科学研究院
1705018*	智能型一体化密闭式好氧堆肥工艺与装备	中国农业机械化科学研究院
1705021	拖拉机及工程机械司机翻车和落物保护结构试验系统的研究与应用	山东省农业机械科学研究院
1705023	高温生物发酵法病死畜禽无害化处理设备关键技术	河南世博环保科技有限公司
1705029	智能批次式种子包衣技术集成与产业化应用	酒泉奥凯种子机械股份有限公司
1705030*	虚拟现实技术在生产线布局中应用研究	中国一拖集团有限公司
1706001	IMC 系列智能型阀门电动装置	天津百利二通机械有限公司
1706007	大冷重比静声型小型多联式中央空调	青岛海信日立空调系统有限公司
1706008	2 500kW 级管道输油泵（型号 HPT 3100-230）	辽宁恒星泵业有限公司
1706009	ZJ90/6750D 直流电驱动超深井钻机研制	兰州兰石石油装备工程股份有限公司
1706026	石油开发杆管系统的三维力学分析及应用	长江大学
1706031	百万千瓦级压水堆核电站主给水泵国产化研制	上海阿波罗机械股份有限公司
1706043	离心式高压液氨泵机组关键技术及应用	杭州大路实业有限公司
1706045	SDZ300-400 超高压大型多级离心泵	重庆水泵厂有限责任公司
1706047	智能节能大流量低汽蚀 HDM1000-400/5 型重型石油（煤）化工流程泵研制	兰州兰泵有限公司
1706048	钢支撑轴力智能控制系统关键技术研究及应用	上海宏信设备工程有限公司
1706049	首台（套）工业化（t/d）等离子体气化融熔技术处理危险废弃物成套装置	吉天师能源科技（上海）有限公司
1706050	生活垃圾焚烧烟气协同治理技术	科林环保技术有限责任公司
1706053	南帕斯天然气田用离心压缩机组研制	沈阳鼓风机集团股份有限公司
1706054	内嵌卡瓦旋转尾管固井工具的研制及工业化	中国石油化工股份有限公司石油工程技术研究院
1706059	严酷环境下的工艺管线用核级电磁动截止阀研制	上海核工程研究设计院
1706061	基于物联网和随机图像识别的防伪物流管理平台	广东正迪科技股份有限公司
1706063	中央厨房机械设备关键技术开发与应用	上海理工大学
1706066	双激振径向挤压制管可重构成套装备关键技术与产业化应用	南京工程学院
1706070	LLW1000 矿用大型卧式螺旋卸料过滤离心机的研发	江苏华大离心机制造有限公司
1706080	核电站主管道堵管技术及应用的研究	中广核工程有限公司
1706092	品检关键技术及设备	北京印刷学院
1706093	FMY-1100C 系列全自动预涂膜覆膜机	北京印刷学院
1707006	长寿命石油钻具轴承及其试验装备项目	人本集团有限公司
1707009	高效智能化工搅拌驱动系统研发	杭州杰牌传动科技有限公司
1707010	大功率风电机组轴承保持架	聊城市新欣金帝保持器科技有限公司

（续）

项目编号	项目名称	完成单位
1707017	R 系列精密调心滚子轴承	大连国威轴承股份有限公司
1707021	高精度节能节材轴承套圈磨前技术	河北鑫泰轴承锻造有限公司
1707028	高承载能力高可靠性单列密封调心滚子轴承系列产品研发	山东省宇捷轴承制造有限公司
1707032*	低温陀螺仪轴承用聚四氟乙烯复合材料研制	洛阳轴研科技股份有限公司
1707036	轴承套圈专用双主轴加工装备	浙江精力轴承科技有限公司
1707038	具有海况自适应变阻尼特性的漂浮式高效稳定海浪发电装置及示范应用	山东大学
1707041	低转矩低逸散阀用填料	浙江国泰密封材料股份有限公司
1707050	高精度轻量化炮车及发射架底座用薄壁转盘轴承的研制及应用	洛阳 LYC 轴承有限公司
1707059	风电增速箱高速端圆柱滚子轴承	瓦房店轴承集团有限责任公司
1707064	重载超低温辊压机轴承	瓦房店轴承集团有限责任公司
1707066	高转矩自动档变速器用大锥角圆锥轴承	瓦房店轴承集团有限责任公司
1708001	徐工巴西制造基地一期工程项目	机械工业第一设计研究院
*1708005	多平台大型商用车涂装柔性生产解决方案	中国汽车工业工程有限公司
1708007*	上海圣德曼汽车关键精密铸造零部件基地建设项目	中国汽车工业工程有限公司
1708015	一汽解放青岛汽车有限公司搬迁建设项目	机械工业第九设计研究院有限公司
1708020*	上海烟草机械有限责任公司新建超高速包装机组数字化工厂	中国中元国际工程有限公司
1708025	舱室空气流场模拟实验系统	中航工业第一飞机设计研究院
1708031*	杭州海康威视电子有限公司安防产业基地项目	中国联合工程公司
1708033*	南通万达锅炉有限公司节能环保关键设备产业化项目	中国联合工程公司
1708034*	中国核动力研究设计院综合试验大厅项目	中国联合工程公司
1708035*	年产 10 万 t 新型钢塑复合管项目	中国联合工程公司
1708038	大空间建筑多种气流组织液态缩尺示踪开放性实验平台	上海理工大学
1708041	天下龙缸 - 云端廊桥	中机中联工程有限公司
1709001	智能双级升降矩阵舞台关键技术研发及产业化	浙江大丰实业股份有限公司
1709008	HL- 纳米级高端装饰件涂装生产线	浙江华立智能装备股份有限公司
1709010	多层金属 - 复合材料波纹管设计和试验技术	河南科技大学
1709012	机器人梯级铸件处理工作单元	浙江万丰科技开发股份有限公司
1709015	XG-A 系列管道全自动焊接系统的研制	成都熊谷加世电器有限公司
1709021	EB2 发动机总装线研发与制造	东风专用设备科技有限公司
1709022	颗粒珠水媒沉浸式无尘自动化抛光工艺车轮制造关键技术	浙江万丰奥威汽轮股份有限公司
1709027	蒙城车厢粉末喷涂线	安徽江淮汽车集团股份有限公司

（续）

项目编号	项目名称	完成单位
1709034	液压破碎锤及基础零部件关键技术研究与应用	山东天瑞重工有限公司
1709035	高洁度钢管内外壁脱脂清洗装备关键技术的研发与应用	江苏博隆环保设备有限公司
1709049	飞机液压系统综合试验分布式测试系统	中航工业第一飞机设计研究院
1709054	海上油气钻井平台桩腿主弦管国产化研究与应用	西安福莱特热处理有限公司
1709055	钛钢联合生产纯钛卷（板）的形变机制及关键技术研究	燕山大学
1709057	EA888 缸体立浇技术开发	一汽铸造有限公司
1709060	石油、煤炭钻采装置关键部件表面强化成套装备与技术	武汉材料保护研究所
1709061	高性能电子封装铜合金关键制备技术与应用	河南科技大学
1709067	车辆爆胎应急自动制动系统关键技术开发	常熟理工学院
1709068	报废汽车拆解回收关键技术与装备	常熟理工学院
1709077	激光选区熔化成形设备	江苏永年激光成形技术有限公司
1709080	多源余热梯阶收集与再生利用技术及装备	大连交通大学
1709082	安全壳试验技术创新与应用	中广核工程有限公司
1709083	工业机器人与智能制造系统控制及集成技术研发和应用	巨轮智能装备股份有限公司
1709084	大型水电站用高强度易焊接厚板与配套焊材焊接技术开发应用	首钢集团有限公司
1710003	H3 系列 2 ～ 3.5t 内燃平衡重式叉车	安徽合力股份有限公司
1710007	工程机械工作装置耐久性关键技术研究与推广应用	广西柳工机械股份有限公司
1710014	折线、螺旋线双复合高强度耐磨铸造球铁卷筒	山东汇丰铸造科技股份有限公司
1710017	L955F 长轴距节能型装载机关键技术研发及应用	山东临工工程机械有限公司
1710019	面向多工况需求的 STR20-5 智能型推耙机研发	山推工程机械股份有限公司
1710021	环保高效多功能抑尘车关键技术及产业化	中联重科股份有限公司
1710025	5.5 ～ 40t D 系列液压挖掘机自主化技术研究与应用	徐州徐工挖掘机械有限公司
1710029	基于超大参数的桁架式桥梁检测车产业化	徐州徐工随车起重机有限公司
1710035	高铁、防护墙等混凝土构造物滑模摊铺机关键技术及应用	江苏四明工程机械有限公司
1710036	标准地铁区间隧道机械暗挖关键技术及产业化	徐州徐工铁路装备有限公司
1710037	GR1803 平地机（军品）研发及产业化	徐工筑路机械有限公司
1710038	6 ～ 18m 级系列高空作业平台关键技术突破及产业化	徐工消防安全装备有限公司
1710039	RP803 摊铺机研发及产业化	徐工集团工程机械股份有限公司道路机械分公司
1711001	HXN5 机车活塞国产化开发	常州中车柴油机零部件有限公司
1711002	大功率柴油机低碳节能气缸套	中原内配集团股份有限公司
1711004	柴油机气缸盖测温试验研究与应用	东风商用车有限公司东风商用车技术中心
1711006	满足高排放、压比≥ 4.5 紧凑型混流涡轮增压器	大同北方天力增压技术有限公司

（续）

项目编号	项目名称	完成单位
1711008	GW4D20D 柴油机产品开发与应用	长城汽车股份有限公司
1711009	高性能汽车发动机活塞环组研发及应用	安庆帝伯格茨活塞环有限公司
1711015	重型柴油机生产线刀具多维、全周期信息融合与管控技术研究及应用	一汽解放汽车有限公司无锡柴油机厂
1711016	光纤传感非接触检测技术在气缸体水封圈质量防错上的应用	一汽解放汽车有限公司无锡柴油机厂
1711023	汽油机高效燃烧技术及产品开发	广州汽车集团股份有限公司
1711028	非道路三阶段发动机研发及产业化	东风朝阳朝柴动力有限公司
1711038	无砂批免修芯与高强超薄制芯高端技术推广应用	广西玉柴机器股份有限公司
1711042	CJK 新型柴油机监控系统研制	河南柴油机重工有限责任公司
1712001	超特高压变压器线圈撑条固定工艺研究及应用	山东电力设备有限公司
1712010	汽轮机转子菌型轮槽的数控加工法	哈尔滨汽轮机厂有限责任公司
1712011	炉衬预烧结技术开发应用	一汽铸造有限公司
1712012	工艺机器人多工艺质量缺陷校验修正法	一汽 - 大众汽车有限公司
1712013	数控曲轴抛光加工换型调试技术	中国第一汽车股份有限公司技术中心
1712036	重型燃气轮机“一次落缸”技术	上海电气电站设备有限公司上海汽轮机厂
1712047	典型零件加工方法研究及操作法	中信重工机械股份有限公司
1712049	特大型压力容器管板锻件成形方法	中信重工机械股份有限公司
1712059	超超临界燃煤百万汽轮发电机定子机座装配焊接工艺方法	哈尔滨电机厂有限责任公司
1712060	超大型水电机组连通器式轴瓦支撑体全数控智能加工技术	哈尔滨电机厂有限责任公司
1712072	叉车油箱三维高压水射流清洗机	安徽合力股份有限公司
1712079	1 ～ 3t 液力叉车变速器试验台建设及其扩展应用	安徽合力股份有限公司
1712082	仓储车减速箱疲劳试验装置研制	安徽合力股份有限公司
1712091	电动机中修平台	河南中州铝建设有限公司
1713001	量度继电器和保护设备通用基础标准	许昌开普检测技术有限公司
1713006	GH4169 合金棒材、锻件和环形件	贵州安大航空锻造有限责任公司
1713010	观光车系列国家强制性标准《非公路旅游观光车 座椅安全带及其固定器》和《非公路旅游观光车 前照灯》制订	国家工程机械质量监督检验中心
1713012*	《钢制球形储罐标准（标准号 GB12337）》	甘肃蓝科石化高新装备股份有限公司
1713013*	多联式空调（热泵）机组标准（标准号：GB/T 18837—2015）	合肥通用机械研究院
1713014*	土方机械司机室环境系列标准（GB/T 19933.1—2014 ～ GB/T 19933.6—2014）	天津工程机械研究院有限公司
1713016	专利信息资源挖掘与发现关键技术创研与应用示范	中国科学技术信息研究所
1713017	冷轧轴承环件机械加工余量及公差	武汉理工大学

（续）

项目编号	项目名称	完成单位
1713021	爆炸性环境用起重机械防爆安全检验关键技术及应用	广州特种机电设备检测研究院
1713023	行业标准《精密伺服校直液压机》	合肥合锻智能制造股份有限公司
1713025*	GB/T 2816—2014 井用潜水泵	中国农业机械化科学研究院
1713042	《齿轮轴毛坯楔横轧技术条件》（JB/T 11761—2013）	河北东安精工股份有限公司
1713051	《柴油机 选择性催化还原（SCR）系统》系列标准的研制	上海内燃机研究所
1713052	电能质量标准体系研究及“电能质量现象分类”等三项能源行业标准	中机生产力促进中心
1713060	精冲模技术条件	上海交通大学
1713062	轨道交通多功能整车称重调簧试验台研制开发	中机生产力促进中心
1713064	多源数据融合的企业能源信息管理关键技术及应用	广东工业大学
1713066	《齿楔带》（GB/T 28773—2012）	中机生产力促进中心
1713067	不锈钢紧固件机械性能系列国标(GB/T 3098.6、.15、.16、.21)	中机生产力促进中心
1713072	汽车高海拔环境模拟研发测试关键技术与应用	中国汽车技术研究中心
1713073	《高压交流断路器》（GB 1984—2014）	西安高压电器研究院有限责任公司
1714006	高校工程实验实训设备与安全管理 书号：ISBN978-7-111-50661-4	中国机械工程学会
1714009	航空压气机气动稳定性分析方法	南京航空航天大学
1714010	基于频谱数据驱动的旋转机械设备负荷软测量	东北大学

注：标 * 为国机集团下属子公司。

2018

中国机械工业集团年鉴

CHINA NATIONAL MACHINERY INDUSTRY CORPORATION YEARBOOK

第九篇

企业风采

树立国机之品牌 展示企业之风采

子公司展示

中国机械设备工程股份有限公司
中工国际工程股份有限公司
中国福马机械集团有限公司
中国海洋航空集团有限公司
中国地质装备集团有限公司
中国机械工业建设集团有限公司
中国机床销售与技术服务有限公司
中国重型机械有限公司
中国自控系统工程有限公司
中国国机重工集团有限公司
国机财务有限责任公司
国机汽车股份有限公司
中国机械国际合作股份有限公司
国机资产管理有限公司
国机资本控股有限公司
中国农业机械化科学研究院
中国中元国际工程有限公司
国机集团科学技术研究院有限公司
中国第二重型机械集团有限公司

中国一拖集团有限公司
苏美达股份有限公司
中国浦发机械工业股份有限公司
中国联合工程有限公司
中国汽车工业工程有限公司
机械工业第六设计研究院有限公司
沈阳仪表科学研究院有限公司
合肥通用机械研究院
甘肃蓝科石化高新装备股份有限公司
洛阳轴研科技股份有限公司
天津电气科学研究院有限公司
中国电器科学研究院有限公司
国机智能科技有限公司
济南铸造锻压机械研究所有限公司
重庆材料研究院有限公司
中国重型机械研究院股份公司
桂林电器科学研究院有限公司
中国恒天集团有限公司

中国机械设备工程股份有限公司(CMEC)，由中国机械设备进出口总公司通过整体改制更名，于2012年12月21日在中国香港成功上市。公司成立于1978年，是中国大型工贸公司。

CMEC是以工程承包为核心业务，以贸易、投资、研发及国际服务为主营业务的大型国际化综合性企业，是国际知名的工程承包商。工程承包业务范围涉及到电力能源、交通运输及电子通信、房屋建筑、工厂建设、环境保护、采矿以及资源勘探等多个领域。

CMEC承接的国际工程承包业务和一般国际贸易已经遍及世界五大洲150多个国家和地区。

CMEC以“让创想成真”为企业理念，不断致力于互利互惠、共同发展、和谐进步，努力成为在国际工程承包、国际贸易及相关服务业中全球领先的国际工程承包与服务商。

China Machinery Engineering Corporation (CMEC) was built on its predecessor China National Machinery & Equipment Import & Export Corporation through an overall reorganization. On December 21st, 2012, CMEC was listed in the Hong Kong Stock Exchange. Founded in 1978, CMEC is the first large engineering & trade company in China.

As a world-renowned engineering contractor, CMEC is a conglomerate taking engineering contracting as its core business and integrating trade, investment, R&D, and international service. The contracting business involves a broad range of areas such as electric power, transportation, electronic communications, housing & architecture, plant construction, environmental protection, mining and resource exploration.

CMEC has extended its business reach to more than 150 countries and regions in the fields of international engineering contracting and international trade in general.

CMEC embraces the corporate philosophy of “Create Ideas, Achieve Dreams”, and devotes itself to the promotion of mutual benefit, common development, and harmonious progress. CMEC is making every effort to build itself into an internationally leading contractor and service provider engaged in international contracting, international trade and related service industries.

http://www.cmec.com

中工国际工程股份有限公司
CHINA CAMC ENGINEERING CO., LTD.

传递中国工程价值
做国际知名投资发展与工程服务商

中工国际工程股份有限公司（简称“中工国际”）隶属于中国机械工业集团有限公司，成立于2001年5月，并于2006年6月在深圳证券交易所挂牌上市，是中国股市实施全流通股改后率先获准发行新股（IPO）的公司。

中工国际核心业务是国际工程总承包、海内外投资和贸易，具有丰富的国际工程总承包管理经验。截至目前，已完成近百个大型交钥匙工程和成套设备出口项目，业务范围涉及亚洲、非洲、美洲和东欧地区，业务领域涵盖工业工程、农业工程、水务工程、电力工程、交通工程、石化工程及矿业工程等，已完成的项目获得了所在国家业主的广泛认可和好评。

中工国际拥有广泛的信息获取渠道和高效的管理团队，拥有长期而稳定的战略合作伙伴和良好的融资能力。

展望未来，在广阔的工程、投资及贸易领域，中工国际将积极进取、开拓创新，创造更加辉煌的明天！

中白工业园研发楼和标准厂房项目

玻利维亚圣布埃纳文图拉糖厂项目

尼加拉瓜油料配送厂项目

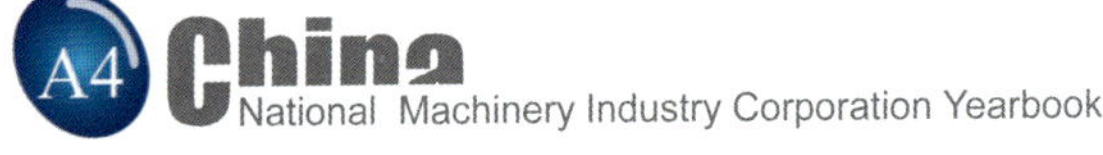

广告
热磨机
连续压机

插秧机

砂锯线

电站

全地形车

中国福马

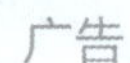
广告

中国建设

中国机械工业建设集团有限公司
CHINA MACHINERY INDUSTRY CONSTRUCTION GROUP INC.

中国机械工业建设集团有限公司（中国建设，SINOCONST）是我国早期成立的大型国有施工企业之一。是国家有关部门批准的工程施工总承包特级企业，拥有建筑工程施工总承包特级资质、建筑行业设计甲级资质、冶金工程施工总承包一级资质、市政公用工程施工总承包一级资质、石油化工工程施工总承包一级资质、机电工程施工总承包一级资质、AAA级资信等级和商务部门批准的对外经营权。公司倡导以高素质的队伍提供高效率的服务，以高效率的服务建设高品质的工程，以高品质的工程发展高效益的企业。我们始终致力于与各界朋友合力同行，创新共赢！

工业工程

电力工程

冶金工程

石化工程

基础设施工程

公共与民用建筑工程

地址 Add：中国 北京 西城区三里河路南5巷5号
邮编 PostCode：100045 电话 Tel：86-010-68595600
传真 Fax：86-010-68524881
网址 Web site：http://www.sinoconst.com.cn

中国机床

CNMTC

我公司主要从事机床、工具及相关产品的进出口贸易和国内营销业务、展会业务，并一直致力于机械工程项目技术设备成套承包和服务。三十余年来，我们与世界上80多个国家和地区的客商建立了稳定的贸易关系，具有广泛的客户群和较强的组织国外技术、设备资源的能力。共承接了200余个重点成套项目，主要分布在汽车、兵器、船舶、航空、电子、化工等行业，其中有国家重点大型建设项目16个，在成套服务领域取得了很高声誉。在经营活动中，逐步形成了“信息-技术-开发-生产-贸易-服务”一体化的新格局，并培养出一支高素质、高效率，既专业又团结的业务队伍。2003年公司通过了ISO9001：2000质量体系认证，使公司的管理更科学，运营更规范。

作为中国机床行业的龙头企业，为贯彻落实“中国制造2025”战略部署、促进中国机床进出口贸易增长、提高中国机电产品的国际竞争力、实现中国机床行业产业升级，我公司致力于打造中国机床工具行业云平台（简称“机电云平台”）。

机电云平台面向全产业链，具备大型性综合性和开放性。通过平台实现上传下达、信息共享和需求对接，为全行业调整结构、释放资源、提高效率服务。

青岛港油港公司二期、三期油码头

安哥拉220kV架空线路

甘肃大剧院1500座大剧场观众厅

泰国Sarahnlom风电场

日照钢铁集团管控中心项目

中国自控系统工程有限公司（简称中国自控）成立于1981年，前身为中国自动化控制系统总公司，隶属于中国机械工业集团有限公司，是集技、工、贸于一体的国有独资公司。

自成立以来，凭借雄厚的技术研发实力、丰富的工程实践和项目管理经验，完成国内外各种项目数千项，与100多个国家和地区建立了工程项目和贸易往来。

中国自控

中国自控系统工程有限公司
China CACS Engineering Corporation

地址：北京市朝阳区团结湖北路2号 邮编：100026
电话：010-65823388 传真：010-65821616

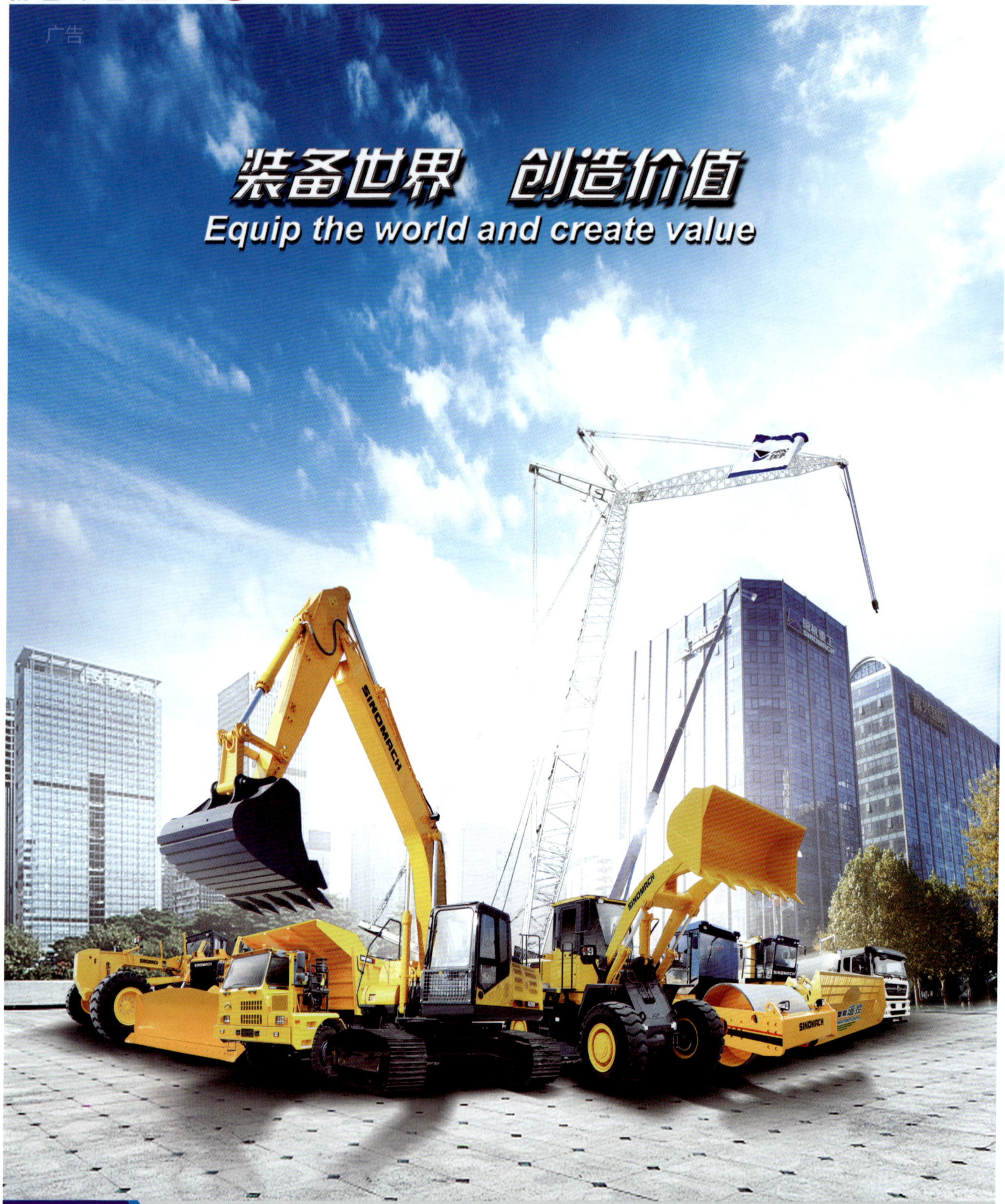
广告
装备世界 创造价值
Equip the world and create value
SINOMACH

党总支于2017年6月28日开展“学习航天精神、致敬航天英雄”为主题的党日活动

为集团成员企业提供银团贷款支持的国家“一带一路”老挝500kV输变电项目现场

为集团成员企业提供融资租赁支持的年产20万t苯乙烯技改扩建项目现场

为集团成员企业提供融资租赁业务支持的光伏发电项目现场

国机财务有限责任公司

国机财务有限责任公司（简称国机财务）是2003年7月成立的非银行金融机构。公司股东为中国机械工业集团有限公司（集团）及26家集团成员单位，注册资本为15亿元人民币。

国机财务继续深化改革，同心协力，以产业链金融综合服务商为愿景，努力沿集团产业链拓展业务，以资金结算与管理中心、客户服务与产业链金融中心、投资与资产管理中心（“三个中心”）建设为目标，以团队化工作机制迅速响应客户个性化需求，积极创新产品和服务手段，力求打造差异化、特色化、产融结合的品牌优势，坚持创新驱动、内生增长的内涵式发展道路，对内挖潜、对外增收，沿产业链支持集团及成员企业实体经济发展。

http://www.sinomf.com

2017年10月23日至11月2日，公司接受国机集团党委第一巡视组巡视巡察，公司党委将以巡视整改为契机，以扎实的整改成效推动公司党风廉政建设和反腐败工作再上新台阶

2017年，公司运营的国机西南大厦市场化运营工作稳步推进，中国二重、锤子科技、成华区政府等多家单位入驻，资产得到快速有效盘活

2017年5月24日，公司与东方前海资产管理有限公司签署股权投资协议，设立资产投资基金，为国机集团改革发展、提高资本证券化水平贡献更大力量

2017年1月11日，公司与凯信联合资本管理有限公司签订战略合作协议，预计在资产投资、养老服务等方面开展深入合作

2017年8月15日，江苏华隆兴与孟加拉国客户签订PVC灯箱布生产线设备出口合同，是拓展孟加拉国新业务方面的又一积极探索

2017年4月25日，公司当选中国产权协会资本投资运营专业分会常务理事单位，将致力于更好地服务于国有企业改革和国有经济结构调整，推动资源优化配置和资本市场的健康发展

2017年11月2日，公司荣获国机集团“两学一做”学习教育常态化制度化知识竞赛三等奖，展现了公司党员奋发向上、团结拼搏的良好风貌

2017年12月26日，公司党委召开党务干部述职会，进一步严肃了党内政治生活，加强了对党建工作的检查考核

国机资产管理有限公司（国机资产）成立于2011年1月26日，是中国机械工业集团有限公司（国机集团）的全资子公司，前身为北京华隆进出口公司，2011年正式更名为国机资产管理公司，2017年9月完成公司制改制，更名为国机资产管理有限公司。

国机资产自成立以来，紧紧围绕国机集团国资改革和资本证券化的要求，遵循“服务产业、前瞻布局、创新发展”的总体发展思路，坚持服务和发展两条主线，定位集团下属专业资产管理平台，逐步发展成为以资产管理、资产运营、资产投资为核心业务，涵盖产权经纪、咨询服务等增值业务的综合性资产管理公司。

地址：北京市朝阳区朝外大街19号华普国际大厦11层　邮编：100020

电话：010-65802288　传真：010-65802010

http://www.sino-capital.com.cn

国机资本控股有限公司

国机资本控股有限公司成立于2015年8月，是由国机集团联合部分所属企业及建信（北京）投资基金管理有限责任公司19家股东单位共同发起设立，注册资本23.7亿元。

国机资本是在当今全球经济深度调整、科技与产业急速变革的大背景下，根据国家产业转型升级的改革思路和国机集团整体发展的战略需要，从完善产业布局、优化配置资源的需要出发，应运而生的专业化资本运作平台和金融服务平台。国机资本将依托国机集团丰富的产业资源和雄厚的科研实力，秉承市场化的商业原则，以提高投资收益与效率为首任，广泛开展专业化的资本运作。坚持“以退为进，进退并重”的投资理念，努力成为发现和创造价值、实现效益增长的行业领军企业。

http://www.sinomach-capital.com

中国农业机械化科学研究院
Chinese Academy of Agricultural Mechanization Sciences

• 高端装备 • 农业工程 • 信息技术与服务 •

中国农业机械化科学研究院成立于1956年，总部位于北京奥运村核心地区，拥有6家全资子公司、13家控股子公司。

建有1个国家重点实验室，2个国家工程实验室，2个国家工程技术中心和3个国家质量监督检验中心，业务领域包括高端装备、农业工程、信息技术与服务三大板块，涵盖农牧业装备、军工与特种装备、汽车配件、农产品与食品加工工程、冷链与环境工程、勘察设计与施工、信息技术与精准农业、标准与检测、出版传媒九个领域，是我国农业机械行业战略策源中心、技术创新中心、产品辐射中心和国际交流中心。

当前，中国农机院秉承推动中国农业机械技术进步及产业升级的使命，以“价值型农机院”为引领，致力于建设“创新农机院、智慧农机院、幸福农机院”，围绕现代农业装备核心领域，发展多元产业，打造具有国际竞争力的一流企业。

欢迎关注中国农机院

采棉机

精量播种机

马铃薯联合收获机

自走式饲料收获机

方草捆捡拾压捆机

广告
国机集团
IPPR
中国中元国际工程有限公司
CHINA IPPR INTERNATIONAL ENGINEERING CO., LTD.
地址：北京市西三环北路5号　邮编：100089　电话：（010）68458355　传真：（010）68732688　网址：http://www.ippr.com.cn　邮箱：office@ippr.net

广告

SUMEC
苏美达股份

● 世界500强核心成员 ● 国资央企 ● 上市公司

● 第五届全国文明单位 ● 2016-2017年度全国企业文化优秀成果奖 ● 2017年度江苏省工业企业质量信用AA级
● 2017-2019年度江苏省重点培育和发展的国际知名品牌领军企业 ● 国家工业设计中心 ● 国家工程研究中心

No.135	No.44	No.53	No.1
《财富》中国500强企业	中国出口规模百强企业	中国进口规模百强企业	中国招标机构累计中标金额

苏美达股份有限公司（SUMEC），是世界500强企业中国机械工业集团有限公司（SINOMACH）的重要成员企业，是专注于贸易与服务、工程承包、投资发展三大领域的现代制造服务业企业。

1992年10月，原机械电子工业部门响应中央号召，与上海市在“部市共建，开发浦东”的大背景下，全国各省、市机械工业厅局及企业共200余家共同出资组建成立了中国浦发机械工业股份有限公司（以下简称中国浦发）。1997年中央部委体制改革以后，中国浦发隶属于国机集团，国机集团所占股比54.15%。

中国浦发依托上海的区位优势，充分发挥在机械行业中的影响力，经过二十多年的辛勤耕耘，现已拥有17家控股子公司，职工总人数近2000人，其中工程技术人员占比超过60%，实现了总公司、子公司同步协调发展的混合所有制结构模式。公司主营业务涉及电力、化工、环境保护、基础设施建设等国内外工程设计及总承包，大宗商品及机电成套设备进出口贸易，以及商业地产和工业园区资产运营，年营业收入超过百亿元。

中国浦发将秉持包容创新、开拓共赢的精神，以做强做优国有企业为使命，继续努力打造以资产经营为统领、以工程建设为主线、以贸易和金融服务为协同的平台化资产经营公司，成为国内一流的综合服务企业，为同行者创造价值。

地址：上海市普陀区中山北路1759号D座24楼
邮编：200061
电话：021-61397700
传真：021-61390988
网站：www.chinaperfect.com.cn

中国联合工程有限公司（简称中国联合）是以原机械工业第二设计研究院为核心，联合多家国家甲级勘察设计单位组建的大型科技型工程公司，隶属于中央大型企业集团、世界500强企业——国机械工业集团有限公司，总部设在杭州。

中国联合现有员工6000多人，专业技术人员占95%以上。曾有7位中国工程院、中国科学院院士在公司工作，现在职中国工程院院士1人，拥有全国工程勘察设计大师7人、“新世纪百千万人才工程”人选 1人、享受政府特殊津贴专家101人、具有高级技术职称的专家1020人（含教授级高工164名）。公司具有各类国家一级注册工程技术人员1335人，有美国项目管理专业协会(PMI)认证项目管理专业人士(PMP)76名。

公司设有工业工程、民用工程、能源工程、工程建设、装备工程、规划市政、国际业务等业务板块，能为20多个行业的工程建设提供从选址到交钥匙全过程服务，是国内率先获得工程设计综合甲级资质的企业。

多年来，公司始终遵循“与顾客共同创造价值”的经营理念，完成了2万多项大中型工程；主编、参编国家、地方和行业标准、规范100余项；获得国家科技进步奖28项（一等奖2项）、国家各类工程技术奖100多项、各类省部级奖1000多项。

宁波前洋E商小镇EPC总承包项目

乾潭小城镇综合提升EPC工程

学军中学附属文渊中学EPC工程

余杭杜甫农居改造安置房EPC工程

浙江广电象山影视城EPC工程

浙江海创园EPC总承包项目

浙江美术馆EPC工程

浙江梦栖小镇EPC工程（首届世界工业设计大会会址）

浙江省地理信息产业园EPC工程

地址：浙江省杭州市滨江区滨安路1060号 邮编：310052
电话：0571-88151842 传真：0571-88137083
网址：http://www.chinacuc.com

中国汽车工业工程有限公司

中国汽车工业工程有限公司（简称中汽工程）2005年10月28日正式成立，是由国机集团所属的机械四院、五院创立式合并重组组建的国际型工程公司，总部设在天津。现拥有国家颁发的工程设计综合甲级资质，及咨询、勘察、监理、施工总承包、环评、造价等涵盖建设工程全领域的国家高等级资质证书，能提供高品质的工程建设全过程服务，是中国机械行业规模大、业务链全的工程公司。同时是国内率先通过ISO9001质量管理体系认证、拥有开展国外经济技术合作业务的公司，国际FIDIC的成员单位。公司现有职工4752人，教授级高工74人，高级职务人员586人，中级职务人员617人，初级职务人员351人，享受政府特殊津贴的专家8人。

中汽工程以汽车工程项目设计和承包为主要业务内容，是国机集团打造汽车板块、为“造车人”服务的主要业务之一。公司以工程技术为基础、工程设计为龙头、工程承包为主要业务，以汽车生产工艺及专用生产装备的承包为核心竞争力，从事汽车工程及其他机械、医药、电子、民用等项目的规划设计、工程总承包，具备从咨询、设计到制造、安装、调试、陪产服务等完善的技术服务产业链业务。

秉承“为顾客创造价值”的发展理念，致力于“更高的追求，更好的生活”的企业愿景，中汽工程将全力打造机械工厂建设新理念，把高质低价、绿色节能的科学发展观贯穿工程建设全过程，朝着国际知名的工程系统服务商品牌和业务发展目标不断迈进。

http://www.chinaaie.com.cn

企业风采

机械工业第六设计研究院有限公司

SIPPR ENGINEERING GROUP CO., LTD.

沙洋县风电装备产业园

援喀麦隆国民议会大楼

郑州融创沈庄超高层项目

固始县人民医院建设项目

武平县体育公园

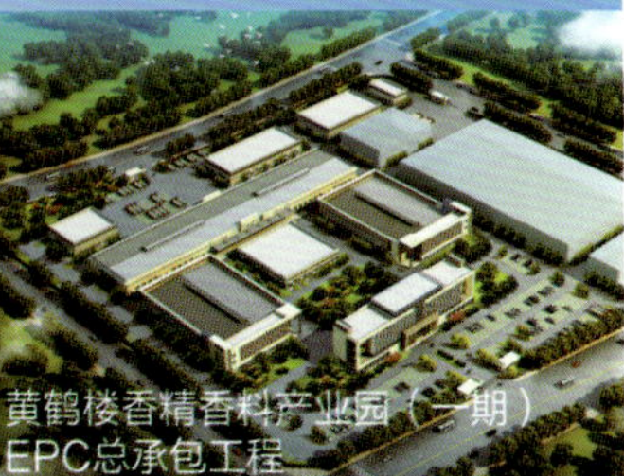

黄鹤楼香精香料产业园（一期）EPC总承包工程

机械工业第六设计研究院有限公司（简称中机六院）创建于1951年，是拥有工程设计综合甲级资质的国家大型综合设计研究院，隶属世界500强企业、中央大型企业集团——中国机械工业集团有限公司。

中机六院现有7个职能管理部门、28个生产部门（其中7个子公司、3个直管分公司），2600余名员工，其中中国工程院院士1人、中国工程设计大师1人、英国皇家特许建筑设备注册工程师协会荣誉资深会员1人、享受政府特殊津贴专家22人、研究员级高级工程师110人、高级工程师538人、各类国家注册工程师967人次。

六十余年来，中机六院完成大中型工程项目20000余项，主编、参编国家和行业标准、规范32项；荣获国家科技发明奖二等奖1项，中国土木工程创新最高奖詹天佑奖1项、鲁班奖18项，国家科技进步奖及优秀工程设计金、银、铜奖25项，省部级奖700余项;获得国家授权专利98项，其中发明专利16项；软件著作权登记90项。

中机六院拥有国家住房和城乡建设部颁发的工程设计综合甲级资质、工程监理综合资质、房屋建筑工程施工总承包一级资质、工程造价咨询甲级资质、建筑智能化工程设计与施工一级资质等一系列资质。

中机六院可承接工程设计全部21个行业和8个专项资质范围内的所有工程咨询、设计、工程总承包、项目管理和工程监理业务。工业工程涵盖机床工具、铸造、无机非金属材料、重矿机械、轻工烟草、石化机械、轨道交通装备、新能源装备、轻纺机械、工程机械、通用机械、农用机械、电工电器、仪器仪表、标准件、汽车及汽车零部件、军工等20多个行业，涵盖16大类机械行业。

民用工程涵盖大型公建、会展、文化、体育、交通、办公、商业、金融、医疗、教育、宾馆、酒店、住宅等，尤其是在大型公用建筑、高层建筑、高智能化建筑等方面具有突出的技术优势。

市政与环境工程涵盖市政道路、市政桥梁、市政景观、市政照明、城市给排水、城市污水处理、城市垃圾处理、城市污泥处理、城市供热、城市道路、商业物流等方面的工程。

中机六院秉承“务实创新，拼搏共赢”的企业精神，竭力“打造中国著名的国际化工程服务公司”，为国内外客户提供工程建设领域的全过程、全方位服务，为社会、客户、员工创造更大价值!

中机六院

地址：河南省郑州市中原中路191号　邮编：450007

电话：0371-67606004/67606087/67606223/67606088

传真：0371-67639571

网址：www.sippr.cn

合肥通用机械研究院

Hefei General Machinery Research Institute

合肥通用机械研究院（简称“合肥通用院”）1956年成立于北京，1969年搬迁至合肥，是国家一类科研院所，1999年转制为科技型企业，同年加入国机集团。2018年1月，合肥通用院正式改制成国机集团独资的有限责任公司。

合肥通用院主要从事石化、能源、冶金、燃气、环保、国防军工等行业通用机械及化工设备的设计开发、产品研制、检验检测、设备监理、工程承包、设备成套和职业教育等，研发领域覆盖压力容器与管道、流体机械、食品与包装机械、石油装备等。拥有上市公司“国机通用”（股票代码：600444）和14家全资及控股子公司。全院在职职工1200余人，研发人员占80%以上，其中具有高级职称人员330余人、博士近50人、硕士360余人。

合肥通用院是国家创新型企业、国家技术创新示范企业、国家火炬计划重点高新技术企业，是国家压力容器与管道安全工程技术研究中心、压缩机技术国家重点实验室依托单位，入选国家第二批科技服务业行业试点，是国家国际科技合作基地（国际联合研究中心）、国家中小企业公共服务示范平台、工信部服务型制造示范平台，是国家“极端环境重大承压设备设计制造与维护技术创新战略联盟”的理事长单位。拥有国家企业技术中心，设有3个国家产品质检中心、20多个省部级科研与检测平台，以及可独立招生的博士后科研工作站和企业院士工作站，是1个国际标委会（ISO/TC86/SC4）、10个全国标委会和4个全国标委会分会的秘书处挂靠单位。

建院60多年来，合肥通用院不断推进企业改革，实施创新驱动，取得各类科研成果3000余项，其中获国家科技奖励47项、省部级科技进步奖400余项，项目成果均在石化、能源、冶金、燃气、环保、国防军工等领域得到广泛应用。

2017年，合肥通用院全体干部职工认真学习贯彻党的十八大、十八届历次全会和十九大精神，在国机集团的正确领导下，践行五大发展理念，发扬二次创业精神，努力推进企业改革发展，全年实现利润2.72亿元，超额完成了国机集团下达经济考核指标的争取值，再次被评为国机集团“先进单位”（这是自2009年以来连续第9年获此殊荣），并荣获国机集团“科技创新奖”（这是自2011年以来第6次获此奖项）。

地址：中国安徽省合肥市长江西路888号
ADD: 888 West Changjiang Road Hefei,Anhui,China
网址(Website)：www.hgmri.com
邮编：230031
联系电话：0551-65335681

甘肃蓝科石化高新装备股份有限公司

甘肃蓝科石化高新装备股份有限公司（以下简称蓝科高新，股票代码：601798）是以甘肃蓝科石化设备有限责任公司为平台，由兰州石油机械研究所整体改制并引进战略投资者，依照《公司法》设立的股份有限公司，注册资本为35453万元。2011年6月22日，蓝科高新在上海证券交易所成功上市。目前，蓝科高新已成为一家国有控股、产权多元化的现代高科技企业集团，是中国装备制造业颇有影响和业绩骄人的公司之一。

蓝科高新是中国石油石化装备的开拓者，是中国海洋与沙漠石油的先驱，其前身兰州石油机械研究所是全国石油钻采机械和炼油化工设备的行业技术归口所，成立于1960年5月。蓝科高新主要从事石油钻采机械、炼油化工设备、海洋与沙漠石油设备和工程、炼油化工和天然气处理及液体回收工程、轻工与食品机械的研究、开发、设计、制造及石油钻采机械和炼油化工设备的性能测试与评定、石油和石油化工及其装备的计算机软件引进与开发、技术咨询及相关工程设计与总承包、施工、制造监理、监造等工作。

▲石油钻采机械

▲炼油化工设备

▲海洋石油装备

▲轻工食品机械

50多年来，蓝科高新为国家贡献科技成果1073项，其中，国家发明奖3项、国家科技进步奖3项、重大技术装备成果3项、全国科学大会奖10项、部（省）级科技进步奖155项，获得国家新产品和国家火炬计划产品22项。目前拥有授权专利460项，其中，发明专利58项、实用新型专利383项，外观设计专5项；软件著作权14项。蓝科高新拥有国家主管部门颁发的A1、A2、A3、SAD级特种设备（压力容器）设计许可证和A1、A2、A3级特种设备（压力容器）制造许可证、GB/GC类特种设备（压力管道）设计许可证、ASME制造许可证及U型和U2型钢印证书、乙级工程设计和工程咨询证、“三位一体”管理体系（质量、环境、职业健康安全）认证证书、国家安全生产标准化二级企业证书（机械）等重要资格证书28项。2008年12月，被认定为高新技术企业。2009年8月，被列为国家第三批创新型试点企业。2010年1月，被甘肃省列为“甘肃省创新型企业”。2011年12月，被甘肃省列为甘肃省“技术创新示范企业”。2012年10月，被列为“国家技术创新示范企业”。2012年12月，被甘肃省列为“甘肃省第一批企事业产权试点单位”。2013年11月，被认定为“国家企业技术中心”。

科技开创民族品牌　质量赢得华夏信誉

甘肃蓝科石化高新装备股份有限公司
公司地址：甘肃省兰州市安宁区蓝科路8号 邮政编码：730070
电话：0931-7639988 传真：0931-7663346
电子邮箱：lanpec@lanpec.com
网址：www.lanpec.com

甘肃蓝科石化高新装备股份有限公司上海研发中心
地址：上海市金山区吕巷镇汇丰大街588号 邮政编码：201518
电话：021-51219888 传真：021-57208182
电子邮箱：shlanbin@shlanbin.com
网址：www.shlanbin.com

CEI 中国电器科学研究院有限公司

China National Electric Apparatus Research Institute Co.,Ltd.

中国电器科学研究院有限公司（简称中国电器院，CEI）始建于1958年，隶属于中国机械工业集团有限公司。经过半个多世纪的发展，现已成为集科技研发、科技服务和科技产业为一体的拥有近两千名科技人员的国家创新型企业。

2016年11月，中国电器院获准成为中央企业开展员工持股试点的十户企业之一。2017年5月26日，首次股东大会召开，标志着改制的顺利完成，成为由国有独资改制为“国有+民营+员工”的混合所有制企业。

科技研发

研究领域：环境科学、材料科学、评价科学、能源科学、工程科学、智能科学等六大领域。

- 中央研究院
- 工业产品环境适应性国家重点实验室
- 海南热带环境研究所

科技产业

能源领域：发电机励磁系统、特种电源、电池试验及检测设备

工程领域：家电及机电产品自动化生产线、表面处理生产线成套设备、环境试验设备和实验室

材料领域：粉末涂料、聚酯树脂、油漆涂料

电子领域：智能控制器、仪器仪表设备、网络与监控工程

国家检测

业务范围涉及：家电、电子、轻工、汽车、五金、钢铁、石化、材料、电力九大国民经济发展领域，是国际CB实验室，中国超人的电子电器认证检测中心之一。

- 产品认证
- 产品质量监督仲裁与鉴定
- 验货服务
- 委托测试
- 管理体系认证与审核
- 仪器设备计量与校准

地址：广州市海珠区新港西路204号

邮编：510300

电话：020-89050888

网址：www.cei1958.com

国机集团 JFMI 捷迈机械

济南铸造锻压机械研究所有限公司

JINAN FOUNDRY&METALFORMING MACHINERY RESEARCH INSTITUTE CO,.LTD.

济南铸造锻压机械研究所有限公司（以下简称济南铸锻所）前身为济南铸造锻压机械研究所，始建于1956年，是机械工业部门直属专业从事铸造机械、锻压机械、液压技术等多专业综合性应用技术研究、开发和行业归口管理的国家一类科研机构。

1999年7月，根据国家所属242家重点科研院所改革方案，转制为科技型企业，成为中国机械工业集团有限公司的成员企业。2009年12月，由中国机械工业集团有限公司和中国宝武钢集团有限公司、中国重型机械研究院股份公司、中国浦发机械工业股份有限公司、中机中联工程有限公司共同发起，以增资扩股方式，将济南铸锻所改制为各方共同持股的有限责任公司——济南铸造锻压机械研究所有限公司。

济南铸锻所具有教授级高级工程师20余名，高级工程师50余名，已累计完成国家和省市等科技项目3100余项，其中科研与新产品开发项目达1500多项，获国家批准专利180余项，有170多项成果获得国家、省部级科技进步奖和发明奖。主要从事铸造机械及铸造工程机械化、自动化成套技术及装备；锻压机械及锻压工程机械化、自动化成套技术及装备；数控锻压和激光加工技术及设备、数控板材加工成套装备；各种大型闭式通用和专用机械压力机、液压机及自动化生产线；液压元件及系统的新技术、新产品开发、设计、制造；铸造锻压机械产品质量检测；相关技术的咨询服务。产品主要应用于汽车、钢铁、电力、船舶、能源、航空航天、军工等领域，技术水平国内领先，部分产品达到或接近国际水平。

济南铸锻所还承担着国家铸锻机械行业技术组织和技术服务工作，包括国家铸造锻压机械质量监督检验中心、国际铸造机械技术委员会（ISO）、全国铸造机械标准化技术委员会、全国锻压机械标准化技术委员会、中国机床工具工业协会铸造机械分会、中国机床工具工业协会锻压机械分会，以及中国机械工程学会塑性工程分会锻压设备学术委员会、国家数控成型冲压装备产业技术创新战略联盟等行业机构，并面向国内外公开发行《中国铸造装备与技术》《锻压装备与制造技术》等科技核心期刊。

济南铸锻所是我国铸锻机械行业协会理事长单位，承担着我国铸锻机械行业科技发展规划编制建议、“高端数控机床与基础制造装备”国家重大专项需求建议、全国铸锻机械行业标准规划制定等重大工作。

济南铸锻所秉承“为顾客创造价值，为卓越不懈追求”的经营理念，以发展高端铸锻机械成套装备为目标，以振兴中国装备制造业为己任，竭诚为国内外新老用户提供铸造机械、数控锻压机械和板材加工领域完整的解决方案及成套加工装备，致力于降低消耗、提高效率和铸锻机械行业可持续发展。

▲清洁高效绿色铸造成套设备

▲高档数控开卷校平生产线

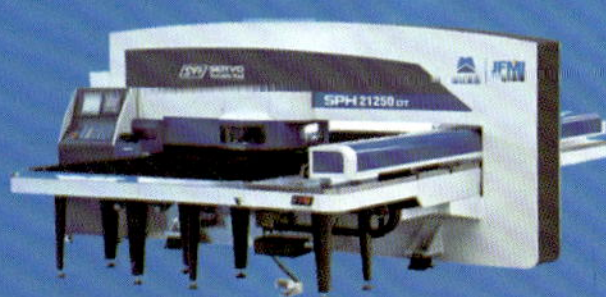

▲数控冲剪折设备

▲高端汽车纵梁成套装备

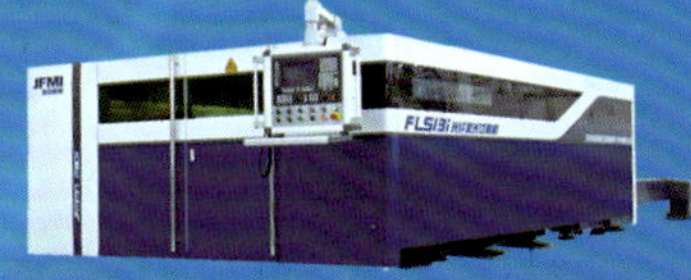

▲数控激光加工设备

地址：山东省济南市长清区凤凰路500号
邮编：250306
电话：0531-87979115
传真：0531-87964055
邮箱：zds@zds.com.cn
网址：www.zds.com.cn

重庆材料研究院有限公司

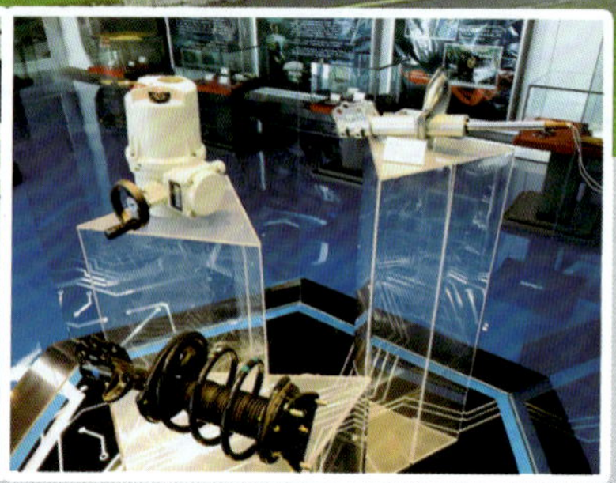

重庆材料研究院有限公司（简称重材院，原名：重庆仪表材料研究所）创建于1961年，是原机械工业部门直属一类研究所，1999年转制进入中国机械工业集团有限公司。

重材院是我国专门从事功能材料共性基础技术、工程化技术研究与产业化开发的综合性研究机构，经过50余年的发展，已成为国家在功能材料领域重点支持的技术创新平台。其中，经国家批准组建的有“国家仪表功能材料工程技术研究中心”“高性能测温材料国家地方联合工程实验室”“全国仪表功能材料标准化技术委员会”“工业（仪表功能材料）产品质量控制和技术评价实验室”等，与湖南大学共同设立“材料物理化学”博士学位授予点，经重庆市批准组建的“重庆市院士专家工作站”“两江学者”特聘岗位、“重庆市海智基地工作站”“耐腐蚀合金重庆市重点实验室”“稀贵金属及高效利用重庆市工程技术研究中心”等省部级平台。重材院是重庆市“创新型企业”“市级知识产权优势企业”和“国家知识产权优势企业”。

重材院是全国仪表功能材料学会、协会、标准化技术委员会、生产力促进中心、产品质量监督检测中心等行业自律性组织的挂靠单位，主办中文核心期刊《功能材料》、技术期刊《功能材料信息》、行业门户网站“中国功能材料网”、大型系列学术会议“中国功能材料及其应用学术会议”等，形成了全国功能材料核心服务平台，在国内外新材料领域具有重要影响。

建立50多年来，重材院共形成金属功能材料及制品、贵金属材料及制品、测温材料元件及装置、传感器敏感材料及元件、难熔金属材料、特种陶瓷材料及制品、磁性材料及器件等多条中试工艺生产线。测温材料、特种合金、工程仪表三大优势专业领域在国内处于领先地位。重材院先后承担国家科技攻关、军工配套科研等各类科技项目700余项，已取得各类科技成果900余项，先后获得国家科技进步奖11项，部、省级科技成果奖300余项，成果广泛应用于机械、汽车、电子、能源、石化、冶金、轻工、舰船、航空、航天与国防军工等众多领域，研制出国家一系列重点工程、重大设备和军工配套所需的关键材料与元件，为我国国民经济的发展和国防军工技术进步做出了卓越贡献。

重材院自1998年起获得并持续保持GB/T9001质量管理体系和GJB9001军工质量体系认证注册资格；2005年起获得并保持武器装备科研生产保密资质和许可证资质；2013年获得装备承制资格和军用核设施设计制造许可证。

http://www.cmri.cc

1250mm五机架六辊冷连轧机组，2017年投产

国产核级锆复合板轧制生产线，2017年投产

自主集成的机械真空泵RH精炼炉，2017年投产

西北铝55MN正向双动挤压机，2017年投产

中国重型机械研究院股份公司（原西安重型机械研究所）创建于1956年，是我国机械工业较早建立的国家专业研究院所，核心业务涵盖采矿、钢铁冶炼、二次精炼、连续铸造、板（带箔）管（棒）型材轧制、精整处理、金属锻造/挤压、拉伸塑性成型、工业烟气净化回收、油页岩炼油与油气输送等所需各种大型、高端工艺装备的研发设计、成套和工程承包，并承担规划、信息、质检和工程监理等行业技术工作。

公司拥有中国工程院院士1名，研究员及各类专家近百人，先后搭建起国家、行业、区域高端专业化产学研合作自主创新平台13个，包括国家重点实验室、博士后工作站、各级工程（技术）研究中心和产业化基地及行业技术服务中心等，具有国家建设部门颁发的建筑工程设计甲级资质、冶金、市政公用燃气、环境工程设计乙级资质。国家冶金重型机械监督检验中心、全国冶金设备标准化技术委员会秘书处等行业技术服务归口平台设在我院。

中国重型院转制以来，完成科研项目167项，其中重大项目40项；获国家授权专利1450件，其中发明专利465件；获得各项科技奖励197项。

中国重型院实施“技术+资本两轮驱动做强，管理机制创新增长健康，（以）工程服务优势赢得市场”的创新驱动发展战略，定位于工程设计、装备设计研发与工程总承包，瞄准国际先进水平，以一流的产品质量、一流的服务质量开拓国内外市场。奋力实现“创造卓越，成为国内外知名的高端装备工程服务商”的愿景目标。

地址：中国·陕西·西安市未央区东元路209号　邮编：710032
经济技术开发区草滩生态产业园尚林路3699号(新区筹)
电话：（029）86322399　传真：（029）86713965
网址：www.sino-heavymach.com
邮箱：office@sino-heavymach.com

桂林电器科学研究院有限公司

公司领导班子

公司党委委员

公司纪委委员

公司工会委员

部分领导与团委委员

公司党员大会

公司工会大会

公司团员大会

2017年，是桂林电科院的换届年。2月6日，召开桂林电科院干部大会，宣布王明军、朱凌云任公司副总经理，对公司行政班子进行了调整。4月26日，中国共产党桂林电科院党员大会召开，选举产生了公司新一届党委会和纪律检查委员会。5月8日，中国共青团桂林电科院团员大会召开，大会选举产生了新一届团委。10月16日，桂林电科院第六届工代会暨第八届职代会第一次会议召开，选举产业了新一届工会委员会、经费审查委员会和女职工委员会。

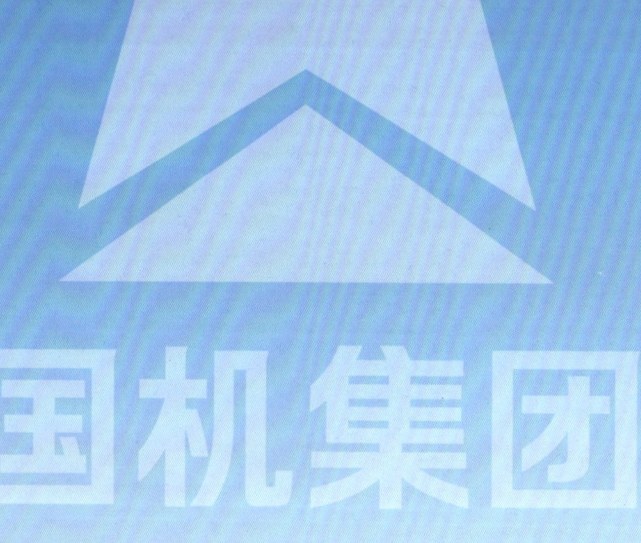
国机集团